Antônio Augusto Mayer dos Santos

Campanha ELEITORAL

Teoria e prática

4ª edição
Revista, ampliada
e atualizada

2024

EDITORA
JusPODIVM
www.editorajuspodivm.com.br

EDITORA *Jus*PODIVM
www.editorajuspodivm.com.br

Rua Canuto Saraiva, 131 – Mooca – CEP: 03113-010 – São Paulo – São Paulo
Tel: (11) 3582.5757
• Contato: https://www.editorajuspodivm.com.br/central-de-relacionamento

Copyright: Edições *Jus*PODIVM

Diagramação: Equipe *Jus*PODIVM

Capa: Ana Caquetti

• A Editora *JusPODIVM* passou a publicar esta obra a partir da 3.ª edição.

S237c Santos, Antônio Augusto Mayer dos
Campanha Eleitoral - Teoria e Prática / Antônio Augusto Mayer dos Santos – 4. ed., rev., atual. e ampl. - São Paulo: Editora JusPodivm, 2024.
1.104 p.

Inclui Bibliografia
ISBN: 978-85-442-4765-5

1. Direito Eleitoral. 2. Campanha Eleitoral. 3. Candidatura. 4. Propaganda Eleitoral. 5. Pesquisas Eleitoral. I. Santos, Antônio Augusto Mayer dos. II. Título.

CDD 341.28

BIBLIOTECÁRIA RESPONSÁVEL

Ana Carolina Ribeiro Mois – CRB7 – RJ 007348/0

4.ª ed., *2.ª tir.:* fev./2024; *3.ª tir.:* mar./2024; *4.ª tir.:* abr./2024; *5.ª tir.:* mai./2024; *6.ª tir.:* jun./2024.

Amar o perdido
deixa confundido
este coração.

Nada pode o olvido
contra o sem sentido
apelo do Não.

As coisas tangíveis
tornam-se insensíveis
à palma da mão

Mas as coisas findas
muito mais que lindas,
essas ficarão.

(Carlos Drummond de Andrade, *Poemas*, 1959).

Aspire to inspire.
(Howard Harper-Barnes)

Para Adriana.

AGRADECIMENTOS

Aos meus amores Júlia e João Pedro, fontes inesgotáveis de alegria e da minha emocionada admiração.

Ao estimado Professor Marco Felix Jobim, amigo generoso e sempre disponível.

Aos amigos e amigas André Leandro Barbi de Souza, Antônio Carlos Maciel Rodrigues Junior, Bruno Amorim Carpes, Felipe Chemale, Marcos Martinelli, Margareth Cunha D´Aló, Maria de Lourdes Martins Lucchin, Paulo Moura e Ubiratan Sanderson pelo carinho e valiosos incentivos.

À Karim Miskulin, por uma amizade que ultrapassa duas décadas coroadas de afeto e prestígio.

Ao Desembargador Federal Thompson Flores e ao ex-Senador Lasier Martins, pelas generosas palavras que me distinguiram nesta obra.

Ao Desembargador André Luiz Planella Villarinho, pela fraterna amizade.

Ao sempre Professor Gerson Fischmann, generoso incentivador do meu ofício.

À Editora JusPodivm, que valorizou e enriqueceu este trabalho.

E especialmente à Dona Isolda, minha querida e corajosa Mãe, a quem devo muito, mas muitíssimo mais do que a satisfação pelos hábitos de ler e estudar com persistência e disciplina.

APRESENTAÇÃO

Antônio Augusto Mayer dos Santos, em meio às suas obras, já havia nos brindado com o seu valioso *Reforma Política sem Fantasias – as mudanças que o país necessita*, mais do que uma remissão de projetos sobre o tema, mas uma crítica procedente e um apelo por ações inovadoras na política. Pois, agora, nos traz nova edição de um verdadeiro e completo manual de como começar, evoluir, cuidar e como chegar à atividade política de maneira correta, através do processo eleitoral.

Com seu magistral preparo jurídico e prestígio como especialista no Direito Eleitoral, Antônio Augusto nos contempla com o amplo roteiro de campanha a todos que dela participam de uma forma ou outra, garantindo segurança desde o registro da candidatura até as minúcias da devida conduta, propaganda, declaração de bens, o que é permitido ou não, com transparência e propriedade.

O Brasil vem tentando, já com alguns resultados positivos, corrigir velhos vícios e mazelas da política, que tantos atrasos causaram ao país, social e economicamente. Agora, *Campanha Eleitoral - Teoria e Prática*, apresenta primorosa contribuição a todos que almejam ingressar oficialmente na política. Trata-se de uma efetiva participação na luta pela regeneração da política honesta através de boas práticas. Nós, do ramo em particular, e o Brasil, em geral, estamos de parabéns. E otimistas.

Ex-Senador Lasier Martins (RS)

PREFÁCIO

Atendendo ao gentil convite do eminente autor, o Dr. **ANTÔNIO AUGUSTO MAYER DOS SANTOS**, um verdadeiro Mestre do Direito Eleitoral, dispus-me a prefaciar a nova edição de sua já clássica obra "*Campanha Eleitoral - Teoria e Prática*", agora em terceira edição, amparada com a melhor doutrina e atualizada com a mais recente jurisprudência e evolução legislativa.

O dedicado autor reuniu neste volume os temas de maior relevância versando o processo eleitoral, inclusive aqueles apreciados pelos Tribunais Eleitorais, em especial, o Egrégio Tribunal Superior Eleitoral, visando, assim, à melhor divulgação da jurisprudência e da doutrina sobre tão palpitante matéria, como é o Direito Eleitoral, possibilitando-se aos estudiosos a pesquisa sobre o tema.

Contudo, o ilustre autor foi além: revelando esmerada cultura, ao examinar os diversos institutos do Direito Eleitoral, além de incursionar no Direito Comparado, preocupou-se em buscar as raízes históricas dos mesmos, atento à sua importância na interpretação e aplicação da Lei Eleitoral.

Nesse sentido, é de todo pertinente recordar o célebre ensinamento do ***Justice*** **OLIVER WENDELL HOLMES**, *verbis*:

> "The rational study of law is still to a large extent the study of history." [1]

O legislador brasileiro, inspirado nos mais elevados princípios, atento à advertência de **EDMUND BURKE**, "*bad laws are the worst sort of tyranny*"[2], nos últimos anos, em decorrência da entrada em vigor da Constituição de 1988, tem realizado um ingente esforço no sentido de aperfeiçoar e modernizar a legislação eleitoral, visando a preservar os mandatos executivo

1. Oliver Wendell Holmes, in Collected Legal Papers, Harcourt, Brace and Company, New York, 1920, p.186.
2. *In* The Works of Edmond Burke, Charles C. Little and James Brown, Boston, 1889, v. 2, p. 257.

e legislativo daqueles cidadãos cuja conduta seja incompatível com a alta política da Nação, procurando promover a maior participação dos verdadeiros políticos e do próprio eleitor na vida pública, esposando a doutrina do notável estadista francês **THIERS**, em célebre discurso, *verbis*:

> *"... je soutiens que l'absence de tout esprit public, de toute participation réelle du pays à la conduite de ses affaires, finirait par devenir un grand malheur pour la nation et pour le Gouvernement lui-même. Car, lorsque les citoyens s'habituent à abdiquer ainsi toute initiative, l'égoïsme particulier se développe et grandit; les vertus civiques disparaissent; la société s'absorbe dans la poursuite des intérêts matériels; la jeunesse, dédaignant les nobles ambitions, qui la passionnaient autrefois, s'alanguit dans les jouissances d'une vie trop facile, ne se préoccupe plus que de luxe, de jeu, de spéculations immorales, et perd, dans une oisiveté déplorable, l'élévation dessentiments patriotiques, aussi bien que la dignité des moeurs."*[3]

E, para concluir, são de recordar estas palavras da Suprema Corte Americana, ao julgar o caso *Wesberry v. Sanders*, 376 U.S. (1964),[4] *verbis*:

> *"... [n]o right is more precious in a free country than that of having a voice in the election of those who make the laws under which, as good citizens, we must live. Other rights, even the most basic, are illusory if the right to vote is undermined."*

A Comunidade Jurídica receberá com aplausos a nova edição da obra "*Campanha Eleitoral – Teoria e Prática*", consagrando o seu ilustre autor, o Eminente Dr. **ANTÔNIO AUGUSTO MAYER DOS SANTOS**, por mais esta importante contribuição ao estudo do Direito Eleitoral em nosso País.

Porto Alegre, 28 de janeiro de 2022.

CARLOS EDUARDO THOMPSON FLORES LENZ

Desembargador Federal do Tribunal Regional Federal da 4ª Região e Membro Titular do Tribunal Regional Eleitoral do Rio Grande do Sul.

3. *In* Discours de M. Thiers, E. Dentu Libraire, Paris, 1867, p. VII.
4. *In* University of Pennsylvania Law Review, v. 145, p. 353.

ABREVIATURAS

Ac.	–	Acórdão
ADC	–	Ação Declaratória de Constitucionalidade
ADIn	–	Ação Direta de Inconstitucionalidade
ADPF	–	Arguição de Descumprimento de Preceito Fundamental
AgRg	–	Agravo Regimental
AI	–	Agravo de Instrumento
AIJE	–	Ação de Investigação Judicial Eleitoral
AIME	–	Ação de Impugnação de Mandato Eletivo
AJDesCargEle	–	Ação de Justificação de Desfiliação Partidária/Perda de Cargo Eletivo
AP	–	Ação Penal
ARE	–	Ação Rescisória Eleitoral
art.	–	artigo
CCB/02	–	Código Civil Brasileiro de 2002
CE/65	–	Código Eleitoral de 1965
CF/88	–	Constituição Federal de 1988
CP	–	Código Penal
CPC/15	–	Código de Processo Civil de 2015
CPC/73	–	Código de Processo Civil de 1973
CPP	–	Código de Processo Penal
Cta./CTA	–	Consulta
CTB	–	Código de Trânsito Brasileiro
Dec.	–	Decreto
Des (ª).	–	Desembargador (a)
DJ	–	Diário da Justiça
DJE/e	–	Diário da Justiça Eletrônico
DJU	–	Diário da Justiça da União
DOU	–	Diário Oficial da União
DR	–	Direito de Resposta

EC	–	Emenda Constitucional
EDcl	–	Embargos de Declaração
EI	–	Embargos Infringentes
HC	–	*Habeas Corpus*
JE	–	Justiça Eleitoral
LC nº 64/90	–	Lei Complementar Nº 64/90 (Lei de Inelegibilidades)
LC nº 135/10	–	Lei Complementar Nº 135/10 (Lei da Ficha Limpa)
LE/97	–	Lei das Eleições ou Lei Eleitoral (Nº 9.504/97)
LPP	–	Lei dos Partidos Políticos (Nº 9.096/95)
Min (ª).	–	Ministro (a)
MPE	–	Ministério Público Eleitoral
MS	–	Mandado de Segurança
OAB	–	Ordem dos Advogados do Brasil
PA	–	Processo Administrativo
PC	–	Prestação de Contas
PGE	–	Procuradoria-Geral Eleitoral
PGR	–	Procuradoria-Geral da República
PPE	–	Procedimento Preparatório Eleitoral
PSESS	–	Publicado em Sessão
QO	–	Questão de Ordem
RDP	–	Revista de Direito Público
RE	–	Recurso Extraordinário
RCED	–	Recurso Contra a Expedição de Diploma
RCL	–	Reclamação
Rel (ª).	–	Relator (a)
Res.	–	Resolução
REsp	–	Recurso Especial
REspe	–	Recurso Especial Eleitoral
RHC	–	Recurso em *Habeas Corpus*
RI	–	Regimento Interno
RJTSE	–	Revista de Jurisprudência do Tribunal Superior Eleitoral
RMS	–	Recurso em Mandado de Segurança
RO	–	Recurso Ordinário
RO-El	–	Recurso Ordinário Eleitoral
ROMS	–	Recurso Ordinário em Mandado de Segurança
RP	–	Representação
RRC	–	Requerimento de Registro de Candidatura
STF	–	Supremo Tribunal Federal
STJ	–	Superior Tribunal de Justiça

Súm.	-	Súmula
T.	-	Turma
TJ	-	Tribunal de Justiça [1]
TRE	-	Tribunal Regional Eleitoral [2]
TRF	-	Tribunal Regional Federal [3]
TSE	-	Tribunal Superior Eleitoral
TST	-	Tribunal Superior do Trabalho
TutCautAnt	-	Tutela Cautelar Antecedente
UFIR	-	Unidade Fiscal de Referência
v.u.	-	votação unânime
ZE	-	Zona Eleitoral

1. A sigla TJ seguida de barra e da identificação dos Estados indica o Estado (UF) a que pertence o Tribunal de Justiça referido. Ex.: TJ/RS (Tribunal de Justiça do Rio Grande do Sul).
2. A sigla TRE seguida de barra e identificação dos Estados indica o Estado (UF) a que pertence o Tribunal Regional Eleitoral referido. Ex.: TRE/RS (Tribunal Regional Eleitoral do Rio Grande do Sul).
3. A sigla TRF seguida de barra e identificação numérica indica a Região a que pertence o Tribunal Regional Eleitoral referido. Ex.: TRF/4 (Tribunal Regional Federal da 4ª Região).

SUMÁRIO

Capítulo 3

Capítulo 4

Capítulo

1

VOTAÇÕES E ELEIÇÕES

1.1. OPÇÕES DE VOTO DO ELEITOR

De início, antecedendo a qualquer outra consideração porque os vocábulos a seguir, apesar de sua íntima vinculação, não podem ser empregados nem imprópria nem indistintamente, cumpre esclarecer que na atualidade democrática e republicana, "O sufrágio é o direito de escolha; o voto, o ato que assegura; e a eleição, o processo dessa escolha", conforme a magistral lição de Paulino JACQUES (1974, p. 185). No seu *Curso de Direito Constitucional Positivo* (2010, p. 349), José Afonso da SILVA, em minudente acréscimo, especifica que "o *sufrágio* é *universal*, e o *voto* é *direto*, *secreto* e tem valor *igual*".[1]

Elucidados esses aspectos não somente terminológicos, mas distintivos em função dos sistemas eleitorais (item nº 1.4), a urna eletrônica disponibiliza as seguintes possibilidades de voto ao eleitor:

a) ELEIÇÃO PROPORCIONAL:

- nominal (num candidato);

1. Paulo BONAVIDES (1986, p. 275) afirma que "A rigor todo o sufrágio é restrito. Não há sufrágio completamente universal. Relativa pois é a distinção que se estabelece entre o sufrágio universal e o sufrágio restrito. Ambos comportam restrições: o sufrágio restrito em grau maior; o sufrágio universal em grau menor". Para que se entenda claramente, assinale-se, *v.g.*, o §2º do art. 14 da CF (*Não podem alistar-se*) e os incisos III e V do art. 15 (privados dos direitos políticos).

- na legenda partidária (no número de um partido político);
- em branco; ou
- nulo.

b) ELEIÇÃO MAJORITÁRIA:

- nominal (num candidato);
- em branco; ou
- nulo.

Embora a urna brasileira não contenha a opção de VOTO NULO, serão assim considerados pela Justiça Eleitoral aqueles sufrágios:

- que não correspondam ao número dos candidatos que estejam concorrendo (ELEIÇÃO MAJORITÁRIA/PROPORCIONAL);
- onde o voto digitado na urna cujos dois primeiros dígitos coincidam com o número de partido político que esteja concorrendo no pleito mas os demais dígitos correspondam a candidato que conste como inapto, ou os votos digitados cuja dezena não corresponda ao número de partido político que esteja concorrendo no pleito;
- nos termos da Res./TSE nº 23.611/19 (art. 104, § 3º - eleições de 2020), estipulou-se que se o eleitor, após confirmar ao menos um voto na urna, interrompe o processo de votação, o Presidente da Mesa Receptora deverá adverti-lo, solicitando-lhe que retorne à cabina e conclua a sua votação; com a sua recusa, o servidor liberará a urna, permitindo o prosseguimento da votação na seção, considerado/s nulo/s o/s demais voto/s não confirmado/s.

1.2. VOTOS NULOS E ELEIÇÕES VÁLIDAS

Após o entusiasmo que se seguiu à redemocratização, sucessivas desilusões têm levado os brasileiros a questionar a democracia representativa e menosprezar um de seus principais instrumentos que é o voto.

Diante de escárnios e mazelas, o sentimento de indignação e frustração dos eleitores por vezes adquire contornos extremos e mesmo peculiares. Por conta disso, a ideia de uma *nova eleição* a partir de um hipotético predomínio dos votos nulos sobre os válidos como forma de protesto tem sido disseminada. A cada eleição, esta lenda urbana enfadonha se repete. Os adeptos dessa engenhosidade, a partir de um vício de raciocínio quase sempre acompanhado do uso de chavões vazios, sustentam que se mais da metade dos votos do dia do pleito forem anulados pelos eleitores haverá uma *nova eleição*, e que os candidatos que participaram da primeira não poderão concorrer na seguinte. Negativo. Releva espancar tamanha (e grotesca) confusão.

A Lei nº 9.504/97 define que será considerado eleito, o candidato que obtiver a maioria absoluta de votos, desconsiderados brancos e nulos (arts. 2º e 3º). Ou seja: vencerá o pleito majoritário quem obtiver metade mais um dos votos válidos do país, do estado ou do município.

Com isso, mesmo que a eleição tenha acanhados percentuais de participação ou candidato único (de consenso), sempre haverá a configuração da maioria e alguém será eleito, salvo se o comparecimento do eleitorado às urnas for zero, o que não se cogita nem como grotesca ilustração. Dos poucos a abordar o tema, CONEGLIAN (2012, p. 24) explica:

> Numa determinada cidade, o povo se revolta com os candidatos, e passa a votar em branco ou anular o voto. Na contagem final, observa-se que mais da metade dos votos foi anulada. Nesse caso, a votação foi válida, embora cada voto tenha sido anulado pelo eleitor, Então não se anula a eleição.

À vista disso, compreende-se que a propalada anulação de um pleito para que outro lhe suceda corresponde a uma pregação inútil e juridicamente impossível. A ansiedade por mudanças a qualquer preço, que por vezes domina as massas não encontra repercussão no ordenamento jurídico. O sistema eleitoral derivado da Carta Magna, embora sabidamente imperfeito e, por tal razão, sujeito às críticas públicas e ajustes periódicos pelo Legislativo, não estabeleceu regras frágeis a ponto de vulnerar-se. Como anotou o ex-Juiz da Suprema Corte dos Estados Unidos Charles HUGUES, "A Constituição não destrói a si própria. Em outros termos, o poder que ela confere com a mão direita, não retira, em seguida, com a esquerda" (1918, p. 23).

De outra parte, é função institucional das agremiações mantidas pelo Fundo Partidário disciplinado pela Lei nº 9.096/95[2] a partir do Orçamento da União esclarecer as pessoas que voto de protesto não anula eleição alguma.

---

2. Diz a LPP:

   Art. 44. Os recursos oriundos do Fundo Partidário serão aplicados:

   (...)

   III - no alistamento e campanhas eleitorais;

   IV – na criação e manutenção de instituto ou fundação de pesquisa e de doutrinação e educação política, sendo esta aplicação de, no mínimo, vinte por cento do total recebido.

Dispõe o art. 1º da Lei dos Partidos Políticos:

> O partido político, pessoa jurídica de direito privado, destina-se a assegurar, no interesse do regime democrático, a autenticidade do sistema representativo e a defender os direitos fundamentais definidos na Constituição Federal.

De sua vez, o art. 224 do Código Eleitoral, a partir da redação que lhe foi determinada pela Lei nº 13.165/15, estabelece que uma *nova eleição* ocorre somente quando sobrevém decisão da Justiça Eleitoral que importe em indeferimento de registro, cassação de diploma ou perda do mandato eletivo, independentemente do número de sufrágios anulados.

Ao regulamentar a nulidade de votos, aludido dispositivo se refere aqueles que foram destinados a candidatos que disputaram o pleito, sendo descartados do cômputo os decorrentes da manifestação negativa do eleitorado. A primeira hipótese se dá quando o Judiciário Eleitoral invalida a votação do vencedor; a segunda quando o próprio eleitor inutiliza o seu voto na urna ao não destiná-lo a um candidato participante da eleição. Para situações jurídicas inconfundíveis, onde aquela diz respeito a votos anuláveis e esta outra a votos nulos, o tratamento normativo é identicamente distinto.

Para a aplicação do referido artigo, os votos atribuídos a candidatos cujos registros estavam *sub judice,* tendo sido confirmados como nulos, não se somam, para fins de novas eleições, aos votos nulos decorrentes de manifestação apolítica do eleitorado (REspe nº 39.069/MG, PSESS de 19/12/2016):

> **Recurso especial. Pedido. Realização de novas eleições. Art. 224 do Código Eleitoral. Aferição. Votação válida. Incidência. Art. 77, § 2º, da Constituição Federal.**
>
> (...).3. A jurisprudência do TSE é pacífica no sentido de que os votos nulos propriamente ditos, também denominados como apolíticos, não se somam aos votos dados aos candidatos com registro indeferido para verificação do total de votos válidos. Assim, a aferição da validade da votação para aplicação da regra do art. 224 do Código Eleitoral é realizada em face do universo dos votos dados efetivamente a candidatos. (...).[3]

3. Respe nº 31696/PE, DJe de 1º/08/2013, p. 166.

CONSULTA RECEBIDA COMO PROCESSO ADMINISTRATIVO. PROCLAMAÇÃO DE CANDIDATOS ELEITOS. APURAÇÃO DE VOTOS DE CANDIDATOS A CARGOS MAJORITÁRIOS SUB JUDICE. RESOLUÇÃO-TSE Nº 22.712/2008.

1. Consulta formulada por presidente de tribunal regional eleitoral recebida como processo administrativo em razão da necessidade de orientar os diversos Tribunais Regionais Eleitorais e de uniformizar o entendimento sobre a matéria. (Precedentes: Consultas nºs 770, Relª. Minª. Ellen Gracie, DJ de 9.8.2002; 519, Rel. Min. Fernando Neves, DJ de 8.8.2000; e 391, Rel. Min. Néri da Silveira, DJ de 16.4.1998).

2. A Junta Eleitoral deve proclamar eleito o candidato que obtiver a maioria dos votos válidos, não computados os votos nulos e os em branco. Todavia, não há prejuízo de que nova proclamação seja feita em razão de superveniente deferimento do registro de candidato que se encontrava sub judice.

3. Os votos dados a candidatos cujos registros encontravam-se *sub judice*, tendo sido confirmados como nulos, não se somam, para fins de novas eleições (art. 224, CE), aos votos nulos decorrentes de manifestação apolítica do eleitor.

4. Resposta afirmativa quanto ao 1º questionamento, negativa quanto ao 3º, e prejudicado o 2º questionamento.[4]

Do mesmo modo:

MANDADO DE SEGURANÇA. LIMINAR. CONCESSÃO. VOTAÇÃO. APLICAÇÃO. ART. 224. EX OFFICIO. IMPOSSIBILIDADE. PRECEDENTES. CONCESSÃO DA ORDEM. PREJUDICIALIDADE. AGRAVO REGIMENTAL. (...). 2. A jurisprudência desta Corte consagrou como suscetíveis de anulação posterior, decorrente da aplicação dos arts. 41-A e 73 da Lei nº 9.504/97 e 222 do Código Eleitoral, os votos obtidos por candidato infrator e a ele computados no pleito eleitoral, por refletirem uma vontade orientada à escolha de um mandatário político. Para efeitos da aplicação do art. 224 do Código Eleitoral, não se inclui, *in casu*, o universo de votos nulos decorrentes de manifestação apolítica do eleitor no momento do escrutínio, seja ela deliberada ou decorrente de erro. Precedentes: AgRgMS nº 3.387/RS, rel. Min. Humberto Gomes de Barros, DJ de 17.2.2006; REspe nº 19.845/GO, rel. Min.

4. Resolução nº 22.992, DJe de 18/09/2009, p. 36 (RJTSE 20/3/228).

> Carlos Velloso, DJ de 19.9.2003; REspe nº 19.759/PR, Rel. Min. Carlos Madeira, DJ de 14.2.2003.[5]

De rigor, "Todos esses precedentes lastreiam-se a partir do acórdão deste Tribunal no Mandado de Segurança n° 3.438, rel. Min. José Delgado, no qual ficou decidido que 'a jurisprudência desta Corte consagrou como suscetíveis de anulação posterior decorrente da aplicação dos arts. 41-A e 73 da Lei n° 9.504/97 e 222 do Código Eleitoral, os votos obtidos por candidato infrator e a ele computados no pleito eleitoral, por refletirem uma vontade orientada à escolha de um mandatário político. Para efeitos da aplicação do art. 224 do Código Eleitoral, não se inclui, *in casu*, o universo de votos nulos decorrentes de manifestação apolítica do eleitor no momento do escrutínio, seja ela deliberada ou decorrente de erro. Precedentes: AgRg-MS nº 3.871/RS, rel. Min. Humberto Gomos de Barros, DJ de 17.02.2006; REspe n° 19.845/GO, rel. Min. Carlos Velloso, DJ de 19.09.2003; REspe nº 19. 751/PR, rel. Min. Carlos Madeira, DJ de 14.02.2003' ", referiu o Recurso Especial nº 316-96/PE (DJE de 1º/08/2013).

A manifestação do eleitor inutilizando o seu voto tem sido reconhecida como uma forma livre e legítima de desprezo, seja em função das candidaturas, das ladainhas embutidas nas propostas ou, mais recentemente, pela obrigatoriedade do voto. Trata-se de um comportamento que, em última análise, reflete a insatisfação popular e o desestímulo à participação política. "Embora a anulação do voto não seja a melhor via a ser seguida em uma sociedade madura e politizada, não se pode deixar de reconhecer que constitui relevante instrumento de protesto. Realmente, um alto índice de votos nulos revela o descontentamento do povo com a classe política" (CONEGLIAN, 2008, p. 44).

Entretanto, deve ser esclarecido que votos nulos, infecundos ou estéreis não têm resguardo legal nem serventia jurídica na medida em que não foram direcionados a nenhum candidato, partido político, coligação ou federação. Na prática, não geram frutos. "Não trazem qualquer influência na questão que se deseja resolver através dos pleitos" (PORTO, 2000, p. 454).

5. MS nº 3.438/SC, DJ de 08/08/2006, p 117 (RJTSE 17/4/150).

1.2.1. Anulação da votação de candidato cassado por práticas eleitorais ilícitas - virada jurisprudencial do TSE

Transformações se concretizam. Em 13/10/2020, ao decidir o Recurso Ordinário nº 060390065/BA[6], o TSE efetivou guinada jurisprudencial ao

---

6. ELEIÇÕES 2018. RECURSO ORDINÁRIO. AÇÃO DE INVESTIGAÇÃO JUDICIAL ELEITORAL. ABUSO DO PODER ECONÔMICO. FILANTROPIA. ASSISTENCIALISMO. PRESTAÇÃO DE SERVIÇO MÉDICO GRATUITO À POPULAÇÃO CARENTE EM ANO ELEITORAL. EXALTAÇÃO DA FIGURA DO MÉDICO, TAMBÉM DEPUTADO ESTADUAL E PRÉ-CANDIDATO. VEÍCULO DE TRANSPORTE DE PASSAGEIROS PLOTADO COM A FOTO E O NOME DO PRÉ-CANDIDATO. DESIGUALDADE NA DISPUTA. DESEQUILÍBRIO DO PLEITO. REFORMA DO ARESTO REGIONAL. PROCEDÊNCIA DA AIJE. CASSAÇÃO DO DIPLOMA E DECLARAÇÃO DE INELEGIBILIDADE. ART. 22, XIV, DA LC 64/90.

   SÍNTESE DO CASO

   (...).

   14. As provas dos autos indicam que eram realizados atendimentos médicos pelo deputado estadual, gratuitamente, mediante a exaltação do seu nome e da sua foto – imagem que constava, inclusive, nos seus receituários médicos –, em clínicas clandestinas que não tinham autorização dos órgãos públicos para prestar serviço de saúde à população, e ainda com a utilização de formulários de exame emitidos pelo SUS, embora a clínica não fosse conveniada ao Sistema Único de Saúde.

   16. O atendimento filantrópico realizado há muitos anos antes do pleito ao qual os fatos estão vinculados não tem o condão de desconfigurar o abuso de poder na seara eleitoral, especialmente quando houver vinculação clara entre o agente prestador e o trabalho desenvolvido, mediante o enaltecimento de sua figura pública, o que ficou comprovado na espécie.

   17. A caracterização do abuso de poder independe da circunstancia de o ilícito ter sido praticado dentro ou fora do período eleitoral. Nesse sentido, esta Corte tem decidido que "inexiste óbice a que o abuso de poder seja reconhecido com base em condutas praticadas ainda antes do pedido de registro de candidatura ou do início do período eleitoral" (AgR–AI 514–75, red. para acórdão Min. João Otávio de Noronha, DJE de 2.6.2015).

   18. O contexto é agravado por se tratar de filantropia realizada no âmbito da saúde, cujo atendimento é notoriamente precário no nosso país, mormente nos estados do Nordeste, onde a população é mais carente e menos beneficiada pelos serviços públicos que, infelizmente, não são prestados satisfatoriamente pelo Estado.

   19. Tal conjuntura acarreta inegável situação de desequilíbrio entre os concorrentes, na medida em que a população atendida, diante do estado de carência e vulnerabilidade e também da necessidade de que os serviços continuem sendo prestados, sente-se naturalmente compelida a estabelecer vínculo de dívida com o agente que oferece tal benesse, circunstância que reflete negativamente na liberdade do voto e, por consequência, na lisura do processo eleitoral.

   20. A conduta filantrópica que, mesmo indiretamente, vincule o serviço oferecido à figura do agente prestador, que, no caso dos autos, também é agente político atuante em muitos mandatos na Assembleia Legislativa do Estado da Bahia, e então pré-candidato às Eleições de 2018, reverbera, inegavelmente no contexto do pleito, causando distúrbios que afetam o desenvolvimento regular e igualitário do processo eleitoral, conspurcando o fluxo natural do princípio democrático.

   21. A jurisprudência mais recente deste Tribunal está assentada no entendimento de que "o notório aproveitamento do deficiente sistema de saúde pública para intermediar e distribuir benesses, com o fim de obter votos da parcela carente, em afronta aos bens jurídicos tutelados no referido artigo – normalidade e legitimidade das eleições – é apto a ensejar a cassação de diploma" (AgR–REspe 162–98, rel. Min. Jorge Mussi, DJE de 15.5.2018).

   22. É importante destacar o entendimento manifestado por esta Corte no julgamento do aludido AgR-REspe 162–98, no qual ficou consignado que "cabe à Justiça Eleitoral apurar e punir, com rigor, prática de assistencialismo por pessoa que, visando obter votos para pleito futuro, manipula a miséria humana em benefício próprio ao aproveitar-se da negligência do Estado em inúmeras áreas com destaque para saúde, direito social garantido indistintamente a todos (arts. 6º e 196 da CF/88)".

sacramentar o entendimento de que uma vez cassado o registro ou diploma de candidato proporcional em razão da prática das condutas descritas nos artigos 222 e 237 do Código Eleitoral, devem ser considerados nulos, para todos os fins, os votos a ele atribuídos, restando inaplicável o disposto no art. 175, § 4º, do mesmo diploma legal[7].

A orientação anterior aproveitava os votos para o partido do cassado.

Os dispositivos invocados pelo referido julgado foram os seguintes:

> Art. 222. É também anulável a votação, quando viciada de falsidade, fraude, coação, uso de meios de que trata o Art. 237, ou emprego de processo de propaganda ou captação de sufrágios vedado por lei.
>
> Art. 237. A interferência do poder econômico e o desvio ou abuso do poder de autoridade, em desfavor da liberdade do voto, serão coibidos e punidos.

Pela doutrina, nos seus *Comentários ao Código Eleitoral* (2004, p. 288), Pedro Roberto DECOMAIN emprega a expressão "causas de

---

23. No julgamento do AI 621-41, rel. Min. Edson Fachin, DJE de 23.10.2018, este Tribunal assentou constituir "abuso do poder político e econômico a prática de assistencialismo, por meio da manipulação dos serviços oferecidos pelo sistema público de saúde, visando à obtenção de votos. Precedentes: AgR-REspe n° 162-98/RN, Rel. Min. Jorge Mussi, DJE de 15.5.2018 e RO n° 803269/RJ, Rel. Min. Herman Benjamin, DJE de 4.10.2016".

24. No caso em exame, a gravidade dos atos exsurge a partir do contexto da utilização pelo pré-candidato de bem essencial à vida, no caso, a saúde, mediante ampla divulgação por meio de cartazes e fotos, inclusive em adesivo afixado em veículo de passageiros, no qual eram transportados pacientes para os atendimentos médicos em cidade vizinha.

25. Não se pode negar o efeito multiplicador da conduta, considerado o número de atendimentos que, segundo afirmou uma das testemunhas arroladas pelo próprio investigado, seria de 80 pessoas por dia.

27. As provas produzidas nos autos levam à conclusão de que o assistencialismo praticado pelo recorrido acarretou lesividade ao pleito e desequilíbrio na disputa, mediante a utilização de artifícios para angariar a simpatia do eleitorado mais vulnerável, com vistas ao pleito de 2018, no qual o deputado foi reeleito com a grande maioria de

28. Cassado o registro ou diploma de candidato eleito sob o sistema proporcional, em razão da prática das condutas descritas nos arts. 222 e 237 do Código Eleitoral, devem ser considerados nulos, para todos os fins, os votos a ele atribuídos, sendo inaplicável à espécie o disposto no art. 175, § 4º, do mesmo diploma legal. Decisão tomada por maioria, tendo a corrente minoritária se manifestado pela aplicação prospectiva da referida orientação, em decorrência do princípio da segurança jurídica e do disposto no art. 218, II, e no art. 219, IV, da Res.-TSE 23.554.

29. O efeito suspensivo ope legis de que trata o § 2º do art. 257 do Código Eleitoral cessa com o julgamento do feito pelo Tribunal Superior Eleitoral, a partir do que a douta maioria entende possível a execução imediata do acórdão, mesmo antes da respectiva publicação.

7. Consolidou-se no Tribunal Superior Eleitoral esta orientação nulificando totalmente a votação do cassado. Confira-se, a propósito, os seguintes julgados: ARespEl nº 0600688-37/BA (DJE 30/08/2023); REspEl nº 0600707-22/RS (DJE 16/08/2023), ROEl nº 0601585-09/SE (DJE 10/06/2022), ROEl nº 0601423-80/AC (DJ 04/12/2020) e ROEl nº 0603902-35/BA (DOE 12/11/20).

anulabilidade da eleição" para se referir aos tipos e remições constantes do art. 222 da lei codificada.

O paradigma para o estabelecimento de novos corolários legais nesses casos de cassação foi tomado em sede de AIJE proposta pelo Ministério Público Eleitoral em desfavor de agente político (Secretário Municipal de Saúde) e de parlamentar estadual reeleito por alegada prática de abuso do poder econômico, abuso do poder político e de autoridade, além de conduta vedada decorrentes da prestação de atendimentos de saúde gratuitos direcionados à população em benefício do segundo. A Corte Regional concluiu por maioria, vencido o relator, que as provas produzidas não foram suficientes para comprovar as práticas abusivas. No recurso interposto, o MPE alegou estar comprovado que pessoas eram atendidas em clínicas clandestinas num município e posteriormente transportadas, as expensas do deputado estadual investigado para outro, onde tinham acesso a serviços de saúde do Sistema Único de Saúde (SUS) mediante burla ao processo de regulação.

Para o TSE, "ao oferecer à população carente um tipo de serviço essencial, em substituição à atuação do Estado, que seria o provedor natural, o agente atrai para si todos os benefícios advindos da sua atuação, em proveito da vulnerabilidade dos menos favorecidos, acarretando clara desigualdade entre os demais candidatos que se abstiveram de adotar a mesma conduta ou que não tiveram as mesmas condições de assim fazê-lo". Relativamente à captação ilícita de sufrágio, "de que não teria sido comprovada nos autos a existência de pedido de voto ou de que era exigido o título de eleitor como pressuposto para os atendimentos, é relevante destacar que a configuração do abuso do poder econômico prescinde de pedido expresso de votos, sendo necessária a demonstração de que a conduta seja praticada mediante o emprego desproporcional e excessivo de recursos patrimoniais, públicos ou privados, capaz de comprometer a paridade de armas entre os candidatos e que seja grave o suficiente para afetar a normalidade e a legitimidade das eleições".

Essa construção hermenêutica edificada pelo relator delineou a virada de entendimento em relação ao destino dos sufrágios obtidos pelo candidato cassado. Os votos que resultaram na tese vencedora basearam-se no mesmo fundamento, qual seja, que a incidência dos arts. 222 e 237 do Código Eleitoral foi decorrência da comprovação de ilicitudes severas, "que afetam a liberdade do voto, a igualdade entre os candidatos, a legitimidade e a normalidade do pleito, bens jurídicos de estrato constitucional e fundamentais ao Estado Democrático de Direito, situação em que não há falar em boa-fé dos envolvidos e beneficiários da votação maculada".

O regramento de regência da matéria, embora antigo e sem deixar maiores incertezas acerca da sistemática adotada pelo legislador no que está relacionado à anulação dos votos contaminados pelas ilicitudes nele descritas, ensejou uma geração de julgados mitigando-o. Coube à corrente vencedora do TSE neste julgamento, ao superar as hesitações e retrocessos da jurisprudência revogada, conferir plena aplicabilidade ao texto positivado. Em verdade, a solução perfilhada patenteou coerência. Não bastasse a expressa previsão do art. 222 do Código Eleitoral, carecia de lógica a hipótese dos votos pertencentes a um candidato cassado integrarem a soma do total de votos obtidos pelo seu partido. Neste sentido, o tratamento jurídico anterior, se a um lado assentava-se no princípio do *máximo aproveitamento do voto*, a outro desprestigiava o da paridade de armas ou da boa-fé recíproca entre os competidores. A orientação em vigor estebeleceu-se mais convincente ao optar pelo último.

De início, porque se a disputa das eleições equivale a uma competição, as regras do jogo valem para todos os inscritos. Depois, que é no mínimo contraditório haver a autenticação de quinhões de poder (votos, quocientes, cadeiras parlamentares, bancadas partidárias, horários de rádio e TV, fundos públicos) derivados de cassações determinadas pela prática de ilícitos eleitorais. Por fim, se afigura conflitante à regra-princípio da normalidade e legitimidade das eleições (CF, art. 14, §9º) atribuir valia a votos conferidos a quem restou sacado da representação popular exatamente por agir "em desfavor da liberdade do voto" (CE/65, art. 237), ou seja, solapando um valor democrático. Nessa ótica, como bem anotou com invulgar autoridade o ex-ministro da Justiça e do STF Prado KELLY (1966, v. 1, p. 255), "Voto é liberdade".

Para completar, deflui do novel posicionamento assentado que a cassação do mandato acompanhada da anulação dos votos atribuídos a deputados federais pode impactar na composição da Câmara dos Deputados e na distribuição do tempo de televisão a que cada partido tem direito no caso de o suplente imediato não pertencer à mesma agremiação.

1.3. ELEIÇÃO SUPLEMENTAR

Suplementar é a eleição de natureza extraordinária em relação à anterior anulada pela Justiça Eleitoral. Os eleitos suplementarmente completam o período remanescente do mandato original.

1.3.1. Norma de regência

A redação primitiva do art. 224 do Código Eleitoral refere:

> Art. 224. Se a nulidade atingir a mais de metade dos votos do país nas eleições presidenciais, do Estado nas eleições federais e estaduais ou do município nas eleições municipais, julgar-se-ão prejudicadas as demais votações e o Tribunal marcará dia para nova eleição dentro do prazo de 20 (vinte) a 40 (quarenta) dias.
>
> § 1º Se o Tribunal Regional na área de sua competência, deixar de cumprir o disposto neste artigo, o Procurador Regional levará o fato ao conhecimento do Procurador Geral, que providenciará junto ao Tribunal Superior para que seja marcada imediatamente nova eleição.
>
> § 2º Ocorrendo qualquer dos casos previstos neste capítulo o Ministério Público promoverá, imediatamente a punição dos culpados.

Com a edição da Lei 13.165 em 2015, foram acrescentados dois providenciais parágrafos ao artigo:

> §3º A decisão da Justiça Eleitoral que importe o indeferimento do registro, a cassação do diploma ou a perda do mandato de candidato eleito em pleito majoritário acarreta, após o trânsito em julgado, a realização de novas eleições, independentemente do número de votos anulados.
>
> §4° A eleição a que se refere o § 3º correrá a expensas da Justiça Eleitoral e será:
>
> I – indireta, se a vacância do cargo ocorrer a menos de seis meses do final do mandato;
>
> II – direta, nos demais casos.

A mudança efetivada no CE/65 engrandeceu tanto a democracia (CF/88, art. 1º, *caput*) quanto o voto (CF/88, art. 14, *caput*). Hodiernamente, vigora um novo patamar normativo em torno do escrutínio anulado pela Justiça Eleitoral. A legitimação de segundos colocados, revogada, a par de desmoralizar a Constituição Federal, causava perplexidade por conta da assertiva "Se a nulidade atingir a mais de metade dos votos". A atecnia presente ao *caput* do art. 224 evidenciava um dispositivo capaz de distorcer o próprio conceito de *maioria*.

Coube ao §3º clarificar as situações que geram o novo escrutínio:

- INDEFERIMENTO de registro,
- CASSAÇÃO de diploma e
- PERDA de mandato eletivo.

A primeira hipótese descrita está afeta ao registro. Uma vez indeferida a candidatura daquele que se sagrou o vencedor do pleito, sobrevém a sua necessária renovação:

> **ELEIÇÕES 2016. RECURSO ESPECIAL ELEITORAL. REGISTRO DE CANDIDATURA. PREFEITA ELEITA. DEFERIMENTO PELO TRE. CONDENAÇÃO EM AÇÃO DE IMPUGNAÇÃO DE MANDATO ELETIVO. ABUSO DO PODER ECONÔMICO. INELEGIBILIDADE. ART. 1º, I, D, DA LEI COMPLEMENTAR 64/90. INCIDÊNCIA. EXAURIMENTO DO PRAZO. DATA POSTERIOR AO PLEITO. FATO SUPERVENIENTE. NÃO CONFIGURAÇÃO. PROVIMENTO DO APELO NOBRE.**
>
> (...).
>
> 7. O indeferimento do registro do candidato mais votado para o cargo de prefeito acarreta, com a publicação do acórdão, a realização de novas eleições. Inconstitucionalidade da locução "após o trânsito em julgado" constante do § 3º do art. 224 do Código Eleitoral (ADI 5.525, rel. Min. Roberto Barroso, DJe de 19.3.2018).
>
> 8. Recurso especial a que se dá provimento para indeferir o registro de candidatura (...). Embargos de declaração julgados prejudicados. Questão de ordem não conhecida. Determinação de execução do acórdão mediante a sua publicação no DJe.[8]

As demais situações se interligam em sentido técnico-jurídico na medida em que a cassação do diploma leva automaticamente à perda o mandato.

São demandas aptas a anular eleições:

- Representações (RPs) pelos ilícitos descritos aos artigos 30-A, 41-A e 73 a 77 da Lei nº 9.504/97;
- Investigações Judiciais Eleitorais (IJEs) por Abuso de Poder (LC nº 64/90 c/c LC nº 135/10);
- Ações de Impugnação de Mandato Eletivo (AIMEs) por Abuso de Poder Econômico, Corrupção, Fraude e de Poder Econômico entrelaçado com Abuso de Poder Político (CF/88, art. 14, §§ 10 e 11);

8. TSE, REspe nº 24213/BA, DJE de 26/06/2019.

- Recursos Contra a Expedição de Diploma (RCED, Código Eleitoral, art. 262).[9]

A renovação do pleito majoritário nos moldes estipulados pela Lei nº 13.165/15 a partir das modulações efetivadas pelo Tribunal Superior Eleitoral e pelo Supremo Tribunal Federal vitalizou o Princípio da Soberania Popular (CF/88, art. 1º, Par. único). Este enunciado, firmando valor ao sufrágio universal (CF/88, art. 14, *caput*) e à vida política do país (CF/88, art. 1º, II e V), enaltece as seguintes diretrizes:

a) Supremacia do Princípio Fundamental republicano (CF/88, art. 1º, *caput*);

b) Supremacia do Princípio Fundamental federativo (CF/88, art. 1º, *caput*);

c) Supremacia do Princípio Fundamental do Estado Democrático de Direito (CF/88, art. 1º, *caput*);

d) Concretização dos Princípios da Soberania Popular (art. 14, *caput*), da Normalidade e da Legitimidade das eleições (CF/88, art. 14, §9º);

e) Valorização da jurisprudência de modo a "mantê-la estável, íntegra e coerente" (CPC, art. 926) e, com isso, imprimindo maior segurança jurídica ao tema.

Nessa linha, para bem situar, é de ser lembrado que as aludidas fundamentações constavam implícitas em diversos tópicos presentes à *Exposição de Motivos* do Projeto de Lei que tramitou inicialmente na Câmara dos Deputados (PL nº 5.735/13) e depois no Senado Federal (PL nº 75/15). A saber:

> A proposta visa à valorização da manifestação do eleitor. Se o candidato mais votado tiver seu registro cassado pela Justiça Eleitoral, independentemente da margem de votos que tenha obtido, deverão ser realizadas novas eleições, sem que o segundo mais votado (portanto, derrotado) seja considerado eleito.

Concluindo, é significativo anotar que o legislador ordinário priorizou a ideia de racionalização em torno desse assunto central da democracia que estava a merecer uma regulamentação específica. Neste sentido, constou da sua introdução:

9. Art. 262. O recurso contra expedição de diploma caberá somente nos casos de inelegibilidade superveniente ou de natureza constitucional e de falta de condição de elegibilidade.

As premissas que orientaram o projeto foram:

a) simplificar, desburocratizar e dar transparência ao processo eleitoral;

b) evitar a judicialização excessiva do processo eleitoral;

c) fortalecer a participação popular no processo eleitoral.

1.3.2. Trânsito em julgado

Desarrazoadamente, o §3º do art. 224 do Código Eleitoral previu a realização de pleito suplementar "após o trânsito em julgado" da decisão da Justiça Eleitoral. Porém, em 08/03/2018, no julgamento da ADI nº 5.525/DF, houve por bem o Pleno do STF declarar a inconstitucionalidade desta parte do CE/65 que o tornaria praticamente inaplicável. O TSE havia afirmado esta compreensão da mesma maneira nos Edcl-REspe nº 139-25/RS (DJE de28/11/2016):

> **FIXAÇÃO DE TESE. CUMPRIMENTO DA DECISÃO JUDICIAL E CONVOCAÇÃO DE NOVAS ELEIÇÕES.**
>
> 1. As hipóteses do caput e do § 3º do art. 224 do Código Eleitoral não se confundem nem se anulam. O caput se aplica quando a soma dos votos nulos dados a candidatos que não obteriam o primeiro lugar ultrapassa 50% dos votos dados a todos os candidatos (registrados ou não); já a regra do § 3º se aplica quando o candidato mais votado, independentemente do percentual de votos obtidos, tem o seu registro negado ou o seu diploma ou mandato cassado.
>
> 2. A expressão "após o trânsito em julgado", prevista no § 3º do art. 224 do Código Eleitoral, conforme redação dada pela Lei 13.165/2015, é inconstitucional.
>
> 3. Se o trânsito em julgado não ocorrer antes, e ressalvada a hipótese de concessão de tutela de urgência, a execução da decisão judicial e a convocação das novas eleições devem ocorrer, em regra:
>
> 3.1. após a análise dos feitos pelo Tribunal Superior Eleitoral, no caso dos processos de registro de candidatura (LC 64/90, arts. 3º e seguintes) em que haja o indeferimento do registro do candidato mais votado (art. 224, § 3º) ou dos candidatos cuja soma de votos ultrapasse 50% (art. 224, caput); e
>
> 3.2. após a análise do feito pelas instâncias ordinárias, nos casos de cassação do registro, do diploma ou do mandato, em decorrência de

> ilícitos eleitorais apurados sob o rito do art. 22 da Lei Complementar 64/90 ou em ação de impugnação de mandato eletivo.

Nesse julgado, com inteira procedência, anotou o relator:

> Como visto, a análise pragmática revela que o "eleito" não pode ser diplomado ou, se o for, pode ser afastado do exercício do mandato antes do trânsito em julgado da decisão, por força das regras contidas nos arts. 16-A da Lei 9.504/97; 15 da Lei Complementar 64/90 e 257 do Código Eleitoral.
>
> Em contrapartida, de acordo com o § 3º do art. 224, a realização da nova eleição ficaria condicionada ao trânsito em julgado da decisão, criando-se vácuo temporal indeterminado, com o preenchimento do cargo pelas pessoas que o podem exercer de forma efêmera, de acordo com as normas de regência.
>
> Note-se, a propósito, que, nas eleições majoritárias, os únicos sucessores do titular eleito são os candidatos ao cargo de vice, que concorrem em chapa única e indivisível, ou, no caso dos senadores, os suplentes que igualmente disputam a eleição em relação de subordinação, aproveitando votos conferidos ao titular.

Adiante, considerando o art. 91 do Código Eleitoral, fez constar:

> Vale recordar que, em face do princípio da unicidade das chapas, a cassação do titular por motivo eleitoral atinge a situação jurídica do vice ou dos suplentes, ainda que eles não sejam responsáveis ou causadores da nulidade.
>
> Excetuados os vices e os suplentes, todas as demais pessoas que figuram na ordem de sucessão do titular não são propriamente sucessoras, mas meros substitutos temporais, chamados a exercer o mandato pelo curto tempo necessário à realização de nova eleição.

Por fim, abordou a questão que circunda o exercício de um cargo público por aquele que não o disputou, com ênfase na sua provisoriedade:

> Assim, em qualquer dessas situações, admite-se que o poder seja exercido por quem não foi eleito para o cargo apenas por um curto espaço de tempo, como medida necessária para evitar que o Estado fique acéfalo enquanto a nova eleição é organizada.
>
> (...)

> O exercício prolongado do cargo por quem nem sequer para ele concorreu também viola o vetor constitucional previsto no art. 14, § 9º, da Constituição da República no que tange à necessidade de se observar a legitimidade da eleição. Ainda que a Constituição permita o exercício efêmero da função por membros de outros poderes pelo período necessário à realização de nova eleição, não há como reconhecer legitimidade para o exercício delongado do mandato a quem, para tanto, não foi eleito. A perpetuação do exercício do cargo por terceiro que não foi para ele eleito, até que ocorra o trânsito em julgado da decisão judicial, conflita, em seguida, com o princípio da celeridade dos feitos eleitorais e com a garantia fundamental prevista no inciso LXXVIII do art. 5º da Constituição da República, ainda mais quando a postergação do trânsito em julgado da decisão pode servir como estratégia de grupos políticos e ao propósito de perpetuar o exercício temporário do cargo ou inviabilizar, em alguns casos, a realização de eleições pela via direta, com a prolongação do momento de sua realização.

Ao remover a exigência do "trânsito em julgado", a interpretação prestigiou o interesse público e a legitimidade que reveste o exercício do poder, outrora à mercê de sofismas e ativismos revestidos de duvidosa constitucionalidade.

O desenlace da *eleição anulada* não poderia permanecer ao arrimo da roupagem original introduzida pelo §3º do art. 224, o qual, forçadamente, violentava o período de escoamento dos mandatos. De outra banda, a disfunção legislada em 2015 era manifesta. Veiculava um mote temporal descompassado onde aqueles que já estivessem cassados ou carecedores de registro, de duas, uma:

- ou seriam punidos tardiamente, muitas vezes anos depois de decisões que reprimiram ilícitos ou negaram candidatura; ou
- sequer fossem punidos face à interposição dos sucessivos recursos previstos perante as instâncias extraordinárias (TSE e STF) até o "trânsito em julgado".

No ponto, é primordial ter presente que quando se fala em mandato, o tempo é fator preponderante. O curso do tempo exerce influência na vida do direito, seja criando-o, transformando-o ou extinguindo-o. Aguardar a extinção das vias recursais para renovar pleitos natimortos ou já fulminados, além de expressar retrocesso em termos legislativos e notório esvaziamento das decisões judiciais, legitimaria os substitutos no exercício do poder, convertendo-os em sucessores de mandatos que não lhes pertenciam.

1.3.3. Forma da eleição

Havendo dupla vacância por *causa eleitoral* (v. nº 1.2.1), a eleição suplementar poderá ser direta ou indireta. Nesse ponto, há necessidade de se atentar para a dualidade de regimes jurídicos:

a) Para Presidente/Vice-Presidente da República – art. 81 da CF/88:

- DIRETA pelo eleitorado se a dupla vacância ocorrer no primeiro biênio do mandato;
- INDIRETA pelos 594 congressistas se a dupla vacância ocorrer no segundo biênio do mandato.

b) Para Governador/Vice-Governador e Prefeito/Vice-Prefeito – art. 224, §4º do Código Eleitoral:

- INDIRETAS pelos integrantes dos Poderes Legislativos se as vacâncias ocorrerem a menos de seis meses do final dos mandatos;
- DIRETAS pelo eleitorado, nas demais situações.

1.3.4. Abrangência para municípios com menos de duzentos mil eleitores e Senadores da República

Com relação à aplicabilidade da regra para os cargos majoritários simples definidos em turno único de votação, a ementa da Ação Direta de Inconstitucionalidade nº 5.619/DF (DJE de 07/08/2018) elucidou:

> **DIREITO CONSTITUCIONAL E ELEITORAL. AÇÃO DIRETA DE INCONSTITUCIONALIDADE. PREVISÃO, POR LEI FEDERAL, DE HIPÓTESES DE VACÂNCIA DE CARGOS MAJORITÁRIOS POR CAUSAS ELEITORAIS, COM REALIZAÇÃO DE NOVAS ELEIÇÕES. APLICABILIDADE DA NORMA ÀS ELEIÇÕES PARA PREFEITOS DE MUNICÍPIOS COM MENOS DE DUZENTOS MIL ELEITORES E PARA O CARGO DE SENADOR DA REPÚBLICA.**
>
> 1. O legislador ordinário federal pode prever hipóteses de vacância de cargos eletivos fora das situações expressamente contempladas na Constituição, com vistas a assegurar a higidez do processo eleitoral e a preservar o princípio majoritário.
>
> 2. Diferentemente do que ocorre com o Presidente e Senadores, a Constituição não estabelece expressamente uma única solução para hipótese de dupla vacância nos cargos de Governador e Prefeito. Assim, tratando-se de causas eleitorais de extinção do mandato, a competência para legislar a respeito pertence à União, por força do disposto no art.

22, I, da Constituição Federal, e não aos entes da Federação, aos quais compete dispor sobre a solução de vacância por causas não eleitorais de extinção de mandato.

3. Não ofende os princípios da soberania popular, da proporcionalidade, da economicidade e a legitimidade e normalidade dos pleitos eleitorais a aplicação de dispositivo que determina a realização de novas eleições no caso de decisão da Justiça Eleitoral que importe o indeferimento do registro, a cassação do diploma ou a perda do mandato de candidatos eleitos, independentemente do número de votos anulados, para cargos majoritários simples – Senador da República e Prefeito de Municípios com menos de duzentos mil eleitores.

4. Ação direta de inconstitucionalidade cujo pedido se julga improcedente. Fixação da seguinte tese: "É constitucional legislação federal que estabeleça novas eleições para os cargos majoritários simples – isto é, Prefeitos de Municípios com menos de duzentos mil eleitores e Senadores da República – em casos de vacância por causas eleitorais".

1.3.5. Vacâncias estaduais e municipais

Nos fundamentos constantes do voto que proferiu em 08/03/2018 à supramencionada Ação Direta de Inconstitucionalidade nº 5.619/DF, o relator efetuou importante distinção entre os institutos:

> 9. De fato, hoje é largamente difundida na doutrina eleitoral a distinção entre causas não eleitorais e eleitorais de extinção do mandato. As causas não eleitorais estão associadas a eventos e práticas que tomam lugar durante o exercício do mandato eletivo, o que pressupõe a regular diplomação do mandato e a legítima investidura no cargo. Algumas delas são sancionatórias, como a que se dá por condenação por crime de responsabilidade. Outras, porém, não decorrem de sanção, como é o caso da morte ou renúncia.
>
> 10. Já as causas eleitorais relacionam-se a atos ilícitos praticados durante o processo eleitoral, capazes de comprometer a lisura e higidez das eleições e a legitimidade do candidato vencedor nas urnas. Cuidam essas últimas causas, portanto, da validade da eleição, pressuposto do exercício legítimo do mandato. Elas impedem que o candidato que tenha obtido o maior número de votos nas urnas venha a ser proclamado eleito, diplomado ou mesmo investido no cargo. Em síntese, as duas causas estão associadas a momentos distintos, não havendo entre elas confusão alguma.
>
> (...).

> 18. (...). É que, tratando de causas eleitorais de extinção do mandato, a competência para legislar a respeito pertence à União, por força do disposto no art. 22, I, da Constituição Federal. Isto porque a matéria é eleitoral e não político-administrativa. Por essa razão, entendo não serem aplicáveis à espécie os precedentes desta Corte citados anteriormente.[10-11] Eles se aplicam ao regramento de causas não eleitoras de extinção do mandado, mas não às soluções dadas às hipóteses eleitorais, como as previstas no ato normativo impugnado. Dessa forma, entendo perfeitamente legítima a previsão de soluções legislativas federais às hipóteses de extinção de mandato de Governadores e Prefeitos por causas eleitorais.

De acordo com esta conclusão do Supremo Tribunal Federal, a Lei nº 13.165/15 incide verticalmente às duplas vacâncias estaduais e municipais

---

10 No que diz respeito aos ESTADOS-MEMBROS, para causas *não eleitorais*, a Excelsa Corte referendou a fundamentação de autonomia de rito na ADI nº 1.057-MC, DJ de 06/04/2001: AÇÃO DIRETA DE INCONSTITUCIONALIDADE - LEI Nº 6.571/94, DO ESTADO DA BAHIA - DUPLA VACÂNCIA DOS CARGOS DE GOVERNADOR E DE VICE-GOVERNADOR DO ESTADO - ELEIÇÃO PELA ASSEMBLÉIA LEGISLATIVA PARA O EXERCÍCIO DO MANDATO RESIDUAL - MATÉRIA CUJA DISCIPLINA NORMATIVA INSERE-SE NA COMPETÊNCIA POLÍTICO- -ADMINISTRATIVA DOS ESTADOS-MEMBROS - SIGILO DO VOTO NO ÂMBITO DO PODER LEGISLATIVO - EXCEPCIONALIDADE - PREVALÊNCIA DA VOTAÇÃO ABERTA - CONDIÇÕES DE ELEGIBILIDADE (CF, ART. 14, § 3º) E HIPÓTESES DE INELEGIBILIDADE (CF, ART. 14, §§ 4º A 9º) - APLICABILIDADE NECESSÁRIA AO PROCESSO DE ESCOLHA PARLAMENTAR DO GOVERNADOR E VICE-GOVERNADOR - MEDIDA CAUTELAR INDEFERIDA. - O Estado-membro dispõe de competência para disciplinar o processo de escolha, por sua Assembléia Legislativa, do Governador e do Vice-Governador do Estado, nas hipóteses em que se verificar a dupla vacância desses cargos nos últimos dois anos do período governamental. Essa competência legislativa do Estado-membro decorre da capacidade de autogoverno que lhe outorgou a própria Constituição da República. - As condições de elegibilidade (CF, art. 14, § 3º) e as hipóteses de inelegibilidade (CF, art. 14, § 4º a 8º), inclusive aquelas decorrentes de legislação complementar (CF, art. 14, § 9º), aplicam-se de pleno direito, independentemente de sua expressa previsão na lei local, à eleição indireta para Governador e Vice-Governador do Estado, realizada pela Assembléia Legislativa em caso de dupla vacância desses cargos executivos no último biênio do período de governo. - A cláusula tutelar inscrita no art. 14, *caput*, da Constituição tem por destinatário específico e exclusivo o eleitor comum, no exercício das prerrogativas inerentes ao status *activae civitatis*. Essa norma de garantia não se aplica, contudo, ao membro do Poder Legislativo nos procedimentos de votação parlamentar, em cujo âmbito prevalece, como regra, o postulado da deliberação ostensiva ou aberta. - As deliberações parlamentares regem-se, ordinariamente, pelo princípio da publicidade, que traduz dogma do regime constitucional democrático. A votação pública e ostensiva nas Casas Legislativas constitui um dos instrumentos mais significativos de controle do poder estatal pela Sociedade civil.

11. Para os Municípios, o STF deixou a mesma declaração na ADI nº 687, relatada pelo Ministro Celso de Mello e publicada ao Diário da Justiça de 10/02/2006: SUCESSÃO E SUBSTITUIÇÃO DO PREFEITO E DO VICE-PREFEITO DO MUNICÍPIO. - Não cabe, ao Estado-membro, sob pena de frontal transgressão à autonomia constitucional do Município, disciplinar, ainda que no âmbito da própria Carta Política estadual, a ordem de vocação das autoridades municipais, quando configuradas situações de vacância ou de impedimento cuja ocorrência justifique a sucessão ou a substituição nos cargos de Prefeito e/ou de Vice-Prefeito do Município. A matéria pertinente à sucessão e à substituição do Prefeito e do Vice-Prefeito inclui-se, por efeito de sua natureza mesma, no domínio normativo da Lei Orgânica promulgada pelo próprio Município. - Não se reveste de validade jurídico-constitucional, por ofensiva aos postulados da autonomia do Município (CF, arts. 29 e 30) e da separação de poderes (CF, art. 2º c/c o art. 95, parágrafo único, I), a norma, que, embora inscrita na Constituição do Estado-membro, atribui, indevidamente, ao Juiz de Direito da comarca, que é autoridade estadual, a condição de substituto eventual do Prefeito Municipal.

desdobradas de *causas eleitorais*. Para as hipóteses *não eleitorais* derivadas de renúncias, impedimentos ou outras modalidades de cassações de mandatos, existe autonomia legislativa assegurando a cada pessoa jurídica o direito de dispor se a eleição será direta ou indireta. Ato contínuo, duas questões inerentes a processos com essas nuances devem ser solvidas pelas respectivas Leis Orgânicas Municipais e Constituições Estaduais:

- Se a eleição será direta ou indireta;
- Se a indireta será por votação aberta ou fechada.

1.3.6. Normatização das eleições suplementares

Cassados os mandatos ou indeferidos os registros, o TSE, ante a omissão do legislador de um lado, e a partir das atribuições que lhe foram conferidas pelo inciso IX do art. 23 do Código Eleitoral de outro[12], estabeleceu normativas para as eleições suplementares mediante a expedição de resoluções.

Com efeito, a tecnologia viabiliza o processamento de mais de uma eleição no mesmo pleito utilizando uma só urna eletrônica por seção eleitoral. De conformidade ao disposto pelas Resoluções nºs 23.280 e 23.577[13], tornou-se possível realizar pleitos suplementares isolados ou concomitantemente[14] aos ordinários. Desta feita, havendo necessidade de ultimar novo pleito no segundo semestre do ano eleitoral, o mesmo poderá ser marcado para a data reservada à realização das eleições ordinárias, condicionado à prévia autorização da presidência do TSE mediante manifestação da Secretaria de Tecnologia da Informação quanto à inexistência de óbices técnicos.[15]

1.3.6.1. Impossibilidade de redução de prazos processuais

O Tribunal Superior Eleitoral designa anualmente o calendário das eleições suplementares para o exercício seguinte de acordo com critérios

12. Art. 23. Compete, ainda, privativamente, ao Tribunal Superior:
(...).
IX – expedir as instruções que julgar convenientes à execução deste código;

13. A Resolução TSE nº 23.332/2010 (revogada), alegando "questões técnicas inerentes aos sistemas eleitorais", vedava eleições suplementares nos mesmos dias das eleições ordinárias.

14. Não existe óbice, pela Constituição Federal, quanto à viabilidade de eleições suplementares em concomitância com o pleito ordinário.

15. Referida possibilidade se consumou na renovação da eleição para uma cadeira de Senador e suplentes no Estado de Mato Grosso. Por conta da pandemia do Covid-19, a mesma deixou de ser realizada na data designada (26 de abril de 2020) para ocorrer na mesma data do primeiro turno das eleições municipais de 15 de novembro do mesmo ano.

nacionais (Res.-TSE nº 23.280/2010). Sequencialmente, aos tribunais regionais impende a edição das resoluções que estabelecem as datas, normas e calendários para as eleições suplementares a serem realizadas nos estados e municípios (Código Eleitoral, art. 224, §1º). No exercício desta competência normativa, é vedado às cortes estaduais expedir instruções mitigando prazos de natureza processual. Com efeito, atos normativos secundários, por sua natureza integrativa, não podem comprometer garantias constitucionais, sobremodo aquelas que asseguram a ampla defesa e o devido processo legal, ambas classificados como direitos individuais. Noutras palavras: o poder regulamentar do Judiciário Eleitoral é restrito.

Observados esses postulados, é de ser ressaltado que os prazos constantes do art. 3º (impugnação de registro) e seguintes (defesa, inquirição de testemunhas, diligências, alegações finais, decisão, recursos) da Lei Complementar nº 64/90, por serem "peremptórios e contínuos" (art. 16), são insuscetíveis de alterações por outra via que não a legislativa. Por outro lado, o TSE tem admitido redução noutros prazos (*v.g.* convenções partidárias, propagada eleitoral, desincompatibilizações e domicílio eleitoral)[16], os quais, por sua natureza, se coadunam à excepcionalidade prescrita pelo disposto no art. 224 do Código Eleitoral dispondo que as novas eleições sejam realizadas entre 20 (vinte) a 40 (quarenta) dias após a anulação do pleito. Nesses casos, há que prevalecer a razoabilidade[17]. Como forma de aclarar as assertivas, vale citar excerto de voto do Recurso Especial Eleitoral nº 0600098-47/TO (PSESS de 29/05/2018)[18] assinalando: "Nessa

16. TSE, MS nº 572-64/BA, DJe de 1º/08/2011.

17. TSE, MS nº 3628-42/MG, DJe de 16/02/2011.

18. ELEIÇÕES SUPLEMENTARES 2018. RECURSO ESPECIAL ELEITORAL. REGISTRO DE CANDIDATURA. GOVERNADOR. AÇÃO DE IMPUGNAÇÃO. DOMICÍLIO ELEITORAL. REQUISITOS EM FORMAÇÃO NA ÉPOCA EM QUE PRODUZIDOS OS EFEITOS DA CONDENAÇÃO. POSTULADOS DA CONFIANÇA E DA SEGURANÇA JURÍDICA. PRECEDENTE DO STF. ART. 14, § 7º, DA CONSTITUIÇÃO FEDERAL. INAPLICABILIDADE. PRIMAZIA DO PRINCÍPIO IN DUBIO PRO SUFRAGIO. EXCEPCIONALIDADE DA ELEIÇÃO SUPLEMENTAR. FLEXIBILIZAÇÃO. PRAZOS. POSSIBILIDADE. DESPROVIMENTO.

1. Na origem, foi julgada improcedente a impugnação com base no não preenchimento da condição de elegibilidade relativa ao domicílio eleitoral e deferido o pedido de registro de candidatura de Márlon Jacinto Reis ao cargo de governador do Estado do Tocantins, nas eleições suplementares de 2018.

I. Cabimento do Recurso Ordinário

2. O acórdão objurgado desafia recurso especial, pois versa sobre condição de elegibilidade – domicílio eleitoral – e não se amolda, portanto, às hipóteses estritas de cabimento do recurso ordinário elencadas no art. 121, § 4º, III e IV, da CF, quais sejam: inelegibilidade, expedição ou anulação de diploma ou perda de mandato eletivo nas eleições federais ou estaduais.

II. Excepcionalidade das eleições suplementares e a proteção da confiança e da segurança jurídica

3. Embora esteja o pleito suplementar previsto no ordenamento jurídico pátrio, trata-se de evento anômalo que tem caráter absolutamente excepcional porque sua ocorrência pressupõe a anulação de sufrágio anterior, elaborado com a observância de todos os prazos e garantias previstos na Constituição e

perspectiva, em situações em que exista mais de uma interpretação crível, há de se privilegiar, sem sombra de dúvidas, aquela com menor restrição

---

na legislação infraconstitucional, com o objetivo precípuo de resguardar a normalidade e a legitimidade das eleições.

4. Na eventualidade de ser necessária a convocação de eleição complementar, deve-se atentar para a premissa de que o caráter excepcional de sua ocorrência conduz à relativa imprevisibilidade quanto ao momento de sua efetiva realização, de forma que os prazos e outras formalidades, por imperativo de lógica, devem ser adaptados ao contexto de singularidade que acidentalmente se impõe.

5. O contexto fático verificado no julgamento do RO nº 1220-86/TO demonstra a incerteza e a imprevisibilidade que marcaram a determinação de realização de novas eleições no Estado do Tocantins.

6. Se, à época em que o acórdão condenatório produziu seus efeitos práticos – no caso, 19.4.2018 –, os requisitos para concorrer ao certame ordinário encontravam-se em vias de perfectibilização, está plenamente evidenciada a boa-fé dos participantes já posicionados para a disputa do pleito convencional.

7. A incerteza e a imprevisibilidade quanto à efetivação de novo pleito recomendam a extraordinária mitigação de prazos que norteiam o processo eleitoral, adaptando-os à realidade, na perspectiva da prevalência do critério da razoabilidade, orientação que encontra respaldo na jurisprudência desta Corte.

III. O preciso espectro de incidência da decisão do Supremo (art. 14, § 7º, da CF/88) no RE nº 843.455/DF e a primazia do princípio do *in dubio pro sufrágio*.

8. A aplicação das hipóteses de inelegibilidade previstas do § 7º do art. 14 da Carta Magna às eleições suplementares, afirmada, em sede de repercussão geral, pelo STF, no Recurso Extraordinário nº 843.455/DF, restringe-se aos casos de inelegibilidade reflexa, objeto daquela lide, e não alcança outras temáticas relativas ao processo de registro, como as condições de elegibilidade, a exemplo da filiação e do domicílio eleitoral, ou as demais causas de inelegibilidade.

9. Em caso de dúvida razoável da melhor interpretação do direito posto, vigora, na esfera peculiar do Direito Eleitoral, o princípio do *in dubio pro sufragio*, segundo o qual a expressão do voto popular e a máxima preservação da capacidade eleitoral passiva merecem ser prioritariamente tuteladas pelo Poder Judiciário.

IV. Inexistência de diferença ontológica na natureza jurídica dos prazos constitucionais e infraconstitucionais

10. Não há falar na inquestionável primazia dos prazos eleitorais constitucionalmente estabelecidos em detrimento daqueles definidos na legislação infraconstitucional correlata.

11. Inexiste qualquer elemento de ordem ontológica que encerre uma diferença substancial entre os prazos expressamente especificados na Constituição da República e aqueles outros previstos nas normas infraconstitucionais eleitorais.

V. Possibilidade, para fins de eleições suplementares, de flexibilização do prazo de domicílio eleitoral

12. O Tribunal de origem, ao analisar os documentos juntados aos presentes autos eletrônicos, entendeu que o candidato demonstrou ter vínculos econômico, social, comunitário, afetivo e político com o Estado do Tocantins. Rediscutir tais premissas, para atender a pretensão recursal, exigiria o revolvimento de matéria fático-probatória, o que é inadmissível nesta instância especial (Súmula nº 24/TSE).

13. O princípio da anualidade, instituído no art. 16 da Carta Magna, por sua importância no regular transcurso dos processos eleitorais, não comporta flexibilização.

14. *In casu*, não se trata de decidir pela aplicabilidade ou não da regra da anterioridade, mas, sim, pela possibilidade de redução do próprio prazo estabelecido no art. 9º da Lei nº 9.504/97, antes da minirreforma eleitoral de 2017, haja vista a excepcionalidade que envolve a convocação de novas eleições.

15. Admite-se, no caso da realização de eleições suplementares, a redução de prazos previstos na legislação eleitoral, à exceção daqueles de natureza processual, que envolvem as garantias constitucionais da ampla defesa e do devido processo legal, o que não ocorreu na espécie. Precedentes do TSE.

16. Tendo o candidato providenciado a transferência de domicílio eleitoral para a circunscrição do pleito antes mesmo do acórdão condenatório produzir seus efeitos práticos (19.4.2018), não há que se falar na ausência de condição de elegibilidade relativa ao domicílio, no contexto excepcional da eleição suplementar.

17. Recurso especial desprovido, com a consequente manutenção do deferimento do registro de candidatura.

à participação no processo eleitoral. A dúvida, dessa forma, revolve-se em favor das candidaturas e de uma disputa eleitoral mais ampla, franca e desinibida, com menor influência direta (e artificial!) da Justiça Eleitoral".

1.3.6.2. Cadastro eleitoral

O universo de cidadãos aptos a exercer o direito de sufrágio nas eleições suplementares nem sempre é o mesmo da eleição anulada. Uma vez reaberto o processo eleitoral na sua inteireza, as eleições suplementares obedecem ao mesmo art. 91 da LE/97 que disciplina as eleições regulares. Porém, somente estarão habilitados a votar nesta nova rodada os eleitores inscritos até o 151º dia que anteceder o pleito. Nos 150 dias posteriores, o cadastro estará fechado, sendo insuscetível de atualizações. A delimitação do termo final para alistamento e transferência de eleitores mira essencialmente na organização do pleito. A jurisprudência tem se mostrado iterativa nesta condição.[19]

1.3.7. Casuística das eleições suplementares

- Justifica a necessidade de atuação das **tropas federais** se com a aproximação da data de realização do pleito suplementar para o cargo de prefeito, verifica-se que se instalou um forte clima de animosidade no município, marcado por episódios de violência e crimes eleitorais (TSE, PA nº 060184837/MA, DJe de 20/11/2018);
- Embora esteja o pleito suplementar previsto no ordenamento, trata-se de **evento anômalo** que tem **caráter absolutamente excepcional** porque sua ocorrência pressupõe a anulação de sufrágio anterior, elaborado com a observância de todos os prazos e garantias previstos na CF e na legislação infraconstitucional, com o objetivo precípuo de resguardar a normalidade e a legitimidade das eleições (TSE, RO nº 060008378/TO, PSESS de 29/05/2018);
- Na eventualidade de convocação de eleição complementar, deve-se atentar para a premissa de que o **caráter excepcional de sua ocorrência conduz à relativa imprevisibilidade** quanto ao momento de sua efetiva realização, de forma que os prazos e outras formalidades, por imperativo de lógica, devem ser adaptados ao contexto de singularidade que acidentalmente se impõe (TSE, RO nº 060008378/TO, PSESS de 29/05/2018);

19. MS nº 168383/CE, DJE de 09/03/2012; MS nº 47598/MA, DJE de 18/06/2010, MS nº 4228/SE, DJE de 01/09/2009.

- O período de interinidade no qual o presidente da Câmara assume o Poder Executivo em razão da vacância dos cargos de prefeito e vice-prefeito e sucessivamente o período que ocupou este cargo em decorrência de eleição suplementar (mandato tampão), constituem **frações de um só mandato** (TSE, REspe nº 15409/SP, DJE de 05/09/2017);
- **A proximidade das eleições municipais recomenda a realização de eleições suplementares na modalidade indireta**, ausente razoabilidade em movimentar a máquina pública e mobilizar o eleitorado para a eleição de titular do executivo cujo mandato findará em poucos meses (TSE, PA nº 20904/SC, DJE de 30/09/2016);
- A **competência para disciplinar as regras da realização de pleito suplementar é do Tribunal Regional Eleitoral**, nos termos do artigo 224 do Código Eleitoral (TSE, AgRg-MS nº 30298/RN, DJE de 13/11/2015);
- Na renovação de que trata o art. 224 do CE/65, o **exame da aptidão de candidatura** deve ocorrer no momento do pedido de registro, não se levando em conta a situação anterior do candidato na eleição anulada, a menos que ele tenha dado causa à anulação do pleito (TSE, REspe nº 36043/MG, j. 18/05/2010);
- A premissa segundo a qual os prazos relativos ao processo eleitoral hão de respeitar as normas do Código Eleitoral e da Lei nº 9.504/1997 deve ser sopesada com reservas, ante a dinâmica e a urgência de realizarem-se eleições suplementares, prevalecendo a razoabilidade. Viável é o encurtamento do **prazo para a escolha de candidatos e formação de coligações** (TSE, MS nº 3628-42/MG, DJ de 16/02/2011);
- O TSE já assentou que o exercício da chefia do executivo municipal, em caráter interino, e a posterior titularização do cargo, por eleição suplementar, constituem **frações do mesmo mandato, remanescendo a possibilidade de reeleição para um período subsequente** (TSE, CTA nº 39476/DF, DJE de 1º/12/2015);
- **Realizado o pleito suplementar**, **fica prejudicado o recurso relativo à eleição anulada** (TSE, REspe nº 16.372/SP, DJE de 12/06/2013);
- Na renovação da eleição de que trata o art. 224 do Código Eleitoral, **o exame da aptidão de candidatura deve ocorrer no momento do pedido de registro, não se levando em conta a situação anterior do candidato na eleição anulada**, a menos que ele tenha dado causa à anulação do pleito (TSE, REspe nº 36.043/MG, DJE de 25/08/2010);
- Candidato que não deu causa e nem se beneficiou com a anulação da eleição pode se candidatar no novo pleito (TSE, MS nº 4.215/SP (mon.), DJ 05/06/2009);
- A incerteza e a imprevisibilidade características da eleição suplementar autorizam a extraordinária **mitigação do prazo mínimo de 6 (seis) meses de filiação partidária** (TSE, AgRg-REspe nº 060009677/TO, PSESS de 25/06/2018).

1.4. SISTEMAS ELEITORAIS

A Constituição Federal de 1988, a exemplo das cartas republicanas anteriores, adotou dois sistemas eleitorais: o majoritário e o proporcional.

1.4.1. Sistema majoritário

Cargos eletivos a serem preenchidos pelo sistema majoritário:

1) Presidente e Vice-Presidente da República (art. 77, §2º);
2) Governador e Vice-Governador de Estado (art. 28);
3) Governador e Vice-Governador do DF (art. 32, §2º);
4) Prefeito e Vice-Prefeito Municipal (art. 29, I e II);
5) Senadores da República e Suplentes (art. 46).

1.4.2. Sistema proporcional

Cargos eletivos a serem preenchidos pelo sistema proporcional:

1) Deputados Federais (art. 45);
2) Deputados Estaduais (art. 27);
3) Deputados Distritais (art. 32, §3º);
4) Vereadores (art. 29, IV).

Capítulo

2

COLIGAÇÕES

2.1. FONTES LEGAIS

O termo *coligação* como hoje é concebido foi introduzido no Direito Eleitoral brasileiro pela Lei nº 5.682, de 21 de julho de 1971. O art. 6º da Lei Orgânica dos Partidos Políticos (LOPP) proibia as *coligações partidárias*.

Atualmente consta à Lei nº 9.504/97, conforme a alteração estabelecida ao seu texto primitivo pela Lei nº 14.211, de 1º/10/2021:

> Art. 6º É facultado aos partidos políticos, dentro da mesma circunscrição, celebrar coligações para eleição majoritária.

Antes, com o advento da Emenda Constitucional nº 97, de 4 de outubro de 2017, já estava "assegurada aos partidos políticos autonomia para definir (...) o regime de suas coligações nas eleições majoritárias, vedada a sua celebração nas eleições proporcionais".

2.2. CONCEITOS

A palavra *coligação* se afirmou como sinônimo de aliança eleitoral. Analistas e compêndios de Ciência Política também fazem referência à *coalizão,* porém, enfatizando uma base parlamentar para governos. Na prática, trata-se de uma modalidade de conglomerado político de atuação (absolutamente) peculiar formalizada entre duas ou mais agremiações que, sob a forma de pessoa jurídica temporária, desenvolve campanha eleitoral, arrecada recursos e busca cooptar votos. Em termos legais, a coligação prescinde de número mínimo de partidos associados. Também não há - nunca houve - nenhuma exigência de que as siglas associadas tenham afinidade. Predomina, nessa junção política, o interesse eleitoral manifestado pela livre vontade de seus integrantes.

De acordo com o *Glossário* do Tribunal Superior Eleitoral, "Coligação é a união de dois ou mais partidos com vistas na apresentação conjunta de candidatos a determinada eleição. A coligação, apesar de não possuir personalidade jurídica civil, como os partidos, é um ente jurídico com direitos e obrigações durante todo o processo eleitoral. É uma entidade jurídica de direito eleitoral, temporária, com todos os direitos assegurados aos partidos, e com todas as suas obrigações, inclusive as resultantes de contratos com terceiros, e as decorrentes de atos ilícitos"[1]. Em resumo: as coligações são suprapartidárias e transitórias.

2.3. LIBERDADE DE COLIGAÇÃO

A CF/88, a contar da Emenda Constitucional nº 52 (DOU de 09/03/2006), autoriza os partidos políticos a adotar seus critérios de escolha sem qualquer obrigatoriedade de vinculação entre as candidaturas em âmbito nacional, estadual, distrital ou municipal.

Assentada esta liberdade, a sistemática vigente no país permite a formação de alianças aleatórias, confeccionadas visando somar segundos de rádio e televisão por vezes através de um "reunião puramente circunstancial de partidos" (ADI nº 7.021/DF MC-Ref), "com o objetivo de participar das eleições, tendo duração finita no tempo" (CONEGLIAN, 2012, p. 47) visando somente atingir "o melhor resultado em um escrutínio majoritário" (PORTO, 2000, p. 139).

Nos termos do§1º do art. 17 da CF/88 com a redação que lhe foi dada pela Emenda Constitucional nº 97, de 2017, a coligação é uma opção política para a apresentação de candidatos aos cargos de presidente, governador, prefeito, senador, vices e suplentes, observados os preceitos constantes dos estatutos e disposições partidárias.

1. http://www.tse.jus.br/eleitor/glossario/glossario-eleitoral

Para disputar as eleições proporcionais tal associação é vedada.

Acerca do instituto, cabível recordar que, para a eleição de 2002, o TSE estabeleceu a seguinte premissa: os partidos que haviam ajustado coligação para eleição de presidente não poderiam formar coligações para eleição de governador, senador, deputado federal e deputado estadual ou distrital com outros partidos políticos que tivessem, isoladamente ou em aliança diversa, lançado candidato à eleição presidencial (Res./TSE nº 21.002/02)[2]. Esse engessamento conhecido como *Verticalização* foi mantido para o pleito de 2006 através da Res./TSE nº 22.161/06[3], posteriormente ratificada pelo STF (ADI nº 3.685, Tribunal Pleno, j. em 22/03/2006). Com a entrada em vigor da EC nº 52, o artificialismo foi riscado do cenário jurídico-político.

2.4. DENOMINAÇÃO

A Constituição Federal protege a liberdade de manifestação do pensamento, mas acertadamente veda o anonimato (CF/88, art. 5º, IV). Além da Justiça Eleitoral, é necessário assegurar que os demais partícipes do processo saibam quem é o responsável pela veiculação da propaganda eleitoral. Por força disso, a coligação deve ter denominação própria. Para tal desiderato, é admitida a junção de todas as siglas dos partidos que a integram. Trata-se de uma exigência, e não opção. É necessário atribuir uma designação.

---

2. Consulta. Coligações. Os partidos políticos que ajustarem coligação para eleição de presidente da República não poderão formar coligações para eleição de governador de estado ou do Distrito Federal, senador, deputado federal e deputado estadual ou distrital com outros partidos políticos que tenham, isoladamente ou em aliança diversa, lançado candidato à eleição presidencial. Consulta respondida negativamente. (DJ de 15/03/2002, p. 183, votos vencidos).

3. Consulta. Verticalização. Questionamento. Referência. Possibilidade. Partido político. Orientação. Resolução. Órgão. Nacional. Direção partidária. Publicação. Diário Oficial da União. Prazo. Limite. Cento e oitenta dias. Anterioridade. Eleições. Estabelecimento. Regras. Autorização. Coligação híbrida. Relativamente. Eleições. Estado. Dissociação. Coligação nacional. Interpretação. Art. 7º, § 1º, da Lei nº 9.504/97. Impossibilidade. Manutenção. Entendimento. TSE. Apreciação. Consulta nº 715. Segurança jurídica. Observância. Restrição. Filiação. Art. 18 da Lei nº 9.096/95. 1. Embora reitere que a matéria deveria estar na exclusiva alçada dos partidos políticos, a partir do momento em que se aciona o mecanismo de consulta de que trata o inciso XII do art. 23 do Código Eleitoral, o Tribunal tem de se pronunciar e a questão passa a ser examinada exclusivamente sob o prisma jurídico. 2. Ainda que as coligações sejam objeto de deliberação nas convenções partidárias que se realizam no período de 10 a 30 de junho de ano eleitoral (art. 8º da Lei nº 9.504/97), quando entendo que efetivamente se inicia o processo eleitoral, é convir que a impossibilidade de mudança de partido em face do termo de um ano, de que cuida o art. 18 da Lei nº 9.096/95, impede que a eventual mudança - legislativa ou interpretativa - produza efeitos ou tenha eficácia retrooperante, ao arrepio de situações consolidadas pelo tempo. 3. Não tendo havido nenhuma mudança legislativa ou interpretativa até um ano antes da eleição, muitos cidadãos, ou mesmo detentores de mandato eletivo, tinham a real e efetiva expectativa de que a regra da verticalização estaria valendo para a eleição que se avizinha. "(...) Essa circunstância, indiscutivelmente, sensibiliza-me a votar pela manutenção do que se decidiu na Consulta nº 715 (...)".

   Consulta a que se responde negativamente. (DJ de 28/04/2006, p. 139, votos vencidos).

Sendo constituída por siglas dotadas de denominação própria, exige-se uma identificação nominal para esta entidade de caráter temporário que terá o mesmo tratamento e as mesmas prerrogativas e obrigações de um partido político durante o curso do processo eleitoral, desde as convenções partidárias, até a diplomação dos eleitos.

Aqui, entretanto, duas exceções foram estabelecidas pelo legislador de 2009:

- a denominação atribuída não poderá: (a) coincidir, (b) incluir ou (c) fazer referência a nome ou número de candidato;
- conter pedido de voto para partido político.

Para a eleição majoritária, a coligação usará obrigatoriamente, na sua denominação, as legendas de todos os partidos que a integram.

2.5. PERSONALIDADE JURÍDICA E LEGITIMIDADE PROCESSUAL

De acordo com o § 1º do art. 6º da Lei nº 9.504/97, a coligação, tão logo oficializada perante o órgão da Justiça Eleitoral responsável pelo registro das candidaturas, deverá funcionar como um só partido no relacionamento com aquela, bem como no trato dos interesses interpartidários. Para isso, assume a condição de "uma pessoa jurídica formal" (CONEGLIAN, 2012, p. 47) *pro tempore* (TSE, AgREspe nº 24.531/BA, DJ 30/09/2005) de caráter unitário.

Por força dessa determinação de assumir a feição de *partido único*, verdadeira ficção legal, os partidos coligados abdicam momentaneamente de sua autonomia em função da unidade jurídica materializada na aliança. Para as demais situações e exercício de direitos, os partidos mantem sua identidade e autonomia inalteradas:

> **ELEIÇÕES 2004. REGISTRO DE CANDIDATO. COLIGAÇÃO PARA O PLEITO MAJORITÁRIO. DESISTÊNCIA DE CANDIDATOS. EXTINÇÃO DA COLIGAÇÃO. SUBSTITUIÇÃO PROCESSUAL NÃO ADMITIDA. EXTINÇÃO DO PROCESSO SEM JULGAMENTO DO MÉRITO.**
>
> Constituem-se as coligações partidárias por interesse comum para finalidade determinada - disputar eleição específica. A desistência dos candidatos, sem que a coligação lhes indique substitutos, extingue a coligação.
>
> Sendo a coligação partidária pessoa jurídica *pro tempore* (Lei nº 9.504/97, art. 6º e seu § 1º), não se confunde com as pessoas individuais dos partidos políticos que a integram, ainda que todos.

> Os partidos políticos integrantes de uma coligação não a sucedem para o fim de substituição processual.
>
> A perda da legitimação da parte implica extinção do processo sem julgamento do mérito (CPC, art. 267, VI).[4]

Ainda em relação às coligações, na ausência de disciplina expressa, outras peculiaridades do seu regime jurídico devem ser assinaladas a partir da jurisprudência firmada pelo TSE:

- Derivam do acordo de vontades das agremiações partidárias, o qual é deliberado nas suas respectivas convenções, e não no ato de homologação da Justiça Eleitoral (REspe nº 15.529/RR);
- A partir de tal ajuste, aquele partido que estiver coligado não possui legitimidade para, isoladamente, impugnar registro de candidatura (REspe nº 41.662/SC), propor Investigação Judicial Eleitoral (REspe nº 25.015/SP) ou a Representação disciplinada pelo art. 96 da Lei nº 9.504/97 (AREspe nº 22.107/SP);
- A coligação é parte legítima para impugnar o Demonstrativo de Regularidade de Atos Partidários (DRAP) da coligação adversária com fundamento em fraude na redação das atas das convenções dos partidos que a integram, haja vista que não se trata de mera irregularidade, mas sim, de fato relevante que pode alterar significativamente a lisura do processo eleitoral, nao se tratando, portanto, de matéria *interna corporis*[5]. Caso a coligação não tenha impugnado o pedido de registro de candidatura, não poderá ingressar no feito na qualidade de assistente (Súmula nº 11/TSE)[6].

Mas não fica somente nisso. Consoante a Súmula nº 53 do Tribunal Superior Eleitoral[7], o filiado a partido político, ainda que não seja candidato, possui legitimidade e interesse para impugnar pedido de registro de coligação partidária da qual é integrante em razão de eventuais irregularidades havidas na convenção[8]. Já o partido coligado possui legitimidade para atuar de forma isolada no processo eleitoral somente quando questionar a validade da sua própria coligação, e mesmo assim, apenas durante o período compreendido entre a data da convenção e o termo final do prazo para a impugnação do registro.

4. TSE, EARESPE nº 24531/BA, DJ de 30/09/2005 (RJTSE 16/4/231).
5. TSE, AgR-REspe nº 13152/PI, DJE de 27/05/2013.
6. TSE, AgR-REspe nº 28514/SP, PSESS de 30/10/2012.
7. Publicada no DJE de 24, 27 e 28/06/2016.
8. Precedentes do TSE que antecederam o verbete: RCand nº 73976/DF (PSESS de 21/08.2014); AgR-REspe nº 32.625/PA (PSESS 26/11/2008); RO nº 343/AM (PSESS de 30/09/1998); RO nº 191/TO (PSESS de 02/09/1998).

Possui legitimidade ativa para agir isoladamente o partido político que, apesar de já ter realizado a sua convenção partidária, ainda aguardava, no momento da propositura da representação, pela perfectibilização da coligação, a qual somente se dá com a conjugação da vontade das vontades das demais agremiações.[9]

Como desdobramento lógico do entendimento acima, o partido político tem legitimidade para prosseguir, isoladamente, em feito que ajuizou antes de se coligar.[10]

Após o transcurso das eleições, os partidos até então coligados voltam a ter capacidade processual dispondo de legitimidade para, isoladamente, propor representações que envolvam a cassação de diplomas e/ou a imposição de inelegibilidade (AgR-REspe nº 9-58/SP)[11], podendo articular Ação de Impugnação de Mandato Eletivo (AgR-AI nº 69590/AM, AgR-AI nº 94192/AL, REspe nº 21.218/MG e AG nº 1.863/SE) e interpor Recurso Contra a Expedição de Diploma (AgR-REspe nº 36398/MA, REspe nº 25.269/SP, RCED nº 674/RS, RCED nº 643/SP e RCED nº 652/SP).

2.6. REPRESENTANTES OU DELEGADOS

As siglas integrantes da coligação deverão designar um representante legal que terá atribuições equivalentes às de presidente de partido político para atuar no trato dos interesses e na representação da coligação no que se refira ao processo eleitoral. Ao invés disso, a coligação poderá optar por ser representada por delegados credenciados pelos partidos que a compõem. A opção do critério - representante único ou pluralidade de delegados - é assunto interno da coligação relativamente aos seus interesses e estratégias. A lei também silenciou sobre a paridade de delegados por agremiação.

O número de delegados varia de acordo com a instância de credenciamento:

Zona Eleitoral	T R E	T S E
3 (três) Delegados	4 (quatro) Delegados	5 (cinco) Delegados

9. TSE, AREspE nº 060004050/PR, DJE de 22/09/2021.
10. TSE, REspe nº 14-29/PE, DJE de 11/9/2014.
11. J. 03/11/2016.

Capítulo

3

CONVENÇÕES PARA ESCOLHA DE CANDIDATOS

3.1. FONTES LEGAIS

Além das normas e princípios que os estatutos partidários estabelecem para a realização das suas convenções, deverão ser igualmente obedecidas as regras constantes do art. 8º da LE/97 com a redação de 2015.

Redação original da Lei nº 9.504/97	Redação da Lei nº 12.891/13	Redação da Lei nº 13.165/15
Art. 8º A escolha dos candidatos pelos partidos e a deliberação sobre coligações deverão ser feitas no período **de 10 a 30 de junho** do ano em que se realizarem as eleições, lavrando-se a respectiva ata em livro aberto e rubricado pela Justiça Eleitoral.	Art. 8º A escolha dos candidatos pelos partidos e a deliberação sobre coligações deverão ser feitas no período **de 12 a 30 de junho** do ano em que se realizarem as eleições, lavrando-se a respectiva ata em livro aberto, rubricado pela Justiça Eleitoral, publicada em 24 (vinte e quatro) horas em qualquer meio de comunicação.	Art. 8º A escolha dos candidatos pelos partidos e a deliberação sobre coligações deverão ser feitas no período **de 20 de julho a 5 de agosto** do ano em que se realizarem as eleições, lavrando-se a respectiva ata em livro aberto, rubricado pela Justiça Eleitoral, publicada em vinte e quatro horas em qualquer meio de comunicação.

3.2. CONCEITO

Convenções são eventos que oficializam as candidaturas de filiados aos cargos que estarão em disputa no pleito ou deliberam sobre assuntos de interesse partidário. Embora geralmente tenham contornos festivos e sirvam para ajustes internos das agremiações em vista de seus interesses, também são atos com repercussão no mundo jurídico. As deliberações estabelecidas pelas convenções são formais e vinculam candidatos e dirigentes.

3.3. PERÍODO PARA REALIZAÇÃO

A redação original da Lei nº 9.504/97 estabelecia vinte e um dias para a realização das convenções. A Lei nº 12.891/13 subtraiu dois dias. O regramento atual prevê pouco mais de duas semanas.

Tratando-se de prazo contínuo, qualquer dia entre 20 de julho e 5 de agosto do ano em que se realizarem as eleições é válido. A lei não estabeleceu datas complementares para a sua ocorrência. Portanto, este é o único período legal demarcado para que o partido se habilite ao pleito. O escoamento do prazo decadencial sem a realização da convenção inviabiliza juridicamente a apresentação de candidaturas e a formalização de coligações. De outra parte, não há impedimento para que além dos dias úteis, os eventos partidários destinados à escolha de candidatos ocorram aos sábados, domingos e feriados. Esta é uma decisão exclusivamente partidária.

De outro lado, segundo já afirmou o TSE, é admissível que a convenção delegue à Comissão Executiva ou a outro órgão partidário competente a formação de coligação ou a escolha de candidatos até o prazo previsto no art. 11 da Lei nº 9.504/97.[1]

3.4. PROPAGANDA INTRAPARTIDÁRIA

A convenção, como o seu próprio nome anuncia, é partidária. Trata-se de um ato *interna corporis* por excelência, portanto fechado e restrito que descende diretamente da Constituição Federal (art. 17, §1º), encontrando disciplina na Lei nº 9.096/95 (art. 3º).

1. AgRg-REspe nº 060079749 (PSESS de 11/12/2018) e REspe nº 30.584/MG (*PSESS* de 22/09/2008).

Ocorrendo no âmbito da agremiação e destinando-se à seleção e homologação dos filiados que representarão a legenda no pleito, o evento não está subordinado aos ditames aplicáveis à propaganda eleitoral. Por outro lado, na ausência de norma legislada regulamentando a realização das convenções, as mesmas devem ocorrer na forma preconizada pelo Estatuto da agremiação.[2]

Nos termos do § 3º do art. 36 da Lei nº 9.504/97 - que pode ser estendido às convenções - não há veto ao uso de faixas, balões, bandeirolas, *banners* e cartazes para a propaganda intrapartidária, desde que em local próximo ou no interior do prédio da sua realização, com mensagens direcionadas exclusivamente aos correligionários, e não ao público em geral. Estas são propagandas voltadas à intimidade do partido e de seus filiados. Por outras palavras: convergem para dentro da instituição. Neste sentido, em caráter análogo, são admissíveis as orientações contidas na Consulta nº 1.673/DF (DJE de 1º/09/2009) e no REspe nº 19.162/SP, (DJ de 17/08/2001).

O precedente que refletiu nesta normatização (Agravo Regimental no Agravo de Instrumento nº 362814/RJ) traz a seguinte ementa:

> **AGRAVO REGIMENTAL. AGRAVO DE INSTRUMENTO. PROPAGANDA ELEITORAL. PRÉVIAS. CONVENÇÕES PARTIDÁRIAS. OSTENSIVIDADE E POTENCIAL DE ATINGIR OS ELEITORES EM GERAL. PROPAGANDA ANTECIPADA CONFIGURADA. NÃO PROVIMENTO.**
>
> 1. A utilização de faixas, cartazes e carros de som é permitida nas prévias e nas convenções partidárias desde que a mensagem seja dirigida aos filiados e que o âmbito intrapartidário não seja ultrapassado. Precedente.
>
> 2. Na espécie, o Tribunal de origem afirmou que a publicidade veiculada durante a realização de convenção intrapartidária foi ostensiva e com potencial de atingir os eleitores em geral.
>
> 3. Agravo regimental não provido.[3]

3.5. OPOSIÇÃO ÀS DIRETRIZES NACIONAIS

Diz com as ocorrências de insubordinação. Se a convenção de nível inferior se opuser, na deliberação sobre coligações, às diretrizes postas

2. TSE, AgR-REspe nº 70280/SC, PSESS de 03/10/2014.
3. TSE, DJE de 22/04/2013, p. 71.

estatutariamente pela direção nacional, o órgão detentor da *competência das competências* poderá anular aquela, assim como os atos dela decorrentes. Diante da clara redação estabelecida pela Lei nº 12.034/09 para o § 2º do art. 7º da Lei nº 9.504/97, a legitimidade para promover a anulação das deliberações tomadas por órgão municipal é exclusiva da Direção Nacional da agremiação.[4]

De igual modo, a contrariedade à diretriz do órgão partidário estadual não autoriza seja anulada a convenção da comissão municipal que versar sobre coligação, uma vez que a ofensa há de ser, necessariamente, à orientação cravasa pelo órgão nacional, a quem compete, com exclusividade, declarar a nulidade desse ato, nos termos do já citado dispositivo.[5]

3.6. LOCAL DE REALIZAÇÃO

Normalmente os partidos políticos não dispõem de sedes suficientemente amplas de modo a acomodar adequadamente os convencionais. Para realizar as suas convenções, eles poderão utilizar gratuitamente qualquer prédio público, responsabilizando-se civilmente por eventuais danos causados durante o evento. A normatização possibilita aos interessados escolher o local público que lhe for conveniente, não havendo nenhuma exigência de que o ato partidário ocorra exclusivamente junto às sedes do Poder Legislativo. Nos termos das últimas resoluções expedidas pelo TSE, as agremiações deverão comunicar, por escrito, ao responsável pelo local escolhido com a antecedência mínima de 72 horas, a intenção de ali realizar a convenção. Na hipótese de coincidência de datas com outros partidos interessados, será observada a ordem de protocolo dos pedidos. Esta exceção para que os partidos possam utilizar próprios públicos é a mesma constante do inciso I, do art. 73, da Lei nº 9.504/97.

3.7. ATA

A ata é o documento oficial que registra a sequência de acontecimentos ocorridos numa convenção (debates, propostas apresentadas e discutidas, votações, homologações, os números dos candidatos proporcionais, as variações nominais). É o registro histórico do evento. Além de obrigatória,

4. TSE, AgR-REspe nº 5844/PR, PSESS de 06/11/2012.
5. TSE, REspe nº 11403/BA,DJE de 22/08/2013.

goza de tamanha importância a ponto de ser indispensável para a efetivação do registro das candidaturas (art. 11, §1º, I).

A Lei nº 9.504/97 determina que a ata partidária seja rubricada pela Justiça Eleitoral. Para satisfazer singela determinação, descabe ao órgão julgador avaliar o conteúdo do documento, porquanto não se trata de um ato jurisdicional, mas meramente cartorário. A análise das atas partidárias, sob o prisma da verificação de deliberação sobre a formação de coligação, é exigida da Justiça Eleitoral como condição para o julgamento de Demonstrativo de Regularidade de Atos Partidários (DRAP).[6]

Também no plano penal aludida transcrição é revestida de garantias. O Código Eleitoral, por três de seus artigos (349, 350 e 354), criminaliza as condutas de falsificação, alteração e omissão ou inserção de declaração falsa em atas e o seu uso com fins eleitorais.[7]

3.8. DIVERGÊNCIAS INTERNAS E VIOLAÇÕES ESTATUTÁRIAS

Conforme o festejado constitucionalista lusitano José Joaquim Gomes CANOTILHO (2010, p. 315), "partidos políticos são associações privadas com funções constitucionais".

Sabe-se que o direito não socorre aos que dormem, porém, deve acudir aqueles que estão bem acordados[8]. Sendo assim, a Justiça Eleitoral dispõe de competência para conhecer de litígio onde é suscitada ilegalidade a partir de ato praticado no âmbito partidário com reflexos no processo eleitoral.

---

6. TSE, REspe nº 060072328, PSESS de 30/10/2018.

7. AGRAVO REGIMENTAL. RECURSO ESPECIAL. HABEAS CORPUS. ELEIÇÕES 2008. CRIME. ART. 354 DO CÓDIGO ELEITORAL. DOCUMENTO FALSO. TRANCAMENTO. AÇÃO PENAL. IMPOSSIBILIDADE. DESPROVIMENTO.
   1. No caso, o TRE/BA trancou ação proposta pela prática do crime do art. 354 do Código Eleitoral (falsidade de ata partidária), consistente em inclusão indevida do nome da agravante como candidata ao cargo de vereador de Itabuna/BA nas Eleições 2008. O recurso especial foi provido para se retomar o curso da ação.
   2. Trancamento de ação penal por meio de habeas corpus é medida extraordinária que se justifica somente quando evidenciadas atipicidade da conduta, ausência de indícios de autoria ou extinção da punibilidade. Precedentes. 3. Segundo a Corte Regional, das duas atas contidas nos autos, uma com o nome da agravante e outra não, esta última seria falsa, o que afastaria a autoria do crime por parte dela, ao passo que, na denúncia, o Parquet aduz exatamente o contrário, ou seja, que a falsificação teria ocorrido na primeira. Assim, existindo controvérsia acerca desse fato, é incabível, de plano, trancar a ação penal.
   4. Ademais, juízo valorativo acerca de idoneidade de uma ou de outra ata deve ser feito à luz de elementos colhidos durante a fase probatória. É indispensável, portanto, instrução para oitiva de testemunhas, exame pericial, dentre outras provas, e que se profira, ao fim, sentença de mérito - condenatória ou absolutória - imputando ou não o fato delituoso à agravante. 5. Agravo regimental não provido. (TSE, Agravo Regimental em Recurso Especial Eleitoral nº 15012/BA, DJE de 29/09/2016).

8. STF, Tribunal Pleno, EMB.DECL. NOS EMB.DIV. NOS EMB.DECL. NOS EMB.DECL. NO AG.REG. NO AGRAVO DE INSTRUMENTO Nº 703.269/MG, j. 05/03/2015.

Sob esse prisma, os filiados têm o direito de arguir desde erros de procedimento até crimes praticados durante a realização das convenções. Os vícios e nulidades ocorridos nesses eventos não estão imunes da jurisdição especializada, os quais podem ser alegados pelos prejudicados e invalidados pelo órgão competente.

As divergências internas decorrentes de enfrentamentos entre correligionários, embora comuns e até naturais, são passíveis de apreciação judicial diante de ofensas aos direitos e garantias que a todos estão assegurados. Esta modalidade de controle jurisdicional não vulnera a autonomia das agremiações preceituada ao § 1º do art. 17 da Carta Magna, apenas mitiga-a. A decisão do TSE no Mandado de Segurança nº 060145316/PB (DJE de 27/10/2017), descontados os seus arroubos retóricos, erigiu tais premissas à luz do art. 5º, LIV e LV da Constituição Federal.[9]

---

9. MANDADO DE SEGURANÇA. DESTITUIÇÃO DE COMISSÃO PROVISÓRIA. ATO DO PRESIDENTE DO DIRETÓRIO NACIONAL DO PARTIDO REPUBLICANO DA ORDEM SOCIAL (PROS) COM EFICÁCIA RETROATIVA. COMPETÊNCIA DA JUSTIÇA ELEITORAL. DISSOLUÇÃO OCORRIDA APÓS AS CONVENÇÕES PARTIDÁRIAS. IMPACTOS INEQUÍVOCOS E IMEDIATOS NO PRÉLIO ELEITORAL. NECESSIDADE DE REVISITAR A JURISPRUDÊNCIA DA CORTE. DIVERGÊNCIAS INTERNAS PARTIDÁRIAS, SE OCORRIDAS NO PERÍODO ELEITORAL, COMPREENDIDO EM SENTIDO AMPLO (I.E, UM ANO ANTES DO PLEITO), ESCAPAM À COMPETÊNCIA DA JUSTIÇA COMUM, ANTE O ATINGIMENTO NA ESFERA JURÍDICA DOS PLAYERS DA COMPETIÇÃO ELEITORAL. ATO DE DISSOLUÇÃO PRATICADO SEM A OBSERVÂNCIA DOS CÂNONES JUSFUNDAMENTAIS DO PROCESSO. EFICÁCIA HORIZONTAL DOS DIREITOS FUNDAMENTAIS (DRITTWIRKUNG). INCIDÊNCIA DIRETA E IMEDIATA DAS GARANTIAS FUNDAMENTAIS DO DEVIDO PROCESSO LEGAL, AMPLA DEFESA E DO CONTRADITÓRIO (CRFB/88, ART. 5º, LIV E LV). CENTRALIDADE E PROEMINÊNCIA DOS PARTIDOS POLÍTICOS EM NOSSO REGIME DEMOCRÁTICO. ESTATUTO CONSTITUCIONAL DOS PARTIDOS POLÍTICOS DISTINTO DAS ASSOCIAÇÕES CIVIS. GREIS PARTIDÁRIAS COMO INTEGRANTES DO ESPAÇO PÚBLICO, AINDA QUE NÃO ESTATAL, À SEMELHANÇA DA UBC. PRESENÇA DOS REQUISITOS AUTORIZADORES. PEDIDO LIMINAR DEFERIDO.

1. A Justiça Eleitoral possui competência para apreciar as controvérsias internas de partido político, sempre que delas advierem reflexos no processo eleitoral, circunstância que mitiga o postulado fundamental da autonomia partidária, ex vi do art. 17, § 1º, da Constituição da República - cânone normativo invocado para censurar intervenções externas nas deliberações da entidade -, o qual cede terreno para maior controle jurisdicional (Precedente: TSE - ED-AgR-REspe nº 23913, Min. Gilmar Mendes, 26/10/2004).

2. Ante os potenciais riscos ao processo democrático e os interesses subjetivos envolvidos (suposto ultraje a princípios fundamentais do processo), qualificar juridicamente referido debate dessa natureza como interna corporis, considerando-o imune ao controle da Justiça Eleitoral, se revela concepção atávica, inadequada e ultrapassada: em um Estado Democrático de Direito, como o é a República Federativa do Brasil (CRFB/88, art. 1º, caput), é paradoxal conceber a existência de campos que estejam blindados contra a revisão jurisdicional, adstritos tão somente à alçada exclusiva da respectiva grei partidária. Insulamento de tal monta é capaz de comprometer a própria higidez do processo político-eleitoral, e, no limite, o adequado funcionamento das instituições democráticas.

3. O processo eleitoral, punctum saliens do art. 16 da Lei Fundamental de 1988, em sua exegese constitucionalmente adequada, deve ser compreendido seu sentido mais elástico, iniciando-se um ano antes da data do pleito, razão pela qual qualquer divergência partidária interna tem, presumidamente, o condão de impactar na competição eleitoral.

4. A dinâmica eleitoral não se inicia apenas formalmente na convenção partidária: há movimentos políticos de estratégia que ocorrem antes, pela conjugação e harmonização de forças, como é notório, e notoria non egent proóationem, por isso que esse fato não pode ser simplesmente desconsiderado na identificação da razão subjacente ao art. 16.

5. A mens legis do art. 16 da Constituição de 1988 proscreve a edição de normas eleitorais ad-hoc ou de exceção, sejam elas de cariz material ou procedimental, com o propósito de obstar a deturpação casuística do cognominado devido processo legal eleitoral, capaz de vilipendiar a igualdade de participação e de chances dos partidos políticos e seus candidatos.

6. À proeminência dispensada, em nosso arquétipo constitucional, não se seguira uma imunidade aos partidos políticos para, a seu talante, praticarem barbáries e arbítrios entre seus Diretórios, máxime porque referidas entidades gozam de elevada proeminência e envergadura institucional, essenciais que são para a tomada de decisões e na própria conformação do regime democrático.

7. O postulado fundamental da autonomia partidária, insculpido no art. 17, §1°, da Lei Fundamental de 1988, manto normativo protetor contra ingerências estatais canhestras em domínios específicos dessas entidades (e.g., estrutura, organização e funcionamento interno), não imuniza os partidos políticos do controle jurisdicional, criando uma barreira intransponível à prerrogativa do Poder Judiciário imiscuir-se no equacionamento das divergências internas partidárias, uma vez que as disposições regimentais (ou estatutárias) consubstanciam, em tese, autênticas normas jurídicas e, como tais, são dotadas de imperatividade e de caráter vinculante.

8. A fixação de tal regramento denota autolimitação voluntária por parte do próprio partido, enquanto produção normativa endógena, que traduz um pré-compromisso com a disciplina interna de suas atividades, de modo que sua violação habilita a pronta e imediata resposta do ordenamento jurídico.

9. A postura judicial mais incisiva se justifica nas hipóteses em que a disposição estatutária, supostamente transgredida, densificar/concretizar diretamente um comando constitucional. Do contrário, quanto menos a regra estatutária materializar uma norma constitucional, menor deve ser a intensidade da intervenção judicial.

(...).

11. Os direitos fundamentais exteriorizam os valores nucleares de uma ordem jurídica democrática, aos quais se reconhece, para além da dimensão subjetiva, da qual se podem extrair pretensões deduzíveis em juízo, uma faceta objetiva, em que tais comandos se irradiam por todo o ordenamento jurídico e agregam uma espécie de "mais-valia"(ANDRADE, José Carlos Vieira. Os Direitos Fundamentais na Constituição Portuguesa de 1976. Coimbra: Almedina, 1987, p. 165), mediante a adoção de deveres de proteção, que impõe a implementação de medidas comissivas para sua concretização.

12. A vinculação direta e imediata dos particulares aos direitos fundamentais consubstancia a teoria que atende de forma mais satisfatória, segundo penso, a problemática concernente à eficácia horizontal (Drittwirkung), conclusão lastreada (i) na aplicação imediata prevista no art. 5º, § 1º, da CRFB/88 (argumento de direito positivo), (ii) no reconhecimento da acentuada assimetria fática na sociedade brasileira (argumento sociológico) e (iii) no fato de que a Lei Fundamental é pródiga em normas de conteúdo substantivo, o que se comprova com a positivação da Dignidade da Pessoa Humana como um dos fundamentos de nossa República (argumento axiológico).

13. Sob o ângulo do direito positivo, os direitos fundamentais possuem aplicação imediata, ex vi do art. 5º, §1°, que não excepciona as relações entre particulares de seu âmbito de incidência, motivo por que não se infere que os direitos fundamentais vinculem apenas e tão somente os poderes públicos. Pensamento oposto implicaria injustificável retrocesso dogmático na pacificada compreensão acerca da normatividade inerente das disposições constitucionais, em geral, e daquelas consagradoras de direitos fundamentais, em especial, a qual dispensa a colmatação por parte do legislador para a produção de efeitos jurídicos, ainda que apenas negativos ou interpretativos.

(...).

(...).

15. Ainda que sob a ótica da state action, sobressai a vinculação das entidades partidárias aos direitos jusfundamentais, mediante o reconhecimento da cognominada public function theory, desenvolvida pioneiramente nas Whites Primaries, um conjunto de casos julgados pela Suprema Corte americana, em que se discutia a compatibilidade de discriminações motivadas em critérios raciais, levadas a efeito em diversas eleições primárias realizadas no Estado do Texas, com os direitos insculpidos na Décima Quarta e Décima Quinta Emendas [Precedentes da Suprema Corte americana: Nixon v. Herndon (273 U.S. 536 (1927)), Nixon v. Concon (286 U.S. 73 (1932)), Smith v. Allwright (321 U.S. 649 (1944)) e Terryv. Adams(345 U.S. 461 (1953))].

(...).

Até porque, o inciso XXXV do art. 5º da mesma CF/88 assegura que a lei não excluirá da apreciação do Poder Judiciário, lesão ou ameaça a direito:

> **RECURSO ORDINÁRIO. ELEIÇÃO 2006. ALEGAÇÃO DE AFRONTA. INEXISTÊNCIA. DIVERGÊNCIA INTERNA NO PARTIDO. APRECIAÇÃO PELA JUSTIÇA ELEITORAL. POSSIBILIDADE. RECURSO DESPROVIDO.** (...). II - A divergência interna do partido político, desde que a questão tenha reflexos no processo eleitoral, pode ser apreciada pela Justiça Eleitoral, sem que esse controle jurisdicional interfira na autonomia das agremiações partidárias, garantido pelo art. 17, § 1º, da Constituição Federal (EDclAgRgREspe nº 23.913/CE, rel. Min. Gilmar Mendes, DJ de 26.10.2004).[10]

Para hipóteses não exemplificadas, predomina na jurisprudência a compreensão de que a competência para dirimir os conflitos será da Justiça Comum.

3.9. RECURSO CONTRA A EXPEDIÇÃO DE DIPLOMA

Não é viável interpor Recurso Contra a Expedição de Diploma para apurar irregularidade ocorrida em convenção partidária. A par de precluso, tal fato não se enquadra em nenhuma das hipóteses de cabimento arroladas pelo art. 262 do Código Eleitoral para a interposição de RCED.[11]

3.10. OBSERVADOR ELEITORAL

A atividade partidária independe da vontade do Estado. A CF/88 (art. 17, §1º) assegura autonomia às agremiações para que estas definam sua estrutura interna, organização e modo de funcionamento. Em tempos an-

---

17. O estatuto jurídico-constitucional dos partidos políticos ostenta peculiaridades e especificidades conferidas pela Carta de 1988 (e.g., filiação partidária como condição de elegibilidade, acesso ao fundo partidário e ao direito de antena, exigência de registro no TSE para perfectibilizar o ato constitutivo etc.) que o aparta do regime jurídico das associações civis (CRFB/88, art. 5º, XVII ao XXI), aplicado em caso de lacuna e subsidiariamente. Doutrina nacional e do direito comparado.

(...).

18. Ex positis, pleito liminar deferido, a fim de que seja suspenso o ato administrativo de destituição da comissão provisória do PROS no Município de Picuí/PB, reconhecendo, via de consequência, a convenção realizada, até o julgamento final do mandado de segurança.

10. TSE, RO nº 943/SP, PSESS de 21/09/2006.
11. TSE, AgR-REspe nº 6907/CE, DJE de 06/10/2014 e TSE, AgR-AI nº 6.945/MA, DJE de 05/12/2007.

teriores, a Lei Orgânica dos Partidos Políticos (nº 5.682/71) previa o acompanhamento das convenções através de observadores designados por juízes e tribunais eleitorais. Todavia, antes mesmo do advento da Lei nº 9.096/95 que revogaria integralmente a LOPP, o TSE deixou de incluir estas designações face à constitucionalização da liberdade partidária.

3.11. CANDIDATURA NATA

Reconhecendo a ocorrência de afronta à autonomia constitucionalmente garantida aos partidos políticos, o Supremo Tribunal Federal deferiu Medida Cautelar na Ação Direta de Inconstitucionalidade nº 2.530-9/DF (DJ de 21/11/2003) suspendendo a eficácia do § 1º do art. 8º da Lei nº 9.504/97 que reservava aos detentores de mandato parlamentar, bem como aqueles que tivessem exercido mandatos em qualquer período da legislatura, o registro de candidatura para o mesmo cargo pelo partido a que estivessem filiados. A partir do que ficou sacramentado pelo STF[12], inexiste a possibilidade de *candidatura nata* no Brasil. Todos os postulantes a cargos proporcionais devem ser submetidos ao crivo da convenção do respectivo partido político. Entretanto, cabível relembrar que o instituto outrora consagrado pelo nosso ordenamento sob a égide da mesma CF/88 teve a sua inconstitucionalidade repudiada pelo TSE em 18/08/1994, quando a Corte deliberou o Recurso Especial Eleitoral nº 12.242/DF[13].

3.12. FILIADO PRESO

Aos presos, filiados a partidos políticos ou não, somente é permitida a saída do estabelecimento prisional nas invariáveis hipóteses elencadas

---

12. DIREITO CONSTITUCIONAL E ELEITORAL: CANDIDATURA NATA. PRINCÍPIO DA ISONOMIA ENTRE OS PRÉ-CANDIDATOS. AUTONOMIA DOS PARTIDOS POLÍTICOS. AÇÃO DIRETA DE INCONSTITUCIONALIDADE DO PARÁGRAFO 1º DO ARTIGO 8º DA LEI Nº 9.504, DE 30 DE SETEMBRO DE 1997, SEGUNDO O QUAL: "§ 1º - AOS DETENTORES DE MANDATO DE DEPUTADO FEDERAL, ESTADUAL OU DISTRITAL, OU DE VEREADOR, E AOS QUE TENHAM EXERCIDO ESSES CARGOS EM QUALQUER PERÍODO DA LEGISLATURA QUE ESTIVER EM CURSO, É ASSEGURADO O REGISTRO DE CANDIDATURA PARA O MESMO CARGO PELO PARTIDO A QUE ESTEJAM FILIADOS". ALEGAÇÃO DE OFENSA AOS ARTIGOS 5º, "CAPUT", E 17 DA CONSTITUIÇÃO FEDERAL. PEDIDO DE MEDIDA CAUTELAR DE SUSPENSÃO DA NORMA IMPUGNADA. PLAUSIBILIDADE JURÍDICA DA AÇÃO, RECONHECIDA, POR MAIORIA (8 VOTOS X 1), SENDO 3, COM BASE EM AMBOS OS PRINCÍPIOS (DA ISONOMIA ART. 5º, "CAPUT" E DA AUTONOMIA PARTIDÁRIA ART. 17) E 5, APENAS, COM APOIO NESTA ÚLTIMA. "PERICULUM IN MORA" TAMBÉM PRESENTE. CAUTELAR DEFERIDA.
13. REGISTRO. TEMPESTIVIDADE DO APELO. CANDIDATURAS NATAS. CONSTITUCIONALIDADE RECONHECIDA. COLIGACAO. NUMERO DE CONCORRENTES. ARREDONDAMENTO FRACIONARIO. RECURSO NAO CONHECIDO.

pelo art. 120 da Lei de Execução Penal[14]. A participação em convenção partidária por evidente que não se encontra contemplada ao texto da LEP. A pretensão de concorrer a cargo eletivo não reabre discussão alguma acerca da legalidade do encarceramento, tampouco descerra direito novo para aquele que se encontra segregado. Consequentemente, a Justiça Eleitoral não detém competência alguma para deliberar, sequer na via do *remédio heroico*, sobre pena imposta que está sendo executada.

Instado a se manifestar, o plenário do TSE confirmou o entendimento elementar de que reclusos cumprem suas penas sem acesso à vida partidária ao deliberar o HC nº 060097015/DF (23/10/2018):

> **ELEIÇÕES 2018. AGRAVO REGIMENTAL. HABEAS CORPUS. PACIENTE SEGREGADO. PENA. EXECUÇÃO PROVISÓRIA. JUSTIÇA COMUM. CANDIDATO ESCOLHIDO EM CONVENÇÃO PARTIDÁRIA. INCOMPETÊNCIA ABSOLUTA DA JUSTIÇA ELEITORAL PARA EXAME DO WRIT. REGISTRO DE CANDIDATURA INDEFERIDO. IMPETRANTES QUE NÃO COMPÕEM A DEFESA TÉCNICA DO PACIENTE. DESCABIMENTO. HABEAS CORPUS NÃO CONHECIDO. DESPROVIMENTO.**
>
> 1. Carece a Justiça Eleitoral de competência para conhecer de *habeas corpus* impetrado contra ato da lavra da Justiça Comum, nos precisos termos do art. 22, I, e, do Código Eleitoral.
>
> 2. A formalização de requerimento de registro de candidatura para disputar cargo eletivo não atrai, sequer excepcionalmente, a competência desta Justiça especializada para o conhecimento do writ, sobretudo considerada a determinação de segregação lastreada em orientação firmada pelo Supremo Tribunal Federal, no sentido da possibilidade de execução provisória da sanção penal.
>
> 3. *In casu*, o principal argumento utilizado pelos impetrantes no afã de firmar a competência deste Tribunal, qual seja, a condição de candidato do paciente, não subsiste, tendo em vista o indeferimento do próprio registro de candidatura pelo TSE.

14. Art. 120. Os condenados que cumprem pena em regime fechado ou semi-aberto e os presos provisórios poderão obter permissão para sair do estabelecimento, mediante escolta, quando ocorrer um dos seguintes fatos:
I - falecimento ou doença grave do cônjuge, companheira, ascendente, descendente ou irmão;
II - necessidade de tratamento médico (parágrafo único do artigo 14).
Parágrafo único. A permissão de saída será concedida pelo diretor do estabelecimento onde se encontra o preso.

4. Mesmo na esfera de competência da Justiça Eleitoral, deve ser observado o norte estabelecido em recentes pronunciamentos do Supremo Tribunal Federal, no sentido de ser incabível a impetração do habeas corpus por terceiro, não obstante sua estatura constitucional, quando houver defesa técnica regularmente constituída em favor do paciente. Conforme salientado pelo e. Ministro Edson Fachin, relator, na Corte Constitucional, do AgR–HC nº 155.595/PR, DJe de 15.8.2018, "*compreensão diversa, além de possibilitar eventual desvio de finalidade do writ constitucional, poderia propiciar o atropelo da estratégia defensiva, consequência que não se compatibiliza com a protetiva destinação constitucional do remédio processual*".

5. Agravo regimental não provido.[15]

3.13. OUTRAS SITUAÇÕES

Conforme abordado (nº 3.3), o art. 8° da Lei nº 9.504/97 estabelece que a deliberação sobre coligação, ocorre por modo e tempo certos: necessariamente em convenção a ser realizada no período compreendido entre 20 de julho e 5 de agosto do ano em que se realizarem as eleições. A propósito do objeto da convenção, ao votar no Recurso Especial Eleitoral nº 26.763/PA (PSESS de 21/09/2006), o Ministro Ayres Britto provocou um questionamento muito pertinente ao entender que "o art. 8º comporta mesmo, logicamente sem forçar a intelecção, essa diferenciação entre prazo para deliberar sobre coligações e prazo para efetivamente formar a coligação".

Analisando o fato jurídico *convenção* por essa perspectiva, temos a incidência das seguintes premissas:

- Quando já esgotado o prazo para as convenções, **novas deliberações sobre a formação de coligações**, realizadas por órgãos partidários, somente são admitidas se esta possibilidade tiver sido expressamente consignada na convenção (TSE: REspe nº 060072328/MT, PSESS de 30/10/2018; AgR–REspe n° 23.308/RJ, DJE de 25/08/2017; REspe nº 26.816/PA, DJe de 02/06/2009 e REspe n° 30.584/MG, PSESS de 22/09/2008);
- Não é juridicamente possível a **celebração de acordo que tenha por objeto a inclusão de partido político em determinada coligação** quando já esgotado o prazo legal para a realização das convenções partidárias (TSE: AgRg-REspe nº 23308/RJ, DJE de 25/08/2017 e AgR-Respe nº 316-73/GO, PSESS de 16/10/2008);

15. DJE de 06/11/2018, v.u.

- É admissível **a convenção delegar à Comissão Executiva ou a outro órgão partidário a efetiva formação de coligação** ou a escolha de candidatos, o que pode ocorrer até o prazo previsto no art. 11 da Lei nº 9.504/97 para se pedir o registro das candidaturas (TSE: RO nº 1.329/PA, PSESS de 24/10/2006 e EdclREspe nº 26.763/PA, PSESS de 21/09/2006).

3.14. LIBERDADE DE EXPRESSÃO E PROPAGANDA ANTECIPADA

Sendo a convenção um ato privado e interno da agremiação regido pelo seu estatuto, é lícito que os filiados presentes ao evento utilizem roupas identificadas politicamente e que o ambiente esteja adornado com faixas, bandeiras e cartazes contendo a numeração da sigla e dos pré-candidatos a serem homologados, bem como que os discursos proferidos sejam acalorados.

Já ficou decidido que embora a divulgação de convite para a convenção em página do *Facebook* extrapole os limites do público-alvo da propaganda intrapartidária (filiados e convencionais), isso não caracteriza propaganda eleitoral antecipada à vista da ausência de pedido expresso de votos pelo candidato[16]:

> **ELEIÇÕES 2016. RECURSO ELEITORAL. REPRESENTAÇÃO. PROPAGANDA INTRAPARTIDÁRIA. CONVITE PARA CONVENÇÃO PARTIDÁRIA VIA INTERNET. EXTRAPOLAMENTO DO ÂMBITO INTERNO DO PARTIDO. IRRELEVÂNCIA NO CASO CONCRETO. MENÇÃO À FUTURA CANDIDATURA E PEDIDO DE APOIO POLÍTICO. AUSÊNCIA DE PEDIDO EXPLÍCITO DE VOTO. ART. 36-A DA LEI Nº 9.504/1997. ATOS DE PRÉ-CAMPANHA. LICITUDE. PROVIMENTO.**
>
> 1. Ausente pedido explícito de votos, a menção à futura candidatura, a exaltação das qualidades pessoais do pré-candidato e o pedido de apoio político não configuram propaganda eleitoral antecipada, ainda que extrapolado o âmbito da propaganda intrapartidária. Inteligência do art. 36-A da Lei nº 9.504/1997. 2. Não basta o mero pedido implícito ou subliminar de voto. Para a caracterização da propaganda eleitoral antecipada mister se faz o pedido explícito de voto, não cabendo ao intérprete ampliar as hipóteses restritivas tipificadas pela legislação.
>
> 3. Hipótese em que o pré-candidato veiculou convite para a convenção partidária, dirigido à população em geral, por meio do seu perfil pessoal no *Facebook*, sem pedido explícito de voto.
>
> 4. Recurso conhecido e provido.[17]

---

16. Julgados do TSE: AgR-REspe n° 264-28/RJ, DJe de 03/12/2018; AgR-REspe n° 33-42/PE, DJe de 14/09/2018 e AgR-REspe n° 32-57/PE, DJe de 21/02/2018.
17. TRE/PR, Acórdão nº 50987, PSESS de 31/08/2016.

O mesmo ocorre quando houve a colocação de cavaletes nas imediações do prédio onde ocorreu a convenção, divulgando foto, nome e número do pré-candidato sem haver menção a pedidos de voto[18], ou numa caminhada até o local, com a divulgação da pré-candidata usando roupas e adesivos[19].

Consumado o ato partidário, não evidencia propaganda antecipada a divulgação, em rede social, de atos ocorridos na convenção onde o candidato se fez presente, ainda que na postagem apareçam outras pessoas exibindo adesivos estampando o número da sua candidatura.[20]

Uniformizar os convencionais com bonés e camisas também não implica em antecipação de propaganda, conforme deliberaram, por exemplo, os tribunais regionais do Ceará e de Pernambuco:

> **RECURSO ELEITORAL. PROPAGANDA IRREGULAR. NÃO CARACTERIZADA.**
>
> 1. A distribuição de camisetas e bonés em pequena quantidade entre os convencionais, no âmbito interno onde a Convenção Partidária é realizada, não constitui propaganda antecipada.
>
> 2. Recurso conhecido e provido. Improcedência da reclamação.
>
> 3. Decisão unânime.[21]

> **RECURSO ELEITORAL. AIJE. ABUSO DE PODER POLÍTICO. CORES. CAMPANHA. NÃO CONFIGURAÇÃO. ABUSO DE PODER ECONÔMICO. DISTRIBUIÇÃO DE CAMISAS. CONVENÇÃO PARTIDÁRIA. POSSIBILIDADE. RECURSO IMPROVIDO.**
>
> 1 - A utilização, em campanha eleitoral, das cores características da administração municipal não constitui abuso de poder político. Precedentes.
>
> 2 - É permitido o uso de camisetas nas cores da campanha eleitoral na data da convenção, o que caracteriza propaganda intrapartidária.
>
> 3 - Não comprovado nos autos a distribuição de camisas, resta impossibilitada a configuração de abuso de poder econômico.[22]

Os limites intrapartidários foram entendidos por violados em casos como os que constam a seguir trazidos exemplificativamente:

---

18. TSE, AgR-REspe n° 218-97/BA, DJe de 04/12/2018.
19. TRE/SE, RP nº 17603, DJE de 23/03/2017.
20. TRE/SE, Acórdão nº 5475, PSESS de 23/11/2016.
21. TRE/CE, Acórdão nº 11883, PSESS de 27/09/2000.
22. TRE/PE, Recurso Eleitoral nº 107271, DJE de 22/2/2013.

RECURSO ELEITORAL. REPRESENTAÇÃO ELEITORAL. PROPAGANDA INTRAPARTIDÁRIA. INCISO III DO ART. 36-A DA LEI Nº 9.504/97. TRIO ELÉTRICO E FOGOS DE ARTIFÍCIO. EXTRAPOLAÇÃO. PROPAGANDA ELEITORAL ANTECIPADA CONFIGURADA. PREVIO CONHECIMENTO. CIRCUNSTÂNCIAS FÁTICAS. DESPROVIMENTO.

I. *In casu*, ao se utilizar de trio elétrico e fogos de artifícios para anunciar a sua propaganda intrapartidária, extrapolou-se os limites restritos da agremiação, atingindo o grande eleitorado, caracterizando, essa conduta, como propaganda extemporânea.

II. A partir das circunstâncias fáticas, face à dimensão com que foi realizada a propaganda, com trio elétrico e fogos de artifícios percorrendo as ruas do município no dia da Convenção Partidária, infere-se o prévio conhecimento da beneficiária.

III. Desprovimento do recurso.[23]

ELEIÇÕES 2016. RECURSO ELEITORAL. REPRESENTAÇÃO. PROPAGANDA ELEITORAL ANTECIPADA. CARREATA ATÉ O LOCAL DE REALIZAÇÃO DA CONVENÇÃO PARTIDÁRIA. PARTICIPAÇÃO DOS PRÉ-CANDIDATOS A PREFEITO E VICE-PREFEITO. ATO QUE NÃO SE ENQUADRA NAS HIPÓTESES EXCEPCIONADAS PELO ART. 36-A DA LEI N.º 9.504/1997. PROPAGANDA INTRAPARTIDÁRIA DESVIRTUADA. DESPROVIMENTO DO RECURSO.

1. A realização de passeata e carreata, com a participação de pré-candidato a prefeito, até o local em que se dará convenção partidária é ato que não se enquadra em qualquer das hipóteses excepcionadas pelo art. 36-A da Lei nº 9.504/97.

2. Constatada a realização de carreata, com participação de pré-candidatos, em momento anterior ao permitido pela legislação, configurando-se em propaganda eleitoral antecipada, o desprovimento do presente recurso, com a manutenção da sentença zonal, é medida que se impõe.

3. Desprovimento do recurso.[24]

REPRESENTAÇÃO - Propaganda Política - Propaganda Eleitoral – Extemporânea / Antecipada - Propaganda Política - Propaganda Eleitoral - Banner/Cartaz/Faixa - Convenção Partidária - Utilização

23. TRE/MA, Acórdão nº18664, DJ de 20/07/2017.
24. TRE/PB, Recurso Eleitoral nº 6909, DJE de 17/07/2017.

de Banda de música - Utilização de camisas - Pela Procedência - Aplicação de Multa. Recurso não provido.

1. Caracterização de propaganda extemporânea com provas acostadas aos autos.

2. Entendimento já firmado nesta Corte para fixar multa no mínimo legal de R$ 5.000,00 (cinco mil reais). 3. Recurso não provido.[25]

3.15. NÍVEIS DE CONVENÇÃO PARTIDÁRIA

As convenções partidárias são específicas.

Dentro do processo e da legislação eleitoral, as mesmas estão dispostas em três níveis autônomos de deliberação:

- Convenções Nacionais;
- Convenções Regionais e Distritais (DF); e
- Convenções Municipais.

Cada uma deve dispor de competências estatutárias para deliberar (Lei nº 9.096/95, art. 3º).[26]

De acordo com o Princípio da Disciplina Partidária, se a convenção de nível inferior se opuser, na deliberação sobre a formação de coligações, às diretrizes legitimamente estabelecidas pelo órgão nacional, poderá este órgão anular a deliberação e os atos dela decorrentes, conforme prevê o §2º do art. 7º da LE/97 (v. item nº 3.5).

Acerca das deliberações, as convenções estão vinculadas aos cargos eletivos que estiverem em disputa:

CONVENÇÃO	CARGOS A SEREM INDICADOS
Nacional	Presidente e Vice-Presidente da República
Regional	Governador, Vice-Governador, Senador, Suplentes e Deputados Federais, Estaduais e Distritais
Municipal	Prefeito, Vice-Prefeito e Vereadores

25. TRE/PE, Recurso Eleitoral nº 20338, PSESS de 22/09/2016.

26. Art. 3º É assegurada, ao partido político, autonomia para definir sua estrutura interna, organização e funcionamento.

Capítulo

4

REGISTRO DE CANDIDATURA

PREMISSAS GERAIS

A etapa do registro das candidaturas constou em todas as codificações eleitorais pátrias[1]. Trata-se do cumprimento das exigências constitucionais e legais que viabilizam a possibilidade de alguém concorrer. Pode-se considerar que expressa o fato jurídico do qual dimana a elegibilidade (COSTA, 2000, p. 59).

É cabível enumerar, ainda que de forma expedita, as poucas e principais disposições gerais estabelecidas pelo Código Eleitoral de 1965 que não foram revogadas pela Lei nº 9.504 e pelas que lhe seguiram.

Somente podem concorrer às eleições os candidatos que estiverem registrados por partidos (art. 87). No Brasil (desde 1945) não é admitida a candidatura avulsa para nenhum cargo eletivo de representação popular.[2]

1. Decreto nº 21.706 (1932): arts. 57, II, 1 e 58, 15º, b; Lei nº 48 (1935): arts. 84/88; Decreto-Lei nº 7.586 (1945): arts. 39/42; Lei nº 1.164 (1950): arts. 47/53.
2. ELEIÇÕES 2016. AGRAVO REGIMENTAL. RECURSO ESPECIAL. REGISTRO. PREFEITO E VICE-PREFEITO. CANDIDATURA AVULSA. IMPOSSIBILIDADE. ART. 14, § 3º, V, DA CONSTITUIÇÃO FEDERAL. FILIAÇÃO PARTIDÁRIA. CONDIÇÃO DE ELEGIBILIDADE. SÚMULA Nº 30/TSE. DESPROVIMENTO. 1. Na espécie, o Tribunal de origem manteve o indeferimento do pedido de registro de candidatura sob o fundamento de que, no ordenamento jurídico pátrio, não é possível lançar candidatura avulsa a cargo eletivo. 2. Não obstante o argumento de que a democracia se dá com a consagração do direito fundamental do cidadão de participar diretamente da vida política do país, no ordenamento jurídico brasileiro os partidos políticos exercem um elo imprescindível entre a sociedade e o estado. Com efeito, nos termos do art. 14, § 3º, V, da Constituição Federal, a filiação partidária é uma condição de elegibilidade. 3. O acórdão regional está

É vedado o registro de candidato, embora para cargos diferentes, por mais de uma circunscrição ou para mais de um cargo na mesma circunscrição (art. 88).[3]

O registro de candidatos a presidente e vice-presidente, governador e vice-governador e prefeito e vice-prefeito, far-se-á sempre em chapa única e indivisível (art. 91).

O princípio da indivisibilidade da chapa majoritária se aplica equitativamente aos senadores e suplentes (§1º).

4.1. COTAS DE GÊNERO[4]

em consonância com a jurisprudência desta Corte, segundo a qual, "no sistema eleitoral brasileiro, não existe candidatura avulsa" (ED-RO nº 44545/MA, Rel. Min. Henrique Neves da Silva, PSESS de 3.10.2014). 4. É facultado ao relator decidir monocraticamente os feitos, nos casos em que aplicável o art. 36, § 6º, do RITSE. Precedentes. 5. Estando a matéria assentada na jurisprudência desta Corte, incide a Súmula nº 30/TSE, aplicável, também, aos recursos especiais fundados na alínea a do I do art. 276 do Código Eleitoral. Precedentes. 6. Agravo regimental desprovido. (TSE, AgRgREspe nº 165568/RJ, PSESS de 29/11/2016).

3. Na eleição geral de 02/12/1945, o ex-presidente Getúlio Vargas, usufruindo do permissivo constante da redação original do art. 42 do DL nº 7.586/45 (candidaturas simultâneas), elegeu-se senador por dois Estados: no Rio Grande do Sul, pela legenda do Partido Social Democrático, com 461.913 votos, e por São Paulo, onde representando o Partido Trabalhista Brasileiro, recebeu 414.943 votos. amparado no mesmo dispositivo, também seria eleito para a Câmara dos Deputados por seis Estados mais o Distrito Federal, perfazendo um total de 318.315 votos pulverizados entre Rio Grande do Sul (11.291), São Paulo (119.055), DF (116.712), Rio de Janeiro (20.745), Minas Gerais (32.012), Bahia (10.032) e Paraná (8.468). Optou por representar os gaúchos no Senado Federal. Outros políticos desfrutaram do mesmo direito naquele pleito.

4. Algumas referências temáticas:

De um estudo desenvolvido por Admar Gonzaga NETO (2023), colhe-se a seguinte passagem: "Na ordem jurídica moderna, fortemente marcada pelos desígnios democráticos, necessário conceber respostas efetivas para colmatar as lacunas políticas e sociais para o pleno exercício da cidadania, em suas facetas ativa e passiva, independentemente de gênero. A urgência dessa construção decorre, no caso brasileiro, da grave distorção entre o tamanho do eleitorado feminino e os percentuais de sua representação em bancadas do Poder Legislativo nos âmbitos federal, estadual e municipal. [...]. Conforme afirma a escritora Tereza Kleba Lisboa (2008, p. 3): "[...] não é apenas o poder de votar, mas, principalmente, o poder da voz e da ação coletiva que importa; significa maior participação no âmbito político inclusive o acesso a ocupar cargos de representação e direção".

A publicação *Mais mulheres na Política* (Senado Federal) adverte: "Um estudo comparativo entre alguns países mostra que apenas a aplicação da lei não é suficiente para que haja incremento na quantidade de cadeiras ocupadas por mulheres. É preciso capacitar, criar programas de apoio, além de realizar campanhas de incentivo, a fim de despertar as condições para que elas participem dos processos decisórios do país. É necessário, especialmente, dar acesso a recursos de financiamento de campanha, abrir espaços nos partidos políticos para a atuação das mulheres, assegurar em lei punição aos partidos que não cumprem o que determinam as ações afirmativas, entre outras medidas".

No periódico *Agenda Brasileira - Mulheres* (ANO 1, 2020, N° 1), Geraldo Leite, in *Cotas de gênero nas eleições*, aponta: "Na origem da minguada representação política das mulheres, encontra-se a rejeição à própria ideia de igualdade e paridade de gênero. [...]. Nesse contexto, as cotas de gênero nas eleições foram introduzidas na legislação brasileira como a principal ação afirmativa para o enfrentamento da minguada representatividade das mulheres. Apesar de importante e necessária, a medida percorreu caminhos desencontrados na Justiça Eleitoral e nos partidos políticos, caminhos esses que cruzam com a ausência quase absoluta de efetividade nos primeiros anos de vigência das cotas de gênero, passam

4.1.1. Fontes legais

Sobre as cotas de gênero, o § 3° do art. 10 da Lei nº 9.504/97 prescreve:

> Art. 10. Cada partido poderá registrar candidatos para a Câmara dos Deputados, a Câmara Legislativa, as Assembleias Legislativas e as Câmaras Municipais no total de até 100% (cem por cento) do número de lugares a preencher mais 1 (um).:
>
> (*omissis*)
>
> § 3º Do número de vagas resultante das regras previstas neste artigo, cada partido ou coligação **preencherá** o mínimo de 30% (trinta por cento) e o máximo de 70% (setenta por cento) para candidaturas de cada sexo.
>
> § 4º Em todos os cálculos, será sempre desprezada a fração, se inferior a meio, e igualada a um, se igual ou superior.

Como se vê, a necessidade de obediência aos percentuais mínimos (30%) e máximos (70%) é explícita. Tal determinação, é conveniente sublinhar, não estabelece a obrigatoriedade de o partido indicar candidatos até o máximo do limite legal de vagas. Esta é uma distinção que se faz necessária diante da autonomia organizacional assegurada aos partidos políticos pela CF/88 (art. 17, §1º).

4.1.2. Breve histórico

Não obstante o preceito tenha sido incorporado ao Direito Positivo brasileiro de maneira definitiva em meados dos anos 90, tem sido variado o tratamento conferido, pelas leis eleitorais, ao tema *cotas de gênero* no curso do tempo.

Pioneira, a Lei nº 9.100/95, ao estabelecer as normas para a realização das eleições municipais de 03/10/1996, fixou, para cada partido ou coligação, a exigência de que 20% (vinte por cento), no mínimo, das vagas, deve-

---

pela fraude como mecanismo ilícito de aplicação e chegam, por fim, à conversão da observância das cotas em pressuposto de validade das chapas de candidatos às eleições proporcionais. [...]. O problema suscitado supõe um diálogo com o princípio democrático, com os direitos fundamentais, com os direitos de igualdade e de participação política e, por fim, com os limites da atuação do Poder Judiciário".

De articulado constante da ementa relativa à Representação nº 322-55/DF: "O incentivo à presença feminina constitui necessária, legítima e urgente ação afirmativa que visa promover e integrar as mulheres na vida político-partidária brasileira, de modo a garantir-se observância, sincera e plena, não apenas retórica ou formal, ao princípio da igualdade de gênero (art. 5°, *caput* e I, da CF/88)" (TSE, j. 16/02/2017, DJE 17/03/2017).

riam ser preenchidas "por candidaturas de mulheres" (art. 11, §3º).

Para a eleição de 1998, a primeira sob a égide da Lei nº 9.504/97, o percentual relativo a cada partido ou coligação ajustado aos "candidatos de cada sexo" passou para, no mínimo, 25%, e no máximo, 75% do número de candidaturas que puder registrar (art. 80 das Disposições Transitórias).

Os prélios seguintes obedeceram ao regramento geral:

> Art. 10. Cada partido poderá registrar candidatos para a Câmara dos Deputados, Câmara Legislativa, Assembleias Legislativas e Câmaras Municipais, até cento e cinquenta por cento do número de lugares a preencher.
>
> (omissis)
>
> § 3º Do número de vagas resultante das regras previstas neste artigo, cada partido ou coligação **deverá reservar** o mínimo de trinta por cento e o máximo de setenta por cento para candidaturas de cada sexo.

A seguir, com o advento da Lei nº 12.034/09, tornou-se obrigatório o preenchimento do mínimo de 30% e o máximo de 70% para candidaturas de cada sexo[5]. Com isso, a atribuição de reserva de vagas foi substituída pela obrigatoriedade do seu preenchimento.

Feita a resenha histórica do instituto, forçoso reconhecer que a dicção legal anterior assegurava o direito de reservar determinado percentual de vagas para ambos os sexos, mas, em momento algum, estabelecia-o mediante caráter compulsório. O vocábulo **preencherá** é impositivo, e não contempla exceções. Se um partido ou federação registrar, por exemplo, para uma eleição de vereador, 45% (quarenta e cinco por cento) de candidatos do sexo feminino e 55% (cinquenta e cinco por cento) do masculino, estará apto ao pleito municipal porque obedeceu aos percentuais **máximo** (70%) e **mínimo** (30%) prescritos.

A questão do cumprimento desses percentuais foi largamente debatida pelo TSE no julgamento do Recurso Especial nº 784-32/PA:

> **Candidatos para as eleições proporcionais. Preenchimento de vagas de acordo com os percentuais mínimo e máximo de cada sexo.**

5. "Malgrado inexista menção ao sexo feminino no art. 10, § 3º, da Lei nº 9.504/97, é visível tratar-se de ação afirmativa para garantir um número mínimo de candidatas e revigorar a nossa democracia, já que as mulheres correspondem a mais da metade do eleitorado brasileiro, mas ainda estão subrepresentadas nas casas legislativas" (Cta. nº 0604054-58/DF).

> 1. O § 3º do art. 10 da Lei nº 9.504/97, na redação dada pela Lei nº 12.034/2009, passou a dispor que, "do número de vagas resultante das regras previstas neste artigo, cada partido ou coligação preencherá o mínimo de 30% (trinta por cento) e o máximo de 70% (setenta por cento) para candidaturas de cada sexo", substituindo, portanto, a locução anterior "deverá reservar" por "preencherá", a demonstrar o atual caráter imperativo do preceito quanto à observância obrigatória dos percentuais mínimo e máximo de cada sexo.
>
> 2. O cálculo dos percentuais deverá considerar o número de candidatos efetivamente lançados pelo partido ou coligação, não se levando em conta os limites estabelecidos no art. 10, caput e § 1º, da Lei nº 9.504/97.
>
> 3. Não atendidos os respectivos percentuais, cumpre determinar o retorno dos autos ao Tribunal Regional Eleitoral, a fim de que, após a devida intimação do partido, se proceda ao ajuste e regularização na forma da lei.
>
> Recurso especial provido.[6]

Ante do regime jurídico vigente, não cabe ao partido político ou à federação preencher as vagas destinadas a um sexo por candidatos do outro. Esta, sem sombra de dúvida, parece ter sido a *ratio legis* da reforma em torno do art. 10 da Lei das Eleições. A reserva de percentuais objetiva a garantia de maior participação das mulheres na vida política. Embora os efeitos ainda sejam tímidos, "É regra que visa a uma ação afirmativa, que, por meio da alteração da antiga redação deste diploma legal, busca o efetivo incremento da participação das mulheres no âmbito das eleições, dada a sua reduzida representatividade nas casas legislativas", salientou a ministra Nancy Andrighi em decisão proferida no Recurso Especial Eleitoral nº 286-251/SP.

Diante da impossibilidade do lançamento de candidaturas preenchendo os percentuais legais, a única alternativa que o partido ou a federação dispõem para atender o ordenamento é invocar a autonomia conferida pelo §1º do art. 17 do Estatuto Fundamental da República e, com isso, reduzir o número de candidatos de um gênero para adequar os percentuais do outro, mas não manter estes candidatos sob o pretexto de inexistência de candidatos do outro gênero. Caso contrário, sem a readequação das porcentagens exigidas, há risco de indeferimento do Demonstrativo de Regularidade de Atos Partidários (DRAP) e do pedido de registro.[7]

---

6. TSE, por maioria, PSESS de 12/08/2010 (RJTSE 21/3/62).
7. TSE, REspe nº 2939/PE, PSESS de 06/11/2012.

A lei é francamente rígida[8]. Não resta dúvida. Recente exegese pelo TSE confirma as assertivas. No *leading case* consubstanciado pela decisão tomada no Recurso Especial Eleitoral nº 0600354-43/RN (j. 13/09/2022)[9], a Corte Superior, em caso conco revestido do maior relevo no assunto, aperfeiçoou os termos da Consulta nº 0600251-91/DF (j. 30/06/2022)[10] para determinar que os partidos políticos e as federações, nas eleições proporcionais, devem registrar ao menos duas candidaturas para o cargo disputado de modo a se atender aos percentuais mínimos e máximo de gênero estatuídos no §3º do art. 10 da Lei nº 9.504/97[11].

Para o TSE, essa solução é a que assegura mais eficazmente a finalidade do dispositivo de regência da matéria em sua instrumentalidade.

A ementa do julgado, pela densidade do contexto judicializado, vai assinalada em sua integral transcrição:

> **RECURSO ESPECIAL. ELEIÇÕES 2022. DEPUTADO ESTADUAL. DEMONSTRATIVO DE REGULARIDADE DE ATOS PARTIDÁRIOS (DRAP).**
>
> 1. Recurso especial interposto contra aresto unânime do TRE/RN em que se deferiu o Demonstrativo de Regularidade de Atos Partidários (DRAP) da grei recorrida, que indicou apenas uma candidatura – no caso, de mulher – para concorrer ao cargo de deputado estadual do Rio

---

8. A rigidez normativa, contudo, não repercute na almejada representatividade parlamentar feminina. Por oportuno, vide a importante abordagem desenvolvida no plenário do TSE pela Ministra Maria Cláudia Bucchianeri Pinheiro em voto vencido que proferiu no enfrentamento do Agravo em Recurso Especial Eleitoral nº 0601558-98/ SP (DJE 24/08/2023): "O arcabouço jurídico-institucional brasileiro, fundado na reserva de candidaturas e não na reserva de cadeiras, portanto, não tem funcionado como um catalizador de mudanças no campo da representatividade e da inclusão e da normalização da presença feminina nos espaços de poder".
9. PSESS 13/09/2022.
10. DJE 23/08/2022.
11. Vide, por elucidativo, o seguinte excerto do voto do relator na Consulta nº0600251-91/DF (DJE 23/08/2022): O SENHOR MINISTRO MAURO CAMPBELL MARQUES (relator):
[...].
A indicação de 1 única candidatura pelo partido político desnaturará a *mens legis* que norteou a edição das normas que obrigam as agremiações a fomentar as candidaturas de gênero. Isto é, cada um dos partidos integrantes da federação deverá registrar candidaturas de modo a obedecer o mínimo de 30% e o máximo de 70% para candidaturas de cada gênero. No ponto, o § 2º do art. 17 da Res.-TSE nº 23.609/2019 – que dispõe sobre a escolha e o registro de candidatas e candidatos para as eleições –, ao regulamentar o citado § 3º do art. 10 da Lei das Eleições, especificou que "[...] cada partido político ou federação preencherá o mínimo de 30% (trinta por cento) e o máximo de 70% (setenta por cento) para candidaturas de cada gênero (Lei nº 9.504/1997, art. 10, § 3º)". Por sua vez, a resolução que rege as federações estipula que "[...] o percentual mínimo de candidaturas por gênero deverá ser atendido tanto globalmente, na lista da federação, quanto por cada partido, nas indicações que fizer para compor a lista"

Grande do Norte nas Eleições 2022, em suposta afronta aos percentuais mínimo e máximo de gênero previstos no art. 10, § 3º, da Lei 9.504/97.

PERCENTUAL DE GÊNERO. ART. 10, § 3º, DA LEI 9.504/97. RELEVÂNCIA. AÇÃO AFIRMATIVA.

2. Consoante o disposto no art. 10, § 3º, da Lei 9.504/97, "[d]o número de vagas resultante das regras previstas neste artigo, cada partido ou coligação preencherá o mínimo de 30% (trinta por cento) e o máximo de 70% (setenta por cento) para candidaturas de cada sexo".

3. A regra contida no art. 10, § 3º, da Lei 9.504/97 representa ação afirmativa tendente a promover a participação feminina na política, à qual se seguiram diversas outras, como a reserva de tempo em rádio e televisão e a distribuição proporcional de recursos públicos entre candidatas e candidatos. Evidencia-se, assim, o inequívoco intuito do legislador de promover a inclusão de mulheres no processo eleitoral brasileiro e sua presença nas campanhas em condição de igualdade.

4. As inúmeras tentativas empreendidas ao longo dos anos de burlar o efetivo cumprimento das normas protetivas revelam não só a imensa dificuldade de assimilação de sua importância, mas a natureza estrutural da desigualdade de gênero na política brasileira, o que reforça a necessidade de priorizar a efetiva participação de mulheres na política.

TESE. DRAP. NECESSIDADE. COMPOSIÇÃO. MÍNIMO DE DUAS CANDIDATURAS.

5. A despeito da relevante e imprescindível ação afirmativa de fomento à participação feminina na política, o teor do art. 10, § 3º, da Lei 9.504/97 não deixa margem para dúvidas de que, em eleições proporcionais, inexiste discricionariedade do partido político para indicar apenas uma mulher ou um homem, visto que o comando legal especifica percentuais mínimos e máximo "para candidaturas de cada sexo".

6. Entendimento sufragado na recente Consulta 0600251-91/DF (Rel. Min. Mauro Campbell Marques, de 30/6/2022), que, apesar de envolver federação partidária, teve como premissa o mesmo raciocínio, concluindo-se que "[a] indicação de 1 única candidatura pelo partido político desnaturará a mens legis que norteou a edição das normas que obrigam as agremiações a fomentar as candidaturas de gênero", e asseverando-se que entendimento contrário ensejaria "impossibilidade matemática de se alcançar os percentuais mínimo e máximo". Essa ratio se aplica, com maior ênfase, quando a grei não integra federação, já que nesse caso o percentual não será cumprido de modo algum.

7. Necessidade de observância, por esta Corte Superior, ao art. 30 da LINDB, segundo o qual "[a]s autoridades públicas devem atuar para aumentar a segurança jurídica na aplicação das normas, inclusive por

meio de regulamentos, súmulas administrativas e respostas a consultas". Precedentes.

CASO ESPECÍFICO DOS AUTOS. CANDIDATURA FEMININA ÚNICA. INEDITISMO. PROTEÇÃO DA BOA-FÉ. ATENDIMENTO À FINALIDADE DA NORMA.

8. Tese que, excepcionalmente, não se aplica ao caso, em que o DRAP contém uma única candidatura, porém de mulher.

9. Consoante o art. 5º da LINDB, "[n]a aplicação da lei, o juiz atenderá aos fins sociais a que ela se dirige e às exigências do bem comum". Na hipótese, não há dúvida de que a finalidade da norma do art. 10, § 3º, da Lei 9.504/97 é promover a inclusão de mulheres no processo eleitoral brasileiro.

10. Imprescindível proteger a boa-fé da agremiação que pretendeu, ao contrário do que ocorre na grande maioria dos casos, privilegiar a participação política feminina.

11. Impõe-se olhar consequencialista visando evitar paradoxo: esta Corte estaria a indeferir DRAP de chapa proporcional, composto por candidata mulher, sob a justificativa de que a cota de gênero do art. 10, § 3º, da Lei 9.504/97 – criada exatamente para fomentar a participação feminina – não teria sido cumprida.

CONCLUSÃO

12. Tese: os partidos políticos e federações, nas eleições proporcionais, devem registrar ao menos duas candidaturas para o cargo disputado, de modo a se atender aos percentuais mínimos e máximo de gênero previstos no art. 10, § 3º, da Lei 9.504/97.

13. Caso dos autos: admissão excepcional do registro de apenas uma candidatura em virtude do somatório das especificidades do caso concreto.

14. Recurso especial a que se nega provimento.

Antes, contudo, o TSE (Recursos Especiais Eleitorais nºs 84672/PA[12] e 78432/PA[13]) já teve a oportunidade de enfatizar que a obrigatoriedade de atendimento aos percentuais de sexo, no tocante à registrabilidade dos candidatos, deve ter como referência o número de candidatos efetivamente lançados, "não se levando em conta os limites estabelecidos no art. 10, *caput*, e 1°, da Lei nº 9.504/97".

12. TSE, PSESS de 09/09/2010, por maioria.

13. TSE, PSESS de 12/08/2010, por maioria.

Este é um assunto de substancial relevo sobre o qual voltaremos logo adiante.

4.1.3. Desorganização e indeferimento de registro

Partidos frequentemente são desorganizados internamente. Em vista disso, é cabível o candidato verificar junto ao seu acerca do cumprimento do prazo para o registro de candidatura a fim de prevenir-se relativamente ao que lhe segue, em que a iniciativa para o pedido de registro cabe individualmente.[14]

Consoante já mencionado, caso desatendidos os dispositivos legais pertinentes, ainda que sobrevindo intimação da Justiça Eleitoral para regularizar o percentual reservado para cada gênero, o indeferimento do registro e de todas as candidaturas individuais nele contidas é a consequência:

> **AGRAVO REGIMENTAL. RECURSO ESPECIAL ELEITORAL. ELEIÇÕES 2012. DRAP. PERCENTUAIS DE GÊNERO. NÃO OBSERVÂNCIA. REEXAME. SÚMULA 7/STJ.**
>
> 1. A norma prevista no art. 10, § 3º, da Lei 9.504/97 tem caráter objetivo e o seu descumprimento impede a regularidade do registro da coligação ou do partido interessado em participar das eleições.
>
> 2. No caso, facultou-se à coligação, no prazo legal, adequar o DRAP aos percentuais de gênero, mas a determinação não foi atendida oportunamente.
>
> 3. Inviável a análise documental em recurso de natureza extraordinária para se aferir a suposta adequação do DRAP aos percentuais de gênero. Incidência, na espécie, da Súmula 7/STJ.
>
> 4. Agravo regimental não provido.[15]

4.1.4. Vagas remanescentes e substituições

De acordo com a normatização em vigor, o cálculo dos percentuais de candidatura para cada sexo deve ser observado em três momentos:

- no REGISTRO da candidatura,

14. TSE, AgR-REspe nº 98-12/BA, PSESS de 18/12/2012.
15. TSE, AgR-REspe nº 11781/BA, PSESS de 06/11/2012.

- no preenchimento de VAGAS REMANESCENTES, e
- na SUBSTITUIÇÃO de candidatos.

O pedido de substituição de candidatos não será admitido quando desrespeitados os limites mínimo e máximo das candidaturas de cada sexo.

4.1.5. Candidaturas laranjas

Questões polêmicas e de crescente indagação enquanto modalidade de fraude ao registro, as denominadas candidaturas ditas *laranjas* têm desaguado nas instâncias da Justiça Eleitoral por força do "preencherá" que a LE estipulou. Ilícitos apurados mais especificamente após as eleições de 2016 ensejaram avalanches de decisões judiciais, assim como incremento nas resoluções do TSE.

Dessarte, ressalvados os casos de comprovada burla à disciplina do § 3º do art. 10 da Lei 9.504/97 mais adiante analisados, aquelas situações que se caracterizam pela escassez de propaganda, baixa votação ou a renúncia à candidatura no curso da campanha não importam no descumprimento das quotas de gênero:

> **RECURSO. CONDUTA VEDADA. RESERVA LEGAL DE GÊNERO. ART. 10, § 3º, DA LEI Nº 9.504/97. VEREADOR. ELEIÇÕES 2012.** Representação julgada improcedente no juízo de origem. Obrigatoriedade manifesta em alteração legislativa efetivada pela Lei n. 12.034/09, objetivando a inclusão feminina na participação do processo eleitoral. Respeitados, *in casu*, os limites legais de gênero quando do momento do registro de candidatura. Atingido o bem jurídico tutelado pela ação afirmativa. O fato de as candidatas não terem propaganda divulgada ou terem alcançado pequena quantidade de votos, por si só não caracteriza burla ou fraude à norma de regência. A essência da regra de política pública se limita ao momento do registro da candidatura, sendo impossível controlar fatos que lhe são posteriores ou sujeitos a variações não controláveis por esta Justiça Especializada. Provimento negado.[16]
>
> **RECURSO ELEITORAL. REGISTRO DE CANDIDATURA. CANDIDATA A VEREADOR. IMPUGNAÇÃO POR COLIGAÇÃO. PRELIMINAR. MINISTÉRIO PÚBLICO DE PRIMEIRO GRAU. AUSÊNCIA DE PARTICIPAÇÃO. AUSÊNCIA DE PREJUÍZO. NULIDADE AFASTADA. CONTESTAÇÃO EM AÇÃO DE IMPUGNAÇÃO**

16. TRE/RS, RE nº 41743, DEJERS de 14/11/2013.

DESACOMPANHADA DE PROCURAÇÃO. EFEITOS DA REVELIA. INOCORRÊNCIA. PROPÓSITO EXCLUSIVO DE PREENCHER COTA DE GÊNERO. AUSÊNCIA DE INTENÇÃO DE CONCORRER. FRAUDE ELEITORAL. FALTA DE PROVA. DIREITO LEGÍTIMO ASSEGURADO PELO ART. 10, §3°, DA LEI N. 9.504/97. CRITÉRIO ARITMÉTICO. LITIGÂNCIA DE MÁ-FÉ NÃO COMPROVADA. SITUAÇÃO INUSITADA. CONDENAÇÃO AFASTADA. RECURSO PARCIALMENTE PROVIDO.

1. Embora o representante do Ministério Público de primeiro grau não tenha se manifestado na ação de impugnação ao pedido de registro de candidatura, a nulidade se impõe somente quando demonstrado efetivo prejuízo.

2. Na Ação de Impugnação de Registro de Candidatura não se exige capacidade postulatória dos impugnantes, consoante pacífica jurisprudência do TSE (TSE, AgRg no REspe n° 30.334/MG, Publicado em Sessão - PSS, em 21.10.2008; Ac.- n° 24.190, de 110.10.2004 - JURISTSE 7:221), o que, paralelamente, se aplica ao impugnado, não havendo de se falar em efeitos da revelia decorrente de eventual ausência de procuração na peça de contestação.

3. O art. 10, §3°, da Lei n. 9.504/97, o qual prevê a exigência do preenchimento de cotas de gênero, possui critério puramente aritmético e o objetivo de viabilizar a representação popular por homens e mulheres, assegurando-se, dessa forma, legitimidade e igualdade de oportunidades aos pretendentes a cargo eletivo proporcional, independentemente de se perscrutar a intenção do postulante de prosseguir adiante em sua candidatura.

4. Ao cidadão que preenche os requisitos de elegibilidade e inelegibilidade e obedece os demais trâmites previstos em lei, deve ser reconhecido o direito ao registro de sua candidatura.

5. Impugnação de pedido de registro de candidatura com base em situação incomum que implique possibilidade de questionamento sob o ponto de vista de possível ocorrência de fraude afasta a condenação por litigância de má-fé.

6. Recurso parcialmente provido.[17]

17. TRE/GO, RE nº 5272, PSESS de 27/08/2012.

De outra parte, a infração não viabiliza o manejo de Recurso contra a Expedição de Diploma (RCED):

> **RECURSO CONTRA EXPEDIÇÃO DE DIPLOMA. QUOTA DE GÊNERO. PRELIMINAR DE AUSÊNCIA DE UMA DAS CONDIÇÕES DA AÇÃO (INTERESSE DE AGIR).**
>
> 1. Eventuais questionamentos acerca da inobservância das quotas de gênero, previstas no artigo 10, §3º da Lei n.º 9.504/97, devem ser resolvidos no Demonstrativo de Regularidade dos Atos Partidários - DRAP, sendo o momento adequado para esta verificação o da apresentação do mencionado demonstrativo.
>
> 2. Se após o deferimento do registro da coligação ocorrer renúncia, morte ou indeferimento de registros de candidatos, nenhuma repercussão acarretará ao registro da coligação, não se podendo questionar a validade desta.
>
> 3. Alegação de nulidade da coligação em razão do descumprimento da cota de gênero não constitui em nenhuma das hipóteses do art. 262 do CE, uma vez que a matéria se refere a registro de candidatos, devendo ser resolvida no DRAP.
>
> 4. Extinção do processo sem resolução do mérito por carência de ação.[18]

Noutras hipóteses, é bom ficar claro, tem-se entendido que a comprovação da fraude da cota de gênero mediante candidaturas femininas fictícias deve ser robusta e levar em conta a soma de todas as circunstâncias do caso concreto a denotar o inequívoco fim de tergiversar a isonomia entre homens e mulheres que o legislador pretendeu garantir. É importante singularizar: com fundamento nas delimitações cimentadas pelo caso *Jacobina* (Agravo em Recurso Especial nº 0600651-94/BA)[19], o magistério jurisprudencial do TSE vem decidindo que a identificação de particularidades convergentes evidencia "o propósito de burlar o cumprimento da norma que estabelece a cota de gênero" quando constatada, nos autos da ação, a ausência de "elementos que indiquem se tratar de desistência tácita da competição". Essa diretriz demonstra que no âmbito daquele pretório, os mecanismos de proteção judicial em torno do regime jurídico das cotas de gênero receberam modificações assinaláveis trazendo à tona uma definição jurisprudencial absolutamente cabível.

18. TRE/PE, RCED nº 34884, DJE de 21/10/2013.
19. DJE 30/06/2022.

Vide, a propósito, a ementa do julgado:

> **ELEIÇÕES 2020. AGRAVO REGIMENTAL. RECURSO ESPECIAL. AÇÃO DE INVESTIGAÇÃO JUDICIAL ELEITORAL. FRAUDE À COTA DE GÊNERO. ART.10, § 3º, DA LEI 9.504/97. CONFIGURADO. PROVIMENTO.**
>
> 1. A fraude à cota de gênero de candidaturas femininas representa afronta aos princípios da igualdade, da cidadania e do pluralismo político, na medida em que a ratio do art. 10, § 3º, da Lei 9.504/1997 é ampliar a participação das mulheres no processo político-eleitoral.
>
> 2. Ação de Investigação Eleitoral julgada improcedente na origem, consubstanciada na fraude à cota de gênero, considerando a juntada extemporânea de documentos pelas candidatas revéis, o que é vedado pela norma processual vigente e importa em efetivo prejuízo diante da reforma da sentença então condenatória.
>
> 3. Existência de elementos suficientemente seguros para a condenação dos Investigados, diante da comprovação do ilícito eleitoral: (i) as 4 (quatro) candidatas não obtiveram nenhum voto; (ii) as contas apresentadas são absolutamente idênticas, em que registrada uma única doação estimável realizada pela mesma pessoa, no valor de R$ 582,00 (quinhentos e oitenta e dois reais); (iii) não houve atos efetivos de campanha; (iv) não tiveram nenhuma despesa; (v) não apresentaram extratos bancários ou notas fiscais; e (vi) o Partido das Investigadas não investiu recursos em suas campanhas.
>
> 4. Caracterizada a fraude e, por conseguinte, comprometida a disputa, observam-se as seguintes consequencias: (i) a cassação dos candidatos vinculados ao DRAP, independentemente de prova da sua participação, ciência ou anuência; (ii) a inelegibilidade àqueles que efetivamente praticaram ou anuíram com a conduta; e (iii) a nulidade dos votos obtidos pela Coligação, com a recontagem do cálculo dos quocientes eleitoral e partidários, nos termos do art. 222 do Código Eleitoral. Cumprimento imediato, independente de publicação.
>
> 5. Recurso Especial provido.

Dentro da perspectiva em exame, é de se frisar que a expressão "candidatura laranja", no que pertine à sua invocação doutrinária e jurisprudencial amiúde frente à regra inscrita ao §3º do art. 10 da Lei nº 9.504/97, tem recebido multifárias análises. Roberta LAENA, em sua obra *Fictícias: candidaturas de mulheres e violência política de gênero* (2020, p. 162/163), ocupando-se minudentemente da temática, fornece subsídios que impõem reflexões:

> Não há na teoria política tampouco na doutrina eleitoralista brasileira uma tipologia das candidatas fictícias que mostre de forma ampla e detalhada as várias situações que ocorrem no momento anterior à definição das candidaturas. Apesar de todas elas servirem aos interesses das agremiações políticas que precisam cumprir a cota de gênero, inclusive a candidatura de servidoras para gozo de licença, há distinções que devem ser pontuadas, notadamente fins de penalização em processos judiciais. Se há candidatas que concordam em participar do jogo político dos partidos, algumas sequer sabem que são candidatas e outras não compreendem bem o convite que recebem para "ajudar" seus amigos ou parentes envolvidos na política partidária, existindo casos também de constrangimento, velado ou não, em que mulheres são "convidadas" por seus empregadores, por exemplo. Para além disso, há casos em que mulheres registram candidaturas com finalidade diversa da eleição. Além de contribuírem para o preenchimento da cota, elas aproveitam a candidatura para outros fins, seja para promoverem campanhas de conscientização, seja para realizarem propaganda para outros candidatos, como nos casos de duas candidatas entrevistadas por mim e que serão detalhados no capítulo seguinte. O fato é que as candidaturas fictícias de mulheres não se configuram da mesma forma, havendo distintas razões e situações que as diferenciam. E, por mais que todas elas sejam para benefício dos partidos que precisam preencher a cota de gênero no registro do DRAP, entendo que uma tipologia detalhada das possibilidades existentes seja útil para a melhor compreensão do fenômeno, não só para fins de apuração judicial, mas também para que tenhamos um panorama geral de como se dá esse tipo de violência política de gênero [...].

Respaldada em acurada pesquisa, a autora adita que modernamente, as "candidatas laranjas" possuem quatro faces (ou subtipos) passíveis de identificação nos episódios eleitorais brasileiros: involuntárias, induzidas, coagidas e, por fim, voluntárias.

Comentando essas identificações, pormenoriza:

> [...]. A candidata involuntária é aquela que não consente, inscrita contra a sua vontade, e que, portanto, desconhece que seu nome tenha sido usado para fins de registro de candidatura.
>
> [...].
>
> Candidata induzida é aquela que anui com a candidatura, mas o seu consentimento é viciado em razão de dolo da agremiação partidária. O representante do partido induz a mulher a erro e a convence a aceitar o convite, fazendo-a acreditar que ela receberá apoio financeiro do partido

> e terá chances de eleição; ela, por ingenuidade ou confiança, aceita e, no curso do processo, descobre que foi enganada. Há, pois, má-fé da entidade, que se aproveita da inexperiência e da credulidade da convidada para atingir o objetivo de composição da chapa com observância da cota mínima de gênero.
>
> Há, ainda, a candidata coagida, cujo consentimento é viciado pela coação. Nessa hipótese, a mulher concorda em participar e se candidatar por ter sido coagida, de forma direta ou velada, por alguém que representa o partido. Sob pressão psicológica, que é uma espécie de ameaça, ela anui com a candidatura, ainda que essa não seja sua vontade real. Da mesma forma que no tipo anterior, a candidatura decorre da má-fé partidária, sendo agravada pela violência intrínseca a toda coação.
>
> A candidata voluntária, por sua vez, é aquela que concorda com a candidatura. Diferentemente da candidata involuntária, essa candidata tem conhecimento da intencionalidade da agremiação – preenchimento da cota de gênero - e, mesmo assim, aceita participar da disputa eleitoral. Os motivos dessa anuência podem ser variados e, por isso, elas se subdividem em 4 (quatro) subtipos: candidata aliada, candidata estrategista, candidata para fins de fruição de licença remunerada e candidata para fins de percepção do Fundo Partidário.[20]

Dessa elucidativa abordagem, extrai-se que apesar do caráter singular presente à terminologia "candidatura laranja", o fenômeno, em sua realidade, comporta conjugação no plural, posto que conforme apurado, se revelam múltiplas as situações fáticas em torno das "candidaturas laranjas".

Outrossim, embora as ocorrências em torno das fraudes registrais em análise neste tópico estejam se disseminando eleição após eleição conforme robora a jurisprudência adiante compilada, tem-se que a alegação de inobservância de regras estatutárias no que tange à adequação das cotas de gênero deve ser discutida exclusivamente no DRAP. Caso este seja deferido e transite em julgado, dado o caráter de imutabilidade da decisão proferida, descabe, no processo individual em que só se examinam os requisitos específicos dos candidatos, reabrir a discussão.[21]

A renúncia é ato jurídico unilateral que exprime a livre manifestação da vontade da pessoa natural. Se, no momento da formalização das renúncias por candidatas, já tinha sido ultrapassado o prazo para a substituição

20. LOENA, 2020, p. 167/169.
21. TSE, ED-REspe nº 25167/PR, PSESS de 06/11/2012.

das candidaturas previsto ao art. 13, § 3º, da LE/97, não pode o partido ser penalizado, considerando, em especial, que não havia possibilidade jurídica de serem apresentadas substitutas de modo a readequar os percentuais legais.[22]

Aqui, inicialmente com apoio mais uma vez em Admar Gonzaga NETO, é importante rememorar:

> Durante muito tempo, a jurisprudência do Tribunal Superior Eleitoral ficou consolidada no sentido de que "a fraude a ser apurada em ação de impugnação de mandato eletivo diz respeito ao processo de votação" (AgR-RO 896, rel. Min. Caputo Bastos, DJ 2.6.2006), razão pela qual não se admitia, entre outras condutas, a apuração de fraude no preenchimento dos percentuais mínimos de gênero, em regra vinculados ao registro do Demonstrativo de Regularidade de Atos Partidários (DRAP).[23]

Prosseguindo, no julgamento do paradigmático Recurso Especial Eleitoral nº 1-49/PI[24], o plenário do TSE decidiu que a eventual alegação de fraude na indicação de candidatas para atender ao percentual mínimo de candidaturas por gênero pode ser examinada no âmbito da Ação de Impugnação de Mandato Eletivo. Segundo ficou estabelecido, o termo *fraude* do art. 14, § 10 da CF/88 encerra um conceito jurídico aberto, que admite todas as situações que possam afetar a normalidade das eleições e a legitimidade do mandato, incluída a hipótese de *ofensa à lei.*

Nesta assentada, em voto de consistente conclusão, anotou o Ministro Henrique Neves: "Penso que o termo fraude, estampado no art. 14, § 10, da Constituição Federal, encerra conceito aberto, a englobar todas as situações de fraude - inclusive a de fraude à lei - que possam afetar a normalidade das eleições e a legitimidade do mandato obtido. (...). Nesse aspecto, as alegações de fraude à lei, nas quais se aponta que determinada regra foi atendida a partir de suposto engodo praticado pela agremiação política, não podem ter a sua análise extirpada do âmbito da ação de impugnação de mandato eletivo".

Topicamente sobre a questão de gênero e sua possibilidade de contaminação por elementos fraudulentos, ampliou o relator: "A interpretação da expressão 'fraude' deve considerar tal circunstância, bem como o co-

---

22. TSE, REspe nº 21498/RS, DJE de 24/06/2013.
23. www.conjur.com.br
24. TSE, DJE 21/10/2015, pp. 25/26.

mando constitucional de eleições hígidas (art. 14, §§ 9º e 10, da Constituição Federal) e os meios processuais disponíveis no ordenamento jurídico para a garantia de tal desiderato. (...). Assim, por certo não se pode exigir que os temas que envolvem ações ou omissões praticadas ou incorridas no curso da campanha eleitoral sejam objeto de impugnação ao pedido de registro de candidatura ou ao DRAP. (...). Por outro lado, não há como impedir que tais temas sejam levados ao conhecimento e julgamento pela Justiça Eleitoral, com a observância do devido processo legal e das garantias da defesa, sob pena de manifesta contrariedade ao direito de ação e à inafastabilidade da jurisdição[25], insculpida no inciso XXXV do art. 5º da Constituição Federal".

Ao se pronunciar neste julgamento que conferiu uma interpretação mais densa em relação ao conceito de fraude, a Ministra Luciana Lóssio, num parágrafo, complementou o raciocínio do relator: "Se não admitirmos que a Justiça Eleitoral tenha conhecimento na Ação de Impugnação de Mandato Eletivo, essa fraude não chegará à apreciação da Justiça, porque na impugnação do Demonstrativo de Regularidade de Atos Partidários (DRAP), tal fraude ainda não é do conhecimento de ninguém, ou seja, esse tipo ardil ficará impune".

Firmada a viabilidade da AIME como instrumento para a apuração de vício quanto aos percentuais[26], a sua procedência pressupõe a comprovação dos pressupostos que lhe autorizam:

> **AGRAVO REGIMENTAL. RECURSO ESPECIAL. ELEIÇÕES 2016. CANDIDATOS. AÇÃO DE IMPUGNAÇÃO DE MANDATO ELETIVO (AIME). FRAUDE. ART. 14, § 10, DA CONSTITUIÇÃO. COTA DE GÊNERO. ART. 10, § 3º, DA LEI 9.504/97. CANDIDATURA FICTÍCIA. NÃO CONFIGURADA. AGRAVO NÃO PROVIDO.**
>
> 1. A cota de gênero de candidaturas proporcionais é relevante mecanismo que visa assegurar a efetiva participação feminina nas eleições e, em última

25. O princípio da inafastabilidade da apreciação judicial de lesão ou ameaça a direito foi consagrado no Direito brasileiro pela Constituição Federal de 1946 (art. 141, §4º) sendo reiterado pela CF/67 (art. 150, §4º) e posteriormente pela CF/69 (art. 153, §4º).

26. Cabível, nesse particular, a transcrição do seguinte excerto do voto-vista da Ministra Maria Cláudia Bucchianeri no Agravo em Recurso Especial Eleitoral nº 0601558-98/SP (Caso Andradina): "[...] a possibilidade de judicialização, via AIJE ou AIME, das candidaturas fictícias, descortinou uma triste realidade de costumeira burla, pelas agremiações partidárias, da regra legal de incentivo à presença feminina na política constante do art. 10, § 3º, da Lei nº 9.504/97, o que é facilmente extraído do importante volume de feitos desta natureza que têm ocupado a pauta deste Tribunal Superior Eleitoral e dos Tribunais Eleitorais em geral".

análise, amainar o dramático quadro de baixíssima representatividade feminina em mandatos eletivos.

2. Porém, e apesar do importante papel da Justiça Eleitoral na apuração de condutas que objetivem burlar o sistema previsto no art. 10, § 30, da Lei 9.504/97, a prova da fraude da cota de gênero deve ser robusta e levar em conta a soma das circunstâncias do caso, a denotar o inequívoco fim de mitigar a isonomia entre homens e mulheres que o legislador pretendeu garantir.

3. Na espécie, conforme se assentou na sentença e em acórdão unânime, não há prova de cometimento do ilícito, restando claro que a desistência tácita de uma das candidatas ao cargo de vereador de Dois Córregos/SP nas Eleições 2016 ocorreu por motivo plenamente justificável, a saber, intercorrência médica.

(...).

5. Outros elementos rechaçam a fraude. Testemunhas confirmaram a presença da candidata na convenção, sendo filiada ao mesmo partido desde 2011, e houve registro de despesas de campanha enquanto não estava impossibilitada pelo problema médico.

6. Entendimento diverso demandaria reexame de fatos e provas, providência inviável em sede extraordinária (Súmula 24/TSE).

7. Agravo regimental desprovido.[27]

Outrossim, em sendo reconhecida a fraude, sobrevém a nulidade da votação de todos os candidatos registrados pelo partido, inclusive dos detentores de mandato:

ELEIÇÕES 2016. AGRAVO INTERNO. RECURSO ESPECIAL. AIME. FRAUDE. ART. 10, § 3º, DA LEI Nº 9.504/1997. QUADRO FÁTICO DELINEADO PELO ACÓRDÃO REGIONAL. POSSIBILIDADE DE REENQUADRAMENTO JURÍDICO. RECONHECIDA A FRAUDE À COTA DE GÊNERO. NULIDADE DOS VOTOS. PROVIDOS O AGRAVO INTERNO E O RECURSO ESPECIAL.

1. (...).

2. À luz do REspe nº 193–92/PI, de relatoria do Ministro Jorge Mussi, fica comprovada a existência de candidaturas fictícias sempre que identificado, de maneira induvidosa, o completo desinteresse na disputa eleitoral.

27. TSE, AgR-REspe nº 278-72/SP, j. 13/11/2018.

> 3. Agravo interno provido para, da mesma forma, dar integral provimento ao recurso especial, decretando-se a nulidade de todos os votos recebidos pela Coligação Unidos por Imbé, porquanto auferidos a partir de fraude ao disposto no art. 10, § 3º, da Lei nº 9.504/1997.[28]

O Recurso Especial Eleitoral nº 193-92/PI (DJE de 04/10/2019) aludido pela ementa supratranscrita, firmado em sede de Ação de Investigação Judicial Eleitoral, corresponde ao *leading case*[29] que definiu a drástica e

---

28. TSE, REspEl nº 851/RS, DJE de 28/10/2020. Diferentemente do decidido no REspe n° 193–92/PI, neste caso, o TSE determinou a imediata execução do julgado, independentemente da publicação do acórdão.

29. RECURSOS ESPECIAIS. ELEIÇÕES 2016. VEREADORES. PREFEITO. VICE-PREFEITO. AÇÃO DE INVESTIGAÇÃO JUDICIAL ELEITORAL (AIJE). ART. 22 DA LC 64/90. FRAUDE. COTA DE GÊNERO. ART. 10, § 3º, DA LEI 9.504/97.

    1. O TRE/PI, na linha da sentença, reconheceu fraude na quota de gênero de 30% quanto às candidaturas das coligações Compromisso com Valença I e II ao cargo de vereador nas Eleições 2016, fixando as seguintes sanções: a) cassação dos registros das cinco candidatas que incorreram no ilícito, além de sua inelegibilidade por oito anos; b) cassação dos demais candidatos registrados por ambas as chapas, na qualidade de beneficiários.

    2. Ambas as partes recorreram. A coligação autora pugna pela inelegibilidade de todos os candidatos e por se estender a perda dos registros aos vencedores do pleito majoritário, ao passo que os candidatos pugnam pelo afastamento da fraude e, alternativamente, por se preservarem os registros de quem não anuiu com o ilícito.

    PRELIMINAR. LITISCONSÓRCIO PASSIVO NECESSÁRIO. DIRIGENTES PARTIDÁRIOS. SÚMULA 24/TSE. REJEIÇÃO.

    3. O TRE/PI assentou inexistir prova de que os presidentes das agremiações tinham conhecimento da fraude, tampouco que anuíram ou atuaram de modo direto ou implícito para sua consecução, sendo incabível citá los para integrar a lide como litisconsortes passivos necessários. Concluir de forma diversa esbarra no óbice da Súmula 24/TSE.

    TEMA DE FUNDO. FRAUDE. COTA DE GÊNERO. ART. 10, § 3º, DA LEI 9.504/97. ROBUSTEZ. GRAVIDADE. AFRONTA. GARANTIA FUNDAMENTAL. ISONOMIA. HOMENS E MULHERES. ART. 5º, I, DA CF/88.

    4. A fraude na cota de gênero de candidaturas representa afronta à isonomia entre homens e mulheres que o legislador pretendeu assegurar no art. 10, § 3º, da Lei 9.504/97 - a partir dos ditames constitucionais relativos à igualdade, ao pluralismo político, à cidadania e à dignidade da pessoa humana - e a prova de sua ocorrência deve ser robusta e levar em conta a soma das circunstâncias fáticas do caso, o que se demonstrou na espécie.

    5. A extrema semelhança dos registros nas contas de campanha de cinco candidatas - tipos de despesa, valores, data de emissão das notas e até mesmo a sequência numérica destas - denota claros indícios de maquiagem contábil. A essa circunstância, de caráter indiciário, somam-se diversos elementos específicos.

    6. A fraude em duas candidaturas da Coligação Compromisso com Valença I e em três da Coligação Compromisso com Valença II revela-se, ademais, da seguinte forma: a) Ivaltânia Nogueira e Maria Eugênia de Sousa disputaram o mesmo cargo, pela mesma coligação, com familiares próximos (esposo e filho), sem nenhuma notícia de animosidade política entre eles, sem que elas realizassem despesas com material de propaganda e com ambas atuando em prol da campanha daqueles, obtendo cada uma apenas um voto; b) Maria Neide da Silva sequer compareceu às urnas e não realizou gastos com publicidade; c) Magally da Silva votou e ainda assim não recebeu votos, e, além disso, apesar de alegar ter sido acometida por enfermidade, registrou gastos - inclusive com recursos próprios - em data posterior; d) Geórgia Lima, com apenas dois votos, é reincidente em disputar cargo eletivo apenas para preencher a cota e usufruir licença remunerada do serviço público.

    7. Modificar as premissas fáticas assentadas pelo TRE/PI demandaria reexame de fatos e provas (Súmula 24/TSE).

    CASSAÇÃO. TOTALIDADE DAS CANDIDATURAS DAS DUAS COLIGAÇÕES. LEGISLAÇÃO. DOUTRINA. JURISPRUDÊNCIA.

enérgica virada de entendimento do TSE no sentido de que a fraude da cota de gênero em eleições proporcionais implica na cassação de todos os candidatos registrados pela legenda. O julgado, ao defrontar com caso severo, além de timbrar o ponto de ruptura da jurisprudência até então dominante, se revelou incisivamente hostil à subversão dos objetivos básicos dos percentuais mínimos e máximos nas vagas. Para o tribunal, a partir do comando emergente dessa norma, "A fraude na cota de gênero de candidaturas representa afronta à isonomia entre homens e mulheres que o legislador pretendeu assegurar no art. 10, § 3º, da Lei 9.504/97 - a partir dos ditames constitucionais relativos à igualdade, ao pluralismo político, à cidadania e à dignidade da pessoa humana - e a prova de sua ocorrência deve ser robusta e levar em conta a soma das circunstâncias fáticas do caso".

---

8. Caracterizada a fraude e, por conseguinte, comprometida a disputa, não se requer, para fim de perda de diploma de todos os candidatos beneficiários que compuseram as coligações, prova inconteste de sua participação ou anuência, aspecto subjetivo que se revela imprescindível apenas para impor a eles inelegibilidade para eleições futuras. Precedentes.

9. Indeferir apenas as candidaturas fraudulentas e as menos votadas (feito o recálculo da cota), preservando-se as que obtiveram maior número de votos, ensejaria inadmissível brecha para o registro de "laranjas", com verdadeiro incentivo a se "correr o risco", por inexistir efeito prático desfavorável.

10. O registro das candidaturas fraudulentas possibilitou maior número de homens na disputa, cuja soma de votos, por sua vez, contabilizou-se para as respectivas alianças, culminando em quociente partidário favorável a elas (art. 107 do Código Eleitoral), que puderam então registrar e eleger mais candidatos.

11. O círculo vicioso não se afasta com a glosa apenas parcial, pois a negativa dos registros após a data do pleito implica o aproveitamento dos votos em favor das legendas (art. 175, §§ 3º e 4º, do Código Eleitoral), evidenciando-se, mais uma vez, o inquestionável benefício auferido com a fraude.

12. A adoção de critérios diversos ocasionaria casuísmo incompatível com o regime democrático.

13. Embora o objetivo prático do art. 10, § 3º, da Lei 9.504/97 seja incentivar a presença feminina na política, a cota de 30% é de gênero. Manter o registro apenas das candidatas também afrontaria a norma, em sentido contrário ao que usualmente ocorre.

INELEGIBILIDADE. NATUREZA PERSONALÍSSIMA. PARCIAL PROVIMENTO.

14. Inelegibilidade constitui sanção personalíssima que incide apenas perante quem cometeu, participou ou anuiu com a prática ilícita, e não ao mero beneficiário. Precedentes.

15. Embora incabível aplicá-la indistintamente a todos os candidatos, constata-se a anuência de Leonardo Nogueira (filho de Ivaltânia Nogueira) e de Antônio Gomes da Rocha (esposo de Maria Eugênia de Sousa), os quais, repita-se, disputaram o mesmo pleito pela mesma coligação, sem notícia de animosidade familiar ou política, e com ambas atuando na candidatura daqueles em detrimento das suas.

CASSAÇÃO. DIPLOMAS. PREFEITA E VICE-PREFEITO. AUSÊNCIA. REPERCUSSÃO. SÚMULA 24/TSE.

16. Não se vislumbra de que forma a fraude nas candidaturas proporcionais teria comprometido a higidez do pleito majoritário, direta ou indiretamente, ou mesmo de que seria de responsabilidade dos candidatos aos cargos de prefeito e vice-prefeito. Conclusão diversa esbarra na Súmula 24/TSE.

CONCLUSÃO. MANUTENÇÃO. PERDA. REGISTROS. VEREADORES. EXTENSÃO. INELEGIBILIDADE. IMPROCEDÊNCIA. CHAPA MAJORITÁRIA.

17. Recursos especiais dos candidatos ao cargo de vereador pelas coligações Compromisso com Valença I e II desprovidos, mantendo-se cassados os seus registros, e recurso da Coligação Nossa União É com o Povo parcialmente provido para impor inelegibilidade a Leonardo Nogueira e Antônio Gomes da Rocha, subsistindo a improcedência quanto aos vencedores do pleito majoritário, revogando-se a liminar e executando-se o aresto logo após a publicação (precedentes).

De rigor, a partir de 2021, com as reformulações dispostas, a nosso ver com prematuridade, pela Resolução nº 23.675 junto ao texto primitivo da Resolução nº 23.609/19, tem-se que a conclusão das ações judiciais eleitorais "pela utilização de candidaturas femininas fictícias, acarretará a anulação de todo o DRAP e a cassação de diplomas ou mandatos de todas as candidatas e de todos os candidatos a ele vinculados, independentemente de prova de sua participação, ciência ou anuência, com a consequente retotalização dos resultados e, se a anulação atingir mais de 50% (cinquenta por cento) dos votos da eleição proporcional, a convocação de novas eleições" (§5º do art. 20).

Relativamente à incidência das reprimendas aos casos de burla do dispositivo, o TSE também demarcou que "não se requer, para fim de perda de diploma de todos os candidatos beneficiários que compuseram as coligações, prova inconteste de sua participação ou anuência, aspecto subjetivo que se revela imprescindível apenas para impor a eles inelegibilidade para eleições futuras. Indeferir apenas as candidaturas fraudulentas e as menos votadas (feito o recálculo da cota), preservando-se as que obtiveram maior número de votos, ensejaria inadmissível brecha para o registro de "laranjas", com verdadeiro incentivo a se "correr o risco", por inexistir efeito prático desfavorável".

Nessa conformação das medidas judiciais propostas em razão de fraudes na cota de gênero, cabe assinalar que os seus desfechos são distintos. Em se tratando de candidatos eleitos e sendo AIME[30], a procedência da ação restringe-se à cassação do diploma. Sendo AIJE, além da cassação do mandato, inclui-se a declaração de inelegibilidade do representado para as eleições a se realizarem nos 8 anos subsequentes àquela em que se verificou a ilicitude. Por fim, às candidatas fictícias aplica-se unicamente a sanção de inelegibilidade do art. 22, XIV, da LC nº 64/90.

Por outro lado, para obediência ao devido processo legal eleitoral (CF, art. 5º, LIV), havemos de recordar que na Ação de Impugnação de Mandato Eletivo, o conceito de legitimidade de parte pressupõe que "no pólo passivo da relação processual estará, exclusivamente, o candidato que, favorecido com o abuso de poder econômico, corrupção ou fraude, tenha logrado diplomar-se, estando apto ao exercício do mandato[31]", conforme

30. Ultrapassadas mais de três décadas da promulgação do texto constitucional de 05/10/1988, bem como da ocorrência de quase duas dezenas de eleições nesse interregno, a AIME não dispõe, até o momento desta edição, de norma legislada a regulamentá-la.

31. O próprio termo remete à conclusão.

leciona Pedro Henrique Távora NIESS (1996, p. 59) em excelente estudo[32] e igualmente preconiza a edificação jurisprudencial da matéria[33].

No tocante à Investigação Judicial Eleitoral, o trabalho hermenêutico a ser percorrido é diverso, porquanto o legislador optou desapegar-se de um rigor formal. Por inexistir menção emoldurada de caráter restritivo ao texto da LC nº 64/90, qualquer pessoa[34] que "haja contribuído para o ato" abusivo poderá figurar demandada na AIJE. Trata-se, isso está explícito, de hipótese bem mais abrangente.

Como quase sempre ocorre nas mudanças de paradigma provenientes da implementação de novos conceitos ou conformações jurisprudenciais, embaraços e problemas se interpõem. Contudo, relativamente ao DRAP, tratando-se de decisões aplicadas pela Justiça Eleitoral por violação às cotas de gênero, a "cassação de diplomas ou mandatos de todas as candidatas e de todos os candidatos a ele vinculados, independentemente de prova de sua participação, ciência ou anuência" expressa demasiada drasticidade. Há, por inequívoco, estampada desproporcionalidade na extensão da cassação daqueles e daquelas que em nada concorreram às práticas ilícitas que resultaram na defraudação do Demonstrativo de Regularidade de Atos Partidários. Mencionados efeitos, sendo aplicados de cambulhada e sem graduação, desbordam dos limites impostos pela Constituição Federal e pela Lei Complementar nº 64/90 na medida em que se para a AIME importa "a relação de causa e efeito entre a fraude, a corrupção e o abuso de poder econômico e a eleição de quem foi assim beneficiado na disputa eleitoral"[35], na AIJE é imprescindível haver a verificação "de quantos hajam contribuído" para o ato abusivo, considerada "a gravidade das circunstâncias que o caracterizam".

Admitidas tais circunstâncias frente as dicções positivadas relativamente à AIME e à AIJE, fica patente que o conteúdo punitivo de viés indiscriminado estebelecido pelo texto resolutivo não se coaduna às demandas manejadas. É dizer: a inovação, por norma jurídica secundária, não traz compatibilidade das mais tranquilas aos textos de regência. A consequência

---

32. Este também é o posicionamento de Edson de Resende Castro (2012, p. 510).
33. "Na ação de impugnação do mandato eletivo, o polo passivo deve ser ocupado por candidatos eleitos diplomados, pois a sanção buscada é a perda do mandato" (TSE: AI nº 1002-22/MG, DJE 08/02/2019; REspes nºs 106-65/SP, 102-28/SP e 101-43/SP, DJE 29/06/2017; REspe nº 524-31/AM, DJE 26/08/2016).
34. É antiga e sem mutações a jurisprudência do TSE no sentido da impossibilidade de pessoas jurídicas figurarem no polo passivo da AIJE: AgR-AREspE nº 0600738-37/BA, DJE 03/03/2023; RP nº 3217-96/DF, DJE 30/11/2010; RP nº 1033, DJ 13/12/2006; RP nº 373/DF, DJ 26/08/2005 e RO nº 717/AL, DJ 14/11/2003.
35. NIESS, 1996, p.34.

draconiana estatuída em torno do DRAP, descendente de um texto, repita-se, não legislado, está em desarmonia ao conteúdo constitucional. Não obstante o caráter de reprovabilidade que emerge da trapaça nas vagas, terra arrasada, aqui, redunda em iniquidade. O remédio, por demasiado amargo, necessita ser aplicado com firmeza, porém, moderadamente. Do contrário, pode dar lugar a injustiças. Nessa tônica, não se olvida, vinga a advertência até hoje universal de JELLINEK: "Não se abatem pardais disparando canhões".

Assim, com amparo nos novos julgados, além do aspecto concernente à insegurança jurídica, é de ser dito que a incidência generalizada de efeitos demasiado largos pela via do arrastamento padece de equívoco procedimental e dissemina uma pecha indevida de *cúmplice* a todos que concorreram. Na atual conjuntura jurisprudencial, o sancionamento arrasador irradiado para todos os candidatos desborda dos limites previstos na medida em que a observância da distinção entre as condutas é indispensável a qualquer juízo condenatório. No entanto, sucessivos acórdãos fazem alusão a candidatos titulares de mandato que acabam lesados a partir da sanha de uns poucos sem, contudo, ter tido qualquer participação infracional. É dizer: as práticas ilícitas de alguns não podem conduzir à pressuposição de que todos os concorrentes registrados sob o mesmo DRAP tenham atuado ilicitamente afinados, mediante conluios mútuos, às cotas de gênero. Até porque, não se pode perder de vista que há presunção de confiabilidade das informações constantes de aludido documento quando do momento de seu protocolo perante o órgão jurisdicional competente.

Dessarte, ante a consolidação, tanto doutrinária quanto pretoriana, do princípio da imprescindibilidade de provas robustas da prática fraudulenta, não é razoável estender o apenamento extremo simplesmente por força de um vínculo documental que se exaure com o deferimento dos registros individuais nele contidos. Qualquer modalidade de sancionamento estatal tem que ser fixada em observância aos limites previstos. Na jurisdição especializada das eleições não se poderia cogitar fosse diferente. Afinal, no concernente às Garantias Fundamentais, a Constituição Federal, com especial destaque, abrigou os princípios da legalidade, do contraditório e da ampla defesa, sendo esses dois últimos, como bem acentuou o magistério de Manuel Gonçalves Ferreira FILHO (2015, p. 235), aqueles que "formam o cerne da contenciosidade" que deve marcar o modo de atuação do Poder Judiciário. Porém, com a trivialização de decisões anulando DRAPs a esmo, corre-se o risco de haver a usurpação de direitos fundamentais. Neste sentido, há necessidade premente de que um texto legal expresso, oriundo do processo legislativo (CF, art. 59), não apenas regulamente, mas sobretudo, module os efeitos advindos de práticas espúrias em termos de reserva de gênero. Ou seja: uma previsão estável no ordenamento jurídico a partir de "um conjunto de atos preordenados visando a criação de normas de Direito"[36] ao invés de uma norma secundária que não obstante respeitável, decorre de deliberação administrativa do TSE.

À luz da disciplina imposta, averbe-se que a fraude às reservas de gênero vilipendia os valores constitucionalmente tutelados da normalidade e legitimidade das eleições. Trata-se, objetivamente, de uma traição. Isso, como nefasta consequência, determina o comprometimento ético-jurídico do resultado do pleito acrescido de um déficit de representação política. Contudo, insista-se: apesar dos valores severamente degradados a partir da ação deletéria de dirigentes partidários, candidatas e candidatos, torna-se do mesmo modo preocupante a extinção da representação popular de quem permaneceu adstrito à legalidade no desenrolar de todas as etapas da campanha eleitoral. O desate da questão reside em saber-se a participação de cada um no fato ilícito. Soa açodado tratar igualmente os desiguais. Mesmo porque, dentro dessa justaposição de ideias, é possível sintetizar que a partir das ações judiciais direcionadas (AIME e AIJE), os órgãos da Justiça Eleitoral não estão propriamente a *julgando* o DRAP, mas sim, a sua violação.

Diante desse quadro, o que se pode concluir minimamente é que a exasperação dos casos de candidaturas femininas artificiais[37], cada um deles

36. SILVA, 2010, p. 525.

37. Vide alguns casos julgados pelo plenário do TSE entre 2022 e 2023:
- TSE reconhece fraude à cota de gênero praticada pelo Partido Democrático Trabalhista (PDT) ao lançar candidaturas femininas fictícias nas eleições para vereador em Baião (PA) em 2020 (j. 05/10/2023: AREspe nº 0600004-49);
- TSE constata fraude à cota de gênero em Itambé (PE) na eleição de 2020 (j. 05/10/2023: ARESpe nº 060001-37);
- TSE mantém cassação do registro de candidatos do MDB em Piraí (RJ) nas eleições de 2020 (03/10/2023: ARESpe nº 0600805-73);
- Confirmada cassação de vereador de Iguaba Grande (RJ) por fraude à cota de gênero em 2020 (j. 03/10/2023: REspes nºs 0600484-70 e 0600487-25);
- TSE identifica fraude à cota de gênero em Sebastião Laranjeiras (BA) em 2020 (j. 21/09/2023: AREspe nº 0600408-54);
- Progressistas fraudou cota de gênero nas Eleições 2020 em Gilbués (PI), decide TSE (j. 12/09/2023: AREspe nº 06000001-83);
- Confirmada fraude à cota de gênero nas Eleições 2020 em São José dos Ramos (PB) (j. 05/09/2023: REspe nº 0600651-41);
- TSE identifica fraude à cota de gênero em municípios do RN, MA e PA (j. 31/08/2023: Respe nº 0600586-33, AREspe nº 0600002-86 e AREspe nº 0600224-41);

e todos em seu conjunto, vem propiciando ao Tribunal Superior Eleitoral deitar luzes sobre o assunto e, com isso, identificar determinadas premissas fáticas que uma vez jungidas, assim como a transparência do cristal, descortinam um *modus faciendi* apto a exprimir o logro orquestrado à cota de gênero do §3º do art. 10 da Lei nº 9.504/97. Nos fios dessa meada, é preciso

---

- TSE reconhece fraude à cota de gênero praticada em municípios maranhenses nas Eleições 2020 (j. 29/08/2023: AREspe nº 0600001-04 e REspe nº 0600965-83);
- Ministros reformam acórdão regional e reconhecem fraude à cota de gênero nas Eleições 2020 em Itaberaba (BA) (j. 20/06/2023: REspEl nº 060012423);
- TSE determina recálculo de votos para o vereador em Andradina (SP) (j. 13/06/2023: AREspe nº 0601558-98 e AREspe nº 0601556-31);
- Cassados vereadores em Leópolis (PR) por fraude à cota de gênero (j. 13/06/2023: AREspe nº 0600722-53);
- Reconhecida fraude à cota de gênero pelo PP para o cargo de vereador de Porto Real do Colégio (AL) nas Eleições 2020 (j. 06/06/2023: AREspe nº 0600002-09);
- Eleições 2020: TSE cassa candidatos pelo PP em São Miguel dos Campos (AL) por fraude à cota de gênero (j. 23/05/2023: AREspe nº 0600003-51);
- Fraude à cota de gênero nas eleições 2020 em Roteiro (AL) (j. 23/05/2023: AREspe nº 0600004-36 e AREspe nº 0600869-93);
- Plenário reconhece fraude à cota de gênero em 2020 em Mossoró (RN) (j. 09/05/2023: AREspe nº 0600122-97);
- TSE cassa vereadores eleitos em 2020 pelo DEM na cidade de Currais Novos (RN) (j. 09/05/2023: REspe nº 0600979-85 e REspe nº 0600986-77);
- TSE reforma acórdão e reconhece fraude à cota de gênero praticada pelo PT em Sobradinho (BA) (j. 04/05/2023: AREspe nº 0600862-70 e AREspe nº 0600394-05);
- TSE cassa vereadores de Itaiçaba (CE) por fraude à cota de gênero (j. 27/04/2023: AREspe nº 0600392-82 e AREspe nº 0600003-51);
- Por fraude à cota de gênero, TSE mantém condenação de candidatos a vereador de Silva Jardim (RJ) nas Eleições 2020 (j. 25/04/2023: AREspe nº 0600035-44 e AREspe nº 0600480-96);
- Plenário reforma decisão e reconhece como fictícia candidatura feminina lançada pelo PSB em Tururu (CE) (j. 20/04/2023: AREspe nº 0600657-64 e AREspE nº 0600659-34);
- Mantida decisão que reconheceu fraude à cota de gênero em Blumenau (SC) (j. 20/04/2023: REspe nº 0600582-05);
- Fraude à cota de gênero do Republicanos em São Fidélis (RJ) (j. 13/04/2023: AREspe nº 0600689-52);
- Plenário reconhece fraude à cota de gênero pelo PSDB em Tacuru (MS) (j. 09/03/2023: REspe nº 0600791-75);
- TSE confirma fraude à cota de gênero em Maruim (SE) nas Eleições 2020 (j. 02/03/2023: REspe nº 0600001-54);
- TSE mantém cassação de chapa de vereadores do PSB nas eleições em Quixadá (CE) por fraude à cota de gênero (j. 28/02/2023: AREspe nº 0601032-98);
- TSE cassa vereadores de Cascavel (PR) por fraude à cota de gênero (j. 03/11/2022: REspe nº 0600812-98 e REspe nº 0600817-23);
- Anulados os votos de vereadores em mais dois municípios por fraude à cota de gênero (j. 06/10/2022: REspe nº 0601036-83, REspe nº 0601040-23 e AREspe nº 0600410-61);
- Cassadas candidaturas por fraude à cota de gênero em 2020 na Bahia (j. 25/08/2022: AREspe nº 0600437-58);
- Plenário cassa diploma de vereadores eleitos em 2020 em Ipirá (BA) por fraude na cota de gênero (j. 23/08/2022: AREspe nº 0600474-82);
- TSE cassa candidaturas por fraude à cota de gênero em 2020 em Alagoas (j. 18/08/2022: REspe nº 0600001-24).

reconhecer que a debilidade de alguns argumentos maneados na tentativa de refutar o estratagema torna-o ainda mais manifesto.

Numa análise sistemática, considerando a linha hermenêutica esquadrinhada pela Corte Superior Eleitoral a partir das balizas interpretativas fixadas em defesa da obediência à percentagem de gênero, ganharam destaque e foram catalogadas as seguintes circunstâncias indiciárias:

- votação zerada ou ínfima;
- prestações de contas com fluxo financeiro zero (0);
- movimentações bancárias idênticas, apresentando valores inexpressivos ou quantitativamente semelhantes;
- indícios de simulação de despesas;
- não abertura da conta corrente exclusiva para a campanha eleitoral;
- prova testemunhal descartando a execução de atos de campanha (nenhuma divulgação da candidatura: ausência de propaganda impressa, em redes sociais, no horário eleitoral ou de rua);
- não comparecimento à convenção partidária de homologação da(s) própria(s) candidatura(s);
- presença de vínculo familiar entre concorrentes ao mesmo cargo.

Referidos expedientes, funcionando como fatores determinantes para a identificação do conluio engendrado entre dirigentes partidários e candidaturas espúrias, integram a composição do instituto jurídico caracterizável como "fraude à cota de gênero" que tomou fluxo praticamente ininterrupto na pauta de julgamento dos tribunais regionais e do Tribunal Superior Eleitoral.

Nesse eixo, ao consolidar a diretriz exegética que determina o concurso de tais elementos para a tipificação dessa espécie de ilicitude, o TSE endossou distante, porém irretocável advertência lançada pelo Ministro Antônio Vieira Braga no Recurso Especial Eleitoral nº 1.353/MG. O julgado se soma ao contexto das demais digressões efetivadas na medida em que reflete de modo indubitável o cerne da hipótese de ilicitude abordada:

> A Constituição ou a lei, quando veda determinado ato, não precisa acrescentar que fica também vedado fraudar a proibição.
>
> Os atos praticados em fraude à lei apresentam-se, pelo menos quase sempre, vestidos e paramentados com as palavras da lei. E é exatamente

> a interpretação por compreensão que permite à justiça negar-lhe legitimidade e efeitos jurídicos.[38]

Como afirmava Bertold Brecht, somente pela realidade é possível modificar a realidade. Todas as perquirições e tendências antes delineadas põem à mostra que no tocante ao aspecto fundamental da questão, "A evolução normativa, doutrinária e jurisprudencial sobre os dispositivos que impactam a promoção de candidaturas do gênero sub–representado, no caso do gênero feminino aponta", em definitivo, "para a necessidade do lançamento de candidatas efetivas, com condições mínimas de partida, de participação na campanha eleitoral e de obtenção de resultados"[39].

4.1.5.1. Abuso de poder

De conformidade à orientação pretoriana, e em face do abordado preambularmente, é importante vislumbrar que a artimanha na confecção da listagem de candidatos proporcionais ainda caracteriza abuso de poder político. O vício em tela é perpetrado pelo partido, por seus dirigentes e demais transgressores na medida em que o primeiro, além de deter o monopólio constitucional[40] de selecionar, documentar e encaminhar as candidaturas à Justiça Eleitoral para registro, recebe e administra verbas públicas destinadas às campanhas.

Estas, pode-se dizer, são as manobras preliminares da trama: o partido e seus filiados elaboram conjuntamente as dinâmicas para afrontar afrontar a lei. Assentadas desde cedo, são urdidas em conchavo. Aí reside a marca crassa do ardil: a agremiação age cumprindo formalmente a determinação legal das percentagens exigidas para as eleições proporcionais ciente, contudo, de que nem todos os nomes constantes das listagens estarão em campo na busca de votos junto ao eleitorado.

A propósito deste raciocínio, o julgado do caso *Valença do Piauí* conforta-o inteiramente ao reconhecer a atividade fraudulenta do partido que culmina em desacato à normalidade das eleições (CF, art. 14, §9º) quando faz expressa menção ao percuciente voto apresentado pelo Ministro Henrique Neves da Silva no Recurso Especial Eleitoral nº 243-42/PI. Nesta assentada, o TSE reconheceu que o "lançamento de candidaturas apenas

38. BEL 90/509.
39. TSE, REspEl nº 0600965-83/MA, DJE 15/09/2023.
40. CF, art. 17, §1º.

para que se preencha, em fraude à lei, o número mínimo de vagas previsto para cada gênero, sem o efetivo desenvolvimento das candidaturas" constitui uma modalidade de abuso de poder.

4.1.5.2. Devolução de recursos do Fundo Especial de Financiamento de Campanha (FEFC) e do Fundo Partidário (FP) utilizados de forma fraudulenta

Uma última questão deve ser abordada.

Além dos enfoques anteriormente vistos, ressai analisar o desdobramento jurídico das fraudes encetadas aos percentuais de gênero no campo das receitas financeiras da campanha. Nesse quesito palpitante e atual, a decisão lavrada pelo TSE no Agravo em Recurso Especial Eleitoral nº 0601032-98/CE[41] é meridianamente clara e identifica o caminho da diretriz que vem se afirmando.

Ante o comprometimento da disputa proporcional, além das consequências que determinam cassação de mandatos, inelegibilidade dos que efetivamente praticaram ou anuíram à conduta fraudulenta, nulificação dos votos obtidos pelo partido, recontagem do cálculo dos quocientes eleitoral e partidários nos termos do art. 222 do Código Eleitoral, sobrevém o consectário da determinação de estorno, ao Tesouro Nacional, dos recursos oriundos do Fundo Especial de Financiamento de Campanha e do Fundo Partidário.

Nessa senda, embora o legislador não tenha feito constar tal efeito relativamente à procedência das ações de impugnação de mandato eletivo (AIME) ou investigação judicial eleitoral (AIJE) encetadas por transgressão às cotas de gênero, dita sequela não enverga natureza sancionatória, tampouco há se falar em pena acessória ou revestida de finalidade pedagógica. De efetivo, o que está em jogo é o alcance do princípio da legalidade. A partir da relação jurídica estabelecida, sobressai inequívoco que inexistem obstáculos teóricos para se demonstrar, de modo objetivo, a reflexão de que a partir do desencaminhamento da finalidade legal dos recursos públicos mediante a prática de atos que culminaram na anulação do resultado das urnas, trata-se, tão somente, de um corolário do plexo normativo.

41. DJE 15/03/2023.

A um, porque em seu bojo, esses episódios reprováveis se revestem de gravidade acentuada a ponto de gerar ruptura na representação popular exercida por terceiros de boa-fé que acabam severamente prejudicados por aqueles que infringiram o ordenamento.

A dois, porque a determinação de reposição ao erário, das cifras oriundas de fundos compostos por recursos públicos, não constitui penalidade, mas uma decorrência da transgressão de sua finalidade. Visa, portanto, "a recomposição do estado de coisas anterior", conforme anotado inicialmente pelo REspe nº 0607014-27/SP[42], da relatoria do Ministro Sérgio Banhos, e depois pelo AgR-AI 0605505-56[43], relatado pelo Ministro Tarcisio Vieira de Carvalho Neto.

Robustecendo a gênese desse entendimento, está a redação do art. 80, §3º da Res./TSE nº 23.607/19 dispondo como a seguir transcrito:

> Art. 80. *Omissis*
>
> [...].
>
> § 3º Caso constatada impropriedade ou irregularidade na aplicação dos recursos do Fundo Partidário e/ou do Fundo Especial de Financiamento de Campanha (FEFC) ou no recebimento dos recursos de que tratam os arts. 31 e 32 desta Resolução, a candidata ou o candidato ou o órgão partidário e as(os) suas(seus) responsáveis serão intimadas(os) para fins de devolução ao erário, se já não demonstrada a sua realização.

A três, que nesse passo, como não poderia deixar de ser, ante a eficácia do princípio da independência e autonomia entre as instâncias autorizando a possibilidade de avaliação dos mesmos fatos de forma distinta, a aprovação regular da prestação de contas da campanha eleitoral não inviabiliza a averiguação de eventuais ilícitos que porventura sejam identificados na sede própria, pela Justiça Eleitoral ou pelos demais órgãos de controle e investigação.

A quatro, que se determinados atores do pleito agiram de má-fé por meio de atos fraudulentos assim declarados pela Justiça Eleitoral, e não obstante os arts. 17, § 9º, e 19, § 9º, da multicitada Resolução nº 23.607/19 constarem à instrução do TSE que disciplina arrecadação e gastos de recursos por partidos políticos e candidatas ou candidatos e prestação de contas

42. DJE 12/02/2020.
43. DJE 15/06/2020.

das eleições, inexiste óbice legal a que tais dispositivos, veiculando normas de direito material, sejam aplicados em AIJE julgada procedente em razão de fraude encetada à cota de gênero a fim fundamentar a determinação de devolução ao erário dos recursos provenientes do FEFC e do FP porventura utilizados de forma indevida.

Encurtando: a quebra de um dever jurídico configura ilicitude[44].

4.1.6. Ministério Público Eleitoral

Para os casos de inobservância, por coligação, federação ou partido político, do preenchimento das frações legais, o Ministério Público Eleitoral não detém legitimidade para recorrer da decisão que defere o registro se não o impugnou no momento cabível, atraindo, assim, o conteúdo da Súmula nº 11 do TSE. Sendo a questão destituída de cunho constitucional, porquanto ausente qualquer previsão ao art. 14 da CF/88, não se aplica a exceção do citado verbete. Neste sentido, vide as conclusões constantes ao AgR-REspe nº 643-57/SC.[45]

4.1.7. Legislação partidária

A obrigatoriedade das taxas mínimas de gênero refletiu na disciplina partidária. Na estrutura da Lei n° 9.096/95 sobreveio a inclusão do V ao seu art. 44 estabelecendo que os recursos do Fundo Partidário devem ser aplicados "na criação e manutenção de programas de promoção e difusão da participação política das mulheres, criados e executados pela Secretaria da Mulher ou, a critério da agremiação, por instituto com personalidade jurídica própria presidido pela Secretária da Mulher, em nível nacional, conforme percentual que será fixado pelo órgão nacional de direção partidária, observado o mínimo de 5% (cinco por cento) do total".

---

44. FIÚZA, 2006, p. 204/205.

45. ELEIÇÕES 2012. REGISTRO DE CANDIDATURA. VEREADOR. APLICAÇÃO. SÚMULA 11-TSE. NÃO INCIDÊNCIA. RESSALVA. MATÉRIA INFRACONSTITUCIONAL. IRREGULARIDADE. DRAP. COLIGAÇÃO. INOBSERVÂNCIA. PERCENTUAIS DE GÊNERO (LEI Nº 9.504/97, ARTIGO 10, § 3º). AGRAVO REGIMENTAL DESPROVIDO. 1. Hipótese em que o Agravante não possui legitimidade para recorrer da decisão que deferiu o registro porque não o impugnou no momento oportuno, atraindo a incidência da Súmula 11 do TSE. 2. A matéria de fundo do presente recurso refere-se à suposta inobservância, pela coligação a que está vinculada a Agravada, dos percentuais de gênero previstos no § 3º do artigo 10 da Lei nº 9.504/97, razão pela qual não se aplica, na espécie, a ressalva da parte final da referida Súmula. 3. Reconhece-se a falta de interesse de agir do Ministério Público Eleitoral como custos legis em razão de não atuar no processo na qualidade de parte legitimada a propor impugnação ao registro de candidatura (art. 3º da LC nº 64/90). 4. Agravo regimental desprovido. (PSESS de 13/11/2012)

4.2. DECLARAÇÃO DE BENS

4.2.1. Fontes legais

Numa impropriedade redacional, a normatização que rege esta obrigação a ser cumprida pelos candidatos empregou a palavra *bens,* ao invés de *patrimônio.* Esta deficiência terminológica, embora aparentemente desdenhável, pode ensejar interpretações ambíguas nalguns casos. Afinal, conforme bem refere Sílvio RODRIGUES (1986, v. 1, p. 116/117) após distinguir *bens patrimoniais* de *bens não patrimoniais*, "O patrimônio de um indivíduo é representado pelo acervo de seus bens, conversíveis em dinheiro". Nessa mesma linha, Caio Mário da Silva PEREIRA (1986, v. 1, p. 264) pontifica que "o patrimônio abraça todo um conjunto de valores ativos e passivos".

Revogando tacitamente a parte final do inciso VI, do § 1°, do art. 94 do Código Eleitoral, o art. 11, § 1°, IV, da Lei n° 9.504/97, repetido nos mesmos termos pelas resoluções do TSE, dispõe:

> Art.11.
>
> § 1° O pedido de registro deve ser instruído com os seguintes documentos:
>
> (...)
>
> IV- declaração de bens, assinada pelo candidato.

4.2.2. Bens declaráveis

A legislação não especifica quais bens são *declaráveis.*

Em que pese haver mudez por parte da LE/97 justamente num dispositivo classificado por alguns como *moralizador* e destinado à *transparência*, o § 1° do art. 13 da Lei n° 8.429/92 fornece um parâmetro para satisfazer a exigência, especialmente se se levar em conta que a declaração integra o Pedido de Registro para um cargo cuja posse está condicionada a apresentação de um documento contendo as mesmas exigências. Desta feita, móveis, imóveis, semoventes, dinheiros, títulos, ações e qualquer outra espécie de bens e valores patrimoniais, localizados no país ou no exterior, e, quando for o caso, os bens e valores patrimoniais do cônjuge ou companheiro, dos filhos e de outras pessoas que vivam sob a dependência econômica do declarante são declaráveis, excluídos objetos e utensílios de uso doméstico.

4.2.3. Finalidades

As finalidades dessa declaração são no mínimo controversas. Na maior parte das vezes se restringem aos critérios de legalidade, publicidade e fiscalização que circundam o pedido de registro. Dentre as outras, podemos nos fixar naquelas frequentemente salientadas pela doutrina e jurisprudência dominantes na matéria.

A primeira estaria em permitir um comparativo entre o patrimônio existente no momento da formalização da candidatura e aquele que consta ao término do mandato. Sob tal perspectiva, o documento funcionaria como salvaguarda para acusações indevidas. Trata-se, portanto, de uma providência capaz de assegurar mais transparência ao exercício de mandatos.

A segunda, respaldada por considerável parcela da doutrina, diz com a possibilidade de verificação da capacidade econômica do candidato relativamente ao cargo que almeja disputar.

Uma terceira, vinculada à etapa de prestação de contas, justamente a que antecede a diplomação de eleitos e primeiros suplentes, consistiria em viabilizar o cotejo entre os recursos próprios que foram aplicados na campanha e o valor do patrimônio pessoal declarado. Anote-se, contudo, que os gastos de campanha que extrapolarem o valor da declaração não implicam na desaprovação automática das contas.

Por fim, na esteira do escólio de José Jairo GOMES, mencionado documento daria "publicidade ao patrimônio do candidato, tornando-o visível à sociedade desde o princípio".[46]

Respeitando os que divergem, entendemos, na linha do que ficou traçado pelo Agravo Regimental no Recurso Especial Eleitoral nº 34-18/PA[47], que a mesma apenas incrementa a vigilância acerca da evolução patrimonial do candidato, incluídas aí as hipóteses em que o mesmo já tenha ocupado algum outro cargo eletivo.

46. *Direito Eleitoral.* 6ª ed. Belo Horizonte: Del Rey, 2011, p. 238.
47. TSE, DJE de 27/06/2017, pp. 74/75.

4.2.4. Falhas e omissões

A elegibilidade do candidato não está vinculada ao seu patrimônio, tampouco à correção ou veracidade da declaração de bens por ele firmada e entregue à Justiça Eleitoral.

Eventuais erronias, imperfeições ou omissões sem demonstração de má-fé ou intenção de fraudar o processo eleitoral não tornam o candidato inelegível e nem autorizam a negativa do registro postulado. Por conseguinte, a simples apresentação daquele documento no requerimento de candidatura é suficiente para exaurir a exigência.

Pelo fato de envolver o exercício de direitos políticos cuja restrição somente pode ocorrer em sede constitucional ou através de lei complementar, a determinação vigente não comporta interpretação limitativa, incidindo, na espécie, o princípio hermenêutico preceituado pelo brocardo jurídico "onde a lei não distingue, não pode o intérprete distinguir".

Os bens descritos pelos candidatos gozam de presunção de veracidade. Não serão conferidos nem inspecionados pelas autoridades. A investigação patrimonial é matéria estranha à jurisdição especializada eleitoral.

O processo de registro de candidatura, ao contrário do que alguns cogitam, nao se destina a auditar valores privados, tampouco confrontá-los. Antes pelo contrário. Fica limitado à aferição do preenchimento das condições de elegibilidade e não incidência das causas de inelegibilidade. Apenas isso. Se houver indício de declaração falsa, fraudulenta ou inidônea, a mesma deverá ser remetida à autoridade competente para as providências e reprimendas eventualmente cabíveis.

4.2.5. Atualização financeira

Sendo certo, perante o texto constitucional, que "Ninguém será obrigado a fazer ou deixar fazer alguma coisa senão em virtude de lei" (CF/88, art. 5º, II), a desatualização financeira dos bens arrolados não é fator impeditivo ao registro da candidatura. Para os fins do art. 11, § 1º, IV, da LE/97, mencionada circunstância, a par de corriqueira, é insuficiente para configurar irregularidade impeditiva ao direito de concorrer. Assim já decidiu o Tribunal Superior Eleitoral no Recurso Especial Eleitoral nº 9.020/SP (RJTSE 2/3/165).

Nem poderia ser diferente. A atribuição de valor escritural ou aquém do fixado pelo mercado são condutas que se inserem como a mão à luva no contexto de celeridade que norteia o Direito Eleitoral pátrio. Seria surreal, considerando-se a maioria dos municípios do país, exigir que um candidato submetesse os seus bens a um avaliador ou corretor previamente ao registro.

Na sua obra *Teoria Pura do Direito*, KELSEN afirma que para conceitos normativos indeterminados, intencionais ou não, existem várias possibilidades de aplicação jurídica, razão pela qual a interpretação de uma lei não deve, necessariamente, conduzir a uma única solução como sendo a única correta.

Com amparo nesta doutrina de ponta, é aceitável que o vocábulo *atualizado* contido à norma de regência tenha exprimido a intenção do legislador em obter do candidato o conjunto de bens e direitos adquiridos até o momento do RRC. Por conta disso, o adjetivo não deve ser utilizado em extensão muito variável,sob pena de vulnerar a objetividade decorrente da regra. Pelo texto seco da lei, a entrega de uma lista assinada sacramenta a exigência estatuída, dispensando declarações de rendimentos ou aquelas que são destinadas à Receita Federal.

Vale destacar que a declaração entregue pode não indicar, de maneira precisa, a efetiva situação econômica do candidato, mas tão-somente os seus bens patrimoniais, conceito bastante diverso daquele de renda. A propósito, matéria de conceituado portal de noticias explicou e exemplificou a situação com exuberância:

> As declarações de bens dos candidatos, entregues à Justiça Eleitoral no registro das candidaturas, não refletem de maneira fiel o valor do patrimônio de quem busca uma vaga no poder público. Imóveis, automóveis e participações em empresas, que formam grande parte das posses dos concorrentes, devem ser declarados com o preço da data da compra, e não com o valor de mercado atual. Em determinadas situações, antigos apartamentos de R$ 100 mil podem valer milhões, e carros que um dia foram de luxo podem não alcançar o preço de automóveis populares.
>
> A distorção se dá devido a uma instrução normativa da Receita Federal. Para que o Fisco possa cobrar os 15% de impostos, por exemplo, numa transação imobiliária, é preciso saber o preço de venda e o de compra. Se alguém adquiriu um apartamento por R$ 100 mil e vendeu, anos depois, por R$ 300 mil, há R$ 200 mil de lucro onde o Leão dará sua mordida. Por isso o preço de compra deve ser mantido nas declarações ano após ano. Esse modelo, que ajuda a Receita em seus cálculos fiscais, também deve ser seguido na declaração de bens dos candidatos. Uma resolução de 2008 do Tribunal Superior Eleitoral (TSE) tratou dessa questão e fez tal determinação. O objetivo da Justiça foi o de poder comparar os dados que

> recebeu com os do Fisco. O que, por um lado, é benéfico para a Receita e para o TSE, pode acabar prejudicando o eleitor que quer ter uma noção mais clara do real patrimônio dos candidatos. Tal situação ainda pode deixar políticos sob a suspeita de enriquecimento súbito ou ocultação de sua riqueza, mesmo tendo declarado suas posses como manda a lei.[48]

Desse modo, não apresenta potencialidade lesiva a ausência de atualização do valor de dois imóveis na declaração de bens apresentada no momento do registro de candidatura, mormente consideradas a existência de outros bens e a pequena diferença entre o valor informado e o valor real[49].

Sumariando: a partir da Lei nº 9.504/97, a declaração de bens que instrui o registro de candidatura não exige a atribuição de valores aos mesmos. Nessa linha definiu o TSE no Recurso Especial Eleitoral nº 27.160/MA (PSESS de 26/09/2006).[50]

Na inação do legislador, em vista de concepções jurídicas mais contemporâneas, a nosso ver acertadamente atribuindo desimportância ou inexigindo qualquer atualização dos valores patrimoniais, entenderam, dentre outros, os regionais eleitorais sergipano, goiano e paulista, consoante aponta o ementário a seguir:

> **ELEIÇÕES 2020. RECURSO ELEITORAL. REGISTRO DE CANDIDATURA. RRC. PREFEITO. AIRC. JUÍZO DE ORIGEM. IMPROCEDÊNCIA DA IMPUGNAÇÃO E DEFERIMENTO DO RRC. AUSÊNCIA DE DOCUMENTO ESSENCIAL. JUNTADA DE DOCUMENTO ANTES DA SENTENÇA. CERTIDÕES CRIMINAIS DAS JUSTIÇAS ESTADUAL E FEDERAL DE 1º E 2º GRAUS. ANÁLISE PELO JUÍZO DE ORIGEM. DECLARAÇÃO DE BENS. OMISSÃO. AVERIGUAÇÃO EM PROCEDIMENTO PRÓPRIO. RECURSO. CONHECIMENTO E IMPROVIMENTO.**
>
> 1. As condições de elegibilidade e as causas de inelegibilidade são aferidas no momento da formalização do pedido de registro.

---

48. http://ultimosegundo.ig.com.br/eleicoes/declaracao-de-bens-nao-reflete-a-riqueza-dos-candidatos/n1237719300696.html (postada em 15/07/2010)
49. REspe nº 38826-54/SP, rel. Min. Gilmar Mendes, DJe de 24/03/2017.
50. RECURSO ESPECIAL ELEITORAL. ELEIÇÕES 2006. REGISTRO DE CANDIDATURA. DECLARAÇÃO DE BENS. SUFICIÊNCIA. 1. O art. 11, § 1º, IV, da Lei nº 9.504/97, revogou tacitamente a parte final do inciso VI, do § 1º, do art. 94 do Código Eleitoral, passando a exigir, apenas, que o requerimento do candidato se faça acompanhar, entre outros documentos, da declaração de seus bens, sem indicar os valores atualizados e ou as mutações patrimoniais. 2. Recurso especial eleitoral não provido.

2. Consoante disposto no artigo 27 da Resolução TSE nº 23.609/2019, o Requerimento de Registro de Candidatura deve ser instruído com certidões criminais fornecidas pelos órgãos de distribuição das justiças federal e estadual e comprovante de escolaridade, sendo dispensável a comprovação de quitação eleitoral, que pode ser verificada nos bancos de dados da Justiça Eleitoral (artigo 28 da mencionada resolução).

3. De acordo com orientação jurisprudencial, enquanto não esgotada a instância ordinária, e mesmo que tenha sido dada anteriormente oportunidade ao requerente para suprir a omissão, admite-se a juntada de documentos, mesmo que tardia.

4. Não cabe, em sede de requerimento de registro de candidatura, aferir se houve a correta declaração de bens do candidato, sendo ele o responsável pela veracidade das informações prestadas, arcando com as consequências de eventuais omissões ou informações inverídicas lançadas, as quais devem ser apuradas em procedimentos próprios.

5. Na espécie, tendo sido juntadas as certidões antes mesmo da prolação da sentença, que foram devidamente analisadas, impõe-se a manutenção da sentença que deferiu o pedido de registro da candidatura do recorrido.

6. Conhecimento e improvimento do recurso.[51]

RECURSO ELEITORAL. REGISTRO DE CANDIDATURA. OMISSÃO DE PARTICIPAÇÃO EM MICRO EMPRESA NA DECLARAÇÃO DE BENS. POSSIBILIDADE DE JUNTADA DE DOCUMENTOS NA INSTÂNCIA ORDINÁRIA. OMISSÃO QUE NÃO É SUFICIENTE PARA O INDEFERIMENTO DO REGISTRO DE CANDIDATURA. PRECEDENTES. POSSIBILIDADE DE DISCUSSÃO EM AÇÃO PRÓPRIA. RECURSO CONHECIDO E DESPROVIDO.

1. É entendimento do Tribunal Superior Eleitoral e dos demais Regionais que a não atualização dos bens constantes da declaração entregue não constitui motivo impeditivo para que se proceda o registro de candidatura, devendo tal discussão ser objeto de ação própria (Precedentes).

2. A finalidade da norma é possibilitar uma comparação entre o patrimônio existente no momento do registro de candidatura e no decorrer ou no término do mandato eletivo, informação que pode ser relevante para verificar eventual enriquecimento súbito sem justificativa lícita, de forma que, eventual omissão somente prejudicará o próprio candidato que não teria como, posteriormente, justificar esse acréscimo patrimonial com o exercício do cargo eletivo por ele visado.

51. RE nº 060013406, j. 04/11/2020, PSESS 04/11/2020.

3. A lei, contudo, não vincula a elegibilidade do candidato à correção ou veracidade dessa declaração de bens, satisfazendo-se com a mera apresentação do documento por ocasião do requerimento do registro de candidatura, entendimento em consonância com a jurisprudência da Justiça Eleitoral.

4. Recurso conhecido e desprovido.[52]

Recurso Eleitoral. Eleições 2016. Impugnação do registro de candidatura. Improcedência.

Alegação de irregularidade na declaração de bens do candidato, dada a divergência no valor de quotas sociais de sua empresa. Descabimento. O RRC destina-se a verificação das condições de elegibilidade, da inexistência de causa inelegibilidade e da observância dos requisitos legais de incompatibilidades, não sendo apropriado para discussões constitutivas patrimoniais dos candidatos ou exame de eventual omissão de bens ou valores na declaração de bens informada à Justiça Eleitoral. Questão, ademais, superada, pela complementação tempestiva da respectiva documentação. Sentença mantida. Recurso desprovido.[53]

4.2.6. Não assinada

Entregue sem assinatura e não cumprida, pelo candidato, a diligência prevista no prazo de 72 horas, a declaração estará em desacordo com o artigo 11, IV, da Lei Eleitoral. Nesse caso, a apresentação de forma inadequada ou incompleta do documento tipifica a carência de uma condição de procedibilidade. Na esteira da orientação do TSE, a permanência da falha, após ter sido dada oportunidade para supri-la, acarreta no indeferimento do pedido de registro, não sendo viável a juntada de novos documentos em sede recursal.[54]

4.2.7. Entrega previamente ao julgamento do registro

Por conta da redação do §º 10 do art. 11 da Lei nº 9.504/97, e este com os acréscimos advindos da Lei nº 12.034/09, é possível, para fins de registro, a juntada da declaração de bens após a data da formalização do RRC, desde que previamente ao julgamento e enquanto estiver nas instâncias or-

52. RE nº 32324, j. 28/10/2016, PSESS 28/10/2016.
53. RE nº 8198, j. 15/09/2016, PSESS 15/09/2016.
54. TSE, AgR-AI nº 300361/PR, DJE de 22/11/2013 e TSE, AgR-RO 3154-48/SP, PSESS de 13/10/2010.

dinárias. Além da ausência de prejuízo ao processo eleitoral, o saneamento da irregularidade viabiliza o direito de candidatura. Em seara análoga, no AgR-Respe nº 295-85/RN, o Tribunal Superior Eleitoral decidiu que em se tratando de condição de elegibilidade e não de causa de inelegibilidade, "o magistrado, ao apreciar o pedido de registro, deve atender às circunstâncias constantes dos autos, levando em consideração os fatos supervenientes que impliquem a alteração, a constituição ou a extinção de direitos, nos termos dos arts. 7º da LC 64/90[55] e 462[56] do CPC" para admitir a complementação da documentação faltante.

4.2.8. Candidato sem bens

Ninguém é obrigado a dispor de patrimônio para concorrer a cargos eletivos (CF/88, art. 5º, II). Este não é, ao menos no Brasil, um requisito eleitoral. Na falta de bens, o candidato deve declarar à Justiça Eleitoral que nada possui. É o suficiente para atender à lei. Trata-se de uma providência singela e necessária na ausência de previsão legal dispensando a declaração por carência de patrimônio declarável. Se não estiver regularmente instruído com a documentação necessária, o pedido de registro desatende as exigências previstas, o que pode gerar o seu indeferimento.

4.2.9. Procurador habilitado

Estando o candidato impossibilitado de assinar a declaração de bens constante do Requerimento de Registro, não há regra impeditiva, no âmbito da legislação eleitoral, que obste a constituição de um procurador habilitado investido em poderes expressos e específicos para subscrevê-la. Perante o art. 654 do Código Civil Brasileiro, "todas as pessoas capazes são aptas para dar procuração mediante instrumento particular, que valerá desde que tenha a assinatura do outorgante".

55. Art. 7º Encerrado o prazo para alegações, os autos serão conclusos ao Juiz, ou ao Relator, no dia imediato, para sentença ou julgamento pelo Tribunal. Parágrafo único. O Juiz, ou Tribunal, formará sua convicção pela livre apreciação da prova, atendendo aos fatos e às circunstâncias constantes dos autos, ainda que não alegados pelas partes, mencionando, na decisão, os que motivaram seu convencimento.
56. Art. 462. Se, depois da propositura da ação, algum fato constitutivo, modificativo ou extintivo do direito influir no julgamento da lide, caberá ao juiz tomá-lo em consideração, de ofício ou a requerimento da parte, no momento de proferir a sentença.

Na prática, que é o que efetivamente importa, o interessado escolhe e nomeia uma pessoa de sua confiança para que esta formalize o ato em seu nome. Inequívoco, portanto, que o procurador habilitado por instrumento de mandato público ou particular pode firmá-la. No caso da última modalidade, para expressar o cabal consentimento do candidato, a firma do outorgante não necessita estar reconhecida em cartório. A legislação eleitoral dispensa tal exigência. Ademais, as instruções do TSE, invocando o decidido pelo Recurso Especial Eleitoral nº 2765-24/SP[57], tem aludido à possibilidade de procuração conferida por candidato com poderes específicos para a declaração de bens.

4.2.10. Não apresentação

Intimado acerca da irregularidade mas mantendo-se inerte mediante a não apresentação da declaração patrimonial, formalidade vital para viabilizar o direito de concorrer, forçoso concluir pelo desatendimento de uma exigência que gera a inviabilidade do registro. A não apresentação desatende o rol estabelecido pela lei. "Caso falte algum documento, deverá o juiz abrir o 'prazo de setenta e duas horas para diligências' (LE, art. 11, §3º). Nesse prazo o documento faltante deverá ser levado aos autos, sob pena de indeferimento do requerimento de registro de candidatura (RRC). O fundamento para a negativa de registro, aqui, é simplesmente a falta de cumprimento de formalidade legal, consistente na apresentação da documentação adequada" (José Jairo GOMES).

4.2.11. Crime de falsidade ideológica

As informações constantes da declaração de bens não se mostram relevantes para o processo eleitoral em si. Daí porque eventuais omissões não configurarem, necessariamente, o tipo penal do art. 350 do Código Eleitoral[58].

57. TSE, REspe nº 2765-24/SP, PSESS de 16/09/2014.

58. Art. 350. Omitir, em documento público ou particular, declaração que dele devia constar, ou nele inserir ou fazer inserir declaração falsa ou diversa da que devia ser escrita, para fins eleitorais:

Pena - reclusão até cinco anos e pagamento de 5 a 15 dias-multa, se o documento é público, e reclusão até três anos e pagamento de 3 a 10 dias-multa se o documento é particular.

Parágrafo único. Se o agente da falsidade documental é funcionário público e comete o crime prevalecendo-se do cargo ou se a falsificação ou alteração é de assentamentos de registro civil, a pena é agravada.

A jurisprudência vem manifestando esta exegese a partir da compreensão de que o documento contendo a informação omitida, falsificada ou diversa deve ser preparado para provar fato juridicamente relevante e ainda "oferecer risco ao processo eleitoral", acrescenta GOMES (2010, p. 280).

Observada esta linha de entendimento, a declaração incompleta não tipifica o delito de falsidade, conforme frisado pelo REspe n° 12.799/DF, da relatoria do ministro Eduardo Alckmin julgado de 02/09/1997. Decisão posterior, lançada no AgR-REspe n° 36.417/SP, sacramentou o rumo adotado pelo TSE:

> **AGRAVO REGIMENTAL. RECURSO ESPECIAL ELEITORAL. HABEAS CORPUS. CRIME DO ART. 350 DO CE. FALSIDADE IDEOLÓGICA. DECLARAÇÃO DE BENS. ATIPICIDADE DA CONDUTA. AUSÊNCIA DE POTENCIAL LESIVO AOS BENS JURÍDICOS TUTELADOS PELA NORMA PENAL ELEITORAL. NÃO PROVIMENTO.**
>
> 1. Segundo a orientação das Cortes Superiores, a caracterização do delito de falsidade ideológica exige que o documento no qual conste a informação falsa tenha sido "preparado para provar, por seu conteúdo, um fato juridicamente relevante", de modo que o fato de estarem as afirmações nele constantes submetidas à posterior averiguação afasta a possibilidade de ocorrer a falsidade intelectual (STF, RHC 43396, 1ª Turma, Rel. Min. Evandro Lins, DJ 15.2.1967, STF, HC 85976, Rel. Min. Ellen Gracie, 2ª Turma, DJ 24.2.2006).
>
> 2. Se o documento não tem força para provar, por si só, a afirmação nele constante - como ocorre na hipótese da declaração de bens oferecida por ocasião do pedido de registro de candidatura - não há lesão à fé pública, não havendo, assim, lesão ao bem jurídico tutelado, que impele ao reconhecimento de atipicidade da conduta descrita na inicial acusatória.
>
> 3. Ademais, ainda que se pudesse considerar a declaração de bens apresentada por ocasião do registro de candidatura à Justiça Eleitoral prova suficiente das informações nele constantes, haveria de ser afastada a ocorrência de potencial lesividade ao bem jurídico especificamente tutelado pelo art. 350 do Código Eleitoral, qual seja, a fé pública e a autenticidade dos documentos relacionados ao processo eleitoral, dado

serem as informações constantes em tal título irrelevantes para o processo eleitoral em si (REspe 12.799/SP, rel. Min. Eduardo Alckmin, DJ de 19.9.97).

4. Agravo regimental não provido.[59]

Diante desta orientação, não apresenta potencial lesivo a declaração de bens apresentada no momento do registro de candidatura na qual são declarados vários bens, mas omitidos dois veículos.[60] Até mesmo porque, a declaração endereçada à Justiça Eleitoral não precisa corresponder fielmente àquela que é apresentada à Receita Federal.[61]

4.2.12. Autossuficiência da declaração de bens

A declaração de bens prevista no art. 11, § 1º, inciso IV, da Lei nº 9.504/1997 é autossuficiente para preencher a finalidade de instruir o pedido de registro, não havendo dever legal de que o juiz eleitoral confirme ou verifique a propriedade dos bens declarados pelo requerente.[62]

Comentário do autor

Indispensável para quem pretende concorrer, a declaração de bens carece de maior utilidade para a Justiça Eleitoral porquanto não lhe cabe apreciar, por órgão algum, a variação patrimonial ocorrida no curso do mandato. Porém, é expressivo notar o disposto à Lei nº 8.429/92: "A posse e o exercício de agente público ficam condicionados à apresentação de declaração dos bens e valores que compõem o seu patrimônio privado, a fim de ser arquivada no serviço de pessoal competente" (art. 13).

De outra parte, a Lei Federal nº 8.730/93 estabeleceu a obrigatoriedade da "apresentação de declaração de bens, com indicação das fontes de renda, no momento da posse ou, inexistindo esta, na entrada em exercício de cargo, emprego ou função, bem como no final de cada exercício financeiro, no término da gestão ou mandato e nas hipóteses de exoneração, renúncia ou afastamento definitivo" pelos membros do Congresso Nacional (art. 1º, IV).

59. No mesmo sentido: AgR-Respe nº 105191/MS, DJE de 20/08/2014, p. 66.
60. RHC nº 127-18/SP, DJE de 25/02/2015, pp. 46/47.
61. REspe nº 1-81/MG,, DJE de 29/04/2015, pp. 168/169.
62. TSE, REspe nº 49-31/AM, DJE de 25/10/2019.

4.3. PROPOSTAS DEFENDIDAS POR CANDIDATOS A PREFEITO, GOVERNADOR E PRESIDENTE

A exigência em epígrafe assenta-se numa premissa de cunho elementar: "Cada candidato aos cargos eletivos tem um programa a executar, tem pontos de vista definidos sobre questões públicas", conforme assinalou Darcy AZAMBUJA (1982, p. 282) no seu formidável clássico. Sendo assim, em tempos de responsabilidade fiscal (LC nº 101/00), nada mais lógico, nada mais contemporâneo que exigir de cada pretende, a formalização, mediante documento prévio ao embate eleitoral, de suas principais proposições enquanto gestor público. Até porque, dessa transparência podem resultar vantagens ao candidato. Afinal, consoante o abalizado magistério do jurista gaúcho, "o voto que o eleitor lhe dá significa conformidade com esses pontos de vista".

4.3.1. Fonte legal

A Lei nº 9.504/97, com a redação que lhe foi dada pela Lei nº 12.034/09, inovou em matéria de requisitos de registrabilidade ao estabelecer a seguinte exigência para os postulantes às eleições para os cargos do Poder Executivo:

> Art.11.
>
> § 1° O pedido de registro deve ser instruído com os seguintes documentos:
>
> IV- propostas defendidas pelo candidato a Prefeito, a Governador de Estado e a Presidente da República.

4.3.2. Candidatos ao Poder Legislativo

Os candidatos aos cargos do Poder Legislativo estão dispensados da apresentação deste documento.

4.3.3. Forma

As propostas devem ser escritas e assinadas pelo postulante ao cargo em disputa. O silêncio da norma autoriza o encaminhamento de documentos livres de forma e conteúdo previamente determinados. Isso significa dizer que tanto podem ser compromissos lacônicos quanto extensos, dispensados de pormenores ou detalhamentos.

4.3.4. Vinculação ao mandato

O papel aceita tudo, especialmente em campanhas e no período eleitoral. A normatização não exige, por parte daquele que se sagrou vencedor, o cumprimento do programa de governo apresentado juntamente ao pedido de registro. Ele está desobrigado disso. Ainda que seja uma exigência formal, fatores condicionados às relações de maioria/minoria, interesse, conveniência da administração e conjunturas políticas, sociais ou econômicas impediriam tal proceder. Noutras palavras: o seu descumprimento, total ou parcial, não resulta em nenhuma responsabilização.

Entretanto, apesar de muitas vezes utópico e escassamente fiscalizado pelos próprios eleitores ao longo dos governos, o documento, a par de indispensável, é oficial e proporciona alguma orientação aos eleitores para que possam comparar programas e avaliar o que os candidatos pretendem caso eleitos.

4.4. VARIAÇÃO NOMINAL

4.4.1. Fontes legais

A regra geral relativamente aos nomes pelos quais podem ser identificados os candidatos consta no artigo 12, *caput*, da Lei n° 9.504/97, que dispõe:

> Art. 12. O candidato às eleições proporcionais indicará, no pedido de registro, além de seu nome completo, as variações nominais com que deseja ser registrado, até o máximo de três opções, que poderão ser o prenome, sobrenome, cognome, nome abreviado, apelido ou nome pelo qual é mais conhecido, desde que não se estabeleça dúvida quanto à sua identidade, não atente contra o pudor e não seja ridículo ou irreverente, mencionando em que ordem de preferência deseja registrar-se.

Para os pleitos ocorridos entre 2008 e 2012, a utilização de nome de urna e na propaganda eleitoral teve regência complementar através das Resoluções nºs 22.717/08 (art. 31), 23.221/10 (art. 29) e 23.373/11 (art. 30), as quais continham a redação a seguir transcrita:

> O nome indicado, que será também utilizado na urna eletrônica, terá no máximo trinta caracteres, incluindo-se o espaço entre os nomes, podendo ser o prenome, sobrenome, cognome, nome abreviado, apelido ou nome pelo qual o candidato é mais conhecido, desde que não se

> estabeleça dúvida quanto à sua identidade, não atente contra o pudor e não seja ridículo ou irreverente.[63]

A partir de 2014, novamente se arvorando legislador, o TSE passou a incluir o seguinte parágrafo às suas resoluções:

> Não será permitido, na composição do nome a ser inserido na urna eletrônica, o uso de expressão ou de siglas pertencentes a qualquer órgão da administração pública direta, indireta federal, estadual, distrital e municipal.

Aludida restrição, embora fixada por meio de norma secundária, e não pela via do processo legislativo (CF/88, arts. 22, I e 59, III), deriva do art. 40 da LE/97 que, ao tratar da propaganda eleitoral, não somente restringe como criminaliza a utilização da variação nominal que estiver associada ou for semelhante às empregadas por órgão de governo, empresa pública ou sociedade de economia mista:

> Art. 40. O uso, na propaganda eleitoral, de símbolos, frases ou imagens, associadas ou semelhantes às empregadas por órgão de governo, empresa pública ou sociedade de economia mista constitui crime, punível com detenção, de seis meses a um ano, com a alternativa de prestação de serviços à comunidade pelo mesmo período, e multa no valor de dez mil a vinte mil UFIR.

Por força do adjetivo *qualquer* presente às disposições resolutivas, fica impedido o proveito eleitoral mediante a utilização de expressão ou sigla independentemente do órgão da administração pública não pertencer à circunscrição onde se realiza o pleito. Com isso, numa eleição municipal, é vedado, por exemplo, utilizar a variação *Jairo da CEF*. A regra é permitir que os candidatos sejam identificados pelos nomes de sua livre escolha e as proibições interpretadas restritivamente. Cumpre notar que se impõe rigorosa observância ao disposto no art. 5.º do inciso II da Constituição Federal para o resguardado de um direito fundamental da personalidade como o da liberdade de expressão (CF/88, arts. 5º, IV e 220, *caput*).

---

63. No *Dicionário Houaiss* (Editora Objetiva, 2001), ridículo significa digno de riso, merecedor de escárnio ou zombaria (p. 2.457) e irreverente é aquele desrespeitoso ou incivil (p. 1.653).

4.4.2. Órgãos públicos

Ao tratar do serviço público, Celso Antônio BANDEIRA DE MELLO explica: "Os servidores públicos são os próprios instrumentos da ação do Estado" (2005, p. 238). Tendo presente esta lição consagrada nos pretórios, entende-se juridicamente inviável, na variação nominal disciplinada pela LE/97, o uso de expressão associada ou assemelhada àquela empregada por órgão de governo, empresa pública ou sociedade de economia mista. A restrição se estende à utilização de siglas, marcas ou símbolos que identificam o ente administrativo.

Absorvendo a caudalosa jurisprudência repercutida a partir de 2010, salta aos olhos que a intenção da norma resolutiva é desautorizar a vinculação entre as candidaturas e o Poder Público, impedindo que o eleitor forme opiniões e convicções distorcidas acerca dos fatos. Algumas referências nominais podem incutir no eleitor o sentimento de relação direta ou mais estreita entre o candidato e a instituição. Afinal, muitas vezes é praticamente impossível o cidadão não estabelecer uma associação imediata entre um nome e determinado lugar, ficando sugestionado a uma ideia de prestígio ou vantagem.

Num contexto como este, a utilização de determinadas alcunhas realmente prejudica os pretendentes que não tem como estabelecer o mesmo vínculo dos seus nomes com algum ente estatal. Se assim não fosse, em inúmeros casos, a menção ao órgão público em que trabalha ou trabalhou o candidato, na urna eletrônica e no seu material de campanha:

- resultaria numa distorção da percepção do eleitorado dando a impressão de que o mesmo seria o representante da entidade da Administração;
- transmitiria a ideia de que alguma iniciativa desses órgãos ou empresas em prol da comunidade poderia decorrer, essencialmente, da sua intervenção pessoal;
- estabeleceria uma modalidade de privilégio publicitário apto a criar artificialmente na opinião pública, os estados mentais, emocionais ou passionais vedados pelo art. 242 do Código Eleitoral justamente para evitar conteúdo ambíguo e confuso capaz de confundir o eleitor.

Entende o TSE que o servidor público não pode aproveitar-se desta sua condição para se promover eleitoralmente utilizando o nome, a credibilidade ou mesmo a marca da instituição pública a que é ou foi vinculado, através do uso de seus símbolos, frases ou imagens. Por força disso, não obstante a presença de alguns exageros no conteúdo das instruções expedidas por aquela Corte Superior, codinomes como *Paula do INSS, Jair da CBTU, Álvaro da FASE, Flávia do DNIT, Cláudia dos Correios, Sidney do DETRAN* e outros nessa linha estão vedados enquanto variações nominais.

4.4.3. Patente militar e cargo público

Prenome, sobrenome, cognome, nome abreviado, apelido e nome precedido de patente militar ou cargo são variações nominais lícitas que não estabelecem associação direta com órgão público ou força armada a que o candidato integre ou tenha integrado anteriormente.

Sendo assim, designativos tais como *Coronel Adriana, Defensor Santos* e outros não estão dentre aqueles que confundem o eleitorado já que não contém expressa referência a nenhum ente administrativo, mas dizem respeito a uma atividade profissional. Nesses casos, a lembrança, pelo votante, de que o candidato pertence ou pertenceu a uma área de atuação estatal, não o vincula necessariamente à administração pública. Não há lesividade a ser considerada em termos de processo eleitoral, tampouco como ofensa aos princípios antes relacionados. É fato irrelevante à norma. "A identificação do candidato por substantivo comum que designa profissão ou patente não se confunde com a proibição do uso do substantivo concreto que identifica a instituição", demarcou o REspe n° 720-48/ES[64]. De mais a mais, viu-se o deferimento do candidato *Cabo Daciolo* à Presidência da República em 2018 (TSE, RCAND nº 0600835-03/DF, PSESS de 23/08/2018).

64. Relativamente às legislaturas 2015-2027, a Câmara dos Deputados e o Senado Federal registravam os seguintes parlamentares entre titulares e suplentes: Cabo Daciolo, Cabo Junio Amaral, Cabo Sabino, Capitão Alberto Neto, Capitão Augusto, Capitão Styvenson, Capitão Wagner, Coronel Assis, Coronel Chrisóstomo, Coronel Fernanda, Coronel Meira, Delegada Adriana Accorsi, Delegada Ione, Delegada Katarina, Delegado Caveira, Delegado da Cunha, Delegado Éder, Delegado Édson, Delegado Fabio Costa, Delegado Francischini, Delegado Palumbo, Delegado Waldir, General Girão, General Pazuello, General Peternelli, Major Fabiana, Major Olímpio, Major Rocha, Major Vitor Hugo, Policial Katia Sastre, Sargento Fahur, Sargento Gonçalves, Sargento Portugal, Subtenente Gonzaga, Tenente Derrite e Tenente Lúcio. Em legislaturas anteriores, dentre outros, constaram: Coronel Alves, Coronel Garcia, Major Fábio, Capitão Fábio, Capitão Wayne, Cabo Júlio, Cabo Juliano, Cabo Sabino, Delegado Protógenes, Promotor Afonso Gil e Juíza Denise Frossard. Fonte: http://www2.camara.leg.br (Acesso em: 19 Nov. 2023).

4.4.4. Área de atuação

Nas cidades menores e mesmo em algumas comunidades das maiores, os moradores, por simplicidade ou praticidade, possuem o hábito de atribuir apelidos e associar as pessoas ao seu oficio ou local de trabalho. Com isso, vocábulos genéricos e universais como *educação, saúde, segurança* e *transporte* acabam identificando a área de atuação, profissão ou plataforma política de candidatos. Porém, assim utilizadas, as mesmas não remetem a órgão governamental determinado, mas a um serviço abrangente e nem sempre estatal.

Em obséquio ao Princípio da Razoabilidade, impende anotar que nenhuma dessas preferências estabelece, por si só, confusão ou vínculo associativo com o nome de qualquer órgão público. Por conta disso, as mesmas não estão abrangidas pela censura legal. São substantivos comuns que simplesmente identificam segmentos ou atividades profissionais insuscetíveis de interpretação extensiva a ponto de se cogitar, por exemplo, que o candidato, a partir delas, esteja utilizando "símbolos, frases ou imagens, associadas ou semelhantes às empregadas por órgão de governo, empresa pública ou sociedade de economia mista em sua propaganda eleitoral". De rigor, mesmo que notória a associação, "Não há vedação legal que impeça o candidato de vincular o seu nome de urna a atividade profissional que exerce" (TSE, REspe nº 29.242/RJ, PSESS de 03/10/2008).

4.4.5. Apelido ou nome pelo qual é mais conhecido

O apelido dado a alguém denota uma particularidade ou característica daquela pessoa. Na vida em sociedade, não raro, a alcunha se sobrepõe ao próprio nome. Noutros casos, está de tal forma associada que faz com que a pessoa se torne conhecida e reconhecida mais por ela do que pelo próprio nome; às vezes apenas por aquela. Quando isso acontece, a alcunha ou o apelido passam a integrar a personalidade da pessoa fazendo parte indissociável do seu cotidiano. A esta realidade o Direito atribui reconhecimento e proteção em diversas searas, inclusive na eleitoral, sendo que o TSE respalda tal possibilidade desde 23/12/1946.

O espírito da normatização é, aqui, o de permitir e facilitar ao máximo a identificação do candidato pelo eleitor. Contudo, se a um ângulo isso confere liberdade ao candidato para a escolha da denominação com a qual disputará o pleito, a legislação também veda a opção por nomes que estabeleçam dúvida quanto à sua identidade ou que sejam atentatórios ao pudor, ridículos ou irreverentes. São parâmetros objetivos onde há que prevalecer o bom senso.

Locuções jocosas, depreciativas ou preconceituosas que associam o candidato à prática de atividades ilícitas ou deturpem a imagem do processo eleitoral são incabíveis. Seria incongruência pugnar por um processo eleitoral que submete as candidaturas a um rígido controle de legalidade e moralidade registral e, ao mesmo tempo, tolerar deboches ou pejorativos em afronta ao sistema. Na hipótese do candidato incidir em alguma dessas restrições, será intimado para indicar o nome que deverá constar da urna eletrônica. Caso recuse ou não providencie na troca determinada, concorrerá com o seu nome próprio.

Para Adriano Soares da COSTA (2000, pp. 423/424),

> Mister se faz tenha a Justiça Eleitoral muito cuidado para não exacerbar os rigores na delimitação desses nomes indicados. Se alguém indica um apelido como variação nominal, está abstraindo de qualquer carga pejorativa que aquele nome possui, pois com ele pretende concorrer a um cargo público. Apenas quando haja, para os valores objetivados da comunidade, um mau gosto no nome indicado é que deverá ser ele efetivamente rejeitado. Mau gosto não no sentido estético, mas principalmente no sentido ético e moral.

Nas palavras do doutrinador alagoano,

> Esteticamente, poderá ser negativo alguém ser conhecido como João Tartaruga, ou Maria do Balaio, sem embargo de eleitoralmente ser irrelevante. O mesmo não se poderá dizer de uma variação nominal pela qual o candidato seja votado como Zé do Pó, ou Paulo Mão Leve. Tal variação induz um comportamento desviado do concorrente, que não poderá ser adotado, pela sua irreverência e má índole.

Em prestígio à preponderância do interesse público face os bens jurídicos tutelados, o TSE já afirmou que "o impedimento da utilização de nome de urna ridículo ou irreverente busca assegurar a seriedade do processo eleitoral e prestigiar a democracia" (AgRREspe n° 940-73/DF, PSESS de 25/09/2014).

4.4.6. Nome social e identidade de gênero

Invocando o respeito à diversidade, ao pluralismo, à subjetividade e individualidade como expressões legítimas do postulado da dignidade da pessoa, valor guindado a Princípio Fundamental pela Constituição Federal de 1988 (art. 1º, III), e, também, a mitigação, pela jurisprudência do Supremo Tribunal Federal[65-66] e do Superior Tribunal de Justiça[67], do princípio da imutabilidade do nome civil, o TSE, num ato tipicamente legislativo, *regulamentou* a possibilidade do uso exclusivo do nome social nas urnas eletrônicas.

---

65. 1. ARGUIÇÃO DE DESCUMPRIMENTO DE PRECEITO FUNDAMENTAL (ADPF). PERDA PARCIAL DE OBJETO. RECEBIMENTO, NA PARTE REMANESCENTE, COMO AÇÃO DIRETA DE INCONSTITUCIONALIDADE. UNIÃO HOMOAFETIVA E SEU RECONHECIMENTO COMO INSTITUTO JURÍDICO. CONVERGÊNCIA DE OBJETOS ENTRE AÇÕES DE NATUREZA ABSTRATA. JULGAMENTO CONJUNTO. (...). 2. PROIBIÇÃO DE DISCRIMINAÇÃO DAS PESSOAS EM RAZÃO DO SEXO, SEJA NO PLANO DA DICOTOMIA HOMEM/MULHER (GÊNERO), SEJA NO PLANO DA ORIENTAÇÃO SEXUAL DE CADA QUAL DELES. A PROIBIÇÃO DO PRECONCEITO COMO CAPÍTULO DO CONSTITUCIONALISMO FRATERNAL. HOMENAGEM AO PLURALISMO COMO VALOR SÓCIO-POLÍTICO-CULTURAL. LIBERDADE PARA DISPOR DA PRÓPRIA SEXUALIDADE, INSERIDA NA CATEGORIA DOS DIREITOS FUNDAMENTAIS DO INDIVÍDUO, EXPRESSÃO QUE É DA AUTONOMIA DE VONTADE. DIREITO À INTIMIDADE E À VIDA PRIVADA. CLÁUSULA PÉTREA. O sexo das pessoas, salvo disposição constitucional expressa ou implícita em sentido contrário, não se presta como fator de desigualação jurídica. Proibição de preconceito, à luz do inciso IV do art. 3º da Constituição Federal, por colidir frontalmente com o objetivo constitucional de "promover o bem de todos". Silêncio normativo da Carta Magna a respeito do concreto uso do sexo dos indivíduos como saque da kelseniana "norma geral negativa", segundo a qual "o que não estiver juridicamente proibido, ou obrigado, está juridicamente permitido". Reconhecimento do direito à preferência sexual como direta emanação do princípio da "dignidade da pessoa humana": direito a auto-estima no mais elevado ponto da consciência do indivíduo. Direito à busca da felicidade. Salto normativo da proibição do preconceito para a proclamação do direito à liberdade sexual. O concreto uso da sexualidade faz parte da autonomia da vontade das pessoas naturais. Empírico uso da sexualidade nos planos da intimidade e da privacidade constitucionalmente tuteladas. Autonomia da vontade. Cláusula pétrea. (STF, ADPF nº 132/RJ, DJE de 14.10.2011).
66. No Recurso Extraordinário nº 670.422/RS, julgado em 15/08/2018, o STF fixou as seguintes teses: "i) O transgênero tem direito fundamental subjetivo à alteração de seu prenome e de sua classificação de gênero no registro civil, não se exigindo, para tanto, nada além da manifestação de vontade do indivíduo, o qual poderá exercer tal faculdade tanto pela via judicial como diretamente pela via administrativa; ii) Essa alteração deve ser averbada à margem do assento de nascimento, vedada a inclusão do termo 'transgênero'; iii) Nas certidões do registro não constará nenhuma observação sobre a origem do ato, vedada a expedição de certidão de inteiro teor, salvo a requerimento do próprio interessado ou por determinação judicial; iv) Efetuando-se o procedimento pela via judicial, caberá ao magistrado determinar de ofício ou a requerimento do interessado a expedição de mandados específicos para a alteração dos demais registros nos órgãos públicos ou privados pertinentes, os quais deverão preservar o sigilo sobre a origem dos atos".
67. Mudança de sexo. Averbação no registro civil. 1. O recorrido quis seguir o seu destino, e agente de sua vontade livre procurou alterar no seu registro civil a sua opção, cercada do necessário acompanhamento médico e de intervenção que lhe provocou a alteração da natureza gerada. Há uma modificação de fato que se não pode comparar com qualquer outra circunstância que não tenha a mesma origem. O reconhecimento se deu pela necessidade de ferimento do corpo, a tanto, como se sabe, equivale o ato cirúrgico, para que seu caminho ficasse adequado ao seu pensar e permitisse que seu rumo fosse aquele que seu ato voluntário revelou para o mundo no convívio social. Esconder a vontade de quem a manifestou livremente é que seria preconceito, discriminação, opróbrio, desonra, indignidade com aquele que escolheu o seu caminhar no trânsito fugaz da vida e na permanente luz do espírito. 2. Recurso especial conhecido e provido. (STJ, REsp nº 678.933/RS, DJ de 21/05/2007 - RDR vol. 41 p. 311).

Dentro desse contexto, priorizando "o respeito às minorias e às ações afirmativas, observando a isonomia dos grupos minoritários e a dignidade da pessoa humana e, assim, a efetividade dos direitos políticos", a Corte reconheceu que há uma lacuna presente ao art. 10, § 3º, da Lei nº 9.504/97 "porquanto a expressão "cada sexo" não contempla a diversidade de gênero com seus marcadores sociais singulares e diferenciados".

Reunido em 1º/03/2018 no exercício da sua competência materialmente administrativa, o TSE, ao conhecer a Consulta nº 0604054-58/DF[68] formulada relativamente a esse aspecto de "indiscutível densidade social e jurídica" da cidadania, proferiu uma decisão exauriente e, ao que tudo indica, com pretensão de definitiva:

> **CONSULTA. REQUISITOS. LEGITIMIDADE. SENADORA. EXAME. EXPRESSÃO "CADA SEXO". REFERÊNCIA. TRANSGÊNEROS. OMISSÃO LEGISLATIVA. NOME SOCIAL. CADASTRO ELEITORAL. PRINCÍPIOS DA DIGNIDADE DA PESSOA HUMANA. IGUALDADE. NÃO DISCRIMINAÇÃO. INTIMIDADE. DIREITO À FELICIDADE. BEM-ESTAR OBJETIVO. VALORES DE JUSTIÇA. FINS SOCIAIS. EXIGÊNCIAS DO BEM COMUM. COTAS FEMININA E MASCULINA. CONTABILIZAÇÃO. PERCENTUAIS. ART. 10, § 3º, DA LEI Nº 9.504/97. PEDIDO DE REGISTRO DE CANDIDATURA. NOME COMPLETO. ART. 12, CAPUT, DA LEI DAS ELEIÇÕES. NOME CIVIL. DETERMINAÇÃO. NOME SOCIAL. URNAS ELETRÔNICAS. POSSIBILIDADE. EXPRESSÃO "NÃO ESTABELEÇA DÚVIDA QUANTO A SUA IDENTIDADE". CANDIDATURAS PROPORCIONAIS E MAJORITÁRIAS. IDÊNTICOS REQUISITOS. ART. 11 DA LEI DAS ELEIÇÕES.**
>
> I. Cabimento
>
> 1. É cabível consulta formulada em tese, sobre matéria eleitoral (pertinência temática), por Senadora da República (autoridade com jurisdição federal), estando preenchidos, portanto, os requisitos exigidos pelo art. 23, XII, do CE.
>
> II. Premissas teóricas
>
> a) Malgrado inexista menção ao sexo feminino no art. 10, § 3º, da Lei nº 9.504/97, é evidente tratar-se de ação afirmativa que visa à superação do déficit democrático oriundo da sub-representação das mulheres nas casas legislativas, o que não guarda nenhuma incompatibilidade com o

68. TSE, acórdão de 1º/03/2018, DJE de 03/04/2018.

reconhecimento dos direitos dos(as) candidatos(as) a serem computados nas cotas feminina ou masculina, de acordo com sua identidade de gênero.

b) O cerne das questões ora apresentadas denota a lacuna do mencionado dispositivo legal, porquanto a expressão "cada sexo" não contempla a diversidade de gênero com seus marcadores sociais singulares e diferenciados. Com efeito, a construção do gênero representa fenômeno sociocultural que exige abordagem multidisciplinar a fim de conformar uma realidade ainda impregnada por preconceitos e estereótipos - geralmente de caráter moral e religioso - aos valores e às garantias constitucionais. É imperioso, pois, avançar e adotar medidas que denotem respeito à diversidade, ao pluralismo, à subjetividade e à individualidade como expressões do postulado supremo da dignidade da pessoa humana. Ademais, um dos objetivos fundamentais da República Federativa do Brasil consiste em "promover o bem de todos, sem preconceitos de origem, raça, sexo, cor, idade e quaisquer outras formas de discriminação", nos termos do art. 3º, IV, da Carta Magna.

c) O princípio da imutabilidade do nome vem sendo mitigado pela jurisprudência do STF e do STJ, e pode implicar, inclusive, na possibilidade de alteração do registro civil independentemente de prévia autorização judicial, conforme, aliás, vem sendo discutido no bojo na ADI nº 4275. Cabe a esta Justiça especializada, nos limites de suas atribuições e competências, adotar as providências necessárias para que o exercício do sufrágio seja consentâneo e sensível às questões de gênero ora examinadas.

III. Com base nesses fundamentos, adotam-se as seguintes orientações para as questões veiculadas na presente Consulta.

1. A expressão "cada sexo" mencionada no art. 10, § 3º, da Lei nº 9.504/97 refere-se ao gênero, e não ao sexo biológico, de forma que tanto os homens como as mulheres transexuais e travestis podem ser contabilizados nas respectivas cotas de candidaturas masculina ou feminina. Para tanto, devem figurar como tal nos requerimentos de alistamento eleitoral, nos termos estabelecidos pelo art. 91, caput, da Lei das Eleições, haja vista que a verificação do gênero para o efeito de registro de candidatura deverá atender aos requisitos previstos na Res.-TSE nº 21.538/2003 e demais normas de regência.

2. A expressão contida no art. 12, caput, da Lei nº 9.504/97, de que o candidato deve "indicar seu nome completo" no pedido de registro candidatura, refere-se ao nome civil, constante do cadastro eleitoral, por ser imprescindível ao exame das certidões negativas exigidas no pedido de registro de candidatura, o qual deverá ser restrito ao âmbito interno da Justiça Eleitoral, enquanto o nome social deverá ser utilizado nas divulgações públicas.

3. É possível o uso exclusivo do nome social nas urnas eletrônicas, observados os parâmetros do art. 12 da Lei nº 9.504/97, que permite o registro do "prenome, sobrenome, cognome, nome abreviado, apelido ou nome pelo qual é mais conhecido, desde que não se estabeleça dúvida quanto à sua identidade, não atente contra o pudor e não seja ridículo ou irreverente".

4. A expressão "não estabeleça dúvida quanto à sua identidade", prevista no caput do art. 12 da Lei nº 9.504/97, refere-se à identificação do(a) candidato(a) conforme seja conhecido(a), inclusive quanto à identidade de gênero.

5. O nome social poderá ser utilizado tanto nas candidaturas proporcionais como nas majoritárias, haja vista que o art. 11 da Lei nº 9.504/97, ao estabelecer o rol de dados e documentos que devem instruir o pedido de registro, não faz nenhuma distinção nesse sentido.

6. Acolhe-se a manifestação da Assessoria Consultiva no sentido de que a autodeclaração de gênero deve ser manifestada por ocasião do alistamento eleitoral ou da atualização dos dados do cadastro eleitoral, ou seja, até cento e cinquenta e um dias antes da data das eleições, nos termos do art. 91, caput, da Lei nº 9.504/97, razão pela qual se propõe a edição de regras específicas sobre o tema.

7. Consulta conhecida.

Para melhor situar a amplitude da questão, são transcritas as indagações formuladas pela consulente:

a) A expressão "cada sexo" contida no art. 10, § 3º, da Lei das Eleições se refere ao sexo biológico ou ao gênero? Homens e mulheres trans devem ser contabilizados nas cotas respectivas, feminina e masculina?

b) A determinação de que o candidato deve "indicar seu nome completo", contida no art. 12, da Lei das Eleições, no pedido de candidatura se refere ao nome social ou ao nome caput civil? É lícito que os(as) candidatos(as) indiquem somente seus nomes sociais, se fizerem prova que as certidões referem a eles próprios?

c) Caso as pessoas trans devam indicar seu nome civil, é possível que sejam indicadas, nas urnas eletrônicas e demais cadastros eleitorais, apenas por seus nomes sociais?

d) A expressão contida na mesma norma "não estabeleça dúvida quanto à sua identidade" aplica-se à identidade de gênero, enquanto especificação do direito de personalidade à identidade pessoal?

e) O uso dos nomes sociais, mesmo equiparados aos "apelidos" a que se refere a norma do art. 12 da Lei das Eleições, se restringe às candidaturas proporcionais ou aplica-se às candidaturas majoritárias?

Em torno das atribuições da Justiça Eleitoral, o relator frisou duas questões primordiais relativamente ao registro:

- O princípio da imutabilidade do nome, conquanto mitigado pelos tribunais superiores, só pode ser afastado por meio de decisão judicial, não cabendo à Justiça Eleitoral substituir o juízo competente no que toca à alteração dos registros civis e demais assentamentos públicos do cidadão;
- Cabe a esta Especializada, enquanto gestora do Cadastro Nacional de Eleitores e das eleições brasileiras, adotar as providências necessárias para que o exercício do sufrágio seja consentâneo e sensível às questões de gênero, sem desbordar os limites de suas atribuições e competências.

O reconhecimento deste direito político-social se fez refletir, *secundum legem*, no alistamento e no cadastro eleitoral, ambos disciplinados pela Resolução nº 21.538/03[69], o que impôs a necessidade de sua atualização através da Resolução nº 23.562[70] determinando as seguintes providências:

> Art. 1º Acrescenta-se o art. 9-A e seus parágrafos, 9-B, 9-C e 9-D à Res.-TSE 21.538/2003.
>
> Art. 9º-A A pessoa travesti ou transexual poderá, por ocasião do alistamento ou de atualização de seus dados no Cadastro Eleitoral, se registrar com seu nome social e respectiva identidade de gênero.
>
> § 1º Considera-se nome social a designação pela qual a pessoa travesti ou transexual se identifica e é socialmente reconhecida.
>
> § 2º Considera-se identidade de gênero a dimensão da identidade de uma pessoa que diz respeito à forma como serelaciona com as representações de masculinidade e feminilidade e como isso se traduz em sua prática social, sem guardar necessária relação com o sexo biológico

69. Dispõe sobre o alistamento e serviços eleitorais mediante processamento eletrônico de dados, a regularização de situação de eleitor, a administração e a manutenção do cadastro eleitoral, o sistema de alistamento eleitoral, a revisão do eleitorado e a fiscalização dos partidos políticos, entre outros. (Processo Administrativo nº 18463, BRASÍLIA – DF, DJ de 03/11/2003).

70. "Acrescenta e altera dispositivos na Res.-TSE 21.538, de 14 de outubro de 2003, para inclusão do nome social no cadastro e atualização do modelo de título eleitoral" (de 22/03/2018).
Ao proferir seu voto, o relator destacou que além da sugestão contida na Consulta nº 0604054-58/DF, "a solicitação da inserção do nome social na base de dados eleitorais foi requerida em vários Procedimentos Administrativos que passaram pela Corregedoria-Geral Eleitoral. A exemplo, cito os Procedimentos SEI 2018.00.000000296-1, 2017.00.000006332-9 e 2017.00.000008806-2".

> atribuído no nascimento. § 3º O nome social não poderá ser ridículo ou atentar contra o pudor.
>
> Art. 9º-B. O nome social constará do título de eleitor impresso ou digital.
>
> Art.9º-C. O nome social e a identidade de gênero constarão do Cadastro Eleitoral em campos próprios, preservados os dados do registro civil.
>
> Art. 9º-D. A Justiça Eleitoral restringirá a divulgação de nome civil dissonante da identidade de gênero declarada no alistamento ou na atualização do Cadastro Eleitoral.

4.5. CANDIDATO *SUB JUDICE*

Os candidatos têm a faculdade de concorrer com seus registros indeferidos *sub judice*. Esta norma positivada pelo legislador em 2009 teve origem em resoluções expedidas anteriormente pelo TSE.

4.5.1. Fontes legais

Está na Lei nº 9.504/97, com a redação que lhe foi determinada pela Lei nº 12.034/09:

> Art. 16-A. O candidato cujo registro esteja *sub judice* poderá efetuar todos os atos relativos à campanha eleitoral, inclusive utilizar o horário eleitoral gratuito no rádio e na televisão e ter seu nome mantido na urna eletrônica enquanto estiver sob essa condição, ficando a validade dos votos a ele atribuídos condicionada ao deferimento de seu registro por instância superior.

4.5.2. *Status* jurídico

O tema é daqueles que lamentavelmente não estabiliza na jurisprudência eleitoral.

No entanto, é possível afirmar que a permanência do candidato *sub judice* na disputa eleitoral desdobra-se no binômio faculdades-consequências jurídicas.

A finalidade primeira do dispositivo é de exata percepção: impedir que o candidato impugnado, ou cujo registro esteja indeferido, fique alijado, de plano, de participar do processo eleitoral ou de parte dele. Como no

Direito Eleitoral vigora a presunção de elegibilidade da pessoa, obstruir *de largada* o direito de alguém que discute esta circunstância, seria uma restrição demasiada ao princípio constitucional do contraditório.

Consoante maciço entendimento jurisprudencial, a condição jurídica de candidato é obtida a partir da solicitação do registro perante a Justiça Eleitoral. Já a permanência, na urna eletrônica, do nome e número do candidato que teve o registro de candidatura indeferido ou cassado, bem como o seu prosseguimento na campanha eleitoral, são circunstâncias atreladas ao interesse e, sobretudo, à responsabilidade do partido político ao qual aquele pertence.

De rigor, a inovação legislativa equiparou o *status* jurídico de candidato a tais pretendentes lhes assegurando a possibilidade de praticar atos típicos de campanha eleitoral como confeccionar e distribuir propaganda, organizar eventos, abrir comitê, conta bancária, auferir doações e outros.

4.5.3. Abrangência

A lei viabiliza um direito provido da maior expressão que, no entanto, é discutível e discutido desde que foi instituído no ordenamento jurídico.

De início, convém situar que o efeito suspensivo assegurado pelo art. 16-A da Lei n.º 9.504/97 se estende a todas as situações passíveis de indeferimento ou cassação de registro: inelegibilidade, filiação, prestação de contas, carência de documentos obrigatórios, desincompatibilização, outras. No entanto, a interpretação da expressão *registro sub judice* impõe ajustes. Como não ficou estabelecido de modo expresso o cancelamento imediato da candidatura, nem a proibição de realização de "atos relativos à campanha eleitoral", o caráter de essencialidade presente ao direito em questão mantém viável o acesso ao horário gratuito de rádio e TV.

É de se notar, contudo, que nas eleições municipais, a negativa do registro não deve irradiar os seus efeitos imediatamente, ao menos perante recurso tempestivamente interposto na Zona Eleitoral endereçado à segunda instância (TRE). Nesses casos, a exclusão implicaria na eliminação prematura do nome do candidato[71]. Relativamente às demais disputas, na linha do voto condutor do RCAND nº 0600903-50 (PSESS de 1º/09/2018)[72], o Tribunal Superior Eleitoral reafirmou a tese de que o candidato deixa de ser considerado *sub judice* a partir do momento em que sobrevém uma de-

71. V. TSE, AgR-Rcl nº 87629/RN, PSESS de 04/10/2012.
72. *Caso Lula*, julgamento de pedido de registro de candidatura.

cisão oriunda de órgão colegiado da Justiça Eleitoral (TRE ou TSE) na qual o registro da candidatura é indeferido.

Excertos deste pronunciamento acompanhado pela maioria do plenário da Corte elucidam a orientação firmada:

> No passado, o Tribunal Superior Eleitoral atribuía uma interpretação ampla à expressão "registro *sub judice*", no sentido de candidatura cujo indeferimento fosse passível de alteração. Dessa forma, enquanto não transitada em julgado a decisão de indeferimento, o candidato permanecia na disputa eleitoral "por sua conta e risco". Nesse sentido: AgR-REspe nº 335-19/PE, Rel. Min. Arnaldo Versiani Leite Soares, j. em 28.10.2008; MS nº 87.714, Rel. Min. Arnaldo Versiani Leite Soares, j. em 4.10.2012; AgR-Rcl nº 876-29, Rel. Min. Arnaldo Versiani Leite Soares, j. em 4.10.2012. Mais recentemente, porém, o Tribunal Superior Eleitoral conferiu alcance mais limitado à expressão, assentando que, após o pronunciamento do Tribunal Superior Eleitoral que indefere o registro de candidatura, a candidatura não pode mais ser considerada *sub judice*, afastando-se a incidência do art. 16-A (ED-REspe nº 139-25, Rel. Min. Henrique Neves, j. em 28.11.2016).
>
> (...)
>
> Este precedente já revela que a interpretação da expressão "registro sub judice" não pode ocorrer de forma isolada. Ao contrário, deve harmonizar os interesses em conflito e garantir a coerência do sistema das inelegibilidades, sobretudo levando em conta: (i) a superveniente edição da Lei Complementar nº 135/2010, conhecida por Lei da Ficha Limpa; (ii) a abreviação do período de campanha eleitoral, empreendida pela minirreforma eleitoral do ano de 2015 (Lei nº 13.165/2015); e (iii) a declaração de inconstitucionalidade, pelo Tribunal Superior Eleitoral e pelo Supremo Tribunal Federal, da expressão "após o trânsito em julgado", prevista no § 3º do art. 224 do Código Eleitoral, com redação dada pela Lei nº 13.165/2015, para a realização de nova eleição em razão da não obtenção ou do indeferimento do registro de candidatura.
>
> (...)
>
> A exequibilidade da decisão no âmbito de processos de registro de candidatura ou de ação de investigação judicial eleitoral da qual resulta a inelegibilidade passou a ser imediata a partir da publicação do julgamento por órgão colegiado.(...). Dessa forma, a fim de que seja mantida a coerência do sistema, impõe-se reconhecer que o candidato deixa de ser considerado *sub judice*, a partir domomento em que sobrevém decisão de órgão colegiado da Justiça Eleitoral (Tribunal Regional Eleitoral ou Tribunal Superior Eleitoral) em que o registro da candidatura

> é indeferido. Em outras palavras, se o candidato, até a decisão do órgão colegiado da Justiça Eleitoral, relativa ao registro de sua candidatura, não obtiver o afastamento da inelegibilidade no processo que aela deu origem (art. 26-A da LC nº 64/1990) ou, pelo menos, a suspensão dos efeitos da decisão colegiada naquele mesmo processo (art. 26-C da LC nº 64/1990), não mais ostentará a condição de candidato *sub judice*, sendo-lhe, assim, inaplicável o art. 16-A da Lei nº 9.504/1997, que autoriza a realização de atos relativos à campanha eleitoral e a manutenção de seu nome na urna eleitoral.

Numa visão objetiva e bem fundamentada, o voto-condutor destacou o enxugamento das campanhas eleitorais brasileiras como fator preponderante ao seu raciocínio:

> De outro lado, a minirreforma eleitoral realizada pela Lei nº 13.165/2015 abreviou a duração do período de campanha eleitoral, uma vez que fixou o dia 15 de agosto do ano das eleições como prazo final para o registro das candidaturas. Considerando-se que o prazo para substituição de candidaturas se encerra 20 dias antes das eleições (art. 13, § 3º e 36 da Lei nº 9.504/1997), a Justiça Eleitoral dispõe de apenas 30 a 40 dias para apreciar um pedido de registro de candidatura em todas as suas instâncias. Essa circunstância torna materialmente impossível que o trânsito em julgado da decisão de indeferimento do registro ocorra antes do advento da data-limite para substituição dos candidatos, o que lança um quadro de insegurança sobre a situação jurídica dos candidatos.
>
> Nesse contexto, interpretar a expressão "*registro sub judice*" do art. 16-A da Lei nº 9.504/1997 como a candidatura cujo indeferimento é passível de revisão significa, na prática, afirmar que a Justiça Eleitoral está impossibilitada de obstar a participação de um candidato inelegível. Essa conclusão não pode ser aceita, uma vez que acarreta elevados custos: (i) institucionais e ao processo eleitoral, em razão da invalidação de votos recebidos pelo candidato inelegível (art. 175, § 3º37, do Código Eleitoral) e da violação à soberania popular; e (ii) financeiros, em razão da eventual necessidade de realização de novas eleições, a depender da expressividade dos votos anulados (art. 224, *caput* e seu § 3º do Código Eleitoral).

Ao depois, enfatizando a celeridade que, ao menos em tese, deve revestir a etapa judiciária do registro das candidaturas, frisou o relator:

> É preciso considerar, ainda, que o STF, no julgamento da ADI 5525, sob a minha relatoria, declarou a inconstitucionalidade da locução "após o

> trânsito em julgado" prevista no § 3º do art. 224 do Código Eleitoral (com redação dada pela Lei nº 13.165/2015) para a realização de nova eleição em razão da não obtenção ou do indeferimento do registro de candidatura. No julgamento, o STF entendeu que aguardar o trânsito em julgado para convocar novas eleições após o indeferimento do registro de candidatura violaria a soberania popular, a garantia fundamental da prestação jurisdicional célere, a independência dos poderes e a legitimidade exigida para o exercício da representação popular. Assim, determinou-se que basta a manifestação do órgão colegiado, ou do Tribunal Superior Eleitoral para que seja realizado novo pleito, a partir da interpretação sistemática dos arts. 16-A da Lei nº 9.504/1997; 15 da Lei Complementar nº 64/1990; 216 e 257 do Código Eleitoral. Se para realizar novas eleições basta a decisão do Tribunal Superior Eleitoral, com muito mais razão deve-se permitir a negativa de registro, impedindo-se que a candidatura seja considerada *sub judice* para fins de assegurar os atos relativos à campanha eleitoral e a manutenção do nome da urna. Ademais, a necessidade de execução imediata dos julgados do TSE não é novidade, já tendo sido afirmada por esta Corte Superior em diversos julgados, a exemplo do RO nº 2246-61-ED/AM, em que fui designado redator para acórdão, j. em 22.8.2017; e RO nº 1220-86/TO, Red. p/ acórdão Min. Luiz Fux, j. em 22.3.2018.

Por fim, citou os efeitos irradiados a partir da decisão colegiada, conferindo especial ênfase no último deles:

> Portanto, a interpretação que afasta o caráter *sub judice* do candidato que teve o seu registro indeferido por decisão colegiada do Tribunal Superior Eleitoral privilegia a transparência, a estabilidade e a segurança do processo eleitoral, além de atender ao direito do eleitor de conhecer com antecedência os candidatos aptos a disputar o pleito.

Sem controvérsias, o voto que se seguiu endossou o raciocínio supra:

> Diante dessas considerações, o art. 16-A da Lei 9.504/97, ao permitir a prática de atos de campanha e a inclusão na urna eletrônica enquanto o registro estiver *sub judice*, deve ser compatibilizado com a ressalva final de seu texto – em que se emprega a expressão "instância superior" – e com a jurisprudência do c. Supremo Tribunal Federal e do Tribunal Superior Eleitoral quanto à execução imediata das decisões de indeferimento de candidatura proferidas por esta Corte em única ou última instância. A *contrario sensu*, condicionar a execução da decisão de indeferimento do registro ao eventual julgamento de outros recursos – seja na ação penal

> ou no próprio processo de registro – ensejaria afronta aos princípios da duração razoável do processo e da celeridade (art. 5º, LXXVIII, da CF/88), inerentes a esta Justiça Especializada. Entender de modo diverso também violaria os princípios e garantias ínsitos à democracia, ao voto direto, à proteção da confiança e à boa-fé, além de esvaziar por completo o escopo da Lei da Ficha Limpa.

Releva acentuar que esta já havia sido a análise desenvolvida pelo Ministro Henrique Neves quando, na relatoria dos ED-REspe nº 139-25/RS, deixou consignada sua posição a respeito de tal tema:

> A partir da edição da LC 135/2010, a regra do art. 15 da Lei Complementar 64/90 foi alterada, e a execução da decisão que reconhece a inelegibilidade está condicionada apenas ao pronunciamento do órgão colegiado. De igual forma, a edição da regra do art. 16-A da Lei das Eleições, que impõe a manutenção da campanha do candidato cujo registro foi indeferido até a apreciação da matéria por instância superior, converge no sentido de se aguardar o pronunciamento do Tribunal Superior Eleitoral, tal como ocorre no caso de aplicação do art. 216 do Código Eleitoral.
>
> Anote-se, nesse ponto, que há realmente situações divergentes tratadas pelo novo § 3º do art. 224 do Código Eleitoral no que tange ao momento da execução da decisão que indefere o registro da candidatura, de acordo com o entendimento consagrado pela jurisprudência deste Tribunal. Isso porque o indeferimento do registro de candidatura para afastar o candidato dos atos relativos à campanha eleitoral somente ocorre com a manifestação da instância superior (TSE), ao passo que o afastamento do exercício do cargo ou do mandato eletivo daqueles que praticam ilícitos eleitorais se dá, por força da nova regra do § 2º do art. 257 do Código Eleitoral, a partir do escoamento da instância ordinária.

Mencionada intervenção, por suas balizas, foi a que acabou triunfando no TSE para delinear o posicionamento sedimentado nessa quadra da sua jurisprudência[73]:

> A irrecorribilidade das decisões proferidas pelo Tribunal Superior Eleitoral com base na legislação infraconstitucional seria desafiada se os efeitos secundários da decisão da Justiça Eleitoral ficassem condicionados ao trânsito em julgado de recurso, que é constitucionalmente incabível.

---

73. *Leading case* quanto à inconstitucionalidade da expressão "após o trânsito em julgado" constante do § 3º do art. 224 do Código Eleitoral e fixação de tese quanto ao cumprimento de decisão judicial e convocação de novas eleições.

Cravado tal enfoque, exsurge que a eficácia do julgamento colegiado repercute prontamente na proibição de participar da propaganda de rádio, televisão e demais espaços até então permitidos. Simultaneamente, cessa a movimentação financeira, devendo o partido responsável pelo registro da candidatura removida se abster de novos repasses de recursos de campanha ao candidato, o qual somente poderá se valer do numerário anteriormente recebido, se ainda não gasto, para honrar as despesas comprovadamente já contratadas, as quais serão aferidas no exame da respectiva prestação de contas final, conforme rematou o Recurso Especial Eleitoral nº 060132029/PE (PSESS de 05/10/2018).

Nesse norte, impõe-se não perder de vista que o processo eleitoral é, a princípio, marcado pelo imperativo da celeridade. Daí porque, a despeito da inconformidade de alguns doutrinadores acerca da novel interpretação conferida ao art. 16-A, a mesma se coaduna às garantias do devido processo legal, da ampla defesa e do contraditório, traduzindo coerência ao enxugamento do período de campanha plasmado pela reforma legislativa de 2015.

4.5.4. Participação em debates

Em resposta à Consulta nº 121034/DF formulada pela Associação Brasileira de Emissoras de Rádio e Televisão (ABERT), o Tribunal Superior Eleitoral expediu a Resolução nº 23.273/DF (RJTSE 21/2/419)[74] assegurando participação, em debates, aos candidatos com registro *sub judice*, independentemente se deferido ou indeferido. Porém, dada a anterioridade deste questionamento (j. 08/06/2010), é necessário atentar-se para as estipulações frisadas pelo Plenário do Tribunal Superior Eleitoral no julgamento do antes referido RCAND nº 0600903-50 (PSESS de 1º/09/2018) relativamente à cessação da propaganda eleitoral. Do contrário, a letra da lei será morta.

74. CONSULTA. ASSOCIAÇÃO BRASILEIRA DE EMISSORAS DE RÁDIO E TELEVISÃO - ABERT. ILEGITIMIDADE ATIVA. RELEVÂNCIA DA MATÉRIA. CONHECIMENTO COMO PETIÇÃO. ELEIÇÕES. DEBATES. REGRAS. ART. 46, § 5º, DA LEI Nº 9.504/97. CANDIDATOS APTOS. REPRESENTAÇÃO NA CÂMARA DOS DEPUTADOS.

1. Para os fins do art. 46, § 5º, da Lei nº 9.504/97, são considerados aptos os candidatos filiados a partido político com representação na Câmara dos Deputados e que tenham requerido o registro de candidatura na Justiça Eleitoral.

2. Julgado o registro, permanecem aptos apenas os candidatos com registro deferido ou, se indeferido, esteja sub judice.

3. Consulta recebida como petição e respondida nos termos do voto do Ministro Relator.

4.5.4.1. Candidatos avulsos e participação em debates

O Tribunal Superior Eleitoral e o Supremo Tribunal Federal[75] receberam um número apreciável de petições e recursos envolvendo o tema das *candidaturas independentes* nos últimos anos. Com efeito, entre as eleições de 2006 e 2020, a despeito das normas vigentes no ordenamento pátrio, sucessivas candidaturas à presidência e vice-presidência da República (dezenove somente em 2018[76]), governador e vice-governador de Estado, senadores, suplentes e prefeitos aportaram nas duas Cortes Superiores sediadas em Brasília.[77]

Embora a matéria seja de assento constitucional, em 2017, a Lei nº 13.488 reafirmou a impossibilidade das candidaturas avulsas no Brasil. O § 14 inserto ao art. 11 da Lei nº 9.504/97 dispõe que "é vedado o registro de candidatura avulsa, ainda que o requerente tenha filiação partidária". A clareza do dispositivo inviabiliza o alargamento dos artigos 16-A e 36-A da Lei Eleitoral em termos de *tratamento isonômico* por parte das emissoras de rádio e televisão relativamente à participação de candidatos avulsos, ainda que *sub judice*, em entrevistas, programas, encontros ou debates para a exposição de plataformas e projetos políticos, salvo se convidados.[78]

---

75. Em 2019, o Supremo Tribunal Federal editou a separata *Candidaturas Avulsas - Bibliografia e Legislação*, com o objetivo de divulgar a doutrina existente nas Bibliotecas cooperantes da Rede Virtual de Bibliotecas, bem como a jurisprudencia do tema junto àquela Corte.

76. Classe Processual Pet (Petição): Nºs únicos 0600999-65.2018.6.00.0000; 0600842-92.2018.6.00.0000; 060887-96.6.00.0000; 0600847-17.2018.6.00.0000; 0600899-13.2018.00.0000; 0600930-33.2018.6.00.0000; 0600839-40.2018.6.0000; 0600886-14.2018.6.00.0000; 0600870-60.2018.6.00.0000; 0600921-71.2018.6.00.0000; 0601259-45.6.00.0000. Classe Processual AC (Ação Cautelar): Nºs únicos 0600614-0.2018.6.00.0000; 0601109-64.6.00.0000; 0601022-11.6.00.0000. Classe Processual RCAnd (Registro de Candidatura): Nºs únicos 061392-87.2018.6.00.0000; 060918-19.2018.6.00.0000; 0601390-20.2018.6.00.0000. Protocolos números: 7.733/2017; 7.919/2017 (TSE, Secretaria de Gestão da Informação, 2021).

77. Todos os pedidos foram indeferidos pelo TSE e pelo STF, inclusive medidas liminares.

78. Neste sentido concluiu RRP nº 060051113/DF, DJE de 20/08/2018, relatado pelo Ministro Carlos Horbach: ELEIÇÕES 2018. RECURSO INOMINADO. REPRESENTAÇÃO ELEITORAL. PARTICIPAÇÃO EM PROGRAMA TELEVISIVO. PRÉ-CANDIDATO SEM FILIAÇÃO PARTIDÁRIA. CANDIDATURA AVULSA. O inciso V do § 3º do art. 14 da Constituição Federal é claro ao fixar, como condição de elegibilidade, a filiação partidária, determinando - na ordem jurídico-eleitoral brasileira - o monopólio das candidaturas em favor dos partidos políticos. O Congresso Nacional, por meio da Lei nº 13.488/2017, reafirmou o princípio de vinculação das candidaturas aos partidos políticos, ao acrescentar o § 14 ao art. 11 da Lei nº 9.504/1997, asseverando que "é vedado o registro de candidatura avulsa, ainda que o requerente tenha filiação partidária". Recurso desprovido.

4.5.5. Utilização de fundos públicos

As disciplinas legais do Fundo Especial de Financiamento de Campanha (FEFC, Lei nº 9.504/97, art. 16-C e D) e do Fundo Partidário (art. 20) não discriminam, em momento algum, os candidatos com registro *sub judice*. Desta feita, não há se falar em restrições de acesso aos mesmos.[79]

4.5.6. Prestação de Contas

Ao lado de direitos e garantias surgem obrigações. Esta é a regra. A amplitude garantida pelo art. 16-A da LE/97 implica nas obrigações de abertura de conta corrente específica de campanha e consequente prestação de contas, mesmo que o pedido de registro tenha sido definitivamente indeferido.

O tema não comporta maiores delongas.

As resoluções expedidas pelo TSE esgotaram-no definitivamente ao dispor que "O candidato que renunciar à candidatura, dela desistir, for substituído ou tiver o registro indeferido pela Justiça Eleitoral deve prestar contas em relação ao período em que participou do processo eleitoral, mesmo que não tenha realizado campanha". Logo, tendo participado, pelo tempo que for, contraindo gastos e dispondo de receitas ou não, o impugnado tem a obrigação de prestar contas à Justiça Eleitoral.

4.5.7. Cômputo de votos

Não são computados para o partido - assim como outrora não eram à coligação -, os votos atribuídos ao candidato com registro indeferido no dia da eleição. O TSE, antes mesmo da entrada em vigor do parágrafo único do art. 16-A da Lei n° 9.504/97, já possuía jurisprudência pacificada no sentido de não serem computados para a legenda os votos recebidos por candidato sem registro na data da eleição.

Hodiernamente, prevalece[80] a compreensão de que a norma prevista ao parágrafo único do art. 16-A da Lei n° 9.504/97 não afastou a aplicação

79. Esta é, também, a orientação jurisprudencial oriunda do TSE a teor do AgRg-AI nº 0601177-78/MS (DJE de 07/10/2020) e do MSCiv nº 060110318/RN (PSESS 29/09/2022), dentre outros julgados.

80. O Tribunal Superior Eleitoral, ao apreciar o Mandado de Segurança n° 4034-63/AP, PSESS de 16.12.2010, estabelecendo *leading case* quanto à validade dos votos atribuídos a candidato com registro *sub judice*, atinente às eleições gerais de 2010, concluiu, por apertada maioria, que os votos são computados para a legenda tão somente quando o registro de candidatura estiver deferido. Naquela assentada, a

do art. 175, § 4º, do Código Eleitoral. Neste sentido constam repetidos julgados do TSE (EDcl-MS nº 424332/BA, DJE de 06/11/2014, pp. 85/86; MS nº 4308-27/SP, DJE de 08/10/2012, p. 19 e AgRgRCED nº 16-23/RR, DJE de 03/11/2011, p. 65).

Situação diversa se dá relativamente às eleições proporcionais. Se o candidato cujo registro *sub judice* estava deferido na data da eleição, os seus votos, em caso de posterior indeferimento ou cassação, são computados para a legenda (Agravo Regimental em Recurso Especial Eleitoral nº 106886/PR, DJE de 01/07/2015).[81] Quanto aos majoritários, "não devem ser considerados válidos os votos da chapa que estava indeferida *sub judice* no dia da eleição" (Agravo Regimental em Recurso Especial Eleitoral nº 69-38/SE, DJE de 02/08/2018).

4.5.8. Substituição de candidato e perda do interesse processual

Face à inexistência de candidaturas avulsas ou independentes no Brasil, na linha da exegese do TSE[82], ao candidato que foi substituído falece o interesse processual de discutir o requerimento do registro de sua candidatura quando, após a publicação de decisão colegiada que o indefere, seu partido ou coligação opta por tal providência.

O art. 13 da Lei nº 9.504/97 faculta a substituição de candidato que for considerado inelegível, renunciar ou falecer após o termo final do prazo do registro, ou se vier a ter este indeferido ou cancelado. Referida providência tem finalidade inequívoca: evitar prejuízos às disputas majoritárias (formação de chapa) e proporcionais (formação das nominatas de candidatos, quocientes legais, distribuição de fundo eleitoral). Sobre o tema, duas disposições dotadas de consenso jurisprudencial:

---

corrente majoritária, composta pelos ministros Marcelo Ribeiro, Cármen Lúcia, Arnaldo Versiani e Aldir Passarinho Junior, entendeu que o artigo 16-A da Lei n° 9.504/97 inovou no sistema eleitoral, afastando expressamente a possibilidade de se computar para a legenda os votos atribuídos a candidatos com registro deferido no dia das eleições, mas indeferido em momento posterior. Vencidos, neste julgamento, os ministros Hamilton Carvalhido, Marco Aurélio e Ricardo Lewandowski. Ementa do julgado:

ELEIÇÕES 2010. AGRAVO REGIMENTAL. MANDADO DE SEGURANÇA. CANDIDATO. DEPUTADO ESTADUAL. REGISTRO INDEFERIDO APÓS A ELEIÇÃO. CONTAGEM PARA A LEGENDA. IMPOSSIBILIDADE. 1. Na dicção do art. 16-A da Lei nº 9.504/97, a validade dos votos atribuídos a candidato com registro indeferido fica condicionada, em qualquer hipótese, ao deferimento do registro. 2. O § 4º do art. 175 do Código Eleitoral, que estabelece a contagem para a legenda dos votos obtidos por candidatos cujos registros tenham sido indeferidos após a eleição, foi superado pelo parágrafo único do art. 16-A da Lei nº 9.504/97, introduzido pela Lei nº 12.034/2009, que condiciona a validade dos votos ao deferimento do registro, inclusive para fins do aproveitamento para o partido ou coligação. 3. Agravo regimental desprovido.

81. Ainda: AgR-RESPE n° 416-58, DJE de 02/06/2014, AgR-RESPE n° 740-50, DJE de 03/06/2014; AgR-REspe n° 749-18, DJE de 27/05/2014.

82. TSE, ED–RO 445–45/MA, PSESS de 03/10/2014.

- O candidato cassado não possui interesse de agir na interposição de Recurso Especial para atacar acórdão regional no ponto em que determinou o recálculo do quociente eleitoral e partidário em virtude da nulidade dos votos por ele auferidos[83];
- Caso já consumado o pleito, a parte não pode mais desistir do seu apelo se, desse ato, advir alteração do quociente eleitoral, por se tratar, em última análise, da apuração da vontade popular e, consequentemente, da legitimidade da eleição, o que se insere como matéria de ordem pública (eficácia social do regime democrático), sendo o direito, nessas situações, indisponível[84].

4.5.9. Divulgação da votação

A informação sobre quantos votos determinado candidato conquistou é revestida de interesse geral. Existe uma expectativa em torno dela. Eleitores e partidos têm o direito de conhecer o resultado do pleito. A pessoa que sufragou o nome que estava na urna eletrônica, ainda que *sub judice*, tem o direito de saber se o seu voto foi assinalado, assim como quantos votos foram alcançados por ele. Os meios de comunicação têm na cobertura política, objeto de pauta. Portanto, existe um interesse público maximizado determinando que a informação seja franqueada consoante o art. 5º, XIV, da CF/88.

Processualmente não é diferente. A informação é de indiscutível relevância ante as etapas preclusivas do episódio eleitoral, como a totalização de votos, a proclamação dos eleitos e a abertura dos prazos recursais pós-diplomação para o manejo de procedimentos específicos (Ação de Impugnação de Mandato Eletivo/AIME e Recurso Contra a Expedição de Diploma/RCED).

Há regramento próprio no tema:

> **PROCESSO ADMINISTRATIVO. DIVULGAÇÃO DA VOTAÇÃO DOS CANDIDATOS SUB JUDICE NO SÍTIO DO TSE. POSSIBILIDADE. HOMENAGEM AOS PRINCÍPIOS DA LISURA E DA TRANSPARÊNCIA DO PLEITO. PROCESSO RESOLVIDO.**
>
> I - A divulgação da quantidade de votos obtidos pelos candidatos, independentemente da situação de sua candidatura, corrobora com os princípios da lisura e da transparência do processo eleitoral.
>
> II - Processo administrativo resolvido.[85]

83. TSE, REspe nº 270-08/RS, DJE de 09/08/2016
84. TSE, Ag-REspe nº 114-03/BA, DJE de22/08/2013.
85. TSE, Processo Administrativo nº 3252-56/DF, DJE de 22/10/2010.

4.5.10. Proclamação dos resultados

A Junta Eleitoral deve proclamar eleito o candidato que obtiver a maioria dos votos válidos, não computados os nulos e em branco. Todavia, não há prejuízo de que uma nova proclamação seja feita em razão de superveniente deferimento do registro daquele candidato que se encontrava *sub judice.*[86]

4.5.11. Diplomação

A diplomação exprime o ápice do processo eleitoral *stricto sensu* iniciado com as convenções partidárias para a escolha dos candidatos ao pleito.[87] É um acontecimento solene que atribui publicidade ao resultado eleitoral. De acordo com o Glossário do TSE, diplomação é o ato pelo qual a Justiça Eleitoral atesta quem são, efetivamente, os eleitos e os suplentes, com a entrega do diploma devidamente assinado[88].

Consoante às sucessivas resoluções emitidas pelo TSE, não poderá ser diplomado o candidato que estiver com o registro indeferido, ainda que *sub judice.*

4.5.12. Cessação da condição *sub judice*

De acordo com a jurisprudência dominante[89], o ordenamento jurídico conferiu ao Tribunal Superior Eleitoral competência para, em última instância – à exceção das questões passíveis de apreciação pelo Supremo Tribunal Federal –, chancelar os pedidos de registro de candidatura apresentados pelos candidatos em quaisquer dos pleitos, conforme prevê o art. 16–A da Lei nº 9.504/1997, sendo certo que a competência para deliberação dos comandos normativos lá previstos é "[...] privativa e exclusiva do Tribunal Superior Eleitoral [...]" (TSE, PetCiv nº 0601747–29/AL, PSESS 12/11/2020).

Posto nesses termos, a condição jurídica *sub judice* cessa (a) com o trânsito em julgado, ou (b) a partir de pronunciamento do Tribunal Superior Eleitoral, independentemente do julgamento de eventuais embargos

86. TSE, Resolução nº 22.992, DJE de 18/09/2009.
87. NIESS, 1996, p. 52.
88. http://www.tse.jus.br/eleitor/glossario/glossario-eleitoral
89. TSE: MSCiv nº 060110318/RN, j. 29/09/2022, PSESS 29/09/2022; TutCautAnt nº 0601111-92/PB, j. 29/09/2022, PSESS 29/09/2022; TutCautAnt nº 0601097-11/PB, j. 23/09/2022, PSESS 29/09/2022 e REspEl nº 060049134/RJ nº 060049134, j. 03/08/2021, DJE 08/09/2021.

de declaração (art. 51, § 1º, I e II, da Res./TSE nº 23.609/2019), salvo se obtida decisão que:

a) afastar ou suspender a inelegibilidade com amparo na LC nº 64/90 (arts. 26-A[90] e 26-C[91]);
b) anular ou suspender o ato ou a decisão do qual derivou a causa de inelegibilidade;
c) conceder efeito suspensivo ao recurso interposto no processo de registro de candidatura.

4.6. FILIAÇÃO PARTIDÁRIA

4.6.1. Fontes legais

Requisito obrigatório para as candidaturas no Brasil, o ato de filiação a um partido político compreende três ordens legais, visto tratar-se de um instituto de Direito Constitucional que recebeu regulamentação tanto pela legislação eleitoral como partidária.

Nesta ordem, está escrito na Constituição:

> Art. 14. A soberania popular será exercida pelo sufrágio universal e pelo voto direto e secreto, com valor igual para todos, e, nos termos da lei, mediante:
>
> (...).
>
> § 3º São condições de elegibilidade, na forma da lei:
>
> (...).
>
> V - a filiação partidária.

Ao depois, dispõe a Lei Geral das Eleições:

> Art. 9º Para concorrer às eleições, o candidato deverá possuir domicílio eleitoral na respectiva circunscrição pelo prazo de seis meses e estar com a filiação deferida pelo partido no mesmo prazo.

---

90. Art. 26-A. Afastada pelo órgão competente a inelegibilidade prevista nesta Lei Complementar, aplicar-se-á, quanto ao registro de candidatura, o disposto na lei que estabelece normas para as eleições.

91. Art. 26-C. O órgão colegiado do tribunal ao qual couber a apreciação do recurso contra as decisões colegiadas a que se referem as alíneas *d, e, h, j, l* e *n* do inciso I do art. 1º poderá, em caráter cautelar, suspender a inelegibilidade sempre que existir plausibilidade da pretensão recursal e desde que a providência tenha sido expressamente requerida, sob pena de preclusão, por ocasião da interposição do recurso.

O prazo de filiação partidária, inicialmente estatuído em um ano pela Lei nº 9.504/97, foi reduzido à metade pela Lei nº 13.488/17.

4.6.2. Requisitos e restrições

Somente pode se filiar a partido político o eleitor que está no pleno gozo de seus direitos políticos, diz o art. 16 da Lei nº 9.096/95, que corresponde à terceira norma jurídica a reger o tema.

Sendo assim, como corolário lógico desta determinação, é nula a filiação partidária ocorrida no período em que estes se encontram suspensos em decorrência de condenação criminal transitada em julgado[92].

Da mesma forma, quem se encontra com os direitos políticos restringidos deverá ter a sua filiação partidária suspensa por igual período, não podendo praticar atos privativos de filiado nem exercer cargos de natureza política ou de direção perante a agremiação[93].

4.6.3. Prova da filiação

O tema já teve diversas disciplinas. Atualmente, a respeito da prova da filiação partidária, a mesma, para efeitos de condição de elegibilidade, deve ser atestada mediante a listagem de filiados encaminhada pelos partidos à Justiça Eleitoral, conforme os artigos 19 da Lei nº 9.096/95,com a redação que lhe foi dada pela Lei nº 13.877, de 2019, e 21, *caput,* da Resolução nº 23.117/09.[94]

Esta é, induvidosamente, uma responsabilidade institucional das agremiações partidárias: zelar e manter atualizada a documentação relativa aos seus filiados, notadamente aquela que implica na fruição de direitos.

No Sistema *Filiaweb* contido nesta última, existem seis modalidades de relações, cada uma delas com uma destinação específica:

> Art. 8º As relações de que trata o art. 4º desta resolução deverão ser elaboradas pelo partido em aplicação específica do sistema de filiação, intitulada *Filiaweb*, e submetidas à Justiça Eleitoral pela rede mundial

92. AgRg-REspe nº 19.571/GO, rel. Min. Arnaldo Versiani, PSESS de 18/10/2012.
93. RGP nº 305, relª. Minª. Luciana Lóssio, DJE de 16/09/2014.
94. AgR-REspe nº 2009-15/SP, rel. Min. Gilmar Mendes, PSESS de 11/11/2014.

> de computadores, em ambiente próprio do sítio do Tribunal Superior Eleitoral reservado aos partidos políticos.
>
> Parágrafo único. Para efeito do disposto nesta resolução, adotar-se-á a seguinte nomenclatura:
>
> I - relação interna - conjunto de dados de eleitores filiados a partido político, relativos a um município e zona eleitoral, destinada ao gerenciamento pelo órgão partidário responsável por seu fornecimento à Justiça Eleitoral;
>
> II - relação submetida - relação interna liberada pelo órgão partidário para processamento pela Justiça Eleitoral;
>
> III- relação fechada - situação da relação submetida pelo órgão partidário após o encerramento do prazo legal para fornecimento dos dados à Justiça Eleitoral;
>
> IV - relação oficial - relação fechada que, desconsiderados eventuais erros pelo processamento, será publicada pela Justiça Eleitoral e cujos dados servirão de base para o cumprimento das finalidades legais;
>
> V - relação ordinária - relação cujos dados serão fornecidos pelos partidos políticos nos meses de abril e outubro de cada ano;
>
> VI - relação especial - relação cujos dados serão fornecidos pelos partidos políticos em cumprimentoa determinação judicial, nos termos do § 2º do art. 4º desta resolução.

Procedendo num exame mais detido dessa disciplina, tem-se que a *relação interna* do inciso I é um documento particular confeccionado livremente pelo partido político. De rigor, corresponde a um típico banco de dados dos seus filiados para "consumo interno". Por se tratar de um documento interno da agremiação, a Justiça Eleitoral não lhe atribui eficácia e suficiência enquanto meio de prova de filiação em caso de litígios judiciais. Já a *relação especial* (prevista ao inciso VI) tem o condão de certificar a filiação.

Não comprovado o tempo mínimo de vínculo partidário legalmente exigido, é de ser negado o registro da candidatura: "O não preenchimento da condição de elegibilidade prevista no art. 14, § 3º, V, da CF, pelo período mínimo estipulado na norma de regência (art. 9º da Lei n. 9.504/97), acarreta o indeferimento do registro de candidatura, na esteira da orientação desta Corte".[95]

Em 2016, quando o Tribunal Superior Eleitoral reavaliou os seus verbetes sumulares, o rigor da Súmula nº 20 foi levemente atenuado permi-

95. TSE, EdclAgRg-RO nº 060023248/MA, DJE de14/03/2019.

tindo que a mesma passasse a assegurar que a prova de filiação partidária daquele cujo nome não constou da lista de que trata o art. 19 da Lei nº 9.096/95[96] pode vir a ser produzida por outros elementos de convicção, exceto quando se tratar de documentos gerados unilateralmente pelo interessado, portanto destituídos de fé pública.

SÚMULA 20	REDAÇÃO ORIGINAL[97]	REDAÇÃO DE 2016[98]
Texto	A falta do nome do filiado ao partido na lista por este encaminhada à Justiça Eleitoral, nos termos do art. 19 da Lei nº 9.096, de 19.9.95, pode ser suprida por **outros elementos de prova** de oportuna filiação.	A prova de filiação partidária daquele cujo nome não constou da lista de filiados de que trata o art. 19 da Lei nº 9.096/1995, pode ser realizada por **outros elementos de convicção**, salvo quando se tratar de documentos produzidos unilateralmente, destituídos de fé pública.
DJ	Publicada no Diário da Justiça de 21, 22 e 23/08/2000.	Publicada no Diário da Justiça Eletrônico de 24, 27 e 28/06/2016.

A alteração sumulada, enquanto preceito jurídico regedor da espécie, embora tênue, revelou-se capaz de incrementar as possibilidades comprobatórias do vínculo jurídico do filiado, sobretudo em período de registro de candidatura.

Confrontados ambos os conteúdos sumulares, verifica-se que as vantagens atinentes ao jurisdicionado ou partido relapso passaram a brotar em solo mais fértil. De fato, as atualizações presentes ao novo enunciado se deram mediante um aprimoramento redacional coeso, nitidamente mais benéfico para aqueles que necessitam provar o seu vínculo partidário.

---

96. Art. 19. Deferido internamente o pedido de filiação, o partido político, por seus órgãos de direção municipais, regionais ou nacional, deverá inserir os dados do filiado no sistema eletrônico da Justiça Eleitoral, que automaticamente enviará aos juízes eleitorais, para arquivamento, publicação e cumprimento dos prazos de filiação partidária para efeito de candidatura a cargos eletivos, a relação dos nomes de todos os seus filiados, da qual constará a data de filiação, o número dos títulos eleitorais e das seções em que estão inscritos.

97. Referências constantes da Súmula expedida no ano de 2000:
Ac.-TSE nº 587, de 1º/07/1999, no RCED nº 587;
Ac.-TSE nº 14.598, de 13/03/1997, no REspe nº 14.598;
Ac.-TSE nº 12.958, de 23/09/1996, no REspe nº 12.958;
Ac.-TSE nº 12.961, de 12/09/1996, no REspe nº 12.961.

98. Referências constantes da Súmula expedida no ano de 2016:
Ac.-TSE, de 11/11/2014, no AgR-REspe nº 2009-15;
Ac.-TSE, de 09/10/2014, no AgR-REspe nº 767-21;
Ac.-TSE, de 29/11/2012, no AgR-REspe nº 74-88.

Partindo dessa perspectiva, se por um lado restou consignado o descarte da prova unilateral, revela-se interessante observar que por outro, o vocábulo "outros elementos de convicção", além de mais apurado, tem maior abrangência do que a locução "outros elementos de prova".

Embora "longe de ser um modelo de clareza e precisão", para aqui tomar emprestadas as palavras de Barbosa MOREIRA (1978, p. 331), dimana do texto sumulado que a possibilidade de prova judicial da filiação partidária é larga, desde que não seja tão somente interna da agremiação. Com isso, documentos caracterizados pela sua bilateralidade ou repercussão externa satisfazem aos requisitos de aplicabilidade do verbete.

Como resultado desta maior flexibilidade em termos de conteúdo probatório, a ata partidária registrada na Justiça Eleitoral passou a ser reconhecida como documento apto a comprovar a filiação, assentou o TSE em decisão plenária de 03/11/2016 no Recurso Especial Eleitoral nº 251-63/SC:

> **ELEIÇÕES 2016. REGISTRO DE CANDIDATURA. FILIAÇÃO PARTIDÁRIA. ATA DE REUNIÃO PARTIDÁRIA. COMPROVAÇÃO. REGISTRO OU ANOTAÇÃO PERANTE A JUSTIÇA ELEITORAL OU ÓRGÃO PÚBLICO.**
>
> 1. A jurisprudência do TSE é firme no sentido de que a comprovação da filiação partidária, quando o nome do filiado não aparece nas listas de que trata o art. 19 da Lei 9.096/95, pode ser realizada por meio da apresentação de outros elementos de convicção. Não se admite, contudo, a apresentação de documentos produzidos unilateralmente pelos candidatos ou pelos partidos políticos, como, por exemplo, ficha de filiação ou relação interna das agremiações, conforme dispõe a Súmula 20 desta Corte.
>
> 2. As atas partidárias que não são submetidas a nenhum tipo de controle ou verificação externa efetivamente não se prestam à comprovação da filiação partidária. Por outro lado, aquelas cuja existência e forma sejam essenciais aos registros públicos da vida e da organização do partido político são suficientes para tal fim, quando a sua apresentação é feita perante os órgãos competentes antes do prazo mínimo de filiação partidária.
>
> 3. Na espécie, a ata de deliberação sobre a escolha de dirigentes partidários para compor a comissão provisória do partido político na circunscrição do pleito, assinada pelo candidato e pelos demais membros da agremiação, é apta para demonstrar a condição de filiado daquele.
>
> Recurso especial a que se nega provimento.

Lavrada a nova linha exegética conferindo mais densidade aos Princípios do Devido Processo Legal (CF/88, art. 5º, LIV) e Ampla Defesa (LV) na matéria, a ficha de filiação, de inscrição em pré-candidatura e mesmo a declaração de dirigente partidário, embora unilaterais, são documentos que podem ser municiados por outros de natureza bilateral como, por exemplo, mensagens de aplicativos, para formar um acervo comprobatório do ingresso tempestivo do candidato na agremiação.

Nessa trilha, em 06/11/2018, o TSE encadeou lei e tecnologia no julgamento do AgRg-REspe nº 0600248-56 onde o MPE recorria de acórdão exarado pelo Tribunal Regional Eleitoral do Espírito Santo (ES) que havia deferido pedido de registro de candidatura ao cargo de deputado federal no pleito de 2018 considerando provada a sua condição de elegibilidade por meio da transcrição de conversas realizadas pelo *WhatsApp*:

> **ELEIÇÕES 2018. REGISTRO DE CANDIDATURA. DEPUTADO FEDERAL. DECISÃO REGIONAL. DEFERIMENTO. FILIAÇÃO PARTIDÁRIA. COMPROVAÇÃO.**
>
> 1. No caso, o Tribunal *a quo* deferiu o pedido de registro da candidata ao cargo de deputado federal, por entender comprovada a filiação partidária, com base em contexto probatório variado, composto de elementos unilaterais (ficha de filiação, ficha de inscrição de pré-candidatos e declaração de dirigente partidário) e de provas bilaterais (mensagens de aplicativo de conversas instantâneas), cujas datas são anteriores ao prazo legal de 6 meses.
>
> 2. Nos termos do verbete sumular 20 do TSE, a prova de filiação partidária daquele cujo nome não constou da lista de filiados de que trata o art. 19 da Lei 9.096/95 pode ser realizada por outros elementos de convicção, inclusive pelo conjunto harmônico de indícios e provas, unilaterais e bilaterais, tal como se verifica no caso dos autos.
>
> 3. Se a Corte de origem, soberana na análise do conjunto fático-probatório e no exercício da mais plena cognição judicial (art. 7º, parágrafo único, da Lei Complementar 64/90), entendeu que provas bilaterais corroboram as informações constantes da ficha de filiação, da ficha de inscrição de pré-candidatos e da declaração de dirigente partidário, não há razão para exigir a formalização das conversas de aplicativo de mensagens mediante ata notarial, mormente porque não houve impugnação acerca da fidedignidade desses elementos probatórios.
>
> Agravo regimental a que se nega provimento.

A compreensão unânime do plenário ultimando a evolução do conteúdo sumular para conceber outros elementos de convicção no que diz respeito ao vínculo partidário pode ser traduzida pelo seguinte excerto de voto:

> Não se trata, aqui, de afirmar que as mensagens, por si sós, são suficientes para a prova da filiação partidária, a qual normalmente é feita mediante a inclusão nos sistemas da Justiça Eleitoral. O que se tem em jogo é o poder-dever do magistrado de, nos termos da jurisprudência sumulada desta Corte e de acordo com a regra da persuasão racional, avaliar a concordância de elementos indiciários, unilaterais ou não, para a elucidação do fato probando, ou seja, a tempestiva filiação partidária.
>
> Nesse contexto, reitero que esse conjunto coeso de provas, ainda que indiciárias, acerca da filiação deve ser considerado para os fins de atendimento da condição de elegibilidade, mormente quando a prova apresentada não for da responsabilidade dos partidos políticos.
>
> Vale lembrar que a razão de ser do óbice que consta da parte final do verbete sumular 20 TSE é evitar que a agremiação, principal interessada no processo de registro de candidatura, apresente documentos de baixo valor probatório, por ela elaborados com o fito exclusivo de interferir na análise desta justiça especializada, fato que não se vislumbra na espécie.

Os novos paradigmas de direito probatório que foram admitidos pela Súmula nº 20 do TSE conjugados aos princípios do processo civil brasileiro, dentre os quais se destaca o de que "as partes têm o direito de empregar todos os meios legais, bem como os moralmente legítimos, ainda que não especificados neste Código, para provar a verdade dos fatos em que se funda o pedido ou a defesa e influir eficazmente na convicção do juiz" constante do art. 369 do CPC/15, assumiram relevância jurídico-constitucional na etapa judiciária do registro das candidaturas ao possibilitar soluções mais flexíveis em episódios controvertidos.

Em termos de praxe forense, a novel redação sumular aplacou a rigidez de formalidades em torno das provas hábeis à confirmação da associação partidária. Diante disso, além dos meios já consagrados pelas decisões judiciais antes examinadas, comunicações e documentos enviados por correios eletrônicos, redes sociais, aplicativos e reproduções digitalizadas, dentre outros avanços tecnológicos, podem servir às teses jurídicas visando o convencimento da verossimilhança das alegações.

Acerca desse requisito de candidatura, importa acrescer o que vem decidindo o Tribunal Superior Eleitoral:

- A **escolha em convenção partidária** e o **exercício de mandato eletivo** não são provas incontestes da filiação partidária do candidato pelo prazo mínimo de seis meses antes do pleito (AgRg-RO nº 060289263/RJ, PSESS de 18/12/2018);
- **Eventos posteriores à data limite prevista para a filiação partidária** que incapacitem o partido de participar das eleições não geram legítima expectativa nos candidatos por ela apresentados de permanecerem na disputa nem possibilitam a análise de boa–fé (ED–REspe nº 060019783/AP, PSESS de 29/11/2018);
- A certidão da Justiça Eleitoral que atesta a condição de **membro de órgão diretivo do partido político** é dotada de fé pública e, portanto, consubstancia documento apto a comprovar a filiação partidária (EdclAgRg-REspe nº 16276/SP, DJE de 30/03/2017; AgRg-REspe nº 060024025/MA, PSESS de 13/11/2018; AgREspe nº13402/CE, PSESS de 19/12/2016);
- **Mensagem eletrônica enviada por sistema de filiação do partido** é documento unilateral, insuficiente para comprovar o ingresso do impugnado nos quadros do partido antes dos seis meses que precedem o pleito (art. 9º da Lei 9.504/97) (AgRg-REspe nº 060061807/TO, PSESS de 23/10/2018);
- Existe **possibilidade, para fins de eleições suplementares, de flexibilização do prazo** de desincompatibilização e **de filiação partidária** (RO nº 060008378/TO, PSESS de 29/05/2018);
- A **cópia da ata da reunião partidária, acompanhada da lista de presentes, com a assinatura do candidato**, comprova a respectiva filiação partidária, nos termos da Súmula nº 20 do TSE (REspe nº 35164/SC, PSESS de 25/10/2016);
- **Fato superveniente** - certidão extraída do sistema *Filiaweb* capaz de comprovar a regular filiação partidária (art. 14, § 3º, V, da CF e art. 9º da Lei nº 9.504/97) - **pode ser conhecido em instância extraordinária e antes da diplomação dos candidatos** eleitos, em prestígio ao postulado da segurança jurídica (RO nº 0601163-35/DF,PSESS de 18/12/2018);
- O **comprovante de pagamento de contribuição partidária autenticado pelo banco recebedor (boleto)**, e do qual consta inclusive data do vínculo político, caracteriza espécie de prova que não se produz unilateralmente (REspe nº11902/DF, PSESS de 20/10/2016; REspe nº 17014/BA, PSESS de 18/10/2016);
- Se há **decisão liminar proferida em sede de ação cautelar** determinando a regularização da filiação partidária da candidata no sistema, deve esta condição de elegibilidade ser reconhecida no âmbito do registro de candidatura (RO nº 866-35/MA, DJE de 08/08/2016).

4.6.4. Filiação partidária desvinculada dos limites territoriais da circunscrição eleitoral

O regime jurídico definido pela Lei nº 9.096/95 não impôs que a inscrição da filiação se dê, necessariamente, junto ao órgão partidário correspondente ao domicílio eleitoral do filiando. Assim, mediante a compreensão de que a filiação partidária é unificada e ostenta caráter nacional, o TSE declarou a inexistência de impedimento relativamente a um candidato que se filiou numa determinada unidade da federação (São Paulo) e disputou cadeira senatorial por outra (Paraná). São expressamente significativos, a propósito, os fragmentos do voto condutor do Ministro Raul Araújo Filho na relatoria do REspEl nº 0600957-30/PR assentando minunciosa e detalhadamente o núcleo essencial do procedimento de filiação partidária erigido a partir da Resolução nº 23.596/19:

> [...] não há mais falar no fato de a filiação ser comunicada pelo órgão partidário ao Juízo eleitoral do domicílio do eleitor, até mesmo porque tal ideia não se imbrica com o argumento que a filiação partidária deva se operar, necessariamente, no âmbito municipal.
>
> Ao contrário, atualmente, com a otimização dos sistemas informáticos, o quadro que se tem é que, uma vez realizado o procedimento interno de filiação, os dados terão de ser enviados pelos respectivos órgãos partidários diretamente ao sistema eletrônico da Justiça Eleitoral, o qual, a seu turno, caberá transmitir tais dados aos juízes eleitorais.
>
> É o que se extrai do art. 11 da Res.-TSE nº 23.596/2019, *in verbis*:
>
> > Art. 11. Deferido internamente o pedido de filiação, o partido político, por seus órgãos de direção municipais, regionais ou nacional, deverá inserir os dados do filiado no sistema eletrônico da Justiça Eleitoral, que automaticamente enviará aos juízes eleitorais, para arquivamento, publicação e cumprimento dos prazos de filiação partidária para efeito de candidatura a cargos eletivos, a relação dos nomes de todos os seus filiados, da qual constará a data de filiação, o número dos títulos eleitorais e das seções em que estão inscritos.
>
> Tal comunicação é de índole eminentemente administrativa, que objetiva otimizar as anotações, organização e controle da Justiça Eleitoral, para fins de "arquivamento, publicação e cumprimento dos prazos de filiação partidária para efeito de candidatura a cargos eletivos [...]" (art. 19 da Lei nº 9.096/1995), não havendo que se interpretar os campos de "Unidade da Federação (UF)" e "Município" – constantes das certidões de filiação emitidas pelo Sistema FILIA –, como limites circunscricionais

> de validade do ato de filiação, até mesmo porque, ante a atual sistemática de filiação, como já visto, não há mais necessidade de os partidos remeterem as listas de seus filiados aos Juízos eleitorais.

Na medida em que esses dados ostentam especial relevo em nosso ordenamento, vale dizer: a filiação partidária consiste no vínculo jurídico estabelecido entre o filiado e a agremiação, que, conforme traçado constitucional, tem a sua natureza formada a partir de uma "identidade político-ideológica de ressonância nacional" (STF, ADC nº 31/DF)[99].

A decisão do *leading case* que reconheceu a redução das complexidades do sistema de filiação partidária ao descartar o domicílio eleitoral como condição essencial para a sua efetivação resultou em acórdão servido da seguinte ementa:

> **ELEIÇÕES 2022. RECURSO ESPECIAL. RECURSOS ORDINÁRIOS. RRC. SENADOR. DEFERIMENTO NA INSTÂNCIA ORDINÁRIA. 1. INTERVENÇÃO DE TERCEIROS. AMICUS CURIAE. IMPOSSIBILIDADE. PEDIDO INDEFERIDO. MÉRITO. 2. CONDIÇÕES DE ELEGIBILIDADE. 2.1. FILIAÇÃO PARTIDÁRIA. TERRITORIALIDADE. VINCULAÇÃO À CIRCUNSCRIÇÃO DO CARGO ELETIVO. DESNECESSIDADE. INFORMATIZAÇÃO. CARÁTER NACIONAL DOS PARTIDOS POLÍTICOS. FILIAÇÃO PERANTE MÚLTIPLOS ÓRGÃOS PARTIDÁRIOS. ESCOLHA. POSSIBILIDADE. INTELIGÊNCIA DO ART. 14, § 3º, V, DA CF, C/C ART. 9º DA LEI DAS ELEIÇÕES. 2.2. DOMICÍLIO ELEITORAL. REQUERIMENTO ADMINISTRATIVO DE TRANSFERÊNCIA DE DOMICÍLIO. INDEFERIMENTO PELO TRE DE DESTINO. MANUTENÇÃO DO VÍNCULO DOMICILIAR ANTERIOR. STATUS QUO. 3. INELEGIBILIDADE. NÃO CONFIGURAÇÃO. ALÍNEA Q. MAGISTRADO. EXONERAÇÃO. AUSÊNCIA DE PROCESSO ADMINISTRATIVO DISCIPLINAR STRICTO SENSU. MENS LEGIS. INTERPRETAÇÃO RESTRITIVA. JURISPRUDÊNCIA ITERATIVA. 4. CONCLUSÃO. PREENCHIMENTO DAS CONDIÇÕES DE ELEGIBILIDADE. NÃO INCIDÊNCIA DE CAUSA DE INELEGIBILIDADE DO ART. 1º, I, Q, DA LC Nº 64/90. ACÓRDÃO REGIONAL. ACERTO. RECURSOS ESPECIAL E ORDINÁRIO A QUE SE NEGA PROVIMENTO. SEGUNDO RECURSO ORDINÁRIO. ERRO GROSSEIRO. NÃO CONHECIMENTO.**

---

99. DJE 15/02/2022, ATA Nº 23/2022, DJE nº 28.

1. Preliminar: É inviável o acolhimento do pedido de ingresso de terceiro, ante a incompatibilidade da figura do amicus curiae com a celeridade tipicamente reclamada pelos feitos eleitorais (art. 5º da Res.-TSE nº 23.478/2016). Precedente.

2. Na espécie, o Tribunal local, ao rejeitar as impugnações apresentadas, deferiu o RRC do candidato ao fundamento de que foram satisfeitas as condições de elegibilidade de (I) filiação partidária e de (II) domicílio eleitoral, ao tempo em que não se verificou a incidência da suscitada causa de inelegibilidade delineada no art. 1º, I, q, da LC nº 64/1990.

3. Os recursos manejados ancoram-se, essencialmente, na ausência de preenchimento das preditas condições de elegibilidade, ante a pretensa falta de higidez na relação do candidato recorrido com a agremiação pela qual se sagrou eleito, considerando a existência de pedido de transferência de domicílio eleitoral para outra unidade da Federação, bem como o seu ulterior cancelamento pelo Tribunal regional de destino, havendo, ainda, suposta incidência do candidato na hipótese de inelegibilidade prevista no art. 1º, I, q, da LC nº 64/1990, ante o seu pedido de exoneração da magistratura na alegada pendência de resolução de expedientes disciplinares.

4. Um dos recursos ordinários não há de ser conhecido. Não obstante o aresto regional tenha se debruçado tanto sobre condições de elegibilidade quanto sobre causa de inelegibilidade, seu objeto versa somente sobre capítulo específico do acórdão, qual seja, condição de elegibilidade (filiação partidária), cenário que desafia a interposição de recurso especial –, e não de recurso ordinário, como manejado pela parte, conforme o art. 63, II, da Res.-TSE nº 23.609/2019.

5. A jurisprudência deste Tribunal Superior perfilha sentido de ser manifestamente incabível o recurso ordinário interposto exclusivamente para impugnar a parte do acórdão que tratou da condição de elegibilidade, de forma que sua interposição é considerada erro grosseiro, sendo inaplicável o princípio da fungibilidade. Precedente.

6. No mérito, argui-se que o requerimento de transferência de domicílio realizado pelo candidato tem o condão de, per si, romper seu vínculo domiciliar anterior, fato que seria obstativo do atendimento à condição de elegibilidade de domicílio eleitoral no Estado de origem, notadamente porquanto a comunicação de desligamento feita ao partido anterior teria sido realizada a destempo, em violação ao art. 21 da Lei nº 9.096/1995. Ainda, o candidato filiou-se perante órgão nacional do partido pelo qual se sagrou eleito, em situação em que buscava modificar sua situação domiciliar.

7. O quadro, portanto, é de coexistência de filiações partidárias, situação especificamente prevista em lei eleitoral e que tem, portanto, solução própria, com a prevalência da relação partidária mais recente, por força do art. 22 da Lei nº 9.096/1995, sendo despicienda a comunicação de desfiliação prevista no art. 21 da Lei nº 9.096/1995. Precedente.

8. A Res.-TSE nº 23.659/2021, – que versa sobre cadastro eleitoral –, ao regulamentar o instituto do domicílio eleitoral, estatui que para fins de fixação do domicílio é imprescindível que a operação de transferência tenha sido devidamente concluída.

9. A não perfectibilização da transferência requerida pelo candidato torna de rigor a conclusão de que o domicílio eleitoral a ser considerado por esta Justiça especializada é o de origem, sob pena de se assentir com a lógica de que o candidato não fixou qualquer vínculo de nenhuma ordem em lugar algum – o que não se admite. É dizer: há a manutenção do vínculo originário. Inteligência do art. 56, II, da Res.-TSE nº 23.659/2021.

10. A tese de que a filiação deve, necessariamente, ser processada perante o órgão partidário do domicílio eleitoral do eleitor não encontra ressonância na atual sistemática eleitoral. O art. 88, parágrafo único, do CE, além de fazer remissão expressa às eleições proporcionais – o que não ocorre no caso –, perfaz normativo preexistente à Constituição que não encontra campo de incidência quando se leva em conta o teor do art. 14, § 3º, V da CF c/c art. 9º da Lei das Eleições: dispositivos que desvinculam a filiação aos limites territoriais da circunscrição – ao contrário da redação dos mesmos artigos que expressamente relaciona a territorialidade ao domicílio eleitoral. Destarte, o regime jurídico da Lei nº 9.096/1995 não impõe que a inscrição da filiação se dê, necessariamente, junto ao órgão partidário correspondente ao seu domicílio eleitoral (art. 3º, caput, § 1º, da Res.-TSE 23.596/2019).

11. Não há falar na incidência da causa de inelegibilidade delineada no art. 1º, I, q, da LC nº 64/1990. Articula-se tal tese por força do pedido de exoneração da magistratura federal formulado pelo recorrido, ainda na pendência de pretensos expedientes disciplinares instaurados no CNJ.

12. Os preditos expedientes correram sob a forma de Pedido de Providências e de Reclamação Disciplinar. É forçosa, portanto, a conclusão pela ausência de instauração de Processo Administrativo Disciplinar, elementar reclamada pela legislação eleitoral para a configuração do impedimento temporário. Isso porque não é qualquer espécie de procedimento disciplinar que leva à aplicação de penalidades ao magistrado.

13. É iterativa a jurisprudência deste Tribunal Superior no sentido de que normas delineadas na Lei de Inelegibilidade (LC nº 64/1990), por serem de ordem restritiva, também devem ser interpretadas restritiva-

mente, sob pena de se incorrer em indevida analogia, desnaturando o comando legal. Precedentes.

14. Inexistência de malferimento à mens legis, visto que a norma impugnada imbrica-se com a noção de alijar da vida política membro do Poder Judiciário que, ardilosamente, procura evadir-se do desfecho de processo administrativo. No caso, é público e notório que o desligamento da atividade judicante se deu para início dos preparativos de futura assunção a cargo público no Executivo Federal. Tal fato, aliado a uma interpretação restritiva do termo Processo Administrativo Disciplinar, não leva a outra conclusão senão à de que não houve a configuração da causa de inelegibilidade.

15. Inviável o acolhimento do pedido subsidiário de aplicação do princípio da anualidade (art. 16 da CF), seja porque a matéria de fundo é aqui analisada pela primeira vez, seja porque as antigas consultas administrativas não se prestam como precedentes, não havendo falar, portanto, em *overruling*. Precedentes.

16. Uma vez satisfeitas as condições de elegibilidade de (I) domicílio eleitoral e de (II) filiação partidária, bem como não havendo falar na incidência da causa de inelegibilidade prevista no art. 1º, I, q, da LC nº 64/1990, a manutenção do aresto regional é medida que se impõe.

17. Recursos especial e ordinário a que se negam provimento. Não conhecimento do segundo recurso ordinário.[100]

4.6.5. Aferição de filiação partidária em RCED

Consoante a redação atribuída ao *caput* do art. 262 do Código Eleitoral em 2013, é cabível a interposição de Recurso Contra a Expedição de Diploma nos casos de ausência de condição de elegibilidade. A filiação partidária (CF, art. 14, §3º, V) se insere nessa rubrica ensejando a medida em qualquer modalidade de pleito.

AGRAVO INTERNO. RECURSO ESPECIAL. ELEIÇÕES 2020. VEREADOR. SUPLENTE. RECURSO CONTRA A EXPEDIÇÃO DE DIPLOMA. CONDIÇÃO DE ELEGIBILIDADE. ART. 14, § 3º, V, DA CF/88. DOCUMENTOS NÃO ANALISADOS NO REGISTRO DE CANDIDATURA. COISA JULGADA. AUSÊNCIA. FILIAÇÃO

100. PSESS 15/12/2022 (Caso Sérgio Moro).

PARTIDÁRIA. DOCUMENTOS UNILATERAIS. NÃO COMPROVAÇÃO. NEGATIVA DE SEGUIMENTO.

1. No decisum monocrático, negou-se seguimento ao recurso especial, mantendo-se aresto do TRE/PB em que se julgou procedente o pedido em recurso contra expedição de diploma ajuizado contra o agravante, Vereador do Município de Caiçara/PB eleito em 2020, em decorrência da falta de filiação partidária (art. 14, § 3º, V, da CF/88).

2. Nos termos do art. 262, caput, do Código Eleitoral, "[o] recurso contra expedição de diploma caberá somente nos casos de inelegibilidade superveniente ou de natureza constitucional e de falta de condição de elegibilidade".

3. Extrai-se da jurisprudência desta Corte que a decisão proferida em processo de registro de candidatura não produz coisa julgada quanto a fatos e documentos que não foram objeto de análise, ainda que a presença da condição de elegibilidade tenha sido assentada naquele feito. Precedentes.

4. Em recente julgado, consignou-se de modo expresso que "o deferimento do pedido de registro de candidatura não impede a aferição, em RCED, da ausência de condição de elegibilidade relativa ao prazo mínimo de filiação partidária" (AgR-REspEl 0600503-53/PR, Rel. Min. Mauro Campbell Marques, DJE de 1º/9/2022).

5. Na espécie, o TRE/PB consignou de modo expresso que os documentos alusivos à prova de filiação partidária não foram analisados no processo de registro de candidatura do agravante ao cargo de vereador de Caiçara/PB nas Eleições 2020. No ponto, a Corte a quo adotou parecer do Ministério Público, nos seguintes termos: "ao deferir o registro de candidatura do recorrido, o Juiz Eleitoral não analisou a ausência de condição de elegibilidade referente à filiação partidária e a impossibilidade de essa ser comprovada mediante documentos unilaterais, tais como fichas de filiação e atos de partidos políticos, fundamentos que compõem a causa de pedir da presente ação".

6. Conclusão diversa demandaria reexame de fatos e provas, providência inviável em sede de recurso especial, nos termos da Súmula 24/TSE.

7. Desse modo, afigura-se possível a análise, em sede de recurso contra a expedição de diploma, do descumprimento do disposto no art. 14, § 3º, V, da CF/88, em decorrência da ausência de filiação válida do agravante ao Partido Socialista Brasileiro (PSB), pelo qual concorreu ao pleito em 2020.

8. Nos termos da Súmula 20/TSE, "[a] prova de filiação partidária daquele cujo nome não constou da lista de filiados de que trata o art. 19 da Lei nº 9.096/1995, pode ser realizada por outros elementos de convicção,

salvo quando se tratar de documentos produzidos unilateralmente, destituídos de fé pública".

9. Na hipótese, conforme a moldura fática do aresto a quo, o candidato apresentou "tão somente a sua ficha de filiação, datada de 09.03.2020, e o Ofício 021/2020, de 14.09.2020, subscrito pelo presidente do diretório estadual do PSB na Paraíba, reconhecendo a legitimidade das filiações partidárias de Adriana Pereira, Márcio Carneiro dos Santos e do recorrido, Fernando José Araújo Rodrigues" (ID 157.766.857), documentos, contudo, desprovidos de fé pública e insuficientes para comprovar o tempestivo ingresso nos quadros da grei. Precedentes.

10. Ademais, consoante assentado pelo TRE/PB, verificou-se, "por meio de certidão obtida em consulta pública ao Sistema de Filiação Partidária [...] que o recorrido permanece sem filiação partidária até a data de inclusão do presente feito em pauta de julgamento, não havendo, em seu histórico, a anotação de filiação prévia a qualquer agremiação partidária".

11. Agravo interno a que se nega provimento.[101]

ELEIÇÕES 2018. RECURSO CONTRA EXPEDIÇÃO DE DIPLOMA E RECURSO ORDINÁRIO EM AÇÃO DE IMPUGNAÇÃO DE MANDATO ELETIVO. DEPUTADO ESTADUAL. PRELIMINARES. EXCEÇÃO DE COISA JULGADA EM RAZÃO DO DEFERIMENTO DO REGISTRO DE CANDIDATURA. QUESTÃO QUE NÃO FOI DEBATIDA NA ORIGEM. INADEQUAÇÃO DE ARGUIÇÃO DA CONDIÇÃO DE ELEGIBILIDADE EM RECURSO CONTRA EXPEDIÇÃO DE DIPLOMA. PREEXISTÊNCIA AO REGISTRO DE CANDIDATURA. IRRELEVÂNCIA. ASSENTO CONSTITUCIONAL DA EXIGÊNCIA DE FILIAÇÃO PARTIDÁRIA. LITISPENDÊNCIA. INOCORRÊNCIA. DISTINÇÃO DE CAUSAS DE PEDIR (AUSÊNCIA DE CONDIÇÃO DE ELEGIBILIDADE X FRAUDE) E DAS CONSEQUÊNCIAS JURÍDICAS DE CADA DEMANDA. PARECER DA PROCURADORIA REGIONAL ELEITORAL. INEXISTÊNCIA DE EFEITO VINCULATIVO DA ATIVIDADE JURISDICIONAL. REUNIÃO PARA JULGAMENTO. ART. 96-B DA LEI Nº 9.504/97. PRELIMINARES REJEITADAS. MÉRITO. PREENCHIMENTO DE CONDIÇÃO DE ELEGIBILIDADE (RCED) E FRAUDE NO REQUERIMENTO DE REGISTRO DE CANDIDATURA (AIME). FILIAÇÃO PARTIDÁRIA. POLICIAL MILITAR. POSSE NO CARGO DE VEREADOR EM 02.01.2015. IMEDIATA TRANSFERÊNCIA PARA A INATIVIDADE, NOS TERMOS DO ART. 14, § 8º, INCISO II DA CONSTITUIÇÃO

101. TSE, REspEl nº 0600724-86/PB, DJE 13/10/2022.

FEDERAL. MORA NA ANOTAÇÃO NOS REGISTROS DA POLÍCIA CIVIL DO ESTADO DA BAHIA. IRRELEVÂNCIA. IMPOSSIBILIDADE DE AFASTAMENTO DOS EFEITOS DO TEXTO CONSTITUCIONAL. AUSÊNCIA DE PREENCHIMENTO DA CONDIÇÃO DE INELEGIBILIDADE DA FILIAÇÃO PARTIDÁRIA (ART. 14, § 3º, INCISO V, DA CONSTITUIÇÃO FEDERAL). APRESENTAÇÃO DE INFORMAÇÃO FALSA EM REQUERIMENTO DE REGISTRO DE CANDIDATURA. INTUITO DE OBSTAR A AFERIÇÃO DO REQUISITO DE FILIAÇÃO PARTIDÁRIA. FRAUDE CARACTERIZADA. RECURSO CONTRA EXPEDIÇÃO DE DIPLOMA JULGADO PROCEDENTE E RECURSO ORDINÁRIO PROVIDO PARA CASSAR O DIPLOMA E O MANDATO DE EWERTON CARNEIRO DA COSTA, REFERENTES AO CARGO DE DEPUTADO ESTADUAL PELO ESTADO DA BAHIA, NAS ELEIÇÕES 2018.

1. O deferimento do registro de candidatura não produz decisão protegida pelos efeitos da coisa julgada que impeça a aferição, em sede de recurso contra expedição de diploma, da ausência de preenchimento de condição de elegibilidade, preexistente ou não ao requerimento de registro, de assento constitucional, como o é a filiação partidária (art. 14, § 3º, inciso V, da Constituição Federal).

2. A interpretação que este Tribunal Superior Eleitoral confere ao art. 262, caput, do Código Eleitoral, é de que é admissível o manejo do recurso contra expedição de diploma com fundamento em ausência de condição de elegibilidade, prevista no texto constitucional, ainda que preexistente ao registro de candidatura.

3. A distinção existente entre as causas de pedir versadas no recurso contra expedição de diploma (ausência de condição de elegibilidade) e na ação de impugnação ao mandato eletivo (fraude no procedimento de registro de candidatura), bem como nas consequências jurídicas de cada demanda, especialmente à luz do art. 1º, inciso I, alínea "d", da Lei Complementar nº 64/90, afasta a alegação de litispendência.

4. Em razão da convergência da instrução probatória de ambas as demandas para a aferição da existência, ou não, de vínculo de filiação partidária, é possível a unificação de seu processamento e julgamento, nos termos do art. 96-B, da Lei nº 9.504/97.

5. O militar da ativa que contar com mais de 10 (dez) anos de serviço e lograr êxito nas eleições será imediatamente transferido para a inatividade quando for diplomado, por força da aplicação do art. 14, § 8º, inciso II, da Constituição Federal, sendo irrelevante a mora dos órgãos públicos na averbação em seus registros dessa mudança do estado jurídico do diplomado.

6. A condição constitucional de elegibilidade da filiação partidária (art. 14, § 3º, inciso V, da Constituição Federal) é exigível de todos os militares da reserva, uma vez que a vedação art. 142, inciso V, da Constituição Federal atinge apenas os militares que exercem serviço ativo.

7. A apresentação de informação falsa para dar atendimento a diligência determinada no requerimento de registro de candidatura nas eleições 2018, informando-se a condição de militar da ativa para quem exercia o cargo de vereador desde 02.01.2015, desvela conduta que pretende induzir em erro o Poder Judiciário quanto ao status jurídico do requerente e da sua dispensa do cumprimento de exigência constitucional de filiação partidária. Quem assim age, pratica fraude no requerimento de registro de candidatura.

8. Recurso contra expedição de diploma julgado procedente para se reconhecer a falta da condição de elegibilidade da filiação partidária, impondo-se a cassação do diploma conferido a Ewerton Carneiro da Costa nas eleições de 2018.

9. Recurso ordinário provido para reconhecer a prática de fraude no requerimento de registro de candidatura de Ewerton Carneiro de Souza e julgar procedente a ação de impugnação de mandato eletivo.[102]

4.7. DOMICÍLIO ELEITORAL

Estabelece a Constituição Federal:

> Art. 14.
>
> (...).
>
> § 3º São condições de elegibilidade, na forma da lei:
>
> (...).
>
> IV - o domicílio eleitoral na circunscrição;

De sua vez, dispõe o Código Eleitoral:

> Art. 42. O alistamento se faz mediante a qualificação e inscrição do eleitor.

102. TSE, RCED nº 0603916-19/BA, DJE 25/08/2020.

> Parágrafo único. Para o efeito da inscrição, é domicílio eleitoral o lugar de residência ou moradia do requerente, e, verificado ter o alistando mais de uma, considerar-se-á domicílio qualquer delas.

Ao modificar o texto da Lei nº 9.504/97, a Lei nº 13.488/17 reduziu o prazo de domicílio eleitoral à metade:

> Art. 9º Para concorrer às eleições, o candidato deverá possuir domicílio eleitoral na respectiva circunscrição pelo prazo de **seis meses** e estar com a filiação deferida pelo partido no mesmo prazo.

O domicílio eleitoral apresenta um viés dilatado e aparentemente impreciso. Porém, trata-se apenas de uma aparência. Afinal, não subsistem maiores indagações em torno deste instituto.

O TSE, ainda sob a égide do Código Civil de 1917, ao reconhecer que o conceito de domicílio pertence à legislação civil, conferiu fisionomia adequada à realidade ao positivar, na perspectiva do pár. único do art. 42 do Código Eleitoral, que o fato do eleitor residir num determinado município não constitui obstáculo a que ele se candidate noutro. Nos termos do AgR-REspe n° 18.124/RS (PSESS 16/11/2000), assentou-se que "O domicílio eleitoral não se confunde, necessariamente, com o domicílio civil. A circunstância de o eleitor residir em determinado município não constitui obstáculo a que se candidate em outra localidade onde é inscrito e com a qual mantém vínculos (negócios, propriedades, atividades políticas)". A rigor, firmou-se na Corte o norte de que perante o Código Eleitoral, "domicílio é o lugar em que a pessoa mantém vínculos políticos, sociais e afetivos. A residência é a materialização desses atributos", consoante o REspe n° 23.721/RJ (DJ 18/03/2005). Da mesma forma o tribunal já havia se posicionado no REspe nº 16.397/AL (DJ 09/03/2001):

> **DIREITO ELEITORAL. CONTRADITÓRIO. DEVIDO PROCESSO LEGAL. INOBSERVÂNCIA. DOMICÍLIO ELEITORAL. CONCEITUAÇÃO E ENQUADRAMENTO. MATÉRIA DE DIREITO. MÁ-FÉ NÃO CARACTERIZADA. RECURSO CONHECIDO E PROVIDO.**
>
> I - O conceito de domicílio eleitoral não se confunde com o de domicílio do direito comum, regido pelo Direito Civil. Mais flexível e elástico, identifica-se com a residência e o lugar onde o interessado tem vínculos políticos e sociais.

> II - Não se pode negar tais vínculos políticos, sociais e afetivos do candidato com o município no qual, nas eleições imediatamente anteriores, teve ele mais da metade dos votos para o posto pelo qual disputava.
>
> III - O conceito de domicílio eleitoral, quando incontroversos os fatos, importa em matéria de direito, não de fato.
>
> IV - O contraditório, um dos pilares do *due process of law*, ao lado dos princípios do juiz natural e do procedimento regular, é essencial a todo e qualquer tipo de processo, inclusive ao eleitoral.
>
> V - Como cediço, a má-fé não se presume.

Presentemente, as concepções de domicílio eleitoral referendadas pelo TSE afiançando "a demonstração de vínculos políticos, econômicos, sociais ou familiares"[103] ou "comunitário, afetivo"[104] por parte do candidato relativamente à circunscrição por onde pretende concorrer fazem ainda mais sentido perante o Código Civil em vigor dispondo que o domicílio da pessoa natural é o lugar onde ela estabelece a sua residência com ânimo definitivo (art. 70), sendo que se esta pessoa tiver diversas residências onde alternadamente viva, considerar-se-á seu domicílio qualquer uma delas (art. 71). Comprovada a antiguidade desses vínculos, quebra-se a rigidez[105].

Dentro dessa lógica, "a declaração errônea do local de residência do eleitor em nada influenciaria a decisão que analisa o pedido de transferência do título eleitoral", grifou o TSE no Agravo Regimental em Recurso Especial Eleitoral nº 51-66/AM (DJE 03/04/2019).

4.7.1. Transferência de domicílio

Transferir o domicílio eleitoral é um direito do cidadão, conforme prevê expressamente o art. 55 do Código Eleitoral em combinação à liberdade assegurada pelo *caput* do art. 5º da Constituição Federal.

A transferência será admitida pelo juízo eleitoral competente mediante o atendimento das seguintes exigências:

- ingresso do requerimento perante o Cartório Eleitoral do novo domicílio até 100 (cem) dias antes da data da eleição;

103. TSE, REspe nº 374-81/PB, DJE 04/08/2014.
104. TSE, REspe nº 060009847/TO, PSESS 29/05/2018.
105. TSE, REspe nº 23721/RJ, DJ 18/03/2005.

- fluxo de pelo menos um ano da inscrição eleitoral primitiva;
- residência mínima de três meses no novo domicílio, atestada pela autoridade policial ou provada por outros meios convincentes.

Com relação a hipótese de irregularidades na transferência, o Código Eleitoral, por meio de seu art. 57, prevê que após o requerimento de transferência de domicílio eleitoral ser publicado, os interessados em impugná-lo terão o prazo de dez dias para fazê-lo.

De outra banda, a Resolução/TSE nº 23.659/01, que disciplina o Cadastro Eleitoral, ao regulamentar o domicílio eleitoral, assentou que para que haja a sua respectiva fixação na circunscrição, é imprescindível que a operação de transferência tenha sido "devidamente concluída", sendo que a ocasional letargia no trâmite cartorário não atrai prejuízo ao interessado em relação aos prazos legais de candidatura, conforme assegurado pelo seu art. 42:

> Art. 23 § 1º A fixação do domicílio eleitoral, inclusive para fins de candidatura, retroagirá à data em que requerida a operação de alistamento ou transferência que tenha sido devidamente concluída, independentemente da data em que seja processado o lote do RAE ou venham a ser consideradas satisfeitas eventuais diligências.

Frustrada a transferência de domicílio eleitoral, o vínculo originário é mantido, nos termos do art. 56, II, da norma resolutiva antes mencionada[106].

Admite-se a investigação judicial de fraudes ocorridas em transferências de eleitores privilegiando candidaturas[107]. Tal possibilidade se justifica sem maiores delongas. Contemporaneamente, o termo *fraude* contido no art. 14, § 10, da CF/88 é interpretado pelo TSE "de forma mais ampla, a englobar todas as situações de fraude que possam afetar a normalidade das eleições e a legitimidade do mandato eletivo, inclusive nos casos de fraude à lei"[108]. Verificada esta hipótese, há possibilidade de aforamento de Ação de Impugnação de Mandato Eletivo (art. 14, §10º da CF/88) em desfavor

---

106. Art. 56. Indeferida a operação, será, imediatamente:
 [...].
 II - cancelada a transferência ou revisão, hipótese em que serão mantidos os dados da inscrição conforme o último RAE [requerimento de alistamento eleitoral] deferido.
107. TSE, AgR-REspe n° 557-49/MG, DJE de 16/09/2019.
108. TSE, AgR-REspe n° 994-20/SP, DJE de 05/10/2018.

daqueles que se sagraram vencedores nas urnas valendo-se da transferência ardilosa de domicílios.[109]

4.8. QUITAÇÃO ELEITORAL

Estar quite, em sentido jurídico amplo, é o designativo dado à pessoa que se encontra desembaraçada das suas obrigações. Em termos eleitorais especificamente, trata-se de um postulado fundamental para quem objetiva concorrer a cargo eletivo.

A quitação eleitoral é uma das condições legais de elegibilidade para qualquer cargo eletivo. De acordo com a Resolução/TSE nº 21.823[110], de 15/06/2004, o conceito jurídico de quitação eleitoral é vasto: abrange a plenitude do gozo dos direitos políticos, o regular exercício do voto, exceto quando facultativo, o atendimento às convocações da Justiça Eleitoral para auxiliar os trabalhos relativos ao pleito, a inexistência de multas aplicadas, em caráter definitivo, pela Justiça Eleitoral e não perdoadas, excetuadas as anistias legais, e a regular prestação de contas de campanha eleitoral, quando se tratar de candidatos.

Determinam o art. 11 da Lei nº 9.504 e seus parágrafos:

> Art. 11. Os partidos e coligações solicitarão à Justiça Eleitoral o registro de seus candidatos até as dezenove horas do dia 15 de agosto do ano em que se realizarem as eleições.
>
> § 1º O pedido de registro deve ser instruído com os seguintes documentos:
>
> (...)
>
> VI - certidão de quitação eleitoral;

109. ELEIÇÕES 2016. AGRAVO INTERNO EM RECURSO ESPECIAL ELEITORAL. AÇÃO DE IMPUGNAÇÃO DE MANDATO ELETIVO. FRAUDE. INTERPRETAÇÃO ABERTA. JURISPRUDÊNCIA DO TSE. FRAUDES EM TRANSFERÊNCIA ELEITORAL. CABIMENTO. RECEBIMENTO DA INICIAL. AGRAVO DESPROVIDO. 1. Nos termos do art. 14, § 10, da Constituição Federal, a ocorrência de fraude é fundamento autônomo para o ajuizamento da ação de impugnação de mandato eletivo, ainda que não se alegue corrupção ou abuso do poder econômico. 2. O conceito de fraude deve ser interpretado de forma ampla, não se limitando às questões atinentes ao processo de votação. Nesse sentido, admite-se a alegação de fraude em transferências de eleitores alegadamente aptas a privilegiar candidaturas. Precedente. 3. As alegações de que as transferências eleitorais não foram associadas com o oferecimento de vantagem e de que a situação concreta difere da jurisprudência desta Corte não podem ser acolhidas. Tais argumentos apenas reforçam a necessidade de instrução probatória e o descabimento da extinção prematura do feito. 4. As condições da ação são analisadas conforme a teoria da asserção, ou seja, de acordo com as alegações trazidas pelo autor na petição inicial. Não ocorre reexame do acervo probatório no reconhecimento das condições da ação e recebimento da inicial, pois não existem provas passíveis de serem reexaminadas. 5. Agravo interno a que se nega provimento. (TSE, AgR-REspe n° 557-49/MG, DJE de 16/09/2019).

110. DJ de 05/07/2004, Vol. 1, p. 03.

Este corresponde ao sétimo dentre onze documentos exigidos, para a formalização do pedido de registro da candidatura. Pela sua finalidade e, sobretudo, natureza, o mesmo não pode vir a ser substituído por outro.

> § 7º A certidão de quitação eleitoral abrangerá exclusivamente a plenitude do gozo dos direitos políticos, o regular exercício do voto, o atendimento a convocações da Justiça Eleitoral para auxiliar os trabalhos relativos ao pleito, a inexistência de multas aplicadas, em caráter definitivo, pela Justiça Eleitoral e não remitidas, e a apresentação de contas de campanha eleitoral.

Especificamente neste campo, a suspensão dos direitos políticos se dá por existência de condenação criminal transitada em julgado, enquanto durarem os seus efeitos (CF/88, art. 15, III), ou pela prática de ato de improbidade administrativa, nos termos do art. 37, § 4º (CF/88, art. 15, V).

O *regular exercício do voto* significa o comparecimento do votante à sua seção eleitoral nos pleitos onde o voto é obrigatório.

Ausente previsão legal em sentido inverso, a apresentação das contas da campanha é suficiente para obtenção da quitação eleitoral, não se exigindo tenham sido as mesmas aprovadas. A rejeição não produz óbice algum desde o julgamento da Resolução nº 23.376 pelo Plenário do TSE através do escore de 4 x 3 em 28/06/2012.

> § 8º Para fins de expedição da certidão de que trata o § 7º, considerar-se-ão quites aqueles que:
>
> I - condenados ao pagamento de multa, tenham, até a data da formalização do seu pedido de registro de candidatura, comprovado o pagamento ou o parcelamento da dívida regularmente cumprido;
>
> II - pagarem a multa que lhes couber individualmente, excluindo-se qualquer modalidade de responsabilidade solidária, mesmo quando imposta concomitantemente com outros candidatos e em razão do mesmo fato;
>
> III - o parcelamento das multas eleitorais é direito dos cidadãos e das pessoas jurídicas e pode ser feito em até sessenta meses, salvo quando o valor da parcela ultrapassar 5% (cinco por cento) da renda mensal, no caso de cidadão, ou 2% (dois por cento) do faturamento, no caso de pessoa jurídica, hipótese em que poderá estender-se por prazo superior, de modo que as parcelas não ultrapassem os referidos limites;

Aqui, são duas situações objetivas a serem consideradas: ou houve o pagamento integral da multa estabelecida pela Justiça Eleitoral na respectiva representação, ou sobreveio adesão, pelo condenado, ao parcelamento. Tanto a liquidação da multa, como a comprovação do cumprimento regular de seu parcelamento após o pedido de registro da candidatura (v. item nº 23.1), desde que antes do respectivo julgamento, afastam a ausência de remissão eleitoral. Nesses casos, ao decidir o registro, o juiz ou o tribunal deve atender as circunstâncias constantes dos autos considerando fatos supervenientes que:

- alteram,
- constituem, ou
- extinguem direitos, inclusive para afastamento do óbice decorrente da ausência de quitação eleitoral proveniente de multa não paga[111].

Diante desse quadro, asalterações fáticas ou jurídicas supervenientes ao registro aptas a beneficiar o candidato, nos termos da parte final do art. 11, § 10, da Lei n° 9.504197, são extensíveis às condições de elegibilidade. É o que prudentemente reconhece a jurisprudência:

> **ELEIÇÕES 2014. REGISTRO DE CANDIDATURA. DEPUTADO ESTADUAL. CONDIÇÃO DE ELEGIBILIDADE. QUITAÇÃO ELEITORAL. MULTA. PAGAMENTO.**
>
> 1. O Tribunal Superior Eleitoral, ao editar a Res.-TSE nº 23.405 para as eleições de 2014, considerou que as modificações no estado de fato e de direito verificadas perante as instâncias ordinárias devem ser analisadas, inclusive para efeito do afastamento do óbice decorrente da ausência de quitação eleitoral proveniente de multa não paga. 2. Ao decidir o registro de candidatura, o Juiz ou Tribunal devem atender às circunstâncias constantes dos autos, considerando os fatos supervenientes que alteram, constituem ou extinguem direitos (LC nº 64/90, art. 7º, parágrafo único, c.c. o art. 462 do CPC). 3. O pagamento da multa decorrente do não comparecimento às urnas realizado pelo candidato antes do julgamento do registro de candidatura afasta a ausência de quitação eleitoral. 4. Recurso provido para deferir o registro da candidatura.[112]

111. TSE, Ag-REspe nº 163074/SP, PSESS de 09/10/2014.
112. TSE, REspe nº 80982/AM, PSESS de 27/08/2014.

Nos termos do § 9º, a Justiça Eleitoral enviará aos partidos políticos da respectiva circunscrição, até o dia 5 de junho do ano do pleito, a relação de todos os devedores de multa eleitoral, a qual, por sua vez, embasará a expedição das certidões de quitação[113].

O acesso dos partidos ao rol de inadimplentes deve ser feito com a utilização do sistema *Filiaweb* mediante habilitação dos usuários dos diretórios nacionais e regionais das agremiações[114]. Cumpre ter presente que esta cláusula teve seu sentido e alcance redefinidos pela jurisprudência inaugurada no TSE relativamente às eleições gerais de 2014.

Destaque-se que a nova exegese da matéria, fixada por eloquente maioria no exame do Recurso Especial Eleitoral n° 809-82/AM (PSESS de 27/08/2014)[115], representou a superação de um regime jurídico mais gravoso do que o previsto no art. 11, § 10, da Lei nº 9.504/97 firmado pela Corte no Agravo Regimental em Recurso Especial Eleitoral nº 2605-33/RJ (PSESS de 15/09/2010)[116] restringindo o acesso ao registro mesmo com o pagamento de multas pendentes.

113. Prov.-CGE nº 5/2010: estabelece procedimento para o cadastramento de usuários no Filiaweb com a finalidade exclusiva de acessar a relação de devedores.

114. TSE, AgR REspe nº 346-04/RJ, j. 11/09/2012.

115. ELEIÇÕES 2014. REGISTRO DE CANDIDATURA. DEPUTADO ESTADUAL. CONDIÇÃO DE ELEGIBILIDADE. QUITAÇÃO ELEITORAL. MULTA. PAGAMENTO.

1. O Tribunal Superior Eleitoral, ao editar a Res.-TSE nº 23.405 para as eleições de 2014, considerou que as modificações no estado de fato e de direito verificadas perante as instâncias ordinárias devem ser analisadas, inclusive para efeito do afastamento do óbice decorrente da ausência de quitação eleitoral proveniente de multa não paga. 2. Ao decidir o registro de candidatura, o Juiz ou Tribunal devem atender às circunstâncias constantes dos autos, considerando os fatos supervenientes que alteram, constituem ou extinguem direitos (LC nº 64/90, art. 7º, parágrafo único, c.c. o art. 462 do CPC). 3. O pagamento da multa decorrente do não comparecimento às urnas realizado pelo candidato antes do julgamento do registro de candidatura afasta a ausência de quitação eleitoral. 4. Recurso provido para deferir o registro da candidatura.

Trecho a seguir do voto do relator, Ministro Henrique Neves, delineando os fundamentos vencedores e posteriormente adotados para definir a nova concepção: "O entendimento do Tribunal Superior Eleitoral para as eleições de 2010 e 2012, como se vê dos primeiros precedentes em que o novo dispositivo foi discutido, partiu da antiga e consolidada jurisprudência, que - com base na legislação anterior - considerava que a condição de elegibilidade devia estar preenchida no momento da formalização do pedido de registro de candidatura. (...). A questão encontra maior relevo em situações como a do presente feito, em que o exercício do direito político passivo do cidadão fica restringido em razão da existência de uma multa de valor diminuto relativa à ausência de voto em eleições passadas, a qual, no mundo fático, foi prontamente quitada pelo interessado, tão logo intimado. Ao dispor sobre os documentos que devem instruir o pedido de registro de candidatura, a Lei n° 9.504, de 1997, os especificou no § 1º do art. 11. E, no § 3º do referido dispositivo, prescreveu a possibilidade de o magistrado intimar os interessados para sanarem eventuais irregularidades no prazo de 72 horas".

116. Registro. Quitação eleitoral. Multa. Ausência às urnas. 1. Conforme dispõe o § 10 do art. 11 da Lei nº 9.504/97, as condições de elegibilidade e as causas de inelegibilidade devem ser aferidas no momento da formalização do pedido de registro. 2. O conceito de quitação eleitoral, atualmente previsto no § 7º do artigo 11 da Lei das Eleições, abrange, dentre outras obrigações, o regular exercício do voto. 3. Em face dessas disposições, efetuado o pagamento pelo candidato de multa por ausência às urnas após o pedido de registro, é de se inferir a falta de quitação eleitoral. Agravo regimental não provido.

4.8.1. Súmulas do TSE aplicáveis à quitação eleitoral

Sob a égide da Lei nº 9.504/97, a quitação eleitoral ensejou a edição de três Súmulas pelo TSE:

> **Súmula-TSE nº 42**
>
> A decisão que julga não prestadas as contas de campanha impede o candidato de obter a certidão de quitação eleitoral durante o curso do mandato ao qual concorreu, persistindo esses efeitos, após esse período, até a efetiva apresentação das contas.[117][118]
>
> **Súmula-TSE nº 50**
>
> O pagamento da multa eleitoral pelo candidato ou a comprovação do cumprimento regular de seu parcelamento após o pedido de registro, mas antes do julgamento respectivo, afasta a ausência de quitação eleitoral.[119]
>
> **Súmula-TSE nº 57**
>
> A apresentação das contas de campanha é suficiente para a obtenção da quitação eleitoral, nos termos da nova redação conferida ao art. 11, § 7º, da Lei nº 9.504/97, pela Lei nº 12.034/2009.[120]

Todos os Verbetes sumulares foram publicados às edições do DJE de 24, 27 e 28/06/2016.

---

117. TSE, AgRg-RO nº 060031334/RR, PSESS de 13/11/2018: ELEIÇÕES 2018. RECURSO ORDINÁRIO. RECEBIMENTO. RECURSO ESPECIAL. FUNGIBILIDADE. REGISTRO DE CANDIDATURA. DEPUTADO ESTADUAL. INDEFERIMENTO. QUITAÇÃO ELEITORAL. CONTAS RELATIVAS AO PLEITO DE 2014 JULGADAS NÃO PRESTADAS. SÚMULA Nº 42/TSE. NEGATIVA DE SEGUIMENTO. 1. É inviável o agravo que não ataca todos os fundamentos da decisão agravada. Súmula nº 26/TSE. 2. Por terem as contas de campanha do candidato, ora agravante, relativas ao pleito de 2014, sido julgadas não prestadas, não há falar em quitação eleitoral durante o curso do mandato ao qual concorreu, ainda que venham a ser prestadas posteriormente ao seu julgamento. Precedentes. Súmula nº 42/TSE. 3. Nos termos da jurisprudência desta Corte Superior, "é inadmissível, ainda, a inovação de teses recursais por ocasião da interposição de agravo interno" (AI nº 34–53/MG, Rel. Min. Luís Roberto Barroso, DJe de 10.8.2018). 4. Agravo regimental desprovido.

118. Referência:
TSE, PA nº 323-45/DF, de 10/05/2016.

119. Referências:
TSE, AgR-REspe nº 763-98/MT, PSESS de 24/10/2014.
TSE, AgR-REspe nº 664-69/CE, PSESS de 18/09/2014.
TSE, REspe nº 809-82/AM, PSESS de 27/08/2014.

120. Referências:
TSE, AgR-REspe nº 23211/RJ, de 16/10/2012;
TSE, REspe nº 482632/RS, de 16/12/2010;
TSE, REspe nº 442363/RS, de 28/09/2010.

4.9. ÓRGÃO COMPETENTE PARA REGISTRO E IMPUGNAÇÃO DAS CANDIDATURAS

É o mesmo para ambas as situações

A Justiça Eleitoral registra candidaturas em suas três instâncias.

O registro de candidatura caracteriza-se por ser uma etapa essencialmente documental.

"O pedido de registro apresentado pelo Partido à Justiça Eleitoral deve compreender todos os candidatos escolhidos pela convenção", assinala Fávila RIBEIRO (1986, p. 186).

Estabelece o Código Eleitoral:

> Art. 89. Serão registrados:
>
> I - no Tribunal Superior Eleitoral os candidatos a presidente e vice-presidente da República;
>
> II - nos Tribunais Regionais Eleitorais os candidatos a senador, deputado federal, governador e vice-governador e deputado estadual;
>
> III - nos Juízos Eleitorais os candidatos a vereador, prefeito e vice-prefeito e juiz de paz.

As impugnações de candidaturas motivadas por causas de inelegibilidade deverão ser processadas e julgadas pelos mesmos órgãos jurisdicionais responsáveis pelo registro, conforme previu expressamente a Lei Complementar nº 64/90:

> Art. 2º Compete à Justiça Eleitoral conhecer e decidir as arguições de inelegibilidade.
>
> Parágrafo único. A arguição de inelegibilidade será feita perante:
>
> I - o Tribunal Superior Eleitoral, quando se tratar de candidato a Presidente ou Vice-Presidente da República;
>
> II - os Tribunais Regionais Eleitorais, quando se tratar de candidato a Senador, Governador e Vice-Governador de Estado e do Distrito Federal, Deputado Federal, Deputado Estadual e Deputado Distrital;
>
> III - os Juízes Eleitorais, quando se tratar de candidato a Prefeito, Vice-Prefeito e Vereador.[121]

121. A redação repete o art. 3º da Lei Complementar nº 5/70.

4.10. CARGOS A PREENCHER

O estudo do registro das candidaturas pressupõe, necessariamente,a identificação dos cargos a serem preenchidos a partir da votação pelo eleitorado inscrito perante a Justiça Eleitoral.

Daí, pois, a justitificativa tripartite para a previsão constante do art. 2º da LC nº 64/90.

No Brasil, são preenchidos pelo "sufrágio universal e voto direto e secreto, com valor igual para todos" (CF/88, art. 14, *caput*), os cargos dos Poderes Executivo e Legislativo, nas três instâncias da Federação e mais no Distrito Federal (DF).

Nesse eixo, ao traçar um brevíssimo apanhado acerca da natureza jurídica da representação, Manoel Gonçalves FERREIRA FILHO (2018, p. 115) dissertou que "A eleição, a escolha do representante, é, portanto, uma atribuição de competência".

4.10.1. Cargos Executivos

ENTE FEDERATIVO	CARGOS
União	Presidente e Vice-Presidente da República
Estados e DF	26 Governadores/Vice-Governadores Estaduais e Governador e Vice-Governador do DF
Municípios	5.569 Prefeitos/Vice-Prefeitos

4.10.2. Cargos Legislativos

4.10.2.1. Congresso Nacional

a) Senado Federal

Cada Estado e o Distrito Federal elegerão 3 Senadores para um mandato de oito anos (CF/88, art. 46, §1º).

A representação de cada Estado e do DF será renovada de quatro em quatro anos, alternadamente, por um e dois terços (§2º).

No total, são 81 Senadores da República, cada um deles eleito com dois Suplentes (§3º).

b) Câmara dos Deputados

É a Casa Legislativa do Congresso Nacional composta pelos *representantes do povo* eleitos para mandatos de quatro anos (CF/88, art. 45).

O número de representantes por cada Unidade da Federação perante a Câmara dos Deputados é concebido em vista da Resolução/TSE nº 23.220/10:

ESTADO	DEPUTADOS/AS
São Paulo	70
Minas Gerais	53
Rio de Janeiro	46
Bahia	39
Rio Grande do Sul	31
Paraná	30
Pernambuco	25
Ceará	22
Maranhão	18
Goiás e Pará	17
Santa Catarina	16
Paraíba	12
Espírito Santo e Piauí	10
Alagoas	9
Acre, Amapá, Amazonas, Distrito Federal, Mato Grosso, Mato Grosso do Sul, Rio Grande do Norte, Rondônia, Roraima, Sergipe e Tocantins	8
TOTAL	**513**

A sua composição pode ser assim esquematizada:

LEGISLATURA	Nº DE DEPUTADOS FEDERAIS
1946 – 1950	289[122]

122. O Decreto-Lei nº 7.586, de 28/05/1945, através do seu art. 134, fixou em 286 o número de deputados federais que formaria a Assembleia Constituinte a ser eleita naquele mesmo ano. Posteriormente, cumprindo disposição constitucional, foram acrescentados três deputados eleitos nos territórios do Amapá, de Guaporé e de Rio Branco, perfazendo o total de 289 para esta legislatura.

LEGISLATURA	Nº DE DEPUTADOS FEDERAIS
1951 - 1954	304[123]
1955 - 1962	326[124]
1963 - 1966	404[125]
1967 - 1970	409
1971 - 1974	310[126]
1975 - 1978	364
1979 - 1982	420[127]
1983 - 1986	479[128]
1987 - 1990	487[129]
1991 - 1994	503[130]
1995 - atual	513[131]

4.10.2.2. Assembleias Legislativas e Câmara Legislativa

O número de representantes foi definido pela Res./TSE nº 23.220/10:

ESTADO	DEPUTADOS/AS
São Paulo	94
Minas Gerais	77

123. Para a 39ª Legislatura (1951-1954), a Resolução nº 3.532 do Tribunal Superior Eleitoral fixou o número de 304 deputados federais para as eleições de 1950.
124. A Lei nº 2.140, de 17/12/1953, determinou 326 deputados federais para a 40ª Legislatura (1955-1958), mantendo-o para a 41ª Legislatura (1959-1962).
125. A Lei nº 4.095, de 17/07/1962, fixou em 404 o número de deputados federais para a 42ª Legislatura (1963-1966), mantendo-o para a 43ª Legislatura (1967-1970). Este número sofreu um pequeno aumento para 409 cadeiras devido à transformação do então Território do Acre em Estado.
126. O art. 2º da Lei nº 5.581/70, na forma da redação dada pela Lei nº 5.607/70, determinou ao TSE que diante do número de eleitores alistados até 06/08/1970, declarasse o número de deputados federais.
127. A Emenda Constitucional nº 8, de 14 de abril de 1977, conhecida como "Pacote de Abril", alterou o art. 39 da Constituição de 1969 para fixar 420 integrantes para o pleito realizado em 15/11/78.
128. A Emenda Constitucional nº 22, de 29/06/1982, alterou novamente a redação do art. 39 da Constituição Federal ampliando para 479 o número de deputados federais a serem eleitos no pleito de 15/11/1982.
129. A Emenda Constitucional nº 25, de 15/05/1985, acrescentou mais 8 deputados federais aos então 479 para incluir a representação do Distrito Federal (DF) junto à Câmara dos Deputados.
130. Para o pleito de 03/10/90, através da Resolução nº 16.336, de 22/03/1990, o TSE disciplinou a inclusão das representações dos antigos territórios do Amapá e Roraima, bem como de Tocantins, desmembrado de Goiás.
131. A Lei Complementar nº 78, de 30/12/1993, estabeleceu o número de 513 deputados federais.

ESTADO	DEPUTADOS/AS
Rio de Janeiro	70
Bahia	63
Rio Grande do Sul	55
Paraná	54
Pernambuco	49
Ceará	46
Maranhão	42
Goiás e Pará	41
Santa Catarina	40
Paraíba	36
Espírito Santo e Piauí	30
Alagoas	27
Acre, Amapá, Amazonas, Distrito Federal, Mato Grosso, Mato Grosso do Sul, Rio Grande do Norte, Rondônia, Roraima, Sergipe e Tocantins	24
TOTAL	**1.059**

4.10.2.3. Câmaras Municipais

O Brasil tem 57.608 vereadores distribuídos entre os 5.569 municípios do país (TSE/2016).

O critério adotado pelo constituinte reformador para delimitar a composição máxima e sem estabelecer qual seria mínima de cada Legislativo Municipal recaiu no número de habitantes, e não de eleitores:

HABITANTES POR MUNICÍPIO	Nº (MÁXIMO) DE VEREADORES
Até 15 mil habitantes	09 (nove)
Mais de 15 mil e até 30 mil	11 (onze)
Mais de 30 mil e até 50 mil	13 (treze)
Mais de 50 mil e até 80 mil	15 (quinze)
Mais de 80 mil e até 120 mil	17 (dezessete)

HABITANTES POR MUNICÍPIO	Nº (MÁXIMO) DE VEREADORES
Mais de 120 mil e até 160 mil	19 (dezenove)
Mais de 160 mil e até 300 mil	21 (vinte e um)
Mais de 300 mil e até 450 mil	23 (vinte e três)
Mais de 450 mil e até 600 mil	25 (vinte e cinco)
Mais de 600 mil e até 750 mil	27 (vinte e sete)
Mais de 750 mil e até 900 mil	29 (vinte e nove)
Mais de 900 mil e até 1,05 milhão	31 (trinta e um)
Mais de 1,05 milhão e até 1,2 milhão	33 (trinta e três)
Mais de 1,2 milhão e até 1,35 milhão	35 (trinta e cinco)
Mais de 1,35 milhão e até 1,5 milhão	37 (trinta e sete)
Mais de 1,5 milhão e até 1,8 milhão	39 (trinta e nove)
Mais de 1,8 milhão e até 2,4 milhões	41 (quarenta e um)
Mais de 2,4 milhões e até 3 milhões	43 (quarenta e três)
Mais de 3 milhões e até 4 milhões	45 (quarenta e cinco)
Mais de 4 milhões e até 5 milhões	47 (quarenta e sete)
Mais de 5 milhões e até 6 milhões	49 (quarenta e nove)
Mais de 6 milhões e até 7 milhões	51 (cinquenta e um)
Mais de 7 milhões e até 8 milhões	53 (cinquenta e três)
Mais de 8 milhões de habitantes	55 (cinquenta e cinco)

Os Municípios são autônomos para proceder na sua organização político-administrativa (CF/88, art. 18, *caput*). Outrossim, para ter validade em relação às eleições, o termo final para formalizar a alteração do número de cadeiras das Câmaras Municipais, por meio de emenda à Lei Orgânica (jamais Decreto Legislativo ou Resolução de Mesa), coincide com o prazo de encerramento das Convenções Partidárias[132].

132. Se o resultado oficial do censo detectar previamente ao processo eleitoral, um encolhimento no número de habitantes da cidade, o ajuste da Câmara Municipal é providência consequente e inadiável, posto que as definições constitucionais lidas ao inciso V do art. 29 anunciam-se rígidas a partir das expressões "de mais de" e "de até" que lhe constam.

Outrora, esta matéria foi exaustivamente polemizada.

Em 2004, o Supremo Tribunal Federal, no julgamento do Recurso Extraordinário n° 197.917/SP, declarou que o critério definidor para o número de edis recaia na proporcionalidade aritmética das faixas populacionais.[133]

Consequências jurídicas, políticas e legislativas da maior importância descenderam dessa decisão do STF.

Mencionado entendimento, para ser efetivado, implicou que o Tribunal Superior Eleitoral expedisse a Resolução n° 21.702/04 estabelecendo o número de vereadores a serem eleitos segundo a populacão de cada município estimada pelo IBGE.

---

133. RECURSO EXTRAORDINÁRIO. MUNICÍPIOS. CÂMARA DE VEREADORES. COMPOSIÇÃO. AUTONOMIA MUNICIPAL. LIMITES CONSTITUCIONAIS. NÚMERO DE VEREADORES PROPORCIONAL À POPULAÇÃO. CF, ARTIGO 29, IV. APLICAÇÃO DE CRITÉRIO ARITMÉTICO RÍGIDO. INVOCAÇÃO DOS PRINCÍPIOS DA ISONOMIA E DA RAZOABILIDADE. INCOMPATIBILIDADE ENTRE A POPULAÇÃO E O NÚMERO DE VEREADORES. INCONSTITUCIONALIDADE, *INCIDENTER TANTUM*, DA NORMA MUNICIPAL. EFEITOS PARA O FUTURO. SITUAÇÃO EXCEPCIONAL. 1. O artigo 29, inciso IV da Constituição Federal, exige que o número de Vereadores seja proporcional à população dos Municípios, observados os limites mínimos e máximos fixados pelas alíneas a, b e c. 2. Deixar a critério do legislador municipal o estabelecimento da composição das Câmaras Municipais, com observância apenas dos limites máximos e mínimos do preceito (CF, artigo 29) é tornar sem sentido a previsão constitucional expressa da proporcionalidade. 3. Situação real e contemporânea em que Municípios menos populosos têm mais Vereadores do que outros com um número de habitantes várias vezes maior. Casos em que a falta de um parâmetro matemático rígido que delimite a ação dos legislativos Municipais implica evidente afronta ao postulado da isonomia. 4. Princípio da razoabilidade. Restrição legislativa. A aprovação de norma municipal que estabelece a composição da Câmara de Vereadores sem observância da relação cogente de proporção com a respectiva população configura excesso do poder de legislar, não encontrando eco no sistema constitucional vigente. 5. Parâmetro aritmético que atende ao comando expresso na Constituição Federal, sem que a proporcionalidade reclamada traduza qualquer afronta aos demais princípios constitucionais e nem resulte formas estranhas e distantes da realidade dos Municípios brasileiros. Atendimento aos postulados da moralidade, impessoalidade e economicidade dos atos administrativos (CF, artigo 37). 6. Fronteiras da autonomia municipal impostas pela própria Carta da República, que admite a proporcionalidade da representação política em face do número de habitantes. Orientação que se confirma e se reitera segundo o modelo de composição da Câmara dos Deputados e das Assembléias Legislativas (CF, artigos 27 e 45, § 1°). 7. Inconstitucionalidade, *incidenter tantun*, da lei local que fixou em 11 (onze) o número de Vereadores, dado que sua população de pouco mais de 2600 habitantes somente comporta 09 representantes. 8. Efeitos. Princípio da segurança jurídica. Situação excepcional em que a declaração de nulidade, com seus normais efeitos ex tunc, resultaria grave ameaça a todo o sistema legislativo vigente. Prevalência do interesse público para assegurar, em caráter de exceção, efeitos pro futuro à declaração incidental de inconstitucionalidade. Recurso extraordinário conhecido e em parte provido. (Tribunal Pleno, DJ de 07/05/2004, p. 368).

Este ato normativo do TSE foi alvo de duas Ações Diretas de Inconstitucionalidade (nºs 3.345/DF[134] e 3.365/DF) movidas perante o STF pelo

134. FISCALIZAÇÃO NORMATIVA ABSTRATA - PROCESSO DE CARÁTER OBJETIVO - LEGITIMIDADE DA PARTICIPAÇÃO DE MINISTRO DO SUPREMO TRIBUNAL FEDERAL (QUE ATUOU NO TSE) NO JULGAMENTO DE AÇÃO DIRETA AJUIZADA CONTRA ATO EMANADO DAQUELA ALTA CORTE ELEITORAL - INAPLICABILIDADE, EM REGRA, DOS INSTITUTOS DO IMPEDIMENTO E DA SUSPEIÇÃO AO PROCESSO DE CONTROLE CONCENTRADO, RESSALVADA A POSSIBILIDADE DE INVOCAÇÃO, POR QUALQUER MINISTRO DO STF, DE RAZÕES DE FORO ÍNTIMO. - O Presidente do Tribunal Superior Eleitoral, embora prestando informações no processo de controle concentrado de constitucionalidade, não está impedido de participar de seu julgamento, não obstante suscitada, em referida causa, a discussão, "in abstracto", em torno da constitucionalidade (ou não) de resoluções ou de atos emanados daquela Alta Corte. Também não incidem, nessa situação de incompatibilidade processual, considerado o perfil objetivo que tipifica o controle normativo abstrato, os Ministros do Supremo Tribunal Federal que hajam participado, como integrantes do Tribunal Superior Eleitoral, da formulação e edição, por este, de atos ou resoluções que tenham sido contestados, quanto à sua validade jurídica, em sede de fiscalização concentrada de constitucionalidade instaurada perante a Suprema Corte. Precedentes do STF. - Os institutos do impedimento e da suspeição restringem-se ao plano dos processos subjetivos (em cujo âmbito discutem-se situações individuais e interesses concretos), não se estendendo nem se aplicando, ordinariamente, ao processo de fiscalização concentrada de constitucionalidade, que se define como típico processo de caráter objetivo destinado a viabilizar o julgamento, não de uma situação concreta, mas da constitucionalidade (ou não), "in abstracto", de determinado ato normativo editado pelo Poder Público. - Revela-se viável, no entanto, a possibilidade de qualquer Ministro do Supremo Tribunal Federal invocar razões de foro íntimo (CPC, art. 135, parágrafo único) como fundamento legítimo autorizador de seu afastamento e conseqüente não-participação, inclusive como Relator da causa, no exame e julgamento de processo de fiscalização abstrata de constitucionalidade. RESOLUÇÃO TSE Nº 21.702/2004 - DEFINIÇÃO DE CRITÉRIOS A SEREM OBSERVADOS, PELAS CÂMARAS MUNICIPAIS, NA FIXAÇÃO DO RESPECTIVO NÚMERO DE VEREADORES - ALEGAÇÃO DE QUE ESSE ATO REVESTIR-SE-IA DE NATUREZA MERAMENTE REGULAMENTAR - RECONHECIMENTO DO CONTEÚDO NORMATIVO DA RESOLUÇÃO QUESTIONADA - PRELIMINAR DE NÃO-CONHECIMENTO REJEITADA. - A jurisprudência do Supremo Tribunal Federal, em tema de fiscalização concentrada de constitucionalidade, firmou-se no sentido de que a instauração desse controle somente tem pertinência, se a resolução estatal questionada assumir a qualificação de ato normativo (RTJ 138/436 - RTJ 176/655-656), cujas notas tipológicas derivam da conjugação de diversos elementos inerentes e essenciais à sua própria compreensão: (a) coeficiente de generalidade abstrata, (b) autonomia jurídica, (c) impessoalidade e (d) eficácia vinculante das prescrições dele constantes. Precedentes. - Resolução do Tribunal Superior Eleitoral, que, impugnada na presente ação direta, encerra, em seu conteúdo material, clara "norma de decisão", impregnada de autonomia jurídica e revestida de suficiente densidade normativa: fatores que bastam para o reconhecimento de que o ato estatal em questão possui o necessário coeficiente de normatividade qualificada, apto a torná-lo suscetível de impugnação em sede de fiscalização abstrata. PRINCÍPIO CONSTITUCIONAL DA ANTERIORIDADE ELEITORAL: SIGNIFICADO DA LOCUÇÃO "PROCESSO ELEITORAL" (CF, ART. 16). - A norma consubstanciada no art. 16 da Constituição da República, que consagra o postulado da anterioridade eleitoral (cujo precípuo destinatário é o Poder Legislativo), vincula-se, em seu sentido teleológico, à finalidade ético-jurídica de obstar a deformação do processo eleitoral mediante modificações que, casuisticamente introduzidas pelo Parlamento, culminem por romper a necessária igualdade de participação dos que nele atuam como protagonistas relevantes (partidos políticos e candidatos), vulnerando-lhes, com inovações abruptamente estabelecidas, a garantia básica de igual competitividade que deve sempre prevalecer nas disputas eleitorais. Precedentes. - O processo eleitoral, que constitui sucessão ordenada de atos e estágios causalmente vinculados entre si, supõe, em função dos objetivos que lhe são inerentes, a sua integral submissão a uma disciplina jurídica que, ao discriminar os momentos que o compõem, indica as fases em que ele se desenvolve: (a) fase pré-eleitoral, que, iniciando-se com a realização das convenções partidárias e a escolha de candidaturas, estende-se até a propaganda eleitoral respectiva; (b) fase eleitoral propriamente dita, que compreende o início, a realização e o encerramento da votação e (c) fase pós-eleitoral, que principia com a apuração e contagem de votos e termina com a diplomação dos candidatos eleitos, bem assim dos seus respectivos suplentes. Magistério da doutrina (JOSÉ AFONSO DA SILVA e ANTONIO TITO COSTA). - A Resolução TSE nº 21.702/2004, que meramente explicitou interpretação constitucional anteriormente

então Partido Progressista (PP) e pelo Partido Democrático Trabalhista (PDT), tendo a Suprema Corte concluído, por dilatada maioria, que a sua materialização foi "consubstanciadora de mera explicitação de anterior julgamento do Supremo Tribunal (RE 197.917/SP)".

Coube à Emenda Constitucional nº 58, após um inflamado processo legislativo nas Casas do Congresso Nacional[135] seguido da suspensão dos

---

dada pelo Supremo Tribunal Federal, não ofendeu a cláusula constitucional da anterioridade eleitoral, seja porque não rompeu a essencial igualdade de participação, no processo eleitoral, das agremiações partidárias e respectivos candidatos, seja porque não transgrediu a igual competitividade que deve prevalecer entre esses protagonistas da disputa eleitoral, seja porque não produziu qualquer deformação descaracterizadora da normalidade das eleições municipais, seja porque não introduziu qualquer fator de perturbação nesse pleito eleitoral, seja, ainda, porque não foi editada nem motivada por qualquer propósito casuístico ou discriminatório. CONSAGRAÇÃO, PELO TRIBUNAL SUPERIOR ELEITORAL, COM A EDIÇÃO DA RESOLUÇÃO Nº 21.702/2004, DOS POSTULADOS DA FORÇA NORMATIVA DA CONSTITUIÇÃO E DA SEGURANÇA JURÍDICA. - O Tribunal Superior Eleitoral, ao editar a Resolução nº 21.702/2004, consubstanciadora de mera explicitação de anterior julgamento do Supremo Tribunal (RE 197.917/SP), limitou-se a agir em função de postulado essencial à valorização da própria ordem constitucional, cuja observância fez prevalecer, no plano do ordenamento positivo, a força normativa, a unidade e a supremacia da Lei Fundamental da República. EFEITO TRANSCENDENTE DOS FUNDAMENTOS DETERMINANTES DO JULGAMENTO DO RE 197.917/SP - INTERPRETAÇÃO DO INCISO IV DO ART. 29 DA CONSTITUIÇÃO. - O Tribunal Superior Eleitoral, expondo-se à eficácia irradiante dos motivos determinantes que fundamentaram o julgamento plenário do RE 197.917/SP, submeteu-se, na elaboração da Resolução nº 21.702/2004, ao princípio da força normativa da Constituição, que representa diretriz relevante no processo de interpretação concretizante do texto constitucional. O TSE, ao assim proceder, adotou solução, que, legitimada pelo postulado da força normativa da Constituição, destinava-se a prevenir e a neutralizar situações que poderiam comprometer a correta composição das Câmaras Municipais brasileiras, considerada a existência, na matéria, de grave controvérsia jurídica resultante do ajuizamento, pelo Ministério Público, de inúmeras ações civis públicas em que se questionava a interpretação da cláusula de proporcionalidade inscrita no inciso IV do art. 29 da Lei Fundamental da República. A FORÇA NORMATIVA DA CONSTITUIÇÃO DA REPÚBLICA E O MONOPÓLIO DA ÚLTIMA PALAVRA, PELO SUPREMO TRIBUNAL FEDERAL, EM MATÉRIA DE INTERPRETAÇÃO CONSTITUCIONAL. - O exercício da jurisdição constitucional - que tem por objetivo preservar a supremacia da Constituição - põe em evidência a dimensão essencialmente política em que se projeta a atividade institucional do Supremo Tribunal Federal, pois, no processo de indagação constitucional, assenta-se a magna prerrogativa de decidir, em última análise, sobre a própria substância do poder. No poder de interpretar a Lei Fundamental, reside a prerrogativa extraordinária de (re)formulá-la, eis que a interpretação judicial acha-se compreendida entre os processos informais de mutação constitucional, a significar, portanto, que "A Constituição está em elaboração permanente nos Tribunais incumbidos de aplicá-la". Doutrina. Precedentes. A interpretação constitucional derivada das decisões proferidas pelo Supremo Tribunal Federal - a quem se atribuiu a função eminente de "guarda da Constituição" (CF, art. 102, "caput") - assume papel de essencial importância na organização institucional do Estado brasileiro, a justificar o reconhecimento de que o modelo político- -jurídico vigente em nosso País confere, à Suprema Corte, a singular prerrogativa de dispor do monopólio da última palavra em tema de exegese das normas inscritas no texto da Lei Fundamental.

135. Como reação legislativa ao decidido pelo Supremo Tribunal Federal, foi protocolada na Câmara dos Deputados a Proposta de Emenda à Constituição nº 333/04. Aprovada naquela Casa Parlamentar, a mesma foi remetida ao Senado Federal. O texto adotado na Câmara contemplava dois dispositivos: um sobre o aumento do número de vereadores, e outro que fixava novos limites de despesas para as Câmaras Municipais. Na Casa Revisora, a matéria foi desmembrada, sendo apreciada apenas a parte sobre o aumento do número de vereadores, sem a redução dos gastos. A parte aprovada pelo Senado Federal foi então devolvida à Câmara dos Deputados para a sua eventual promulgação. Ato contínuo, a Mesa da Câmara dos Deputados não promulgou a PEC por entender que a norma foi enunciada com a conjunção de dois dispositivos legais, ou seja, a Casa havia aprovado o aumento do número de ve-

efeitos retroativos ao pleito municipal anterior à sua promulgação (STF, Adin nº 4.307/DF, j. 11/04/2013 e MC REF, j. 11/11/2009), estruturar a hodierna redação do art. 29, IV, da CF/88.

4.11. IDADE MÍNIMA

Este é um pressuposto constitucional que perdura desde o Império.[136]

Hodiernamente, são quatro faixas etárias para onze cargos eletivos:

CARGO	IDADE
Presidente, Vice-Presidente da República e Senador	35
Governador e Vice-Governador de Estado e do Distrito Federal	30
Deputado Federal, Deputado Estadual, Deputado Distrital, Prefeito e Vice-Prefeito	21
Vereador	18

A Carta Magna silenciou quanto ao momento de aferição deste requisito. Porém, de acordo com o §2º do art. 11 da Lei nº 9.504/97, a idade mínima estabelecida como condição de elegibilidade pelas letras *a*, *b*, *c*, e *d* do inciso VI do §3º do art. 14 da CF/88 é verificada tendo por referência não a data da eleição, como disciplinava o ordenamento constitucional anterior[137], mas a data da posse no mandato, excetuada aquela fixada em dezoito anos, a qual será aferida pela Justiça Eleitoral na data-limite para

readores, mas condicionada à redução das despesas com o legislativo municipal. Diante disso, a Mesa Diretora determinou uma nova tramitação legislativa para a matéria, a qual resultou na PEC nº 336/09. Posteriormente à sua aprovação, foi novamente encaminhada pelo Senado Federal a parte referente à redução de gastos, tendo, por fim, tramitado como PEC nº 379/09, ainda que apensada a anterior.

136. O número 2 do art. 45 da Constituição Imperial de 1824 referia: "Para ser Senador, requer-se que tenha de idade 40 anos para cima". A partir da CF/1891, a idade foi estabilizada em 35 anos para o cargo.

137. Emenda Constitucional nº 1, de 1969:

Art. 39. A Câmara dos Deputados compõe-se de representantes do povo, eleitos, entre cidadãos maiores de vinte e um anos e no exercício dos direitos políticos, por voto direto e secreto, em cada Estado e Território.

(...).

Art. 41. O Senado Federal compõe-se de representantes dos Estados, eleitos pelo voto secreto e direto, dentre os cidadãos maiores de trinta e cinco anos, no exercício de seus direitos políticos, segundo o princípio majoritário.

(...).

Art. 74. O Presidente será eleito, entre os brasileiros maiores de trinta e cinco anos e no exercício dos direitos políticos, pelo sufrágio de um colégio eleitoral, e sessão pública e mediante votação nominal. (eleição indireta)

o encaminhamento do registro da candidatura. Não sendo satisfeita a exigência, o registro é de ser indeferido.

4.12. ANALFABETISMO E CANDIDATURA

Dentre as restrições de índole constitucional às candidaturas, a Carta Magna, no §4º do seu art. 14, dispôs serem inelegíveis os analfabetos.

O Requerimento de Registro de Candidatura, para o cargo que for, deverá ser acompanhado de prova de alfabetização ou comprovante de escolaridade. Estranhamente, contudo, não há especificação em torno deste documento que deve instruir o RRC. Porém, de acordo com a Lei nº 9.394/96, que estabelece as Diretrizes e Bases da Educação Nacional, são documentos oficiais expedidos pelas instituições de ensino:

- históricos escolares,
- declarações de conclusão de série;
- diplomas ou
- certificados de conclusão de cursos.

Complementando este rol, a Súmula nº 55 do TSE dispõe: "A Carteira Nacional de Habilitação gera a presunção da escolaridade necessária ao deferimento do registro de candidatura".[138]

Não havendo impugnação quanto à idoneidade ou validade dos supracitados documentos apontando a real situação acerca do nível de escolaridade do candidato, é de ser deferido o registro.

Para o TSE, a nosso ver sob um viés que esmaece de forma indevida a literalidade do texto constitucional e, consequentemente, enfraquece a qualidade da vida pública nacional, "A realidade multifacetada da sociedade brasileira desaconselha que o analfabetismo seja avaliado a partir de critérios rígidos, abstratos e estanques. Do contrário, em redutos onde o analfabetismo seja a regra, o domínio político se perpetuaria como um monopólio das elites"[139]. Segundo a Corte Superior (discutindo matéria estritamente de fato em sede de recurso especial), "O conceito de analfabe-

138. Lei nº 9.503/97, Art. 159. A Carteira Nacional de Habilitação, expedida em meio físico e/ou digital, à escolha do condutor, em modelo único e de acordo com as especificações do Contran, atendidos os pré-requisitos estabelecidos neste Código, conterá fotografia, identificação e número de inscrição no Cadastro de Pessoas Físicas (CPF) do condutor, terá fé pública e equivalerá a documento de identidade em todo o território nacional.

139. TSE, PA nº 513-71/ GO, DJE de13/06/2018.

tismo - art. 14, § 4º, da CF/88 - deve ser interpretado de modo a privilegiar o exercício da cidadania, os direitos políticos e a representação popular, interferindo-se o mínimo possível na liberdade de voto e na capacidade eleitoral passiva".[140]

A razão disso, consoante manifestou o tribunal em alentado acórdão, está em que "Os grupos minoritários existentes em nosso País, que ainda são, de forma sistêmica e contínua, excluídos dos mais diversos setores - com destaque para negros, índios, portadores de necessidades especiais e mulheres (estas, embora maioria em sentido populacional, não o são no aspecto político) - não podem ser alijados do cotidiano político brasileiro com base em justificativa genérica e linear de analfabetismo".[141]

---

140. TSE, AgRgREspe nº26810/BA, PSESS de 03/11/2016.

141. RECURSO ESPECIAL. ELEIÇÕES 2016. VEREADOR. REGISTRO DE CANDIDATURA. ANALFABETISMO. ART. 14, § 4º, DA CF/88. INTERPRETAÇÃO EM CONFORMIDADE COM OUTROS PRINCÍPIOS CONSTITUCIONAIS, EM ESPECIAL DA ISONOMIA (ART. 5º, *CAPUT* E I), DA CIDADANIA (ART. 1º, II) E DA DIGNIDADE DA PESSOA HUMANA (ART. 1º, III). GRUPOS MINORITÁRIOS. LEGITIMIDADE. PARTICIPAÇÃO NA VIDA POLÍTICA. MANUTENÇÃO DA CANDIDATURA. DESPROVIMENTO.

Histórico da Demanda

1. Trata-se de pedido de registro de candidatura de Francisco José de Araújo ao cargo de vereador de São Gonçalo do Piauí/PI nas Eleições 2016.

2. Em primeiro grau, indeferiu-se o registro ao fundamento de que o candidato é analfabeto, não preenchendo o requisito previsto no art. 14, § 4º, da CF/88.

3. O TRE/PI reformou sentença e assentou estar comprovada condição de alfabetizado.

4. Contra tal acórdão, o Parquet interpôs recurso especial.

O Analfabetismo à Luz de Princípios Constitucionais e do Direito das Minorias de Participar da Vida Política

5. "São inelegíveis os inalistáveis e os analfabetos" (art. 14, § 4º, da CF/88).

6. A leitura de referido preceito não pode ocorrer de forma dissociada do cenário social e político de nosso País, indeferindo-se, indistintamente, todo e qualquer registro de candidatura que em tese se enquadre nessa hipótese, sob pena de incompatibilidade de ordem absoluta com o quadro valorativo principiológico que orienta o texto da Constituição Federal de 1988.

7. A cidadania e a dignidade da pessoa humana constituem princípios fundamentais da República Federativa do Brasil - art. 1º, II e III, da CF/88 - e devem compreender, como uma de suas acepções, inserção plena na vida política.

8. O princípio da isonomia (art. 5º, caput e I) materializa direito fundamental de tratamento distinto aos desiguais, na medida de sua distinção, visando atingir status de igualdade substancial e efetiva entre todos.

9. Os grupos minoritários existentes em nosso País, que ainda são, de forma sistêmica e contínua, excluídos dos mais diversos setores - com destaque para negros, índios, portadores de necessidades especiais e mulheres (estas, embora maioria em sentido populacional, não o são no aspecto político) - não podem ser alijados do cotidiano político brasileiro com base em justificativa genérica e linear de analfabetismo.

10. Cabe à Justiça Eleitoral, como instituição imprescindível ao regime democrático, protagonismo na mudança desse quadro, em que as minorias possuem representatividade quase nula, eliminando quaisquer obstáculos que as impeçam de participar ativa e efetivamente da vida política.

11. No ponto, registrem-se julgamentos recentes em que esta Corte vem atuando com rigor para modificar esse cenário: REspe 243-42/PI (combate à fraude em cota de gênero em candidaturas) e REspe 123-67/RS (garantia de espaço às mulheres na propaganda partidária).

12. No tocante, de modo específico, à causa de inelegibilidade do art. 14, § 4º, da CF/88, seu exame em conjunto com os valores constitucionais acima retratados levam a concluir que analfabetismo de

O candidato necessita satisfazer a exigência constitucional quanto à alfabetização demonstrando saber ler e escrever suficientemente para candidatar-se a cargo eletivo e posteriormente exercer um mandato.

Adentrando em minúcias, tem-se que o candidato que cursou a primeira série do ensino fundamental e que traz aos autos o pedido de registro, a declaração de bens e procuração assinados, afasta o alegado analfabetismo.[142]

Entretanto, a mera assinatura em documentos é ato insuficiente para provar a condição de semialfabetizado do interessado.[143]

Já a ausência do comprovante de escolaridade ou da prova de alfabetização pode ser compensada por uma declaração de próprio punho do candidato. Neste caso, é indeclinável que o mesmo firme tal documento em cartório, na presença do juiz ou de serventuário da Justiça Eleitoral, a fim de que o magistrado possa formar sua convicção acerca da sua condição de alfabetizado[144]. A declaração que não tenha sido firmada na JE não comprova a condição de alfabetizado.[145]

---

natureza educacional não pode e nem deve, em nenhuma hipótese, significar analfabetismo para vida política, sob pena de nova exclusão das minorias - desta vez do direito ao exercício do jus honorum.

13. Em suma, democracia que exalta, em ditames constitucionais, direitos à isonomia, à cidadania e à dignidade da pessoa humana não pode deixar de assegurar a grupos minoritários presença e representatividade no cenário político.

Caso dos Autos

14. O recorrido, de cor negra, completou o primeiro ano do ensino fundamental e, ademais, conforme bem assentado pelo e. Ministro Henrique Neves, é incontroverso que assinou Requerimento de Registro de Candidatura (fl. 2), Declaração de Entrega de Certidões (fl. 3), Declaração de Bens (fl. 4), procuração e, por fim, ata da audiência designada para aferir sua escolaridade, constando do acórdão regional essas premissas fáticas.

15. No que concerne especificamente ao instrumento procuratório, haveria incongruência em admitir--se a assinatura aposta pelo candidato - para prática dos atos previstos no art. 105 do CPC/2015 - e, ao mesmo tempo, assentar-se que ele não consegue expressar sua vontade.

16. Conclusão em sentido diverso demandaria, na hipótese, reexame de fatos e provas, providência inviável em sede extraordinária, a teor da Súmula 24/TSE.

Conclusão

17. Recurso especial a que se nega provimento, mantendo-se deferido o registro de candidatura de Francisco José de Araújo ao cargo de vereador de São Gonçalo do Piauí/PI nas Eleições 2016. (TSE, REspe nº 89-41/PI, PSESS de 27/09/2016).

142. TSE, AgRg-REspe nº 26810/BA, PSESS de 03/11/2016 e TSE, REspe nº 8.941/PI, PSESS de 27/09/2016.

143. TSE, ED-REspe n° 217-32/MG, PSESS de 19/09/2004.

144. TSE, AgRg-RO nº 060060983/RO, PSESS de 20/03/2020 e AgRg-REspe nº 31.937/RN, DJE de 02/06/2009.

145. TSE, AgR-REspe Nº 81-53/PE, PSESS de 23/10/2012.

Persistindo a dúvida, o teste de alfabetização aplicado pela Justiça Eleitoral visa à verificação da não incidência da inelegibilidade a que se refere o art. 14, § 4º, da CF, constituindo-se num instrumento legítimo.[146]

Muitas vezes brandido como ilegal ou invasivo, o teste é sensato e pertinente, eis que veicula a correta expressão do ordenamento jurídico. A prova de alfabetização não pode servir de óbice ao exercício legítimo dos poderes judiciais de dar efetividade à exigência constitucional *de qua agitur*.[147]

Há, contudo, reservas em submeter "candidatos a exames coletivos para a comprovação desta condição de elegibilidade, uma vez que tal metodologia lhes impõe constrangimento, agredindo-lhes a dignidade humana".[148]

Não comparecendo o candidato ao teste para aferir sua condição de alfabetizado, a decisão deve ser tomada tendo em vista as demais provas existentes nos autos do pedido de registro da candidatura.[149]

Para o TSE, o candidato que cursou a primeira série do ensino fundamental e leva aos autos do seu pedido de registro declaração de bens e procuração devidamente assinados, afasta o analfabetismo.[150]

"O exercício de mandato eletivo não é circunstância capaz, por si só, de comprovar a condição de alfabetizado do candidato" (TSE/Súmula nº 15).[151]

A participação em pleito anterior também não certifica o grau de alfabetização do candidato.[152]

A negativa de candidatura ocorrida por inércia da parte (omissão na juntada de documentos) não equivale em reconhecimento de analfabetismo.[153]

---

146. TSE, REspe nº 30.465/BA, PSESS de 24/09/2008.
147. TSE, REspe nº 9.888/MT, DJ de 15/02/1993.
148. TSE, REspe nº 21.920/MG, PSESS de 31/08/2004 (RJTSE 15/4/76).
149. TSE, AgRg-REspe nº 24.820/BA, PSESS de 18/10/2004; REspe n° 13.898/SP, PSESS de 28/09/1996.
150. TSE, AgR-Respe nº 268-10/BA, PSESS de 03/11/2016.
151. Referências:
     Ac.-TSE, de 23/09/2014, no REspe nº 234956;
     Ac.-TSE, de 12/12/2012, no AgR-REspe nº 14241;
     Ac.-TSE, de 11/10/2008, no REspe nº 30465.
152. TSE, AgRg-REspe nº 30983/GO, PSESS de 11/10/2008. Antigo entendimento do TSE constante do BE nº 307/172 lavrou: "Se o candidato é eleitor, inclusive Vereador, não é possível negar-lhe o registro para concorrer à Câmara Municipal do mesmo Município, sob a alegação de ser analfabeto".
153. TSE, REspEl nº 060018807/MT, DJE 27/09/2022.

Capítulo

5

SUBSTITUIÇÃO DE CANDIDATO

5.1. DISPOSIÇÕES GERAIS

As exceções que revestem o registro da candidatura exigem estudo particularizado para o seu melhor esclarecimento.

O art. 13 da Lei nº 9.504/97, a exemplo das normatizações temporárias que lhe precederam[1], faculta ao partido ou à coligação substituir o candidato majoritário que for considerado inelegível, renunciar ou falecer após o termo final do prazo do registro, ou então se este for indeferido ou cancelado pela Justiça Eleitoral. Portanto, a substituição é um instrumento que se consuma em situações excepcionais.

Não obstante, o §3º do art. 13 estabelece uma restrição de ordem temporal: nas eleições majoritárias e nas proporcionais, a alteração só se efetivará se o novo pedido for apresentado até 20 dias antes do pleito, exceto em caso de falecimento de candidato, quando a substituição poderá ser efetivada após esse prazo.

De acordo com a Lei das Eleições (art. 13, § 1º) em combinação ao Código Eleitoral (art. 101, § 5º), a escolha do sucessor obedecerá à forma estabelecida no Estatuto do partido a que pertencer o substituído, devendo o pedido de registro ser requerido até 10 (dez) dias contados ou do fato ou da notificação do partido da decisão judicial que deu origem à substituição.

1. Lei nº 7.664/88 (art. 17, §3º), Lei nº 7.773/89 (art. 11, §3º), Lei nº 8.214/91 (art. 16), Lei nº 8.713/93 (art. 13) e Lei nº 9.100/95 (art. 14).

Para a aplicação do dispositivo, no caso de o candidato pertencer a uma coligação, a substituição deverá ser consumada a partir de decisão da maioria absoluta dos órgãos executivos de direção das agremiações que estiverem associadas, podendo ser o substituto filiado a qualquer partido dela integrante, desde que aquele ao qual pertencia o substituído renuncie expressamente ao direito de preferência (LE, art. 13, § 2º).

Caso já precluso o prazo de realização das convenções partidárias, não há possibilidade jurídica de partido estranho à coligação nesta ingressar para apresentar um nome.

Os dispositivos constantes da resolução do TSE disciplinando o registro complementam os procedimentos formais que devem ser obedecidos para que a substituição se efetive e gere os efeitos jurídicos necessários.

Caso a substituição se efetive após a geração das tabelas para elaboração da lista de candidatos e da preparação das urnas, o substituto concorrerá com o nome, número e, na urna eletrônica, com a fotografia do substituído, computando-se àquele os votos que a este forem atribuídos.

De conformidade às prescrições da LE, caberá ao partido ou à coligação do substituto dar ampla divulgação à mudança da chapa para a total clareza do eleitorado acerca dos candidatos que irão concorrer (garantia da não surpresa do eleitor). O motivo da exigência legal impondo difusão no esclarecimento é impedir que os que os mesmos sejam ludibriados ao imaginar que o candidato segue sendo o que esteve na propaganda eleitoral prévia à substituição (v. AgR-REspe nº 975-40/SP[2]).

Nas disputas proporcionais (deputados, vereadores), será admitido o pedido de substituição de candidato adequado aos limites de gênero.

Sobre o ato de renúncia, exige a lei que deverá ser expresso através de documento, com a firma do renunciante reconhecida por tabelião ou duas testemunhas.

Segundo apregoado pelo TSE, a renúncia homologada sacramenta o exercício de um ato jurídico unilateral e perfeito[3]. Esta liberalidade

---

2. TSE, DJE 11/04/2018, p. 32.

3. Elucidam o tema as seguintes decisões:

   RECURSO ESPECIAL ELEITORAL. PEDIDO. SUBSTITUIÇÃO. CANDIDATO. PREFEITO. VICE-PREFEITO. ANTERIORIDADE. RENÚNCIA. DECISÃO. MAIORIA ABSOLUTA. ÓRGÃOS DE DIREÇÃO. PARTIDOS POLÍTICOS COLIGADOS. LEI Nº 9.504/97, ART. 13, §§ 1º E 2º. VIOLAÇÃO. INOCORRÊNCIA.

   1. A Lei Complementar nº 64/90, em seu art. 3º, conferiu legitimidade ad causam a qualquer candidato, partido político, coligação e ao Ministério Público. Na espécie, não há como reconhecer a falta de interesse de candidato a vereador para impugnar pedidos de registro de candidatos a prefeito e vice-prefeito.

pelo desistente, que pode ocorrer a qualquer tempo, gera efeitos legais e judiciários. O primeiro está em que a troca do concorrente é definitiva. A partir do que ficou balizado pelo Recurso Especial Eleitoral nº 264-18/SP (DJE 02/12/2013), a renúncia ao registro de candidatura homologada por decisão judicial impede que o candidato renunciante torne a concorrer ao mesmo cargo na mesma eleição.

Embora a LE/97 nada refira sobre, a irretratabilidade decorrente da desistência tem fundamento não só na boa-fé[4], mas também na segurança jurídica, esta assim entendida como a necessidade de estabilização do processo eleitoral. Na prática, a jurisprudência estabeleceu não ser juridicamente possível *desistir da desistência*.

Acerca do outro efeito, o pedido de afastamento deve ser oficializado perante o juízo do registro, cabendo a este então proceder na comunicação do ato caso o processo se encontre noutra instância.

Para ser válido, o pedido de registro do substituto deverá ser apresentado em arquivo digital gerado pelo CANDex acompanhado do RRC específico

---

2. A renúncia à candidatura consubstancia ato unilateral, submetendo-se à homologação apenas para verificação de sua validade, não havendo, portanto, apreciação quanto ao seu conteúdo. Precedentes.

3. Inviável, em sede de recurso especial, alterar o entendimento do acórdão regional, que, após detalhada análise probatória, concluiu pelo cumprimento da exigência prevista no art. 64, § 3º, da Res.-TSE nº 22.718/2008, no sentido de que a decisão de substituição fora tomada pela maioria absoluta dos órgãos executivos de direção dos partidos coligados (Súmulas nos 7/STJ e 279/STF).

4. Recurso especial desprovido. (TSE, REspe nº 36.150/BA, DJE 10/05/2010)

NEGATIVA DE PRESTAÇÃO JURISDICIONAL. INOCORRÊNCIA. RENÚNCIA À CANDIDATURA. ATO UNILATERAL. HOMOLOGAÇÃO JUDICIAL. REQUISITO DE VALIDADE. PEDIDO DE SUBSTITUIÇÃO DE CANDIDATO ANTERIOR À PUBLICAÇÃO DA SENTENÇA HOMOLOGATÓRIA. VIOLAÇÃO AO ART. 64, § 1º, DA RESOLUÇÃO 22.717/2008. INOCORRÊNCIA.

I - A exigência do art. 93, IX, da Constituição não impõe seja a decisão exaustivamente fundamentada. O que se busca é que o julgador informe de forma clara as razões de seu convencimento.

II - A renúncia à candidatura é ato unilateral, submetido, apenas para efeitos de validade do ato, à homologação da justiça eleitoral.

III - A finalidade do § 1º do art. 64 da Resolução 22.717/2008 é dirimir eventuais dúvidas sobre o início do prazo para o exercício do direito à substituição de candidato e não penalizar o partido que se adianta no pedido ou, ainda, obrigá-lo a aguardar a homologação da renúncia para que efetue o requerimento de substituição.

IV - Recurso especial eleitoral conhecido e improvido. (TSE, REspe nº 35.584/BA, DJE 31/08/2009)

4. Num caso no mínimo peculiar quando do julgamento do pedido de substituição do candidato a Vice-Presidente da República no Registro de Candidatos nº 77/DF, nas eleições presidenciais de 1994 (RJTSE 6/4/363), o Tribunal Superior Eleitoral examinou uma impugnação oferecida por partido político alegando que o candidato autor do pedido não havia renunciado, mas "foi renunciado". Segundo a tese do impugnante, o ato de desistência teria representado um "negócio jurídico" objetivando a "fraude à lei". Embora o pedido de substituição tenha sido deferido, o debatedesenvolvido no plenário do TSE contém um judicioso voto vencido que, ao confrontar o conteúdo do documento que veiculou o abandono da chapa à norma de regência vigente (Lei nº 8.713/93), reconheceu que o candidato "foi 'renunciado' pela coligação" porquanto não caracterizado um "ato espontâneo, volitivo, sem vícios, sem qualquer mácula".

de pedido de substituição contendo as informações e documentos previstos, dispensada a apresentação daqueles já existentes nos respectivos Cartórios Eleitorais, certificando-se a sua existência em cada um dos pedidos.

Se, contudo, ao invés de promover a substituição, os partidos e os candidatos permanecem na disputa, o fazem por sua conta e risco. A tanto, conforme delineado pelo AgRg-REspe nº 42-97/GO (DJ de 05/04/2019), os mesmos deverão suportar as consequências jurídicas advindas de uma eventual invalidação dos votos seguida da determinação de um novo escrutínio, se este for necessário.[5]

5.2. SUBSTITUIÇÃO ANTES DO SEGUNDO TURNO

No Brasil, cada turno corresponde a uma eleição. Se antes de realizado o segundo turno ocorrer morte, desistência ou impedimento legal de candidato a Presidente, Governador ou Prefeito, convocar-se-á, dentre os postulantes remanescentes do primeiro, o de maior votação; havendo mais de um candidato com a mesma, o que for mais velho.

De igual modo, é possível a substituição, no segundo turno, de candidato ao posto de Vice-Presidente, Vice-Governador e Vice-Prefeito que vier a falecer, desistir ou for impedido legalmente, desde que o substituto seja filiado a um partido já integrante da coligação no primeiro turno[6]. Por força do caráter decadencial das convenções, não há como incluir partidos novos.

5.3. FALECIMENTO DO TITULAR ELEITO APÓS A REALIZAÇÃO DO SEGUNDO TURNO

As hipóteses envolvendo o falecimento do titular eleito para ocupar cargo majoritário após o advento do segundo turno, antes da expedição do diploma ou entre a diplomação e a posse, têm o mesmo desfecho fático-jurídico: a transferência da titularidade ao vice conjuntamente eleito.

O ponto de partida da análise para se chegar à efetivação desse direito subjetivo decorre do art. 91 do Código Eleitoral quando mencionado di-

---

5. Em Portugal, a substituição é permitida até quinze dias antes das eleições (Lei nº 14/79, art. 37º, 1). Contudo, "Aquele que, não tendo capacidade eleitoral passiva, dolosamente aceitar a sua candidatura será punido com prisão de seis meses a dois anos e multa de 10 000$00 a 100 000$00" (art. 128).
6. TSE, CTA nº 14.340, DJ de 14/06/1994.

ploma enuncia que "o registro de candidatos a presidente e vice-presidente, governador e vice-governador ou prefeito e vice-prefeito, far-se-á sempre em chapa única e indivisível, ainda que resulte a indicação de aliança de partidos". Afigura-se inequívoco, portanto, que os princípios da unidade e indivisibilidade que informam a chapa são os mesmos que regem o desenlace jurídico da sucessão no posto. Outro fator é que os efeitos desdobrados da diplomação são declaratórios, ao passo que os constitutivos descendem do resultado estabelecido pelas urnas mediante a proclamação dos eleitos, consoante preconizam os artigos 186, *caput*, 197, IV, 210 e 211 do CE/65.

A integração dos preceitos se dá por meio do §4º do art. 2º da LE dispondo que "A eleição do Presidente importará a do candidato a Vice-Presidente com ele registrado, o mesmo se aplicando à eleição de Governador", e do §1º do seu art. 3º afirmando que "A eleição do Prefeito importará a do candidato a Vice-Prefeito com ele registrado".

Ante o encadeamento acima, extrai-se que a eleição gera o direito de ascensão do vice ao cargo do titular, caso este tenha falecido.

Em termos práticos, à míngua de qualquer previsão constitucional ou legal, este foi o procedimento proclamado pelo TSE[7] que vem orientando os casos que ocorrem.

5.4. SUBSTITUIÇÃO DA CHAPA MAJORITÁRIA

O Direito Eleitoral brasileiro não contém nenhuma disposição impedindo o desfazimento integral da chapa majoritária. Inexiste norma, princípio ou preceito constitucional, legal ou sumular excetuando referida opção. Em consequência, os integrantes da chapa majoritária registrada perante a Justiça Eleitoral, de qualquer nível de disputa, podem renunciar às suas candidaturas.

Ocorrendo isso, acerca do procedimento de troca, de acordo com a dogmática legal, os interessados (partidos e coligações) poderão substituir os nomes que abdicaram da refrega, inclusive efetivando inversões na

7. 1. Proclamados os eleitos e antes da data fixada para a solenidade da entrega dos diplomas, falece o Prefeito eleito. 2. O TRE empossa o Vice-Prefeito no cargo de prefeito e mais tarde resolve mantê-lo como vice-prefeito e determina novas eleições para prefeito. 3. Mandado de segurança. A solenidade da diplomação não tem finalidade constitutiva, mas meramente declaratória. O objeto precípuo da existência do vice-prefeito é o de substituir ou suceder o prefeito, sendo que a causa da vacância do cargo, no caso específico, não pode afastá-lo desse direito, obtido através do voto popular. 4. Mandado de Segurança concedido para cassar o ato impugnado, que determinou nova eleição para prefeito, mantido o impetrante no cargo como sucessor do prefeito falecido. (MS nº 442/MA, j. 19/06/1973, maioria).

ordem da chapa, caso os partidos coligados assim entendam conveniente (assunto *interna corporis*).

Nesse ponto, deve-se anotar que a orientação esboçada pelo Recurso Especial Eleitoral nº 10.945/PR[8], com amparo no parecer da Procuradoria-Geral Eleitoral que o precedeu, segue prevalecendo face à redação do art. 13 da Lei nº 9.504/97:

> **Coligação**: substituição de ambos os candidatos majoritários renunciantes com inversão da posição na chapa dos partidos coligados, mediante consenso das comissões executivas interessadas, indicando uma delas, para Vice-Prefeito, o filiado que renunciara à primitiva candidatura a Prefeito: transação politica que o art. 16, § 4º, da Lei nº 8.214/91 possibilita e que a prática das coligações explica.

O TSE já havia deliberado em termos similares acerca da aplicação da Lei nº 6.664/88 quando decidiu o Recurso Especial Eleitoral nº 7.504/BA:

> ELEITORAL. COLIGAÇÃO DE DOIS PARTIDOS POLÍTICOS - RENÚNCIA DOS CANDIDATOS INDICADOS A PREFEITO E VICE-PREFEITO - INVERSÃO POSTERIOR.
>
> Sem demonstração de prejuízo, nem objeção de qualquer dos partidos coligados, é possível que o partido que primeiramente indicou o candidato a prefeito passe a indicar o candidato a vice-prefeito, como deliberado em convenção. Questão *interna corporis*. Ausência de demonstração de hostilidade a texto expresso de lei ou divergência pretoriana.
>
> NÃO SE CONHECEU DO RECURSO ESPECIAL - AUSENTES OS PRESSUPOSTOS DE SUA ADMISSIBILIDADE.[9]

5.5. FRAUDE NA SUBSTITUIÇÃO ÀS VÉSPERAS DO PLEITO

Consoante visto, a lei estipulou que a qualquer tempo antes do pleito, excetuado o período específico dos vinte dias que o precedem, poderá ser realizada substituição do cargo majoritário. Esse permissivo, que possui natureza objetiva, visa impedir prejuízos à coligação ou partido ante alguma intercorrência com os seus candidatos. Contudo, ante a relatividade que

8. TSE, Acórdão nº 13.091, PSESS de 10/11/1992.
9. PSESS 16/10/1988.

caracteriza os direitos, sua fruição não pode gerar malefícios a terceiros, em especial aos demais competidores e à sociedade.

Neste sentido, com a exatidão e clareza características, o escólio de Caio Mário da Silva PEREIRA (2006, p. 673) adverte:

> Não se pode, na atualidade, admitir que o indivíduo conduza a utilização de seu direito até o ponto de transformá-lo em causa de prejuízo alheio.

Tendo presentes mencionados preceitos, as substituições ardilosas, consumadas na undécima hora[10] por candidatos aventureiros ou manifestamente inelegíveis, podem tipificar fraude à legitimidade do processo eleitoral e expressar abuso de direito. Nesse aspecto, conforme certifica o disposto no art. 187 do Código Civil, o abuso de direito é caracterizado como ato ilícito que se configura quando o titular de um direito, ao exercê-lo, "excede manifestamente os limites impostos pelo seu fim econômico ou social, pela boa-fé ou pelos bons costumes". Desse modo, perante contextos abusivos, cumpre reconhecer que a burla ao direito de substituição tem dimensão qualificada porquanto, "diz respeito a ardil, manobra ou ato praticado de má-fé pelo candidato, de modo a lesar ou ludibriar o eleitorado, viciando potencialmente a eleição", como bem assentou o Ministro Arnaldo Versiani no Recurso Especial Eleitoral nº 366-43/PI.

Uma questão vital a ser observada em casos de substituição nas proximidades do pleito é se a mesma foi efetivamente anunciada ao eleitorado da circunscrição pelo partido ou coligação. Como visto antes, há um expresso dever de informar o eleitor. O corpo votante deve ter clareza de quais candidatos disputam o cargo. A ausência desta providência, nos termos da jurisprudência do TSE, pode implicar em fraude, típica burla à lei.

Em função desses confrontos com princípios legais e constitucionais que culminam por afetar a higidez das eleições, resta identificar o instrumento processual a ser utilizado para repressão da ilicitude. Nesse passo, tendo em vista que a desnaturação do instituto implica em conduta maliciosa ("elemento surpresa"), a inteligência do art. 13 da Lei nº 9.504/97 deve ser completada com o §10 do art. 14 da CF/88 prevendo a possibilidade de aforamento da Ação de Impugnação de Mandato Eletivo até quinze dias após a diplomação dos infratores.

10. Para exemplificar substituições às vésperas da eleição, vide o Recurso Especial Eleitoral nº 99-85/SP (Paulínia), com a substituição do pai pelo filho, e o Agravo de Instrumento nº 12-11/SP (Euclides da Cunha), onde a mãe foi substituída pela filha.

Nesta análise, ao se abordar o elemento fraudulento, recorre-se ao paradigmático Recurso Especial Eleitoral nº 1-49/PI 11 quando o plenário do TSE decidiu acerca de sua conceituação e larga possibilidade de exame. Segundo ficou estabelecido, o termo *fraude* do art. 14, § 10, da CF/88 encerra um conceito jurídico aberto que admite todas as situações que possam afetar a normalidade das eleições e a legitimidade do mandato, incluída a hipótese de *ofensa à lei*.

Naquela assentada, em voto de consistente conclusão, anotou o Ministro Henrique Neves:

> Penso que o termo fraude, estampado no art. 14, § 10, da Constituição Federal, encerra conceito aberto, a englobar todas as situações de fraude - inclusive a de fraude à lei - que possam afetar a normalidade das eleições e a legitimidade do mandato obtido. [...]. Nesse aspecto, as alegações de fraude à lei, nas quais se aponta que determinada regra foi atendida a partir de suposto engodo praticado pela agremiação política, não podem ter a sua análise extirpada do âmbito da ação de impugnação de mandato eletivo.

De conformidade a esses parâmetros axiológicos, as seguintes conclusões do TSE, embora assentadas anteriormente ao advento da Lei nº 12.891/13, abordam a essência da nódoa em comento:

> **ELEIÇÕES 2012. AGRAVO REGIMENTAL. RECURSO ESPECIAL ELEITORAL. AÇÃO DE IMPUGNAÇÃO DE MANDATO ELETIVO. FRAUDE. PREFEITO E VICE-PREFEITO. SUBSTITUIÇÃO DE CANDIDATO INELEGÍVEL ÀS VÉSPERAS DO PLEITO. INDUZIMENTO DO ELEITOR A ERRO. ABUSO DE DIREITO. MORALIDADE DAS ELEIÇÕES. COMPROMETIMENTO. VEDAÇÃO DE REEXAME DE FATOS E PROVAS. DISSENSO PRETORIANO. SÚMULA Nº 30/TSE. NÃO PROVIMENTO.**
>
> (...). 4. O Tribunal de origem lastreou-se na prova produzida para firmar seu convencimento de que evidenciado "o abuso do direito perpetrado pelas partes envolvidas", pois o "candidato substituído, sabedor da sua flagrante inelegibilidade preexistente, tentou por todos os meios procrastinar o encerramento do processo que indeferiu o seu registro de candidatura para, há poucos dias do pleito, renunciar e permitir que sua esposa fosse eleita", ressaltado que tal manobra, além de frustrar

11. TSE, DJE 21/10/2015, p. 25.

a finalidade da norma, "teve robusta aptidão para distorcer a vontade popular, influenciando diretamente o resultado do pleito"(fls. 391-2). 5. No tocante à difusão ao eleitorado da alteração da chapa majoritária, muito embora registrado no voto vencido prolatado no TRE/SP "que substituição em comento foi divulgada por meio de santinhos, panfletos, adesivos, placas" etc (fl. 411), assinalado no voto condutor do acórdão que "um fato incomum chama a atenção nas propagandas acostadas às fls. 166/169: a foto, do candidato substituído, juntamente com a da recorrida com o mesmo tamanho e no mesmo plano da foto do candidato permanecerá à frente da administração municipal, pode confundir o eleitor" (fl. 390).[12]

ELEIÇÕES 2012. AGRAVO REGIMENTAL. AGRAVO. RECURSO ESPECIAL. AÇÃO DE IMPUGNAÇÃO DE MANDATO ELETIVO (AIME). CARGO MAJORITÁRIO. SUBSTITUIÇÃO. CANDIDATO. PRAZO. FRAUDE. OCORRÊNCIA. LEGITIMIDADE ATIVA. LEGITIMIDADE PASSIVA. DESPROVIMENTO.

1. As coligações partidárias têm legitimidade para a propositura de ação de impugnação de mandato eletivo.

2. A ação de impugnação de mandato eletivo pressupõe a existência de diploma expedido pela Justiça Eleitoral, que poderá ser desconstituído por abuso de poder econômico, corrupção ou fraude, a teor do art. 14, § 10, da Constituição Federal.

3. Na linha da remansosa jurisprudência bem como da mais abalizada doutrina, a cassação do mandato de vice-prefeito decorre de consequência lógico-jurídica da indivisibilidade da chapa majoritária.

4. A legislação aplicável às eleições de 2012 faculta ao partido/coligação a substituição de candidato a cargo majoritário até a véspera do pleito; contudo, tal faculdade deve ser interpretada à luz do princípio da soberania popular, uma vez que o principal ator do processo eleitoral é o eleitor, que deve saber se a fotografia apresentada pela urna eletrônica corresponde ao real candidato por ele escolhido.

5. Esse tema foi amplamente debatido no precedente de Paulínia (REspe 99-85/SP), no qual esta Corte concluiu pela inadmissibilidade da substituição da candidatura do pai pelo filho, às vésperas da eleição.

6. Na hipótese, cuida-se de substituição da candidatura da mãe pela filha, realizada após as 18 horas da véspera da eleição, pouco antes do inicio da votação, sem justo motivo que lhe desse ensejo, porquanto o

12. AgR-REspe nº 975-40/SP, DJE de 11/04/2018.

indeferimento do registro de candidatura da mãe, apontado como justificativa, ocorrera um mês antes do pleito, caracterizando verdadeira fraude eleitoral.

7. Não há nulidade de julgamento se o magistrado que não esteve presente na sessão de leitura do relatório e sustentação oral declara sua aptidão para proferir o voto.

8. *In casu*, a moldura fática do acórdão recorrido está a demonstrar a inexistência de justo motivo para a substituição, revelando, ao revés, nítido abuso de direito e fraude à lei.

9. Agravo regimental desprovido e prejudicada a Ação Cautelar nº 453-64/SP.[13]

AGRAVO REGIMENTAL. RECURSO ESPECIAL ELEITORAL. ELEIÇÕES 2012. PREFEITO. AÇÃO DE IMPUGNAÇÃO DE MANDATO ELETIVO. SUBSTITUIÇÃO ÀS VÉSPERAS DA ELEIÇÃO. FRAUDE. INOCORRÊNCIA. DESPROVIMENTO.

1. È cabível o ajuizamento de ação de impugnação de mandato eletivo para apurar-se fraude decorrente de substituição de candidato a cargo majoritário às vésperas do pleito.

2. Consoante os arts. 13 da Lei 9.504197 e 67 da Res.-TSE 23.373/2011, nas eleições majoritárias a substituição de candidatos poderá ser requerida a qualquer tempo antes do pleito, desde que observado o prazo de dez dias contados do fato ou da decisão judicial que lhe deu origem e que haja ampla divulgação perante o eleitorado.

3. No caso, a substituição do candidato a vice-prefeito não configurou fraude, notadamente porque o substituído, ao participar dos últimos atos de campanha, não pediu votos ou praticou conduta similar. Ademais, não há quaisquer evidências de que a substituição não tenha sido informada ao eleitorado.[14]

13. AgR-AI nº 12-11/SP e AC nº 453-64/SP, DJE de 17/11/2016.
14. AgR-REspe nº 191/SP, DJE de 01/10/2014.

Capítulo

6

PRÉ-CAMPANHA ELEITORAL

6.1. INTRODUÇÃO E FUNDAMENTOS

Difundir uma pré-candidatura ao Legislativo ou ao Executivo não caracteriza propaganda eleitoral antecipada. Afirmar-se como pré-candidato é um ato lícito. Atualmente vigora uma proteção legal revestindo o *status* jurídico desse espaço de exposição. Com isso, os pretendes a cargos eletivos podem deflagrar as suas manifestações e articulações com mais segurança sem incorrer em ofensa à lei.

Oficializada como etapa integrante do cenário político em ano de disputas, a pré-campanha acha-se estabelecida como um instrumento adicional de expressão e informação disponibilizado à sociedade, aos meios de comunicação e políticos em geral. O art. 36-A da Lei nº 9.504/97, incluído pela Lei nº 12.034, de 2009, modificado nos termos da Lei nº 12.891, de 2013, posteriormente reformado pela Lei nº 13.165, de 2015, e, finalmente, com os acréscimos da Lei nº 13.488, de 2017, passou a contar com diversas hipóteses de exposição lícita para aqueles que pretendem concorrer a cargo eletivo. Uma simples leitura desse dispositivo revelará que as inovações nele contidas autorizam que se dê conhecimento ao público de uma candidatura futura.

A perenidade democrática e a constância dos assuntos relacionados à política fizeram com que o ordenamento eleitoral abandonasse conceitos e dogmas superados e se ajustasse à edição de permissivos inovadores. Não há como não se levar em conta que, cada vez mais, a execução da democracia requisita normas atualizadas e objetivas.

A transformação encetada no texto legal foi profunda ao banir a repressão que vigorava em torno de situações relacionadas à própria democracia. Em termos práticos, o tema foi objeto de três parágrafos e seis incisos pelo legislador. Aludidas possibilidades, reconheça-se, introduziram profundas alterações no regime jurídico da propaganda política, formando uma categoria específica de direitos de exposição em vista do cronograma contido no calendário eleitoral.

De fato, "ao buscar a regulação específica da propaganda pré-eleitoral, o legislador procurou dar mais concretude ao princípio da liberdade da propaganda política em si, excluindo diversas situações materiais daquilo que historicamente a jurisprudência sempre considerou propaganda eleitoral antecipada, quando da análise do caso concreto", como avaliou Luiz Eduardo PECCININ (2013, p. 325). "Na verdade", prossegue o autor em seu abalizado artigo analisando o artigo 36-A da Lei nº 9.504/97, "o próprio conceito de propaganda eleitoral antecipada é jurisprudencial, o que deixava qualquer caso de exposição pública de supostos pré-candidatos à mercê de decisões nem sempre uniformes e coerentes dos tribunais eleitorais pátrios".

Outro olhar a ser levado em conta é que não havia sentido, de um lado, a Lei Fundamental da República garantir a livre manifestação do pensamento (art. 5º, IV), a vedação do anonimato (art. 5º IV), o direito de resposta (art. 5º, V), as liberdades de consciência, crença (art. 5º, VI) e de informação jornalística (art. 220, §1º) e, de outro, uma lei ordinária, aprovada por acordo de líderes, asfixiar ou instabilizar o fluxo desses direitos constitucionalmente escudados.

Se examinada no conjunto das suas cláusulas essenciais, a Constituição de 05/10/1988, como nenhuma outra que lhe precedeu na história brasileira, contemplou a informação e a liberdade de expressão como valores imprescindíveis à vida social e política. Basta dizer que tais garantias, tratadas com visível esmero pelo constituinte[1], estão situadas junto aos Direitos e Deveres Individuais e Coletivos.

1. A Comissão Provisória de Estudos Constitucionais para elaborar estudos e pesquisas como subsídio aos trabalhos da Assembleia Nacional Constituinte, composta por 50 membros e tendo como presidente o jurista e ex-senador Afonso Arinos de Melo Franco (1905-1990), elaborou o *Anteprojeto Constitucional* prevendo ao seu art. 22 que "Todos têm o direito de procurar, receber, redigir, imprimir e divulgar informações corretas, opiniões e ideias, assegurada a pluralidade de fontes".

Visto assim, e na medida em que "Todos são iguais perante a lei", a democracia depende essencialmente de informações e manifestações para o seu desenvolvimento e aperfeiçoamento. Sem liberdade de informação e direito de expressão, a democracia sempre será um exercício de construção sobre areias movediças, situação que não condiz ao terceiro milênio.

Esta realidade não foi desconsiderada pelo Supremo Tribunal Federal quando apreciou o mérito da Arguição de Descumprimento de Preceito Fundamental nº 130/DF, que tratava da recepção da *Lei de Imprensa* pelo ordenamento constitucional de 1988. Excerto do voto proferido pelo Ministro Menezes Direito apontou pela necessidade de uma intervenção estatal pela via legislativa para uma correta combinação entre todos esses elementos:

> Quando se tem um conflito possível entre a liberdade e sua restrição deve-se defender a liberdade. O preço do silêncio para a saúde institucional dos povos é muito mais alto do que o preço da livre circulação das idéias. A democracia para subsistir depende de informação e não apenas do voto; este muitas vezes pode servir de mera chancela, objeto de manipulação. A democracia é valor que abre as portas à participação política, de votar e ser votado, como garantia de que o voto não é mera homologação do detentor do poder. Dito de outro modo: os regimes totalitários convivem com o voto, nunca com a liberdade de expressão.

A partir da leitura das disposições que passaram a reger a pré-campanha, observa-se que o legislador cuidou de franquear condutas outrora situadas numa zona fronteiriça entre o lícito e o ilícito que ensejavam dificuldade em termos de enquadramento legal. No entanto, a especificidade das situações impunha que se definissem as subsunções mediante fundamentos legais mais explícitos. A vagueza semântica mantida em torno de algumas expressões dificulta o agir dos pré-candidatos, especialmente quanto aos movimentos externos (adesivos, eventos, postagens).

Tais exigências se amparam na necessidade, ainda sentida, de haver normatizações dotadas de maior nitidez justamente num período nebuloso onde se por um lado, ainda não há exata certeza da candidatura almejada, de outro existe uma razoável expectativa em torno da sua concretização.

Em que pese ser possível constatar evolução no entendimento doutrinário e jurisprudencial em torno deste direito, a pré-campanha segue fomentando receios entre pré-candidatos, partidos e meios de comunicação[2]. E esta é uma situação desnecessária, que não condiz à sua finalidade e característica essencial, que é justamente a de possibilitar maior politização e interesse da opinião pública pelos temas que dizem respeito às eleições.

Para corroborar, da Justificativa constante do Projeto de Lei nº 5.735/13 da Câmara dos Deputados[3] que deu origem a este considerável período de exposição, é valido resgatar algumas das suas referências descritivas almejando "fortalecer a participação popular no processo eleitoral":

> g) Atividades de pré-campanha
>
> Serão considerados atos da vida política normal, a qualquer tempo, as manifestações que levem ao conhecimento da sociedade a pretensão de alguém de disputar eleições ou as ações políticas que pretenderia desenvolver, desde que não haja pedido explícito de votos.
>
> h) Uso das redes sociais na *internet*
>
> As redes sociais da internet devem ser consideradas inalcançáveis pela lei quando utilizadas para a livre manifestação individual do pensamento. Trata-se, com efeito, de verdadeiro estímulo à manifestação da sociedade sobre assuntos político-eleitorais.
>
> i) Limitação do poder de polícia na propaganda eleitoral
>
> Não constitui prática salutar para a democracia a limitação arbitrária de atos legítimos de campanha eleitoral. Se não há vedação prevista em lei, não é aceitável qualquer limitação de tais atos.

Com essa nova faceta, não há se negar que os pré-candidatos, embora sendo "quase uma nota de rodapé na nossa legislação", ocupam "todo esse período prévio, que, para muitos, é mais importante que o próprio período eleitoral", conforme assinalado pelo RO nº 0601616-19/MT (DJE de 19/12/2019).

6.1.1. Delimitação inicial do "processo eleitoral"

Acerca da expressão *processo eleitoral*, vale registrar que a mesma foi debatida na jurisdição do Supremo Tribunal Federal pela primeira vez

2. O TSE, sob a alegação de que "Os parâmetros para o conhecimento de questão em consulta devem ser extremamente rigorosos, sendo imprescindível que os questionamentos sejam formulados de forma simples e objetiva, sem que haja a possibilidade de se dar múltiplas respostas ou estabelecer ressalvas", não conheceu da Consulta nº 246-31/DF cujos questionamentos seriam de extrema valia para maior segurança jurídica em torno do art. 36-A.
3. Apresentado em 06/06/2013.

em 24 de setembro de 1990, quando do julgamento da Ação Direta de Inconstitucionalidade nº 354-2/DF. Diversas decisões se sucederam em torno dessa imprecisa locução constitucional. Entretanto, dois pronunciamentos do STF, por suas especificidades, merecem maior atenção do intérprete.

Na Ação Direta de Inconstitucionalidade nº 3.345/DF, de 25/08/2005 (DJ de 20/08/2010), o Tribunal Pleno consignou que "O processo eleitoral, que constitui sucessão ordenada de atos e estágios causalmente vinculados entre si, supõe, em função dos objetivos que lhe são inerentes, a sua integral submissão a uma disciplina jurídica que, ao discriminar os momentos que o compõem, indica as fases em que ele se desenvolve: (a) fase pré-eleitoral, que, iniciando-se com a realização das convenções partidárias e a escolha de candidaturas, estende-se até a propaganda eleitoral respectiva; (b) fase eleitoral propriamente dita, que compreende o início, a realização e o encerramento da votação e (c) fase pós-eleitoral, que principia com a apuração e contagem de votos e termina com a diplomação dos candidatos eleitos, bem assim dos seus respectivos suplentes. Magistério da doutrina (JOSÉ AFONSO DA SILVA e ANTONIO TITO COSTA)".

Ocorre que pouco menos de seis anos depois, em 23/03/2011, no Recurso Extraordinário nº 633.703/MG, veio a prevalecer na Corte o entendimento de que "A competição eleitoral se inicia exatamente um ano antes da data das eleições e, nesse interregno, o art. 16 da Constituição exige que qualquer modificação nas regras do jogo não terá eficácia imediata para o pleito em curso". Mais recentemente, também em sede de repercussão geral[4], reconheceu-se a "anterioridade potencializada" presente ao art. 16 da Constituição Federal.

Nessa perspectiva, considerando a mutação de entendimento[5] ocorrida entre a ADIN nº 3.345/DF e o RE nº 633.703/MG a respeito do período abarcado pelo *processo eleitoral*, filiamo-nos à interpretação de que o mesmo é deflagrado um ano antes da data da eleição.

---

4. STF, RE nº 929.670/DF, j. 01/03/2018 (DJE de 12/04/2019).

5. Sobre a influência dos contextos na interpretação constitucional, o seguinte trecho do voto do Ministro Celso de Mello no HC nº 90450/MG sintetiza: "Em uma palavra, Senhores Ministros: a interpretação judicial há de ser vista como instrumento juridicamente idôneo de mutação informal da Constituição, revelando-se plenamente legítima a adequação da própria Constituição da República, se e quando imperioso compatibilizá-la, mediante exegese atualizadora, com as novas exigências, necessidades e transformações resultantes dos processos sociais, econômicos e políticos que caracterizam, em seus múltiplos e complexos aspectos, a sociedade contemporânea" (STF, Segunda Turma, j. 23/09/2008).

6.2. DISCIPLINA NORMATIVA

> **Art. 36-A. Não configuram propaganda eleitoral antecipada, desde que não envolvam pedido explícito de voto, a menção à pretensa candidatura, a exaltação das qualidades pessoais dos pré-candidatos e os seguintes atos, que poderão ter cobertura dos meios de comunicação social, inclusive via *internet*: (Redação dada pela Lei nº 13.165, de 2015)**

São de elogiável consistência as excludentes de antijuridicidade nominalmente definidas no *caput* do art. 36-A ("*Não configuram*"), a maioria delas carreada a partir da jurisprudência consagrada pela Justiça Eleitoral ao amparo de fundamentos constitucionais.

Hodiernamente, o texto legal atribui lisura na divulgação que não explicita *pedido de voto*. Com isso, o Estado reconhece a figura jurídica do pré-candidato. Esse novo modelo jurídico estatuiu um apreciável alargamento na liberdade de expressão.

Com as alterações efetivadas pela Lei nº 13.165/15 escoradas nos fundamentos antes vistos, a antiga construção jurisprudencial desenvolvida pelo TSE em torno da propaganda extemporânea,que já vinha ofegante, não faz mais sentido porquanto agora é exigida a comprovação do pedido explícito de voto para a sua caracterização.

Fruto disso, hoje, a divulgação de mensagem em rede social com a menção à possível candidatura e o enaltecimento de opção política não consubstancia mais propaganda eleitoral antecipada. É preciso reconhecer que a Lei nº 13.165/15 logrou, com eficácia incomum, um avanço em termos de adequação à realidade.

Em termos jurisprudenciais, a guinada teve origem a partir do decidido pelo Recurso Especial Eleitoral nº 51-24/MG, cujo acórdão publicado à Sessão de Julgamento de 18/10/2016 assentou, em sua longa, porém precisa e autoexplicativa ementa:

> **ELEIÇÕES 2016. RECURSO ESPECIAL. REPRESENTAÇÃO. PROPAGANDA ELEITORAL ANTECIPADA (LEI DAS ELEIÇÕES, ART. 36-A). DIVULGAÇÃO DE MENSAGEM EM FACEBOOK. ENALTECIMENTO DE PARTIDO POLÍTICO. MENÇÃO À POSSÍVEL CANDIDATURA. AUSÊNCIA DE PEDIDO EXPLÍCITO DE VOTOS. NÃO CONFIGURAÇÃO. LEGÍTIMO EXERCÍCIO DA LIBERDADE JUSFUNDAMENTAL DE INFORMAÇÃO. ULTRAJE À LEGISLAÇÃO**

ELEITORAL NÃO CONFIGURADO. RECURSO ESPECIAL A QUE SE DÁ PROVIMENTO.

1. A liberdade de expressão reclama proteção reforçada, não apenas por encerrar direito moral do indivíduo, mas também por consubstanciar valor fundamental e requisito de funcionamento em um Estado Democrático de Direito, motivo por que o direito de expressar-se - e suas exteriorizações (informação e de imprensa) - ostenta uma posição preferencial (preferred position) dentro do arquétipo constitucional das liberdades.

2. A proeminência da liberdade de expressão deve ser trasladada para o processo político-eleitoral, mormente porque os cidadãos devem ser informados da variedade e riqueza de assuntos respeitantes a eventuais candidatos, bem como das ações parlamentares praticadas pelos detentores de mandato eletivo (FUX, Luiz; FRAZÃO, Carlos Eduardo. Novos Paradigmas do Direito Eleitoral. Belo Horizonte: Fórum, 2016 - prelo).

3. A *ratio essendi* subjacente ao art. 36, *caput*, da Lei das Eleições, que preconiza que a propaganda eleitoral somente será admitida após 15 de agosto do ano das eleições, é evitar, ou, ao menos, amainar a captação antecipada de votos, visando a não desequilibrar a disputa eleitoral, vulnerar o postulado da igualdade de chances entre os candidatos e, no limite, comprometer a própria higidez do prélio eleitoral.

4. A ampla divulgação de ideias fora do período eleitoral propriamente dito se ancora em dois postulados fundamentais: no princípio republicano, materializado no dever de prestação de contas imposto aos agentes eleitos de difundirem atos parlamentares e seus projetos políticos à sociedade; e no direito conferido ao eleitor de acompanhar, de forma abrangente, as ideias, convicções, opiniões e plataformas políticas dos representantes eleitos e dos potenciais candidatos acerca dos mais variados temas debatidos na sociedade, de forma a orientar a formação de um juízo mais consciente e responsável, quando do exercício de seu *ius suffragii*.

5. A propaganda eleitoral extemporânea consubstancia, para assim ser caracterizada, ato atentatório à isonomia de chances, à higidez do pleito e à moralidade que devem presidir a competição eleitoral, de maneira que, não ocorrendo *in concrecto* qualquer ultraje a essa axiologia subjacente, a mensagem veiculada encerrará livre e legítima forma de exteriorizar seu pensamento dentro dos limites tolerados pelas regras do jogo democrático.

6. O limite temporal às propagandas eleitorais encontra lastro no princípio da igualdade de oportunidades entre partidos e candidatos, de forma a maximizar três objetivos principais: (i) assegurar a todos os competidores um mesmo prazo para realizarem as atividades de captação de voto, (ii) mitigar o efeito da (inobjetável) assimetria de recursos econômicos na

viabilidade das campanhas, no afã de combater a plutocratização sobre os resultados dos pleitos; e (iii) impedir que determinados competidores extraiam vantagens indevidas de seus cargos ou de seu acesso aos grandes veículos de mídia, antecipando, em consequência, a disputa eleitoral (OSORIO, Aline. Direito Eleitoral e Liberdade de Expressão. Belo Horizonte: Fórum, 2016, p. 127-128 - prelo).

7. A menção à pretensa candidatura e a exaltação das qualidades pessoais dos pré-candidatos, nos termos da redação conferida ao art. 36-A pela Lei nº 13.165/2015, não configuram propaganda extemporânea, desde que não envolvam pedido explícito de voto.

8. No caso sub examine,

a) O Tribunal Regional Eleitoral do Estado de Minas Gerais, por maioria, deu parcial provimento a recurso eleitoral, reduzindo ao mínimo legal multa aplicada ao Recorrente pelo Juízo da 52ª Zona Eleitoral, ante o reconhecimento de propaganda eleitoral extemporânea, em virtude de "[ter] public[ado], em seu perfil no *Facebook*, uma imagem contendo sua fotografia e, ao lado, a seguinte mensagem: "PSB/MG - O melhor para sua cidade é 40!" (fls. 116).

b) Aludida mensagem, a despeito de enaltecer determinado partido político e de indicar possível candidatura, não configura propaganda eleitoral extemporânea vedada pela legislação de regência, como supõe o aresto vergastado.

c) É que, com o fim das doações empresariais e com o reduzido tempo de campanha eleitoral, impõe-se que os pretensos candidatos, no afã de difundir suas propostas e de enaltecer suas qualidades pessoais, logrem buscar formas alternativas de conexão com o seu (futuro) eleitorado, de modo que me parece natural que eles se valham de publicações em *posts* e de mensagens nas mídias sociais (*facebook*, *twitter* etc.) para tal desiderato.

d) A veiculação de mensagens pelas mídias sociais, dada a modicidade de seus custos, harmoniza-se com a teleologia que presidiu tanto a proscrição de financiamento por pessoas jurídicas quanto a Minirreforma Eleitoral: o barateamento das campanhas eleitorais, característica que as tornam inaptas a ocasionar interferência indevida do poder econômico no pleito.

e) A Justiça Eleitoral, se reprimir a implementação de métodos alternativos de divulgação de propostas e plataformas políticas (com excessiva restrição ao uso das mídias sociais), contribuirá negativamente para o esvaziamento integral do período democrático de debates (para alguns, denominado de pré-campanha), instituído pela Lei nº 13.165/2015, na medida em que aniquilará, sem qualquer lastro constitucional ou legal, a interação que deve ocorrer entre os pretensos candidatos e os cidadãos, de ordem a produzir odioso *chilling effect* nos pretensos candidatos, tamanho o receio de verem suas mensagens e postagens qualificadas como propaganda extemporânea.

f) Como consectário, incentiva-se o aparecimento dos cognominados candidatos-surpresa - aqueles que exsurgem às vésperas do pleito, estimulando um arranjo que, decerto, antes de fortalecer, amesquinha a democracia.

g) O desenho institucional que potencializa e leva a sério o regime democrático requer que seja franqueado maior espaço de difusão de ideias, projetos políticos e opiniões sobre os mais diferentes temas, sobre as qualidades pessoais de pretensos candidatos e sobre os planos de governo futuro, visando a propiciar maior controlabilidade social por parte dos demais players do prélio eleitoral.

h) A exposição por largo período de tempo - sem pedido expresso de voto, o que é vedado por lei - permite que essas ideias sejam testadas no espaço público: se, por um lado, forem falsas ou absurdas, a oposição poderá contraditá-las e a população estará mais bem informada; se, por outro lado, forem boas soluções alvitradas, a oposição terá de aperfeiçoar suas propostas e projetos e o cidadão será, mais uma vez, beneficiado.

i) Destarte, a mensagem veiculada não acarretou prejuízo à paridade de armas, pois qualquer eventual competidor poderia, se assim quisesse, proceder da mesma forma, divulgando mensagens sobre seus posicionamentos, projetos e qualidades, em igualdade de condições, principalmente por tratar-se de propaganda de custo diminuto, inapta a ocasionar interferência indevida do poder econômico no pleito;

9. Recurso especial provido.

A partir deste acórdão discorrendo com profundidade sobre "a ampla divulgação de ideias fora do período eleitoral propriamente dito", o debate pretoriano ganhou novos contornos. Com isso, boa parte do bolor ficou para trás. Reconhecida a legitimidade da pré-campanha sem as amarras até então vigentes, a presença de público é fator que não configura infração:

AGRAVO REGIMENTAL. RECURSO ESPECIAL. ELEIÇÕES 2016. PREFEITO. REPRESENTAÇÃO. PROPAGANDA ANTECIPADA. ART. 36-A DA LEI 9.504/97. DISCURSO PROFERIDO. EXALTAÇÃO. QUALIDADES PESSOAIS. AUSÊNCIA. PEDIDO EXPLÍCITO DE VOTO. DESPROVIMENTO.

1. Nos termos da jurisprudência desta Corte Superior firmada para as Eleições 2016, a configuração de propaganda eleitoral extemporânea - art. 36-A da Lei 9.504/97 - pressupõe pedido explícito de votos.

> 2. No caso dos autos, discursos proferidos em encontro aberto ao público no dia 4.7.2016, em que se ressaltaram qualidades pessoais de pré-candidato a prefeito, não atraem o ilícito, haja vista a notória ausência de pedido expresso de votos.
>
> 3. Agravo regimental desprovido.[6]

Nesse terreno, o Tribunal Superior Eleitoral já proclamou que "com o advento da Lei 13.165/2015 e a consequente alteração sucedida no âmbito do art. 36-A da Lei das Eleições, bem como até mesmo já considerando a evolução jurisprudencial do tema, a configuração da infração ao art. 36 da Lei 9.504/97, em face de fatos relacionados à propaganda tida por implícita, ficou substancialmente mitigada, ante a vedação apenas ao pedido explícito de votos e com permissão da menção à pré-candidatura, exposição de qualidades pessoais e até mesmo alusão a plataforma e projetos políticos (art. 36-A, I) (AgR-REspe nº 85-18/SP, rel. Min. Admar Gonzaga, julgado em 3.8.2017)" (AgRgREspe nº 060035242/RJ).[7]

Ante tais premissas, a conhecida expressão "*tamo junto*", que é uma dentre tantas outras definitivamente incorporadas ao jargão popular, não autoriza concluir pela caracterização de propaganda antecipada porque ela não tem qualquer similaridade semântica com pedido explícito de votos[8]. Opostamente a isso, o pedido explícito pode ser identificado pelo uso de determinadas palavras como, por exemplo, "*votem*" e "*elejam*", que levem as pessoas a concluir que o emissor está defendendo publicamente a sua vitória. Também é possível vislumbrá-lo em fala de pré-candidato a prefeito que pede "voto de confiança" nele e em pré-candidato a vereador numa reunião juntamente com moradores[9].

Da mesma forma quando o pré-candidato, durante a transmissão de um evento partidário ao vivo em sua página do *Facebook*, pediu voto de maneira escancarada:

> **AGRAVO REGIMENTAL. RECURSO ESPECIAL. ELEIÇÕES 2018. REPRESENTAÇÃO. PROPAGANDA ELEITORAL ANTECIPADA. REUNIÃO PARTIDÁRIA REPRODUZIDA NO FACEBOOK. ARTS.**

6. TSE, AgRgREspe nº 24622/RJ, DJE de 23/10/2018.
7. DJE de 18/11/2019.
8. TSE, AgREspe nº 060023063/RJ, DJE de 08/11/2019.
9. TSE, AgRgREspe nº 2931, DJE de 03/12/2018.

> **36 E 36-A DA LEI 9.504/97. PEDIDO EXPLÍCITO DE VOTO. CONFIGURAÇÃO. DESPROVIMENTO.**
>
> 1. A teor da jurisprudência desta Corte, para fins de caracterização de propaganda eleitoral extemporânea (arts. 36 e 36-A da Lei 9.504/97), é possível identificar o requisito do pedido explícito de votos a partir do uso de "palavras mágicas".
>
> 2. No caso, o primeiro agravante transmitiu ao vivo em sua página do *Facebook* reunião partidária voltada ao lançamento de sua pré-candidatura ao cargo de deputado federal nas Eleições 2018, em que foram proferidos discursos que evidenciam a prática do ilícito, destacando-se: "[...] o Jean precisa ganhar para continuar nos próximos quatro anos nos representando no Congresso", "é fundamental que a gente renove esse mandato que nos representa tanto", "o Rio de Janeiro, sem dúvida nenhuma, elegerá você, Jean Wyllys" e "fica um desafio: o Jean tem que ter 180 mil votos".
>
> 3. Agravo regimental desprovido.

A jurisprudência, é certo, amadureceu numa série de outras circunstâncias, conforme esclarecem diversas ementas regionais:

> **Recurso. Representação. Propaganda eleitoral antecipada. Procedência. Evento de pré-campanha assemelhado a comício. Caráter eleitoreiro. Pedido explícito de voto. Configuração. Redução da multa ao valor mínimo. Provimento parcial.**
>
> 1. Configura propaganda eleitoral antecipada a realização de evento assemelhado a comício, diante do nítido caráter eleitoreiro da conduta e da constatação de que houve pedido explícito de votos.
>
> 2. Recurso a que se dá provimento parcial, para reduzir a multa ao patamar mínimo legal (R$ 5.000,00).[10]

> **ELEIÇÕES 2016. RECURSO ELEITORAL. REPRESENTAÇÃO. ALEGAÇÃO DE DIVULGAÇÃO IRREGULAR DE PESQUISA ELEITORAL POR MEIO DE *WHATSAPP*. AUSÊNCIA DOS REQUISITOS. NÃO CONFIGURAÇÃO DE PESQUISA ELEITORAL. CONFIGURAÇÃO DE ENQUETE OU SONDAGEM. PERÍODO PRÉ-CAMPANHA. POSSIBILIDADE. ART. 23 DA RESOLUÇÃO TSE Nº 23.453/2015 E § 5º DO ART. 33 DA LEI Nº 9.504/97. RECURSO DESPROVIDO.**[11]

10. TRE/BA, RE nº 31194, DJE de 18/10/2018.
11. TRE/GO, RE nº 35822, DJ de 08/02/2017.

Recurso. Representação. Propaganda antecipada. Facebook. Art. 36 da Lei n. 9.504/97. Eleições 2016.

(...).

2. Divulgação do *jingle* de campanha no *Facebook* antes do período permitido, informando nome e número do candidato. Não configurada propaganda eleitoral antecipada. Inexistente pedido expresso de voto ou mesmo prejuízo à paridade de armas, visto ser possível a qualquer eventual competidor, dado seu custo módico, proceder da mesma forma, divulgando mensagens sobre posicionamentos, projetos e qualidades, em igualdade de condições. A repressão à referida postagem impede a salutar interação entre os pretensos candidatos e os cidadãos na busca de maior espaço para a difusão de propostas e projetos políticos, buscando-se, assim, fomentar o debate eleitoral.

Provimento.[12]

Recurso. Representação. Propaganda antecipada. *Facebook*. Parcial procedência. Multa. Lei 9.504/97. Eleições 2016. 1. O art. 36-A da Lei n. 9.504/97, com as alterações introduzidas pela Lei n. 13.165/15, passou a disciplinar os atos de pré-campanha com viés nitidamente liberalizante, privilegiando a liberdade de expressão. Autorizada a divulgação da pretensa candidatura, a exaltação das qualidades pessoais e divulgação da plataforma política, desde que ausente o pedido expresso de voto. Permissividade conferida pela lei a ser compatibilizada com o princípio da isonomia entre os candidatos, para que se preserve o equilíbrio da disputa, a normalidade e a legitimidade das eleições contra a influência do abuso do poder econômico e político. 2. Anúncio da candidatura na rede social *Facebook*, solicitando o apoio dos eleitores e informando o número que o identificaria na urna eletrônica, circunstância que configura pedido explícito de voto. Caracterizada a propaganda eleitoral antecipada. Provimento negado.[13]

AGRAVO INTERNO. Recurso eleitoral. Propaganda eleitoral. Eleições 2016.O pedido de voto é uma das limitações impostas à pré-campanha, porém não é a única. O convite à toda a população para participação na "Convenção Partidária" ofende o citado artigo. Enquanto a mera distribuição de convites não é suficiente para tal, a distribuição de convites para o evento, que se utilizou inclusive de carro de som, deformou o caráter da convenção e a transformou em verdadeiro comício. Existente

12. TRE/RS, RE nº 11115, DEJERS de 16/03/2017.
13. TRE/RS, RE nº 31143, PSESS de 29/11/2016.

pedido de voto. NEGO PROVIMENTO AO AGRAVO INTERNO E MANTENHO A DECISÃO MONOCRÁTICA.[14]

RECURSO ELEITORAL. ELEIÇÕES 2016. PROPAGANDA ELEITORAL. USO DE ADESIVOS EM AUTOMÓVEIS. ATOS DE PRÉ-CAMPANHA. INTELIGÊNCIA DO ART. 36-A DA LEI 9.504/90. PRECEDENTES TSE. RECURSO PROVIDO.

Nova redação ao art. 36-A da Lei n. 9.504/97 disciplina as hipóteses autorizadas de atos de pré-campanha, trazendo situações que não podem ser consideradas propaganda eleitoral extemporânea. O Tribunal Superior Eleitoral consolidou uma corrente mais flexível de entendimento, exigindo-se, para configuração da propaganda eleitoral antecipada, a existência de pedido explícito de votos.

No presente caso, a afixação de adesivos no para-brisa traseiro de veículo com a logomarca e o nome da candidata, de acordo com o novel entendimento da Corte Superior Eleitoral, não se enquadra nos contornos do que a lei considera propaganda extemporânea.

Os adesivos impugnados não trazem pedido de voto, razão pela qual a publicidade não apresenta os requisitos caracterizadores da propaganda eleitoral antecipada.

Recurso provido.[15]

REPRESENTAÇÃO. PROPAGANDA ELEITORAL EXTEMPORÂNEA. ELEIÇÕES MUNICIPAIS 2016. DIVULGAÇÃO DO NÚMERO DO PARTIDO EM EVENTOS. DIVULGAÇÃO DOS EVENTOS NA REDE SOCIAL "FACEBOOK". AUSÊNCIA DE PEDIDO EXPLÍCITO DE VOTO. NÃO CONFIGURAÇÃO DE PROPAGANDA ANTECIPADA. RECURSO CONHECIDO E PROVIDO. 1. Não há provas de que tenha havido pedido expresso de voto, nem nos eventos e nem na divulgação destes nas redes sociais. 2. O painel constante nas fotos faz referência ao próprio partido, cujo número é nacionalmente conhecido, não sendo tal número divulgado no evento como o número do recorrente. 3. As publicações no *Facebook*, não contrariam o disposto no art. 36-A da Lei nº 9.504/97, pois em nenhum momento os recorrentes utilizaram as postagens para realizar pedido explícito de votos, mas tão somente para fazer divulgação das atividades partidárias ou de pré-campanha. 4. Encontros para realizar a difusão das ideias da agremiação partidária e angariar mais filiados, não configura propaganda eleitoral antecipada,

14. TRE/MG, RE nº 4742, DJEMG de 22/09/2017.
15. TRE/PE, RE nº 29802, DJE de 06/11/2017.

exceto se houver pedido explícito de votos. 5. Recurso conhecido e provido.[16]

I - a participação de filiados a partidos políticos ou de pré-candidatos em entrevistas, programas, encontros ou debates no rádio, na televisão e na *internet*, inclusive com a exposição de plataformas e projetos políticos, observado pelas emissoras de rádio e de televisão o dever de conferir tratamento isonômico

A opção legislativa aqui foi, induvidosamente, pela evolução a partir de novos paradigmas.

O inciso I veio pôr fim às discussões acerca da possibilidade da presença de pré-candidatos nos meios de comunicação.

Conferindo elasticidade à liberdade de informação e ao direito de comunicar, o texto harmonizou a legislação eleitoral aos direitos fundamentais da CF/88. A partir dele, os pré-candidatos podem ser entrevistados livremente, desde que observado um equilíbrio de tratamento. Já para a *internet*, de acordo com a decisão proferida na Consulta nº 796-36/DF, não há previsão de tratamento isonômico entre os candidatos (v. nº 8.24.3).

Processo eleitoral não é Estado de Sítio (CF/88, art. 139), única fase ou período da vida do país que a Constituição Federal invoca como fato determinante para impor "restrições à liberdade de imprensa, radiodifusão e televisão, na forma da lei" (inciso III).

Assim disposto, reportemo-nos ao decidido pelo Supremo Tribunal Federal no Referendo da Medida Cautelar na Ação Direta de Inconstitucionalidade nº 4.451 MC-REF/DF, no pertinente à questão:

MEDIDA CAUTELAR EM AÇÃO DIRETA DE INCONSTITUCIONALIDADE. INCISOS II E III DO ART. 45 DA LEI 9.504/1997.

1. (...).

2. Não cabe ao Estado, por qualquer dos seus órgãos, definir previamente o que pode ou o que não pode ser dito por indivíduos e jornalistas. Dever de omissão que inclui a própria atividade legislativa, pois é vedado à lei dispor sobre o núcleo duro das atividades jornalísticas, assim entendidas as coordenadas de tempo e de conteúdo da manifestação do pensamento, da informação e da criação lato sensu. Vale dizer: não há liberdade de

16. TRE/PA, Acórdão nº 28340, PSESS de 16/09/2016.

> imprensa pela metade ou sob as tenazes da censura prévia, pouco importando o Poder estatal de que ela provenha. Isso porque a liberdade de imprensa não é uma bolha normativa ou uma fórmula prescritiva oca. Tem conteúdo, e esse conteúdo é formado pelo rol de liberdades que se lê a partir da cabeça do art. 220 da Constituição Federal: liberdade de "manifestação do pensamento", liberdade de "criação", liberdade de "expressão", liberdade de "informação". Liberdades constitutivas de verdadeiros bens de personalidade, porquanto correspondentes aos seguintes direitos que o art. 5º da nossa Constituição intitula de "Fundamentais": a) "livre manifestação do pensamento" (inciso IV); b) "livre [...] expressão da atividade intelectual, artística, científica e de comunicação" (inciso IX); c) "acesso a informação" (inciso XIV).
>
> 3. Pelo seu reconhecido condão de vitalizar por muitos modos a Constituição, tirando-a mais vezes do papel, a imprensa mantém com a democracia a mais entranhada relação de interdependência ou retroalimentação. A presente ordem constitucional brasileira autoriza a formulação do juízo de que o caminho mais curto entre a verdade sobre a conduta dos detentores do Poder e o conhecimento do público em geral é a liberdade de imprensa. A traduzir, então, a ideia-força de que abrir mão da liberdade de imprensa é renunciar ao conhecimento geral das coisas do Poder, seja ele político, econômico, militar ou religioso.[17]

Não foi por acaso, inclusive, que primeiramente a imprensa, e depois a população, adotaram a denominação *pré-campanha*. É inegável que os pré-candidatos e as pré-candidaturas despertam interesses variados. Num país democrático, a política veiculada de maneira adequada não contraria a Lei das Leis nem compromete o direito de informação jornalística.

Da mesma forma, é impossível relativizar o que ficou consagrado pelo Supremo Tribunal Federal na antes referida ADPF nº 130/DF[18] ao declarar que o próprio das atividades de imprensa é operar como formadora de opinião pública. Ora, não haverá jornalismo, tampouco opinião pública ou publicada, se não for possível indagar do político se ele é ou não é candidato na eleição que se aproxima, assim como quais são as suas pretensões e metas caso eleito.

O dispositivo encontra valia também na necessidade de o eleitor, cada vez mais, reunir elementos de análise para poder elaborar que tipo de representante o candidato pode vir a ser a partir do seu voto e dos demais. Por

17. TSE, DJE de 1º/07/2011, rep. DJE de 24/08/2012 (RTJ 221/277).
18. STF, Tribunal Pleno, DJE de 06/11/2009 (RTJ 213/20).

conta do descrédito da classe política, há necessidade de se ampliar o debate político e alguma participação adicional da sociedade na escolha dos candidatos que buscam as eleições.

O TSE reconheceu esta demanda nos seguintes excertos do voto do relator do Recurso em Representação nº 1321-18/DF[19]:

> Senhor Presidente, tenho preocupações quando vejo a Justiça dando, muitas vezes, oportunidade a se limitar ou manietar o debate político que tanto a sociedade deseja, que tanto a sociedade lutou para ter.
>
> (...).
>
> Quanto mais amplo for o debate dos partidos políticos sobre os seus pré-candidatos e mais público, entendo que mais oportunidade terá a sociedade de ter participação, inclusive, na escolha dos partidos políticos, sim, para que aqueles candidatos lançados às eleições não tenham sido escolhidos por uma pessoa, por um grupo - como certa vez disse Carlos Heitor Cony - nas mesas do Piantella ou nas mesas do Massimo, em São Paulo.

Vale rememorar que sob a égide da Lei nº 9.504/97[20], os parâmetros jurídico-eleitorais acerca da participação de pré-candidatos em entrevistas começaram a ser delineados pelo Tribunal Superior Eleitoral a partir do pleito de 2002, mais especificamente através da Resolução nº 21.072/DF [21] cuja ementa, da lavra do Ministro Fernando Neves, anunciava a orientação perfilhada: "As emissoras de rádio e de televisão podem entrevistar pré-candidatos às eleições majoritárias deste ano, antes de 6 de julho, ou promover debates entre eles, cuidando para que haja um mesmo tratamento para as pessoas que se encontram em situações semelhantes".

A Resolução n° 21.610/DF, de 05/02/2004, disciplinando as eleições municipais daquele ano, incluiu a possibilidade de participação em "entrevistas, debates e encontros".

19. TSE, PSESS de 10/08/2010, por maioria.

20. Medonho, o texto do art. 62 da antiga Lei nº 9.100/95, assentava que "Independentemente da veiculação de propaganda eleitoral gratuita no horário definido neste artigo, é facultada a transmissão, por emissora de radiodifusão sonora e de sons e imagens, de debates entre candidatos a eleição majoritária e proporcional, assegurada a participação de todos os partidos e coligações participantes do pleito", impossibilitando, desta forme, a concessão de entrevistas inclusive por candidatos homologados em convenção.

21. DJ 24/05/2002 (RJTSE 13/3/355).

Essa mesma orientação foi reproduzida em 02/03/2006 pela Resolução nº 22.158/DF. Depois, em 08/06/2006, respondendo à Consulta nº 1.247/DF, de relatoria do ministro José Augusto Delgado, prevaleceu o entendimento de que "Os pré-candidatos entrevistados não poderão manifestar propostas de campanha, cuja veiculação será permitida somente após a escolha em convenção partidária e o início da propaganda eleitoral".

Em 2008, após algumas representações que resultaram na punição de pré-candidatos entrevistados por veículos impressos de circulação nacional[22], o TSE reviu a redação que havia determinado ao art. 24 da Resolução nº 22.718/DF ("Os pré-candidatos poderão participar de entrevistas, debates e encontros antes de 6 de julho de 2008, desde que não exponham propostas de campanha") e modificou-a pelo art. 16-A para assentar que "Os pré-candidatos e candidatos poderão participar de entrevistas, debates e encontros antes de 6 de julho de 2008, inclusive com a exposição de plataformas e projetos políticos, observado, pelas emissoras de rádio e de televisão, o dever de conferir tratamento isonômico aos que se encontrarem em situação semelhante".

Posteriormente, a Resolução nº 23.191/DF, de 16/12/2009, descartou como "propaganda eleitoral antecipada (Lei nº 9.504/97, art. 36-A, incisos I a IV), a participação de filiados a partidos políticos ou de pré-candidatos em entrevistas, programas, encontros ou debates no rádio, na televisão e na *internet*, inclusive com a exposição de plataformas e projetos políticos, desde que não haja pedido de votos, observado, pelas emissoras de rádio e de televisão, o dever de conferir tratamento isonômico".

Por fim, a Resolução nº 23.370/DF (j. 13/12/2011) manteve o mesmo conteúdo.

Esta brevíssima retrospectiva demonstra que a jurisprudência não vedava a participação de pré-candidatos "em debates, encontros ou entrevistas" antes do início da propaganda eleitoral. Todavia, não obstante o poder de orientação normativa que o Tribunal Superior Eleitoral dispõe, a norma jurídica produzida pelo Poder Legislativo é, sempre, o instrumento que melhor respalda as proteções constitucionais objeto dos artigos 5º, IX e 220 da CF/88. Daí se dizer que "Comparado com a redação anterior, o novo texto legal, além do ajuste verbal, acrescenta no caput a expressão 'e poderão ter cobertura dos meios de comunicação social, inclusive *internet*'" (TSE, CTA nº 1000-75/DF).

22. Notadamente o Jornal *Folha de São Paulo*, edição de 04/06/2008 e a *Revista Veja*, edição de 04 a 11.06.2008, ambas contendo entrevistas com Marta Suplicy, então pré-candidata à Prefeitura de São Paulo.

> **II - a realização de encontros, seminários ou congressos, em ambiente fechado e a expensas dos partidos políticos, para tratar da organização dos processos eleitorais, discussão de políticas públicas, planos de governo ou alianças partidárias visando às eleições, podendo tais atividades ser divulgadas pelos instrumentos de comunicação intrapartidária**

Se aos pré-candidatos é consentido divulgar suas candidaturas, projetos e plataformas através dos meios de comunicação (inciso I), lícito também é que possam fazê-lo noutros espaços.

Uma campanha eleitoral organizada é quase sempre precedida de etapas e procedimentos preparatórios. Não brota nas redes sociais e nas ruas *pronta e acabada*. Eventos partidários objetivando preparar processos eleitorais, planos de governo ou alianças partidárias são eventos que guardam estreita correlação com a futura campanha eleitoral.

Portanto, não havia sentido mantê-los marginalizados do sistema normativo de um país onde as eleições são periódicas e os partidos políticos brotam feito cogumelos. Conforme salientado pela Consulta nº 1000-75/DF, "O processo eleitoral (...) não pode ser delimitado temporalmente entre os dias (...) nos quais ocorrem as convenções partidárias, pois o processo político de escolha de candidaturas é muito mais complexo. (...) O complexo processo político de escolha de candidaturas não se realiza em apenas algumas semanas (...)".

As ressalvas estabelecidas por esta regra são duas, tão somente: os eventos não podem ser públicos e deverão ter seus encargos suportados pela receita partidária (arts. 30, 33, I e 44, II da Lei nº 9.096/95).

Quanto à expressão *ambiente fechado*, embora não contenha definição sobre se tratar de espaço físico ou virtual, encontrou limite nos termos da Representação nº 2599-54/DF:

> **ELEIÇÕES 2010. PROPAGANDA ELEITORAL ANTECIPADA. INTERNET. DIVULGAÇÃO. DISCURSO. INTRAPARTIDÁRIO. RESPONSABILIDADE. SÍTIO.**
>
> 1. O discurso realizado em encontro partidário, realizado em ambiente fechado, no qual filiado manifesta apoio à candidatura de outro, não caracteriza propaganda eleitoral antecipada, a teor do art. 36-A, II, da Lei nº 9.504/97.

> 2. A sua posterior divulgação pela *internet*, contudo, extrapola os limites da exceção prevista no dispositivo mencionado, pois, além de noticiar o apoio prestado, visa difundir a candidatura.
>
> 3. Pela divulgação do discurso proferido no âmbito intrapartidário responde o provedor de conteúdo da página da *internet*, que, no caso, é confessadamente o Partido Político que a mantém e controla seu conteúdo.
>
> 4. Recurso dos representados provido em parte para excluir a multa aplicada ao candidato, mantendo-se a multa aplicada à agremiação. Recurso do Ministério Público desprovido.[23]

É de se anotar que o julgado apresenta contradições relativamente ao decidido pela Corte na Consulta nº 796-36/DF (j. em 16/06/2010), onde restou admitida a possibilidade de transmissão ao vivo, pela *internet*, de debates em portais (v. nº 8.24.3). Noutro viés, o chamamento das pessoas por redes sociais e convites impressos para debater programa de governo de pré-candidato se amolda aos permissivos, reconheceu o AgRg-REspe nº 56-87/BA:

> **AGRAVO REGIMENTAL. RECURSO ESPECIAL. ELEIÇÕES 2016. PREFEITO. REPRESENTAÇÃO. PROPAGANDA ANTECIPADA. ART. 36-A DA LEI 9.504/97. PEDIDO EXPLÍCITO DE VOTO. AUSÊNCIA. DESPROVIMENTO**
>
> 1. A teor do que se decidiu no AgR-AI 43-46/SE, de minha relatoria, DJe de 28.8.2018, os novos critérios definidores de propaganda extemporânea não se aplicam para os pleitos pretéritos - caso dos autos - em virtude do princípio da segurança jurídica.
>
> 2. Nos termos da jurisprudência desta Corte Superior firmada para as Eleições 2016, a configuração de propaganda eleitoral antecipada - art. 36-A da Lei 9.504/97 - pressupõe pedido explícito de votos.
>
> 3. Na espécie, folhetos impressos e mensagens veiculadas no *Facebook* e no *Whatsapp* convidando eleitores a participarem de mera reunião para discutir programa de governo de pré-candidato ao cargo de prefeito não atraem o ilícito, haja vista a notória ausência de pedido explícito de votos.
>
> 4. Divulgar plataformas de campanha ou plano de governo e referir-se a possível candidatura não são atos albergados pela vedação legal.
>
> 5. Agravo regimental desprovido.[24]

---

23. PSESS de 16/11/2010.
24. DJE de 09/10/2018.

III - a realização de prévias partidárias e a respectiva distribuição de material informativo, a divulgação dos nomes dos filiados que participarão da disputa e a realização de debates entre os pré-candidatos

As prévias do nosso sistema, adotadas e adaptadas a partir de modelos estrangeiros - as primárias (*straw vote* ou *primaries*), como optou o ordenamento norte-americano, ou as sondagens (*sondages*), conforme dispõe o francês -, são procedimentos deliberativos internos facultados aos partidos políticos.

Esses eventos fechados e de caráter competitivo entre aqueles que almejam disputar o mesmo posto na eleição normalmente ocorrem nos meses iniciais do ano eleitoral. A mecânica adotada para a sua realização pode ir da mais simples a mais complexa, variando em cada agremiação pelo tom da disputa interna ou conforme dispuser o seu estatuto. "Tais prévias constituem pesquisa de opinião dentro do partido, a fim de que seus dirigentes possam se orientar e fixar diretrizes, e se inserem entre as questões internas das agremiações, em face da autonomia partidária prevista no art. 17, §1º, da Constituição Federal" (Res./TSE nº 20.816/DF).

Não há um regime jurídico disciplinando as prévias brasileiras. No entanto, a partir dos precedentes consolidados pela Resolução nº 23.086/DF[25], é possível assinalar algumas demarcações em torno desse mecanismo da vida partidária que independe de aviso prévio à Justiça Eleitoral para acontecer:

- A divulgação das prévias não pode revestir caráter de propaganda eleitoral antecipada, razão pela qual se limita a consulta de opinião dentro do partido;
- como se trata de matéria *interna corporis*, podem ser realizadas quando o partido entender estatutariamente oportuno e conveniente[26];
- a confecção de panfletos para distribuição aos filiados não encontra vedação na legislação[27];
- a divulgação, na *Internet*, extrapola o limite interno;
- matérias pagas em meios de comunicação são vedadas porque atingem o eleitorado, e não apenas os filiados;

25. TSE, CTA nº 1673/DF, DJE de 1º/09/2009, pp. 47/48 (RJTSE 20/3/318).
26. TSE, MS nº 2.163, DJ de 1º/03/1994.
27. TSE, AG nº 5.097/RJ, DJ de 09/11/2004.

- mensagens eletrônicas e cartas são permitidas, desde que endereçadas apenas aos filiados;
- nos termos do §3º do art. 36 da LE/97, estendido por analogia às prévias, não se veda o uso de faixas e cartazes em local próximo ao evento;
- a utilização de trio-elétrico com divulgação ostensiva do nome e cargo eletivo a ser disputado, mesmo apenas no entorno do local onde se realiza convenção partidária, revela desvio de finalidade quanto à propaganda intrapartidária;
- a Justiça Eleitoral pode ceder urnas eletrônicas ao partido para que realize as suas prévias, nos termos do art. 1º do Código Eleitoral e da Res./TSE nº 22.685/07[28];
- o partido pode dispor das verbas do Fundo Partidário para o pagamento de gastos com a propaganda intrapartidária, alocando-os nas rubricas dos incisos I e/ou IV do art. 44 da Lei 9.096/95 (manutenção dos serviços do partido);
- é permitida a divulgação dos resultados pelos meios de comunicação[29].

Concluído o embate e, com isso, encerrada a disputa interna, aquele que se sagrou vencedor retorna à condição anterior de pré-candidato impossibilitado de deflagrar campanha eleitoral alguma até o início do prazo legal estatuído pelo art. 36 da Lei nº 9.504/97 (16 de agosto do ano da eleição). Porém, somente a homologação pela respectiva convençao é que oficializará o seu nome para a disputa.

IV - a divulgação de atos de parlamentares e debates legislativos, desde que não se faça pedido de votos (prestação de contas da atividade parlamentar)

Inobstante a incidência de períodos eleitorais, os parlamentares permanecem investidos na plenitude de suas prerrogativas podendo continuar utilizando os serviços públicos disponibilizados pelos Poderes Legislativos para a divulgação de seus mandatos, desde que observados os fins relacionados às suas funções.

O ato de informar pessoas e instituições acerca do que é feito no âmbito das rotinas e funções legislativas traduz um dever republicano que não pode ser confundido com propaganda antecipada ou conduta vedada.

28. Estabelece normas para cessão de urnas e sistema de votação específico, por empréstimo em eleições parametrizadas.
29. TSE, CTA nº 20.816/DF, j. 19/06/2001.

No concernente à evolução terminológica, enquanto a redação primitiva desse dispositivo pela Lei nº 12.034/09 não considerava propaganda eleitoral antecipada "a divulgação de atos de parlamentares e debates legislativos, desde que não se mencione a possível candidatura, ou se faça pedido de votos ou de apoio eleitoral", com o advento da Lei nº 12.891/2013, o inciso IV do art. 36-A passou a tipificar como propaganda antecipada somente a divulgação de atos parlamentares e debates legislativos com pedido de votos.

a. Boletins informativos

É sabido e consabido que os integrantes do Poder Legislativo são os políticos que mais interagem com a população. Confirmando a assertiva, está o entendimento do TSE no sentido de que "O parlamentar é, por definição, aquele que *parla*, que faz uso da fala, é quem se comunica, em suma, com a população e presta contas a ela de seus atos, de maneira permanente. Se ele, ainda que nesse período de três meses antecedentes à eleição, divulga sua atividade em si, parece que está situado no campo da pura prestação de contas, representante que é, por excelência, do povo".[30]

Frente às peculiaridades que revestem a atividade legislativa, os parlamentares brasileiros, dos senadores aos vereadores, dispõem de algumas franquias para proceder na divulgação dos atos efetuados no exercício do mandato sem que isto caracterize propaganda antecipada, conduta vedada ou excesso de prerrogativa. De outra parte, num exame mais detido da matéria, é perceptível, mesmo naqueles colégios eleitorais maiores, que o nível de conhecimento sobre quais são as rotinas de trabalho e atribuições de um parlamentar é reduzido. Mesmo com a abundância e facilidade de mídias, a maioria das pessoas imagina que o mandato se concentra nas votações de plenário e nos discursos. Os boletins, bem ou mal, suprem essas lacunas. É forçoso reconhecer, no entanto, que, com a ampliação desse direito, existe uma zona fronteiriça que por vezes desafia a Justiça Eleitoral.

Consoante pacificado pela jurisprudência, somente as modalidades onde há pedido explicitado de voto ou apoio eleitoral violam a normatização. Em todas as demais hipóteses acentua-se a vocação democrática da norma assegurando o direito coletivo de informação.

30. TSE, REspe nº 26.875/RO, DJ de 19/12/2006, p. 225 (trecho do voto do ministro Ayres Brito).

A exegese do Tribunal Superior Eleitoral nesse aspecto remonta à Resolução nº 20.217[31], de 02/06/1998.

Em relação à Câmara dos Deputados e seus 513 integrantes, tomada como paradigma às demais hipóteses, o art. 10 do Ato da Mesa n° 108/2013 estabeleceu vedação ao uso de cota parlamentar para custear material destinado à promoção pessoal de autoridades ou de servidores públicos cuja mensagem possa caracterizar propaganda eleitoral. Muitas casas legislativas dispõem de regras assemelhadas.

Modernamente, uma das modalidades mais difundidas de prestação de contas das atividades legislativas ocorre através de boletins impressos ou eletrônicos. Se esses informativos, ainda que amplamente ilustrados com textos, fotografias, entrevistas, pronunciamentos ou transcrições de matérias jornalísticas não fazem nenhuma referência ou insinuações de pedido de voto, requisitos indispensável à caracterização da propaganda eleitoral, não há que se cogitar na punição do responsável pela sua divulgação.

O TSE, a partir do Recurso Especial Eleitoral nº 16.183/MG, relatado pelo Ministro Eduardo Alckmin, DJ de 31/03/2000, firmou o posicionamento de que ato de propaganda eleitoral é aquele que "leva ao conhecimento geral, ainda que de forma dissimulada, a candidatura, mesmo que apenas postulada, a ação política que se pretende desenvolver ou razões que induzam a concluir que o beneficiário é o mais apto ao exercício de função pública. Sem tais características, poderá haver mera promoção pessoal, apta, em determinadas circunstâncias a configurar abuso de poder econômico, mas não propaganda eleitoral. (...)".

Analisado esse conceito a partir de seus elementos estruturais, é de clareza meridiana que a propagação do nome e trabalho desenvolvido pelo mandatário junto ao parlamento não tipifica propaganda antecipada, o que inviabiliza a aplicação da multa prevista no art. 36, § 3º, da Lei nº 9.504/97[32]:

> **AGRAVO REGIMENTAL. RECURSO ESPECIAL ELEITORAL. ELEIÇÕES DE 2006. PROPAGANDA ELEITORAL EXTEMPORÂNEA (§ 3º DO ART. 36 DA LEI Nº 9.504/97). DISTRIBUIÇÃO DE PANFLETOS ANTES DO PERÍODO PERMITIDO. DIVULGAÇÃO**

31. Deputados. Trabalhos gráficos. Possibilidade de que sejam fornecidos pela Câmara, no ano eleitoral, desde que relativos à atividade parlamentar e com obediência às normas estabelecidas em ato da Mesa, vedada sempre qualquer mensagem que tenha conotação de propaganda eleitoral.
32. TSE, AAG nº 5.275/PA, DJ de 15/04/2005, p. 163.

> **DE ATUAÇÃO COMO PARLAMENTAR. NÃO-CARACTERIZAÇÃO DE PROPAGANDA VEDADA.**
>
> 1. É assente no TSE que, nos três meses que antecedem às eleições, não se considera propaganda vedada pelo inciso VI do art. 73 da Lei nº 9.504/97 a divulgação, pelo parlamentar, de sua atuação no cargo legislativo.
>
> 2. Maior razão há em se afastar a incidência do § 3º do art. 36 da Lei das Eleições, no caso de veiculação de informativo, no qual o parlamentar divulga suas realizações em período anterior àquele da eleição.
>
> 3. Não-configurada a propaganda extemporânea, afasta-se a sanção de multa.
>
> 4. Agravo desprovido.[33]

De outra parte, é indubitável que ao divulgar as atividades que desenvolveu por meio de requerimentos, projetos, pronunciamentos e outras ações, o parlamentar está se promovendo pessoalmente. Todavia, o faz de forma lícita e sem exorbitar os limites da liberdade de ação, mesmo que a propagação dos trabalhos ou a atuação política estejam atreladas diretamente à sua imagem, sendo a projeção dai advinda uma consequência inexorável.

Da jurisprudência, reconhecendo que publicações estabelecidas nessas circunstâncias expressam a regular atuação de agentes políticos investidos na representação popular, é válido destacar as ementas de dois julgados afirmativos, um do TSE e outro do TRE/RS:

> **CONSULTA. DEPUTADO FEDERAL. POSSIBILIDADE. DISTRIBUIÇÃO. BOLETIM INFORMATIVO MENSAL. ATUAÇÃO PARLAMENTAR.**
>
> 1. A consulta preenche os requisitos de admissibilidade previstos no art. 23, inciso XII, do Código Eleitoral. 2. A jurisprudência do Tribunal Superior Eleitoral é no sentido de que o parlamentar pode distribuir boletins informativos mensais tratando de sua atuação na casa legislativa, desde que não mencione possível candidatura, nem faça pedido de votos ou de apoio eleitoral, ou configure abuso do poder econômico ou conduta vedada aos agentes públicos. Precedentes.[34]
>
> **Recursos. Conduta vedada. Informativo parlamentar. Alegada veiculação de propaganda eleitoral (art. 73, inc. VI, a, b, da Lei nº 9.504/97).**

33. AgRgRESPE nº 26.718/SC, DJ de 04/06/2008, p. 18.
34. Cta. nº 10.376/DF, j. 10/12/2015, DJE de 23/02/2016.

> Preliminares de nulidade de julgamento extra petita e inadequação de rito afastadas. Divulgação de matéria inerente à atividade do parlamentar, que não excedeu os limites das prerrogativas do mandato. Provimento ao recurso do representado.[35]

O tema é instigante e defronta o mandatário com alguns paradoxos: se não presta contas das realizações e providências do seu mandato, é rotulado de omisso ou negligente; se as deflagra, corre o risco de sofrer repressões por se tratar de ano eleitoral. No entanto, propaganda antecipada ou abuso haverá somente se o informativo veicular candidatura, pedir voto ou antecipar o debate eleitoral que deve ser travado no período de campanha.

Para o Tribunal Superior Eleitoral, em se tratando de boletim parlamentar, "Há uma distinção fundamental entre alguém que é deputado e concorre à reeleição e alguém que não tem notícia a dar porque não é deputado (...). São situações distintas, decorrentes do processo democrático. Ou seja: um parlamentar que desenvolveu um trabalho, bem ou mal, (...) noticia esses trabalhos, isso tem consequências eleitorais, nós sabemos, mas é parte do jogo, porque é uma maneira de informar o eleitor". Isso se dá, fundamentalmente, porque "O mandato representativo, derivado da eleição, e a representação administrativa, criada na lei, enquanto formas derivadas de poder político, sob a ordem republicana, implicam em publicidade dos atos derivados das respectivas investiduras; impõe permanente prestação de contas à sociedade civil, sede originária do poder político. Daí ditar a própria constituição a obrigatoriedade dessa publicidade" (JTSE 7/1/279).

Calha acentuar que o boletim editado sob a responsabilidade de parlamentar não pode ser equiparado ao impresso do art. 58 da LE/97, motivo pelo qual não lhe incide a possibilidade, por exemplo, do Direito de Resposta. O motivo é óbvio: não se trata de um artefato de campanha eleitoral.

Quanto às críticas às ações do governo, são posicionamentos inerentes à atividade política, não configurando propaganda, sendo permitido ao parlamentar, na condição de fiscal do Executivo, emitir opiniões através de boletim amparado em documento oficial do município.[36]

---

35. RREP, Classe 16, nº 647 2004, DJE de 06/12/2004, p. 91.
36. Recurso. Distribuição de panfletos contendo alegada propaganda eleitoral extemporânea. Procedência. Imposição de multa. Preliminar de ilegitimidade passiva afastada. Responsabilidade de partidos e candidatos a ele filiados pela eventual prática de publicidade irregular. Inteligência do art. 241 do Código Eleitoral. Inexistência de menção a candidatura, proposta política ou pedido de votos no material im-

b. Pronunciamentos e debates legislativos

Os pronunciamentos e debates legislativos integram a atividade parlamentar constituindo-se em relevantes desdobramentos do mandato e da atividade política. Esses atos podem ocorrer na tribuna, nas comissões, em audiências públicas ou noutros formatos. A só transmissão dos mesmos, por rádio ou televisão, após o encerramento do prazo para a realização das convenções partidárias, não acarreta propaganda irregular nos meios de comunicação ou conduta vedada.

Nessas condições, cabe lembrar que os veículos de comunicação apenas atribuem publicidade aos atos legislativos. O conteúdo enunciado não é de responsabilidade da emissora que efetua a difusão. A transmissão do evento ao vivo, por sua vez, impossibilita a mesma de prever o comportamento do parlamentar ou o teor do seu pronunciamento. Consequentemente, não há como aquela ser responsabilizada por algum excesso praticado pelo orador:

> Eleições 2008. Recurso especial eleitoral. Representação. Art. 45, inc. III e IV, da Lei n. 9.504/97. Transmissão ao vivo da sessão legislativa da Câmara Municipal. Alegada responsabilidade da emissora de rádio por propaganda eleitoral irregular. Não caracterização. Reenquadramento jurídico a partir do contexto fático delineado no acórdão recorrido. Propaganda eleitoral irregular não reconhecida. Recurso especial provido.[37]

Na medida em que os deputados, vereadores e senadores continuam investidos no exercício de seus mandatos enquanto candidatos à reeleição ou outros cargos, obstruir a divulgação dos debates legislativos no exercício da representação seria incongruência. Em função disso, desconsiderá-los durante a programação normal ou ao longo dos noticiários, bem como interromper os contratos das suas transmissões, são medidas desnecessárias, mesmo no período eleitoral. Proibir ou restringir tais conteúdos configura uma variação do cerceamento de informação.

Entretanto, tal garantia não pode ser levada às últimas consequências ou mediante contornos absolutos. No caso de excessos ou uso indevido, compete ao responsável advertir os parlamentares acerca do desvio de finalidade do serviço e interromper a transmissão. Do contrário, pode se

---

pugnado, que contém mero questionamento crítico sobre o trabalho desenvolvido por agente político adversário. Provimento. (TRE/RS, RP nº 36, j. 11/03/2010).

37. TSE, REspe nº 35.944/PB, DJE de 11/05/2012.

caracterizar burla aos dispositivos legais e prejuízo ao equilíbrio entre candidatos:

> **AGRAVO REGIMENTAL. RECURSO ESPECIAL. VEREADORES. DIFUSÃO DE OPINIÃO FAVORÁVEL OU CONTRÁRIA A CANDIDATO, PARTIDO OU COLIGAÇÃO, EM SESSÃO PARLAMENTAR TRANSMITIDA PELA TV APÓS 1º DE JULHO DO ANO DA ELEIÇÃO. VIOLAÇÃO DO ART. 45, III, DA LEI N. 9.504/97. INCIDÊNCIA DA REGRA AOS CANAIS DE TELEVISÃO POR ASSINATURA (LEI Nº 9.504/97, ART. 57). AGRAVO REGIMENTAL DESPROVIDO.**
>
> A circunstância de os vereadores difundirem, após 1º de julho do ano da eleição, em sessão parlamentar transmitida pela TV, "opinião favorável ou contrária a candidato, partido ou coligação", implica violação do art. 45, III, da Lei nº 9.504/97. Tal preceituação é aplicável aos canais de televisão por assinatura sob a responsabilidade, entre outros, das Câmaras Municipais, a teor do art. 57 do mesmo diploma legal.[38]

Acerca das opiniões, palavras e votos externados pelo membro da Casa Legislativa, a partir da tribuna, são prerrogativas protegidas pela imunidade material de forma absoluta, conforme assentou a Petição nº 5.626/DF (DJE de 07/02/2019).[39]

---

38. TSE, AREspe nº 20.859/RS, DJ de 26/05/2006 (RJTSE 17/3/231).

39. QUEIXA-CRIME – ALEGAÇÃO DE OFENSA À INCOLUMIDADE DO PATRIMÔNIO MORAL DO ORA AGRAVANTE, QUE É CONGRESSISTA – DELITO CONTRA A HONRA SUPOSTAMENTE COMETIDO EM ACALORADO DEBATE NO RECINTO DA COMISSÃO DE RELAÇÕES EXTERIORES DA CÂMARA DOS DEPUTADOS, NO EXAME DE DETERMINADA PROPOSIÇÃO LEGISLATIVA – SIGNIFICADO DA EXPRESSÃO "TRIBUNA PARLAMENTAR" – CONCEITO AMPLO E ABRANGENTE DE TODAS AS MANIFESTAÇÕES NO RECINTO OU NO INTERIOR DAS CASAS LEGISLATIVAS – PRECEDENTES – HIPÓTESE DE INVIOLABILIDADE CONSTITUCIONAL PLENA (CF, ART. 53, "CAPUT") – O "TELOS" DA GARANTIA CONSTITUCIONAL DA IMUNIDADE PARLAMENTAR MATERIAL, QUE SE QUALIFICA COMO CAUSA DESCARACTERIZADORA DA PRÓPRIA TIPICIDADE PENAL DA CONDUTA DO CONGRESSISTA EM TEMA DE DELITOS CONTRA A HONRA – MAGISTÉRIO DOUTRINÁRIO E JURISPRUDENCIAL – INADMISSIBILIDADE, NO CASO, DA PRETENDIDA PERSECUÇÃO PENAL POR CRIMES CONTRA A HONRA, EM FACE DA INVIOLABILIDADE CONSTITUCIONAL QUE AMPARA OS MEMBROS DO CONGRESSO NACIONAL – PARECER DA PROCURADORA-GERAL DA REPÚBLICA, COMO "CUSTOS LEGIS", PELO NÃO PROVIMENTO DO RECURSO DE AGRAVO – ACOLHIMENTO DESSA PROMOÇÃO DO MINISTÉRIO PÚBLICO – RECONHECIMENTO, NA ESPÉCIE, DA IMUNIDADE PARLAMENTAR EM SENTIDO MATERIAL – A INVIOLABILIDADE COMO OBSTÁCULO CONSTITUCIONAL À RESPONSABILIZAÇÃO PENAL E/OU CIVIL DO CONGRESSISTA – DOUTRINA E PRECEDENTES – RECURSO DE AGRAVO IMPROVIDO. – A garantia constitucional da imunidade parlamentar em sentido material (CF, art. 53, "caput") – que representa instrumento vital destinado a viabilizar o exercício independente do mandato representativo – protege o congressista em todas as suas manifestações que guardem relação com o exercício do ofício legislativo, ainda que produzidas fora do recinto do Congresso Nacional (RTJ 131/1039 – RTJ 135/509 – RT 648/318, v.g), ou, com maior razão, nas hipóteses em que suas manifestações tenham sido proferidas no âmbito da própria Casa Legislativa. Doutrina. Precedentes. – A cláusula da inviolabilidade parlamentar qualifica-se como causa de exclusão constitucional da tipicidade penal da conduta do congressista em tema de delitos contra a honra, afastando, por isso mesmo, a própria natureza delituosa do comportamento em que tenha ele incidido. Doutrina. Precedentes. – O direito fundamental do congressista à inviola-

Eventual abuso praticado por congressista no desempenho de suas prerrogativas poderá ser penalizado politicamente pela própria Casa Legislativa, nos termos do art. 55, II, § 1º, da CF/88.[40]

Sobre os terceiros que reproduzirem declarações dos parlamentares caracterizando tratamento privilegiado, estarão sujeitos, caso a caso, às sanções previstas na legislação comum (arts. 36, 36-A e 45 da Lei nº 9.504/97) e infraconstitucional (art. 22 da LC nº 64/90).

Essa temática foi mensurada pelo TSE inicialmente no julgamento da Representação nº 1494-42/DF[41] abordando pronunciamento realizado da tribuna do Senado Federal e depois no Recurso Ordinário nº 15919-51/SP[42] tratando de vereador e candidato a deputado federal, oportunidades nas quais a Corte reconheceu que a transmissão dos eventos não afasta a

---

bilidade parlamentar impede a responsabilização penal e/ou civil do membro integrante da Câmara dos Deputados ou do Senado da República por suas palavras, opiniões e votos, especialmente quando manifestadas, "in officio" ou "propter officium", no recinto das respectivas Casas do Congresso Nacional. Significado amplo da locução "Tribuna do Parlamento". Precedentes. – Incidência, no caso, da garantia da imunidade parlamentar material em favor do congressista, ora agravado, acusado de delitos contra a honra do querelante, ora agravante.

40. Art. 55. Perderá o mandato o Deputado ou Senador:

(...).

II - cujo procedimento for declarado incompatível com o decoro parlamentar;

(...)

§ 1º - É incompatível com o decoro parlamentar, além dos casos definidos no regimento interno, o abuso das prerrogativas asseguradas a membro do Congresso Nacional ou a percepção de vantagens indevidas.

41. DJE de 21/08/2012, pp. 36/37, com a seguinte ementa:

REPRESENTAÇÃO. ELEIÇÕES 2010. PRESIDENTE DA REPÚBLICA. PROPAGANDA ANTECIPADA. DISCURSO. SENADOR. TRIBUNA DO SENADO FEDERAL. IMUNIDADE PARLAMENTAR MATERIAL. ART. 53, CAPUT, DA CF/88. INCIDÊNCIA. ART. 36-A, IV, DA LEI 9.504/97. CONSTITUCIONALIDADE. 1. O art. 53, caput, da CF/88 assegura aos deputados federais e senadores imunidade material, nas searas cível e penal, no que se refere a quaisquer de suas opiniões, palavras e votos, com o objetivo de preservar sua liberdade de expressão no desempenho do mandato. 2. As manifestações externadas no recinto do Congresso Nacional são protegidas pela imunidade parlamentar material de forma absoluta, independentemente de guardarem conexão com o mandato ou de terem sido proferidas em razão deste. Precedentes do STF. 3. Na espécie, o discurso, datado de 9.4.2010, foi realizado da tribuna do Senado Federal, razão pela qual o representado - Senador da República - estava resguardado pela inviolabilidade absoluta, ainda que a TV Senado tenha transmitido o evento. 4. Eventual abuso praticado pelos congressistas no desempenho de suas prerrogativas poderá ser coibido pela própria casa legislativa, nos termos do art. 55, II, § 1º, da CF/88. Ademais, os terceiros que reproduzirem as declarações dos congressistas estarão sujeitos, em tese e conforme o caso, às sanções previstas na legislação de regência (arts. 36-A e 45 da Lei 9.504/97 e art. 22 da LC 64/90). 5. Deve-se interpretar o art. 36-A, IV, da Lei 9.504/97 conforme a Constituição Federal, para estabelecer sua inaplicabilidade aos parlamentares quanto aos pronunciamentos realizados no âmbito da respectiva casa legislativa. 6. Representação julgada improcedente.

42. DJE de 23/09/2014, p. 51, assim ementado:

RECURSO ORDINÁRIO. ELEIÇÕES 2010. DEPUTADO FEDERAL. REPRESENTAÇÃO. CONDUTAS VEDADAS. ART. 73, I E II, DA LEI 9.504/97. USO DA TRIBUNA POR VEREADOR. IMUNIDADE MATERIAL ABSOLUTA. ART. 29, VIII, DA CF/88. PROVIMENTO.

1. As opiniões, palavras e votos externados por membro de casa legislativa, no uso da respectiva tribuna, são protegidas pela imunidade material de modo absoluto, independentemente de vinculação com o

inviolabilidade certificada ao parlamentar, cabendo à respectiva Casa Legislativa reprimir os excessos praticados (art. 55, II, § 1º, da CF/88). Em 02/02/2017, ao dar provimento ao Recurso Especial Eleitoral nº 35.094/MS[43], o TSE sacramentou aludidos entendimentos para reconhecer o cabimento da mesma garantia em relação aos vereadores. O plenário da Corte então assentou: "Não configura propaganda eleitoral antecipada o elogio feito por vereadora, do palco por excelência da atividade parlamentar - a Tribuna -, dirigido à figura do cenário político local, postulante a cargo público, por se tratar de matéria ínsita ao debate político, que é próprio da atividade do parlamentar".

Esse magistério, no âmbito da Justiça Eleitoral, dimana da conclusão formulada pelo Plenário do Supremo Tribunal Federal no julgamento do Recurso Extraordinário nº 600.063/SP (DJ de 15/05/2015) cuja ementa dispôs:

> **CONSTITUCIONAL. RECURSO EXTRAORDINÁRIO. INVIOABILIDADE CIVIL DAS OPINIÕES, PALAVRAS E VOTOS DE VEREADORES. PROTEÇÃO ADICIONAL À LIBERDADE DE EXPRESSÃO. AFASTAMENTO DA REPRIMENDA JUDICIAL POR OFENSAS MANIFESTADAS NO EXERCÍCIO DO MANDATO E NA CIRCUNSCRIÇÃO DO MUNICÍPIO. PROVIMENTO DO RECURSO.**
>
> 1. Vereador que, em sessão da Câmara, teria se manifestado de forma a ofender ex-vereador, afirmando que este "apoiou a corrupção [...], a ladroeira, [...] a sem-vergonhice", sendo pessoa sem dignidade e sem moral.
>
> 2. Observância, no caso, dos limites previstos no art. 29, VIII, da Constituição: manifestação proferida no exercício do mandato e na circunscrição do Município.
>
> 3. A interpretação da locução "no exercício do mandato" deve prestigiar as diferentes vertentes da atuação parlamentar, dentre as quais se destaca a fiscalização dos outros Poderes e o debate político.

---

exercício do mandato ou de terem sido proferidas em razão deste. Precedentes do Supremo Tribunal Federal e do Tribunal Superior Eleitoral.

2. No caso dos autos, sendo incontroverso que o recorrente, na condição de vereador, proferiu discurso da tribuna da Câmara Municipal de Itapetininga, descabe cogitar das condutas vedadas previstas no art. 73, I e II, da Lei 9.504/97.

3. As declarações dos parlamentares, se reproduzidas por terceiros, sujeitam os últimos às sanções dispostas na legislação de regência.

4. Recurso ordinário provido.

43. TSE, DJE de 24/02/2017, p. 54.

> 4. Embora indesejáveis, as ofensas pessoais proferidas no âmbito da discussão política, respeitados os limites trazidos pela própria Constituição, não são passíveis de reprimenda judicial. Imunidade que se caracteriza como proteção adicional à liberdade de expressão, visando a assegurar a fluência do debate público e, em última análise, a própria democracia.
>
> 5. A ausência de controle judicial não imuniza completamente as manifestações dos parlamentares, que podem ser repreendidas pelo Legislativo.
>
> 6. Provimento do recurso, com fixação, em repercussão geral, da seguinte tese: nos limites da circunscrição do Município e havendo pertinência com o exercício do mandato, os vereadores são imunes judicialmente por suas palavras, opiniões e votos.

A respeito da tese firmada por meio de Repercussão Geral, leia-se, de suas linhas essenciais, seguinte excerto do voto do relator:

> 9. Conforme relatado, a manifestação do recorrente foi proferida da tribuna da Câmara dos Vereadores, durante sessão legislativa. Isso, por si só, evidencia o cumprimento do limite geográfico acima mencionado e faz presumir a observância do requisito de correlação com o exercício do mandato.
>
> (...)
>
> 11. Vale lembrar que as funções parlamentares abrangem, além da elaboração de leis, a fiscalização dos outros Poderes e, de modo ainda mais amplo, o debate de ideias, fundamental para o desenvolvimento da democracia.
>
> (...)
>
> 15. O art. 55 da CF/1988, aplicável, com as devidas adaptações, às demais esferas do Legislativo, estabelece a perda do mandato do deputado ou senador que não observar o decoro parlamentar. E o § 1º do referido preceito caracteriza, expressamente, o abuso das prerrogativas parlamentares como quebra do decoro, evidenciando a abertura, sempre existente, para a responsabilização política.

Os fundamentos erigidos sobre esta temática são de ordem pública. Tratando-se puramente do uso da tribuna, o segmento eleitoral não poderia prescindir da aplicação do Princípio da Simetria às Câmaras Municipais relativamente ao que já é aplicado aos integrantes do Congresso Nacional e das Assembleias Legislativas. Neste ponto, contudo, nos termos da prudente intervenção do Ministro Henrique Neves da Silva no Recurso Ordinário nº 1591951/SP, "referida prerrogativa não pode servir de licença para que o parlamentar pratique toda a sorte de ilícitos eleitorais, pena de frustração de preceitos constitucionais caros ao regime democrático".

c. Periódicos resumindo as atividades do Poder Legislativo

A divulgação de atos parlamentares e debates legislativos não se restringe às versões individuais. Norma alguma, seja eleitoral ou outra, dispõe acerca do formato, da modalidade ou da constância dessa modalidade de informe.

A publicação em periódico, dos extratos das reuniões do Poder Legislativo, mediante contrato de prestação de serviço de empresa jornalística com a Câmara Municipal para tal fim, a par de corriqueira em cidades menores, não caracteriza a intenção de persuadir o eleitor via propaganda extemporânea.

Trata-se de uma situação em prol do direito coletivo à informação, consoante entendeu, por exemplo, o TRE/RS no Recurso Eleitoral nº 69-27, DEJERS de 1º/08/2012:

> **Recurso. Propaganda eleitoral extemporânea. Eleições 2012. Publicação em jornal local de informativo parlamentar supostamente favorável a pretenso candidato à reeleição. Improcedência da representação no juízo originário.**
>
> Matéria veiculada reproduzindo as denominadas comunicações verbais de todos os vereadores presentes na sessão. Observância de contrato de prestação de serviços, para a publicação dos extratos de atos oficiais e do expediente editados pelo legislativo municipal.
>
> Não vislumbrado, na espécie, a caracterização da publicidade antecipada capaz de ferir a garantia de isonomia entre os pré-candidatos.
>
> Situação fática inserida nas hipóteses facultadas pela legislação, em benefício do direito coletivo à informação.
>
> Boletim sem qualquer referência a lançamento de eventual candidatura, pedido de votos, propostas para a legislatura seguinte ou informações que proporcionem situação de vantagem em detrimento dos demais concorrentes.
>
> Divulgação com conteúdo dentro dos limites fixados pela norma legal, expressando a regular atuação dos agentes políticos e do jogo democrático, sem caracterizar violação às regras da campanha eleitoral. Provimento negado.

Discrepa disso, caracterizando abuso de prerrogativa, a publicação de informativo suportado pela Câmara Municipal louvando a atuação de parlamentares candidatos à reeleição, configurando, com isso, a hipótese da letra *b* do inciso VI do art. 73 da LE/97 (TRE/RN, RO nº 1865/2000, PSESS 22/09/2000).

V - a divulgação de posicionamento pessoal sobre questões políticas, inclusive nas redes sociais

A palavra "posição" é originária do latim, *positio*, e expressa ideia de situar-se, colocar-se. O axioma básico desse direito pessoal especificado pela Lei nº 13.165/15 está em que o posicionamento a ser divulgado por qualquer meio lícito, inclusive nas redes sociais, deve externar o ponto de vista do responsável pela divulgação.

Trata-se, aqui, da fruição da garantia da liberdade de pensamento combinada à responsabilidade pelo conteúdo a ser divulgado. Conforme sintetizou Celso Ribeiro BASTOS, "A democracia pluralista não visa a unanimidade que, de resto, é sempre impossível. O que ela objetiva é, precisamente, uma institucionalização do dissenso".

O mote das *questões políticas* é dos mais vastos em termos de liberdade de expressão. Na medida em que o texto legal não discriminou as questões consentidas, qualquer modalidade é admitida. Os posicionamentos são lícitos no *Facebook, Instagram, WhatsApp* e nas demais redes.

> **RECURSO ELEITORAL. REPRESENTAÇÃO POR PROPAGANDA ELEITORAL EXTEMPORÂNEA. DIVULGAÇÃO EM REDE SOCIAL DE POSICIONAMENTO PESSOAL DE PRÉ-CANDIDATO ACERCA DE QUESTÕES POLÍTICAS LOCAIS. ART. 36-A, INCISO V, DA LEI DAS ELEIÇÕES. NÃO OCORRÊNCIA DE IRREGULARIDADE. MANUTENÇÃO DA SENTENÇA DE IMPROCEDÊNCIA. DESPROVIMENTO DO RECURSO.**
>
> A nova redação do art. 36-A da Lei nº 9.504/97 passou a admitir a divulgação de posicionamento pessoal sobre questões políticas, inclusive nas redes sociais. Precedentes deste TRE/RJ e do TSE. Para a caracterização da propaganda eleitoral extemporânea é necessário que haja referência ao cargo, à candidatura e pedido explícito de voto. Desprovimento do recurso.[44]
>
> **ELEIÇÕES 2016. RECURSO ELEITORAL. REPRESENTAÇÃO ELEITORAL. PROPAGANDA ELEITORAL ANTECIPADA. REDE**

44. TRE/RJ, Acórdão nº 9633, DJERJ de 12/12/2017.

> SOCIAL. *FACEBOOK*. NÃO OCORRÊNCIA. DESPROVIMENTO DO RECURSO.
>
> I. O fato de candidato, após a realização da convenção municipal, divulgar em redes sociais, imagens da convenção municipal, com destaque para o nome e número da sua candidatura, em tese, sem pedido expresso de voto, bem assim a divulgação de posicionamento pessoal sobre questões políticas não configuram propaganda extemporânea.
>
> II. Ao postulante a cargo eletivo, é permitida a realização, na quinzena anterior à escolha pelo partido político, de propaganda intrapartidária, com vista à indicação de seu nome, inclusive mediante a fixação de faixas e cartazes em local próximo da convenção, com mensagem aos convencionais, vedado o uso de rádio, de televisão e de outdoor (art. 1º, §1º, da Resolução TSE nº 23.457/2015).
>
> III. Nos termos do artigo 21, §1º, da Resolução TSE nº 23.457/2015: "A livre manifestação do pensamento do eleitor identificado na Internet somente é passível de limitação quando ocorrer ofensa à honra de terceiros ou divulgação de fatos sabidamente inverídicos."
>
> IV. A veiculação na conta pessoal do Facebook, de imagens da convenção, com apelo para que fosse assistida reportagem sobre as prioridades para a saúde e educação, sem pedido expresso de voto não configura propaganda antecipada.
>
> V. Conforme a jurisprudência do TSE, "para o afastamento da excludente prevista no art. 36-A, I, da Lei das Eleições, o pedido de votos deve ser expresso, uma vez que, na exposição de plataformas e projetos políticos, já consta o pedido implícito" (AgR-Al nº 3381-61/CE, rel. Min. Marcelo Ribeiro, julgado em 31.3.2011)
>
> VI. Desprovimento do recurso.[45]

A rigor, o dispositivo é de singela compreensão: diante das normas eleitorais assentirem paulatinamente à consagração da denominada *sociedade em rede*, "A liberdade de expressão pode ser compreendida como gênero da qual decorre a liberdade de manifestação do pensamento (liberdade de expressão em sentido estrito), de informação e de imprensa"[46]. Na ausência de outros pormenores, todas as opiniões disponibilizadas às pessoas podem ser discutidas livremente na medida em que faz parte do Estado Democrático de Direito (CF/88, art. 1º, *caput*) "debater assuntos

45. TRE/MA, Acórdão nº 20059, DJ de 14/12/2016.
46. DJE de 13/09/2017, pp.31/32, por maioria.

públicos de forma irrestrita, robusta e aberta" (*Cantwell v. Connecticut*, 310 U.S. 296, 310 (1940), *quoted* 376 U.S *at* 271-72).

Funcionando como uma autêntica divisora de águas, esta apropriada incorporação ao texto original da Lei nº 9.504/97 foi explícita quando inadmitiu que a manifestação pública acerca de um ponto de vista pessoal pudesse ser equiparada a um ato de propaganda eleitoral antecipada.

Destarte, segundo delineado pela hodierna jurisprudência do TSE, a intervenção da Justiça Eleitoral deve se dar apenas no caso de ser necessário o restabelecimento da igualdade e normalidade na disputa eleitoral ou para corrigir condutas que afrontam a legislação, tais como ofensas pessoais e o denominado "discurso de ódio". Para essas hipóteses excepcionais, o Tribunal Superior Eleitoral fixou a tese de que "o uso de aplicações digitais de mensagens instantâneas visando promover disparos em massa contendo desinformação e inverdades em prejuízo de adversários e em benefício de candidato pode configurar abuso de poder econômico e uso indevido dos meios de comunicação social, nos termos do artigo 22 da LC 64/1990 [Lei de Inelegibilidade], a depender da efetiva gravidade da conduta, que será examinada em cada caso concreto"[47]. Dizendo noutros termos: a disseminação de *fake news* pode resultar em penas drásticas, notadamente na cassação do registro ou diploma e na inelegibilidade do infrator.

A propósito desta concepção, a sinopse do Recurso Especial Eleitoral nº 060009307/PB (DJE de 08/09/2021) dilucida:

> **RECURSO ESPECIAL ELEITORAL. ELEIÇÕES 2020. REPRESENTAÇÃO. PROPAGANDA ELEITORAL ANTECIPADA NEGATIVA. PEDIDO DE NÃO VOTO. AUSÊNCIA. NÃO-CONFIGURAÇÃO.**
>
> SÍNTESE DO CASO
>
> 1. Trata-se de recurso especial eleitoral interposto em face de acórdão que rejeitou a preliminar de inépcia da petição inicial e, no mérito, proveu parcialmente o recurso eleitoral para reformar a sentença e determinar a remoção do conteúdo impugnado constante dos endereços eletrônicos indicados na inicial, assim como aplicar multa aos ora recorrentes no valor de R$ 5.000,00, individualmente, por veiculação de propaganda eleitoral negativa extemporânea, nos termos dos arts. 36, § 3º, da Lei 9.504/97 e 38, §§ 1º e 4º, c.c. o 93 da Res.-TSE 23.610, em razão de

47. AIJE nº 0601968-80/DF, j. 21/10/2021, por maioria.

postagem, nas redes sociais Facebook e Instagram, da imagem de um rato sobreposta à fotografia de agente político.

ANÁLISE DO RECURSO ESPECIAL ELEITORAL

2. Na linha da atual jurisprudência desta Corte, para se verificar a configuração da prática de propaganda eleitoral antecipada, faz-se necessário, em um primeiro momento, analisar se a mensagem veiculada possui ou não conteúdo eleitoral. Precedente: AI 0600805-86, rel. Min. Luís Roberto Barroso, DJE de 10.5.2021.

3. No caso dos autos, a partir do teor da propaganda, descrita no acórdão regional, conclui-se que a mensagem veiculada possui conteúdo eleitoral, haja vista que a imagem em questão faz clara referência a pré-candidato ao cargo de vereador no pleito de 2020.

4. A jurisprudência deste Tribunal Superior se firmou no sentido de que, em regra, para que se alcance a conclusão de que ficou configurada a propaganda eleitoral extemporânea, seja ela positiva ou negativa, é exigível a presença de pedido explícito de votos ou, mutatis mutandis, de pedido explícito de não votos. Precedente: AgR-REspe 0600004-50, de minha relatoria, PSESS em 23.11.2020.

5. Na espécie, entendo, a partir do contexto fático-probatório descrito no acórdão regional, que a propaganda em comento, consistente na imagem de um rato sobreposta à foto do vereador Raimundo Lopes de Farias, divulgada nas redes sociais Facebook e Instagram, não contém pedido explícito de votos ou de não votos, tratando-se de mera crítica política que, embora ácida, é assegurada nos termos do inciso IV do art. 5º da Constituição Federal e do inciso V do art. 36-A da Lei 9.504/97, que permite expressamente a divulgação de posicionamento pessoal sobre questões políticas.

6. O caso em exame difere daquele objeto do recente julgamento do AgR-REspe 0600072-23, de 4.5.2021 [[48]], de relatoria originária do

---

48. ELEIÇÕES 2018. AGRAVO REGIMENTAL. RECURSO ESPECIAL. PROPAGANDA ELEITORAL ANTECIPADA. MODALIDADE NEGATIVA. PROCEDÊNCIA NA CORTE DE ORIGEM. LIBERDADE DE EXPRESSÃO. DIREITO QUE NÃO É ABSOLUTO. POSSÍVEL CANDIDATO. CARGO DE GOVERNADOR. HONRA. DIREITO DE PERSONALIDADE. OFENSA. CAMPO DA CRÍTICA. EXORBITÂNCIA. PEDIDO EXPLÍCITO DE NÃO VOTOS. CARACTERIZAÇÃO. ARESTO REGIONAL. INTEGRAL RESTABELECIMENTO. PROVIMENTO.

1. A livre manifestação do pensamento não constitui direito absoluto, de modo que o discurso de ódio – que não se confunde com críticas ácidas e agudas – não deve ser tolerado, em resguardo à higidez do processo eleitoral, da igualdade de chances e da proteção da honra e da imagem dos players. Precedentes deste Tribunal Superior (AgR-AI n. 2-64/SP, Rel. Min. Tarcisio Vieira de Carvalho Neto, DJe de 22.9.2017).

2. Na espécie, o agravado buscou, na rede social, incutir em contingente de pessoas a ideia de que o possível candidato estaria vinculado a regimes inegavelmente nefastos (nazismo) e a práticas criminosas (corrupção), tendo a Corte Regional assentado a presença do pedido explícito de não votos.

3. Agravo interno do Parquet Eleitoral provido para restabelecer integralmente o acórdão regional.

Ministro Luís Roberto Barroso, em que esta Corte, por maioria, deu provimento a agravo interno para julgar procedente a representação e aplicar multa ao agravado pela realização de propaganda eleitoral antecipada negativa, no valor de R$ 5.000,00, nos termos do voto divergente do Ministro Tarcísio Vieira de Carvalho Neto.

7. Na ocasião, na qual se discutiu mensagem veiculada por meio de vídeo na rede social Instagram, com críticas dirigidas ao Governador do Estado do Maranhão, candidato à reeleição no pleito de 2018, esta Corte consignou a admissibilidade de críticas ácidas e contundentes dirigidas aos cidadãos que ingressam, ou buscam ingressar, na vida pública. Assentou também que a intervenção da Justiça Eleitoral no processo eleitoral, deve se dar apenas no caso de ser necessário o restabelecimento da igualdade e normalidade na disputa eleitoral ou para corrigir condutas que ofendam a legislação eleitoral, a exemplo do "discurso de ódio", que entendeu presente no caso, em que se atribuiu o adjetivo "nazista" ao candidato.

8. A partir do contexto fático-probatório descrito no acórdão regional, verifica-se que a propaganda em análise, consistente na imagem de um rato sobreposta à foto do vereador Raimundo Lopes de Farias, divulgada nas redes sociais Facebook e Instagram, não contém pedido explícito de votos ou de não votos, bem como não é suficiente para configurar o indigitado "discurso de ódio", nos termos do que fora decidido por esta Corte no caso supracitado, pois não vai além de mera crítica política, agasalhada pelo direito à livre manifestação de pensamento, não configurando, assim, a prática de propaganda eleitoral antecipada negativa.

9. Embora alguns precedentes do TSE tenham reconhecido que mensagens anteriores ao período permitido, ofensivas à honra de candidato, constituem propaganda eleitoral negativa antecipada, nem toda crítica ou ofensa à honra é suficiente para caracterização de tal ilícito, sob pena de violação à liberdade de expressão.

10. Na espécie, as críticas veiculadas por meio da imagem divulgada devem ser admitidas no processo democrático, pois estimulam o debate, entre os eleitores, sobre eventuais características negativas dos integrantes da disputa eleitoral e de seus planos de governo.

11. A crítica em questão, ainda que ácida, extrapola a esfera eleitoral, devendo o candidato, caso assim entenda, buscar eventual reparação de danos morais na esfera cível da Justiça Comum, também competente para, na esfera criminal, analisar eventual prática de crimes contra a honra.

CONCLUSÃO

Recurso especial provido.

VI - a realização, a expensas de partido político, de reuniões de iniciativa da sociedade civil, de veículo ou meio de comunicação ou do próprio partido, em qualquer localidade, para divulgar ideias, objetivos e propostas partidárias.

O dispositivo é de clara compreensão.

Trata-se de mais uma possibilidade de exercício do direito de reunião para a troca de ideias. O inciso autoriza as pessoas jurídicas nele nominadas a promover reuniões, encontros e similares para a divulgação de objetivos e propostas de conteúdo partidário.

Assim como os incisos que lhe precederam, o VI veio privilegiar a manifestação de opiniões políticas e o debate fora do período eleitoral propriamente dito.

As "reuniões de iniciativa da sociedade civil, de veículo ou meio de comunicação ou do próprio partido" poderão ocorrer em qualquer localidade (Estado, cidade, bairro, comunidade) visando divulgar ideias, objetivos e propostas partidárias que, em verdade, serão as propostas do futuro candidato ou dos candidatos.

Dentre as "propostas partidárias" inseridas à regra, admite-se a possibilidade de divulgação dos planos de governo de pré-candidatos

No que se refere às postagens em redes sociais demonstrando a presença de pré-candidatos em reuniões juntamente com as pessoas que as promoveram, as mesmas não desbordam do limite traçado pelo inciso VI, do art. 36-A se realizadas com o fim de expor as suas reivindicações e ouvir as propostas daqueles primeiros. São, portanto, meros registros de um acontecimento político que se tornou público.

Se nas referidas postagens sobrevier, como é corriqueiro acontecer, alusão ao número da candidatura ou comentários realizados por terceiros, tais circunstâncias não podem ensejar a responsabilização dos pré-candidatos presentes uma vez que os mesmos não podem intervir no direito de livre manifestação do pensamento de outras pessoas que também tem acesso às redes sociais.

Capítulo

7

PROPAGANDA INTRAPARTIDÁRIA

Art. 36. A propaganda eleitoral somente é permitida após o dia 15 de agosto do ano da eleição. (Redação dada pela Lei nº 13.165, de 2015)

§ 1º Ao postulante a candidatura a cargo eletivo é permitida a realização, na quinzena anterior à escolha pelo partido, de propaganda intrapartidária com vista à indicação de seu nome, vedado o uso de rádio, televisão e *outdoor*.

A propaganda intrapartidária é destinada aos filiados da agremiação.

O mecanismo assume importância, por exemplo, quando há uma prévia partidária ou se o número de pretendentes proporcionais (deputados, vereadores) supera o de vagas disponíveis.

A sua execução, durante os 15 dias antecedentes ao evento, cinge-se às práticas entre filiados e dirigentes partidários através de mecanismos não públicos de comunicação, o que excetua a possibilidade de utilização dos meios de comunicação ditos tradicionais (rádios, jornais e televisões) e *outdoors*. Na prática, é um período para afirmar lideranças e massificar a imagem internamente.

Quando os dirigentes das agremiações explicam ou noticiam as questões intrapartidárias pelos meios de comunicação, eles não estão fazendo propaganda eleitoral, mas apenas informando. Já a distribuição de material (panfletos, jornais, convites), desfiles e circulação de carros de som pelas ruas da cidade previamente à convenção ou prévia, são práticas que extrapolam a propaganda intrapartidária na medida em que adquirem um caráter geral. No julgamento da Consulta nº 1.673/DF (DJE de 11/09/2009), ao examinar a questão das prévias partidárias, o TSE amarrou a premissa de que "os eleitores não filiados ao partido político não podem participar das prévias sob pena de tornar letra morta a proibição de propaganda extemporânea".

A jurisprudência sedimentou-se neste norte:

> **AGRAVOS REGIMENTAIS. RECURSO ESPECIAL ELEITORAL. ELEIÇÕES 2014. PROPAGANDA ELEITORAL ANTECIPADA. EVENTO PARTIDÁRIO. REEXAME DE FATOS E PROVAS. SÚMULA 7/STJ.**
>
> 1. A participação de eleitores não filiados a determinado partido político destoa da realização de prévias partidárias e pode ensejar a realização de propaganda eleitoral extemporânea. Precedentes.
>
> 2. Na espécie, a Corte Regional afirmou que o evento realizado pelo partido antes do período permitido era de livre acesso ao público e excedeu os limites da prévia intrapartidária. Rever essa conclusão demandaria o reexame de fatos e provas, providência inviável em recurso especial, a teor da Súmula 7/STJ.
>
> 3. Agravos regimentais não providos.[1]

Especialmente quanto aos excessos publicitários:

> **EMBARGOS DE DECLARAÇÃO RECEBIDOS COMO AGRAVO REGIMENTAL. FUNGIBILIDADE. PROPAGANDA ELEITORAL ANTECIPADA CONFIGURADA. EXTRAPOLAÇÃO DOS LIMITES DA PROPAGANDA INTRAPATIDÁRIA. NÃO PROVIMENTO.**
>
> 1. Recebem-se como agravo regimental os embargos de declaração opostos contra decisão monocrática e com pretensão modificativa. Precedentes.
>
> 2. A dimensão ostensiva (*outdoor*) da propaganda, a localização (praça pública) e os elementos nela contidos (foto, nome, número, sigla partidária e dizeres indicando os candidatos como uma escolha do povo) são suficientes para levar ao conhecimento geral a candidatura dos agravantes ao futuro pleito, o que configura a propaganda eleitoral extemporânea e afasta a tese de que se trata de propaganda intrapartidária.
>
> 3. Agravo regimental desprovido.[2]

---

1. TSE, AgR-REspe nº 7065/RN, DJE de 15/04/2015.
2. TSE, ED-AI nº 63609/BA, DJE de 22/11/2013.

Esta disciplina, por vezes controvertida, carece de aperfeiçoamento legislativo relativamente aos mecanismos de comunicação entre os filiados e os pré-candidatos do partido através das redes sociais. No mínimo porque são instrumentos de interação cuja pujança não pode continuar a ser desprezada pelo ordenamento jurídico e tampouco tolhida pela jurisprudência.

A publicidade em comento encontra-se protegida pela liberdade de expressão, não tipificando propaganda eleitoral extemporânea nos termos do art. 36-A da LE/97, mesmo se veiculada em rede social, conforme reafirmou o Agravo Regimental em Recurso Especial Eleitoral nº 218-97/BA (DJE de 04/12/2018)[3]:

> **DIREITO ELEITORAL E PROCESSUAL CIVIL. AGRAVO INTERNO EM RECURSO ESPECIAL ELEITORAL. ELEIÇÕES 2016. REPRESENTAÇÃO. PROPAGANDA ELEITORAL ANTECIPADA. ART. 36-A DA LEI Nº 9.504/1997. AUSÊNCIA DE PEDIDO EXPLÍCITO DE VOTOS. DECISÃO ALINHADA À JURISPRUDÊNCIA DO TSE. DESPROVIMENTO.**
>
> 1. Agravo interno contra decisão monocrática que deu provimento a recurso especial para julgar improcedente o pedido formulado em representação eleitoral por propaganda antecipada, afastando a multa aplicada.
>
> 2. No caso, o TRE/BA condenou o agravante pela prática de propaganda eleitoral antecipada, por entender que a colocação de cavaletes em importante via de acesso do Município desvirtuava a propaganda intrapartidária. Da moldura fática delineada pelo acórdão recorrido constata-se que (i) os cavaletes limitaram-se a divulgar a foto, nome e número do pré-candidato, sem fazer qualquer menção a pedidos de voto; e (ii) houve a colocação de poucos cavaletes no dia e nas imediações do local onde ocorreu a convenção partidária.
>
> 3. Diante da ausência de pedido explícito de votos e de qualquer mácula ao princípio da igualdade de oportunidades, a publicidade em questão encontra-se protegida pela liberdade de expressão, não configurando propaganda eleitoral antecipada, nos termos do art. 36-A da Lei nº 9.504/1997. Precedentes.
>
> 4. A decisão recorrida está em conformidade com a jurisprudência deste Tribunal Superior Eleitoral.
>
> 5. Agravo interno a que se nega provimento.

3. A referência à candidatura e a promoção pessoal dos pré-candidatos, no contexto da propaganda intrapartidária, desde que não haja pedido explícito de votos, não configuram propaganda extemporânea, nos termos da nova redação dada ao art. 36-A pela Lei 13.165/2015, havia decidido o AgR-REspe nº 32-57/PE, DJE de 21/02/2018. A decisão orientou a Corte relativamente ao pleito geral de 2018.

Capítulo

8

PROPAGANDA ELEITORAL

8.1. CONSIDERAÇÕES GERAIS, CONCEITOS E LIMITES

Propaganda, do latim *propagare*, significa a propagação ou divulgação de determinada informação, ideia, nome, etc. A CF/88, por seu art. 5º, IV, garante ser "livre a manifestação do pensamento". Mais adiante, no art. 220, "observado o disposto nesta Constituição", o texto assegura que a "manifestação do pensamento, a criação, a expressão e a informação, sob qualquer forma, processo ou veículo, não sofrerão qualquer restrição", vedando "toda e qualquer censura de natureza política, ideológica e artística" (§2º).

Fazer propaganda eleitoral não é dispor de um direito absoluto. Diante da Lei Complementar nº 64/90, da Lei nº 9.504/97, da Lei nº 9.096/95, do Código Eleitoral/65 e das resoluções do Tribunal Superior Eleitoral, a propaganda elaborada por candidatos, partidos, federações e coligações para captar votos não pode ser divulgada indiscriminadamente. Ela está submetida a limites de tempo, forma e conteúdo. O ordenamento jurídico também afastou a possibilidade da sua antecipação ou prorrogação. Há um tempo certo e determinado para a sua divulgação lícita destinando-se a exercer influência sobre o eleitorado.

São exemplos de restrições à propaganda vinculadas ao Princípio da Legalidade (CF/88, art. 5º, II):

- As vedações insertas ao art. 50-B da Lei 9.096 com a redação da Lei nº 14.291, de 2022;

- Nos bens públicos (art. 37 da Lei nº 9.504/97);
- Anterior ao dia 15 de agosto do ano da eleição;
- Ao uso de *outdoors* (art. 39, §8º, da Lei nº 9.504/97);
- Nos bens particulares (art. 37, § 2º, da Lei 9.504/97);
- A proibição de manifestação coletiva e não silenciosa no dia da eleição (art. 39-A da Lei nº 9.504/97) e
- A interdição ao conceito, imagem ou afirmação caluniosa, difamatória, injuriosa ou sabidamente inverídica, divulgado por qualquer meio (art. 58 da Lei nº 9.504/97).

Um outro inciso deste mesmo art. 5º da Constituição Federal, o IV, assegura que "é livre a manifestação do pensamento, sendo vedado o anonimato". Como tal, este direito não existe isoladamente. O dispositivo que lhe segue, a ser combinado com o art. 220, diz que "é assegurado o direito de resposta, proporcional ao agravo, além da indenização por dano material, moral ou à imagem".

Como se constata mais uma vez, a liberdade não é absoluta. Existem importantes e necessárias limitações a este respeito positivadas no ordenamento pátrio, a exemplo dos estrangeiros.

Especificamente quanto à propaganda, no seu art. 243, por dez incisos, o Código Eleitoral, é verdade que a maioria deles estruturados à luz dos dogmas e princípios da Carta Constitucional de 1946, regrou uma série de proibições catalogadas por assunto. Por questões de ordem pública, não são toleradas as seguintes modalidades de propaganda:

> I - de guerra, de processos violentos para subverter o regime, a ordem política e social ou de preconceitos de raça ou de classes;
>
> II - que provoque animosidade entre as forças armadas ou contra elas, ou delas contra as classes e instituições civis;
>
> III - de incitamento de atentado contra pessoa ou bens;
>
> IV - de instigação à desobediência coletiva ao cumprimento da lei de ordem pública;
>
> V - que implique em oferecimento, promessa ou solicitação de dinheiro, dádiva, rifa, sorteio ou vantagem de qualquer natureza;
>
> VI - que perturbe o sossego público, com algazarra ou abusos de instrumentos sonoros ou sinais acústicos;
>
> VII - por meio de impressos ou de objeto que pessoa inexperiente ou rústica possa confundir com moeda;

> VIII - que prejudique a higiene e a estética urbana ou contravenha a posturas municiais ou a outra qualquer restrição de direito;
>
> IX - que caluniar, difamar ou injuriar quaisquer pessoas, bem como órgãos ou entidades que exerçam autoridade pública.
>
> X - que deprecie a condição de mulher ou estimule sua discriminação em razão do sexo feminino, ou em relação à sua cor, raça ou etnia.

Fávila RIBEIRO (1986, p. 289), em estudo pioneiro, lecionou: "Despreza a propaganda a argumentação racional, prescindindo do esforço persuasivo para demonstração lógica da procedência de um tema. Procura, isto sim, desencadear, ostensiva ou veladamente, estados emocionais que possam exercer influência sobre pessoas. Por isso mesmo, com a propaganda não se coaduna a análise crítica de diferentes posições, desde que procura induzir por recursos que atuam diretamente no sub-consciente individual".

Ao mesmo acresceu Pinto FERREIRA (1991, p. 258): "A propaganda é uma técnica de apresentação, argumentos e opiniões ao público de tal modo organizada e estruturada para induzir conclusões ou pontos de vista favoráveis aos seus enunciantes. É um poderoso instrumento de conquistar a adesão de outras pessoas, sugerindo-lhes ideias que são semelhantes àquelas expostas pelos propagandistas".

À falta de uma previsão normativa, o Tribunal Superior Eleitoral cunhou um conceito. O Recurso Especial Eleitoral nº 15.732/MA, da relatoria do então Ministro Eduardo Rangel Alckmin, encartado ao DJ de 07/05/1999, embora relativamente antigo, segue refletindo a compreensão da Corte acerca da matéria:

> Entende-se como ato de propaganda eleitoral aquele que leva ao conhecimento geral, ainda que de forma dissimulada, a candidatura, mesmo apenas postulada, e a ação política que se pretende desenvolver ou razões que induzam a concluir que o beneficiário é o mais apto ao exercício de função pública. Sem tais características, poderá haver mera promoção pessoal - apta, em determinadas circunstâncias, a configurar abuso de poder econômico, mas não propaganda eleitoral[1].

1. Do TSE: R-Rp nº 147196/DF, DJE 29/10/2015; AG nº 5.120/RS, DJ 23/09/2005; REspe nº 18.958/SP, DJ de 05/06/2001; REspe nº 16.426/MT, DJ 09/03/2001; REspe nº 16.183/MG, DJ 31/03/2000; REspe nº 15.732/MA, DJ 07/05/1999.

8.2. CASUÍSTICA E EXTENSÃO DA MATÉRIA

A propaganda eleitoral é uma temática larga e controvertida para ser exaurida num único tópico. Para que se possa proceder numa análise conclusiva e pormenorizada a respeito de todas as suas possibilidades, tanto regulares quanto irregulares ou ilícitas, seria necessário elaborar um volume específico, e as fontes de pesquisa se mostrariam demasiado extensas. Visando um trabalho de ordem prática como este se propõe, a análise de situações mais corriqueiras é a que pretende melhor satisfazer o interessado.

Antes de prosseguir, calha reconhecer que a expressão "propaganda eleitoral" contém várias circunstâncias, sendo três delas merecedoras de maior referência: tem conotação genérica, está em constante modificação e engloba variada gama de possibilidades. Esta última é a que mais importa ao contexto ora em apreciação. E nisso, tanto os estudiosos quanto os profissionais que atuam nas variadas etapas que formam a cadeia produtiva de qualquer campanha política são unânimes em afirmar: a propaganda eleitoral determina uma guerra, tanto de informações quanto de desinformações. E as principais armas desse entrevero político são bem conhecidas: redes sociais, horário eleitoral, debates de rádio e televisão e as coberturas jornalísticas, essas inúmeras vezes agindo contra ou a favor de uma candidatura, não raro ostensivamente.

Comentário do autor

A propaganda eleitoral brasileira exige novas lógicas. Necessita ser reconfigurada juridicamente para ser mais útil. Contudo, a opacidade do processo legislativo no tocante à elaboração das leis eleitorais resulta em dispositivos caricatos ou "praticamente farsantes", como escreveu Lauro BARRETO (1994, p. 15).

O Congresso Nacional historicamente repele as propostas legislativas que contemplam as aspirações mais apropriadas nesse nicho. Embora sejam vistas, vez por outra, iniciativas mais arejadas, o que predomina no Legislativo é a mesmice, é a resistência à ampliação à liberdade de expressão acompanhada de uma indiferença às modernas formas de comunicação visual como plotagens, *outdoors*, *banners*.

Essas modalidades, a par de eficazes e mundialmente consagradas, têm sido tratadas preconceituosamente pelo legislador brasileiro. Vigora, aqui, um conservadorismo hostil relativamente a um setor que está em constante evolução. Resultado? O artificialismo materializado pelas normas está aniquilando a propaganda eleitoral.

8.3. INÍCIO

Código Eleitoral/65	Lei nº 9.504/97	Lei nº 13.165/15
Art. 240. A propaganda de candidatos a cargos eletivos somente é permitida **após a respectiva escolha pela convenção**.	Art. 36. A propaganda eleitoral somente é permitida após o **dia 5 de julho do ano da eleição**.	Art. 36. A propaganda eleitoral somente é permitida **após o dia 15 de agosto do ano da eleição**.

O Código Eleitoral de 1965 autorizava o início da propaganda eleitoral conforme as convenções partidárias fossem acontecendo. Três décadas depois, a Lei nº 9.504/97, forte no *caput* do art. 5º da Constituição Federal, estabeleceu um critério temporal único para todos os partidos e candidatos: após o dia 15 de agosto.

O tratamento conferido pelos ordenamentos jurídicos estrangeiros é bem diversificado quanto ao termo inicial da propaganda.

Na Itália, "A partir do trigésimo dia anterior à data marcada para as aulas, é proibida qualquer forma de propaganda e leitura ligeira ou figurativa, de carácter fixo em local público, excluídas as placas indicativas dos lugares das partes. É também proibido lançar ou lançar brochuras em lugar público ou lugar aberto ao público e qualquer forma de propaganda ligeira móvel"[2] (Legge 4 aprile 1956, n. 212, art. 6º, 1). Se ocorrer antes, "A violação do disposto neste artigo é punida com sanção administrativa pecuniária entre € 103 e € 1.032"[3] (6º, 2).

Em Portugal o período de campanha é dos mais exíguos. Inicia-se no 14º dia anterior e finda a 24 horas da antevéspera do dia designado para as eleições, conforme preceitua o art. 53 da Lei nº 14, de 16 de maio de 1979.

Na Polônia, a propaganda não é admitida até 21 dias antes da data do pleito, consoante o §1º do Art. 61c da Lei Eleitoral de 2011.

No Paraguai, "A propaganda eleitoral será estendida por um período máximo de sessenta dias contados, respectivamente, dos dois dias anteriores às eleições, em que são proibidos todos os tipos de propaganda eleito-

2. Tradução livre, pelo autor, dos dispositivos legais originais:
Dal trentesimo giorno precedente la data fissata per Le e lezioni è vietata ogni forma di propaganda e lettorale luminosa o figurativa, a carattere fisso in luogo pubblico, escluse le insegne indicanti le sedi dei partiti. È vietato, altresì, i l lancio o il getto di volantini in luogo pubblico o aperto al pubblico e ogni forma di propaganda luminosa móbile.

3. Tradução livre, pelo autor, do dispositivo legal original:
La contravvenzione alle norme del presente articolo è punita con la sanzione amministrativa pecuniaria da € 103 a € 1.032 [anziché da lire duecentomila a lire due milioni.

ral. Nas eleições internas dos partidos políticos, a propaganda eleitoral não pode ultrapassar trinta dias" (*Codigo Electoral*, art. 290).[4]

Na Espanha, "A campanha eleitoral começa no trigésimo oitavo dia após o anúncio. Isso dura quinze dias. Termina, em qualquer caso, à zero hora do dia imediatamente anterior à votação", determina o art. 51 do *Régimen Electoral General*.[5]

Em Honduras, "A Propaganda Eleitoral só pode ser realizada no prazo de cinquenta (50) dias corridos antes das eleições internas e primárias e noventa (90) dias corridos antes da realização das eleições gerais." (*Ley Electoral y de las Organizaciones Políticas*, art. 144).[6]

Na Nicarágua, a lei fixou prazos distintos: "1) Setenta e cinco dias para as eleições presidenciais e para deputados perante a Assembleia Nacional e para o Parlamento Centro-Americano. 2) Quarenta e dois dias para as eleições dos membros dos Conselhos Regionais, Prefeitos, Vice-Prefeitos e Conselhos Municipais"[7], estabelece o art. 86 da Lei nº 331, de 4 de setembro de 2012. Havendo eleições presidenciais em segundo turno, o artigo acrescenta que a campanha eleitoral terá o prazo total de vinte e um dias; no caso de referendos e plebiscitos, trinta dias.

Na Argentina, de acordo com o art. 64 do *Codigo Electoral Nacional* (e posteriores atualizações), "A campanha eleitoral começa trinta e cinco (35) dias antes da data da eleição. A campanha termina quarenta e oito (48) horas antes do início da negociação".[8]

---

4. Tradução livre, pelo autor, do dispositivo legal original:
   Art. 51. La propaganda electoral se extenderá por un máximo de sesenta días contados respectivamente desde dos días antes de los comicios, en los que está prohibida toda clase de propaganda electoral. En los comicios internos de los partidos políticos, la propaganda electoral no podrá exceder de treinta días.
5. Tradução livre, pelo autor, dos dispositivos legais originais:
   Artículo 51. 1. La campaña electoral comienza el día trigésimo octavo posterior a la convocatoria. 2. Dura quince días. 3. Termina, en todo caso, a las cero horas del día inmediatamente anterior a la votación.
6. Tradução livre, pelo autor, do dispositivo legal original:
   Art. 144. La Propaganda Electoral sólo podrá ser realizada dentro de los cincuenta (50) días calendarios anteriores a la práctica de las elecciones internas y primarias y noventa (90) días calendario anteriores a la celebración de las elecciones generales.
7. Tradução livre, pelo autor, dos dispositivos legais originais:
   Art. 86. 1) Setenta y cinco días para las elecciones Presidenciales y de Diputados ante la Asamblea Nacional y para el Parlamento Centroamericano. 2) Cuarenta y dos días para las elecciones de los Miembros de los Consejos Regionales, Alcaldes, Vicealcaldes y de los Concejos Municipales.
8. Tradução livre, pelo autor, do dispositivo legal original:
   Art. 64. La campaña electoral se inicia treinta y cinco (35) días antes de la fecha del comicio. La campaña finaliza cuarenta y ocho (48) horas antes del inicio del comício.

Na França, "A campanha eleitoral está aberta a partir do vigésimo dia antes da data da votação", consoante determina o Art. L 164 do *Code Électoral* (e posteriores atualizações)[9].

8.4. MUROS, FAIXAS, PLACAS, CARTAZES, PINTURAS E INSCRIÇÕES

Nos bens particulares móveis e imóveis, independe de obtenção de licença municipal e de autorização da Justiça Eleitoral a veiculação de propaganda eleitoral, desde que seja feita em adesivo ou papel, não exceda a 0,5 m² (meio metro quadrado) e não contrarie a legislação, sujeitando-se o infrator às penalidades previstas no § 1º[10]. Por conta disso, artefatos outrora corriqueiros e de baixo custo como faixas, placas, pinturas em muros ou inscrições nas sedes dos comitês foram simplesmente banidos.

É inegável: com o advento da Lei nº 13.165/15, que alterou o *caput* e o §2º do art. 37 da Lei nº 9.504/97, restringiu-se ainda mais a possibilidade de realização de propaganda eleitoral. Além da redução de tamanho, a veiculação foi confinada, o que impõe desvantagem para quem não detém mandato.

8.5. VEÍCULOS

O § 4º do art. 38 proíbe a colagem de propaganda eleitoral em veículos, exceto a utilização de adesivos microperfurados até a extensão total do para-brisa traseiro e, noutras posições, adesivos até a dimensão máxima de 50 centímetros por 40 centímetros, fixada pelo §3º. Note-se, contudo, o conflito a partir da tolerância de meio metro quadrado constante do inciso II do §2º do mesmo dispositivo a partir da alteração redacional trazida pela Lei nº 13.488/17.

8.6. ADESIVOS

Os adesivos de que trata o *caput* do art. 38 da Lei nº 9.504/97, em metragem máxima, estão limitados a 50 centímetros por 40 centímetros (§3º do art. 38).

---

9. Tradução livre, pelo autor, do dispositivo legal original:
Art. L164 La campagne électorale est ouverte à partir du vingtième jour qui précède la date du scrutin.

10. Outrora, nos bens particulares, ficava livre a fixação de propaganda eleitoral pelo detentor de sua posse (Lei nº 7.508/86).

A miudeza da norma, fruto da leviandade do legislador, ao agredir o bom senso, resulta no aforamento de demandas dos seguintes patamares:

> **AGRAVO REGIMENTAL. RECURSO ESPECIAL. ELEIÇÕES 2018. REPRESENTAÇÃO. PROPAGANDA ELEITORAL IRREGULAR. ART. 40-B DA LEI 9.504/97. ADESIVOS JUSTAPOSTOS. VEÍCULO PARTICULAR. RESPONSABILIZAÇÃO DO CANDIDATO BENEFICIADO. FALTA DE PRÉVIA CIÊNCIA. DESPROVIMENTO.**
>
> 1. Nos termos do parágrafo único do art. 40-B da Lei 9.504/97, é possível responsabilizar candidato beneficiado por propaganda irregular "se as circunstâncias e as peculiaridades do caso específico revelarem a impossibilidade de o beneficiário não ter tido conhecimento da propaganda". Precedentes.
>
> 2. No caso, o TRE/SE assentou o prévio conhecimento unicamente porque "a circulação de carro pela cidade de Itabaiana contendo adesivo de campanha em dimensão bastante superior a meio metro quadrado, e em justaposição, não passaria despercebida pelo candidato em pleno período de campanha eleitoral".
>
> 3. Diante do contexto de tráfego de apenas um veículo com propaganda irregular em Município com cerca de 100 mil habitantes, não se configura a prévia ciência do candidato, sendo descabido assentar tal premissa a partir de meras presunções, impondo-se afastar a multa imposta.
>
> 4. O precedente trazido pelo agravante – AgR-AI 270-68/PE, Rel. Min. Admar Gonzaga, DJE 29/9/2017 – não guarda similitude fática com a espécie. No julgado em comento, a hipótese cuidou de circulação de dois veículos e em município de pequeno porte, circunstâncias que se diferenciam do caso dos autos.
>
> 5. Agravo regimental desprovido.[11]
>
> **ELEIÇÕES 2018. AGRAVO REGIMENTAL. AGRAVO EM RECURSO ESPECIAL. REPRESENTAÇÃO POR PROPAGANDA IRREGULAR COM EFEITO VISUAL DE *OUTDOOR*. NÃO CONFIGURADA. NÃO PROVIMENTO.**
>
> 1. O Tribunal de origem entendeu não caracterizada a propaganda eleitoral com efeito de outdoor, por entender se tratar de adesivos afixados nas vidraças do comitê eleitoral de tamanho inferior ao limite previsto na legislação eleitoral, e com indicadores de pouca visualização por parte dos eleitores.

11. TSE, AgRg-REspe nº 060082208/SE, DJE de 03/05/2019.

2. A revisão do entendimento do Tribunal a quo demandaria o reexame da matéria fática probatória dos autos, providência incabível na instância extraordinária, a teor do verbete sumular 24 do TSE.

3. Os fundamentos do acórdão regional estão em conformidade com as disposições normativas que regem a propaganda eleitoral relativa às Eleições de 2018 - art. 10, § 1º, da Res.-TSE 23.551 - no sentido de que: "Os candidatos, os partidos políticos e as coligações poderão fazer inscrever, na sede do comitê central de campanha, a sua designação, bem como o nome e o número do candidato, em formato que não se assemelhe a outdoor nem gere esse efeito".

4. Conforme a jurisprudência desta Corte, "a teor do art. 10, § 1º, da Res.-TSE 23.457/2015, veda-se, em sede de comitê de campanha, propaganda que se 'assemelhe ou gere efeito de outdoor' (AgR-REspe 127-39, rel. Min. Jorge Mussi, DJE 12.6.2018)", o que não é o caso dos autos, conforme reconhecido pela Corte de origem. Incidência do verbete sumular 30 do TSE.

Agravo regimental a que se nega provimento.[12]

8.7. BANDEIRAS

Confeccionadas na maioria das vezes em pano, tecido ou plástico, as bandeiras são materiais lícitos de campanha que gozam de respaldo perante o *caput* do art. 39-A da LE/97.

As coordenações de campanha devem atentar para o detalhe de que a distribuição de bandeiras sem a identificação obrigatória da inscrição no Cadastro Nacional da Pessoa Jurídica (CNPJ) ou do Cadastro de Pessoas Físicas (CPF) do responsável pela sua confecção, acompanhado da respectiva tiragem, constitui propaganda eleitoral irregular, nos termos do art. 38,§ 1º da Lei nº 9.504/97.

Engenhos de divulgação produzidos de forma artesanal pelos próprios simpatizantes ou filiados do partido não se inserem nessa disposição.

As mesmas, nunca é demais dizer, não são artefatos exclusivamente eleitorais, podendo ser de uso partidário.

12. TSE, AgRg-REspe nº 060193609/SC, DJE de 13/12/2018.

Porém, como a norma não foi suficientemente clara ao fixar as possibilidades do seu uso, a cada pleito a jurisprudência oscila em inúmeros aspectos acerca dessa trivial peça de publicidade:

- A utilização de bandeiras **em bens particulares** para campanha contraria a legislação eleitoral, que restringe a publicidade, nesses locais, a adesivos e papel nas dimensões especificadas pela lei[13];
- A legislação, ao tratar da propaganda eleitoral, não regulou expressamente quais seriam as **dimensões permitidas** para as bandeiras, sendo que as limitações referem-se ao não embaraço do trânsito de pessoas/veículos, à sua mobilidade e que não causem efeito de *outdoor*[14];
- A utilização de bandeiras **em veículo automotivo particular** que promovia a campanha de candidato, não configura propaganda eleitoral irregular, portanto não afeto a impor a penalidade pecuniária do § 2.º do art. 37 da Lei n. 9.504/1997 e no art. 15, 3.º, da Resolução TSE n.º 23.457/2015, assim como a multa prevista no art. 37, § 1º, da Lei nº 9.504/97[15];
- A utilização de bandeiras **em veículos usados para campanha** contraria a legislação eleitoral, que restringe a publicidade em bens particulares, mormente em veículos, nos quais se admite exclusivamente a colagem de adesivo microperfurado com dimensões especificadas pela lei[16];
- É irregular a colocação de bandeiras veiculando propaganda eleitoral **nos comitês de campanha**[17];
- Conforme o artigo 37, §2º, I da Lei 9.504/97, bandeiras em hastes fixadas no chão perdem o caráter de mobilidade, e devem ser consideradas como propaganda irregular, bem como é irregular a fixação de bandeira **em canteiro central**, por esta ser equiparada a jardim, disposto no § 5º do referido artigo[18];
- É possível a **afixação de bandeiras em bicicletas**, por ocasião de passeio ciclístico, assemelhando-se o ato a um evento de caminhada, carreata ou passeata[19];
- Bandeiras que não estão justapostas ou próximas, de modo a se assemelhar ou causar efeito visual de outdoor afastam a aplicação da multa prevista no artigo 39, §8º, da Lei 9.504/97[20];
- A legislação de regência não fixou limite para o **tamanho de bandeiras** a serem utilizadas em propaganda de campanhas eleitorais, desde que

---

13. TRE/BA, RE nº 56043, DJE de 28/02/2018.
14. TRE/GO, RE nº 14156, DJ de 13/09/2017.
15. TRE/MT, RE nº 25181, PSESS de 29/11/2016.
16. TRE/BA, RE nº 30272, DJE de 08/05/2017.
17. TRE/MG, RE nº 41522, DJEMG de 20/09/2017.
18. TRE/PA, RRP nº 060131673, PSESS de 28/09/2018.
19. TRE/RS, RE nº 17221 , PSESS 17/11/2016.
20. TRE/PR, REl nº 060075572, DJEMG 07/02/2023.

móveis e que não venham a atrapalhar a mobilidade de veículos e de pessoas (Inteligência do art. 37, § 6º, da Lei nº 9.504/97)[21];

- A **justaposição** de elementos como faixa, adesivos e bandeiras, que, em conjunto, têm efeito visual de *outdoor* e que ultrapassam o limite legal de 0,5 m^2 consubstancia propaganda eleitoral irregular[22];
- Afixação das **hastes de bandeiras em bicicletas** não se traduz em propaganda irregular, haja vista a mobilidade da bicicleta e a ausência de notícia de que tais bandeiras tenham dificultado o bom andamento do trânsito de pessoas ou veículos[23];
- Não há razão para se admitir a utilização de bandeiras em bens públicos e não se permitir sua utilização em **bens privados**, desde que não ultrapasse 0,5 m^2[24];
- Recurso. Propaganda eleitoral irregular. Utilização de artistas caracterizados em via pública. Ato equiparado a "showmício". Art. 37, § 9º, da Lei n. 9.504/97. Eleições 2012. Representação julgada procedente pelo magistrado originário. Participação de **"palhaços" na via pública, empunhando bandeiras**, distribuindo panfletos com o nome de candidato e número de urna, animando o grupo de militantes da coligação representada e os eleitores que transitavam nas proximidades. Caracterizado o desvirtuamento dos atos de campanha, travestidos em atividades direcionadas ao entretenimento público. Vedação legal. Ausência de previsão legal para aplicação de multa. Provimento negado[25];
- Propaganda por meio de **"windbanners" ao longo de via pública** – Publicidade que se equipara a bandeiras – Mobilidade e transitoriedade observadas, nos termos do art. 37, §6º da Lei nº 9.504/97 – Não caracterizado efeito visual de *outdoor* – Ausência de irregularidade[26];
- As ***wind flags* equivalem a bandeiras**, pois consistem em uma flâmula apoiada por uma haste e, como tal, podem ser colocadas em vias públicas, desde que nos termos do disposto no artigo 37, §§ 6º e 7º, da Lei das Eleições[27];
- No veículo, além dos adesivos (frontal e lateral), foram afixadas **bandeiras em sua carroceria**, o que, sem dúvida, configura propaganda eleitoral veiculada por meio vedado pela legislação[28];

21. TRE/PE, RE nº 7385, PSESS de 14/11/2016.
22. TRE/RN, RP nº 10233, DJE de 01/12/2016.
23. TRE/PA, RE nº 8920, DJE de 18/05/2017.
24. TRE/PE, RE nº 4284, PSESS de 04/11/2016.
25. TRE/RS, RE nº 8802, DEJERS de 29/08/2013.
26. TRE/SP, RE nº 060004072, DJE de 05/05/2021.
27. TRE/PR, RE nº 0600366, PSESS de 17/12/2020.
28. TRE/ES, RE nº 060009080, PSESS de 18/11/2020.

- Inexiste **previsão legal de limite ou tamanho máximo para as bandeiras utilizadas como propaganda eleitoral em vias públicas**, sendo expressa a previsão de que não podem ser fixas, nem tumultuar o trânsito local[29];
- A colocação de bandeiras com propaganda eleitoral, fincadas no solo da praia, bem público, enseja a multa prevista no art. 37, § 1º, da Lei nº 9.504/97, quando o responsável, notificado, não comprova o cumprimento da determinação judicial no prazo arbitrado pelo magistrado[30];
- O fato de as **bases de ferro ficarem, durante o dia, fixadas ao solo, não é critério para auferir a mobilidade**, nos termos do art. 37, §7º, da lei das eleições. A mobilidade restará caracterizada caso as bandeiras e suas bases sejam retiradas diariamente. A permanência das hastes de ferro no solo não só infringe a lei eleitoral, posto que fazem parte das bandeiras, mas também podem causar acidentes aos pedestres, dificultando a circulação das pessoas[31].

8.8. COMÍCIOS

O§ 4º do art. 39 disciplina a realização de comícios e a utilização de aparelhagens de sonorização fixas.

Comícios são modalidades de eventos de campanha permitidos entre às 8h e às 24 horas, com exceção do *comício de encerramento*, prorrogável por mais duas horas de duração.

Em nome do bom senso e, especialmente, da realidade, vem sendo admitida a utilização de telões para a transmissão de comício[32]:

> **RECURSO ELEITORAL. REPRESENTAÇÃO. TELÃO. COMÍCIO. POSSIBILIDADE. RECURSO DESPROVIDO.**
>
> 1. Conforme se depreende da consulta do TSE nº 1.261 de 29 de junho de 2006, é permitida a utilização de telões para retransmissão de imagens do comício, no local de sua realização, para facilitar a visualização e compreensão das mensagens que estão sendo transmitidas pelos candidatos.
>
> 2. Não é permitida a utilização deste recurso tecnológico para a retransmissão de shows artísticos gravados ou qualquer outro recurso que possa configurar o popular showmício.[33]

29. TRE/PA, RE nº 060040335, DJE de 16/04/2021.
30. TRE/PE, RE nº 060076933, DJE de 21/01/2021.
31. TRE/PE, RE nº 060072474, DJE de 11/11/2020.
32. TSE, Res. 22.267/DF, DJ de 16/08/2006; TRE/GO, RE nº 060197875, PSESS de 11/09/2018; TRE/SP, RE nº 1567, PSESS de 09/12/2016.
33. TRE/TO, RP nº 59382, PSESS de 25/09/2014.

Recurso. Representação. Bem público. Utilização, em comício, de telões (painéis eletrônicos) equiparáveis a outdoors. Propaganda eleitoral irregular. Improcedência.

O comício é expressão do direito de reunião garantido no artigo 5º, inciso XVI, da Constituição Federal, podendo realizar-se em bem público ou de uso comum, em horário específico, a teor do disposto no caput e § 1º do artigo 39 da Lei n. 9.504/97, não se sujeitando o tema versado no caso concreto à disciplina prescrita no artigo 37 do referido diploma legal.

Regularidade do uso dos painéis eletrônicos, ante a falta de comprovação de ocorrência de abuso na transmissão de imagens e a supra-aludida submissão da espécie ao regramento legal das reuniões político-partidárias.

Decisão recorrida mantida por seus próprios fundamentos.

Provimento negado.[34]

8.9. IDENTIFICAÇÃO VISUAL DE CABOS ELEITORAIS X BRINDES

A Lei nº 11.300 foi publicada em 11/05/2006 . Esta iniciativa parlamentar pretendeu - e em alguma medida conseguiu - confrontar algumas desigualdades e abusos do poder econômico nas campanhas eleitorais. O § 6º do seu art. 39 da Lei nº 9.504 veda a confecção, utilização e distribuição, por comitê eleitoral e candidato – ou com a sua autorização – de camisetas, chaveiros, bonés, canetas, brindes, cestas básicas e quaisquer outros bens ou materiais que possam proporcionar "vantagem ao eleitor". Mencionada expressão, por ser condicionante, impõe ao interprete que perquira o seu rigor etimológico. Aludida norma não foi direcionada aos que estão trabalhando numa campanha, mas sim aos eleitores que não se encontram nessa situação.

Maiores esforços hermenêuticos são dispensáveis para se chegar à conclusão de que não se enquadra, na vedação prevista pelo apontado parágrafo, a utilização de camisas, jalecos ou bonés objetivando a identificação dos candidatos, de suas equipes de trabalho (geralmente o *staff* da campanha) e cabos eleitorais. Nessas situações, os destinatários dos materiais a serem utilizados não são os eleitores, mas os apoiadores e funcionários da campanha, ou seja, as pessoas que atuam mediante remuneração contratual ou voluntariamente em prol de uma candidatura. Trata-se de um critério logístico que tem objetivo puramente organizacional, não havendo se falar em *desequilíbrio do certame.*

34. TRE/RS, RE nº 629783, DEJERS de25/11/2010.

Em termos de gastos, de acordo com o art. 100-A da Lei Eleitoral, existe a possibilidade da contratação direta ou terceirizada de pessoal para prestação de serviços referentes a *atividades de militância* e *mobilização de rua* nas campanhas eleitorais.

O uso de uniformes para *cabos eleitorais* e simpatizantes, ninguém duvida, atribui ampla visibilidade à presença de candidatos nos locais onde a campanha está sendo realizada, especialmente nos atos de rua (caminhadas, carreatas, panfletagens).

Personalizados com o nome e número do candidato, estampando *slogans*, frases ou imagens, são meios eficazes para destacar e divulgar a candidatura.

O uniforme é um meio praticamente imediato de identificação entre candidatos e eleitores. Pessoas identificadas visualmente numa caminhada ou *corpo a corpo* diferenciam o ato de campanha. Num comitê eleitoral, funciona como "cartão de visitas". Outra vantagem decorrente do seu uso é a padronização da equipe demonstrando organização e unidade de propósitos.

O ilícito, seja civil-eleitoral (abuso de poder econômico, captação ilícita de sufrágio) ou criminal-eleitoral (propaganda eleitoral no dia da eleição - art. 39, §5º, II e III), somente se perfaz mediante o fornecimento indiscriminado dos materiais previstos pelo texto legal, exigindo-se, então, o elemento subjetivo do tipo que é o propósito de angariar votos. Para a configuração da ilicitude eleitoral, é imprescindível a existência de prova robusta do agir vedado, conforme entendimento pacificado pela jurisprudência pátria.

A origem técnico-jurídica de tal entendimento, que nos parece de ordem assaz elementar, está em consonância às conclusões a que chegaram o TSE e o TRE/RS por meio de acórdãos cujas ementas são a seguir reproduzidas:

> **RECURSO ORDINÁRIO. ELEIÇÕES 2006. SUPLENTE DE DEPUTADO FEDERAL. CAPTAÇÃO ILÍCITA DE SUFRÁGIO. ELEITOR COMO DESTINATÁRIO DAS CAMISETAS DISTRIBUÍDAS. NÃO COMPROVAÇÃO. INEXISTÊNCIA DE BENEFÍCIO PARA OS CABOS ELEITORAIS. PARTICIPAÇÃO OU ANUÊNCIA DO CANDIDATO. NÃO COMPROVAÇÃO. RECURSO NÃO PROVIDO.**
>
> 1. A distribuição de camisetas unicamente a cabos eleitorais não caracteriza concessão de vantagem a eleitor, mas mecanismo de organização de campanha.

> 2. Os cabos eleitorais não obtiveram qualquer vantagem, já que as camisetas eram devolvidas para a coordenadora da equipe ao final de cada dia de campanha.
>
> 3. Incontroverso que o recorrido não foi o responsável pela confecção e distribuição das camisetas, sua anuência a essas condutas não foi demonstrada.
>
> 4. Recurso a que se nega provimento.[35]
>
> **Prestação de contas. Eleições 2010. Parecer técnico pela aprovação e pronunciamento ministerial nos autos pela rejeição. Discutida a confecção de camisetas, consubstanciando, em tese, o ilícito de produção e distribuição de bens que beneficiem o eleitor (artigo 39, § 6°, da Lei nº 9.504/97).**
>
> Inexistência, na legislação eleitoral, de proibição a candidatos de fornecerem uniformes ou outra forma de identificação aos cabos eleitorais remunerados.
>
> Número de camisetas e valor gasto compatível com a campanha em nível estadual.[36]

Redigido o artigo como se acha, prevalece o entendimento pela liberdade de organização das campanhas. Seria inconcebível que uma atividade já desidratada ficasse ainda mais debilitada em razão de presunções ou interpretações reducionistas. O conjunto probatório dos autos é que deve demonstrar se as vestes teriam sido distribuídas a eleitores ou colaboradores:

> **RECURSO. AÇÃO DE INVESTIGAÇÃO JUDICIAL ELEITORAL AIJE. ELEIÇÕES 2020. CARGO DE VEREADOR. IMPROCEDÊNCIA. ABUSO DE PODER. GASTOS ILÍCITOS DE RECURSOS. ART. 30-A DA LEI N. 9.504/97. CAMISETAS COM PROPAGANDA ELEITORAL. DISTRIBUIÇÃO A FAMILIARES E CABOS ELEITORAIS. AUSÊNCIA DE PROVAS DO USO EM DESACORDO COM A LEGISLAÇÃO ELEITORAL. INEXISTÊNCIA DE ELEMENTOS MÍNIMOS A CARACTERIZAR GASTO ILÍCITO DE CAMPANHA OU ABUSO DE PODER. MANTIDA A SENTENÇA. DESPROVIMENTO.**

35. TSE, RO nº 1.507/GO, DJE de 1º/02/2010.
36. TSE, PC nº 712919/RS, PSESS de 07/12/2010.

1. [...]. 2. É assente na jurisprudência que a entrega de camisetas com propaganda eleitoral com o intuito de organizar e identificar apoiadores próximos e a equipe de cabos eleitorais não se enquadra na vedação do art. 39, § 6º, da Lei n. 9.504/97, uma vez que não caracteriza vantagem ao eleitor. A prova dos autos demonstra que as camisetas foram oferecidas a familiares, apoiadores próximos e cabos eleitorais do candidato, para utilização em campanha. Não existem elementos mínimos que indiquem a distribuição indiscriminada e graciosa a eleitores. Ausência de indícios de abuso ou alguma forma ilícita de captação de votos, inexistindo provas de que as camisetas foram produzidas ou utilizadas em desacordo com a legislação eleitoral.[37]

ELEIÇÕES 2020. RECURSO ELEITORAL. REPRESENTAÇÃO. PRELIMINAR DE AUSÊNCIA DE IMPUGNAÇÃO DOS FUNDAMENTOS DA SENTENÇA. REJEIÇÃO. RECURSO CONHECIDO, UTILIZAÇÃO DE CAMISETAS POR MEMBROS DA EQUIPE DE APOIO DO CANDIDATO. INEXISTÊNCIA DE VANTAGEM AO ELEITOR A CONFIGURAR VIOLAÇÃO AO ART. 39, § 6º, DA LEI Nº 9.504/97. AUSÊNCIA DE IRREGULARIDADE. SENTENÇA DE IMPROCEDÊNCIA. RECURSO CONHECIDO E DESPROVIDO.

1. Deve ser conhecido o recurso quando, ainda que de forma sucinta e com reiteração de argumentos da petição inicial, o teor de suas razões rebate o principal fundamento da sentença. 2. A utilização de camisetas padronizadas por cabos eleitorais não configura utilidade que gere vantagem ao eleitor, de modo que não configura infração ao art. 39, § 6º, da Lei nº 9.504/1997, constituindo mero "mecanismo de organização de campanha" (TSE, RO nº 1507, rel. Min. Ricardo Lewandowski, DJE 01/02/2010). 3. Recurso conhecido e desprovido.[38]

EMENTA - RECURSO ELEITORAL - PROPAGANDA ELEITORAL - CONFECÇÃO DE UNIFORME PARA A CAMPANHA - UTILIIZAÇÃO DURANTE O DIA - POSSIBILIDADE - NÃO CONFIGURAÇÃO DE PROPAGANDA IRREGULAR. RECURSO CONHECIDO E NÃO PROVIDO. 1. É lícita a confecção e distribuição de uniformes, ainda que com o nome do candidato, quando destinado ao uso durante a campanha - finalidade funcional. 2. Afora isso, não existe prova que

37. TRE/RS, RE nº 060077575, DJE 24/10/2022.

38. TRE/PR, RE nº 06009355120206160061, DJ 04/03/2021.

> demonstre que a confecção dos uniformes teria ultrapassado às pessoas dos cabos eleitorais. 3. Recurso conhecido e não provido.[39]

> **PROPAGANDA ELEITORAL. RECURSO INOMINADO. LIMINAR. CONFECÇÃO E DISTRIBUIÇÃO DE CAMISAS. CABOS ELEITORAIS. AUSÊNCIA DE VEDAÇÃO LEGAL.** 1. Jurisprudência pacífica da Corte Superior Eleitoral tolera a utilização de camisetas como instrumento de organização da militância. 2. Recurso provido para reformar a decisão liminar no sentido de permitir o uso camisas pela militância da coligação representada.[40]

> **RECURSO ELEITORAL. AÇÃO DE INVESTIGAÇÃO JUDICIAL ELEITORAL. ABUSO DE PODER ECONÔMICO, PROPAGANDA VEDADA E CAPTAÇÃO ILÍCITA DE SUFRÁGIO. ELEIÇÕES 2016. CANDIDATOS A PREFEITO E VICE-PREFEITO. SENTENÇA DE IMPROCEDÊNCIA. A DISTRIBUIÇÃO DE CAMISETAS AOS CABOS ELEITORAIS, QUE ASSINAVAM TERMO DE ENTREGA E DEVOLUÇÃO DO ALUDIDO MATERIAL AO FINAL DOS ATOS DE CAMPANHA, NÃO CARACTERIZA ABUSO DE PODER ECONÔMICO, PROPAGANDA VEDADA, TAMPOUCO CAPTAÇÃO ILÍCITA DE SUFRÁGIO. NÃO RESTOU, POIS, CARACTERIZADA A CONCESSÃO DE VANTAGEM A ELEITOR EM TROCA DE APOIO POLÍTICO. RECURSO DESPROVIDO.**[41]

É, pois, admissível o uso de uniformes em campanhas eleitorais. Tal prática, na medida em que não sofreu ressalvas pelo legislador ordinário, expressa um ato lícito (CF/88, art. 5º, II) cujas despesas decorrentes implicam em gastos ordinários que deverão constar na prestação de contas com supedâneo no inciso II do art. 26 da Lei nº 9.504/97 (propaganda e publicidade direta ou indireta, por qualquer meio de divulgação, destinada a conquistar votos).

Ainda sobrea a hipótese, a jurisprudência do TSE excepciona nominalmente a situação dos cabos eleitorais quanto à possibilidade distribuição de camisetas, entendendo não caracterizar vantagem a eleitor. Discriminando as hipóteses, constam dois precedentes assentados à unanimidade:

39. TRE/PR, RE nº 61312, PSESS de 18/09/2012.
40. TRE/PE, RP nº 237421, PSESS de 02/10/2014.
41. TRE/SP, RE nº 32616, DJESP de 27/4/2017.

o Recurso Ordinário nº 1.507/GO (2010)[42] e o Recurso Ordinário nº 1.449/GO (2009)[43]. Ainda no exame do ponto, descartando a figura do abuso de poder, consta o Agravo Regimental em Recurso Ordinário nº 167589/RO (2015)[44].

À vista desses preceitos e, sobretudo, da fisionomia proclamada pelo texto de regência, a distribuição de camisetas contendo o símbolo partidário, para utilização durante passeatas ou carreatas, é agir que não se amolda ao ilícito previsto no art. 41-A da Lei nº 9.504/97.[45]

Já a uniformização de eleitores com camisetas, seguida da orientação de que estes deveriam ficar próximos de locais de votação com a finalidade de fazer propaganda para coligações ou partidos, é situação totalmente diversa das anteriores e se amolda na seara criminal do art. 39-A, §1º[46].

---

42. RECURSO ORDINÁRIO. ELEIÇÕES 2006. SUPLENTE DE DEPUTADO FEDERAL. CAPTAÇÃO ILÍCITA DE SUFRÁGIO. ELEITOR COMO DESTINATÁRIO DAS CAMISETAS DISTRIBUÍDAS. NÃO COMPROVAÇÃO. INEXISTÊNCIA DE BENEFÍCIO PARA OS CABOS ELEITORAIS. PARTICIPAÇÃO OU ANUÊNCIA DO CANDIDATO. NÃO COMPROVAÇÃO. RECURSO NÃO PROVIDO.

    1. A distribuição de camisetas unicamente a cabos eleitorais não caracteriza concessão de vantagem a eleitor, mas mecanismo de organização de campanha.

    2. Os cabos eleitorais não obtiveram qualquer vantagem, já que as camisetas eram devolvidas para a coordenadora da equipe ao final de cada dia de campanha.

    3. Incontroverso que o recorrido não foi o responsável pela confecção e distribuição das camisetas, sua anuência a essas condutas não foi demonstrada.

    4. Recurso a que se nega provimento.

43. RECURSO ORDINÁRIO. REPRESENTAÇÃO. ARTIGO 30-A DA LEI N. 9.504/97. GASTO ILÍCITO DE RECURSOS. NÃO-OCORRÊNCIA. CAMISETAS PADRONIZADAS DISTRIBUÍDAS A CABOS ELEITORAIS. REFERÊNCIA AO CANDIDATO. AUSÊNCIA. LIMITE PREVISTO NO ARTIGO 27 DA LEI N. 9.504/97. PROVIMENTO.

    1. A organização de cabos eleitorais por meio de camisetas que não ostentem identificação relacionada às eleições ou ao candidato em disputa não contraria o disposto no artigo 39, § 6º da Lei n. 9.504/97.

    2. Não aplicável, no caso, a sanção prevista no artigo 30-A da Lei n. 9.504/97.

    3. Recurso ordinário provido para afastar a cassação do diploma expedido em favor do recorrente.

44. AGRAVO REGIMENTAL. RECURSO ORDINÁRIO. CAPTAÇÃO ILÍCITA DE SUFRÁGIO. PROVA ROBUSTA. AUSÊNCIA. ABUSO DE PODER ECONÔMICO. NÃO CONFIGURAÇÃO. DESPROVIMENTO.

    1. Consoante jurisprudência do Tribunal Superior Eleitoral, a condenação por captação ilícita de sufrágio exige prova robusta e não pode ser baseada em mera presunção. Precedentes.

    2. Na espécie, a distribuição pontual de 50 camisetas a cabos eleitorais e à equipe de campanha não configura vantagem oferecida a eleitor. Isso porque se trata de "mecanismo de organização de campanha" (RO 1507, Rel. Min. Ricardo Lewandowski, DJe de 1º.10.2010).

    3. Desse modo, também não se configura o suposto abuso de poder econômico, que exige comprovação da "utilização excessiva, antes ou durante a campanha eleitoral, de recursos materiais ou humanos que representem valor econômico, buscando beneficiar candidato, partido ou coligação, afetando a normalidade e a legitimidade das eleições" (AgRg no RCED 580, Rel. Min. Arnaldo Versiani, DJe de 1º.11.2011).

    4. Agravo regimental não provido.

45. TSE, REspe nº 26.674/MS, DJE de 11/03/2014.

46. Art. 39-A. (...).

    § 1º É vedada, no dia do pleito, até o término do horário de votação, a aglomeração de pessoas portando vestuário padronizado, bem como os instrumentos de propaganda referidos no caput, de modo a caracterizar manifestação coletiva, com ou sem utilização de veículos.

Nesses casos de propagandas terminantemente proibidas no dia do pleito, a absolvição de candidatos em sede de Investigação Judicial Eleitoral (AIJE) que teve por objeto a apuração do cometimento de abuso do poder econômico (LC nº 64/90, art. 22) e de captação ilícita de sufrágio (Lei nº 9.504/97, art. 41-A) não inviabiliza o exame de crime eleitoral.

Nesse contexto, não custa lembrar que são independentes as esferas penal e cível-eleitoral. A improcedência da demanda civil eleitoral não é apta a prejudicar o processamento dos mesmos fatos na esfera criminal na medida em que os requisitos configuradores de uma e outra são diversos. Em tais hipóteses, o trancamento da ação penal ou a decretação de absolvição sumária ocorrem em caráter excepcionalíssimo. O caminho passa, geralmente, pela instrução probatória, a qual pode levar a um resultado distinto. Não constatada, de plano, a atipicidade dos fatos, e tendo sido declinados os indícios de autoria e de materialidade do ilícito, o TSE tem decidido pela verificação da ocorrência ou não do crime de *boca de urna*.[47]

8.10. SHOWMÍCIO

É proibida a realização de *showmício* ou de evento assemelhado para a promoção de candidatos, bem como a apresentação, remunerada ou não, de artistas com a finalidade de animar comício ou reunião eleitoral.

O dispositivo é indisfarçadamente retrógrado. O legislador, resistente ao incremento das campanhas, desprezou simultaneamente que artistas exercem atividades e que a partir delas retiram os seus sustentos. O § 7º do art. 39 da LE/97 afronta diretamente a CF/88 porquanto esta, no inciso IV do art. 1º, elegeu, como fundamentos, os valores sociais do trabalho e da livre iniciativa.

O candidato se fazer presente em festividade, embora suscite atenções, não determina a presunção de que se trata de evento com finalidade eleitoral, posto não ser vedado, pela legislação eleitoral, o seu comparecimento.

47. (...). PROPAGANDA VEDADA NO DIA DAS ELEIÇÕES. RECEBIMENTO PARCIAL DA DENÚNCIA. (...). PRESENÇA DE JUSTA CAUSA. IMPROCEDÊNCIA DE AIJE. IRRELEVÂNCIA. INDEPENDÊNCIA DAS ESFERAS CRIMINAL E CÍVEL-ELEITORAL. (...). CORRETO ENQUADRAMENTO DOS FATOS. INSTRUÇÃO PROCESSUAL. NECESSIDADE. (...). 2. A absolvição sumária é um julgamento antecipado que se fundamenta em alegações e provas trazidas pelo réu que sejam capazes de suplantar, sem dúvida alguma, os elementos configuradores da justa causa apresentados na inicial acusatória, o que não ocorreu na espécie. (...). 6. O tipo do art. 39, § 5º, III, da Lei nº 9.504/1997 veda a realização de qualquer ato de propaganda partidária ou eleitoral no dia das eleições. Aferir, portanto, o real cometimento de divulgação de propaganda de partidos políticos ou de seus candidatos no dia do pleito ou, ainda, de boca de urna, consistente na utilização de camisetas padronizadas por pequenos grupos de pessoas, é procedimento a ser realizado, apropriadamente, após a devida instrução processual. (...). (AgR-RHC nº 060184610/SP, DJE de 04/08/2020).

Isso, não raro, é um episódio que acontece em qualquer campanha eleitoral sem que haja um comportamento voluntário voltado à realização de uma conduta objetivamente censurada pelo ordenamento eleitoral. É preciso ter presente, desse modo, que a garantia de liberdade e o princípio da isonomia na disputa de cargos políticos coexistem. Assim decidiu o TSE no Recurso na Representação nº 060087980/DF[48], do qual vale assinalar a sua ementa:

> ELEIÇÕES 2022. REPRESENTAÇÃO. PROPAGANDA ELEITORAL IRREGULAR. PRESENÇA DO CANDIDATO À PRESIDÊNCIA DA REPÚBLICA NA FESTA DO PEÃO DE BARRETOS. ALEGADA CONFIGURAÇÃO DE SHOWMÍCIO OU EVENTO ASSEMELHADO. ART. 39, § 7º, DA LEI Nº 9.504/1997. AUSÊNCIA. INEXISÊNCIA DE OFENSA AO ART. 57-C, § 1º, INCISO I, DA LEI Nº 9.504/1997. RECURSO DESPROVIDO.
>
> 1. Muito embora o legislador não defina o conceito preciso de "showmício" ou de "evento a ele assemelhado", a norma é clara ao estabelecer a "finalidade eleitoral" do encontro como pressuposto necessário para a configuração dessa modalidade proibida de propaganda eleitoral. Daí a igual proibição de eventos "para a promoção de candidatos", e da apresentação de artistas "com a finalidade de animar comício e reunião eleitoral".
>
> 2. A *ratio* subjacente à lei é a de vedar que a força mobilizadora dos artistas sirva como elemento de artificial atração de presença para eventos eleitorais, como comícios, reuniões eleitorais ou quaisquer outros encontros que tenham sido concebidos justamente e precisamente para promover determinada candidatura.
>
> 3. Um dos objetivos da lei, para além do barateamento das campanhas, foi o de evitar que eventuais apresentações artísticas gratuitas atraiam pessoas a eventos tipicamente eleitorais e de promoção de candidatos aos quais elas jamais compareceriam, submetendo-as a mensagens políticas que elas igualmente jamais consumiriam, não fosse a força atrativa da programação artística gratuita que lhes foi oferecida.
>
> 4. Nesses casos, tem-se típica situação de artificial arregimentação de público, com a quebra da autenticidade e do voluntarismo do ato de comparecimento, que é motivado não pelo genuíno desejo de tomar parte em evento de natureza eleitoral e de promoção de candidatura, o que acaba ocorrendo, mas, sim, pelo desejo primordial de participar do entretenimento artístico que gratuitamente foi disponibilizado.
>
> 5. Isso não equivale a dizer que eventos artísticos e culturais, e não eleitorais, concebidos não para divulgar qualquer candidatura, mas para

48. 30/09/2022.

propagar arte e entretenimento, pagos (e não gratuitos), sejam incompatíveis com atos de manifestação política ou mesmo com a presença de candidatos ou titulares de mandatos eletivos.

6. Em eventos de arte e de cultura, a política é não é "persona non grata". Muito antes pelo contrário, tal como assentou o Supremo Tribunal Federal, no julgamento da ADI 5.970, Rel. Min Dias Toffoli, ela é convidada mais que bem-vinda.

7. O simples fato de o candidato se fazer presente em festividade não gera a presunção de que se trata de evento com fins eleitorais, mormente por não ser vedado, pela legislação eleitoral, o comparecimento de candidato em evento festivo que não envolva a inauguração de obra pública nos 3 meses que antecedem o pleito ou a realização de showmício. Precedente.

8. Mostra-se indevido pretender enquadrar ou reduzir um evento artístico e esportivo tradicional, que representa a maior festa de rodeio da América Latina, que ocorre por décadas, e que dura 10 dias, a mero evento de promoção de candidatura, considerada uma fala de 2 minutos, extraída de um vídeo de menos de 30 minutos.

9. Tendo em vista que a Festa do Peão de Barretos não é um ato de campanha, também não tendo sido organizada e realizada com o especial fim de promover qualquer candidatura, mostra-se inaplicável, ao caso concreto, a proibição constante do art. 39, § 7º, da Lei nº 9.504/1997.

10. Eventuais excessos, se ocorrentes, devem ser apurados na via e pela ação próprias, mas não em sede de representação por propaganda eleitoral irregular e mediante o indevido enquadramento como showmício de um evento que jamais foi organizado, realizado e concebido para divulgar qualquer tipo de candidatura.

11. Recurso desprovido.[49]

No cotejo com a legislação, se o evento é restrito a simpatizantes dos candidatos, sem acesso livre ou aberto à toda a população, não se pode equipará-lo a um "showmício"[50].

A realização de eventos musicais por grupo empresarial de propriedade de apresentador, cujo filho disputa cargo eletivo e usa parte de seu

49. Trecho do voto: "[...] o art. 39, § 7º, da Lei nº 9.504/1997 veda o oferecimento gratuito, ao eleitor, de entretenimento em evento de natureza eleitoral, ou seja, em evento organizado e concebido para promover determinada candidatura. Isso não equivale a dizer que eventos artísticos e culturais, e não eleitorais, concebidos não para divulgar qualquer candidatura, mas para propagar arte e entretenimento, pagos (e não gratuitos), sejam incompatíveis com atos de manifestação política ou mesmo com a presença de candidatos ou titulares de mandatos eletivos".

50. TRE/RS, RE nº 58306, DEJERS de 24/05/2013.

nome, bastante popular diante de sua fama, não caracteriza showmício, notadamente quando não há prova de sua vinculação à campanha eleitoral[51].

Para a configuração de showmício, a jurisprudência vem identificando elementos específicos:

- a presença de aparelhagem de som;
- de uma banda musical;
- a participação animada do artista com incitação do público, de maneira a conceder ao evento entornos de espetáculo[52].

Outrossim, para a sua configuração ou de evento que lhe seja assemelhado, não se faz necessário um show no sentido clássico da expressão, com banda e música ao vivo, na medida em que também se caracteriza em eventos nos quais todas as circunstâncias presentes garantem um caráter festivo ao acontecimento[53].

Diversamente, não resta dúvida de que a comprovação da utilização reiterada de *showmício* e eventos assemelhados como meio de divulgação de candidaturas, com intuito de captação de votos, é grave e caracteriza abuso do poder econômico.[54]

8.11. *OUTDOORS*

É vedada a propaganda eleitoral por *outdoors*[55], sujeitando-se a empresa responsável, os partidos, coligações e candidatos à sua retirada e ao pagamento de multa que oscila entre R$ 5.000,00 e R$ 15.000,00.[56]

---

51. TRE/PR, RP nº nº 06019805020186160000, PSESS 06/09/2018.
52. TRE/PB, RE nº 060086818, DJE 28/01/2021.
53. TRE/MS, REC nº 060028703, PSESS 15/09/2022.
54. TSE, REspE Nº 325-03, DJE 28/11/2019.
55. A revogação encetada em 2006, além de mutilar um extraordinário ramo publicitário e de empregos, restringiu uma forma de comunicação quase instantânea, onde símbolos e mensagens são facilmente memorizáveis. As melhores avaliações confirmam o *outdoor* como um artefato eficaz e de altíssima visibilidade, cujo tempo médio para leitura e assimilação é curto. É uma modalidade de propaganda inserida no "consumo sustentável" que refreia impressos, estimula a reciclagem e reduz o descarte de papéis pelas ruas. O moralismo vitoriano apregoando que *outdoors* seriam equipamentos caros e viáveis apenas para candidatos com maior lastro financeiro, revelou-se falacioso e capaz de ruir, para dar apenas um exemplo, diante da propaganda paga em impressos através de anúncios muitas vezes fixados em preços exorbitantes.
56. A Consulta nº 1.274definiu o conceito de *outdoor* que vigora no TSE: "(...) ao menos de um ponto de vista semântico, *outdoor* é toda propaganda veiculada ao ar livre, exposta em via pública de intenso fluxo de pontos de boa visibilidade humana, com forte e imediato apelo visual e amplo poder de comunicação".

8.12. *TELEMARKETING*

É vedada a realização de propaganda via *telemarketing*. Esta é a combinação extraída a partir da Constituição Federal, art. 5º, incisos X, com o Código Eleitoral, art. 243, inciso VI.

O *telemarketing* utiliza a telecomunicação para promover e comercializar produtos e serviços. Relativamente à sua inserção nas campanhas eleitorais, a matéria foi dirimida pelo TSE, tendo a Corte se pronunciado, por sensatos julgados, pela vedação a todo tipo de propaganda via *telemarketing* ativo, aquele onde o operador toma a iniciativa do contato telefônico com o eleitor, e autorizado o passivo, quando há o atendimento telefônico por parte do comitê para receber reclamações, esclarecer dúvidas, fornecer informações sobre programas de governo ou plataforma política de candidato:

> **CONSULTA. TELEMARKETING. VEDAÇÃO.**
>
> 1. O art. 25 da Res.-TSE nº 23.404/2014 proíbe a divulgação de propaganda eleitoral por *telemarketing*, em respeito à proteção à intimidade e à inviolabilidade de domicílio e objetivando evitar a perturbação do sossego público. Essa vedação aplica-se a todo tipo de propaganda via *telemarketing* ativo.
>
> 2. Não se coíbe o *telemarketing* receptivo, ou seja, aquele em que a iniciativa do contato é do próprio eleitor.[57]

Na mesma assentada, invocando a autonomia partidária, o TSE considerou lícito o contato ativo promovido por telefone para militantes e correligionários convidando-os para reuniões ou mobilizações da campanha.

8.13. *WHATSAPP* E SMS

O art. 57-G da Lei nº 9.504/97 situa ambos os mecanismos na expressão "mensagens eletrônicas enviadas por candidato, partido ou coligação, por qualquer meio".

É possível a larga utilização dos mencionados aplicativos, seja para convidar eleitores a participarem de reunião para discutir programa de governo de pré-candidato[58] ou propagar a candidatura:

57. Cta. nº 18896/DF, DJE de 26/06/2015. No mesmo sentido, as Consultas nºs 39816/DF e 20535/DF.
58. TSE, AgRgREspe nº 5687/BA,DJE de 09/10/2018.

> **AGRAVO REGIMENTAL. RECURSO ESPECIAL. ELEIÇÕES 2016. REPRESENTAÇÃO. PROPAGANDA ELEITORAL EXTEMPORÂNEA. ÁUDIO. DIVULGAÇÃO POR CARRO DE SOM, REDES SOCIAIS E MENSAGENS VIA *WHATSAPP*. PEDIDO DE VOTO. AUSÊNCIA. ART. 36-A DA LEI 9.504/97. PRECEDENTES. DESPROVIMENTO.**
>
> 1. Propaganda extemporânea caracteriza-se apenas na hipótese de pedido explícito de voto, nos termos do art. 36-A da Lei 9.504/97 e de precedentes desta Corte.
>
> 2. Extrai-se da moldura fática do aresto do TRE/SE que os recorridos limitaram-se a divulgar áudio - por meio de carro de som, redes sociais e mensagens via *WhatsApp*".
>
> 3. Agravo regimental desprovido.[59]

Importante anotar que o disparo de *WhatsApp* e SMS no dia do pleito configura o crime de "divulgação de qualquer espécie de propaganda" do inciso III do §5º do art. 39 da LE/97[60] (v. nº 19.2).

A princípio (v. item nº 20.9), a divulgação de pesquisa eleitoral, sem prévio registro, em grupo do *Whatsapp*, atrai a pena do art. 33, § 3º, da LE/97:

> **AGRAVO REGIMENTAL. RECURSO ESPECIAL ELEITORAL. PESQUISA ELEITORAL. DIVULGAÇÃO SEM PRÉVIO REGISTRO.**
>
> 1. A divulgação de pesquisa eleitoral, sem prévio registro na Justiça Eleitoral, em grupo do *Whatsapp*, configura o ilícito previsto no art. 33, § 3º, da Lei 9.504/97.
>
> 2. Para que fique configurada a divulgação de pesquisa eleitoral, sem prévio registro na Justiça Eleitoral, nos termos do art. 33, § 3º, da Lei 9.504/97, basta que tenha sido dirigida para conhecimento público, sendo irrelevante o número de pessoas alcançado pela divulgação e sua influência no equilíbrio da disputa eleitoral.
>
> 3. O acórdão desta Corte, proferido no julgamento do REspe 74-64, rel. Min. Dias Toffoli, DJE de 15.10.2013 - no qual se assentou que a emissão de opiniões políticas em páginas pessoais de eleitores no *Facebook* ou no *Twitter* não caracteriza propaganda eleitoral -, não se aplica aos casos de pesquisa eleitoral, sem prévio registro.
>
> Agravo regimental a que se nega provimento.[61]

59. TSE, AgRgREspe nº 4346/SE, DJE de 28/08/2018.
60. TSE, REspe nº 10-11/RS, j. 04/12/2018.
61. TSE, AgRgREspe nº 10880/ES, DJE de 17/08/2017.

8.14. TRIOS ELÉTRICOS

O § 10 do art. 39 veda a utilização de trios elétricos em campanhas eleitorais, excetuada a sonorização de comícios.

8.15. CARROS DE SOM E MINITRIOS

Diz o § 11 do art. 39:

> É permitida a circulação de carros de som e minitrios como meio de propaganda eleitoral, desde que observado o limite de oitenta decibéis de nível de pressão sonora, medido a sete metros de distância do veículo, e respeitadas as vedações previstas no § 3º deste artigo, apenas em carreatas, caminhadas e passeatas ou durante reuniões e comícios.

Na forma preconizada pela LE/97, comporta esclarecer inicialmente o seguinte:

- CARRO DE SOM é o veículo automotor que usa equipamento de som com potência nominal de amplificação de, no máximo, 10.000 (dez mil) watts;
- MINITRIO é o veículo automotor que usa equipamento de som com potência nominal de amplificação maior que 10.000 (dez mil) watts e até 20.000 (vinte mil) watts e
- TRIO ELÉTRICO corresponde a todo o veículo automotor que usa equipamento de som com potência nominal de amplificação maior que 20.000 (vinte mil) watts.

Acerca do § 3º acima mencionado, o mesmo estabelece que o funcionamento de alto-falantes ou amplificadores de som somente é permitido entre as oito (8h) e as vinte e duas horas (22h), sendo vedados a instalação e o uso daqueles equipamentos em distância inferior a duzentos metros (200 m) dos seguintes estabelecimentos:

- SEDES dos Poderes Executivo e Legislativo da União, dos Estados, do Distrito Federal e dos Municípios, das sedes dos Tribunais Judiciais, e dos quartéis e outros estabelecimentos militares;
- hospitais e casas de saúde, independentemente de serem públicos ou particulares;
- escolas, bibliotecas públicas, igrejas e teatros, QUANDO EM FUNCIONAMENTO.

Indo adiante, verifica-se que a parte final do dispositivo, *numerus clausus*, permitiu a possibilidade de circulação de carros de som e minitrios como meio de propaganda eleitoral em cinco contextos de campanha:

- carreatas;
- caminhadas;
- passeatas;
- reuniões;
- comícios.

Finalmente, vale dizer que a transgressão ao referido dispositivo gera apenas providências de índole administrativa, mais especificamente para fazer cessá-la, não havendo previsão para a aplicação de multa, ante a ausência de previsão legal, em obediência ao Princípio da Legalidade (CF/88, art. 5º, II).

8.16. NOME COMERCIAL

O nome comercial é um instituto do Direito Autoral amparado pelo Direito Eleitoral através da Resolução nº 21.078/02 do TSE (RJTSE 13/3/370)[62].

Dispõe o art. 1.155 do Código Civil: "Considera-se nome empresarial a firma ou a denominação adotada, de conformidade com este Capítulo, para o exercício de empresa".

A eventual coincidência entre o nome da empresa e aquele utilizado pelo candidato não constitui infração.

62. Conselho Nacional de Auto-Regulamentação Publicitária - CONAR - Propaganda partidária - Lei nº 9.096/95 - Propaganda eleitoral gratuita - Lei nº 9.504/97 - Uso de imagens, marcas e nomes comerciais, slogans, etc.

1. Qualquer vício que venha a ocorrer nos programas de propaganda, tanto a partidária quanto a eleitoral gratuita, deve ser apurado pelos tribunais eleitorais, se provocados, que adotarão as providências necessárias e aplicarão as penalidades cabíveis, no âmbito de sua competência.

2. É admissível que a representação seja oferecida pelo prejudicado, mesmo que este não se inclua entre aqueles expressamente legitimados na legislação eleitoral.

3. Nos horários reservados para a propaganda partidária ou eleitoral, não se pode admitir, de nenhuma maneira, utilização comercial, ou seja, propaganda realizada com a intenção, ainda que disfarçada ou subliminar, de promover marca ou produto.

4. A propaganda eleitoral ou partidária deve respeitar o direito do autor, protegido pelo art. 5°, inciso XXVII, da Constituição da República, o que significa que a utilização de qualquer fruto da criação intelectual depende da autorização de seu autor ou titular.

8.17. IDENTIFICAÇÃO DE CANDIDATOS MAJORITÁRIOS

Lei nº 9.504/97	Lei nº 13.165/15
§ 4º Na propaganda dos candidatos a cargo majoritário, deverão constar, também, o nome dos candidatos a vice ou a suplentes de Senador, de modo claro e legível, em **tamanho não inferior a 10% (dez por cento) do nome do titular.**	§ 4º Na propaganda dos candidatos a cargo majoritário deverão constar, também, os nomes dos candidatos a vice ou a suplentes de senador, de modo claro e legível, em **tamanho não inferior a 30% (trinta por cento) do nome do titular.**

É direito dos eleitores o acesso à informação completa sobre quem são os candidatos aos cargos de vice e suplentes da chapa majoritária. A lei assegura que o eleitorado disponha de mais referências sobre aqueles que pretendem exercer a representação popular.

O acréscimo de espaço introduzido em 2015 valorizou mencionados candidatos ao determinar que os seus nomes, de modo claro e legível, tenham o tamanho mínimo de 30% (trinta por cento) relativamente ao nome do candidato titular. A exigência faz todo o sentido. A um, porque caso sejam eleitos, todos serão diplomados. A dois, que a história vem comprovando que inúmeros vices e suplentes foram guindados à titularidade sem que boa parte da sociedade os conhecesse. A três, que não fazia sentido *esconder* quem concorria em chapa a que a lei atribui forma una e indivisível.

Considera-se propaganda, para efeito deste preceito, todas as modalidades previstas, inclusive as inserções de televisão, mecanismo de especial relevância para subsidiar o eleitor sobre as informações necessárias ao bom e fiel exercício do voto (RP nº 107313/DF). Sendo inviável, por evidentes razões, a sua aplicação em inserções de rádio (AgREspe nº 41-04/MG).

Para aferir a obediência à regra, além da clareza e legibilidade do texto, utiliza-se também a proporção entre os tamanhos das fontes (altura e comprimento das letras) empregadas na grafia dos nomes cotejados, e não a proporção entre a área quadrada e/ou o número de pixels (RRP nº 107835/DF).

Sob "uma perspectiva de integridade da interpretação do Direito", nas hipóteses de violação do § 4º do art. 36 da Lei das Eleições - propaganda de candidato a cargo majoritário em que não consta o nome do candidato a Vice -, o Tribunal Superior Eleitoral entende aplicável a multa prevista no § 3º[63].

63. Vide as decisões proferidas no AgRg-AI nº 12796/MG e nas RPs 1073-13/DF e ED-R-Rp 1091-34/DF, esta última por maioria de votos.

Compreendemos ao contrário. A aplicação de pena é indevida. Expressa ativismo judiciário indevido. O legislador, ao introduzir o § 4º, não fez remissão ao §3º, o qual reprime tão somente as hipóteses de propaganda extemporânea e paga. Ferido, portanto, o princípio da reserva legal. Para condensar nossa posição, cabível citar o voto proferido pelo Ministro Luiz Fux na Representação nº 1073-13/DF em que se estava a decidir a possibilidade ou não da pena pecuniária: "Senhor Presidente, entendo que, obedecido o princípio da reserva legal, não há sanção prevista. È inaplicável a multa. Tão somente o caráter proibitivo com advertência e, se houver reincidência, a inflição das sanções do art. 347 do Código Eleitoral".

Outrossim, consoante a jurisprudência que predomina no TSE, a regra em comento possui caráter objetivo, de modo que, uma vez constatado que o material de publicidade foi divulgado apenas com o nome do titular da chapa, sem mencionar os suplentes, impõe-se aplicar a multa prevista no § 3º do art. 36 da Lei 9.504/97[64].

8.18. DIREITO À IMAGEM

Conforme dispõe o inc. X do art. 5° da CF/88, é direito fundamental do indivíduo a inviolabilidade da própria imagem, cuja transgressão importa na necessidade de reparação dos danos morais sofridos. No julgamento do Recurso Extraordinário n° 215.984-1/RJ, o STF decidiu que o uso indevido da imagem do indivíduo, com ou sem fim econômico, causa, em regra, desconforto, aborrecimento ou constrangimento, o que, por si só, gera direito à reparação:

> **CONSTITUCIONAL. DANO MORAL: FOTOGRAFIA. PUBLICAÇÃO NÃO CONSENTIDA: INDENIZAÇÃO: CUMULAÇÃO COM O DANO MATERIAL: POSSIBILIDADE.** Constituição Federal, art. 5º, X. I. Para a reparação do dano moral não se exige a ocorrência de ofensa à reputação do individuo. O que acontece é que, de regra, a publicação da fotografia, de alguém, com intuito comercial ou não, causa desconforto, aborrecimento ou constrangimento, não importando o tamanho desse desconforto, desse aborrecimento ou desse constrangimento. Desde que

64. TSE, REspEl nº 060340131/GO, DJE 18/05/2023. "[...] à violação do § 4º do art. 36 da Lei das Eleições – propaganda de candidato a cargo majoritário em que não consta o nome do candidato a Vice – é aplicável a multa prevista no § 3º, a partir de uma perspectiva de integridade da interpretação do Direito (Precedentes: RP 1073-13 e ED-R-Rp 1091-34/DF, ambas da relatoria do Min. Tarcisio Vieira de Carvalho Neto); (AgR-AI 127-96, rel. Min. Napoleão Nunes Maia Filho, DJE de 29.11.2017)" (AgR-AI nº 33-89/MG, Rel. Min. Sérgio Banhos, DJe de 28.5.2019).

> ele exista, há o dano moral, que deve ser reparado, manda a Constituição, art. 5º, X. II. R.E. conhecido e provido.[65]

Se houve utilização de imagem ou som em filmagem ou reprodução sonora na campanha eleitoral, capturadas no contexto do ambiente, na via pública, cujo objetivo era, unicamente, registrar um fato, e não explorar os direitos da pessoa, se não existentes lesões por ferimento à honra, respeitabilidade ou boa fama ou respeitabilidade, inexiste infração civil.

8.19. BENS QUE DEPENDEM DE CESSÃO OU PERMISSÃO DO PODER PÚBLICO

O regramento, que visa o resguardo das coisas públicas, é categórico:

> Art. 37. Nos bens cujo uso dependa de cessão ou permissão do poder público, ou que a ele pertençam, e nos bens de uso comum, inclusive postes de iluminação pública, sinalização de tráfego, viadutos, passarelas, pontes, paradas de ônibus e outros equipamentos urbanos, é vedada a veiculação de propaganda de qualquer natureza, inclusive pichação, inscrição a tinta e exposição de placas, estandartes, faixas, cavaletes, bonecos e assemelhados. (Redação dada pela Lei nº 13.165, de 2015)
>
> § 1º A veiculação de propaganda em desacordo com o disposto no *caput* deste artigo sujeita o responsável, após a notificação e comprovação, à restauração do bem e, caso não cumprida no prazo, a multa no valor de R$ 2.000,00 (dois mil reais) a R$ 8.000,00 (oito mil reais). (Redação dada pela Lei nº 11.300, de 2006)

Este art. 37 da Lei Eleitoral, notadamente o seu *caput*, é detentor de um longo histórico de alterações, nem sempre merecedor de aplausos.

Inicialmente a gama de vedações nele estipulada recaia na pichação, inscrição a tinta e veiculação de propaganda nos bens cujo uso dependesse de cessão ou permissão do Poder Público, ou que a ele pertencessem e nos de uso comum, ressalvada a fixação de placas, estandartes, faixas e assemelhados nos postes de iluminação pública, viadutos, passarelas e pontes, desde que não lhes causasse danos.

Esta redação original perdurou por quatro eleições (1998/geral, 2000/municipal, 2002/geral e 2004/municipal). Em 2006, a Lei nº 11.300 am-

65. STF, 2ª Turma, DJU de 28/06/2002.

pliou a vedação para qualquer natureza de propaganda, inclusive postes de iluminação pública e de sinalização de tráfego, viadutos, passarelas, pontes, paradas de ônibus e outros equipamentos urbanos.

A Lei nº 12.891, de 11 de dezembro de 2013, restringiu os cavaletes.

Na última modificação ocorrida, o Congresso Nacional, através da Lei nº 13.165/15, vedou a utilização de *bonecos*. A penalidade pelo descumprimento é exclusivamente pecuniária, sendo aplicável ao infrator que, mesmo após ser notificado judicialmente, não retira a propaganda nem restaura o bem objeto da propaganda irregular.

8.19.1. Panfletagem em prédios públicos

Pouco importa que materiais impressos não possam ser afixados, não vulnerem a integridade do bem ou independam de licença/autorização. Para a lei, sendo prédio público, abrangente de quaisquer dos imóveis constantes do *caput* do art. 37, a panfletagem é vedada, sujeitando o infrator à multa:

> **RECURSO ESPECIAL ELEITORAL. REPRESENTAÇÃO. PROPAGANDA ELEITORAL IRREGULAR. DISTRIBUIÇÃO DE MATERIAL IMPRESSO DE CAMPANHA EM BENS PÚBLICOS OU DE USO COMUM. RODOVIÁRIA. PROIBIÇÃO. ART. 37 DA LEI Nº 9.504/97. NEGADO PROVIMENTO.**
>
> 1. A distribuição de panfletos com propaganda eleitoral em bens públicos ou de uso comum configura publicidade irregular, nos termos do art. 37 da Lei nº 9.504/97. Precedentes.
>
> 2. Recurso a que se nega provimento.[66]

Esta é mais uma modalidade de propaganda que deveria ser franqueada pelo legislador à medida que se revela inofensiva e equiparável à distribuição de *santinhos* pelas ruas. É conduta a ser disciplinada por normas internas da administração pública no exercício do seu poder de polícia. Aliás, já é usual, por parte dos governos, a edição de regras (geralmente Portarias e Ordens de Serviço) dispondo acerca da visitação de candidatos em repartições públicas especificando os limites de atuação nesses recintos.

66. TSE, REspe nº 760572/RJ, DJE de 24/11/2015.

8.20. BENS PARTICULARES

Dispõe o § 8º do art. 37 da Lei nº 9.504/97 que, nos bens particulares, móveis e imóveis, independe de obtenção de licença municipal e de autorização da Justiça Eleitoral, a veiculação de propaganda eleitoral (v. nº 8.4).

8.20.1. Mobilidade

A redação do § 6º excepciona a taxatividade estabelecida pelo *caput* do art. 37 ao permitir a veiculação de propaganda eleitoral nos bens públicos, desde que as mesas e bandeiras que estão toleradas sejam colocadas e posteriormente retiradas, entre às 6h e 22 horas.

8.20.2. Espontânea e gratuita

A propaganda eleitoral em bens particulares móveis ou imóveis deve ser espontânea e gratuita, sendo vedado o uso de espaços explorados comercialmente, consoante assinalado liricamente pelo §2º do art. 37 da LE/97.

8.20.3. Identificação

Todo o material impresso de campanha eleitoral deve conter o número de inscrição no Cadastro Nacional da Pessoa Jurídica (CNPJ) ou de inscrição no Cadastro de Pessoas Físicas (CPF), tanto do responsável pela sua confecção como daquele que a contratou, além da tiragem. A ausência dessas informações torna o material irregular. Por *material impresso* entende-se todo aquele legalmente permitido no período autorizado, de qualquer natureza ou tamanho. Não há necessidade de indicação do nome da pessoa jurídica que confeccionou o material. As resoluções vêm referindo que o infrator responderá por propaganda vedada e, se for o caso, por abuso do poder, na forma da LE/97 (art. 38, § 1º), do CE/65 (arts. 222 e 237) e da LC nº 64/90 (art. 22), havendo a possibilidade de desdobramentos da prestação de contas com reflexos penais.[67]

Por envolver gasto de campanha, a matéria repercute no art. 30-A:

67. TSE, REspe nº 998468121/AM, DJE de 21/05/2015.

RECURSO ESPECIAL ELEITORAL. ELEIÇÕES 2006. SENADOR. REPRESENTAÇÃO. ARRECADAÇÃO E GASTO ILÍCITO DE CAMPANHA. OCORRÊNCIA. SANÇÃO. PROPORCIONALIDADE.

1. Nos termos do art. 30-A da Lei 9.504/97, qualquer partido político ou coligação (ou, ainda, o Ministério Público Eleitoral, segundo a jurisprudência do TSE) poderá ajuizar representação para apurar condutas em desacordo com as normas relativas à arrecadação e despesas de recursos de campanha.

2. Na espécie, o candidato recorrido arrecadou recursos antes da abertura da conta bancária específica de campanha, bem como foi - no mínimo - conivente com o uso de CNPJ falso em material de propaganda eleitoral, além de não ter contabilizado em sua prestação de contas despesas com *banners*, minidoors e cartazes.

3. Para a aplicação da sanção de cassação do diploma pela prática de arrecadação e gastos ilícitos de recursos de campanha não basta a ocorrência da ilegalidade. Além da comprovação do ilícito, deve-se examinar a relevância do ato contrário à legislação ante o contexto da campanha do candidato. Precedentes.

4. Na hipótese dos autos, não obstante o caráter reprovável das condutas de responsabilidade do recorrido, verifica-se que o montante comprovado das irregularidades (R$ 21.643,58) constitui parcela de pouca significação no contexto da campanha do candidato, na qual se arrecadou R$ 1.336.500,00 e se gastou R$ 1.326.923,08. Logo, a cassação do mandato eletivo não guarda proporcionalidade com as condutas ilícitas praticadas pelo recorrido no contexto de sua campanha eleitoral, razão pela qual se deixa de aplicar a sanção do § 2º do art. 30-A da Lei 9.504/97.

5. Recurso ordinário não provido.[68]

8.21. BENS DE USO COMUM

Embora aparente singela interpretação, a regra contém facetas polêmicas. A começar que bens de uso comum, para fins eleitorais, são os definidos pelo Código Civil e mais todos aqueles a que a população em geral tem acesso, como cinemas, clubes, lojas, centros comerciais, templos, ginásios, estádios, ainda que sejam de propriedade privada. [69]

---

68. TSE, REspe nº 28448/AM, DJE de 10/05/2012.

69. ELEIÇÕES 2018. AGRAVO INTERNO EM RECURSO ESPECIAL. REPRESENTAÇÃO. PROPAGANDA ELEITORAL IRREGULAR. ART. 37, CAPUT E § 4º, DA LEI Nº 9.504/1997. DISTRIBUIÇÃO DE SANTINHOS EM ESTABELECIMENTOS COMERCIAIS. PROCEDÊNCIA NA INSTÂNCIA ORDINÁRIA. BEM PARTICULAR DE USO COMUM. VEDADA PROPAGANDA DE QUALQUER NATUREZA, TRANSITÓRIA OU PERMANENTE. JURISPRUDÊNCIA DO

De rigor, são os privados abertos ao público, conforme enfatizado por ocasião do julgamento do Agravo Regimental no Recurso Especial Eleitoral nº 25.643/PR em 23/06/2009.

Depois, que a expressão "tais como" indica o caráter exemplificativo, e não exaustivo do elenco de bens descritos. Com isso, vários outros não estão excluídos de enquadramento. Por fim, a questão do acesso é decisiva para o termo do caso concreto. Nesta categoria enquadram-se inúmeras situações.

8.21.1. Banca de jornal e revistas

A par de depender da autorização do poder público para funcionar, trata-se de um estabelecimento comercial que, habitualmente, goza de local privilegiado nas calçadas para o acesso da população:

> **Representação. Propaganda eleitoral irregular. Banca de jornal. Decisões. Instâncias ordinárias. Improcedência. Recurso especial. Ofensa aos arts. 37 da Lei nº 9.504/97 e 14 da Res.-TSE nº 21.610/2004 e divergência jurisprudencial. Configuração. Bem de uso comum e que depende de autorização do poder público.**
>
> 1. O art. 14 e respectivo § 1º da Res.-TSE nº 21.610/2004, que remete ao art. 37, caput, da Lei nº 9.504/97, objetivam impedir a veiculação de propaganda eleitoral em bens que dependam de cessão ou permissão do poder público, ou mesmo que a ele pertençam e, ainda, naqueles em que há acesso da população em geral. 2. Aquelas disposições proíbem a veiculação de propaganda eleitoral nessas hipóteses, que seria muitas vezes ostensiva e em locais privilegiados, de modo a evitar o desequilíbrio entre os candidatos na disputa eleitoral. 3. É irregular a propaganda eleitoral veiculada na área externa de banca de revista porque se trata de estabelecimento comercial que depende de autorização do poder público para seu funcionamento, além do que, comumente, situa-se em local privilegiado ao acesso da população, levando-se a enquadrá-la como bem de uso comum.[70]

TSE. INCIDÊNCIA DE MULTA. NOTIFICAÇÃO PRÉVIA PARA REGULARIZAÇÃO. DESNECESSIDADE. ESPECIFIDADES DO CASO CONCRETO. JURISPRUDÊNCIA DO TSE. NEGADO SEGUIMENTO AO AGRAVO INTERNO. [...]. 3. A distribuição de material gráfico de propaganda eleitoral em estabelecimentos comerciais (no caso: loja de sapatos, padaria, ótica, loja de presentes, lanchonete, loja de cosméticos e cafeteria) configura propaganda eleitoral irregular. [...]. (TSE, RESPE nº 060516095/SP, DJE 07/08/2019).

70. TSE, REspe nº 25615/SP, DJ de 23/08/2006 (RJTSE 17/4/321).

8.21.2. Táxi

O entendimento proibitivo é pacífico na jurisprudência do Tribunal Superior Eleitoral desde a resposta fornecida à Consulta nº 8.071/DF:

> **Propaganda eleitoral - Táxis - Concessão do poder público - Art. 37 da Lei nº 9.504/97 - Permissão - Licença - Bem particular - Acesso público - Bem de uso comum - Restrições - Candidatos - Isonomia.**
>
> 1. Para fins de propaganda eleitoral, os táxis, ainda que bens particulares, são considerados de uso comum e, portanto, abrangidos pela vedação do art. 37 da Lei nº 9.504, de 1997.
>
> 2. A permissão prevista no art. 37 inclui a licença para o serviço de táxis.
>
> 3. Possibilidade de se impor limites à propaganda eleitoral de modo a garantir a maior igualdade possível na disputa pelos cargos eletivos.
>
> 4. Agravo a que se negou provimento.[71]

Impõe-se, contudo, distinção de enfoque quando se tratar de uma carreata de táxis, que é a utilização dos veículos em ato político sem propaganda, o que não constitui ofensa à Lei nº 9.504/97:

> **RECURSO ESPECIAL ELEITORAL. REPRESENTAÇÃO. PROPAGANDA ELEITORAL. BEM PARTICULAR DE USO COMUM. ART. 37, *CAPUT*, DA LEI 9.504/97. TÁXIS. CARREATA. PROVIMENTO.**
>
> 1. Os táxis, ainda que bens particulares, são considerados de uso comum, sendo vedada sua utilização para afixação de propaganda eleitoral. Precedente.
>
> 2. Contudo, a mera participação de candidato em carreata de táxis sem que tenha sido afixada propaganda nos veículos não constitui a propaganda eleitoral irregular de que trata o art. 37, caput, da Lei 9.504/97.
>
> 3. Recurso especial eleitoral provido.[72]

8.21.3. Escola particular

As escolas privadas desenvolvem uma atividade delegada pelo poder público, e se constituem em locais de livre acesso pela comunidade, razões pelas quais se situam na vedação:

---

71. TSE, AG nº 2890/SC, DJ de 31/08/2001 (RJTSE 13/1/166).

72. TSE, REspe nº 76996/MG, DJE de 14/05/2015.

> RECURSO ESPECIAL. Eleições 2004. Propaganda eleitoral. Bem particular. Multa. O conceito de bem comum, para fins eleitorais, alcança aqueles que, embora privados, são de livre acesso à população. A escola particular está abrangida entre os bens particulares nos quais é vedada a publicidade eleitoral.[73]

8.21.4. Estabelecimento misto (residencial e comercial)

Para o TSE, a propaganda veiculada em comércio sediado em estabelecimento de uso misto caracteriza, por equiparação, bem de uso comum:

> **ELEIÇÕES 2014. AGRAVO REGIMENTAL. RECURSO ESPECIAL PROVIDO. REPRESENTAÇÃO. PROPAGANDA ELEITORAL IRREGULAR. ESTABELECIMENTO MISTO. COMERCIAL E RESIDENCIAL. BEM DE USO COMUM. CARACTERIZAÇÃO. DESPROVIMENTO.** 1. Nos termos da jurisprudência deste Tribunal, a veiculação de propaganda em estabelecimento misto residencial e comercial, e a não retirada após a notificação caracterizam propaganda eleitoral irregular em bem de uso comum, nos termos do art. 37, § 1º, da Lei nº 9.504/97. 2. Agravo regimental desprovido.[74]

8.21.5. Estacionamento pago

É um tipo de estabelecimento comercial disseminado pelos centros urbanos do país que presta serviço a grande número de pessoas cujo uso depende, necessariamente, da permissão do poder público para o seu funcionamento:

> **Agravo regimental. Recurso especial. Propaganda irregular. Estacionamento pago. Estabelecimento comercial. Propriedade particular de acesso público. Bem de uso comum, para fins eleitorais. Art. 37 da Lei nº 9.504/97. Descumprimento de notificação judicial para a retirada da propaganda. Redução da multa aplicada. Inviabilidade. Reexame de provas. Agravo que não infirma os fundamentos da decisão impugnada.**
>
> - Para fins eleitorais, os bens particulares que têm acesso público, são considerados bens de uso comum, nos termos do art. 14, § 1º, da Res.-TSE nº 21.610/2004, dentre eles incluído o estacionamento pago.

73. TSE, REspe nº 25263/CE, DJ de 14/10/2005 (RJTSE 17/1/295).
74. TSE, AgR-REspe nº 220881/MA, DJE de 22/10/2015.

- (...).

- Agravo Regimental a que se nega provimento.[75]

8.21.6. Restaurante

É mais uma típica propriedade privada de livre acesso ao público:

> **AGRAVO REGIMENTAL. AGRAVO DE INSTRUMENTO. RECURSO ESPECIAL. REPRESENTAÇÃO. PROPAGANDA ELEITORAL. CARTAZ EM RESTAURANTE. BEM DE USO COMUM PARA FINS ELEITORAIS.**
>
> 1. Restaurante é bem de uso comum para fins eleitorais. Interpretação do artigo 37, caput, da Lei nº 9.504/97 (na atual redação conferida pela Lei nº 11.300/2006).
>
> 2. Faz-se necessário o devido cotejo analítico entre os julgados para caracterização de dissídio jurisprudencial.
>
> 3. Agravo a que se nega provimento.[76]

8.21.7. Condomínio residencial

O acesso a estes locais fechados e geralmente cercados quase sempre depende de prévia identificação e autorização do condômino. Ainda que neles constem áreas comuns dos moradores, estas são de uso exclusivo, sem acesso franqueado à população em geral, descaracterizando, assim, o bem como sendo de uso comum:

> **AGRAVO REGIMENTAL. RECURSO ESPECIAL. PROPAGANDA ELEITORAL. BANNER. BEM PARTICULAR. CONDOMÍNIO FECHADO. PROVIMENTO.**
>
> 1. A fixação de propaganda eleitoral em condomínio residencial fechado não caracteriza ofensa ao art. 37 da Lei nº 9.504/97, pois as áreas destinadas ao uso dos condôminos não se equiparam às que a população em geral tem acesso.
>
> 2. Dado provimento ao agravo regimental a fim de prover o recurso especial, julgando improcedente a representação.[77]

---

75. TSE, ARESPE nº 25875/PR, DJ de 27/03/2007.
76. TSE, AAG nº 8652/SP, DJ de 27/08/2008 (RJTSE 19/3/107).
77. TSE, AgR-REspe nº 85130/MG, DJE de 18/09/2014.

8.21.8. Sede de sindicato

Conforme dirimido pelo Agravo Regimental no Agravo nº 5.124/SP (DJ de 30/06/2008), a sede de um sindicato é imóvel de propriedade particular de pessoa jurídica de direito privado cujo acesso não é amplo, tampouco geral à população, não havendo como enquadrá-lo na classificação de bem de uso comum:

> **AGRAVO REGIMENTAL. AGRAVO DE INSTRUMENTO. RECURSO ESPECIAL. SEDE DE SINDICATO. PROPAGANDA IRREGULAR NÃO CONFIGURADA. AGRAVO DESPROVIDO.**
>
> 1. A sede de um sindicato é bem de uso particular, cujo acesso, de um modo geral, é restrito aos seus filiados, o que afasta a incidência do caput do art. 37 da Lei nº 9.504/97. Precedente.
>
> 2. Ausência de divergência jurisprudencial, visto inexistir a similitude fática entre os julgados e o aresto recorrido.
>
> 3. Agravo desprovido.

8.21.9. Terreno baldio

O imóvel particular, porque se encontra abandonado ou em situação de precariedade, sem o resguardo de muros ou cercas de proteção, não é de uso comum do povo, segue sendo propriedade privada:

> **RECURSO ELEITORAL. REPRESENTAÇÃO FUNDADA EM PROPAGANDA ELEITORAL LOCALIZADA EM TERRENO BALDIO. BEM DE USO COMUM. NÃO CARACTERIZAÇÃO. INEXISTÊNCIA DE IRREGULARIDADE. ART. 37, § 2º, DA LEI Nº 9.504/97.**
>
> 1. A legislação eleitoral impõe limites à propaganda eleitoral realizada em muro de estabelecimento de uso comum, assim entendido aquele bem que, por suas características, é aberto ao público em geral, e destinado à execução de serviços que, embora prestados por pessoas de direito privado, possuem múnus público, como, por exemplo, lojas em geral, cinemas, shoppings, teatros, centros sociais, clubes, supermercados entre outros.
>
> 2. O terreno baldio, ou seja, aquele sem edificações e sem utilização pelo seu proprietário, não se caracteriza como bem de uso comum, capaz de coibir a instalação da propaganda eleitoral dos recorrentes, se não restou demonstrado nos autos que está à disposição da coletividade e afetado a uma finalidade pública, capaz de comprometer a igualdade entre os candidatos.

3. Nos termos do art. 37, §2º, da Lei nº 9.504/97, a veiculação de propaganda eleitoral em imóvel particular, ainda que abandonado, independe de obtenção de licença municipal e de autorização da Justiça Eleitoral, e afigura-se lícita, desde que não excedam a dimensão de $4m^2$ (quatro metros quadrados).

4. Recurso provido.[78]

8.21.10. Bem tombado pelo patrimônio público

Por força do disposto no art. 216 da CF/88, constituem patrimônio cultural brasileiro os bens de natureza material e imaterial, tomados individualmente ou em conjunto, portadores de referência à identidade, à ação, à memória dos diferentes grupos formadores da sociedade brasileira.

No campo repressivo, a Lei nº 9.605/98 dispõe sobre as sanções penais e administrativas derivadas de condutas e atividades contra o Ordenamento Urbano e o Patrimônio Cultural. Esses mesmos bens e direitos de valor artístico, estético, histórico, turístico e paisagístico são ainda salvaguardados pela Lei nº 7.347/85 disciplinando a ação civil pública.[79]

Não importa que o bem seja privado. A interpretação sistemática da legislação acima reproduzida, combinada ao *caput* do art. 37 da LE/97, atrai a hipótese de proibição de propaganda eleitoral. Justificável, porém,

78. TRE/RJ, RE nº 4.114, PSESS de 13/09/2012.

79. PROCESSUAL CIVIL. PATRIMÔNIO HISTÓRICO-CULTURAL. ART. 1.228, § 1º, DO CÓDIGO CIVIL. ART. 19, CAPUT E § 3º, DO DECRETO-LEI 25/1937. FUNÇÃO MEMORATIVA DO DIREITO DE PROPRIEDADE. OBRIGAÇÕES DO PROPRIETÁRIO E DO ESTADO. CONVENÇÃO RELATIVA À PROTEÇÃO DO PATRIMÔNIO MUNDIAL, CULTURAL E NATURAL DA UNESCO. CIDADE DO RIO DE JANEIRO. IMÓVEL TOMBADO. LIMITAÇÃO ADMINISTRATIVA. ÔNUS DA PROVA DA FALTA DE CONDIÇÕES FINANCEIRAS PARA A RESTAURAÇÃO. MULTA CIVIL JUDICIAL TARIFADA. OFENSA AO ART. 489 DO CPC/2015 CONFIGURADA. (...). 2. A proteção do patrimônio histórico-cultural, bem da Nação, é direito de todos e dever do proprietário e do Estado. Não se trata de modismo fortuito ou mero favor vanguardista em benefício da coletividade, mas de ônus inerente ao âmago do domínio e da posse em si, inafastável condição absoluta para sua legitimidade e reconhecimento pelo ordenamento jurídico. Com base nessa obrigação primária, decorrente da função memorativa do direito de propriedade, incumbe ao Estado instituir, *in concreto*, eficaz regime de limitações administrativas, portador de obrigações secundárias ou derivadas, utilizando-se, para tanto, de instrumentos variados, entre os quais o tombamento. 3. As obrigações que compõem a ordem pública do patrimônio histórico e cultural derivam de princípios gerais do direito e de normas nacionais (federais, estaduais e municipais, inclusive constitucionais) e internacionais. Na legislação brasileira, sobressaem o Decreto-Lei 25/1937 e o próprio Código Civil, que expressamente inclui, entre as "finalidades econômicas e sociais" do direito de propriedade, a preservação do "patrimônio histórico e artístico" (art. 1.228, § 1º). Ademais, há tratados internacionais sobre a matéria, como a Convenção Relativa à Proteção do Patrimônio Mundial, Cultural e Natural, aprovada pela Conferência Geral da Unesco, realizada em Paris, de 17 de outubro a 21 de novembro de 1972, e recepcionada entre nós pelo Decreto Legislativo 74/1977 (confira-se, especificamente, o art. 4º, que prevê a obrigação estatal de "identificar, proteger, conservar, valorizar e transmitir às futuras gerações o patrimônio cultural e natural"). (STJ, T2, REsp nº 1.791.098/RJ, DJe de 02/08/2019).

dadas as circunstâncias apresentadas, é a prova no sentido de que a conduta fora induzida a erro ou equívoco mediante a alegação de desconhecimento da condição jurídica de bem tombado, especialmente ante a sua aparência de particular. A multa, para ser aplicada ao infrator, há de estar baseada na prova de que o bem é tombado e assim estava identificado (tal providência é um dever estatal, conforme lembra aresto do STJ colacionado em nota de rodapé). Está na jurisprudência:

> **Recurso. Propaganda eleitoral irregular. Bem tombado pelo patrimônio histórico, artístico e cultural do município. Inscrição a tinta. Vedação. Art. 216 da Constituição c/carts. 37 da Lei nº 9.504/97, 62 da Lei nº 9.605/98, 243, VIII, do Código Eleitoral, Lei Municipal nº 1.058 e Decreto-Lei nº 25/37.**
>
> 1 - O tombamento constitui procedimento administrativo vinculado, através do qual o Poder Público impõe restrições parciais ao direito de propriedade, em nome do interesse público e do bem estar social. É uma forma de preservação de bens de interesse da coletividade.
>
> 2 - Embora o bem onde foi feita a propaganda seja de propriedade particular, encontra-se, em razão do tombamento, sob tutela do Poder Público, não podendo nele ser veiculada propaganda eleitoral, nos termos do disposto no art. 37 da Lei nº 9.504/97.
>
> Recurso a que se nega provimento.[80]

> **RECURSO DE REPRESENTAÇÃO. PROPAGANDA ELEITORAL IRREGULAR. BEM TOMBADO PELO PATRIMÔNIO HISTÓRICO E ARTÍSTICO NACIONAL. IMPROVIMENTO.**
>
> Embora o prédio onde a propaganda irregular foi veiculada seja bem particular, tratando-se de cidade tombada como Patrimônio Histórico, utiliza-se da interpretação sistemática das Leis 9.504/97 e 9.605/98.[81]
>
> **RECURSO ELEITORAL. PROPAGANDA. ELEIÇÕES 2014. PLACAS. BEM PARTICULAR. PROPAGANDA EM BEM TOMBADO. IMPOSSIBILIDADE. APLICAÇÃO DE MULTA. DESPROVIMENTO DO RECURSO.**
>
> Reconhecimento de propaganda irregular em bem tombado. Recurso a que se nega provimento.[82]

80. TRE/MG, RE nº 33782000, DJMG de 16/05/2001.
81. TRE/SE, RE nº 1310, j. 24/10/2000.
82. TRE/PI, RP nº 124029, DJE de 04/11/2014.

Não restando comprovada a alegação de que determinado bem integra o rol dos bens tombados, resta inviável a sua qualificação como bem público e a regência das normas aplicáveis à afixação de propaganda eleitoral.[83]

8.21.11. Feira Livre

Não obstante o caráter transitório desta modalidade de comércio, a feira livre tem entendimento jurisprudencial estabilizado no sentido de que caracteriza bem de uso comum para fins eleitorais:

> **ELEIÇÕES 2020. AGRAVO REGIMENTAL. AGRAVO EM RECURSO ESPECIAL. PROPAGANDA ELEITORAL IRREGULAR. FEIRA LIVRE. ART. 37, CAPUT, E § 1º, DA LEI 9.504/97. MULTA. NÃO PROVIMENTO.**
>
> SÍNTESE DO CASO
>
> 1. O Tribunal Regional Eleitoral do Rio de Janeiro deu parcial provimento a recurso, para, mantida a sentença, reduzir o valor da multa arbitrada para R$ 2.000,00, em virtude da realização de propaganda eleitoral em bem de uso comum, em desacordo com o disposto no art. 37, § 1º, da Lei 9.504/97.
>
> 2. Por meio da decisão agravada, negou-se seguimento ao agravo em recurso especial, por incidência dos verbetes sumulares 24 e 30 do Tribunal Superior Eleitoral, tendo sido interposto agravo regimental.
>
> ANÁLISE DO AGRAVO REGIMENTAL
>
> 3. Nos termos do art. 37 da Lei 9.504/97, é proibida a realização de propaganda eleitoral, de qualquer natureza, como a distribuição de material gráfico de publicidade eleitoral, nos chamados bens de uso comum, cuja definição, em matéria eleitoral, abrange todos aqueles a que a população em geral tenha livre acesso, não se limitando aos bens assim qualificados pelo Código Civil.
>
> 4. Na linha da jurisprudência desta Corte Superior, as feiras livres, mesmo não estando no rol exemplificativo do art. 37 da Lei 9.504/97, são consideradas bem de uso comum, porquanto se trata de espaço a que a população tem livre acesso.
>
> 5. Constou expressamente no acórdão do Tribunal de origem que a veiculação da propaganda irregular foi realizada em feira livre. Rever tal conclusão demandaria o reexame do acervo fático-probatório dos

83. TRE/SE, RP nº 202887, PSESS de 02/09/2010.

autos, o que é inviável em sede de recurso especial, conforme verbete sumular 24 do Tribunal Superior Eleitoral.

6. A conclusão da Corte Regional está de acordo com o entendimento deste Tribunal Superior, o que impede o conhecimento do apelo, a teor do verbete sumular 30 do TSE, "aplicável igualmente aos recursos manejados por afronta a lei" (AgR-REspe 448-31, rel. Min. Tarcisio Vieira de Carvalho Neto, DJE de 10.8.2018).

CONCLUSÃO

Agravo regimental a que se nega provimento.[84]

8.22. DEPENDÊNCIAS DO PODER LEGISLATIVO

Ao dispor que "nas dependências do Poder Legislativo, a veiculação de propaganda eleitoral fica a critério da Mesa Diretora", o §3º do art. 37 da LE/97 garantiu autonomia para que as casas políticas deliberem livremente acerca desse assunto.

Trata-se de um regramento inequivocamente peculiar e circunscrito aos detentores de mandato.

O Legislativo é administrado pela sua respectiva Mesa Diretora. Esta corresponde ao órgão diretivo e instância máxima da Casa Legislativa. A Mesa é dotada de atribuições para a prática de atos de administração e execução a partir de deliberações regimentais e resolutivas. Por força disso, dada a plena autonomia de um e outro, enquanto num determinado parlamento pode vigorar ampla liberdade de propaganda eleitoral no seu interior, noutro, a poucos quilômetros de distância, pode ocorrer a mais absoluta restrição.

CONEGLIAN (2004, p. 248) acentua que diante da tolerância deste dispositivo, "A mesa diretora é livre para proibir ou para permitir. Se permitir, pode regulamentar a questão internamente: permitir em cada gabinete, mas impedir nas áreas comuns; permitir para que a propaganda seja vista por quem está dentro do prédio, e não para quem está de fora, etc. A Justiça Eleitoral não tem qualquer interferência nesta questão".

Relativamente à sua efetivação, esta modalidade de poder discricionário se restringe à propaganda material (colocação de adesivos, fotos, car-

84. TSE, AREspE nº 0601576-74/RJ, DJE 24/09/2021. No mesmo sentido: REspEl nº 0601574-07/RJ, DJE 09/06/2022.

tazes, distribuição de papéis), não se cogitando de outras modalidades em função das Condutas Vedadas elencadas pelo art. 73 da Lei nº 9.504/97 que incide aos parlamentos no período eleitoral. Consequentemente, é proibido pintar ou afixar propaganda eleitoral nos muros e fachadas externas do Legislativo, bem como transportar, nos veículos do Poder, sejam estes oficiais ou locados, pessoal e material que veicule propaganda de candidato, partido político ou coligação.

Por repetidos motivos, não é possível transformar gabinetes parlamentares em comitês, converter os servidores públicos neles lotados em cabos eleitorais e, tampouco, dispor das franquias institucionais como receitas camufladas de campanha. Estas são práticas que desbordam do mandato e efetivam as Condutas Vedadas que visam justamente coibir o uso da máquina administrativa, no caso, legislativa.

Pelo fato de constituir excepcionalidade – a legislação veda a propaganda política em prédios públicos a ponto de punir criminalmente o infrator[85] –, este é um procedimento que além de bom senso, exige alguns parâmetros e formalidades para o seu correto desiderato:

- regulamentação expressa através de documento firmado pelos componentes da Mesa Diretora (Resolução de Mesa, Ordem de Serviço, Portaria) amplamente divulgado no âmbito do Poder Legislativo de modo a esclarecer parlamentares, assessores, servidores, prestadores de serviços e cidadãos em geral;
- equidade na distribuição dos espaços disponibilizados para veicular a propaganda, preservando a igualdade entre os partidos representados no Poder e impedindo privilégios entre candidatos;
- razoabilidade na disponibilização dos espaços, haja vista tratar-se de uma Casa Legislativa e da sede de um Poder Público;
- priorizar as propagandas mais simples e de fácil remoção;
- vedação à exposição do material publicitário em áreas ou salas de portaria, recepção, transporte, segurança, comissões, secretarias, saguões, corredores, plenários, espaços destinados às sessões e apresentações artísticas e culturais.

85. Código Eleitoral (Lei Federal nº 4.737/65):

Art. 377. O serviço de qualquer repartição, federal, estadual, municipal, autarquia, fundação do Estado, sociedade de economia mista, entidade mantida ou subvencionada pelo poder público, ou que realiza contrato com este, inclusive o respectivo prédio e suas dependências não poderá ser utilizado para beneficiar partido ou organização de caráter político.

Art.346. Violar o disposto no Art. 377:

Pena - detenção até seis meses e pagamento de 30 a 60 dias-multa.

Diversas Casas Legislativas confinam a presença de propaganda eleitoral em dependências exclusivas como, por exemplo:

- nos gabinetes dos mandatários;
- na parte interna e nos painéis externos, excluindo as faces externas das janelas;
- nas salas das bancadas.

Jurisprudência

> **RECURSO ELEITORAL. ELEIÇÕES 2020. REPRESENTAÇÃO. USO DE MÁSCARA FACIAL CONTENDO SLOGAN DE CANDIDATURA E NÚMERO DE CAMPANHA POR VEREADOR NA SESSÃO LEGISLATIVA DA CÂMARA MUNICIPAL. CONDUTA VEDADA A AGENTE PÚBLICO. ART. 73, I DA LEI Nº 9.504/1997. USO DE BEM PÚBLICO. LEGITIMIDADE PASSIVA DOS BENEFICIÁRIOS RECONHECIDA. NÃO CARACTERIZAÇÃO DA CONDUTA VEDADA. MULTA AFASTADA. PROPAGANDA IRREGULAR. ART. 37, § 3º DA LEI Nº 9.504/1997. PROIBIÇÃO POR ATO DA MESA DIRETORA DA CÂMARA MUNICIPAL. CARACTERIZAÇÃO DA PROPAGANDA IRREGULAR. AUSÊNCIA DA PRÉVIA INTERPELAÇÃO EXIGIDA PELO ART. 37, § 1º DA LEI DAS ELEIÇÕES. INAPLICABILIDADE DE SANÇÃO. RECURSO DOS REPRESENTANTES CONHECIDO E PROVIDO. RECURSO DO REPRESENTADO CONHECIDO E PARCIALMENTE PROVIDO.**
>
> 1. De acordo com o art. 73, § 8º da Lei das Eleições, os partidos políticos, coligações e candidatos beneficiários são partes legítimas para figurar no polo passivo de Representação por conduta vedada, ainda que sua responsabilização reclame a comprovação do prévio conhecimento (TSE, AI 34041, rel. Min. Og Fernandes, DJ 15.06.2020), matéria reservada ao mérito.
>
> 2. O uso de máscara facial contendo slogan de candidatura e número de campanha, por vereador, durante a sessão legislativa da Câmara de Vereadores, não configura a conduta vedada do art. 73, I da Lei 9.504/1997.
>
> 3. Nos termos do art. 37, § 3º da Lei nº 9.504/1997, a veiculação de propaganda eleitoral nas dependências do Poder Legislativo fica a critério da Mesa Diretora.
>
> 4. Diante da previsão expressa de Portaria da Mesa Diretora da Câmara Municipal no sentido de que é vedada a utilização de camisetas, bonés, broches, dísticos, faixas e qualquer outra peça de vestuário que contenha alusão, ainda que indireta, de caráter eleitoral nas dependências internas da Câmara Municipal, o uso de máscara facial contendo slogan de

candidatura e número de campanha por vereador, durante a sessão da câmara, caracteriza propaganda irregular.

5. A aplicação de sanção pela veiculação de propaganda irregular em bens públicos reclama a demonstração de que o responsável foi interpelado para removê-la, nos termos do art. 37, § 1º da Lei das Eleições.

6. Recurso dos representantes conhecido e provido para reconhecer a legitimidade passiva do candidato e partido beneficiados. Recurso do representado conhecido e provido para afastar a configuração de conduta vedada e, de conseguinte, a multa aplicada.[86]

Recurso. Representação. Propaganda eleitoral irregular.

Embora o prédio seja próprio do Executivo, é primordialmente o local onde funciona a Câmara de Vereadores e pode ser cedido, a critério da Mesa Diretora.

Inocorrência de tratamento desigual, tanto mais se a representante não solicitou autorização para reunião similar.

Veiculação de propaganda eleitoral nas dependências do Poder Legislativo fica a critério da Mesa Diretora.

Improvimento.[87]

8.23. GABINETE MÓVEL

No segmento político, o parlamentar, do senador ao vereador, é o agente público que mais interage com a população, sendo muitas vezes o primeiro que as pessoas e instituições procuram para os seus encaminhamentos.

Na busca por atender essas demandas junto às administrações, os mandatários, *sponte sua*, utilizam escritórios ou gabinetes móveis para interagir com as comunidades. Para desempenhar ditas tarefas, são utilizadas vans, *trailers*, barracas, ônibus e mesmo outros meios mais criativos.

Tal prática não é vedada por lei alguma. A representação parlamentar, pela sua relevância social, não se confina à sede do Poder Legislativo, assim como o mandatário dispõe livremente de suas prerrogativas para poder atuar.

---

86. TRE/PR, RP nº 06001314320206160139, DJ 06/04/2021.

87. TRE/RS, RP nº 16007000 , DJ 09/10/2000.

Percorrer ruas, bairros ou municípios com a finalidade de colher e atender reivindicações da população é uma função pública. É, também, a maneira que o parlamentar dispõe para acessar demandas das localidades mais distantes ou desfavorecidas de serviços públicos.

Inegavelmente, porém, algumas situações podem confundir exercício de mandato e promoção pessoal com propaganda antecipada. Entretanto, o caráter preexistente do trabalho, combinado à ausência de menções eleitorais, afasta a ocorrência daquela, ainda que o mandatário extraia dividendos políticos. Afora eventuais excessos, aquele que vem desenvolvendo essa prática em anos anteriores ao do pleito não está obrigado a suspendê-la, visto tratar-se de um serviço tipicamente supletivo de utilidade pública. Uma decisão provinda do TRE/MA alerta que muito embora não haja pedido explícito de votos, a atitude de criar um "gabinete móvel" às vésperas da campanha eleitoral pode caracterizar propaganda antecipada, especialmente por conta da dimensão dos adesivos colocados no veículo.[88]

Nessa mesma linha, ante as circunstâncias do caso concreto, entendeu o Tribunal Regional do Espírito Santo:

> RECURSO ELEITORAL. REPRESENTAÇÃO. PROPAGANDA ELEITORAL ANTECIPADA. MENSAGEM DE CUNHO ELEITORAL EM MEIO PROSCRITO. PLOTAGEM DE ÔNIBUS. EFEITO OUTDOOR. OUTBUS. INCIDÊNCIA DA MULTA PREVISTA NO ART. 36, § 3º DA LEI 9.504/1997. RECURSO CONHECIDO. NEGADO PROVIMENTO.
>
> 1. Recurso Eleitoral interposto em face de decisão monocrática que julgou procedente Representação por propaganda eleitoral antecipada em meio proscrito, consubstanciada em mensagem de cunho eleitoral veiculada por meio de plotagem de veículo com "efeito visual de outdoor", para condenar o Representado ao pagamento de multa, com fulcro no §3º do art. 36 da Lei nº 9.504/1997 c/c art. 2º, §4º da Resolução TSE nº 23.610/2019.
>
> 2. Nos termos do artigo 3º-A da Res. TSE nº 23.610/2019, considera-se propaganda antecipada passível de multa aquela divulgada extemporaneamente cuja mensagem veicule conteúdo eleitoral por meio, forma ou instrumento proscrito no período de campanha.
>
> 3. In casu, o Representado, atual vereador e candidato à Assembleia Legislativa do Estado do Espírito Santo, circulou, desde janeiro do ano eleitoral, com "Gabinete Móvel", ônibus com efeito visual de outdoor,

88. TRE/MA, Acórdão nº 20152, DJ de 18/05/2017.

plotado com as cores, imagens e slogan de campanha pelas ruas da cidade, realizando o atendimento de pessoas e estacionando o veículo, inclusive, no pátio da Câmara Municipal de Vitória, local em que exerce a vereança.

4. As publicações de divulgação da pré-candidatura do Representado em suas redes sociais utilizam exatamente os mesmos slogans estampados no ônibus: "Pega a visão", "A Voz da Comunidade", 'Vitória das Comunidades", "Vem aí, Anderson Goggi, Pega a Visão!" e "#juntosSomosMaisFortes. As frases dispostas com mesmo estilo de fonte, contendo o nome do Representado, delineado em formato de marca pessoal, bem como sua foto, ratificam o cunho eleitoral da mensagem, antecipando a divulgação de seu nome com ampla visibilidade.

5. A propaganda foi disponibilizada em veículo de grande proporção, em descompasso com a lei, gerando um grande impacto visual, desde janeiro do ano eleitoral, com evidente destaque ao candidato ao cargo de Deputado Estadual nas eleições vindouras.

6. Para que o ato possa ser considerado um indiferente eleitoral, há que se respeitar o trinômio cumulativo: 1) enquadramento preciso nos limites do art. 36-A, da lei 9.504/97; 2) ausência de pedido explícito de voto; 3) utilização de meio, forma ou instrumento de divulgação permitido.

7. Não se verifica a permissibilidade expressa da conduta perpetrada no rol do art. 36-A da Lei nº 9.504/97 e o meio de divulgação por plotagem de ônibus, gerador de efeito outdoor é proibido no período regular de campanha (art. 26, §1º da Res. TSE nº 23.610/2019). Despiciendo o pedido explícito de votos na publicidade, o que sequer foi ventilado na decisão recorrida.

8. Testifica o teor eleitoral da propaganda o fato de que as mesmas imagens, cores e slogan empregados na adesivação do veículo foram também utilizados nas redes sociais do agora candidato, por meio de publicações na rede mundial de computadores, acrescendo tão somente o número ao qual concorre ao pleito eleitoral de 2022, para o cargo de Deputado Estadual.

9. A conduta do Recorrente, na condição de pré-candidato ao pleito e visando a disseminar antecipadamente sua imagem a um amplo e irrestrito número de indivíduos, evidencia referência às Eleições 2022 e demonstra indubitável poder de influência no pleito. Propagandas desse jaez atingem um número expressivo de pessoas, exercendo nelas influência antecipada, em violação ao princípio da igualdade de oportunidades entre os candidatos.

10. Configurada a propaganda eleitoral antecipada, imperiosa a manutenção in totum da decisão monocrática e a incidência da multa prevista

no art. 36, § 3º, da Lei 9.504/97, cujo valor foi fixado em R$ 5.000,00 (cinco mil reais), atendendo-se à razoabilidade.

11. Recurso conhecido e não provido.[89]

8.24. MEIOS DE COMUNICAÇÃO SOCIAL

Existe uma dualidade de regimes constitucionais relativamente aos meios de comunicação. De um lado está a imprensa escrita, cuja atividade através de jornais, revistas e outros impressos independe de licença ou autorização estatal (CF/88, art. 220, § 6º). De outro, estão os meios audiovisuais tradicionais, o rádio e a televisão, ambos submetidos à disciplina de concessão pelo poder público (art. 223).

8.24.1. Rádio e televisão

O art. 44 da Lei nº 9.504/97 veda, sob qualquer hipótese, a veiculação de propaganda eleitoral remunerada no rádio e na televisão. Pelo mundo afora, as legislações eleitorais dos Estados Unidos, França e Canadá, para citar as mais flexíveis, são algumas que autorizam horários pagos nesses dois veículos.

8.24.1.1. Restrições

O *caput* do art. 45 estabelece que após o encerramento do prazo para a realização das convenções, em 5 de agosto, as emissoras de rádio e televisão, estão submetidas às seguintes restrições:

a. **Transmitir, ainda que sob a forma de entrevista jornalística, imagens de realização de pesquisa ou qualquer outro tipo de consulta popular de natureza eleitoral em que seja possível identificar o entrevistado ou em que haja manipulação de dados**

Quando é transmitida a imagem de eleitor identificado numa pesquisa eleitoral ou consulta popular, resta violado o intuito do legislador neste inciso: zelar pela liberdade de opinião do eleitor.

Esta proibição, que não se confunde com a eventual indicação do nome do eleitor, revela-se inaplicável às emissoras de rádio, às quais não tem a possibilidade de transmitir imagens.

89. RP nº 060002942, ac. nº 185, PSESS 05/09/2022.

b. Usar trucagem, montagem ou outro recurso de áudio ou vídeo que, de qualquer forma, degradem ou ridicularizem candidato, partido ou coligação, ou produzir ou veicular programa com esse efeito

O § 4º deste artigo definiu trucagem como todo e qualquer efeito realizado em áudio ou vídeo que degrade ou ridicularize candidato, partido político ou coligação, ou ainda que desvirtue a realidade e beneficie ou prejudique candidato, partido político ou coligação.

A seguir, o § 5º definiu montagem como toda e qualquer junção de registros de áudio ou vídeo que for capaz de terminar as mesmas situações do tipo anterior.

A ausência do inciso equivaleria à liberação, pelo Estado, do uso de trucagens, montagens e outros arranjos técnicos na propaganda eleitoral aptos a ridicularizar ou degradar candidatos e fraudar a verdade.

Esta disciplina, que é crucial, remonta à Lei nº 8.713/93, onde constava expresso impedimento ao uso de "trucagem, montagem ou outro recurso de áudio ou vídeo, ou produzir ou veicular programa, que possa degradar ou ridicularizar candidato, partido ou coligação".

c. Veicular propaganda política ou difundir opinião favorável ou contrária a candidato, partido, coligação, a seus órgãos ou representantes

A regra busca garantir o equilíbrio entre as candidaturas. Não viola o direito de informar. O controle estabelecido diz respeito à vedação de favorecimento a um ou a outro candidato. Como se trata de um regime de concessão, cuida-se inclusive para que rádios e televisões não sejam utilizadas no interesse dos seus próprios detentores[90].

As restrições impostas à propaganda eleitoral não afetam os direitos constitucionais de livre manifestação do pensamento e liberdade de informação e comunicação (art. 220 da CF/88), os quais devem ser interpretados em harmonia aos princípios da soberania popular e da garantia do sufrágio[91].

Acerca disso,

- A liberdade de imprensa é essencial ao estado democrático e a manifestação dos jornalistas sobre determinados fatos, comentando as notícias

90. TSE, REspe nº 16.184/DF, DJ 30/06/2000.
91. TSE, AgR-REspe nº 35.719/MG, j. 24/03/2011.

do dia, embora subordinada à liberdade de expressão e a comunicação ao princípio da reserva legal qualificada, não pode ser confundida com o disposto no art. 45, III, da Lei nº 9.504/97[92];

- Jornalistas, por definição, são os profissionais do comentário crítico e é, precisamente em período eleitoral, que a sociedade civil e a verdade dos fatos mais necessitam da liberdade de imprensa e dos respectivos profissionais[93];
- Estes profissionais podem manifestar a sua opinião sobre debate entre os candidatos realizado por meio de rede nacional de televisão porque tudo que melhore a informação dos eleitores é útil para o aperfeiçoamento da vida política nacional[94];
- Não se pode admitir que juízos de valor emitidos por locutores, de forma isolada, configurem propaganda eleitoral antecipada[95];
- Não malfere a disciplina da Lei nº 9.504/97 a opinião de comentarista político feito em programa jornalístico em torno de notícia verídica alcançando determinado candidato, partido ou coligação[96].

d. Dar tratamento privilegiado a candidato, partido ou coligação

Na letra *d*, a lei procura erguer impedimento ao *tratamento privilegiado*. No *Dicionário Houaiss* (Editora Objetiva, 2001), *privilegiar* significa conceder privilégio, direito especial, prerrogativa ou outro benefício; beneficiar, favorecer, fazer distinção, tratar melhor, coisas ou pessoas (p. 2.301).

O tratamento de forma privilegiada, na cobertura de imprensa durante a campanha eleitoral, ocorre quando há manifesto favorecimento direcionado a um dos candidatos que está na disputa.

O TSE reconhece que a veiculação de programa de rádio em que o entrevistado atribuiu características pejorativas, além de acusações graves, a candidato, caracteriza o ilícito previsto no art. 45, IV, da LE/97 na medida em que se dá tratamento privilegiado aos demais candidatos da disputa que não foram alvo de críticas e acusações públicas no espaço concedido pela emissora.[97]

As emissoras de rádio e televisão, durante o período disciplinado pelo dispositivo, podem, nos seus programas, divulgar matérias de interesse da

92. TSE, ARP nº 1.000/DF, PSESS de 29/08/2006.
93. TSE, RP nº 1201/DF, PSESS de 02/10/2006.
94. TSE, RP nº 1256/DF, PSESS de 17/10/2006.
95. TSE, AgR-AI nº 11564/MG, DJE de 29/02/2016.
96. TSE, ARP nº 1.000/DF, PSESS de 29/08/2006.
97. TSE, AgR-AI nº 26677/ES, DJE de 10/02/2014.

população, mesmo que digam respeito a candidato ou partido político, desde que veiculem a posição de todos de modo imparcial.[98]

Se a emissora abriu espaço para todos os candidatos apresentarem as suas propostas e ideias, não há que se falar em favorecimento ou difusão de opinião contrária vedada em lei, mesmo que o candidato tenha exaltado suas qualidades e apontado os defeitos dos adversários e de suas plataformas políticas[99]. No entanto, não se pode presumir ingenuamente que a simples composição matemática do tempo distribuído seja suficiente para afastar a configuração de tratamento privilegiado.[100]

Tratamento proporcional

O art. 45, inciso IV, da Lei nº 9.504/97, é certo, veda às emissoras de rádio e televisão, em sua programação normal e em seu noticiário, que confiram tratamento privilegiado a candidato, partido político ou coligação. E somente isso. O dispositivo não contempla espaço idêntico a todos os candidatos na mídia, mas tratamento proporcional à participação de cada um no cenário político. Nesse contexto, não se pode deixar de considerar inclusive que "Atenta contra o princípio da razoabilidade obrigar os veículos de comunicação a convidar todos os candidatos registrados e a realizar cobertura jornalística diária, impedindo-os de exercer sua atividade em função de critérios mercadológicos, desde que não desbordem para o privilégio", pronunciou o Tribunal Superior Eleitoral na Representação nº 1032-46/DF (j. 12/09/2014). Resta mais do que evidente o cabimento do Princípio da Igualdade impondo a necessidade do tratamento desigual aos desiguais.

e. Veicular ou divulgar filmes, novelas, minisséries ou qualquer outro programa com alusão ou crítica a candidato ou partido político, mesmo que dissimuladamente, exceto programas jornalísticos ou debates políticos

A regra é direta na sua formulação. Cumpre acentuar que em 02/09/2010, no Referendo na Medida Cautelar na Ação Direta de Inconstitucionalidade nº 4.451/DF suspendendo o inciso II e a segunda parte do III, ambos do art. 45, bem como, por arrastamento, dos §§ 4º e 5º do mesmo artigo da LE/97, o Supremo Tribunal Federal dirimiu:

98. TSE, REspe nº 21.014/MT, DJ de 21/03/2003 (RJTSE 14/2/294).
99. TSE, REspe nº 19.996/PR, DJ de 07/02/2003 (RJTSE 14/1/326).
100. TSE, AgR-REspe nº 353663/PI, DJE de 09/09/2013.

> 5. Programas humorísticos, charges e modo caricatural de pôr em circulação ideias, opiniões, frases e quadros espirituosos compõem as atividades de "imprensa", sinônimo perfeito de "informação jornalística" (§ 1º do art. 220). Nessa medida, gozam da plenitude de liberdade que é assegurada pela Constituição à imprensa. Dando-se que o exercício concreto dessa liberdade em plenitude assegura ao jornalista o direito de expender críticas a qualquer pessoa, ainda que em tom áspero, contundente, sarcástico, irônico ou irreverente, especialmente contra as autoridades e aparelhos de Estado. Respondendo, penal e civilmente, pelos abusos que cometer, e sujeitando-se ao direito de resposta a que se refere a Constituição em seu art. 5º, inciso V. A crítica jornalística em geral, pela sua relação de inerência com o interesse público, não é aprioristicamente suscetível de censura. Isso porque é da essência das atividades de imprensa operar como formadora de opinião pública, lócus do pensamento crítico e necessário contraponto à versão oficial das coisas, conforme decisão majoritária do Supremo Tribunal Federal na ADPF 130. Decisão a que se pode agregar a ideia de que a locução "humor jornalístico" enlaça pensamento crítico, informação e criação artística.

f. Divulgar nome de programa que se refira a candidato escolhido em convenção, ainda quando preexistente, inclusive se coincidente com o nome do candidato ou com a variação nominal por ele adotada. Sendo o nome do programa o mesmo que o do candidato, fica proibida a sua divulgação, sob pena de cancelamento do respectivo registro

A redação desse dispositivo não está dentre as melhores. Contudo, depreende-se dela que a programação em si não é o seu objeto, apenas a divulgação do nome de programa que mencione quem já foi homologado em convenção. A partir de 30 de junho do ano da eleição, é vedado às emissoras de rádio e televisão transmitir programa apresentado ou comentado por pré-candidato, sob pena deste, caso homologado em convenção, ser multado e sofrer o cancelamento do registro da sua candidatura. Já a emissora fica "sujeita ao pagamento de multa entre 20 (vinte) mil e 100 (cem mil) UFIRs, valores estes passíveis de duplicação em caso de reincidência" (art. 45, §1º).

A permanência dos *comunicadores-candidatos* à frente de seus programas de rádio ou televisão seria uma afronta ao princípio constitucional da isonomia, eis que se estabeleceria uma situação privilegiada de favorecimento pessoal. O exercício desse nobre ofício, por não restringir os profissionais apenas aos horários ditos gratuitos, propiciaria expressiva vantagem diante do grande público. Todavia, as garantias constitucionais devem ser interpretadas de maneira harmônica. Se há vedação em divulgar o nome de programa que refere candidato, permitir que este o apresente é fatal à isonomia. A conduta impedida possui natureza objetiva e se configura independentemente da audiência ou do horário de exibição do programa.

Veja-se no assunto, pelas demais encontráveis, a ementa do Recurso Especial Eleitoral nº 28.400/SP:

> **ELEIÇÕES 2006. RECURSO ESPECIAL ELEITORAL. PROGRAMA DE TELEVISÃO. APRESENTAÇÃO. CANDIDATO ESCOLHIDO EM CONVENÇÃO. ART. 45, § 1º, LEI Nº 9.504/97. VIOLAÇÃO CONFIGURADA. RECURSO PROVIDO.**
>
> 1. Há violação ao disposto no art. 45, § 1º, da Lei nº 9.504/97 se a emissora de rádio ou TV veicula programa cujo apresentador é candidato escolhido em convenção, ainda que em tal programa não se faça menção à candidatura ou a outros aspectos relativos às eleições (Precedente: Consulta nº 432/DF, Rel. Min. NÉRI DA SILVEIRA, DJ de 19.6.1998).
>
> 2. O fato de o candidato ser professor universitário e não apresentador profissional de TV é insuficiente para eximir a emissora da ofensa à lei eleitoral, uma vez que o art. 45, § 1º da Lei nº 9.504/97 não diferencia se o apresentador ou comentarista é profissional da mídia ou não, dispondo apenas que é vedado às emissoras "transmitir programa apresentado ou comentado por candidato escolhido em convenção".
>
> 3. A vedação do art. 45, § 1º, da Lei das Eleições enseja, a princípio, conflito abstrato entre o princípio da isonomia na disputa eleitoral e a garantia constitucional à liberdade profissional. Todavia, em juízo de aplicação das normas, deve-se prestigiar o princípio da isonomia, uma vez que, in casu, há possibilidade concreta de exercício de atividade profissional que não implica veiculação em programa televisivo. (Precedentes: MS nº 1.291/RJ, Rel. Min. VILAS BOAS, DJ de 29.10.1990; MS nº 1301/RO, Rel. Min. ROBERTO ROSAS, julgado em 24.9.1990). Na espécie, consta no v. acórdão recorrido que o candidato era, também, professor universitário, de onde se conclui que, mesmo afastado da apresentação do programa de TV, poderia continuar exercendo o magistério.
>
> 4. Recurso especial provido para aplicar multa ao Canal Universitário de São Paulo no valor de R$ 25.000 (vinte e cinco mil reais) (art. 45, § 2º, da Lei nº 9.504/97 c/c art. 16, § 1º da Resolução-TSE nº 22.261/2006).[101]

101. TSE, DJ de 11/09/2008, p. 8 (RJTSE 19/4/86).

8.24.1.2. Período de campanha

As emissoras de rádio e televisão e os canais de televisão por assinatura sob a responsabilidade das Casas Legislativas reservarão, nos 35 dias anteriores à antevéspera do dia das eleições, horário destinado à divulgação, em rede, da propaganda eleitoral gratuita. Esta exibição é obrigatória.

8.24.1.3. Linguagem estrangeira

A proibição do uso de linguagem estrangeira nas propagandas eleitorais de que cuida o art. 242 do Código Eleitoral não alcança a utilização da imagem de capa de revista internacional[102], tampouco a utilização de música[103].

8.24.1.4. Debates

Debate é um evento destinado à discussão de ideias e propostas com sujeição à crítica. Portanto, não é possível equipará-lo à propaganda eleitoral.

Neste sentido, a definição traçada pelo TSE mostra-se condizente: "É a discussão sobre questão de natureza eleitoral ou política, em que os candidatos para eleição majoritária ou proporcional confrontam ideias, projetos e programas partidários, visando captar a simpatia do eleitorado. A Lei nº 9.504/97 estabelece condições para a realização de debates na programação normal das emissoras de rádio ou de televisão durante o período eleitoral, visando preservar o princípio da igualdade entre os candidatos"[104].

Independentemente da veiculação da propaganda eleitoral gratuita, a lei faculta a transmissão, por emissoras de rádio e televisão, de debates assegurando a participação de candidatos dos partidos com representação mínima de cinco parlamentares na Câmara dos Deputados, no Senado Federal ou ambos, facultando a dos demais.[105]

102. TSE, RP nº 107313/DF, PSESS de 27/08/2014.
103. TRE/RS, Representação nº4932004, PSESS de 30/09/2004.
104. http://www.tse.jus.br/eleitor/glossario/termos-iniciados-com-a-letra-d#debate-eleitoral (Acesso em: 29 Jul. 2015)
105. Nem sempre foi assim. A primeira lei eleitoral posterior à promulgação da Constituição Federal de 1988, a Lei n° 7.773, de 8 de junho de 1989, que estabeleceu as normas para a realização das eleições presidenciais de 15 de novembro de 1989, bem assim de prefeitos, vice-prefeitos e vereadores nos municípios

Não demonstrado o descumprimento desse preceito, é descabido determinar à emissora que assegure tratamento isonômico aos participantes do pleito, acentuou a Representação nº 2002-85/DF. Note-se, porém, que os veículos de comunicação podem convidar todos os candidatos, independente do número de parlamentares que o partido tenha. A discriminação legal diz respeito apenas à obrigatoriedade do convite. No caso de chapa majoritária em que o titular e o vice são de partidos diferentes que estão coligados, admite-se a soma dos deputados federais eleitos por cada uma das legendas para efeito de se verificar a superação do número mínimo exigido (Cta./TSE nº 49176).

Quanto ao número mínimo e máximo de encontros, a norma acertadamente silenciou. Vigora a liberdade de organização.

Relativamente às eleições majoritárias, a apresentação dos debates por rádio e TV é possível de dois modos:

- em conjunto, estando presentes todos os candidatos a um mesmo cargo eletivo, ou
- em grupos, estando presentes, no mínimo, 3 candidatos.

Para as eleições proporcionais, os debates deverão ser organizados de modo que assegurem a presença de número equivalente de candidatos de todos os partidos e coligações a um mesmo cargo eletivo, podendo desdobrar-se em mais de um dia, vedada, contudo, a presença de um mesmo candidato em mais de um debate da mesma emissora.

Ainda conforme a lei, estes eventos necessitam ser parte de programação previamente estabelecida e divulgada pela emissora, fazendo-se mediante sorteio a escolha do dia e da ordem de fala de cada candidato, salvo se for celebrado acordo em outro sentido entre os partidos e coligações interessados.

O debate será realizado segundo as regras estabelecidas em acordo celebrado exclusivamente entre os partidos políticos, as coligações e a pessoa jurídica interessada na sua realização, dando-se ciência da sua realização à Justiça Eleitoral. Para o primeiro turno, serão consideradas aprovadas aquelas (inclusive as que definam o número de participantes) que obtiverem a concordância de pelo menos 2/3 (dois terços) dos candidatos aptos, no caso de eleição majoritária, e de pelo menos 2/3 (dois ter-

criados até 15 de junho de 1989, facultava "a transmissão, pelo rádio e pela televisão, de debates entre os candidatos registrados pelos Partidos e Coligações, assegurada a participação de **todos** os candidatos".

ços) dos partidos ou coligações com candidatos aptos, no caso de eleição proporcional. A violação dos dispositivos atinentes aos debates sujeita a empresa infratora à suspensão, por 24 (vinte e quatro) horas, da sua programação normal (art. 56).

A lei consente na realização de debate sem a presença de candidato de algum partido ou coligação, desde que o veículo de comunicação responsável comprove havê-lo convidado com a antecedência mínima de 72 (setenta e duas) horas da realização do debate. Essa orientação está em que a conduta do faltoso não pode impedir a realização do programa nem prejudicar o candidato que compareceu conforme o que havia sido ajustado. Em respeito ao eleitor, no caso de haver apenas um candidato presente, o horário destinado à realização do debate pode ser utilizado para a sua entrevista, segundo decidiu o TSE no julgamento do Recurso Especial Eleitoral nº 19.433/MG[106]. Outrossim, o julgado alerta que havendo indício de que o debate tenha sido propositadamente marcado para dia e horário em que um dos candidatos não teria como comparecer, poderá haver a configuração de fraude, tratamento privilegiado ou uso indevido do meio de comunicação.

8.24.2. Jornais, revistas e demais impressos

Uma consistente construção pretoriana clareou o entendimento de que ao contrário das emissoras de rádio e de televisão, cujo funcionamento depende de concessão, permissão ou autorização do Poder Executivo, jornais, revistas e outros veículos impressos, pelo fato de integrarem atividades tipicamente empresariais, podem assumir posição em relação aos pleitos sem que isso caracterize propaganda eleitoral.

O julgado que consagrou esta concepção (Recurso Especial Eleitoral nº 18.802/AC, DJ de 25/05/2001) frisou que abusos e excessos ocasionalmente praticados são passíveis de apuração por meio da investigação disciplinada pelo art. 22 da LC nº 64/90.[107]

106. TSE, DJ de 23/08/2002, p. 175.

107. TSE, j. em 08/02/2001, RJTSE 12/4/337.

Recurso especial. Processo. Contagem de prazo. Propaganda eleitoral. Restrições. Liberdade de Imprensa. Jornal. Divulgação de opinião favorável a candidato. Lei nº 9.504/97, art. 43. 1. Também na Justiça Eleitoral, os prazos que se contam em dias têm início naquele seguinte ao da intimação. Aplicação da regra do art. 184 do CPC.2. As normas que disciplinam a veiculação da propaganda eleitoral não afetam a liberdade de imprensa nem cerceiam a manifestação do pensamento, visto que as garantias constitucionais devem ser interpretadas em harmonia.3. Ao contrário das emissoras de rádio e de televisão, cujo funcionamento

No que se relaciona ao conteúdo das reportagens e matérias veiculadas, a jurisprudência do TSE tem entendido que a utilização indevida desses meios "se dá no momento em que há um desequilíbrio de forças decorrente da exposição massiva de um candidato nos meios de comunicação em detrimento de outros".[108]

A divulgação de matérias relativas à atividade parlamentar e atos de campanha eleitoral não ocasiona o desequilíbrio da eleição[109], da mesma forma que informações relacionadas aos atos do Chefe do Poder Executivo bem como de sua presença em eventos.[110]

A Justiça Eleitoral, por qualquer de seus órgãos, é incompetente para impor restrições ou proibições à liberdade de informação e à opinião da imprensa escrita, salvo, unicamente, naquelas relativas à publicidade paga e à garantia do direito de resposta. "Tratando-se de imprensa escrita, admite-se maior liberdade na manifestação a respeito de temas de interesse público, inclusive por meio de críticas ou referências elogiosas a agentes políticos, ressalvando-se, por óbvio, os casos graves ou reveladores de abuso"[111].

Para o então Ministro Sepúlveda Pertence, a imprensa escrita tem "quase total liberdade" (MC nº 1.241/DF, julgado em 25/10/2002). O transbordamento dos limites delineados, contudo, pode ensejar direito de resposta ao ofendido (art. 58 da Lei nº 9.504/1997)[112].

As ações de investigação judicial eleitoral na seara dos veículos impresso estão adstritas às demais, podendo ser propostas até a data da diplomação, mas antes que a diplomação tenha se concretizado, momento a partir do qual será cabível AIME ou RCED.[113]

---

depende de concessão, permissão ou autorização do Poder Executivo, os jornais e os demais veículos impressos de comunicação podem assumir posição em relação aos pleitos eleitorais, sem que tal, por si só, caracterize propaganda eleitoral ilícita. Os abusos e excessos são passíveis de apuração e punição, na forma do artigo 22 da Lei Complementar nº 64, de 1990.

4. A aplicação da sanção prevista no art. 43 da Lei nº 9.504, de 1997, só é possível quando se tratar de propaganda eleitoral paga ou produto de doação indireta.

5. Recurso conhecido e provido.

108. TSE, REspe nº 47821MG, DJE de 03/10/2018; REspe nº 4709-68/RN, DJE de 20/06/2012.

109. TSE, RCED nº 758/SP, DJE de 12/02/2010.

110. TSE, AgRgREspe nº 1567/PR, DJE de 09/02/2018.

111. TSE, AgREspe nº 1809/CE, DJE de 13/10/2015.

112. TSE, RO nº 191942/AC, DJE de 08/10/2014.

113. TSE, RO Nº 1.453/PA, DJE de 05/04/2010.

O jornal de tiragem expressiva que exalta um único candidato é capaz de caracterizar o uso indevido de meio de comunicação social.[114]

Tratando-se de fato ocorrido na imprensa escrita, tem-se que o seu alcance é inegavelmente menor em relação a um fato sucedido em outros veículos de comunicação social, como o rádio e a televisão, em face da própria característica do veículo impresso de comunicação, cujo acesso à informação tem relação direta ao interesse do eleitor.[115]

O abuso dos meios de comunicação resta evidenciado na utilização de jornal de grande circulação no município, com expressiva tiragem, que, ao longo de vários meses, desgasta a imagem de adversário, inclusive falseando a verdade.[116]

Uma única veiculação de pesquisa de opinião em jornal com tamanho em desacordo com as normas eleitorais não enseja a configuração de abuso do poder econômico ou uso indevido de meio de comunicação, porquanto não vislumbrada a reiteração da publicação.[117]

A distribuição gratuita de jornal contendo publicidade supostamente institucional não configura o ilícito previsto no art. 73, IV, da Lei nº 9.504/97, uma vez que não se trata de bem ou serviço de caráter social.[118]

Notícias extraídas de jornais e opiniões emitidas por jornalistas não comprovam que autoridades governamentais estejam praticando atos em desvio ou abuso de autoridade em benefício de candidato, sendo insuficientes, no caso concreto, para a abertura da investigação judicial.[119]

Não escapa das suas finalidades o jornal de associação informar aos associados que alguns de seus membros são candidatos a deputado e estão disputando as eleições.[120]

Pessoa jurídica (jornal ou revista) não pode figurar no polo passivo de investigação judicial, na medida em que não poderá ela sofrer as sanções previstas na Lei Complementar nº 64/90.[121]

114. TSE, REspe nº 76682/SP, DJE de 11/03/2015.
115. TSE, RO nº 725/GO, DJ de 18/11/2005 (RJTSE 17/2/ 61).
116. TSE, REspe nº 93389/MG, DJE de 27/02/2015.
117. TSE, AgRgREspe nº 35938/MT, DJE de 10/03/2010.
118. TSE, AgRgREspe nº 35316/RN, DJE de 05/10/2009.
119. TSE, AgRgRP nº 1283/DF, DJ de 18/12/2006.
120. TSE, RO nº 768/SP, DJ de 22/10/2004 (RJTSE 15/3/91).
121. TSE, RO nº 717/SP, DJ de 14/11/2003.

8.24.3. *Internet*

De acordo com a atual redação do art. 57-A da Lei nº 9.504/97, promover propaganda eleitoral na *internet* após o dia 15 de agosto do ano da eleição, nas seguintes formas:

- em sítio de candidato, com endereço eletrônico comunicado à Justiça Eleitoral e hospedado, direta ou indiretamente, em provedor de serviço de *internet* estabelecido no Brasil;
- no sítio do partido político ou da coligação, com endereço eletrônico comunicado à Justiça Eleitoral e hospedado, direta ou indiretamente, em provedor de serviço de *internet* estabelecido no país;
- por meio de mensagem eletrônica para endereços cadastrados gratuitamente por candidato, partido ou coligação;
- através de *blogs*, redes sociais, sítios de mensagens instantâneas e assemelhados, cujo conteúdo seja gerado ou editado por candidatos, partidos ou coligações ou de iniciativa de qualquer pessoa natural.

A *Internet* tem um poder colossal. "Entrou" na política da mesma forma que nas demais atividades humanas. Nessa perspectiva, a mesma elevou a visibilidade da campanha eleitoral, permitiu novas formas de propaganda, determinou o esgotamento de outras e, como efeito colateral, vitaminou as *fake news*. Nela, as campanhas (*sites*, *blogs*, vídeos) não têm mais um horário específico ou tempo certo para acontecer.

Em função disso, foi necessário estabelecer um regime jurídico peculiar em torno dos seus limites e controles:

> **ELEIÇÕES 2014. AGRAVO REGIMENTAL. RECURSO ESPECIAL. REPRESENTAÇÃO. PROPAGANDA ELEITORAL NEGATIVA. BLOG. NÃO CONFIGURAÇÃO. DESPROVIMENTO.** 1. As opiniões políticas divulgadas nas novas mídias eletrônicas, sobretudo na internet, recebem proteção especial, em virtude da garantia constitucional da livre manifestação do pensamento. 2. A teor da jurisprudência desta Corte, a livre manifestação do pensamento, veiculada nos meios de divulgação de informação disponíveis na internet, somente estará passível de limitação nos casos em que houver ofensa a honra de terceiros ou divulgação de fatos sabidamente inverídicos. 3. Agravo regimental desprovido[122].

122. TSE, AgR-REspe nº 204014/PR, DJE de 09/12/2015, p. 53/54.

Como corolário das proposições acima, na Consulta nº 796-36/DF, o Tribunal Superior Eleitoral decidiu pela possibilidade da "realização de debates", transmitidos ao vivo por *WEB TVs*, "visando a esclarecer o eleitor sobre o perfil dos candidatos", ficando excluída a necessidade do tratamento isonômico aplicável às rádios e televisões nestes eventos[123].

A lei vedou a veiculação de qualquer propaganda paga. Na medida em que não é possível restringir a propaganda via *internet* diante da natural dificuldade para o exercício do controle, o legislador optou proibir a comercialização na rede:

> **ELEIÇÕES 2014. ELEIÇÃO PRESIDENCIAL. REPRESENTAÇÃO. *FACEBOOK*. PÁGINA PATROCINADA. *INTERNET*. PROPAGANDA ELEITORAL PAGA. PROIBIÇÃO. ART. 57-C DA LEI Nº 9.504/97. CONSTITUCIONALIDADE. PROCEDÊNCIA. APLICAÇÃO DE MULTA. GRAU MÍNIMO.**
>
> I - As alegações iniciais relativas ao benefício e prévio conhecimento da propaganda eleitoral paga na *internet* atraem a legitimidade passiva dos candidatos, mas não são suficientes para a procedência da ação, especialmente quando o conhecimento não é demonstrado e o suposto benefício não pode ser individualizado na figura de apenas um dos dez adversários dos Representantes.
>
> II - O art. 57-C da Lei nº 9.504/97, no que propaganda eleitoral paga na *internet*, para evitar a interferência do poder econômico e a introdução de interesses comerciais no debate eleitoral, não viola o princípio constitucional da liberdade de expressão.
>
> III - A ferramenta denominada "página patrocinada" do *Facebook* - na modalidade de propaganda eleitoral paga - desatende o disposto no art. 57-C da Lei nº 9.504/97, sendo, pois, proibida a sua utilização para divulgação de mensagens que contenham conotação eleitoral.
>
> IV - Os eleitores são livres para expressar opinião sobre os candidatos na *internet*. Não podem, contudo, valer-se de mecanismos que, por meio de remuneração paga ao provedor de serviços, potencializam suas mensagens para atingir usuários que, normalmente, não teriam acesso ao pensamento.
>
> V - Representação julgada procedente em relação ao responsável pela propaganda eleitoral paga, para aplicação de multa em grau mínimo, equivalente a R$ 5.000,00 (cinco mil reais)[124].

---

123. TSE, DJE de 10/09/2010, p. 10, RJTSE 21/3/92.

124. TSE, RP nº 94675/DF, PSESS de 14/10/2014.

No entanto, ainda que gratuita, a veiculação de qualquer modalidade de propaganda eleitoral é absolutamente vedada nas seguintes e nominadas hipóteses:

- em sítios de pessoas jurídicas, tenham ou não fins lucrativos, e
- nos oficiais ou hospedados por órgãos ou entidades da administração pública direta ou indireta da União, dos Estados, do Distrito Federal e dos Municípios.

Transgredir os limites legalmente impostos sujeita o responsável pela divulgação da propaganda (pessoa jurídica) e, quando comprovado seu prévio conhecimento, o beneficiário (candidato), à pena pecuniária que oscila entre R$ 5.000,00 e R$ 30.000,00:

> **REPRESENTAÇÃO. PROPAGANDA ELEITORAL IRREGULAR. INTERNET. ART. 57-C DA LEI 9.504/97. PARCIAL PROCEDÊNCIA.**
>
> 1. Nos termos do art. 57-C da Lei 9.504/97, é vedada a veiculação de propaganda eleitoral na *internet*, ainda que gratuitamente, em sítios de pessoas jurídicas, com ou sem fins lucrativos.
>
> 2. Na espécie, a Central Única dos Trabalhadores (CUT) divulgou em seu sítio eletrônico textos que faziam menção direta às eleições presidenciais, induzindo os eleitores à ideia de que a candidata representada seria a mais apta ao exercício do cargo em disputa, além de fazer propaganda negativa contra o seu principal adversário nas eleições de 2010.
>
> 3. A aplicação da sanção prevista no § 2º do art. 57-C da Lei 9.504/97 ao beneficiário da propaganda eleitoral irregular pressupõe o seu prévio conhecimento, o que não ocorreu na espécie.
>
> 4. Quanto à alegada utilização indevida do cadastro de endereços eletrônicos do sindicato (art. 57-E da Lei 9.504/97), esse fato não foi comprovado.
>
> 5. Nos termos do art. 57-B, IV, da Lei 9.504/97, a propaganda eleitoral na internet poderá ser realizada por meio de blogs de pessoa natural, tal como ocorreu na hipótese dos autos, não estando caracterizado ilícito algum.
>
> 6. Representação julgada parcialmente procedente para aplicar multa de R$ 15.000,00 (quinze mil reais) à Central Única dos Trabalhadores - CUT e à Editora e Gráfica Atitude Ltda.[125]

125. TSE, RP nº 355133/DF, DJE de 16/05/2012, p. 281.

Nesta seara, é necessário distinguir quando o assunto envolve informação acerca dos materiais de campanha dos candidatos e assunto de interesse geral dos eleitores (RRP nº 347776DF, PSESS de 16/11/2010):

> **ELEIÇÕES 2010. PROPAGANDA ELEITORAL. *INTERNET*. PROIBIÇÃO. VEICULAÇÃO. SÍTIO. PESSOA JURÍDICA. EMPRESA JORNALÍSTICA. LIBERDADE DE IMPRENSA.**
>
> 1. Não há irregularidade quando sítios da *internet*, ainda que de pessoas jurídicas, divulgam - com propósito informativo e jornalístico - peças de propaganda eleitoral dos candidatos.
>
> 2. A regra do art. 57-C, § 1º, I, da Lei nº 9.504/97 deve ser interpretada de acordo com a Constituição Federal que assegura, no art. 220, a liberdade de imprensa e garante, no inciso XIV do art. 5º, o acesso à informação.
>
> 3. A referência expressa às peças de propaganda eleitoral dos candidatos ou mesmo sua reprodução, quando realizadas pelos órgãos de imprensa e jornalistas que possuem sítios, páginas ou *blogs* na *internet*, não se enquadram na hipótese do art. 57-C, I, da Lei nº 9.504/97.
>
> 4. Eventuais abusos que sejam cometidos no exercício da atividade jornalística devem ser apurados pelos meios próprios.
>
> 5. Recurso a que se nega provimento.

De igual maneira, verifica-se que a mera utilização de fotografias que se encontram disponíveis a todos os interessados em sítio eletrônico oficial, sem a exigência de contraprestação, inclusive para aqueles que tiram proveito comercial (jornais, revistas, *blogs*, etc), é conduta que não se ajusta às hipóteses descritas pelos incisos I, II e III, do art. 73 da Lei das Eleições[126].

A lei Eleitoral assegurou a liberdade de manifestação do pensamento na rede mundial. Trilhando a Constituição Federal (art. 5º, IV), a norma garantiu o direito de resposta, conforme as alíneas *a*, *b* e *c* do inciso IV do § 3º do art. 58 e do 58-A. Já o anonimato, irrefutavelmente "a forma mais torpe e vil de emitir-se o pensamento" (BASTOS, 1986, p. 176), é um acontecimento que impõe a suspensão dos conteúdos na rede mundial de computadores.

O *leading case* que fixou as responsabilidades aplicáveis à propaganda eleitoral na *internet* restou estabelecido no julgamento do Agravo Regimental em Ação Cautelar nº 138443/DF (DJE de 17/08/2010) e contém a seguinte ementa:

126. TSE, RP nº 84453/DF, DJE de 1º/10/2014, p. 29.

ELEIÇÕES 2010. PROPAGANDA ELEITORAL ANTECIPADA. *INTERNET*. BLOG. AÇÃO CAUTELAR. ANONIMATO. PSEUDÔNIMO. SUSPENSÃO LIMINAR. PROVEDOR. RESPONSABILIDADE. LIVRE MANIFESTAÇÃO DO PENSAMENTO.

1. As representações eleitorais que apontem irregularidades na utilização da *internet* como meio de divulgação de propaganda eleitoral podem ser propostas: (i) - contra a pessoa diretamente responsável pela divulgação tida como irregular, seja por autoria própria, seja pela seleção prévia do conteúdo divulgado; e (ii) - contra o provedor de conteúdo ou hospedagem quando demonstrado que este, em relação ao material incluído por terceiros, foi previamente notificado da irregularidade apontada ou, por outro meio, é possível verificar o seu prévio conhecimento. (iii) Desta última hipótese, excetua-se o armazenamento da propaganda realizada diretamente por candidatos, partidos e coligações, quando o provedor somente poderá retirar a propaganda após prévia apreciação judicial da irregularidade apontada, sendo ele responsável apenas no caso de descumprimento da decisão judicial.

2. Diante de comprovada irregularidade eleitoral, a Justiça Eleitoral pode, por meio de decisão fundamentada, determinar a suspensão de conteúdo veiculado na *internet*, em representação que identifique o responsável pelo conteúdo ou em ação cautelar que busque identificá-lo.

3. A identificação do responsável direto pela divulgação não é elemento essencial para determinar a suspensão e não prejudica: (i) a apuração da responsabilidade para permitir a discussão sobre eventual aplicação de sanção a ser tratada em processo próprio que assegure a defesa; ou (ii) que o próprio responsável venha ao processo e se identifique, pleiteando manter a divulgação.

4. Para suspender a propaganda pela Justiça Eleitoral não é suficiente a alegação de ser o material anônimo. É necessário que dele se extraiam elementos que demonstrem a violação das regras eleitorais ou ofendam direito daqueles que participam do processo eleitoral.

5. Se em determinada página da *internet* há uma frase ou um artigo que caracterize propaganda eleitoral irregular, ou mesmo mais de um, todos deverão ser identificados por quem pretende a exclusão do conteúdo, na inicial da ação que pede tal providência, ainda que seja necessário especificar detalhadamente toda a página.

6. A determinação de suspensão deve atingir apenas e tão somente o quanto tido como irregular, resguardando-se, ao máximo possível, o pensamento livremente expressado.

Objetivamente, a proibição presente ao art. 57-D determina que o eleitor que criar página anônima no *Facebook* para fomentar críticas à administração e aos candidatos da situação, responderá pelo seu conteúdo, não sendo possível, nestas circunstâncias, invocar a garantia constitucional relativa à livre manifestação do pensamento, em razão do anonimato empreendido. Além disso, como o direito de crítica não é absoluto, não há impedimento à caracterização dos crimes contra a honra quando o agente parte para a ofensa pessoal.

Neste sentido, a configuração do delito de difamação, previsto no art. 325 do Código Eleitoral, exige que a ofensa ocorra na propaganda eleitoral ou para os fins desta[127].

De acordo com o art. 57-E, é vedado às pessoas relacionadas pelo art. 24 da Lei nº 9.504/97 a seguir reproduzidas, a utilização, doação ou cessão de cadastro eletrônico de seus clientes em favor de candidatos, partidos ou coligações:

- entidade ou governo estrangeiro;
- órgão da administração pública direta e indireta ou fundação mantida com recursos carreados do Poder Público;
- concessionário ou permissionário de serviço público;
- entidade de direito privado que receba, na condição de beneficiária, contribuição compulsória em virtude de disposição legal;
- entidade de utilidade pública;
- entidade de classe ou sindical;
- pessoa jurídica sem fins lucrativos que receba recursos do exterior;
- entidades beneficentes e religiosas;
- entidades esportivas;
- organizações não-governamentais (ONGs) que recebam recursos públicos;
- organizações da sociedade civil de interesse público.

Este dispositivo encerra três núcleos determinados de restrição: impede que as pessoas jurídicas especificadas utilizem, doem ou cedam os seus cadastros eletrônicos em benefício de candidaturas. As demais estão livres para utilizar, doar ou ceder. O artigo também inviabiliza, em termos absolutos, a venda de cadastro de endereços eletrônicos, tanto públicos quanto privados.

127. TSE, REspe nº 186819/PR, DJE de 05/11/2015.

Na sequência, dispõe o art. 57-F:

> Aplicam-se ao provedor de conteúdo e de serviços multimídia que hospeda a divulgação da propaganda eleitoral de candidato, de partido ou de coligação as penalidades previstas na lei, se, no prazo determinado pela Justiça Eleitoral, contado a partir da notificação de decisão sobre a existência de propaganda irregular, não tomar providências para a cessação dessa divulgação.
>
> Parágrafo único. O provedor de conteúdo ou de serviços multimídia só será considerado responsável pela divulgação da propaganda se a publicação do material for comprovadamente de seu prévio conhecimento.

A regra supra recai naqueles casos onde o responsável se defendeu em juízo e não cumpriu o objeto da determinação judicial. Ao optar pela manutenção do conteúdo impugnado sobre o qual incidiu fundamentada manifestação declarando a irregularidade da propaganda, o mesmo assumiu esta responsabilidade, sem prejuízo da apuração do crime previsto no art.347 do Código Eleitoral (*Recusar alguém cumprimento ou obediência a diligências, ordens ou instruções da Justiça Eleitoral ou opor embaraços à sua execução*).

O art. 57-G impõe que as mensagens eletrônicas enviadas pelos candidatos, partidos políticos ou coligações, por qualquer meio, deverão dispor de mecanismo que permita o seu descadastramento pelo destinatário, ficando obrigado o remetente a providenciá-lo no prazo de 48 horas. As mensagens eletrônicas que forem enviadas após o término deste prazo sujeitam os responsáveis ao pagamento de multa no valor de R$ 100,00 por cada envio. Este providencial dispositivo, inspirado no respeito à proteção à intimidade, objetiva evitar a perturbação da paz e do sossego das pessoas. Eleitores não são obrigados a receber mensagens eletrônicas de candidatos. Na ausência de consentimento prévio, há o dever de descadastramento (*opt-out*). Sobre o vocábulo "qualquer meio", o mesmo abarca todos os mecanismos utilizados pelo candidato para o envio unilateral da sua propaganda aos eleitores.

Conforme o art. 57-H da Lei nº 9.504/97, sem prejuízo de outras sanções legais cabíveis, será punido com multa entre R$ 5.000,00 e R$ 30.000,00, aquele que realizar propaganda eleitoral na *internet* atribuindo indevidamente a sua autoria a terceiro. O §1º deste artigo, incluído através da Lei nº 12.891/13 mediante questionável redação, tipificou o crime de contratação, direta ou indireta, de grupo de pessoas com a finalidade específica de emitir mensagens ou comentários na *internet* para ofender a honra ou denegrir a imagem de candidato, partido ou coligação, punindo o infrator com detenção de 2 a 4 anos e multa de R$ 15.000,00 a R$ 50.000,00.

Pelas mesmas práticas, igualmente incorrem em crime, punível com detenção de 6 meses a 1 ano, com alternativa de prestação de serviços à comunidade pelo mesmo período, e multa de R$ 5.000,00 a R$ 30.000,00, as pessoas contratadas na forma do §1º. O tipo é incompleto porquanto ficaram de fora os proprietários e os responsáveis pela execução dos programas de envio de conteúdo em massa.

De acordo com o art. 57-I, a partir de requerimento de candidato, partido ou coligação, observado o rito previsto no art. 96 da Lei nº 9.504/97, a Justiça Eleitoral poderá determinar a suspensão, por 24 horas, do acesso a todo conteúdo informativo dos sítios da *internet* que deixarem de cumprir as disposições previstas.

Os pecadilhos terminológicos presentes ao texto legal não comprometem a sua finalidade. O pedido (*requerimento*), que deve tramitar no rito expedito estabelecido pelo art. 96 da Lei Eleitoral, corresponde, em verdade, a uma petição a ser formulada e subscrita por profissional de advocacia devidamente habilitado (nos termos do art. 4º, *caput*, da Lei nº 8.906/94, *são nulos os atos privativos de advogado praticados por pessoa não inscrita na OAB* - Ordem dos Advogados do Brasil).

A locução "todo conteúdo informativo", embora drástica, incide naquelas hipóteses de negligência ou desobediência por parte "dos sítios da *internet* que deixarem de cumprir as disposições" da Lei nº 9.504/97, sendo que cada reiteração de conduta duplica o período de suspensão. Além disso, neste período, a empresa punida deverá informar, a todos os usuários que tentarem acessar os seus serviços, que se encontra temporariamente inoperante por desobediência à legislação eleitoral.

A função punitivo-pedagógica ínsita ao dispositivo visa desestimular práticas nocivas e danosas perpetradas em prejuízo de candidatos.

Por fim, as multas previstas ao longo do art. 57 podem ser elevadas: partem de R$ 5.000,00 e culminam em R$ 50.000,00.

8.24.3.1. Impulsionamento de conteúdos

Tema candente, o recurso do impulsionamento pago na campanha eleitoral está permitido desde 2017.

Corresponde ao *conteúdo patrocinado* que pode ser contratado com o provedor da aplicação.

A previsão normativa desta ferramenta estratégica, disposta em dois artigos, é a seguinte:

> Art. 57-B. A propaganda eleitoral na *internet* poderá ser realizada nas seguintes formas:
>
> (...)
>
> IV - por meio de blogs, redes sociais, sítios de mensagens instantâneas e aplicações de internet assemelhadas cujo conteúdo seja gerado ou editado por:
>
> a) candidatos, partidos ou coligações; ou
>
> b) qualquer pessoa natural, desde que não contrate impulsionamento de conteúdos.
>
> Art. 57-C. É vedada a veiculação de qualquer tipo de propaganda eleitoral paga na *internet*, excetuado o impulsionamento de conteúdos, desde que identificado de forma inequívoca como tal e contratado exclusivamente por partidos, coligações e candidatos e seus representantes.

Financeiramente, a possibilidade de aceleração de conteúdo é uma despesa eleitoral ordinária submetida ao limite de gastos e à prestação de contas dos candidatos, conforme rege a LE/97:

> Art. 26. São considerados gastos eleitorais, sujeitos a registro e aos limites fixados nesta Lei:
>
> (...)
>
> XV - custos com a criação e inclusão de sítios na internet e com o impulsionamento de conteúdos contratados diretamente com provedor da aplicação de internet com sede e foro no País.

As postagens impulsionadas induvidosamente potencializam o alcance e a divulgação dos conteúdos, atingindo usuários que normalmente não teriam acesso ao mesmo. Daí a razão de proibir as pessoas de contratar tal serviço em nome e em função dos candidatos. Do contrário, não haveria possibilidade de controle dos gastos, tampouco daquilo que é disponibilizado.

A comprovação do uso deste engenho nas redes sociais é de singela demonstração na medida em que *identificado de forma inequívoca como tal* pelo respectivo provedor.

Acerca da requisição judicial de dados e registros eletrônicos, a mesma é regulamentada pelo TSE de acordo com a Lei nº 12.965/14, a qual estabeleceu os princípios, as garantias e direitos e deveres para o uso da *Internet* no Brasil (Marco Civil da *Internet*).

A LE/97 não tutelou a veiculação de propaganda depreciativa. A liberalidade admite tão somente mensagens propositivas. Logo, inexiste permissão normativa para a contratação de patrocínios que visem atacar ou denegrir candidatos, partidos e coligações. Críticas também não são admitidas[128]. O conteúdo dinamizado deve atender o que estabelece taxativamente o § 3° do art. 57-C, ou seja, caráter positivo nas postagens:

> § 3º O impulsionamento de que trata o *caput* deste artigo deverá ser contratado diretamente com provedor da aplicação de *internet* com sede e foro no País, ou de sua filial, sucursal, escritório, estabelecimento ou representante legalmente estabelecido no País e apenas com o fim de **promover ou beneficiar candidatos ou suas agremiações**.

Na prática, consoante os termos redacionais adotados pela Lei nº 13.488/17, conteúdos de caráter crítico e negativo concernentes aos candidatos adversários são insuscetíveis de impulsionamento.

Para as eleições de 2018, firmou-se o entendimento de que a violação do dispositivo sujeitava o responsável à multa nos valores de R$ 5.000,00 a R$30.000,00 ou em valor equivalente ao dobro da quantia despendida, se este cálculo superasse o limite máximo da multa.

No RRP nº 060159634, PSESS de 27/11/2018, dispôs o TSE:

> **ELEIÇÕES 2018. PRESIDENTE DA REPÚBLICA. RECURSO INOMINADO EM REPRESENTAÇÃO. PROPAGANDA ELEITORAL NEGATIVA. FACEBOOK. IMPULSIONAMENTO. VEDAÇÃO LEGAL. MULTA. INCIDÊNCIA. RECURSO DESPROVIDO.**
>
> 1.É permitido o impulsionamento de conteúdo na *Internet*, desde que identificado de forma inequívoca como tal e contratado exclusivamente por partidos, coligações, candidatos e seus representantes com o fim de promover ou beneficiar candidatos ou suas agremiações. 2. No caso, a recorrente contratou impulsionamento de conteúdo com a finalidade de criticar os candidatos da coligação opositora. 3. Recurso inominado desprovido.

128. TSE, AgRgREspe nº 060291041/PE, DJE de 24/06/2019 e EDclRRP nº 060159634/DF, DJE de 24/06/2019.

Referentemente às eleições seguintes, municipais de 2020, o TSE reprisou tal concepção acerca do serviço de impulsionamento. Neste sentido, é valido registrar a ementa constante do Agravo Regimental no Agravo em Recurso Especial Eleitoral nº 0600384-93/PR lavrada pelo Ministro Carlos Horbach:

> **ELEIÇÕES 2020. AGRAVO REGIMENTAL. NEGATIVA DE SEGUIMENTO A AGRAVO EM RECURSO ESPECIAL ELEITORAL. REPRESENTAÇÃO. PROPAGANDA ELEITORAL IRREGULAR. REDE SOCIAL. IMPULSIONAMENTO DE CONTEÚDO NEGATIVO. VEDAÇÃO LEGAL. ART. 57-C, § 3º, DA LEI Nº 9.504/97. MULTA. ACÓRDÃO EM CONFORMIDADE COM A JURISPRUDÊNCIA DESTA CORTE. SÚMULA Nº 30/TSE. DESPROVIMENTO.**
>
> 1. Nos termos do art. 57-C, § 3º, da Lei nº 9.504/97, é vedado o impulsionamento de conteúdo negativo na internet. Precedentes.
>
> 2. A Corte de origem assentou que críticas e comentários negativos foram feitos acerca da administração pública municipal à época, notadamente à gestão do então prefeito e candidato a reeleição.
>
> 3. De acordo com a jurisprudência do TSE, "é de rigor a multa prevista no § 2º do art. 57-C da Lei nº 9.504/97 se a propaganda eleitoral por meio de impulsionamento de conteúdo na internet tiver o objetivo de criticar candidatos a cargo eletivo" (AgR-AI nº 0608882-40/SP, Rel. Min. Tarcisio Vieira de Carvalho Neto, DJe de 18.6.2019).
>
> 4. As limitações impostas à propaganda eleitoral não afetam os direitos constitucionais de livre manifestação do pensamento e de liberdade de informação. Precedentes.
>
> 5. Agravo regimental desprovido.[129]

Quanto ao pleito de 2022, o julgamento do Agravo Regimental no Agravo em Recurso Especial Eleitoral nº 0603320-60/PE[130], relatado pelo Ministro Raul Araujo Filho, delineou a reafirmação dos aludidos corolários legais:

> **ELEIÇÕES 2022. AGRAVO INTERNO EM AGRAVO EM RECURSO ESPECIAL. CANDIDATOS AO CARGO DE GOVERNADOR. IMPULSIONAMENTO. PROPAGANDA ELEITORAL. CONTEÚDO NEGATIVO. VEDAÇÃO LEGAL. PROCEDÊNCIA. APLICAÇÃO DE MULTA. AGRAVO INTERNO DESPROVIDO.**

129. DJE 11/05/2022.
130. DJE 05/06/2023.

> 1. O TRE/PE considerou irregular o impulsionamento de propaganda eleitoral realizada pelos representados ao fundamento de que se tratava de propaganda eleitoral negativa, consoante dispõe o art. 57-C, § 3º, da Lei nº 9.504/1997.
>
> 2. O impulsionamento de mensagens na internet deve ter por finalidade promover ou beneficiar candidatas e candidatos ou suas agremiações, vedada a realização de propaganda negativa. Precedentes.
>
> 3. A multa por propaganda eleitoral irregular aplicada individualmente e no patamar mínimo aos responsáveis pela sua realização não viola os princípios da proporcionalidade e da razoabilidade.
>
> 4. Agravo interno desprovido.[131]

Em julgamento ocorrido na sessão de 08/10/2020, o tribunal estabeleceu que a utilização do nome de candidato adversário como palavra-chave, para o fim de impulsionamento de propaganda eleitoral na modalidade de priorização paga de conteúdos em plataforma de busca na *internet* (links patrocinados), por si só, não desrespeita o disposto no art. 57-C da Lei 9.504/97.

Com este entendimento, ficou consideravelmente ampliada a possibilidade dos impulsionamentos. .

O *leading case* foi estabelecido no Recurso Especial Eleitoral nº 060531076/SP (DJE de 16/11/2020).[132]

O relator do caso, Ministro Sérgio Banhos, ressaltou o quadro normativo e jurisprudencial formado a respeito do tema *impulsionamento pago*

---

131. No mesmo sentido, vide o REspEl nº 060157214/TO, da relatoria do Ministro Carlos Horbach, julgado à sessão de 18/05/2023:

ELEIÇÕES 2022. AGRAVO INTERNO. RECURSO ESPECIAL. REPRESENTAÇÃO. PROPAGANDA ELEITORAL IRREGULAR. IMPULSIONAMENTO DE CONTEÚDO NEGATIVO. VEDAÇÃO. ART. 57-C, § 3º, DA LEI Nº 9.504/97. MULTA MANTIDA. PRINCÍPIOS DA PROPORCIONALIDADE E DA RAZOABILIDADE. SÚMULAS Nº 24 E 30/TSE. DESPROVIMENTO.

1. Consoante entendimento jurisprudencial desta Corte Superior, a análise do dissídio jurisprudencial fica prejudicada quando a discussão tratada no recurso especial demandar considerações sobre o contexto fático-probatório dos autos.

2. A alteração das premissas fáticas consignadas no acórdão regional por meio do qual se assentou que a fixação da multa acima do mínimo legal atenderia os princípios da proporcionalidade e da razoabilidade, bem como inibiria nova violação da lei pelo representado, esbarra no óbice da Súmula nº 24/TSE.

3. A conformidade da decisão impugnada com a jurisprudência desta Corte Superior atrai a incidência da Súmula nº 30/TSE.

4. Agravo interno ao qual se nega provimento.

132. O Tribunal, por maioria, deu provimento aos recursos especiais eleitorais, a fim de julgar improcedente a representação e tornou insubsistente a multa aplicada, nos termos do voto do Relator, vencidos os Ministros Alexandre de Moraes e Luis Felipe Salomão. Votaram com o Relator os Ministros Edson Fachin e Og Fernandes, Carlos Horbach e Marco Aurélio.

de conteúdos de propaganda eleitoral na internet, assim como explicitar o modo de funcionamento da ferramenta ou serviço em questão, a fim de possibilitar a adequada compreensão da controvérsia.

Para esta nova interpretação, a Corte assentou os seguintes fundamentos:

- **A utilização do nome de candidato adversário como palavra-chave para o fim de impulsionamento de propaganda eleitoral** na modalidade de priorização paga de conteúdos em plataforma de busca na internet (links patrocinados), por si só, **não infringe o disposto no art. 57-C da Lei 9.504/97**;
- É insubsistente o fundamento de que o anúncio patrocinado tem aptidão para prejudicar o candidato cujo nome foi utilizado como palavra-chave para o fim de priorização paga de conteúdos. A despeito do destaque conferido ao link patrocinado, os resultados orgânicos relacionados ao candidato adversário são exibidos na listagem de achados da pesquisa, de forma que **o eleitor tem plena liberdade para clicar ou não no resultado patrocinado, assim como para acessar qualquer outra página entre as listadas no resultado da pesquisa**;
- **A utilização do nome de candidato adversário como palavra-chave** de mecanismo de priorização paga de resultados em aplicações de busca na internet **não se enquadra no disposto no art. 248 do Código Eleitoral**, segundo o qual "ninguém poderá impedir a propaganda eleitoral, nem inutilizar, alterar ou perturbar os meios lícitos nela empregados". Com efeito, apenas ao acessar algum dos resultados orgânicos da busca é que se poderia falar em eventual acesso a propaganda eleitoral de candidato, caso existente na página acessada. Até então, o que se tem disponível são meios de acesso a páginas que contenham informações sobre determinada pessoa, seja ela candidato ou não, sejam os dados referentes ao pleito ou não;
- **A exibição, em destaque, de link patrocinado e identificado como tal não tem o condão de interferir nos resultados não patrocinados**, inclusive os que possam conter propaganda eleitoral, os quais continuam visíveis na listagem de achados da pesquisa apresentada pela ferramenta de busca, podendo o eleitor interessado acessar qualquer uma das páginas disponíveis;
- A regra, nos regimes democráticos, está assentada na livre circulação de ideias, assegurando-se ao eleitor o **pleno direito de se informar sobre as campanhas eleitorais**;
- Sob essa perspectiva, **a apresentação de alternativas ao eleitor, a fim de que ele, se assim desejar, conheça outro candidato não pode ser vista, por via de regra, como forma de prejudicar a campanha eleitoral de**

outros candidatos, mas, sim, como maneira de ampliar o debate político e embasar a escolha consciente do eleitor;

- **Não obstante o impulsionamento de conteúdos seja, em caráter excepcional, permitido pelo art. 57-C da Lei 9.504/97**, inclusive na hipótese de utilização do nome de candidato adversário como palavra-chave de mecanismo ou serviço de priorização paga de resultados em aplicações de busca na internet, cumpre advertir que **o eventual desvirtuamento da referida ferramenta, em detrimento da isonomia entre os candidatos, poderá caracterizar, além de propaganda eleitoral irregular, abuso do poder econômico, apurado e punido na forma do art. 22 da Lei Complementar 64/90.**

Pertinentes, no tema, ainda, as pontuais considerações expendidas pela Ministra Maria Cláudia Bucchianeri na relatoria do Recurso na Representação nº 060129111/DF[133] acerca da "importância de a Corte definir o sentido e alcance da expressão "impulsionamento" constante do art. 57-C da Lei nº 9.504/1997, para que fiquem estabelecidas – consideradas a pluralidade de ferramentas hoje disponíveis e a diversidade dos modelos de negócio livremente adotados pelas plataformas – quais iniciativas pagas na Internet devem ser efetivamente permitidas ou obstadas, observados, sempre, os princípios norteadores da propaganda eleitoral, como os da transparência, da responsabilidade e da proteção do voluntarismo do eleitorado".

8.25. PROPAGANDA ELEITORAL ANTECIPADA OU EXTEMPORÂNEA

Várias hipóteses de propaganda outrora prematuras foram suprimidas pela Lei nº 13.165/15 e reconhecidas como atos de pré-campanha.

8.25.1. Promoção pessoal e propaganda eleitoral

A promoção pessoal não se confunde com a propaganda eleitoral. Para se inserir na primeira, a publicidade não pode conter *circunstâncias eleitorais*.

8.25.2. Prazo e legitimidade passiva

Se divulgada previamente ao momento definido pelo art. 36 da Lei nº 9.504/97, a propaganda é tida por irregular. O (notório) pré-candidato

133. PSESS 19/12/2022.

é parte legítima para figurar no pólo passivo de representação que apura infração.[134]

8.25.3. Circunstâncias eleitorais

Diversamente dos indícios, a presunção é insuficiente para a aplicação de penalidades pela prática de propaganda irregular. Para um édito condenatório, é necessário certeza e não conjecturas ou especulações destituídas de suporte probatório. Como bem sintetizou o acórdão da RRP nº 989-51/DF[135], "Suposições e inferências que decorrem do universo cognitivo do destinatário do discurso não podem ser consideradas como elementos suficientes a atrair a sanção prevista em norma legal".

Nessas condições, o estudo dos julgados temáticos aplicáveis ao tipo pode ser efetivado a partir do Recurso Especial Eleitoral n° 19.905/GO (DJ de 22/08/2003) onde ficou assentado que "A fim de verificar a existência de propaganda subliminar, com propósito eleitoral, não deve ser observado tão somente o texto dessa propaganda, mas também outras circunstâncias, tais como imagens, fotografias, meios, número e alcance da divulgação".

Controvérsia ainda longe de ser dirimida na jurisprudência[136], a distância entre o ato e a data das eleições é circunstância juridicamente avaliável, considerada a maior ou menor probabilidade da propaganda refletir no eleitor no momento do voto. Carlos NEVES FILHO (2012, p. 60), a respeito, escreveu com propriedade: "De fato, não há uma data para se caracterizar a propaganda antecipada - mas, acrescenta-se que o que há, em verdade, é a existência ou não, fora do prazo permitido, de um conteúdo eleitoral específico, que possua clara mensagem ao destinatário da propaganda: captar o voto em uma eleição futura específica". No entanto, "a considerável distância temporal entre a data em que a suposta publicidade esteve disponível e o início do período eleitoral" (REspEl nº 060000194, DJE de 28/10/2020) tem sido sopesada para afastar a propaganda antecipada.

134. TSE: Respe nº 419-89/BA, DJE de 12/12/2016; RP nº 125198/DF, DJE de 1º/08/2012 e RP nº 114454/DF, DJE de 06/05/2011 (RJTSE 22/2/117).

135. TSE, DJE de 23/08/2010, pp. 75/76 (RJTSE 21/3/118).

136. Neste sentido, ver os acórdãos/TSE da R-Rp nº 57293/DF, PSESS de 05/08/2014 e da R-RP n° 1.406/DF, j. 06/04/2010. Em contrapartida, "a configuração de propaganda eleitoral antecipada independe da distância temporal entre o ato impugnado e a data das eleições", concluiu o RRP nº 1.406/DF, DJE 10/05/2010, p. 28.

8.25.3.1. Sobre as "palavras mágicas" identificadoras da extemporaneidade

Previamente ao apanhado das formas e circunstâncias específicas que informam a propaganda antecipada, questão importante e com àquelas estreitamente relacionada é a das "palavras mágicas". Mencionadas expressões estão diretamente associadas com a identificação de pedidos explícitos de votos por pré-candidatos e pré-candidatas.

Temática controvertida, a propaganda eleitoral extemporânea diz respeito à violação ao art. 36-A da Lei nº 9.504/97 e consequente transgressão do princípio da igualdade de chances entre os competidores.

O Tribunal Superior Eleitoral, por seu plenário, no Agravo Regimental em Recurso Especial Eleitoral nº 29-31/RJ[137], assentou sem divergências que o "pedido explícito de votos pode ser identificado pelo uso de determinadas "palavras mágicas", como, por exemplo, "apoiem" e "elejam", que nos levem a concluir que o emissor está defendendo publicamente a sua vitória".

Por essa linha de raciocínio, é possível observar que o comportamento imprimido pelo agente transpõe a fronteira do aceitável para que possa ser considerada como um ato corriqueiro da sua pré-campanha. Há, embutida, uma evidenciação incontroversa de que a fala e de que a contextualização

---

137. PROPAGANDA ELEITORAL ANTECIPADA. ART. 36-A DA LEI Nº 9.504/1997. PEDIDO EXPLÍCITO DE VOTOS. PARCIAL PROVIMENTO.

1. Agravo interno contra decisão monocrática proferida pelo Min. Luiz Fux, relator originário do feito, que deu provimento ao agravo para analisar o recurso especial e negar-lhe seguimento, mantendo acórdão condenatório por propaganda eleitoral extemporânea.

2. O TSE reconhece dois parâmetros para afastar a caracterização de propaganda eleitoral antecipada: (i) a ausência de pedido explícito de voto; e (ii) a ausência de violação ao princípio da igualdade de oportunidades entre os candidatos. Em relação ao primeiro parâmetro, esta Corte fixou a tese de que, para a configuração de propaganda eleitoral antecipada, o pedido de votos deve ser, de fato, explícito, vedada a extração desse elemento a partir de cotejo do teor da mensagem e do contexto em que veiculada. Precedentes.

3. O pedido explícito de votos pode ser identificado pelo uso de determinadas "palavras mágicas", como, por exemplo, "apoiem" e "elejam", que nos levem a concluir que o emissor está defendendo publicamente a sua vitória. No caso, é possível identificar pedido explícito de voto na fala do pré-candidato a prefeito, em que pediu "voto de confiança" nele e no pré-candidato a vereador Paulo César Batista, em reunião com moradores do Município onde pretendia concorrer ao pleito.

4. Por outro lado, não se verifica pedido explícito de voto no discurso de Max Rodrigues Lemos, prefeito à época, que se limitou a enaltecer as realizações de seu governo e demonstrar apoio ao pré-candidato Carlos de França Vilela. Na ausência de pedido explícito de votos e de qualquer mácula ao princípio da igualdade de oportunidades, as declarações encontram-se protegidas pela liberdade de expressão, não configurando propaganda eleitoral antecipada, nos termos do art. 36-A da Lei nº 9.504/1997.

5. Agravo interno a que se dá parcial provimento, apenas para afastar a condenação de Max Rodrigues Lemos pela prática de propaganda eleitoral antecipada, mantendo, no mais, o acórdão recorrido. (DJE 03/12/2018)

em que esta foi proferida, contém um excesso que se revela apto a configurar a ilegalidade da propaganda.

A propósito, transcreve-se passagem do Ministro Roberto Barroso

> Conforme assentou o Min. Luiz Fux no AgR-Al nº 9-24, "a noção de 'pedido explícito' opõe-se, conceitualmente, à lógica das insinuações, tendo em vista que pressupõe a existência de um ato de comunicação frontal e retilíneo, o que exclui o sugerido, o denotado, o pressuposto, o indireto, o latente, o sinuoso e o subentendido".

Essa orientação é dominante na Justiça Eleitoral em situações tais, como por exemplo, aquela em que o pré-candidato, de "maneira explícita e sem margem de dúvida"[138], pede votos para si e para outros pré–candidatos "defendendo publicamente a sua vitória [...] em mensagem publicitária musicada, própria para ser lembrada e cantarolada com maior facilidade perante o eleitorado"[139], ou então quando "a entrevista em rádio local não se limita ao anúncio da pré–candidatura"[140].

Da mesma maneira se o discurso é proferido durante a realização de prévias partidárias mas posteriormente ocorre a "sua divulgação aberta por meio de vídeo postado nas redes sociais"[141].

Não difere disso o pré-candidato, em *live* no Instagram, mencionar que "pretende ser prefeito da cidade e convidar o eleitor para que seja um elo da "corrente do bem", pedindo seu apoio, bem como o convocando para que busquem mais "elos" no povoado, na localidade, na rua e na família"[142], assim como a divulgação, mediante carro de som e em rede social, da música "vamos ganhar de novo", contendo ainda trechos como "vai ser de lavada, esse ano é nós de novo", em clara referência à sua campanha de reeleição[143].

Tampouco:

> **ELEIÇÕES 2022. AGRAVO INTERNO. AGRAVO EM RECURSO ESPECIAL ELEITORAL. NEGATIVA DE SEGUIMENTO. ACÓRDÃO REGIONAL. ART. 3º–A DA RES.–TSE 23.610. OMISSÃO. INEXISTÊNCIA. QUESTÃO SURGIDA NO JULGAMENTO DO**

138. TSE, ED-AI nº 0600033-26/MA, DJE 10/02/2020.
139. TSE, ARESPE nº 0600071-72/BA, DJE 03/08/2021.
140. TSE, ARESPE nº 0600022-72/PE, DJE 23/09/2021.
141. TSE, ARESPE nº 0600012-29/SP, DJE 06/12/2021.
142. TSE, ARESPE nº 0600348-85/SE, DJE 03/02/2022.
143. TSE, REspEl nº 0600032-37/MA, DJE 24/10/2022.

> **TRE. PREQUESTIONAMENTO. NECESSIDADE. VERBETE SUMULAR 72 DO TSE. REPRESENTAÇÃO. PROPAGANDA ELEITORAL ANTECIPADA. ART. 36-A DA LEI 9.504/97. PARÂMETROS. CARÁTER ALTERNATIVO. ATO DE PRÉ-CAMPANHA. MENSAGEM SIMILAR A "VOTE EM MIM". PEDIDO EXPLÍCITO DE VOTO. CONFIGURAÇÃO. VERBETE SUMULAR 30 DO TSE. INCIDÊNCIA.**
>
> [...].
>
> 7. Este Tribunal Superior reafirmou, para as Eleições de 2022, a diretriz jurisprudencial de que, para fins de configuração de propaganda eleitoral antecipada, é possível identificar o requisito do pedido explícito de votos a partir do uso de "palavras mágicas". Nesse sentido: Rec-Rp 0600301-20, rel. Min. Maria Claudia Bucchianeri, PSESS em 19.12.2022. Na mesma linha, em feitos atinentes ao pleito de 2020: AgR-REspEl 0600032-37, rel. Min. Benedito Gonçalves, DJE de 24.10.2022; e AgR-AREspE 0600046-85, rel. Min. Alexandre de Moraes, DJE de 20.10.2022.[144]

Esboçadas essas abreviadíssimas linhas em torno da paisagem que serve de tela de fundo à propaganda política, as questões a seguir abordadas dizem com atos levados a efeito previamente à data de 16 de agosto do ano eleitoral.

8.25.4. *Twitter*

Reconhecendo o *twitter* como uma comunicação restrita, *microblog* que não constitui meio largamente acessível na medida em que o seu destinatário somente recebe mensagens se quiser, portanto não havendo a possibilidade de ser levada ao conhecimento geral as manifestações nela contidas, o TSE reformou posicionamento anterior estabelecido no RRP nº 1825-24/DF[145] para descartar a propaganda extemporânea:

144. TSE, AREspEl nº 060034054/MG, DJE 30/05/2023.

145. RECURSO. REPRESENTAÇÃO. ELEIÇÕES 2010. PROPAGANDA ELEITORAL EXTEMPORÂNEA. TWITTER. CARACTERIZAÇÃO. ARTS. 36 E 57-A DA LEI Nº 9.504/97. NÃO PROVIMENTO. 1. O *Twitter* é meio apto à divulgação de propaganda eleitoral extemporânea, eis que amplamente utilizado para a divulgação de ideias e informações ao conhecimento geral, além de permitir interação com outros serviços e redes sociais da internet. 2. Constitui propaganda eleitoral extemporânea a manifestação veiculada no período vedado por lei que leve ao conhecimento geral, ainda que de forma dissimulada, futura candidatura, ação política que se pretende desenvolver ou razões que levem a inferir que o beneficiário seja o mais apto para a função pública. 3. Na espécie, as mensagens veiculadas no Twitter do recorrente em 4 de julho de 2010 demonstraram, de forma explícita e inequívoca, a pretensão de promover sua candidatura e a de José Serra aos cargos de vice-presidente e presidente da República nas Eleições 2010. 4. Caso, ademais, em que "o representado não optou por restringir as mensagens contidas em sua página, permitindo que

RECURSO ESPECIAL. PROPAGANDA ELEITORAL ANTECIPADA. DIVULGAÇÃO DE DISCURSOS PROFERIDOS EM EVENTO PARTIDÁRIO POR MEIO DO *TWITTER*. *TWITTER* É CONVERSA ENTRE PESSOAS. RESTRIÇÃO ÀS LIBERDADES DE PENSAMENTO E EXPRESSÃO. NÃO CONFIGURAÇÃO DA PROPAGANDA EXTEMPORÂNEA.

1. O *Twitter* consiste em uma conversa entre pessoas e, geralmente, essa comunicação está restrita aos seus vínculos de amizade e a pessoas autorizadas pelo usuário.

2. Impedir a divulgação de um pensamento ou opinião, mesmo que de conteúdo eleitoral, no período vedado pela legislação eleitoral, em uma rede social restrita como o *Twitter*, é impedir que alguém converse com outrem. Essa proibição implica violação às liberdades de pensamento e de expressão.

3. Não há falar em propaganda eleitoral realizada por meio do *Twitter*, uma vez que essa rede social não leva ao conhecimento geral as manifestações nela divulgadas.

4. A divulgação no *Twitter* de manifestação de cunho eleitoral no âmbito de evento partidário não tem o condão de caracterizar propaganda eleitoral extemporânea.

5. Recurso especial provido[146].

Forte no art. 58 da Lei Eleitoral, cabível a postulação de Direito de Resposta de mensagem postada em *Twitter*:

Eleições 2010. Propaganda Eleitoral. Twitter. Direito de resposta. Sítios de mensagens instantâneas e assemelhados. Possibilidade jurídica.

1. O *Twitter* se insere no conceito de "sítios de mensagens instantâneas e assemelhados", previsto no art. 57-B da Lei 9.504/97, e é alcançado pela referência a "qualquer veículo de comunicação social" contida no art. 58 da Lei das Eleições.

2. O direito de resposta em razão de mensagem postada no *Twitter* é cabível. Relevância de o detentor da página ser coordenador de comunicação de campanha eleitoral.

---

qualquer pessoa, ainda que não cadastrada no twitter, tivesse acesso ao conteúdo divulgado" (excerto da decisão singular do e. Min. Henrique Neves). 5. Recurso desprovido.

146. TSE, REspe nº 74-64/RN, DJE de 15/10/2013.

> 3. Deferido o direito de resposta, o próprio usuário, exercendo o controle de conteúdo que detém sobre a sua página no Twitter, deve postar o texto da resposta.
>
> 4. Direito de resposta concedido.[147]

Transcorrida mais de uma década, a decisão tomada no DR nº 0601433-15/DF reafirmou os termos do julgado supra para garantir o exercício do direito constitucional no *Twitter*:

> **ELEIÇÕES 2022. REPRESENTAÇÃO. DIREITO DE RESPOSTA. INTERNET. REDE SOCIAL. DESINFORMAÇÃO. PUBLICAÇÃO OFENSIVA À HONRA E À IMAGEM DE CANDIDATO. FATOS MANIFESTAMENTE INVERÍDICOS. AFIRMAÇÕES INJURIOSAS E CALUNIOSAS. CONCESSÃO.**
>
> 1. Afasta-se a pretensão de reunião deste pedido de Direito de Resposta com a Rp nº 0601399-40, uma vez que as representações por propaganda eleitoral irregular e por direito de resposta apresentam procedimentos e pedidos diversos, de modo que não há risco de decisões conflitantes.
>
> 2. Consoante entendimento desta Corte Superior, "é cabível o direito de resposta em razão de mensagem postada no Twitter, de modo que, deferido o direito de resposta, o próprio usuário, exercendo o controle de conteúdo que detém sobre a sua página no *Twitter*, deve postar o texto da resposta" (Rp nº 3618-95/DF, Rel. Min. Henrique Neves, PSESS de 29.10.2010).
>
> 3. O TSE assentou no julgamento do Referendo da medida liminar nos autos da Rp nº 0601399-40, que o vídeo divulgado foi produzido para ofender a honra e a imagem de candidato ao cargo de presidente da República, cujo objetivo consistiu na disseminação de discurso manifestamente inverídico e odioso que pretendeu induzir o usuário da rede social a vincular o candidato como defensor político de práticas ilícitas e imorais.
>
> 4. O representado ultrapassou os limites da liberdade de manifestação do pensamento, divulgando discurso de ódio, atribuições criminosas, ainda que de forma indireta, em ofensa à honra e à imagem de candidato. A livre manifestação do pensamento não encerra um direito de caráter absoluto, de forma que ofensas pessoais direcionadas a atingir a imagem dos candidatos e a comprometer a disputa eleitoral devem ser coibidas, cabendo à Justiça Eleitoral intervir para o restabelecimento da igualdade e normalidade do pleito ou, ainda, para a correção de eventuais condutas que ofendam a legislação eleitoral. Precedente.

147. TSE, RP nº 361895/DF, PSESS de 29/10/2010 (RJTSE 21/4/167).

5. O representado assumiu a condição de candidato e foi eleito para o cargo de deputado federal nas eleições 2022. Dessa condição ou *status* jurídico de candidato resulta o dever legal de verificar a fidedignidade das informações utilizadas para a divulgação de qualquer modalidade de conteúdo, nos termos do preceito normativo previsto no art. 9º da Res.–TSE nº 23.610/2019 – que traz regulamentação específica sobre a desinformação na propaganda eleitoral –, sujeitando–se as pessoas responsáveis ao disposto no art. 58 da Lei nº 9.504/1997, sem prejuízo de eventual responsabilidade penal.

6. Pedido de direito de resposta julgado procedente.[148]

8.25.5. *Facebook*

Em 2014, o TSE deu cabo à discussão que envolvia o *Facebook*. O voto do relator do Recurso Especial Eleitoral nº 29-49/RJ demarcou:

- a constitucionalidade das regras que impõem restrições à propaganda eleitoral e a atuação dos meios de comunicação social, especialmente os que dependem de concessões públicas, encontram respaldo nos princípios constitucionais de igualdade de chances gradual, lisura e normalidade dos pleitos eleitorais, previstos no *caput* do art. *14* e no seu § 9º;
- ao eleitor, como protagonista do processo eleitoral e verdadeiro detentor do poder democrático, não devem ser, em princípio, impostas limitações senão aquelas referentes à honra dos demais eleitores, dos próprios candidatos, dos partidos e as relativas à veracidade das informações;
- em relação aos candidatos e partidos, as limitações no âmbito da *internet*, além dos aspectos relacionados à honra de terceiros e veracidade das divulgações, devem ser interpretadas de forma a garantir a igualdade de chances gradual, coibir a interferência do poder econômico e as manifestações patrocinadas por pessoas jurídicas ou órgãos governamentais (art. 57-C da Lei n° 9.504/97).

Complementou o seu voto acrescentando:

> As regras e balizas interpretativas adotadas por este Tribunal em relação às propagandas realizadas por diversos meios de comunicação social partem, em alguns casos, da análise do desvirtuamento da oportunidade de exposição destinada aos partidos políticos e aqueles que se tornarão, eventualmente, candidatos.

148. PSESS 24/10/2022.

> Tal ocorre, por exemplo, nos programas partidários em que os filiados - em expressa violação ao texto legal - realizam atos de promoção pessoal, excedendo o fim para o qual o direito foi regulado.
>
> Igualmente, há uma preocupação na antecipação de gastos financeiros privados e, sobretudo públicos, para impulsionar as candidaturas. Tal entendimento, contudo, não pode ser simplesmente transmutado para os dados divulgados pela *internet*, cujo acesso é amplo, irrestrito e independe de maiores recursos financeiros.Nessa linha, o art. 36-A da Lei das Eleições, ao tratar da propaganda antecipada condiciona a caracterização da irregularidade decorrente da divulgação de plataformas e projetos políticos em entrevistas e debates, inclusive na *internet*, ao pedido expresso de voto (inc. 1).
>
> Igualmente, na divulgação de atos parlamentares e debates legislativos, para que a propaganda antecipada fique caracterizada, é necessário o pedido de votos ou apoio eleitoral (inc. IV).

Dando destaque para a singularidade que reveste o mecanismo:

> Considerada a natureza da *internet*, seu livre acesso, a inegável fonte de informações alternativas que beneficia a democracia e, sobretudo, a liberdade de manifestação de pensamento que deve ser assegurada à rede de computadores, a propaganda eleitoral antecipada por parte de partidos políticos ou futuros candidatos na *internet* somente é possível de se caracterizar a partir de ato ostensivo em que haja pedido de voto ou referência expressa à candidatura futura. De outro modo, seria proibir a veiculação pela *internet* de material que, em tese, pode ser divulgado pelos meios clássicos de comunicação social ou por ações de promoção pessoal.

O *leading case* ficou assim ementado:

> **ELEIÇÕES 2012. PROPAGANDA ELEITORAL ANTECIPADA. *INTERNET*. FACEBOOK. CONTA PESSOAL. LIBERDADE. MANIFESTAÇÃO DO PENSAMENTO. PROVIMENTO.**
>
> 1. A utilização dos meios de divulgação de informação disponíveis na *internet* é passível de ser analisada pela Justiça Eleitoral para efeito da apuração de irregularidades eleitorais, seja por intermédio dos sítios de relacionamento interligados em que o conteúdo é multiplicado automaticamente em diversas páginas pessoais, seja por meio dos sítios tradicionais de divulgação de informações.

2. A atuação da Justiça Eleitoral deve ser realizada com a menor interferência possível no debate democrático.

3. As manifestações identificadas dos eleitores na *internet*, verdadeiros detentores do poder democrático, somente são passíveis de limitação quando ocorrer ofensa à honra de terceiros ou divulgação de fatos sabidamente inverídicos.

4. A propaganda eleitoral antecipada por meio de manifestações dos partidos políticos ou de possíveis futuros candidatos na *internet* somente resta caracterizada quando há propaganda ostensiva, com pedido de voto e referência expressa à futura candidatura, ao contrário do que ocorre em relação aos outros meios de comunicação social nos quais o contexto é considerado.

5. Não tendo sido identificada nenhuma ofensa à honra de terceiros, falsidade, utilização de recursos financeiros, públicos ou privados, interferência de órgãos estatais ou de pessoas jurídicas e, sobretudo, não estando caracterizado ato ostensivo de propaganda eleitoral, a livre manifestação do pensamento não pode ser limitada.

6. Hipótese em que o Prefeito utilizava sua página pessoal para divulgação de atos do seu governo, sem menção à futura candidatura ou pedido expresso de voto. Recurso provido para julgar improcedente a representação.

Noutro sentido, cometendo a infração do art. 36-A:

AGRAVO INTERNO. RECURSO ESPECIAL. ELEIÇÕES 2022. REPRESENTAÇÃO. PROPAGANDA ELEITORAL EXTEMPORÂNEA. ARTS. 36 E 36-A DA LEI 9.504/97. MENSAGEM. REDE SOCIAL. PROGRAMA DE TELEVISÃO. PEDIDO EXPLÍCITO DE VOTO. CONFIGURAÇÃO. NEGATIVA DE PROVIMENTO.

1. No decisum monocrático, manteve-se aresto do TRE/SP, em que se condenou o agravante, à época pré-candidato ao cargo de senador por São Paulo/SP nas Eleições 2022, ao pagamento de multa de R$ 5.000,00 por prática de propaganda extemporânea (arts. 36, caput, § 3º, e 36-A da Lei 9.504/97).

2. Consoante o entendimento desta Corte Superior, a propaganda antecipada pressupõe, de um lado, a existência de pedido explícito de votos ou, de outro, quando ausente esse elemento, manifestação de cunho eleitoral mediante uso de formas que são proscritas durante o período de campanha ou afronta à paridade de armas.

3. No caso, extrai-se da moldura fática do aresto a quo que o agravante divulgou, no dia 4/6/2022, mensagens em vídeo em sua rede social

Facebook e em seu programa de televisão, contendo frases como "nós seremos eleitos juntos com uma votação (é) que você vai nos dar" e "[s]e o povo quiser que eu seja eleito, que vote em mim". As mensagens contêm inequívoco pedido explícito de votos, o que é suficiente para caracterizar propaganda antecipada.

4. Agravo interno a que se nega provimento.[149]

8.25.6. Propaganda partidária

Quando há exaltação de atos de governo destituída de referência a pleito futuro, configura-se a prestação de contas à sociedade, o que não se confunde com propaganda extemporânea[150], tanto quanto a divulgação de críticas genéricas e sem destinatário específico em temas político-comunitários[151].

Para o TSE[152], no horário partidário de mídia, a veiculação de mensagem com menção a possível candidatura e exaltação das qualidades pessoais dos pré-candidatos, mas sem pedido explícito de votos, não configura propaganda eleitoral extemporânea, a teor da nova redação conferida pela Lei n° 13.165/2015 ao art. 36-A da Lei das Eleições.

8.25.7. Propaganda negativa

Não há se falar em propaganda eleitoral na modalidade negativa diante de críticas políticas não endereçadas a algum destinatário individualizado sem o objetivo de denegrir a imagem de determinado adversário político[153].

Em regra, hodiernamente, a configuração da propaganda eleitoral extemporânea, seja ela positiva ou negativa, exige a presença de pedido explícito de votos ou, *mutatis mutandis*, pedido explícito de não votos[154].

Perante o TSE, para a configuração de propaganda eleitoral negativa, são necessários três requisitos alternativos, a saber: (a) pedido de não voto;

149. TSE, REspEl nº 060024646/SP, DJE 28/02/2023.
150. TSE, RRP nº 176381/DF, DJE de 25/08/2014.
151. TSE, RP nº 34654/DF, DJE de 25/11/2014.
152. AgR-REspe nº 13-25/RJ
153. TSE, RRP nº 76914/DF, PSESS de 07/08/2014.
154. TSE, AgR-AREspE nº 0600004-509/SP, PSESS de 23/11/2020.

(b) ato abusivo que desqualifique o candidato, maculando sua honra ou imagem; e (c) ato sabidamente inverídico[155]:

> **ELEIÇÕES 2022. AGRAVO REGIMENTAL. REPRESENTAÇÃO. PRINCÍPIO DA FUNGIBILIDADE. RECURSO INOMINADO. PROPAGANDA ELEITORAL ANTECIPADA NEGATIVA. DESCONTEXTUALIZAÇÃO. DESINFORMAÇÃO. OFENSA À HONRA DO PRÉ-CANDIDATO. PEDIDO DE NÃO VOTO. CARACTERIZAÇÃO. DESPROVIMENTO.**
>
> 1. Tendo em vista o disposto no art. 96, § 8º, da Lei das Eleições, deve o agravo regimental ser conhecido como recurso inominado, em observância da fungibilidade recursal. Precedentes.
>
> 2. A recorrente, ao descontextualizar cartilha produzida pelo Ministério da Saúde para ofender a honra e a imagem de pré-candidato, disseminou desinformação (fato sabidamente inverídico) com finalidade eleitoral (não votar), motivo pelo qual deve ser reconhecida a prática de propaganda eleitoral antecipada negativa.
>
> 3. Recurso inominado desprovido.[156]

8.25.8. Comparação de administrações

Trata-se de outra repressão desidratada pela Lei nº 13.165/15.

Sob o regime jurídico anterior, na Representação nº 336/PB, o TSE admitiu o cabimento, da propaganda partidária, para a "divulgação de críticas à administração estadual, com o propósito de expor a posição do partido em relação a temas de relevo político e interesse comunitário"[157].

Diferia disso, consoante assinalado na RP nº 942/DF[158], a utilização do espaço para realizar comparações entre a atuação de governos de agremiações adversárias com a finalidade de ressaltar as qualidades do responsável pela propaganda e de denegrir a imagem do opositor. A comparação era tolerada, desde que não extrapolasse (RRP nº 103977/DF[159]):

155. TSE, AREspEl nº 060040043/PR, DJE 28/08/2023.
156. TSE, RRP nº 0600774-06/DF, DJE 26/06/2023.
157. TSE, DJ de 26/04/2002, p. 183 (RJTSE 13/2/29).
158. TSE, DJ de 26/06/2007, p. 144.
159. TSE, DJE de 03/08/2010, p. 269/270.

> **PROPAGANDA ELEITORAL EXTEMPORÂNEA E SUBLIMINAR EM JORNAL E OUTDOORS. ALEGAÇÃO DE VIOLAÇÃO AOS ARTS. 36, § 3°, DA LEI 9.504/97 E 333 DO CPC: IMPROCEDÊNCIA. DISSÍDIO JURISPRUDENCIAL NÃO DEMONSTRADO.**
>
> 1. Para a configuração da publicidade institucional é imprescindível a presença dos caracteres educativo, informativo ou de orientação social, previstos na Constituição Federal (Precedente: Acórdão n° 15.749, de 04.03.99, Rel. Min. Costa Porto).
>
> 2. Considera-se propaganda eleitoral subliminar a publicidade que traça paralelo entre a Administração atual e a anterior, despertando a lembrança dos eleitores para as qualidades do administrador candidato à reeleição.
>
> 3. O simples argumento de que a produção, escolha, supervisão e veiculação da publicidade estão sob a responsabilidade de agente público diverso do titular da Administração não é suficiente para ilidir o prévio conhecimento deste.
>
> 4. Recurso não conhecido.[160]

Julgado do Tribunal Superior Eleitoral em torno da cartilha *Brasil - Um País de Todos - Governo Federal* (RP nº 875/DF, j. em 17/08/2006), potencializou a pena de multa em vista do valor empenhado pelo Poder Executivo:

> **PROPAGANDA EXTEMPORÂNEA. FINALIDADE ELEITORAL.**
>
> 1. Cartilha publicada em janeiro de 2006 contendo louvores às realizações do Governo Federal, sem objetivo de orientação educacional, informação ou comunicação social.
>
> 2. Extrapolação potencializada do art. 37, § 1º, da CF.
>
> 3. Princípios da legalidade e da moralidade violados.
>
> 4. Intensa publicidade do Governo Federal com dados comparativos referentes às realizações da Administração anterior.
>
> 5. Documento que, em ano de eleição, se reveste de verdadeiro catecismo de eleitores aos feitos do Governo Federal.
>
> 6. Multa imposta de acordo com o § 3º do art. 36 da Lei nº 9.504/97. Valor de R$ 900.000,00 (novecentos mil reais), equivalente ao custo de publicidade.

160. TSE, REspe nº 19.331/GO, DJ de 07/12/2001, p. 08.

> 7. Proibição de distribuição da referida propaganda (art. 36 da Lei nº 9.504/97).
>
> 8. Procedência da representação.[161]

O seguinte julgado do TRE/RS delimitou com precisão:

> **Recurso. Representação. Propaganda eleitoral antecipada. Material impresso. Lei n. 9.504/97. Eleições 2016. Irresignação contra sentença que julgou improcedente a representação.** Exigência de pedido explícito de voto para o reconhecimento da propaganda antecipada, não possuindo aptidão para caracterizá-la o pedido de apoio político, a divulgação da pré-candidatura, das ações políticas desenvolvidas e das que pretende desenvolver, porquanto albergadas pela regra prevista no art. 36-A da Lei n. 9.504/97. Distribuição de material impresso com conteúdo de conhecimento público, veiculando informações sobre as obras realizadas pela agremiação durante sua gestão à frente do Poder Executivo Municipal. Não configurada propaganda eleitoralantecipada. Inexistente o pedido explícito de voto ou a menção expressa às eleições vindouras. Sentença de improcedência confirmada.
>
> Provimento negado.[162]

8.25.9. Escritório político

Inexiste vedação de natureza constitucional ou legal relativamente ao parlamentar ou Chefe do Poder Executivo constituir, em imóvel de sua propriedade, cedido ou locado, escritório político objetivando a manutenção de seus contatos e atividades de representação. Esta prática, utilizada especialmente por congressistas, pode ser repetida por qualquer pessoa detentora de mandato ou não.

Diferentemente dos comitês eleitorais, os escritórios políticos podem conter identificação visual por meio de placas, pinturas ou faixas.[163]

---

161. Seis anos decorridos da publicação deste acórdão condenatório, após inusitados e sucessivos pedidos de vista, o mesmo TSE, por maioria de votos, acolheu embargos de declaração para, de forma pouco convincente, reduzir a multa a vinte mil UFIR's.

162. RE nº6370, acórdão de 25/10/2016, PSESS.

163. RECURSO ELEITORAL. PROPAGANDA ELEITORAL ANTECIPADA. FACHADA DE ESCRITÓRIO POLÍTICO. SENTENÇA DE PROCEDÊNCIA. Afixação de faixas de grandes dimensões na fachada de escritório político. Ausência de qualquer elemento, mesmo subliminar, que faça alusão ao pleito. Não caracterização de propaganda eleitoral. RECURSO PROVIDO, PARA JULGAR IMPROCEDENTE A REPRESENTAÇÃO. (TRE/SP, RE nº 2225, DJESP 12/12/2016).

No caso de escritório suportado com recursos próprios que venha a ser utilizado como comitê de campanha, o valor correspondente deverá ser lançado na prestação de contas, ao tempo e modo certos.

8.25.10. Calendários

> **EMBARGOS DE DECLARAÇÃO NO RECURSO ELEITORAL. ELEIÇÕES 2020. PROPAGANDA EXTEMPORÂNEA. DISTRIBUIÇÃO DE CALENDÁRIOS AOS MUNÍCIPES. BRINDE. ALEGAÇÃO DE AFRONTA AO PRINCÍPIO DA CONGRUÊNCIA E AOS ARTS. 434, 435 E 1.031, TODOS DO CPC. INOCORRÊNCIA. PROVIMENTO DO RECURSO APENAS PARA A JUNTADA DAS NOTAS TAQUIGRÁFICAS.**
>
> 1. O fato que ensejou a condenação do embargante, então prefeito do município de Afrânio/PE, foi a distribuição de calendário aos munícipes do ano de 2020, com fotos suas e com os seguintes dizeres: "PREFEITO RAFAEL CAVALCANTI, FELIZ 2020, DESEJO UM ANO DE VITÓRIA PARA TODOS".
>
> 2. O ponto fucral dos presentes aclaratórios reside em atacar fato notório que foi mencionado pelo Procurador Regional Eleitoral em seu parecer e utilizado como apenas mais um fundamento por este julgador para confirmar a sentença de piso, qual seja, a utilização das cores de campanha pelo embargante nos calendários reputados propaganda extemporânea por esta Corte.
>
> 3. O art. 23 da LC n. 64/90 autoriza a formação da convicção do julgador pela livre apreciação dos fatos públicos e notórios, ainda que não indicados ou alegados pelas partes, mas que preservem o interesse público de lisura eleitoral. Artigo declarado constitucional pelo STF na Ação Direta de Inconstitucionalidade n. 1.082, em julgamento realizado no dia 22/05/2014.
>
> 4. Ademais, a utilização das cores de campanha do pré-candidato foi apenas mais um argumento utilizado por este julgador para confirmar a sentença. O acórdão impugnado se sustenta pelos demais fundamentos. As frases descritas no calendário, atreladas à circunstância de ser o embargante prefeito e pré-candidato à reeleição e, ainda, somado ao fato da publicidade ter ocorrido por meio vedado, bastam para caracterizar a ilicitude da propaganda.
>
> 5. , o acórdão ora embargado respeitou *in casu* a causa de pedir da inicial, qual seja, a existência de propaganda extemporânea pela distribuição dos mencionados calendários de 2020, e o pedido, que foi a aplicação da penalidade de multa.

6. A ausência da providência prevista nos arts. 09 e 10 do CPC (princípio da não surpresa) foi suprida com a interposição dos presentes embargos de declaração, nos quais o embargado se limitou a levantar a nulidade, sem infirmar a veracidade quanto às cores de sua campanha eleitoral. Em obediência ao postulado *pas de nullité sans grief*, não há decretação de nulidade sem a comprovação do efetivo prejuízo.

7. Conforme o art. 75, § 1, do Regimento Interno desta Casa, a juntada das notas taquigráficas somente é obrigatória quando a decisão não for unânime, o que não é o caso dos autos.

8. Embargos de declaração rejeitados.[164]

Recurso eleitoral. Representação. Propaganda eleitoral extemporânea. Distribuição de calendário. Eleições 2016. Preliminar. Intempestividade do recurso. Sentença que não foi publicada no mural eletrônico. Resolução TRE-MG 1.015/2016. Rejeitada. Mérito. Ausência de pedido explícito de voto. Conteúdo que, por si só, não configura propaganda antecipada ilícita. Inteligência do art. 36-A da Lei 9.504/97.[165]

RECURSO EM REPRESENTAÇÃO. JUIZ AUXILIAR. PROPAGANDA EXTEMPORÂNEA. ART. 36 DA LEI N.º 9.504/97. DISTRIBUIÇÃO DE CALENDÁRIOS. FELICITAÇÕES DESTITUÍDAS DE CUNHO ELEITORAL. AUSÊNCIA DOS REQUISITOS CONFIGURADORES DA ILICITUDE. NOTÍCIA JORNALÍSTICA EM QUE O RECORRIDO COGITA DE CANDIDATURA. SITUAÇÃO QUE NÃO INDUZ À CARACTERIZAÇÃO PRETENDIDA. PROMOÇÃO PESSOAL ADMITIDA. DESPROVIMENTO DO RECURSO.

Se, de calendário distribuído, não se extrai qualquer mensagem, expressa ou subliminar, com escopo eleitoral, apta a suscitar a aplicação do art. 36 da Lei n.º 9.504/97, que veda a realização de propaganda eleitoral antes de 6 de julho do ano em que realizar eleição, afasta-se a figura da propaganda extemporânea.

Para a caracterização da ilicitude, necessária o enaltecimento das condições pessoais e partidárias do pretenso candidato, de sorte a sugerir, mesmo que de forma indireta, que ele e/ou o partido detêm melhores qualidades e condições para o cargo, induzindo, ao menos potencialmente, a captação indevida dos votos a ponto de significar o desequilíbrio ou falta de isonomia no pleito.

164. TRE/PE, EDCL RE nº nº 060000562, DJE 02/07/2020.

165. TRE/MG, Recurso Eleitoral nº 13703, PSESS de 03/11/2016.

Necessária à sanção pretendida a prova do elemento subjetivo do tipo, ou seja, a vontade livre e consciente do agente, extraídas da contextualização e das circunstâncias da veiculação da publicidade, de que o ato de propaganda venha alcançar o eleitorado em geral, com o enaltecimento de imagem, qualidades e feitos.

A jurisprudência eleitoral sinaliza que, em caso de distribuição de calendários, dos quais conste apenas os referidos votos de felicitação, sem qualquer referência, mesmo em sua forma subliminar, às qualidades do pretenso candidato, ao cargo pretendido, partido político ou disputa eleitoral, consideram-se ausentes os elementos configuradores da propaganda eleitoral antecipada.

O fato de ter havido divulgação de informações jornalísticas outras, relativas a encontro político partidário, em que o recorrido se manifesta de que eventual candidatura está no interesse do partido, não induz à pretendida caracterização, sobretudo a teor do art. 36-A da Lei n.º 9.504/97, que diferencia da figura algumas hipóteses elencadas.

Tratando-se, portanto, de mera promoção pessoal do agente, constitucionalmente assegurada, nega-se provimento ao recurso[166]

8.25.11. Adesivos

- Não configura propaganda antecipada, mas ato de promoção pessoal, a utilização de adesivos em automóveis com o nome e o cargo do parlamentar[167], ainda que em carros de terceiros (Res./TSE nº 21.039/02)[168];
- A distribuição de uma grande quantidade de adesivos pode caracterizar abuso de poder econômico, passível de apuração e punição na forma da Lei Complementar nº 64/90 (Res./TSE nº 21.039/02);
- A difusão expressiva do nome do pré-candidato, a forma como circulam os adesivos pelas cidades e a sua fixação em grande número de veículos são elementos extrínsecos ao material de propaganda que não evidenciam, de *per se*, menção expressa ou indireta ao próximo pleito, proposta política ou influência na vontade do eleitorado (AgRgREspe n° 26.367/PI)[169].

Dada a modificação introduzida pela Lei nº 13.165/15 no quesito das metragens permitidas, recomenda-se atenção a pré-candidatos e candidatos frente à frequente instabilidade jurisprudencial que recai nesta matéria tão palidamente redigida.

166. TRE/MS, RE nº 3882, DJE 07/05/2014.
167. TSE, AG nº 1.205/MG, DJ de 24/03/2000, RJTSE 12/1/87.
168. TSE, DJ de 21/06/2002, p. 242 (RJTSE 13/3/337).
169. TSE, DJ de 06/08/2008, p. 30.

8.25.12. Publicidade institucional

A publicidade dos atos estatais é prevista no § 1º do art. 37 da Carta Magna. A mesma, pelo fato de ser desenvolvida pelo Poder Público com recursos advindos dos impostos recolhidos pelos contribuintes, deve ser voltada estritamente para esclarecimento e informação da sociedade.

A par de duvidosa em termos de eficácia e convencimento social, foi instituída para que os Poderes Públicos possam divulgar as suas realizações administrativas, esclarecer serviços e orientar os cidadãos a respeito de assuntos de seu interesse. Consequentemente, dada à obrigatória observância do Princípio da Unidade da Constituição, a máquina estatal não pode ser patrimonializada e convertida em instrumento de promoção pessoal ou eleitoral de gestores.

Conforme decidido anteriormente, o desvirtuamento da propaganda institucional em promoção pessoal pode denotar propaganda extemporânea:

> **RECURSOS ESPECIAIS ELEITORAIS. PROPAGANDA DIVULGADA COM PRETENSA CARACTERÍSTICA DE SER INSTITUCIONAL. CULTO INDIRETO À CHEFE DO EXECUTIVO QUE SE APRESENTA AO ELEITORADO COM INTENÇÃO DE SER CANDIDATA À REELEIÇÃO AO CARGO DE GOVERNADOR. VIOLAÇÃO AO ART. 37, § 1º, DA CF/88.**
>
> 1. Propaganda feita pelo Poder Executivo Estadual que destoa dos limites fixados pelo art. 37, § 1º, da CF/88.
>
> 2. Louvores em propaganda tida por institucional, mesmo indiretos, à Chefe do Executivo, considerada pretensa candidata à reeleição, caracterizam violação à lei.
>
> 3. Incompetência da Justiça Eleitoral que se afasta.
>
> 4. Acórdão que, analisando os fatos, concluiu ter ocorrido violação ao art. 36 da Lei nº 9.504/97. Multa aplicada.
>
> 5. Decisão que se mantém por reconhecer que os princípios constitucionais da impessoalidade e da moralidade foram descumpridos, além da configuração de propaganda eleitoral extemporânea.
>
> 6. Recursos especiais não providos.[170]

170. TSE, REspe nº 26081/RN, DJ de 20/10/2006.

8.25.13. Entrevistas

As entrevistas isoladas com pré-candidatos são permitidas pela LE/97:

> Art. 36-A. **Não configuram propaganda eleitoral antecipada, desde que não envolvam pedido explícito de voto**, a menção à pretensa candidatura, a exaltação das qualidades pessoais dos pré-candidatos e os seguintes atos, que poderão ter cobertura dos meios de comunicação social, inclusive via *internet*:
>
> I - **a participação** de filiados a partidos políticos ou **de pré-candidatos em entrevistas**, programas, encontros ou debates no rádio, na televisão e na *internet*, inclusive com a exposição de plataformas e projetos políticos, observado pelas emissoras de rádio e de televisão o dever de conferir tratamento isonômico.

Para não estender, reportamo-nos às considerações expendidas no item nº 6.1. Os poucos acréscimos incluídos, em sua maioria, derivam da consolidação do instituto e do exame jurisprudencial contemporâneo.

O preceito é de vasto alcance. Além de descartar práticas infracionais, traz uma ideia-força que não apenas justifica como verdadeiramente consolida, em termos de Direito Eleitoral, uma série de postulados constitucionais em prol da liberdade de expressão e comunicação. Em vista do interesse público por mais informações, o legislador houve por bem incluir quatro modalidades da maior relevância em termos de jornalismo e realidade política para desimpedir os pré-candidatos de participar de:

- entrevistas;
- programas,
- encontros, e
- debates.

É certo que o que mais necessita a sociedade é de informação acerca daqueles que poderão vir a concorrer a um cargo eletivo, seja este qual for. É irrefutavelmente essencial que as pessoas disponham, cada vez mais, de seus perfis, posicionamentos e contradições. O voto, para ser mais (e melhor) refletido, reclama tais possibilidades de exame e reflexão acerca das virtudes, atitudes e mazelas dos pretendentes. "A livre expressão não significa ter o direito de ser ouvido, mas mas ter também o direito de ouvir o que os outros têm para dizer", conforme afirmou irretocavelmente Robert DAHL (2009, p. 110).

Neste sentido, a redação do inciso I que foi dada pela Lei nº 12.891/13, ao que tudo indica, teve como origem o quanto disposto pela Resolução nº

22.874/08 (DJ de 03/07/2008) editada para incluir o art. 16-A na Resolução nº 22.718/08, de 07/03/2008 pela qual o TSE baixou as instruções sobre propaganda eleitoral para as eleições municipais de 2008:

> Art. 16-A Os pré-candidatos e candidatos poderão participar de entrevistas, debates e encontros antes de 6 de julho de 2008, inclusive com a exposição de plataformas e projetos políticos, observado, pelas emissoras de rádio e de televisão, o dever de conferir tratamento isonômico aos que se encontrarem em situação semelhante (Res./TSE n° 21.072/2002).
>
> Parágrafo único. Eventuais abusos e excessos, assim como as demais formas de uso indevido do meio de comunicação, serão apurados e punidos nos termos do art. 22 da Lei Complementar n° 64/90, sem prejuízo da representação a que alude o art. 96 da Lei n° 9.504/97.

Portanto, nos termos do seu inciso I, a LE/97 cuidou de conciliar e integrar princípios constantes da Carta Magna.

Sobre os *filiados a partidos políticos* legitimados à prévia exposição, como a norma foi genérica, são eles os seus dirigentes, tanto atuais quanto anteriores, mandatários ou não, personalidades, lideranças e militantes. A amplitude é inequívoca:

> **ELEIÇÃO 2014. RECURSO ESPECIAL. ENTREVISTA. DEPUTADO FEDERAL. CARÁTER POLÍTICO. RÁDIO. PROPAGANDA ELEITORAL ANTECIPADA. DESCARACTERIZAÇÃO. MULTA AFASTADA. RECURSO PROVIDO.**
>
> 1. Para a configuração da propaganda extemporânea, é necessário que haja referência a pleito eleitoral e expresso pedido de voto. Ausentes tais requisitos no caso concreto, em que a entrevista versou sobre conquistas políticas do pré-candidato ao cargo de governador, afasta-se a multa imposta com base no art. 36, § 3º, da Lei nº 9.504/97.
>
> 2. Segundo o disposto no art. 36-A, I, da Lei das Eleições, cuja redação foi reproduzida no art. 3º, I, da Res.-TSE nº 23.404/2014, aplicada às eleições de 2014, não é considerada propaganda eleitoral antecipada a participação de filiados a partidos políticos ou de pré-candidatos em entrevistas, programas, encontros ou debates no rádio, na televisão e na internet, inclusive com a exposição de plataformas e projetos políticos, desde que não haja pedido de votos, observado pelas emissoras de rádio e de televisão o dever de conferir tratamento isonômico. Precedentes.
>
> 3. Agravo regimental provido.[171]

171. TSE, AgRg-REspe nº 771219/RJ, DJE de 09/09/2016.

Fora das exclusões, configurando conduta punível, o seguinte exemplar da jurisprudência envolvendo o agir de filiado prefeito municipal:

> **ELEIÇÕES 2020. AGRAVO REGIMENTAL. AGRAVO EM RECURSO ESPECIAL ELEITORAL. REPRESENTAÇÃO. PRÉ-CANDIDATO. PREFEITO. PROPAGANDA ELEITORAL ANTECIPADA. CONFIGURAÇÃO. PEDIDO EXPLÍCITO DE VOTOS. USO DE "PALAVRAS MÁGICAS". INCIDÊNCIA DA SÚMULA 30 DO TSE. DESPROVIMENTO.**
>
> 1. Os argumentos apresentados pelos Agravantes não são capazes de conduzir à reforma da decisão.
>
> 2. A partir da alteração prevista no art. 36-A da Lei 9.504/1997, o legislador abriu a possibilidade do diálogo entre pré-candidato e convencionais ou eleitorado. Tal situação encontra limitações que visam preservar o equilíbrio de chances e a paridade de armas.
>
> 3. Assim, para as Eleições 2020, o TSE reafirmou seu entendimento de que a mera referência à candidatura e a promoção pessoal dos pré-candidatos, por si sós, não configuram propaganda extemporânea, ficando vedada a utilização de palavras mágicas que evidenciem o pedido explícito de voto. Precedentes.
>
> 4. No caso dos autos, a entrevista em rádio local não se limita ao anúncio da pré-candidatura, denotando a clara vontade de "chamar a atenção dos ouvintes para o número 55", para se juntar ao "grupo que mais cresce", circunstância que evidencia o pedido explícito de voto.
>
> 5. A discussão acerca de compartilhamentos no whatsapp e sua equiparação ao facebook e ao Instagram revela indevida inovação recursal, insuscetível de discussão na via eleita.
>
> 6. Agravo Regimental desprovido.[172]

8.25.14. Colunas de jornal

A propósito dos veículos impressos de comunicação, os quais dispõem de liberdade de organização e independem do Estado para o seu funcionamento, uma diretriz de contornos estáveis foi traçada pelo TSE em 18/05/2004 na resposta conferida à Consulta nº 1.053/DF:

172. TSE, AREspE nº 060002272/PE, DJE 23/09/2021.

> **Cidadão. Coluna. Jornal. Imprensa escrita. Continuidade. Período eleitoral. Possibilidade. Vedação. Legislação eleitoral. Inexistência.**
>
> 1. Cidadão, mesmo detentor de cargo eletivo, que assine coluna em jornal pode mantê-la no período eleitoral, ainda que seja candidato, uma vez que, diferentemente do tratamento dado às emissoras de rádio e TV, cujo funcionamento depende de concessão, permissão ou autorização do poder público, admite-se que os jornais e demais veículos da imprensa escrita possam assumir determinada posição em relação aos pleitos eleitorais.
>
> 2. O eventual desvirtuamento dessa conduta poderá caracterizar abuso do poder econômico ou uso indevido dos meios de comunicação social, apurados na forma do art. 22 da Lei Complementar n.º 64/90, ou mesmo propaganda eleitoral antecipada, em benefício de terceiro, passível da multa prevista no art. 36, § 3º, da Lei n.º 9.504/97.[173]

O entendimento anterior, expresso pela Resolução nº 14.559 (DJe de 08/09/1994), dizia que, na ausência de norma legal expressa, o jornalista candidato (às eleições de 1994), poderia exercer a sua profissão, desde que não utilizasse a coluna que assinasse para promover a sua própria imagem explícita ou implicitamente, para fins eleitorais, vedado a utilização de sua fotografia na coluna, se adotada apenas partir da campanha eleitoral.

8.25.15. Camisa do partido no dia da convenção

É prosaico: o uso da camisa do partido político e o corriqueiro gesto com as mãos em forma de "V", de vitória, não expressam propaganda eleitoral antecipada quando não há pedido expresso de votos por parte do usuário.

> **RECURSO ELEITORAL. ELEIÇÕES 2016. PROPAGANDA ELEITORAL EXTEMPORÂNEA. CONVENÇÃO PARTIDÁRIA. AUSÊNCIA DE PROVAS ACERCA DE FATOS QUE EXTRAPOLEM OS LIMITES DA CONVENÇÃO. DIVULGAÇÃO DE VÍDEO EM REDE SOCIAL. FACEBOOK. EXALTAÇÃO DAS QUALIDADES DO PRÉ-CANDIDATO. INEXISTÊNCIA DE PEDIDO EXPLÍCITO DE VOTOS. NÃO CONFIGURAÇÃO DA PROPAGANDA ANTECIPADA. SENTENÇA MANTIDA. RECURSO NÃO PROVIDO.**
>
> [...].

173. TSE, Res. nº 21.763/DF, DJ de 21/06/2004 (RJTSE 15/2/366).

3. A utilização de camisas vermelhas não padronizadas e de bandeiras com o símbolo do Partido dos Trabalhadores, no recinto da convenção, não caracteriza propaganda eleitoral antecipada, eis que tal conduta, além de não pedir explicitamente voto, é albergada pelo direito à liberdade de expressão, constitucionalmente reconhecido.[174]

RECURSO ELEITORAL. AIJE. ABUSO DE PODER POLÍTICO. CORES. CAMPANHA. NÃO CONFIGURAÇÃO. ABUSO DE PODER ECONÔMICO. DISTRIBUIÇÃO DE CAMISAS. CONVENÇÃO PARTIDÁRIA. POSSIBILIDADE. RECURSO IMPROVIDO.

1- A utilização, em campanha eleitoral, das cores características da administração municipal não constitui abuso de poder político. Precedentes.

2- É permitido o uso de camisetas nas cores da campanha eleitoral na data da convenção, o que caracteriza propaganda intrapartidária.

3- Não comprovado nos autos a distribuição das camisas, resta impossibilitada a configuração de abuso de poder econômico.[175]

INVESTIGAÇÃO JUDICIÁRIA ELEITORAL. ABUSO DE PODER ECONÔMICO. DISTRIBUIÇÃO DE CAMISETAS. CONVENÇÃO PARTIDÁRIA. PROPAGANDA ELEITORAL ANTECIPADA. INCONSISTÊNCIA PROBATÓRIA. IMPROCEDÊNCIA

1. Dessume-se - da leitura do § 1º, art. 36, Lei nº 9504/97, que na propaganda intrapartidária os pré-candidatos podem fazer uso de artifícios publicitários, desde que no âmbito partidário, sendo proibido apenas o uso dos meios de comunicação de massa. 2. A confecção de camisetas para distribuição dentro do partido político, aos seus filiados, em período de convenção partidária, por si só não caracteriza vedação na legislação eleitoral. Precedentes. [...].[176]

8.25.16. *Outdoors*

Corroborando a concepção de que o ato de promoção pessoal do mandatário não se confunde com propaganda eleitoral antecipada a partir da utilização, por si só, de *outdoor*, constam elucidativas decisões provindas do TSE e de tribunais regionais onde o artefato publicitário:

- refere a **aprovação de emenda à Constituição Estadual** mencionando o nome do proponente (AG nº 3.440/MS);

174. TRE/CE, RE nº 19680, DJE 26/01/2017.
175. TRE/PE, RE nº 34060, DJE 25/02/2013.
176. TRE/TO, AIJE nº 94919, DJE 31/01/2011.

- parabeniza pelo **aniversário da cidade** (AgR-Respe nº 41-79/PI, Ac. nº 1.061-TRE/RS, Ac. nº 17.997-TRE/SP);
- felicita **festas de final de ano** (AgR-REspe nº 388-86/BA e AgR-REspe nº 25.961/PB);
- homenageia o **Dia das Mães** (Ag-Respe nº 63-60/MS e Ac. nº 22.429-TRE/SP);
- saúda o **Dia da Mulher** (REspe nº 16.426/MT e Ac. nº 88-79-TRE/SP);
- homenageia **partido político pelo seu aniversário** (AgR-Al nº 64-39/MG);
- veicula mensagem de **felicitações pela passagem de ano** referindo o nome de deputado, sem menção à sua atuação política, pretensão ao pleito futuro, ou propagação de princípios de natureza política (AREspe nº 25.961/PB);
- destaca a **cidade que recebeu o título de Patrimônio da Humanidade** pela UNESCO (REspe nº 15.276/MA);
- conclama pelo **combate ao desemprego** (REspe nº 18.955/SP) e;
- pela **recuperação do salário mínimo** (Ag nº 2.420/CE);

Por essa mesma jurisprudência, conforme acórdão datado de 14/09/2017 relativamente às eleições municipais de 2016, a referência à candidatura e a promoção pessoal de pré-candidatos, desde que não houvesse pedido explícito de votos, não configurava propaganda extemporânea:

> **ELEIÇÕES 2016. AGRAVO REGIMENTAL EM RECURSO ESPECIAL. REPRESENTAÇÃO. PROPAGANDA ELEITORAL EXTEMPORÂNEA MEDIANTE *OUTDOOR*. NÃO CONFIGURAÇÃO. AUSÊNCIA DE PEDIDO DE VOTO E DE REFERÊNCIA A PLEITO FUTURO. RECURSO ESPECIAL PROVIDO PARA JULGAR IMPROCEDENTES OS PEDIDOS FORMULADOS NA REPRESENTAÇÃO E AFASTAR A MULTA IMPOSTA. RAZÕES DO RECURSO QUE NÃO ENSEJAM A REFORMA DA DECISÃO AGRAVADA. IMPOSSIBILIDADE DE INOVAÇÃO RECURSAL. AGRAVO REGIMENTAL DESPROVIDO.**
>
> 1. Na linha da recente jurisprudência do TSE, a referência à candidatura e a promoção pessoal dos pré-candidatos, desde que não haja pedido explícito de votos, não configuram propaganda extemporânea, nos termos da nova redação dada ao art. 36-A pela Lei 13.165/15. Precedente: AgR-REspe 12-06/PE, Rel. Min. Admar Gonzaga, DJe 16.8.2017. (...). 5. Agravo Regimental a que se nega provimento.[177]

177. TSE, AgR-REspe nº 6-21/MG, DJE de 29/09/2017.

Sequencialmente, no AgRg-REspe nº 12-62/ES (DJE de 31/10/2018), foram exaradas sinalizações acerca da possibilidade de revisão dos critérios adotados para tipificação ou não da propaganda antecipada:

> **ELEIÇÕES 2016. AGRAVO REGIMENTAL. RECURSO ESPECIAL ELEITORAL. REPRESENTAÇÃO POR PROPAGANDA EXTEMPORÂNEA. *OUTDOOR*. DIVULGAÇÃO DE PESQUISA DE OPINIÃO APONTANDO O PREFEITO COMO O MAIS BEM AVALIADO. AUSÊNCIA DE PEDIDO EXPLÍCITO DE VOTO. CONDUTA QUE CONFIGURARIA PROPAGANDA VEDADA SE PRATICADA DURANTE O PERÍODO ELEITORAL. PRINCÍPIO DA SEGURANÇA JURÍDICA. AGRAVO REGIMENTAL DESPROVIDO.**
>
> (...).
>
> 3. A ênfase que - na discussão dos processos sobre propaganda antecipada - tem sido dada ao debate sobre a existência ou não de pedido explícito de voto pode induzir à conclusão errônea de que, não havendo pedido explícito de voto, tudo é permitido.
>
> 4. O que o art. 36-A fez foi enumerar uma série de condutas as quais não serão consideradas propaganda antecipada, desde que não haja pedido expresso de voto nem proibição decorrente de outra norma.
>
> 5. Assim, por exemplo, desde que não haja pedido explícito de voto, não configura propaganda antecipada a divulgação de posicionamento pessoal sobre questão política, nos termos do inciso V do art. 36-A da Lei das Eleições. Todavia, se, para divulgação desse posicionamento pessoal, o pré-candidato contrata espaço publicitário na televisão, certamente haverá propaganda não só antecipada como vedada.
>
> 6. É exatamente a situação dos autos, em que o TRE/ES reconheceu a existência de *outdoor*, modalidade de propaganda expressamente proibida pelo § 8º do art. 39 da Lei das Eleições.
>
> 7. Não obstante, este Tribunal Superior fixou, para as Eleições 2016, o entendimento de que, "verificada a inexistência de propaganda eleitoral antecipada em razão da ausência de pedido explícito de voto, não há falar em ilícito eleitoral consistente no uso do material equiparado a outdoor no período de pré-campanha" (AgR-REspe n° 38-49.2016, Rel. Min. Tarcisio Vieira de Carvalho Neto, julgado em 23.8.2018, acórdão ainda não publicado).

A seguir, em 09/04/2019, teve início o julgamento do Recurso Especial Eleitoral nº 0600227-31/PE. O cerne da questão residia em dirimir se, para as eleições gerais de 2018, haveria ilicitude na realização de atos de pré-campanha através de um meio publicitário proibido para o período da campanha.

A matéria foi então objeto de grande discussão. Duas correntes se formaram no plenário da Corte Superior. A majoritária entendendo que a conjugação dos dispositivos da Lei nº 9.504/97 não autoriza, e a minoritária consentindo porquanto ausente o *pedido explícito de voto* nos artefatos.

No caso concreto, o Tribunal Regional Eleitoral (TRE/PE) havia julgado improcedente pedido formulado em representação, não reconhecendo a prática de propaganda eleitoral antecipada mediante o uso de *outdoor*[178].

Recorrendo desse entendimento, o Ministério Público Eleitoral postulou fosse feita a interpretação sistemática da lei para que as mesmas restrições vigentes durante o período de propaganda eleitoral alcançassem os atos da pré-campanha.

O relator do TSE principiou o seu fundamentado voto tecendo o histórico da jurisprudência assentada na Corte sobre o tema conjugando os conceitos de propaganda eleitoral antecipada e pedido explícito de votos para, depois, inserir mencionados verbetes, sob a ótica da organicidade do Direito frente à generalização do uso de *outdoors* no período da pré-campanha:

> A interpretação do art. 36-A da Lei nº 9.504/97 exige uma compreensão do regime jurídico da propaganda eleitoral sem as alterações promovidas pela Lei nº 12.034/2009, especialmente no período anterior à campanha.
>
> Nas eleições anteriores a 2010, havia total proibição de propaganda eleitoral antes do dia 5 de julho (posteriormente modificado para o dia 15 de agosto), de modo que nenhuma referência à pretensão a um cargo eletivo poderia ser manifestada, à exceção da propaganda intrapartidária, com vistas à escolha em convenção.
>
> A jurisprudência do TSE alcançava, também, a divulgação de fatos que levassem o eleitor a não votar em determinada pessoa, provável candidato, caracterizando-se o ato como propaganda eleitoral antecipada,

178. A ementa do acórdão regional é a seguinte:

REPRESENTAÇÃO. PROPAGANDA ELEITORAL ANTECIPADA. NÃO CONFIGURAÇÃO. *OUTDOOR*. VEDAÇÃO. INOCORRÊNCIA. APLICAÇÃO DE PENALIDADE. IMPOSSIBILIDADE. IMPROCEDÊNCIA.

1. A inexistência de pedido explícito de voto desconfigura a propaganda eleitoral antecipada quanto ao seu conteúdo;
2. Não configurada a propaganda eleitoral antecipada em face do seu conteúdo, empecilho não há, quanto à forma, quando divulgada por meio de outdoor, em período pré-eleitoral;
3. Representação julgada improcedente.

negativa. Da mesma forma, era coibida a mensagem propagandística subliminar ou implícita que veiculasse eventual pré-candidatura, como a referência de que determinada pessoa fosse a mais bem preparada para o exercício de mandato eletivo.

A partir das eleições de 2010, porém, criou-se a figura do pré-candidato, sendo lícita a sua participação em entrevistas, programas, encontros ou debates no rádio, na televisão e na internet, inclusive com a exposição de plataformas e projetos políticos, desde que não houvesse pedido de votos, exigindo-se das emissoras de rádio e de televisão apenas o dever de conferir tratamento isonômico.

Nas eleições de 2014, a Lei nº 12.891/2013 ampliou a possibilidade do debate político-eleitoral, permitindo a realização de encontros, seminários ou congressos, em ambiente fechado e a expensas dos partidos políticos, para tratar de planos de governo ou alianças partidárias visando às eleições. Além disso, tornou lícita a divulgação de atos de parlamentares e debates legislativos, retirou a proibição de menção a possível candidatura, vedando apenas o pedido de votos.

Nas eleições de 2016, a pré-campanha foi consideravelmente ampliada, pois a Lei nº 13.165/2015 permitiu a menção à pretensa candidatura, a exaltação das qualidades pessoais dos pré-candidatos, além de diversos atos que podem ter cobertura dos meios de comunicação social, inclusive via internet, com a única restrição de não haver pedido explícito de voto. Ou seja, à exceção dessa proibição, não há, atualmente, uma diferença substancial para os atos de propaganda antes e depois do chamado "período eleitoral" que se inicia com as convenções dos partidos políticos.

Essa mudança legislativa gerou muito debate na doutrina, relativamente ao seu alcance e limites, projetando-se sobre a compreensão interpretativa conferida pela jurisprudência.

Aliás, minha posição inicial, manifestada no julgamento do AgR-AI nº 9-24/SP, se orientava pela imposição de limites mais estreitos, de modo que o contexto em que são veiculadas as mensagens da propaganda seria relevante para caracterizar o pedido explícito de voto que não estaria circunscrito às expressões clássicas, tangenciando o "vote em mim". Naquele julgado, porém, o TSE decidiu, em sentido contrário e por maioria apertada, que o pedido explícito de votos somente restaria caracterizado quando houvesse o emprego, na expressão do Ministro relator Tarcisio Vieira de Carvalho Neto, tomada de empréstimo de Aline Osório (Direito eleitoral e liberdade de expressão. Belo Horizonte: Fórum, 2017) de "palavras mágicas" como "vote em", "vote contra", "eleja" etc., restando descartada a utilização do "contexto conceitual explícito", como pretendia o Ministro Admar Gonzaga.

Versando sobre a mutação legal no entendimento do tema, apontou:

> A principal razão do dissenso doutrinário e jurisprudencial tem origem no efeito derrogatório operado pela Lei nº 13.165/2015 sobre a consolidada jurisprudência que se formou no passado que vedava a propaganda extemporânea subliminar, aliado à própria falta de tecnicismo do art. 36-A.
>
> Com efeito, apesar de a lei permitir a realização de propaganda antes do período eleitoral, com a vedação apenas do pedido explícito de voto, o *caput* do artigo inicia sua dicção com a cláusula de que esses atos típicos de campanha "não configuram propaganda eleitoral antecipada".
>
> Revela-se, aqui, de forma evidente, que a destacada expressão tem apenas a pretensão de afastar a ilicitude reconhecida no passado que sancionava a "propaganda eleitoral antecipada". Antes da modificação legislativa, era comum a identificação do ilícito de "propaganda eleitoral antecipada", havendo grande debate sobre sua caracterização, nas hipóteses de "propaganda negativa". Havia, portanto, uma compreensão de que todo ato de divulgação de candidatura, anterior ao período crítico, era ilícito, daí a manifesta intenção do legislador em deixar evidente sua ampla permissão, a partir da reforma eleitoral de 2015.
>
> O art. 36-A, portanto, não objetiva modificar o conceito de "propaganda", já amplamente aceito pelo TSE, como o ato que "leva ao conhecimento geral, ainda que de forma dissimulada, a candidatura, mesmo que apenas postulada, a ação política que se pretende desenvolver ou razões que induzam a concluir que o beneficiário é o mais apto ao exercício de função pública" (Recurso Especial Eleitoral nº 161-83, Relator Ministro Eduardo Alckmin, *DJ* de 31.3.2000, p. 126).
>
> Sua intenção é alterar o modal deôntico de proibido para permitido, por meio do afastamento da ilicitude verificada anteriormente.
>
> Assim, aquele que, a título de exemplo, no período de pré-campanha, exalta suas qualidades pessoais, sem pedido explícito de voto, está realizando atos de propaganda eleitoral. No entanto, por força do novo art. 36-A da Lei das Eleições, não está mais sujeito a qualquer tipo de sanção, haja vista a superveniência do permissivo legal. Ainda que se possa admitir tratar-se de ato "pré-eleitoral", não há como negar que seja um ato típico de propaganda.
>
> Portanto, na quadra atual, há ampla permissão à realização de atos de propaganda, com indicação da intenção de concorrer a algum cargo eletivo e exaltação das qualidades do respectivo candidato. É patente que o legislador não teve a intenção de mudar o conceito de propaganda, por meio de uma ficção jurídica, negando este caráter àquele que, prematuramente, indica sua intenção de disputar um cargo eletivo. O

objetivo foi apenas retirar a sanção que alcançava aqueles que levavam ao conhecimento geral a intenção de concorrer.

Em resumo, os atos de pré-campanha constituem propaganda eleitoral antecipada, agora, porém, sem sancionamento, desde que não sejam acompanhados de pedido explícito de votos.

Porém, a ampliação do período de discussão das alternativas para o eleitor não esgota os problemas de ordem jurídica, pois o Direito Eleitoral é informado por outros princípios e limites que também devem ser observados no período de pré-campanha. Aliás, como tenho afirmado, a inexistência de limites importa na supressão da própria liberdade e na consagração do abuso.

A seguir, a análise adentrou no caráter proibitivo implícito da norma:

Assim, ainda que o art. 36-A não estabeleça uma regra proibitória expressa, no período de pré-campanha, quanto à extensão das vedações relativas às modalidades de propaganda eleitoral (*outdoor*, showmício etc.), tal como ocorre no período crítico, uma interpretação sistemática conduz à conclusão de que a ele se aplicam as proibições.

Isto não significa uma limitação inaceitável à liberdade de expressão, haja vista a necessidade de convivência deste princípio com aquele que busca assegurar a igualdade na disputa pela preferência do eleitor.

A inexistência desses limites geraria um desequilíbrio entre os competidores, seja pelo início precoce da campanha, com maior exposição de seu nome ao eleitor, seja pelo uso desmedido dos meios de veiculação da propaganda, especialmente aqueles vedados no período crítico.

Esse tema foi objeto de profunda análise pelo Tribunal Superior Eleitoral, no julgamento do AgR-AI nº 9-24/SP, ocasião em que foram fixados alguns critérios para identificação de observância dos limites legais para a propaganda no período pré-eleitoral.

Assim, naquele julgado, ficou assentado que:

– "o pedido explícito de votos, entendido em termos estritos, caracteriza a realização de propaganda antecipada irregular, independentemente da forma utilizada ou da existência de dispêndio de recursos";

– "os atos publicitários não eleitorais, assim entendidos aqueles sem qualquer conteúdo direta ou indiretamente relacionados com a disputa, consistem em 'indiferentes eleitorais', situando-se, portanto, fora da alçada desta Justiça Especializada";

> – "o uso de elementos classicamente reconhecidos como caracterizadores de propaganda, desacompanhado de pedido explícito e direto de votos, não enseja irregularidade per se";
>
> – "todavia, a opção pela exaltação de qualidades próprias para o exercício de mandato, assim como a divulgação de plataformas de campanha ou planos de governo acarreta, sobretudo quando a forma de manifestação possua uma expressão econômica minimamente relevante, os seguintes ônus e exigências: (i) impossibilidade de utilização de formas proscritas durante o período oficial de propaganda (outdoor, brindes, etc); e (ii) respeito ao alcance das possibilidades do pré-candidato médio" (todas as citações extraídas do voto do Ministro Luiz Fux).
>
> Ordenando, logicamente, os critérios fixados pelo TSE naquele precedente, a primeira tarefa é verificar a natureza do ato publicitário, definindo eventual pertinência à temática eleitoral. Recusado este caráter pela Justiça Eleitoral – ou seja, tratando-se de um "indiferente eleitoral" – cessa a competência desta Justiça Especializada. Reconhecido o viés eleitoral da propaganda, cumpre analisar eventual existência de "pedido explícito de voto", cuja presença já torna ilícito o ato de divulgação da pré-candidatura, *per se*.
>
> Inexistente este pedido, passam a incidir os ônus e exigências destacados no item "d", quanto à forma, especialmente a eventual utilização de meios vedados durante o período oficial de propaganda como *outdoor*, brindes, showmício etc.

Sobre a matéria de fundo, anotou-se:

> Quanto ao caráter eleitoral da mensagem, mesmo admitindo que o mote para a afixação dos *outdoors* tenha sido a gestão do representado na chefia da Defensoria Pública, é inafastável a utilização desse fato para promover a imagem do representado como futuro candidato a cargo eletivo.
>
> Essa conclusão decorre da conjugação do fator temporal, haja vista a proximidade do período eleitoral, com a expressiva quantidade de *outdoors* contratados que se revela incompatível com o mero gesto de agradecimento à boa gestão do representado. Além disso, a propaganda foi veiculada em vários municípios, o que revela a intenção não apenas de que o representado tomasse conhecimento do agradecimento e da homenagem, mas que esse fato fosse transmitido à população em geral.
>
> Por fim, não é menos relevante que a mensagem contida na propaganda faça a exaltação de qualidades típicas de um candidato a cargo eletivo, atribuindo-lhe a condição de "defensor do povo" e destacando "sua luta pelos invisíveis".

> Ainda que essas qualidades possam ser atribuídas a um defensor público, é inegável que a conjugação da intenção do representado em concorrer nas eleições (como, de fato, ocorreu) transfigura a homenagem em propaganda eleitoral antecipada.
>
> Como bem destacado no voto vencido, proferido no TRE/PE, pelo magistrado Alexandre Freire Pimentel, "*tais dizeres já direcionam a atuação do Representado às camadas mais humildes, criando um filão para onde, de certo, atua a Defensoria e aponta a sua estratégia de arrecadação de votos. Vincula-se, por suposto, o pré-candidato a um slogan, conclamando os que não se sentem notados pela sociedade a aderirem à sua candidatura*".

Como se pode perceber sem maior esforço, prevaleceu o viés de que independentemente da ausência de pedido explícito de voto, a vedação à utilização de *outdoor* é uma premissa jurídico-normativa intransponível, sendo legítima a incidência das restrições impostas à propaganda eleitoral aos atos de pré-campanha.

O núcleo da fundamentação consta na parte final do voto:

> De tudo que foi exposto, é possível concluir que a divulgação dos *outdoors* não constituiu um indiferente eleitoral, haja vista a sua utilização para lançar, de forma antecipada, a intenção do representado a concorrer a algum cargo eletivo.
>
> É verdade que a realização de propaganda, quando desacompanhada de pedido explícito e direto de votos, não enseja irregularidade *per se*. No caso, não há qualquer pedido de votos, de modo que a divulgação teve apenas a função de tornar o representado mais conhecido, exaltando suas qualidades.
>
> Todavia, como já destacado, a jurisprudência do TSE se orientou no sentido de que, a despeito da licitude da exaltação de qualidades próprias para o exercício de mandato ou a divulgação de plataformas de campanha ou planos de governo, resta caracterizado o ilícito eleitoral quando o veículo de manifestação se dá pela utilização de formas proscritas durante o período oficial de propaganda.
>
> Assim, tendo em vista a proibição de realização de propaganda eleitoral, por meio de *outdoor*, a partir da revogação do art. 42 da Lei nº 9.504/97, pela Lei nº 11.300/2006, resta caracterizada a infração ao art. 39, § 8º, da Lei das Eleições, com a incidência da sanção ali prevista.
>
> É irrelevante, para caracterização do ilícito que se configura pelo meio inidôneo a formulação, de forma concorrente, do pedido explícito de votos. Os dois ilícitos guardam autonomia, inclusive quanto à sua tipificação: o pedido explícito no art. 36, § 3º, e o uso de *outdoor* no art. 39, § 8º, ambos da Lei das Eleições.

À parte dispositiva restou então reafirmar:

> Ante o exposto, voto por dar provimento ao recurso especial eleitoral, reconhecendo a ilicitude da realização de atos de pré-campanha em meios proibidos para a prática de atos de campanha eleitoral, havendo no caso concreto ofensa ao art. 39, § 8º, da Lei das Eleições em razão da utilização de *outdoors*, impondo multa de R$ 5.000,00 (cinco mil reais) (...).

Partindo do mesmo ponto de vista do relator, o Ministro Og Fernandes fez constar ao seu voto referência que merece ser trazida à baila:

> A melhor interpretação para o tema pode ser esgrimida da seguinte forma: o art. 36-A não autoriza que pré-candidatos ou partidos políticos produzam artefatos típicos de propaganda, com clara conotação eleitoral, antes do período eleitoral, mesmo que 'não envolvam pedido explícito de votos'.

A decisão resultou no seguinte teor:

> **ELEIÇÕES 2018. RECURSO ESPECIAL ELEITORAL. ATOS DE PRÉ-CAMPANHA. DIVULGAÇÃO DE MENSAGEM DE APOIO A CANDIDATO. AUSÊNCIA DE PEDIDO EXPLÍCITO DE VOTO. UTILIZAÇÃO DE *OUTDOORS*. MEIO INIDÔNEO. INTERPRETAÇÃO LÓGICA DO SISTEMA ELEITORAL. APLICABILIDADE DAS RESTRIÇÕES IMPOSTAS À PROPAGANDA ELEITORAL AOS ATOS DE PRÉ-CAMPANHA. CIRCUNSTÂNCIAS FÁTICAS QUE APONTAM PARA A CIÊNCIA DO CANDIDATO SOBRE AS PROPAGANDAS. RECURSO PROVIDO.**
>
> 1. A realização de propaganda, quando desacompanhada de pedido explícito e direto de votos, não enseja irregularidade *per se*. 2. A interpretação do sistema de propaganda eleitoral aponta ser incompatível a realização de atos de pré-campanha que extrapolem os limites de forma e meio impostos aos atos de campanha eleitoral, sob pena de se permitir desequilíbrio entre os competidores em razão do início precoce da campanha ou em virtude de majorada exposição em razão do uso desmedido de meios de comunicação vedados no período crítico. 3. A despeito da licitude da exaltação de qualidades próprias para o exercício de mandato ou a divulgação de plataformas de campanha ou planos de governo, resta caracterizado o ilícito eleitoral quando o veículo de manifestação se dá pela utilização de formas proscritas durante o período oficial de propaganda. 4. As circunstâncias fáticas, do caso ora examinado, de

> maciço uso de *outdoors* em diversos Municípios e de expressa menção ao nome do candidato permitem concluir a sua ciência dos atos de pré-campanha, conforme exigência do art. 36, § 3º da Lei das Eleições. 5. A realização de atos de pré-campanha por meio de *outdoors* importa em ofensa ao art. 39, § 8º da Lei nº 9.504/97 e desafia a imposição da multa, independentemente da existência de pedido explícito de voto. 6. Recurso especial eleitoral provido.

Os fundamentos abordados e discutidos ao longo deste julgamento culminaram no redisciplinamento de uma matéria avultada pela reforma legislativa de 2015. Em verdade, o seu resultado coaduna-se à lição de SCHMIDT (2014, p. 168), para quem "o intérprete deve fazer com que o texto fale".

Como decorrência especificamente desta considerável reformulação da abordagem do binômio *outdoors*/pré-campanha, é plausível assentar que a admissibilidade do uso de tais artefatos antes de 15 de agosto do ano eleitoral equivale a uma qualificação jurídica errática dos dispositivos legais.

Dessa sistematização, ressai que todas as teses e construções jurisprudenciais avivadas pelos acórdãos acima roboraram a necessidade da comprovação do *prévio conhecimento do beneficiário* para aplicação de multa por propaganda antecipada:

> **RECURSO INOMINADO. REPRESENTAÇÃO. ELEIÇÕES 2018. PROPAGANDA ELEITORAL EXTEMPORÂNEA. PRESIDENTE DA REPÚBLICA. PROMOÇÃO PESSOAL ASSOCIADA AO USO DE MEIO PROSCRITO DURANTE A CAMPANHA. DESPROVIMENTO.**
>
> 1. No decisum monocrático, assentou-se a prática de propaganda eleitoral extemporânea, porquanto em fevereiro de 2018, mediante patrocínio de terceiros, veicularam-se foto e slogan de campanha de Jair Bolsonaro em *outdoor*, engenho publicitário vedado no curso da campanha (art. 39, § 8º, da Lei 9.504/97), porém não se impôs multa ao beneficiário por ausência de prova de seu prévio conhecimento.
>
> 2. A teor do art. 36, § 3º, da Lei 9.504/97, a multa ao beneficiário condiciona-se à demonstração de que ele tinha conhecimento prévio da publicidade irregular.
>
> 3. Na espécie, apesar da ilicitude da conduta, não há evidências que permitam concluir que o então pré-candidato conhecesse a propaganda objeto dos autos. Ao contrário, as circunstâncias – tratar-se de campanha à Presidência da República e de publicidade instalada em rodovia no interior do Amapá – indicam estar ausente esse requisito legal. Nesse sentido, R-Rp 0600248-78/DF, Rel. Min. Og Fernandes, de 1º/8/2019,

> envolvendo hipótese similar: um único outdoor, com patrocínio de terceiros, divulgado em município de pequeno porte.
>
> 4. Recurso inominado a que se nega provimento.[179]

Ao fim e ao cabo, em sessão plenária ocorrida posteriormente, o TSE deu parcial provimento a uma representação ajuizada pelo Ministério Público Eleitoral contra seis moradores de um município mineiro por veiculação de propaganda eleitoral antecipada em benefício do então postulante à Presidência da República nas eleições de 2018. O Colegiado aplicou multa de R$ 5 mil a cada um dos *responsáveis pela divulgação da propaganda* e julgou improcedente a incidência de sanção pecuniária quanto ao candidato face à ausência de comprovação do seu prévio conhecimento acerca do ato propagandístico[180].

A orientação se repetiu noutros julgados, conforme se vê da vasta ementa da Representação nº 060188834/DF (DJE de 03/03/2020):

> **ELEIÇÕES 2018. RECURSO INOMINADO. REPRESENTAÇÃO. PROPAGANDA ELEITORAL ANTECIPADA. *OUTDOOR*. PRESIDENTE DA REPÚBLICA. PEDIDO DE INCLUSÃO NO POLO PASSIVO DA DEMANDA. NÃO ACOLHIMENTO. PRÉVIO CONHECIMENTO DO BENEFICIÁRIO. FUNDAMENTO MÍNIMO. AUSÊNCIA. DESPROVIMENTO.**
>
> 1. No decisum monocrático, assentou-se que: a) o pedido de retirada do outdoor estaria prejudicado, pois, diante do transcurso das eleições, não teria utilidade a remoção do mencionado artefato, estando caracterizada a perda superveniente do objeto; e b) a pretensão de inclusão do então pré-candidato Jair Messias Bolsonaro no polo passivo da demanda não merecia acolhimento, porquanto não foram demonstrados indícios suficientes do prévio conhecimento do beneficiário acerca da instalação do outdoor no Município de Quaraí/RS. Foi determinada, ainda, a citação do representado por oficial de justiça, nos termos do art. 8º, § 4º, da Res.-TSE nº 23.547/2017 e do art. 249 do CPC.
>
> 2. O MPE interpôs recurso inominado, insurgindo-se especificamente contra o indeferimento do pedido de inclusão do atual presidente da República Jair Messias Bolsonaro no polo passivo da demanda, sob o argumento de que o então candidato é corresponsável pela publicidade,

179. RRP nº 0600565-76/DF, DJE de 20/11/2019.

180. RRP nº 0600498-14/DF, j. 12/11/2019.

na medida em que publicou vídeo no YouTube estimulando pessoas a divulgar mensagens eleitorais por meio de outdoor.

3. A argumentação adotada pelo *Parquet* já foi rechaçada por esta Corte no julgamento dos seguintes precedentes: R-Rp nº 0600498-14/DF, Rel. Min. Sérgio Banhos, julgado em 12.11.2019; R-Rp nº 0600565-76/DF, Rel. Min. Jorge Mussi, julgado em 27.8.2019; e R-Rp nº 0600248-78/DF, Rel. Min. Og Fernandes, julgado em 1º.8.2019.

4. Este Tribunal já decidiu que, "com base na Teoria da Asserção, a petição inicial deve indicar fundamento mínimo para que, em abstrato, se admita o conhecimento dos beneficiários sobre determinada propaganda irregular" (Rp nº 1600-62/DF, Rel. Min. Maria Thereza de Assis Moura, DJe de 10.3.2016).

5. O Parquet, ao ratificar a petição inicial apresentada pelo Procurador Regional Eleitoral Auxiliar no Estado do Rio Grande do Sul (ID nº 361478), não demonstra, na descrição fática inserida no capítulo VI da sua manifestação, indícios suficientes do prévio conhecimento de Jair Messias Bolsonaro acerca da instalação do outdoor no Município de Quaraí/RS.

6. Ante a ausência de fundamento mínimo para que, em abstrato, seja possível admitir o prévio conhecimento do beneficiário sobre a propaganda objeto dos autos, mostra-se prescindível a inclusão do então pré-candidato no polo passivo da demanda.

7. Recurso desprovido.

ELEIÇÕES 2018. REPRESENTAÇÃO. PUBLICIDADE VEICULADA EM MEIO VEDADO. CARÁTER ELEITORAL. APLICABILIDADE DAS RESTRIÇÕES IMPOSTAS À PROPAGANDA ELEITORAL AOS ATOS DE PRÉ-CAMPANHA. ILICITUDE CONFIGURADA. APLICAÇÃO DE MULTA AO RESPONSÁVEL. MÍNIMO LEGAL. PEDIDO JULGADO PROCEDENTE.

1. Na linha da jurisprudência deste Tribunal fixada para o pleito de 2018, situação dos autos, configura ilícito eleitoral a veiculação de atos de pré-campanha em meios proibidos para atos de campanha eleitoral, independentemente da existência de pedido explícito de voto no material publicitário.

2. Na espécie, a publicidade impugnada – outdoor instalado em um prédio de propriedade do representado, no Município de Quaraí/RS –, além de reproduzir o nome e a fotografia do então candidato Jair Messias Bolsonaro, continha os seguintes dizeres: "Grupo de Apoio Quaraí/RS"; "Ordem para chegar ao progresso"; "Brasil acima de tudo, Deus acima de todos".

> 3. Apesar de não constar pedido explícito de voto na mensagem veiculada, é forçoso reconhecer, diante do evidente caráter eleitoral do artefato publicitário, a infração ao art. 39, § 8º, da Lei nº 9.504/97, nos termos do entendimento firmado nos precedentes deste Tribunal.
>
> 4. O próprio representado não nega a responsabilidade pela instalação do outdoor, pois, em sua defesa (ID nº 18354288), afirma que "autorizou a fixação do painel fotografado, desconhecendo até mesmo seu conteúdo", e se limita a sustentar que a publicidade impugnada não caracteriza propaganda eleitoral antecipada ante a inexistência de pedido de voto e menção a cargo eletivo, tese já afastada por esta Corte Superior.
>
> 5. Comprovada a veiculação de ato de pré–campanha mediante a utilização de meio proibido para atos de campanha eleitoral, fica caracterizada a prática de propaganda eleitoral antecipada e irregular pelo representado, apta a atrair a sanção prevista no art. 39, § 8º, da Lei nº 9.504/97, em seu patamar mínimo.
>
> 6. Julgado procedente o pedido de aplicação de multa ao representado, fixada no mínimo legal.

Versados parâmetros foram reprisados para o pleito geral de 2022, consoante se subsume da ementa adiante reproduzida do Recurso em Representação nº 0600082-07/DF, decidido por maioria de votos. Neste julgamento, enquanto a minoria estabelecida no plenário do TSE não hesitou inclinar-se pela compreensão de que o apenamento pecuniário, face a "data longínqua do período eleitoral" em que ocorreram os fatos, imporia uma "limitação não amparada em lei à liberdade de expressão, consagrada nos incisos IV e IX do art. 5º da Constituição Federal", a corrente vencedora, mediante reiteradas afirmações, entendeu tratar-se de mensagens dotadas de conotação eleitoral veiculadas por meio proscrito para impor condenação.

Não obstante a sobriedade e força persuasiva dos votos suplantados, não pareceu aos prevalecentes que se devesse abandonar os princípios edificados pelo REspe nº 0600227-31/PE:

> **ELEIÇÕES 2022. RECURSO. REPRESENTAÇÃO. PROPAGANDA ELEITORAL IRREGULAR. PRÉ–CAMPANHA. *OUTDOORS*. INEXISTÊNCIA DE PROVA DA PARTICIPAÇÃO OU PRÉVIO CONHECIMENTO DO BENEFICIÁRIO. NÃO INDIVIDUALIZAÇÃO DOS MATERIAIS PUBLICITÁRIOS E DE SEUS RESPONSÁVEIS. PEDIDOS DE DILIGÊNCIAS NÃO FORMULADOS. CONOTAÇÃO ELEITORAL E PROVA DA RESPONSABILIDADE PELA PROPAGANDA. PROVIMENTO PARCIAL.**

SÍNTESE DO CASO

1. Trata-se de recurso interposto em face da decisão que julgou improcedente o pedido formulado na representação na qual se alegou veiculação de propaganda eleitoral antecipada por meio de outdoor.

2. A causa de pedir da representação reside na suposta prática de propaganda eleitoral antecipada por meio de outdoors espalhados por diversas localidades do território brasileiro.

ANÁLISE DO RECURSO

2. Não foram apresentadas provas indicando que Jair Messias Bolsonaro e João Inácio Ribeiro Roma Neto tiveram prévio conhecimento ou participaram, de alguma forma, da divulgação dos outdoors impugnados, de modo que não cabe a imposição de multa, nos termos do art. 40-B da Lei 9.504/97.

3. A despeito da ausência de prova do prévio conhecimento dos beneficiários, é incontroversa nos autos a fixação de outdoor, por iniciativa e responsabilidade de cooperativa de produtores rurais, no qual foi veiculada mensagem com conotação eleitoral, associando valores positivos a notório pré-candidato à reeleição e declarando que a referida pessoa jurídica estaria "junto com" o futuro candidato.

4. "Nos termos da jurisprudência deste Tribunal Superior, o emprego de meio proscrito na pré-campanha é apto a configurar a propaganda eleitoral antecipada, ainda que não haja pedido explícito de votos" (AgR-AREspe 0600096-25, rel. Min. Ricardo Lewandowski, DJE de 13.6.2022).

5. A situação dos autos se assemelha àquelas apreciadas na Rp 0600061-48, de relatoria do Min. Edson Fachin, e na Rp 0600498-14, da relatoria do Min. Sérgio Banhos, nas quais também foram impostas multas em razão da veiculação de outdoors que, mesmo sem pedido de voto, enalteceram a figura de notório pré-candidato.

6. Ante a repercussão diminuta do artefato e da inexistência de dados acerca da situação econômica da infratora, aplica-se a multa em seu mínimo legal.

CONCLUSÃO

Recurso a que se dá parcial provimento. Procedência parcial do pedido.[181]

181. PSESS 30/08/2022.

8.26. SÍMBOLOS NACIONAIS

A cada eleição que sucede, o assunto vem à baila, com maior ou menor intensidade.

Diz a Lei nº 5.700/71 naquilo que incide ao tema:

> Art. 10. A **Bandeira Nacional** pode ser usada em todas as manifestações do sentimento patriótico dos brasileiros, de caráter oficial ou particular.
>
> (...).
>
> Art. 25. Será o **Hino Nacional** executado:
>
> (...).
>
> § 3º Será facultativa a execução do Hino Nacional na abertura de sessões cívicas, nas cerimônias religiosas a que se associa sentido patriótico, no inicio ou no encerramento das transmissões diárias das emissoras de rádio e televisão, bem assim para exprimir regozijo público em ocasiões festivas.
>
> (...)
>
> Art. 28. Consideram-se **cores nacionais** o verde e o amarelo.
>
> Art. 29. As cores nacionais podem ser usadas sem quaisquer restrições, inclusive associadas a azul e branco.

A norma que detalha a forma e apresentação dos Símbolos Nacionais leva à lona algumas "verdades" tidas e havidas como "evidentes" em termos de restrição na esfera da propaganda eleitoral. A partir do seu teor, algumas falsas místicas sucumbem.

A primeira a ser a assinalada é que não há proibição normativa para candidatos, partidos e coligações fazerem uso, no seu material de campanha, dos aludidos símbolos. E isso se dá por três motivos: os mesmos são de domínio coletivo ("dos brasileiros" = povo), a propaganda eleitoral é uma modalidade de expressão do pensamento (CF/88, art. 5º, IV) que comporta manifestações de sentimento cívico-patriótico, e porque o art. 243 do Código Eleitoral[182] é silente no assunto. A conclusão deste raciocínio, robustecida

182. Art. 243. Não será tolerada propaganda:

I - de guerra, de processos violentos para subverter o regime, a ordem política e social ou de preconceitos de raça ou de classes;

II - que provoque animosidade entre as forças armadas ou contra elas, ou delas contra as classes e instituições civis;

tanto pela aplicação do Princípio da Simetria como do que dispôs o §2º do art. 13 da CF/88[183], se estende aos equivalentes estaduais[184] e municipais[185].

A segunda centra-se no fato de que a própria norma se encarregou de desfazer a impossibilidade de equiparação entre as bandeiras oficiais, hinos e cores dos entes federativos aos "símbolos, frases ou imagens, associadas ou semelhantes às empregadas por órgão de governo, empresa pública ou sociedade de economia mista" do texto tecnicamente manco do art. 40 da LE.

III - de incitamento de atentado contra pessoa ou bens;

IV - de instigação à desobediência coletiva ao cumprimento da lei de ordem pública;

V - que implique em oferecimento, promessa ou solicitação de dinheiro, dádiva, rifa, sorteio ou vantagem de qualquer natureza;

VI - que perturbe o sossego público, com algazarra ou abusos de instrumentos sonoros ou sinais acústicos;

VII - por meio de impressos ou de objeto que pessoa inexperiente ou rústica possa confundir com moeda;

VIII - que prejudique a higiene e a estética urbana ou contravenha a posturas municiais ou a outra qualquer restrição de direito;

IX - que caluniar, difamar ou injuriar quaisquer pessoas, bem como órgãos ou entidades que exerçam autoridade pública.

X - que deprecie a condição de mulher ou estimule sua discriminação em razão do sexo feminino, ou em relação à sua cor, raça ou etnia. (Incluído pela Lei nº 14.192, de 2021)

1º O ofendido por calúnia, difamação ou injúria, sem prejuízo e independentemente da ação penal competente, poderá demandar, no Juízo Civil a reparação do dano moral respondendo por êste o ofensor e, solidariamente, o partido político dêste, quando responsável por ação ou omissão a quem que favorecido pelo crime, haja de qualquer modo contribuído para êle. (Incluído pela Lei nº 4.961, de 04/05/1966)

§ 2º No que couber aplicar-se-ão na reparação do dano moral, referido no parágrafo anterior, os artigos. 81 a 88 da Lei nº 4.117, de 27 de agosto de 1962. (Incluído pela Lei nº 4.961, de 04/05/1966)

§ 3º É assegurado o direito de resposta a quem fôr, injuriado difamado ou caluniado através da imprensa rádio, televisão, ou alto-falante, aplicando-se, no que couber, os artigos. 90 e 96 da Lei nº 4.117, de 27 de agosto de 1962. (Incluído pela Lei nº 4.961, de 04/05/1966)

183. Os Estados, o Distrito Federal e os Municípios poderão ter símbolos próprios.

184. RECURSO EM REPRESENTAÇÃO ELEITORAL. INDEFERIMENTO DA PETIÇÃO INICIAL. UTILIZAÇÃO DA BANDEIRA DO ESTADO. AUSÊNCIA DE VEDAÇÃO LEGAL.

1. Não há qualquer vedação legal à utilização da bandeira do Estado de Goiás na propaganda eleitoral, realizada em perfis das redes sociais. 2. Os símbolos nacionais não pertencem a um partido ou a uma pessoa, mas à coletividade. (TRE/GO, Acórdão nº 14977, PSESS de 25/08/2014).

185. EMENTA - ELEIÇÕES 2016. PROPAGANDA ELEITORAL. UTILIZAÇÃO DE BRASÃO DO MUNICÍPIO. INTELIGÊNCIA DO ART. 40 DA LEI DAS ELEIÇÕES C/C ART. 13 E PARÁGRAFOS DA CONSTITUIÇÃO FEDERAL. PROPAGANDA LÍCITA. RECURSO CONHECIDO E DESPROVIDO.

1. A utilização do Brasão do Município em propaganda eleitoral, porque símbolo municipal e não de uma gestão, é lícita.

2. Recurso conhecido e desprovido.

(TRE/PR, RE nº 67438, PSESS de 21/11/2016).

Uma terceira está na manifesta atipicidade da conduta nos termos da descrição criminal constante do referido dispositivo da Lei nº 9.504/97. Não há se falar em delito eleitoral pela exibição daqueles itens.[186]

O TSE abonou tais entendimentos na Consulta nº 1.271/DF[187], respondida pelo seu plenário na Sessão de 29/06/2006:

> **Consulta. Propaganda eleitoral. Símbolos nacionais, estaduais e municipais. Uso. Possibilidade.**
>
> Não há vedação para o uso, na propaganda eleitoral, dos símbolos nacionais, estaduais e municipais, sendo punível a utilização indevida nos termos da legislação de regência.

Consubstanciando a interpretação da Lei nº 5.700/71 na Resolução nº 22.268/06, a Corte captou a vontade do legislador e reconheceu a flexibilidade por ele franqueada ao uso de símbolos oficiais. Harmonizados esses dois sentidos, a leitura do texto legal revela a inexistência de obstáculos para o uso apropriado dos símbolos solenes. Os mesmos não entram em rota de colisão com a propaganda eleitoral, tornando injustificável a interpretação restritiva que ocasionalmente lhe é dada por alguns julgados. Nesse sentido, vale acrescentar:

> **POLÍTICO PROPAGANDA ELEITORAL. UTILIZAÇÃO DA BANDEIRA NACIONAL. MANIFESTAÇÃO DE MAGISTRADA. ENTREVISTA. RÁDIO. GRANDE REPERCUSSÃO. AUSENTE PRESTAÇÃO JURISDICIONAL OU DECISÃO EM SEDE DE EXERCÍCIO DE PODER DE POLÍCIA. INEXISTÊNCIA DE VEDAÇÃO PARA O USO DE SÍMBOLOS NACIONAIS NA PROPAGANDA ELEITORAL. ART. 10 DA LEI N. 5.700/71. LIBERDADE DE EXPRESSÃO. SEGURANÇA JURÍDICA. ANÁLISE DE ILÍCITO A CADA CASO CONCRETO. 1. [...]. 2. [...]. 3. A bandeira nacional possui destaque**

---

186. ELEIÇÕES 2016 - RECURSO ELEITORAL - AÇÃO DE INVESTIGAÇÃO JUDICIAL ELEITORAL - ABUSO DO PODER POLÍTICO - DISTRIBUIÇÃO DE CERTIFICADOS DE HONRA AO MÉRITO - PROJETO DE INICIATIVA DE GABINETE DE DEPUTADO - EXERCÍCIO DA ATIVIDADE PARLAMENTAR - ATIVIDADE QUE EXORBITA AS FUNÇÕES PARLAMENTARES SEGUNDO AS REGRAS DA ASSEMBLEIA LEGISLATIVA - IRRELEVÂNCIA NA SEARA ELEITORAL - PROPAGANDA ELEITORAL ANTECIPADA - ARTIGO 36-A, IV, DA LEI Nº 9.504/97 - NÃO CONFIGURAÇÃO - UTILIZAÇÃO INDEVIDA DO BRASÃO DO ESTADO DO PARANÁ - NÃO INCIDÊNCIA DA VEDAÇÃO PREVISTA NO ARTIGO 40 DA LEI Nº 9.504/97 - PROMOÇÃO PESSOAL E INFLUÊNCIA NO PLEITO - CONSEQUÊNCIA NATURAL DO EXERCÍCIO DO MANDATO - INEXISTÊNCIA DE IRREGULARIDADE - ABUSO DE PODER - AUSÊNCIA DE LESIVIDADE MÍNIMA - INOCORRÊNCIA - RECURSO DESPROVIDO.
(TRE/PR, RE nº 22052, DJ de 31/10/2017).

187. DJ de 08/08/2006, p. 117, unânime.

como símbolo da República Federativa do Brasil e se posiciona acima de eventuais disputas eleitorais (art. 13, § 1º, da CF). Não há vedação para o uso de símbolos nacionais na propaganda eleitoral, sendo punível a utilização indevida, nos termos da legislação de regência, conforme entendimento do TSE. Na hipótese, incabível a aplicação de art. 40 da Lei n. 9.504/97. Permitido uso da bandeira nacional em toda manifestação patriótica, inclusive de caráter particular (art. 10 da Lei n. 5.700/71). Inviável limitar o direito à liberdade de expressão quanto à utilização de um símbolo nacional, garantia fundamental insculpida constitucionalmente, ao entendimento de caracterização de propaganda eleitoral, sobretudo de forma apriorística. 4. O uso dos símbolos nacionais não tem coloração governamental, ideológica ou partidária, pertencem a todo povo brasileiro. Eventuais desrespeitos à legislação serão objeto de análise e manifestação da Justiça Eleitoral em cada caso concreto, fornecendo segurança jurídica ao pleito eleitoral de 2022.[188]

Recurso eleitoral. Representação. Propaganda eleitoral irregular. Eleições 2012. Banner / Cartaz/ Faixa. Inobservância do limite legal. Improcedência. Nos termos do art. 37, § 2º da Lei 9.504/1997, é vedada a propaganda eleitoral por meio de cartazes, desde que não ultrapassem o limite de $4m^2$. Comprovado que a propaganda eleitoral não excede o limite previsto na legislação eleitoral, não fica caracterizada a propaganda irregular. Não há qualquer proibição legal do uso de símbolos nacionais na propaganda eleitoral, sendo punível apenas a sua utilização indevida. Não configuração de propaganda irregular. Recurso não provido.[189]

Recurso. Representação. Alegada irregularidade na utilização de brasão de município associado à propaganda de candidata. Não há impedimento para o uso dos símbolos nacionais, estaduais e municipais na propaganda eleitoral, vedados apenas os governamentais. Inteligência do artigo 40 da Resolução TSE n. 22.624/07. Propaganda regular, afastando a incidência de multa. Provimento negado.[190]

Recurso Eleitoral. Representação. Propaganda Eleitoral. Horário gratuito. Improcedência. Eleições 2008.Utilização de símbolos da Administração Pública. Improcedência. Inexistência de ilicitude na utilização de bandeira do município em propaganda eleitoral. Inexistência de vedação para o uso, na propaganda eleitoral, dos símbolos nacionais,

188. TRE/RS, PET nº 060028144 , DJE 25/07/2022.
189. TRE/MG, Acórdão nº 92308, DJEMG de 30/01/2013.
190. TRE/RS, RP nº 181, PSESS de 25/09/2008.

> estaduais e municipais, sendo punível a utilização indevida nos termos da legislação em regência. Recurso a que se nega provimento.[191]

Antes de arrematar, outro ponto que não deve ficar sem registro é que diante da atipicidade da conduta a partir da enunciação dos fatos constantes da acusação, cabível o *Habeas Corpus* para o trancamento de inquérito policial ou ação penal por falta de justa causa quando se tratar de imputação ofensiva ao art. 40 da LE:

> **HABEAS CORPUS. INQUÉRITO POLICIAL. DELITO DO ART. 40, DA LEI DAS ELEIÇÕES. UTILIZAÇÃO DA BANDEIRA MUNICIPAL DE IEPÊ/SP EM PROPAGANDA ELEITORAL. AS BANDEIRAS SÃO SÍMBOLOS DOS ENTES FEDERATIVOS E NÃO, DE DETERMINADA GESTÃO PÚBLICA. ATIPICIDADE DA CONDUTA PRATICADA PELO PACIENTE. AUSÊNCIA DE JUSTA CAUSA PARA O PROSSEGUIMENTO DAS INVESTIGAÇÕES. CONCESSÃO DA ORDEM PARA DETERMINAR O TRANCAMENTO DO INQUÉRITO POLICIAL.**[192]
>
> **HABEAS CORPUS - TRANCAMENTO DA AÇÃO PENAL - USO DO HINO MUNICIPAL - LEI Nº 9.504/97, ARTIGO 40 - ATIPICIDADE - ORDEM DEFERIDA.** O hino, seja nacional, estadual ou municipal, está ligado diretamente à nação e ao povo, e não a uma determinada Administração, razão pela qual a sua utilização não implica em violação à norma do artigo 40, da Lei nº 9.504/97.[193]

8.27. FATO SABIDAMENTE INVERÍDICO

> Art. 323. Divulgar, na propaganda, fatos que sabe inverídicos, em relação a partidos ou candidatos e capazes de exercerem influência perante o eleitorado.

Divulgar quer dizer alastrar, espalhar. Por *sabidamente inverídico*, levando em conta a abstração do "homem médio" criada pelo Direito Penal, toma-se o fato que é captado de imediato pela pessoa, independendo

191. TRE/MG, Acórdão nº 3631, DJEMG de 11/09/2008.
192. TRE/SP, HC nº 060032938, DJESP de 15/03/2018.
193. TRE/PR, HC nº 73478, PSESS de 09/10/2012.

de prova, "que não demanda investigação, ou seja, deve ser perceptível de plano"[194], notório.

Bem ou mal, mesmo sendo mais um cruzamento de *show* com política do que esclarecimento propriamente dito, a propaganda permite à maioria da população o acesso às informações sobre os candidatos[195]. Ocorre que verdade e campanha eleitoral nem sempre andam juntas, aliás, ultimamente cada vez menos. No embate pelo poder, valores éticos muitas vezes são relegados a planos muito além dos secundários. Desvirtuando a propaganda como estratégia previamente calculada, candidatos se digladiam chegando ao limite da irresponsabilidade. Agindo assim, a divulgação livre e consciente (dolo) de inverdades, tanto em abono como em desabono de candidatos e partidos, induz o eleitor, especialmente em tempos de *fake news*[196]. Daí a relevância do crime descrito ao art. 323 do CE/65.

Para Fávila RIBEIRO (1986, p. 522), "Trata-se de malévola e mendaz imputação de fatos que indisponham a agremiação partidária ou candidatos contra a opinião pública. Assim acontece ao se atribuir, inveridicamente, a candidato e a partido a participação em certos acontecimentos, a tomada de certas posições capazes de despertar antipatia perante o eleitorado, ou anunciar, por exemplo, a desistência de determinado candidato".

Na altura em que se está, com redes sociais e telejornais reproduzindo tudo praticamente à exaustão, a Justiça Eleitoral deve refrear excessos sobre fatos inverídicos exercendo na plenitude a fiscalização que o ordenamento lhe conferiu. O rumo tomado pela jurisprudência do TSE, por vezes elucubrando a retórica da "crítica veemente" quando o caso é de ofensa direta, estimula o desrespeito à ordem jurídica numa ideia de "vale tudo".

Para melhor compreensão do tipo e das suas variações, os exemplos reprimindo notícias falsas abundam:

- O direito à liberdade de expressão, de jaez constitucional, não alberga a prática de manipulação das falas de outrem. Evidenciada a postagem ofensiva, a qual modifica a realidade objetiva dos fatos e afeta a imagem do candidato, dando a impressão de conivência e estímulo à corrupção (TRE/RS)[197];

---

194. TSE, RP n° 143175/DF, PSESS de 02/10/2014.

195. Segundo Samuel POPKIN, na *era da mídia*, o raciocínio do eleitor capta a idade, a roupa e até as expressões faciais do candidato (1991, p. 7).

196. Não por acaso, num processo persuasivo com tais características, o grosso do eleitorado forma a sua convicção amparado essencialmente em informações limitadas e superficiais. Dentro dessas coordenadas, Dominique WOLTON tem toda a razão: informar não é comunicar (2010).

197. RP nº 0601939-45, PSESS de 23/10/2018.

- A fala do radialista ao enfatizar a situação do pré-candidato como "ficha suja" disseminou dolosamente fato sabidamente inverídico, o que é vedado pela legislação eleitoral (TRE/GO)[198];
- Afirmação sabidamente inverídica é aquela manifesta e incontroversa, que prescinde de dilação probatória (TRE/BA)[199];
- Inserção publicitária eleitoral que não contém fato sabidamente inverídico ou afirmação caluniosa, difamatória ou injuriosa. Exibição de trecho do depoimento realizado em delação premiada, amplamente divulgado pela imprensa, após o qual há comentário crítico, e certamente, mais ácido sobre o fato revelado (TRE/SP)[200];
- Não resta configurado o fato sabidamente inverídico quando da veiculação de notícia a respeito de investigação criminal em andamento contra candidato, mormente por não se observar inverdades na mensagem divulgada, nem indução dos radialistas para infirmar que o candidato é réu ou denunciado em Ação Penal, ante todo o contexto da mensagem transmitida (TRE/PA)[201];
- Se das circunstâncias conclui-se a ocorrência de propaganda eleitoral negativa, divulgando, através de revista impressa e sítio na *internet*, fatos sabidamente inverídicos, em desprestígio de candidatura, com caracterização de conduta injuriosa e que viola a isonomia entre os candidatos e acaba por vulnerar a legitimidade e incolumidade do pleito, resta caracterizada a materialidade do delito (TRE/MS)[202];
- A mensagem veiculada possui nítido caráter eleitoral e imputa fato ofensivo e sabidamente inverídico ao órgão ministerial, pois os dizeres incutem no eleitor a ideia de que o órgão agiu com parcialidade e de modo subserviente aos interesses do Poder Executivo Municipal, em inobservância às suas funções institucionais dispostas no art. 127, da Constituição Federal do Brasil (TRE/ES)[203];
- Verificada a livre manifestação de opinião, da qual não se descambou para a ofensa à honra ou distorção dos fatos deduzidos de modo a se tornarem sabidamente inverídicos, e, ainda, em se tratando de afirmações veiculadas em horário eleitoral gratuito, passíveis de serem rechaçadas pelo candidato em seu próprio espaço, é caso de se negar provimento ao recurso interposto (TRE/MS)[204];

198. RE nº 40680, Acórdão de 29/06/2017.
199. RP nº 310465, PSESS de 11/09/2014.
200. RE nº 060864688, PSESS de 05/10/2018.
201. RRP nº 060146654, PSESS de 02/10/2018.
202. RC nº 17650, DJE de 13/07/2016.
203. RP nº 25095, DJE de 03/08/2017.
204. RP nº 140289, PSESS de 30/09/2014.

- Visões extremistas e sensacionalistas não são necessariamente fatos sabidamente inverídicos; interpretações erradas, ainda que grotescas, críticas enérgicas e relatos e interpretações de fatos controvertidos não são necessariamente inverídicos; certas publicações que podem ser consideradas ofensivas não são necessariamente inverídicas (TRE/PE)[205];
- O simples fato de o representante ter se reportado a dados estatísticos de vários órgãos para demonstrar suas alegações já demonstra que não estamos diante de um conteúdo sabidamente inverídico (TRE/TO)[206];
- "Memes" que não trazem fatos sabidamente inverídicos, tampouco representam ofensa à honra capaz de justificar a atuação cogente da Justiça Eleitoral (TRE/PR)[207];
- A propaganda eleitoral é o espaço adequado para exposição de propostas, ideias e projetos políticos. A extrapolação desses limites, com afirmações sabidamente inverídicas, atenta contra a boa-fé, macula a verdade da informação, induzindo o eleitor a uma errônea, gera o direito à reparação, seja por suspensão da propaganda irregular, seja pela concessão de direito de resposta (TRE/PE)[208];
- Os fatos sabidamente inverídicos a ensejar a ação repressiva da Justiça Eleitoral são aqueles verificáveis de plano (TSE)[209].

8.28. CRIMES CONTRA A HONRA NA CAMPANHA ELEITORAL

8.28.1. Considerações gerais

Cumpre abordar, ainda que de forma concentrada, mas ao mesmo tempo procurando demonstrar sua atualidade, a seara dos Crimes Contra a Honra na propaganda eleitoral.

A ideia de honra é complexa, dizia BECCARIA (1974, p, 70).

Tanto isso é verdade que o seu conteúdo jurídico está protegido constitucionalmente (art. 5º, X).

São três condutas penalmente coibidas pelo Código Eleitoral: calúnia, difamação e injúria. As mesmas, por inequívoco, se assemelham aquelas

205. RP nº 060289135, PSESS de 03/10/2018.
206. RE nº 49624, PSESS de 12/09/2016.
207. RP nº 0602027-24, PSESS de 03/10/2018.
208. RP nº 060281426, PSESS de 01/10/2018.
209. TSE, RRP nº 0600894-88/DF, PSESS de 30.08.2018.

previstas no Código Penal[210]. Nota-se que as incriminações moldadas nos artigos possuem comum traço de afinidade por consubstanciarem particularizada tutela à honorabilidade social (RIBEIRO, 1986, p. 521).

A regra básica é a de que se alguém insulta outrem, na propaganda, responde criminalmente por isso. O debate político, mesmo gerando controvérsias e asperezas de parte a parte, não pode albergar a prática de crimes contra a honra disfarçados de críticas. A corrida eleitoral impõe escrúpulos pelos competidores, os quais precisam conter as suas palavras, seja pelo bom senso, seja pela condenação. A linguagem de sarjeta definitivamente desserve e não pode ser concebida. Não há vencedores quando ela prevalece.

8.28.2. Calúnia

Consiste em imputar a alguém, falsamente, um fato definido como crime. A tipicidade do que for imputado é pressuposto inarredável à sua configuração.

> Art. 324. Caluniar alguém, na propaganda eleitoral, ou visando fins de propaganda, imputando-lhe falsamente fato definido como crime.

É dizer: a imputação caluniosa deve versar sobre um fato específico. Alegações indeterminadas ou genéricas, sem indicar circunstâncias, ainda que atinjam a honra do destinatário, não são aptas para tipificar o delito[211-212].

É a homologação em convenção que fixa a competência da Justiça Eleitoral para apurar o delito:

> **HABEAS CORPUS. CALÚNIA. ELEIÇÃO 2000. DENÚNCIA. COMPETÊNCIA. JUSTIÇA ELEITORAL. ORDEM DENEGADA.**

---

210. Excluindo-se o ambiente em que ocorre a prática (na propaganda eleitoral) ou a finalidade (visando fins de propaganda)", os crimes contra a honra previstos na legislação eleitoral têm definição em tudo semelhante à dos arts. 138, 139 e 140 do CP (STF, Inq. nº 3.291/PE, rel. Min. Roberto Barroso, Dje de 21/08/2013).

211. TSE, AgREspe nº 22484/SP, DJE de 27/03/2019.

212. Ação penal. Crimes contra a honra. Decisão regional. Procedência parcial. Recurso especial. Alegação. Violação. Art. 324 do Código Eleitoral. Calúnia. Não-configuração. Imputação. Ausência. Fato determinado. 1. A ofensa de caráter genérico, sem indicação de circunstâncias a mostrar fato específico e determinado, não caracteriza o crime de calúnia previsto no art. 324 do Código Eleitoral. 2. O agravo regimental, para que obtenha êxito, deve afastar, especificamente, todos os fundamentos da decisão agravada. Agravo regimental a que se nega provimento. (TSE, AgRgREspe nº25583/SP, DJ de 30/11/2006).

- Para caracterização do delito previsto no art. 324 do Código Eleitoral, não se impõe que o registro de candidatura tenha sido definitivamente deferido.[213]

Sendo que o fato delituoso pode ofender mais de uma pessoa:

Habeas corpus - Condenação - Calúnia - Comício - Ofensa a duas pessoas - Art. 324, c/c art. 327, III, do Código Eleitoral - Duplicidade de processos oriundos da mesma situação fática - Irregularidade. Concessão da ordem - Suspensão dos efeitos de ambas as sentenças para facultar ao promotor de justiça o oferecimento do benefício previsto no art. 89 da Lei nº 9.099/95.1. Se a ofensa a duas pessoas ocorreu no mesmo evento, deve o réu responder a um só processo, sendo-lhe aplicada uma só pena, ainda que aumentada na forma da lei. 2. A existência irregular de dois processos não pode ser invocada para afastar, em cada um, o benefício do art. 89 da Lei nº 9.099, de 1995, pela simples existência do outro.[214]

Admitindo-se a sua ocorrência em comício:

Recurso criminal. Denúncia pelo crime de calúnia eleitoral qualificada. Eleições de 2008. Julgamento de procedência pelo Juízo *a quo*. Condenação às penas dos arts. 324 e 327, inciso III, do Código Eleitoral, c/c os arts. 61, inciso I, e 70 do Código Penal.

[...].

Crime contra a honra praticado durante o período de propaganda eleitoral ou com fins de propaganda, visando influenciar negativamente o eleitorado. Denúncia lastreada em notícia-crime de calúnia perpetrada em comício eleitoral, em setembro de 2008, na presença de cerca de milhares de munícipes. Narração de imputação falsa, por candidato a Vereador, a outro candidato a Vereador e a terceiro, fato definido como crime, acusando-os de haverem planejado o homicídio do ex-Prefeito do município, assassinado em junho de 2008. Materialidade e autoria do crime indubitavelmente comprovadas durante a fase instrutória. Conduta ilícita que se amolda perfeitamente ao tipo descrito no art. 324 do Código Eleitoral, com a majorante do art. 327, inciso III. Decreto condenatório correto e necessário. Denunciado reincidente, tendo sido condenado por homicídio doloso (art. 61, inciso I, do Código Penal).[215]

213. TSE, HC nº 473/PB, DJ de 28/11/2003.
214. TSE, HC nº 444/SP, DJ de 13/12/2002.
215. TRE/MG, RC nº 579-13, DJEMG 29/05/2014.

8.28.3. Difamação

É a imputação a alguém de fato ofensivo:

> Art. 325. Difamar alguém, na propaganda eleitoral, ou visando a fins de propaganda, imputando-lhe fato ofensivo à sua reputação.

O delito difamante tem a capacidade de macular a reputação da vítima, isto é, de abalar o bom conceito que ela desfruta perante a sua coletividade, pouco importando se verdadeiro ou falso. Em conseqüência, a falta de descrição clara e minuciosa de um fato preciso, determinado e concreto que, no plano objetivo, revele-se infame e desonrado, afasta o aperfeiçoamento do crime de difamação[216]. Por outro lado, "Nesse crime, diversamente do que ocorre no de calúnia, a inverdade não é elemento do tipo penal", anotou o Professor catarinense Pedro Roberto DECOMAIN nos seus *Comentários ao Código Eleitoral* (2004, p. 412).

Embora forçando o alcance da regra em virtude do elemento normativo ("visando a fins de propaganda"), o crime de difamação pode ocorrer em contexto que não seja ato tipicamente de propaganda eleitoral, disse o Tribunal Superior Eleitoral[217].

Sendo, porém, passível de cometimento em comício:

> RECURSO CRIMINAL. ELEIÇÕES 2016. PROCEDÊNCIA DA DENÚNCIA. CALÚNIA. COMÍCIO. ART. 324 C/C ART. 327, INC. III, AMBOS DO CÓDIGO ELEITORAL. IMPUTAÇÃO DE CORRUPÇÃO ELEITORAL À CANDIDATA ADVERSÁRIA. ART. 299 DO CÓDIGO ELEITORAL. NÃO CARACTERIZAÇÃO. PEDIDO DE EMENDATIO LIBELLI. DEFERIMENTO. DESCLASSIFICAÇÃO PARA O CRIME DE DIFAMAÇÃO. ART. 325 DO CÓDIGO ELEITORAL. READEQUAÇÃO DO QUANTUM DA PENA. PROVIMENTO PARCIAL.
>
> 1. A mera afirmativa sobre a distribuição de cestas básicas, sem referência à contraprestação pelo voto ou por abstenção, não caracteriza a prática do crime do art. 299 do Código Eleitoral. A configuração da calúnia demanda imputação de fato certo e determinado tipificado como crime, e não apenas manifestação genérica.

216. TSE, AgREspe nº 54168/SP, DJE de 14/09/2018.
217. TSE, REspe nº 36671/SP, j. em 27/05/2010.

> 2. Deferido o pedido de emendatio libelli, nos termos dos arts. 383 e 617, ambos do Código de Processo Penal, a fim de que o fato seja capitulado no art. 325 do Código Eleitoral.
>
> 3. Caracterizada a prática de difamação na propaganda eleitoral, uma vez comprovada a inverdade da afirmação descrita na denúncia e sua capacidade para confundir o eleitorado. Imputação de fato ofensivo à reputação da vítima.
>
> 4. Readequação do quantum da pena, levando-se em conta os parâmetros considerados na sentença.
>
> Provimento parcial.[218]

8.28.4. Injúria

É a ofensa à dignidade ou ao decoro de outrem:

> Art. 326. Injuriar alguém, na propaganda eleitoral, ou visando a fins de propaganda, ofendendo-lhe a dignidade ou o decoro.

O objetivo do dispositivo é coibir a manifestação ofensiva à honra subjetiva das pessoas. Trata-se um episódio que, quando ocorre, gera, além do abalo na confiança, prejuízo ao ofendido. A sua credibilidade fica deslustrada. É, por assim dizer, uma ofensa capaz de macular, de rebaixar a pessoa. Como acentuou Aníbal BRUNO (1975, p. 315), "Na sua essência, é a injúria uma manifestação de desrespeito e desprezo, um juízo de valor depreciativo capaz de ofender a honra da vítima no seu aspecto subjetivo".

No enfrentamento do AgRg-REspe nº 402-24/RJ[219], ao manter decisão condenatória, o TSE equiparou a ofensa perpetrada diretamente na propaganda eleitoral à sua repercussão nesta:

> **ELEIÇÕES 2008. RECURSO ESPECIAL. CRIME ELEITORAL. INJÚRIA NA PROPAGANDA ELEITORAL. ART. 326 DO CE.**
>
> 1. O TRE, ao analisar o conjunto probatório dos autos, considerando a necessidade de se coibir o sacrifício dos demais direitos individuais em nome da liberdade de expressão, concluiu que a conduta em comento se amoldaria ao tipo penal descrito no art. 326 do CE.

218. TRE/RS, RC nº 1255, DEJERS 11/05/2018.

219. TSE, DJE de 02/02/2017, p. 387.

> 2. O objetivo do art. 326 do CE é coibir a manifestação ofensiva à honra subjetiva dos jurisdicionados, para a qual basta que a conduta tenha sido levada a efeito na propaganda eleitoral ou com repercussão nessa seara, ou seja, apura-se a conotação eleitoral da manifestação, o que se verifica no caso.
>
> 3. Reformar a conclusão regional, para fins de afastar a existência de conotação eleitoral nas manifestações no blog e a ocorrência de crime de injúria na propaganda eleitoral por meio da conduta descrita na inicial, demandaria o reexame de provas, o que não se admite em recurso especial, nos termos da Súmula nº 279/STF.
>
> 4. Decisão agravada mantida pelos próprios fundamentos. Agravo regimental desprovido.

8.28.5. Sujeitos

Ativo– Qualquer pessoa, candidato ou não.[220]

Passivo– Qualquer pessoa, candidato ou não.[221]

8.28.6. Ação Penal Pública Incondicionada

Ao dispor sobre a iniciativa do processo penal em sede de crimes eleitorais, o CE/65 prescreveu:

> Art. 355 As infrações penais definidas neste Código são de ação pública.

---

220. Recurso em habeas corpus com pedido de liminar. Medida liminar indeferida. Supostos crimes contra a honra de funcionários públicos. Conduta típica, em tese. Indícios de autoria. Trancamento de inquérito policial. Inadmissibilidade. Precedentes do Tribunal Superior Eleitoral e do Supremo Tribunal Federal. Recurso ao qual se nega provimento.
(TSE, RHC nº 4229086/SP, DJE de 09/06/2010).

221. HABEAS CORPUS. CRIME ARTS. 325 E 326 DO CÓDIGO ELEITORAL. OFENSA VEICULADA NA PROPAGANDA ELEITORAL. TIPICIDADE. COMPETÊNCIA DA JUSTIÇA ELEITORAL.
1. Para a tipificação dos crimes de difamação e injúria eleitorais, previstos nos arts. 325 e 326 do Código Eleitoral, não é preciso que a ofensa seja praticada contra candidato, uma vez que a norma descreve as condutas de difamar e injuriar alguém, sem especificar nenhuma qualidade especial quanto ao ofendido.
2. O que define a natureza eleitoral desses ilícitos é o fato de a ofensa ser perpetrada na propaganda eleitoral ou visar a fins de propaganda.
3. Na espécie, as ofensas foram veiculadas na propaganda eleitoral por rádio, o que determina a competência da Justiça Eleitoral para apurar a prática dos delitos tipificados nos arts. 325 e 326 do Código Eleitoral.
4. Ordem denegada.
(TSE, HC nº 187635/MG, DJE de 16/02/2011).

Disso deriva que não há possibilidade do aforamento de Queixa-Crime. Inocorrente a excepcionalidade a que se refere o art. 5º, LIX, da Constituição Federal[222], as mesmas prescindem da representação do ofendido, não se aplicando o disposto no art. 103 do CP[223]. Quando for diferente disso, há necessidade da configuração da inércia do Ministério Público Eleitoral na apuração dos fatos (*Notitia Criminis*, inquérito ou representação) para autorizar a deflagração da ação penal privada (subsidiária), conforme posicionamento das duas Turmas do STF[224] e do Plenário do TSE[225].

8.28.7. Processamento

Há um rito próprio a ser observado para esses crimes. No curso do processamento das infrações penais eleitorais, devem ser observadas as disposições específicas constantes dos artigos 359 e seguintes do Código Eleitoral:

> Art. 359. Recebida a denúncia, o juiz designará dia e hora para o depoimento pessoal do acusado, ordenando a citação deste e a notificação do Ministério Público.
>
> Parágrafo único. O réu ou seu defensor terá o prazo de 10 (dez) dias para oferecer alegações escritas e arrolar testemunhas.
>
> Art. 360. Ouvidas as testemunhas da acusação e da defesa e praticadas as diligências requeridas pelo Ministério Público e deferidas ou ordenadas pelo juiz, abrir-se-á o prazo de 5 (cinco) dias a cada uma das partes - acusação e defesa - para alegações finais.
>
> Art. 361. Decorrido esse prazo, e conclusos os autos ao juiz dentro de quarenta e oito horas, terá o mesmo 10 (dez) dias para proferir a sentença.
>
> Art. 362. Das decisões finais de condenação ou absolvição cabe recurso para o Tribunal Regional, a ser interposto no prazo de 10 (dez) dias.
>
> Art. 363. Se a decisão do Tribunal Regional for condenatória, baixarão imediatamente os autos à instância inferior para a execução da sentença,

---

222. LIX - será admitida ação privada nos crimes de ação pública, se esta não for intentada no prazo legal;

223. Art. 103 - Salvo disposição expressa em contrário, o ofendido decai do direito de queixa ou de representação se não o exerce dentro do prazo de 6 (seis) meses, contado do dia em que veio a saber quem é o autor do crime, ou, no caso do § 3º do art. 100 deste Código, do dia em que se esgota o prazo para oferecimento da denúncia.

224. Inq. nº 3.546/BA, DJe de 30/09/2015, Primeira Turma; RE-Agr nº 274.115/SP, DJ de 19/09/2003, Segunda Turma; HC nº 74.276, DJe de 24/02/2011, Primeira Turma.

225. REspe nº 21.295/SP, DJ 17/10/2003, unânime.

> que será feita no prazo de 5 (cinco) dias, contados da data da vista ao Ministério Público.
>
> Parágrafo único. Se o órgão do Ministério Público deixar de promover a execução da sentença serão aplicadas as normas constantes dos parágrafos 3º, 4º e 5º do Art. 357.
>
> Art. 364. No processo e julgamento dos crimes eleitorais e dos comuns que lhes forem conexos, assim como nos recursos e na execução, que lhes digam respeito, aplicar-se-á, como lei subsidiária ou supletiva, o Código de Processo Penal.

Nos casos de apelação, o TSE tem entendimento de que o disposto no art. 600, § 4º, do CPP[226] não é aplicável aos processos por crimes eleitorais porquanto a forma pela qual devem ser apresentados os recursos contra decisão de juízo singular possui disciplina específica nos artigos 266, 268 e 362 do Código Eleitoral.

8.28.8. Quadro comparativo

CALÚNIA (art. 324)	DIFAMAÇÃO (art. 325)	INJÚRIA (art. 326)
Protege a honra OBJETIVA	Protege a honra OBJETIVA	Protege a honra SUBJETIVA
Imputação de fato DEFINIDO COMO CRIME	Imputação de fato OFENSIVO À REPUTAÇÃO	Acusações, ofensas, xingamentos
Só há crime se a imputação é FALSA	Há crime se a imputação é FALSA ou VERDADEIRA	Não há imputação
Não admite PERDÃO JUDICIAL	Não admite PERDÃO JUDICIAL	Admite PERDÃO JUDICIAL

226. § 4º Se o apelante declarar, na petição ou no termo, ao interpor a apelação, que deseja arrazoar na superior instância serão os autos remetidos ao tribunal *ad quem* onde será aberta vista às partes, observados os prazos legais, notificadas as partes pela publicação oficial.

8.28.9. Agravamento de penas

O Código Eleitoral manda aumentar as penas nas seguintes situações:

> Art. 327. As penas cominadas nos artigos. 324, 325 e 326, aumentam-se aumentam-se de 1/3 (um terço) até metade, se qualquer dos crimes é cometido:
>
> I - contra o Presidente da República ou chefe de governo estrangeiro;
>
> II - contra funcionário público, em razão de suas funções;
>
> III - na presença de várias pessoas, ou por meio que facilite a divulgação da ofensa.
>
> IV - com menosprezo ou discriminação à condição de mulher ou à sua cor, raça ou etnia;
>
> V - por meio da internet ou de rede social ou com transmissão em tempo real.

Os *fatos sabidamente inverídicos* não foram incluídos.

Para o inciso I, há de se atentar para uma sutileza. A lei cuidou de dizer que nos casos onde vigora o sistema parlamentarista, ou seja, quando há uma divisão dos poderes, se a ofensa for perpetrada em desfavor de quem exercer a *Chefia de Estado* (Rei, Rainha, Presidente), não se aplica o aumento de pena.

Relativamente ao II, o conceito de funcionário público a ser aplicado é o do art. 327 do CP: quem, embora transitoriamente ou sem remuneração, exerce cargo, emprego ou função pública. Equipara-se ao funcionário público aquele que exerce cargo, emprego ou função em entidade paraestatal, assim comoaquele que trabalha para empresa prestadora de serviço contratada/conveniada para a execução de atividade típica da Administração Pública.

Como apontou Júlio Fabbrini MIRABETE (2001, p. 298), este conceito, em termos de Direito Penal, é mais largo do que o disposto no Direito Administrativo e nas leis esparsas na medida em que admite qualquer atividade realizada com fins próprios do Estado.

Pela objetividade, veja-se a interpretação do art. 327 delimitada por Nélson HUNGRIA nos seus *Comentários ao Código Penal* (1959, pp. 401 e 403):

> Referindo-se a função pública *in genere*, o art. 327 abrange todas as órbitas de atividade do Estado: a da *legis executio* (atividade rectória, pela qual o Estado praticamente se realiza), a da *legislatio* (atividade legislatória, ou de normatização da ordem político-social) e da *juris dictio* (atividade judiciária, ou de apuração e declaração da vontade da lei nos casos concretos).[227]
>
> (...).
>
> Tanto é funcionário público o presidente da República quando o estafeta de Vila de Confins, tanto o senador ou deputado federal quando o vereador do mais humilde Município, tanto o presidente da Suprema Corte quanto o mais bisonho juiz de paz da hinterlândia.
>
> (...).
>
> Também não são funcionários os concessionários de serviços públicos e seus empregados

A abrangência do inciso III, contendo as causas especiais de aumento de penas, se desdobra em duas conexões.

Na primeira delas, considerando a locução *várias pessoas*, estão incluídos os pronunciamentos em comícios e manifestações públicas (caminhadas, carreatas, passeatas), ambientes onde comumente há concentração de

227. RECURSO ESPECIAL ELEITORAL. AGRAVO REGIMENTAL. CRIMES ELEITORAIS. ARTS. 324, 325 e 326 DO CÓDIGO ELEITORAL. CALÚNIA, DIFAMAÇÃO E INJÚRIA. MANIFESTAÇÕES EM COMÍCIO CONTRA JUÍZA ELEITORAL EM EXERCÍCIO. DOLO DEMONSTRADO. RAZÕES DO AGRAVO QUE NÃO INFIRMAM A DECISÃO RECORRIDA. AGRAVO REGIMENTAL IMPROVIDO.

Manifestação pública que atingiu a honra da vítima, juíza eleitoral em exercício, bem imaterial tutelado pelas normas dos tipos dos arts. 324, 325 e 326 do Código Eleitoral. Comprovação, nos autos, de que o réu agiu com o objetivo de ofender moralmente a juíza eleitoral. Não apenas narrou fatos ou realizou críticas prudentes, foi além, agiu de forma evidentemente temerária, sem qualquer limite tolerável, razoável, ainda que considerado o contexto próprio de campanhas eleitorais.

A alegação de que o tipo do art. 324 do Código Eleitoral exige sempre a finalidade de propaganda eleitoral não se sustenta. A simples leitura do dispositivo esclarece qualquer dúvida: a calúnia estará caracterizada quando ocorrer "na propaganda eleitoral, ou visando fins de propaganda".Agravo que se limita a repisar os argumentos constantes das razões do recurso especial. Ou seja, deixa de infirmar os fundamentos da decisão agravada, prevalecendo, assim estes (conforme precedentes: Acórdão nº 31.528, de 2.10.2008, rel. min. Felix Fischer; Acórdão nº 29.539, de 22.9.2008, rel. min. Marcelo Ribeiro).A alegação de ser o réu "[...] homem do campo [...] de pouca instrução (para não dizer nenhuma); [...]" mostra-se desarrazoada. Ainda que possa ter pouca instrução formal, não se trata de homem simplório, ingênuo, pois consta dos autos que, além de candidato a deputado federal, foi prefeito do município de Viçosa/AL em quatro legislaturas.

O depoimento do réu, em juízo, ainda que contivesse retratação explícita, e não a contém, não se mostra apto a isentá-lo de pena. Mesmo com boa vontade interpretativa, inexiste nos autos qualquer retratação peremptória, absoluta, a afastar a aplicação analógica do art. 143 do Código Penal.

Agravo regimental a que se nega provimento.

(TSE, AgRg-REspe nº 35.322/AL, DJ de 31/08/2009).

eleitores, fator que amplia a divulgação da ofensa.

Na segunda se inserem os meios de comunicação ditos *tradicionais* (impressa, rádio e televisão), hoje fortemente incrementados pelas redes sociais, os quais também devem ser entendidos como vetores de ofensas.

8.28.10. Suspensão condicional do processo

O fato do art. 327 conter causas que implicam no aumento de penas não impede o oferecimento do benefício previsto pelo art. 89[228] da Lei nº 9.099/95[229].

8.29. DIREITO DE RESPOSTA

"Não é um instituto banal, a serviço de vaidades, melindres, segundas intenções ou discussões sem causa. Há de ser usado com parcimônia e renovada prudência, até mesmo porque, notadamente em relação ao homem público, a imprensa goza, em geral, de maior dose de liberdade. O interesse público, com efeito, reclama dos órgãos de divulgação o exame dos atos e das atitudes de tais individualidades", sintetizou sagazmente o advogado criminalista Serrano NEVES (1972, p. 230).

---

228. Art. 89. Nos crimes em que a pena mínima cominada for igual ou inferior a um ano, abrangidas ou não por esta Lei, o Ministério Público, ao oferecer a denúncia, poderá propor a suspensão do processo, por dois a quatro anos, desde que o acusado não esteja sendo processado ou não tenha sido condenado por outro crime, presentes os demais requisitos que autorizariam a suspensão condicional da pena (art. 77 do Código Penal).

229. Habeas corpus - Condenação - Calúnia - Comício - Ofensa a duas pessoas - Art. 324, c/c art. 327, III, do Código Eleitoral - Duplicidade de processos oriundos da mesma situação fática - Irregularidade.

Concessão da ordem - Suspensão dos efeitos de ambas as sentenças para facultar ao promotor de justiça o oferecimento do benefício previsto no art. 89 da Lei nº 9.099/95.

1. Se a ofensa a duas pessoas ocorreu no mesmo evento, deve o réu responder a um só processo, sendo-lhe aplicada uma só pena, ainda que aumentada na forma da lei.

2. A existência irregular de dois processos não pode ser invocada para afastar, em cada um, o benefício do art. 89 da Lei nº 9.099, de 1995, pela simples existência do outro.

(TSE, HC nº 444/SP, DJ de 13/12/2002).

Habeas-corpus - Crime eleitoral - Arts. 325 e 326 c/c o art. 327, II e III, do Código Eleitoral - Suspensão condicional do processo (art. 89, Lei n° 9.099/95) - Proposta não realizada pelo Ministério Público Eleitoral de 1° grau - Concessão parcial da ordem.

(TSE, HC nº 431/RN, DJ de 07/06/2002).

8.29.1. Fontes legais, legitimidade e prazos

Em matéria de campanha política, a legislação não se ocupou reprimir a demagogia. Porém, pune o ultraje. Neste sentido, tem-se que o estudo sistemático do processo eleitoral implica no exame de um instituto altamente controvertido e ao mesmo tempo fascinante que é o Direito de Resposta.

Em torno dele, que deve ser examinado em seus diversos aspectos, estabelece a Constituição Federal:

> Art. 5º.Todos são iguais perante a lei, sem distinção de qualquer natureza, garantindo-se aos brasileiros e aos estrangeiros residentes no País a inviolabilidade do direito à vida, à liberdade, à igualdade, à segurança e à propriedade, nos termos seguintes:
>
> (...)
>
> V - é assegurado o direito de resposta, proporcional ao agravo, além da indenização por dano material, moral ou à imagem;

O Código Eleitoral prevê no § 3º do art. 243:

> É assegurado o direito de resposta a quem for, injuriado difamado ou caluniado através da imprensa rádio, televisão, ou alto-falante, aplicando--se, no que couber, os artigos. 90 e 96 da Lei nº 4.117, de 27 de agosto de 1962.

Em obediência à CF/88, o art. 58 da Lei nº 9.504/97 garante:

> A partir da escolha de candidatos em convenção, é assegurado o direito de resposta a candidato, partido ou coligação, atingidos ainda que de forma indireta, por conceito, imagem ou afirmação caluniosa, difamatória, injuriosa ou sabidamente inverídica, difundidos por qualquer veículo de comunicação social.

Este último dispositivo, conforme preleciona Renato Ventura RIBEIRO (2006, p. 363), "além da função de preservar a honra e a imagem dos ofendidos, também objetiva resguardar a igualdade entre os candidatos, evitar o uso de práticas indevidas que possam influir na vontade do eleitor e manter o bom nível das campanhas".

Não pesa dúvida que o mesmo, alinhando-se como um Direito Fundamental, busca garantir o necessário equilíbrio entre liberdade de expressão e pensamento e a veracidade das informações políticas.[230]

Inexistindo lacunas sobre o significado da palavra *resposta*, verificadas as disposições constitucionais e legais que regem a matéria, em todas desponta a presença de um elemento comum divisando a falta que, uma vez praticada, viabiliza o seu exercício, no caso, a ofensa perpetrada. De outra parte, não é qualquer dissabor ou manifestação mais acalorada ou contundente que autoriza o direito de resposta.

Na análise global do instituto, sobressai que "A irregularidade de uma propaganda eleitoral não enseja, obrigatoriamente, o exercício do direito de resposta pelo candidato considerado ofendido, pois, para fins de direito de resposta, exige-se a presença, ainda que de forma indireta, da atribuição pelo ofensor de conceito, imagem ou afirmação caluniosa, difamatória, injuriosa ou sabidamente inverídica, difundidos por qualquer veículo de comunicação social"[231].

O direito de resposta, nunca é demais lembrar, tem conotação predominantemente pessoal. Nos dias atuais, vige um consenso praticamente universal em relação à proteção dos valores que justificam o seu exercício. Não sem razão, "Minha honra é minha vida", já dizia SHAKESPEARE.

Num ensaio detalhado sobre a propaganda eleitoral onde abordam o instituto em seus múltiplos aspectos através de exaustivas observações, Alberto ROLLO e João Fernando Lopes de CARVALHO (2002, p. 154) explicam:

> Direito de resposta, por força de expressa previsão constitucional, haverá sempre que alguém se vir prejudicado em face da manifestação de pensamento produzida por outrem.

A legislação impõe a candidatos, partidos, coligações e federações o dever de zelar pelo conteúdo divulgado na propaganda eleitoral, garantindo sua fidedignidade (Res. nº 23.610/19, art. 9º). Em caso de desrespeito a essa premissa, o ofensor será chamado à responsabilidade e arcará, em seu espaço de mídia, com a veiculação do direito de resposta do ofendido para as devidas retificações.

---

230. A "liberdade de expressão constitui um dos fundamentos essenciais de uma sociedade democrática e compreende não somente as informações consideradas como inofensivas, indiferentes ou favoráveis, mas também as que possam causar transtornos, resistência, inquietar pessoas, pois a Democracia somente existe baseada na consagração do pluralismo de ideias e pensamentos políticos, filosóficos, religiosos e da tolerância de opiniões e do espírito aberto ao diálogo" (STF, ADI Nº 4439/DF, Tribunal Pleno, DJe de 21/06/2018, por maioria).

231. TSE, DR nº 0601433-15/DF, PSESS 24/10/2022.

Alinhado como Direito Fundamental, o direito de replicar a ofensa vertida funciona como garantia de equilíbrio entre a liberdade de expressão e pensamento e a veracidade das informações políticas justamente porque as críticas são elementos indissociáveis dos processos eleitorais, existem parâmetros e limitações para que as mesmas possam ser vertidas licitamente, sem vilipendiar outros direitos da mesma geração (v. STF, MS nº 22.164-0/SP).

Sobre o conflito entre direitos fundamentais, frequente na seara das disputas políticas, pontificam J.J. CANOTILHO e Vital MOREIRA (1991, p. 134) em lição sempre atual:

> No fundo, a problemática da restrição dos direitos fundamentais supõe sempre um conflito positivo de normas constitucionais, a saber entre uma norma consagradora de certo direito fundamental e outra norma consagradora de outro direito ou de diferente interesse constitucional. A regra de solução do conflito é a da máxima observância dos direitos fundamentais envolvidos e da sua mínima restrição compatível com a salvaguarda adequada de outro direito fundamental ou outro interesse constitucional em causa.

Na dinâmica dos embates eleitorais, quando adversários desqualificados descambam para a sordidez apelando para ofensas ou inverdades, quem primeiro sente as agressões desferidas sofrendo prejuízos em sua honra é o candidato. Em episódios dessa natureza, a Justiça Eleitoral deve reprimir os excessos perpetrados para frear sangrias, inclusive quando são os meios de comunicação os seus causadores.

Nessas circunstâncias, o antes mencionado art. 58 da Lei nº 9.504/97 garante direito de resposta a partir da difusão de afirmações caluniosas, difamatórias ou injuriosas a ser exercido pela parte lesada, consoante se extrai do § 1º do referido dispositivo: "O ofendido, ou seu representante legal, poderá pedir o exercício do direito de resposta à Justiça Eleitoral".

Em termos de legitimidade, a garantia de requerimento à Justiça Eleitoral[232] é assegurada a candidatos, partidos e coligações. Essa abrangência

232. Lei nº 9.504/97:

Art. 96. Salvo disposições específicas em contrário desta Lei, as reclamações ou representações relativas ao seu descumprimento podem ser feitas por qualquer partido político, coligação ou candidato, e devem dirigir-se:

I - aos Juízes Eleitorais, nas eleições municipais;

II - aos Tribunais Regionais Eleitorais, nas eleições federais, estaduais e distritais;

plural exsurge porquanto no curso do processo eleitoral ou a partir da convenção, se estabelece uma relação genuinamente simbiótica entre esses legitimados.

É cabível rememorar que as três Constituições Federais anteriores à vigente já haviam contemplado expressamente o exercício do direito de resposta em seus textos:

CONSTITUIÇÃO	DISPOSITIVO
1934	Art. 113, 9[233]
1946	Art. 141, §5º[234]
1967	Art. 150, §8º[235]

Da mesma forma, consoante sintetiza a tabela a seguir, as quatro leis temporárias precedentes à Lei nº 9.504/97 viabilizaram o seu exercício[236] no desenrolar das campanhas eleitorais. Vejamos:

III - ao Tribunal Superior Eleitoral, na eleição presidencial.

233. Art. 113 - A Constituição assegura a brasileiros e a estrangeiros residentes no País a inviolabilidade dos direitos concernentes à liberdade, à subsistência, à segurança individual e à propriedade, nos termos seguintes:

[...].

9) Em qualquer assunto é livre a manifestação do pensamento, sem dependência de censura, salvo quanto a espetáculos e diversões públicas, respondendo cada um pelos abusos que cometer, nos casos e pela forma que a lei determinar. Não é permitido anonimato. É segurado o direito de resposta. A publicação de livros e periódicos independe de licença do Poder Público. Não será, porém, tolerada propaganda, de guerra ou de processos violentos, para subverter a ordem política ou social.

234. Art. 141 - A Constituição assegura aos brasileiros e aos estrangeiros residentes no País a inviolabilidade dos direitos concernentes à vida, à liberdade, a segurança individual e à propriedade, nos termos seguintes:

[...].

§ 5º - É livre a manifestação do pensamento, sem que dependa de censura, salvo quanto a espetáculos e diversões públicas, respondendo cada um, nos casos e na forma que a lei preceituar pelos abusos que cometer. Não é permitido o anonimato. É assegurado o direito de resposta. A publicação de livros e periódicos não dependerá de licença do Poder Público. Não será, porém, tolerada propaganda de guerra, de processos violentos para subverter a ordem política e social, ou de preconceitos de raça ou de classe.

235. Art. 150 - A Constituição assegura aos brasileiros e aos estrangeiros residentes no Pais a inviolabilidade dos direitos concernentes à vida, à liberdade, à segurança e à propriedade, nos termos seguintes:

[...].

§ 8º - É livre a manifestação de pensamento, de convicção política ou filosófica e a prestação de informação sem sujeição à censura, salvo quanto a espetáculos de diversões públicas, respondendo cada um, nos termos da lei, pelos abusos que cometer. É assegurado o direito de resposta. A publicação de livros, jornais e periódicos independe de licença da autoridade. Não será, porém, tolerada a propaganda de guerra, de subversão da ordem ou de preconceitos de raça ou de classe.

236. As eleições de 1990 obedeceram às regras da Lei nº 5.682/71, a qual não previa Direito de Resposta.

LEI Nº	DISPOSITIVO	ELEIÇÃO
9.100	Art. 66	1996
8.713	Art. 64	1994
8.214	Art. 36	1992
7.773	Art. 20, §1º	1989

No segmento jurisprudencial, as Representações nºs 1253-29/DF e 1312-17/DF, ambas publicadas à sessão de 25/09/2014, sintetizaram os traços estruturantes desse direito:

> **ELEIÇÕES 2014. REPRESENTAÇÃO. RECURSO. PROPAGANDA ELEITORAL DIREITO DE RESPOSTA. ART. 58 DA LEI DAS ELEIÇÕES. FATO SABIDAMENTE INVERÍDICO. NÃO CONFIGURAÇÃO. PRECEDENTES. MANUTENÇÃO DA DECISÃO RECORRIDA. RECURSO DESPROVIDO.**
>
> 1. Para a configuração do direito de resposta, é necessário que o fato atacado esteja revestido de injúria, calúnia, difamação inverdade ou erro.
>
> 2. Somente poderá ser outorgado direito de resposta quando for possível extrair, da afirmação apontada como sabidamente inverídica, ofensa de caráter pessoal a candidato, partido ou coligação.
>
> 3. Não há falar em direito de resposta quando o fato atacado configurar controvérsia entre propostas de candidatos, restrita à esfera dos debates políticos, próprio do confronto ideológico.
>
> 4. Recurso a que se nega provimento.
>
> **ELEIÇÕES 2014. REPRESENTAÇÃO. DIREITO DE RESPOSTA. IMPRENSA ESCRITA. COMPETÊNCIA. OFENSA. AFIRMAÇÃO DIFAMATÓRIA. CONFIGURAÇÃO. PROCEDÊNCIA.**
>
> 1. Sempre que órgão de imprensa se referir de forma direta a candidatos, partidos ou coligações que disputam o pleito, com ofensa ou informação inverídica, extrapolando o direito de informar, haverá campo para atuação da Justiça Eleitoral para processar e julgar direito de resposta.
>
> 2. Garantias constitucionais da livre expressão do pensamento, liberdade de imprensa e direito de crítica alegados não procedem. Nenhum direito ou garantia é absoluto (STF-HC 93.250, rel. Min. Ellen Gracie, DJe 27.6.2008; RE 455.283 AgR, rel. Min. Eros Grau, DJ 5.5.2006; ADI 2566/MC, rel. Min. Sydney Sanches, DJ 27.2.2004).

> 3. O direito de resposta não se conforma como sanção de natureza civil ou penal, e não se contrapõe ao direito à liberdade de expressão. Pelo contrário, esse direito, da forma como estruturado na Constituição Federal, também é composto pelo direito de resposta.
>
> 4. Assim, o direito de resposta não equivale a uma punição, ou limitação à liberdade de expressão, tampouco sua concessão significa não serem verdadeiras as afirmações que foram feitas, mas apenas o regular exercício do direito constitucional de se contrapor. São inúmeras as decisões do Supremo Tribunal Federal nesse sentido, e a razão de se ter a garantia, de não se ter a censura, é exatamente porque a Lei e a Constituição garantem o direito de resposta. Trata-se de um exercício que faz parte da liberdade de expressão, e não a exclui.
>
> 5. Procedência do pedido.

A Lei nº 9.504/97 sistematizou o exercício do Direito de Resposta mediante quatro contagens de prazo, todas estabelecidas a partir da origem da veiculação da ofensa. Assim, para meios de comunicação distintos, prazos igualmente distintos:

> I - **vinte e quatro horas**, quando se tratar do horário eleitoral gratuito;
>
> II - **quarenta e oito horas**, quando se tratar da programação normal das emissoras de rádio e televisão;
>
> III - **setenta e duas horas**, quando se tratar de órgão da imprensa escrita.
>
> IV - **a qualquer tempo**, quando se tratar de conteúdo que esteja sendo divulgado na internet, ou em setenta e duas horas, após a sua retirada.

De acordo com o art. 58-A, os processos dessa natureza tramitarão preferencialmente em relação aos demais que estiverem em curso na Justiça Eleitoral. A constrição de prazos se deve por uma razão primacial: evitar que afirmações caluniosas, difamatórias, injuriosas ou sabidamente inverídicas prejudiquem ainda mais o ofendido.

O objetivo do legislador, ao conferir agilidade na tramitação desses procedimentos excepcionais, se deu justamente para que o Poder Judiciário possa, o quanto antes, estancar danos pessoais e à campanha eleitoral, pena de tornar-se ocioso.

De prático, o rito célere visa minorar as consequências danosas advindas do ilícito perpetrado no curso da campanha. A honra, não é demais repetir, ostenta dimensão especial dentre os direitos fundamentais da pessoa.

Ultimado o primeiro turno[237] ou o pleito, não haverá mais objeto jurídico a ser tutelado:

> **ELEIÇÕES 2018. RECURSOS INOMINADOS. REPRESENTAÇÃO. DIREITO DE RESPOSTA. INTERESSE PROCESSUAL. AUSÊNCIA DO BINÔMIO NECESSIDADE E UTILIDADE DO PROCESSO. REALIZAÇÃO DAS ELEIÇÕES. EXTINÇÃO DO PROCESSO SEM JULGAMENTO DO MÉRITO.**
>
> 1. Realizado o pleito não se evidencia a conjugação do binômio necessidade e utilidade do processo em que se discute o exercício de direito de resposta relacionado com as eleições, ante a falta de interesse processual.
>
> 2. Na linha da jurisprudência do TSE "estando o direito de resposta previsto no artigo 58 da Lei nº 9.504/1997, voltado ao equilíbrio da disputa eleitoral, ocorre o prejuízo do pedido, se vier a ser apreciado quando já encerradas as eleições" (REspE nº 6945-25, rel. Min. Marco Aurélio, DJe de 13.9.2011).[238]

8.29.2. Procedimentos judiciais específicos

8.29.2.1. Órgão da imprensa escrita

Relativamente aos jornais, revistas e similares impressos, a pretensão judicial do ofendido deverá ser instruída com um exemplar da publicação, juntamente com o texto para a resposta. Ambos são indispensáveis à propositura da representação (CPC, art. 320).

Deferido o pedido pelo juiz ou relator, a divulgação da resposta dar-se-á no mesmo veículo de comunicação, espaço, local, página, tamanho, caracteres e outros elementos de realce usados na ofensa, em até quarenta e oito horas após a decisão ou, tratando-se de veículo com periodicidade de circulação maior que quarenta e oito horas, na primeira vez em que o mesmo circular.

Por solicitação do ofendido, a divulgação da resposta será feita no mesmo dia da semana em que a ofensa foi divulgada, ainda que fora do prazo das quarenta e oito horas.

---

237. ELEIÇÕES 2022. RECURSO ESPECIAL. REPRESENTAÇÃO. PROPAGANDA. HORÁRIO ELEITORAL GRATUITO. GOVERNADOR. PEDIDO DE DIREITO DE RESPOSTA. PRIMEIRO TURNO ENCERRADO. PERDA SUPERVENIENTE DO OBJETO. PREJUDICIALIDADE.
1. De acordo com a jurisprudência deste Tribunal, exaurido o período da propaganda eleitoral relativa ao primeiro turno das eleições, tem-se a perda superveniente do objeto do recurso.
2. Recurso especial prejudicado. (TSE, REspEl nº 060256824/BA, PSESS 25/10/2022)

238. TSE, RP nº 060092426/DF, PSESS de 18/12/2018.

Se a ofensa for produzida em dia e hora que inviabilizem a sua reparação dentro dos prazos estabelecidos nas definições anteriores, dada a excepcionalidade, a Justiça Eleitoral determinará a imediata divulgação da resposta.

Ato contínuo, o ofensor deverá comprovar nos autos o cumprimento da decisão, mediante o fornecimento de dados sobre a regular distribuição dos exemplares, a quantidade impressa e o raio de abrangência na distribuição.

Pela jurisprudência:

- A **charge política** consubstancia forma de arte essencialmente provocativa, a merecer dupla proteção constitucional, por ser – ao mesmo tempo – expressão do discurso político e da criatividade artística do chargista. A publicação impugnada – consistente em charge que associa o nome do recorrente a personagens históricos identificados com regimes não democráticos e com violações a direitos fundamentais da pessoa humana – apenas expressa críticas às posições do candidato, inseridas no campo de tais liberdades públicas (TSE, RRP nº 060094684/DF, PSESS de 04/09/2018);
- Sempre que órgão de imprensa se referir de forma direta a candidatos, partidos ou coligações que disputam o pleito, com **ofensa ou informação inverídica, extrapolando o direito de informar**, haverá campo para atuação da Justiça Eleitoral para processar e julgar direito de resposta (TSE, RP nº 131302/DF, PSESS de 25/09/2014);
- O **direito de resposta não se conforma como sanção de natureza civil ou penal**, e não se contrapõe ao direito à liberdade de expressão. Pelo contrário, esse direito, da forma como estruturado na Constituição Federal, também é composto pelo direito de resposta (TSE, RP nº 131217/DF, PSESS de 25/09/2014);
- **Texto que ultrapassa os limites da liberdade de imprensa e crítica**, com ofensas diretas e indiretas à honra e à imagem dos representantes. Direito de resposta deferido (TSE, RP nº 233889/DF, PSESS de 19/08/2010);
- Extrapola o limite da informação reportagem que analisa o **conteúdo de frase proferida por candidato, anteriormente considerada como ofensiva pela Justiça Eleitoral**, para atribuir-lhe veracidade. A afirmação que atribui a Partido Político associação com narcotráfico abre espaço para o direito de resposta (TSE, RP nº 197505/DF, PSESS de 02/08/2010);
- Defere-se pedido de direito de resposta ao **artigo publicado por colunista de jornal** que, indubitavelmente, injuria partido político (TSE, RP nº 1.207/DF, PSESS de 26/09/2006).

8.29.2.2. Programação normal de rádio e televisão

O juiz ou o tribunal, à vista do pedido formulado pelo ofendido, deverá notificar o responsável pela emissora que realizou o programa para que este entregue, em vinte e quatro horas, sob as penas do art. 347 Código Eleitoral, cópia da transmissão impugnada.

O responsável pela emissora, ao ser notificado - ou informado pelo autor -, por cópia protocolada do pedido de resposta, preservará a gravação até a decisão final do processo. A empresa de comunicação possui legitimidade passiva, porquanto "em se tratando de pedido de direito de resposta que se originou por meio de matéria veiculada em jornal cuja ofensa é atribuída a terceiro, é recomendável que o veículo de comunicação figure na relação processual, a fim de lhe assegurar a ampla defesa, além do que, tal providência objetiva que ele assuma sua responsabilidade quanto à veiculação de matérias que possam ter repercussão no pleito"[239].

Deferido o pedido, a resposta será dada em até quarenta e oito horas após a decisão, em tempo igual ao da ofensa, mas nunca inferior a um minuto.

8.29.2.3. Horário eleitoral gratuito

O horário eleitoral não é disponibilizado para ataques e ofensas de cunho destrutivo entre adversários. Tais comportamentos implicam em desvirtuamento do espaço que é concedido à propaganda.

A ementa constante da Representação nº 165865/DF (PSESS 16/10/2014) sumariou, na exata medida, a hipótese do inciso III do §3ª do art. 58 da LE:

> **ELEIÇÕES 2014. REPRESENTAÇÃO. DIREITO DE RESPOSTA. OFENSA À HONRA. HORÁRIO ELEITORAL GRATUITO. BLOCO TELEVISIVO. MEDIDA LIMINAR. DEFERIMENTO.**
>
> 1. Nos programas eleitorais gratuitos, as campanhas devem ser programáticas e propositivas, visando ao esclarecimento do eleitor quanto a temas de interesse público.
>
> 2. Não é permitido o uso do horário eleitoral gratuito para a veiculação de ofensas ou acusações a adversários, decorrentes de manifestações de terceiros ou de matérias divulgadas pela imprensa.

239. RRP nº 060104809/DF, PSESS de 25/09/2018; REspe nº 24387/RJ, DJ de 16/09/2005.

> 3. Eventuais críticas e debates, ainda que duros e contundentes, devem estar relacionados com as propostas, os programas de governo e as questões de políticas públicas.
> 4. Liminar deferida, por maioria, para determinar a suspensão da veiculação do trecho impugnado.

A premissa básica é a de que o direito de responder "deve ser concedido excepcionalmente, tendo em vista a liberdade de expressão dos atores sociais envolvidos" (TSE, RRP nº 060104809/DF). Em sendo, o ofendido usará, para executar a retificação, o tempo igual ao da ofensa, nunca inferior a um minuto.

A resposta será veiculada no horário destinado ao partido ou à coligação responsável pela ofensa, devendo dirigir-se aos fatos nela veiculados. Cediço que o espaço é destinado exclusivamente para o insultado responder proporcionalmente ao ataque que lhe foi desferido, e não para promover outra propaganda. Se assim não o for, o ato derivará em nova desigualdade

Na hipótese de o tempo reservado ao partido ou coligação responsável pela ofensa ser inferior a um minuto, a resposta será levada ao ar tantas vezes quantas sejam necessárias para a sua complementação de tempo.

Deferido o pedido para resposta, a emissora geradora e o partido ou a coligação atingidos deverão ser notificados imediatamente da decisão, na qual deverão estar indicados quais os períodos, se diurno ou noturno, para a veiculação da resposta, que deverá ter lugar no início do programa daqueles reclamados

O meio magnético com a contestação deverá ser entregue à emissora geradora, até trinta e seis horas após a ciência da decisão, para veiculação no programa subsequente do partido ou coligação em cujo horário se praticou a ofensa.

É importante anotar que se o ofendido for candidato, partido ou coligação que tenha usado o tempo concedido sem responder aos fatos veiculados na ofensa, terá subtraído tempo idêntico do respectivo programa eleitoral; tratando-se de terceiros, ficarão sujeitos à suspensão de igual tempo em eventuais novos pedidos de resposta e à multa.

O desvirtuamento do Direito de Resposta, pelo ofendido, não atrai a penalidade pecuniária prevista no art. 58, § 8º, da Lei nº 9.504/97, direcionado exclusivamente às emissoras que divulgam a propaganda eleitoral gratuita.[240]

240. TSE, REspe nº 21280/MG, DJ de 08/08/2003.

O assunto se encontra pormenorizado por inúmeros arestos, conforme evidencia o ementário a seguir:

- O ato de **questionar o desempenho dos candidatos no exercício dos cargos públicos** que ocupam ou já ocuparam é corriqueiro no debate eleitoral, caracterizando crítica normal a que se submetem as personagens da vida pública (TSE, RP nº 060129927/DF, PSESS de 05/10/2018);
- **A análise crítica sobre o pronunciamento de assessor econômico ligado à campanha de candidato** a Presidente da República, com a indicação de eventuais consequências negativas das propostas apresentadas, não caracteriza fato sabidamente inverídico, tampouco ofensa de caráter pessoal, situando-se nos limites da crítica política admissível (TSE, RP nº 060149412/DF, PSESS de 03/10/2018);
- **Fatos noticiados na mídia** não embasam o pedido de direito de resposta por não configurar fato sabidamente inverídico (TSE, RRP nº 060142055/DF, PSESS de 05/10/2018; TSE, RP nº 1393-63/DF, PSESS de 02/10/2014; TSE, RP nº 3681-23/DF, Mural em 28/10/2010);
- Não há falar em direito de resposta quando o fato atacado configurar **controvérsia entre propostas formuladas por candidatos**, restrita à esfera dos debates políticos, próprio do confronto ideológico (TSE, RRP nº 124115/DF, PSESS de 25/09/2014);
- O **comentário de notícias publicadas na imprensa** não está proibido no espaço reservado à propaganda eleitoral gratuita (TSE, RP nº 1269/DF, PSESS de 24/10/2006);
- A concessão de direito de resposta pressupõe inverdades manifestas e/ou ofensas objetivas, não sendo dado à Justiça Eleitoral complementar falas, **adicionar novos elementos, preencher lacunas e edificar ilações de todo subjetivas** (TSE. RP nº 119271/DF, PSESS de 23/09/2014);
- **O deferimento do direito de resposta e a interrupção da divulgação da ofensa não elidem a ocorrência dos crimes de difamação e divulgação de fatos inverídicos** na propaganda eleitoral, tendo em vista a independência entre as instâncias eleitoral e penal (TSE, RHC nº 761681/RS, DJE de 01/07/2011);
- A propaganda eleitoral gratuita que, sem ofender nem falsear a verdade, se limita a **rememoração de fato passado**, inclusive informando data e disponibilizando dados que permitem compreender que se trata de acontecimento há muito ocorrido, não autoriza o deferimento do pedido de direito de resposta (TSE, RP nº 366217/DF, PSESS de 26/10/2010);
- Se a propaganda tem foco em **matéria jornalística, apenas noticiando conhecido episódio**, não incide o disposto no art. 58 da Lei n° 9.504/97, ausente, no caso, qualquer dos requisitos que justifique o deferimento de direito de resposta (TSE, RP nº 2541-51/DF, PSESS de 1º/09/2010);

- O **prazo para ajuizamento do direito de resposta, quando decorrente de inserção**, deve ser contado do final do bloco de audiência (TSE, RP nº 367783/DF, PSESS de 26/10/2010);
- As referências ao **comportamento do candidato em gestões passadas** não configuram fundamento para concessão do direito de resposta (TSE, RP nºs 353312/DF e TSE, RP nº 352972/DF,ambas PSESS de 19/10/2010);
- É lícita, no horário eleitoral reservado aos candidatos, a **exploração crítica das notícias veiculadas pela imprensa**, especialmente quando as reportagens não são objeto de pedido específico de direito de resposta contra os veículos de imprensa (TSE, RRP nº 298062/DF, PSESS de 29/09/2010);
- Para efeito de concessão de direito de resposta, não caracteriza fato sabidamente inverídico a **crítica à administração baseada em fatos noticiados pela imprensa**(TSE, RP nº 296411/DF e TSE, RP nº 296326/DF, ambas PSESS de 28/09/2010; TSE, MC nº1188/BA, PSESS de 01/10/2002);
- A **afirmação de que um homem público acoberta escândalo** constitui, em tese, ofensa apta a ensejar a concessão de direito de resposta, dado o caráter difamatório da referida assertiva (TSE, RP nº 1265/DF, PSESS de 17/10/2006);
- O **Estado-Membro é parte ilegítima para requerer direito de resposta em programa eleitoral gratuito**. Críticas que não são dirigidas ao povo nem ao próprio estado (TSE, RPs nº 617/RS e TSE, RP nº 618/RS, PSESS de 22/10/2002, por maioria)[241];
- A **afirmação veiculada em programa eleitoral que permite induzir o destinatário da propaganda à conclusão de que partido político ou coligação está associado a atos de violência ou práticas criminosas** desborda da crítica política admitida pela Corte, a ensejar direito de resposta, à luz do art. 58 da lei eleitoral (TSE, RP nº 616/DF, PSESS de 22/10/2002);
- A **linguagem** utilizada, ainda que **agressiva, folhetinesca e imprópria,** não ultrapassa o limite da crítica contundente. A expressão "candidatos dos poderosos" não caracteriza conceito calunioso, difamatório, injurioso ou cabalmente inverídico (Lei nº 9.504/97, art. 58) (TSE, AgRg-RP nº 482/DF, PSESS de 24/09/2002).

8.29.2.4. *Internet*

No período eleitoral, a *Internet*, cada vez mais, gera e reproduz incontroláveis informações, versões, mentiras e manipulações sobre fatos e pessoas. Como a realidade evidencia, trata-se de um momento caracterizado pela profusão vertiginosa de *barulho digital*.

241. Em sentido contrário, admitindo a legitimidade do Estado-Membro: RP nº 605/RS, PSESS de 21/10/2002.

Assim posto, deferida a desforra por ofensa digital, o ofensor deverá tomar as seguintes providências:

- divulgar a resposta do ofendido em até quarenta e oito horas após sua entrega em mídia física, e
- empregar nessa divulgação o mesmo impulsionamento de conteúdo eventualmente contratado nos termos constantes do art. 57-C e o mesmo veículo, espaço, local, horário, página eletrônica, tamanho, caracteres e outros elementos de realce usados na ofensa.

Para situar cronologicamente, é de ser dito que o *leading case* do cabimento de Direito de Resposta de mensagem postada em Twitter foi delimitado pelo Tribunal Superior Eleitoral na Representação nº 361895/DF:

> **Eleições 2010. Propaganda Eleitoral. *Twitter*. Direito de resposta. Sítios de mensagens instantâneas e assemelhados. Possibilidade jurídica.**
>
> 1. O *Twitter* se insere no conceito de "sítios de mensagens instantâneas e assemelhados", previsto no art. 57-B da Lei 9.504/97, e é alcançado pela referência a "qualquer veículo de comunicação social" contida no art. 58 da Lei das Eleições.
>
> 2. O direito de resposta em razão de mensagem postada no *Twitter* é cabível. Relevância de o detentor da página ser coordenador de comunicação de campanha eleitoral.
>
> 3. Deferido o direito de resposta, o próprio usuário, exercendo o controle de conteúdo que detém sobre a sua página no Twitter, deve postar o texto da resposta.
>
> 4. Direito de resposta concedido.

Nesta modalidade, o revide deverá ficar disponível para acesso pelos usuários da *Internet* por tempo não inferior ao dobro em que esteve disponível a mensagem tida por ofensiva.

Numa espécie de sucumbência, os custos da veiculação correrão por conta do responsável pela propaganda original[242].

---

242. DIREITO DE RESPOSTA. COLIGAÇÃO PARTIDÁRIA. PARTIDO POLÍTICO. IMPRENSA.
(...). Nesse bem fincado palco é que se aclara a compreensão do mencionado art. 58: ele assegura, sim, direito de resposta, porém às expensas de qualquer um daqueles três centrados atores da cena eleitoral: candidato, partido, coligação partidária. Vale dizer, tão-somente às custas de um ofensor que seja ao mesmo tempo ator político é que o ofendido vê a sua honra desagravada, ou a verdade dos fatos restabelecida. Passando a ocupar, então, o mesmo espaço em que se movimentou o seu adversário (candidato, partido, ou coligação partidária, repise-se). Terçando as mesmas armas de que se valeu o seu eventual detrator. Pois assim é que se restabelece o equilíbrio de forças entre competidores de uma

Porém, como se pode notar, num desserviço aos direitos individuais e abandonando o ofendido, a LE/97 dispôs que, findo o período eleitoral, as ordens judiciais de remoção de conteúdo da *Internet* deixarão de produzir efeitos, cabendo à parte ofendida requerer a remoção do conteúdo ou indenização por meio de ação judicial autônoma perante a Justiça Comum.

8.29.2.5. Carro de som

O TSE firmou inusitada e inconvincente compreensão segundo a qual, de acordo com o disposto no art. 5º, V, da Carta Magna, há direito de resposta por ofensa assacada a partir de carro de som, ainda que esta modalidade de propaganda não figure dentre os meios de comunicação social, muito menos ainda dentre os elencados ao art. 58 da Lei nº 9.504/97. O irrealismo desta conclusão salta aos olhos, sendo as suas teorias e explicações extremamente frágeis. Contudo, "O fato de que o legislador infraconstitucional previu prazos e procedimentos específicos para requerer o direito de resposta no caso de ofensas praticadas por meio de horário eleitoral gratuito, emissoras de rádio e televisão, órgãos de imprensa escrita e conteúdo de *internet*, não descortina a compreensão de que as ofensas à honra, perpetradas por outros meios, se tornam impuníveis ante a falta de procedimento específico", demarcou, por maioria, o Recurso Especial Eleitoral nº 222-74/BA (DJE 12/11/2019).[243]

---

mesma pugna, sabido que o direito de resposta é mecanismo assecuratório desse mesmo equilíbrio entre partes. (trecho da ementa da RP nº 1.201/DF, TSE, PSESS de 02/10/2006).

243. ELEIÇÕES 2016. OFENSA. CARRO DE SOM. DIREITO DE RESPOSTA. POSSIBILIDADE. FUNDAMENTO CONSTITUCIONAL. PREVALÊNCIA. SÍNTESE DE CASO

1. Trata-se de recurso especial interposto em face de acórdão do Tribunal Regional Eleitoral que, à unanimidade, deu provimento ao recurso e reformou a decisão do Juízo Eleitoral, a fim de julgar improcedente o pedido concessivo de direito de resposta formulado por ofensa ocorrida mediante carro de som, tornando insubsistente, ainda, a multa por descumprimento de ordem judicial, aplicada em primeiro grau e consistente em R$ 5.320,50.

ANÁLISE DO RECURSO ESPECIAL

CORRENTE VENCIDA.

2. O legislador, no âmbito da Lei das Eleições, contemplou como meios aptos à concessão de direito de resposta o horário eleitoral gratuito (inciso I), a programação normal de emissoras de rádio e televisão (inciso II), a imprensa escrita (inciso III) e o conteúdo na internet (inciso IV), regulando exaustivamente o tema, com a adoção de prazos e procedimentos distintos em razão de cada ofensa irrogada por tais meios (art. 58, § 3º, I e IV, da Lei 9.504/97), não se abrangendo o direito de resposta em face de propaganda realizada por modalidades distintas, notadamente carros de som, alto-falantes, meios sonoros ou por formas diversas de publicidade de campanha.

3. Diante da opção legislativa de abandonar o cabimento do direito de resposta por alto-falante, preconizado no Código Eleitoral, o que sinaliza revogação tácita do art. 243, § 3º, da Lei 4.737/65, descabe à Justiça Eleitoral acolher a pretensão deduzida, à míngua de expressa previsão legal e com o fito de assegurar o desagravo ao ofendido no âmbito da disputa.

8.29.3. Desistência

Na mudez da norma, as partes, unilateralmente ou de comum acordo, podem desistir dos pedidos de direito de resposta[244].

8.29.4. Decisão sobre Direito de Resposta

A Justiça Eleitoral (LE/97, art. 96, I, II e III) deve proferir suas decisões no prazo máximo de setenta e duas horas contadas da formulação do pedido, observando-se o disposto nos §§ 2º e 9º do art. 58.

8.29.5. Recursos

Da decisão sobre o exercício do Direito de Resposta, se proferida pelo Juiz Eleitoral, é cabível recurso ao Tribunal Regional Eleitoral (TRE) e deste para o Tribunal Superior Eleitoral (TSE), sempre no prazo de vinte e quatro horas da data de sua publicação em cartório, mural ou sessão, assegurado ao recorrido oferecer contrarrazões em igual prazo, a contar de sua notificação.

> **Direito de resposta. Recurso especial. Intempestividade.** Por se tratar de direito de resposta, nos termos do § 5º do art. 58 da Lei nº 9.504/97, o recurso especial deve ser interposto no prazo de 24 horas, ainda que o acórdão recorrido tenha por objeto pretensão executória.
>
> Agravo regimental não provido.[245]

CORRENTE VENCEDORA. TESE PREVALECENTE.

4. O direito de resposta tem assento constitucional (art. 5º, inciso V, da Carta da República), que assegura a todos os cidadãos da República "o direito de resposta, proporcional ao agravo, além da indenização por dano material, moral ou à imagem", razão pela qual o Estado-Juiz deve empenhar todos os esforços possíveis para assegurar a maior efetividade aos direitos e garantias fundamentais contidos na Carta Magna, realizando interpretação da legislação por meio de filtragem constitucional.

5. Em face da densificação direta e imediata da Constituição sobre a matéria, bem como reputando, ainda, a análise do caso concreto e a própria interpretação do caput do art. 58 da Lei das Eleições, é cabível a veiculação de direito de resposta por ofensa irrogada por carro de som.

6. Ainda que se trate de meio distinto daqueles elencados no art. 58 da Lei nº 9.504/97, incumbe à Justiça Eleitoral, na hipótese específica de ofensa veiculada por carro de som, assegurar o exercício da referida garantia constitucional, sendo-lhe lícito - e encorajado - que busque na legislação a hipótese normatizada que mais se assemelha à ofensa perpetrada e aquilate, por analogia, o procedimento de reparação do aviltamento da honra do cidadão da República.

CONCLUSÃO

Recurso especial a que se nega provimento.

244. TSE, DR nº 060159255/DF, PSESS 28/10/2022.

245. TSE, AgRg-REspe nº 362996/RJ, DJE de 16/12/2011.

8.30. ART. 241 DO CÓDIGO ELEITORAL E SOLIDARIEDADE

Dispõe o Código Eleitoral:

> Art. 241. Toda propaganda eleitoral será realizada sob a responsabilidade dos partidos e por eles paga, imputando-se-lhes solidariedade nos excessos praticados pelos seus candidatos e adeptos.

A seguir, consta ao seu parágrafo único, incluído pelo art. 1º da Lei nº 12.891/13:

> Parágrafo único. A solidariedade prevista neste artigo é restrita aos candidatos e aos respectivos partidos, não alcançando outros partidos, mesmo quando integrantes de uma mesma coligação.

O dispositivo, a partir dos pertinentes acréscimos resultantes da Reforma Eleitoral de 2013, demarcou a responsabilização decorrente de excessos na propaganda eleitoral esclarecendo o seu alcance, impedindo, assim, que a sanção imposta transcenda o candidato infrator e a agremiação política (corresponsável) pela qual concorreu, sem atingir injustamente as demais.

Perante o Devido Processo Legal (CF/88, art. 5º, LIV), a denominada *responsabilidade solidária* (legitimidade passiva) ficou restrita ao candidato e ao seu respectivo partido político. Por força disso, na hipótese de uma coligação para senador ou prefeito, somente os candidatos e seus respectivos partidos é que suportarão a multa advinda da infração, independentemente da presença de outras siglas coligadas. Este foi o sentido terminológico almejado pelo legislador ao proceder na reforma do Código Eleitoral, o qual se encontra assentado na orientação que vem se sedimentando nos regionais:

> **ELEIÇÕES 2020. RECURSO ELEITORAL. PROPAGANDA ELEITORAL IRREGULAR. BANDEIRA AFIXADA EM SEDE DE PARTIDO. SENTENÇA QUE RECONHECE A ILEGALIDADE DA PROPAGANDA MAS NÃO FIXA MULTA AOS REPRESENTADOS. RECURSO DOS REPRESENTANTES - PRELIMINAR DE EXTEMPORANIEDADE DA REPRESENTAÇÃO. INOCORRÊNCIA. DATA DO PLEITO COMO LIMITE. AFASTADA - PRELIMINAR DE ILEGITIMIDADE PASSIVA. RECORRIDOS BENEFICIÁRIOS DA PROPAGANDA. PARTIDO INTEGRANTE DA COLIGAÇÃO. AFASTADA - MÉRITO. MULTA DO ART.36, §3º, DA LEI DAS ELEIÇÕES. NECESSIDADE DE DEMONSTRAÇÃO DE CONHECIMENTO PRÉVIO DOS BE-**

NEFICIÁRIOS. CIRCUNSTÂNCIAS DO CASO EM CONCRETO QUE PERMITEM TAL CONSTATAÇÃO. APLICAÇÃO DA MULTA NO MÍNIMO LEGAL. RESPONSABILIDADE SOLIDÁRIA DOS BENEFICIÁRIOS E DO RESPECTIVO PARTIDO- PEDIDO SUCESSIVO DE APLICAÇÃO DA MULTA DO ART.37, §1º, DA LEI 9504/97 PREJUDICADO - RECURSO CONHECIDO E PROVIDO.

(...).

4. No caso em apreço, além do material ter sido confeccionado pelo partido ao qual os candidatos são filiados, verifica-se ainda que foi afixado na sede de agremiação que integra a coligação, em local de fácil visualização. Conhecimento dos beneficiários suficientemente comprovados pelas circunstâncias. Aplicação da multa que se impõe.

5. O §5º, do art.6º, da Lei nº 9.504/97 prevê expressamente que a responsabilidade pelo pagamento de multas decorrentes de propaganda eleitoral é solidária entre os candidatos e respectivos partidos, não alcançando outros partidos mesmo quando integrantes de uma mesma coligação. Dessa forma, a multa deve ser suportada pelos candidatos beneficiários e pelo partido ao qual estão filiados.

(...).[246]

ELEIÇÕES 2016. RECURSO ELEITORAL. REPRESENTAÇÃO POR PROPAGANDA ELEITORAL IRREGULAR. RÁDIO. PROGRAMAÇÃO NORMAL. SEGUNDO SEMESTRE DO ANO DA ELEIÇÃO. VIOLAÇÃO AO DISPOSTO NO ART. 36, § 2º, DA LEI 9.504/97. MULTA. SOLIDARIEDADE DO PARTIDO. ART. 241 DO CÓDIGO ELEITORAL. ART. 6º, § 5º, DA LEI 9.504/97. DESPROVIMENTO DO RECURSO.

1. Veiculação de propaganda eleitoral na programação normal de emissora de rádio no segundo semestre do ano das eleições. Violação ao disposto no art. 36, § 2º, da Lei 9.504/97. Incidência da multa prevista no § 3º do mesmo artigo.

2. Responsabilidade solidária dos partidos políticos pelo pagamento de multas decorrentes de propaganda eleitoral realizada pelos candidatos a eles filiados. Art. 241 do Código Eleitoral e art. 6º, § 5º, da Lei nº 9.504/97. Jurisprudência do TSE.

3. Multa fixada acima do mínimo legal com base em critérios objetivos, quais sejam, a gravidade da conduta e a potencial repercussão positiva em favor do candidato.

4. DESPROVIMENTO do recurso.[247]

246. TRE/PR, RE nº 0600181-83, PSESS de 14/10/2020.

247. TRE/RJ, RE nº 134-32, DJE de 29/01/2018.

RECURSO ELEITORAL. REPRESENTAÇÃO. PROPAGANDA ELEITORAL IRREGULAR. FACHADA DO COMITÊ CENTRAL DE CAMPANHA. EFEITO *OUTDOOR*. VIOLAÇÃO AOS ARTIGOS 37, § 2º, DA LEI N.º 9.504/1997 C/C ART. 10, § 2º DA RES. TSE N.º 23.457/2015, E ART. 39, § 8.º, DA LEI N.º 9.504/1997 C/C ART. 20 DA RES. TSE N.º 23.457/2015. CONFIRMAÇÃO DA PENALIDADE APLICADA. LIMITAÇÃO SUBJETIVA DA DEMANDA. ART. 241, PARÁGRAFO ÚNICO DO CÓDIGO ELEITORAL. CONDENAÇÃO RESTRITA AO PARTIDO BENEFICIADO. LITIGÂNCIA DE MÁ-FÉ NÃO CONSTATADA. CONHECIMENTO E PROVIMENTO PARCIAL.

1. A partir das provas nos autos, tem-se por inegável a constatação de pintura da fachada do diretório central de campanha com efeito *outdoor*, com dimensões que superam 4 m2, ensejando a penalidade prevista no art. 39, § 8º, da Lei nº 9.504/97.

2. De acordo com a jurisprudência do Tribunal Superior Eleitoral, a definição de *outdoor* se caracteriza por qualquer aparato propagandístico com tamanho excedente a 4 m^2.

3. Não se afigura, no caso em tela, elementos que possam caracterizar a alegada responsabilização por dano processual do art. 81 do CPC.

4. Outrossim, mostra-se razoável a multa arbitrada pelo juiz de primeiro grau em patamar mínimo, por vislumbrar ser tal valor suficiente a desestimular as recorrentes a futuras práticas de propaganda irregular.

5. No que pertine aos limites subjetivos da condenação, nos termos do artigo 241 do Código Eleitoral, a aplicação da multa deve ficar restrita ao partido beneficiado com a publicidade combatida, não alcançando outros, mesmo quando integrantes de uma mesma coligação. Ademais, na espécie, os candidatos ao cargo de prefeito e vice-prefeito cujos nomes constam na publicidade não fizeram parte da relação processual ora discutida.

6. Recurso conhecido e provido parcialmente.[248]

8.31. DIREITO AUTORAL E PROPAGANDA ELEITORAL

O Direito Autoral amparado pela CF/88[249] alcança o Direito Eleitoral.

248. TRE/SE, Representação nº 421-17, DJE de 25/08/2017.

249. Art. 5º Todos são iguais perante a lei, sem distinção de qualquer natureza, garantindo-se aos brasileiros e aos estrangeiros residentes no País a inviolabilidade do direito à vida, à liberdade, à igualdade, à segurança e à propriedade, nos termos seguintes:

(...).

V - é assegurado o direito de resposta, proporcional ao agravo, além da indenização por dano material, moral ou à imagem;

(...).

Acerca das repercussões da criação intelectual na esfera da propaganda política, a Resolução nº 21.078/02 (DJ de 24/05/2002) dispôs:

> **Conselho Nacional de Auto-Regulamentação Publicitária - CONAR - Propaganda partidária - Lei n° 9.096/95 - Propaganda eleitoral gratuita - Lei n° 9.504/97 - Uso de imagens, marcas e nomes comerciais, slogans, etc.**
>
> 1. Qualquer vício que venha a ocorrer nos programas de propaganda, tanto a partidária quanto a eleitoral gratuita, deve ser apurado pelos tribunais eleitorais, se provocados, que adotarão as providências necessárias e aplicarão as penalidades cabíveis, no âmbito de sua competência.
>
> 2. É admissível que a representação seja oferecida pelo prejudicado, mesmo que este não se inclua entre aqueles expressamente legitimados na legislação eleitoral.
>
> 3. Nos horários reservados para a propaganda partidária ou eleitoral, não se pode admitir, de nenhuma maneira, utilização comercial, ou seja, propaganda realizada com a intenção, ainda que disfarçada ou subliminar, de promover marca ou produto.
>
> 4. A propaganda eleitoral ou partidária deve respeitar o direito do autor, protegido pelo art. 5°, inciso XXVII, da Constituição da República, o que significa que a utilização de qualquer fruto da criação intelectual depende da autorização de seu autor ou titular.

Dentre outras considerações, ficou ressaltado pela decisão:

> Nessas questões se incluem as relativas ao uso de imagens, marcas e nomes comerciais, slogans, etc. em programas de propaganda partidária ou eleitoral, o que, com ou sem a devida autorização, pode configurar ilegalidade.
>
> Isso porque, nos horários reservados para a propaganda partidária ou eleitoral, não se pode admitir, de nenhuma maneira, utilização comercial, ou seja, propaganda realizada com a intenção, ainda que disfarçada ou subliminar, de promover marca ou produto.

XXVII - aos autores pertence o direito exclusivo de utilização, publicação ou reprodução de suas obras, transmissível aos herdeiros pelo tempo que a lei fixar;

XXVIII - são assegurados, nos termos da lei:

a) a proteção às participações individuais em obras coletivas e à reprodução da imagem e voz humanas, inclusive nas atividades desportivas.

> E, também, porque a propaganda eleitoral ou partidária deve respeitar o direito do autor, protegido pelo art. 5º, inciso XXVII, da Constituição da República, o que significa que a utilização de qualquer fruto da criação intelectual depende da autorização de seu autor ou titular.

Assim posto, a propaganda política, seja partidária ou eleitoral, não poderia ser diferente: deve respeitar o direito do autor. Nesta linha de entendimento, "Compete à Justiça Eleitoral vedar a reprodução, no horário destinado à propaganda eleitoral gratuita, de imagens, verdadeiro videoclipe, fruto da criação intelectual de terceiros, sem autorização de seu autor ou titular" (RP nº 586/DF, PSESS de 21/10/2002).

Como corolário lógico dessas garantias, estipulou-se, de modo abrangente, que "Tem legitimidade o titular de direito autoral para representar à Justiça Eleitoral, visando coibir prática ilegal em espaço de propaganda partidária ou eleitoral" (RP nº 678/DF, DJ de 04/02/2005).

Sobre a utilização de cenas externas, trucagem e montagem, bem como a violação ao direito de autor, pelo fato de que se constituem matérias não relacionadas ao pedido de direito de resposta, devem ser apuradas por meio do art. 96 da Lei nº 9.504/97, não podendo ser objeto do procedimento estabelecido para o direito de resposta previsto no art. 58, dada a incompatibilidade de ritos.[250]

A despeito dos danos relacionados ao direito autoral em decorrência da propaganda eleitoral, deverão os mesmos ser pleiteados perante a Justiça Comum.[251]

250. TSE, AgR-RP nº 1.097/SP, PSESS de 13/09/2006.

251. TSE, PET nº 1.547/RJ (Resolução nº 21978), DJ de 16/03/2005. Acórdão também publicado pela Revista de Jurisprudência do TSE, Volume 16, Tomo 1, p. 357. A respeito do polo passivo, vide a seguinte decisão do Superior Tribunal de Justiça no AgInt no REsp Nº 1.337.485/SP (DJe de 04/09/2019): AGRAVO INTERNO NO RECURSO ESPECIAL. DIREITO AUTORAL. AÇÃO DE INDENIZAÇÃO POR DANOS MATERIAIS E MORAIS. USO INDEVIDO DE LETRA DE POESIA EM CAMPANHA ELEITORAL. ALEGAÇÃO DE OMISSÃO. OFENSA AO ART. 535, II, DO CPC/1973. INEXISTÊNCIA. AGRAVO NÃO PROVIDO. 1. Ainda que não examinados individualmente cada um dos argumentos suscitados pela parte, se o acórdão recorrido decide integralmente a controvérsia, apresentando fundamentação adequada, não há que se falar em ofensa ao art. 535, II, do CPC/1973. Ademais, o órgão julgador não está obrigado a se pronunciar sobre questão não arguida anteriormente pela parte, mas apenas em sede de embargos de declaração. 2. *Obiter dictum*, ressalte-se que a jurisprudência do Superior Tribunal de Justiça orienta-se no sentido de reconhecer a solidariedade passiva entre candidato e partido político nas causas relacionadas a fatos decorrentes de campanha eleitoral. 3. Agravo interno a que se nega provimento.

8.32. RESUMO DA PROPAGANDA POLÍTICA

À luz do ordenamento vigente, consoante o capítulo procurou desenvolver e expor, inclusive com amparo na doutrina e na jurisprudência, a propaganda, enquanto instrumento de irradiação, dissemina mensagens as mais variadas e com distintas finalidades.

A propaganda do denominado *mercado político*[252] pode ser assim classificada:

MODALIDADE	FINALIDADE
Propaganda Eleitoral	Desenvolvida por partidos políticos, coligações e candidatos durante o período de campanha visando o voto do eleitorado
Propaganda Institucional[253]	Desenvolvida para a divulgação de fatos e feitos do grupamento político que chefia a administração pública
Propaganda Partidária	Desenvolvidos pelos partidos políticos na defesa dos seus interesses

252. Expressão corrente emitida originalmente pela inteligência crítica de Niklas Luhmann (1927-1998).

253. Tem a finalidade de "convencer a população em geral da qualidade da gestão pública e os benefícios que esta vem trazendo à população" (NEVES FILHO, 2012, p. 48).

Capítulo

9

COMITÊ ELEITORAL

9.1. CONCEITO

Reproduzindo no Brasil o estilo norte-americano de fazer campanha, o pleito de 1950 inaugurou no Brasil a era dos comitês eleitorais.

A definição jurídica de comitê eleitoral é variada. A que consta no Glossário do TSE se harmoniza à realidade: "Local ou locais, de acordo com a disponibilidade de recursos da campanha, em que se centralizam e se organizam as atividades eleitorais dos candidatos durante o período eleitoral, tais como o atendimento do eleitor e a distribuição de material de propaganda aos correligionários, aos cabos eleitorais e aos simpatizantes dos candidatos"[1].

9.2. LOCALIZAÇÃO E DISTÂNCIA DE PRÉDIOS ESPECIAIS

Não há regra limitando a localização de comitês de campanha eleitoral, podendo os mesmos se situar em qualquer endereço da cidade, desimportando, para isso, a sua proximidade com sedes de Poderes, quartéis, hospitais, escolas, bibliotecas públicas, igrejas e teatros. Trata-se, em verdade, da utilização comercial de um imóvel privado para o exercício de

1. http://www.tse.jus.br/eleitor/glossario/termos-iniciados-com-a-letra-c#comite-eleitoral (Acesso em: 26 Out. 2015).

finalidades lícitas. A única ressalva diz quanto à necessidade de obediência a horários e distâncias mínimas para a utilização de amplificadores de som e alto-falantes, segundoas determinaçõesdo art. 39, §3°, I, II e III da Lei nº 9.504/97. Para o caso de irregularidade, a reprimenda cabível é a proibição dos equipamentos, e não o fechamento de comitê eleitoral regularmente instalado, sendo descabida, por igual, a aplicação de multa ou cassação dos registros dos candidatos ante a inexistência de previsão legal.

Ainda sobre esse dispositivo, deve o mesmo ser interpretado de forma restritiva, não sendo possível ampliar a vedação legal nele contida. Desta feita, não há impedimento algum para a instalação de comitê eleitoral próximo a terminais rodoviários, delegacias, postos de serviços públicos (que não se confundem com sedes de Poderes), fóruns, tribunais, prefeituras e outros. Acerca do tema, a orientação promanada dos regionais é convergente:

> **RECURSO ELEITORAL. REALIZAÇÃO DE COMÍCIO. COMITÊ PRÓXIMO A ESCOLA E DELEGACIA DE POLÍCIA. INEXISTÊNCIA DE PREVISÃO LEGAL. PROVIMENTO NEGADO.**
>
> Não há vedação legal quanto à instalação de Comitê Político nas proximidades de órgãos públicos, mas sim, proibição relativa à instalação e o uso de alto-falantes ou amplificadores de som em distância inferior a 200 metros das instituições elencadas nos arts. 244 do Código Eleitoral e 39, § 3.º, da Lei n.º 9.504/97 e, no caso de proximidade de escola (inciso III), deve ser observada a incompatibilidade do período de funcionamento da escola com o uso do aparelho de sonorização. Portanto, a instalação do Comitê, por si só, não é suficiente para configurar o descumprimento da lei. A inexistência de previsão legal impede a aplicação das sanções pleiteadas pelos recorrentes (mudança de local da instalação do comitê eleitoral, aplicação de penalidade de multa e cassação dos registros de candidaturas), não sendo admissível aplicá-las com base na analogia (quartéis militares e delegacias civis).[2]
>
> **Recurso. Propaganda eleitoral em bem de uso comum. Improcedência da representação. Não configurada a violação do disposto no artigo 13 da Res. TSE n. 22.718/08. Liberdade de escolha para fixação da sede do comitê partidário. Inexistência de vedação legal quanto à sua proximidade de órgãos prestadores de serviços públicos.**

2. TRE/MS, RE nº 1.125, DJ de 26/11/2008.

> Pedido de fechamento da sede partidária prejudicado pelo transcurso das eleições. Provimento negado.[3]
>
> **Recurso Eleitoral. Representação. Eleições 2008. Propaganda eleitoral irregular. Improcedência.**
>
> Funcionamento de alto-falante ou amplificador de som na proximidade de prédios públicos. Não comprovação acerca do funcionamento dos equipamentos de som. Comparecimento de Oficial de Justiça ao local em 4 (quatro) oportunidades, e em horários distintos. Não verificação do uso de alto-falantes. Comitê eleitoral instalado nas proximidades de prédios públicos. Ausência de vedação legal. Recurso a que se nega provimento.[4]

Conforme decidido pelo TRE da Paraíba, é permitido estabelecer um comitê eleitoral na sede de uma empresa que concluiu as suas atividades e deixou de ser bem de uso comum.[5]

9.3. DISTÂNCIA MÍNIMA

Inexiste qualquer exigência desta natureza. O ordenamento jurídico não disciplinou um distanciamento mínimo entre os comitês de campanha numa mesma circunscrição eleitoral. Há total liberdade de opção por parte de candidatos, partidos e coligações para sediá-los. A proximidade entre comitês de uma mesma coligação ou de coligações adversárias é uma contingência natural, decorrente de critérios relacionados, dentre outros, ao interesse, fluxo de eleitores, proximidade a serviços, transportes, ordem econômica e análise do mercado imobiliário.

> **RECURSO ELEITORAL** - Pedido de registro de comitê - Indeferimento pela proximidade com outro Comitê - Preservação da ordem pública - Ausência de previsão legal - Sentença reformada. Recurso provido. Não pode o juiz, sob a escusa de evitar o confronto entre duas agremiações, indeferir o registro de comitê que se estabelece na mesma rua.[6]

Situações como acirramento nas disputas, confrontos entre militâncias rivais, atos de violência e atitudes provocativas que prejudiquem a paz

3. TRE/RS, RREP nº 533, PSESS de 16/10/2008.
4. TRE/MG, RE nº 3.827, PSESS de 22/09/2008.
5. RE nº 6.979, PSESS de 05/10/2012.
6. RE nº 2296, PSESS de 05/08/2004.

ou a harmonia são práticas coibidas através das autoridades, descabendo à Justiça Eleitoral fechar um comitê em detrimento de outro ou ordenar a sua abertura tão somente por conta da localização:

> **AGRAVO REGIMENTAL. PROXIMIDADE DE COMITÊS. REGULAMENTAÇÃO. INEXISTÊNCIA. ISONOMIA. EQUILÍBRIO DA DISPUTA. CONFLITOS. REFORÇO NA SEGURANÇA.** 1 - A legislação eleitoral não prevê distância mínima entre comitês, e a interferência na escolha do endereço da sede das atividades de campanha das coligações pode acarretar desequilíbrio na disputa eleitoral; 2 - Os conflitos entre militâncias devem ser contidos pelo aparato policial que, acaso insuficiente, deve ser reforçado, a pedido do juiz eleitoral; 3 - A determinação de fechamento de comitê eleitoral num prazo de 12 (doze) horas a contar do recebimento da intimação e a permissão de reinstalação a uma distância mínima de 1.500 (mil e quinhentos metros) daquele que primeiro comunicou ao cartório eleitoral o endereço, sem que seja oportunizado à prejudicada o direito à manifestação, viola o disposto no art. 5º, LV, da Constituição Federal; 4 - Desprovimento do agravo regimental interposto, para manutenção da medida liminar combatida em todos os seus termos.[7]

9.4. QUANTIDADE

A legislação também não limitou o número de comitês por candidatos, partidos ou coligações. E nem poderia. Seria uma intromissão na vida partidária. A deliberação em torno desse assunto é exclusivamente dos partícipes da campanha eleitoral, ao sabor de seus interesses, receitas e conveniências, consoante a autonomia assegurada pelo art. 17 da Constituição Federal. Descabe qualquer interferência da Justiça Eleitoral neste assunto atrelado unicamente aos critérios e estratégias dos interessados.

9.5. ALVARÁ E TAXAS MUNICIPAIS

Mesmo sendo uma atividade provisória e de natureza peculiar desenvolvida num curto espaço de tempo, a legislação municipal pode exigir do comitê eleitoral o recolhimento de taxas mediante a expedição de alvará em nome do partido ou candidato titular do espaço. Mencionados encargos

7. TRE/PE, RE nº 33607, DJE de 18/08/2012.

devem ser suportados pela receita de campanha, pagos através da conta bancária específica e lançados na prestação de contas como gasto.

9.6. PROPAGANDA ELEITORAL ANTECIPADA

Sobre "A instalação e até o funcionamento de um comitê eleitoral, por si só, não se constitui em ato de propaganda eleitoral, (...). Trata-se (...) de ato preparatório da campanha, não incluído na vedação do art. 36 da citada lei", nos termos do que decidiu o Tribunal Superior Eleitoral na RP nº 51/RJ, DJ de 06/08/98. É normal que os candidatos se preparem para a campanha escolhendo locais para seus comitês, montado instalações e preparando o material para distribuição a fim de pedir votos. Não podem começar a campanha, mas podem para ela se preparar.[8]

9.7. PINTURAS E ADESIVOS

O que outrora era licito e corriqueiro através da afixação ou inscrição de letreiros, faixas ou pinturas alusivas ao nome, número, *slogans* e legendas, agora tipifica infração. O retrocesso da legislação foi grotesco. Exatamente no momento culminante da democracia, quando as pessoas vão concorrer aos cargos da eleição, soa patético limitar pinturas nos comitês.

Candidatos, partidos e coligações poderão fazer inscrever, na sede do *comitê central* de campanha – e apenas neste – a sua designação, bem como o nome e o número do candidato em formato que não se assemelhe ou gere efeito de *outdoor*.

Na esteira da compreensão jurisprudencial, a justaposição de pinturas materializa prática vedada, ainda que cada uma das propagandas afixadas mantenha distância da outra:

> **ELEIÇÕES 2010. AGRAVO REGIMENTAL. RECURSO ESPECIAL. REPRESENTAÇÃO. PROPAGANDA ELEITORAL IRREGULAR. COMITÊ ELEITORAL. PLACAS E *OUTDOORS*. REPETIÇÃO. EFEITO VISUAL ÚNICO. ACIMA DO LIMITE LEGAL. ART. 37, § 2º, DA LEI Nº 9.504/1997. SÚMULA Nº 279/STF. DESPROVIMENTO.**
>
> 1. Configura propaganda irregular a repetição de pinturas causando impacto visual único, típico de outdoor, acima do limite legal, ainda

8. Na mesma linha de entendimento: REspe nº 24.059/PR, monocrática, DJ de 07/03/2005.

> que, isoladamente, elas respeitem o tamanho permitido em lei e estejam intercaladas por espaçamento mínimo.
>
> 2. Esta Corte já assentou ser proibida a veiculação de propaganda eleitoral superior a $4m^2$ também em comitês eleitorais de candidatos e de coligações partidárias.
>
> 3. A pretensão do recorrente - demonstrar que não houve prova do prévio conhecimento e que a propaganda não violou a legislação eleitoral - demandaria o reexame do conjunto fático-probatório, o que é inviável em recurso especial, consoante a Súmula nº 279/STF.
>
> 4. Agravo regimental desprovido.[9]

De conformidade às normas resolutivas, nos comitês de campanha, excetuado aquele que funcionar como *central*, a divulgação da candidatura deverá observar os limites previstos no inciso II do § 2º do art. 37 da Lei nº 9.504/97, ou seja, em adesivo ou papel e sem exceder $0{,}5\ m^2$.

Acerca de adesivos colados nas janelas dos comitês, o Tribunal Superior Eleitoral entende que se os mesmos não gerarem *efeito visual de outdoor*, não há irregularidade. Neste sentido, vide a ementa do Agravo Regimental em Recurso Especial Eleitoral nº 060193609/SC (DJE de 13/12/2018):

> **ELEIÇÕES 2018. AGRAVO REGIMENTAL. AGRAVO EM RECURSO ESPECIAL. REPRESENTAÇÃO POR PROPAGANDA IRREGULAR COM EFEITO VISUAL DE OUTDOOR. NÃO CONFIGURADA. NÃO PROVIMENTO.**
>
> 1. O Tribunal de origem entendeu não caracterizada a propaganda eleitoral com efeito de outdoor, por entender se tratar de adesivos afixados nas vidraças do comitê eleitoral de tamanho inferior ao limite previsto na legislação eleitoral, e com indicadores de pouca visualização por parte dos eleitores.
>
> 2. A revisão do entendimento do Tribunal a quo demandaria o reexame da matéria fática probatória dos autos, providência incabível na instância extraordinária, a teor do verbete sumular 24 do TSE.
>
> 3. Os fundamentos do acórdão regional estão em conformidade com as disposições normativas que regem a propaganda eleitoral relativa às Eleições de 2018 – art. 10, § 1º, da Res.–TSE 23.551 – no sentido de que: "Os candidatos, os partidos políticos e as coligações poderão fazer inscrever, na sede do comitê central de campanha, a sua designação,

9. TSE, AgR-Respe nº 660102/CE, DJE de 10/03/2015.

bem como o nome e o número do candidato, em formato que não se assemelhe a outdoor nem gere esse efeito".

4. Conforme a jurisprudência desta Corte, "a teor do art. 10, § 1º, da Res.-TSE 23.457/2015, veda-se, em sede de comitê de campanha, propaganda que se 'assemelhe ou gere efeito de outdoor' (AgR-REspe 127-39, rel. Min. Jorge Mussi, DJE 12.6.2018)", o que não é o caso dos autos, conforme reconhecido pela Corte de origem. Incidência do verbete sumular 30 do TSE.

Agravo regimental a que se nega provimento.

9.8. BENS DE USO COMUM

Comitê não se enquadra como bem de uso comum. Além de não se ajustar à descrição específica de imóvel de *livre acesso* e em locais de alta frequência, constitui-se em bem privado, com vinculação e serventia direta à campanha eleitoral.[10]

Bens de uso comum, para fins eleitorais, são assim definidos pela Lei nº 10.406, de 10 de janeiro de 2002 (CCB) e mais aqueles a que a população em geral tem acesso, tais como cinemas, clubes, lojas, centros comerciais, templos, ginásios, estádios, ainda que de propriedade privada.

9.9. PRESTAÇÃO DE SERVIÇOS

Um comitê de campanha eleitoral não se destina à prestação de serviços. Também não é ente de colaboração social ou Organização Não-Governamental (ONG). Sendo assim, a apreensão judicial de cópias de cédulas de identidade, títulos eleitorais, contas de água, de luz, nomes e endereços de eleitores no seu interior, evidenciando uma estrutura montada para a obtenção de votos em troca de favores, resultou na cassação de parlamentares pelo Tribunal Superior Eleitoral, consoante as decisões a seguir reproduzidas:

RECURSO ORDINÁRIO. REPRESENTAÇÃO. AÇÃO DE IMPUGNAÇÃO DE MANDATO ELETIVO. CAPTAÇÃO ILÍCITA DE SUFRÁGIO. ELEIÇÕES 2006. DEPUTADO ESTADUAL. PRELIMINAR. LITISPENDÊNCIA. AFASTAMENTO. OFERECIMENTO

10. TSE, AI nº 6067/SP, DJE de 19/09/2017.

DE SERVIÇO DE FRETE GRATUITO A ELEITORES EM COMITÊ ELEITORAL DE CANDIDATO. PROVIMENTO. CASSAÇÃO DO MANDATO. APLICAÇÃO DE MULTA.

I - Não há litispendência entre as ações eleitorais, ainda que fundadas nos mesmos fatos, por serem ações autônomas, com causa de pedir própria e consequências distintas, o que impede que o julgamento favorável ou desfavorável de alguma delas tenha influência sobre as outras. Precedentes do TSE.

II - O oferecimento de serviço gratuito de mudança para eleitores em período eleitoral, por intermédio do comitê eleitoral do candidato, configura a prática de captação ilícita de sufrágio.

III - Recurso provido.[11]

RECURSO ORDINÁRIO. ELEIÇÕES 2014. DEPUTADO ESTADUAL. AÇÃO DE INVESTIGAÇÃO JUDICIAL ELEITORAL. ABUSO DE PODER POLÍTICO. ASSISTENCIALISMO EM COMITÊ DE CAMPANHA. CONFIGURAÇÃO. PROVIMENTO.

(...).

9. O ilícito é incontroverso e as circunstâncias são gravíssimas. O comitê de campanha da recorrida funcionou, no período de julho a setembro de 2014, como verdadeiro centro assistencialista para viabilizar benefícios ligados ao SUS (receituários, exames, cirurgias, remédios e consultas), a partir do uso de sua influência política como Vereadora, tendo como objetivo final eleger-se Deputada com os votos de quem a procurava.

10. O conjunto probatório não deixa dúvidas a esse respeito. Associada à apreensão de grande quantidade de material de propaganda no comitê - com destaque para 370 formulários para aposição de placas em casas e 190 impressos perguntando se a recorrida merecia ser eleita - também se encontraram: a) caderno de nome "saúde", com dados de eleitores, tipos de exames/cirurgias, entre 21.7 e 19.9.2014, totalizando quase 240 pessoas (fls. 190-229); b) outro caderno, com referências sobre 30 pacientes (fls. 282-314); c) agenda, cujo conteúdo envolve consultas ou sessões de fisioterapia para quase 30 pessoas (fls. 231-240); d) 29 guias e 38 laudos, com documentos pessoais, de julho e agosto (fls. 124-140, 163-168 e 319-327); e) caixas e cartelas de remédios de uso controlado e 144 preservativos (fls. 70-75 e 81-82); f) requisições de exames em branco e receituários com carimbo de médico (fls. 114-118). (...).

11. TSE, RO nº 1527/GO, DJE de 24/03/2010.

16. Quanto à gravidade dos fatos, além de amplamente demonstrada pelas circunstâncias acima, tem-se notória confusão entre público e privado diante do uso de cargo político para alavancar candidatura a outro, aproveitando-se a recorrida da calamidade de sistema de saúde para obter votos da população carente (art. 22, XVI, da LC 64/90).[12]

9.10. COMPARTILHAMENTO

O compartilhamento de imóvel para a instalação de comitê de campanha eleitoral como forma de atenuar custos é negócio jurídico expressamente admitido e regulamentado pelas últimas resoluções emitidas pelo TSE.

9.11. GASTOS DE CAMPANHA

As despesas com a instalação, organização e funcionamento dos comitês eleitorais são gastos de campanha sujeitos aos registros e limites da Lei nº 9.504/97 (art. 26, VI), da mesma forma que a remuneração ou gratificação de qualquer prestador de serviços (VII).

A alimentação do pessoal que presta serviços nos comitês fica limitada a 10% (dez por cento) do total dos gastos contratados pelo candidato (Lei nº 9.504/97, art. 26, § 1º, I).

A partir de 20 de julho do ano eleitoral, uma vez considerada a data da realização da convenção partidária, é permitida a formalização de contratos que gerem despesas e gastos com a instalação física e virtual de comitês de candidatos e de partidos políticos, desde que (a) só haja o efetivo desembolso financeiro após a obtenção do número de registro de CNPJ do candidato e (b) a abertura de conta bancária específica para a movimentação financeira de campanha e emissão dos recibos eleitorais.

Em caso de comitê coletivo (v. item nº 9.10), o gasto deverá ser registrado na prestação de contas do candidato que for o responsável pelo pagamento das despesas.

Acerca do imóvel propriamente dito, faculta-se a comprovação de gastos eleitorais através dos contratos formalizados entre os interessados no negócio jurídico.

12. TSE, RO nº 803269/RJ, DJE de 04/10/2016.

A ausência do contrato de locação não configura irregularidade insanável quando o candidato apresenta recibo firmado pelo locador dando conta de que recebeu o pagamento referente ao tempo de utilização (TRE/RN, ac. nº 38948-84, DJE de 20/09/2010).

Sendo mediante doação, é imperativo, na prestação de contas, anexar o termo correspondente (TRE/CE, RE nº 13.219, DJ de 10/06/2008).

A utilização de terceiro para firmar contrato de aluguel de imóvel para sediar comitê, com o intuito de não contabilizar como próprios os gastos decorrentes do aludido negócio, autoriza a instauração de ação penal para apuração de falsidade documental nos termos do art. 350 do Código Eleitoral (TRE/RS, Inq. nº 9.296, DEJERS de 20/11/2015).

A comprovação da propriedade do imóvel cedido para campanha eleitoral é imprescindível para a aferição do limite legal de doação estabelecido no art. 23, § 1º, da Lei nº 9.504/97[13].

Por fim, é de ser ressaltado que burlar a despesa na contabilidade dos comitês é conduta criminosa:

> **Inquérito. Falsidade documental. Art. 350 do Código Eleitoral. Prefeito. Eleições 2012.**
>
> Competência deste Regional firmada em razão da prerrogativa de função. Presentes todos os requisitos da denúncia, previstos no art. 41 do Código de Processo Penal.
>
> Apresentação de contrato simulado na prestação de contas de campanha. Utilização de terceiro para firmar contrato de aluguel de imóvel para sediar comitê eleitoral, com intuito de não contabilizar, como próprios, os gastos provenientes do negócio. Despesa declarada como doação estimável em dinheiro.
>
> Presença dos requisitos formais e substanciais para o acolhimento da exordial. Justa causa para prosseguimento da ação penal evidenciada diante dos indícios de materialidade e de autoria.
>
> Recebimento da denúncia.[14]

13. TSE, AgR-AI nº 26-16/SP, DJE de 22/06/2017.
14. TRE/RS, INQ. nº 92-96, DEJERS de 20/11/2015, p. 5.

Capítulo

10

ARRECADAÇÃO E APLICAÇÃO DE RECURSOS NAS CAMPANHAS ELEITORAIS

10.1. FONTES LEGAIS E REGRAS GERAIS

De acordo às resoluções expedidas pelo TSE a cada pleito, tanto a arrecadação como os gastos de recursos por partidos e candidatos, assim como a prestação de contas à Justiça Eleitoral, obedecem a regramentos cada vez mais rigorosos e circunstanciados. Há um nível crescente de exigências.

A normatização é taxativa ao estabelecer que qualquer espécie de arrecadação ou doação para campanha eleitoral, para ser regular, está condicionada ao atendimento de quatro pré-requisitos:

1) REQUERIMENTO do registro de candidatura;

2) INSCRIÇÃO no Cadastro Nacional da Pessoa Jurídica (CNPJ);

3) ABERTURA DE CONTA BANCÁRIA ESPECÍFICA[1] destinada a registrar a movimentação financeira de campanha; e

1. Na hipótese de partido político, a conta bancária a que se refere o inciso III é aquela prevista na resolução que trata das prestações de contas anuais dos partidos políticos e que se destina à movimentação de recursos referentes às "Doações para Campanha".

4) emissão de recibos eleitorais na hipótese de:

- doações estimáveis em dinheiro; e
- doações pela internet (Lei nº 9.504/1997, art. 23, 4º, III, b).

É ônus intransferível, por parte do candidato, providenciar nos meios necessários ao cumprimento dessas diretrizes. A candidatura, seja a qual cargo eletivo for, está subordinada à sua obediência.

Os requisitos dessa etapa são necessariamente formais e estão submetidos a uma rígida cronologia temporal.

O requerimento do registro de candidatura é um documento comum e, na maioria das vezes, padronizado pelo partido a todos os seus candidatos.

A inscrição no Cadastro Nacional da Pessoa Jurídica (CNPJ) corresponde a uma medida a ser efetivada perante a Unidade da Receita Federal da circunscrição do pleito.

Acerca da conta bancária que deve se exclusiva (vedado o uso de conta preexistente) para o fluxo financeiro da campanha, tem-se o seguinte (Res./TSE nº 23.607/19, art. 8º):

- É obrigatória para os partidos políticos e candidatas e candidatos;
- Deve ser aberta em qualquer instituição financeira, pública ou privada, com carteira comercial reconhecida pelo Banco Central do Brasil;
- Somente em agências bancárias ou postos de atendimento bancário:
  a) pelas candidatas e pelos candidatos no prazo de dez dias contados da concessão do CNPJ pela Secretaria da Receita Federal do Brasil,
  b) pelos partidos políticos, até 15 de agosto do ano eleitoral, caso ainda não tenha sido aberta a conta do candidato;
- Mesmo que não ocorra arrecadação e/ou movimentação de recursos financeiros;
- Candidatos/as a/à vice-prefeito/a não são obrigados/as a abrir conta bancária específica, mas, se o fizerem, os respectivos extratos bancários deverão compor a prestação de contas dos titulares.

A obrigatoriedade de abertura de conta específica não é aplicável às seguintes candidaturas:

- Registradas em circunscrição eleitoral onde não haja agência bancária ou posto de atendimento bancário (Lei nº 9.504/97, art. 22, § 2º);

- Cujo candidato ou cuja candidata renunciou ao registro antes do fim do prazo de 10 (dez) dias a contar da emissão do CNPJ de campanha, desde que não haja indícios de arrecadação de recursos e realização de gastos eleitorais.

Partidos e candidatos/as devem abrir contas distintas e específicas para o recebimento e utilização de recursos repassados do Fundo de Assistência Financeira aos Partidos Políticos (Fundo Partidário) e do Fundo Especial de Financiamento de Campanha (FEFC) - na hipótese de repasse de recursos dessas espécies.

A agremiação que aplicar recursos do Fundo Partidário na campanha eleitoral deve fazer a movimentação financeira diretamente na conta bancária estabelecida pela Lei nº 9.096/95, sendo vedada a transferência desses recursos

- Para a conta das "Doações para Campanha" ou
- Para a conta que é destinada à movimentação de recursos do Fundo Especial de Financiamento de Campanha (FEFC).

Detalhe essencial a ser observado, seja para impedir a ocorrência de desencontros de informações, seja para evitar a rejeição das contas: não é possível a transferência de recursos do Fundo Especial de Financiamento de Campanha (FEFC) para as contas "Doações para Campanha" e "Fundo Partidário".

A abertura da conta, que é um contrato, está condicionada a apresentação de documentos por candidatos e partidos políticos.

Daqueles primeiros:

- Requerimento de Abertura de Conta Bancária, disponível na página dos Tribunais Eleitorais na *internet*;
- Comprovante de inscrição no CNPJ para as eleições, disponível na página da Secretaria da Receita Federal do Brasil na *internet* (www.receita.fazenda.gov.br); e
- Nome dos responsáveis pela movimentação da conta bancária, com o endereço atualizado.

Por aqueles últimos:

- Requerimento de Abertura de Conta Bancária disponível na página do Tribunal Superior Eleitoral na *internet* (www.tse.jus.br);
- Comprovante da inscrição no CNPJ, disponível na página da Secretaria da Receita Federal do Brasil na *internet* (www.receita.fazenda.gov.br);

- Certidão de composição partidária, disponível na página do Tribunal Superior Eleitoral; e
- Nome dos responsáveis pela movimentação da conta bancária, com o endereço atualizado.

As contas bancárias específicas devem ser identificadas tanto por partidos quanto candidatos/as de acordo com o nome constante no CNPJ fornecido pela Secretaria da Receita Federal. A partir disso, os representantes, mandatários ou prepostos autorizados a movimentá-la deverão ser identificados e qualificados conforme regulamentação expedida pelo Banco Central do Brasil.

A apresentação dos documentos previstos poderá ser dispensada, a critério do banco, na hipótese de abertura de nova conta bancária para movimentação de recursos do Fundo Partidário por candidato, na mesma agência bancária na qual foi aberta a conta específica de campanha.

Os representantes, mandatários e prepostos autorizados pelo candidato e pela candidata a movimentá-la devem ser identificados conforme normatização específica do BCB para o atendimento quanto ao disposto no art. 3º da Resolução nº 2.025 do Conselho Monetário Nacional (CMN), de 24/11/1993[2], e das disposições da Circular nº 3.461 do BCB, de 24/07/2009[3].

Muito importante: os partidos devem manter em sua prestação de contas anual contas específicas para o registro da escrituração contábil das movimentações financeiras dos recursos destinados às campanhas eleitorais, a fim de permitir a segregação desses recursos de quaisquer outros, assim como a identificação de sua origem.

Nos termos do §1º do art. 22 da Lei nº 9.504/97, os bancos estão obrigados a:

- ACATAR, em ATÉ TRÊS DIAS, o pedido de abertura de conta de qualquer candidato escolhido em convenção, sendo-lhes vedado condicioná-la a

2. Altera e consolida as normas relativas à abertura, manutenção e movimentação de contas de depósitos. Art. 3º As informações constantes da ficha-proposta, bem como os elementos de identificação e localização do proponente, devem ser conferidos à vista de documentação competente, observada a responsabilidade da instituição pela verificação acerca da exatidão das informações prestadas. (Redação dada pela Resolução nº 2.953, de 25/4/2002.)
3. Consolida as regras sobre os procedimentos a serem adotados na prevenção e combate às atividades relacionadas com os crimes previstos na Lei nº 9.613, de 3 de março de 1998.

(i) depósito mínimo e (ii) cobrança de taxas ou de outras despesas de manutenção[4];

- IDENTIFICAR, nos extratos bancários da conta-corrente a que se refere o inciso I, o CPF ou o CNPJ de cada doador;
- ENCERRAR a conta bancária no final do ano da eleição, transferindo a totalidade do saldo existente para a conta bancária do órgão de direção indicado pelo partido, na forma prevista pela Resolução; e
- INFORMAR tal fato ao órgão da Justiça Eleitoral responsável pela prestação de contas.

Os bancos somente aceitarão depósitos e créditos de origem identificada pelo nome/razão social acompanhados do número de CPF ou CNPJ. A movimentação bancária condiciona-se ao atendimento destes requisitos.

As instituições financeiras devem fornecer mensalmente aos órgãos da Justiça Eleitoral e ao Ministério Público Eleitoral da circunscrição do pleito os extratos eletrônicos do movimento financeiro das contas bancárias abertas para as campanhas eleitorais pelos partidos políticos e pelos candidatos e pelas candidatas, para instrução dos respectivos processos de prestação de contas.

As contas bancárias utilizadas para o registro da movimentação financeira de campanha eleitoral não estão submetidas ao sigilo disposto pela Lei Complementar nº 105, de 10 de janeiro de 2001[5], e os seus extratos, em meio físico ou eletrônico, integram as informações de natureza pública que compõem a prestação de contas à Justiça Eleitoral.

Os extratos eletrônicos das contas bancárias compreendendo o registro de toda movimentação financeira entre as datas de abertura e encerramento da conta bancária, tão logo sejam recebidos pela Justiça Eleitoral, serão disponibilizados para consulta pública na página do Tribunal Superior Eleitoral na *internet*.

O uso de recursos financeiros para pagamentos de gastos eleitorais que não provenham das contas específicas implicará na desaprovação da prestação de contas do partido ou do candidato ou candidata.

---

4. A vedação quanto à cobrança de taxas e/ou outras despesas de manutenção não alcança as demais taxas e despesas normalmente cobradas por serviços bancários avulsos, na forma autorizada e disciplinada pelo Banco Central do Brasil.
5. Dispõe sobre o sigilo das operações de instituições financeiras e dá outras providências.

No item "Da Arrecadação", especificamente "Das Origens dos Recursos", são pormenorizadas as fontes de financiamento das campanhas eleitorais brasileiras:

> I - recursos próprios dos candidatos;
>
> II - doações financeiras ou estimáveis em dinheiro de pessoas físicas;
>
> III - doações de outros partidos políticos e de outros candidatos;
>
> IV - comercialização de bens e/ou serviços ou promoção de eventos de arrecadação realizados diretamente pelo candidato ou pelo partido político;
>
> V - recursos próprios dos partidos políticos, desde que identificada a sua origem e que sejam provenientes:
>
> a) do Fundo Partidário, de que trata o art. 38 da Lei nº 9.096/1995;
>
> b) do Fundo Especial de Financiamento de Campanha (FEFC);
>
> c) de doações de pessoas físicas efetuadas aos partidos políticos;
>
> d) de contribuição dos seus filiados;
>
> e) da comercialização de bens, serviços ou promoção de eventos de arrecadação;
>
> f) de rendimentos decorrentes da locação de bens próprios dos partidos políticos.
>
> VI – rendimentos gerados pela aplicação de suas disponibilidades.
>
> § 1º Os rendimentos financeiros e os recursos obtidos com a alienação de bens têm a mesma natureza dos recursos investidos ou utilizados para sua aquisição e devem ser creditados na conta bancária na qual os recursos financeiros foram aplicados ou utilizados para aquisição do bem.
>
> § 2º O partido político não poderá transferir para o candidato ou utilizar, direta ou indiretamente, nas campanhas eleitorais, recursos que tenham sido doados por pessoas jurídicas, ainda que em exercícios anteriores (STF, ADI nº 4.650[6]).

---

6. A Ação Direta de Inconstitucionalidade (ADIN) que proibiu as doações de pessoas jurídicas nas campanhas eleitorais.

10.1.1. Fontes de financiamento para as candidaturas femininas

Em torno desse assunto, foram proferidas duas decisões definitivas, uma pelo STF e outra pelo TSE. Cumpre expor o que as mesmas interpretaram e estabeleceram.

Na Ação Direta de Inconstitucionalidade nº 5.617/DF[7] requerida pelo Procurador-Geral da República, o Supremo Tribunal Federal deu "interpretação conforme a Constituição ao art. 9º da Lei 13.165/2015 de modo a: (a) equiparar o patamar legal mínimo de candidaturas femininas (hoje o do art. 10, § 3º, da Lei 9.504/1997, isto é, ao menos 30% de cidadãs), ao mínimo de recursos do Fundo Partidário a lhes serem destinados, que deve ser interpretado como também de 30% do montante do fundo alocado a cada partido, para eleições majoritárias e proporcionais, e (b) fixar que, havendo percentual mais elevado de candidaturas femininas, o mínimo de recursos globais do partido destinados a campanhas lhes seja alocado na mesma proporção; (iii) declarar a inconstitucionalidade, por arrastamento, do § 5º-A e do § 7º do art. 44 da Lei 9.096/95".

---

7. AÇÃO DIRETA DE INCONSTITUCIONALIDADE. DIREITO CONSTITUCIONAL E ELEITORAL. ART. 9º DA LEI 13.165/2015. FIXAÇÃO DE PISO (5%) E DE TETO (15%) DO MONTANTE DO FUNDO PARTIDÁRIO DESTINADO AO FINANCIMENTO DAS CAMPANHAS ELEITORAIS PARA A APLICAÇÃO NAS CAMPANHAS DE CANDIDATAS. PRELIMINAR DE IMPOSSIBILIDADE JURÍDICA DO PEDIDO. REJEIÇÃO. INCONSTITUCIONALIDADE. OFENSA À IGUALDADE E À NÃO-DISCRIMINAÇÃO. PROCEDÊNCIA DA AÇÃO. 1. O Supremo Tribunal Federal, ao examinar as alegações de inconstitucionalidade de norma, deve fixar a interpretação que constitucionalmente a densifique, a fim de fazer incidir o conteúdo normativo cuja efetividade independe de ato do Poder Legislativo. Precedentes. 2. O princípio da igualdade material é prestigiados por ações afirmativas. No entanto, utilizar, para qualquer outro fim, a diferença estabelecida com o objetivo de superar a discriminação ofende o mesmo princípio da igualdade, que veda tratamento discriminatório fundado em circunstâncias que estão fora do controle das pessoas, como a raça, o sexo, a cor da pele ou qualquer outra diferenciação arbitrariamente considerada. Precedente do CEDAW. 3. A autonomia partidária não consagra regra que exima o partido do respeito incondicional aos direitos fundamentais, pois é precisamente na artificiosa segmentação entre o público e o privado que reside a principal forma de discriminação das mulheres. 4. Ação direta julgada procedente para: (i) declarar a inconstitucionalidade da expressão "três " contida no art. 9º da Lei 13.165/2015; (ii) dar interpretação conforme à Constituição ao art. 9º da Lei 13.165/2015 de modo a (a) equiparar o patamar legal mínimo de candidaturas femininas (hoje o do art. 10, § 3º, da Lei 9.504/1997, isto é, ao menos 30% de cidadãs), ao mínimo de recursos do Fundo Partidário a lhes serem destinados, que deve ser interpretado como também de 30% do montante do fundo alocado a cada partido, para eleições majoritárias e proporcionais, e (b) fixar que, havendo percentual mais elevado de candidaturas femininas, o mínimo de recursos globais do partido destinados a campanhas lhes seja alocado na mesma proporção; (iii) declarar a inconstitucionalidade, por arrastamento, do § 5º-A e do § 7º do art. 44 da Lei 9.096/95. (Tribunal Pleno, j. 15/03/2018, DJE de 03/10/2018).

À luz dessa premissa, ao responder a Consulta nº 0600252-18/DF[8], o

---

8. CONSULTA. SENADORAS E DEPUTADAS FEDERAIS. INCENTIVO À PARTICIPAÇÃO FEMININA NA POLÍTICA. DISTRIBUIÇÃO DOS RECURSOS DO FUNDO ESPECIAL DE FINANCIAMENTO DE CAMPANHA (FEFC) E DO TEMPO DE PROPAGANDA ELEITORAL GRATUITA NO RÁDIO E NA TV. PROPORCIONALIDADE. ART. 10, § 3º, DA LEI Nº 9.504/1997. MÍNIMO LEGAL DE 30% DE CANDIDATURAS POR GÊNERO. APLICABILIDADE. FUNDAMENTOS. ADI 5617. STF. EFICÁCIA TRANSCENDENTE. PAPEL INSTITUCIONAL DA JUSTIÇA ELEITORAL. PROTAGONISMO. PRÁTICAS AFIRMATIVAS. FORTALECIMENTO. DEMOCRACIA INTERNA DOS PARTIDOS. QUESITOS RESPONDIDOS AFIRMATIVAMENTE.

Do objeto da presente consulta

1. Trata-se de consulta formulada nos seguintes termos:

1.1 "Aplica-se a decisão do STF que conferiu interpretação conforme à Constituição, proferida na ADI 5617, para a distribuição do Fundo Especial de Financiamento de Campanha, previsto nos artigos 16-C e 16-D, da Lei das Eleições, devendo-se equiparar o mínimo de recursos destinado a cada partido, ao patamar legal mínimo de 30% de candidaturas femininas, nos termos do artigo 10, § 3º, da Lei 9.504/97?"

1.2 "Havendo percentual mais elevado do que 30% de candidaturas femininas, o mínimo de recursos globais do partido, destinado às respectivas campanhas, deve ser na mesma proporção?"

1.3 "Aplica-se a decisão do STF que conferiu interpretação conforme à Constituição, proferida na ADI 5617, para a distribuição do tempo da propaganda eleitoral gratuita no rádio e na televisão, prevista nos artigos 47 e seguintes, da Lei das Eleições, devendo-se equiparar o mínimo de tempo destinado a cada partido, ao patamar legal mínimo de 30% de candidaturas femininas, nos termos do art. 10, § 3º, da Lei 9.504/97?"

1.4 "Havendo percentual mais elevado do que 30% de candidaturas femininas, o mínimo do tempo da propaganda eleitoral gratuita no rádio e na televisão, destinado às respectivas campanhas, deve ser na mesma proporção?"

Do conhecimento da presente consulta

2. O conhecimento de consulta no TSE está condicionado à presença cumulativa de três requisitos: (i) pertinência do tema (matéria eleitoral), (ii) formulação em tese e (iii) legitimidade do consulente, devidamente preenchidos na espécie.

3. Conquanto a temática em exame diga com estruturação de novos paradigmas políticos, jurídicos e culturais intrapartidários, mediante a consolidação da democracia interna dos partidos políticos, observada a eficácia horizontal dos direitos fundamentais para a garantia da igualdade material entre as candidaturas femininas e masculinas, inevitável que os seus reflexos afetem diretamente o processo eleitoral, a atrair a competência da Justiça Eleitoral para sua apreciação. Precedentes.

4. Precisamente por isso, ao conteúdo em questionamento não se deve atribuir o tratamento de "típica hipótese de matéria interna corporis dos partidos políticos", mediante o estrito exercício da autonomia a eles conferida pelo art. 17, § 1º, da Constituição Federal. Antes, cumpre à Justiça Eleitoral, chamada ao enfrentamento da questão, dirimi-la à luz dos cânones normativos, legais e constitucionais que circundam a matéria, sem descurar do contexto sociopolítico atual brasileiro.

Do papel institucional da Justiça Eleitoral no incentivo à participação feminina na política

5. A efetividade da garantia do percentual mínimo de candidaturas por gênero, estabelecida no art. 10, § 3º, da Lei nº 9.504/97 - singelo passo à modificação do quadro de sub-representação feminina no campo político -, conclama a participação ativa da Justiça Eleitoral, presente largo campo de amadurecimento da democracia brasileira a percorrer visando à implementação de ações afirmativas que priorizem e impulsionem a voz feminina na política brasileira, como sói acontecer nos países com maior índice de desenvolvimento humano (IDH), detentores de considerável representação feminina, consoante estudos realizados pelo Programa das Nações Unidas para o Desenvolvimento (PNUD) e compilados pela União Interparlamentar (Inter-Parliamentary Union).

6. Este Tribunal Superior tem buscado impulsionar a participação feminina no cenário político, seja por medidas administrativas - como a veiculação em emissoras de rádio e televisão de campanhas em defesa da valorização e da igualdade de gênero e a promoção de painéis em Seminários sobre Reforma Política, de iniciativa da Escola Judiciária Eleitoral (EJE/TSE) -, seja no exercício da jurisdição, via decisões sinalizadoras de posicionamento rigoroso quanto ao cumprimento das normas que disciplinam ações afirmativas sobre o tema.

7. Nada obstante, as estatísticas demonstram que os reflexos no espaço político feminino ainda se mostram tímidos, evidenciando-se a urgência da adoção de práticas afirmativas que garantam o incremento da voz ativa da mulher na política brasileira, insofismável o protagonismo da Justiça Eleitoral nesta seara.

Da ratio decidendi da ADI 5617 e sua aplicabilidade na distribuição do Fundo Especial de Financiamento de Campanha (FEFC) e do tempo de propaganda eleitoral gratuita no rádio e na televisão

8. Ao julgamento da ADI 5617, em 15.3.2018, o c. STF, no tocante ao Fundo Partidário, deu "interpretação conforme à Constituição ao art. 9º da Lei 13.165/2015 de modo a (a) equiparar o patamar legal mínimo

Tribunal Superior Eleitoral concluiu que "Se a distribuição do Fundo Partidário deve resguardar a efetividade do disposto no art. 10, § 3º, da Lei nº 9.504/97, no sentido de viabilizar o percentual mínimo de 30% de candi-

---

de candidaturas femininas (hoje o do art. 10, § 3º, da Lei 9.504/1997, isto é, ao menos 30% de cidadãs), ao mínimo de recursos do Fundo Partidário a lhes serem destinados, que deve ser interpretado como também de 30% do montante do Fundo alocado a cada partido, para eleições majoritárias e proporcionais, e (b) fixar que, havendo percentual mais elevado de candidaturas femininas, o mínimo de recursos globais do partido destinados a campanhas lhe seja alocado na mesma proporção".

9. Embora circunscrito o objeto da ADI 5617 à distribuição dos recursos partidários que veio a ser fixada por meio da Lei nº 13.165/2015, os fundamentos então esposados transcendem o decidido naquela hipótese, considerada, em especial, a premissa de que "a igualdade entre homens e mulheres exige não apenas que as mulheres tenham garantidas iguais oportunidades, mas também que sejam elas empoderadas por um ambiente que lhes permita alcançar a igualdade de resultados". Aplicável, sem dúvida, a mesma diretriz hermenêutica; "ubi eadem ratio ibi idem jus", vale dizer, onde houver o mesmo fundamento, haverá o mesmo direito.

10. Na lição da doutrina, "o Tribunal que, desempenhando com firmeza o seu dever de fundamentar, apreciar a maior gama de argumentos contrários e favoráveis a cada tese, estará produzindo não apenas uma decisão para um único litígio, mas sim uma metadecisão que, fixando regras, standarts e rotinas, orientará os órgãos jurisdicionais inferiores" (BERNARDO, Clarissa Campos; ANDRADE, Marcelo Santiago de Paula. O sistema de precedentes do novo CPC e sua repercussão no direito eleitoral. In: DIDIER Jr., Fredie; LUCON, Paulo Henrique dos Santos; CAMARGO, Luiz Henrique Volpe (Coord.). Repercussões do novo CPC. Direito Eleitoral. Salvador: JusPodivm, 2016).

11. Se a distribuição do Fundo Partidário deve resguardar a efetividade do disposto no art. 10, § 3º, da Lei nº 9.504/97, no sentido de viabilizar o percentual mínimo de 30% de candidaturas por gênero, consoante decidiu a Suprema Corte ao julgamento da ADI 5617, com maior razão a aplicação dos recursos do Fundo Especial de Financiamento de Campanha (FEFC) - cuja vocação é, exclusivamente, o custeio das eleições - há de seguir a mesma diretriz.

12. No tocante ao tempo de propaganda eleitoral gratuita no rádio e na televisão, consabido não haver disposição normativa expressa que balize a sua distribuição em termos de percentual de gênero. A despeito disso, a carência de regramento normativo que imponha a observância dos patamares mínimos previstos no art. 10, § 3º, da Lei nº 9.504/97 à distribuição do tempo de propaganda eleitoral no rádio e na televisão não obstaculiza interpretação extraída a partir de preceitos constitucionais que viabilizem a sua implementação.

13. Consoante magistério de Inocêncio Mártires Coelho, com apoio em Niklas Luhmann, Friedrich Müller e Castanheira Neves: "não existe norma jurídica, senão norma jurídica interpretada, vale dizer, preceito formalmente criado e materialmente concretizado por todos quantos integram as estruturas básicas constituintes de qualquer sociedade pluralista. [...] O teor literal de uma disposição é apenas a 'ponta do iceberg'; todo o resto, talvez o mais importante, é constituído por fatores extralinguísticos, sociais e estatais, que mesmo se o quiséssemos não poderíamos fixar nos textos jurídicos, no sentido da garantia da sua pertinência." (LUHMANN, Niklas. El derecho de la sociedad. México: Herder/Universidad Iberoamericana, 2005, p. 425-6; MÜLLER, Friedrich. Métodos de Trabalho do Direito Constitucional. Porto Alegre: Síntese, 1999, p. 45; e NEVES, A. Castanheira. Metodologia Jurídica. Problemas fundamentais. Coimbra: Universidade de Coimbra, 1993, p. 166-76.)

14. Aplica-se, no ponto, a mesma ratio decidendi adotada pela Suprema Corte na ADI 5617, com prevalência ao direito à dignidade da pessoa humana (art. 1º, III, da CF) e à igualdade de gênero (art. 5º, caput, da CF).

15. A revisão jurisdicional de atos partidários, no que se inclui a revisitação das diretrizes norteadoras da distribuição interna de recursos públicos destinados às campanhas eleitorais, bem assim a divisão do tempo de propaganda eleitoral gratuita entre os candidatos em disputa, não implica, em absoluto, desprestígio à autonomia partidária - consagrada na Carta Magna e reafirmada na Emenda Constitucional nº 97, aprovada pelo Congresso Nacional em 04 de outubro de 2017 -, mas amparo ao fortalecimento da democracia interna da própria grei, contribuindo para o desenvolvimento da política.

Conclusão

Consulta respondida afirmativamente, nos seguintes termos: a distribuição dos recursos do Fundo Especial de Financiamento de Campanha (FEFC), previsto nos artigos 16-C e 16-D, da Lei das Eleições, e do tempo de propaganda eleitoral gratuita no rádio e na televisão, regulamentada nos arts. 47 e seguintes do mesmo diploma legal, deve observar os percentuais mínimos de candidatura por gênero, nos termos do art. 10, § 3º, da Lei nº 9.504/97, na linha da orientação firmada na Suprema Corte ao exame da ADI 5617. No caso de percentual superior de candidaturas, impõe-se o acréscimo de recursos do FEFC e do tempo de propaganda na mesma proporção. (Acórdão de 22/05/2018, DJE nº 163, de 15/08/2018).

daturas por gênero, consoante decidiu a Suprema Corte ao julgamento da ADI 5617, com maior razão a aplicação dos recursos do Fundo Especial de Financiamento de Campanha (FEFC) - cuja vocação é, exclusivamente, o custeio das eleições - há de seguir a mesma diretriz"[9].

"No tocante ao tempo de propaganda eleitoral gratuita no rádio e na televisão, consabido não haver disposição normativa expressa que balize a sua distribuição em termos de percentual de gênero. A despeito disso, a carência de regramento normativo que imponha a observância dos patamares mínimos previstos no art. 10, § 3º, da Lei nº 9.504/97 à distribuição do tempo de propaganda eleitoral no rádio e na televisão não obstaculiza interpretação extraída a partir de preceitos constitucionais que viabilizem a sua implementação", incluiu o TSE.

Ao misturar – neste caso, apropriadamente - princípios e regras, as duas construções pretorianas vão ao encontro da consolidação das condições de competitividade e representatividade para as candidaturas femininas.

A conclusão elementar a que se chega é que o preceito visa assegurar que as campanhas femininas e de pessoas negras não sejam desidratadas ou alijadas da publicidade eleitoral.Neste sentido, conforme dispôs a Resolução nº 23.665/2021 do TSE, a verba do Fundo Partidário que for destinada ao custeio das campanhas femininas e de pessoas negras deverá ser aplicada exclusivamente nestas campanhas, sendo ilícito o seu emprego no financiamento de outras campanhas não contempladas nas cotas a que se destinam. A determinação resolutiva foi taxativa, não contemplando exceções.

9. Especificamente sobre o desvirtuamento da distribuição dos percentuais do Fundo Partidário, o Tribunal Superior Eleitoral, ao decidir o AI nº 339-86/RS, firmou compreensão de que"A reserva de percentual mínimo de recursos do Fundo Partidário para, em caráter amplo, realizar de programas de incentivo à participação de mulheres na política e, com maior especificidade, financiar candidaturas femininas constitui ação afirmativa que tem por objetivo corrigir o problema da sub-representação feminina na política. Este é, ao mesmo tempo, produto e fator reprodutor da desigualdade de gênero. (...). Enquanto mulheres continuarem alijadas do processo de tomada das decisões políticas, tanto intrapartidárias quanto públicas, a tendência é a persistência da desigualdade de gênero, em função da reprodução de premissas culturais e sociais que naturalizam a essa desigualdade. Por isso, o aumento do: número de mulheres filiadas, ocupantes de cargos de direção partidária e detentoras de cargos eletivos é tão relevante. (...).Os resultados insatisfatórios da reserva de candidaturas femininas parecem advir da falta de comprometimento efetivo dos partidos políticos em promover maior participaçã6 política feminina. E isso é demonstrado pela recalcitrância dos partidos políticos e das lideranças partidárias em empregar os recursos destinados por lei à difusão da participação política feminina para atrair mais mulheres para seus quadros e promover a sua capacitação; em dar espaço a mulheres em seus órgãos diretivos; em dar plena efetividade à cota de gênero, não apenas com a escolha em convenção de mulheres que queiram concorrer, mas, também, com a alocação de recursos e tempo de propaganda eleitoral na TV e no rádio para que elas tenham chances efetivas de se elegerem ".

10.2. GASTOS ELEITORAIS

Todos foram discriminados, item a item, pelos incisos do art. 26 da Lei nº 9.504/97:

ART. 26 (INCISOS)	DISCRIMINAÇÃO
I - Confecção de material impresso de qualquer natureza, desde que observadas, pelos candidatos, as dimensões constantes do § 2º do art. 37 e dos §§ 3º e 4º do art. 38 da Lei nº 9.504/97.	a) São os adesivos, panfletos, *santinhos*, cartazes, faixas e outros. b) TODO O MATERIAL IMPRESSO deverá conter o número do CNPJ ou do CPF do responsável pela confecção, de quem o contratou, a respectiva tiragem e as dimensões do produto.
II - Propaganda e publicidade direta ou indireta, por qualquer meio de divulgação, destinada a conquistar votos.	a) Inclui-se aqui todo o gasto com agências de publicidade e marqueteiros. b) As despesas com a propaganda e publicidade de candidatura, a exemplo dos gastos com produções audiovisuais, devem,sempre, observar as regras pertinentes à propaganda eleitoral.
III - Aluguel de locais para a promoção de atos de campanha eleitoral.	a) O aluguel de imóveis para sediar comitê de campanha ou de auditórios e salões para atos de campanha deve ser formalizado por meio de contrato de locação e comprovado mediante o correspondente recibo de pagamento. b) As doações estimáveis em dinheiro entre candidatos ou partidos decorrentes do uso comum tanto de sedes quanto de materiais de propaganda eleitoral, cujo gasto deverá ser registrado na prestação de contas do responsável pelo pagamento da despesa
IV - Despesas com transporte ou deslocamento de candidato e de pessoal a serviço de candidaturas, observadas as exceções previstas no § 3º deste artigo	São as despesas com combustível, locação de veículos, passagens de ônibus, trem, vans, avião, aplicativos, táxi, pedágio, etc.
V - Correspondências e despesas postais.	São as despesas do candidato com o envio de correspondências diversas, incluindo cartas, impressos e mala direta.

ART. 26 (INCISOS)	DISCRIMINAÇÃO
VI - Despesas de instalação, organização e funcionamento de comitês e serviços necessários as eleições.	a) Incluem-se os equipamentos, o mobiliário, os materiais de expediente e as reformas necessárias para o imóvel funcionar como comitê eleitoral. b) Os gastos destinados à instalação física de comitês de candidatos e de partidos políticos poderão ser contratados a partir da data efetiva da realização da respectiva convenção partidária, desde que, cumulativamente: - sejam devidamente formalizados e - o desembolso financeiro ocorra apenas após a obtenção do número de inscrição no CNPJ, a abertura de conta bancária específica para a movimentação financeira de campanha e a emissão de recibos eleitorais.
VII - Remuneração ou gratificação de qualquer espécie paga a quem preste serviço às candidaturas ou aos comitês eleitorais.	O recrutamento de pessoal para a campanha eleitoral deve ser formalizado, preferencialmente, por meio de contrato de prestação de serviços pessoais e comprovado por meio do respectivo recibo de pagamento.
VIII - Montagem e operação de carro de som, de propaganda e de assemelhados.	Abrange não só a instalação dos equipamentos sonoros no carro, mas também a manutenção do veículo e o combustível.
IX - A realização de comícios ou eventos destinados à promoção de candidatura.	Abrange as despesas com montagem de palanques e alugueis de equipamentos para comícios.
X - Produção de programas de rádio, televisão ou vídeo, inclusive os destinados à propaganda gratuita.	A produção dos programas que serão veiculados no horário gratuito de propaganda eleitoral, bem como de qualquer vídeo destinado à exibição para eleitores, deve ser incluída neste tipo de despesa.
XII - Realização de pesquisas ou testes pré-eleitorais.	Os gastos com as empresas que realizam estas atividades.

ART. 26 (INCISOS)	DISCRIMINAÇÃO
XV – Custos com a criação e inclusão de páginas na internet e com o impulsionamento de conteúdos contratados diretamente de provedor da aplicação de *internet* com sede e foro no País.	Abrangem a criação, manutenção e atualização dos sítios de candidatos e partidos políticos, hospedados, direta ou indiretamente, em provedor de serviço de *internet* estabelecido no Brasil.

Incluiu-se como gasto, entre as formas de impulsionamento, a priorização paga de conteúdos resultantes de aplicações de busca na *internet.*

Quanto às despesas com (a) assessorias, (b) consultorias e (c) pagamento de honorários em decorrência da prestação de serviços advocatícios e contábeis no curso das campanhas eleitorais, serão as mesmas consideradas gastos eleitorais, porém, excluídas do seu limite. Os respectivos pagamentos poderão ser feitos através de recursos da campanha, do candidato, do fundo partidário ou do FEFC, dizem os artigos 26, §4º e parágrafo único do 18-A da LE/97.

Sobre os gastos com pessoal para trabalhar nas campanhas, a Lei nº 12.891/13, por seu art. 100-A, contrastando ao silêncio das normatizações anteriores, fixou tetos por modalidade de candidatura:

> Art. 100-A. A contratação direta ou terceirizada de pessoal para prestação de serviços referentes a atividades de militância e mobilização de rua nas campanhas eleitorais observará os seguintes limites, impostos a cada candidato:
>
> I - em Municípios com até 30.000 (trinta mil) eleitores, não excederá a 1% (um por cento) do eleitorado;
>
> II - nos demais Municípios e no Distrito Federal, corresponderá ao número máximo apurado no inciso I, acrescido de 1 (uma) contratação para cada 1.000 (mil) eleitores que exceder o número de 30.000 (trinta mil).
>
> § 1ºAs contratações observarão ainda os seguintes limites nas candidaturas aos cargos a:
>
> I - Presidente da República e Senador: em cada Estado, o número estabelecido para o Município com o maior número de eleitores;
>
> II - Governador de Estado e do Distrito Federal: no Estado, o dobro do limite estabelecido para o Município com o maior número de eleitores, e, no Distrito Federal, o dobro do número alcançado no inciso II do *caput*;
>
> III - Deputado Federal: na circunscrição, 70% (setenta por cento) do limite estabelecido para o Município com o maior número de eleitores, e, no Distrito Federal, esse mesmo percentual aplicado sobre o limite

> calculado na forma do inciso II do caput, considerado o eleitorado da maior região administrativa;
>
> IV - Deputado Estadual ou Distrital: na circunscrição, 50% (cinquenta por cento) do limite estabelecido para Deputados Federais;
>
> V - Prefeito: nos limites previstos nos incisos I e II do *caput*;
>
> VI - Vereador: 50% (cinquenta por cento) dos limites previstos nos incisos I e II do *caput*, até o máximo de 80% (oitenta por cento) do limite estabelecido para Deputados Estaduais.
>
> § 2º Nos cálculos previstos nos incisos I e II do caput e no § 1º, a fração será desprezada, se inferior a 0,5 (meio), e igualada a 1 (um), se igual ou superior.
>
> § 3º A contratação de pessoal por candidatos a Vice-Presidente, Vice-Governador, Suplente de Senador e Vice-Prefeito é, para todos os efeitos, contabilizada como contratação pelo titular, e a contratação por partidos fica vinculada aos limites impostos aos seus candidatos.
>
> §4º (revogado).
>
> § 5º O descumprimento dos limites previstos nesta Lei sujeitará o candidato às penas previstas no art. 299 da Lei nº 4.737, de 15 de julho de 1965.
>
> § 6º São excluídos dos limites fixados por esta Lei a militância não remunerada, pessoal contratado para apoio administrativo e operacional, fiscais e delegados credenciados para trabalhar nas eleições e os advogados dos candidatos ou dos partidos e coligações.

Diretas ou terceirizadas, as contratações por candidatos, partidos e coligações estão submetidas a limites objetivos, sem possibilidade de alargamentos. A desobediência aos percentuais estipulados é irregularidade que pode resultar em reclusão de até quatro anos e no pagamento de cinco a quinze dias-multa. O Tribunal Superior Eleitoral já reconheceu ilicitude por abuso de poder econômico (CF/88, art. 14, §10)[10] e captação ilícita

10. RECURSO ESPECIAL. AÇÃO DE IMPUGNAÇÃO DE MANDATO ELETIVO. CONTRATAÇÃO DE PARCELA SIGNIFICATIVA DO ELEITORADO. ABUSO DE PODER ECONÔMICO. CARACTERIZAÇÃO. NEXO CAUSAL. DESNECESSIDADE. PRECEDENTES.

    1. A utilização de recursos patrimoniais em excesso, públicos ou privados, sob poder ou gestão do candidato em seu benefício eleitoral configura o abuso de poder econômico.

    2. O significativo valor empregado na campanha eleitoral e a vultosa contratação de veículos e de cabos eleitorais correspondentes à expressiva parcela do eleitorado configuram abuso de poder econômico, sendo inquestionável a potencialidade lesiva da conduta, apta a desequilibrar a disputa entre os candidatos e influir no resultado do pleito.

    3. A comprovação do nexo de causalidade no abuso de poder econômico é desnecessária. Precedentes.

    4. Recurso Especial conhecido e provido. (TSE, REspe nº 191868/TO, DJE de 22/08/2011).

de sufrágio (LE/97, art. 41-A)[11] diante de contratações excedidas de cabos eleitorais.

10.3. LIMITES DE GASTOS

> Art. 18. Os limites de gastos de campanha serão definidos em lei e divulgados pelo Tribunal Superior Eleitoral.

Esta foi uma guinada do ordenamento eleitoral. De acordo com a Lei nº 13.488/17, que conferiu uma feição inteiramente inovadora ao art. 18 da Lei nº 9.504/97, os limites de gastos passaram a ser previstos diretamente em lei e divulgados pelo Tribunal Superior Eleitoral, a cada eleição.

A rigor, o artigo transcrito se ocupa de um teto nominal de despesas para as campanhas eleitorais.

Ação de investigação judicial eleitoral. Abuso do poder econômico. Contratação de cabos eleitorais.

1. Tendo em vista o conjunto de fatores assinalados pela Corte de origem - tais como número de cabos eleitorais contratados, respectivo percentual em face do eleitorado da localidade, diferença de votos entre o primeiro e o segundo colocados e gasto despendido pelos investigados em campanha - e o fato de se tratar de pequeno município e, ainda, de campanha eleitoral alusiva à renovação de pleito, está correta a conclusão das instâncias ordinárias quanto à caracterização de abuso do poder econômico.

2. A eventual licitude da arrecadação e gastos efetuados em campanha ou mesmo a aprovação das contas não afastam, por si, o abuso do poder econômico, porquanto o que se veda é o uso excessivo desses recursos, de modo a influenciar o eleitorado e afetar a normalidade e legitimidade do pleito.

Recurso especial não provido. (TSE, REspe nº 8.139/PR, DJE de 08/10/2012).

11. Representação. Captação ilícita de sufrágio e abuso do poder econômico. Cassação de diploma. Inelegibilidade. Candidato a senador e suplentes.

1. Caracteriza captação ilícita de sufrágio o depósito de quantia em dinheiro em contas-salário de inúmeros empregados de empresa de vigilância, quando desvinculado de qualquer prestação de serviços, seja para a própria empresa, que é administrada por irmão de candidato, seja para campanha eleitoral.

2. A atual jurisprudência do Tribunal não exige a prova da participação direta, ou mesmo indireta, do candidato, para fins de aplicação do art. 41-A da Lei das Eleições, bastando o consentimento, a anuência, o conhecimento ou mesmo a ciência dos fatos que resultaram na prática do ilícito eleitoral, elementos esses que devem ser aferidos diante do respectivo contexto fático. No caso, a anuência, ou ciência, do candidato a toda a significativa operação de compra de votos é fruto do envolvimento de pessoas com quem tinha forte ligação familiar, econômica, política e trabalhista.

3. Na hipótese de abuso do poder econômico, o requisito da potencialidade deve ser apreciado em função da seriedade e da gravidade da conduta imputada, à vista das particularidades do caso, não devendo tal análise basear-se em eventual número de votos decorrentes do abuso, ou mesmo em diferença de votação, embora essa avaliação possa merecer criterioso exame em cada situação concreta.

4. Se não existe prova ou indícios de que os suplentes tenham contribuído para a prática do ato, ou de qualquer forma colaborado para a sua consecução, não há como imputar-lhes a pena de inelegibilidade, a que se refere o inciso XIV, do art. 22, da LC 64/90.

Recurso ordinário dos suplentes provido, em parte, negando-se provimento aos demais recursos. (TSE, RO nº 2.098/RO, DJE de 04/08/2009).

Nas eleições de 2018, tendo como parâmetros o cargo e o eleitorado inscrito, a Instrução nº 0604344-73/DF estipulou limites de gastos para:

- **Presidente da República** (R$ 70.000.000,00 no primeiro turno, e metade deste valor para o segundo);
- **Governador de Estado** (de R$ 2.800.000,00 nas Unidades da Federação com até um milhão de eleitores a R$ 21.000.000,00 nas Unidades da Federação com mais de vinte milhões de eleitores);
- **Senador da República** (de R$ 2.500.000,00 nas Unidades da Federação com até dois milhões de eleitores a R$ 5.600.000,00 nas Unidades da Federação com mais de vinte milhões de eleitores);
- **Deputado Federal** (R$ 2.500.000,00);
- **Deputado Estadual e Distrital** (R$ 1.000.000,00).

Para as eleições municipais, os gastos são de apenas duas ordens:

- **Prefeito**, e
- **Vereador**.

Os limites de receita para cada uma das eleições compreendem os gastos realizados pelo candidato e aqueles efetuados por partido político que possam ser individualizados, e incluirão:

- O **total dos gastos** de campanha contratados pelos candidatos;
- As **transferências financeiras** efetuadas para outros partidos ou outros candidatos; e
- As **doações estimáveis em dinheiro** recebidas.

O art. 18-B da Lei nº 9.504/97 diz que gastar recursos além dos limites estabelecidos, sujeita os responsáveis a penas de forte intensidade: ao pagamento de multa no valor equivalente a 100% (cem por cento) da quantia que exceder o teto estabelecido[12], podendo os responsáveis pela infração responder por abuso do poder econômico na forma do art. 22 da Lei Complementar nº 64/90, sem prejuízo de *outras sanções cabíveis.*

Nos termos da Lei nº 13.878/19, o limite de despesas das campanhas dos candidatos municipais de 2020 repetiu aquele das eleições de 2016, atualizado pelo Índice Nacional de Preços ao Consumidor Amplo (IPCA) aferido pela Fundação Instituto Brasileiro de Geografia e Estatística (IBGE).

12. A normatização anterior acerca do art. 18 referia que "Gastar recursos além dos valores declarados nos termos deste artigo sujeita o responsável ao pagamento de multa no valor de cinco a dez vezes a quantia em excesso".

Como engate lógico dessas previsões legais, o excedido em dispêndio financeiro, no curso da campanha eleitoral, configura gasto ilícito para os fins do disposto no art. 30-A, *caput* e § 2º da LE/97[13] (v. nº 13.17). Todavia, a sua configuração em termos infracionais depende dos elementos probatórios carreados aos autos.

A apuração do desregramento desses gastos poderá ocorrer no exame da prestação de contas dos candidatos e dos partidos políticos diante do que for constatado conclusivamente pelas unidades técnicas dos tribunais e juízos eleitorais.

10.4. EXCLUSÃO DAS DESPESAS PESSOAIS DO CANDIDATO

A LE/97 previu exceções para gastos específicos de campanha. Ao descartá-los, o §3º do seu art. 26, incluído nos termos da Lei nº 13.488, de 2017, buscou simplificar um item a prestação de contas. Dispõe a norma em testilha:

---

13. 1. Recurso especial eleitoral interposto contra acórdão do TRE/RN que manteve a cassação do diploma de vereadora da recorrente, com base no art. 30-A da Lei nº 9.504/1997, em razão da extrapolação, em 39,22%, do limite legal de gastos de campanha.

2. A imposição de um limite de gastos de campanha uniforme para todos os candidatos para cada cargo em disputa foi novidade introduzida pela Lei nº 13.165/2015, aplicada a partir das Eleições de 2016. Até entao, vigorava um sistema de autorregulação de gastos eleitorais, no qual os próprios partidos políticos fixavam os limites a que seus candidatos estariam sujeitos.

3. A partir dessa alteração legislativa, os limites de gastos de campanha, regulados pelo art. 18 da Lei nº 9.504/1997, passaram a desempenhar o relevantíssimo papel de assegurar a paridade de armas entre os candidatos, evitando que candidatos mais ricos ou com maior acesso a recursos financeiros fiquem em posição de vantagem em relação aos demais competidores. Além disso, trata-se de medida eficaz para frear a escalada dos custos de campanha.

4. O art. 30-A da Lei nº 9.504/1997 incide sobre a captação ou o gasto de recursos, para fins eleitorais, que se dê em desacordo com as normas legais aplicáveis. O descumprimento do limite previsto para despesas de campanha configura, portanto, gasto ilícito de recursos, sujeito à aplicação do art. 30-A, caput e § 2º.

5. Para a procedência do pedido formulado na representação pelo art. 30-A, é preciso, ainda, aferir a gravidade da conduta reputada ilegal, que pode ser demonstrada tanto pela relevância jurídica da irregularidade, quanto pela ilegalidade qualificada, marcada pela má-fé do candidato. Precedentes.

6. Considerando-se a nova feição do teto de gastos, o dispêndio de recursos de campanha em montante que ultrapassa em quase 40% o limite legal estabelecido ostenta gravidade e relevância jurídica para justificar a condenação. O candidato que, em violação à lei, tem um dispêndio de recursos em campanha superior ao teto legal tem uma vantagem ilegítima em relação aos demais competidores. Trata-se de uma quebra patente e grave da paridade de armas, apta a desequilibrar a disputa e, assim, ferir a legitimidade do pleito.

7. Afastar a cassação do diploma em caso de extrapolação significativa do teto de gastos imposto por lei significaria, na prática, o fim dos limites de gastos de campanha. Nessa hipótese, candidatos, sobretudo os mais abastados, teriam incentivos a efetuar despesas acima dos limites legais para serem eleitos, arcando apenas com o risco de eventual aplicação de multa.

8. Recurso especial desprovido. Ação cautelar e petição julgadas prejudicadas.

(TSE, *leading Case*, REspe nº 752-31/RN, DJE de03/08/2018).

> § 3º Não são consideradas gastos eleitorais, nem se sujeitam a prestação de contas as seguintes despesas de natureza pessoal do candidato:
>
> a) combustível e manutenção de veículo automotor usado pelo candidato na campanha;
>
> b) remuneração, alimentação e hospedagem do condutor do veículo a que se refere a alínea *a* deste parágrafo;
>
> c) alimentação e hospedagem própria;
>
> d) uso de linhas telefônicas registradas em seu nome como pessoa física, até o limite de três linhas.

A propósito da locução *candidato*, deve a mesma ser interpretada de modo extensivo, abarcando vices e suplentes.

Como consequência etimológica da redação normativa, os gastos arrolados são pessoais daquele que já passou pela convenção, e não de quem está em pré-campanha.

A excludente em tela, para o fim que especificamente delimitou, referiu um *veículo automotor*, no singular, e não um comboio de carros.

Transporte, por sua vez, é o meio utilizado para deslocamento das pessoas. Conforme dilucida Fernando MENDONÇA (1984, p. 2), "É o instrumento com que se realiza o ato de transportar; é o veículo".

Neste diapasão, o Código de Trânsito Brasileiro, em seu art. 96, classifica os veículos automotores quanto à tração. Ao Anexo I ("Dos conceitos e definições") da Lei nº 9.503/97 consta se tratar de "todo veículo a motor de propulsão que circule por seus próprios meios, e que serve normalmente para o transporte viário de pessoas e coisas, ou para a tração viária de veículos utilizados para o transporte de pessoas e coisas. O termo compreende os veículos conectados a uma linha elétrica e que não circulam sobre trilhos (ônibus elétrico)".

A ampliação deste conceito normativo é descabida, o que de plano exclui aeronaves, embarcaçõese demais veículos não inseridos exatamente à rubrica do CTB. Em contrapartida, nele figuram os automóveis (carros de passeio), ônibus, motocicletas, caminhões, sejam próprios ou locados.

A "remuneração, alimentação e hospedagem do condutor do veículo" não excluiu a possibilidade deste ser o próprio candidato.

10.5. APLICAÇÃO DOS RECURSOS DE CAMPANHA: MODALIDADES – DEVOLUÇÃO DE VALORES – POLÊMICA JURISPRUDENCIAL

Conforme assentado pelas instruções do TSE, as despesas de campanha devem ser operacionalizadas nas seguintes formas:

- TRANSFERÊNCIA bancária;
- CHEQUE nominal; ou
- BOLETO bancário.

Essas três modalidades operacionais viabilizam a fiscalização dos recursos movimentados para o pagamento de gastos de natureza financeira contraídos no curso da campanha eleitoral.

Aspecto controverso deste assunto que tem levado a abordagens mais incisivas a partir do pleito de 2018 e, via reflexa, alavancado dissensos na jurisprudência, diz quanto a ser necessário ou não haver devolução ao Erário dos valores que foram movimentados irregularmente (retiradas em espécie). À luz das instruções do TSE, o exame de casos concernentes à presença de verbas do Fundo Especial de Financiamento de Campanha (FEFC) vem ocasionando a formação de correntes antagônicas.

A primeira delas se estabeleceu no julgamento do Agravo Regimental em Recurso Especial Eleitoral nº 0600349-81/MA (DJE de 21/02/2020) estabelecendo a orientação de que a obrigatoriedade da devolução é automática, independentemente de comprovação documental na destinação lícita dos valores vez que a normatização de regência não excepcionou situações:

> **AGRAVO REGIMENTAL. AGRAVO. RECURSO ESPECIAL. ELEIÇÕES 2018. DEPUTADO ESTADUAL. CONTAS DE CAMPANHA. PAGAMENTO. MILITANTES. TERCEIRIZAÇÃO. CHEQUE ÚNICO. IRREGULARIDADE. RECURSOS. FUNDO ESPECIAL DE FINANCIAMENTO DE CAMPANHA. PERCENTUAL ELEVADO NO CONTEXTO DA CAMPANHA. HIPÓTESE DE DESAPROVAÇÃO. RECOLHIMENTO DE VALORES AO TESOURO. DESPROVIMENTO.**
>
> 1. No *decisum* monocrático, desaprovaram-se as contas de campanha do agravante, determinando-se o recolhimento de valores ao Tesouro Nacional, em decorrência de pagamentos indiretos a militantes, sem trânsito pelo sistema bancário, irregularidade que correspondeu a 12,4% do total movimentado.

> 2. A teor da jurisprudência desta Corte e do art. 40 da Res.-TSE 23.553/2017, as despesas de campanha devem ser realizadas por meio de transferência bancária que identifique o CPF do beneficiário, de cheque nominal ou de boleto bancário, de modo a assegurar a higidez na movimentação dos recursos.
>
> 3. Conforme se assentou em caso similar, "[...] os pagamentos de despesas de campanha foram realizados por meio de retiradas, sem observância da norma que exige o pagamento dos serviços por meio de transferência bancária ou cheque nominal, procedimento que prejudica a fiscalização da correta aplicação dos recursos de campanha. (AgR-Respe 558-58/BA, Rel. Ministro Admar Gonzaga, DJE 3/4/2018).
>
> 4. De acordo com a base fática descrita no aresto *a quo*, a emissão de quatro cheques únicos em favor dos coordenadores de campanha (responsáveis por pagar os militantes) importou em ofensa ao art. 40 da Res.-TSE 23.553/2017.
>
> 5. Ainda que o art. 43 da Res.-TSE 23.553/2017 estabeleça a possibilidade de contratar pessoal terceirizado para mobilização de rua, os institutos não se confundem, uma vez que o art. 40 do mesmo diploma, repita-se, exige que os pagamentos a cada um dos militantes se faça por uma das formas específicas previstas, não se admitindo que os valores sejam entregues em espécie.
>
> 6. A única hipótese em que se admite o pagamento em dinheiro está prevista no art. 41 da mesma Resolução, que trata do Fundo de Caixa, constituído por, no máximo, 2% dos gastos contratados, o que não é o caso dos autos.
>
> 7. Além disso, o fato de terem sido apresentados contratos de prestação de serviços e recibos eleitorais não exclui a obrigatoriedade de as despesas serem realizadas por meio dos modelos bancários de transação, pois apenas nesse quadro é que a Justiça Eleitoral pode identificar o verdadeiro destino dos recursos. No sentido da relevância da transparência da movimentação de valores pelo sistema bancário ao longo de toda a campanha: AgR-REspe 265-35/RO, redatora para acórdão Min. Rosa Weber, DJE de 11/9/2018.
>
> 8. Agravo regimental desprovido.

A outra, avalizando posição anteriormente alinhavada pelo tribunal, entende que somente a utilização indevida ou a ausência de comprovação dos gastos eleitorais é que ensejam a consequência jurídica da devolução:

> **ELEIÇÕES 2018. RECURSO ESPECIAL. AGRAVOS REGIMENTAIS. PRESTAÇÃO DE CONTAS DE CAMPANHA. DESAPROVAÇÃO. DEPU-**

> **TADO FEDERAL. DECISÃO AGRAVADA. INTERPOSIÇÃO DE DOIS AGRAVOS REGIMENTAIS. NÃO CONHECIMENTO DO SEGUNDO AGRAVO. PRECLUSÃO CONSUMATIVA. GASTOS COM RECURSOS DO FUNDO ESPECIAL DE FINANCIAMENTO DE CAMPANHA (FEFC). MEIO DIVERSO DO PREVISTO NA LEGISLAÇÃO DE REGÊNCIA. ART. 40 DA RES.-TSE Nº 23.553/2017. APRESENTAÇÃO DE DOCUMENTOS IDÔNEOS. DESNECESSIDADE DE RECOLHIMENTO DE VALORES AO TESOURO NACIONAL. DESPROVIMENTO.**
>
> 1. A interposição de dois agravos regimentais pela parte contra a mesma decisão impõe o não conhecimento do segundo em razão do princípio da unirrecorribilidade e da preclusão consumativa. Precedentes.
>
> 2. O Tribunal Regional, por unanimidade, desaprovou as contas de campanha relativas ao cargo de deputado federal em virtude da utilização de recursos provenientes do FEFC por meio diverso do determinado no art. 40 da Res.-TSE nº 23.553/2017.
>
> 3. O pagamento em espécie de despesas eleitorais, conquanto implique descumprimento ao comando do art. 40 da Res.-TSE nº 23.553/2017, não tem o condão de, per se, gerar a devolução ao Erário dos valores utilizados, sendo imprescindível estar configurada sua malversação, nos termos previstos no art. 82, § 1º, da Res.-TSE nº 23.553/2017.
>
> 4. Não obstante tenha se caracterizado, in casu, o desrespeito ao art. 40 da aludida resolução, que impõe o pagamento de despesas de campanha por meio de cheque nominal ao fornecedor, transferência bancária com identificação da contraparte ou débito bancário, somente a utilização indevida ou a não comprovação dos gastos eleitorais gera a consequência jurídica prevista no art. 82, § 1º, da Res.-TSE nº 23.553/2017, isto é, a devolução dos valores ao Tesouro Nacional, medida acertadamente afastada pelo Tribunal a quo.
>
> 5. Ademais, ilidir os fundamentos e as conclusões do Tribunal a quo a respeito da suficiência e da idoneidade dos documentos fiscais acostados aos autos, a demonstrar regular utilização dos recursos públicos, demandaria revolvimento da matéria fático-probatória, providência inadmissível nesta instância extraordinária, nos termos da Súmula nº 24/TSE.
>
> Primeiro agravo regimental desprovido e segundo agravo regimental não conhecido.[14]

A segunda corrente não deixa de ter as suas razões. É verdade que a norma resolutiva, na ausência do processo legislativo dos artigos 22, I e 59,

14. TSE, REspe nº 060306618/RS, DJE de 16/06/2021, por maioria.

III da CF/88, poderia ter dito, com clareza e simplicidade, se há obrigatoriedade ou não na devolução dos valores do FEFC em caso de descumprimento dos meios de movimentação nominalmente previstos (cheque nominal, débito em conta, transferência bancária, boleto bancário). Contudo, diante da sistemática implantada pelo § 1º do art. 82 da Resolução nº 23.553/17 dispondo que "Verificada a ausência de comprovação da utilização dos recursos do Fundo Partidário e/ou do Fundo Especial de Financiamento de Campanha (FEFC) ou a sua utilização indevida, a decisão que julgar as contas determinará a devolução do valor correspondente ao Tesouro Nacional", a mesma parece ter efetivamente condicionado a compulsoriedade das devoluções para aqueles casos de valores utilizados indevidamente pelo candidato.

10.6. PAGAMENTO INDIRETO DE PRESTADORES DE SERVIÇO

Em 21/11/2019, o plenário do TSE negou provimento a agravo interposto contra decisão monocrática que, ao prover Recurso Especial para reformar aresto regional, desaprovou as contas do recorrente e determinou o recolhimento de valores (12,4% do contexto das contas prestadas) ao Tesouro Nacional em virtude de pagamentos efetuados indiretamente aos militantes de campanha sem trânsito pelo sistema bancário.

Tendo em vista a normatização vigente determinar que os gastos eleitorais de natureza financeira, ressalvados aqueles de pequeno vulto[15], somente podem ser efetuados por meio de cheque nominal, transferência bancária identificando o CPF ou CNPJ do beneficiário ou débito em conta, o tribunal entendeu pela impossibilidade da remuneração de serviços de militância via interposta pessoa ou terceirização. Exsurge, no ponto, um conflito entre a vagueza semântica presente à redação legal e os detalhamentos estipulados pelas resoluções do TSE. Enquanto aquela primeira, na dicção do *caput* do art. 100-A da LE/97, previu a ampla possibilidade de "contratação direta ou terceirizada de pessoal para prestação de serviços referentes a atividades de militância e mobilização de rua nas campanhas eleitorais", as normas resolutivas preceituam formas inarredáveis relativamente ao pagamento das contraprestações: via cheque, transferência bancária ou débito em conta.

15. As resoluções estabelecem como *gastos de pequeno vulto* as despesas individuais que não ultrapassem o limite de meio salário mínimo.

A decisão encaminhada pelo Agravo Regimental em Recurso Especial Eleitoral nº 0600349-81/MA (vide ementa no item nº 10.5) repeliu a possibilidade dos valores relativos aos serviços de coordenação e mobilização de pessoal serem viabilizados operacionalmente através da emissão de cheque nominal único depositado em favor do coordenador geral de campanha que, por sua vez, os repassaria a cada militante.

Na prática, que é o que importa, o tribunal rechaçou a figura do PAGAMENTO INDIRETO de prestador de serviço, ainda que amparado em documentos como cópias das identidades dos militantes, cópias dos contratos individuais de prestação de serviços, recibos e demonstrativo de despesas efetuadas[16]. Desse modo, para o TSE, prevaleceu que o regime jurídico da prestação contas, embora admitindo a terceirização de cabos eleitorais, não exonera os candidatos de observância quanto às regras que compõem a disciplina dos pagamentos nominais de seus colaboradores de campanha.

16. Excerto do voto do relator designado:"A partir dessa leitura conjugada dos dispositivos, aponto que a tese recursal repousa na construção segundo a qual, se a resolução permite a terceirização, não seria logicamente compatível exigir que o candidato emitisse inúmeros cheques nominais para vários contratados, bastando o pagamento único e direto ao agente terceirizador. Não obstante a solidez argumentativa, tenho a compreensão no mesmo rumo que trilhou o relator, uma vez que a leitura do art. 43 da Res.-TSE nº 23.553/2017 não pode afastar a regra disposta no art. 40 do mesmo regramento, à míngua de previsão expressa nesse sentido. A questão exige, portanto, a harmonização dos dispositivos. É que o art. 43 da Res.-TSE nº 23.553/2017 afirma que gastos eleitorais para contratação direta ou terceirizada de pessoal devem observar alguns critérios para aferição do limite de número de contratações, mas nada dispõe sobre a forma de pagamento a ser efetuada, tampouco excepciona as diretrizes que constam no art. 40. Nesse sentido, ainda que haja a terceirização, deve-se observar a forma do gasto eleitoral disposta no art. 40 da Res.-TSE nº 23.553/2017, que necessariamente ocorre por cheque nominal, transferência bancária identificada ou débito em conta. Saliento que, na hipótese, por exemplo, de pagamento com cheque nominal, a emissão da cártula endereçada a cada militante não descaracteriza a terceirização em si. Tal ato diz respeito apenas ao meio pelo qual se fará a transferência do numerário, e tal rigor formal encontra sua teleologia na necessidade de rastreabilidade dos valores e na viabilidade de auditoria das contas prestadas".

Capítulo

11

DOAÇÕES ELEITORAIS

11.1. PESSOAS JURÍDICAS

A partir do julgamento da Ação Direta de Inconstitucionalidade nº 4.650-DF pelo Supremo Tribunal Federal, as doações empresariais para campanhas eleitorais ficaram proibidas.

Reflexamente, no plano normativo, a Lei nº 13.165, de 29 de setembro de 2015, alterou a redação do art. 18 e revogou os artigos 17-A e 81 da Lei nº 9.504/97 que disciplinavam as doações de pessoa jurídica. A exegese em torno desses dispositivos legais, assim como as premissas assentadas pelo STF (DJE de 24/02/2016), integraram a vasta ementa do acórdão da ADIN:

> **DIREITO CONSTITUCIONAL E ELEITORAL. MODELO NORMATIVO VIGENTE DE FINANCIAMENTO DE CAMPANHAS ELEITORAIS. LEI DAS ELEIÇÕES, ARTS. 23, §1º, INCISOS I e II, 24 e 81, *CAPUT* e § 1º. LEI ORGÂNICA DOS PARTIDOS POLÍTICOS, ARTS. 31, 38, INCISO III, e 39, CAPUT e §5º. CRITÉRIOS DE DOAÇÕES PARA PESSOAS JURÍDICAS E NATURAIS E PARA O USO DE RECURSOS PRÓPRIOS PELOS CANDIDATOS. PRELIMINARES. IMPOSSIBILIDADE JURÍDICA DO PEDIDO. REJEIÇÃO. PEDIDOS DE DECLARAÇÃO PARCIAL DE INCONSTITUCIONALIDADE SEM REDUÇÃO DE TEXTO (ITENS E.1.e E.2). SENTENÇA DE PERFIL ADITIVO (ITEM E.5). TÉCNICA DE DECISÃO AMPLAMENTE UTILIZADA POR CORTES CONSTITUCIONAIS. ATUAÇÃO NORMATIVA SUBSIDIÁRIA E EXCEPCIONAL DO TRIBUNAL SUPERIOR**

ELEITORAL, SOMENTE SE LEGITIMANDO EM CASO DE INERTIA DELIBERANDI DO CONGRESSO NACIONAL PARA REGULAR A MATÉRIA APÓS O TRANSCURSO DE PRAZO RAZOÁVEL (IN CASU, DE DEZOITO MESES). INADEQUAÇÃO DA VIA ELEITA. IMPROCEDÊNCIA. PRETENSÕES QUE VEICULAM ULTRAJE À LEI FUNDAMENTAL POR AÇÃO, E NÃO POR OMISSÃO. MÉRITO. OFENSA AOS PRINCÍPIOS FUNDAMENTAIS DEMOCRÁTICO E DA IGUALDADE POLÍTICA. CUMULAÇÃO DE PEDIDOS DE ADI E DE ADI POR OMISSÃO EM UMA ÚNICA DEMANDA DE CONTROLE CONCENTRADO DE CONSTITUCIONALIDADE. VIABILIDADE PROCESSUAL. PREMISSAS TEÓRICAS. POSTURA PARTICULARISTA E EXPANSIVA DA SUPREMA CORTE NA SALVAGUARDA DOS PRESSUPOSTOS DEMOCRÁTICOS. SENSIBILIDADE DA MATÉRIA, AFETA QUE É AO PROCESSO POLÍTICO-ELEITORAL. AUTOINTERESSE DOS AGENTES POLÍTICOS. AUSÊNCIA DE MODELO CONSTITUCIONAL CERRADO DE FINANCIAMENTO DE CAMPANHAS. CONSTITUIÇÃO-MOLDURA. NORMAS FUNDAMENTAIS LIMITADORAS DA DISCRICIONARIEDADE LEGISLATIVA. PRONUNCIAMENTO DO SUPREMO TRIBUNAL FEDERAL QUE NÃO ENCERRA O DEBATE CONSTITUCIONAL EM SENTIDO AMPLO. DIÁLOGOS INSTITUCIONAIS. ÚLTIMA PALAVRA PROVISÓRIA. MÉRITO. DOAÇÃO POR PESSOAS JURÍDICAS. INCONSTITUCIONALIDADE DOS LIMITES PREVISTOS NA LEGISLAÇÃO (2% DO FATURAMENTO BRUTO DO ANO ANTERIOR À ELEIÇÃO). VIOLAÇÃO AOS PRINCÍPIOS DEMOCRÁTICO E DA IGUALDADE POLÍTICA. CAPTURA DO PROCESSO POLÍTICO PELO PODER ECONÔMICO. "PLUTOCRATIZAÇÃO" DO PRÉLIO ELEITORAL. LIMITES DE DOAÇÃO POR NATURAIS E USO DE RECURSOS PRÓPRIOS PELOS CANDIDATOS. COMPATIBILIDADE MATERIAL COM OS CÂNONES DEMOCRÁTICO, REPUBLICANO E DA IGUALDADE POLÍTICA. AÇÃO DIRETA DE INCONSTITUCIONALIDADE JULGADA PARCIALMENTE PROCEDENTE.

1. A postura particularista do Supremo Tribunal Federal, no exercício da judicial review, é medida que se impõe nas hipóteses de salvaguarda das condições de funcionamento das instituições democráticas, de sorte (i) a corrigir as patologias que desvirtuem o sistema representativo, máxime quando obstruam as vias de expressão e os canais de participação política, e (ii) a proteger os interesses e direitos dos grupos políticos minoritários, cujas demandas dificilmente encontram eco nas deliberações majoritárias. 2. O funcionamento do processo político-eleitoral, conquanto matéria deveras sensível, impõe uma postura mais

expansiva e particularista por parte do Supremo Tribunal Federal, em detrimento de opções mais deferentes e formalistas, sobre as escolhas políticas exercidas pelas maiorias no seio do Parlamento, instância, por excelência, vocacionada à tomada de decisão de primeira ordem sobre a matéria. 3. A Constituição da República, a despeito de não ter estabelecido um modelo normativo pré-pronto e cerrado de financiamento de campanhas, forneceu uma moldura que traça limites à discricionariedade legislativa, com a positivação de normas fundamentais (e.g., princípio democrático, o pluralismo político ou a isonomia política), que norteiam o processo político, e que, desse modo, reduzem, em alguma extensão, o espaço de liberdade do legislador ordinário na elaboração de critérios para as doações e contribuições a candidatos e partidos políticos. 4. O hodierno marco teórico dos diálogos constitucionais repudia a adoção de concepções juriscêntricas no campo da hermenêutica constitucional, na medida em que preconiza, descritiva e normativamente, a inexistência de instituição detentora do monopólio do sentido e do alcance das disposições magnas, além de atrair a gramática constitucional para outros fóruns de discussão, que não as Cortes. 5. O desenho institucional erigido pelo constituinte de 1988, mercê de outorgar à Suprema Corte a tarefa da guarda precípua da Lei Fundamental, não erigiu um sistema de supremacia judicial em sentido material (ou definitiva), de maneira que seus pronunciamentos judiciais devem ser compreendidos como última palavra provisória, vinculando formalmente as partes do processo e finalizando uma rodada deliberativa acerca da temática, sem, em consequência, fossilizar o conteúdo constitucional. 6. A formulação de um modelo constitucionalmente adequado de financiamento de campanhas impõe um pronunciamento da Corte destinado a abrir os canais de diálogo com os demais atores políticos (Poder Legislativo, Executivo e entidades da sociedade civil). 7. Os limites previstos pela legislação de regência para a doação de pessoas jurídicas para as campanhas eleitorais se afigura assaz insuficiente a coibir, ou, ao menos, amainar, a captura do político pelo poder econômico, de maneira a criar indesejada "plutocratização" do processo político. 8. O princípio da liberdade de expressão assume, no aspecto político, uma dimensão instrumental ou acessória, no sentido de estimular a ampliação do debate público, de sorte a permitir que os indivíduos tomem contato com diferentes plataformas e projetos políticos. 9. A doação por pessoas jurídicas a campanhas eleitorais, antes de refletir eventuais preferências políticas, denota um agir estratégico destes grandes doadores, no afã de estreitar suas relações com o poder público, em pactos, muitas vezes, desprovidos de espírito republicano. 10. O telos subjacente ao art. 24, da Lei das Eleições, que elenca um rol de entidades da sociedade civil que estão proibidas de financiarem campanhas eleitorais, destina-se a bloquear a formação de relações e alianças promíscuas e não republicanas entre aludidas instituições e o Poder Público, de maneira que a não extensão desses mesmos critérios às demais pessoas jurídicas evidencia desequiparação desprovida de qualquer fundamento constitucional idôneo. 11. Os critérios normativos vigentes relativos à doação a campanhas eleitorais feitas por pessoas naturais, bem como o uso próprio de recursos pelos próprios candidatos, não vulneram os princípios fundamentais democrático, republicano e da igualdade política. 12. O Conselho Federal da Ordem dos Advogados do Brasil ostenta legitimidade ad causam universal para deflagrar o processo de controle concentrado de constitucionalidade, ex vi do art. 103, VII, da Constituição da República, prescindindo, assim, da demonstração de pertinência temática para com o conteúdo material do ato normativo impugnado. 13. As disposições normativas adversadas constantes das Leis nº 9.096/95 e nº 9.504/97 revelam-se aptas a figurar como objeto no controle concentrado de constitucionalidade, porquanto primárias, gerais, autônomas e abstratas. 14. A "possibilidade jurídica do pedido", a despeito das dificuldades teóricas de pertinência técnica (i.e., a natureza de exame que ela envolve se confunde, na maior parte das vezes, com o próprio mérito da pretensão) requer apenas que a pretensão deduzida pelo autor não seja expressamente vedada pela ordem jurídica. Consectariamente, um pedido juridicamente impossível é uma postulação categoricamente vedada pela ordem jurídica. (ARAGÃO, Egas Dirceu Moniz de. Comentários ao Código de Processo Civil. 10ª ed. Rio de Janeiro: Forense, p. 394). 15. In casu, a) Os pedidos constantes dos itens "e.1" e "e.2", primeira parte, objetivam apenas e tão somente que o Tribunal se limite a retirar do âmbito de incidência das normas impugnadas a aplicação reputada como inconstitucional, sem, com isso, proceder à alteração de seu programa normativo. b) Trata-se, a toda evidência, de pedido de declaração de inconstitucionalidade parcial sem redução de texto, cuja existência e possibilidade são reconhecidas pela dogmática constitucional brasileira, pela própria legislação de regência das ações diretas (art. 28, § único, Lei nº 9.868/99) e, ainda, pela práxis deste Supremo Tribunal Federal (ver, por todos, ADI nº 491/AM, Rel. Min. Moreira Alves, Tribunal Pleno, DJ 25.10.1991). c) Destarte, os pedidos constantes dos itens "e.1" e "e.2" são comuns e naturais em qualquer processo de controle abstrato de constitucionalidade, razão por que a exordial não veicula qualquer pretensão expressamente vedada pela ordem jurídica. d) O pedido aduzido no item "e.5" não revela qualquer impossibilidade que nos autorize a, de plano, reconhecer sua inviabilidade, máxime porque o Requerente simplesmente postula que a Corte profira uma "sentença aditiva de princípio" ou "sentença-delegação", técnica de decisão comumente empregada em Cortes Constitu-

> cionais algures, notadamente a italiana, de ordem a instar o legislador a disciplinar a matéria, bem assim a delinear, concomitantemente, diretrizes que devem ser por ele observadas quando da elaboração da norma, exsurgindo como método decisório necessário em casos em que o debate é travado nos limites do direito posto e do direito a ser criado. 16. Ademais, a atuação normativa do Tribunal Superior Eleitoral seria apenas subsidiária e excepcional, somente se legitimando em caso de inertia deliberandi do Congresso Nacional para regular a matéria após o transcurso de prazo razoável (in casu, de dezoito meses), incapaz, bem por isso, de afastar a prerrogativa de o Parlamento, quando e se quisesse, instituir uma nova disciplina de financiamento de campanhas, em razão de a temática encerrar uma preferência de lei. 17. A preliminar de inadequação da via eleita não merece acolhida, visto que todas as impugnações veiculadas pelo Requerente (i.e., autorização por doações por pessoas jurídicas ou fixação de limites às doações por pessoas naturais) evidenciam que o ultraje à Lei Fundamental é comissivo, e não omissivo. 18. A cumulação simples de pedidos típicos de ADI e de ADI por omissão é processualmente cabível em uma única demanda de controle concentrado de constitucionalidade, desde que satisfeitos os requisitos previstos na legislação processual civil (CPC, art. 292). 19. Ação direta de inconstitucionalidade julgada parcialmente procedente para assentar apenas e tão somente a inconstitucionalidade parcial sem redução de texto do art. 31 da Lei nº 9.096/95, na parte em que autoriza, a contrario sensu, a realização de doações por pessoas jurídicas a partidos políticos, e pela declaração de inconstitucionalidade das expressões "ou pessoa jurídica", constante no art. 38, inciso III, e "e jurídicas", inserta no art. 39, caput e § 5º, todos os preceitos da Lei nº 9.096/95.

Sobre a decisão em si, "bem aceita pela opinião pública" (CARAZZA, 2018, p. 239), o STF, por folgada maioria, julgou procedente em parte o pedido formulado na ação para declarar a inconstitucionalidade dos dispositivos que autorizavam as contribuições de pessoas jurídicas às campanhas eleitorais.

11.1.1. Doação de recursos do Fundo Partidário em benefício de candidato registrado por agremiação que não formou coligação – pessoa jurídica – fonte vedada

O TSE enfrentou o assunto no Recurso Especial Eleitoral nº 060119381/AP (DJE de 12/12/2019). A Corte definiu que o recebimento de doação oriunda de recursos do Fundo Partidário realizada por agremiação que não está coligada aquela a qual o beneficiário concorre caracteriza recurso derivado de fonte vedada, circunstância que acarreta na rejeição das contas de campanha e na consequente determinação de devolução do valor creditado indevidamente.

Para amparar esta conclusão que alcançou unanimidade, o relator principiou o seu voto realçando que os recursos descendentes do Fundo Especial de Assistência Financeira aos Partidos Políticos são públicos e que os mesmos têm a sua aplicação vinculada ao disposto no art. 44 da Lei 9.096/95[1], devendo todo e qualquer gasto ser estritamente vinculado à atividade partidária. A seguir, o Ministro Sérgio Banhos destacou que o art. 21, *caput*, da Resolução nº 23.553, dispondo sobre arrecadação e gastos de recursos por partidos políticos e candidatos e sobre a prestação de contas nas Eleições de 2018, estabeleceu que "os partidos políticos podem aplicar nas campanhas eleitorais os recursos do Fundo Partidário, inclusive

---

1. Art. 44. Os recursos oriundos do Fundo Partidário serão aplicados:

I - na manutenção das sedes e serviços do partido, permitido o pagamento de pessoal, a qualquer título, observado, do total recebido, os seguintes limites: (Redação dada pela Lei nº 13.165, de 2015)

a) 50% (cinquenta por cento) para o órgão nacional; (Incluído pela Lei nº 13.165, de 2015)

b) 60% (sessenta por cento) para cada órgão estadual e municipal; (Incluído pela Lei nº 13.165, de 2015)

II - na propaganda doutrinária e política;

III - no alistamento e campanhas eleitorais;

IV - na criação e manutenção de instituto ou fundação de pesquisa e de doutrinação e educação política, sendo esta aplicação de, no mínimo, vinte por cento do total recebido.

V - na criação e manutenção de programas de promoção e difusão da participação política das mulheres, criados e executados pela Secretaria da Mulher ou, a critério da agremiação, por instituto com personalidade jurídica própria presidido pela Secretária da Mulher, em nível nacional, conforme percentual que será fixado pelo órgão nacional de direção partidária, observado o mínimo de 5% (cinco por cento) do total; (Redação dada pela Lei nº 13.877, de 2019)

VI - no pagamento de mensalidades, anuidades e congêneres devidos a organismos partidários internacionais que se destinem ao apoio à pesquisa, ao estudo e à doutrinação política, aos quais seja o partido político regularmente filiado; (Incluído pela Lei nº 13.165, de 2015)

VII - no pagamento de despesas com alimentação, incluindo restaurantes e lanchonetes. (Incluído pela Lei nº 13.165, de 2015)

VIII - na contratação de serviços de consultoria contábil e advocatícia e de serviços para atuação jurisdicional em ações de controle de constitucionalidade e em demais processos judiciais e administrativos de interesse partidário, bem como nos litígios que envolvam candidatos do partido, eleitos ou não, relacionados exclusivamente ao processo eleitoral; (Incluído pela Lei nº 13.877, de 2019)

X - na compra ou locação de bens móveis e imóveis, bem como na edificação ou construção de sedes e afins, e na realização de reformas e outras adaptações nesses bens; (Incluído pela Lei nº 13.877, de 2019)

XI - no custeio de impulsionamento, para conteúdos contratados diretamente com provedor de aplicação de internet com sede e foro no País, incluída a priorização paga de conteúdos resultantes de aplicações de busca na internet, mediante o pagamento por meio de boleto bancário, de depósito identificado ou de transferência eletrônica diretamente para conta do provedor, o qual deve manter conta bancária específica para receber recursos dessa natureza, proibido nos 180 (cento e oitenta) dias anteriores à eleição. (Incluído pela Lei nº 13.877, de 2019).

aqueles recebidos em exercícios anteriores" sem, contudo, expressamente limitar tal aplicação às candidaturas próprias da agremiação.

Adiante, evocou a decisão monocrática lançada no MS nº 0601641-38/AP (DJE de 08/02/2019) frisando não ser "compatível com o modelo democrático exigido pelo caput do art. 17 da Lei Maior eventual interpretação do dispositivo transcrito que considere possível doação realizada por partido político a candidato que não esteja incluído em seu quadro de filiados ou que dispute o pleito por agremiação partícipe de coligação proporcional adversária".

Por fim, acerca da fonte, o relator destacou que "as pessoas jurídicas são proibidas de realizar doações de recursos para partidos e para candidatos, nos termos dos arts. 33, I, da Res.-TSE 23.553[2] e 31, II, da Lei 9.096/95[3]".

Os votos que se seguiram aprofundaram o tema demonstrando o quão despropositado seria, perante os valores que nucleiam o sistema partidário brasileiro, possibilitar que um partido estranho ao do beneficiado ou sua coligação, doe desembaraçadamente valores públicos. Equivaleria subverter a lógica na medida em que do total do Fundo Partidário (art. 41-A da Lei nº 9.096/95), 5% são destacados para entrega, em partes iguais, a todos os partidos que atendam aos requisitos constitucionais de acesso a esses recursos e 95% são distribuídos na proporção dos votos obtidos na última eleição para a Câmara dos Deputados.

A partir desta perspectiva, caso admitido o livre remanejamento de verbas de origem pública, além de preterir os seus próprios filiados, estaria aniquilada a cláusula de maior desempenho que premia os partidos.

O acórdão restou assim ementado:

> **ELEIÇÕES 2018. RECURSO ESPECIAL ELEITORAL. PRESTAÇÃO DE CONTAS DE CAMPANHA. DOAÇÃO. RECURSOS DO FUNDO PARTIDÁRIO. ÓRGÃO NACIONAL DE PARTIDO POLÍTICO. DONATÁRIO. CANDIDATO A DEPUTADO ESTADUAL DE AGRE-**

2. Art. 33. É vedado a partido político e a candidato receber, direta ou indiretamente, doação em dinheiro ou estimável em dinheiro, inclusive por meio de publicidade de qualquer espécie, procedente de:
I – pessoas jurídicas.

3. Art. 31. É vedado ao partido receber, direta ou indiretamente, sob qualquer forma ou pretexto, contribuição ou auxílio pecuniário ou estimável em dinheiro, inclusive através de publicidade de qualquer espécie, procedente de:
(...).
II - entes públicos e pessoas jurídicas de qualquer natureza, ressalvadas as dotações referidas no art. 38 desta Lei e as proveniente do Fundo Especial de Financiamento de Campanha.

MIAÇÃO NÃO COLIGADA COM A GREI DOADORA. FONTE VEDADA. IRREGULARIDADE GRAVE. DESAPROVAÇÃO DAS CONTAS. VALOR DOADO. DEVOLUÇÃO AO DOADOR.

Histórico da demanda

1. O Tribunal de origem desaprovou as contas de campanha do recorrente e determinou a devolução ao doador da quantia de R$ 25.000,00, referente a recursos financeiros oriundos de fonte vedada, nos termos do art. 33, I e § 2º, da Res.-TSE 23.553, tendo em vista que o prestador das contas, candidato ao cargo de deputado estadual, recebeu doação efetuada com recursos do Fundo Partidário pelo Diretório Nacional do Partido da República (PR), o qual não estava coligado com a agremiação pela qual o candidato concorreu ao pleito estadual.

Do recurso especial

2. Os recursos oriundos do Fundo Especial de Assistência Financeira aos Partidos Políticos (Fundo Partidário) são públicos e têm a sua aplicação vinculada ao disposto no art. 44 da Lei 9.096/95, devendo todo e qualquer gasto ser voltado à própria atividade partidária e comprovada a sua vinculação. Precedente: PC 247-55, rel. Min. Luiz Fux, DJE de 1º.3.2018.

3. Os arts. 44, III, da Lei 9.096/95, e 21, caput, da Res.-TSE 23.553 facultam ao partido político a utilização de recursos oriundos do Fundo Partidário em campanhas eleitorais, sem especificar, de modo expresso, se tal destinação estaria limitada ao apoio aos candidatos próprios da legenda ou se abrangeria candidaturas promovidas por outras agremiações. Todavia, o art. 17 da citada resolução prevê a possibilidade de serem destinados às campanhas eleitorais recursos provenientes de doações de outros partidos políticos e de outros candidatos (inc. III), assim como valores próprios das agremiações partidárias, inclusive os provenientes do citado fundo (inc. V, a).

4. Conforme lição que se extrai do voto proferido pelo Ministro Fernando Neves na Cta 773 (Res.-TSE 21.098, DJ de 2.7.2002), "os partidos políticos recebem recursos provenientes do Fundo Partidário e estes devem ter a destinação estipulada por lei que é a de divulgar as diretrizes e plataformas do partido político e de seus próprios candidatos. Não há como registrar, nas prestações de contas, gastos realizados em benefício de candidato ou partido adversário".

5. A proibição da destinação de recursos públicos para o financiamento da campanha de partidos não coligados com a grei doadora não constitui situação nova no entendimento do TSE, pois o § 1º do art. 19 da Res.-TSE 23.553 prevê, quanto aos valores distribuídos aos diretórios nacionais, que, "inexistindo candidatura própria ou em coligação na

circunscrição, é vedada a distribuição dos recursos do Fundo Especial de Financiamento de Campanha (FEFC) para outros partidos políticos ou candidaturas desses mesmos partidos".

6. A doação realizada com recursos do Fundo Partidário por órgão nacional de partido político e em benefício da campanha de candidato a deputado estadual registrado por agremiação que não formou coligação com a grei doadora configura irregularidade grave e caracteriza o recebimento de recursos oriundos de fonte vedada, precisamente de pessoa jurídica, nos termos dos arts. 33, I, da Res.-TSE 23.553 e 31, II, da Lei 9.096/95, pois tal liberalidade não se enquadra em nenhuma das hipóteses legais e regulamentares que autorizam as agremiações partidárias a contribuir para as campanhas de outros partidos e, por conseguinte, de candidatos dessas outras legendas.

7. Interpretação que se afigura razoável em virtude da natureza pública dos recursos do Fundo Partidário, os quais são distribuídos aos partidos para o financiamento da própria atividade partidária e com base nos critérios estabelecidos no § 3º do art. 17 da Constituição, vinculados ao número de votos válidos obtidos pela grei nas eleições para a Câmara dos Deputados ou ao número de deputados federais eleitos pela legenda.

8. A irregularidade constatada atrai a incidência da regra prevista no art. 33, § 2º, da Res.-TSE 23.553, a qual determina que o donatário devolva ao doador os recursos recebidos de fonte vedada.

9. O pedido recursal de que, em atenção aos princípios da segurança jurídica e da anualidade eleitoral, o entendimento adotado na solução do presente caso seja aplicado apenas em feitos de eleição futura não merece acolhimento, pois não há falar em mudança de jurisprudência na espécie. A questão controvertida é analisada pela primeira vez por este Tribunal Superior, tanto que o recorrente não apontou nenhum aresto desta Corte que tenha examinado a matéria e decidido em sentido diverso.

Conclusão. Recurso especial a que se nega provimento.

11.2. PESSOAS FÍSICAS

Com relação às pessoas físicas, suas contribuições permanecem válidas após o que restou decidido pela antes ementada ADIn nº 4.650-DF.

11.2.1. Fontes legais

Vejamos as regras iniciando pela Lei nº 9.504/97:

> Art. 23. Pessoas físicas poderão fazer doações em dinheiro ou estimáveis em dinheiro para campanhas eleitorais, obedecido o disposto nesta Lei.
>
> § 1º As doações e contribuições de que trata este artigo ficam limitadas a **dez por cento** dos rendimentos brutos auferidos no ano anterior à eleição.
>
> (grifou-se)

A seguir, no capítulo "Da Arrecadação", na Seção "Das Doações", as resoluções do TSE estabelecem um padrão normativo como o que segue:

> As pessoas físicas somente poderão fazer doações, inclusive pela *internet*, por meio de:
>
> - transação bancária na qual o CPF do doador seja obrigatoriamente identificado;
>
> - doação ou cessão temporária de bens e/ou serviços estimáveis em dinheiro, com a demonstração de que o doador é proprietário do bem ou é o responsável direto pela prestação de serviços;
>
> – instituições que promovam técnicas e serviços de financiamento coletivo por meio de sítios da internet, aplicativos eletrônicos e outros recursos similares;
>
> - As doações financeiras de valor igual ou superior a R$ 1.064,10 (mil e sessenta e quatro reais e dez centavos) só poderão ser realizadas mediante transferência eletrônica entre as contas bancárias do doador e do beneficiário da doação;
>
> - As doações financeiras recebidas em desacordo com as normas não podem ser utilizadas e devem, na hipótese de identificação do doador, ser a ele restituídas ou, na impossibilidade, recolhidas ao Tesouro Nacional;
>
> - Os bens e/ou serviços estimáveis em dinheiro doados por pessoas físicas devem constituir produto de seu próprio serviço, de suas atividades econômicas e, no caso dos bens, devem integrar seu patrimônio.
>
> - Os bens próprios do candidato somente podem ser utilizados na campanha eleitoral quando demonstrado que já integravam seu patrimônio em período anterior ao pedido de registro da respectiva candidatura.
>
> - Partidos políticos e candidatos podem doar entre si bens próprios ou serviços estimáveis em dinheiro, ou ceder seu uso, ainda que não constituam produto de seus próprios serviços ou de suas atividades.
>
> -A disposição anterior não se aplica à aquisição de bens ou serviços que sejam destinados à manutenção da estrutura do partido durante a campanha eleitoral, hipótese em que deverão ser devidamente contratados pela agremiação e registrados na sua prestação de contas de campanha.

Sobre as contribuições por meio da *Internet*:

> - Para arrecadar recursos pela *internet*, o partido e o candidato deverão tornar disponível mecanismo em página eletrônica, observados os seguintes requisitos:
>
> - identificação do doador pelo nome e pelo CPF;
>
> - emissão de recibo eleitoral para cada doação realizada, dispensada a assinatura do doador;
>
> - utilização de terminal de captura de transações para as doações por meio de cartão de crédito e de cartão de débito.
>
> - As doações por meio de cartão de crédito ou cartão de débito somente serão admitidas quando realizadas pelo titular do cartão.
>
> - Eventuais estornos, desistências ou não confirmação da despesa do cartão serão informados pela administradora ao beneficiário e ao respectivo órgão da Justiça Eleitoral.

Por fim:

> - As doações realizadas por pessoas físicas são limitadas a dez por cento dos rendimentos brutos auferidos pelo doador no ano-calendário anterior à eleição. (Lei n° 9.504/1997, art. 23, §1°)
>
> - O candidato poderá usar recursos próprios em sua campanha até o total de 10% (dez por cento) dos limites previstos para gastos de campanha no cargo em que concorrer;;
>
> - O limite previsto não se aplica a doações estimáveis em dinheiro relativas à utilização de bens móveis ou imóveis de propriedade do doador, desde que o valor estimado não ultrapasse o valor estabelecido;
>
> - A doação acima dos limites fixados neste artigo sujeita o infrator ao pagamento de multa no valor de até 100% (cem por cento) da quantia em excesso, sem prejuízo de o candidato responder por abuso do poder econômico, nos termos do art. 22 da Lei Complementar nº 64/90;
>
> - O limite de doação previsto será apurado anualmente pelo Tribunal Superior Eleitoral e pela Secretaria da Receita Federal do Brasil.

11.2.2. Limite legal e critério

O limite de 10% para as doações previstas ao art. 23 da Lei Eleitoral é calculado tendo como parâmetro a declaração de Imposto de Renda da Pessoa Física encaminhada anualmente à Secretaria da Receita Federal[4].

4. TSE, REspe nº 138-07/SP, DJE de 02/05/2018; TSE, AgR-AI nº 4177-46/MT, DJE de 22/12/2014 e TSE, AgR--REspe nº 510-67/AL, DJE de 21/08/2013.

A declaração anual do IRPF é o documento essencial para nortear a observância do limite fixado no art. 23, § 1º, da LE/97, o qual deve ser aferido no momento da doação[5]. Acredita-se que o Brasil seja o único país do mundo onde o limite de doação eleitoral de pessoas físicas se baseia nos rendimentos brutos que esta auferiu. O similar mais próximo, que é a Índia, adota o limite do lucro líquido, convencionado em 7,5% por pessoa.

11.2.3. Recursos próprios do candidato (autofinanciamento)

O candidato pode dispor de uma fatia do seu patrimônio para disputar a eleição: até o total de 10% dos limites previstos para gastos de campanha no cargo em que concorrer. Esta é a disciplina cravada pelo §2º-A do art. 23 da LE/97 após a edição da Lei nº 13.878/19.

Estará impedido de utilização, a título de recurso próprio, o valor obtido mediante empréstimo pessoal que não tenha sido contratado junto à instituição financeira - ou equiparada - autorizada pelo Banco Central do Brasil e, no caso de candidato, que não esteja caucionado por bem que integre o seu patrimônio no momento do registro de candidatura, ou que ultrapassea capacidade de pagamento decorrente dos rendimentos da sua atividade econômica.

Como é obrigatório o trânsito integral dos recursos financeiros movimentados durante a campanha em conta bancária específica, inclusive os recursos próprios, pena de desaprovação das contas[6], a doação deve ocorrer mediante transferência eletrônica entre a conta bancária do doador pessoa física e a conta específica de candidato[7], consoante às instruções do TSE.

11.2.4. Doador isento

O isento da declaração de IRPF pode doar para campanhas eleitorais em pé de igualdade com os demais doadores. A lei não lhe impôs nenhuma

---

5. TSE, REspe nº 138-07/SP, DJE de 02/05/2018.
6. TSE, AgRg-AI nº 126633/RS, de 29/11/2011, e TSE, AgRg-AI nº 6.565/MG, de 15/05/2007.
7. TSE, AgRg-REspe nº 26535/RO, DJE de 20/11/2018. Ainda:
   AGRAVO REGIMENTAL. RECURSO ESPECIAL ELEITORAL. ELEIÇÕES 2010. REPRESENTAÇÃO. DOAÇÃO DE RECURSOS ACIMA DO LIMITE LEGAL. PESSOA JURÍDICA. ART. 81 DA LEI 9.504/97. APRESENTAÇÃO DE DECLARAÇÃO RETIFICADORA DE IMPOSTO DE RENDA. POSSIBILIDADE. DESPROVIMENTO.Esta Corte, no julgamento do AgR-AI 1475-36/CE (Rel. Min. Dias Toffoli, DJe de 4.6.2013), decidiu que a declaração retificadora de imposto de renda constitui documento hábil a comprovar a observância do limite de doação de 2% previsto no art. 81, § 11, da Lei 9.504/97. (TSE, AgR-REspe 1137-87/BA, DJE de 22/08/2013).

restrição nesta seara. Logo, a isenção tributária não excluiu o direito de participação financeiramente da eleição. Por conseguinte, é descabido ao intérprete estabelecer um limite de doação onde ele não existe, violando o brocardo onde a lei não distingue, não cabe a este fazer (*ubi lex non- distinguit nec nos distinguere debemus*).

Inexistindo outros elementos ou documentos que permitam precisar o seu ganho no ano-base anterior,"É ônus do representante demonstrar que a doação para campanha de candidatos a cargos eletivos extrapolou o limite fixado na Lei nº 9.504/1997, sendo razoável a utilização do valor máximo estabelecido para a isenção do imposto de renda como parâmetro para estabelecimento da limitação"[8].

A utilização do teto fixado pela Secretaria da Receita Federal (SRF) para a isenção do imposto de renda como parâmetro do cálculo para doação de campanha abrange unicamente a hipótese de doador isento que não apresenta declaração anual de rendimentos[9].

A propósito:

> **ELEIÇÕES 2010. AGRAVO REGIMENTAL NO RECURSO ESPECIAL. REPRESENTAÇÃO. DOAÇÃO. PESSOA FÍSICA. SUPERAÇÃO DO LIMITE LEGAL. FALTA DE APRESENTAÇÃO DE DECLARAÇÃO DE RENDIMENTOS. CÁLCULO DA MULTA. ADOÇÃO DA QUANTIA MÁXIMA DE RENDA ALBERGADA PELA ISENÇÃO COMO BASE DE CÁLCULO. POSSIBILIDADE. PRECEDENTE. FUNDAMENTOS NÃO INFIRMADOS. SÚMULA Nº 182 DO SUPERIOR TRIBUNAL DE JUSTIÇA. INOVAÇÃO RECURSAL. DESPROVIMENTO.**
>
> 1. (...).
>
> 2. In casu, o TRE/CE, no aresto que ensejou a interposição do recurso especial eleitoral, fixou multa ao ora Agravante por entender que este doou, na campanha eleitoral de 2010, valor superior ao limite fixado. Considerando a falta de apresentação da declaração de rendimentos em 2009, a Corte de origem utilizou, como base de cálculo para a incidência do percentual de 10% (dez por cento), o montante correspondente ao limite para isentar a pessoa física da entrega da referida declaração naquele ano.
>
> 3. A adoção do parâmetro relativo à isenção do imposto de renda quanto a pessoas físicas para verificar o montante máximo de doação permi-

8. TSE, REspe nº 3993666-47/AM, DJE de 18/04/2011.
9. TSE, AgRg-AI nº26594/MG, DJE de15/04/2019.

tido, quando ausente a apresentação de declaração de rendimentos, é razoável, a fim de evitar que a falta de entrega daquele documento seja utilizada para obstar a configuração do ilícito previsto no art. 23, § 1º, I, da Lei nº 9.504/1997.

4. (...).

5. Agravo regimental desprovido.[10]

As resoluções emitidas pelo TSE vêm estabelecendo continuadamente que a aferição do limite de doação do contribuinte dispensado da apresentação de Declaração de Ajuste Anual do Imposto de Renda deve ser realizada com base no limite de isenção previsto para o ano-calendário da própria eleição.

11.2.5. Doação entre candidatos

As doações de recursos que forem realizadas entre candidatos - de majoritário para majoritário, entre majoritário e proporcional ou de um proporcional para outro -, a par de corriqueiras no curso das campanhas, estão sujeitas à emissão de recibo eleitoral e respeito ao limite de 10% estabelecido pelo art. 23 da Lei nº 9.504/97 para as pessoas físicas:

AGRAVO REGIMENTAL. RECURSO ESPECIAL. ELEIÇÕES 2016. VEREADOR. CONTAS DE CAMPANHA. APROVAÇÃO COM RESSALVAS. DOAÇÃO ESTIMÁVEL EM DINHEIRO. MATERIAL DE PROPAGANDA COMPARTILHADO. REGISTRO. AJUSTE CONTÁBIL. CANDIDATO A PREFEITO. ART. 28, § 6º, II, DA LEI 9.504/97. DESPROVIMENTO.

1. Nos termos do art. 28, § 6º, II, da Lei 9.504/97, o registro de doações estimáveis em dinheiro entre candidatos ou partidos políticos, decorrentes do uso comum de materiais de propaganda, realizar-se-á nas contas do responsável pelo pagamento da despesa.

2. O disposto no § 4º do art. 55 da Res.-TSE 23.463/2015, que preconiza o registro do valor das operações constantes do § 3º, há de ser interpretado em consonância com a parte final do inciso II deste último parágrafo, segundo o qual "o gasto deverá ser registrado na prestação de contas do responsável pelo pagamento da despesa".

10. TSE, AgRgREspe nº 24991/CE, DJE de 15/09/2015.

3. Na espécie, a partir da moldura fática do aresto a quo, tem-se que o agravado - Vereador de Pacatuba/SE eleito em 2016 - recebeu material de propaganda mediante custeio e compartilhamento do candidato ao pleito majoritário. Ainda que referido gasto não tenha constado da prestação de contas deste último, tal falha não compromete o ajuste contábil em análise.

4. Esta Corte, em casos similares, aprovou com ressalvas o ajuste contábil. A título exemplificativo, o AgR-REspe 434-79/MT, de minha relatoria, DJe de 19.4.2018.

5. Agravo regimental desprovido.[11]

Erros sem maior expressão contábil ocorridos nessas transações de um a outro candidato não abalam a confiabilidade das contas:

PRESTAÇÃO DE CONTAS DE CAMPANHA. CANDIDATO. ELEIÇÕES 2018. FALHAS QUE NÃO COMPROMETEM A REGULARIDADE DAS CONTAS. APROVAÇÃO DAS CONTAS COM RESSALVAS.

1. Divergência entre as informações constantes na prestação de contas ora em exame e naquela apresentada pelo doador, relativa a doações estimáveis em dinheiro entre candidatos.

2. Entendimento da Suprema Corte Eleitoral exarado em recente julgado, de modo a observar apenas os seguintes requisitos para aprovação com ressalvas: (i) baixo montante da irregularidade em termos absolutos e (ii) ausência de má-fé do prestador de contas.

3. Doações diretas realizadas por partido político e não registradas pelo candidato. Mero erro material.

4. Parecer da Secretaria de Controle Interno deste Tribunal pela aprovação com ressalvas das contas. Não caracterizada a má-fé do candidato. Impropriedades que, por si só, não têm o condão de atingir a regularidade das contas apresentadas.

APROVAÇÃO COM RESSALVAS das contas apresentadas, referentes ao pleito de 2018, com fulcro no art. 77, II, da Res. TSE nº 23.553/2017.[12]

Eleições 2016. Recurso eleitoral. Prestação de contas de candidato. Omissão de despesa não caracterizada. Doação entre candidatos.

11. TSE, AgR-AgR-RESPe n° 492-32/SE, DJE de 09/10/2018.
12. TRE/RJ, PC nº 060481612, DJERJ de 13/05/2019.

> **Cessão de veículo. Elevado gasto com combustível. Despesa de valor ínfimo. Contas aprovadas com ressalvas. Recurso provido.**
>
> I - Doações estimáveis devidamente identificadas atingem a finalidade da norma eleitoral, qual seja a identificação da origem e do destino dos recursos arrecadados durante a campanha. (...).
>
> III - Não sendo comprovada nos autos a utilização de veículo não contabilizado, a simples presunção de ser incompatível a quantidade de combustível e os veículos declarados na campanha não é causa suficiente para a desaprovação das contas.
>
> IV - Despesa no valor de R$ 89,00 (oitenta nove reais) que representa um percentual de 1,77% do total gasto na campanha, pode ser superada pela aplicação do princípio da proporcionalidade por se tratar de valor ínfimo, ensejando apenas ressalva.
>
> V - Contas aprovadas com ressalvas. Recurso conhecido e no mérito, provido.[13]

11.2.6. Produto do próprio serviço ou da atividade econômica do doador

"A Resolução/TSE nº 23.217/2010, ao prever que os bens e/ou serviços efetuados por pessoas físicas e jurídicas devem constituir produto do próprio serviço ou atividades econômicas e, no caso dos bens permanentes, a integração no patrimônio do doador - artigo 10, § 31, da referida Resolução -, implicou simples regulamentação da Lei n° 9.504/1997. Em momento algum o Tribunal substituiu-se ao Congresso Nacional. Observou o Código Eleitoral, mais precisamente os preceitos que lhe reservam a competência para expedir instruções convenientes à execução do Código e tomar outras providências que julgar necessárias ao cumprimento da legislação específica - artigo 23, incisos IX e XVIII do Código Eleitoral"[14].

É importante fixar que a desobediência ao preceito pode resultar na desaprovação das contas, haja vista serem irregularidades que, a teor do entendimento do TSE, "impedem o controle pela Justiça Eleitoral da movimentação financeira da campanha"[15].

---

13. TRE/RO, RE nº 47397, DJE de 01/06/2017.
14. TSE, REspe nº 625833/BA, DJE de 06/08/2012.
15. TSE, AgR-AI nº 94956/CE, DJE de 10/06/2015.

11.2.6.1. Inconstitucionalidade da disciplina por resolução

O disciplinamento desta matéria relacionada diretamente à riqueza e ao patrimônio, por meio de resolução, fere a Lei Maior da República. A inconstitucionalidade do dispositivo é flagrante. O fato de ter sido elaborado pelo TSE não lhe subtrai o vício. Pelo contrário. A atribuição legiferante em matéria de Direito Eleitoral é indelegável, pertencendo exclusivamente ao Legislativo Federal, segundo disposto pela CF/88 (art. 22, I)[16].

Posto desta maneira pela Lei Fundamental, ou seja, via monopólio do Congresso Nacional, as resoluções editadas pelo Tribunal Superior Eleitoral usurparam as atribuições da União. Atuando como legislador positivo, sobretudo ao restringir direitos patrimoniais, a Corte afrontou a Carta Magna ao agredir a sua regra inaugural que anuncia a vigência da tripartição de poderes (Art. 2º).

Como cediço, a Lei nº 9.504/97 garantiu às pessoas físicas o direito de contribuição para as campanhas eleitorais, inclusive através do fornecimento gratuito de bens ou serviços por eles custeados. Por força disso, o texto da instrução expressou flagrante extravasamento de competência ao conferir amplitude maior do que o contido no dispositivo legal, enveredando, assim, pelo erro e inversão hierárquica. Entendimento pacificado pelo Supremo Tribunal Federal frisa que as resoluções emanadas do TSE consubstanciam ato normativo secundário decorrente da interpretação de normas jurídicas pré-existentes no ordenamento[17].

O TSE exerce função interpretativa, e não criadora de direito. Nesse contexto, a Corte não dispõe do poder de expedir normas primárias sobre matéria eleitoral. De outra parte, não se trata, na forma do inciso XVIII do art. 23 do Código Eleitoral, de "providências (...) convenientes à execução da legislação eleitoral". A Corte invoca prerrogativa inexistente, máxime a de inovar a ordem jurídica para fixar conceitos e obrigações diante da omissão do Poder Legislativo. Ora, "Não pode o intérprete alimentar a pretensão de melhorar a lei com desobedecer às suas prescrições explícitas",

16. Art. 22. Compete privativamente à União legislar sobre: I - direito civil, comercial, penal, processual, **eleitoral**, agrário, marítimo, aeronáutico, espacial e do trabalho.

17. Poder normativo não é poder legislativo. A norma de caráter regulatório preserva a sua legitimidade quando cumpre o conteúdo material da legislação eleitoral. Pode conter regras novas, desde que preservada a ordem vigente de direitos e obrigações, limite do agir administrativo. Regras novas, e não direito novo. (STF, Ação Direta de Inconstitucionalidade nº 5.028/DF, DJe-213, DIVULG 29/10/2014, PUBLIC 30/10/2014).

adverte o magistério sempre muito bem vindo de Carlos MAXIMILIANO (2001, p. 227).

O estabelecimento de uma restrição patrimonial dessa natureza não pode prescindir de dispositivo legislado pelo Parlamento promovendo a alteração da norma primária, no caso, a Lei nº 9.504/97. O conteúdo resolutivo ora alvejado, passível de arguição *inter partes*, se imiscui no Direito de Propriedade (CF/88, art. 5º, XXII)[18] e na Ordem Econômica (art. 170, II)[19], interferindo diretamente no livre dispor da patrimonialidade das pessoas.

Ao autorizar apenas a doação de bens e/ou serviços vinculados à atividade econômica ou ao patrimônio do doador, a mesma instituiu limites não previstos em lei, extrapolando o poder regulamentar que lhe foi conferido. Por via transversa, regulamentou uma nova modalidade de fonte vedada de recursos de campanhaeleitoral ao arrepio do Congresso Nacional. Essa invasão de competência, a par de ostensiva e reiterada, já recebeu repúdio veemente por parte do Supremo Tribunal Federal, conforme aponta a ADI 2.364/AL (DJ de 14/12/2001):

> O desrespeito à cláusula de iniciativa reservada das leis, em qualquer das hipóteses taxativamente previstas no texto da Carta Política, traduz situação configuradora de inconstitucionalidade insuscetível de produzir qualquer conseqüência válida de ordem jurídica. A usurpação da prerrogativa de iniciar o processo legislativo qualifica-se como ato destituído de qualquer eficácia jurídica, contaminando, por efeito de repercussão causal-prospectiva, a própria validade constitucional da lei que dela resulte[20].

---

18. Art. 5º Todos são iguais perante a lei, sem distinção de qualquer natureza, garantindo-se aos brasileiros e aos estrangeiros residentes no País a inviolabilidade do direito à vida, à liberdade, à igualdade, à segurança e à propriedade, nos termos seguintes:

    (...).

    XXII - é garantido o direito de propriedade.

19. Art. 170. A ordem econômica, fundada na valorização do trabalho humano e na livre iniciativa, tem por fim assegurar a todos existência digna, conforme os ditames da justiça social, observados os seguintes princípios:

    (...).

    II - propriedade privada;

20. Esta compreensão foi reforçada pela decisão do STF na ADI nº 2.075-MC, a seguir transcrita: O princípio constitucional da reserva de lei formal traduz limitação ao exercício das atividades administrativas e jurisdicionais do Estado. A reserva de lei – analisada sob tal perspectiva – constitui postulado revestido de função excludente, de caráter negativo, pois veda, nas matérias a ela sujeitas, quaisquer intervenções normativas, a título primário, de órgãos estatais não legislativos. Essa cláusula constitucional, por sua vez, projeta-se em uma dimensão positiva, eis que a sua incidência reforça o princípio, que, fundado na autoridade da Constituição, impõe à administração e à jurisdição a necessária submissão aos comandos estatais emanados, exclusivamente, do legislador" (STF, Tribunal Pleno, DJ de 27/06/2003).

É comezinho que as instruções do TSE dependem do direito legislado. Na espécie, não há norma constitucional, tampouco ordinária, que preveja a restrição patrimonial que vem sendo deliberada pelos integrantes da Corte. A disposição administrativa consumou ato normativo primário, o que lhe é vedado. Por força disso, não pode ganhar substância para daí penetrar no mundo jurídico e ser reconhecida como válida e constitucionalmente eficaz nos domínios das doações eleitorais.

Julgados regionais (SC[21], PB[22] e GO[23]) abonam este modo de pensar.

Malferido, portanto, o disposto no art. 22, I, da CF/88, aliás, monopólio legislativo da União desde a segunda Carta republicana:

CONSTITUIÇÃO E DIREITO ELEITORAL	DISPOSITIVO
Constituição de 1934	Art. 5º, XIX, f
Constituição de 1937	Art. 16, XXIII
Constituição de 1946	Art. 5º, XV, a
Constituição de 1967	Art. 8º, XVII, b
Constituição de 1969	Art. 8º, XVII, b

Os precedentes e citações poderiam se multiplicar, mas não há esta necessidade. Há nítida ofensa ao Princípio da Reserva Legal e invasão de competência legislativa quando o ato normativo é autônomo, ou seja, não regulamenta a lei, mas a substitui.

Ao dispor que "ninguém será obrigado a fazer ou deixar de fazer alguma coisa senão em virtude de lei", a CF/88 está dizendo que somente um dispositivo emanado do Poder Legislativo é que poderá restringir uma atitude financeira ou patrimonial do doador em relação ao candidato. Não é possível compreender que o conteúdo de uma resolução deliberada por apenas sete pessoas numa sessão administrativa possa se sobrepor ao texto de um documento que foi precedido por uma Assembleia Constituinte. Trata-se de uma anomalia que não se justifica:

> AÇÃO DIRETA DE INCONSTITUCIONALIDADE – (...) - POSTULADO CONSTITUCIONAL DA RESERVA DE LEI EM SENTIDO FORMAL – (...). A reserva de lei - analisada sob tal perspectiva - constitui

21. TRE/SC: Ac. nº 30.987, DJE de 30/07/2015; Ac. nº 30.540, de 07/04/2015; Ac. nº 30.713, de 20/05/2015.
22. TRE/PB: RE nº 204, DJE de 13/05/2014.
23. TRE/GO, RAREG nº 110147, DJ de 17/12/2013.

postulado revestido de função excludente, de caráter negativo, pois veda, nas matérias a ela sujeitas, quaisquer intervenções normativas, a título primário, de órgãos estatais não-legislativos. Essa cláusula constitucional, por sua vez, projeta-se em uma dimensão positiva, eis que a sua incidência reforça o princípio, que, fundado na autoridade da Constituição, impõe, à administração e à jurisdição, a necessária submissão aos comandos estatais emanados, exclusivamente, do legislador.[24]

11.2.7. Doação de serviços estimáveis

Trata-se de uma ressalva. A doação de serviços envolve, para efeito de análise financeira, a renúncia ao direito pessoal de caráter patrimonial, ou seja, ao direito de crédito que faria jus o doador ou prestador de serviço, o qual, na hipótese prevista no inciso III, do art. 83 do CCB, deve ser considerado como um bem móvel. Quem estima é o doador. Dirimindo caso concreto, o TSE entendeu que a situação está incluída na ressalva do art. 23, § 7º, da LE/97:

> **Representação. Doação acima do limite legal.**
>
> 1. A doação de serviços estimáveis está incluída na ressalva prevista no art. 23, § 7º, da Lei nº 9.504/97, que diz respeito aos bens móveis ou imóveis de propriedade do doador, pois constitui atividade com valor econômico que, em razão de sua prestação obriga, em tese, o beneficiário à necessária contraprestação.
>
> 2. A doação de serviços para campanha eleitoral envolve, para efeito de análise financeira das campanhas, a renúncia ao direito pessoal de caráter patrimonial, ou seja, o direito de crédito que faria jus o doador, o qual, na hipótese prevista no inciso III, do art. 83 do Código Civil Brasileiro, deve ser considerado como bem móvel.
>
> 3. A doação de prestação de serviços de divulgação de panfletos não ultrapassou o limite de R$ 50.000,00 previsto no § 7º do art. 23 da Lei das Eleições, ainda que somado ao valor atinente à cessão do veículo de propriedade do recorrente.
>
> Recurso especial a que se dá provimento, para julgar improcedente a representação.

24. STF, ADI nº 2075-MC/RJ, DJ de 27/06/2003.

Fundamentando exaustivamente este Recurso Especial Eleitoral nº 17-87/SP, o relator ressaltou o caráter indevido, na adoção, de um conceito restritivo de "bem" para excluir o labor de sua definição. A tanto, o art. 83 do Código Civil[25] estabelece:

> Art. 83. Consideram-se móveis para os efeitos legais:
>
> I - as energias que tenham valor econômico;
>
> II - os direitos reais sobre objetos móveis e as ações correspondentes;
>
> III - os direitos pessoais de caráter patrimonial e respectivas ações.

Nesse contexto, o voto condutor elucidou:

> Entendo que o valor referente à prestação de serviços deve ser enquadrado no referido dispositivo legal, pois constitui atividade com valor econômico que em razão de sua prestação obriga, em tese, o beneficiário à necessária contraprestação.
>
> Nesse sentido, a regra do art. 594, do Código Civil, estabelece que: "Toda a espécie de serviço ou trabalho lícito, material ou imaterial, pode ser contratada mediante retribuição". Tal retribuição, por sua vez, é devida mesmo que não tenha sido previamente pactuada pelas partes, hipótese na qual seu valor deve ser arbitrado de acordo com o Art. 596 do mesmo Código'. Por outro lado, na doação de serviços, há a renúncia voluntariamente ao crédito que seria normalmente devido ao doador, em razão dos serviços prestados.
>
> Nesse aspecto, considero que para efeito do controle das contas eleitorais, o que se mostra relevante não é, propriamente, a intangível prestação de serviços, mas o valor intrínseco que ela representa. Assim, a aferição do valor da doação deve ser feita pelo valor do direito à retribuição a que faria jus o doador, e não apenas em razão da atividade propriamente realizada. Em outras palavras, a doação de serviços para campanha eleitoral envolve, para efeito de análise financeira das campanhas, a renúncia ao direito pessoal de caráter patrimonial, ou seja, o direito de crédito que faria jus o doador, o qual, na hipótese prevista no inciso III, do art. 83 do Código Civil Brasileiro, deve ser considerado como bem móvel.

25. Dizia o Código Civil de 1916:

Art. 48. Consideram-se móveis para os efeitos legais:

I. Os direitos reais sobre objetos móveis e as ações correspondentes.

II. Os direitos de obrigação e as ações respectivas.

III. Os direitos de autor.

Ademais, a Lei n° 12.034/2009, ao introduzir o § 7º do art. 23 na Lei n° 9.504/97, excluiu as doações estimáveis em dinheiro atinentes à utilização de bens pertencentes ao doador da regra geral relativa ao limite percentual das doações por pessoas físicas, prevista no inciso 1 do art. 23 da Lei n° 9.504/97, estabelecendo para elas o limite absoluto de R$ 50.000,00. Desse modo, o legislador ampliou a possibilidade de tais pessoas fornecerem seus próprios bens em favor de determinada campanha eleitoral. Não faria sentido, portanto, que as pessoas físicas possuíssem a faculdade de ceder a utilização de seus bens móveis e imóveis, cujos valores são muitas vezes significativos, com respaldo na regra específica do § 7º do art. 23 da Lei n° 9.504/97, e, entretanto, ao colocarem à disposição do candidato a utilização de seus próprios serviços, em atividade que se confunde muitas vezes com a livre manifestação do pensamento, fossem estes abrangidos pela regra geral do art. 23, § 1º, I, da Lei das Eleições. Entendo, portanto, que a norma do § 7º do art. 23 da Lei das Eleições deve ser interpretada para enquadrar não somente os recursos estimáveis decorrentes da utilização dos bens móveis corpóreos pertencentes ao doador, mas também aqueles referentes aos créditos que fariam jus em razão de serviços prestados ao candidato de sua escolha.

11.2.7.1. Valor

A Lei nº 13.488/17 definiu o valor em R$ 40.000,00.

11.2.7.2. Prestação de contas

As doações de serviços estimáveis em dinheiro foram objeto de detida disciplina pela Resolução nº 23.607/19 quando esta dispõe acerca da arrecadação e dos gastos de recursos por partidos políticos e candidatas ou candidatos relativamente à etapa da prestação de contas nas eleições.

Neste sentido, vide as seguintes determinações, sempre com a advertência de que todos os envolvidos devem observar as demais orientações expedidas tanto pelo legislador quanto pela Justiça Eleitoral, a cada pleito que se sucede:

a) emissão de recibos eleitorais (art. 3º, I, *d*, 1 e 7º, I)[26];

26. Facultativamente nas hipóteses de doações estimáveis em dinheiro entre candidatas ou candidatos e partidos políticos decorrentes do uso comum tanto de sedes quanto de materiais de propaganda eleitoral, cujo gasto deverá ser registrado na prestação de contas da(o) responsável pelo pagamento da despesa (art. 7º, 6º, 2).

b) inclusão nos limites de gastos para cada eleição (art. 5º, III);

c) somente oriundos de pessoas físicas (art. 15, II);

d) com a demonstração de que a doadora ou o doador é proprietária(o) do bem ou é a(o) responsável direto pela prestação de serviços (art. 21, II);

e) devem constituir produto de seu próprio serviço, de suas atividades econômicas e, no caso dos bens, devem integrar seu patrimônio (art. 25);

f) o pagamento efetuado por pessoas físicas de honorários de serviços advocatícios e de contabilidade, relacionados à prestação de serviços em campanhas eleitorais e em favor destas, bem como em processo judicial decorrente de defesa de interesses de candidata ou candidato ou partido político (art. 25, §1º);

g) partidos políticos e candidatas ou candidatos podem doar entre si bens próprios ou serviços estimáveis em dinheiro, ou ceder seu uso, ainda que não constituam produto de seus próprios serviços ou de suas atividades (art. 25, §3º);

h) inaplicabilidade do limite de 10% (dez por cento) dos rendimentos brutos auferidos pela doadora ou pelo doador no ano-calendário anterior à eleição relativamente à utilização de bens móveis ou imóveis de propriedade da doadora ou do doador ou à prestação de serviços próprios, desde que o valor estimado não ultrapasse R$40.000,00 (quarenta mil reais), conforme disposto pela Lei nº 9.504/1997, art. 23, § 7º (art. 27, §3º);

i) os gastos efetuados por candidata ou candidato ou partido político em benefício de outra candidata ou outro candidato ou outro partido político constituem doações estimáveis em dinheiro, observado o disposto no art. 38, § 2º, da Lei nº 9.504/1997 (art. 35, §8º):

j) inclusão, no relatório parcial (art. 47, II) discriminando a indicação dos nomes e do CPF das pessoas físicas doadoras (art. 47, §1º, I);

k) inclusão e apresentação na prestação de contas (art. 53, I, *c*), mesmo na ausência de movimentação financeira (art. 57, §2º);

l) devem ser avaliadas com base nos preços praticados no mercado no momento de sua realização e comprovadas por (art. 58): I - documento fiscal ou, quando dispensado, comprovante emitido em nome da doadora ou do doador ou instrumento de doação, quando se tratar de doação de bens de propriedade da doadora ou do doador pessoa física em favor de candidata ou candidato ou partido político; II - instrumento de cessão e comprovante de propriedade do bem cedido pela doadora ou pelo doador, quando se tratar de bens cedidos temporariamente à candidata ou ao candidato ou ao partido político; III - instrumento de prestação de serviços, quando se tratar de produto de serviço próprio ou atividades econômicas prestadas por pessoa física em favor de candidata ou candidato ou partido político;

m) ficam dispensadas de comprovação na prestação de contas quando ocorridas entre candidatas ou candidatos ou partidos em decorrência do uso comum tanto de sedes quanto de materiais de propaganda eleitoral, quando o gasto deverá ser registrado na prestação de contas da(o) responsável pelo pagamento da despesa (art. 60, §4º, II).

11.2.8. Captador de recursos em *websites*

O art. 23, § 4º, IV, a, da Lei nº 9.504/97, a partir das modificações da Lei nº 13.488/17, regula o financiamento coletivo de campanhas eleitorais[27].

Caso adotado pelo candidato, este serviço necessariamente deverá atender aos seguintes requisitos:

I – cadastro prévio na Justiça Eleitoral pela instituição arrecadadora, observado o atendimento, nos termos da lei e da regulamentação expedida pelo Banco Central do Brasil, dos critérios para operar arranjos de pagamento;

27. Indagado acerca da possibilidade de arrecadação de recursos financeiros através de *websites* de financiamento coletivo para as eleições gerais de 2014, o Tribunal Superior Eleitoral respondeu a Consulta nº 208-87/DF (DJE de 13/06/2014, p. 44). repudiando a figura do intermediário. A ementa do acórdão ficou assim redigida: Consulta. Arrecadação de recursos. 1. As doações eleitorais, pela *internet*, somente podem ser realizadas por meio de mecanismo disponível em sítio do candidato, partido ou coligação (Lei 9.504/97, art. 23, § 4º, III). 2. As técnicas e serviços de financiamento coletivo (*crowdfunding*) envolvem a figura de um organizador, pessoa jurídica ou física, que arrecada e repassa os valores recebidos a quem é financiado. 3. A própria natureza da doação eleitoral não permite a existência de intermediários entre o eleitor e o candidato, ainda mais quando há possibilidade de remuneração do responsável pela arrecadação coletiva. 4. Caso determinada pessoa arrecade perante terceiros recursos para, em nome próprio, realizar doações aos candidatos, os limites legais previstos nos art. 23 e 81 da Lei nº 9.504/97 serão calculados de acordo com o rendimento bruto (pessoas físicas) ou faturamento bruto (pessoas jurídicas) verificado no exercício anterior. Se os valores doados extrapolarem os limites pessoais previstos na legislação, aquele que captou e repassou as doações poderá responder pelo excesso verificado. Consulta conhecida, respondendo-se de forma negativa o primeiro questionamento e tornando prejudicadas as demais indagações.

II – identificação obrigatória, com o nome completo e o número de inscrição no cadastro de pessoas físicas (CPF) de cada um dos doadores, o valor das quantias doadas individualmente, forma de pagamento e as datas das respectivas doações;

III – disponibilização, em sítio eletrônico, de lista com identificação dos doadores e respectivas quantias doadas, a ser atualizada instantaneamente a cada nova doação, cujo endereço eletrônico, bem como a identificação da instituição arrecadadora, devem ser informados à Justiça Eleitoral;

IV – emissão obrigatória de recibo para o doador, relativo a cada doação realizada, sob a responsabilidade da entidade arrecadadora;

V – envio imediato para a Justiça Eleitoral e para o candidato de todas as informações relativas à doação;

VI – ampla ciência a candidatos e eleitores acerca das taxas administrativas a serem cobradas pela realização do serviço;

VII – não incidência em quaisquer das hipóteses de vedação listadas no art. 33 desta resolução;

VIII – observância do Calendário Eleitoral para arrecadação de recursos, especialmente quanto aos requisitos dispostos no art. 3º desta resolução;

IX – movimentação dos recursos captados na conta bancária "Doações para Campanha";

X – observância dos dispositivos da legislação eleitoral relacionados à propaganda na *internet*.

O ordenamento progrediu ao legislar um assunto até então tabu. Por ocasião da Consulta nº 0600233-12/DF à sessão de 08/05/2018, o TSE fixou parâmetros para a interpretação deste novel instituto de arrecadação de valores eleitorais (*crowdfunding* eleitoral). A questão foi levada ao exame da Corte por congressista mediante as seguintes formulações:

- Como será feita a propaganda de divulgação para arrecadação de recursos na modalidade de financiamento coletivo pelos pré-candidatos?

- A partir de que data será possível fazer a divulgação da arrecadação na modalidade financiamento coletivo pelos pré-candidatos?

- Será possível utilizar as redes sociais e aplicativos eletrônicos como, por exemplo, o *whatsapp* para divulgar a arrecadação de financiamento coletivo pelos pré-candidatos?

- Será possível utilizar imagens, *banners*, *folders* eletrônicos para divulgação do financiamento coletivo pelos pré-candidatos?

Previamente às respostas, o relator, valendo-se de artigo doutrinário publicado em sítio jurídico[28], situou que "O "*crowdfunding* é o termo utilizado para designar a prática pela qual determinada pessoa (física ou jurídica) arrecada recursos de forma amplamente pulverizada, em geral se valendo de plataformas na internet, a fim de financiar algum tipo de projeto". O *crowdfunding* eleitoral, por sua vez, consiste no uso dessas ferramentas de arrecadação para captação de doações para financiar campanhas eleitorais. Essa modalidade de financiamento de campanha, até a edição da Lei nº 13.488/2017, era reputada ilícita pela jurisprudência do TSE".

Prosseguindo, o ministro lembrou no seu voto que: "No entanto, em decorrência da vedação à doação eleitoral por pessoas jurídicas, materializada na ADI nº 4.650, Rel. Min. Luiz Fux, j. em 17.9.2015, a Lei nº 13.488/2017, a legislação eleitoral foi alterada para incorporar formas alternativas de financiamento de campanha. Nesse cenário, o *crowdfunding* eleitoral foi positivado pela Lei nº 13.488/2017, em razão de seu "potencial relevante de fomento à participação popular e a formas alternativas de financiamento eleitoral"[29].

Ao depois, ante a legislação, aditou tratar-se "de ferramenta que permite "que as pessoas em geral, fora das estruturas partidárias, se mobilizem para apoiar determinada candidatura com a qual se identifica [m] do ponto de vista ideológico, tudo no âmbito de uma plataforma com a qual estão acostumadas: a internet"[30]. E as experiências com o uso do financiamento coletivo eleitoral têm confirmado o seu potencial de incremento à participação do eleitor, conforme se registrou em relação às campanhas presidenciais de 2008 e 2012 nos EUA".

Na parte dispositiva, o relator desenvolveu os seguintes termos:

> 7. O *crowdfunding* eleitoral é disciplinado pelo inciso IV do § 4º do art. 23 da Lei nº 9.504/19976 e pelo art. 22, III7, da Resolução TSE nº 23.553/2017. As instituições que promovam técnicas e serviços de financiamento coletivo para campanhas devem, em linhas gerais: a) realizar cadastro prévio na Justiça Eleitoral; b) prover a identificação de cada um dos doadores e das quantias doadas; c) dar publicidade da relação de doadores e das respectivas quantias doadas; d) emitir recibo para o doador, com envio à Justiça Eleitoral e ao candidato das informações relativas à doação; e) dar ciência das taxas administrativas

28. Ana Paula de Barcellos. *Crowdfunding* eleitoral, por que não experimentar? Consultor Jurídico. Disponível em <https://www.conjur.com.br/2014-jul-07/ana-barcellos-crowdfunding-eleitoral-nao-experimentar>. Acesso em 17 de abr. 2018.

29. Op. cit.

30. Op. cit.

a serem cobradas pela realização do serviço; f) recusar o recebimento de recursos de órgãos e entidades impedidos de doar (art. 24 da Lei nº 9.504/1997); g) observar o calendário eleitoral, especialmente quanto ao início do período de arrecadação financeira; e h) observar os dispositivos relacionados à propaganda na internet. São especificamente essas duas últimas diretrizes que importam à resposta da consulta.

8. Veja-se que o art. 22-A, § 3º, da Lei nº 9.504/19978 e o art. 23, § 4º, da Resolução TSE nº 23.553/20179 dispõem que, a partir de 15 de maio do ano eleitoral, é facultada a arrecadação prévia de recursos por meio de *crowdfunding*. Antes, portanto, do prazo para requerimento de registro de candidatura10 e da autorização para início da propaganda eleitoral11 - 15 de agosto do ano eleitoral – a arrecadação por financiamento coletivo já está autorizada, ainda que a liberação de recursos fique condicionada ao deferimento do registro pela Justiça Eleitoral.

9. Diante disso, se ao pré-candidato é autorizado o início de arrecadação em data anterior àquela em que se admite a propaganda eleitoral, a divulgação do serviço de *crowdfunding* deve observar os limites impostos pela legislação e pela jurisprudência do TSE à propaganda eleitoral antecipada. É certo que, por decorrência lógica, a data em que se autoriza o início de arrecadação constitui o marco para início da divulgação do serviço de *crowdfunding* eleitoral. Afinal, por sua própria natureza, trata-se de um mecanismo de arrecadação que pressupõe a prévia divulgação. Essa prospecção, no entanto, não poderá envolver, nos termos do art. 36-A, VII, da Lei nº 9.504/199712, pedido de voto.

10. Além dessa limitação de conteúdo, as estratégias e meios de divulgação da campanha de arrecadação prévia devem se orientar, nos termos do art. 23, § 4º, IV, h, da Lei nº 9.504/199713, pelas regras relacionadas à propaganda na internet.

Por fim, no que respeita à última parte da intervenção, reservada ao fechamento, apresentou sua resposta à questão suscitada:

> A divulgação do serviço de financiamento coletivo de campanha (*crowdfunding* eleitoral) por pré-candidatos pode se iniciar em 15 de maio do ano eleitoral observando-se: (i) a vedação a pedido de voto; e (ii) as regras relativas à propaganda eleitoral na *internet*.

Objetivamente, o exame pontual das normas determina o seguinte:

- A data que legitima o início da arrecadação coletiva de valores, 15 de maio do ano da eleição, constitui o marco para início da divulgação do serviço de *crowdfunding*;

- Por sua natureza (coletiva), o mecanismo de arrecadação pressupõe a sua prévia divulgação;
- A campanha de arrecadação, uma vez deflagrada, não pode envolver pedido de voto (Lei nº 9.504/97, art. 36-A, VII);
- Nos termos do art. 23, § 4º, IV, h, da Lei nº 9.504/97, as estratégias e meios de divulgação devem observar as regras da propaganda eleitoral na *internet*.

Noutra indagação, com vários questionamentos comuns aos candidatos, o TSE sinalou que associações de fato ou sociedades de fato não podem atuar como instituições arrecadadoras de doações eleitorais na modalidade de financiamento coletivo. Está na ementa da Consulta nº 0604137-74/DF:

> **CONSULTA. FINANCIAMENTO COLETIVO. INTERMEDIAÇÃO. ASSOCIAÇÃO OU SOCIEDADE DE FATO. RESPOSTA NEGATIVA À PRIMEIRA INDAGAÇÃO. PREJUDICIALIDADE DOS DEMAIS QUESTIONAMENTOS.**
>
> 1ª Pergunta: "Considerando o disposto no art. 31 da Lei nº 9096/95, com a redação dada pelo art. 2º da Lei nº 13.488/2017, é legítimo e legalmente possível que pessoas naturais se associem, ou mantenham articulação de interesses comuns, como se constituíssem em sociedade ou associação de fato, para arregimentar recursos financeiros, como se fosse um fundo, destinados a selecionar cidadãos e cidadãs interessados em se candidatar a cargos eletivos?"
>
> Resposta:
>
> 1. Compete com exclusividade aos partidos políticos escolher candidatos a cargos eletivos, observadas as disposições da legislação eleitoral e partidária, assim como as normas estabelecidas no estatuto da respectiva agremiação.
>
> 2. No quadro normativo em vigor, as pessoas jurídicas de qualquer natureza não podem realizar doações para o financiamento de partidos políticos e de candidatos, sendo tal liberalidade permitida apenas se realizada por pessoas naturais.
>
> 3. O art. 23 da Lei 9.504/97 elenca os meios admitidos para a captação de recursos para campanhas eleitorais, entre eles as doações efetuadas por intermédio de instituições que promovam técnicas e serviços de financiamento coletivo (*crowdfunding*), devendo tais entidades ser cadastradas previamente na Justiça Eleitoral e atender, nos termos da lei e da regulamentação expedida pelo Banco Central do Brasil, aos critérios para operar arranjos de pagamento (art. 23, §§ 4º, IV, *a*, e 8º, da Lei 9.504/97, com a redação dada pela Lei 13.488/2017).

4. Na regulamentação da matéria para as Eleições de 2018, este Tribunal estabeleceu que o cadastramento prévio das instituições arrecadadoras ocorrerá mediante, entre outros requisitos, o encaminhamento eletrônico de "cópia dos atos constitutivos em sua versão vigente e atualizada, revestidos das forma-

lidades legais, que devem conter previsão para o exercício da atividade e certidão de pessoa jurídica emitida pela Receita Federal do Brasil" (art. 23, § 1º, II, *b*, da Res.-TSE 23.553).

5. Como se depreende das normas citadas, as instituições que pretendam intermediar a arrecadação de doações eleitorais mediante técnicas e serviços de financiamento coletivo devem ser formalmente constituídas como pessoas jurídicas, o que não ocorre na situação hipotética descrita na presente consulta, em que se cogita de sociedade de fato ou associação de fato, cuja constituição se daria, portanto, de maneira informal.

6. As associações de fato ou as sociedades de fato não podem intermediar a captação de doações eleitorais na modalidade de financiamento coletivo, tendo em vista não terem atos constitutivos revestidos das formalidades legais, sobretudo por não os ter inscrito no registro público competente, não preenchendo, assim, os requisitos para a realização do cadastramento prévio perante a Justiça Eleitoral.

2ª Pergunta: "A associação ou sociedade de fato a que se refere a primeira consulta poderá, mediante compromisso de defesa de determinadas causas e temas, custear as atividades de pré-campanhas de cidadãs e de cidadãos interessados em se candidatar a cargos eletivos?"

Resposta: Prejudicada.

3ª Pergunta: "E após o pedido de registro de suas candidaturas, as cidadãs e de cidadãos interessados em se candidatar a cargos eletivos, poderão, independe dos Partidos Políticos aos quais estejam filiados, terem suas campanhas eleitorais a cargos eletivos, custeadas pelas doações de articulação, grupo, associação de fato, ou sociedade de fato, formada por pessoas naturais?"

Resposta: Prejudicada.

Consulta conhecida e respondida quanto ao primeiro questionamento, ficando prejudicadas as demais indagações[31].

31. TSE, j. 17/04/2018, DJE de 13/06/2018.

11.2.8.1. Resumo do *crowdfunding* eleitoral

Face o delineamento das plataformas de financiamento coletivo no segmento do Direito Eleitoral pátrio, a partir das disposições e orientações vigentes, observamos o seguinte:

a) Esta modalidade de doação disciplinada em 2017 resultou de um esforço do Congresso Nacional para atenuar a vedação imposta às doações de pessoas jurídicas, consideradas inconstitucionais pelo Supremo Tribunal Federal em 2015 (v. nº 11.1);

b) Estão credenciados às doações desta modalidade:

- pré-candidatos;
- candidatos;
- partidos políticos.

c) Os recursos arrecadados a partir de 15 de maio do ano eleitoral ficam retidos nas contas intermediárias até a abertura da conta específica de campanha pelos candidatos, providência somente possível após o encaminhamento do pedido de registro de candidatura e obtenção do CNPJ;

d) As TAXAS cobradas pelas instituições arrecadadoras deverão ser consideradas DESPESAS DE CAMPANHA eleitoral e lançadas nas prestações de contas dos candidatos e partidos políticos;

e) Não havendo o registro da candidatura, as entidades arrecadadoras devolverão os valores até então arrecadados aos doadores;

f) No silêncio da Lei nº 9.504/97 e das resoluções do TSE que nada explicitaram, considerando o disposto pelo §4º do art. 23 daquela primeira, é defensável que as doações pela via do *crowdfunding* sejam efetivadas mediante meios de pagamento regulamentados pelo Banco Central do Brasil:

- utilização de cartão de crédito e débito,
- transferência eletrônica;
- boletos bancários registrados.

11.2.9. Regime de bens

11.2.9.1. Regime da comunhão universal de bens

O art. 1.667 do Código Civil dispõe: "O regime de comunhão universal importa a comunicação de todos os bens presentes e futuros dos cônjuges e suas dívidas passivas" para excetuar desta realidade apenas as hipóteses expressamente consignadas no artigo imediatamente seguinte[32].

Esta definição do CCB relativamente à patrimonialidade advinda do casamento estabelecido em comunhão total de bens acarreta reflexos jurídicos nas doações de campanha eleitoral.

Perante a doutrina do Direito de Família, é pacífico o entendimento de que o regime da comunhão universal caracteriza-se pela "quase total comunhão dos bens adquiridos antes ou após o casamento. O casamento torna comuns os bens particulares de cada cônjuge. Os bens adquiridos por ato de liberalidade de terceiros, em doação ou sucessão, também tornam-se comuns, salvo se onerados com cláusula de incomunicabilidade", consoante expõe Paulo LOBO (2010, pp. 348/349). Por conta disso, "Os bens ingressam no acervo do casal como se tivessem sido adquiridos igualitariamente pelos cônjuges, permanecendo indivisos na compropriedade. Cada cônjuge tem direito a uma metade ideal sobre os bens móveis ou imóveis, denominada meação. Quando o cônjuge adquire um bem, é o casal e não ele que o adquire", conclui.

Reforçando o ponto, Barros MONTEIRO sublinha: "Formam ambos, verdadeira sociedade, embora regida por normas especiais". Assim, prossegue o tratadista: "Tudo quanto um deles adquirir transmite imediatamente, por metade, ao outro cônjuge; ainda que nada tenha trazido para a sociedade conjugal, ou nada tenha adquirido durante a sua constância, recebe a metade do que o outro trouxe ou adquiriu na vigência da mesma sociedade" (2004, p. 198).

Sendo as premissas básicas desta universalidade o *animus societatis* e a mútua contribuição dos esforços para a formação de um patrimônio

32. **Art. 1.668**. São excluídos da comunhão:
I - os bens doados ou herdados com a cláusula de incomunicabilidade e os sub-rogados em seu lugar;
II - os bens gravados de fideicomisso e o direito do herdeiro fideicomissário, antes de realizada a condição suspensiva;
III - as dívidas anteriores ao casamento, salvo se provierem de despesas com seus aprestos, ou reverterem em proveito comum;
IV - as doações antenupciais feitas por um dos cônjuges ao outro com a cláusula de incomunicabilidade;
V - Os bens referidos nos incisos V a VII do art. 1.659.

comum, parece-nos induvidoso que "os proventos (...) provenientes do trabalho de cada cônjuge ou de ambos, percebidos e vencidos no decorrer do casamento, ingressam no patrimônio comum do casal", conforme enfatizado pela Ministra Nancy Andrighi em voto exarado no STJ no REsp nº 895.344/RS amparado em robusta jurisprudência daquela Corte reconhecendo que o regime de comunhão universal de bens admite, inclusive, a comunicação de indenização decorrente de anistia política (REsp nº 1.205.188/MS), verbas de cunho salarial (REsp nº 421.801/RS e REsp nº 355.581/PR) e trabalhista (EREsp nº 421.801/RS).

A solidez jurídica promanada dessas balizas doutrinárias e jurisprudenciais assegura o reconhecimento de que enquanto subsistir a comunhão, inexiste patrimônio individual, eis que formada uma unicidade referentemente aos bens. Na prática, pelo fato do aludido regime jurídico consolidar um acervo comum indivisível, a doação de campanha decorre da massa patrimonial do casal e não de cada cônjuge individualmente considerado. Ou seja: a partir da comunicação entre as rendas auferidas, quem doa eleitoralmente é a sociedade conjugal, descabida a aplicação de qualquer sanção pecuniária.

Essas peculiaridades do direito privado incidem às doações de campanha. Tornam juridicamente plausível considerar-se o rendimento do casal em vista do *quantum* doado porquanto o mesmo se insere na regra de totalidade patrimonial consagrada pela codificação civil, desimportando, nisso, a existência ou inexistência de rendimentos individuais. Frente o limite de doação de campanha eleitoral, a entidade familiar se sobrepõe ao unitário.

O Plenário do TSE decidiu esta matéria em termos de receitas de campanha no julgamento do Recurso Especial Eleitoral nº 1835-69/MS. Por ampla maioria de votos, prevaleceu que "em razão da predominância de bens comuns nesse regime de comunhão universal, deve ser analisado o rendimento bruto de ambos os cônjuges, para fins de comprovação de observância, ou não, do limite legal de doação de pessoa física". A tese de que a Lei nº 9.504/97 remete ao critério unitário, não cogitando de qualquer sociedade, nem mesmo da conjugal, ficou vencida. Neste sentido, "A disposição legal do art. 23 e parágrafos deve ser entendida de modo compatível com a realidade e, sobretudo, com a finalidade da regra", destacaria o voto-vista.

O julgado que consagrou tal precedente, conferindo sentido de maior racionalidade à legislação eleitoral frente aos preceitos do regime de casamento a teor do dispositivo do CCB antes apontado, acha-se consubstanciado em aresto assim ementado:

> **Doação. Pessoa física. Rendimento bruto.**
>
> É possível considerar o rendimento bruto dos cônjuges, cujo regime de casamento seja o da comunhão universal de bens, para fins de aferição do limite de doação por pessoa física para campanha eleitoral.
>
> Recurso especial não provido.[33]

Para se considerar o rendimento bruto do casal frente o limite de doação, o regime da comunhão universal deve estar comprovado mediante documento público, consoante determina o art. 366 do CPC.

11.2.9.2. Regime da comunhão parcial de bens

São comunicáveis, para fins da análise do percentual de doação previsto no art. 23 da Lei 9.504/97, os rendimentos auferidos pelos cônjuges casados sob o regime de comunhão parcial de bens na constância da sociedade conjugal. A esse respeito, vide a decisão do Recurso Especial Eleitoral nº 29-63/BA (DJE de 25/02/2019) cuja cristalina ementa esgota o assunto:

> **RECURSO ESPECIAL. DOAÇÃO PARA CAMPANHA ELEITORAL. CÔNJUGE CASADO SOB O REGIME DE COMUNHÃO PARCIAL DE BENS. COMUNICABILIDADE DOS RENDIMENTOS AUFERIDOS NA CONSTÂNCIA DA SOCIEDADE CONJUGAL.**
>
> 1. São comunicáveis, para fins da análise do percentual de doação previsto no art. 23 da Lei 9.504/97, os rendimentos auferidos pelo cônjuge do doador, casado sob o regime de comunhão parcial de bens, decorrentes de lucros advindos de quotas de sociedade empresarial adquiridas na constância do casamento. 2. A Corte de origem agiu com acerto ao considerar como rendimentos do casal os lucros advindos das quotas da sociedade empresarial adquiridas na constância do casamento e informados na declaração de imposto de renda do cônjuge da doadora, na qual esta figurou como sua dependente.
>
> 3. A teor do inciso V do art. 1.660 do Código Civil, no regime de comunhão parcial de bens, comunicam-se "os frutos dos bens comuns, ou dos

33. TSE, DJe de 04/05/2012, p. 141.

particulares de cada cônjuge, percebidos na constância do casamento, ou pendentes ao tempo de cessar a comunhão".

4. Segundo o STJ, "no regime de comunhão parcial ou universal de bens, o direito ao recebimento dos proventos não se comunica ao fim do casamento, mas, ao serem tais verbas percebidas por um dos cônjuges na constância do matrimônio, transmudam-se em bem comum, mesmo que não tenham sido utilizadas na aquisição de qualquer bem móvel ou imóvel (arts. 1.658 e 1.659, VI, do Código Civil)" (STJ-AgRg-REspe 1.143.642, rel. Min. Luiz Felipe Salomão, Quarta Turma, DJe de 3.6.2015).

5. No caso, a soma dos rendimentos brutos da sociedade foi de mais de novecentos mil reais, ao passo que a doação à campanha eleitoral feita por um dos cônjuges foi de dois mil reais, ou seja, valor inferior ao limite de 10% estabelecido pelo § 1º do art. 23 da Lei 9.504/97.

Recurso especial a que se nega provimento.

11.2.10. Doação acima do limite legal

Há uma limitação taxativa para a efetivação da doação eleitoral. A doação de pessoa física que excede o limite estabelecido viola a legalidade, sendo passível de reprimenda pela Justiça Eleitoral.

11.2.10.1. Instrumento processual e capacidade postulatória

A modalidade cabível é a representação eleitoral em desfavor daquele que extrapolou as determinações legais. Modo geral, o desrespeito aos limites expressos no citado dispositivo atrai a penalidade prevista ao art. 23, § 3º, da Lei nº 9.504/97. As partes deverão ser representadas em juízo por advogado inscrito na Ordem dos Advogados do Brasil, submetendo-se às formalidades inerentes aos processos judiciais (defesa, prazos, produção de provas, recursos).

11.2.10.2. Prazo

O ajuizamento das representações fundadas em doações de campanha acima do limite obedecia anteriormente ao período de cento e oitenta dias a contar da diplomação do candidato. Este prazo decadencial coincidia com a data até a qual os candidatos e partidos políticos deveriam conservar a documentação concernente às suas contas.

Ante a falta de expressa previsão na Lei nº 9.504/97, o Tribunal Superior Eleitoral, no julgamento do Recurso Especial Eleitoral nº 36.552/SP (DJe 28/05/2010)[34], adotou o critério exposto pelo Ministro Marcelo Ribeiro "com fundamento no artigo 32 da Lei das Eleições segundo o qual, até 180 dias após a diplomação, devem os candidatos ou partidos conservar a documentação concernente a suas contas".

O entendimento, acompanhado pela maioria dos ministros, culminou na edição da Súmula nº 21 do TSE[35]. Todavia, com o surgimento da Lei nº 13.165/15, foi acrescentado o art. 24-C, § 3º, à LE/97, que estabelece o prazo até o final do exercício financeiro seguinte à eleição para o ajuizamento da ação[36].

11.2.10.3. Foro

A questão da competência para processo e julgamento da representação por doação em excesso, negligenciada pelo legislador, restou dirimida pelo Tribunal Superior Eleitoral no julgamento da Questão de Ordem na Representação nº 981-40/DF (RJTSE 22/2/103).

Ao enfatizar que a procedência ou improcedência do pedido formulado não alcança o candidato que usufruiu do benefício financeiro, o julgado sublinhou que a regra da competência recai no juízo eleitoral do domicílio civil do doador em função de que este é o lugar onde a pessoa natural estabelece residência com ânimo definitivo (Código Civil, art. 70) e usufrui de direitos fundamentais:

---

34. RECURSO ESPECIAL. DOAÇÃO DE CAMPANHA ACIMA DO LIMITE LEGAL. REPRESENTAÇÃO. AJUIZAMENTO. PRAZO. 180 DIAS. ART. 32 DA LEI Nº 9.504/97. INTEMPESTIVIDADE. RECURSO DESPROVIDO.

    - O prazo para a propositura, contra os doadores, das representações fundadas em doações de campanha acima dos limites legais é de 180 dias, período em que devem os candidatos e partidos conservar a documentação concernente às suas contas, a teor do que dispõe o art. 32 da Lei nº 9.504/97.

    - Uma vez não observado o prazo de ajuizamento referido, é de se reconhecer a intempestividade da representação.

    - Recurso desprovido.

35. Publicada no DJE de 06,07 e 08/02/2012 e republicada no DJE de 09 e 10/02/2012.

36. Para as eleições de 2016, a regra foi explicitada no art. 22, § 1º, da Resolução nº 23.462: As representações de que trata o *caput* poderão ser ajuizadas até a data da diplomação, exceto as do art. 30-A e 23 da Lei n. 9.504/97, que poderão ser propostas, respectivamente, no prazo de quinze dias e até 31 de dezembro de 2017. Para o pleito de 2018 foi desta forma: As representações de que trata o caput poderão ser ajuizadas até a data da diplomação, exceto as do art. 30-A e 23 da Lei nº 9.504/1997, que poderão ser propostas, respectivamente, no prazo de 15 (quinze) dias da diplomação e até 31 de dezembro do ano posterior à eleição (Res./TSE nº 23.547/17, art. 23, §1º).

> **QUESTÃO DE ORDEM. REPRESENTAÇÃO. ELEIÇÕES 2010. DOAÇÃO DE RECURSOS DE CAMPANHA ACIMA DO LIMITE LEGAL. PESSOA JURÍDICA. PEDIDO DE LIMINAR. INCOMPETÊNCIA DO TSE. REMESSA DOS AUTOS AO JUÍZO COMPETENTE.**
>
> 1. A competência para processar e julgar a representação por doação de recursos acima do limite legal é do juízo ao qual se vincula o doador, haja vista que a procedência ou improcedência do pedido não alcança o donatário.
>
> 2. Nos termos do art. 81, § 3º, da Lei 9.504/97, a aplicação das sanções nele previstas pressupõe que o ilícito eleitoral seja reconhecido em processo no qual se assegure a ampla defesa, o que ocorrerá em sua plenitude se a representação for julgada pelo juízo eleitoral do domicílio do doador.
>
> 3. Questão de ordem resolvida no sentido de não conhecer da representação e determinar a remessa dos autos ao juiz eleitoral competente.

Posteriormente, no Conflito de Competência nº 1059-68/BA, a Corte Superior dirimiu que a circunstância de a doação haver beneficiado candidato de Unidade da Federação diversa não é suficiente ao deslocamento da competência para julgar a representação:

> **COMPETÊNCIA - REPRESENTAÇÃO ELEITORAL - DOAÇÃO.** Firma-se a competência observado o domicílio do doador ao qual atribuída a transgressão à lei, sendo neutra a circunstância de o donatário mostrar-se candidato por outro Estado.[37]

11.2.10.4. Rito processual

A redação do artigo 23 da LE/97 não previu o rito processual a ser adotado na apuração do ilícito de doação acima do limite pelas pessoas físicas. Porém, as representações da matéria, guindadas pelo TSE à categoria de especiais, determinaram obediência ao rito do art. 22 da LC nº 64/90[38].

Em que pese a existência de julgados concluindo que o procedimento a ser observado para a aplicação da multa prevista no § 3º do citado dispositivo seria o expedito do art. 96 da LE/97 ao invés do mais dilatado

37. TSE, DJE de 09/09/2011, pp. 27/28.

38. A propósito, vide as redações conferidas aos arts. 21 e 31 da Res./TSE nº 23.367/11, 22 e 34 da Res./TSE nº 23.398/13 e 22 e 33 da Res./TSE nº 23.462/15, esta última disciplinando as eleições municipais de 2016.

contido no art. 22 da LC nº 64/90, a controvérsia não mais subsiste desde o julgamento do RO nº 1485-84/SE (PSESS de 28/10/2010), quando o TSE positivou o seguinte:

> **RECURSO ORDINÁRIO. REGISTRO DE CANDIDATURA. DEPUTADO ESTADUAL. INELEGIBILIDADE. ART. 1º, I, P, DA LC Nº 64/90. DOAÇÃO ACIMA DO LIMITE LEGAL. REQUISITO. OBSERVÂNCIA DO PROCEDIMENTO PREVISTO NO ART. 22. DESPROVIMENTO.**
>
> 1. Nos termos da alínea p do inciso I do art. 1º da LC nº 64/90, para a incidência da causa de inelegibilidade nele prevista, é necessária não apenas a condenação por doação eleitoral tida por irregular, mas, também, que o procedimento observado na respectiva ação tenha sido o previsto no art. 22 da LC nº 64/90.
>
> 2. Recurso ordinário desprovido.

A clareza desse entendimento foi fluentemente reproduzida em 16/09/2014 na decisão do RO nº 534-30/PB: "Não é qualquer tipo de doação que gera a inelegibilidade, mas somente aquelas que se enquadram como doações eleitorais (assim compreendidas as disciplinadas pela legislação eleitoral, em especial pela Lei 9.504/97), que tenham sido tidas como ilegais (ou seja, que tenham infringido as normas vigentes, observados os parâmetros constitucionais), por decisão emanada da Justiça Eleitoral (são inservíveis para esse efeito, portanto, as decisões administrativas ou proferidas por outros órgãos do Poder Judiciário) que não esteja revogada ou suspensa (requisito implícito - REspe nº 229-91, DJe de 4.8.2014) e tenha sido tomada em procedimento que tenha observado o rito previsto no artigo 22 da LC nº 64/90, o que exclui, por consequência, as que tenham sido apuradas por outros meios, como, por exemplo, a representação de que trata o art. 96 da Lei nº 9.504/97".

11.2.10.5. Relação de doadores excedentes

Valorizando o devido processo legal e a licitude da prova, a jurisprudência acentua que o órgão do Ministério Público com atuação na circunscrição eleitoral pode solicitar à Receita Federal a listagem de doadores que extrapolaram a limitação legal prevista para, posteriormente, requerer a quebra do sigilo fiscal ao juízo competente:

> **ELEIÇÕES 2010. REPRESENTAÇÃO COM FUNDAMENTO NO ART. 23 DA LEI Nº 9.504/1997. DOAÇÃO PARA CAMPANHA ACIMA DO LIMITE LEGAL. PESSOA FÍSICA. ILICITUDE DA PROVA. NÃO CONFIGURAÇÃO. DESPROVIMENTO.**
>
> 1. O Ministério Público Eleitoral pode solicitar à Receita Federal a relação de doadores que excederam o limite legal para, posteriormente, requerer a quebra do sigilo fiscal ao juízo competente, como ocorreu no caso concreto. Na linha da jurisprudência do TSE, "o acesso, pelo Órgão Ministerial, tão somente à relação dos doadores que excederam os limites legais, mediante o convênio firmado pelo TSE com a Receita Federal, não consubstancia quebra ilícita de sigilo fiscal" (ED-AgR-AI nº 57-79/PR, rel. Min. Luciana Lóssio, julgados em 24.4.2014).
>
> 2. Agravo regimental desprovido.[39]

As resoluções do TSE vêm dispondo que, quando das prestações de contas, ainda que parciais, surgirem fundadas suspeitas de que determinado doador extrapolou o limite de doação, o juiz poderá, de ofício ou a requerimento do Ministério Público Eleitoral, determinar que a Secretaria da Receita Federal informe o valor dos rendimentos do contribuinte no ano anterior.

Buscando harmonizar tais considerações, o Tribunal Superior Eleitoral fixou o Enunciado nº 46:

> É ilícita a prova colhida por meio da quebra do sigilo fiscal sem prévia e fundamentada autorização judicial, podendo o Ministério Público Eleitoral acessar diretamente apenas a relação dos doadores que excederam os limites legais, para os fins da representação cabível, em que poderá requerer, judicialmente e de forma individualizada, o acesso aos dados relativos aos rendimentos do doador.

11.2.10.6. Declaração retificadora

Todos os brasileiros gozam do direito de, a qualquer tempo, peticionar aos Poderes Públicos em defesa de seus direitos (CF/88, art. 5º, XXXIV). Sobre a Declaração Retificadora do Imposto de Renda, trata-se de uma garantia regulamentada pela própria Receita Federal a favor do contribuinte diante de erros ou inexatidões constantes da declaração original. Esta declaração, pelo fato de se caracterizar como retificadora, contem a mesma

39. TSE, AgRg-REpe nº 26375/CE, DJE de 18/08/2015.

natureza daquela originalmente apresentada, tanto que a substitui integralmente, conforme dispõe a Instrução Normativa RFB nº 1.500, de 29 de outubro de 2014, art. 82[40]. A rigor, trata-se de um direito regulamentado a favor do contribuinte diante de falhas constantes da declaração antecedente. E isso se dá por uma razão verossímil: a perspectiva de uma solução harmônica, com todos os seus efeitos tributários, passa pelo interesse do contribuinte. Via de consequência, à Justiça Eleitoral veda-se adentrar no mérito da motivação para a apresentação da retificadora pelo interessado.

Acerca de uma fértil inovação como essa, é verdade que desapegada das formas mais rígidas, observa Aroldo Plínio GONÇALVES (1993, p. 46): "A finalidade do ato processual é de construir o procedimento válido para que possa ser, validamente, emanado o provimento. Cada ato processual possibilita a edificação de mais uma etapa no desenvolvimento do processo. No procedimento realizado em contraditório, a finalidade do ato importa, consequentemente, em inexistência de prejuízo na participação das partes".

Privilegiando a instrumentalidade, a jurisprudência passou a admiti-la tão eficaz quanto junto às searas administrativa e tributária. A raiz hermenêutica do entendimento pretoriano deixou de atribuir a esta providência a pecha de oportunista para reconhecê-la como um documento válido para comprovar a observância do limite de doação efetuada, reconhecendo-a como uma faculdade prevista expressamente na legislação tributária (v. REspe nº 475-69/DF).

No entanto, o fez mediante uma limitação temporal. Revogando o seu entendimento anterior, a partir do AgR-REspe nº 294-79/RR (DJE de 19/10/2018), a Corte erigiu um marco temporal mais contundente ao restringir a possibilidade das declarações apresentadas à Receita Federal serem consideradas pela Justiça Eleitoral somente até a data do ajuizamento da impugnação (DJE de 19/10/2018)[41].

---

40. Art. 82. Eventuais erros ou omissão de informações verificados na DAA, depois de sua apresentação, devem ser retificados pelo contribuinte por meio de declaração retificadora, desde que não esteja sob procedimento de ofício, independentemente de autorização administrativa.

    Parágrafo único. A declaração retificadora referida no *caput*:

    I - tem a mesma natureza da declaração originariamente apresentada, substituindo-a integralmente, devendo conter todas as informações anteriormente declaradas com as alterações e exclusões necessárias, bem como as informações adicionadas, se for o caso; e

    II - será processada, inclusive para fins de restituição, em função da data de sua entrega.

    Fonte: http://normas.receita.fazenda.gov.br/sijut2consulta/link.action?idAto=57670&

41. DIREITO ELEITORAL. AGRAVO INTERNO EM RECURSO ESPECIAL ELEITORAL. ELEIÇÕES 2014. REPRESENTAÇÃO POR DOAÇÃO DE RECURSOS ACIMA DO LIMITE LEGAL. PESSOA JURÍDICA. POSSIBILIDADE DE

Apesar disso, é de se apontar que ao contrário do afirmado pela orientação pretoriana delineada para o pleito geral de 2018, a redação do art. 493 do Código de Processo Civil se contrapõe a este parâmetro porquanto assegura à parte que "Se, depois da propositura da ação, algum fato constitutivo, modificativo ou extintivo do direito influir no julgamento do mérito, caberá ao juiz tomá-lo em consideração, de ofício ou a requerimento da parte, no momento de proferir a decisão".

Diante desse dispositivo, a apresentação de documento novo para a comprovação da regularidade é admitida como suficiente para que uma eventual irregularidade seja relevada, acarretando a improcedência da representação. Até porque, de modo significativo, a jurisprudência tem realçado que:

- **A declaração retificadora não consiste em burla à lei** e sim num documento hábil para a aferição dos limites para doações de campanha, ainda que apresentada após o ajuizamento da representação (AgR-REspe n°

APRESENTAÇÃO DE DECLARAÇÃO RETIFICADORA ATÉ O AJUIZAMENTO DA REPRESENTAÇÃO. DESPROVIMENTO.

1. Agravo interno contra decisão que deu provimento a recurso especial eleitoral.

2. O Tribunal Superior Eleitoral admite a apresentação da declaração retificadora após a propositura da representação por doação acima do limite legal, desde que ausente má-fé. Precedentes.

3. No julgamento do REspe nº 138-07/SP, esta Corte avançou, a partir da tese consignada na ementa do acórdão, a fim de fixar um limite temporal para a apresentação de declaração retificadora após o ajuizamento da representação, qual seja, "a defesa ou a primeira oportunidade em que couber à parte se manifestar, ressalvada a existência de justo impedimento anterior, devidamente comprovado".

4. O critério proposto representa um avanço em relação ao entendimento anterior desta Corte, que não fixava qualquer limite temporal. Isso porque ele confere ao doador a oportunidade de corrigir equívoco na declaração de imposto de renda não constatado até o momento do ajuizamento da representação, sem, contudo, prolongar indefinidamente a possibilidade de apresentação de declaração retificadora.

5. Nada obstante, penso que se pode avançar ainda mais na questão, se o marco temporal for fixado de modo mais restritivo. A solução que me parece ideal é que sejam consideradas pela Justiça Eleitoral apenas as declarações de imposto de renda apresentadas à Receita Federal do Brasil até a data do ajuizamento da representação por doação acima do limite legal, revendo-se, assim, o atual entendimento desta Corte.

6. O Tribunal Superior Eleitoral tem a missão de estimular os jurisdicionados a proceder de forma correta e cuidadosa na prestação de informações aos órgãos públicos. Dessa forma, cabe ao doador zelar pela exatidão das informações prestadas ao órgão fazendário, retificando eventuais imprecisões antes de vir a ser demandado em representação por doação acima do limite legal. Esse critério, além de estimular uma conduta cuidadosa por parte dos doadores, afasta a tormentosa discussão a respeito da boa-fé na apresentação da declaração retificadora após o ajuizamento da representação.

7. Dessa forma, fixo a tese de que serão consideradas pela Justiça Eleitoral apenas as declarações de imposto de renda apresentadas à Receita Federal do Brasil até a data do ajuizamento da representação por doação acima do limite legal. Nada obstante, considerando a deliberação do Plenário desta Corte, em atenção ao princípio da segurança jurídica, consigno que esse entendimento será aplicado prospectivamente, não alcançando os feitos relativos às Eleições de 2014, de forma que este caso permanece regido pelo precedente fixado no Respe n° 138-07/SP.

8. No presente caso, a declaração retificadora foi apresentada na defesa. Portanto, deve ser considerada para a aferição da regularidade do montante doado no âmbito de representação por doação acima do limite legal.

9. Agravo interno a que se nega provimento.

420-35/PR e AgR-REspe n° 1157-93/SP) ou decisão de primeira instância (REspe nº 90-11/SP);

- A eventual **má-fé** na apresentação do documento, quando assim suscitada, **deve ser provada**, e não presumida em desfavor da parte (AgR-AI n° 1475-36/CE).

Há, entretanto, um segmento jurisprudencial exigindo que ela venha acompanhada da prova do faturamento ou rendimento do doador, ou do erro contábil que a ensejou[42]. Dada a inequívoca relevância do tema, as Resoluções nºs 23.607/19 (art. 27, §9º), 23.553/17 (art. 29, §8º) e 23.463/15 (art. 21, §8º) assentaram que a declaração retificadora apresentada à Secretaria da Receita Federal deverá ser considerada pela JE na aferição do limite de doação do contribuinte.

11.2.10.7. Princípio da insignificância

Perante o TSE, a multa prevista é de aplicação impositiva (AgR--Respe nº 24826/RS, DJE de 24/02/2012), sendo que o princípio da insignificância não incide às representações por doação acima do limite legal (AgRg-REspe nº 5043/GO, DJE de 25/10/2018). Prevalece a compreensão de que o ilícito se configura com a mera extrapolação do valor doado, sendo despiciendo aquilatar-se o montante do excesso, vez que a sua constatação é de ordem objetiva. Entretanto, a baixa expressão econômica da doação excedente e a falta de influência no resultado do pleito são fatores que descaracterizam o abuso de poder combatido pela legislação, ensejando a improcedência de representações. Neste sentido, exemplificativamente:

> **ELEIÇÕES 2018. PRESTAÇÃO DE CONTAS DE CANDIDATO. RECEBIMENTO DE RECURSOS DE ORIGEM NÃO IDENTIFICADA. TRANSFERÊNCIA AO TESOURO NACIONAL. NÃO COMPROVAÇÃO DE RECOLHIMENTO DE SOBRAS DE CAMPANHA. VALOR IRRISÓRIO. PRINCÍPIOS DA RAZOABILIDADE E PROPORCIONALIDADE. APROVAÇÃO COM RESSALVAS.**
>
> (...). 5. Não obstante o descumprimento dos dispositivos de regência, o diminuto valor da inconsistência, tanto em termos absolutos quanto relativamente à receita arrecadada, permite a aplicação dos princípios da

42. Neste sentido já decidiram o TRE/SP (RE nº 7042, DJESP de 29/04/2014) e o TRE/RJ (RE nº 42510, DJERJ de 11/09/2014).

proporcionalidade e da razoabilidade, de modo a ensejar tão somente a aplicação de ressalva às contas.[43]

Representação. Alegada doação à campanha eleitoral em valor excedente do limite previsto no artigo 23, § 1º, inciso I, da Lei n. 9.504/97. (...). Pouca expressão da doação excedente ao limite legal. Irrelevância do valor doado para desequilibrar o pleito. Aplicação dos princípios da razoabilidade e da proporcionalidade. Precedentes jurisprudenciais nesse sentido. Improcedência.[44]

Representação. Eleições 2006. Doação. Eleitor. Limite Legal. Extrapolamento. Princípio da Insignificância. Possibilidade.

1. O eleitor poderá realizar doação a candidato, desde que não ultrapassem o limite legal (artigo 23, § 1º da Lei nº 9.504/97). 2. Aplicável o princípio da insignificância quando o excedente ao limite legal importar em valor de pequena monta, afastando-se o disposto no artigo 23, § 3º da Lei nº 9.504/97.[45]

EMENTA - ELEIÇÕES 2018 - PRESTAÇÃO DE CONTAS DE CAMPANHA - DEPUTADA ESTADUAL - CANDIDATA NÃO ELEITA - LEI N° 9.504/97 E RESOLUÇÃO TSE N° 23.553/17 - PRESTAÇÃO DE CONTAS PARCIAL E FINAL ENTREGUE DE MANEIRA INTEMPESTIVAS - DOAÇÃO E PAGAMENTO DE DESPESA COM RECURSOS FINANCEIROS QUE NÃO TRANSITARAM PELA CONTA BANCÁRIA. IRREGULARIDADE GRAVE. IRRISORIEDADE DO VALOR ABSOLUTO. APLICAÇÃO DOS INSTITUTOS DA RAZOABILIDADE E PROPORCIONALIDADE - JUNTADA DE DOCUMENTOS E EXTRATOS DE PRESTAÇÃO DE CONTAS DIRETAMENTE NO PJE - COMBUSTÍVEIS, SEM CORRESPONDENTE REGISTRO DE LOCAÇÕES, CESSÕES DE VEÍCULO OU PUBLICIDADES COM CARROS DE SOM. IRREGULARIDADES QUE, NO CASO CONCRETO, PERMITEM A APOSIÇÃO DE RESSALVAS ÀS CONTAS - CONTAS JULGADAS APROVADAS COM RESSALVAS.

(...).

3. O trânsito de recursos financeiros de campanha fora da conta bancária é irregularidade grave e insanável que compromete a análise e verificação das contas, ensejando a sua desaprovação.

43. TRE/DF, PCONT nº 060180168, DJE de 18/03/2021.

44. TRE/RS, RP nº 21.706, DEJERS de 12/08/2010.

45. TRE/PE, REP nº 1.277, DOE de 15/01/2010.

> 3.1. Inobstante, considerando-se o valor absoluto em comento, é possível a aplicação dos institutos da razoabilidade e proporcionalidade para aprovar as contas com ressalvas, neste caso.[46]

> **Eleições 2006. Representação eleitoral. Pessoa física. Doação acima do limite legal. Valor irrisório. Princípio da proporcionalidade.**
>
> O limite para doação de pessoas físicas a campanhas eleitorais é de 10% sobre o seu rendimento bruto no ano anterior ao pleito eleitoral. Sendo insignificante a quantia excedente ao limite legal para doações, deve ser aplicado ao presente caso o princípio da proporcionalidade.
>
> Representação improcedente.[47]

11.2.10.8. Penalidades

São exclusivamente duas: a multa constante da Lei nº 9.504/97 e a inelegibilidade introduzida pela Lei Complementar nº 135/10.

11.2.10.9. Multa

Circunstâncias favoráveis ou atenuando a gravidade da doação glosada (irrelevância do valor excedente, ausência de alcance para influir no resultado do pleito, candidato repelido nas urnas) não conduzem à aplicaçao de pena abaixo do patamar mínimo. A jurisprudência firmou-se pela impossibilidade da sanção pecuniária em valor inferior ao mínimo legal estabelecido, confinando a incidência dos repisados princípios da proporcionalidade e da razoabilidade aos limites mínimos e máximos estabelecidos pela lei de regência[48].

11.2.10.10. Inelegibilidade e gravidade dos fatos

A LC nº 64/90, a partir da redação que lhe foi atribuída pela LC nº 135/10, estabeleceu a aplicação da seguinte inelegibilidade na alínea *p*, do art. 1º:

> Art. 1º São inelegíveis:
>
> I - para qualquer cargo:
>
> (...)

46. TRE/PR, PREST nº 0603753-33, DJ de 15/09/2020.
47. TRE/GO, REP nº 2.136, DJ de 18/09/2009.
48. Neste sentido, dentre tantos mais estão os seguintes acórdãos do TSE: AgR-AI nº 162-46/SP, DJE de 21/02/2014, p. 75; AgR-REspe nº 917-07, DJE de 09/04/2014, p. 37; AgR-AI 204392/SP, j. 30/04/2013 e AgR-AI nº 591-07/RJ, DJE de 25/11/2011, p. 51.

> p) a **pessoa física** e os dirigentes de pessoas jurídicas responsáveis **por doações eleitorais tidas por ilegais** por decisão transitada em julgado ou proferida por órgão colegiado da Justiça Eleitoral, pelo prazo de 8 (oito) anos após a decisão, observando-se o procedimento previsto no art. 22.

Há que se atentar, porém, que esta restrição acrescentada em 2010 através do texto da *Lei da Ficha Limpa*, não pode ser declarada no julgamento que apurar o valor excedido, porquanto não integra a sua causa de pedir. O tópico recebeu interpretação pelo TSE no Recurso Especial Eleitoral nº 229-91/TO (DJE de 04/08/2014):

> **ELEIÇÕES 2012. RECURSO ESPECIAL ELEITORAL. REGISTRO DE CANDIDATURA. CANDIDATO A VEREADOR. INELEGIBILIDADE DO ART. 1º, INCISO I, ALÍNEA P, DA LEI COMPLEMENTAR Nº 64/1990. DECISÃO COLEGIADA QUE APLICOU MULTA POR DOAÇÃO ACIMA DO LIMITE LEGAL SUSPENSA POR LIMINAR DE MINISTRO DO TSE. INELEGIBILIDADE SUSPENSA CONSEQUENTEMENTE. INCIDÊNCIA DO ART. 26-C DA LEI COMPLEMENTAR Nº 64/1990. PROVIMENTO DO RECURSO.**
>
> 1. A inelegibilidade do art. 1º, inciso I, alínea *p*, da Lei Complementar nº 64/1990 não é sanção imposta na decisão judicial que condena o doador a pagar multa por doação acima do limite legal (art. 23 da Lei nº 9.504/1997), mas possível efeito secundário da condenação, verificável se e quando o cidadão se apresentar como postulante a determinado cargo eletivo, desde que presentes os requisitos exigidos.
>
> 2. Requisito implicitamente previsto no art. 1º, inciso I, alínea p, da Lei de Inelegibilidade é que a condenação colegiada por doação acima do limite legal não esteja suspensa por decisão judicial, pois a lei não excluirá da apreciação do Poder Judiciário lesão ou ameaça a direito (art. 5º, inciso XXXV, da CF/1988).
>
> 3. A interpretação do art. 26-C da Lei Complementar nº 64/1990 compatível com a Constituição Federal de 1988 é no sentido de que não apenas as decisões colegiadas enumeradas nesse dispositivo poderão ser suspensas por força de decisão liminar, mas também outras que lesem ou ameacem direitos do cidadão, suscetíveis de provimento cautelar.
>
> 4. Suspensa liminarmente a decisão colegiada de condenação por doação acima do limite legal (art. 23 da Lei nº 9.504/1997), consequentemente suspensa estará a inelegibilidade decorrente daquela decisão.
>
> 5. Recurso especial eleitoral provido.

Em obediência aos ditames legais, os órgãos da Justiça Eleitoral vêm determinando que a inelegibilidade advinda da doação excedente seja objeto de anotação cartorária ante uma eventual candidatura do infrator. O magistério emanado do TSE tem entendido que não basta tenha havido uma doação excedida do limite legal. O tribunal tem exigido, para a consequência gravosa da inelegibilidade, no mínimo, que a Justiça Eleitoral realize um juízo de proporcionalidade e razoabilidade para a sua aferição em que considere, entre outros fatores, o montante doado frente à eleição disputada. Reiterados precedentes vem exigindo, mais do que um juízo de proporcionalidade, que o montante excedido possa, ao menos em tese, vulnerar os bens jurídicos resguardados pelo art. 14, § 9º, da CF/88, que são a normalidade e legitimidade das eleições contra a interferência do poder econômico.

Na jurisprudência, em contraste com algumas divergências localizadas na doutrina, vem prevalecendo o ponto de vista de que somente as irregularidades graves devem ensejar a inelegibilidade prevista na alínea *p*. Essa fixação se impõe. A mesma parece-nos ter o alcance que a Carta Magna preestabeleceu ao consagrar os critérios da proporção e do razoável. A ilicitude do fato, precedida de um exame de todos os seus contornos e elementos, não tendo o condão de macular o princípio da isonomia nas eleições, não merece ser agravada com a inelegibilidade. A abordagem do assunto foi deflagrada de maneira periférica pelo recurso especial acima referido através do seguinte trecho:

> Conquanto não seja objeto deste recurso especial, entendo que o Tribunal Superior Eleitoral deve refletir, quanto às eleições de 2014, sobre a necessidade de aplicar a mencionada causa de inelegibilidade com base na compreensão da reserva legal proporcional, limitando a incidência da referida restrição da capacidade eleitoral passiva às situações jurídicas que efetivamente tenham o condão de violar o bem jurídico protegido pelo art. 14, § 90, da Constituição Federal de 1988. Em outras palavras, somente as doações acima do limite legal que afrontem a normalidade e a legitimidade do pleito - evidente excesso na utilização de recursos financeiros, contornos de abuso do poder econômico - podem gerar a causa de inelegibilidade do art. 10, inciso 1, alínea *p*, da Lei Complementar n° 64/1990, desde que presentes os demais requisitos, sejam os objetivos (decisão colegiada, procedimento do art. 22 da LC n° 64/1990 e não exaurimento do prazo de inelegibilidade), seja o implicitamente previsto naquela norma: que a decisão colegiada por doação acima do limite legal não esteja suspensa por decisão judicial.

O exame detido, a partir de um juízo de proporcionalidade calcado nos princípios da reserva legal e da vinculação do legislador à Constituição Federal, ocorreu no julgamento do Recurso Ordinário nº 534-30/PB.

Respaldado em pronunciamentos de PLÁCIDO E SILVA[49] e Karl LARENZ[50], o Ministro Henrique Neves sopesou que "A adoção do critério amplo e aberto do conceito de "ilegal" implicaria reconhecer a incidência da inelegibilidade prevista na alínea *p* em qualquer situação que revelasse uma doação eleitoral realizada de forma contrária à lei. Para análise desta questão, não se pode olvidar que a legislação eleitoral é fecunda em estabelecer especificidades, algumas de caráter meramente formal, que se violadas caracterizaria ilegalidade". Nesse passo, após elencar outras situações que abrangem doações acima dos tetos legais, o relator advertiu: "O mero erro formal no preenchimento de um recibo eleitoral seria suficiente para a caracterização da inelegibilidade pelo prazo de oito anos".

Adentrando nas especificações constitucionais que regem os diversos casos de inelegibilidade, após invocar o escólio de Konrad HESSE[51], expressou que "A pertinência constitucional da causa de inelegibilidade, por sua vez, também deve motivar a interpretação da hipótese contemplada na norma, de forma a se reconhecer que a inelegibilidade restará configurada sempre que a doação eleitoral for considerada ilícita, ou na linguagem da alínea *p*, tida como ilegal, por infração à regra que signifique a quebra dos parâmetros constitucionais de preservação da normalidade e legitimidade dos pleitos, assim como possibilite a ocorrência de abuso do poder econômico. Nessa linha, deve-se compreender que não é qualquer doação eleitoral tida como ilegal que é capaz de atrair a inelegibilidade prevista na alínea *p*".

"Somente aquelas que, em si, representam quebra da Isonomia entre os candidatos, risco à normalidade e legitimidade dos pleitos ou que se aproximem do abuso do poder econômico é que poderão ser qualificadas para efeito da aferição da referida inelegibilidade. A interpretação aqui proposta também decorre de uma análise sistemática do regime de inelegibilidades em vigor, pois reflete situação já contemplada pelo legislador em diversas outras hipóteses previstas no inciso I do art. 1 da Lei Complementar nº 64/90", emendou.

Indo mais fundo, o relator decompôs analiticamente outras configurações definidas pelo texto do Estatuto das Inelegibilidades para ressaltar o imperativo da atenuação dos efeitos em torno da letra ora comentada:

49. *Vocabulário Jurídico*, 26ª ed., Ed. Forense, 2005, pg. 697.
50. *Metodologia da Ciência do Direito*, tradução de José Lamego, 31ª ed., Fundação Calouste Gulbenkian, 1991, pp. 450 e 457.
51. *A Interpretação Constitucional*, § 80 (tradução de Inocêncio Mártires Coelho) in *Temas Fundamentais do Direito Constitucional*, Ed. SARAIVA, 2009, p. 119.

> Confira-se, por exemplo, que nem todas as condenações criminais são aptas a caracterizar a inelegibilidade prevista na alínea *e*, mas apenas aquelas relativas aos crimes especificados no rol taxativo contido na mencionada alínea. Igualmente, deve ser observado que o § 4 do art. 10 da LC nº 64/90 exclui expressamente do âmbito da inelegibilidade por condenação criminal, as decorrentes de crimes culposos, crimes definidos em lei como de menor potencial ofensivo e crimes de ação penal privada.
>
> Na alínea *g*, não é qualquer tipo de rejeição de contas que gera inelegibilidade, mas apenas aquelas que caracterizem irregularidade insanável que configure ato doloso de improbidade administrativa.Na alínea *j*, a inelegibilidade decorrente da condenação por captação ou gastos ilícitos de recursos de campanha ou pela prática de conduta vedada por agentes públicos - que de acordo com o art. 73 da Lei nº 9.504/97 possuem presunção legal de "afetar a igualdade de oportunidades entre candidatos nos pleitos eleitorais"—, somente se caracteriza nas hipóteses que "impliquem cassação do registro ou do diploma.A condenação por ato de improbidade, nos termos da alínea *l*, somente gera a inelegibilidade quando ocorrer a suspensão dos direitos políticos por ato doloso de improbidade que resulte, concomitantemente, em dano ao erário e enriquecimento ilícito.A exclusão do exercício da profissão prevista na sempre discutida alínea *m*, somente gera a inelegibilidade quando decorrente de infração ético-profissional.
>
> Ou seja, em diversas situações, o Legislador Complementar, ao dar concretude aos princípios e comandos constitucionais, contemplou as hipóteses de inelegibilidade de forma a refletir os parâmetros e valores definidos pela Constituição da República.

No trecho seguinte, desenvolveu o raciocínio que se sagrou em torno da letra *p* para os casos de doações excedidas destituídas de maior ofensa:

> Em relação à alínea *p*, a interpretação lógico-sistemática da regra deve seguir o mesmo caminho, de forma a reconhecer a sua incidência apenas nas hipóteses em que os bens jurídicos protegidos pela Constituição da República venham a ser, reconhecidamente, violados por meio da quebra da isonomia entre os candidatos ou contaminação do pleito pelo abuso do poder econômico.(...).Ainda que se compreenda - como parece ser mais correto - que a infração ao art. 30-A da Lei das Eleições configura a hipótese de inelegibilidade prevista na alínea j e não a estabelecida na alínea *p*, igual interpretação deve ser dada aos dispositivos legais, de modo a reconhecer que a causa de inelegibilidade descrita na alínea *p* somente se caracteriza quando a condenação por doações ilegais revelar situação capaz de comprometer a normalidade e legitimidade do pleito ou

envolver quantia significativa que reflita a gravidade das circunstâncias, necessária para configuração do abuso do poder econômico.

Eis como ficou estruturado o precedente:

ELEIÇÕES 2014. REGISTRO DE CANDIDATURA. DEPUTADO FEDERAL. INELEGIBILIDADE. EXCESSO DE DOAÇÃO. ALÍNEA P. REQUISITOS. TIPOS. INTERPRETAÇÃO. PARÂMETRO CONSTITUCIONAL. PROVIMENTO. REGISTRO DEFERIDO.

1. Não é qualquer tipo de doação que gera a inelegibilidade, mas somente aquelas que se enquadram como doações eleitorais (assim compreendidas as disciplinadas pela legislação eleitoral, em especial pela Lei 9.504/97), que tenham sido tidas como ilegais (ou seja, que tenham infringido as normas vigentes, observados os parâmetros constitucionais), por decisão emanada da Justiça Eleitoral (são inservíveis para esse efeito, portanto, as decisões administrativas ou proferidas por outros órgãos do Poder Judiciário) que não esteja revogada ou suspensa (requisito implícito - REspe n° 229-91, rel. Min. Gilmar Mendes, DJe de 4.8.2014) e tenha sido tomada em procedimento que tenha observado o rito previsto no artigo 22 da LC n° 64/90, o que exclui, por consequência, as que tenham sido apuradas por outros meios, como, por exemplo, a representação de que trata o art. 96 da Lei n° 9.504/97.

2. No caso das doações realizadas por pessoas jurídicas, é necessário que se comprove que o candidato era dirigente da pessoa jurídica doadora ao tempo da doação, compreendendo-se como dirigente a pessoa que - a par da existência de outras - detém o poder de gerir, administrar e dispor do patrimônio da pessoa jurídica doadora.

3. No processo de registro de candidatura, não cabe reexaminar o mérito da decisão judicial que julgou ilegal a doação eleitoral, cabendo apenas verificar se foi adotado o rito do art. 22 da LC nº 64/90, sem adentrar na análise da existência de eventuais vícios ou nulidades que teriam ocorrido no curso da representação.

4. Para definição do alcance da expressão "tida como ilegais", constante da alínea p do Art. l, 1, da LC 64/90, é necessário considerar o disposto no art. 14, § 9º, da Constituição, pois não é qualquer ilegalidade que gera a inelegibilidade, mas apenas aquelas que dizem respeito à normalidade e legitimidade das eleições e visam proteção contra o abuso do poder econômico ou político.

5. Reconhecido expressamente pelas decisões proferidas na representação para apuração de excesso de doação que não houve quebra de isonomia

> entre as candidaturas, deve ser afastada a hipótese de inelegibilidade por ausência dos parâmetros constitucionais que a regem.
>
> Recurso provido para deferir o registro da candidatura.

Esta é a atual compreensão do TSE no assunto[52], tendo a mesma sido reafirmada, por maioria, no julgamento do Recurso Especial Eleitoral nº 060008782/RJ (PSESS de 03/12/2020)[53] relativamente ao pleito municipal de 2020[54].

Norte oposto, se constitui incontroversamente grave por exemplo, a doação superior a 333%[55] ou a mais de 200%[56] em relação ao montante que poderia ter sido doado.

Sanções eficazes são importantíssimas para coibir o acesso a cargos eletivos. A inelegibilidade é um meio gravoso e constitucionalmente legíti-

---

52. ELEIÇÕES 2016. AGRAVO REGIMENTAL EM RECURSO ESPECIAL. REGISTRO DE CANDIDATURA. PREFEITO NÃO ELEITO. DEFERIMENTO NO TRIBUNAL REGIONAL ELEITORAL. INELEGIBILIDADE DA ALÍNEA P DO INCISO I DO ART. 1º DA LC 64/90. NÃO INCIDÊNCIA. EXCESSO DE DOAÇÃO QUE NÃO DESEQUILIBROU O PLEITO. RESPALDO NA JURISPRUDÊNCIA DO TSE. MANUTENÇÃO DA DECISÃO AGRAVADA. AGRAVO REGIMENTAL DESPROVIDO.

    1. O acórdão recorrido está em consonância com o entendimento desta Corte, segundo o qual nem toda doação eleitoral tida como ilegal é capaz de atrair a inelegibilidade da alínea p. Somente aquelas que, em si, representam quebra da isonomia entre os candidatos, risco à normalidade e à legitimidade do pleito ou que se aproximem do abuso do poder econômico é que poderão ser qualificadas para efeito de aferição da referida inelegibilidade (RO 534-30/PB, Rel. Min. HENRIQUE NEVES DA SILVA, DJe 16.9.2014).

    2. No caso, o TRE do Espírito Santo concluiu que o valor que excedeu o limite permitido - R$ 6.981,85 - representava menos de 10% da arrecadação realizada pelo candidato beneficiado, não reunindo, portanto, aptidão para influenciar o pleito - tanto que o agraciado não foi eleito - e, tampouco, ferir a isonomia entre os candidatos.

    3. Decisão agravada alicerçada em fundamentos idôneos.

    4. Agravo Regimental a que se nega provimento. (TSE, AgRgREspe nº 16188/DF, PSESS de14/12/2016).

53. ELEIÇÕES 2020. RECURSO ESPECIAL. REGISTRO DE CANDIDATURA. PREFEITO. ART. 1º, I, p, DA LEI COMPLEMENTAR Nº 64/90. DOAÇÃO ACIMA DO LIMITE LEGAL. PROVIMENTO.

    1. Qualquer restrição à capacidade eleitoral passiva obrigatoriamente deve ter substrato constitucional. O art. 14, § 9º da Constituição Federal autoriza excepcionalmente o legislador ordinário à criação de hipóteses de inelegibilidades, mediante limitações formal (Lei Complementar) e materiais ("proteger a probidade administrativa, a moralidade para exercício de mandato considerada vida pregressa do candidato, e a normalidade e legitimidade das eleições contra a influência do poder econômico ou o abuso do exercício de função, cargo ou emprego na administração direta ou indireta").

    2. São requisitos da inelegibilidade contida no art. 1º, I, p da LC 64/1990: (i) a existência de decisão judicial – transitada em julgado ou proferida por órgão colegiado da Justiça Eleitoral – reconhecendo a ilegalidade da doação à campanha; (ii) a observância do rito previsto no artigo 22 da LC nº 64/90 no processo em que foi declarada a irregularidade da doação eleitoral; e (iii) a doação irregular deve conter gravidade suficiente para afetar o equilíbrio e a lisura do pleito. A incidência da restrição eleitoral exige, portanto, a realização de um juízo de proporcionalidade e de razoabilidade. Precedentes.

    3. Recurso Especial provido.

54. Neste último julgado, o relator sorteado, vencido, propôs a fixação da seguinte tese para as eleições de 2020 e seguintes: a aferição da causa de inelegibilidade prevista no art. 1º, do inciso I, alínea p, da Lei Complementar nº 64/90 seja de natureza objetiva.
55. TSE, RO-El nº 0600683-77/MS, DJE 19/12/2022.
56. TSE, REspEl nº 0600124-79/RJ, DJE 08/04/2021.

mo para a obtenção deste resultado. A privação da candidatura afasta das urnas aquele que violou as normas jurídicas. Ao remeter à lei complementar o regramento da matéria, a Constituição Federal autorizou o legislador a privar o indivíduo deste direito exatamente "a fim de proteger a probidade administrativa, a moralidade para exercício de mandato considerada vida pregressa do candidato" (art. 14, §9º).

Por outro lado, do ponto de vista da proporcionalidade em sentido estrito, se revela inadequado perante o critério constitucional indicado pelo mesmo art. 14, §9º, da Carta Magna, tolher a candidatura de alguém diante de uma doação de campanha que, mesmo extrapolando o limite legal, não pôs em risco "a normalidade e legitimidade das eleições". Esta é a tônica central da letra *p* no seu sentido mais amplo.

11.2.10.11. Ação Rescisória

Ante a expressa previsão contida ao art. 22, I, *j*, do Código Eleitoral, a competência do TSE em sede de Ação Rescisória limita-se à revisão dos seus próprios julgados que tenham analisado o mérito de questões relativas à inelegibilidade. Não lhe compete o conhecimento de ações contra decisões de tribunais regionais ou juízes eleitorais acerca de doações acima do limite legal:

> **ELEIÇÕES 2010. AGRAVO REGIMENTAL. AÇÃO RESCISÓRIA. REPRESENTAÇÃO. DOAÇÃO DE RECURSOS ACIMA DO LIMITE LEGAL. PESSOA FÍSICA MULTA E DECLARAÇÃO DE INELEGIBILIDADE. AJUIZAMENTO EM FACE DE SENTENÇA. IMPOSSIBILIDADE. CABIMENTO APENAS QUANDO SE CUIDAR DE ACÓRDÃO DESTE TRIBUNAL SUPERIOR. DESPROVIMENTO.**
>
> 1. Não cabe ação rescisória para desconstituir sentença, pois, nos termos do art. 22, I, j, do CE, no âmbito da Justiça Eleitoral, a ação rescisória só é cabível para desconstituir acórdãos do TSE que contenham declaração de inelegibilidade. Precedentes.
>
> 2. Agravo regimental ao qual se nega provimento.[57]

11.2.11. Doador estrangeiro

Dentre os recursos financeiros advindos de pessoas físicas, existe a possibilidade daqueles provenientes de doador estrangeiro. Nos termos da

57. TSE, AgRg-AR nº 365-26/PA, DJE de 05/11/2015.

LE/97 - repetida pelas resoluções do TSE sobre o financiamento, "é vedado a partido e candidato receber, direta ou indiretamente, doação em dinheiro ou estimável em dinheiro, inclusive por meio de publicidade de qualquer espécie, procedente de origem estrangeira".

O legislador poderia ter determinado uma restrição maior quanto a essas doações. Entretanto, ao optar por não fazê-lo, lançou mão de um texto que, embora conciso, não confundiu pessoas com moedas. Nesse contexto, algumas considerações se impõem.

A primeira está em que a redação dos dispositivos, tanto na lei quanto na normatização secundária, foi direcionada aqueles que disputam a eleição, e não aos doadores de campanha. Neste sentido, averbe-se que a locução "é vedado a (...) candidato" explicita a assertiva. Segunda, que a norma restringiu a doação em dinheiro ou estimável em dinheiro que for de "origem estrangeira", sem interditar, contudo, a possibilidade de doação, pelo estrangeiro, de recursos que forem resultantes da sua atividade exercida no Brasil. Terceira, que não havendo vedação expressa no texto da Lei nº 9.504/97, não há como se atribuir ilegalidade à doação de estrangeiro por arrastamento (CF/88, art. 5º, II). Para arrematar, deve ser lembrado que de acordo ao *caput* do art. 5º da Constituição Federal proclamando o Princípio da Isonomia, patenteou-se de modo absolutamente inequívoco que "todos são iguais perante a lei, sem distinção de qualquer natureza, garantindo-se aos (...) estrangeiros residentes no País a inviolabilidade do direito à (...) igualdade".

A análise do ordenamento mostra que não foi erigido impedimento legal algum à pessoa física estrangeira de atuar como donatária em campanhas eleitorais brasileiras. Existe presunção de legalidade na sua doação através de moeda corrente nacional.

Embora abordando situação específica de nacionalidade, há pronunciamento do TSE tombado em seu ementário sob a rubrica de *leading case*:

> **ELEIÇÕES 2018. AGRAVO REGIMENTAL. AGRAVO DE INSTRUMENTO. PRESTAÇÃO DE CONTAS DE CAMPANHA. GOVERNADOR. CONTAS APROVADAS COM RESSALVAS. UTILIZAÇÃO DE RECURSOS DE FONTE VEDADA. INOCORRÊNCIA. PORTUGUESES COM RESIDÊNCIA PERMANENTE NO BRASIL (ART. 12, § 1º, DA CONSTITUIÇÃO FEDERAL). PRINCÍPIO DA ISONOMIA. ORIGEM NACIONAL DO RECURSO DOADO. COMPROVAÇÃO. PROVIMENTO.**

1. O art. 31 da Lei dos Partidos Políticos veda o recebimento de doações de entidades e governos estrangeiros, ao passo que o art. 33, inciso II, da Res.-TSE 23.553/2017 desautoriza a doação com recursos de origem estrangeira. A vedação contida no preceito regulamentar restringe a origem estrangeira do montante doado, nada referindo quanto à nacionalidade do donatário, o que posteriormente veio a ser expressamente consagrado pela Res.-TSE 23.607/2019.

2. Ao português com residência permanente no país são assegurados todos os direitos civis e políticos (art. 12, § 1º, da Constituição Federal), desde que observado os requisitos contidos no Decreto 70.391/1972, salvo aqueles expressamente conferidos aos brasileiros natos e relativos à prestação de serviço militar obrigatório, expulsão e extradição.

3. O que induz à irregularidade da doação, portanto, não é a nacionalidade do doador, pessoa física, mas a origem estrangeira do valor doado, sendo inadmissível qualquer discriminação do estrangeiro equiparado quanto à comprovação da origem do recurso doado, sob pena de afronta ao princípio da igualdade.

4. Agravo Regimental provido.[58]

11.2.12. Doador beneficiário do Auxílio Emergencial

A legislação não exige a comprovação da capacidade econômica do doador. A obediência, consoante examinado alhures, recai na limitação (teto de doação). Nesta toada, a pessoa física beneficiária de programas sociais não está proibida de efetuar doação eleitoral. Da mesma forma, não cabe ao donatário proceder em triagens ou fiscalizações para saber se o doador está inscrito em programas sociais de Governos.

Não é possível, tampouco razoável imputar ao candidato, de plano, a responsabilidade por suposta malversação de dinheiro público recebido por terceiro. Prevalece, pois, a presunção de boa-fé. Entretanto, se o doador hipossuficiente inscrito no Auxílio Emergencial da Lei nº 13.982/20[59] não comprova que possuía capacidade financeira para efetivar doação eleito-

58. AgR-AI nº 0607838-83/SP, DJE de 15/04/2021, por maioria. Do mesmo modo assentou o ARespEl nº 0607078-37/SP (DJ 01/06/2022).

59. Altera a Lei nº 8.742, de 7 de dezembro de 1993, para dispor sobre parâmetros adicionais de caracterização da situação de vulnerabilidade social para fins de elegibilidade ao benefício de prestação continuada (BPC), e estabelece medidas excepcionais de proteção social a serem adotadas durante o período de enfrentamento da emergência de saúde pública de importância internacional decorrente do coronavírus (Covid-19) responsável pelo surto de 2019, a que se refere a Lei nº 13.979, de 6 de fevereiro de 2020.

ral ou sobrevindo indícios de ocultamento de fonte vedada ou da genuína origem dos recursos doados, pode haver a configuração de fraude sob a modalidade de "laranja" a ser apurada em Investigação Judicial Eleitoral (AIJE) ou Ação de Impugnação de Mandato Eletivo (AIME), mas não em sede de prestação de contas.

Na impossibilidade de apuração da origem dos recursos que culminaram em doações financeiras, os valores auferidos pelo prestante enquadram-se como "recursos de origem não identificada".

No mais, portanto, ressai que a ausência de capacidade econômica do doador não pode ser presumida em sede de jurisdição eleitoral pelo fato daquele ser beneficiário de programas assistenciais se atendidas as formalidades e limites estabelecidos pela normatização, notadamente pelas resoluções do TSE.

Sobre a eventual fraude na obtenção do benefício junto à respectiva autarquia, deve ser averiguada pelo Ministério Público através de procedimento específico na Justiça Comum, sob pena de descaracterização do processo de prestação de contas, que não tem finalidade investigatória.

Em suma, não incumbe, nem poderia incumbir ao prestante das contas, verificar a aptidão financeira dos doadores de sua campanha eleitoral.

Capítulo

12

PRESTAÇÃO DE CONTAS

12.1. FONTES LEGAIS

Dentre as etapas do processo eleitoral, destaca-se a de prestar contas.

Prestar contas da campanha eleitoral é uma necessidade inelutável por quem foi candidato, mesmo que não a tenha concluído.

Trata-se de uma imposição do ordenamento eleitoral. O seu cumprimento tempestivo e regular expressa obediência à legalidade.

Outrora, o efeito das declarações judiciais de não-prestação de contas eleitorais ficava restrito à mera omissão pessoal, confinado a consciência jurídico-política do candidato.

Em contraste ao passado, hodiernamente, mediante disposições legais lógicas e salutares que se faziam inadiáveis, a prestação de contas de campanha impacta diretamente na situação jurídica do candidato, seja produzindo efeitos relativamente à diplomação, seja em recandidaturas futuras.

Não se trata tão somente de um exame sobre a sua regularidade ou não, mas de um conjunto de regras capazes de acarretar consequências importantes na esfera de direitos daquele que concorreu a cargo majoritário ou proporcional.

Da Lei nº 9.504/97, com as suas alterações e acréscimos, transcreve-se a disciplina aplicável a esta obrigação:

Art. 28. A prestação de contas será feita:

I - no caso dos candidatos às eleições majoritárias, na forma disciplinada pela Justiça Eleitoral;

II - no caso dos candidatos às eleições proporcionais, de acordo com os modelos constantes do Anexo desta Lei.

§ 1º As prestações de contas dos candidatos às eleições majoritárias serão feitas pelo próprio candidato, devendo ser acompanhadas dos extratos das contas bancárias referentes à movimentação dos recursos financeiros usados na campanha e da relação dos cheques recebidos, com a indicação dos respectivos números, valores e emitentes.

§ 2º As prestações de contas dos candidatos às eleições proporcionais serão feitas pelo próprio candidato.

§ 3º As contribuições, doações e as receitas de que trata esta Lei serão convertidas em UFIR, pelo valor desta no mês em que ocorrerem.

§ 4º Os partidos políticos, as coligações e os candidatos são obrigados, durante as campanhas eleitorais, a divulgar em sítio criado pela Justiça Eleitoral para esse fim na rede mundial de computadores (*internet*):

I - os recursos em dinheiro recebidos para financiamento de sua campanha eleitoral, em até 72 (setenta e duas) horas de seu recebimento;

II - no dia 15 de setembro, relatório discriminando as transferências do Fundo Partidário, os recursos em dinheiro e os estimáveis em dinheiro recebidos, bem como os gastos realizados.

§ 5º (VETADO).

§ 6º Ficam também dispensadas de comprovação na prestação de contas:

I - a cessão de bens móveis, limitada ao valor de R$ 4.000,00 (quatro mil reais) por pessoa cedente;

II - doações estimáveis em dinheiro entre candidatos ou partidos, decorrentes do uso comum tanto de sedes quanto de materiais de propaganda eleitoral, cujo gasto deverá ser registrado na prestação de contas do responsável pelo pagamento da despesa.

III - a cessão de automóvel de propriedade do candidato, do cônjuge e de seus parentes até o terceiro grau para seu uso pessoal durante a campanha.

§ 7º As informações sobre os recursos recebidos a que se refere o § 4º deverão ser divulgadas com a indicação dos nomes, do CPF ou CNPJ dos doadores e dos respectivos valores doados.

§ 8º Os gastos com passagens aéreas efetuados nas campanhas eleitorais serão comprovados mediante a apresentação de fatura ou duplicata emitida por agência de viagem, quando for o caso, desde que informados os beneficiários, as datas e os itinerários, vedada a exigência de apresentação de qualquer outro documento para esse fim.

§ 9º A Justiça Eleitoral adotará sistema simplificado de prestação de contas para candidatos que apresentarem movimentação financeira correspondente a, no máximo, R$ 20.000,00 (vinte mil reais), atualizados monetariamente, a cada eleição, pelo Índice Nacional de Preços ao Consumidor - INPC da Fundação Instituto Brasileiro de Geografia e Estatística - IBGE ou por índice que o substituir.

§ 10. O sistema simplificado referido no § 9º deverá conter, pelo menos:

I - identificação das doações recebidas, com os nomes, o CPF ou CNPJ dos doadores e os respectivos valores recebidos;

II - identificação das despesas realizadas, com os nomes e o CPF ou CNPJ dos fornecedores de material e dos prestadores dos serviços realizados;

III - registro das eventuais sobras ou dívidas de campanha.

§ 11. Nas eleições para Prefeito e Vereador de Municípios com menos de cinquenta mil eleitores, a prestação de contas será feita sempre pelo sistema simplificado a que se referem os §§ 9º e 10.

§ 12. Os valores transferidos pelos partidos políticos oriundos de doações serão registrados na prestação de contas dos candidatos como transferência dos partidos e, na prestação de contas anual dos partidos, como transferência aos candidatos.

O texto é claro e regula um número certo de assuntos.

A essência da análise da prestação de contas está em coibir a arrecadação de recursos obtidos de forma indevida e o gasto ilícito, ambos capazes de comprometer a lisura do processo eleitoral.

Neste sentido, o candidato, desde o momento que decide participar da eleição, tem ciência e consciência de que está submetido a uma rigorosa transparência em torno de todo o processo, da filiação partidária à prestação de contas.

Prestar contas de campanha eleitoral é uma obrigação que descende do arcabouço normativo.

O exercício de outros direitos fica condicionado à sua efetivação[1].

1. A decisão que julgar as contas eleitorais como **não prestadas** acarreta ao candidato, o impedimento de obter a certidão de quitação eleitoral até o final da legislatura, persistindo os efeitos da restrição após esse período até a efetiva apresentação das contas.

Com o advento da Lei nº 12.034/09, esta etapa do calendário eleitoral passou a ter caráter jurisdicional, e não mais administrativo.[2]

Segundo estipula a Lei nº 13.165/15, os partidos políticos, as coligações e os candidatos estão obrigados, durante a campanha eleitoral, a divulgar, em *site* específico definido pela Justiça Eleitoral, as seguintes informações:

- Os RECURSOS em dinheiro, até 72 (setenta e duas) horas de seu recebimento, a cada um que ocorrer;
- Em 15 de setembro, RELATÓRIO discriminando as transferências do Fundo Partidário, os recursos em dinheiro e os estimáveis em dinheiro que até aquele momento tenham sido recebidos, bem como os gastos até ali realizados.

Mesmo que tenha designado uma pessoa para a administração do caixa da sua campanha eleitoral, o candidato não está excluído de responsabilidades por força da solidariedade em torno do conteúdo (veracidade) das informações que integram a prestação de contas.

Esta, por sua vez, deve necessariamente ser acompanhada dos extratos das contas bancárias referentes à movimentação dos recursos financeiros utilizados e da relação dos cheques que foram recebidos, com a indicação dos respectivos números, valores e seus emitentes.

Mencionadas informações, cruciais à evidenciação do fluxo financeiro do período, deverão ser divulgadas contendo a identificação dos nomes e Cadastro de Pessoas Físicas (CPF) ou Cadastro Nacional da Pessoa Jurídica (CNPJ) dos doadores, bem como os respectivos valores que foram doados ao candidato.

Esses dados, que são obrigatórios, é que permitirão à Justiça Eleitoral aferir a origem das receitas obtidas e o destino das despesas efetuadas pelo candidato.

Apenas duas hipóteses estão legalmente dispensadas da prestação de contas:

- A CESSÃO de bens móveis limitada ao valor de R$ 4.000,00 (quatro mil reais) por cada cedente;
- As DOAÇÕES estimáveis em dinheiro entre candidatos ou partidos, decorrentes do uso comum tanto de sedes quanto de materiais de propaganda eleitoral, cujo gasto deverá ser registrado na prestação de contas do responsável pelo pagamento da despesa.

2. TSE, AgR-REspe nº 222-86/AM, DJE de 29/10/2015.

São classificados como *estimáveis em dinheiro* os recursos não financeiros, isto é, aqueles serviços prestados gratuitamente, e os bens doados ou emprestados/cedidos para a campanha eleitoral.

As doações desses recursos ocorrem no momento da entrega do bem, de forma definitiva (doação) ou provisória (cessão de uso), ou então no momento da prestação do serviço em benefício da campanha.

Quando o doador é desconhecido, por vítreas razões, os recursos não poderão ser utilizados pelo candidato.

Sobre o sentido de *estimação*, anotou PLÁCIDO E SILVA (1973, II, p. 636):

> Quando não há qualquer base ou elemento econômico, pelo qual se realize a estimação, mui justamente essa se diz *empírica* ou *meramente arbitrária*, tendo simplesmente a cumprir uma formalidade, sem que, no entanto, daí se possa inferir qualquer valor de preço ou de custo.
>
> Quando não há *elementos materiais*, pelos quais se possa proceder aritmeticamente a uma estimação, esta será executada por *arbitramento*, em vista dos exames acerca das utilidades das coisas a serem estimadas.

A Resolução nº 23.697/19 determina expressamente que a arrecadação de recursos e a realização de gastos eleitorais sejam acompanhadas por profissional habilitado em Contabilidade, contador ou técnico em contabilidade inscrito no Conselho Regional de Contabilidade (CRC) da respectiva jurisdição[3], desde o início da campanha, o qual realizará os registros contábeis pertinentes e auxiliará candidatos e partidos na elaboração da prestação de contas observando as normas estabelecidas pelo Conselho Federal de Contabilidade (CFC)[4] e as regras estabelecidas pela correspondente normatização secundária dispondo sobre a arrecadação e os gastos de recursos por partidos políticos e candidatos e sobre a prestação de contas nas eleições.

A seguir, a Lei nº 9.504/97 aborda:

> Art. 29. Ao receber as prestações de contas e demais informações dos candidatos às eleições majoritárias e dos candidatos às eleições propor-

3. Por força dos arts. 12 e 25 do Decreto-Lei nº 9.295/46.
4. https://cfc.org.br/.

cionais que optarem por prestar contas por seu intermédio, os comitês deverão:

I - (revogado);

II - resumir as informações contidas na prestação de contas, de forma a apresentar demonstrativo consolidado das campanhas;

III - encaminhar à Justiça Eleitoral, até o trigésimo dia posterior à realização das eleições, o conjunto das prestações de contas dos candidatos e do próprio comitê, na forma do artigo anterior, ressalvada a hipótese do inciso seguinte;

IV - havendo segundo turno, encaminhar a prestação de contas, referente aos 2 (dois) turnos, até o vigésimo dia posterior à sua realização.

§ 1º (Revogado).

§ 2º A inobservância do prazo para encaminhamento das prestações de contas impede a diplomação dos eleitos, enquanto perdurar.

§ 3º Eventuais débitos de campanha não quitados até a data de apresentação da prestação de contas poderão ser assumidos pelo partido político, por decisão do seu órgão nacional de direção partidária.

§ 4º No caso do disposto no § 3º, o órgão partidário da respectiva circunscrição eleitoral passará a responder por todas as dívidas solidariamente com o candidato, hipótese em que a existência do débito não poderá ser considerada como causa para a rejeição das contas.

A inobservância do prazo para o encaminhamento da prestação de contas determina o impedimento da diplomação do eleito enquanto perdurar a desídia.

Na prática, a sua não entrega ao juízo eleitoral competente inviabiliza o acesso ao mandato eletivo obtido (Lei nº 9.504/97, art. 29, § 2º).

Neste sentido, ainda que

- desista da candidatura;
- não realize campanha; ou
- não tenha registro de arrecadação, movimentação de recursos financeiros ou receba doações[5],

o candidato deve:

- demonstrar a abertura da conta bancária específica; e

5. TSE, AgRg-REspe nº 711-10/SP, DJE de 20/03/2019.

- exibir os respectivos extratos bancários, em meio físico ou eletrônico, a fim de possibilitar a sua análise pela Justiça Eleitoral.[6]

Tão logo recebidos, estes últimos, na condição de relatórios de movimentação de conta corrente, serão disponibilizados para consulta pública junto à página do Tribunal Superior Eleitoral na *Internet*.

Referida conta, sob a denominação de *doações para campanha*, é compulsória para candidatos, partidos e coligações.

A mesma:

- não está submetida ao sigilo bancário disposto pela Lei Complementar nº 105, de 10 de janeiro de 2001[7], e
- pode ser aberta em qualquer instituição financeira reconhecida pelo Banco Central do Brasil (BCB).

A totalidade dos recursos financeiros utilizados na campanha deverá necessariamente transitar nela.

Entretanto, os bancos somente aceitarão depósitos e créditos de origem identificada com a discriminação dos doadores atendendo dois requisitos:

- nome ou razão social e
- respectivo número de inscrição no CPF ou no CNPJ.

Conforme dito alhures, os representantes, mandatários e prepostos autorizados pelo candidato a movimentá-la devem ser identificados conforme a regulamentação específica do Banco Central do Brasil para o atendimento quanto ao disposto no art. 3º da Resolução nº 2.025 do Conselho Monetário Nacional (CMN), de 24/11/1993, e das disposições da Circular nº 3.461 do BCB, de 24/07/2009.

Com base nesses elementos, para a solução das controvérsias, as regras pertinentes à utilização da conta bancária específica podem ser ponderadas caso a caso, interpretando-se cada contexto fático com razoabilidade visando atender a sua finalidade[8].

Os débitos de campanha contraídos pelo candidato e não quitados até a formalização da prestação de contas, poderão ser assumidos pelo partido político ao qual é filiado, desde que sob a concordância de seu órgão de direção nacional. De se notar que a norma constante do art. 29, § 3º da Lei nº

6. TSE, AgR-AI nº 239184/PR, DJE de 23/10/2015.
7. Dispõe sobre o sigilo das operações de instituições financeiras.
8. TSE, AgR-AI nº 732756/RS, DJE de 11/10/2013.

9.504/97 não confere legitimidade às coligações para assumir essas dívidas. O legislador, ciente do caráter efêmero e financeiramente movediço daquelas associações, arredou expressamente tal possibilidade.

O órgão partidário da circunscrição onde foi contraída a dívida será o responsável solidário por esta. Somente mediante tal formalização é que o débito não implicará na rejeição das contas do prestante.

A jurisprudência tem assentido que casos análogos, envolvendo a mesma eleição e o mesmo Estado da Federação, podem ensejar a reiteração de um determinado entendimento[9].

12.2. OBJETO E LIMITE

Como visto alhures, a prestação de contas é um instrumento de transparência. A identificação da movimentação financeira da campanha, lastreada na documentação hábil, demonstra, a um só tempo, a origem das receitas e a sua aplicação nas despesas. Para efetivar tal providência, o candidato será representado, na Justiça Eleitoral, por um advogado, o qual fará as postulações em seu nome perante a autoridade judiciária responsável pelo registro de sua candidatura. Tal determinação constou expressamente pela primeira vez na Resolução/TSE nº 23.406/14 (art. 33, II, §4º).

No julgamento da PC nº 0601225-70.2018.6.00.0000/DF ocorrido em 04/12/2018 (PSESS) quando o TSE apreciou diversas impropriedades e irregularidades apontadas em parecer conclusivo da Assessoria de Exame de Contas Eleitorais e Partidárias (ASEPA), seu relator, dando ênfase aos valores que revestem a *eficácia social do regime democrático representativo* (leia-se normalidade e legitimidade das eleições), propôs à Corte uma delimitação mais nítida quanto ao objeto e limites desta etapa que antecede a diplomação dos candidatos eleitos.

Acerca do primeiro item, assim se pronunciou:

> 3. A normalidade e a legitimidade das eleições são essenciais ao sistema democrático. Dessa forma, a Constituição Federal impõe a sua proteção contra a influência do poder econômico ou o abuso do exercício de função, cargo ou emprego na administração direta ou indireta (art. 14, § 9º). Para assegurar o cumprimento desse propósito, a Justiça Eleitoral exerce o controle da movimentação de recursos nas campanhas eleitorais.

9. TSE, AgR-REspe nº 435-32/SE, DJE de 02/10/2018.

Isso se dá pelo exame das contas eleitorais apresentadas por candidatos e partidos políticos, em que constam as receitas e as despesas realizadas durante a campanha eleitoral, na forma do art. 28 da Lei nº 9.504/1997, regulamentado, para as Eleições 2018, pela Res.-TSE nº 23.553/2017.

4. Assim, as prestações de contas têm "como finalidade primordial emprestar transparência às campanhas eleitorais, através da exigência da apresentação de informações, legalmente determinadas, que têm o condão de evidenciar o montante, a origem e a destinação dos recursos utilizados nas campanhas de partidos e candidatos".

Sobre o segundo, a conclusão assinalou os requisitos formais (ou substanciais) específicos à natureza jurídica do *iter* procedimental a ser observado pelo órgão examinador da Justiça Eleitoral:

5. A análise desenvolvida nos processos de prestação de contas, contudo, está limitada à verificação das informações declaradas pelo candidato, bem como daquelas obtidas a partir de procedimentos de auditoria ordinariamente empregados pela Justiça Eleitoral, em especial análise documental, exame de registros e cruzamento e confirmação de dados, por meio de procedimento de circularização, cujo fim é a confirmação das receitas e despesas declaradas. Também se analisam informações resultantes do cruzamento de informações fornecidas por outros prestadores de contas (candidatos ou partidos políticos), além de informações voluntariamente encaminhadas à Justiça Eleitoral.

6. Os processos de prestação de contas não se prestam, portanto, à realização de investigações aprofundadas de fatos que possam caracterizar abuso do poder econômico ou político, para os quais há outros instrumentos na legislação eleitoral, nos quais se pode desenvolver ampla dilação probatória, com observância do contraditório e da ampla defesa.

7. Exatamente por essas razões, o Tribunal Superior Eleitoral tem afirmado em reiterados precedentes que o exame técnico realizado nos processos de prestação de contas não impede que outros órgãos, tais como o Ministério Público Eleitoral, investiguem fatos que possam configurar ilícitos penais, civis ou administrativos.

12.3. JULGAMENTO DAS CONTAS

A matéria é tratada pela Lei das Eleições em tópico específico:

Art. 30. A Justiça Eleitoral verificará a regularidade das contas de campanha, decidindo: (Redação dada pela Lei nº 12.034, de 2009)

I - pela aprovação, quando estiverem regulares;

II - pela aprovação com ressalvas, quando verificadas falhas que não lhes comprometam a regularidade;

III - pela desaprovação, quando verificadas falhas que lhes comprometam a regularidade;

IV - pela não prestação, quando não apresentadas as contas após a notificação emitida pela Justiça Eleitoral, na qual constará a obrigação expressa de prestar as suas contas, no prazo de setenta e duas horas.

§ 1º A decisão que julgar as contas dos candidatos eleitos será publicada em sessão até três dias antes da diplomação.

§ 2º Erros formais e materiais corrigidos não autorizam a rejeição das contas e a cominação de sanção a candidato ou partido.

§ 2º-A. Erros formais ou materiais irrelevantes no conjunto da prestação de contas, que não comprometam o seu resultado, não acarretarão a rejeição das contas.

§ 3º Para efetuar os exames de que trata este artigo, a Justiça Eleitoral poderá requisitar técnicos do Tribunal de Contas da União, dos Estados, do Distrito Federal ou dos Municípios, pelo tempo que for necessário.

§ 4º Havendo indício de irregularidade na prestação de contas, a Justiça Eleitoral poderá requisitar do candidato as informações adicionais necessárias, bem como determinar diligências para a complementação dos dados ou o saneamento das falhas.

§ 5º Da decisão que julgar as contas prestadas pelos candidatos caberá recurso ao órgão superior da Justiça Eleitoral, no prazo de 3 (três) dias, a contar da publicação no Diário Oficial.

§ 6º No mesmo prazo previsto no § 5º, caberá recurso especial para o Tribunal Superior Eleitoral, nas hipóteses previstas nos incisos I e II do § 4º do art. 121 da Constituição Federal.

§ 7º O disposto neste artigo aplica-se aos processos judiciais pendentes.

As complementações constam, como dito alhures, à Resolução nº 23.607 e seus acréscimos.

A redação legal diz respeito ao julgamento das contas de todos os candidatos, eleitos ou não, diplomados ou não, com ou sem movimentação financeira, além daqueles que renunciaram às suas candidaturas, seja em primeiro ou segundo turno.

A prestação de contas constitui o instrumento que viabiliza a realização de contrastes e avaliações, bem como o controle financeiro do certame eleitoral disputado.

Diante da evidente incapacidade de o legislador regular todas as hipóteses e circunstâncias financeiras que podem incidir numa campanha eleitoral, a lei circunscreve-se a princípios gerais. Neste sentido, as excludentes estabelecidas pelo texto legal, embora sejam mínimas, são taxativas: erros formais ou materiais irrelevantes no conjunto da prestação de contas, incapazes de comprometer o seu resultado.

Tendo em vista que a terminologia adotada pela norma de regência recaiu em torno da *regularidade das contas*, o mérito do exame das mesmas se circunscreve a quatro possibilidades, três delas resultantes de ação, e uma por omissão:

- APROVAÇÃO, quando estiverem regulares;
- APROVAÇÃO COM RESSALVAS, quando verificadas falhas que não lhes comprometam a regularidade;
- DESAPROVAÇÃO, quando constatadas falhas que comprometam a sua regularidade;
- NÃO PRESTAÇÃO de contas.

12.3.1. Aprovação

Esta conclusão pressupõe a perfeita identificação da origem de todos os recursos e todas as doações recebidas pelo candidato, independentemente de serem realizadas em dinheiro, por meio de cessão de bens, produtos, serviços ou qualquer outra forma de entrada financeira ou econômica em favor das campanhas eleitorais[10]. Conforme lembra Olivar CONEGLIAN (2012, p. 215), "Isso ocorrerá quando não houver nenhuma falha na prestação de contas, ou quando as falhas consistirem em erros formais ou materiais irrelevantes".

12.3.2. Aprovação com ressalvas

"É mais fácil desintegrar um átomo do que um preconceito". A frase de Albert EINSTEIN se ajusta como a mão à luva em inúmeros casos de contas aprovadas contendo ressalvas. A razão disso é que frequentemente a repercussão política ou jornalística da conclusão judicial inserindo as contas do candidato nessa classificação dissemina a ideia de malversação ou conduta suspeita. Entretanto, a maioria desconhece que esta é justamente

10. TSE, REspe nº 1224-43/MS, DJE de 05/11/2015.

a hipótese mais frequente no exame judicial das contas eleitorais. Grassa, na jurisprudência, um sem número de ocorrências tombadas sob a larga, larguíssima rubrica de "aprovação com ressalvas".

Referida designação é técnica, não implicando numa *capitis deminutio* ao prestante, tampouco dando margem a convertê-lo em pessoa inidônea. Cumpre ter presente que na arena judiciária eleitoral, diversos são os parâmetros e fundamentos utilizáveis na aferição das contas de quem disputou uma eleição. Da leitura de acórdãos não raro descendo a minúcias, infere-se a razão de ser de tais compreensões. E não há nenhuma contradição nisso. Ao contrário. E por qual razão?

Enganos na execução dos registros acontecem, e isso faz parte das atividades humanas, inclusive nas campanhas eleitorais. Com base na reserva legal proporcional, nem toda a incorreção identificada no campo do processo de prestação de contas autoriza o repúdio automático das mesmas. Quando verificadas falhas menos severas ou passíveis de correção, incapazes de comprometer a sua regularidade, é possível a sua aprovação com ressalvas. Noutras palavras: esta circunstância, equivalente a um *meio termo* contábil, admite a ocorrência de erronias sanáveis que, por sua natureza, desautorizam a rejeição integral das contas[11]. Ou seja: erros acontecem, mas são passíveis de tolerância.

De outra parte, não se trata de expungir a falta detectada, mas de estabelecer-lhe proporcionalidade ante o sentido finalístico da Lei nº 9.504/97, conforme a prática mais comezinha revela.

Entretanto, para viabilizar tal hipótese em benefício do prestante, é necessário apurar se a irregularidade ou incorreção é capaz de impossibilitar a fiscalização das contas pela Justiça Eleitoral[12].

Caso seja viável adentrar no exame das mesmas, mormente quando o seu contexto fático e documental revela a realidade dos valores carreados no certame, origem e destinação dos recursos[13], é possível a formação de um convencimento.

11. Acórdão padrão desta natureza: AGRAVO REGIMENTAL - PRESTAÇÃO DE CONTAS - ERRO MATERIAL - INSIGNIFICÂNCIA - APROVAÇÃO COM RESSALVA. 1. Erros formais ou materiais irrelevantes no conjunto da prestação de contas, que não comprometam o seu resultado, não acarretam a rejeição das contas. 2. Ocorrendo erro insignificante na prestação de contas de campanha eleitoral, elas devem ser aprovadas com ressalvas, na forma do art. 30, II da Lei nº 9.504/97. 3. Agravo Regimental provido. Recurso Especial provido para aprovar as contas do recorrente com ressalva. (TSE, AgR-REspe nº 3920415/SP, DJE de 20/08/2012).

12. TSE, ED-AgR-REspe n° 121-38/SE, PSESS 19/12/2018.

13. TSE, AgR-REspe n° 829-88/SP, DJe de 23/02/2017.

O que não se pode é concluir de antemão que eventuais deficiências demonstrem a má-fé do prestante sem a presença de elementos probatórios idôneos que comprovem esta alegação.

Consoante indica a jurisprudência dominante, a aplicação dos princípios da proporcionalidade e razoabilidade para gerar a aprovação das contas com reservas condiciona-se, caso a caso, ao preenchimento de três requisitos básicos:

- as impropriedades ou inconsistências detectadas na contabilização não devem comprometer a higidez dos balanços apresentados;
- o percentual vislumbrado deve ser inferior a 10% (dez por cento) ou revelar valor absoluto módico em relação ao total da campanha;
- ausência de má-fé por parte do prestador.

Para serem inseridas nesta classificação, as irregularidades ou incorreções detectadas no curso do processo de prestação de contas, inequivocamente, não devem conter impropriedades que embaracem a verificação do fluxo dos recursos e a destinação, tampouco sobre a identificação do total de valores arrecadado.[14]

A par disso, é cabível graduar a dimensão e a natureza da omissão ou da informação prestada. Falhas de menor potencial, tipicamente acidentais e cometidas involuntariamente, não podem ser equiparadas aquelas de maior expressão, quando o prestante erra de forma premeditada (dolosa), voluntariamente, visando contornar ou encobrir outro erro feito anteriormente. Em suma, erros, descuidos ou interpretações incorretas não podem ser equiparados com fraudes.

Se a irregularidade remanescente ultrapassar o critério qualitativo da gravidade, enseja a aprovação das contas com ressalvas à luz dos princípios da razoabilidade e da proporcionalidade, visto que as contas prestadas atingiram o objetivo da norma e não comprometeram a sua regularidade[15].

À luz dessas compreensões, o TSE assentou, por exemplo, que a ausência do trânsito de recursos em conta específica pode macular, mas não inviabiliza o controle da prestação[16], por exemplo, quando o valor omitido

14. Não é viável a incidência dos princípios da razoabilidade e da proporcionalidade para aprovar as contas com ressalvas quando a irregularidade constatada corresponde a quantia expressiva, em valor absoluto e em termos percentuais, em relação ao total de recursos arrecadados. Neste sentido: REspEl nº 0601163-94/MS (DJE 27/10/2020), AgR-AI n° 290-10/SP (DJE 03/10/2019) e AgR-AI nº 181-42/PR (DJE 03/12/2018).
15. TSE, PC nº 0601964-43, DJE 11/05/2023.
16. TSE, AgR-AI nº 732756/RS, DJE de 11/10/2013.

representa montante expressivo do total arrecadado, mas mostra-se ínfimo em termos absolutos[17]:

> **ELEIÇÕES 2016. AGRAVO REGIMENTAL. RECURSO ESPECIAL. PROVIMENTO. PRESTAÇÃO DE CONTAS. VEREADOR. OMISSÃO DE DOAÇÃO ESTIMÁVEL EM DINHEIRO. SERVIÇOS DE CONTABILIDADE. VALOR IRRISÓRIO EM TERMOS ABSOLUTOS. MÁ-FÉ NÃO DEMONSTRADA. APLICAÇÃO DOS PRINCÍPIOS DA PROPORCIONALIDADE E DA RAZOABILIDADE. PRECEDENTES. APROVAÇÃO DAS CONTAS COM RESSALVAS. DESPROVIMENTO.**
>
> 1. É cediço que a omissão de doações estimáveis em dinheiro revela-se irregularidade apta a ensejar a desaprovação das contas. Precedentes. 2. Todavia, no caso vertente, conquanto a referida omissão de doação estimável em dinheiro referente a serviços contábeis corresponda quase à totalidade das despesas declaradas, a irregularidade apontada não revelou a magnitude necessária para atrair a desaprovação das contas, considerando que seu valor mostra-se ínfimo em termos absolutos - R$ 200,00 (duzentos reais). Nesse sentido: REspe n° 9561127-41/CE, Rel. Min. João Otávio de Noronha, DJe de 4.3.2015; AgR-REspe nº 235-44/MG, Rel. Min. Jorge Mussi, DJe de 20.9.2018 e AgR-REspe nº 206-79/RN, de minha relatoria, DJe de 6.9.2018. 3. Nos termos da orientação jurisprudencial desta Corte Superior, "com base na compreensão da reserva legal proporcional, nem toda irregularidade identificada no âmbito do processo de prestação de contas autoriza a automática desaprovação de contas de candidato ou de partido político, competindo à Justiça Eleitoral verificar se a irregularidade foi capaz de inviabilizar a fiscalização das contas" (AgR-REspe nº 2159-67/GO, Rel. Min. Gilmar Mendes, DJe de 11.3.2016). 4. A jurisprudência deste Tribunal tem admitido a aplicação dos princípios da razoabilidade e da proporcionalidade para viabilizar a aprovação de contas, com ressalvas, em hipóteses nas quais o valor da irregularidade é módico e ausentes indícios de má-fé do prestador e de prejuízos à análise da regularidade das contas pela Justiça Eleitoral. Precedentes. 5. Agravo regimental desprovido.[18]

Outra situação que pode ser reputada problemática em termos de prestação de contas é a que diz respeito à contratação de despesas após a concessão do CNPJ, mas previamente à abertura da conta bancária específica.

17. TSE, AgRg-REspe nº160-58/RS, DJE de 19/02/2019 e AgRg-REspe nº718-722/RS, DJE de 08/10/2013.
18. TSE, AgR-REspe nº 395-17/TO, DJE de 06/05/2019.

As resoluções do Tribunal Superior Eleitoral dispõem que os gastos eleitorais efetivam-se na data da sua contratação, independentemente da realização do seu pagamento, e devem ser registrados na prestação de contas no ato da sua contratação. Por outro lado, de algumas eleições para cá, tais normas de caráter secundário têm excepcionado que os gastos destinados à preparação da campanha e à instalação física ou de página de *internet* de comitês de campanha de candidatos e de partidos políticos poderão ser contratados a partir da data efetiva da realização da respectiva convenção partidária.

Para o exercício desse direito, segundo vem sendo normatizado pelo TSE, o candidato deverá obedecer algumas exigências expressamente relacionadas, a saber:

- os gastos devem ser formalizados;
- o desembolso financeiro somente deve ocorrer após a obtenção do número de inscrição no CNPJ,
- por meio da abertura de conta bancária específica para a movimentação financeira de campanha e
- mediante emissão dos respectivos recibos eleitorais.

É basilar que as despesas contempladas por esta rubrica sejam destinadas à "preparação da campanha", e não à campanha eleitoral em si.

Não obstante, equívocos acontecem. Porém, os mesmos, sendo de boa-fé, são passíveis de justificativas mediante informações e documentos consistentes. Vamos exemplificar. O candidato assinar um contrato antes da abertura da conta específica, embora contrarie dispositivos resolutivos, não expressa uma inconsistência que possa ser catalogada como determinante de falha grave ou insanável. Se já havia CNPJ ao momento da formalização do negócio, e o seu pagamento, ainda que posterior, ocorreu na conta da campanha, em percentual baixo relativamente ao todo, não há comprometimento na transparência das informações contábeis perante os órgãos técnicos da Justiça Eleitoral. Com amparo documental, não é necessário investigar muito profundamente para se chegar a esta conclusão. O TSE, no enfrentamento da PC nº 990-94/DF (DJE de 30/09/2019), validou este raciocínio.

Difere disso quando, além da ausência de trânsito dos recursos arrecadados, ocorrem gastos abusivos, por exemplo, com a contratação e alimentação de cabos eleitorais[19], matéria cuja limitação é taxativa na LE/97 (art. 100).

19. TSE, REspe nº 121/AM, DJE de 09/09/2016.

Por outro lado, conforme já situado anteriormente, cabe atentar que os tribunais vêm admitindo a aplicação dos critérios da razoabilidade e proporcionalidade para aprovar contas com ressalvas quando a irregularidade apurada, no contexto geral da campanha, representa um percentual passível de ser enquadrado como:

- módico[20],
- diminuto[21],
- irrelevante,[22] ou,
- ínfimo[23-24-25].

Isso se sucede noutras situações escusáveis, merecedoras de um tratamento mais flexível ou mediante maior tolerância na esfera da Lei nº 9.504/97 quando ocorre mais uma ofensa a uma determinada formalidade do que um vício grave propriamente dito em torno da prestação de contas. Nessas conjunturas, onde as falhas descritas carecem de estatura ou relevância, predomina a conciliação entre atos de mera erronia ou simples engano e inexpressão contábil ou jurídica.

E se a lei não fornece um roteiro mais expresso e explícito sobre o assunto, o mesmo não se pode dizer da jurisprudência, a qual se mostra farta na enumeração de hipóteses atribuindo razoabilidade para solucionar episódios salientes em controvérsias tais como as que vão a seguir realçadas:

- **erro de conta por registro de doações estimáveis** em dinheiro entre candidatos **decorrentes do uso comum de material de propaganda entre candidatos** (TSE, EdAgRg-REspe nº 463-79/SE, DJE de 09/04/2019 e TSE, AgRgAgRg-REspe nº 492-32/SE, DJE de 09/10/2018);

20. TSE, AgR-REspe nº 866-96/SP, DJE de 27/08/2019; TSE, AgR-REspe nº 395-17/TO, DJE de 06/05/2019.
21. TSE, AgR-REspe nº 274-09/AL, DJE de 10/11/2017.
22. TSE, AgR-AI nº 3804-19/MG, DJE de 23/10/2015.
23. TSE, AgR-REspe nº 160-58/RS, DJE de 19/02/2019.
24. ELEIÇÕES 2014. AGRAVO REGIMENTAL. AGRAVO. PRESTAÇÃO DE CONTAS. CANDIDATO. IRREGULARIDADES. PERCENTUAL IRRISÓRIO. APLICAÇÃO DOS PRINCÍPIOS DA PROPORCIONALIDADE E DA RAZOABILIDADE. PROVIMENTO. 1. Segundo entendimento deste Tribunal Superior, identificadas falhas que, em seu conjunto, não comprometam o exame da prestação de contas e não denotem má-fé do candidato, bem como representem percentual ínfimo, admite-se a aprovação das contas com ressalvas. Precedentes. 2. Na espécie, sendo irrisória a porcentagem das irregularidades identificadas nos autos desta prestação de contas e estando ausentes, no acórdão regional, evidências de que o candidato teria procedido com má-fé e de que teria havido prejuízo na ação fiscalizadora da Justiça Eleitoral, aplicam-se os princípios da proporcionalidade e da razoabilidade para que as contas sejam aprovadas com ressalvas. 3. Agravo regimental provido para dar provimento ao agravo e ao próprio recurso especial. (TSE, AgRg-AI nº 5667-47/SP, DJE de 23/11/2015).
25. TSE, REspEl nº 060535830/RJ, DJE 24/09/2020.

- **ausência de entrega dos relatórios financeiros de campanha** no prazo determinado (TSE, AgR-AI nº 0600055-29/SC, AgR-AI nº 0601333-33/SC, AgR-AI nº 0601423-41/SC, AgR-AI nº 0601561-08/SC, AgR-REspe nº 0601776-81/SC, AgR-AI nº 0601862-52/SC e AgR-AI nº 0601921-40/SC, julgados em 12/12/2019; AgR-REspe nº 276-54/PE, DJE 21/08/2018; AgR-REspe nº 20-34/PE, DJE 18/10/2018; AgR-REspe nº 675-78/RJ, DJE 30/04/2019 e AgR-REspe nº 38-26/PE, DJE de 07/08/2018)[26];
- no uso de recursos financeiros próprios em campanha em **montante superior ao patrimônio que foi declarado no pedido de registro de candidatura, quando compatível com a realidade financeira de candidato que declara a sua ocupação profissional** (TSE, AgRg-REspe nº 712-39/CE, DJE de 29/05/2019; TSE, AgRg-REspe nº 636-15/CE, DJE de 05/04/2019 e TSE, AgRg-REspe nº 467-22/CE, DJE de 01/04/2019);
- **ausência de assinatura em recibo de doação de recurso estimável em dinheiro**e no respectivo termo de doação, referentes à prestação de serviços jurídicos (TSE, AgR-REspe nº 333-28/RN, DJE de 23/08/2018);
- **extrapolação do limite legal relativamente aos gastos com aluguel de automóveis** (TSE, AgR-REspe nº 275-47/PA, DJE de 1º/04/2019 e TSE, AgR-REspe nº 125-82/RJ, DJE de 03/08/2018);
- **omissão de despesas na prestação de contas parcial** não impedindo a verificação da regularidade da movimentação financeira quando aquelas constaram da prestação de contas final (TSE, AgR-REspe nº 53-17/SP, DJE de 03/04/2019; TSE, REspe nº 133-43/PE, DJede 06/08/2018; TSE, AgR-REspe nº 890-79/PE, DJEde 08/02/2018);
- **doação de recurso estimável em dinheiro, referente a combustível, que não constitui produto do serviço nem da atividade econômica do doador** (TSE, REspe nº 851-41/MG, DJE de 02/04/2019);
- **doação realizada por meio de depósito de cheque bancário, ao invés de transferência** que, embora desatenda o disposto artigo 22, § 1º, da Resolução TSE nº 23.557/2017, tem consequência mitigada pelo artigo 23, § 4º, da Lei nº 9.504/97 e atende à finalidade da norma, que é a exata identificação do doador, sendo, portanto, cabível apenas a anotação da ressalva (TRE/PR, PC nº 0603775-91, PSESS de 05/12/2018);

26. O não cumprimento da exigência prevista no art. 28, § 4º, I e II, da Lei 9.504/97, que determina a emissão, a cada 72 horas, dos relatórios financeiros relativos às doações recebidas, também não deve levar à desaprovação das contas, tendo em vista que tais informações podem ser inseridas na prestação de contas final, não impossibilitando, segundo a jurisprudência atual, a aferição da regularidade da movimentação dos recursos de campanha (Excerto da ementa do Recurso Especial Eleitoral nº 133-43/PE, rel. Min. Admar Gonzaga, DJE de 06/08/2018). Também não há de se cogitar da rejeição das contas quando o atraso no envio não teve o propósito nem o efeito de prejudicar a transparência ou o controle social das doações recebidas (TSE, PC nº 060122570, PSESS de 04/12/2018).

- **omissão de gastos em percentual irrisório** diante do valor global analisado - **cerca de 1%**(TSE, AgR-REspe nº 426-09/BA, DJE de 02/04/2019);
- **irregularidades de montante diminuto em relação ao total arrecadado pelo candidato - seja do ponto de vista absoluto, seja do ponto de vista relativo e em termos percentuais - desde que não evidenciada a má-fé** (TSE, AgR-REspe nº 238-62/AL, DJE de 07/05/2018 e TSE, AgR-REspe nº 274-09/AL, DJE de 10/11/2017)[27];
- **locação/cessão de apenas um veículo** para utilização na campanha (TSE, AgR-REspe nº 275-47/PA, DJE de 1º/04/2019 e TSE, AgR-REspe nº 235-44/BA, DJE de 20/09/2018);
- **saques efetuados em conta-corrente para remunerar de cabos eleitorais em espécie**, justificados por documentos constantes dos autos em congruência de valores e despesas (TSE, AgRg-REspe nº 8724-70/CE, DJE de 04/12/2013 e TSE, AgRg-RMS nº 737/PR, DJE de 25/05/2010[28]);
- **pagamento de despesas com combustíveis e transportes por meio de cheque avulso que não transitou pela conta bancária de campanha** mediante a juntada de documentos idôneos que comprovaram a consistência desses gastos (TSE, AgRg-AI nº 333-60/PA, DJE de 10/08/2011);
- **comprovação de despesas por meio de outros documentos e recebimento e preenchimento posterior de recibos eleitorais** (TSE, AgR-REspe nº 3465-90/MT, DJE de 23/10/2013);
- **ausência de documentação acerca de (dois) veículos, entre os (onze) utilizados na campanha,** mormente quando tais veículos foram previamente cadastrados perante o Cartório Eleitoral e os gastos a eles referentes constaram declarados na respectiva prestação de contas (TSE, AgRg-REspe nº 41819-52/RN, DJE de 23/09/2013);
- **despesas realizadas com serviços de impressão antes da abertura de conta bancária específica e obtenção do bloco com recibos eleitorais** (TSE, AgRg-REspe nº 8642-39/CE, DJE de 03/09/2013);

---

27. O TSE classifica oficialmente o Ag-AI nº 211-33/PI como *leading case* quanto à aplicação dos princípios da razoabilidade e da proporcionalidade para aprovar contas de campanha com ressalvas cujos valores divergentes absolutos sejam pequenos, ainda que correspondam a elevados valores percentuais.

28. AGRAVO REGIMENTAL. RECURSO EM MANDADO DE SEGURANÇA. CAMPANHA ELEITORAL. PRESTAÇÃO DE CONTAS. DESPESAS COM COMBUSTÍVEIS E CABOS ELEITORAIS. PAGAMENTO EM ESPÉCIE. RECURSOS PROVENIENTES DA CONTA ESPECÍFICA. IRREGULARIDADE FORMAL. APROVAÇÃO DAS CONTAS COM RESSALVAS.1. O § 3º do art. 22 da Lei nº 9.504/97 não se aplica à espécie, pois as despesas efetuadas com combustíveis e cabos eleitorais foram pagas com recursos provenientes da conta bancária regularmente aberta para a movimentação financeira da campanha. 2. Este Tribunal tem decidido pela aplicabilidade dos princípios da razoabilidade e da proporcionalidade no julgamento das contas de campanha, quando verificadas falhas que não lhes comprometam a regularidade. Precedentes. 3. Não se vislumbrando a má-fé do candidato e considerando a apresentação de documentos para a comprovação da regularidade das despesas, é de se aprovar as contas, com ressalvas. 4. Agravo regimental desprovido.

- **preenchimento de recibos eleitorais posteriormente à entrega da prestação de contas** (TSE, AgRg-REspe nº 4209-46/AM, DJE de 03/02/2014; TSE, AgRg-REspe nº 3465-90/MT, j. 02/10/2013;TSE, RMS nº 551/PA, DJ de 24/06/2008 e TSE, Ag nº 4.593/SP, DJ de 11/06/2004);
- **ausência de emissão de recibo eleitoral de doação estimável por serviços de contabilidade e advocacia e/ou assistência jurídica** recebida pelo candidato (TSE, AgRg-REspe nº 829-88/DF, DJE de 23/02/2017eTSE, AgRg-REspe nº 2045-90/PA, DJE de 30/09/2016;
- **única despesa - e de pequeno valor - em relação ao contexto da campanha** (TSE, PC nº 407275/DF, DJE de 15/05/2015).

Dentro desse contexto, mesmo extemporâneos, o TSE já entendeu que recibos têm valia:

> **AGRAVO REGIMENTAL NO RECURSO ESPECIAL ELEITORAL. PRESTAÇÃO DE CONTAS. CANDIDATO. DEPUTADO FEDERAL. DESAPROVAÇÃO. RECIBOS ELEITORAIS. APRESENTAÇÃO EXTEMPORÂNEA. MÁ-FÉ NÃO VERIFICADA. NÃO COMPROMETIMENTO DA REGULARIDADE DAS CONTAS. RECURSO ESPECIAL PROVIDO. APROVAÇÃO COM RESSALVAS. DESPROVIMENTO.** 1. Os recibos eleitorais apresentados extemporaneamente não conduzem necessariamente à desaprovação das contas, mormente quando não evidenciada a má-fé do candidato (AgR-REspe n° 4209-46/AM, Rel. Min. Henrique Neves, DJe de 3.2.2014, e AgR-REspe n° 3465-90/MT, Rel. Min. Luciana Lóssio, DJe de 23.10.2013). 2. *In casu*, a apresentação dos recibos eleitorais referentes às despesas/doações de recursos estimáveis em dinheiro, ainda que tardiamente, permitiu o controle das contas, uma vez que viabilizou a identificação da origem e da aplicação dos recursos. 3. A apresentação tardia dos recibos eleitorais não pode ser absolutamente entendida como manobra ou intenção de burlar a fiscalização das contas, devendo haver evidências da má-fé do candidato, que entendo não estar demonstrada no caso concreto. 4. Agravo regimental desprovido.[29]

Ressalta-se, porém, que é possível determinar a devolução, ao erário, dos valores referentes às irregularidades apuradas em torno do FEFC (v. item nº 10.5), ainda que a análise da prestação de contas resulte na sua aprovação com ressalvas (TSE, PC nº 060121004/DF, DJE de 04/12/2018)[30].

29. TSE, AgR-REspe n° 668-78/SE, DJe de 30/08/2016.
30. Do mesmo modo: REspEl nº 060150714/RN (DJE 05/06/2023), REspEl nº 060078278/GO (DJE 09/02/2023) e AREspEl nº 060065152/PR (DJ 02/09/2022).

Para concluir o tópico, é necessário mencionar que no julgamento da PC nº 976-13/DF o TSE bem situou que a aprovação de contas com ressalvas não confere chancela a possíveis ilícitos antecedentes ou vinculados às doações e despesas, tampouco a eventuais ilícitos verificados pelos órgãos fiscalizadores no curso de investigações em andamento ou futuras. Embora por vezes andem próximas, já é clássica a jurisprudência do tribunal no sentido que dita aprovação não impede o "ajuizamento de ação de investigação judicial que visa demonstrar a prática de abuso de poder econômico realizado com o dinheiro ali declarado" (REspe nº 20.832/RN, j. em 25/02/2003), muito menos de ação de impugnação de mandato eletivo (CF/88, art. 14, §10) quando há indícios de abuso do poder econômico ou utilização de recursos à margem de fiscalização (REspe nº 28.387/GO, j. em 19/12/2007)[31].

12.3.3. Desaprovação

A desaprovação das contas de campanha eleitoral é a conclusão extrema em termos de exame contábil. As hipóteses para a incidência desta negativação naturalmente são as mais variadas.

A premissa básica para tal remate pressupõe a ocorrência de ofensa aos conceitos legais e àqueles dispostos à Resolução nº 23.607/19, que disciplina a arrecadação e gastos de recursos por partidos políticos e candidatas ou candidatos em campanha eleitoral e a prestação de contas perante a Justiça Eleitoral.

Como regra geral, as contas devem ser desaprovadas quando a ausência de documentação hábil inviabilizar o seu controle pela Justiça Eleitoral[32].

Contudo, como já referido anteriormente, a reprovação por tal motivo não atrai automaticamente a aplicação do art. 30-A, cuja gravidade impõe a demonstração de irregularidades capazes de efetivamente comprometer a legitimidade e a normalidade do pleito[33].

Falhas por ausência de trânsito de recursos arrecadados pela conta, seguidos da falta de emissão de recibos eleitorais, comprometem a fiscalização, ensejando a sua desaprovação[34], o mesmo valendo quanto à ausência

31. TSE, AgR-AIME nº 761/DF, DJE de 04/12/2015.
32. TSE, AgR-REspe nº 72504/PR, DJE de 18/03/2015.
33. TSE, AC nº 29861/PI, DJE de 12/02/2016.
34. TSE, AgR-REspe nº 28593/MG, DJE de 29/04/2015.

de identificação do CPF nos ingressos registrados nos extratos eletrônicos[35] e na incompletude[36] ou na falta desses documentos essenciais[37].

A não comprovação de que as receitas estimáveis em dinheiro são produto da atividade econômica ou do serviço do doador ou, ainda, que os bens doados integravam o seu patrimônio pessoal, constitui falha de traço grave que implica na desaprovação[38].

O mesmo ocorrendo ante a inobservância do teto de autofinanciamento expressamente inscrito ao art. 23, § 2º-A, da Lei nº 9.504/97 (v. nº 11.2.3.)[39] circunscrevendo que o candidato poderá utilizar recursos próprios em sua campanha até o total de 10% (dez por cento) dos limites previstos para gastos de campanha no cargo em que for concorrer.

O extrato bancário é um documento que desempenha papel crucial na gestão financeira ao materializar o histórico detalhado das operações e movimentações financeiras realizadas numa determinada conta corrente, sendo o seu comprovante para fins legais. A não apresentação de extratos bancários referentes à integralidade do período de campanha vem sendo reconhecida como expressão de vício grave a ensejar a desaprovação das contas.[40]

A emissão de cheques sem provisão de fundos constitui irregularidade insanável que impede a apuração da origem dos recursos arrecadados pelo candidato, atraindo, assim, a desaprovação[41], tanto quanto a ausência dos recibos eleitorais e comprovantes das doações estimáveis em dinheiro[42].

Dívidas de campanha não quitadas pelo candidato, eleito ou não, até o prazo legal estatuído para a apresentação das contas e não assumidas pelo partido configuram outra modalidade expressiva de vício insanável, o que inviabiliza a aplicação dos critérios da proporcionalidade e da razoabilidade e acarreta a desaprovação das contas prestadas[43] (art. 29, § 3º).

A assunção desse passivo, que é uma faculdade a ser exercida pela pessoa jurídica, somente é possível por decisão do órgão nacional do partido

35. TSE, AgR-REspe nº 292-79/BA, DJe de 25/09/2018.
36. TSE, AgR-REspe nº 512-23/SE, DJe de 26/06/2018 e AgR-REspe nº432-03/DF, DJe de 12/06/2018.
37. TSE, AgR-REspe nº 2860-82/DF, DJe de 17/10/2017; TSE, AgR-REspe nº 1683-67/AM, DJe de 09/08/2016; TSE, AgR-REspe nº 1857-97/PA, DJe de 03/08/2016; e TSE, AgR-AI nº 1179-09/RJ, DJe de 13/08/2014.
38. TSE, REspEl nº 0600704-69/SP, DJE 31/08/2023.
39. TSE, REspEl nº 0600442-34/PE (DJE 05/09/2023) e AgR-AREspE nº 0600489-90/RS (DJE 02/06/2023).
40. TSE, AgR-REspe nº 38233/TO, DJE de 03/04/2019.
41. TSE, AgR-REspe nº 101519/TO, DJE de 10/06/2015.
42. TSE, AgR-REspe nº 3022-77/TO, DJE de 28/08/2018.
43. TSE, AgR-REspe nº 2632-42/MG, DJe de 20/10/2016 e TSE, AgR-REspe nº 2232-44/PR, DJe de 28/10/2015.

mediante a apresentação, na prestação de contas final do candidato, dos seguintes itens:

- ACORDO expressamente formalizado e no qual deverão constar a origem e o valor da obrigação assumida, os dados e a anuência do credor;
- CRONOGRAMA DE PAGAMENTO E QUITAÇÃO que não ultrapasse o prazo fixado para a prestação de contas da eleição subsequente para o mesmo cargo;
- INDICAÇÃO DA FONTE DOS RECURSOS que serão utilizados para a quitação do débito assumido.

Por conseguinte, a falta de documentação comprobatória da regular assunção da dívida pelo partido político conduz ao desacolhimento das contas do candidato[44].

A extrapolação do limite de gastos de campanha eleitoral em mais de 40% é irregularidade de natureza grave que justifica a desaprovação das contas.[45]

Diante de uma campanha eleitoral enxuta e em que a expedição do CNPJ de campanha geralmente ocorre de modo célere, predomina a compreensão de que a abertura tardia da conta bancária específica não constitui mera formalidade e compromete a confiabilidade das contas na medida em que isso afeta a fiscalização e transparência na arrecadação e utilização dos recursos financeiros de campanha[46]. Contudo, noutros casos, a partir da análise do conjunto probatório dos autos e suas circunstâncias[47], considerando que o atraso na providência da conta se deu em prazo exíguo, configurando, com isso, a impropriedade meramente formal rechaçada pela corrente anterior, o órgão julgador pode deliberar pela aprovação das contas com ressalvas se a prestação de contas foi instruída com documentos suficientes para sua análise[48].

---

44. TSE: AgR-AI nº 0000476-56/MG (DJE 31/08/2021), REspEl nº 0600751-45/AL (DJE 23/10/2020) e AgR-REspe no 33-36/SP (DJE 22/06/2018).
45. TSE, AgR-REspe 307-70/BA, DJe de 14/11/2017.
46. TSE, AgR-AI nº 196-36/PE, DJE 05/10/2015; TRE/CE, REl nº 060013755, DJE 28/09/2022; TRE/SP, REl nº 060037246, DJE 24/01/2023; TRE/BA, RE nº 06003578020206050098, DJ 17/09/2021; TRE/RS, PC nº 2937, DEJERS 19/11/2015.
47. Sobre as prestações de contas, mencione-se que o TSE manifestou o entendimento a seguir transcrito do AgR-REspe n° 2159-67/GO (DJE 11/03/2016): "Com base na compreensão da reserva legal proporcional, nem toda irregularidade identificada no âmbito do processo de prestacão de contas autoriza a automática desaprovacão de contas de candidato ou de partido político, competindo à Justica Eleitoral verificar se a irregularidade foi capaz de inviabilizar a fiscalizacão das contas".
48. TSE, AgR-REspe nº 1939-47/PE, DJE 17/11/2016 (71 dias após a concessão do CNPJ); TRE/DF, PCE nº 060016766, DJE 31/03/2023 (26 dias); TRE/SP, REl nº 060039483, DJE 20/09/2022 (2 dias); TRE/SC, PCE nº

Modo outro, a ausência de conta corrente exclusiva[49], ainda que não haja arrecadação ou movimentação de recursos financeiros[50], combinada a não apresentação dos extratos da movimentação de campanha, são irregularidades graves o suficiente para fundamentar a decisão que desabona as contas[51].

A doação de valor igual ou superior ao do limite legal de R$ 1.064,10, "em espécie, por meio de depósito bancário, não constitui mera irregularidade formal, mas irregularidade grave, que enseja a desaprovação das contas, uma vez que compromete sobremaneira a transparência do ajuste contábil"[52].

Em resumo, muito embora a rejeição deva estar respaldada em irregularidade comprometedora ou de relevo, há uma expressiva disparidade jurisprudencial na matéria em seu todo.

12.3.4. Não prestadas

Segundo vem proclamando iterativamente a jurisprudência do TSE, as contas são julgadas como não prestadas nos casos em que, modo geral, a ausência de documentos inviabiliza, de forma absoluta, o controle da movimentação financeira do candidato pela Justiça Eleitoral[53].

Entretanto, a carência da integralidade dos extratos bancários da conta específica da campanha não é motivo suficiente, por si só, em regra, para alicerçar um julgamento de contas como não prestadas pela Justiça Eleitoral[54].

060036404, DJE 05/08/2022 (11 dias); TRE/MG, RE nº 42774, DJEMG 14/07/2014 (13 dias); TRE/RS, RE nº 66880, j. 24/11/2017 (11 dias); TRE/PR, PC nº 06004656320206160079, DJ 20/07/2021 (19 dias) e PC nº nº 06029063120186160000, DJ 21/03/2019 (10 dias).

49. TSE, REspEl nº 0600631-78/MG, DJE 31/08/2023.
50. TSE: AgR-ED-REspEl nº 0601059-80/RN (DJE 08/05/2020) e AgR-REspEl nº 711-10/SP (DJE 20/03/2019).
51. TSE: REspEl nº 0600555-57/SE, DJE de 28/08/2023; AgR–REspEl nº 0603279–62/PR, DJE de 05/10/2020; AgRg-AI nº 168-53/AP, DJe de 19/02/2019; AgRREspe n° 14340/AP, DJe de 20/09/2018; AgR-REspe n° 40139/SE, DJe de 06/09/2018; REspe nº 310795, DJe de 22/05/2018.
52. TSE: AgR-REspEl nº 0600340-16/PE (DJE 04/09/2023), AREspE nº 0600481–94/TO (DJE 23/08/2022) e AgR-REspe nº 265-35/RO (DJE 20/11/2018).
53. AgR-REspe 483-70/BA, rel. Min. Luís Roberto Barroso, DJe de 23/11/2018.
54. TSE: AgR-REspe nº 512-23/SE, DJE 26/06/2018, AgR-REspe nº 2235-48/DF DJE 26/04/2018 e AgR-REspe nº 222-86/AM, j. 03/08/2015.

Esta compreensão é extensível à hipótese de ausência de recibos eleitorais, desde que outros documentos tenham sido apresentados pelo candidato[55].

Ambas as atenuantes alinham-se ao que vem preconizado pelo § 2º do art. 74 da Res./TSE nº 23.697/19 na medida em que esse dispositivo assegura ao prestante que tanto a ausência parcial dos documentos e das informações de que trata o art. 53[56], quanto o não atendimento das diligências

---

55. TSE, REspe nº 2023-27/DF, j. 23/08/2016.

56. Art. 53. Ressalvado o disposto no art. 62 desta Resolução, a prestação de contas, ainda que não haja movimentação de recursos financeiros ou estimáveis em dinheiro, deve ser composta:

I - pelas seguintes informações:

a) qualificação da prestadora ou do prestador de contas, observado: (Redação dada pela Resolução nº 23.665/2021)

1. Da candidata ou do candidato: a indicação do seu nome, das(os) responsáveis pela administração de recursos, da(o) profissional habilitada(o) em contabilidade e da advogada ou do advogado; (Incluído pela Resolução nº 23.665/2021)

2. do partido político: a indicação da(o) sua(seu) presidente, da tesoureira ou do tesoureiro, da(o) profissional habilitada(o) em contabilidade e da advogada ou do advogado. (Incluído pela Resolução nº 23.665/2021)

b) recibos eleitorais emitidos;

c) recursos arrecadados, com a identificação das doações recebidas, financeiras ou estimáveis em dinheiro, e daqueles oriundos da comercialização de bens e/ou serviços e da promoção de eventos;

d) receitas estimáveis em dinheiro, com a descrição:

1. do bem recebido, da quantidade, do valor unitário e da avaliação pelos preços praticados no mercado, com a identificação da fonte de avaliação;

2. do serviço prestado, da avaliação realizada em conformidade com os preços habitualmente praticados pela prestadora ou pelo prestador, sem prejuízo da apuração dos preços praticados pelo mercado, caso o valor informado seja inferior a estes;

e) doações efetuadas a outros partidos políticos e/ou outras candidatas ou outros candidatos;

f) transferência financeira de recursos entre o partido político e sua candidata ou seu candidato, e vice-versa;

g) receitas e despesas, especificadas;

h) eventuais sobras ou dívidas de campanha;

i) gastos individuais realizados pela candidata ou pelo candidato e pelo partido político;

j) gastos realizados pelo partido político em favor da sua candidata ou do seu candidato;

k) comercialização de bens e/ou serviços e/ou da promoção de eventos, com a discriminação do período de realização, o valor total auferido, o custo total, as especificações necessárias à identificação da operação e a identificação das(os) adquirentes dos bens ou serviços;

l) conciliação bancária, com os débitos e os créditos ainda não lançados pela instituição bancária, a qual deve ser apresentada quando houver diferença entre o saldo financeiro do demonstrativo de receitas e despesas e o saldo bancário registrado em extrato, de forma a justificá-la;

II - pelos seguintes documentos, na forma prevista no § 1º deste artigo:

a) extratos das contas bancárias abertas em nome da candidata ou do candidato e do partido político, inclusive da conta aberta para movimentação de recursos do Fundo Partidário e daquela aberta para movimentação de recursos do Fundo Especial de Financiamento de Campanha (FEFC), quando for o caso, nos termos exigidos pelo inciso III do art. 3º desta Resolução, demonstrando a movimentação financeira ou sua ausência, em sua forma definitiva, contemplando todo o período de campanha, vedada a apresentação de extratos sem validade legal, adulterados, parciais ou que omitam qualquer movimentação financeira;

determinadas pelo órgão julgador, não ensejarão o julgamento das contas como não prestadas se os autos contiverem elementos mínimos que permitam a análise da prestação de contas. Em contrapartida, a ausência desses elementos mínimos impedirá a aferição da contabilidade da candidatura.

Também serão declaradas não prestadas as contas destituídas de documentos essenciais a ponto de inviabilizar a análise dos recursos financeiros arrecadados e dos gastos efetuados no correr da disputa eleitoral[57].

Sob este título serão igualmente declaradas as contas que, ou não foram apresentadas, mesmo após a notificação expedida pelo órgão competente da Justiça Eleitoral, ou o foram, mas por pessoa sem capacidade postulatória, ainda que notificadas para regularizar tal omissão no processo:

> **ELEIÇÕES 2014. PRESTAÇÃO DE CONTAS. LEGITIMIDADE PROCESSUAL. INTIMAÇÃO. NÃO CONSTITUIÇÃO DE ADVOGADO. CONTAS NÃO PRESTADAS. INSTRUÇÃO. COMPETÊNCIA. TRIBUNAL SUPERIOR ELEITORAL.**
>
> 1. Somente o Tribunal Superior Eleitoral detém competência para regulamentar o processo eleitoral, não devendo ser reconhecida validade à

---

b) comprovantes de recolhimento (depósitos/transferências) à respectiva direção partidária das sobras financeiras de campanha;

c) documentos fiscais que comprovem a regularidade dos gastos eleitorais realizados com recursos do Fundo Partidário e com recursos do Fundo Especial de Financiamento de Campanha (FEFC), na forma do art. 60 desta Resolução;

d) declaração firmada pela direção partidária comprovando o recebimento das sobras de campanha constituídas por bens e/ou materiais permanentes, quando houver;

e) autorização do órgão nacional de direção partidária, na hipótese de assunção de dívida pelo partido político, acompanhada dos documentos previstos no § 3º do art. 33 desta Resolução;

f) instrumento de mandato para constituição de advogada ou de advogado para a prestação de contas, caso não tenha sido apresentado na prestação de contas parcial;

g) comprovantes bancários de devolução dos recursos recebidos de fonte vedada ou guia de recolhimento ao Tesouro Nacional dos recursos provenientes de origem não identificada;

h) notas explicativas, com as justificações pertinentes.

§ 1º Os documentos a que se refere o inciso II do caput deste artigo devem ser digitalizados e apresentados exclusivamente em mídia eletrônica gerada pelo SPCE, observando os seguintes parâmetros, sob pena de reapresentação:

I - formato PDF com reconhecimento ótico de caracteres (OCR), tecnologia que torna os dados pesquisáveis;

II - arquivos com tamanho não superior a 10 megabytes, organizados em pastas nominadas de forma a identificar as alíneas do inciso II do caput deste artigo a que se referem.

§ 2º Para subsidiar o exame das contas prestadas, a Justiça Eleitoral poderá requerer a apresentação dos seguintes documentos, observado o que dispõe o § 1º deste artigo:

I - documentos fiscais e outros legalmente admitidos que comprovem a regularidade dos gastos eleitorais;

II - outros elementos que comprovem a movimentação realizada na campanha eleitoral, inclusive a proveniente de bens ou serviços estimáveis.

57. TSE, PC nº nº 060196443/DF, DJE 11/05/2023.

instrução que regulamenta o processo de prestação de contas no âmbito de Tribunal Regional Eleitoral. A unicidade do direito eleitoral em todo o território nacional impede que as Cortes Regionais, ainda que com induvidosos bons propósitos, editem ato normativo para regulamentar a legislação vigente. Precedentes. 2. O processo de prestação de contas, a partir da edição da Lei nº 12.034/2009, adquiriu natureza jurisdicional, sendo obrigatória, portanto, a representação da parte em juízo por advogado devidamente constituído.

3. Nos termos da legislação processual, não sendo atendido o despacho para a regularização da representação processual pelo autor no prazo determinado, o feito deve ser extinto sem o julgamento do mérito. 4. Nessa hipótese, as contas são reputadas como não apresentadas, pois o resultado do julgamento decorre da ausência de pressuposto de constituição e de desenvolvimento válido e regular do processo, por falta de capacidade postulatória, que impede o exame do mérito da pretensão deduzida em juízo, quando não sanado no prazo determinado. Recurso Especial não provido.[58]

PRESTAÇÃO DE CONTAS. CANDIDATO. FALTA DE CAPACIDADE POSTULATÓRIA. ART. 33, § 4º, DA RESOLUÇÃO TSE N. 23.406/2014. ELEIÇÕES 2014.

(...). Obrigatoriedade da constituição de advogado. Caráter jurisdicional da prestação de contas. A apresentação por pessoa sem capacidade postulatória e sem posterior convalidação por representante habilitado acarreta o juízo de não prestação das contas e a consequência disposta no art. 58, I, da Resolução TSE n. 23.406/14.

Contas não prestadas.[59]

De conformidade à remansosa jurisprudência do Tribunal Superior Eleitoral, não incide cerceamento de defesa quando o prestante, após a notificação para sanar as irregularidades apontadas, por própria vontade, anexa documentos nos autos carecendo de representação por procurador habilitado em inobservância ao pressuposto de constituição e desenvolvimento válido do processo da regular capacidade postulatória para atuar na prestação de contas.

Lado outro, na medida em que o § 3º do art. 15 da Lei nº 8.906/94 (Estatuto da Advocacia) estabelece clara e taxativamente que "As procu-

58. TSE, REspe nº 2137-73/RS, DJE de 19/08/2016.
59. TRE/RS, PC nº 145873/RS, DEJERS de 22/05/2015.

rações devem ser outorgadas individualmente aos advogados e indicar a sociedade de que façam parte", não é admissível, na Justiça Especializada, a representação processual decorrente de substabelecimento de procuração a sociedade empresarial (CNPJ) tendo em vista que esta não possui capacidade postulatória[60].

Retornando ao que foi dito no início, a não prestação de contas implica na restrição de direitos. O candidato, tanto por sua negligência ou ocasionalmente pela incúria de terceiros, fica carecedor de quitação eleitoral no transcurso do mandato para o qual concorreu, portanto entre quatro e oito anos (neste caso, se foi candidato a senador).

Desprovido dessa liberação, estará impossibilitado de disputar outro pleito no referido período.

A matéria foi sumulada pelo Tribunal Superior Eleitoral nos termos do Enunciado nº 42, o qual diz o seguinte:

> A decisão que julga não prestadas as contas de campanha impede o candidato de obter a certidão de quitação eleitoral durante o curso do mandato ao qual concorreu, persistindo esses efeitos, após esse período, até a efetiva apresentação das contas.

O verbete sumular dilucida duas situações jurídicas. A primeira está em edificar, como efeito imediato, o peremptório impedimento de candidatura "durante o curso do mandato ao qual concorreu" o candidato. A outra impõe a manutenção da ausência de condição de elegibilidade após o transcurso dos quatro anos, porém, condicionada até o momento em que houver a "efetiva apresentação das contas" (v. 80, §§ 1º e 2º, da Res./TSE nº 23.607/19).

Noutro giro, não há se falar em ausência de quitação eleitoral de pré-candidato se a decisão que julgar suas contas de campanha como não prestadas ainda estiver *sub judice*, concluiu o AgR-REspe nº 4119-81/CE, PSESS de 11/11/2010[61]. Todavia, cessados os efeitos de medida precária (liminar) incidente a outro pedido de registro, ou reprisada a não prestação, estará demonstrada a falta de condição de elegibilidade que viabiliza a desconstituição de diploma obtido naquele interregno.[62]

60. TSE, AREspEl nº 0600452-82/MS, DJE 29/08/2022.
61. No mesmo sentido: AgR-AC nº 452-50/CE, j. 25/11/2014, DJE 18/12/2014.
62. TSE, AREspe 0600001-20/GO, j. 22/08/2023.

Releva notar, contudo, que a prestação retificadora apresentada a destempo não acarreta, por si só, o julgamento das contas de campanha como não prestadas a teor do art. 30 da LE/97[63]. O mesmo se podendo afirmar se houve a apresentação de documentos exigidos para a prestação de contas, não obstante as impropriedades e irregularidades não terem sido adequadamente corrigidas pelo prestante, não há que se falar em julgamento das contas como não prestadas.

A apresentação extemporânea, ou seja, (a) após o transcurso do prazo de 30 (trinta) dias após as eleições e (b) das 72 (setenta e duas) horas franqueadas para a correção do vício omissivo, determina o julgamento das mesmas como não prestadas[64]. Entretanto, é descabido, no processo de registro de candidatura, decidir sobre a correção da decisão que julgou as contas do candidato como não prestadas, o que somente é possível ocorrer nos respectivos autos, mediante os recursos cabíveis ou por meio das vias próprias.[65]

Decisões mais recentes do TSE vêm admitindo que a ausência parcial de alguns documentos ou informações, ou mesmo o não atendimento das diligências determinadas, não ensejam o julgamento das contas como não prestadas se os autos contiverem elementos mínimos permitindo a sua análise.

Para rematar, na hipótese de trânsito em julgado da decisão que julgar as contas como não prestadas, de modo a evitar que persistam os efeitos do impedimento de obter a certidão de quitação eleitoral após o final da legislatura, o interessado pode protocolizar pedido para a sua regularização, conforme consta expressamente previsto no art. 80, §§ 1º e 2º, da Res./TSE nº 23.607/19, o qual será autuado na classe "Regularização" e distribuído por prevenção à juíza ou ao juiz ou relatora ou relator que conduziu o processo de prestação de contas a que ela/ele se refere.

12.3.5. Desorganização contábil e razoabilidade

A desorganização contábil da campanha não é situação que se enquadre, de plano, no comprometimento da transparência e confiabilidade das contas prestadas à Justiça Eleitoral. Em determinados contextos, o tratamento diferenciado é a pedra de toque para que se possa analisar globalmente

63. TSE, AgR-REspe nº 11939/PR, DJE de 04/08/2014.
64. TSE, AgR-RMS n° 21313/MS, DJE de 20/08/2014.
65. TSE, AgR-REspe nº 62517/MG, PSESS de 20/11/2012.

o quadro escritural que se apresenta desordenado. A falha ou a erronia enquanto eventos alheios à vontade das partes não são, por si próprias, elementos caracterizadores de obscuridades ou vaguezas insanáveis, tampouco revestidas de malícia.

Nesses casos, mostra-se imprescindível ter-se uma concepção não meramente retórica acerca do regime jurídico da prestação de contas. Razoável considerar que desacertos pontuais, embora violando prescrições jurídicas, mas sem revelar propósito evidente e intencional de sonegar informações e esclarecimentos, são ocorrências compatíveis com princípios contidos na Lei Fundamental[66]. Não obstante a presença de falhas e impropriedades na contabilidade da campanha, "Com base na compreensão da reserva legal proporcional, nem toda irregularidade identificada no âmbito do processo de prestação de contas autoriza a automática desaprovação de contas de candidato ou de partido político, competindo à Justiça Eleitoral verificar se a irregularidade foi capaz de inviabilizar a fiscalização", conforme passou a admitir o TSE a partir da decisão proferida no Agravo Regimental em Recurso Especial Eleitoral nº 2159-67/GO, de 11/03/2016.

Dotada de sentido integrativo[67], a interpretação vertida pelo REspe nº 2157-67 teve o propósito de assegurar aos prestantes certa discricionariedade em vista da dosimetria na apreciação das contas. Em virtude disso,

---

66. Como referência mais nessa linha, invocando expressamente a incidência do princípio da razoabilidade: AGRAVO INTERNO. RECURSO ESPECIAL. ELEIÇÕES 2016. PREFEITO. PRESTAÇÃO DE CONTAS. RECURSOS DE ORIGEM NÃO IDENTIFICADA. PRINCÍPIOS DA PROPORCIONALIDADE E DA RAZOABILIDADE. PERCENTUAL REDUZIDO. VALOR RELATIVAMENTE MÓDICO. AUSÊNCIA. INDÍCIOS. MÁ-FÉ. PROVIMENTO.

    1. No decisum monocrático, proferido pelo douto Ministro Luis Felipe Salomão, manteve-se a desaprovação das contas de campanha do agravante, não eleito ao cargo de prefeito de Cajamar/SP em 2016, haja vista, como única falha ao final, recursos de origem não identificada no valor de R$ 4.000,00.

    2. Consoante a jurisprudência desta Corte, a aplicação dos princípios da proporcionalidade e da razoabilidade para aprovar com ressalvas as contas condiciona-se a três requisitos cumulativos: a) falhas que não comprometam a higidez do balanço; b) percentual ou valor inexpressivo do total irregular; c) ausência de má-fé.

    3. O caso versa sobre uma única irregularidade, que, por sua vez, alcançou 4,1% do total despendido e montante relativamente módico, além de não constar do aresto a quo nenhum elemento que denote má-fé pelo agravante, mas sim mera desorganização contábil.4. Agravo interno provido para aprovar com ressalvas as contas, mantendo-se, na linha do acórdão regional, a impossibilidade de recolhimento de R$ 4.000,00 ao erário por se tratar de providência não determinada na sentença e que não fora objeto de recurso eleitoral e nem especial pelo Ministério Público. (TSE, AgR-REspEl nº 0000590-91/SP, DJE 28/06/2022).

67. A relevância da matéria resultou em sucessivas decisões da Corte Superior Eleitoral. Neste sentido, dentre outros, vide o Agravo Regimental em Recurso Especial Eleitoral nº 060090845/AC (DJE de 27/08/2020), Agravo Regimental em Recurso Especial Eleitoral nº 12111/SP (DJE de 19/06/2020), Agravo Regimental em Recurso Especial Eleitoral nº 52762/SP (DJE de 21/10/2019), Agravo Regimental em Recurso Especial Eleitoral nº 060110883/SE (DJE de 07/11/2019) e Agravo Regimental em Recurso Especial Eleitoral nº 52433/SP (DJE de 05/08/2019).

infere-se que a Lei nº 9.504/97, ao estabelecer a possibilidade de "aprovação com ressalvas", não assinalou rígidos padrões objetivos. Ao contrário. Por se tratar de uma qualificação muito ampla, verdadeiramente larga, forçoso reconhecer que a desordem contábil das contas não equivale dizer, tecnicamente, à desordem financeira. Não são quadros sinônimos. Exemplifica-se. Uma irregularidade escoteira, que tenha alcançado percentual reduzido relativamente ao total despendido numa campanha que mobilizou montante módico, somada à ausência de elementos denotativos de má-fé pelo prestante, evidenciam a ocorrência de desorganização contábil[68].

Nesse passo, que emoldura um quadro fático de menor potencial lesivo, se o conjunto probatório evidencia *in concreto* que o prestante apresentou contas tempestivamente por meio de profissionais tecnicamente habilitados (contador e advogado), revelou-se colaborativo, buscou elucidar os apontes, manifestou empenho em regularizar as situações objeto de questionamento, atendeu às notificações expedidas e acostou documentos complementares ou retificadores, não há porque o órgão julgador adotar a solução drástica da rejeição das contas ou declará-las não prestadas. De rigor, situações com essa configuração recomendam sensibilidade às circunstâncias especiais que revestem o caso concreto, inclusive para evitar danificações aos princípios da realidade e da proporcionalidade.

Norte outro se configura quando a desorganização na contabilidade está associada à inércia da legenda em atender as diligências solicitadas. Nesse cenário, há uma efetiva possibilidade de comprometimento da fiscalização da lisura e da higidez das contas, o que pode ensejar a reprovação das mesmas. Neste sentido concluiu a Prestação de Contas nº 0601218-78/DF[69].

12.3.5.1. Extrapolação do limite de gastos

Nas raias específicas da prestação de contas, a orientação que predomina no Tribunal Superior Eleitoral acerca dessa especificidade de desorganização situa-se no sentido de que "a extrapolação do limite de gastos em campanha é circunstância grave a ensejar a desaprovação das contas, uma vez violado o princípio da igualdade de condições na disputa eleitoral"[70].

68. TSE, AgR-REspEl nº 0000590-91/SP, DJE 28/06/2022.

69. TSE, j. 28/04/2023, DJe 11/05/2023.

70. AgR–REspEl 0600231–93/RO, J. 05/11/2020, DJE 13/11/2020.

12.3.6. Alguns aspectos processuais relevantes da prestação de contas

No processo de prestação de contas perante a Justiça Eleitoral, a omissão de despesas é uma falta relevante, inúmeras vezes capaz de inviabilizar a verificação da representatividade da quantia apontada como irregular no contexto total das contas, e, com isso, impedindo a aplicação dos princípios da proporcionalidade e da razoabilidade[71]. Contudo, um velho preceito jurisprudencial comum a várias eleições dispõe que se a despesa foi omitida na prestação parcial, mas constou da final, não há impedimento na verificação da regularidade da movimentação financeira, pois isso permite a sua análise pelo órgão técnico, ensejando a aprovação das contas com ressalvas[72].

Sobre o relevo da irregularidade relativamente à omissão de receitas, o entendimento se repete: a mesma deverá ser aferida no julgamento da prestação conclusiva, à luz do conjunto contábil das contas[73].

A autoridade responsável pela análise das contas, ao verificar a presença de indícios de irregularidades que possam configurar ilícitos, remeterá informações e documentos aos órgãos competentes para a apuração de eventuais crimes (Lei nº 9.096/95, art. 35; e Código de Processo Penal, art. 40).

Diante da natureza jurisdicional do processo de prestação de contas, uma vez não praticado o ato necessário no momento próprio, ocorre a sua preclusão[74].

Por força disso, deve ser anotado que a apresentação extemporânea das mesmas não é capaz de afastar a decisão que declarou as mesmas não prestadas[75].

Inocorre violação ao art. 30, § 4º, da LE/97 e ao art. 5º, LV, da CF/88 se o candidato foi intimado através do seu advogado constituído nos autos, tendo apresentado manifestação e juntado documentos.

---

71. TSE, AgR-REspe nº 2116-11/PE, DJe 19/09/2017.
72. TSE, AgR-REspe nº 53-17/SP, DJe de 03/04/2019.
73. TSE, AgR-RO nº 518-88/PE, DJE de 09/10/2018.
74. TSE, AgR-REspe nº 25802/RS, DJE de 10/11/2015.
75. TSE, AgR-AI nº 5.459/BA, DJE de 27/03/2014.

Não há se falar em notificação pessoal nestes processos[76], inexistindo ilegalidade na intimação efetivada pelo Diário da Justiça Eletrônico [77].

Inexiste prazo para julgamento das contas de candidatos não eleitos ou sem perspectiva de diplomação.

A decisão que julgar as contas dos candidatos eleitos será publicada em sessão até três dias antes da diplomação, diz a LE/97(art. 30, §1º)[78]. A regra anterior, revogada pela Lei nº 13.165/15, previa oito dias.

À luz da inexistência de previsão legal em sentido diverso, não se exige a aprovação das mesmas para que a Justiça Eleitoral diplome os candidatos, bastando a sua apresentação.

Da decisão que julgar as contas, é cabível a interposição de recurso "ao órgão superior da Justiça Eleitoral" no prazo de três dias da publicação no Diário Oficial.

Este prazo é único para todas as instâncias, inclusive ao Supremo Tribunal Federal (STF, Súmula nº 728).

A juntada de documentos em grau recursal tem sido rechaçada pelo Tribunal Superior Eleitoral, especialmente nas hipóteses em que o candidato, após ser intimado para suprir a falha apontada, não apresenta a documentação exigida ou o faz de modo insatisfatório.[79]

Entretanto, por várias e entrelaçadas objeções a seguir apresentadas, não corroboramos este entendimento. A uma, porque o mesmo contraria frontalmente a norma processual civil vigente[80], mais tolerante no assunto frente a anterior. A duas, porque na busca de identificação da origem dos valores carreados, a juntada de documentos mais singelos, que dispensam exames contábeis, periciais e verificações técnicas, atende a função instrumental do processo, especialmente quando se trata do esgotamento da jurisdição acerca de fatos e provas. A três, porque há de se atribuir valia

76. TSE, AgR-AI nº 1026-17/ES, DJE de 28/10/2015.
77. TSE, AgR-AI nº 6.158/MT, DJE de 10/06/2015.
78. TSE, RO nº 1.453/PA, DJE de 05/04/2010(RJTSE 21/2/158).
79. TSE, AgR-REspe nº 442-27MG, DJE de 28/05/2015.
80. CPC/15:

Art. 435. É lícito às partes, em qualquer tempo, juntar aos autos documentos novos, quando destinados a fazer prova de fatos ocorridos depois dos articulados ou para contrapô-los aos que foram produzidos nos autos. Parágrafo único. Admite-se também a juntada posterior de documentos formados após a petição inicial ou a contestação, bem como dos que se tornaram conhecidos, acessíveis ou disponíveis após esses atos, cabendo à parte que os produzir comprovar o motivo que a impediu de juntá-los anteriormente e incumbindo ao juiz, em qualquer caso, avaliar a conduta da parte de acordo com o art. 5º.

ao interesse público na prestação de contas de quem disputou mandato eletivo. A quatro e última, que cercear a possibilidade de esclarecimentos espontâneos numa matéria onde linchamentos públicos são cometidos a torto e a direito, implica em depreciação aos cânones da proporcionalidade, razoabilidade e dignidade assegurados pelo art. 8º do CPC.

Por não se adequar a nenhuma das hipóteses do art. 499 do CPC[81], a coligação e o partido político são partes ilegítimas para recorrer de decisão proferida em processo de prestação de contas de candidato adversário.[82]

Quanto à aplicação dos princípios antes nominados, têm como objetivo adequar a sanção prevista às circunstâncias específicas do caso, razão pela qual devem ser verificadas algumas circunstâncias:

- QUANTIDADE de irregularidades,
- GRAVIDADE,
- VALOR e,
- POTENCIAL para afetar o conjunto da prestação[83].

Havendo indícios de irregularidade, o órgão judicial responsável pela verificação dos mesmos poderá requisitar do candidato informações adicionais necessárias à elucidação, determinar diligências para a complementação de dados ou o saneamento das falhas apontadas no relatório técnico que precede o julgamento pelo juiz ou tribunal. Tais providências, não há dúvida, podem resultar vantajosas ao prestante (aprovação das contas, aprovação com ressalvas, abrandamento do montante a ser devolvido).

Finda a verificação das contas, constatado o recebimento de recursos de FONTE NÃO IDENTIFICADA, o candidato é obrigado a proceder no recolhimento daqueles ao Tesouro Nacional por meio de Guia de Recolhimento da União (GRU).

Caracterizam o recurso como de origem não identificada:

- a falta ou a identificação incorreta do doador;
- a ausência de identificação do doador originário nas doações financeiras recebidas de outros candidatos ou partidos políticos;
- a informação de número de inscrição inválida no CPF do doador pessoa física ou no CNPJ quando o doador for candidato ou partido político.

81. Art. 499. A obrigação somente será convertida em perdas e danos se o autor o requerer ou se impossível a tutela específica ou a obtenção de tutela pelo resultado prático equivalente.
82. TSE, AgR-AI nº 549-43/BA, DJE de 05/06/2015.
83. TSE, AgR-REspe nº 664-49/RS, DJE de 22/05/2018.

O comprovante de devolução ou recolhimento poderá ser apresentado pelo prestante em qualquer fase do processo ou até cinco dias após o trânsito em julgado da decisão que julgar as contas, sob o risco de encaminhamento das informações à representação da Advocacia-Geral da União (AGU) para fins de cobrança.

12.3.7. Contas de vices e suplentes

O vínculo jurídico da indivisibilidade das chapas majoritárias (Código Eleitoral, art. 91, *caput* e §1º) se estende à etapa da prestação de contas. De acordo às últimas resoluções do Tribunal Superior Eleitoral[84], a decisão que julgar as contas do candidato às eleições majoritárias abrangerá as dos respectivos Vices e Suplentes registrados.

Se, porém, no prazo legal, o titular (candidatos a Presidente da República, Governador de Estado, Prefeito Municipal ou Senador da República) não prestar contas, os respectivos Vices e Suplentes, ainda que substituídos (v. Capítulo 5), para não serem prejudicados, após regularmente notificados pela Justiça Eleitoral, poderão fazê-lo separadamente de modo que as suas contas sejam julgadas independentemente das contas do titular, salvo se este, em igual prazo, também apresentar as suas, hipótese na qual os processos serão analisados em conjunto.

Sobre a matéria, com fulcro na Lei nº 9.504/97, nas resoluções de prestação de contas e, ainda, no entendimento pretoriano, impõe-se carrear as seguintes questões relevantes atreladas às chapas majoritárias:

- Na hipótese de arrecadação de campanha realizadas pelos vices ou suplentes, devem ser utilizados os recibos eleitorais dos titulares;
- Os candidatos aos cargos de vice e suplente não são obrigados a abrir conta bancária específica, mas, se o fizerem, os respectivos extratos bancários deverão compor a prestação de contas dos titulares;
- Candidatos a vice e suplente não podem constituir Fundo de Caixa;
- Para a aferição dos limites, serão consideradas e somadas as contratações realizadas pelo candidato titular ao cargo eletivo e as que eventualmente tenham sido realizadas pelos respectivos candidatos a vice e a suplente;
- A contratação de pessoal por partidos políticos limitar-se-á ao somatório dos limites dos cargos em que tiverem candidato concorrendo à eleição;

84. Res./TSE nº 23.665/21 (Eleições Gerais de 2022), Res./TSE nº 23.607/19, art. 77 (Eleições Municipais de 2020), Res./TSE nº 23.353/17, art. 80 e Pár. Único (Eleições Gerais de 2018) e Res./TSE 23.463, art. 70 (Eleições Municipais de 2016).

- O extrato de prestação de contas deve ser assinado pelo candidato titular e vice ou suplente;
- Após o recebimento da prestação de contas pelo SPCE[85], na base de dados da Justiça Eleitoral, deve ser feito, no cadastro eleitoral, o registro relativo à apresentação da prestação de contas dos candidatos aos cargos de vice e suplente;
- As intimações judiciais relativas aos processos de prestação de contas devem ser feitas na pessoa do advogado constituído pelo partido ou pelo candidato, devendo abranger o titular e o vice ou suplente.

12.3.8. Prestação de contas retificadora

Uma última anotação em torno deste tema recai na prestação de contas retificadora.

Como o próprio nome indica, trata-se de um encaminhamento de natureza incidental. A palavra "retificar" é originária do latim, *rectificare*, e traz a ideia de emendar, de corrigir enganos.

A retificação da prestação de contas tem sido admitida em apenas duas hipóteses:

- CUMPRIMENTO DE DILIGÊNCIA que implicar a alteração das peças inicialmente apresentadas;
- VOLUNTARIAMENTE, na ocorrência de erro material detectado antes do pronunciamento técnico que irá subsidiar a decisão do órgão julgador.

Em função da sua restritíssima abrangência, a prestação retificadora não poderá ser utilizada para alterar a prestação de contas final encaminhada à Justiça Eleitoral. A mesma, porquanto visa sanar irregularidades formalmente lançadas na anterior, requer o mesmo exame contábil e verificações técnicas da prestação original. Daí porque a necessidade da petição que encaminhá-la ao juiz ou ao relator estar acompanhada do extrato da conta-corrente exclusiva assinado, de justificativas e, quando for cabível, de documentos que comprovem a alteração realizada, sob o risco de não ser admitida.

É apreciável, na jurisprudência, a compreensão de que a não apresentação de prestação de contas retificadora, quando há a necessidade de corrigir erro formal, é falha que não compromete a regularidade das contas e

85. Sistema de Prestação de Contas Eleitorais.

autoriza a anotação de ressalvas. A *contrario sensu*, a impossibilidade técnica de verificação dos gastos realizados pelo candidato e a não reapresentação da conta retificadora ensejam o julgamento pela não prestação das contas.

Sendo um remédio excepcional, a validade da prestação retificadora será analisada e posteriormente registrada no parecer técnico conclusivo a fim de que a autoridade judicial competente decida acerca dela na oportunidade do julgamento da prestação de contas e, se for o caso, determine a exclusão das informações retificadas na base de dados da Justiça Eleitoral.

12.4. SOBRAS DE RECURSOS FINANCEIROS DE CAMPANHA

Dispõe a Lei nº 9.504/97:

> Art. 31. Se, ao final da campanha, ocorrer sobra de recursos financeiros, esta deve ser declarada na prestação de contas e, após julgados todos os recursos, transferida ao partido, obedecendo aos seguintes critérios:
>
> I - no caso de candidato a Prefeito, Vice-Prefeito e Vereador, esses recursos deverão ser transferidos para o órgão diretivo municipal do partido na cidade onde ocorreu a eleição, o qual será responsável exclusivo pela identificação desses recursos, sua utilização, contabilização e respectiva prestação de contas perante o juízo eleitoral correspondente;
>
> II - no caso de candidato a Governador, Vice-Governador, Senador, Deputado Federal e Deputado Estadual ou Distrital, esses recursos deverão ser transferidos para o órgão diretivo regional do partido no Estado onde ocorreu a eleição ou no Distrito Federal, se for o caso, o qual será responsável exclusivo pela identificação desses recursos, sua utilização, contabilização e respectiva prestação de contas perante o Tribunal Regional Eleitoral correspondente;
>
> III - no caso de candidato a Presidente e Vice-Presidente da República, esses recursos deverão ser transferidos para o órgão diretivo nacional do partido, o qual será responsável exclusivo pela identificação desses recursos, sua utilização, contabilização e respectiva prestação de contas perante o Tribunal Superior Eleitoral;
>
> IV - o órgão diretivo nacional do partido não poderá ser responsabilizado nem penalizado pelo descumprimento do disposto neste artigo por parte dos órgãos diretivos municipais e regionais.
>
> Parágrafo único. As sobras de recursos financeiros de campanha serão utilizadas pelos partidos políticos, devendo tais valores ser declarados

em suas prestações de contas perante a Justiça Eleitoral, com a identificação dos candidatos.

O resíduo da receita carreada na campanha eleitoral, da monta que for, necessita ter um destino. A regra atual, datada de 2013 e com substanciais acréscimos à anterior de 2009 (Lei nº 12.034), normatizou uma a uma as hipóteses de *sobras financeiras* das campanhas eleitorais nacionais, estaduais, distritais e municipais.

A sistemática adotada pelo legislador disciplinou esta exigência de contabilização e posterior devolução determinando a transferência do saldo remanescente para os respectivos órgãos diretivos do partido em nível nacional, estadual, distrital e municipal, os quais terão a incumbência legal de, primeiro, identificá-los, para depois então efetuar três providências específicas:

- utilização,
- contabilização, e
- prestação de contas perante os órgãos da Justiça Eleitoral.

O comprovante de transferência das sobras de campanha deve ser juntado à prestação de contas do responsável pelo recolhimento, sem prejuízo dos respectivos lançamentos na contabilidade do partido.

A Lei nº 12.891/13, ao final de cada inciso do seu art. 31, estabeleceu a responsabilidade exclusiva de cada órgão partidário pelas sobras recebidas, ressalvando expressamente que o órgão diretivo nacional do partido político não é passível de responsabilização, tampouco penalização, pelo descumprimento desta regra por parte dos órgãos partidários das instâncias regionais ou municipais.

A partir da sua edição, segundo os novos dispositivos que introduziu, não é responsabilidade do órgão nacional do partido político emitir informações acerca da existência de sobras de campanha atinentes aos pleitos municipais ou estaduais[86].

Averbe-se que as sobras, para serem utilizadas pelos partidos políticos, deverão obedecer às premissas contidas à Lei nº 9.096/95, especialmente porque pode haver dinheiro público na rubrica remanescente.

86. TSE, PC nº 971-30/DF, DJE de 20/03/2015.

Sobre o destino das sobras, os procedimentos são distintos:

- os valores do Fundo Especial de Financiamento de Campanha (FEFC) eventualmente não utilizados, não constituem sobras de campanha e devem ser recolhidos ao Tesouro Nacional integralmente por meio de Guia de Recolhimento da União (GRU) no momento da prestação de contas;
- as sobras de recursos decorrentes do Fundo Partidário devem ser transferidas para a conta bancária do partido destinada à movimentação dos recursos desta natureza;
- as sobras financeiras de origem diversa devem ser depositadas na conta bancária do partido destinada à movimentação de "Outros Recursos", prevista na Resolução do TSE que trata das prestações de contas anuais das agremiações.

Em resumo e a título de conclusão, pode-se afirmar que as sobras de campanha:

- são específicas, e
- deverão ser transferidas ou depositadas.

12.5. CONSERVAÇÃO DE DOCUMENTOS

> Art. 32. Até cento e oitenta dias após a diplomação, os candidatos ou partidos conservarão a documentação concernente às suas contas.
>
> Parágrafo único. Estando pendente de julgamento qualquer processo judicial relativo às contas, a documentação a elas concernente deverá ser conservada até a decisão final.

É necessário assentar a importância dessas disposições finais, quase sempre negligenciadas pelos maiores interessados. Em matéria de tempo, dois aspectos básicos podem ser analisados a partir da redação legal.

O primeiro é de ordem elementar: trata-se de uma obrigação relativamente aos partícipes da disputa eleitoral. O segundo, é que uma vez escoado o prazo de 180 (cento e oitenta) dias contados da data da diplomação (e não da eleição ou posse no mandato), os candidatos e agremiações ficam desobrigados de manter os documentos relacionados à escrituração contábil das contas que foram prestadas.

Todavia, havendo pendência judicial (Ação Penal, IJE do art. 30-A), e não administrativa (PPE), há necessidade de conservá-los até a ocorrência do trânsito em julgado. Cabível, aqui, uma ponderação: os partidos, sobretudo naqueles casos onde houve a conquista de mandatos, devem orientar seus dirigentes e candidatos acerca da exigência de conservação da massa documental gerada durante a campanha pelo prazo legalmente estipulado.

Para evitar percalços nesta seara, é apropriado enfatizar que a expressão "qualquer processo judicial relativo às contas" impõe ao intérprete transcender a concepção de esfera judicial circunscrita à Justiça Eleitoral haja vista a possibilidade de desdobramentos outros concernentes, por exemplo, às competências da Justiça Comum (civil ou criminal) ou até mesmo da Trabalhista.

Como corolário dos debates travados ao longo do julgamento do Agravo Regimental da AIME nº 7-61/DF[87], importa acentuar que se houver o envolvimento de pessoas ligadas à campanha e à sua prestação de contas, pode surgir relação correlata ou necessidade de informações e esclarecimentos, inclusive judiciais, no tocante, por exemplo,

- à própria prestação (art. 350 do Código Eleitoral)[88],
- apropriação indébita ou estelionato praticados contra a campanha (arts. 168 e 171 do Código Penal),
- lavagem de dinheiro (art. 1º da Lei nº 9.613/98)[89], e
- sonegação fiscal (art. 1º da Lei nº 8.137/90).

No direito belga, esta determinação é ainda mais veemente. O Código Eleitoral estatui que os candidatos deverão guardar todas as faturas e recibos das despesas eleitorais e a origem dos fundos utilizados por dois anos após o dia das eleições[90].

---

87. TSE, Caso Dilma/Temer – Eleições 2014, DJE de 12/09/2018.

88. EMBARGOS DE DECLARAÇÃO. RECEBIMENTO COMO AGRAVO REGIMENTAL. RECURSO ESPECIAL. ELEIÇÕES 2014. MEDIDA CAUTELAR. QUEBRA DE SIGILOS BANCÁRIO E FISCAL. FALSIDADE IDEOLÓGICA. ART. 350 DO CÓDIGO ELEITORAL. OMISSÃO. DECLARAÇÃO. RECURSOS FINANCEIROS. PRESTAÇÃO DE CONTAS. CRIME. ART. 350 DO CÓDIGO ELEITORAL. CONFIGURAÇÃO. POSSIBILIDADE. 6. A omissão de recursos em ajuste contábil de campanha pode vir a caracterizar o crime do art. 350 do Código Eleitoral a depender das circunstâncias do caso e sua interferência na autenticidade ou fé pública eleitoral. Precedentes desta Corte Superior e do c. Supremo Tribunal Federal. (...) (AgRg-REspe nº 97-02/MS, rel. Min. Jorge Mussi, DJE de 21/02/2019).

89. *EMBARGOS DE DECLARAÇÃO. HABEAS CORPUS. ELEIÇÕES 2010 (DEPUTADO FEDERAL), 2012 (PREFEITO), 2014 (GOVERNADOR) E 2016 (PREFEITO). AÇÃO PENAL. FALSIDADE IDEOLÓGICA PARA FINS ELEITORAIS (ART. 350 DO CÓDIGO ELEITORAL). CORRUPÇÃO PASSIVA (ART. 317 DO CP). EXTORSÃO (ART. 158, § 1º, DO CP). LAVAGEM DE DINHEIRO (ART. 1º DA LEI 9.613/98). COMPETÊNCIA. JUSTIÇA ELEITORAL. CRIMES ELEITORAIS E COMUNS QUE LHES FOREM CONEXOS. ARTS. 35, II, DO CÓDIGO ELEITORAL E 78, II, DO CPP. OMISSÃO. VÍCIO INEXISTENTE. NOVO JULGAMENTO DA CAUSA. REJEIÇÃO. 1. O suposto vício apontado denota propósito do embargante de rediscutir matéria já decidida, providência inviável na via aclaratória. Precedentes. 2. No acórdão embargado, assentou-se em tópico específico a competência desta Justiça Especializada para processar e julgar os crimes eleitorais e os comuns que lhes forem conexos, nos termos do art. 35, II, do Código Eleitoral - que segue a sistemática do art. 78, IV, do CPP. 3. Embargos de declaração rejeitados.*
    (TSE, EDHC nº 060434813, DJE de 02/10/2018*).*

90. Código Eleitoral, art. 116, §6, 3º.

12.6. ADVOGADO CONSTITUÍDO

Com o advento da Lei nº 12.034/09, a prestação de contas perante a Justiça Eleitoral deixou de ser uma demanda administrativa. Mencionada alteração, cabe realçar, foi consignada a partir de inserção procedida no texto da Lei dos Partidos Políticos (§ 6º do seu art. 37)[91].

O elemento essencial desdobrado dessa mudança implicou na subordinação do processo de prestação das contas aos princípios elencados pela CF relativamente às garantias individuais e da advocacia adiante mencionados:

- Princípio da Legalidade (art. 5º, II);
- Princípio da segurança jurídica das decisões judiciais (art. 5º, XXXVI)[92];
- Princípio do devido processo legal (art. 5º, LIV);
- Princípios do contraditório e da ampla defesa (art. 5º, LV);
- Princípio da duração razoável do processo (art. 5º, LXXVIII);
- Princípio da indispensabilidade do advogado à administração da Justiça (art. 133, *caput*).

A partir desses dispositivos constitucionais, considerando a agora natureza jurisdicional do processo, incide-lhe o art. 103 do Código de Processo Civil, o qual define que "A parte será representada em juízo por advogado regularmente inscrito na Ordem dos Advogados do Brasil" mediante procuração (CPC, art. 104, *caput*) para poder praticar todos os atos profissionais da prestação de contas (CPC, art. 105, *caput*). Nos termos do *Estatuto da Advocacia*, tem-se que a postulação a órgão do Poder Judiciário é uma atividade exclusiva de advocacia (Lei nº 8.906/94, art. 1º, I), sendo considerados nulos os atos privativos de advogados praticados por pessoa não devidamente inscrita na OAB, sem prejuízo das sanções civis, penais e administrativas (art. 4º).

Sumariando esses fundamentos, o posicionamento da Corte Superior:

> **ELEIÇÕES 2018. AGRAVO INTERNO EM AGRAVO DE INSTRUMENTO. PRESTAÇÃO DE CONTAS. DEPUTADO ESTADUAL. CONTAS NÃO PRESTADAS. AUSÊNCIA DE ADVOGADO CONSTITUÍDO. INTIMAÇÃO DO CANDIDATO. REEXAME DO CONJUNTO FÁTICO-PROBATÓRIO. IMPOSSIBILIDADE EM SEDE DE RECURSO ESPECIAL. SÚMULA Nº 24 DO TSE. INTIMAÇÃO**

91. O exame da prestação de contas dos órgãos partidários tem caráter jurisdicional (Lei nº 9.096/95).
92. A lei não prejudicará o direito adquirido, o ato jurídico perfeito e a coisa julgada.

REALIZADA NOS TERMOS DA LEGISLAÇÃO. INEXISTÊNCIA DE NULIDADE. AGRAVO DESPROVIDO.

1. Na espécie, o TRE/GO manteve o julgamento das contas do candidato como não prestadas, uma vez que, mesmo após devidamente intimado, não sanou a irregularidade consistente na ausência de instrumento de mandato nos autos.

2. Para modificar a conclusão da Corte de origem, quanto à ocorrência de intimação pessoal do candidato, seria necessária a reincursão sobre o acervo fático-probatório dos autos, providência inviável em sede especial, incidindo o óbice do enunciado da Súmula nº 24 do TSE.

3. A intimação pessoal dirigida ao endereço do candidato, mesmo sendo recebida por terceira pessoa, é considerada válida e eficaz, sendo aplicado aos processos de prestação de contas o disposto nos arts. 101, § 4º, da Resolução-TSE nº 23.553/2017 e 274, parágrafo único, do Código de Processo Civil.[93]

ELEIÇÕES 2014. AGRAVO REGIMENTAL EM RECURSO ESPECIAL ELEITORAL. PRESTAÇÃO DE CONTAS DE CAMPANHA. INTIMAÇÃO PARA REGULARIZAÇÃO DO INSTRUMENTO DE MANDATO NA INSTÂNCIA ORDINÁRIA. VÍCIO CORRIGIDO. ART. 33, § 4°, DA RESOLUÇÃO N° 23.406/2014. NORMA CUMPRIDA. AGRAVO REGIMENTAL A QUE SE NEGA PROVIMENTO.

(...).

b) A partir dessas premissas fáticas, embora a postulação perante o juízo eleitoral tenha se dado, a princípio, sem comprovação da capacidade postulatória, o candidato, quando devidamente intimado, apresentou instrumento de mandato, atendendo ao referido pressuposto processual disciplinado no art. 13 do CPC/73, art. 1°, I, da Lei n° 8.906/94 e art. 33, § 4°, da Res.-TSE n° 23.406/2014.

c) Daí por que a impropriedade identificada na espécie, após devidamente regularizada, não acarreta a desaprovação das contas, nos termos do art. 30, § 2°, da Lei n° 9.504/97, tampouco justifica julgamento como contas não prestadas, máxime porque houve o cumprimento de requisito objetivo exigido pela norma.

4. Agravo regimental desprovido.[94]

93. TSE, AgRgAI nº 060357142/GO,DJE de 05/05/2020.

94. TSE, AgRg-REspe nº 1136-16/ES, DJE de 07/12/2017.

12.7. PROVA TESTEMUNHAL

Cumpre que se aborde aqui, um aspecto de interesse predominantemente afeto aos candidatos e partidos políticos.

Institucionalizou-se, na Justiça Eleitoral, a negativa da produção de prova oral na etapa de checagem e contabilização das contas de campanha. Para o TSE, com repique nas instâncias ordinárias, a comprovação da regularidade das despesas nos processos de prestação de contas não se compatibiliza com a prova testemunhal, sobretudo quando não corroborada pela prova documental que foi produzida. Predomina, a nosso ver equivocadamente, a inteligência no art. 34, IV, da Lei nº 9.096/95 ao estabelecer a "obrigatoriedade de ser conservada pelo partido, por prazo não inferior a cinco anos, a documentação comprobatória de suas prestações de contas". Ainda segundo acentuado pela Corte Superior, a eventual produção de prova testemunhal não é capaz de elidir, tampouco substituir, "a demonstração, por meio de documentos, das despesas efetuadas".

As passagens acima transcritas, a primeira advinda da PC nº 238-59/DF (DJE de 15/06/2018) e a outra desdobrada da PC nº 272-68/DF (DJE de 12/03/2018), não são convincentes. Com a devida vênia dos que possam concluir de modo diverso, não é possível endossar tais magistérios. Não parece haver razões aceitáveis para sustentar essa orientação. Os seus fundamentos não resistem a uma análise mais circunstanciada porquanto lastreados em premissas equivocadas que frustram o exercício de um meio lícito de prova.

É da experiência comum que na análise das contas de campanha eleitoral predomine o exame técnico de documentos. Porém, ao contrário do afirmado pelos acórdãos antes referidos, havendo necessidade de ser produzida, a prova testemunhal é, sim, compatível. Embora não seja da sua essência, quando postulada, a mesma deve ser no mínimo avaliada. Ao inadmiti-la de plano, pura e simplesmente impedindo, por exemplo, a oitiva do profissional responsável pela contabilidade, de algum fornecedor ou prestador de serviço da campanha, reduz-se o processo de contas a uma espécie de protocolo pífio, o que não condiz à sua importância no plano normativo, especialmente em vista de seus consectários legais.

Constitucionalmente falando, a interpretação da ampla defesa nesta etapa do processo eleitoral deve ser prestigiada. Como bem salientado pela ministra Rosa Weber em excerto de voto na ADI nº 6.524/DF, "nenhuma técnica de interpretação constitucional ostenta posição de ascendência sobre as demais. Inexiste uma relação de superioridade e subordinação entre métodos exegéticos distintos. A abordagem correta do fenômeno da hermenêutica pressupõe a disposição do intérprete em buscar soluções adequadas, que prestigiem a efetividade máxima das disposições constitucionais".

Pela doutrina, Jorge CASTAGNET e Horácio BARLUENGA (1986, p. 26), em obra fundamental, advertem que a lei processual pode tornar-se letra morta sem uma dinâmica jurisdicional que a interprete e crie cotidianamente novos horizontes.

A cláusula do inciso LV do art. 5º da CF/88 assegura aos litigantes, em processo judicial ou administrativo, e aos acusados em geral, o direito ao contraditório e à ampla defesa, com os meios e recursos a ela inerentes. Este enunciado corporifica uma garantia processual que é disponibilizada às partes. O constituinte, ao positivá-la, concebeu uma liberdade para a produção de prova que o Poder Judiciário não pode furtar-se confirmar. Dentro dessa perspectiva, indo direto ao ponto, se a prova deve ser compreendida na sua função persuasiva, "A ampla defesa", conforme observa o Professor Manoel Gonçalves FERREIRA FILHO (2015, p. 235), "reclama para aquele que postula um direito, ou se defende de uma acusação, o direito de usar, nesse intento, dos meios que estiverem ao seu alcance. (...). O contraditório é, no fundo, um dos meios de efetivar a ampla defesa" (p. 236).

No que se refere ao seu andamento, não ignoramos - ninguém ignora - que o rito das prestações de contas impõe-se de modo mais célere, especialmente em relação aos candidatos eleitos e suplentes imediatos, não vem comportando, em regra, dilação probatória. Contudo, a oitiva de testemunhas não lhe acarreta morosidade e, inequivocamente, alarga o direito de defesa do prestante. Havendo fundamento fático-jurídico demonstrando imprescindibilidade ou dano iminente (determinação de devolução de valores ao Tesouro Nacional, impossibilidade de produção de prova documental, propriedade de um determinado bem cedido à campanha), é direito legítimo do candidato fazer prova ou contraprova testemunhal do que alega.

Inúmeras vezes sem proceder no discernimento entre uma situação que é relevante de outra que se apresente irrelevante, misturando-se, assim, alhos com bugalhos, decisões judiciais invocam a decantada *celeridade do processo eleitoral* para a negativa de um direito elementar, que é o da produção de prova no âmbito da movimentação financeira. Porém, no curso do processo, cabe ao juiz ou ao relator rechaçar somente aquela prova que for desnecessária ou protelatória, cumprindo-lhe verificar a pertinência daquela requerida pela parte para a solução da controvérsia (CPC, art. 370).

"Em tema de direito probatório incumbe ao magistrado, no interesse do andamento do processo, velar para que sejam produzidas todas as provas indispensáveis à instrução do feito, indeferindo aquelas que sejam desnecessárias (art. 130, CPC)[95], operação que conduz a um juízo de valor quanto à pertinência das provas requeridas com a matéria de direito deduzida no processo", explanou com acerto o Ministro Sálvio de Figueiredo Teixeira[96] por ocasião do Recurso Especial n° 47.890/SP julgado pela Quarta Turma do Superior Tribunal de Justiça e cujo acórdão constou à edição de 23/09/1996 do DJ.

Referentemente à sistemática do processo de contas, à míngua de disciplina diversa vetando a produção da prova oral, há de se ter presente alguns entendimentos refutando esse modelo restritivo.

O primeiro está em que ninguém será obrigado a deixar de fazer alguma coisa senão em virtude de lei, consoante diz a CF/88 (art. 5º, LIV). Por força disso, para inviabilizar a prova de testemunhos, seria necessário que a legislação eleitoral vedasse tal hipótese, o que não é o caso.

Segundo, que o art. 369 do CPC, expressando o desejo do legislador de abrir o texto da codificação, assegura que "as partes têm o direito de empregar todos os meios legais, bem como os moralmente legítimos, (...), para provar a verdade dos fatos em que se funda o pedido ou a defesa e influir eficazmente na convicção do juiz"[97]. A própria Exposição de Motivos do Projeto que o precedeu alistou como objetivo do diploma "resolver problemas. Deixar de ver o processo como teoria descomprometida de sua natureza fundamental de método de resolução de conflitos, por meio do qual se realizam valores constitucionais".

---

95. Atual art. 370 do CPC/15.

96. No seu *Código de Processo Civil Anotado*, o eminente processualista (1939-2013), integrante do Tribunal Superior Eleitoral como titular de 03/04/2001 a 02/04/2003, analisou que "a publicização do processo e a socialização do direito implicam, cada vez mais, a busca da verdade real" (1993, p. 83).

97. Os meios legais de prova no Direito Processual Civil brasileiro são em número de nove: ata notarial (CPC, art. 384), depoimento pessoal (arts. 385/388), confissão (arts. 389/395), exibição de documento ou coisa (arts. 396/404), prova documental (arts. 405/441), testemunhal (arts. 442/463), pericial (arts. 464/480) e inspeção judicial (arts. 481/484).

Terceiro: o diploma processual civil de 2015 manteve incólume a redação do CPC de 1973 (art. 400) quando reafirmou que "A prova testemunhal é sempre admissível, não dispondo a lei de modo diverso" (art. 442).

Quarto: a Resolução nº 23.478/16 do TSE[98], estabelecendo diretrizes gerais para a aplicação do CPC/15 na Justiça Eleitoral, não repeliu a incidência do citado art. 442. Pelo contrário. Valoriza-o a ponto do seu art. 22 mencionar a implantação da "oitiva de testemunhas (...) por meio de videoconferência".

Quinto: havendo declaração particular escrita e assinada acerca da ciência de um determinado fato (CPC, art. 408, Par. único), este, na maioria das vezes, somente resta provado pela prova testemunhal. Indeferido tal direito, o prejuízo da parte em função, por exemplo, do extravio de um cheque, recibo ou talonário fiscal, estará fadado à irreversibilidade.

Sexto: processo, mesmo de Prestação de Contas na Justiça Eleitoral, é instrumento para a efetivação de direitos (CF/88, art. 5º, incisos II, LIV e LV).

Em verdade, o que há é uma cultura dominante na jurisprudência em torno da prova documental que está a merecer reinterpretação para que se viabilize eficazmente "a solução integral do mérito" (CPC, art. 4º) de processos que envolvem doações financeiras, prestadores de serviços e instituições bancárias com serviços crescentemente virtuais. Ou seja: instrumentalizar soluções novas para problemas novos. Por outro lado, insista-se, a normatização de regência não veiculou nenhum conteúdo de censura à produção da prova testemunhal para esta etapa que antecede a diplomação. Daí que relegá-la a uma categoria de meio morto de prova implica em violação ao direito de defesa por meio de criação pretoriana. Na prática, o TSE vem derrogando o CPC nesta matéria.

A restrição inconstitucional que vem sendo aplicada pela negativa da prova testemunhal tem gerado aviltamento aos princípios do devido processo legal, da ampla defesa e do contraditório nos processos de prestação de contas. Esclarecimentos ou justificativas aptas ao atendimento de diligências sugeridas pelas áreas técnicas das cortes eleitorais deixam de ser apresentados. Não é preciso detalhar que a erronia advinda desse critério é responsável por um número considerável (e desnecessário) de rejeições.

98. DJE, 15/06/2016, pp. 56/58.

O raciocínio de que prestação de contas e prova oral são incompatíveis na perspectiva do Direito Eleitoral, além de violar o devido processo legal, obsta, na prática, o exercício de um ato legítimo pelo prestante. No plano da realidade, é inolvidável que a inquirição de uma ou mais testemunhas pode, por exemplo, aclarar a ausência de um determinado documento ou a divergência apurada entre os extratos eletrônicos do fornecedor de algum material de campanha e do beneficiário dos cheques compensados ou transferências efetuadas.

A propósito do relevo da forma na ciência processual, permanecem irretocáveis as ponderações expendidas pelo antes mencionado Ministro Sálvio de Figueiredo TEIXEIRA em obra de sua autoria (1990, p. 42):

> Direito processual é direito formal. É que as formas correspondem a uma necessidade de ordem, de certeza, de eficiência prática e a sua regular observância representa uma garantia de regular o leal desenvolvimento do processo e garantia dos direitos das partes. Os menos argutos, especialmente os profanos na ciência do direito, insurgem-se contra o formalismo, a que atribuem o sacrifício e o sufocamento do direito.
>
> Realmente, há que se reprovar o formalismo, que atribua à forma preponderância sobre o conteúdo e olvide que ela é meio e não fim. Mas não se pode deixar de reconhecer que o formalismo é uma necessidade, porquanto representa uma garantia para todos que são interessados no processo, e que a ausência de formas daria lugar a inconvenientes muito mais graves e gerais. Certamente, o formalismo acompanha a evolução dos homens, das sociedades e os seus costumes no tempo. E se é o resultado de experiência tradicional e de muitíssimos séculos, o que o legislador e o jurista têm a fazer não será senão adaptá-lo às necessidades e aos costumes do tempo.
>
> (...).
>
> O que não se deve prestigiar é a idolatria da forma, que é perniciosa, recordando-se sempre que o processo não é mais que um instrumento, que as formas não têm um fim em si e que todas elas estão postas a serviço de um ideal, a justiça.

Encurtando: a concepção do "indeferimento pelo indeferimento" naqueles casos em que se faz necessário ir mais fundo na apuração de fatos e provas, demonstra um autoritarismo capaz de lacerar o devido processo legal proclamado pelo inciso LIV do art. 5ºda CF/88. Trata-se de um posicionamento que acaba por trazer retrocesso ao sistema jurídico ao impedir que o candidato melhor elucide determinadas inconsistências. A jurisprudência não pode permanecer insensível às complexidades das campanhas políticas. Deve renovar-se, abrindo novas clareiras na etapa contábil do processo eleitoral em estrita sintonia à concreção final dos objetivos perseguidos pela prestação de contas expressa na Lei nº 9.504/97.

12.8. DO CRESCENTE DETALHAMENTO NORMATIVO DA PRESTAÇÃO DE CONTAS

Nas primeiras eleições ocorridas após a promulgação da Constituição Federal, as leis temporárias que as regulamentaram não previam maiores especificidades com respeito à prestação de contas[99]. A referência inaugural ocorreu no texto da Lei nº 8.713/93 dispondo sobre as eleições gerais de 1994.

Quanto à normatização secundária, em razão de crimes praticados por agentes políticos, servidores públicos, empresários e quadrilhas em torno de financiamentos eleitorais descortinados inicialmente a partir da *CPI dos Correios* e posteriormente pelas ações derivadas do *Mensalão* e da *Operação Lava Jato*, se infere que o Tribunal Superior Eleitoral tem minudenciado ao extremo as resoluções das Prestações de Contas. De incipientes normas gerais, a progressiva maturação dos textos resolutivos vem resultando em regramentos cada vez mais detalhados objetivando maior clareza e transparência no circuito financeiro das campanhas eleitorais.

Como consequência de um quadro assim delineado, tomando por ponto de partida os novos paradigmas introduzidos pela Lei nº 11.300, de 2006, a realidade descortina que o número de dispositivos constantes das resoluções emanadas do TSE mais que dobrou ao longo dos diversos pleitos ocorridos desde então:

ELEIÇÃO	RESOLUÇÃO	ARTIGOS
2022	23.607 e 23.665	108 + 6 = 114
2020	23.607	108
2018	23.553	110
2016	23.463	96

99. As Leis Federais nºs 7.773 (eleição presidencial de 1989) e 8.214/91 (eleições municipais de 1992), não continham referências à etapa da prestação de contas.

2014	23.406	75
2012	23.376	63
2010	23.217	51
2008	22.715	51
2006	22.160	50

Capítulo

13

CAPTAÇÃO E GASTO ILÍCITO DE RECURSOS (ART. 30-A)

13.1. FONTE LEGAL

> Art. 30-A. Qualquer partido político ou coligação poderá representar à Justiça Eleitoral, no prazo de 15 (quinze) dias da diplomação, relatando fatos e indicando provas, e pedir a abertura de investigação judicial para apurar condutas em desacordo com as normas desta Lei, relativas à arrecadação e gastos de recursos. (Redação dada pela Lei nº 12.034, de 2009)
>
> § 1º Na apuração de que trata este artigo, aplicar-se-á o procedimento previsto no art. 22 da Lei Complementar nº 64, de 18 de maio de 1990, no que couber. (Incluído pela Lei nº 11.300, de 2006)
>
> § 2º Comprovados captação ou gastos ilícitos de recursos, para fins eleitorais, será negado diploma ao candidato, ou cassado, se já houver sido outorgado. (Incluído pela Lei nº 11.300, de 2006)
>
> § 3º O prazo de recurso contra decisões proferidas em representações propostas com base neste artigo será de 3 (três) dias, a contar da data da publicação do julgamento no Diário Oficial.(Incluído pela Lei nº 12.034, de 2009)

13.2. OBJETO (CAIXA DOIS)

O art. 30-A, incorporado ao texto original da Lei nº 9.504/97 através da Lei nº 11.300/06[1] e objeto de posterior aperfeiçoamento pela Lei nº

1. A partir da Emenda Substitutiva nº 12 (09/02/2006), incluída ao Projeto de Lei nº 5.855/05 da Câmara dos Deputados e que inicialmente teve parecer contrário pelo Deputado Federal Antonio Biscaia (PT-RJ). Contudo, o Parecer proferido em Plenário pelo relator, Deputado Moreira Franco (PMDB-RJ), pela

12.034/09, viabiliza a apuração de transgressões praticadas em desacordo às normas de arrecadação e gastos de recursos eleitorais ou pré-eleitorais.

Este regramento, materializando em lei os efeitos derivados da Ação Penal nº 470/DF do Supremo Tribunal Federal (*Mensalão*)[2], está longe de ser a "bala de prata" capaz de eliminar a circulação de capitais espúrios dos financiamentos eleitorais. Porém, sem dúvida, o mesmo impactou o mundo político e hoje é um instrumento de fundamental importância no combate aos mandatos obtidos através de práticas ilegais. Dentre os objetivos almejados pela norma, está, *prima facie*, a repressão à utilização do *caixa dois*.

No julgamento do Recurso Ordinário nº 1220-86/TO, paradigma da matéria que resultou na cassação do mandato de um Governador de Estado, o relator agrupou premissas teóricas de alta densidade ao dissecar o instituto correlacionando-o analiticamente a outros elementos normativos. Luiz Fux iniciou o seu voto destacando: "No campo político, o principio da igualdade desenhado pela Constituição constitui-se no *standard* primordial do regime democrático, o qual tem por escopo a efetivação da máxima igualdade dos cidadãos e máxima igualdade entre os candidatos, espelhadas no valor do voto, na representação e também na disputa eleitoral".

Neste ponto, emitiu um importante alerta: "Aludido vetor constitucional, contudo, pode ser debilitado pelo mau uso do dinheiro nas campanhas eleitorais".

Após referir observações de Daniel ZOVATTO e da doutrina nacional, realçou: "O dinheiro, sem dúvida, constitui meio elementar, ao alcance do poder político. Seguramente, candidatos com acesso à parcela mais abastada da sociedade terão mais recursos para suas campanhas eleitorais do que aqueles representantes do segmento social mais baixo, que se organizam eleitoralmente com pouquíssimos recursos por lhes ser inviável o mesmo sucesso na arrecadação. Em outras palavras, o dinheiro exacerba a viabilidade das candidaturas e sua falta restringe enormemente a competitividade dos candidatos".

Especificamente sobre o *caixa dois*, dando voz ao TSE no assunto, afirmou que "Práticas como aceitação de doações de fontes questionáveis ou em troca de favores ilícitos a serem retribuídos após a vitória na disputa eleitoral, uso de dinheiro derivado de atividades ilícitas, uso indevido de recursos públicos com fins político-partidários, entre outros, demonstram que a atividade de obtenção de recursos financeiros para as campanhas

Comissão de Finanças e Tributação, louvou a iniciativa: "Esse aprimoramento do controle de recursos eleitorais poderá auxiliar no combate às doações ilegais, que normalmente são efetuadas com valores mantidos à margem da contabilidade e do patrimônio oficialmente declarado pelo contribuinte ("Caixa 2")".

2. STF, AP nº 470/MG, DJE 074 de 22/04/2013.

eleitorais - *fund raising* - constitui-se em campo vulnerável à ação corruptora de elementos ou organizações que buscam influenciar os canais decisórios do Estado por intermédio do financiamento ilícito das campanhas".

A seguir, frisou as nódoas que circundam essas fontes de campanha eleitoral, evidenciadas em escândalos: "O dinheiro, nesse caso, pode advir de uma atividade ilegal, como milícia ou tráfico, mas também pode ser originário de uma empresa legalmente constituída que mantém uma *offshore* num paraíso fiscal, numa transação à margem do controle da Receita Federal".

Noutro passo, de maneira articulada, o Professor de Processo Civil da UERJ acrescentou: "Pode ser, ainda, que o doador mantenha contratos com o poder público, o que o impediria de fazer doações eleitorais, ou que o valor da doação seja significativo o suficiente para caracterizar abuso do poder econômico caso fosse registrado na contabilidade oficial. Há casos, também, em que os recursos entram pela contabilidade paralela porque seriam destinados ao pagamento de "despesas" ilícitas, como a compra de votos".

Complementou os seus argumentos registrando "que quem financia campanhas eleitorais por meio de contabilidade paralela, desviando do controle público e judicial natureza, valor e características de tais doações, certamente irá cobrar a conta após a eleição. Para utilizar o jargão popular: 'não existe almoço de graça, alguém sempre paga a conta'".

Ao concluir a sua intervenção, apontou os vetores geralmente embutidos no *caixa dois* das campanhas eleitorais: "Nessa quadra, a aplicação do dinheiro nas campanhas. eleitorais é, muitas vezes, decorrência não de um exercício cívico, tal como espera a teoria democrática, mas, a rigor, fruto de cartadas utilitaristas que veiculam estratégias econômicas baseadas em cálculos políticos orientados por uma lógica rentista (*rent-seeking. behaviour*)".

A ementa deste julgado ficou assim disposta:

> **ELEIÇÃO 2014. RECURSOS ORDINÁRIOS. GOVERNADOR. VICE-GOVERNADOR. DEPUTADO FEDERAL. CAPTAÇÃO ILÍCITA DE RECURSOS FINANCEIROS DESTINADOS A CAMPANHA. ART. 30-A DA LEI Nº 9.504/97. CAIXA DOIS. CONJUNTO PROBATÓRIO APTO A COMPROVAR A PRÁTICA DO ILÍCITO. GRAVIDADE CONFIGURADA.**
>
> (...)
>
> **2.1. DO ART. 30-A DA LEI N° 9.504/97:**
>
> i) A modalidade de ilícito eleitoral consistente na captação ou arrecadação ilícita de recursos prevista no art. 30-A da Lei das Eleições, introduzida no bojo da minirreforma eleitoral capitaneada pela Lei nº 11.300/2006, destina-se precipuamente a resguardar três bens jurídicos fundamentais

ao Direito Eleitoral: a igualdade política, a lisura na competição e a transparência das campanhas eleitorais.

ii) Ao interditar a captação ou a arrecadação ilícita de recursos, buscou o legislador ordinário evitar - ou, ao menos, refrear - a cooptação do sistema político pelo poder econômico, cenário que, se admitido, trasladaria as iniquidades inerentes à esfera econômica para o campo político, em flagrante descompasso com o postulado da igualdade política entre os players do prélio eleitoral.

2.2. DO "CAIXA-DOIS":

i) O chamado "caixa dois de campanha" caracteriza-se pela manutenção ou movimentação de recursos financeiros não escriturados ou falsamente escriturados na contabilidade oficial da campanha eleitoral. Tem como ideia elementar, portanto, a fraude escritural com o propósito de mascarar a realidade, impedindo que os órgãos de controle fiscalizem e rastreiem fluxos monetários de inegável relevância jurídica.

ii) Por sua própria natureza, o "caixa dois" é daqueles ilícitos cuja consumação ocorre longe do sistema de vigilância/controle, acarretando significativa dificuldade probatória. Nesse caso, a exigência de prova exclusivamente direta para a condenação acabaria por estimular a impunidade, em flagrante ofensa ao princípio da vedação da proteção deficiente (Untermassverbot).

iii) Na hipótese de ilícito de reconhecida dificuldade probatória, o Estado-juiz está autorizado a apoiar-se no conjunto de indícios confirmados ao longo da instrução diante das raras provas diretas do comportamento ilícito, sob pena de deixar sem resposta graves atentados à ordem jurídica e à sociedade.

iv) "Os indícios devem ser igualmente admitidos como meio de prova suficiente para a condenação, vedada apenas a motivação baseada em presunções sem nenhum liame com os fatos narrados nos autos" (TSE, RO nº 2246-61, Redator para o acórdão Min. Roberto Barroso, DJe de 1º.6.2017).

Na arena política sempre existem aqueles candidatos avessos à legalidade e à paridade de armas zeladas pela legislação. Neste sentido, a profusa quantidade de julgados em torno do *caixa dois,* a par de evidenciar que o mesmo se mostra resistente às mudanças normativas, corrobora uma antiga análise desenvolvida por Oscar de Macedo SOARES. Nos seus comentários ao *Código Penal da Republica dos Estados Unidos do Brasil*, o autor, já em 1890, coligia três modalidades básicas dos delitos eleitorais: "A coerção ou violência que impede a liberdade da eleição, a fraude tirando a verdade da eleição, e a corrupção tirando-lhe a honestidade" (2004, p. 345).

Arestos correntes exprimindo tramas urdidas com apuro[3] e simulações

---

3. AGRAVO REGIMENTAL. RECURSO ESPECIAL. ELEIÇÕES 2016. PREFEITO. AÇÃO DE INVESTIGAÇÃO JUDICIAL ELEITORAL (AIJE). ABUSO DE PODER ECONÔMICO. ART. 22 DA LC 64/90. REPRESENTAÇÃO. ARRECADAÇÃO E GASTOS ILÍCITOS DE RECURSOS DE CAMPANHA. ART. 30-A DA LEI 9.504/97. CONEXÃO. REUNIÃO DE PROCESSOS. JULGAMENTO CONJUNTO. NULIDADE. AUSÊNCIA. INVERSÃO INDEVIDA DO ÔNUS PROBATÓRIO. NÃO CONFIGURAÇÃO. MÉRITO. CONFIGURAÇÃO DOS ILÍCITOS. DESPROVIMENTO.

1. No decisum monocrático, confirmaram-se sentença e aresto do TRE/TO de cassação dos diplomas dos agravantes - vencedores do pleito majoritário de Pugmil/TO em 2016 - por abuso de poder econômico (AIJE 1057-17, proposta pelo Parquet) e "caixa dois" (Rp 1063-24, ajuizada por legenda) a partir da apreensão, com um dos filhos da primeira agravante, dois dias antes do pleito, de R$ 27.330,00 em espécie, não declarados no ajuste contábil, e de agenda contendo recibos de depósitos bancários e informações sobre serviços e produtos da campanha.

CONEXÃO. REUNIÃO DE PROCESSOS. JULGAMENTO CONJUNTO. NULIDADE. AUSÊNCIA. REJEIÇÃO.

2. Nos termos do art. 96-B da Lei 9.504/97, havendo possibilidade de que demandas conexas tenham decisões conflitantes, é salutar que sejam agrupadas para julgamento conjunto, providência que pode ser implementada em qualquer fase, em consonância com a Súmula 235/STJ, mutatis mutandis.

3. A AIJE 1057-17 e a RP 1063-24 possuem causas de pedir convergentes. O magistrado singular, constatando que esta se encontrava com instrução probatória finda, determinou o seu sobrestamento para aguardar que o transcurso do iter processual daquela, julgando-as em conjunto. Esse proceder não acarretou prejuízo e nem violou o princípio da não surpresa, pois os agravantes manifestaram-se acerca da oitiva de um dos filhos da Prefeita na AIJE 1057-17 e a referida prova apenas não se efetuou na RP 1063-24 pela falta deste nas duas audiências designadas.

SUPOSTA INVERSÃO INDEVIDA DO ÔNUS PROBATÓRIO. REJEIÇÃO.

4. Não se configurou indevida inversão do ônus probatório, pois, ante as fortes evidências, o encargo de apresentar situação favorável aos agravantes era deles próprios. Ademais, não se produziu prova documental ou testemunhal que viesse a contrapor os indícios de ilicitude dos recursos apreendidos.

MÉRITO. ABUSO DE PODER ECONÔMICO. ARRECADAÇÃO E GASTOS ILÍCITOS DE RECURSOS DE CAMPANHA. ARTS. 22 DA LC 64/90 E 30-A DA LEI 9.504/97. CONFIGURAÇÃO.

5. Consoante a jurisprudência desta Corte Superior, o abuso de poder econômico ocorre pelo uso exorbitante de recursos patrimoniais, sejam eles públicos ou privados, de forma a comprometer a isonomia da disputa eleitoral e a legitimidade do pleito em benefício de determinada candidatura. Precedentes.

6. A Corte a quo concluiu que a elevada quantia de dinheiro apreendida em poder do segundo filho da Prefeita - omitida do ajuste contábil da campanha - fazia parte de esquema de compra de votos destinado a beneficiá-la, apto a desequilibrar o pleito.

7. No que toca ao flagrante, consignou ser inverossímil o argumento de que o filho não teria nada o que esconder, pois, ao ser abordado, retirou rapidamente as sacolas do carro e as jogou por cima do muro.

8. Quanto ao destino dos valores, o TRE/TO ressaltou a inconsistência da alegação de que, do total, R$ 25.000,00 seriam para pagar honorários advocatícios, porquanto não veio aos autos sequer contrato com o profissional, que, por sua vez, declarou em juízo não ter recebido a importância. A dinâmica dos acontecimentos também remete à fragilidade da tese da defesa.

9. Na mesma linha, ficou evidenciado que a conta bancária de outro dos filhos foi utilizada para abastecer a campanha por meio do irmão, que sacou vários cheques cujos valores somaram R$ 127.700,00, quantia omitida do balanço contábil.

10. O conhecimento dos beneficiários é explícito, já que a conduta foi praticada pelos filhos da candidata, um deles bem atuante na campanha e que assumiu o cargo de secretário municipal de finanças logo depois da posse de sua genitora.

11. A apreensão, às vésperas do pleito, de elevado valor em espécie, após denúncias do crime de corrupção eleitoral (art. 299 do Código Eleitoral), com anotações de campanha e recibos de transferências bancárias, sem que os agravantes tenham apresentado justificativas e provas consistentes quanto à origem e ao destino desses recursos, leva ao abuso de poder econômico e ao "caixa dois", com gravidade suficiente para macular a legitimidade do pleito, ainda mais em se tratando de município pequeno, que nas Eleições 2016 teve 1.710 votos válidos e diferença de apenas 148 em favor dos vencedores da disputa.

12. Conclusão diversa demandaria reexame de fatos e provas, providência inviável em sede extraordinária (Súmula 24/TSE).

financeiras burlando o STF[4] confirmam o caráter atemporal da obra do notável hermeneuta, parlamentar e jornalista carioca (1863-1911).

Assim como o domínio político, a corrupção financeira identicamente seduz. Trata-se, não é nenhuma novidade, de um fenômeno vincado fundamente cuja magnitude é intensa e de contornos mundiais. Afinal, a política e o dinheiro são duas coisas tão antigas quanto o próprio homem.

Em termos de acesso ao poder, arrecadar e gastar valores de campanha à margem da lei consubstanciam condutas que ultrapassam a reprovabili-

---

CONCLUSÃO

13. Agravo regimental desprovido. (TSE, AgRg-REspe nº 105717/TO, DJE de 13/12/2019).

4. ELEIÇÕES 2016. AGRAVO REGIMENTAL. RECURSO ESPECIAL. AIJE. CAPTAÇÃO ILÍCITA DE RECURSOS FINANCEIROS. ABUSO DO PODER ECONÔMICO. ART. 30-A DA LEI Nº 9.504/97. ART. 22 DA LC Nº 64/90. PREFEITO E VICE-PREFEITO. PROCEDÊNCIA. CASSAÇÃO DE MANDATOS. INELEGIBILIDADE. OMISSÃO. INEXISTÊNCIA. INTUITO DE REJULGAMENTO DO CASO. UTILIZAÇÃO DE RECURSOS PRÓPRIOS NA CAMPANHA ELEITORAL. NÃO COMPROVAÇÃO. ORIGEM NÃO IDENTIFICADA. AUSÊNCIA DE CAPACIDADE ECONÔMICA DE DOADORES. RECURSO DE FONTE VEDADA. RELEVÂNCIA JURÍDICA. GRAVIDADE. REEXAME DE FATOS E PROVAS. IMPOSSIBILIDADE. SÚMULA Nº 24/TSE. NEGATIVA DE PROVIMENTO.

1. É inviável o agravo regimental que consiste, essencialmente, na reiteração das teses já enfrentadas de forma pormenorizada, sem impugnar, de forma específica, os fundamentos que sustentam a decisão agravada, o que atrai a incidência da Súmula nº 26/TSE.

2. Inexiste negativa de prestação jurisdicional quando o acórdão impugnado está alicerçado em fundamentação apta à solução da controvérsia, com a devida entrega da prestação jurisdicional.

3. A prestação jurisdicional incompleta, contraditória e/ou obscura é que desafia os aclaratórios. Aquela reputada injusta ou merecedora de aplicação diversa do direito - pela leitura da parte interessada - comporta, processualmente, recurso próprio.

4. Na origem, o TRE/RN, soberano na análise de fatos e provas, manteve a sentença de procedência da AIJE, da qual resultaram as sanções de cassação de diploma dos recorrentes e de inelegibilidade por 8 (oito) anos, além da determinação de realização de novas eleições no Município de Pendências/RN, em razão das seguintes constatações: a) não comprovação da origem da quantia doada por Fernando Antônio Bezerra de Medeiros à própria campanha eleitoral e incompatibilidade de seus rendimentos para a referida doação; b) inexistência de capacidade patrimonial de 4 (quatro) doadores para dispor, cada um, de R$ 1.000,00 (mil reais); e c) simulação de contrato de sublocação de veículos para ocultar doações feitas por pessoas jurídicas à campanha eleitoral dos recorrentes, em violação às normas de reência.

5. Infirmar a conclusão do Tribunal Regional - de que foram comprometidas a normalidade e a legitimidade do pleito, dado o emprego irregular e em excesso de recursos financeiros "em montante que representou cerca de 23,27% do valor total da campanha dos investigados, em município do interior do Estado, com aproximadamente 9.960 eleitores, em que a diferença de votos entre os dois primeiros colocados foi de apenas 104 votos" (fl. 519), o que autorizou a aplicação das sanções de cassação e de inelegibilidade, previstas no art. 22 da LC nº 64/90 - demandaria o revolvimento de fatos e provas, providência inviável em sede extraordinária, nos termos da Súmula nº 24/TSE.

6. Na linha da jurisprudência desta Corte Superior, "para a incidência do art. 30-A, § 2º, da Lei nº 9.504/97, é necessária a aferição da relevância jurídica do ilícito, porquanto a cassação do mandato ou do diploma deve ser proporcional à gravidade da conduta e à lesão ao bem jurídico protegido pela norma" (REspe nº 6-82/MS, Rel. Min. Dias Toffoli, DJe de 14.3.2014).

7. O Tribunal a quo assentou que a falta de capacidade patrimonial de doadores e o recebimento de recursos de origem não identificada e de fonte vedada caracterizaram captação ilícita de recursos, com gravidade suficiente para atrair as sanções do art. 30-A da Lei nº 9.504/97. Desconstituir tal premissa exigiria, uma vez mais, o reexame do caderno processual, providência vedada nesta instância extraordinária, a teor da Súmula nº 24/TSE.

8. Agravo regimental desprovido. (TSE, AgRg-REspe nº 507-91/RN, DJE de 14/11/2019).

dade. Em sentido amplo, são comportamentos nocivos, capazes de definir negativamente o embate eleitoral e, em consequência, a legitimidade das representações na medida em que aniquilam a legalidade. Ao propiciar uma situação de vantagem ilícita aos infratores, o *caixa dois* transcende o fluxo ilegal das receitas e desnatura o poder.

Num exame anterior, no julgamento do Recurso Ordinário nº 1.540/PA, da relatoria do Ministro Félix Fischer (DJE de 1º/06/2009), o Tribunal Superior Eleitoral já havia sinalado que as irregularidades pertinentes à arrecadação e gastos de recursos de campanha são um meio para a prática de abuso de poder econômico. Complementou este raciocínio a partir do que ficou registrado em voto-vista proferido no Recurso Ordinário nº 1220-86/TO (DJE de 27/03/2018): "O dinheiro exacerba das candidaturas e a sua falta restringe enormemente a competitividade dos candidatos".

Coloca-se em evidência, no ponto, que a norma inscrita pelo art. 30-A busca salvaguardar os princípios da moralidade e transparência em torno das eleições buscando inibir condutas à margem da fiscalização marcadas pela desonestidade e dissimulação. Dentre outros, são caracteres definidores do dispositivo:

- ENFRENTAMENTO à origem ilícita de recursos;
- REPRIME A MÁ-FÉ do candidato identificada pela tentativa de embaraçar, ludibriar, induzir a erro ou evitar o sistema de fiscalização pelos órgãos de controle da Justiça Eleitoral;
- Tem um conteúdo pedagógico-inibidor a partir da severidade da PENA nele prevista;
- Traça uma DIRETRIZ DE HIGIENIZAÇÃO POLÍTICA como um fármaco para remover representações viciadas pela fraude.

A interpretação teleológica do texto legal sobre as condutas em desacordo com as normas que disciplinam a arrecadação e os gastos de recursos de campanha viabiliza pelo menos quatro blocos temáticos de comportamentos fraudulentos passíveis de apuração pelo juízo competente[5]:

5. Lei nº 9.504/97:

Art. 96. Salvo disposições específicas em contrário desta Lei, as reclamações ou representações relativas ao seu descumprimento podem ser feitas por qualquer partido político, coligação ou candidato, e devem dirigir-se:

I - aos Juízes Eleitorais, nas eleições municipais;

II - aos Tribunais Regionais Eleitorais, nas eleições federais, estaduais e distritais;

III - ao Tribunal Superior Eleitoral, na eleição presidencial.

§ 1º As reclamações e representações devem relatar fatos, indicando provas, indícios e circunstâncias.

A) A movimentação dos recursos financeiros fora da conta bancária específica para campanha, exceto nos casos previstos para

- a circunscrição onde não haja agência bancária ou posto de atendimento bancário (Lei nº 9.504/97, art. 22, § 2º), ou
- cujo candidato tenha renunciado ao registro de candidatura antes do fim do prazo de 10 (dez) dias a contar da emissão do CNPJ de campanha, desde que não haja indícios de arrecadação de recursos e realização de gastos eleitorais.

B) O recebimento de doações sem a emissão do recibo eleitoral, o qual não é exigível somente nas seguintes e específicas hipóteses (LE/97, art. 28, incisos I, II e III):

- a cessão de bens móveis, limitada ao valor de R$ 4.000,00 (quatro mil reais) por cedente,
- doações estimáveis entre candidatos e partidos decorrentes do uso comum, tanto de sedes quanto materiais de propaganda, cujo gasto deverá ser registrado na prestação de contas do responsável pelo pagamento da despesa,
- cessão de automóvel de propriedade do candidato, do cônjuge e de seus parentes até o terceiro grau para seu uso pessoal durante a campanha.

C) O recebimento, direta ou indiretamente, em dinheiro ou estimável em dinheiro, inclusive por meio de publicidade de qualquer espécie, de doações de fontes vedadas procedentes de:

- pessoas jurídicas,
- origem estrangeira, e
- pessoa física permissionária de qualquer modalidade de serviço público.

D) A realização de gastos eleitorais apartados do rol previsto ao art. 26 da LE/97:

- confecção de material impresso, observado o tamanho fixado no § 2º do art. 37 e nos §§ 3º e 4º do art. 38 da LE/97,
- propaganda e publicidade direta ou indireta, por qualquer meio de divulgação,
- aluguel de locais para a promoção de atos de campanha,
- despesas com transporte ou deslocamento de candidato e de pessoal a serviço das candidaturas,
- correspondências e despesas postais,
- despesas de instalação, organização e funcionamento de comitês e serviços necessários às eleições,
- remuneração ou gratificação de qualquer espécie paga a quem preste serviço a candidatos e a partidos políticos,
- montagem e operação de carros de som, de propaganda e de assemelhados,

- realização de comícios ou eventos,
- produção de programas de rádio, televisão ou vídeo, inclusive os destinados à propaganda gratuita,
- realização de pesquisas ou testes pré-eleitorais,
- custos com a criação e inclusão de sítios na *internet* e com o impulsionamento de conteúdos contratados diretamente de provedor de *internet* com sede e foro no País,
- multas aplicadas, até as eleições, aos candidatos e partidos políticos por infração do disposto na legislação eleitoral,
- doações para outros partidos ou candidatos,
- produção de *jingles*, vinhetas e *slogans* para propaganda.

Como existe a possibilidade de revogação da vontade popular (cassação do mandato), é crucial haver prova inequívoca e robusta dos fatos e a demonstração da sua gravidade a fim de embasar a condenação extrema. Presentes tais elementos, o Estado-Juiz deve punir exemplarmente, como prevê a Lei nº 9.504/97. De outro lado, não se pode conceber uma decisão condenatória sem o concurso dos seus pressupostos[6]: a captação ilícita de recursos e os gastos dela decorrentes.

O primeiro caso emblemático no TSE acerca da matéria ocorreu no Recurso Ordinário nº 1.596/MG, julgado em 12/02/2009. O regime jurídico-constitucional do art. 30-A foi discutido pelo Plenário do Tribunal Superior Eleitoral baseado no voto do relator, Ministro Joaquim Barbosa. Este acórdão, reconhecendo o dispositivo como compatível aos pressupostos do sistema constitucional, tomou a seguinte ementa:

> **1. ELEIÇÕES 2006. RECURSO ORDINÁRIO. AÇÃO DE INVESTIGAÇÃO JUDICIAL ELEITORAL. REPRESENTAÇÃO JULGADA PARCIALMENTE PROCEDENTE. CASSAÇÃO DE DIPLOMA POR APLICAÇÃO DO ART. 30-A DA LEI Nº 9.504/97. 2. REJEIÇÃO DAS PRELIMINARES DE NULIDADE ABSOLUTA DO PROCESSO, DE CERCEAMENTO DE DEFESA, DE ILICITUDE E ILEGITIMIDADE DA PROVA, DE VIOLAÇÃO A DIREITOS FUNDAMENTAIS E DA NECESSIDADE DE SOBRESTAMENTO DO FEITO POR SUSPEIÇÃO DO PERITO JUDICIAL. 2.1. NULIDADE ABSOLUTA DO PROCESSO. INEXISTÊNCIA. LICITUDE DA PROVA.** A nulidade absoluta do processo, por ilegitimidade da prova, deve ser rejeitada porque: a) a prova, produzida na intimidade de investigação, realizada em conjunto pelo Ministério Público Federal, Polícia Federal e Receita Federal, é legítima e

6. TSE, AIJE nº 1943-58/DF, AIME nº 7-61/DF e RP nº 8-46/DF, j. 09/09/2017.

passível de ser compartilhada; b) essa prova, quando licitamente rompida a intimidade das ligações telefônicas por ordem judicial, fundamentada no permissivo constitucional, pode ser utilizada por outros órgãos do Estado para instruir procedimentos diversos; c) o direito à privacidade de informações não é absoluto nem ilimitado, mormente quando se contrapõe à tutela de interesse coletivo previsto pela Constituição Federal.

2.2. PREVISÃO CONSTITUCIONAL DO TIPO PREVISTO NO ART. 30-A DA LEI Nº 9.504/97. DESNECESSIDADE. O fato de a conduta tipificada no art. 30-A da Lei Nº 9.504/97 não estar expressamente prevista na Constituição Federal, não é impedimento para que a causa de pedir, fundamentada nesse dispositivo, tenha suporte em provas emprestadas de outro procedimento administrativo ou judicial.

2.3. PEDIDO DE PRODUÇÃO DE PROVA. INDEFERIMENTO PELO JUIZ. POSSIBILIDADE. Inexiste cerceamento de defesa quando o julgador indefere a produção de provas desnecessárias, seja porque nada acrescentam àquilo já suficientemente provado, seja porque não guardam relação com a defesa.

2.4. INQUÉRITO Nº 2.635 MG/2007 PENDENTE DE JULGAMENTO NO STF. PEDIDO DE SOBRESTAMENTO DO FEITO POR IMPOSSIBILIDADE DE UTILIZAÇÃO DAS PROVAS DO ACERVO DESSE INQUÉRITO. ALEGAÇÃO IMPROCEDENTE. Nada obsta que, à luz da Constituição Federal e da legislação eleitoral, as provas de práticas delituosas obtidas em procedimento tributário não concluído possam ser analisadas e, com base nelas, sejam punidos os ilícitos eleitorais comprovados.

2.5. SUSPEIÇÃO ARGUIDA EM DESFAVOR DE PERITO JUDICIAL. SOBRESTAMENTO DO FEITO. INADMISSIBILIDADE. Arguida a suspeição, em petição fundamentada e devidamente instruída, o juiz mandará processar o incidente em separado e sem suspensão da causa (art. 138, III, e § 2º, do CPC).

3. MÉRITO. RECURSOS DA CAMPANHA ELEITORAL. APLICAÇÃO DA LEI Nº 9.504/97.

3.1 DEMONSTRAÇÃO DA ORIGEM DOS RECURSOS DA CAMPANHA ELEITORAL. EXIGÊNCIA LEGAL. A Lei das Eleições estabelece regras muito rígidas a serem observadas quanto à arrecadação e aos gastos de campanha (art. 17 e seguintes), veda o recebimento de recursos de determinadas fontes (art. 24) e estabelece que todos os recursos sejam movimentados em conta bancária específica (art. 22).

3.2. DEVER DE PRESTAR CONTAS. PREVISÃO CONSTITUCIONAL E LEGAL. O princípio da prestação de contas decorre da Constituição Federal, e a Lei nº 9.504/97, a partir do seu art. 28, fixa regras para a prestação de contas dos recursos utilizados nas campanhas eleitorais.

> 3.3. ADMINISTRAÇÃO ILEGAL DOS RECURSOS DA CAMPANHA ELEITORAL. CARACTERIZAÇÃO. Condutas que violam o art. 14, § 9º, da Constituição Federal, art. 237 do Código Eleitoral e as disposições da Lei das Eleições referentes à arrecadação, à utilização, ao controle e à prestação de contas configuram administração ilegal dos recursos financeiros de campanha eleitoral.
>
> 3.4. CONDUTAS EM DESACORDO COM A LEI DAS ELEIÇÕES. CARACTERIZAÇÃO. "CAIXA 2". COMPROVAÇÃO. Condutas tendentes a permitir aos doadores de campanha optar entre a doação para conta regularmente aberta e controlada pela Justiça Eleitoral e para outras contas não oficiais atraem a incidência das disposições do art. 30-A, da Lei no 9.504/97, por configurar a existência do chamado "caixa 2".
>
> 3.5. RESPONSABILIDADE DO CANDIDATO. PREVISÃO LEGAL. O legislador atribuiu responsabilidade solidária pela prestação de contas ao candidato e ao administrador financeiro de sua campanha (art. 21 da Lei nº 9.504/97).
>
> 3.6. PROVA DA CONTRIBUIÇÃO DA CONDUTA REPROVADA PARA O RESULTADO DAS ELEIÇÕES. DESNECESSIDADE. "O nexo de causalidade quanto à influência das condutas no pleito eleitoral é tão-somente indiciário; não é necessário demonstrar que os atos praticados foram determinantes do resultado da competição; basta ressair dos autos a probabilidade de que os fatos se revestiram de desproporcionalidade de meios" (Acórdão nº 28.387, de 19.12.2007, rel. min. Carlos Ayres Britto).
>
> 4. PRECEDENTES.
>
> 5. RECURSO A QUE SE NEGA PROVIMENTO.

A partir deste aresto-paradigma, através dos fundamentos nele contidos, verifica-se que a cassação de mandatos decorrente de arrecadações e gastos espúrios de campanhas eleitorais foi uma reação do legislador às manipulações praticados em termos de abuso de poder e *caixa dois* escancarados ao longo da instrução da AP nº 470.[7]

13.3. LEGITIMIDADE ATIVA

Podem movimentar o aparato estatal nesta seara as coligações e os partidos políticos. A locução "qualquer" autoriza que mesmo o partido que não tenha participado do pleito impugne. O legislador considerou o candi-

7. A decisão proferida pelo STF no *Processo do Mensalão* contendo a transcrição dos votos dos onze ministros e as penalidades aplicadas a cada condenado formou, com o relatório, um documento de 8.405 páginas.

dato individualmente carecedor de ação. Como se extrai do voto do relator do AgRg na MC n° 31.658/MG, DJE de 10/05/2010, "A Lei nº 9.504/97 estabelece regra própria sobre legitimidade para ajuizamento da representação com base no seu art. 30-A, excluindo os candidatos".

Ainda que a literalidade da norma tenha excluído o Ministério Público Eleitoral, o mesmo detém legitimidade ativa para atuar nessas ações por conta da defesa do *regime democrático* (CF/88, art. 127).

13.4. LEGITIMIDADE PASSIVA

Dispõe o § 2° do art. 30-A que "comprovados captação ou gastos ilícitos de recursos, para fins eleitorais, será negado diploma ao candidato, ou cassado, se já houver sido outorgado". A lei ataca receita e despesa ilícitas. No caso concreto, combate-se a ocorrência de uma, da outra ou ambas.

Tendo em mira que o dispositivo busca resguardar o processo eleitoral, qualquer candidato, eleito ou não, majoritário ou proporcional, incluído o suplente[8], que tenha encaminhado o seu registro de candidatura, poderá ser alvo de investigação.

Presentes tais razões, cabe enfatizar que "Ao inadmitir a propositura da ação do art. 30-A contra todos os candidatos não eleitos, estar-se-ia legitimando que aqueles que não obtiveram êxito no pleito captassem ou gastassem recursos ilicitamente"[9].

Já o terceiro responsável ou partícipe não sofre nenhuma consequência jurídica no âmbito da representação aludida pelo §2º[10]. No entanto, pode vir a ser demandado em Ação de Investigação Judicial Eleitoral para apuração de abuso de poder econômico e nesta declarado inelegível, caso houver concorrido para a prática do ilícito (LC nº 64/90, art. 22, XIV).

13.5. INSTRUMENTO PROCESSUAL

Nos termos do §1º do art. 30-A da Lei nº 9.504/97, a Investigação Judicial Eleitoral regulamentada pela Lei Complementar nº 64, de 18 de

8. A ação de investigação judicial com fulcro no art. 30-A pode ser proposta em desfavor do candidato não eleito, uma vez que o bem jurídico tutelado pela norma é a moralidade das eleições, não havendo falar na capacidade de influenciar no resultado do pleito. No caso, a sanção de negativa de outorga do diploma ou sua cassação prevista no § 2º do art. 30-A também alcança o recorrente na sua condição de suplente. (TSE, RO n° 1.540/RO, DJe de 10/06/2009).
9. RO nº 1.540/PA, DJE de 1º/06/2009, p. 24, voto do Min. Félix Fischer.
10. TSE, RO nº 2188-47/ES, DJE de 18/05/2018.

maio de 1990, é a medida processual cabível para a apuração das condutas de captar e gastar ilicitamente recursos durante a campanha ou a pré-campanha eleitoral.

Inviável, na espécie, interpor Recurso Contra Expedição de Diploma porquanto o art. 262 do Código Eleitoral, após a reformulação que lhe foi determinada pela Lei nº 12.891/13, incide apenas nos casos de inelegibilidade superveniente ou de natureza constitucional, e de falta de condição de elegibilidade.

A despeito de tais disposições legais, cumpre salientar que no Recurso Ordinário nº 1.662/GO (DJE de 30/09/2016)[11], o Tribunal Superior Eleitoral julgou recurso em Ação de Impugnação de Mandato Eletivo admitindo a cumulação de pedidos na esfera dos arts. 30-A e 41-A, modificando, com

---

11. ELEIÇÕES 2006. REPRESENTAÇÃO. AÇÃO DE IMPUGNAÇÃO DE MANDATO ELETIVO. DEPUTADA ESTADUAL. REUNIÃO POLÍTICA. CAPTAÇÃO ILÍCITA DE SUFRÁGIO. GASTO ILÍCITO DE CAMPANHA. INOCORRÊNCIA. PROVIDO.

    1. Conquanto exauridos os prazos de mandato e de inelegibilidade, persiste o interesse jurídico do candidato em afastar a multa aplicada com fundamento na captação ilícita de sufrágio.

    2. A grave sanção do art. 41-A da Lei nº 9.504/1997 exige a presença de provas lícitas e seguras que indiquem todos os requisitos previstos nessa norma, e a ausência de qualquer deles deve, obrigatoriamente, levar à improcedência do pedido. Entendimento que se reforça com a edição da Lei Complementar nº 135/2010, pois o reconhecimento do ilícito em questão, além de ensejar a grave sanção de cassação de diploma, afasta o político das disputas eleitorais pelo longo prazo de oito anos (art. 1º, inciso I, alínea j, da LC nº 64/1990).

    3. O pedido genérico de voto em reunião política - não há sequer prova segura desse pedido -, longe de qualificar-se como captação ilícita de sufrágio, revela-se instrumento legítimo dos candidatos em pleitear a nobre função de representantes do povo. O que se pune no art. 41-A da Lei nº 9.504/1997 não é o pedido de voto em si, mas doar, oferecer, prometer ou entregar alguma benesse com a finalidade específica de obter o voto de eleitor determinado, razão pela qual as "promessas genéricas, sem o objetivo de satisfazer interesses individuais e privados, não são capazes de atrair a incidência do art. 41-A da Lei nº 9.504/97" (AgRgAg nº 4.422/SP, rel. Min. Fernando Neves, julgado em 9.12.2003).

    4. O art. 30-A da Lei nº 9.504/1997, incluído pela Lei nº 11.300/2006, estabelece: "qualquer partido político ou coligação poderá representar à Justiça Eleitoral, relatando fatos e indicando provas e pedir a abertura de investigação judicial para apurar condutas em desacordo com as normas desta Lei, relativas à arrecadação e gastos de recursos". O § 2º do referido artigo assim dispõe: "comprovados captação ou gastos ilícitos de recursos, para fins eleitorais, será negado diploma ao candidato, ou cassado, se já houver sido outorgado". A citada norma, introduzida como um meio de responder ao alegado "caixa dois" ocorrido no processo denominado "Mensalão", tutela o princípio da moralidade das disputas na perspectiva da lisura das eleições, buscando coibir precipuamente condutas à margem da fiscalização da Justiça Eleitoral, pautadas pela má-fé dos candidatos.

    5. A tipificação do art. 30-A da Lei nº 9.504/1997 exige não apenas ilegalidade na forma de arrecadação e gasto, mas a ilegalidade qualificada, marcada pela má-fé do candidato, apta a macular a necessária lisura do pleito, o que não ficou demonstrado pelo representante nem pelo Tribunal Regional, pois, além de inexistir prova de que o evento fora patrocinado por fonte ilícita - pelo contrário, a prova indica a realização por pessoa física -, o valor em jogo - menos de R$2 mil - não tem relevância jurídica em uma disputa para o cargo de deputado estadual, suficiente para se chegar à grave sanção de cassação de diploma. Na linha da jurisprudência do Tribunal Superior Eleitoral, a "cassação do diploma com base no art. 30-A da Lei nº 9.504/97 há de ser proporcional à gravidade da conduta e à lesão perpetrada ao bem jurídico protegido pela norma" (RO nº 4446-96/DF, rel. Min. Marcelo Ribeiro, julgado em 21.3.2012).

    6. Recurso provido. Cautelar prejudicada.

isso, a compreensão anteriormente manifestada no Recurso Ordinário nº 1.540/PA (DJE de 1º/06/2009).

13.6. PRESTAÇÃO DE CONTAS E IJE

Dos textos legais deriva uma premissa: prestação de contas e investigação judicial (IJE) são instrumentos inequivocamente próprios. O resultado atingido numa situação não vincula a decisão a ser tomada na outra. Há uma linha divisória entre ambas. Entretanto, esta diversidade de tratamento jurídico-normativo não impede o inter-relacionamento entre os processos, por exemplo, em matéria de prova. Não se pode afastar de todo, a possibilidade de a primeira repercutir positiva ou negativamente na segunda. Isso, porém, não significa que os órgãos julgadores estejam obrigados a chegar à mesma conclusão numa e noutra. Exemplificativamente: as contas do candidato, embora aprovadas, podem ter sido prestadas carecendo de veracidade, da mesma forma que receitas ou os gastos, embora contabilmente demonstrados, podem encobrir maquiagens. Partindo de tais pressupostos, "Esses dois temas, arrecadação ilícita de recursos e prestação irregular de contas, são dois pontos de fragilidade estrutural da Justiça Eleitoral; dois calcanhares de Aquiles", já disse o TSE.[12]

O tribunal tem realçado que a desaprovação de contas decorrente da não comprovação, pelo candidato, da origem de determinado recurso financeiro, não autoriza, por si só, a cassação de diploma, posto que a representação fundada nesse dispositivo, além da ilegalidade na forma da doação identificada no exame das contas, exige a sua expressão qualificada, marcada pela má-fé suficiente a ponto de macular a lisura do pleito[13]. Para a Corte Superior, a tipificação do art. 30-A, à semelhança do abuso de poder, leva "em conta elementos e requisitos diferentes daqueles observados no julgamento das contas"[14]. Aqui, é necessário admitir que mais de uma solução se apresenta viável. A existência de vícios nas contas não determina de plano a incidência da sanção prevista no § 2º do art. 30-A da LE/97, devendo-se aferir, por meio de prova, a gravidade e relevância jurídica das condutas[15]:

12. TSE, RO nº 1.596, j. em 12/02/2009.
13. TSE, REspe nº 181/MG, DJE de 29/04/2015: "A atuação da Justiça Eleitoral deve ocorrer de forma minimalista, tendo em vista a possibilidade de se verificar uma judicialização extremada do processo político eleitoral, levando-se, mediante vias tecnocráticas ou advocatícias, à subversão do processo democrático de escolha de detentores de mandatos eletivos, desrespeitando-se, portanto, a soberania popular, traduzida nos votos obtidos por aquele que foi escolhido pelo povo" (excerto da ementa).
14. TSE, RO n° 780/SP, j. em 08/06/2004.
15. TSE, RO nº 711468/MT, DJE de 30/04/2014.

ELEIÇÕES 2012. AGRAVO REGIMENTAL NO RECURSO ESPECIAL ELEITORAL. CARGO. VEREADOR. REPRESENTAÇÃO. CAPTAÇÃO OU GASTO ILÍCITO DE RECURSOS FINANCEIROS DE CAMPANHA ELEITORAL (LEI Nº 9.504/97, ART. 30-A). IMPROCEDÊNCIA. RELEVÂNCIA JURÍDICA. PROPORCIONALIDADE ENTRE A CONDUTA ILÍCITA E A GRAVE SANÇÃO DE CASSAÇÃO DO DIPLOMA. NÃO CONFIGURAÇÃO. DECISÃO MANTIDA. DESPROVIMENTO.

1. O art. 30-A da Lei das Eleições reclama, para sua configuração, e consequente aplicação de gravosa sanção de cassação do diploma, a análise do ultraje material, e não meramente formal, dos bens jurídicos tutelados pela norma (i.e, transparência, moralidade e higidez do prélio eleitoral). Precedentes: AgR-AI nº 744-32/MG, Rel. Min. Henrique Neves, DJe de 29.5.2014 e RO nº 393-22/AM, Rel. Min. Dias Toffoli, DJe de 21.8.2014.

2. A desaprovação das contas do candidato não acarreta, por si só, a subsunção dos fatos à descrição do art. 30-A da Lei nº 9.504/97, visto que a prestação de contas e a representação para apurar gastos ilícitos de campanha são ações distintas e autônomas (AgR-AI nº 744-32/MG, Rel. Min. Henrique Neves, DJe de 29.5.2014 e REspe nº 2641-64/RR, Rel. Min. Dias Toffoli, DJe de 28.2.2014).

3. *In casu*, da moldura fática delineada no acórdão regional, constata-se que a irregularidade *in foco* não é suficiente, per se, para caracterizar a prática de arrecadação e gastos ilícitos de recursos de campanha, nos termos do art. 30-A da Lei nº 9.504/97, porquanto a conduta não possui relevância jurídica para comprometer a moralidade e transparência da eleição de modo a justificar a grave sanção de cassação do diploma do Recorrido, incidindo, na espécie, os postulados da proporcionalidade e da razoabilidade.

4. Agravo regimental desprovido.[16]

Noutro giro, indispensável sinalar que a aprovação das contas da campanha, de vereador a presidente da República, não inviabiliza, em tempo oportuno, o ajuizamento da apuração concebida pelo art. 30-A quando comprovada a utilização de recursos à margem de fiscalização, conforme acentuou o Recurso Especial Eleitoral nº 28.387/GO[17].

16. TSE, AgR-REspe nº 2-04/PB, DJE de 04/10/2016.
17. J. 19/12/2007.

13.7. OMISSÕES

Os casos mais graves de omissões sobre recursos financeiros dizem respeito aos valores que trafegam "por fora" da campanha eleitoral, os "sistemas paralelos de contabilidade" ou de "movimentação de capitais sem registro da escrituração" (ROSA, 2004, p. 15).

Na espécie, "A caracterização da prática cognominada de 'caixa dois' interdita de *per si* a incidência dos postulados fundamentais da proporcionalidade e da razoabilidade como parâmetro normativo para aferir a relevância jurídica do ilícito em processos de captação ou gasto ilícito de recursos em campanhas eleitorais (art. 30-A da Lei das Eleições), porquanto presente a fraude escritural consistente na omissão de valores gastos, com o propósito de mascarar a realidade, restando inviabilizada a fiscalização dos fluxos monetários pelos órgãos de controle"[18]:

> **AGRAVO REGIMENTAL. RECURSO ESPECIAL. ELEIÇÕES 2012. VEREADOR. AÇÃO DE INVESTIGAÇÃO JUDICIAL ELEITORAL. ARRECADAÇÃO E GASTOS ILÍCITOS DE RECURSOS DE CAMPANHA. ABUSO DE PODER. "CAIXA DOIS". CONFIGURAÇÃO. DESPROVIMENTO.**
>
> 1. O agravante, Vereador de Araçatuba/SP eleito em 2012, teve seu diploma cassado e foi considerado inelegível por arrecadação ilícita de recursos (art. 30-A da Lei 9.504/97) e abuso de poder econômico (art. 22 da LC 64/90) decorrente de "caixa dois", porquanto não declarou a origem de valores que, ademais, não transitaram pela conta de campanha, no importe de R$ 7.603,20, o que corresponde a quase 12% de receitas (R$ 64.250,15).
>
> 2. No regimental, pugna-se pela aplicação dos princípios da razoabilidade e da proporcionalidade e alega-se que a conduta não é grave o suficiente (art. 22, XVI, da LC nº 64/90).
>
> 3. A prática de "caixa dois" constitui motivo bastante para incidência das sanções, eis que a fraude escritural de omissão de valores recebidos e de falta de esclarecimento de sua origem inviabiliza o controle, por esta Justiça Especializada, de aporte financeiro em favor de candidatos, partidos políticos e coligações. Precedentes, em especial o AgR-REspe 235-54/RN, Rel. Min. Luiz Fux, DJe de 15.10.2015.
>
> 4. Não se cuida, na espécie, de simples falha de natureza estritamente contábil, mas sim de uso de recursos financeiros não declarados, sem

18. AgR-REspe nº 235-54/RN, DJe de 15/10/2015, v.u.

> trânsito por conta bancária específica e sem comprovação de sua origem, sendo inequívoco o "caixa dois".
>
> 5. Abuso de poder também reconhecido ante a proporção de recursos ilícitos (11,83% de R$ 64.250,15) e, ainda, a vantagem de apenas 60 votos para o primeiro suplente em colégio que conta com quase 140 mil eleitores.
>
> 6. Os julgados trazidos não possuem similitude fática com o caso: a) no REspe 392-22/AM (Rel. Min. Dias Toffoli), inexistiu "caixa dois"; b) no REspe 1610-80/MS (Rel. Min. Laurita Vaz), a falha equivaleu a apenas 4% de receitas; c) no REspe 863-48/MG (Rel. Min. Luiz Fux), cuida-se de processo de contas e a falha foi de 7% (R$ 5.053,60); d) no AgR-AI 540-39/RJ (Rel. Min. Luiz Fux), o vício nas contas totalizou apenas R$ 300,00.
>
> 7. Agravo regimental desprovido.[19]

É certo que algumas omissões relacionadas a determinados gastos de campanha não possuem gravidade suficiente a ensejar cassação se não ficou comprovada a utilização de recursos de fontes vedadas ou caixa dois[20]. De outra parte, configura-se o ato infracional quando existe omissão de gastos atinentes a comitês, cessão ou locação de imóveis, veículos e de despesas com combustíveis e lubrificantes[21].

13.8. CONTA BANCÁRIA EXTEMPORÂNEA

A abertura extemporânea da conta específica para movimentação na campanha não configura, por si só, o ilícito do art. 30-A da Lei nº 9.504/97, manifestamente quando os recursos arrecadados no período que precedeu a sua abertura foram estimáveis em dinheiro e os serviços doados[22], não havendo, com isso, manipulação de dinheiro em espécie. Aludida expressão de ilegalidade, quando sanável, é insuficiente para ensejar cassação de mandato[23].

13.9. ERRO DE IDENTIFICAÇÃO NA DOAÇÃO

Para a configuração do ilícito previsto no art. 30-A, as falhas meramente formais, ainda que revestidas de gravidade, na apresentação das contas, são

19. TSE, AgR-REspe nº 760-64/RN, DJe de 29/09/2016.
20. TSE, RO nº 393-22/AM, DJE de 21/08/2014 e TSE, AgR-REspe nº 385/MA, DJE de 11/12/2014.
21. TSE, AC nº 92888/MG, DJE de 10/12/2015.
22. TSE, RO nº 262332/TO, DJE de 02/06/2014.
23. TSE, AI nº 312/SP, DJE de 30/03/2015.

insuficientes, sendo indispensável a indicação de irregularidades materiais que apontem relevância no contexto da campanha. O erro de identificação na doação pelo prestante que indica nominalmente como destinatário o partido e não o beneficiário, gera inconsistência. Contudo,isso não pode ser considerado como motivo para a incidência do art. 30-A, especialmente se o CNPJ do destinatário foi corretamente apontado na operação e esta comunicada à Justiça Eleitoral, tanto pelo doador como pelo beneficiário[24].

13.10. GASTOS SEM TRÂNSITO PELA CONTA ESPECÍFICA

Este item que fomentou a alteração no texto da Lei das Eleições caracteriza-se por uma oscilação jurisprudencial capaz de gerar disparidades. O TSE, é certo, já reconheceu que demonstra a prática de captação e gasto ilícito de recursos apto a configurar abuso do poder econômico, a existência de *caixa dois* em razão da movimentação de todos os gastos eleitorais sem trânsito pela conta exclusiva da campanha, além da apresentação de contas retificadoras com alteração substancial dos valores sem justificativa:

> **ELEIÇÕES 2012. RECURSO ESPECIAL. CAPTAÇÃO OU GASTO ILÍCITO DE RECURSOS FINANCEIROS NA CAMPANHA. ABUSO DO PODER ECONÔMICO. CONFIGURAÇÃO. CERCEAMENTO DE DEFESA. INEXISTÊNCIA. REEXAME DE FATOS E PROVAS. IMPOSSIBILIDADE. PRINCÍPIO DA PROPORCIONALIDADE. INAPLICABILIDADE AO CASO CONCRETO. DESPROVIMENTO.**
>
> (...).
>
> 8. Segundo o acórdão recorrido, estaria sobejamente demonstrada a prática de captação e gasto ilícito de recursos, apto a configurar abuso do poder econômico, tendo sido ressaltada a existência de caixa dois, em razão da movimentação de todos os gastos eleitorais sem transitar pela conta bancária de campanha, aberta tardiamente, além de terem sido apresentadas contas retificadoras com alteração substancial dos valores sem justificativa para tal, prática punível na forma do disposto nos arts. 30-A da Lei das Eleições e 14, § 10, da CF/88.
>
> 9. Irregularidades graves como omissões de despesas, ausência de identificação de doadores, falta de emissão de notas fiscais e gastos superiores ao limite estabelecido para a campanha configuram a prática vedada que, por sua gravidade, leva à cassação do diploma. Precedentes.
>
> 10. Princípios da proporcionalidade e da razoabilidade. Não aplicação à hipótese.

24. TSE, RO nº 443482/DF, DJE de 1º/04/2014.

> (...).
>
> 13. Segundo a jurisprudência desta Corte, "A procedência da Ação de Investigação Judicial Eleitoral, com lastro no art. 30-A da Lei das Eleições, adstringe-se à perda do registro ou do diploma e à sanção pecuniária, não abarcando a declaração de inelegibilidade, que será aferida no momento da formalização do registro de candidatura, nos termos da alínea j do inciso I do art. 1º da LC nº 64/90" (AgR-AI nº 502-02/RO, rel. Min. LUIZ FUX, DJE de 6.5.2015).
>
> 14. Recurso especial parcialmente provido, apenas para excluir a pena de inelegibilidade imposta aos recorrentes, mantendo o acórdão regional quanto à cassação de seus mandatos.[25]

Posteriormente, quando apreciou o AgR-REspe nº 1-72/RS (DJE de 03/02/2017), a Corte tolerou a omissão de um fluxo financeiro da ordem de 40% como diferença de receita não declarada na prestação de contas:

> **ELEIÇÕES 2012. AGRAVO REGIMENTAL. RECURSO ESPECIAL ELEITORAL. PREFEITO E VICE-PREFEITO. REPRESENTAÇÃO. ART. 30-A DA LEI Nº 9.504/1997. CASSAÇÃO DO DIPLOMA. DESPROVIMENTO.**
>
> 1. A atuação da Justiça Eleitoral deve ocorrer de forma minimalista, tendo em vista a possibilidade de se verificar uma judicialização extremada do processo político eleitoral, levando-se, mediante vias tecnocráticas ou advocatícias, à subversão do processo democrático de escolha de detentores de mandatos eletivos, desrespeitando-se, portanto, a soberania popular, traduzida nos votos obtidos por aquele que foi escolhido pelo povo.
>
> 2. O art. 30-A da Lei nº 9.504/1997, introduzido pela Lei nº 11.300/2006, estabelece: "qualquer partido político ou coligação poderá representar à Justiça Eleitoral, no prazo de 15 (quinze) dias da diplomação, relatando fatos e indicando provas, e pedir a abertura de investigação judicial para apurar condutas em desacordo com as normas desta Lei, relativas à arrecadação e gastos de recursos". O § 2º do referido artigo assim dispõe: "comprovados captação ou gastos ilícitos de recursos, para fins eleitorais, será negado diploma ao candidato, ou cassado, se já houver sido outorgado". A referida norma, introduzida como uma forma de responder ao alegado "caixa dois" ocorrido no denominado processo do "Petrolão", tutela os princípios da moralidade das disputas na perspectiva da lisura das eleições, buscando coibir precipuamente condutas à margem da fiscalização da Justiça Eleitoral, pautadas pela má-fé dos candidatos.

25. TSE, REspe nº 131064/MG, DJE de 14/12/2015.

3. A moldura fática do acórdão regional revela:

i) ausência de abertura de conta bancária específica para o candidato, ressaltando que a movimentação financeira ocorreu na conta do comitê; ii) realização de contrato de comodato de sala comercial utilizada para a instalação do comitê de campanha antes do prazo permitido por lei; iii) omissão na prestação de contas de doações estimáveis em dinheiro - a utilização de veículos dos candidatos; iv) omissão na prestação de contas de doações estimáveis em dinheiro - produção de um jingle doado por artista da região; v) R$1.200,00 (mil e duzentos reais) de gastos com material de propaganda ficaram sem registro de pagamento por meio de chegue nominal ou transferência bancária; vi) R$6.216,01 (seis mil, duzentos e dezesseis reais e um centavo) arrecadados a maior e não declarados na prestação final; vii) gastos de R$5.898,09 (cinco mil, oitocentos e noventa e oito reais e nove centavos) não contabilizados na prestação de contas final; viii) as despesas de combustíveis e de lubrificantes não foram emitidas para o CNPJ de candidatura, mas para o CPF do candidato.

4. Conquanto as irregularidades tenham repercussão no âmbito da prestação de contas, não ensejam procedência do pedido da representação do art. 30-A da Lei nº 9.504/1997. Não há no caso concreto a mínima indicação da suposta fonte ilícita dos recursos, como, à guisa de exemplificação, uma das hipóteses elencadas no art. 24 da Lei nº 9.504/1997. Tampouco é possível concluir que se tratava de caixa dois de campanha, pois os valores arrecadados a maior na campanha (R$6.216,01) estão devidamente comprovados por recibos eleitorais, enquanto as despesas que não constaram na prestação final (R$5.898,09) também foram demonstradas, o que, longe de revelar algo orquestrado, com evidente má-fé, demonstra uma clara desorganização contábil da campanha, compreensível em municípios de pequeno porte do nosso país.

5. A tipificação do art. 30-A da Lei nº 9.504/1997, à semelhança do abuso de poder, leva "em conta elementos e requisitos diferentes daqueles observados no julgamento das contas" (RO nº 780/SP, rel. Min. Fernando Neves, julgado em 8.6.2004), razão pela qual a representação fundada nesse dispositivo legal exige não apenas ilegalidade na forma de arrecadação e gasto de campanha, mas a ilegalidade qualificada, marcada pela má-fé do candidato, suficiente para macular a necessária lisura do pleito, o que não ficou demonstrado pelo representante nem pelo Tribunal Regional. Precedentes do TSE.

6. Agravo regimental desprovido. Ação Cautelar nº 1363-28/RS prejudicada.

Mais adiante, num enfoque completamente diverso, o entendimento do tribunal no julgamento do Recurso Ordinário nº 223559/AP (DJE de 29/04/2021), embora reconhecendo (a) a simulação de despesas, (b) a apresentação de notas fiscais inidôneas, (c) a realização de gastos com a produção de materiais publicitários em volume acima do declarado, (d) a apropriação de recursos típicos de campanha por parte de seu coordenador e, sobretudo, (e) que o candidato é sempre o protagonista das atividades financeiras da campanha, revelou-se surpreendente ao considerar que:

> (...) as práticas ilícitas assinaladas, ainda que em termos agregados, não adquirem relevância jurídica suficiente a autorizar a aplicação da sanção de perda do diploma com base no art. 30-A da Lei nº 9.504/97, na medida em que, pelo aspecto quantitativo, representam somente 14,54% (quatorze vírgula cinquenta e quatro por cento) das receitas declaradas à Justiça Eleitoral.
>
> Com efeito, não se afigura razoável a invalidação da vontade das urnas diante de um quadro em que as irregularidades efetivamente comprovadas, conquanto reprováveis em si, em vista da estreitada grandeza relativa não atingem a gestão financeira em termos generalizados, e tampouco afetam a paridade de condições de forma categórica e cabal.
>
> Da mesma sorte, compreende-se que os eventos envolvidos não assumem gravidade suficiente para o reconhecimento da prática de abuso de poder econômico.
>
> É que, como se sabe, os feitos que tangenciam o abuso de poder demandam uma análise judicial de caráter bivalente: em um primeiro momento, avalia-se o amoldamento dos eventos questionados ao raio de incidência de alguma proscrição legal, notadamente no âmbito do direito eleitoral sancionador; segue-se, porém, um segundo momento, mais delicado, no contexto do qual se procede a um exercício axiológicovalorativo, orientado pelo dimensionamento da repercussão dos comportamentos glosados à luz da realidade dos certames e também do direito.
>
> Em vista do que antecede, entende-se que as transgressões apuradas não têm aptidão para abalar de forma extraordinariamente contundente a legitimidade do pleito, máxime porque, em sede de abuso de poder, o grau de afetação dos comportamentos ilícitos só pode ser descortinado a partir de uma análise contextual, pesando, na espécie, o fato de que a competição em tela tem larga magnitude.

A sua ementa assim dispôs:

> **ELEIÇÕES 2014. SENADOR E SUPLENTES. RECURSOS ORDINÁRIOS. AÇÃO DE INVESTIGAÇÃO JUDICIAL ELEITORAL. REPRESENTAÇÃO PELO ART. 30-A DA LEI 9.504/97. AÇÃO DE IMPUGNAÇÃO DE MANDATO ELETIVO. JULGAMENTO CONJUNTO. ABUSO DE PODER POLÍTICO E ECONÔMICO. CAPTAÇÃO E GASTO ILÍCITO DE RECURSOS. RESPONSABILIDADE SOLIDÁRIA ENTRE CANDIDATO E ADMINISTRADOR FINANCEIRO DA CAMPANHA. NOTAS FISCAIS INIDÔNEAS. AUSÊNCIA DE AUTORIZAÇÃO DO FISCO PARA A SUA EMISSÃO. EMPRESA DE FACHADA. OMISSÃO DE DESPESAS. COAÇÃO DE SERVIDORES COMISSIONADOS. LITISPENDÊNCIA PARCIAL. PROPORCIONALIDADE E RAZOABILIDADE. AUSÊNCIA DE GRAVIDADE SUFICIENTE PARA A CASSAÇÃO DO MANDATO. RECURSOS ORDINÁRIOS A QUE SE NEGA PROVIMENTO.**
>
> 1. Extrai-se dos arts. 20 e 21 da Lei nº 9.504/97 que a higidez dos dados e informações apresentados no bojo dos processos de prestação de contas constitui obrigação assinalada ao candidato, obrigação essa que alcança, adicionalmente, o administrador financeiro, sempre que o primeiro opte por não gerir as finanças pessoalmente.
>
> 2. A partir dessa premissa, o candidato é sempre o protagonista das atividades financeiras da campanha, figurando o administrador como mero coadjuvante ou, no limite, como copartícipe daquele exercício, sem que sua presença atenue, de qualquer forma, o papel de liderança do sujeito principal.
>
> 3. Depreende-se dos autos a contratação de empresa inidônea, sem capacidade para a realização dos serviços ajustados, e que, ademais, forneceu à campanha do candidato cinco notas fiscais emitidas de maneira fraudulenta, à margem de autorização do FISCO municipal.
>
> 4. Apura-se, igualmente, que parte dos valores destinados a empresas contratadas foi depositada em conta própria do administrador financeiro, a demonstrar que alguns serviços contratados não foram efetivamente prestados e, ainda, que o administrador foi beneficiário de certos valores pagos com recursos de campanha.
>
> 5. Embora a legislação eleitoral não regule a forma de desconto do cheque, não colocando óbice a que a ordem de pagamento seja compensada ou descontada, os valores envolvidos devem ter como destinatários os fornecedores de serviços.
>
> 6. Dentro desse raciocínio, há evidências no sentido de que a contratação de serviços, no caso, serviu como pretexto para o desvio de receitas de campanha, em flagrante burla ao marco regente da contabilidade eleitoral.

> 7. Em acréscimo, existem provas que apontam para a produção de material gráfico em quantidades acima daquelas declaradas à Justiça Eleitoral.
>
> 8. No caso das representações fundadas no art. 30-A da Lei das Eleições, faz-se necessária a aferição da relevância jurídica do ilícito, de modo que a aplicação da gravosa sanção de cassação obedeça à proporcionalidade. Precedentes.
>
> 9. Conquanto reprováveis em si, as faltas comprovadas representam, em conjunto, apenas 14,54% do total das receitas informadas e, por isso, não assumem, no contexto da disputa, dimensão suficientemente forte para autorizar a desconstituição da vontade das urnas, designadamente porque, em virtude da estreitada grandeza relativa, não atingem a gestão financeira em termos generalizados, e tampouco afetam a paridade de condições de maneira cabal.
>
> 10. Da mesma sorte, os eventos envolvidos não assumem gravidade suficiente para o reconhecimento da prática de abuso de poder, mormente porque, nessa seara, o grau de afetação dos comportamentos ilícitos só pode ser descortinado a partir de uma análise contextual, pesando, na espécie, o fato de que se trata de competição de larga magnitude.
>
> 11. No caso vertente, embora tenham sido apuradas algumas operações realizadas foram do marco regulatório do financiamento das campanhas, inexiste um plexo de movimentações ilícitas vasto o suficiente para arruinar a validade do certame.
>
> 12. Recursos ordinários a que se nega provimento.

Não obstante que "embora observadas irregularidades com alto grau de reprovabilidade, como a realização de *caixa dois* e a existência de fortes indícios de que determinadas contratações tiveram como objetivo o desvio de receitas de campanha", prevaleceu o surpreendente entendimento de que os ilícitos apurados conjuntamente não adquiriram envergadura jurídica suficiente a autorizar a procedência das três Investigações Judiciais Eleitorais aforadas contra um senador eleito (ex-presidente do Senado Federal) porquanto, segundo o TSE, as falhas detectadas expressaram "somente 14,54% das receitas declaradas à Justiça Eleitoral", numerário incapaz de afetar "os bens jurídicos tutelados pela legislação eleitoral, quais sejam, a legitimidade e normalidade do pleito assim como a isonomia entre os candidatos", concluiu. Por evidente que a interpretação aplicada não convence. Dificilmente um prefeito, um vereador ou um deputado estadual escapariam da reprimenda mais severa.

13.11. BENS OU SERVIÇOS QUE NÃO INTEGRAM O PATRIMÔNIO DOS DOADORES

Consoante se viu, no plano da Investigação Judicial Eleitoral que apura o art. 30-A, há necessidade de ficar provada a existência de ilícitos que extrapolem o universo contábil e possuam relevância jurídica para comprometer a moralidade da eleição. Diante deste qualificativo, a desaprovação das contas devido à doação de bens ou serviços que não integram o patrimônio dos doadores não acarreta, necessariamente, a procedência da representação, sobretudo quando não demonstrada ilicitude na origem ou destinação dos recursos que foram movimentados[26]. A comprovação desta modalidade de doação, por seu componente lógico, deve vir acompanhada da prova de propriedade.

13.12. AUSÊNCIA DE EMISSÃO OU FALTA DE ASSINATURA NOS RECIBOS ELEITORAIS

Em regra, a não apresentação dos recibos eleitorais configura vício classificado como grave e relevante com aptidão para ensejar a desaprovação das contas[27][28]. Contudo, esta ausência, conquanto embase o repúdio das contas, não possui gravidade suficiente, diante das circunstâncias de cada caso, a justificar a imposição da grave reprimenda de cassação do diploma do candidato quando a prova apresentada em juízo demonstrar que os serviços relativos à distribuição do seu material de propaganda foram realizados por voluntários não remunerados[29]. No que diz respeito à falta de assinatura do responsável pela emissão do recibo eleitoral, à míngua de provas ou indícios, o ato omissivo constitui irregularidade formal passível de ser admitida como insuficiente para a procedência da RP.[30]

13.13. OMISSÃO DE RECEITAS E DESPESAS

A partir do exame genérico da jurisprudência do TSE, irregularidades como omissões de despesas, ausência de identificação de doadores, falta de

26. TSE, REspe nº 1139/PI, DJE de 18/12/2014.
27. TSE, AgRgREspe nº 060112522, DJE de 10/06/2020.
28. Em sentido contrário, entendendo que "a ausência de emissão de recibos eleitorais e a não apresentação de extratos bancários são irregularidades que apenas em tese, mas não necessariamente, ensejam a desaprovação das contas": AgR-REspe 1922–11, DJE de 02/08/2016.
29. TSE, RO nº 443482/DF, DJE de 1º/04/2014.
30. TSE, RO nº 1214/AM, DJE de 10/02/2014.

emissão de notas fiscais e gastos superiores ao limite configuram práticas que, por sua gravidade, levam à cassação do diploma[31]. Porém, esta mesma omissão de receitas e despesas não possui relevância jurídica do ilícito a ponto de ensejar a sanção extrema caso não resulte comprovada a utilização de recursos de fontes vedadas ou a prática do *caixa dois.*[32]

O apanhado pretoriano é vasto e diversificado:

- A **anotação inadequada de despesas com pessoal**, tendo sido nominada despesa com transporte ou deslocamento e alimentação, quando deveria constar como serviços prestados por terceiros, mas havendo suficiente informação e comprovação dos gastos realizados, bem como integral disponibilização à Justiça Eleitoral das informações referentes aos gastos com fiscais, com entrega de todos os recibos, não macula a regularidade das contas a fim de afastar a incidência do art. 30-A da Lei n.º 9.504/97[33];
- Comprovado nos autos da representação o **destino do combustível doado**, que foi utilizado no abastecimento de veículos emprestados por amigos para atos de campanha, não há ilicitude quanto aos gastos de recursos, cuja sanção revelou-se, na hipótese, desproporcional[34];
- Existência de provas de que foram prestados serviços de coordenação gráfica de material de campanha sem anotação de sua origem na prestação. Contudo, diante da **impossibilidade de se aferir se os serviços foram contratados ou doados para a campanha**, não é possível se reconhecer a gravidade da campanha para fins de aplicação da sanção prevista no art. 30-A, § 2º da Lei das Eleições[35];
- A **emissão de cheques sem provisão de fundos, trocados por pessoas jurídicas e pagos pelo comitê financeiro de campanha, não reapresentados para a devida compensação bancária e tampouco contabilizados nas contas de campanha** do candidato evidencia captação ilícita de recursos para fins eleitorais e "caixa dois", sujeito às penalidades previstas no art. 30-A, § 2º, da Lei nº 9504/97[36];
- Da **duplicidade de recibos eleitorais** não resultou qualquer ilegalidade, uma vez que ficou claramente comprovada a origem do recurso arrecadado (ambos os doadores não se enquadravam nas vedações legais do art. 24

31. TSE, REspe nº 131064/MG, DJE de 14/12/2015.
32. TSE, AgR-REspe nº 3-85/MA, DJe de 11/12/2014. Ainda: RO nº 1.233/TO (DJE de 21/03/2017), RO nº 39322/AM (DJe de 21/08/2014) e RO nº 711468/MT (DJe de 30/04/2014).
33. TRE/MS, Acórdão nº 6996, DJE de19/12/2011.
34. TRE/CE, Recurso Eleitoral nº 956460642, DJE de 11/07/2011.
35. TRE/PR, Recurso Eleitoral nº 29419, DJ de15/12/2017.
36. TRE/RO, Recurso Eleitoral nº 181, DJE/TRE-RO de 20/07/2018.

da Lei nº 9.504/97), o que reduz a questão à mera irregularidade para a seara de prestação de contas[37];

- **Depósitos nas contas particulares dos doadores, seguidos de transferências dos recursos para a conta de campanha do recorrente**. Não comprovação da origem desses recursos pelos doadores. Simulação nas referidas doações. Captação de recursos fraudulenta, o que configura a prática de "caixa dois". Restou comprovada a captação ilícita de recursos para fins eleitorais, em grave violação à norma estabelecida no artigo 30-A, §2º, da LE/97[38];
- Desaprovação das contas em primeira instância - ante a negligência do Recorrente por não ter declarado a **utilização de veículos** - embora tenham sido aprovadas em grau de recurso. Elementos insuficientes a configurar ilícito quanto à arrecadação ou gastos de recursos, tal como exige o art. 30-A da Lei 9.504/97. Comprovado nos autos da representação o **destino do combustível doado** não há ilicitude quanto aos gastos de recursos. Da mesma forma, foi comprovada a origem e destino das bandeiras, faixas e santinhos doados[39];
- **A arrecadação de recurso estimável em dinheiro, por meio de doação de terceiros - jingle para a campanha eleitoral de candidato - sem que esta constitua produto do serviço ou da atividade econômica do doador** é vício grave, que compromete o controle pela Justiça Eleitoral, sob pena de incorrer o candidato em arrecadação e gastos ilícitos de recurso, em afronta ao art. 30-A da Lei n.º 9.504/97[40];
- Não se pode cassar mandato eletivo se o autor não demonstrou que os réus não possuíam **capacidade financeira de forma plena para realizar a doação**. Não se pode presumir que o recurso, embora não identificado, não estivesse disponível ao candidato, mesmo que não o tenha declarado à Receita Federal. O problema do candidato com o Fisco é outra questão que deve ser lá analisada[41].

13.14. ORIGEM NÃO IDENTIFICADA X FONTE VEDADA

Em que pese determinada receita ser passível da classificação jurídica como *origem não identificada*, isso não autoriza a presunção de que o montante origine-se de fonte vedada[42]. Contudo, o uso de recursos de fonte

37. TRE/GO, Recurso Eleitoral nº 232, DJ de 23/01/2017.
38. TRE/RJ, Recurso Eleitoral nº 44565, DJERJ de 11/10/2017.
39. TRE/CE, Recurso Eleitoral nº 223577724, DJ de 02/10/2012.
40. TRE/MS, Recurso Eleitoral nº 244, DJE de 03/11/2015.
41. TRE/MG, Recurso Eleitoral nº 143573, DJEMG de 27/07/2018.
42. TSE, RO nº 12-33/TO, DJE de 21/03/2017.

sabidamente vedada, em valor absoluto e percentuais significativos combinados ao esforço de dissimulação da origem perfazem a ilicitude qualificada da conduta, apta a macular a legitimidade do pleito. Desse modo, encontra-se configurada a captação ilícita de recursos financeiros, prevista no art. 30-A da Lei nº 9.504/1997 e que justifica a cassação do diploma[43].

13.15. RECURSOS DE TERCEIROS CONTABILIZADOS COMO PRÓPRIOS

No seu cerne, a ementa do Agravo Regimental no Recurso Ordinário nº 921/GO sumariza o tipo: a arrecadação ilícita de recursos com a tentativa de atribuir a eles origem diversa, já que arrecadados junto a terceiros e contabilizados como se fossem próprios, configura conduta grave, impondo a negativa de diploma.[44]

13.16. LARANJAS

A par de sua origem pitoresca, mas de tanto proferida e repetida, a expressão está incorporada aos mais variados jargões, nomeadamente naqueles que integram a política. Explica o *Novo Dicionário Aurélio* (2004, p. 1.182) que *laranja* é o agente intermediário que efetua, por ordem de terceiros, transações irregulares ou fraudulentas permitindo que fique oculta a identidade do real interessado no negócio.

Em matéria de financiamento eleitoral, o uso de *laranjas* corresponde, basicamente, à situação forjada pelo candidato, seu partido, coligação ou apoiadores para, em comunhão de esforços e vontades, dar viabilidade ao recebimento de recursos financeiros sob uma aparente legalidade, encobrindo, por subterfúgios e dissimulações, o verdadeiro doador ou doadores. Diante de condutas fraudulentas, as investigações desenvolvidas pelas autoridades mediante quebra de sigilos, documentos e depoimentos desmascaram tramas onde os "doadores" não dispõem de capacidade econômica, recebem salários inferiores às quantias "doadas" e sequer conhecem os beneficiados.

Apenas como acréscimo ao que já fora dito (itens nºs 4.1.5 e 13.2), a representação instituída pelo art. 30-A da LE/97 tem por finalidade detec-

43. TSE, AgRg-RO nº 060372208/GO, DJE de 26/03/2021.
44. DJE de 10/09/2014.

tar e reprimir condutas levadas a efeito em desacordo com as normas de arrecadação e gastos nas campanhas eleitorais.

Sendo assim, dando eficácia ao dispositivo no plano da execução da fraude, aqui, como facilmente se percebe, se encaixam as *interpostas pessoas* ou *falsos doadores* ocultados da movimentação contábil dificultando o rastreamento dos valores. Na prática, de acordo com a média extraída dos casos apurados, quem age na condição de *laranja* ou *testa de ferro* de um candidato pode, por exemplo,

- Burlar o sistema de gastos eleitorais do art. 26 da LE/97 supostamente
  - "doando" propaganda e publicidade;
  - "alugando" comitês;
  - "custeando" a criação e inclusão de sítios na *internet* ou de impulsionamento de conteúdos;
- Disponibilizar contas bancárias para o recebimento de valores ilegalmente doados;
- Valer-se de triangulações para efetivar doações (realizadas de pessoas jurídicas para pessoas físicas e estas então efetuando os repasses);
- Fraudar a emissão de recibos de despesas.

As artimanhas vêm tomando vulto. Além dos vários estudos teóricos abordando suas múltiplas facetas e variações, as mesmas vêm sendo desnudadas pelo TSE:

> **ELEIÇÕES 2016. AGRAVO REGIMENTAL. RECURSO ESPECIAL. REPRESENTAÇÃO. CAPTAÇÃO OU GASTOS ILÍCITOS DE RECURSOS PARA FINS ELEITORAIS. ART. 30-A DA LEI Nº 9.504/97. CASSAÇÃO DE DIPLOMA. VEREADOR. PROCEDÊNCIA. INOVAÇÃO DE TESES. PRECLUSÃO. APLICAÇÃO DA SÚMULA Nº 26/TSE. FUNDAMENTOS NÃO IMPUGNADOS. DESPROVIMENTO.**
>
> (...).
>
> 4. Subsistem, portanto, os fundamentos perfilhados no *decisum* agravado, mormente quanto à impossibilidade de afastar as conclusões adotadas pela Corte Regional a qual, após análise soberana do caderno probatório (Súmula nº 24/TSE), concluiu que a doação eleitoral foi realizada por pessoa física desprovida de capacidade econômica de arcar com tal ato de liberalidade financeira, em circunstâncias que evidenciaram se tratar de mero "laranja" para encobrir o verdadeiro doador, configurando-se,

portanto, arrecadação de recursos de origem não identificada em percentual relevante no contexto das contas (vinte por cento).[45]

AGRAVO REGIMENTAL. RECURSO ESPECIAL. ELEIÇÕES 2016. VEREADOR. REPRESENTAÇÃO. ARRECADAÇÃO E CAPTAÇÃO ILÍCITA DE RECURSOS.(...) TEMA DE FUNDO. DOAÇÕES FRAUDULENTAS. USO DE "LARANJAS". PERCENTUAL RELEVANTE. REEXAME. IMPOSSIBILIDADE. SÚMULA 24/TSE.

(...). 6. O uso de "laranjas" para encobrir os verdadeiros doadores de campanha configura inequívoca arrecadação de recursos de origem não identificada, a ensejar a perda do diploma (art. 30-A da Lei 9.504/97). Precedentes.

7. Na espécie, o TRE/RJ assentou que as doações feitas entre agosto e outubro de 2016 ao agravante – eleito Vereador de Angra dos Reis/RJ - foram simuladas, empregando-se engenhosa sistemática em que servidores da Câmara Municipal, após receberem depósitos não identificados em suas contas correntes, repassaram esses valores para a campanha.

8. O ilícito, sobejamente comprovado, evidencia-se pelas seguintes circunstâncias: a) identidade entre datas dos depósitos e valores recebidos; b) contribuição feita em valor superior à renda mensal do doador; c) apesar de saldo anterior em conta, o montante só foi doado após confirmação do depósito; d) nenhuma das testemunhas indicou a fonte dos recursos.

9. Os valores envolvidos não são módicos (R$ 10.280,00) e, segundo o TRE/RJ, correspondem a 22,15% do total de receitas da campanha (R$ 45.429,86).

(...).

CONCLUSÃO. DESPROVIMENTO.

11. Agravo regimental desprovido.[46]

Por fim, é cabível um pormenor: por se tratar da captação de somas com *fins eleitorais*, é viável cogitar-se, em tese, da ocorrência de fraude ou simulação passível de apuração nos termos do art. 350 do CE/65, delito cujas penas estipuladas são de reclusão e dias-multa:

EMBARGOS DE DECLARAÇÃO. RECEBIMENTO COMO AGRAVO REGIMENTAL. RECURSO ESPECIAL. ELEIÇÕES 2014. MEDIDA

45. TSE, AgR-REspe nº 1-45/RN, DJE de 30/08/2018.
46. TSE, AgR-RO nº 446-50/RJ, DJE de 21/02/2019.

> **CAUTELAR. QUEBRA DE SIGILOS BANCÁRIO E FISCAL. FALSIDADE IDEOLÓGICA. ART. 350 DO CÓDIGO ELEITORAL.**
>
> (...). 3. Pleiteou-se a medida porque, em Procedimento Investigatório Criminal (PIC) instaurado para se apurar a idoneidade de notificação extrajudicial para pagamento de mútuo inadimplido (R$ 1.200.000,00), constataram-se indícios de "caixa dois" nas Eleições 2014 pelo uso desse valor para pagar dívidas de campanha não declaradas, o que poderia configurar falsidade ideológica para fins eleitorais (art. 350 do Código Eleitoral). PIC. DOCUMENTO APÓCRIFO. AVERIGUAÇÃO. OUTROS ELEMENTOS PROBATÓRIOS. POSSIBILIDADE. 4. (...).
>
> 5. O TRE/MS não se pronunciou sobre outros elementos probatórios produzidos no curso do PIC após a ciência inicial do documento apócrifo, a saber: relato confirmando o empréstimo, relatório do COAF, comprovantes de depósito, cheque dado como garantia de quitação do mútuo e notificação extrajudicial de mesmo teor recebida por terceiro. OMISSÃO. DECLARAÇÃO. RECURSOS FINANCEIROS. PRESTAÇÃO DE CONTAS. CRIME. ART. 350 DO CÓDIGO ELEITORAL. CONFIGURAÇÃO. POSSIBILIDADE. 6. A omissão de recursos em ajuste contábil de campanha pode vir a caracterizar o crime do art. 350 do Código Eleitoral a depender das circunstâncias do caso e de sua interferência na autenticidade ou fé pública eleitoral. Precedentes desta Corte Superior e do c. Supremo Tribunal Federal. (...).[47]

O elemento intencional necessário à tipificação do delito em comento é o dolo genérico, isto é, a vontade consciente e dirigida de encobrir a origem dos valores carreados à campanha eleitoral.

13.17. EXCESSOS DE GASTOS

De regra, o descumprimento do limite previsto para as despesas de campanha configura gasto ilícito de recursos sujeito à aplicação do art. 30-A, *caput* e seu § 2º[48].

A partir da disciplina em análise, o prestante cujos gastos extrapolaram o teto legal do cargo em disputa (art. 18-A) goza de uma vantagem ilegítima em relação aos competidores que se mantiveram adstritos à legalidade. Esta afronta, ao solapar ditames comezinhos que balizam o regramento do financiamento eleitoral, contamina a legitimidade do pleito (v. nº 13.2).

47. TSE, AgRg-REspe nº9702/MS, DJE de 21/02/2019.
48. TSE, REspe nº 752-31/RN, DJE de 03/08/2018.

Nesse sentido, é importante recapitular que foi justamente a exorbitância de despesas com as campanhas tornando o processo eleitoral demasiadamente dispendioso que levou o legislador a limitar os gastos na letra da *lex*. Tal medida, efetivada nos termos da Lei nº 13.488/17, ambicionou refrear os excessos crescentes diagnosticados a cada eleição. Esta novidade, por sua vez, ocasionou uma acentuada alteração no regime de financiamento das disputas atingindo a liberdade prevista anteriormente, quando, no pedido de registro de seus candidatos, os partidos e as coligações comunicavam à Justiça Eleitoral os valores máximos de gastos que, com inteira autonomia, fariam por cargo eletivo em cada eleição que concorriam. A regra, buscando remodelar uma parte sensível e desacreditada do sistema político, suprimiu esta autolimitação. Agora, porque estão demarcados rigidamente os gastos de cada campanha (v. nº 10.3), o excesso de despesas frincha a isonomia.

A interpretação precursora dessa temática, levada a efeito pelo TSE no julgamento do Recurso Especial Eleitoral nº 752-31/RN, autenticou a serventia do art. 30-A da LE/97 para fins de cassação de diploma pelo descumprimento do limite precisado pela Lei nº 13.165/15:

> **DIREITO ELEITORAL. RECURSO ESPECIAL ELEITORAL. ELEIÇÕES 2016. REPRESENTAÇÃO POR CAPTAÇÃO OU GASTO ILÍCITO DE RECURSOS. EXTRAPOLAÇÃO DO LIMITE DE GASTOS. CASSAÇÃO DO DIPLOMA. DESPROVIMENTO.**
>
> 1. Recurso especial eleitoral interposto contra acórdão do TRE/RN que manteve a cassação do diploma de vereadora da recorrente, com base no art. 30-A da Lei nº 9.504/1997, em razão da extrapolação, em 39,22%, do limite legal de gastos de campanha.
>
> 2. A imposição de um limite de gastos de campanha uniforme para todos os candidatos para cada cargo em disputa foi novidade introduzida pela Lei nº 13.165/2015, aplicada a partir das Eleições de 2016. Até então, vigorava um sistema de autorregulação de gastos eleitorais, no qual os próprios partidos políticos fixavam os limites a que seus candidatos estariam sujeitos.
>
> 3. A partir dessa alteração legislativa, os limites de gastos de campanha, regulados pelo art. 18 da Lei nº 9.504/1997, passaram a desempenhar o relevantíssimo papel de assegurar a paridade de armas entre os candidatos, evitando que candidatos mais ricos ou com maior acesso a recursos financeiros fiquem em posição de vantagem em relação aos demais competidores. Além disso, trata-se de medida eficaz para frear a escalada dos custos de campanha.
>
> 4. O art. 30-A da Lei nº 9.504/1997 incide sobre a captação ou o gasto de recursos, para fins eleitorais, que se dê em desacordo com as normas

> legais aplicáveis. O descumprimento do limite previsto para despesas de campanha configura, portanto, gasto ilícito de recursos, sujeito à aplicação do art. 30-A, caput e § 2º.
>
> 5. Para a procedência do pedido formulado na representação pelo art. 30-A, é preciso, ainda, aferir a gravidade da conduta reputada ilegal, que pode ser demonstrada tanto pela relevância jurídica da irregularidade, quanto pela ilegalidade qualificada, marcada pela má-fé do candidato. Precedentes.
>
> 6. Considerando-se a nova feição do teto de gastos, o dispêndio de recursos de campanha em montante que ultrapassa em quase 40% o limite legal estabelecido ostenta gravidade e relevância jurídica para justificar a condenação. O candidato que, em violação à lei, tem um dispêndio de recursos em campanha superior ao teto legal tem uma vantagem ilegítima em relação aos demais competidores. Trata-se de uma quebra patente e grave da paridade de armas, apta a desequilibrar a disputa e, assim, ferir a legitimidade do pleito.
>
> 7. Afastar a cassação do diploma em caso de extrapolação significativa do teto de gastos imposto por lei significaria, na prática, o fim dos limites de gastos de campanha. Nessa hipótese, candidatos, sobretudo os mais abastados, teriam incentivos a efetuar despesas acima dos limites legais para serem eleitos, arcando apenas com o risco de eventual aplicação de multa.
>
> 8. Recurso especial desprovido.
>
> Ação cautelar e petição julgadas prejudicadas.[49]

No voto do relator se lê:

> É certo que a infração prevista no supracitado artigo consiste na captação ou nos gastos ilícitos de recursos no decorrer da campanha eleitoral em desacordo com a legislação vigente, ou seja, à margem do controle da Justiça Eleitoral, constituindo o que se denomina "caixa dois".
>
> Nessa linha, tem-se que o bem jurídico tutelado pelo aludido dispositivo é a transparência e a higidez da campanha eleitoral, isso porque, como se sabe, de campanha viciada, jamais poderá resultar mandato legítimo.
>
> (...).

Sequencialmente, como forma de ilustração, é importante ressaltar que no caso concreto restaram sobejamente demonstrados alguns dos li-

49. Julgamento conjunto com a PET nº 060026784 e a AC nº 060423644, todas encartadas ao DJE de 03/08/2018.

neamentos que motivaram o Congresso Nacional na redação do art. 30-A, com destaque para os trechos a seguir compilados:

> (...) a novidade está precisamente nas relevantes funções que os limites de gastos passaram a desempenhar a partir das Eleições de 2016. Finalmente criou-se uma regra eficaz para promover a paridade de armas entre os candidatos, evitando que candidatos mais ricos ou com maior acesso a recursos financeiros fiquem em posição de vantagem em relação aos demais competidores.
>
> (...).
>
> Não há dúvida de que o descumprimento do limite de gastos em campanha, nos termos do art. 18 da Lei n° 9.504/1997, constitui ilicitude para fins de aplicação do art. 30-A, § 20, da Lei n° 9.504/1997.
>
> É preciso, assim, verificar a gravidade da conduta reputada ilegal, demonstrada pela relevância jurídica da irregularidade ou pela ilegalidade qualificada pela má-fé.
>
> (...).
>
> Como visto, o artigo 30-A da Lei n° 9.504/1997 tem por objetivo garantir o cumprimento das disposições relativas à arrecadação e gastos de recursos na campanha eleitoral, de modo a proteger a isonomia entre os candidatos, a moralidade e a higidez do processo eleitoral.
>
> Como se sabe, o dinheiro é um propulsor relevante das campanhas eleitorais, permitindo aumentar a visibilidade dos candidatos e, assim, as suas chances de vitória.
>
> Certamente, o candidato que, em violação à lei, gasta mais recursos em campanha do que permitido tem uma vantagem ilegítima na disputa eleitoral em relação aos demais competidores, submetidos ao teto legal. Trata-se, assim, de uma quebra patente e grave da paridade de armas.
>
> Diversamente do que afirmou o Ministro Relator, entendo que o fundamento da imposição desse teto é justamente produzir um maior equilíbrio na disputa. Respeitado o teto imposto, os candidatos podem selecionar os meios que entendem mais efetivos para a captação de votos.
>
> Na verdade, em situações como a deste caso, de extrapolação significativa do teto de despesas de campanha imposto por lei, afastar a cassação do diploma significaria, na prática, o fim dos limites de gastos.
>
> Nessa hipótese, candidatos, sobretudo os mais abastados, teriam incentivos a efetuar despesas acima dos limites legais para serem eleitos, arcando apenas com o risco de eventual aplicação de multa.

Portanto, com o objetivo de resguardar a isonomia entre os candidatos e a própria legitimidade do pleito, é forçoso concluir que o descumprimento do teto de gastos de campanha tem gravidade e relevância jurídica suficientes para gerar a cassação do diploma, nos termos do art. 30-A da Lei n° 9.504/1997.

13.18. PROPORCIONALIDADE X IMPUNIDADE

Predomina o entendimento que para a incidência do art. 30-A, é necessária a comprovação da relevância jurídica do ilícito. A negativa de outorga do diploma ou a sua cassação devem ser proporcionais ao vulto da conduta e à lesão perpetrada ao bem jurídico preservado. Partindo desse pressuposto, é preciso haver a demonstração da proporcionalidade da conduta praticada em favor do candidato, considerado o contexto da respectiva campanha ou o valor em si[50]. À luz dos pronunciamentos exarados pelo TSE, apenas as violações que possuam gravidade indissociável à configuração dos referidos ilícitos se revestem de aptidão para revogar a vontade das urnas. Ausente aquela, descabido cogitar da procedência dos pedidos veiculados. O núcleo desta fundamentação foi delineado a partir dos Recursos Ordinários nºs 1.453/PA, DJE de 05/04/2010 e 1.540/PA, DJE de 1º/06/2009, sendo posteriormente reafirmado nos Recursos Ordinários nºs 262247/TO (DJE de 24/02/2017) e 1.214/AM (DJE de 10/02/2014), além do Recurso Especial Eleitoral nº 1.175/RN (DJE de 30/06/2017)[51].

Contudo, para os casos comprovadamente mais graves, ou seja, naqueles onde há uma abundância documental e testemunhal dando conta da ocorrência infracional, havemos de convir que o alargamento de substratos fático-probatórios devotando culto desmesurado ao Princípio da Proporcionalidade pode desfechar na chaga da impunidade e consequente descrédito da norma[52]. Nesse sentir, forçoso considerar a presença de três fatores. O primeiro, que as formas de fraude são multifacetadas. O segundo, que as mesmas proliferam em grau crescente de sofisticação. O terceiro, que os fraudadores, consorciados ou individualmente, desenvolvem mecanismos

50. TSE, AgR-RO nº 274556/RR, DJE de 09/11/2012.

51. "O postulado da proporcionalidade, notadamente em sua dimensão de vedação ao excesso (Übermaßverbot), é o parâmetro normativo adequado para aferir a gravidade ou a relevância jurídica (ou a ilegalidade qualificada) dos ilícitos em processos em que se apuram a prática de abuso de poder econômico ou político, em AIJE, AIME e RCED, e de captação ou gasto ilícito de recursos em campanhas eleitorais, em Representações do art. 30-A da Lei das Eleições".

52. Vide, a propósito, a debilidade dos argumentos constantes do RO nº 223559/AP (Caso Alcolumbre).

cada vez mais eficazes de lograr as autoridades e, assim, elidir elementos probatórios de modo a perpetuar seus abusos.

Esta compreensão encontrou perfeita tradução no REspe nº 605-07/MG[53] onde o relator anotou com clareza: "O percentual representativo dos recursos de campanha irregularmente aportados não é critério único para avaliação da gravidade do ato em face do desvalor da conduta praticada. Há de ser considerada, como critério de aferição, a conjuntura decorrente, tanto da relevância jurídica da irregularidade, quanto da ilegalidade qualificada marcada pela má-fé e pelo pouco ou mesmo nenhum apreço por valores republicanos".

Como visto em julgado anterior, o excesso de loas retóricas em torno do postulado da proporcionalidade pode determinar consequências danosas. Existem situações concretas onde as molduras fáticas, mesmo diante de percentuais exíguos, não revelam a ocorrência de "meras irregularidades contábeis ou desprovidas de mácula à lisura do pleito", mas, em verdade, um "ambiente de meticulosa premeditação, no qual, por dissimulação, se buscou encobrir a verdadeira origem dos recursos injetados na campanha, caracterizando afronta material, e não somente formal, dos bens jurídicos tutelados, a justificar a procedência da ação" do art. 30-A, para empregar as acertadas expressões do Ministro Tarcísio Vieira.

Com essas mesmas análises, outros dois julgados do TSE:

- A manutenção da condenação fundada no art. 30-A da Lei 9.504/97 é medida que se impõe quando assentadas, na origem, premissas fáticas soberanas, no sentido da adoção de prática arrecadatória não obsequiosa da lisura e da moralidade do pleito (REspe nº 6-83/MG, DJE de 03/04/2019);
- O art. 30-A da Lei das Eleições encerra instrumento de contenção do abuso do poder econômico entre os partícipes do processo eleitoral, prática que, se levada a efeito, seria apta a vulnerar a normalidade e a legitimidade das eleições (REspe nº 1-91/PE, DJE de 19/12/2016).

13.19. PENALIDADES

Respeitante às penalidades, faz-se necessário considerar que as arrecadações e gastos eleitorais são extremamente variáveis, podendo ser de grande, média, baixa ou inexpressiva monta. Somente assim, com essa zona de interseção, é que uma decisão será sensata absolvendo ou condenando aquele que foi investigado. "Até porque é difícil, às vezes impossível, saber se a arrecadação influenciou, ou não", observou o Ministro Marcelo Ribeiro no RO nº 1.540/PA.

53. DJE de 07/10/2019.

Decretada a procedência da IJE lastreada no art. 30-A, a pena aplicável ao candidato infrator se restringe à perda do registro ou do diploma, não abarcando declaração de inelegibilidade, a qual somente será aferida quando da formalização do registro de candidatura futura, portanto em feito próprio e atendidos os seus pressupostos, nos termos da alínea *j* do inciso I do art. 1º da LC nº 64/90[54].

13.20. ARRECADAÇÃO E GASTOS ILÍCITOS COM PUBLICIDADE NAS PRÉ-CAMPANHAS (MODERAÇÃO E TETO DE GASTOS)

Prudência. Eis a palavra que melhor se ajusta para esta imprecisa etapa do calendário eleitoral. Motivos para isso não faltam num tema tão controvertido e pouco estudado.

No afã de oxigenar os espaços de comunicação e eliminar obstruções incongruentes à realidade democrática do país que há muito intrincavam a legitimidade dos debates públicos em anos eleitorais, o legislador ordinário, apoiando-se no progressivo incremento do campo tecnológico, por meio do art. 36-A da Lei nº 9.504/97, estipulou importantes modalidades de atos públicos capazes de chegar à maioria das pessoas. Neste sentido, é inequívoco que a reforma legislativa promovida em setembro de 2015 desidratou a campanha eleitoral e dilatou a pré-campanha. Com isso, aquela primeira, antes permitida após o dia 5 de julho do ano da eleição, foi postergada para 16 de agosto, enquanto que a outra agora se manifesta largamente através das franquias elencadas pelos incisos do art. 36-A da Lei nº 9.504/97.

Esse abatimento de quarenta dias na propaganda inaugurou um novo ciclo, não só político como jurídico. Na medida em que há uma carência de regulamentação em torno dele, não se dispõe de critérios claros quanto à isonomia em termos de exposição e gastos para o período que antecede o registro da candidatura[55] e a liberação da propaganda. Na verdade, pela ausência de definições, o exame acurado da realidade revela a existência de uma *zona cinzenta*. No entanto, qualquer princípio mínimo de reflexão deve partir da idéia que os numerários carreados pelo pré-candidato devem ser de porte moderado se comparados ao teto de gastos do cargo por ele almejado na eleição.

54. Neste sentido, vide, como exemplo, as decisões proferidas pelo TSE no AgR-AI nº 50202/RO, DJE de 06/05/2015 e AgR-REspe nº 9496529-76/MA, DJE de 07/02/2014.

55. Neste sentido, recomenda-se a leitura do acórdão/TSE do Recurso Contra a Expedição de Diploma nº 673/RN, DJ de 30/10/07.

Em vista da reticência do legislador na definição de parâmetros[56], para um maior aprofundamento, é válido invocar a seguinte fração do voto do relator do Agravo Regimental em Agravo de Instrumento nº 9-24/SP esquadrinhando um possível tratamento legal a ser conferido ao tema:

> Sem embargo, pontuo que a inexistência de proibição expressa direcionada à realização de despesas por ocasião da pré-campanha não representa um óbice intransponível ao estabelecimento de limites às atividades de publicidade antecipada, mormente pelo fato de que o modelo constitucional submete o arranjo ordinário ao princípio da legitimidade das eleições. Assim é que a realização de gastos, conquanto não esteja, de antemão, condenada, pode ser coibida, sempre que assuma dimensões extraordinárias ou contornos abusivos.
>
> Para essa análise, soam-me, sem dúvida, válidos os critérios de "reiteração da conduta", "período de veiculação" e "abrangência", sabiamente sugeridos pelo eminente Ministro Admar Gonzaga, os quais, entretanto, podem ser complementados. Nesse caminho, esses parâmetros devem ser examinados à luz de uma comparação hipotética, mostrando-se toleráveis todas as ações de publicidade que estejam ao alcance das possibilidades do "pré-candidato médio".[57]
>
> Assim, entendem-se lícitas as ações publicitárias não extraordinárias, isto é, aquelas possíveis de ser realizadas pelos demais virtuais concorrentes.

Neste acórdão que patenteou a possibilidade do excesso de gastos da pré-campanha ser examinado sob o prisma do abuso de poder econômico, o extrato a seguir transcrito abordou sucinta, porém, precisamente, a propaganda na sua ampla acepção, compreendendo tudo o quanto possa influir no eleitor, incluídas as despesas:

> A extrapolação do limite do razoável, no que diz com os aspectos financeiros da comunicação política, pode ser aferida a partir do índice de reiteração da conduta, do período de exposição das mensagens pagas, assim como de seus respectivos custos, capilaridade ou abrangência.

---

56. Novamente e sem surpreender, o legislador ordinário se revelou despreparado para tratar de um tema vital à democracia e à segurança jurídica do processo eleitoral.

57. Perspectiva esta partilhada pela doutrina, como se vê: "Ainda não há regulamentação de gastos para esse período e nem mesmo decisões sobre vários temas, de maneira que o pior dos problemas seria coibir o abuso nos meios de comunicação, em razão de sua abrangência. Privar o pré-candidato de usar adesivo com o seu nome seria o mínimo que a Justiça Eleitoral teria que se preocupar, uma vez que todos podem ter acesso a esse tipo de propaganda" (SILVA FILHO, Lídio Modesto. *Propaganda eleitoral*, Curitiba: Juruá, 2018, p. 59).

Essas colocações servem para demonstrar que as imprecisões decorrentes da vagueza redacional do art. 36-A em termos de despesas não significam complacência quanto aos excessos despendidos com os valores movimentados no período pré-eleitoral. Neste sentido, embora ausente da ementa do julgado[58], o relator, respaldado pelo Plenário, advertiu:

> Não obstante, reserva-se à Justiça Eleitoral a competência para a análise e punição em face de eventuais desbordes, inclusive em sede de ação de investigação judicial eleitoral, visando à proteção da legitimidade das eleições em face de casos de abuso de poder político, econômico ou midiático.

Em paralelo, para espancar quaisquer dúvidas, embora repisando questão já ventilada (v. nº 6.1), convém fique claro que a partir das inovações da Lei nº 13.165/15, a pré-campanha, por seus múltiplos aspectos e inegável importância, acrescentou uma nova fase ao *processo eleitoral* enquanto "sucessão de atos e operações encadeadas com vista à realização do escrutínio e escolha dos eleitos" (SILVA, 2010, p. 378).

Esta etapa, num misto de alvissareira e nebulosa que pode ser delimitada temporalmente a partir da expedição do Calendário Eleitoral se estendendo até o início das convenções, está submetida à órbita de controle da Justiça Eleitoral como decorrência do §9º do art. 14 da Carta Magna. Diante de alguma prática capaz de exceder o *rules of the game*, esta poderá ser submetida ao rito investigatório do art. 22 da LC nº 64/90. Neste sentido, o léxico do *Direito de Petição* previsto ao art. 5º, XXXIV, *a*, da CF/88 menciona "em defesa de direitos ou contra ilegalidade ou abuso de poder".

Assim, em que pese a normatização não tratar especificamente do assunto, a jurisprudência afirmada pelo TSE admite, de forma abrangente e ajustada ao Estado Democrático de Direito (CF/88, art. 1º), a possibilidade de apuração de fatos que tenham ocorrido antes do início do processo elei-

58. AGRAVO REGIMENTAL. AGRAVO DE INSTRUMENTO. PROPAGANDA ELEITORAL ANTECIPADA. PLACAS DE PLÁSTICO. PEDIDO EXPLÍCITO DE VOTOS. AUSÊNCIA. ART. 36-A DA LEI Nº 9.504/97. INCIDÊNCIA. DESPROVIMENTO. 1. Este Tribunal Superior, em julgamento recente, assentou que, "com a regra permissiva do art. 36-A da Lei nº 9.504, de 1997, na redação dada pela Lei nº 13.165, de 2015, retirou-se do âmbito de caracterização de propaganda antecipada a menção à pretensa candidatura, a exaltação das qualidades pessoais de pré-candidatos e outros atos, que poderão ter cobertura dos meios de comunicação social, inclusive via internet, desde que não haja pedido expresso de voto" (Rp nº 294-87/DF, Rel. Min. Herman Benjamin, DJe de 9.3.2017 - grifei). 2. A veiculação de mensagens com menção a possível candidatura, sem pedido explícito de votos, como ocorreu na espécie, não configura propaganda eleitoral extemporânea, nos termos da redação conferida ao art. 36-A pela Lei nº 13.165/2015. 3. Agravo regimental desprovido. (DJE de 22/08/2018).

toral em sede de AIJE por abuso de poder.[59]

Tendo isso em vista, o Tribunal Regional Eleitoral do Mato Grosso cassou o mandato de uma Senadora da República. Ao declarar excessivos e à margem da contabilidade os gastos com publicidade por ela efetuados durante a sua pré-campanha, o TRE/MT apontou que os recursos utilizados com *fins eleitorais* teriam comprometido 72% do valor total que fora declarado, transgredindo, assim, os limites consagrados pela LE/97. O acórdão do caso, situando um marco na jurisprudência em torno do art. 30-A em combinação ao art. 36-A (receitas e despesas de pré-campanha com *fins eleitorais*), face às suas peculiaridades, foi ementado com robustez:

> **ELEIÇÕES 2018. CARGO DE SENADOR. AÇÕES DE INVESTIGAÇÃO JUDICIAL ELEITORAL. PRIMEIRA AÇÃO PROPOSTA DIANTE DA SUPOSTA PRÁTICA DE ABUSO DE PODER ECONÔMICO PELO DESCUMPRIMENTO DAS NORMAS RELATIVAS À REALIZAÇÃO DE GASTOS E ARRECADAÇÃO DE RECURSOS PARA CAMPANHA ELEITORAL.**
>
> **INGRESSO DO MINISTÉRIO PÚBLICO ELEITORAL NA QUALIDADE DE LISTICONSORTE ATIVO. SEGUNDA DEMANDA PROPOSTA EM RAZÃO DA SUPOSTA PRÁTICA DE ABUSO DE PODER ECONÔMICO, ABUSO DE PODER POLÍTICO E USO INDEVIDO DOS MEIOS DE COMUNICAÇÃO SOCIAL.REUNIÃO DOS PROCESSOS COM FULCRO NO ART. 96-B, CAPUT E § 2º, DA LEI N.º 9.504/1997 - ILÍCITOS ELEITORAIS QUE COMPREENDEM UM SÓ AMPLO CONTEXTO FÁTICO - JULGAMENTO CONJUNTO.(...). NÃO ACOLHIMENTO DA TESE DE EXTINÇÃO DA AÇÃO PELA SUPOSTA PRÁTICA DOS ILÍCITOS ELEITORAIS PREVISTOS NOS ART. 30-A DA LEI DAS ELEIÇÕES.**
>
> **PRINCÍPIO DA CONGRUÊNCIA. (...).**
>
> **MÉRITO: ARRECADAÇÃO DE RECURSOS FINANCEIROS PARA PAGAMENTO DE DESPESAS COM FINALIDADE ELEITORAL ANTES DO PREENCHIMENTO DOS REQUISITOS DO ART. 3º, DA RESOLUÇÃO TSE N.º 23.553/2017.**
>
> **RECEITA ORIUNDA DE SUPOSTO CONTRATO DE MÚTUO CELEBRADO ENTRE A CANDIDATA INVESTIGADA E SEU PRI-**

---

59. Neste sentido: Recurso Especial Eleitoral nº 68254/MG, DJE de 23/02/2015, pp. 56/57; Recurso Ordinário nº 938324/MG, DJE de 1º/08/2011, pp. 231/232; Recurso Ordinário nº 1.362/PR, DJE de 17/08/2009 e inúmeros outros entendimentos descendendo de fecundas compreensões firmadas pelo TSE a partir dos anos 90.

MEIRO SUPLENTE, TAMBÉM INVESTIGADO. CONTRATAÇÃO E PAGAMENTO DE DESPESAS TÍPICAS ELEITORAIS EM PERÍODO DE "PRÉ-CAMPANHA". PAGAMENTOS DE DESPESAS EMINENTEMENTE ELEITORAIS DURANTE O PERÍODO PRÓPRIO, CONTUDO, SEM QUE TENHA OCORRIDO A DEVIDA ESCRITURAÇÃO CONTÁBIL. DESCUMPRIMENTO DE NORMAS RELATIVAS À ARRECADAÇÃO E GASTOS DE RECURSO PARA A CAMPANHA ELEITORAL. HIPÓTESES MATERIAIS DE CONFIGURAÇÃO DO ART. 30-A, DA LEI N.º 9.504/1997 ("CAIXA DOIS").

UTILIZAÇÃO DE RECURSOS PATRIMONIAIS EM EXCESSO. VALOR SIGNIFICATIVO EM RELAÇÃO AO CONTEXTO DA CAMPANHA. CONFIGURAÇÃO DE ABUSO DE PODER ECONÔMICO. GRAVIDADE SUFICIENTE PARA AFETAR A NORMALIDADE E LEGITIMIDADE DAS ELEIÇÕES. DESEQUILÍBRIO DA DISPUTA. ABUSO DE PODER POLÍTICO E ABUSO DE PODER PELO USO INDEVIDO DOS MEIOS DE COMUNICAÇÃO SOCIAL. ILÍCITOS NÃO CONFIGURADOS. FRAGILIDADE DO CONJUNTO PROBATÓRIO, NESSE PARTICULAR. AÇÕES DE INVESTIGAÇÃO JUDICIAL ELEITORAL JULGADAS PARCIALMENTE PROCEDENTES. CASSAÇÃO DOS DIPLOMAS DOS REPRESENTADOS. DECRETAÇÃO DE INELEGIBILIDADE TÃO SOMENTE DA SENADORA ELEITA E 1º SUPLENTE. NÃO COMPROVAÇÃO DA PRÁTICA DO ATO ABUSIVO PELA 2ª SUPLENTE. ANULAÇÃO DOS VOTOS OBTIDOS PELA CHAPA. NECESSIDADE DE REALIZAÇÃO DE NOVAS ELEIÇÕES APÓS O JULGAMENTO DE EVENTUAL RECURSO ORDINÁRIO E INDEPENDENTEMENTE DO TRÂNSITO EM JULGADO DESTA DECISÃO PELO TSE. POSSE IMEDIATA E INTERINA DO 3º COLOCADO APÓS ESGOTADOS OS RECURSOS DOTADOS DE EFEITO SUSPENSIVO. IMPOSSIBILIDADE. IMPROCEDÊNCIA DO PEDIDO DE LITIGÂNCIA DE MÁ-FÉ FORMULADO PELOS DEMANDANTES.

1. Considerando que o suposto "contrato" que embasa a propositura das ações eleitorais é, na realidade, mera minuta, incompleta e não assinada por nenhum dos contratantes, não há falar em legitimidade passiva do partido político com base tão somente nesse documento, nem, muito menos, em ilegitimidade dos investigados (candidata e suplentes), uma vez que há nos autos outros elementos que indicam sua responsabilidade pelos atos praticados. Questão que envolve matéria de cunho probatório e como tal deve ser examinada junto com o mérito da ação.

2. A existência de indícios de abuso de poder econômico consistente na arrecadação e dispêndio de recursos de campanha eleitoral não contabilizados, bem como a necessidade de se aferir a verdadeira origem e destino

dos recursos utilizados na pré-campanha, são motivos suficientes para determinar a quebra dos sigilos bancários dos representados a fim de elucidar por completo a controvérsia verificada nas demandas propostas.

3. (...). A mera inobservância do *dies a quo* previsto no art. 30-A, caput, da Lei das Eleições, não justifica a extinção da demanda no ponto em que trata da prática dos ilícitos eleitorais apurados com fundamento no referido dispositivo legal, se a ação de investigação judicial eleitoral foi deduzida com fundamento no abuso de poder econômico. É da descrição dos fatos submetidos ao conhecimento do órgão julgador que resultará a aplicação das sanções previamente estabelecidas em lei. Aplicação do princípio da congruência. Inteligência do enunciado sumular n.º 62 do Tribunal Superior Eleitoral.

(...).

9. Em regra, a legislação eleitoral estabelece que a arrecadação de recursos para a campanha eleitoral, de qualquer natureza, por candidatos e partidos políticos, somente poderá se efetivar após a observância dos requisitos previstos no art. 3º da Resolução TSE n.º 23.553/2017.

10. De acordo com o art. 38, da Resolução TSE n.º 23.553/2017, os gastos de campanha "somente poderão ser efetivados a partir da data da realização da respectiva convenção partidária, observado o preenchimento dos pré-requisitos de que tratam os incisos I, II e III", especificados no caput do art. 3º do mesmo diploma normativo (requerimento de registro de candidatura, inscrição no CNPJ e abertura de conta bancária especifica).

11. Na espécie, os representados realizaram enorme quantidade de gastos tipicamente eleitorais (remuneração a prestadores de serviço; produção de programas de rádio, televisão ou vídeo; realização de pesquisas; produção de jingles, vinhetas e slogans - art. 37, incisos VII, X, XI e XV, da Resolução TSE n.º 23.553/2017) no período de "pré-campanha", os quais, diga-se de passagem, somente poderiam ser realizados após o dia 5.8.2018, nos termos do art. 38, da Resolução TSE n.º 23.553/2017 c/c o art. 8º da Lei n.º 9.504/1997. Além disso, efetuaram uma série de gastos eleitorais em período próprio, porém à margem da contabilidade oficial, sem transitarem os recursos pela conta de campanha.

12. Nos termos dos incisos X e XV, do art. 37, da Resolução TSE n.º 23.553/2017, para configuração do gasto eleitoral não é necessário que tenha havido a divulgação de programas de rádio, televisão ou vídeo, ou de jingles, vinhetas e slogans, bastando apenas que tenha havido a sua produção.

13. Destaca-se que os representados realizaram gastos eleitorais próprios de campanha eleitoral, que atingem o valor de R$ 1.232.256,00 (um milhão, duzentos e trinta e dois mil, duzentos e cinquenta e seis reais),

sem que tenha havido qualquer registro na contabilidade oficial, quantia esta que se afigura significativa no contexto da campanha.

14. A utilização de recursos financeiros obtidos mediante empréstimo de pessoa física é prática rigorosamente proibida pela norma eleitoral, consoante previsão do art. 18 da Resolução TSE n. º 23.553/2017.

15. A prática de condutas que violam as regras disciplinadoras da arrecadação e gastos de recursos financeiros destinados à campanha eleitoral, configura os ilícitos previstos no art. 30-A da Lei n.º 9.504/1997 ("caixa dois").

16. A utilização excessiva, pelos representados, de aportes financeiros em desacordo com as normas relativas à arrecadação e gastos de recursos, no valor de R$ 1.232.256,00 (um milhão, duzentos e trinta e dois mil, duzentos e cinquenta e seis reais), quantia que corresponde a 72,29% (setenta e dois vírgula vinte e nove por cento) das despesas efetivamente declaradas pelos representados à Justiça Eleitoral, revela a prática de abuso de poder econômico revestido de gravidade suficiente para aplicação das sanções previstas no inciso XIV, do art. 22, da Lei Complementar n.º 64/1990, porquanto afetaram objetivamente a igualdade de oportunidades entre os candidatos na disputa eleitoral e a normalidade das eleições.

17. O fato de a chapa majoritária encabeçada pela representada Selma Rosane Santos Arruda ter sido a mais votada na disputa ao Senado Federal, é circunstância que, seguramente, atesta a aptidão dos atos praticados para ferir o bem jurídico protegido pela legislação eleitoral, *in casu*, a legitimidade do voto.

18. É assente na jurisprudência do TSE que a configuração do ilícito eleitoral, consistente no abuso de poder político e no uso indevido dos meios de comunicação, requer a presença de um conjunto probatório concludente, o que não ocorreu na espécie.

19. Não havendo demonstração de que a investigada e 2ª Suplente da chapa formada pelos representados tenha participado direta ou indiretamente na prática dos atos abusivos, é imperioso afastar-lhe de eventual declaração de inelegibilidade, haja vista o que estabelece o inciso XV, do art. 22, da Lei das Inelegibilidades.[60]

20. Ações de investigação judicial eleitoral julgadas parcialmente procedentes, reconhecendo-se a prática do abuso de poder econômico, consubstanciada na realização de condutas que violam diretamente as regras que disciplinam a arrecadação e gastos de recursos financeiros

60. Sobre a vedação de inelegibilidade por arrastamento, v. nº 15.11.b.

> destinados à campanha eleitoral (art. 30-A da Lei n.º 9.504/1997), impondo-se aos três representados a cassação dos diplomas outorgados em razão do resultado das eleições gerais de 2018, decretando-se, por consequência, a perda de seus mandatos eletivos, conforme art. 22, inciso XIV, da Lei Complementar n.º 64/1990 c/c o art. 30-A, § 2º, da Lei n.º 9.504/1997, bem como a decretação da inelegibilidade da primeira e do segundo investigado para as eleições a se realizarem nos 8 (oito) anos subsequentes ao pleito de 2018.
>
> 21. Confirmada a cassação dos representados, após o julgamento de eventual recurso ordinário pelo TSE (art. 257, § 2º, do Código Eleitoral), fica desde logo convocada a realização de novas eleições para uma vaga ao cargo de Senador, nos termos do artigo 224, §§ 3º e 4º, inciso II, do Código Eleitoral[61], independentemente do trânsito em julgado desta decisão (conforme ADI n.º 5.525/DF), cabendo a este Tribunal, oportunamente, designar a data e adotar as demais providências indispensáveis.
>
> 22. À míngua de previsão constitucional ou legal, o eventual esgotamento dos recursos dotados de efeito suspensivo a serem interpostos pela Senadora cujo mandato foi cassado no julgamento destas ações não autoriza a posse interina do 3º colocado na disputa ao Senado até a realização das eleições suplementares a serem convocadas. Vencido, no ponto, o Relator, que entendia necessária tal providência a fim de preservar, nesse intervalo, a representatividade do Estado no Senado Federal.
>
> 23. Não configura litigância de má-fé o pedido formulado pelos representantes postulando o adiamento do julgamento da ação eleitoral, fundado na constituição de novos patronos, uma vez que não ultrapassa os limites do direito de petição (art. 5º, XXXIV, "a" da Constituição Federal), e, por conseguinte, não configura hipótese de incidência da regra prevista no art. 80, IV, do Código de Processo Civil.[62]

Na sessão de 10 de dezembro de 2019, o Tribunal Superior Eleitoral, por seis votos a um, manteve a cassação dos diplomas da senadora e de seus dois suplentes ao confirmar a prática de abuso de poder econômico e arrecadação ilícita de recursos na pré-campanha. Ato contínuo, a Corte determinou o afastamento da parlamentar da Casa Legislativa, bem como a convocação de eleição suplementar, pelo Tribunal Regional Eleitoral do Mato Grosso, para a escolha de um novo representante do Estado no Senado Federal.

---

61. V. nº 1.2.4.
62. AIJE nº0601616-19.2018.6.11.0000, j. 10/04/2019.

Nesta assentada, o plenário, guiado pelo voto do relator do Recurso Ordinário nº 0601616-19[63] lavrado com apoio em precedentes da Cor-

---

63. ELEIÇÕES 2018. RECURSO ORDINÁRIO. CARGO DE SENADOR DA REPÚBLICA. PRELIMINARES. PEDIDO DE ASSISTÊNCIA SIMPLES. CARGO MAJORITÁRIO. DEFERIMENTO. REPRESENTAÇÃO. ART. 30–A. PROPOSITURA ANTES DA ELEIÇÃO. POSSIBILIDADE. ENCERRAMENTO PREMATURO DA INSTRUÇÃO. CERCEAMENTO DE DEFESA. NÃO OCORRÊNCIA. PROCESSO DE PRESTAÇÃO DE CONTAS. PENDÊNCIA DE JULGAMENTO. PREJUDICIALIDADE. INEXISTÊNCIA. NECESSIDADE DE QUEBRA DE SIGILO BANCÁRIO CARACTERIZADA. MÉRITO.

ABUSO DO PODER ECONÔMICO. CONTRATAÇÃO DE EMPRESA DE PUBLICIDADE ANTES DO PERÍODO ELEITORAL. PRODUÇÃO DE MATERIAL DE PRÉ–CAMPANHA E DE CAMPANHA. CARACTERIZAÇÃO DO ILÍCITO. ART. 30–A DA LEI Nº 9.504/1997. PAGAMENTOS REALIZADOS À MARGEM DA CONTABILIDADE DA CAMPANHA. CAIXA DOIS. CASSAÇÃO DO DIPLOMA DE TODOS OS COMPONENTES DA CHAPA. DECLARAÇÃO DA INELEGIBILIDADE DOS DIRETAMENTE ENVOLVIDOS. NECESSIDADE DE REALIZAÇÃO DE NOVAS ELEIÇÕES NA MODALIDADE DIRETA. ASSUNÇÃO PROVISÓRIA DA CHAPA QUE OBTEVE A TERCEIRA COLOCAÇÃO. IMPOSSIBILIDADE. EXECUÇÃO DO ACÓRDÃO CONDENATÓRIO COM SUA PUBLICAÇÃO. QUEBRA INDEVIDA DO SIGILO BANCÁRIO DA SEGUNDA SUPLENTE. AUSÊNCIA DE PREJUÍZO. PROVIMENTO PARCIAL DO RECURSO PARA DETERMINAR A EXCLUSÃO DOS DOCUMENTOS DOS AUTOS.

1. É possível, na qualidade de assistente simples, o ingresso do partido político ao qual o detentor de cargo majoritário se encontra filiado.

2. É admitida a propositura de ação que vise a apurar os ilícitos descritos no art. 30–A da Lei nº 9.504/1997 antes mesmo do pleito, considerando que não há indicação, no texto legal, do termo inicial para seu ajuizamento.

3. Não caracteriza cerceamento de defesa o encerramento antecipado da instrução processual, mesmo se pendente carta precatória, quando o juízo fundamentadamente entende que as provas já carreadas aos autos são suficientes para o deslinde da controvérsia. Inteligência do art. 370, parágrafo único, do CPC/2015 e do art. 23 da LC nº 64/1990.

4. Inexiste prejudicialidade entre o processo de prestação de contas e as demais ações eleitorais que visem a apurar ilícitos de ordem financeira praticados em campanha, seja abuso do poder econômico, previsto no art. 22, XIV, da LC nº 64/1990, seja arrecadação e gastos ilícitos de recursos, disciplinados no art. 30–A da Lei nº 9.504/1997.

5. O sigilo dos dados bancários não tem proteção absoluta pela Constituição Federal, sendo possível à autoridade judicial que o afaste pontualmente, desde que haja, em qualquer caso, a devida fundamentação de sua necessidade.

6. A propaganda eleitoral antecipada massiva, mesmo que não implique violação explícita ao art. 36–A da Lei nº 9.504/1997, pode caracterizar ação abusiva, sob o viés econômico, a ser corrigida por meio de ação própria.

7. A produção de farto material de pré–campanha e de campanha, no período imediatamente anterior ao eleitoral e com o investimento de grande quantia de dinheiro, caracteriza o abuso do poder econômico descrito no art. 22, XIV, da LC nº 64/1190 e, por consequência, implica a cassação de todos os beneficiários bem como a decretação da inelegibilidade dos diretamente envolvidos, porquanto possui gravidade capaz de comprometer a lisura do pleito.

8. A realização de suposto autofinanciamento pela recorrente Selma Rosane Santos Arruda, no valor de R$ 188.000,00, somado aos repasses realizados à empresa KGM Assessoria Institucional Ltda. e a seu sócio–diretor, Kleber Alves Lima, que alcançaram o valor de R$ 100.000,00, e ao pagamento feito por Gilberto Eglair Possamai à empresa Genius at Work, no valor de R$ 120.000,00, caracterizam infração ao art. 30–A da Lei nº 9.504/1997, porquanto possuem gravidade capaz de comprometer a lisura do pleito.

9. A Justiça Eleitoral realiza a glosa das condutas praticadas por determinado candidato quando em desacordo com o ordenamento jurídico estabelecido, não sendo devida a realização de juízo a respeito de eventuais condutas abusivas praticadas por outros candidatos que não integraram a relação processual.

10. A cassação da chapa eleita para o cargo majoritário de senador da República implica a determinação de renovação do pleito na modalidade direta, salvo se restarem menos de 15 meses para o fim do mandato, nos termos do art. 56, § 2º, da CF.

11. À míngua de previsão constitucional, não é possível a assunção provisória da chapa que logrou a terceira colocação no pleito devido à cassação da chapa eleita.

te[64] e fazendo consignar que o recurso oportunizou "discussões de suma importância para o entendimento do processo eleitoral brasileiro em sua inteireza"[65], reafirmou a realização de condutas exorbitantes no período pré-eleitoral que se somaram a outras semelhantemente abusivas praticadas no período eleitoral.

---

12. Recursos ordinários interpostos por Selma Rosane Santos Arruda, Gilberto Eglair Possamai e PSL não providos em sua integralidade, mantendo-se a cassação dos diplomas dos eleitos e, por consequência, de seus mandatos, bem como a declaração da inelegibilidade de Selma Arruda e de Gilberto Eglair para as eleições que forem realizadas nos 8 anos subsequentes ao pleito de 2018.

13. Recurso de Clérie Fabiana Mendes parcialmente provido, apenas para determinar a exclusão de quaisquer documentos referentes à quebra de seu sigilo bancário.

14. Recurso ordinário interposto por Carlos Henrique Baqueta Fávaro, Geraldo de Souza Macedo, José Esteves de Lacerda Filho, candidato derrotado ao Senado, primeiro e segundo suplentes, respectivamente, e o Diretório Estadual do PSD não provido.

15. Determinação de execução imediata do julgado a partir de sua publicação, com a expedição de ofício ao presidente do Senado Federal para que efetue o pronto afastamento dos mandatários cassados, comunicando-se, prontamente, o TRE/MT para que adote as providências cabíveis relativas à renovação do pleito.

64. ELEIÇÕES 2016. AGRAVO REGIMENTAL EM AGRAVO DE INSTRUMENTO. AÇÃO DE INVESTIGAÇÃO JUDICIAL ELEITORAL. OMISSÃO ACERCA DA GRAVAÇÃO AMBIENTAL. INEXISTENTE. ABUSO DE PODER ECONÔMICO. ART. 22 DA LC Nº 64/1990. CONFIGURAÇÃO. REALIZAÇÃO DE SHOW COM ENTRADA FRANCA E DISTRIBUIÇÃO DE BEBIDAS AOS MUNÍCIPES A NOVE DIAS DO PLEITO, EM CONCORRÊNCIA COM COMÍCIO DA CANDIDATURA ADVERSÁRIA QUE OCORREU NA MESMA DATA. PÚBLICO ELEVADO. BENEFÍCIO LOGRADO. ILICITUDE E GRAVIDADE DOS FATOS. CESSÃO DE ESPAÇO DA PROPRIEDADE DO CANDIDATO A VICE-PREFEITO. DEMOSTRAÇÃO DE PRÉVIO CONHECIMENTO DO ATO ABUSIVO POR PAULO TARCÍSIO DE ANDRADE NOGUEIRA. INELEGIBILIDADE. MANUTENÇÃO. AGRAVO DESPROVIDO.

(...).

"O abuso de poder econômico configura-se por emprego desproporcional de recursos patrimoniais, públicos ou de fonte privada, vindo a comprometer valores essenciais a eleições democráticas e isentas" (AgR-RO 804483, Rel. Min. Jorge Mussi, DJe de 05.04.2018). (AgRg-AI nº 52006/MG, DJE 07/08/2019, PP. 203/204).

ELEIÇÕES 2014. RECURSO ORDINÁRIO. AÇÃO DE INVESTIGAÇÃO JUDICIAL ELEITORAL. ENTIDADE SINDICAL. GOVERNADOR. VICE-GOVERNADOR. ABUSO DE PODER ECONÔMICO E USO INDEVIDO DOS MEIOS DE COMUNICAÇÃO SOCIAL. NÃO COMPROVAÇÃO.

1. Com base na compreensão da reserva legal proporcional, compete à Justiça Eleitoral verificar, baseada em provas robustas admitidas em Direito, a ocorrência de abuso de poder, suficiente para ensejar as severas sanções previstas na LC nº 64/1990. Essa compreensão jurídica, com a edição da LC nº 135/2010, merece maior atenção e reflexão por todos os órgãos da Justiça Eleitoral, pois o reconhecimento desse ilícito poderá afastar o político das disputas eleitorais pelo longo prazo de oito anos (art. 1º, inciso I, alíneas d, h e j, da LC nº 64/1990).

2. A normalidade e a legitimidade do pleito, referidas no art. 14, § 9º, da Constituição Federal, decorrem da ideia de igualdade de chances entre os competidores, entendida assim como a necessária concorrência livre e equilibrada entre os partícipes da vida política, sem a qual se compromete a própria essência do processo democrático.

3. Nos termos da jurisprudência deste Tribunal, "o abuso de poder econômico ocorre quando determinada candidatura é impulsionada pelos meios econômicos de forma a comprometer a igualdade da disputa eleitoral e a própria legitimidade do pleito. Já o uso indevido dos meios de comunicação se dá no momento em que há um desequilíbrio de forças decorrente da exposição massiva de um candidato nos meios de comunicação em detrimento de outros" (REspe nº 4709-68/RN, rel. Min. Nancy Andrighi, julgado em 10.5.2012).

(RO nº 457327/MG, DJE de 26/09/2016, pp. 138/139).

65. O Ministro Og Fernandes também destacou que "Nos autos do REspe nº 0600227-31/PE, de relatoria do Ministro Edson Fachin, em que enfrentamos o tema da propaganda eleitoral antecipada por meio de outdoor, alguns aspectos desse processo pré-eleitoral foram descortinados" (SIC).

Por fim, há uma decisão do Tribunal Regional Eleitoral do Paraná[66], decidida por maioria, deferindo a produção antecipada de provas em favor da parte que demonstrou interesse em analisar eventuais excessos de gastos na pré-campanha para avaliar se propõe ou não a ação adequada, o que é possível nos termos do disposto no artigo 381, III, do CPC.[67]

13.21. DESVIRTUAMENTO NA APLICAÇÃO DOS RECURSOS DESTINADOS À PARTICIPAÇÃO POLÍTICA DAS MULHERES

No Agravo de Instrumento nº 339-86/RS[68], o TSE apurou a configuração do ilícito descrito no art. 30-A da Lei n° 9.504/97 consubstanciado na "aplicação da verba do Fundo Partidário reservada a candidaturas femininas em campanha de candidatos do gênero masculino". Os vetores adotados pela Corte neste veredicto decorreram da interpretação integrativa de duas normas jurídicas.

O desvirtuamento na aplicação dos recursos do Fundo Partidário destinados à criação e à manutenção de programas de promoção e difusão da participação política das mulheres (art. 44, V, Lei nº 9.096/95)[69] pode ser apurado em representação por arrecadação e gasto ilícito de recursos. A alegação de desvio da finalidade no uso desses últimos, caracterizado por sua aplicação em campanhas eleitorais que não beneficiam a participação feminina, constitui causa de pedir apta a ofender os bens jurídicos que são protegidos pelo art. 30-A da Lei nº 9.504/97, em especial a igualdade de chances entre candidatos diante de violação ao regramento de arrecadação e gastos de recursos[70].

As verbas que têm destinação específica, como aquela vinculada ao financiamento de campanhas de candidatas mulheres, não podem ser deslocadas. O

---

66. AC nº 0602123-39, Acórdão nº 54338, DJ de 31/10/2018.

67. Art. 381. A produção antecipada da prova será admitida nos casos em que:
(...).
III - o prévio conhecimento dos fatos possa justificar ou evitar o ajuizamento de ação.

68. DJ de 20/09/2019.

69. Consta da Lei dos Partidos Políticos:
Art. 44. Os recursos oriundos do Fundo Partidário serão aplicados:
(...).
V - na criação e manutenção de programas de promoção e difusão da participação política das mulheres, criados e executados pela Secretaria da Mulher ou, a critério da agremiação, por instituto com personalidade jurídica própria presidido pela Secreta-ria da Mulher, em nível nacional, conforme percentual que será fixado pelo órgão nacional de direção partidária, observado o mínimo de 5% (cinco por cento) do total; ;

70. "11. (...). A representação fundada no art. 30-A da Lei n° 9.504/1997 tem como objetivo sancionar a captação e o gasto ilícitos de recursos que maculem o pleito. Destina-se a tutelar a transparência das campanhas eleitorais, a higidez e a moralidade da eleição e a igualdade de oportunidades entre os candidatos, que são feridas quando a arrecadação e o dispêndio de recursos na campanha se dão em desacordo com a legislação eleitoral (RO n° 1220-86/TO, rel. designado Min. Luiz Fux, j. em 22.03.2018)".

legislador não deixou a norma em aberto. Esses recursos devem ser aplicados pelas mulheres exclusivamente no interesse de suas campanhas eleitorais. Este foi o sentido da intervenção legislativa. Logo, é vedado o emprego desses recursos para beneficiar campanhas masculinas, seja por meio de doações diretas, seja por meio do pagamento de despesas, sempre que não houver comprovação de que tais transferências reverteram ganho à candidata.

Proceder em contrário viola a política estipulada pelos artigos 44, V, da Lei nº 9.096/95 e 9º da Lei nº 13.165/15, "devendo-se coibir e punir estratégias dissimuladas para neutralizar as medidas afirmativas implementadas" pelo Supremo Tribunal Federal na ADI n° 5.617/DF e pelo Tribunal Superior Eleitoral na Consulta n° 0600252-18/DF visando possibilitar competitividade às candidaturas femininas.

Acerca da rigidez punitiva, que não aplica pena pecuniária ao doador ou ao beneficiário, mas desconstitui mandatos eletivos, é uma observância inarredável prescrita pelo texto de regência, conforme se colhe do julgado:

> 46. A cassação do mandato, além de decorrer de imposição legal, é medida pedagógica, que busca garantir efetividade das normas que determinam o emprego de recursos mínimos nas campanhas eleitorais de candidatas femininas, mesmo quando os ilícitos sejam perpetrados por mulheres. Afinal, o desafio nas regras legais de promoção da participação feminina na política, a ser conduzido com apoio da jurisprudência, é produzir eficácia normativa apta a transformar práticas sociais e culturais que, como já dito, naturalizam a desigualdade de gênero nos partidos, parlamentos e governos. Essa transformação exige adesão de toda a sociedade - homens e mulheres - ao cumprimento da lei e não permite eximir das consequências legais quaisquer pessoas que se furtem a esse propósito

13.22. JURISPRUDÊNCIA GENÉRICA DO ART. 30-A

- A existência de irregularidades contábeis não é capaz, por si só, de credenciar a procedência de representação fundada no art. 30–A, da Lei nº 9.504/97, tornando–se imprescindível para tanto a presença de provas robustas que demonstrem a má–fé do candidato ou mesmo a repercussão dos ditos recursos de modo tal a ter potencial de desequilibrar a paridade da disputa, ônus do qual o recorrente não se desincumbiu, limitando–se a trazer a estes autos, cópia dos autos da prestação de contas, de modo que não há suporte a ensejar a pleiteada cassação do mandato;[71]

71. TSE, RO-El nº 060147383/TO, DJE de 02/06/2021.

- O uso de recursos de fonte sabidamente vedada, em valor absoluto e percentuais significativos, e o esforço de dissimulação da origem perfazem a ilicitude qualificada da conduta, apta a macular a legitimidade do pleito. Desse modo, encontra-se configurada a captação ilícita de recursos financeiros, prevista no art. 30-A da Lei nº 9.504/1997, devendo ser mantido o acórdão que determinou a cassação do diploma do recorrente, eleito 2º suplente ao cargo de deputado estadual;[72]
- A triangulação de recursos financeiros os quais, *in casu*, são originários de pessoa jurídica e perpassaram, a título de empréstimo pessoal, contas bancárias de sócios e empregados da empresa (pessoas físicas) para, então, abastecer campanha se amolda ao escopo do art. 30-A da Lei n. 9.504/97, pois, além de ultrajar o efetivo controle da Justiça Eleitoral no exame da prestação de contas, macula a lisura e a moralidade do pleito;[73]
- Ao interditar a captação ou a arrecadação ilícita de recursos, visou o legislador ordinário evitar ou, ao menos, refrear a cooptação do sistema político pelo poder econômico, cenário que, se admitido, trasladaria as iniquidades inerentes à esfera econômica para o campo político, em flagrante descompasso com o postulado da igualdade política entre os players do prélio eleitoral;[74]
- A abertura intempestiva da conta bancária específica de campanha eleitoral não é suficiente, per se, para a caracterização da prática de arrecadação e gastos ilícitos de recursos de campanha, sendo imprescindível a relevância jurídica da conduta imputada ao candidato para justificar a grave sanção de cassação do diploma. Precedentes: RO nº 444696/DF, DJe de 2.5.2012, rel. Min. Marcelo Ribeiro; REspe nº 28448/AM, DJe de 10.5.2012, rel. Min. Marco Aurélio.[75]

13.23. DENSIDADE NORMATIVA DO ART. 30-A

Ao dispor que todos são iguais perante a lei (art. 5º, *caput*), a Constituição Federal proclamou, por um lado, a exigência de moralidade para o exercício dos mandatos eletivos, e a outro, repudiou a influência nociva do poder econômico contra a normalidade e a legitimidade das eleições (art. 14, §9º).

Estas são regras medulares para as competições eleitorais, uma espécie de combo para candidaturas a cargos eletivos. Como se verifica da sua redação, a Investigação Judicial Eleitoral do art. 30-A tem caráter eminentemente repressivo. Não é necessário nenhum esforço maior de intelecção para se divisar que ela não se presta a prevenir ofensas relacionadas à arrecadação ou gastos de recursos durante a campanha eleitoral, mas se destina a aplicar punições em face dos ilícitos que forem efetivamente comprova-

72. TSE, RO-El nº 060372208/GO, DJE de 26/03/2021.
73. TSE, REspe nº 60507/MG, DJE de 07/10/2019.
74. TSE, REspe nº 191/MG, DJE de 19/12/2016.
75. TSE, AI nº 312/SP, DJE de 30/03/2015.

dos. Portanto, sobressai do seu conteúdo o nítido propósito do legislador em desestimular o abuso financeiro.

Sendo principiológico, o dispositivo traz uma desafiadora carga de moralização em torno dos deteriorados costumes eleitorais do país[76], voltando-se a emprestar validade finalística aos postulados da soberania (CF/88, art. 1º, I) e da cidadania (II) em busca da construção de novos paradigmas de votação e eleição. É certo, contudo, que serão necessárias algumas gerações e um sistema de representação inovado para que isso seja viável. De qualquer forma, o art. 30-A assinala - e por tal razão é vital ao ordenamento jurídico - um componente repressivo de enorme valor pedagógico: a cassação do registro ou diploma daqueles que a prova evidenciou como infratores.

Na via reflexa, a condenação que a este for imposta relaciona-se com efeitos futuros: a inelegibilidade da letra *j* do inciso I do art. 1º da Lei Complementar nº 64/90 sob os dizeres da Lei Complementar nº 135/10.

Neste universo semântico, não se pode jamais perder de vista que a teorização do tema resulta de um fato histórico. A Ação Penal do *Mensalão* no STF[77] logrou descortinar esquemas políticos poderosos. Foi uma ponta do *iceberg*. Ficou nítido que o ordenamento eleitoral, pelo seu silêncio a respeito de atos que importavam na manipulação de receitas e despesas com potencial capaz de fraudar o resultado de um pleito, reclamava complemento legislativo. Sob este propósito, deve-se considerar que o § 9º do art. 14 da Carta Magna, ao estatuir as apontadas regras gerais de "moralidade para o exercício do mandato" e repulsa a "influência do poder econômico", admitiu, quanto aos candidatos diplomados de modo fraudulento, a possibilidade de previsões normativas estabelecendo penas intensas como cassações e inelegibilidades.

Não parece ser por nenhum acaso que ao *caput* do art. 30-A consta a referência linguisticamente genérica às "condutas em desacordo", ao invés, por exemplo, de "condutas abusivas". Fosse outro o espírito da norma e não haveria menor razão da existência da regra positivada ao art. 32 da LE/97 compelindo candidatos e partidos políticos a conservarem a documentação concernente às suas contas até cento e oitenta dias transcorridos da diplomação ou "até a decisão final", se "pendente de julgamento qualquer processo judicial".

Com base nesses elementos norteadores, constata-se que realmente "A representação fundada no art. 30-A da Lei nº 9.504/1997 tem como objeto sancio-

---

76. Para se ter uma noção de quanto, "Entre nós também existe o problema do dinheiro nas eleições, e de maneira grave, porque a nossa democracia se tem revelado muito vulnerável à influência do dinheiro, que atua na política com impressionante desenvoltura", assinalava em seu parecer oral o então Procurador-Geral Eleitoral do TSE Oswaldo Trigueiro no Acórdão nº 3.982/MG, julgado no longínquo 07/09/1965.

77. Envolvendo 40 acusados e os crimes de peculato, lavagem de dinheiro, formação de quadrilha, corrupção ativa, corrupção passiva, evasão de divisas e gestão fraudulenta de instituição financeira.

nar a captação e os gastos ilícitos de recursos para fins eleitorais, de modo a tutelar a transparência das campanhas eleitorais, a higidez e a moralidade da eleição e a igualdade de oportunidades entre os candidatos. A fixação da abrangência do dispositivo não pode desconsiderar implicações de outras previsões legais que, descumpridas, afetem a higidez das eleições. Embora o esquema nuclear do financiamento das campanhas eleitorais se encontre na Lei nº 9.504/1997, o detalhamento e o adensamento desse esquema dependem de interpretação sistêmica de toda a legislação eleitoral. Portanto não há impedimento a que outros diplomas normativos estabeleçam regras sobre financiamento de campanhas".[78]

Em vista dessa unidade sistemática, invocando o escólio de Norberto BOBBIO (1997, p. 25)[79], é possível concluir que a ordem jurídica eleitoral concebida a partir do art. 30-A, pretendeu tutelar incisivamente o Princípio da Igualdade previsto ao *caput* do art. 5º da CF/88 visando neutralizar condutas tipificadoras de abuso de poder.[80]

78. TSE, AgRg-AC nº 060416712/RS e AI nº 339-86/RS, DJE de 20/09/2019.

79. "Das várias determinações históricas da máxima que proclama a igualdade de todos os homens, a única universalmente acolhida qualquer que seja o tipo de Constituição em que esteja inserida e qualquer que seja a ideologia na qual esteja fundamentada é a que afirma que todos os homens são iguais perante a lei, ou, com outra formulação, a lei é igual para todos".

80. A despeito de todos os incrementos legislativos contemporâneos, dentre os quais o art. 30-A, a velha forma de fazer política e disputar eleições à margem das regras não morreu. Pelo contrário: dá sinais de plena vitalidade e segue dando muitas cartas. Como diz CARAZZA, "Destinar volumes bilionários para os partidos distribuírem entre os candidatos é uma grande barreira à renovação política e reforça a perpetuação no poder de uma elite partidária que reproduz práticas corruptas arraigadas. Além disso, quanto mais recursos públicos são distribuídos a partidos e candidatos, mais atrativa se torna a carreira política para aqueles que querem, simplesmente, se aproveitar dela" (2018, p. 237).

Capítulo

14

CAPTAÇÃO ILÍCITA DE SUFRÁGIO (ART. 41-A)

14.1. EXCLUSÃO DE TERCEIRO NÃO CANDIDATO

Voto, do substantivo *votum*, desdobrado do verbo *votare*, significa prometer, escolher. Captação, igualmente do latim, *captatio*, de *captare*, expressa apanhar, tomar. O art. 41-A da Lei nº 9.504/97 tem como finalidade a proteção da liberdade de sufrágio para garantir ao eleitor o direito de votar livremente, destituído de influências sociais, materiais e outras. A regra almeja reprimir a mercancia eleitoral, na linguagem corrente, a *compra de voto*.

Para Edson de Resende CASTRO, "(...) a captação ilícita do sufrágio, prevista no art. 41-A, ganhou expressiva importância no cenário eleitoral, tendo em vista o número significativo de casos que são levados à apreciação da Justiça Eleitoral. tornou-se um importante instrumento de moralização das campanhas eleitorais, de combate à corrupção do eleitorado e, portanto, de prevalência da liberdade de escolha do eleitor" (2012, p. 360). Em complemento, como bem observou o tratadista português José Joaquim Gomes CANOTILHO (2010, p. 303), o princípio da Liberdade do Voto precisa "garantir ao eleitor o exercício de voto sem qualquer coação física ou psicológica de entidades públicas ou de entidades privadas".

O TSE, ao interpretar o dispositivo, consignou: "O artigo 41-A visa a proteger a liberdade de voto do cidadão eleitor contra a compra de voto, contra o oferecimento de qualquer tipo de bem ou vantagem que venha a levar o eleitor a votar naquele que lhe corrompe, que lhe deforma, a vontade livre do seu voto" (AgR-REspe n° 36.601/GO, DJE de 18/04/2011, p. 40). Indissociavelmente atrelado a esse contexto, um dos deveres do Estado é zelar pela lealdade processual. Desta feita, visando evitar os percalços causados por uma ação infundada ou temerária, previamente ao mérito da imputação, é inarredável, no plano preliminar, proceder na verificação da legitimidade passiva daqueles que figuram como acusados nas demandas relativas à prática de captação ilícita de sufrágio. A aplicação desta regra reflete um aspecto essencial do Devido Processo Legal que não pode ser relativizado.

Consta ao mencionado dispositivo da Lei das Eleições: "Ressalvado o disposto no art. 26 e seus incisos, constitui captação de sufrágio, vedada por esta Lei, o candidato doar, oferecer, prometer, ou entregar, ao eleitor, com o fim de obter-lhe o voto, bem ou vantagem pessoal de qualquer natureza, inclusive emprego ou função pública, desde o registro da candidatura até o dia da eleição, inclusive, sob pena de multa de mil a cinqüenta mil UFIR[1], e cassação do registro ou do diploma, observado o procedimento previsto no art. 22 da Lei Complementar nº 64, de 18 de maio de 1990".

Relativamente ao voto do eleitor, a regra, em termos claros, exprimiu vedação *numerus clausus* para quatro condutas envolvendo bens e vantagens pessoais de qualquer natureza:

- Doação;
- Oferecimento;
- Promessa; ou
- Entrega.

Como se viu, o texto legal previu punições exclusivamente ao candidato. O escorço histórico do processo legislativo deflagrado na Câmara dos Deputados a partir de iniciativa popular organizada pela Comissão Brasileira Justiça e Paz (CBJP) da Conferência Nacional dos Bispos do Brasil (CNBB) registra a rejeição da versão original contida ao Projeto de Lei nº 1.517-A/99 prevendo a pluralidade de agentes. A locução "*o candidato ou alguém por ele*" foi rejeitada durante a sua tramitação. Em 08/09/1999, acolhendo sugestões apresentadas por integrantes da Comissão de Constitui-

1. Extinta pela Lei n º 10.522/02.

ção e Justiça, o relator retirou-a definitivamente do PL (*Diário da Câmara dos Deputados*, 15/09/1999, p. 41599)[2].

Cravada a redação vigente, o legislador optou restringir o agente ativo da conduta infracional ao partícipe que disputa o pleito e, nesta condição, pratica diretamente ou anui à ilicitude. Se apropriada ou não, o certo é que a norma não mencionou a possibilidade de responsabilização do terceiro envolvido nos ilícitos do art. 41-A. Respeitados os entendimentos erigidos em sentido diverso, mas diante da taxatividade com que está redigida, a disposição legal autoriza o intérprete concluir que os demais partícipes da infração perpetrada que não concorrem a cargo eletivo não podem constar como representados relativamente ao seu descumprimento. À vista disso, não há como equiparar situações distintas. "O tipo do art. 41-A da Lei n° 9.504/97 requer que o candidato realize as condutas ali capituladas, delas participe, ou a elas anua explicitamente" (AgRg-Ag n° 5.881/MS, DJ de 22/06/2007).

Da jurisprudência do Tribunal Superior Eleitoral colhe-se persuasivo pronunciamento[3] em torno do tema:

> **RECURSO ORDINÁRIO. ELEIÇÕES 2010. REPRESENTAÇÃO. ARTIGO 41-A DA LEI Nº 9.504/97. PRELIMINAR. ILEGITIMIDADE PASSIVA *AD CAUSAM* DO TERCEIRO NÃO CANDIDATO.**

---

2. A partir do histórico legislativo da matéria, os debates parlamentares ocorridos na sessão plenária de 22/09/1999 referem emenda apresentada pelo deputado Roberto Batochio (SP), apoiada pelos líderes partidários. Na oportunidade, o proponente expôs que "Do ponto de vista técnico, quero crer que a redação do art. 41-A. da Lei nº 9.504, de 30 de setembro de 1997 e também as alterações introduzidas pelo texto da Lei nº 4.737, de 15 de julho de 1965, que é o Código Eleitoral, conseguiram atingir o melhor possível ao longo de uma negociação em que presidiu o interesse em servir à causa pública, em que dominou o espírito de obter o consenso, para que efetivamente pudéssemos aperfeiçoar o nosso processo eleitoral. O art. 41-A ficou redigido de maneira objetiva, clara e explícita, de modo a não ensejar qualquer dúvida quanto à sua interpretação" (Diário da Câmara dos Deputados, Ano LIV, nº 154, p. 43576).

3. Impende registrar que esse entendimento, o qual remonta ao Recurso em Habeas Corpus nº 46 (RJTSE 14 (1)25), continua sendo prestigiado, conforme evidenciam os julgados a seguir registrados:

   ELEIÇÕES 2014 - RECURSOS ORDINÁRIOS. CONTRATAÇÃO DE SERVIDORES TEMPORÁRIOS EM PROL DA CANDIDATURA DA IRMÃ DO PREFEITO. CONFIGURAÇÃO DO ABUSO DE PODER E CAPTAÇÃO ILÍCITA DE SUFRÁGIO. INSUFICIÊNCIA DO CONJUNTO PROBATÓRIO, PARA A RESPONSABILIZAÇÃO DE CANDIDATO A DEPUTADO FEDERAL RESCISÃO DE CONTRATOS TEMPORARIOS APÓS AS ELEIÇÕES E ANTES DA POSSE, DOS ELEITOS. CONFIGURAÇÃO DE CONDUTA VEDADA NO CASO CONCRETO APESAR DE NÃO PRATICADA NA CIRCUNSCRIÇÃO DO PLEITO. IMPOSSIBILIDADE DE IMPOSIÇÃO DE MULTA AO NÃO CANDIDATO.

   (...). Impossibilidade da condenação do não candidato por captação ilícita de sufrágio. 13. Somente o candidato tem legitimidade para responder pela captação ilícita de sufrágio prevista no art. 41-A da Lei nº 9.504/1997. Precedentes do TSE. (...). (RO n° 2229-52/AP, relª. Minª. Rosa Weber, DJE de 14/09/2018).

   ELEIÇÕES 2014 - DEPUTADO ESTADUAL. RECURSO ORDINÁRIO. REPRESENTAÇÃO. CAPTAÇÃO ILÍCITA DE SUFRÁGIO. IMPROCEDÊNCIA. PRELIMINAR DE INTEMPESTIVIDADE RECURSAL AFASTADA. ILEGITIMIDADE PASSIVA DE TERCEIRO. NÃO CANDIDATO. AUSÊNCIA DE PROVAS ROBUSTAS. MANUTENÇÃO DO ÁCÓRDÃO REGIONAL. DESPRÓVIMENTO. (RO n° 1334-25, relª. Minª. Luciana Lóssio, DJE de 06/03/2017).

> **RECONHECIDA. PRECEDENTE. CANDIDATO A DEPUTADO ESTADUAL. CAPTAÇÃO ILÍCITA DE SUFRÁGIO. AUSÊNCIA DE PROVA ROBUSTA E INEQUÍVOCA. RECURSO ORDINÁRIO CONHECIDO E PROVIDO.**
>
> 1. O terceiro não candidato não tem legitimidade para figurar no polo passivo da representação calcada no artigo 41-A da Lei nº 9.504/97. Precedente.
>
> 2. O conjunto fático-probatório - prova testemunhal e material - não é suficiente para a caracterização da prática de captação ilícita de sufrágio, preconizada no artigo 41-A da Lei das Eleições.
>
> 3. Recurso ordinário conhecido e provido.[4]

O fato de não ser o candidato, e sim um terceiro a *prometer*, *doar*, *oferecer* ou *entregar* ao eleitor algum bem ou vantagem de natureza pessoal com a finalidade de obter-lhe o voto, não desnatura a representação encetada porquanto o ilícito de campanha foi perpetrado por este último em nome e em função daquele primeiro, beneficiário direto da conduta abusiva. Por conta disso, a medida subsiste para a apuração e responsabilização daquele que restou eleitoralmente beneficiado, o qual, ante a procedência da representação, está sujeito à cassação do seu registro ou diploma, ao passo que "Não há o que se cassar do terceiro", anotou o Recurso Especial Eleitoral n° 39364-58/MS.

Essa linha de interpretação, tal como reiteradamente enfatizada pela jurisprudência, é a que melhor se ajusta ao apenamento previsto quando o escopo do legislador foi o de afastar, da disputa ou do mandato, o candidato que praticou a conduta reprimida.

Noutra banda, sendo as sanções relacionadas pelo art. 41-A fixas e cumulativas, não há possibilidade jurídica de aplicação da multa como pena autônoma para a inclusão de terceiros no polo passivo da representação, consoante entendimento pacificado no Tribunal Superior Eleitoral[5]. Vale dizer: o órgão julgador competente não possui liberalidade para aplicar somente a sanção pecuniária.

Nesse sentido, dado o seu enfoque, trecho do voto do relator no AgR-RCEd n° 707/RJ, DJE de 31/05/2012, sublinhou: "A cominação prevista

---

4. TSE, RO nº 692966/RJ, DJE de 30/05/2014.
5. Dentre outros, refiram-se os seguintes arestos do TSE: AgRgRO nº 413237/AM, DJE de 30/06/2015; ED-RO nº 151012/AP, DJE de 27/03/2014; AgRREspe nº 25579768/SP, DJE 28/02/2014; AgRREspe n° 9559743-77/CE, DJE de 28/08/2013, AgRREspe nº 958697009/CE, DJE de 21/08/2013.

no artigo 41-A da Lei nº 9.504/97 é dupla. No caso, não se abre ensejo, na ação, ao requerimento de aplicação da penalidade de multa ou de cassação. Configurada a captação ilícita de sufrágio, o pedido, necessariamente, deve aludir à imposição de multa e de cassação. É o que decorre, considerado o conectivo "e", a unir a previsão desta àquela. Admitir o prosseguimento da ação apenas tendo em conta a imputação da penalidade pecuniária, alijando-se a cassação, ofende o dispositivo legal aduzido"[6].

Diante dos contornos desse instituto repressivo, capaz de revogar o resultado das urnas, cassar mandatos, impor multas elevadas e gerar a inelegibilidade do infrator pelo lapso de oito anos (LC nº 135/10, art. 1º, I, j), o contido no art. 41-A da Lei nº 9.504/97 não pode ser interpretado a ponto de ter os seus preceitos ampliados. É descabida a imposição de vedações não previstas pela ordem jurídica. Uma regra elementar decorrente da hermenêutica constitucional estabelece a proibição de se interpretar ampliativamente uma norma restritiva de direitos. Não resta dúvida, portanto, de que aludida disciplina incide plenamente à captação ilícita de sufrágio, configurando circunstância impeditiva ao alargamento do polo passivo da imputação, sob pena da atuação arbitrária do Estado. Como anotou Alberto ROLLO (2002, pp. 191), "O ato praticado tem que ser personalíssimo, tem que ser praticado pela pessoa que se pretende punir, no caso, o candidato".

Ao contrário de uma solução simplista como podem cogitar alguns, a inaplicabilidade do art. 41-A aos não candidatos não é sinônimo de incentivo para que candidatos se valham de interpostas pessoas para efetivar práticas ilícitas. E isso se dá por uma razão elementar: as demais responsabilidades do terceiro infrator deverão ser apuradas, *ope legis*, nas vias processuais próprias. O ordenamento eleitoral alcança o infrator noutras esferas não menos importantes e severas. Para Adriano Soares da COSTA (2002, pp. 483), "quem pode cometer o ato ilícito art. 41-A da Lei nº 9.504/97 é o candidato, e apenas ele. Se alguém, em nome dele, promete, doa, oferece ou entrega ao eleitor algum bem ou vantagem pessoal, com a finalidade de obter-lhe o voto, comete abuso de poder econômico ou corrupção, mas não captação de sufrágio", conforme especificou.

Neste diapasão, torna-se importante assinalar que a regra do inciso XVI do art. 22 da Lei Complementar nº 64/90, alterada pela Lei Complementar nº 135/10, prevê a declaração de "inelegibilidade do representado e de quantos hajam contribuído para a prática do ato":

6. Na mesma linha: AgR-AgR-AI nº 1329-58/RJ, j. 07/11/2013; AgR-REspe nº 958697009/CE, DJE de 21/08/2013.

> **REPRESENTAÇÃO. INVESTIGAÇÃO JUDICIAL. ALEGAÇÃO. ABUSO DO PODER POLÍTICO E DE AUTORIDADE. ATOS DE CAMPANHA EM EVENTO OFICIAL. INFRAÇÃO AOS ARTS. 73, I, E 74 DA LEI Nº 9.504/97. PRELIMINARES. INÉPCIA DA INICIAL. CARÊNCIA DA AÇÃO. AUSÊNCIA DE CANDIDATURA FORMALIZADA. REJEIÇÃO. FALTA DE COMPROVAÇÃO. POTENCIALIDADE. DESEQUILÍBRIO. RESULTADO DO PLEITO. IMPROCEDÊNCIA. ARQUIVAMENTO.**
>
> (...).
>
> Na hipótese de a investigação judicial ser julgada procedente, a sanção de inelegibilidade alcança o candidato beneficiado e todos os que hajam contribuído para a prática do ato abusivo, nos termos do inciso XIV do art. 22 da Lei Complementar no 64/90.
>
> É pacífica a jurisprudência do TSE no sentido de que a ação de investigação judicial pode ter como objeto fato ocorrido em momento anterior ao da escolha e registro do candidato
>
> O abuso do poder apenado pelo art. 22 da Lei das Inelegibilidades se configura quando há a comprovação da efetiva potencialidade do ato irregular para influir no resultado do pleito.[7]

Na esteira pretoriana, aludida conclusão, a despeito de cível-eleitoral, é extensível à seara criminal. O art. 299 do Código Eleitoral não exige a condição jurídica de candidato para a aplicação de sancionamento pelo fato de alguém "dar, oferecer, prometer, solicitar ou receber, para si ou para outrem, dinheiro, dádiva, ou qualquer outra vantagem, para obter ou dar voto e para conseguir ou prometer abstenção, ainda que a oferta não seja aceita". Se a conduta do agente se ajusta ao modelo abstrato previsto no tipo penal, o mesmo é passível de denúncia, seja ou não candidato:

> **AÇÃO PENAL PÚBLICA - DIVISIBILIDADE.** Ao contrário da ação penal privada, a ação penal pública é divisível.
>
> **ELEITOR - INSCRIÇÃO.** O tipo do artigo 290 do Código Eleitoral pressupõe o induzimento do eleitor, ou seja, o fato de o agente, valendo-se da boa-fé, levá-lo à inscrição.
>
> **VOTO - OBTENÇÃO OU DAÇÃO - PRÁTICA CRIMINOSA.** A teor do disposto no artigo 299 do Código Eleitoral, pratica crime quem dá, oferece, promete, solicita ou recebe, para si ou para outrem, dinheiro,

7. TSE, RP nº 935/DF, DJ de 10/11/2006.

> dádiva ou qualquer outra vantagem, para obter ou dar voto e para conseguir ou prometer abstenção, ainda que a oferta não seja aceita.
>
> Em síntese, o tipo alcança não só aquele que busca o voto ou a abstenção, mas também o que solicita ou recebe vantagem para a prática do ato à margem da cidadania.
>
> (...).[8]

Resumindo e encerrando, malgrado entendimentos em contrário, é cediço que "a lei não contém palavras inúteis". Se o legislador incluiu na parte nuclear do dispositivo trazido pela Lei nº 9.840/99 a expressão *candidato*, é evidente, numa interpretação teleológica, que pretendeu confiná-lo, repelindo outros possíveis infratores. Uma vez verificada a gênese desse dispositivo, não é possível transpô-la para ampliar o polo passivo. A presença de não candidatos em ações movimentadas por ofensa ao art. 41-A da Lei nº 9.504/97 confere amplitude incompatível à finalidade da norma, o que conduz à declaração da ilegitimidade passiva *ad causam*. No entanto, a dispersão do sistema sancionatório não impede a responsabilização dos demais infratores nas searas próprias.

14.2. DISTRIBUIÇÃO DE COMBUSTÍVEL PARA EVENTOS DE CAMPANHA ELEITORAL

A doação de combustível ou vale-combustível no período eleitoral não constitui, por si só, captação ilícita de sufrágio. A conduta descrita pelo art. 41-A exige o *especial fim no agir* ou a individualização da promessa dirigida a determinado eleitor ou grupo de eleitores a quem se promete um bem ou vantagem pessoal que somente será entregue caso o voto lhe seja obtido. É imperiosa a análise pormenorizada das circunstâncias fáticas e pessoais para que se possa distinguir o episódio de campanha do aliciamento espúrio.

A distribuição isolada e em pequena quantidade a correligionários, simpatizantes ou cabos eleitorais para que possam participar de atos relacionados à campanha eleitoral não corresponde a uma prática infracional. Tal agir pode ser classificado como modalidade de *contrato verbal* de pres-

---

8. REspe nº 198/SP, DJE de 31/05/2013, p 48. Nesse eixo, a seguinte passagem do voto do Ministro Luiz Carlos Lopes Madeira por ocasião do julgamento do RHC nº 81 (DJ de 10/06/2005): "Em verdade, responderá pelo art. 299 do Código Eleitoral tanto o candidato quanto qualquer pessoa que praticar as figuras típicas ali descritas. A diferença é que o candidato infrator também estará sujeito às sanções de multa e cassação do registro ou diploma a que alude o art. 41-A, devidamente apurado mediante a realização do procedimento previsto no art. 22 da Lei nº 64/90".

tação de serviço. A despeito disso, é válido destacar, com amparo nos incisos II, IV e IX do artigo 26 da Lei nº 9.504/97, que são considerados gastos eleitorais regulares aqueles efetuados com o transporte ou deslocamento de candidatos e do pessoal a serviço das candidaturas.

Carreatas, comícios, almoços, jantares e confraternizações são eventos específicos de campanha que podem ser encaixados nessa rubrica. A princípio, todos gozam de regulamentação e tem finalidade lícita. Neles, as pessoas que assumem a condição de cabos-eleitorais eventuais, participando e utilizando veículos particulares recebendo combustível do próprio interessado (o candidato), expressam a sua legítima vontade. Mais que isso: no cenário da campanha, tais presenças correspondem a uma manifestação democrática e ostensiva de apoio político formada, na maioria das vezes, por eleitores que já fizeram a sua escolha, e que exatamente por tal razão, não estariam sendo indevidamente levados a votar nessa ou naquela candidatura em troca de vantagem. É de se presumir que o combustível que foi entregue a cada um, além de se exaurir no ato eleitoral, não se destine à compra do voto, mas à participação na carreata. Trata-se de uma "conduta praticada com o objetivo de incentivar a participação" (TSE, RO nº 7123-30/MT, DJE de 11/04/2014), incapaz de despertar um sentimento de gratidão.

Sobre haver maior volume de venda de combustível ou fluxo de pessoas na data de um evento específico, isso não configura a hipótese de abuso de poder econômico reprimido pela legislação. Se o registro de gastos com combustível se revela documental e financeiramente compatível com o número de veículos participantes, e os valores despendidos foram contabilizados, não há se falar em irregularidade na prestação de contas, gasto exorbitante ou prática de crime eleitoral.

14.2.1. Carreata

Muitos podem não saber ou lembrar, mas entre as décadas de 30 e 40, nos períodos de carnaval, o povo desfilava festivamente em automóveis e caminhões formando uma *carreata de veículos*. Com a periodicidade das eleições, algumas modalidades de propaganda e participação eleitoral foram se consolidando, inclusive uma que se desenvolve através de veículos automotores para fins de campanha ou manifestação política com a mesma denominação daquela primeira (HOUAISS, 2001, p. 634).[9]

9. O Código de Trânsito Brasileiro define carreata como "deslocamento em fila na via de veículos automotores em sinal de regozijo, de reivindicação, de protesto cívico ou de uma classe" (Lei nº 9.503/97 – Anexo I).

Há razoabilidade, no cenário eleitoral, quando a quantidade de combustível distribuída não é excessiva e satisfaz o percurso estabelecido pelos participantes, não se cogitando de prática infesta ao equilíbrio da disputa eleitoral ou que haveria pedido implícito de voto. Até porque, a carreata é festiva e dá alguma visibilidade ao candidato. Desta feita, havendo a distribuição limitada de combustíveis apenas para efetivar a carreata, descabe presumir a figura do art. 41-A. Perante o TSE, conforme anotou o REspe nº 409-20/PI, "essa é a melhor interpretação do arcabouço normativo, sob pena de inviabilizarem-se certos atos que fazem parte da caminhada rumo à vitória nas eleições"[10]. De outro lado, a distribuição configura captação ilícita de sufrágio e pode alcançar contornos de abuso de poder econômico se houver, conjuntamente, o pedido explícito ou implícito de votos (AgR-AI nº 11.434/RJ, DJE de 11/02/2014), visto que para a caracterização da conduta do art. 41-A é necessário que o oferecimento de bens ou vantagens seja condicionado à sua obtenção (RCED nº 766/SP, DJEde 10/05/2010).

Se o candidato pratica ou anui à conduta descrita no tipo, evidenciando, com isso, o *especial fim de agir* mencionado no início, afigura-se desnecessário o pedido explícito de voto para a captação ilícita de sufrágio (REspe n° 952-46/RJ e RJTSE 20/4/188). Nesses cenários, malgrado não se exija a comprovação da potencialidade lesiva, é necessário que exista a "prova cabal" da conduta ilícita (RO nº 3293824 94/CE, DJE de 24/05/2012).

Já a entrega irrestrita de combustível, a qualquer destinatário, subverte a *ratio essendi* da construção jurisprudencial que admite a distribuição a apoiadores voluntários para participação em carreatas. Quando realizada indiscriminadamente a eleitores, a doação evidencia, ainda que implicitamente, o fim de captar-lhes o voto (REspe nº 35.573/MS, DJE de 31/10/2016).

> **RECURSO ELEITORAL. AÇÃO DE IMPUGNAÇÃO DE MANDATO ELETIVO. PRELIMINAR DE NULIDADE POR JULGAMENTO ANTECIPADO DA LIDE REJEITADA. ABUSO DO PODER ECONÔMICO. NÃO CONFIGURAÇÃO. AUSÊNCIA DE PODER PARA INFLUIR NA NORMALIDADE E LEGITIMIDADE DA ELEIÇÃO. RECURSO DESPROVIDO.**
>
> (...).

10. TSE, DJE de 27/11/2012, p.13.

> 8. É lícita a doação de combustível pela coligação proporcional/majoritária aos candidatos delas integrantes, assim como destes aos eleitores que participem de carreata.
>
> Precedentes.[11]
>
> **RECURSO. REPRESENTAÇÃO. CAPTAÇÃO ILÍCITA DE SUFRÁGIO. ABUSO DE PODER ECONÔMICO. PREFEITO E VICE. IMPROCEDÊNCIA. ELEIÇÕES 2016.**
>
> 1. Preliminares. 1.1) Não se mostra inepta a petição inicial na qual se apontam elementos fáticos probatórios que, em tese, configurariam abuso de poder e captação ilícita de sufrágio; 1.2) Não há se falar em ausência de profligação da sentença quando deduzidas razões recursais suficientes para impugnar juízo de improcedência.
>
> 2. Doações de campanha sob a forma de aquisição de combustível em favor de candidatos à vereança e para o partido. Vales combustíveis confeccionados e registrados nos recibos eleitorais. Distribuição que se deu em razão de carreata, não estando atrelada a pedido de voto. Construção jurisprudencial que admite a doação de combustível a eleitores correligionários e cabos eleitorais para participação em carreatas.
>
> 3. Oferecimento de dinheiro à eleitora para obtenção do voto. Inexistente liame documental, fotográfico ou indício a corroborar o depoimento da testemunha. A condenação por captação ilícita de sufrágio exige prova robusta, não podendo se fundar em meras presunções.
>
> Provimento negado.[12]

Diante das penalidades previstas, a diretriz jurisprudencial que o TSE firmou neste tema, calcada num sistema estável de precedentes, averba ser necessário que as provas da prática ilícita sejam cabais e robustas revelando a vantagem ilícita em detrimento dos demais concorrentes, conforme, por exemplo, o Agravo Regimental em Recurso Especial Eleitoral nº 35.933/MG:

> **INVESTIGAÇÃO JUDICIAL ELEITORAL. DISTRIBUIÇÃO DE COMBUSTÍVEL ATRELADA A PEDIDO DE VOTOS. CAPTAÇÃO ILÍCITA DE SUFRÁGIO. ART. 41-A DA LEI Nº 9.504/97. ABUSO DE PODER ECONÔMICO. ART. 22 DA LC Nº 64/90. CONFIGU-**

---

11. TRE/GO, Recurso Eleitoral nº 138, DJE de 14/03/2018.
12. TRE/RS, Recurso Eleitoral nº 25345, DJE de 09/06/2017.

RAÇÃO. SÚMULAS NOS 7/STJ E 279/STF. SÚMULA Nº 182/STJ. NÃO PROVIMENTO.

1. A partir da moldura fática do v. acórdão recorrido, ficaram comprovadas a aquisição e a distribuição de combustível, em quantidade expressiva (1.616 litros) e atrelada a pedido de votos, a eleitores do município de Ouro Verde de Minas/MG, por parte da candidata a prefeita, ora agravante.

2. O reconhecimento da captação ilícita de sufrágio, neste caso, não diverge da jurisprudência desta c. Corte que afasta a prática de compra de votos por distribuição de combustível a eleitores para participarem de carreata, quando não houver pedido explícito ou implícito de votos (AgR-RCED nº 726/GO, Rel. Min. Ricardo Lewandowski, DJe de 3.11.2009), o que não é o caso dos autos, uma vez que a doação era acompanhada de pedido de voto, não se restringindo à promoção da carreata.

3. No caso, os requisitos do art. 41-A estão evidenciados, uma vez que houve doação de bem (combustível) a eleitores (conduta típica), acompanhada de pedido expresso de votos (fim de obter voto) formulado pela própria candidata beneficiária (participação ou anuência do candidato).

4. (...).

5. Com relação ao abuso de poder econômico, os agravantes se limitaram a asseverar que a conduta (doação de combustível acompanhada de pedido de votos) era lícita, razão pela qual não haveria abuso, não infirmando os fundamentos da decisão agravada, no ponto, atraindo a incidência da Súmula nº 182/STJ.

6. Na espécie, o e. TRE/MG, soberano na análise de fatos e provas, concluiu que a concessão generalizada dessas benesses influiu na vontade do voto popular ou no tratamento isonômico (equilíbrio na disputa) entre os candidatos legitimidade das eleições, sobretudo pelo fato de se tratar de um pequeno município, configurando abuso de poder econômico. Todavia, os agravantes não infirmaram o fundamento segundo o qual decidir diversamente do e. Tribunal Regional demandaria o reexame do conteúdo fático-probatório, inviável nesta instância extraordinária (Súmulas nos 7/STJ e 279/STF).

7. Agravo regimental não provido.[13]

De outra banda, caracterizam infração no terreno punitivo do art. 41-A:

13. TSE, DJE de 10/02/2010, p. 40.

- a disponibilização de combustível sem qualquer critério nos abastecimentos objetivando conquistar o maior número possível de eleitores, servindo a carreata como máscara para encobrir a captação ilícita de sufrágios (AgR-Al nº 607-35/GO, DJE de 15/06/2021);
- se a litragem distribuída individualmente for demasiada ou permitir o seu uso geral para outras atividades pessoais dos beneficiados, não relacionadas ao ato de campanha;
- a distribuição de combustível a qualquer eleitor que adesive o veículo em troca de voto;
- a distribuição massiva e indiscriminada de combustível sem que haja alguma carreata.

14.2.2. Colocação de adesivos em veículos

O tema, apesar da singeleza em torno da peça de campanha abordada, comporta campos distintos de apreciação. A entrega indiscriminada de combustíveis a eleitores em troca do compromisso da colocação de adesivos de propaganda nos seus veículos é prática que difere da carreata ou da adesão espontânea de eleitores à campanha do candidato (adesivações ou adesivagens). Trata-se de conduta passível de caracterizar a hipótese de abuso do poder econômico descrito pelo art. 22 da LC nº 64/90 visto que além da utilização excedida de recursos financeiros e inocorrência de um evento específico de campanha (comício, carreata, motociata), há violação das regras que determinam peremptoriamente seja a propaganda eleitoral realizada de forma espontânea e gratuita nos bens particulares (§ 8º do art. 37 da Lei nº 9.504/97).

A combinação de tais fatores, num caso concreto, pode levar à configuração da gravidade das circunstâncias. A matéria, situando esta identidade nos termos acima mencionados, já foi objeto de decisões do TSE, sendo válido mencionar, como ilustração, os julgamentos levados a efeito no Recurso Especial Eleitoral nº 480-19/RS (DJE de 21/05/2020)[14], Agravo

14. Direito Eleitoral. Agravos internos. Recurso Especial Eleitoral. Recurso Especial Eleitoral com Agravo. Eleições 2016. AIJE. Vereador. Distribuição de combustível mediante adesivação de veículos. Abuso do poder econômico. Configuração. Captação ilícita de sufrágio. Ausência da finalidade de obtenção do voto do eleitor. Incidência da Súmula nº 28/TSE. Desprovimento. I – Hipótese 1. Agravos internos contra decisão que negou seguimento a recurso especial eleitoral do Ministério Público Eleitoral e a agravo nos próprios autos interposto pela candidata contra decisão de inadmissibilidade de seu recurso especial, os quais pretendiam a reforma parcial do acórdão do TRE/RS que afastou a condenação por captação ilícita de sufrágio e manteve a condenação por abuso do poder econômico. 2. Na hipótese, o Tribunal Regional concluiu que a candidata praticou abuso do poder econômico nas eleições de 2016, mediante esquema de distribuição indiscriminada de combustível a eleitores que circulassem com veículos

Regimental em Agravo de Instrumento nº 537-57/ PR (DJE de 16/08/2019)[15]

adesivados com a sua propaganda eleitoral. Por outro lado, afastou a captação ilícita de sufrágio, pois a finalidade da distribuição foi a intensificação artificial da manifestação de apoio a sua candidatura e, não, a cooptação ilícita de votos. II – Agravo interno da candidata 3. Tal como apontado na decisão agravada, as conclusões fáticas alcançadas pelo TRE/RS ampararam-se na minuciosa análise da prova. Foram transcritas diversas passagens do acórdão regional, que fez menção expressa a vários documentos apreendidos (fls. 23–75), dentre os quais, lista de placas de veículos; etiquetas codificadas; planilha de abastecimentos; cópias de adesivos; série de cupons fiscais com quantidades "redondas" de combustível, bem como a seis testemunhas que corroboraram em juízo que a distribuição de combustível foi feita em troca de adesivação dos veículos com a propaganda da candidata agravante. 4. As alegações da agravante, no sentido de que a decisão agravada desatentou para a fragilidade dos fundamentos e para as omissões do acórdão regional, não merecem acolhida, uma vez que: (i) não houve omissão quanto à análise da gravidade dos fatos, que foi fixada com base na análise da conduta, não limitada ao volume de combustível; (ii) a prova do liame com a candidata e a de sua participação, bem como a da repercussão da conduta no contexto da disputa, foram extraídas do contexto em que se deu o esquema, observada a magnitude deste, o custeio do combustível pela candidata, a dissimulação das anotações de controle e o benefício direto à candidatura daquela; e (iii) a análise pelo TRE/RS do "fato novo", consubstanciado em segunda AIJE ajuizada contra outro candidato, ocorreu em sede de embargos e foi expressamente referida na decisão agravada, salientando-se a conclusão de que não demonstrava má-fé processual do Ministério Público e tampouco alterava o julgamento do presente feito. 5. A legislação eleitoral é enfática ao prever que, para a configuração do ato abusivo, não será considerada a potencialidade de o fato alterar o resultado da eleição, mas apenas a gravidade das circunstâncias que o caracterizam. Essa gravidade, como já demonstrado no acórdão regional, ficou latente na composição de todo o esquema, com todos os subterfúgios para disfarçar a distribuição gratuita de combustível e a clara propaganda eleitoral em favor da agravante. 6. Para chegar às conclusões pretendidas pela agravante, no sentido de que os pressupostos fáticos são insuficiente para o enquadramento da conduta no art. 22 da LC nº 64/1990, seria necessário o revolvimento do acervo fático-probatório dos autos. Referido procedimento é vedado nesta Instância especial, nos termos da Súmula nº 24/TSE, segundo a qual "não cabe recurso especial eleitoral para simples reexame do conjunto fático-probatório". III – Agravo interno do Ministério Público Eleitoral 7. O acórdão regional consignou que o combustível foi concedido como contrapartida semanal ao uso de adesivos em veículos, isto é, a doação de combustível não se fez em troca de voto, mas, sim, da realização de propaganda eleitoral em favor da candidata. Com esse fundamento, afastou a configuração de captação ilícita de sufrágio. 8. Estabelecida, a partir dos fatos, a finalidade de intensificação artificial da manifestação de apoio com vistas a influenciar outros eleitores, fica descaracterizada a similitude fática com os acórdãos indicados, pelo agravante, como paradigma. Estes tratam, respectivamente, da entrega do benefício a qualquer eleitor, independentemente de afixar propaganda eleitoral no veículo, e de doação de combustíveis, passagens e dinheiro, liberalidades que, na ausência de outro motivo, permitem concluir que a contrapartida era o voto. 9. Não se conhece de recurso especial eleitoral por dissídio jurisprudencial nos casos em que inexiste similitude fática entre as hipóteses tratadas nos acórdãos confrontados (Súmula nº 28/TSE). IV – Conclusão 10. Agravos internos aos quais se nega provimento.

15. EMBARGOS DE DECLARAÇÃO. CONVERSÃO EM AGRAVO REGIMENTAL. RECURSO ESPECIAL. ELEIÇÕES 2016. VEREADOR. AÇÃO DE INVESTIGAÇÃO JUDICIAL ELEITORAL (AIJE). ABUSO DE PODER ECONÔMICO. ART. 22 DA LC 64/90. PRELIMINARES REJEITADAS. DISTRIBUIÇÃO INDISCRIMINADA DE COMBUSTÍVEL. PROVA ROBUSTA. GRAVIDADE DOS FATOS. DESPROVIMENTO.

1. (...).

2. No decisum agravado, mantiveram-se sentença e aresto unânime do TRE/PR quanto à perda do diploma e à inelegibilidade do agravante (Vereador de Campo Largo/PR eleito em 2016), por abuso de poder econômico, em virtude da entrega indiscriminada de combustível, em 24/9/2016, a eleitores que colassem adesivos da respectiva campanha em seus veículos, à margem da contabilização financeira de gastos eleitorais, conduta orquestrada com terceira pessoa que a ele se vinculava.

3. (...).

4. Na exordial, pugnou-se pela perda do diploma e pela inelegibilidade, inexistindo assim decisão extra petita.

5. (...).

e no Recurso Especial Eleitoral nº 188-86/MS (DJE de 27/10/2015)[16].

Os julgados supracitados concluíram pela ocorrência de uma intensificação artificial da manifestação de apoio aos candidatos mediante a colocação indiscriminada de adesivos com vistas a influenciar outros eleitores.

---

6. A entrega gratuita e ostensiva de gasolina é incontroversa e abarcou no mínimo 141 veículos, nos valores de R$ 20,00 a R$ 40,00 cada, faltando apenas oito dias para o pleito, bastando que os eleitores portassem adesivos de propaganda do agravante, em município de pequeno porte, o que se omitiu do ajuste contábil de campanha. É o que se extrai do conjunto probatório examinado pelo TRE/PR, composto pelos testemunhos do proprietário e de funcionário do posto de combustível, das gravações da respectiva câmera de segurança e dos registros do fluxo de caixa da pessoa jurídica.

7. Inequívoca, no mínimo, a anuência do agravante com o ilícito, haja vista seu vínculo com Joziel, o que se evidencia por três circunstâncias: a) os mesmos adesivos constantes dos veículos abastecidos foram encontrados em grande quantidade na residência de Joziel, local que funcionou como verdadeiro ponto de divulgação da campanha; b) Joziel e o agravante integram o mesmo grupo político e, além disso, exerceram em períodos subsequentes o mesmo cargo público (chefe de gabinete do Secretário Municipal de Viação e Obras), gozando da confiança do mencionado gestor; c) há vídeo nos autos demonstrando que o agravante esteve na residência de Joziel.

8. (...).

9. Quanto à gravidade dos fatos (art. 22, XVI, da LC 64/90), incide a Súmula 28/TSE por ausência de cotejo analítico e de similitude fática, pois: a) no primeiro julgado, a entrega de combustível ocorreu para participação em carreata e ocorreu faltando mais de um mês para o pleito vindouro; b) no segundo, não é possível constatar se as circunstâncias se equivalem à hipótese dos autos, em que o número de veículos foi elevado, restando apenas oito dias para a eleição e cujos valores não foram declarados na campanha.

10. De todo modo, as inúmeras circunstâncias do caso, exaustivamente analisadas, denotam o atendimento a esse requisito.

11. Agravo regimental desprovido.

16. RECURSO ESPECIAL ELEITORAL. AÇÃO DE INVESTIGAÇÃO JUDICIAL ELEITORAL. CAPTAÇÃO ILÍCITA DE SUFRÁGIO. ABUSO DO PODER ECONÔMICO.

Preliminar

1. Para buscar a verdade real, o magistrado, que é o destinatário final da prova, ao receber o feito para julgamento, pode convertê-lo em diligência, a fim de ouvir, como testemunhas do juízo, pessoas que tenham sido referidas no processo. 2. Realizada a oitiva das testemunhas, na presença das partes e concedida nova oportunidade para oferecimento de alegações finais, não há cerceamento de defesa.

Mérito

1. Nos termos da jurisprudência do Tribunal Superior Eleitoral, não caracteriza captação ilícita de sufrágio a distribuição de pequena quantidade de combustível para que eleitores participem de carreata. Precedentes.

2. Os fatos registrados pelo acórdão regional, no presente caso, demonstram que a distribuição de combustível não estava vinculada a um ato específico de campanha e se deu de forma generalizada, massiva e repetida, para que os eleitores votassem no candidato e ostentassem o adesivo da campanha em seus veículos particulares. 3. Na instância especial, não é possível rever as provas e documentos contidos nos autos para alterar o quadro fático definido pelas instâncias ordinárias. No recurso de natureza extraordinária não se discute o que ocorreu ou deixou de ocorrer no plano fático (Súmulas 7/STJ e 279/STF). 4. A entrega de combustíveis aos eleitores em troca do compromisso de colocação de adesivo nos seus veículos também pode caracterizar abuso do poder econômico e infração às regras que preveem que a propaganda eleitoral em bens particulares somente pode ser realizada de forma espontânea e gratuita. 5. Hipótese que não se confunde com a mera demonstração de apoio político por parte do eleitor, de contratação de cabos eleitorais, nem de prestação de serviço voluntário. Recurso especial desprovido.

Mandado de Segurança

1. (...).

Além da comprovação da troca financeira efetivada a partir da doação de combustível (vantagem econômica), nos três colacionados casos não houve a identificação da adesão voluntária às campanhas dos candidatos. Em sentido distinto, porque ausente o excesso, decidiu o Agravo Regimental em Recurso Ordinário nº 1565-84/SP (DJE de 25/04/2013):

> **AGRAVO REGIMENTAL. RECURSO ORDINÁRIO. AÇÃO DE INVESTIGAÇÃO JUDICIAL ELEITORAL. PAGAMENTO. PROPAGANDA ELEITORAL EM BEM PARTICULAR. ILICITUDE. ABUSO DE PODER ECONÔMICO. NÃO CONFIGURAÇÃO. POTENCIALIDADE. INEXISTÊNCIA. NÃO PROVIMENTO.**
>
> 1. Na espécie, é incontroverso que o candidato distribuiu combustível em troca da divulgação de propaganda eleitoral em veículos particulares, o que configura propaganda eleitoral ilícita, vedada no art. 37, § 8º, da Lei 9.504/97. A conduta, no entanto, não se revelou suficientemente grave para caracterizar abuso de poder econômico, já que não alcançou repercussão social relevante no contexto da disputa eleitoral nem teve o condão de prejudicar a normalidade e a legitimidade do pleito.
>
> 2. Agravo regimental não provido.

No terreno da captação ilícita de sufrágio, descaracterizando a conduta infracional, vide a seguinte decisão:

> **ELEIÇÕES 2012. RECURSO ESPECIAL ELEITORAL. AIJE. DISTRIBUIÇÃO GRATUITA DE BEBIDAS. CAPTAÇÃO ILÍCITA DE SUFRÁGIO. DESCARACTERIZAÇÃO. PROVIMENTO.**
>
> 1. Na espécie, das circunstâncias fáticas delineadas no acórdão regional, depreende-se que o recebimento da vantagem - materializada na distribuição gratuita de bebidas - foi condicionado à permissão de colagem do adesivo de campanha, e não à obtenção do voto.
>
> 2. Não há como enquadrar a conduta imputada aos recorrentes no ilícito previsto no art. 41-A da Lei das Eleições, porquanto não restou demonstrado o especial fim de agir consistente no condicionamento da entrega da vantagem ao voto do eleitor.
>
> 3. Recursos especiais providos.[17]

17. REspe nº 639-49/SP, DJE de 03/02/2015.

Finalmente e por outras razões, não constitui o crime de corrupção eleitoral do art. 299 do Código Eleitoral[18] a oferta de vales-combustível em troca da afixação de adesivos nos veículos e residências de eleitores.

Veja-se o dispositivo:

> Art. 299. Dar, oferecer, prometer, solicitar ou receber, para si ou para outrem, dinheiro, dádiva, ou qualquer outra vantagem, para obter ou dar voto e para conseguir ou prometer abstenção, ainda que a oferta não seja aceita:
>
> Pena - reclusão até quatro anos e pagamento de cinco a quinze dias-multa.

A configuração do tipo penal, que abrange tanto a corrupção eleitoral ativa quanto a passiva, exige a comprovação de dolo específico de cooptar votos – e não publicidade eleitoral – como consequência da propaganda disseminada. Ensina Tito COSTA: "O agente do crime, na sua forma ativa tanto pode ser o candidato como alguém que se disponha a conseguir o voto para terceira pessoa" (2002, p. 57).

O Tribunal Superior Eleitoral sacramentou que quando o recebimento da benesse condiciona-se à mera fixação da propaganda nos bens particulares dos eleitores e não à obtenção do sufrágio, não há crime:

> **ELEIÇÕES 2010. PENAL. AGRAVO INTERNO NO AGRAVO DE INSTRUMENTO. MATÉRIA PENAL. ART. 299 DO CÓDIGO ELEITORAL. CORRUPÇÃO ELEITORAL. ABSOLVIÇÃO PELO TRIBUNAL REGIONAL ELEITORAL. DISTRIBUIÇÃO DE COMBUSTÍVEIS EM TROCA DE APOSIÇÃO DE ADESIVOS EM VEÍCULOS. EXISTÊNCIA DE CONTRATOS NESTE SENTIDO E DE PROVA TESTEMUNHAL INDICANDO SER ESSE O ELEMENTO EXIGIDO EM TROCA DO COMBUSTÍVEL. CONJUNTO PROBATÓRIO INSUFICIENTE PARA DEMONSTRAR A PRESENÇA DO DOLO ESPECÍFICO EXIGIDO PELO TIPO PENAL. ABSOLVIÇÃO. ACÓRDÃO RECORRIDO EM HARMONIA COM A JURISPRUDÊNCIA DESTA CORTE. SÚMULA Nº 30 DO TRIBUNAL SUPERIOR ELEITORAL. PRETENSÃO DE REVALORAÇÃO JURÍDICA DA PROVA. NECESSIDADE DE DESCONTRUÇÃO DOS ELEMENTOS**

18. Art. 299. Dar, oferecer, prometer, solicitar ou receber, para si ou para outrem, dinheiro, dádiva, ou qualquer outra vantagem, para obter ou dar voto e para conseguir ou prometer abstenção, ainda que a oferta não seja aceita:
Pena - reclusão até quatro anos e pagamento de cinco a quinze dias-multa.

DE PROVA PARA QUE POSSAM SER, ENTÃO, MOLDADOS DE FORMA QUE MELHOR SIRVA À ACUSAÇÃO. IMPOSSIBILIDADE NESTA INSTÂNCIA ESPECIAL. SÚMULA 24 DO TRIBUNAL SUPERIOR ELEITORAL. AGRAVO DESPROVIDO.

1. O Tribunal Regional Eleitoral de Roraima absolveu os agravados da imputação do delito de corrupção eleitoral ao fundamento de inadequação típica das condutas ao art. 299 do Código Eleitoral, por ausência de demonstração do dolo específico.

2. A prova dos autos, documental e testemunhal, descreve a distribuição de combustíveis para eleitores mediante assinatura de contrato e da assunção da obrigação destes aporem adesivos em seus veículos e com eles rodarem pelo Município.

3. Os elementos probatórios colacionados aos autos não são suficientes para demonstrar a existência do elemento subjetivo especial do tipo do art. 299 do Código Eleitoral - para obter ou dar voto e para conseguir ou prometer abstenção - porque há contraprestação necessária que, em tese, consumiria o insumo recebido.

4. A demonstração do dolo específico do delito de corrupção eleitoral, em sua modalidade ativa, exigiria outras provas, distintas das já analisadas, que pudessem descortinar a presença do especial fim de agir dos agravados.

5. Inexistente a demonstração do elemento subjetivo especial do tipo do art. 299 do Código Eleitoral, a decisão regional se revela harmônica com o entendimento desta Corte Superior de que "o crime de corrupção eleitoral requer dolo específico de se obter o voto mediante promessa ou oferta de vantagem indevida" (REspe nº 6308, Acórdão, Rel. Min. Jorge Mussi, DJe de 08.8.2018, Tomo 157, Págs. 121/122), operando-se o óbice da Súmula 30 desta Corte Superior.

6. Para se extrair do presente conjunto probatório o dolo específico do art. 299 do Código Eleitoral, seria necessário desconstruir os instrumentos contratuais e a prova oral e, então, desconsiderando todo o valor que lhes é intrínseco, reordenar os seus elementos que constituíram cada uma dessas provas para que melhor se amoldem à pretensão recursal. Essa pretensão, contudo, é inviável nesta Instância Especial, conforme vedação da Súmula 24 desta Corte Superior.

7. Agravo interno a que se nega provimento.[19]

ELEIÇÕES 2008. AGRAVO REGIMENTAL. RECURSO ESPECIAL. AÇÃO PENAL. IMPROCEDÊNCIA. CORRUPÇÃO ELEITORAL. DISTRIBUIÇÃO DE VALE-COMBUSTÍVEL EM TROCA DA AFI-

19. TSE, AgRg-AI nº 672/RO, DJE de 06/03/2020.

XAÇÃO DE ADESIVOS. DOLO ESPECÍFICO DE CAPTAR VOTOS. AUSÊNCIA. ATIPICIDADE DA CONDUTA. PROVIMENTO.

1. Segundo a jurisprudência desta Corte, para a configuração do crime descrito no art. 299 do CE, é necessário o dolo específico que exige o tipo penal, isto é, a finalidade de "obter ou dar voto" e "conseguir ou prometer abstenção" (RHC nº 142354, Rel. Min. Laurita Vaz, DJe de 5.12.2013).

2. Na espécie, o recebimento da vantagem - materializada na distribuição de vale combustível -, foi condicionado à fixação de adesivo de campanha em veículo e não à obtenção do voto. Desse modo, o reconhecimento da improcedência da ação penal é medida que se impõe.

3. Agravo regimental provido para conhecer e prover o recurso especial e julgar improcedente a ação penal, afastando a condenação do agravante pela prática do crime de corrupção eleitoral.[20]

Para a configuração do crime descrito no art. 299, é necessário o dolo específico que exige o tipo penal, isto é, a finalidade de "obter ou dar voto" e "conseguir ou prometer abstenção" (AgRg-REspe nº 291/RJ, DJE de 04/03/2015; RHC nº 1423-54/GO, DJe de 05/12/2013).

Quadro comparativo (adesivos): AIJE/41-A/299

SITUAÇÃO	Art. 22 (LC nº 64/90)	Art. 41-A (Lei nº 9.504/97)	Art. 299 (Código Eleitoral)
Bens jurídicos tutelados	normalidade e legitimidade das eleições	Voto	Voto ou promessa de abstenção
Configuração do tipo	gravidade das circunstâncias	evidência do dolo consistente no especial fim de agir	Dolo específico
Sanções	inelegibilidade para as eleições a se realizarem nos 8 (oito) anos subsequentes à eleição em que se verificou, além da cassação do registro ou diploma do candidato diretamente beneficiado	multa de mil a cinquenta mil Ufir, e cassação do registro ou do diploma	reclusão até quatro anos e pagamento de cinco a quinze dias-multa

20. TSE, REspe nº 291/RJ, DJE de 04/03/2015.

14.2.3. Comícios

As assertivas anteriores relacionadas às carreatas se estendem às situações envolvendo o deslocamento de eleitores até um comício, tradicional "reunião política, partidária e eleitoral, quase sempre festiva, a que comparecem correligionários, cabos eleitorais e eleitores para ouvir os discursos de candidatos às eleições majoritárias ou proporcionais. Tais eventos têm a finalidade de conquistar a simpatia e, por consequência, o voto do eleitor, para a vitória no pleito. É uma espécie de propaganda eleitoral", conforme o Glossário do TSE[21] roborado pela jurisprudência dominante:

> **DOAÇÃO DE COMBUSTÍVEL - CAMPANHA ELEITORAL VERSUS CAPTAÇÃO DE VOTOS.** A doação de combustível visando à presença em comício e ao apoio à campanha eleitoral não consubstancia, por si só, captação vedada pelo artigo 41-A da Lei nº 9.504/1997.
>
> **ABUSO DO PODER ECONÔMICO - ELUCIDAÇÃO.** A configuração, ou não, do abuso do poder econômico faz-se, considerado o recurso especial, a partir dos parâmetros fáticos constantes do acórdão formalizado.[22]

14.3. DISTRIBUIÇÃO DE BEBIDAS E REFEIÇÕES PARA EVENTOS DE CAMPANHA

14.3.1. Jantar e almoço político

Em *The Constitution – that delicare balance*, Fred W. FRIENDLY e Martha J. H.ELLIOTT mencionam que quando George Washington (1732-1799), primeiro presidente dos Estados Unidos, concorreu à Assembleia da Virgínia em 1757, ele teria providenciado para os seus amigos e apoiadores os "meios usuais de se obter votos" que seriam 28 galões de rum, 50 galões de coquetel de rum, 34 galões de vinho, 46 galões de cerveja e dois galões de cidra[23].

O tópico serve como um ponto de referência para demonstrar que desde os seus primórdios, as campanhas eleitorais registram algumas práticas que acabaram se tornando universais.

21. http://www.tse.jus.br/eleitor/glossario/termos-iniciados-com-a-letra-c#comicio (Acesso em 07 Dez. 2015)
22. REspe nº 409-20/PI, DJE de 27/11/2012, p. 13.
23. *A Constituição, esse delicado equilíbrio*, N.Y.: Random House, Inc., 1984, p. 91.

O art. 243 do Código Eleitoral veda a realização de propaganda eleitoral por meio de oferecimento de dádiva ou vantagem de qualquer natureza ao eleitorado. Entretanto, além de não se tratar exatamente de propaganda eleitoral, a jurisprudência vem evoluindo e admitindo que a realização de churrascos, com fornecimento de bebida gratuita acompanhada de discurso pelos candidatos, não é agir que se amolda ao tipo do art. 41-A da LE/97. Nesses casos, preleções apregoando que os eleitores devem "procurar escolher os melhores candidatos" ou então aqueles "mais preparados", embora sejam surradas, são usuais no contexto de campanhas eleitorais, e o almoço ou jantar custeado por terceiros não demonstra ato censurável apto a satisfazer, de plano, os requisitos caracterizadores do art.41-A. No mais das vezes, o que se pretende com o oferecimento de refeições desse tipo é obter a presença de eleitores no evento para que ouçam as propostas ou o blá-blá-blá do candidato. Trata-se, portanto, de um típico chamariz. Porém, a oferta seguida do comparecimento não autoriza presumir que o evento buscou corromper a vontade do eleitorado presente. Dentro dessa perspectiva, conclusões precipitadas podem derivar em injustiças. Assim vem entendendo o TSE:

> **ELEIÇÕES 2008. RECURSO ESPECIAL. AÇÃO DE INVESTIGAÇÃO JUDICIAL ELEITORAL. DISTRIBUIÇÃO GRATUITA DE CERVEJAS. EVENTO PÚBLICO DE CAMPANHA. CAPTAÇÃO ILÍCITA DE SUFRÁGIO. DESCARACTERIZAÇÃO. PROVIMENTO.** 1. Hipótese em que os fatos delineados no acórdão regional não se prestam para demonstrar a existência do dolo, consistente no especial fim de agir necessário à caracterização do ilícito do art. 41-A, qual seja, o condicionamento da entrega da vantagem - no caso, distribuição de cervejas em praça pública por pessoas ligadas aos candidatos ao pleito majoritário municipal, após a realização de evento público de campanha - à obtenção do voto do eleitor. 2. Recurso especial conhecido e provido.[24]
>
> **REGISTRO - PROCESSO - PROVA.** No processo relativo a registro, não há espaço para a produção de prova testemunhal.
>
> **RECURSO ORDINÁRIO - EFEITO SUSPENSIVO - EXPEDIÇÃO DE OFÍCIO PELO TRIBUNAL DE ORIGEM - CERCEIO DE DEFESA NÃO VERIFICADO.** A demonstração de empréstimo de eficácia suspensiva a certo recurso pelo Tribunal de origem prescinde da expedição de ofício, podendo ser o ato revelado pela própria parte.

24. TSE, REspe nº 13660-59/BA, DJE de 27/03/2015.

> **REGISTRO - PROCESSO - ALEGAÇÕES FINAIS.** A circunstância de haver sido encurtado o prazo para a apresentação de alegações finais fica suplantada com o atendimento da própria parte.
>
> **REGISTRO - CONDUTA VEDADA.** Não consubstancia conduta vedada o fornecimento de lanche, em reunião de cidadãos, visando a sensibilizá-los quanto a candidaturas.[25]

Esta orientação, releva notar, já havia sido aplicada anteriormente pelo Tribunal Superior Eleitoral no julgamento do Recurso Ordinário nº 2.311/SP (DJ de 26/10/2009) e depois no Recurso Contra a Expedição de Diploma nº 766/SP (DJ de 10/05/2010), ambos de relatoria do Ministro Marcelo Ribeiro, assim como no Recurso Especial Eleitoral nº 639-49/SP (DJe 03/02/2015), cuja ementa enuncia objeto inconfundivelmente diverso do sufrágio para descartar a acusação então encetada:

> **ELEIÇÕES 2012. RECURSO ESPECIAL ELEITORAL. AIJE. DISTRIBUIÇÃO GRATUITA DE BEBIDAS. CAPTAÇÃO ILÍCITA DE SUFRÁGIO. DESCARACTERIZAÇÃO. PROVIMENTO.**
>
> Na espécie, das circunstâncias fáticas delineadas no acórdão regional, depreende-se que o recebimento da vantagem - materializada na distribuição gratuita de bebidas - foi condicionado à permissão de colagem do adesivo de campanha, e não à obtenção do voto.
>
> Não há como enquadrar a conduta imputada aos recorrentes no ilícito previsto no art. 41-A da Lei das Eleições, porquanto não restou demonstrado o especial fim de agir consistente no condicionamento da entrega da vantagem ao voto do eleitor.
>
> Recursos especiais providos.

A partir dessas observações, há que se vislumbrar que a presença do candidato no local do chamamento ou da confraternização, usufruindo dos direitos constitucionais de expressão, liberdade de pensamento, ir, vir e estar, não pode ser cismado como fator determinante à configuração do vício recriminado pela LE/97. Nesses atos, para haver ilicitude nos termos do art. 41-A, é necessário identificar, dentre os presentes, eleitores beneficiados com a oferta ou a entrega de vantagem ou benefício de natureza pessoal, elementos indispensáveis à caracterização do tipo descrito.

25. TSE, RO nº 3807-24/GO, PSESS de 28/10/2010.

Porém, certo é que os candidatos necessitam encontrar o seu eleitorado e pedir votos. Alargar demasiadamente o dispositivo a ponto de torná-lo uma regra com contornos sacralizados capaz de impedir a realização de churrascos, galetos ou reuniões onde há bebidas, discursos e cantorias, eventos comuns e mesmo incontroláveis nas campanhas eleitorais, quase sempre organizados por simpatizantes ou conhecidos, significa emprestar-lhe uma interpretação diversa da finalidade nele subsumida, qual seja, a de repreender a abordagem direta ao eleitor em torno de uma proposta ilícita. A repressão é indispensável nas práticas excedidas quando a finalidade de reunião política desborda para propósitos vedados. Os tribunais envergam jurisprudência abonando o alcance desta compreensão:

> **ELEIÇÕES 2014. AGRAVO REGIMENTAL EM RECURSO ORDINÁRIO. CARGO DE DEPUTADO FEDERAL. REPRESENTAÇÃO. ART. 41-A DA LEI 9.504/97. CAPTAÇÃO ILÍCITA DE SUFRÁGIO. COMPARECIMENTO DE CANDIDATO EM EVENTO GRATUITO, COM DISTRIBUIÇÃO DE COMIDA E BEBIDA. FRAGILIDADE DO ACERVO PROBATÓRIO. DEPOIMENTOS TESTEMUNHAIS CONTRADITÓRIOS. DISCURSO. IRRELEVÂNCIA. DOLO ESPECÍFICO. NÃO COMPROVADO. AGRAVO REGIMENTAL DESPROVIDO.**
>
> 1. A configuração da captação ilícita de votos possui como consequência inexorável a cassação do diploma. Dada a gravidade da pena, faz-se mister a existência nos autos de conjunto probatório apto a demonstrar, indene de dúvidas, a ocorrência do ilícito.
>
> 2. O simples fato de o candidato se fazer presente em festividade não gera a presunção de que se trata de evento com fins eleitorais, mormente por não ser vedado, na legislação eleitoral aplicável, o comparecimento de candidato em evento festivo que não envolva a inauguração de obra pública nos 3 meses que antecedem o pleito ou a realização de showmício.
>
> 3. A realização de churrasco, com o fornecimento de comida e bebida de forma gratuita, acompanhada de discurso do candidato, não se amolda ao tipo do art. 41-A da Lei 9.504/97. Precedente: RCEd 766 SP, Rel. Min. MARCELO RIBEIRO, DJe 10.5.2010.
>
> 4. Para que seja caracterizada a captação ilícita de sufrágio, é necessária a demonstração do especial fim de agir consistente no condicionamento da entrega da vantagem ao voto do eleitor.
>
> 5. Na espécie, depreende-se do acervo probatório que o recebimento da vantagem - materializada na distribuição gratuita de comida e bebida - não foi condicionado à obtenção do voto, o que afasta a incidência do

art. 41-A da Lei das Eleições, porquanto não demonstrado o especial fim de agir da conduta.

6. Agravo Regimental a que se nega provimento.[26]

RECURSO ORDINÁRIO. ELEIÇÕES 2006. REPRESENTAÇÃO ELEITORAL. CAPTAÇÃO ILÍCITA DE SUFRÁGIO (ART. 41-A DA LEI Nº 9.504/97). DESCARACTERIZAÇÃO. DEPUTADO ESTADUAL. CANDIDATO. OFERECIMENTO. COMIDA. BEBIDA.

1. É cabível o recurso ordinário, nos termos do art. 121, § 4º, III, da CF, quando seu julgamento puder resultar na declaração de inelegibilidade ou na perda do diploma ou mandato obtido em eleições federais ou estaduais.

2. Para a caracterização da captação ilícita de sufrágio, é necessário que o oferecimento de bens ou vantagens seja condicionado à obtenção do voto, o que não ficou comprovado nos autos.

3. A simples realização de um evento, ainda que com a oferta de comida e bebida, no qual esteja presente o candidato, não caracteriza, por si só, a captação ilícita de sufrágio, embora seja vedada a realização de propaganda eleitoral por meio de oferecimento de dádiva ou vantagem de qualquer natureza.

4. Recurso ordinário não provido.[27]

ELEIÇÕES 2012. AÇÃO DE INVESTIGAÇÃO JUDICIAL ELEITORAL. CAPTAÇÃO ILÍCITA DE SUFRÁGIO. ART. 41-A DA LEI Nº 9.504/97. FESTA COMEMORATIVA DE EMPRESA PRIVADA. PRESENÇA DE CANDIDATOS. DISCURSO. OFERECIMENTO DE CHURRASCO E BEBIDAS NÃO CONDICIONADOS À OBTENÇÃO DO VOTO. NÃO CARACTERIZAÇÃO. DESPROVIMENTO DO RECURSO. Para a caracterização da captação ilícita de sufrágio, é necessário que o oferecimento de bens ou vantagens seja condicionado à obtenção do voto, o que não ficou comprovado nos autos. Não obstante seja vedada a realização de propaganda eleitoral por meio de oferecimento de dádiva ou vantagem de qualquer natureza (art. 243 do CE), é de se concluir que a realização de churrasco, com fornecimento de comida e bebida de forma gratuita, acompanhada de discurso do candidato, não se amolda ao tipo do art. 41-A da Lei nº 9.504/97.[28]

26. TSE, Ag-RO nº 796257/DF, DJE de 09/02/2017.
27. TSE, RO nº 1.803/SP, DJE de 1º/09/2009.
28. TRE/PB, Recurso Eleitoral nº 36964, DJE de 23/07/2013.

> **RECURSO ELEITORAL - ELEIÇÕES 2016 - ELEIÇÃO MAJORITÁRIA - PREFEITO - VICE-PREFEITO - AÇÃO DE INVESTIGAÇÃO JUDICIAL - ABUSO DE PODER ECONÔMICO - CAPTAÇÃO ILÍCITA DE SUFRÁGIO - DISTRIBUIÇÃO GRATUITA DE CHURRASCO E BEBIDA - TIPO DO 41-A DA LEI Nº 9.504/97 - DESCARACTERIZAÇÃO - DEMONSTRAÇÃO DO ESPECIAL FIM DE AGIR - NECESSIDADE - INEXISTÊNCIA NO CASO CONCRETO - PROVAS INSUFICIENTES À CONFIGURAÇÃO DA CONDUTA ILÍCITA - PROVIMENTO DO RECURSO.**
>
> Nos termos da jurisprudência eleitoral, o fornecimento de comida e bebida a serem consumidas durante evento de campanha, por si só, não configura captação ilícita de sufrágio. É que a realização de churrasco, com o fornecimento de comida e bebida de forma gratuita, não se amolda ao tipo do art. 41-A da Lei 9.504/97.
>
> Com efeito, para que seja caracterizada captação ilícita de sufrágio, necessária a demonstração do especial fim de agir consistente no condicionamento da entrega da vantagem ao voto do eleitor, o que não existiu no caso em apreço.
>
> Na espécie, não há nenhum elemento que leve à conclusão, de forma cabal e robusta, tal qual exige a jurisprudência eleitoral, pela existência da conduta descrita no art. 41-A da Lei n.º 9.504/97.
>
> Provimento do recurso.[29]

Se, num determinado evento contendo lanches e bebidas, ocorrer distribuição de vantagens aos presentes, caracterizando, com isso, os elementos configuradores da captação de sufrágio do art. 41-A, há que se ter prova da participação ou anuência do candidato beneficiado em torno do fato. Sem a comprovação segura de que o mesmo autorizou ou teve conhecimento da prática ilícita, não há se falar na imputação das penalidades previstas ao dispositivo. Neste sentido, por tantos outros, vide o AI nº 33126/MA (DJE de 07/02/2020):

> **ELEIÇÕES 2016. AGRAVO INTERNO NO AGRAVO DE INSTRUMENTO. AÇÃO DE INVESTIGAÇÃO JUDICIAL ELEITORAL. VEREADOR. CAPTAÇÃO ILÍCITA DE SUFRÁGIO. REALIZAÇÃO DE EVENTO COM A PARTICIPAÇÃO DA CANDIDATA. FORNECIMENTO DE BEBIDAS E PASSES ESTUDANTIS. AUSÊNCIA DE CONHECIMENTO OU ANUÊNCIA DA CANDIDATA. FOR-**

29. TRE/RN, RE nº 29749, DJE de 26/01/2018.

NECIMENTO DE LANCHES. FALTA DE GRAVIDADE. ILÍCITO NÃO CONFIGURADO. NECESSIDADE DE REVOLVIMENTO DO CONTEXTO FÁTICO-PROBATÓRIO. SÚMULA Nº 24/TSE. DIVERGÊNCIA JURISPRUDENCIAL. PREJUDICADA A ANÁLISE. AGRAVO DESPROVIDO.

1. O Tribunal Regional Eleitoral do Maranhão, soberano na análise das provas, reformou a sentença originária para julgar improcedentes os pedidos veiculados na AIJE proposta em face de Aurамélia Brito Lima Soares, sob os fundamentos de que (i) não restou comprovado o conhecimento ou a anuência da candidata acerca dos atos de distribuição de bebidas e passes estudantis durante evento promovido por apoiadora política, e (ii) a distribuição de lanches no mesmo evento não possui gravidade apta a macular a regularidade e a legitimidade das eleições. Nesse contexto, concluiu que o conjunto probatório dos autos não é suficiente para comprovar a prática de captação ilícita de sufrágio em favor da candidata.

2. A modificação do entendimento da Corte regional demandaria nova incursão no arcabouço fático-probatório dos autos, inviável em sede especial, nos termos da Súmula nº 24 do TSE.

3. A utilização do fundamento da divergência jurisprudencial em recurso especial eleitoral exige que a parte demonstre a similitude fática entre o acórdão paradigma e a decisão que pretende reformar, hipótese inviável, no caso, em razão da necessidade de considerações acerca do contexto fático-probatório dos autos.

4. Agravo interno a que se nega provimento.

14.3.2. Festa às vésperas da eleição

Não há limitação, em virtude de lei, acerca da realização de festas na semana da eleição, tampouco no dia em que esta ocorre. Porém, no que toca a um evento ocorrido em cidade pequena, onde houve livre distribuição de bebidas para um número significativo de eleitores faltando aproximadamente 72 horas para as eleições, entendeu a Justiça Eleitoral, no caso concreto, haver gravidade suficiente para comprometer os pressupostos de legitimidade e normalidade da disputa e a igualdade entre os *players*, mesmo com a ausência do candidato e principal responsável pelo seu custeio.

Tais contornos, a guisa de paradigma, foram retratados em pormenores pelo TSE no julgamento do Recurso Especial Eleitoral nº 85-47/PI (j. 08/11/2016) para manter as cassações de mandatos deliberadas pelas instâncias ordinárias a partir de provas materiais e testemunhais colhidas ao longo da instrução evidenciando o agir ilícito dos promotores do evento:

> **RECURSOS ESPECIAIS. ELEIÇÕES 2012. PREFEITO. AÇÃO DE INVESTIGAÇÃO JUDICIAL ELEITORAL (AIJE). ABUSO DE PODER ECONÔMICO. ART. 22 DA LC 64/90. PRELIMINARES. REJEIÇÃO. GRAVAÇÃO AMBIENTAL. AMBIENTE EXTERNO. LICITUDE. TEMA DE FUNDO. CUSTEIO. EVENTO. ENTRADA FRANCA. DISTRIBUIÇÃO GRATUITA DE BEBIDA. PROXIMIDADE DO PLEITO. PÚBLICO ELEVADO. ILICITUDE. GRAVIDADE. DESPROVIMENTO.**
>
> (...).
>
> 18. Segundo o TRE/PI, "além da confirmação, nos vídeos de no' 3, 4, 6 e 9, do patrocínio da candidata pelos participantes da festa, no vídeo de n° 2, a pessoa que está do lado de dentro do bar, responsável pela entrega da bebida [...], quando indagado sobre o preço da cerveja, faz gesto de 'liberado' e confirma que era por conta da 'patroa'" (fl. 512).
>
> (...).
>
> 20. Os recorrentes apontam que os vídeos não comprovam o público do evento. Todavia, é indene de dúvida que essa estimativa adveio também das testemunhas, o que, inclusive, levou um dos juízes a retificar seu voto para acompanhar o relator. Nesse sentido: "os depoimentos [...] apresentam essa prova; informam que havia de 700 a 800 pessoas" (fl. 534).
>
> 21. A ocorrência da festa logo após o comício não afasta o ilícito, em especial por se tratar de município de população reduzida, em que os fatos são rapidamente disseminados.
>
> (...).
>
> GRAVIDADE (ART. 22, XVI, DA LC 64/90)
>
> 24. A conduta é gravíssima, o que se evidencia pelas seguintes circunstâncias do evento: a) ocorreu logo após comício; b) faltavam apenas três dias para o pleito; c) fornecimento gratuito de bebida; d) grande repercussão, haja vista público equivalente a quase 16% do colégio eleitoral do Município. Ademais, a diferença para os segundos colocados foi de somente 504 votos.
>
> 25. Ausência da candidata na festa e falta de pedido de votos são irrelevantes no caso, pois era de conhecimento notório o patrocínio por ela. Ademais, a conduta impugnada visou conquistar sufrágio por meio de uso desproporcional de recursos financeiros, o que, por si só, configura prática antirrepublicana e lesiva à democracia, comprometendo-se a legitimidade do pleito e a paridade de armas.

(...).

27. Execução imediata do aresto regional, ressaltando-se que o efeito suspensivo previsto no art. 257, § 21, do Código Eleitoral aplica-se apenas em hipótese de recurso de natureza ordinária.

14.4. PROMESSAS GENÉRICAS E GRUPO DE ELEITORES

Duas questões triviais devem ser acentuadas neste tópico. A primeira é que em campanhas eleitorais predominam as promessas, tanto aquelas possíveis quanto as impossíveis[30]. A outra, que é instintivo ao candidato fazê-las praticamente a qualquer tempo e lugar. Neste sentido, a promessa não individualizada, dirigida a um conjunto indistinto de moradores, servidores ou sindicalistas, não pode ser tida como uma benesse integrante do art. 41-A, própria da corrupção eleitoral, mas, sim, como uma plataforma política geral condicionada à vitória do promitente. A razão disso é elementar: aquela representa um benefício coletivo, e não personalizado, enquanto que o dispositivo de regência veda a promessa de vantagem pessoal em troca do voto, mas não reprime o compromisso de realizações direcionadas ao interesse comum. A lei não pune a demagogia.

O fato de somente uma parcela do eleitorado (segmento social, profissional, comunitário) se interessar por determinada promessa, não lhe retira o caráter de genérica. Ausente o objetivo, por parte do candidato, de satisfação de interesses privados, portanto particularizados de determinados eleitores, a infração não se configura. Neste sentido, as promessas de vantagens pessoais que estruturam o tipo da captação ilícita de sufrágio (doar, oferecer, prometer ou entregar bens ou vantagens pessoal de qualquer natureza, incluídos empregos ou funções públicas) não são equiparáveis às propostas que são feitas durante a campanha materializando plataformas políticas ou projetos de governo.

É fora de dúvida que comprometimentos políticos comuns feitos indistintamente em palanques, visitas ou por outros meios durante a campanha, para um número indeterminado de eleitores, como, por exemplo, de asfaltamento de uma rua, construção de escolas e hospitais, aumentos salariais e a manutenção ou criação de programas sociais, constituem van-

30. Acerca dessas últimas, já dizia o chanceler e político prussiano Otto von Bismarck (1815-1898): "Nunca se mente tanto como em véspera de eleições, durante a guerra e depois da caça".

tagens coletivas ou de feições gerais. Inexiste, nesse tipo de proselitismo, a presença da *vantagem pessoal* a que alude o regramento.

Concebidas essas premissas fáticas e normativas, é essencial haver *cautela redobrada* na aplicação do art. 41-A face às promessas indistintas de campanha, conforme deflui do excerto de voto do relator designado para o Recurso Especial Eleitoral nº 28.441/SP (DJ de 29/04/2008):

> Por outro lado, penso que se deva dar cautela redobrada ao aplicar o art. 41-A quando se trate de promessa formulada a eleitores não identificados. Deve-se procurar separar a conduta ilícita, consistente na obtenção indevida do voto mediante promessa de vantagem pessoal, da simples promessa de conteúdo político, ainda que demagógica ou inviável.
>
> (...).
>
> Há promessas de campanha que vão claramente beneficiar alguns ou muitos, ou todos, e nem por isso vão configurar corrupção eleitoral. O art. 41-A não pune a demagogia, que é um mal existente na política do mundo inteiro, as promessas impossíveis ou mesmo aquelas promessas que vão realmente beneficiar as pessoas.

Induvidoso, por conseguinte, que na representação instituída pelo art. 41-A, a acusação encetada deve comprovar a ocorrência de um ilícito que tipifique benefício individual decorrente de doação, oferta, promessa ou entrega a eleitor certo e identificado. A hodierna orientação do TSE é no sentido de que "para a configuração do ilícito previsto no art. 41-A da Lei 9.504/97, a promessa de vantagem pessoal em troca de voto deve corresponder a benefício a ser obtido concreta e individualmente por eleitor determinado ou determinável"[31], não sendo suficiente a promessa genérica de vantagem[32].

Há, portanto, neste sentido, necessidade de estar delineada a intenção de aliciar a vontade do eleitor, donde se concluir, pela lógica regente, que não possui relevância jurídica, na esfera do apontado dispositivo,

- as promessas de **reconstrução de casas demolidas por agência estatal e de reformar creches e escolas públicas** com recursos próprios (TSE, RO nº 060299166/DF, DJE de 26/10/2020);
- prometer **melhorias no transporte coletivo e mais oportunidades de emprego** (TSE, REspe nº 141044, DJE de 05/03/2020);

31. REspe nº 474-44/SP, rel. Min. Tarcisio Vieira de Carvalho Neto, j. 14/03/2019.
32. REspe nº202-89/RN, relª. Minª. Maria Thereza de Assis Moura, DJE de15/12/2015.

- a promessa de **extinção de taxa condominial em empreendimentos residenciais** inseridos no programa *Minha Casa Minha Vida* (TSE, REspe nº 474-44/SP, j. 14/03/2019);
- a promessa de **solução de litígio possessório** que compreendia o local em que a comunidade residia (TSE, AgR-REspe nº 1096-93/SP, j. 18/09/2014);
- a exposição de plano de governo e a promessa de campanha feita pelo candidato relativamente ao **problema das moradias populares** (TSE: AgR-REspe nº 314-68/PE, DJE de 22/04/2020; AgR-Al nº 1965-58/GO, DJe de 04/02/2011 e Ag nº 4.168/MT, DJ de 17/10/2003);
- prometer a **doação de um imóvel pertencente ao patrimônio municipal à "comunidade evangélica"** (TSE, REspe nº 19.176/ES, DJ de 22/02/2002);

Nessa esteira:

> **ELEIÇÕES 2016. RECURSO ELEITORAL. REPRESENTAÇÃO. PROMESSA GENÉRICA. PROPOSTA DE GOVERNO. PLATAFORMA ELEITORAL. NÃO CONFIGURAÇÃO. CAPTAÇÃO ILICITA DE SUFRÁGIO. DESPROVIMENTO.**
>
> 1. Não configura captação ilícita de sufrágio o discurso genérico de campanha dirigido a toda uma coletividade, e não a um caso concreto e pessoa específica, porquanto seja a típica proposta de governo, mera plataforma eleitoral.
>
> 2. Na falta dos requisitos, não resta demonstrada a ocorrência de promessa, doação efetiva, entrega ou oferta de vantagem pessoal a eleitor em troca de voto, não havendo o menor indício de captação ilícita de sufrágio em razão da ausência do núcleo do tipo caracterizador do art. 41-A da Lei nº 9.504/97.
>
> 3. Recurso conhecido e desprovido.[33]

> **RECURSO ELEITORAL. PROPAGANDA. INTEMPESTIVIDADE AFASTADA. PORTARIA N.º 18/2012 DA CORREGEDORIA REGIONAL ELEITORAL. REUNIÃO. PROMESSA DE VANTAGEM AOS APOIADORES DA CANDIDATURA. CONHECIMENTO PRÉVIO CARACTERIZADO. PROMESSA GENÉRICA E NÃO INDIVIDUALIZADA. JURISPRUDÊNCIA. AFASTADO O ILÍCITO DO ART. 41-A DA LEI DAS ELEIÇÕES. RECURSO DESPROVIDO.**
>
> (...).

33. TRE/PA, Acórdão nº 29251, DJE de 25/01/2018.

> Tendo-se feito promessa genérica de vantagem futura aos presentes em reunião que apoiassem a candidatura dos recorridos, sem que fosse direta e individualmente dirigida de modo que se pudesse identificar a quem especificamente estava sendo feita e também qual seria o benefício oferecido, com o Tribunal Superior Eleitoral, tem-se por inviável a aplicação das sanções previstas no art. 41-A, da lei n.º 9.504/97, sob o entendimento de que promessas dirigidas indistintamente a eleitores, de forma genérica, não caracterizam captação ilícita de sufrágio.
>
> Para configuração da ilicitude, a promessa ou oferta deve ser específica e endereçada a alguém ou a um grupo determinado de eleitores, pois, se for genérica ou vaga, mais se assemelha à promessa de campanha, sem aptidão para corromper ou vincular os destinatários.
>
> Dessarte, apesar de evidenciado o prévio conhecimento e anuência quanto às promessas em troca de votos, dado o seu caráter genérico e não individualizado, afastam-se as sanções do art. 41-A, da Lei n.º 9.504/97.
>
> Recurso desprovido.
>
> Mantida íntegra a sentença objurgada.[34]

Questão dessemelhante consignada ao Recurso Especial Eleitoral nº 474-44/SP indicando a "complexidade da tormentosa matéria" diz com a hipótese da benesse prometida pelo candidato "abranger um grupo de indivíduos". A promessa ou entrega de "vantagem pessoal" pode contemplar um conjunto específico de eleitores. Do ponto de vista léxico, o vocábulo admite tal perspectiva diante da relevância jurídica a ser extraída da promessa tracejada. Somente uma concepção excessivamente rígida em torno do dispositivo legal poderia negar o reconhecimento de que o ilícito nele contido alcança grupos. Seria ingenuidade supor o oposto. A monta desse tema não tem passado despercebida:

> **ELEIÇÕES 2016. RECURSO ELEITORAL. AÇÃO DE INVESTIGAÇÃO JUDICIAL ELEITORAL - AIJE. ABUSO DE PODER ECONÔMICO. CAPTAÇÃO ILÍCITA DE SUFRÁGIO. PROCEDÊNCIA. CASSAÇÃO DE DIPLOMA. DECLARAÇÃO DE INELEGIBILIDADE.**
>
> (...).
>
> 5. Mérito.
>
> Candidata ao cargo de vereadora que em um templo, auxiliada pelo pastor teria pedido que os fiéis da igreja nela votassem, mediante promessa de

34. TRE/MS, Acórdão nº 7700, DJE de 19/12/2012.

que iria conseguir um ônibus para transporte. Alegação de prática de abuso de poder econômico e captação ilícita de sufrágio.

5.1. Da captação ilícita de sufrágio.

As provas demonstram que a promessa de um ônibus foi feita de forma específica a um grupo determinável de eleitores que se encontravam presentes no culto. Percebe-se que a promessa foi destinada ao grupo de fiéis que ali se encontrava de modo que ela não foi genérica. A prova é firme e a condenação não foi calcada em prova exclusivamente testemunhal ou no depoimento de uma única testemunha. Mesmo que se admita que a candidata não tenha oferecido diretamente vantagem aos eleitores, é certo que ela anuiu a conduta do Pastor que a exaltou no tocante à promessa da entrega do ônibus.

Caracterizada a captação ilícita de sufrágio descrita no art. 41-A da Lei 9.504, de 30/9/1997 (Lei das Eleições).[35]

RECURSOS CRIMINAIS - CORRUPÇÃO ELEITORAL - ART. 299 DO CÓDIGO ELEITORAL - NECESSÁRIA IDENTIFICAÇÃO DO ELEITOR - PROMESSA E ENTREGA DE LOTES EM TROCA DE VOTOS - TESTEMUNHOS CONTRADITÓRIOS - FRAGILIDADE DA PROVA - APLICAÇÃO DO PRINCÍPIO IN DUBIO PRO REO - DOAÇÃO DE LOTES DURANTE O PERÍODO ELEITORAL NÃO CONDICIONADA A VOTOS - AUSÊNCIA DE DOLO ESPECÍFICO - RECURSO INTERPOSTO PELO RÉU - PROVIMENTO - RECURSO INTERPOSTO PELO MINISTÉRIO PÚBLICO - PREJUDICADO.

Para a configuração do delito é necessário que a promessa de recompensa em troca de votos seja feita à pessoa certa ou grupo de pessoas certas, não sendo suficiente para a sua tipificação a forma genérica, abstrata ou indeterminada.[36]

RECURSO ELEITORAL. AÇÃO DE INVESTIGAÇÃO JUDICIAL ELEITORAL. ELEIÇÕES 2016. CANDIDATO A VEREADOR ELEITO. ALEGADA CAPTAÇÃO ILÍCITA DE SUFRÁGIO. LITISCONSÓRCIO PASSIVO NECESSÁRIO E CERCEAMENTO DE DEFESA AFASTADOS. PROVAS ROBUSTAS DA PRÁTICA DO ILÍCITO. MANUTENÇÃO DA SENTENÇA DE PROCEDÊNCIA DO PEDIDO. MULTA E CASSAÇÃO DO DIPLOMA. DESPROVIMENTO DO RECURSO.

(...).

35. TRE/MG, Recurso Eleitoral nº 914-07, DJEMG de 25/06/2018.
36. TRE/ES, Recurso Criminal nº 280308, DJE de 08/12/2010.

> IV - Inicial instruída com três depoimentos testemunhais colhidos pelo *Parquet* administrativamente, por amostragem, um dos quais confirmado judicialmente, a partir de nomes que figuravam na listagem do material apreendido por autoridade policial, a instruir inquérito, todos no sentido de confirmar que, pouco tempo antes das eleições, o candidato recorrente e o cabo eleitoral detido participaram de reunião com um grupo de eleitores, tendo-lhes oferecido vantagens tais como emprego, material de construção e dinheiro, em troca de votos.
>
> V - O liame entre o candidato e o cabo eleitoral detido demonstra-se inequívoco, seja em razão de o próprio investigado, em sua defesa, ter confirmado que o colaborador "cuidou de arregimentar pessoas para o trabalho de campanha eleitoral", seja porque vários documentos, dentre os apreendidos, faziam menção ao recorrente, além dos próprios depoimentos testemunhais.
>
> (...).
>
> Desprovimento do recurso e manutenção da sentença de condenação em multa e cassação do diploma do candidato investigado.[37]

14.5. REPRESSÃO À OFERTA DE VANTAGENS EM TROCA DE VOTO NO DIREITO COMPARADO

A preocupação com a garantia da liberdade do voto é um fenômeno universal. Diferentes ordenamentos jurídicos internacionais buscam reprimir os atos de interferência no sufrágio mediante abuso de poder e corrupção por meio da oferta de bens, dinheiro ou vantagens pessoais a eleitores. Nessa perspectiva, vejamos onze diretrizes legais contendo a abordagem do assunto.

14.5.1. Portugal

Dispõe a Lei nº 14/79, de 16 de maio:

> 1 — Aquele que, para persuadir alguém a votar ou deixar de votar em determinada lista, oferecer, prometer ou conceder emprego público ou privado ou outra coisa ou vantagem a um ou mais eleitores ou, por acordo com estes, a uma terceira pessoa, mesmo quando a coisa ou

37. TRE/RJ, Recurso Eleitoral nº 49610, DJE de 29/01/2018.

vantagens utilizadas, prometidas ou conseguidas forem dissimuladas a título de indemnização pecuniária dada ao eleitor para despesas de viagem ou de estada ou de pagamento de alimentos ou bebidas ou a pretexto de despesas com a campanha eleitoral, será punido com prisão até dois anos e multa de 5 000$00 a 50 000$00.

2 — A mesma pena será aplicada ao eleitor que aceitar qualquer dos benefícios previstos no número anterior.

14.5.2. Espanha

Prevê o *Régimen Electoral General:*

Artigo 146. 21. Serão punidos com pena de prisão de seis meses a três anos ou multa de doze a vinte e quatro meses:

a) Aqueles que, por meio de recompensas, presentes, remunerações ou promessas dos mesmos, solicitem direta ou indiretamente o voto de um eleitor, ou o induzam a se abster.[38]

14.5.3. Panamá

Diz o *Código Electoral de La República de Panamá*:

Art. 394. Será sancionado com pena de prisão de seis meses a dois anos ou de vinte e cinco a trezentos e sessenta e cinco dias-multa e suspensão dos direitos de cidadania e inabilitação para o exercício de funções públicas de um a três anos, para aqueles que vendem seu voto ou negociam por dinheiro ou objetos materiais.[39]

14.5.4. Colômbia

Estabelece o *Código Electoral* colombiano:

---

38. Tradução livre, pelo autor, dos dispositivos legais originais:
Artículo 146. 21. Serán castigados con la pena de prisión de seis meses a tres años o multa de doce a veinticuatro meses:
a) Quienes por medio de recompensa, dádivas, remuneraciones o promesas de las mismas, soliciten directa o indirectamente el voto de algún elector, o le induzcan a la abstención

39. Tradução livre, pelo autor, dos dispositivos legais originais:
Artículo 394 Se sancionará con pena de prisión de seis meses a dos años o con veinticinco a trescientos sesenta y cinco días-multa y suspensión de los derechos ciudadanos e inhabilitación para el ejercicio de funciones públicas por uno a tres años, a los que vendan su voto o lo emitan por dinero u objeto materiales.

> ARTIGO 390. Corrupção de eleitor. Qualquer pessoa que prometer, pagar ou entregar dinheiro ou um presente a um cidadão ou estrangeiro autorizado por lei a registrar seu voto a favor de um determinado candidato, partido ou corrente política, votar em branco ou se abster de fazê-lo, incorrerá na prisão de três (3) a cinco (5) anos e multa de cem (100) a quinhentos (500) salários mínimos mensais legais vigentes.[40]

14.5.5. Chile

Determina a *Ley Organica Constitucional sobre Votaciones Populares y Escrutinios*:

> Artigo 150. - Quem, em qualquer eleição popular, primária ou definitiva, solicitar voto a título de remuneração, presente ou promessa de dinheiro ou outra recompensa ou suborno a qualquer título a um eleitor, será punido com pena de prisão menor em seu grau médio, multa de 10 a 50 unidades tributárias mensais e inabilitação absoluta e perpétua para o exercício de cargos e cargos públicos.
>
> Quem, em qualquer eleição popular, primária ou definitiva, vender o seu voto ou votos por dinheiro ou outra dádiva, será punido com pena de prisão menor no seu grau mínimo e multa de 1 a 3 unidades mensais. Presumir-se-á que tenha incorrido nesta conduta o eleitor que, no acto de votar, seja apanhado por qualquer procedimento ou meio para registar a preferência que venha a indicar ou tenha indicado no bilhete de identidade.[41]

40. Tradução livre, pelo autor, dos dispositivos legais originais:

    ARTÍCULO 390. Corrupción de sufragante. El que prometa, pague o entregue dinero o dádiva a un ciudadano o a un extranjero habilitado por la ley para que consigne su voto en favor de determinado candidato, partido o corriente política,vote en blanco, o se abstenga de hacerlo, incurrirá en prisión de tres (3) a cinco (5) años y multa de cien (100) a quinientos (500) salarios mínimos legales mensuales vigentes.

41. Tradução livre, pelo autor, dos dispositivos legais originais:

    Artículo 150. - El que en cualquier elección popular, primaria o definitiva, solicitare votos por paga, dádiva o promesa de dinero u otra recompensa o cohechare en cualquier forma a un elector, sufrirá la pena de presidio menor en su grado medio, multa de 10 a 50 unidades tributarias mensuales y la inhabili-tación absoluta y perpetua para el desempeño de cargos y ofi-cios públicos.

    El que en cualquier elección popular, primaria o definitiva, vendiere su voto o sufragare por dinero u otra dádiva, sufrirá la pena de reclusión menor en su grado mínimo y multa de 1 a 3 unidades tributarias mensuales. Se presumirá que ha incur-rido en esta conducta el elector que, en el acto de sufragar, sea sorprendido empleando cualquier procedimiento o medio en-caminado a dejar constancia de la preferencia que pueda señalar o haya señalado em la cédula

14.5.6. Alemanha

Prevê o Código Penal tedesco:

> Seção 108b - Suborno de eleitores
>
> (1) Qualquer pessoa que prometer ou oferecer a eleitor para que não vote ou aja em certo sentido, será punida com pena de prisão de até cinco anos e multa.
>
> (2) Da mesma maneira será punido quem solicitar ou aceitar promessas, benefícios ou outras vantagens para não escolher determinado candidato, ou abster-se de votar.[42]

14.5.7. França

A redação do *Code Électoral* dispõe:

> Artigo L 106
>
> Qualquer pessoa, por doações ou dinheiro em espécie, por promessas de presentes, favores, emprego público ou privado e outras vantagens especiais, feitas para influenciar o voto de um ou mais eleitores tentado obter o seu sufrágio, diretamente ou através de terceiros, e quem, pelos mesmos meios, tiver determinado ou tentado determinar que um ou mais eleitores se abstenha, será punido com dois anos de prisão e multa de 15.000 euros.[43]

---

42. Tradução livre, pelo autor, dos dispositivos legais originais do *Strafgesetzbuch (StGB)*:
§ 108b Wählerbestechung
(1) Wer einem anderen dafür, daß er nicht oder in einem bestimmten Sinne wähle, Geschenke oder andere Vorteile anbietet, verspricht oder gewährt, wird mit Freiheitsstrafe bis zu fünf Jahren oder mit Geldstrafe bestraft.
(2) Ebenso wird bestraft, wer dafür, daß er nicht oder in einem bestimmten Sinne wähle, Geschenke oder andere Vorteile fordert, sich versprechen läßt oder annimmt.

43. Tradução livre, pelo autor, do dispositivo legal original do *Code Électoral*:
Article L106
Quiconque, par des dons ou libéralités en argent ou en nature, par des promesses de libéralités, de faveurs, d'emplois publics ou privés ou d'autres avantages particuliers, faits en vue d'influencer le vote d'un ou de plusieurs électeurs aura obtenu ou tenté d'obtenir leur suffrage, soit directement, soit par l'entremise d'un tiers, quiconque, par les mêmes moyens, aura déterminé ou tenté de déterminer un ou plusieurs d'entre eux à s'abstenir, sera puni de deux ans d'emprisonnement et d'une amende de 15.000 euros.
Seront punis des mêmes peines ceux qui auront agréé ou sollicité les mêmes dons, libéralités ou promesses.

14.5.8. Bélgica

Estabelece o Código Eleitoral belga:

> Art. 181 Quem dá, oferece ou promete, direta ou indiretamente, mesmo na forma de aposta, dinheiro, objetos de valor ou qualquer outra vantagem ou segurança em troca de uma votação, abstenção ou uma autorização de voto mencionada no artigo 147 bis, ou oferecendo as vantagens descritas, dependendo da o resultado da eleição, será punido e condenado à prisão por um período de 8 dias a um multado entre 50 e 500 euros ou apenas uma das duas punições.[44]

14.5.9. Holanda

Normatiza a *Elections Act*:

> Seção Z4
>
> 1. Uma pessoa que, por meio de um presente ou promessa, suborna um eleitor para lhe dar uma procuração ou autorização de voto em seu nome é passível de pena de prisão não superior a multa de seis meses ou terceira categoria.
>
> 2. Uma pessoa que, por meio de um presente ou promessa, suborna um eleitor ou o obriga a emitir uma declaração a que se refere a seção H 4, subseção 1, em apoio a uma lista, fica sujeito a pena de prisão não superior a seis meses ou multa de terceira categoria.
>
> 3. Um eleitor que se permite subornar por meio de um presente ou promessa de conceder uma procuração autorização ou emitir uma declaração de apoio é passível da mesma penalidade.[45]

---

44. Tradução livre, pelo autor, do dispositivo legal original do *Electoral Code* de 31/01/2014:

    Art. 181. Whoever gives, offers or promises directly or indirectly, even in form of a bet, money, valuables or any other advantage or security in exchange for a vote, or vote abstention or na authorization to vote mentioned in article 147bis, or offering the described advantages depending on the result of the election, shall be punished and sentenced to prison for between 8 days up to one month and fined between 50 and 500 euros or only one of the two punishments.

45. Tradução livre, pelo autor, dos dispositivos legais originais do *Act of 28 September 1989 containing new provisions governing the franchise and elections*:

    Section Z 4

    1. A person who, by means of a gift or promise, bribes a voter to give him a proxy authorisation to vote on his behalf shall be liable to a term of imprisonment not exceeding six months or a third-category fine.

14.5.10. Romênia

Consta ao texto da *Low 68/1992*:

> ARTIGO 77
>
> 1. A promessa, oferta ou doação, de dinheiro ou outra vantagem, com o objetivo de induzir o eleitor a votar ou não votar em uma determinada lista de candidatos ou um candidato independente, bem como a sua recepção por um eleitor, para o mesmo fim, serão punidos com prisão de seis meses a cinco anos.[46]

14.5.11. México

Prescreve a Lei Geral de Instituições e Procedimentos Eleitorais:

> Artigo 209.
>
> A entrega de qualquer tipo de material em que qualquer benefício direto, indireto, mediato ou imediato seja oferecido ou entregue, em espécie ou em dinheiro, por meio de qualquer sistema que implique a entrega de um bem ou serviço, por si ou por outrem, é expressamente vedado aos partidos, candidatos, suas equipes de campanha ou a qualquer pessoa. A referida conduta será sancionada na forma desta Lei e será presumida como indicativo de pressao sobre o eleitor para a obtenção do seu voto.[47]

---

2. A person who, by means of a gift or promise, bribes a voter or otherwise compels him to issue a declaration as referred to in section H 4, subsection 1, in support of a list, shall be liable to a term of imprisonment not exceeding six months or a third-category fine.

3. A voter who allows himself to be bribed by means of a gift or promise to grant a proxy authorisation or issue a declaration of support shall be liable to the same penalty.

46. Tradução livre, pelo autor, do dispositivo legal original:
ARTICLE 77.
1. The promise, offer, or giving of money or other advantages for the purpose of inducing the voter to vote or not to vote for a certain list of candidates or na independent candidate as well as their receipt by an voter, to the same end, shall be punished with imprisonment from six months to five years.

47. Tradução livre, pelo autor, do dispositivo legal original:
Artículo 209.
5. La entrega de cualquier tipo de material en el que se oferte o entregue algún beneficio directo, indirecto, mediato o inmediato, en especie o efectivo, a través de cualquier sistema que implique la entrega de un bien o servicio, ya sea por sí o interpósita persona está estrictamente prohibida a los partidos, candidatos, sus equipos de campaña o cualquier persona. Dichas conductas serán sancionadas de conformidad con esta Ley y se presumirá como indicio de presión al elector para obtener su voto.

14.5.12. Brevíssimas considerações

A amostra, sem embargo de abreviada, é significativa.

No intuito de impelir a atenção do leitor e coligir pontos identificados à normatização pátria, sintetizamos um brevíssimo apanhado a partir das seguintes constatações:

a) A maioria dos sistemas compilados adotou nas suas codificações a pena de prisão combinada à pecuniária para reprimir atos de corrupção eleitoral;

b) A repressão estatal recai tanto na corrupção eleitoral ativa quanto na passiva;

c) O pedido de abstenção do eleitor também foi cravado como modalidade de conduta reprimível;

d) As ações ilícitas ou comportamentos corruptos em torno do sufrágio receberam tratamento predominantemente criminal.

Capítulo

15

CONDUTAS VEDADAS AOS AGENTES PÚBLICOS EM CAMPANHAS ELEITORAIS

15.1. CONSIDERAÇÕES GERAIS, ORIGENS E IMPORTÂNCIA

"O poder é o afrodisíaco mais forte do mundo", afirmou o diplomata norte-americano e Nobel da Paz de 1973, Henry KISSINGER (1923-2023).

No Brasil, historicamente, expressiva fatia da corrupção eleitoral encontra-se fundeada nas irregularidades que germinam da Administração Pública. Porém, assim como os homens, a democracia, sendo falha e imperfeita, pode evoluir. Entrementes, "Inspirada nos textos legais que disciplinaram os pleitos de 1994 e 1996 – Leis de nºs 8.713/93 e 9.100/95 – cuida a proposição em foco de reunir (...) muitas contribuições da legislação anterior, referentes à (...) repressão ao uso da máquina pública em favor de candidatos", anunciava o relatório do Projeto de Lei nº 2.695/97 da Câmara dos Deputados que culminaria na Lei nº 9.504. Bem por isso, ao agrupar as *Condutas Vedadas aos Agentes Públicos em Campanhas Eleitorais* num bloco normativo específico situado entre os artigos 73 e 77, a LE/97circunstanciou comportamentos objetivando preservar a igualdade de oportunidades entre candidatos e, simultaneamente, garantir lisura e equilíbrio na disputa eleitoral, tanto refreando o exercício do poder como inibindo que este degenere para arbitrariedades e privilégios pelos seus exercentes.

Com a formatação dessas modalidades infracionais, a Lei das Eleições pretendeu preservar a Administração Pública no seu sentido mais amplo possível, abrangendo desde o patrimônio material, passando por serviços, servidores e empregados públicos chegando à publicidade institucional.

Trata-se de um conjunto de dispositivos legais aplicável a todos os entes públicos da Federação visando neutralizar as variáveis da corrupção eleitoral e impedir a interferência de agentes públicos na formação da vontade popular mediante o "uso da máquina pública". Tratava-se de uma necessidade. Afinal, mencionados elementos, ao expressar um conjunto de preocupações do legislador ordinário no estabelecimento de disciplinas firmes e ao mesmo tempo inibidoras de eventuais arbítrios cometidos por gestores públicos, agentes políticos, servidores e outros, conferiram razão ao episódio que Jorge MIRANDA, com muita perspicácia, denominou *ato jurídico eleição.*

A Constituição Federal, é certo, não tratou especificamente das Condutas Vedadas. Apesar disso, o § 9º do seu art. 14, ao reproduzir o binômio introduzido pela Carta de 1967[1] e posteriormente reiterado pela de 1969 (EC nº 1)[2], faz referência a valores democráticos expressos na *normalidade e legitimidade das eleições* mencionando, do mesmo modo, a repressão estatal ao *abuso do exercício de função, cargo ou emprego na administração direta ou indireta.* A conjugação de tais preceitos resulta no amplo Princípio da Igualdade Eleitoral.

Nessa toada, as regras que constam aos seis artigos da LE/97 têm o franco objetivo de inibir a utilização da máquina administrativa como instrumento de desequilíbrio dos pleitos, de todos os âmbitos, do municipal ao nacional.

Por consequência, anteriormente à organização de exercícios financeiros, da adoção e do planejamento de providências e ações governamentais ou da celebração de contratos, é aconselhável seja verificada a efetiva possibilidade de concretização do ato ante as disposições que norteiam as condutas vedadas em período eleitoral, sob pena de nulidade de pleno direito, multa, responsabilizações civis e inelegibilidade.

Esboçados esses raciocínios introdutórios, cumpre enfatizar que no contexto das pelejas por cargos públicos, desde as municipais às presidenciais,

---

1. Art. 148, III.
2. Art. 151, III.

embora pareça óbvio, é deveras importante ter presente que "A igualdade não assegura nenhuma situação jurídica específica, mas, na verdade, garante o indivíduo contra toda má utilização que possa ser feita da ordem jurídica. A igualdade é, portanto, o mais vasto dos princípios constitucionais, não se vendo recanto onde ela não seja impositiva" (BASTOS, 2001, p. 191). Não obstante, por outro lado, é sabido que o apego exacerbado ao poder pode derivar, como efetivamente deriva, em práticas administrativas ilícitas, não raro despóticas e até mesmo criminosas. Entretanto, conforme asseverado por BARBALHO (1992, p. 303/304), "Nada pode autorizar o desequilíbrio entre os cidadãos da República. Nada deve justificar a outorga de tratamento seletivo que vise a dispensar determinados privilégios".

Neste sentido, a tipologia compreendida ao aludido capítulo, buscando, em verdade, atender os objetivos almejados pelo constituinte[3], cuidou de resguardar a incolumidade dos serviços públicos exaltados pelos princípios insertos ao art. 37 da CF. Na prática, são questões tipicamente administrativas ou administrativas-funcionais que devem ser apreciadas como fatos eleitorais. Por essa razão, à luz do ordenamento promulgado em 05/10/1988, é que a Justiça Eleitoral, caso comprovada a captura da máquina governamental, deve coibir práticas espúrias.

Realçando a necessidade de limitação dos poderes dos administradores públicos em período eleitoral, fragmento de voto do então Ministro Hugo Gueiros emitido no TSE ao início dos anos 90 cogitou objetivamente daquelas que hoje correspondem às Condutas Vedadas: "Penso até que, na legislação eleitoral, se poderia tentar definir ou discriminar os atos administrativos lícitos que não poderiam ser praticados se materialmente aptos a influir favoravelmente na candidatura situacionista" (RJTSE 4/4/37).

Diferentemente daquelas normas precursoras apontadas ao início deste capítulo e que lhe serviram de referência, a Lei nº 9.504/97 nominou procedimentos buscando preservar a regularidade das disputas.

Transcorridas sucessivas eleições a contar de seu ingresso no mundo jurídico, consolidou-se a certeza de que os artigos das Condutas Vedadas foram erguidos como precaução, em defesa do *interesse público de lisura eleitoral*, expressão legal (LC nº 64/90) fortemente enfatizada, *v.g.*, no Recurso nº 9.530, Classe 4ª, correspondente ao Acórdão nº 12.343/MG, um

3. O § 9º do art. 14 da CF/88, mesmo alterado a partir da redação que lhe foi dada pela Emenda Constitucional de Revisão nº4, de 1994, decorre essencialmente do texto apresentado pela *Comissão Provisória de Estudos Constitucionais* que havia sido instituída pelo Decreto nº 91.450, de 18/07/1985, para elaborar estudos e pesquisas como subsídio aos trabalhos da Assembleia Nacional Constituinte 1987/1988.

marco na evolução jurisprudencial do TSE pós-1988 e publicado no Diário da Justiça de 25/08/1992, p. 13.087[4]. Este julgamento referente ao *Caso Pirapora*, ocorrido em sede de Ação de Impugnação de Mandato Eletivo, resultou na cassação dos diplomas do Prefeito e do Vice-Prefeito por ofensa aos cânones do §10 do art. 14 da CF/88.

Não obstante o aperfeiçoamento, se comparadas às normatizações anteriores, frouxas e ineficazes em termos de repressão aos descalabros pelo uso da máquina pública, é de todo conveniente que *experts* e parlamentares se voltem com profundidade e espírito aberto pelo contínuo incremento de dispositivos

- vedando outros tipos de condutas inescrupulosas ainda praticadas com os recursos e próprios públicos,
- explicitando mais coerência normativa a alguns lapsos temporais submetidos às inconstâncias do Plenário do Tribunal Superior Eleitoral (v. nº 15.7), e
- atribuindo mais segurança à continuidade administrativa em anos eleitorais, francamente no que tange às questões mais sensíveis relacionadas sobretudo à dinâmica da movimentação de pessoal e à publicidade institucional (v. nºs 15.10.5 e 15.10.7.1).

Destarte, após dez intervenções legislativas ocorridas no seu conteúdo original através das reformas de 2006, 2009, 2015 e 2022, a sistematização prevista entre os artigos 73 e 78 da Lei nº 9.504/97estrutura-se no seguinte:

- 6 artigos,
- 8 incisos,
- 19 parágrafos,
- 8 letras, e
- 19 verbos.

Para a LE/97, conduta vedada é qualquer uma das ações entre os artigos 73 a 77 nos termos das disposições por eles especificadas:

- Ceder;
- Usar;
- Fazer;
- Permitir;
- Nomear ou contratar;
- Admitir ou demitir;
- Suprimir, readaptar, dificultar, impedir, remover, transferir ou exonerar;

4. RJTSE 4/4/37.

- Realizar;
- Autorizar;
- Exceder;
- Comparecer.

A tônica das *Condutas Vedadas aos Agentes Públicos em Campanhas Eleitorais* repousa na compreensão de que as mesmas são tendentes "a afetar a igualdade de oportunidades entre os candidatos" cujo efeito se dá através da vantagem indevida que é auferida pelo infrator.

Na medida em que são práticas expressamente interditadas, há presunção de que uma vez levadas a efeito, geram desequilíbrio na campanha eleitoral em benefício de alguns e prejuízo de outros ou dos demais competidores (v. nºs 15.5.2 e 15.5.5).

Nesta quadra, a análise da Lei nº 9.504/97 mostra que enquanto o *caput* do art. 73 anuncia de forma incisiva o bem juridicamente protegido (isonomia), os seus incisos tipificam atos ilícitos capazes de rompê-lo.

O mesmo se pode afirmar em relação aos demais artigos que se seguem.

Ao ensejo do PL nº 2.695/97 que gerou a Lei nº 9.504, o Brasil vivia um momento singular em termos jurídicos e políticos. Enquanto o debate em torno da reeleição ganhava fôlego e entusiasmava os congressistas, doutrinadores e militantes do Direito Eleitoral manifestavam a sua convicção de que a democracia brasileira exigia uma norma de estatura definitiva para disciplinar as eleições do país.

Essa convergência influenciou no fluxo de ambas as questões. Tanto que a tramitação legislativa do Projeto de Lei foi marcadamente célere: da sua propositura em 08/01/1997 à sanção presidencial, foram pouco mais de oito meses entre as duas Casas do Congresso Nacional. Porém, a norma poderia ter sido mais debatida e melhor elaborada. Em realidade, o texto apresentado disse menos do que poderia dizer. Era mister algo mais. Não obstante, certa ou errônea, relativamente às leis anteriores, temporárias, que se seguiram à CF/88 (7.773/89, 8.214/91, 8.713/93 e 9.100/95), faz-se necessário reconhecer a presença de avanços nas medidas por ela incorporadas.

Tendo em vista os critérios de objetividade e sentido de regulamentação a partir de um vasto inventário doutrinário e jurisprudencial que vem sendo consolidado pleito após pleito, é possível sintetizar, a título exemplificativo, alguns progressos constatáveis em decorrência das salutares disposições incluídas pelas Condutas Vedadas:

- Pormenorizaram inveteradas ilegalidades e irregularidades até então insuscetíveis de prevenção administrativa ou repressão pelo Judiciário Eleitoral;
- As disposições constantes dos artigos 73 a 77 da LE/97 implicam no dever da boa administração (exato cumprimento da lei) por parte dos titulares de cargos, funções e empregos públicos no âmbito da circunscrição do pleito;
- A amplitude dos tipos previstos, vinculando a Administração e os seus agentes, viabiliza um controle social e jurisdicional mais intenso e eficaz dos atos;
- No plano repressivo, coerentemente aos princípios constitucionais da proporcionalidade e razoabilidade, os §§ 4º a 9º do art. 73 descreveram penalidades que oscilam numa escala de baixa à intensa, indo da multa à cassação;
- Permitiram a continuidade administrativa durante os períodos eleitorais.

15.1.1. Agrupamentos temáticos

Em vista dos princípios e bens jurídicos resguardados, as restrições estabelecidas pelas Condutas Vedadas, funcionando como autênticas *camisas de força* necessárias à preservação do equilíbrio eleitoral e administrativo, podem ser agrupadas em quatro eixos ou áreas específicas da Gestão Pública:

a) Recursos orçamentários e financeiros;

b) Recursos humanos;

c) Bens e serviços públicos;

d) Publicidade institucional.

a) Recursos orçamentários e financeiros

CONDUTA VEDADA	EXCEÇÃO LEGAL
Realizar transferência voluntária de recursos da União aos Estados e Municípios, e dos Estados aos Municípios, sob pena de nulidade de pleno direito (art. 73, VI, a)	Recursos destinados a cumprir obrigação formal preexistente para execução de obra ou serviço em andamento e com cronograma prefixado, e os destinados a atender situações de emergência e de calamidade pública

b) Recursos humanos

CONDUTA VEDADA	EXCEÇÃO LEGAL
Ceder servidor público ou empregado da administração direta ou indireta federal, estadual ou municipal do Poder Executivo, ou usar de seus serviços para comitê de candidato, partido ou coligação, durante o horário de expediente normal (art. 73, III)	Servidor ou empregado licenciado (exceto por motivo de saúde)
Nomear, contratar ou de qualquer forma admitir, demitir sem justa causa, suprimir ou readaptar vantagens ou por outros meios dificultar ou impedir o exercício funcional e, ainda, *ex officio*, remover, transferir ou exonerar servidor público, na circunscrição do pleito, nos três meses que o antecedem e ATÉ A POSSE DOS ELEITOS, sob pena de NULIDADE DE PLENO DIREITO DO ATO (art. 73, V)	a) a nomeação ou exoneração de cargos em comissão (CC) e designação ou dispensa de funções de confiança (FCs); b) a nomeação para cargos do Poder Judiciário, do Ministério Público, dos Tribunais ou Conselhos de Contas e dos órgãos da Presidência da República; c) a nomeação dos aprovados em concursos públicos homologados até o início daquele prazo (180 dias); d) a nomeação ou contratação necessária à instalação ou ao funcionamento inadiável de serviços públicos essenciais, com prévia e expressa autorização do Chefe do Poder Executivo; e) a transferência ou remoção *ex officio* de militares, policiais civis e de agentes penitenciários.
Fazer, na circunscrição do pleito, revisão geral da remuneração dos servidores que exceda a recomposição da perda de seu poder aquisitivo ao longo do ano da eleição, a partir do início do prazo de 180 DIAS DA ELEIÇÃO ATÉ A POSSE DOS ELEITOS (art. 73, VIII)	

c) Bens e serviços públicos

CONDUTAS VEDADAS	EXCEÇÕES LEGAIS
Ceder ou usar, em benefício de candidato, partido político ou coligação, bens móveis ou imóveis pertencentes à administração direta ou indireta da União, dos Estados, do Distrito Federal, dos Territórios e dos Municípios (art. 73, I)	Realização de convenções partidárias

Usar materiais ou serviços, custeados pelos Governos (federais, estaduais, distritais ou municipais) ou Casas Legislativas, que excedam as prerrogativas consignadas nos regimentos e normas dos órgãos que integram (art. 73, II)	
Distribuição gratuita de bens, valores ou benefícios por parte da Administração Pública (art. 73, §10)	a) Casos de calamidade pública; b) Casos de estado de emergência; c) Programas sociais autorizados em lei e já em execução orçamentária no exercício anterior.
Candidato (titular ou não de mandato) comparecer, nos três meses que precedem o pleito, a inaugurações de obras públicas (art. 77)	

d) Publicidade institucional

CONDUTAS VEDADAS	EXCEÇÕES LEGAIS
Fazer ou permitir o uso promocional, em favor de candidato, partido político ou coligação, de distribuição gratuita de bens e serviços de caráter social custeados ou subvencionados pelo Poder Público (art. 73, IV)	
Autorizar publicidade institucional dos atos, programas, obras, serviços e campanhas dos órgãos públicos federais, estaduais ou municipais, ou das respectivas entidades da administração pública indireta (art. 73, VI, b c/c art. 37, *caput*, CF/88)	a) Para propaganda de produtos e serviços que tenham concorrência no mercado; b) Caso de grave e urgente necessidade pública, assim reconhecida pela Justiça Eleitoral.
Fazer pronunciamento em cadeia de rádio e televisão fora do horário eleitoral gratuito (art. 73, VI, c)	Quando, a critério da Justiça Eleitoral (da circunscrição do pleito – CE/65, art. 86), tratar-se de matéria urgente, relevante e característica das funções de governo
Nos três meses que antecederem as eleições, na realização de inaugurações, é vedada a contratação de *shows* artísticos pagos com recursos públicos (art. 75)	

CONDUTAS VEDADAS	EXCEÇÕES LEGAIS
Realizar, no primeiro semestre do ano de eleição, despesas com publicidade dos órgãos públicos federais, estaduais ou municipais, ou das respectivas entidades da administração indireta, que excedam a média dos gastos no primeiro semestre dos três últimos anos que antecedem o pleito (art. 73, VII)	

Além dessas, do ponto de vista da Lei de Responsabilidade Fiscal, é possível desdobrar outras restrições à gastança pública em conformidade à LE/97:

- Efetuar acréscimo de despesa com pessoal através de lei publicada durante o lapso de proibição[5] (LRF, art. 21, § único);
- Segundo o art. 23, § 3°, da LC nº 101/00, é proibido:

a) receber transferência voluntária;

b) obter garantia - direta ou indireta - de outro ente federativo;

c) contratar operações de crédito, ressalvadas as destinadas ao refinanciamento da dívida mobiliária e as que visem à redução das despesas com pessoal.

- Contratar operação de crédito por antecipação de receita (LRF, art. 38, IV, b);
- É vedado ao titular de Poder ou órgão de contrair obrigação de despesa, nos 2 (dois) últimos quadrimestres do seu mandato, que não possa ser cumprida integralmente dentro dele, ou que tenha parcelas a serem pagas no exercício seguinte sem que haja suficiente disponibilidade de caixa (LRF, art. 42).

15.1.2. Interpretação e jurisprudência

Antes de passar à exposição e análise dos princípios norteadores e dispositivos legais que incidem à matéria, é de todo necessário realçar que por força da gritante má redação de alguns tipos alocados na Lei nº 9.504/97, bem como da sistematização ilógica de vários dos seus institutos, o papel

5. Cento e oitenta dias anteriores ao final do mandato do titular do respectivo Poder ou órgão referido no art. 20 da LRF.

que a interpretação em torno da definição do sentido de cada um deles vem recebendo adquiriu uma importância outrora inimaginável. E nisso, não se pode deixar de considerar o peculiar caráter normativo dos atos judiciais emanados do TSE regendo praticamente todo o processo eleitoral.

Para melhor evidenciar esse raciocínio, parte-se da premissa de que quando se indaga acerca da natureza de uma determinada postura ou situação, está-se perguntando, em verdade, o que aquilo significa para o Direito. Especificamente em torno das Condutas Vedadas, a caracterização de uma delas remete a uma série de consequências gravosas na medida em que se busca penalizar os partícipes e proteger o patrimônio público. Porém, conforme enfatiza Pedro Henrique Távora NIESS (2000, p. 276), é do autor "o ônus de provar a existência do vício e, ainda, que indiciariamente, a sua influência no pleito. A eleição goza de presunção *juris tantum* de normalidade e legitimidade".

Por esse prisma, em vista dos comportamentos legislados, de sua crescente complexidade e, sobretudo, da constatação em torno das oscilações hermêuticas, hoje se tornou praticamente impossível decodificá-los sem proceder num apanhado das decisões oriundas do Tribunal Superior Eleitoral e do Supremo Tribunal Federal. Diante de um feixe de normas que mescla dispositivos claros com outros absurdamente ruins, vem cabendo à jurisprudência orientar a jurisdição, aplacar o terror e dirimir as dúvidas que alguns institutos seguem infundindo não apenas nas administrações e nos parlamentos, mas mesmo entre os profissionais do mundo jurídico.

Inúmeros problemas práticos não foram solucionados pela LE/97. Porém, isso é um fenômeno comum. Afinal, a legislação é uma obra humana. Ante tal inexorabilidade, não se pode ignorar que por melhor ou pior que sejam elaborados, os textos positivados contém os seus defeitos e as suas lacunas. Nesse passo, no caminho por vezes árduo da identificação dos tipos, as correntes jurisprudenciais discrepam. Uma exige que eles sejam de tal monta que provoquem desequilíbrio absoluto na eleição. Outra adota a possibilidade da presunção de dano ao pleito. As intermediárias - ou mais moderadas -, quando falam em circunstâncias concorrentes, merecem destaque. O que não se pode cogitar, em qualquer delas, é que irrelevâncias incapazes de causar ofensas frontais à norma possam servir para tolher mandatos. Por outro lado, devem ser afastadas aquelas resistências injustificadas em preservar mandatos alcançados de forma adulterada, ou seja, em afronta à normatização. Nos casos graves de transgressão ao ato administrativo, mesmo que o acusado tenha obtido milhares, às vezes milhões de votos, os julgados devem ser inflexíveis.

Ante tais aspectos, e não havendo maior dúvida de que a jurisprudência derivada do TSE e do STF tem funcionado como autêntica fonte de Direito Eleitoral na medida em que as suas decisões recebem força cogente, é necessário atentar para o fato da interpretação de um dado comportamento resultar, simultaneamente, em Conduta Vedada e Abuso de Poder. Na dinâmica das campanhas eleitorais, cenários, comportamentos e posturas se imbricam. Por outras palavras: o mesmo procedimento do agente público poderá ensejar uma Representação punível com multa e cassação, uma Investigação Judicial Eleitoral a ser reprimida com aquela última acrescida da sanção de inelegibilidade (v. nº 15.12) e, mais recentemente, passou-se a admitir a Ação de Impugnação de Mandato Eletivo (v. nº 15.6.5).

Finalizando esse singelíssimo introito, é de se trazer à baila outra lição precisa de Pedro Henrique Távora NIESS (1998, pp. 79/80) no que toca à interpretação dessas hipóteses: "O fim a que se dirige a lei é dar a todos os que concorrem a mandatos eletivos a oportunidade de obter a vitória em igualdade de condições, daí porque as condutas vedadas aos agentes públicos, e suas exceções, devem receber tratamento interpretativo com ele condicente, o que, no entanto, nem sempre leva à mesma conclusão os diversos estudos que dissertam sobre o tema aqui abordado (...)".

15.1.3. Evolução legislativa da matéria

As *Condutas Vedadas aos Agentes Públicos em Campanhas Eleitorais* atualmente agrupadas em torno dos artigos 73 e 77 da Lei nº 9.504/97 tiveram inspiração em seis leis temporárias que a precederam, bem como na experiência legislativa de outros países democráticos que já continham regulamentação no universo da administração pública em períodos de campanhas políticas.

Ao longo desse transcurso de onze anos, a legislação eleitoral foi sendo paulatinamente adaptada, almejando resguardar o poder público dos cenários das disputas políticas, assegurar a lisura dos pleitos e coibir (em verdade atenuar) os males da prática de abusos (político, de autoridade e econômico).

No decorrer do citado período, especificidades e restrições foram sendo sutilmente incorporadas aos textos legais transitórios culminando,ao fim e ao cabo, na formatação da estrutura normativa que hodiernamente visa enfrentar o uso desvirtuado do poder nos cenários das disputas eleitorais. Os traços dessa evolução auxiliam a compreensão do texto vigente.

Como se verá a seguir, a incompletude e imprecisão dos dispositivos constantes das normas iniciais eram notórias se confrontadas à redação vigente. A preocupação começou a tomar corpo de forma discreta em 1986, com a Lei nº 7.493, e foi evoluindo com o passar das eleições subsequentes, culminando no atual estágio que, embora ainda não seja o ideal, no cômputo geral, é expresso e incisivo em diversos aspectos restritivos.

Cumpre destacá-las.

Lei nº 7.493/1986 (eleições estaduais de 1986)[6]

> Art. 19. São vedados e considerados nulos de pleno direito, não gerando obrigações de espécie alguma para a pessoa jurídica interessada e nenhum direito para o beneficiário, os atos que, no período compreendido entre a publicação desta lei e o término do mandato do Governador de Estado, importarem em nomear, contratar, exonerar ex officio ou dispensar, transferir, designar, readaptar servidor público, regido por Estatuto ou pela Consolidação das Leis do Trabalho - CLT, ou proceder a quaisquer outras formas de provimento na Administração Direta e nas autarquias, nas sociedades de economia mista, empresas públicas e fundações, instituídas ou mantidas pelo Poder Público, (VETADO) dos Estados, do Distrito Federal, dos Municípios ou Territórios.
>
> § 1º Excetuam-se do disposto neste artigo:
>
> I - nomeação de aprovados em concurso público ou de ascensão funcional;
>
> II - nomeação ou exoneração de cargos em comissão e designação ou dispensa de função de confiança;
>
> III - nomeação para cargos da Magistratura, do Ministério Público, de Procuradores do Estado e dos Tribunais de Contas;
>
> IV - nomeação ou contratação considerada imprescindível pela Justiça Eleitoral, para a realização de recadastramento eleitoral.
>
> § 2º Os atos editados com base no § 1º deste artigo deverão ser fundamentados e publicados dentro de 48 (quarenta e oito) horas após a sua edição, no respectivo órgão oficial.
>
> § 3º O atraso da publicação de Diário Oficial relativo aos 15 (quinze) dias que antecedem o prazo inicial a que se refere este artigo implica a nulidade automática dos atos relativos a pessoal nele inseridos, salvo se provocado por caso fortuito ou força maior.

6. Norma ordinária anterior à CF/88.

Lei nº 7.664/1988 (eleições municipais/1988)[7]

Art. 27. São vedados e considerados nulos de pleno direito, não gerando obrigações de espécie alguma para a pessoa jurídica interessada e nenhum direito para o beneficiário, os atos que, no período compreendido entre a data da publicação desta lei e o término do mandato do Prefeito do município, importarem em nomear, contratar, admitir servidor público, estatutário ou não, na Administração Direta e nas autarquias (vetado).

1º Serão igualmente nulos os atos que, no período compreendido a data da publicação desta lei e o término do mandato do Prefeito, importarem em dispensar, demitir, transferir, suprimir vantagens de qualquer espécie ou exonerar ex officio servidores municipais (vetado).

2º As vedações deste artigo não atingem os atos de:

I - nomeação de aprovados em concurso público ou de ascensão funcional;

II - nomeação ou exoneração de cargos em comissão e designação ou dispensa de função de confiança;

III - nomeação para cargos do Poder Judiciário, do Ministério Público, de Procuradores do Estado e dos Territórios e dos Tribunais e Conselhos de Contas;

IV - (Vetado).

3º Os atos editados com base no § 2º deste artigo deverão ser fundamentados e publicados dentro de 48 (quarenta e oito) horas após sua edição, no respectivo órgão oficial.

Lei nº 7.773/1989 (eleição presidencial/1989)[8]

Art. 15. São vedados e considerados nulos de pleno direito, não gerando obrigações de espécie alguma para a pessoa jurídica interessada e nenhum direito para o beneficiário, os atos que, no período compreendido entre o trigésimo dia da publicação desta Lei e o término do mandato do Presidente da República, importarem em nomear, admitir ou contratar ou exonerar ex officio , demitir, dispensar, transferir ou suprimir vantagens de qualquer espécie de servidor público, estatutário ou não, da Administração Pública Direta ou Indireta e Fundações instituídas e mantidas pelo Poder Público da União, dos Estados, do Distrito Federal, dos Municípios e dos Territórios.

7. Norma ordinária anterior à CF/88.

8. Promulgada sob a vigência da CF/88.

1º. Excetuam-se do disposto neste artigo:

I - nomeação de aprovados em concurso público ou de ascensão funcional;

II - nomeação ou exoneração de cargos em comissão e designação ou dispensa de função de confiança;

III - nomeação para cargos da Magistratura, do Ministério Público, de Procuradores do Estado e dos Tribunais de Contas.

2º. Os atos editados com base no § 1º deste artigo deverão ser fundamentados e publicados dentro de 48 (quarenta e oito) horas após a sua edição, no respectivo órgão oficial.

3º. O atraso da publicação no Diário Oficial relativo aos 15 (quinze) dias que antecedem os prazos iniciais a que se refere este artigo implica a nulidade automática dos atos relativos a pessoal nele inseridos.

4º O atraso da publicação do Diário Oficial da União relativo aos 15 (quinze) dias que antecedem os prazos iniciais a que se refere este artigo implica a nulidade automática dos atos relativos a pessoal nele inseridos, salvo se provocados por caso fortuito ou força maior .

Lei nº 8.214/1991 (eleições municipais/1992)

Art. 29. São vedados e considerados nulos de pleno direito, não gerando obrigações de espécie alguma para a pessoa jurídica interessada e nenhum direito para o beneficiário, os atos que, no período compreendido entre o primeiro dia do quarto mês anterior às eleições de que trata esta Lei e o término do mandado do Prefeito do Município, importarem na concessão de reajuste de vencimentos em percentual superior à inflação acumulada desde o último reajustamento em nomear, admitir, contratar, ou exonerar, de ofício, demitir, dispensar, transferir, designar, readaptar ou suprimir vantagens, de qualquer espécie, de servidor público, estatutário ou não, da administração pública centralizada ou descentralizada de âmbito estadual ou municipal, ficando igualmente vedada a realização de concurso público no mesmo período.

§ 1º Excetuam-se do disposto neste artigo:

I - a nomeação de aprovados em concurso público:

II - a nomeação ou exoneração de cargos em comissão e designação ou dispensa de função de confiança;

III - a nomeação para cargos do Poder Judiciário, do Ministério Público, de Procuradores do Estado e dos Tribunais e Conselhos de Contas.

§ 2º Os atos editados com base no parágrafo anterior deverão ser fundamentados e publicados dentro de quarenta e oito horas após a sua edição, no respectivo órgão oficial.

§ 3º O atraso na publicação do órgão oficial, relativo aos quinze dias que antecedem aos prazos iniciais a que se refere este artigo, implica a nulidade automática dos atos relativos a pessoal nele inseridos, salvo se provocado por caso fortuito ou força maior.

Lei nº 8.713/1993 (eleição presidencial e eleições estaduais/1994)

Art. 81. Ao servidor público da administração direta ou indireta da União, dos Estados, do Distrito Federal e dos Municípios é garantido, no período compreendido entre 1º de junho e 31 de dezembro de 1994, permanecer na circunscrição do pleito e em seu cargo ou emprego, não podendo ser ex officio removido, transferido ou exonerado, ou ainda ser demitido sem justa causa ou dispensado, ter suprimidas ou readaptadas vantagens, ou por outros meios ter dificultado ou impedido seu exercício funcional ou permanência na circunscrição do pleito.

1º São considerados nulos de pleno direito, não gerando quaisquer obrigações para a pessoa jurídica interessada e nenhum direito para o servidor, os atos praticados sem observância do disposto neste artigo, bem como aqueles que importarem nomear, contratar ou admitir servidores.

2º Excetua-se do disposto neste artigo:

a) a nomeação dos aprovados em concurso público;

b) a nomeação ou exoneração de cargos em comissão e designação ou dispensa de função de confiança;

c) a nomeação para cargos do Poder Judiciário, do Ministério Público e dos órgãos de assessoramento superior vinculados à Presidência da República;

d) a transferência ou remoção ex officio de policiais civis e militares e de agentes penitenciários.

3º Os atos indicados no parágrafo anterior devem ser fundamentados, e serão publicados no Diário Oficial dentro de quarenta e oito horas após a sua assinatura.

4º O atraso na publicação do Diário Oficial, relativo aos quinze dias que antecedem os prazos iniciais previstos neste artigo, implica a nulidade automática dos atos relativos a pessoal nele inseridos, salvo se o atraso for provocado por caso fortuito ou força maior.

Lei nº 9.100/1995 (eleições municipais/1996)

> Art. 40. Os candidatos detentores de mandato eletivo não poderão utilizar serviços gráficos custeados pelas Casas Legislativas para a confecção de impressos de propaganda eleitoral, sendo-lhes, também, vedada a utilização de materiais e serviços que excedam as prerrogativas consignadas nos regimentos e normas das Casas que integram.
>
> Art. 89. É vedada, aos candidatos, partidos políticos e coligações, a utilização, na propaganda eleitoral, de símbolos, frases ou imagens, associadas ou semelhantes às empregadas por órgão de governo, empresa pública ou sociedade de economia mista.

15.2. AGENTE PÚBLICO

O conceito de agente público que consta ao § 1º do art. 73 da LE/97 é o seguinte:

> Reputa-se agente público, para os efeitos deste artigo, quem exerce, ainda que transitoriamente ou sem remuneração, por eleição, nomeação, designação, contratação ou qualquer outra forma de investidura ou vínculo, mandato, cargo, emprego ou função nos órgãos ou entidades da administração pública direta, indireta, ou fundacional.

Dada a sua abrangência ao definir os autores de Condutas Vedadas, o dispositivo exige aplicação *lato sensu*, inclusive ante a notória semelhança que guarda aquele estabelecido pela Lei de Improbidade Administrativa (com as alterações da Lei nº 14.230/21) e com o qual se comunica por força do seu § 7º[9]:

> Art. 2° Para os efeitos desta Lei, consideram-se agente público o agente político, o servidor público e todo aquele que exerce, ainda que transitoriamente ou sem remuneração, por eleição, nomeação, designação, contratação ou qualquer outra forma de investidura ou vínculo, mandato, cargo, emprego ou função nas entidades referidas no art. 1º desta Lei.

---

9. As condutas enumeradas no *caput* caracterizam, ainda, atos de improbidade administrativa, a que se refere o art. 11, inciso I, da Lei nº 8.429, de 2 de junho de 1992, e sujeitam-se às disposições daquele diploma legal, em especial às cominações do art. 12, inciso III.

Perante a LE/97, especialmente o *caput* do seu art. 73 quando refere "servidores ou não", estão contemplados, em sentido amplo, agentes políticos (detentores de mandatos eletivos federais, estaduais, distritais e municipais), servidores os mais diversos (comissionados, estatutários, empregados, funcionários, temporários) e particulares em regime de colaboração com a Administração Pública (concessionários de serviço público, leiloeiros, tabeliães).

Aqui, sem prejuízo dos demais conceitos formulados pela doutrina, de acordo com aquele desenvolvido por NIESS noutro valioso escólio da sua lavra (2000, p. 49),

> Reputa-se agente público, para os efeitos aqui cogitados, nas palavras da lei, aquele que, servidor ou não, exerce, mesmo transitoriamente, mandato, cargo, emprego ou função nos órgãos ou entidades da Administração Pública direta, indireta ou fundacional, seja qual for a forma de investidura ou vínculo e ainda que sem remuneração. Em síntese, agentes públicos são as pessoas às quais se atribui o exercício de função pública, ainda que não definitivamente. Tais pessoas hão de exercer suas funções nos órgãos da Administração Pública direta, bem como nas entidades que compõem a denominada Administração descentralizada, sejam pessoas jurídicas de Direito Público, sejam pessoas jurídicas de Direito Privado.

Olivar CONEGLIAN (2012, p. 418) abrevia com exatidão:

> Enfim: não fica de fora qualquer pessoa que tenha um relacionamento de trabalho com o serviço público.

Por essas abalizadas razões, "As condutas vedadas aos agentes públicos, prescritas na Lei nº 9.504/1997, mesmo se tratando de eleições municipais, são aplicáveis aos agentes vinculados ao Estado, à exceção do art. 73, incisos V, VI alíneas "b" e "c", e VIII, que se restringem à circunscrição ou à esfera administrativa do município"[10]. Até mesmo porque, "não é o vínculo com a administração que coloca o agente em situação de vantagem, mas sim o fato de exercer função pública e, portanto, prestar serviços à coletividade, na maioria das vezes essenciais" (CASTRO, 2012, p. 373).

10. TRE/SC, Resolução nº 7.369, DJESC de 25/03/2004.

15.3. LITISCONSÓRCIO PASSIVO NECESSÁRIO

A Lei Eleitoral foi silente quanto ao litisconsórcio, dando margem, com isso, a diversas formulações teóricas e jurisprudenciais, com mais ênfase nessas últimas. O CPC/1973 dizia que se uma decisão tivesse de produzir efeitos em face de diversas pessoas, todas necessariamente deveriam ser citadas, incumbindo ao juiz verificar se aquelas que poderiam ser afetadas integravam o processo, caso contrário, deveria determinar a respectiva integração na lide, sob pena de ocorrer a extinção do feito (art. 47, par. único). Atualmente, o artigo 114 do CPC/2015 estipula que "O litisconsórcio será necessário por disposição de lei ou quando, pela natureza da relação jurídica controvertida, a eficácia da sentença depender da citação de todos que devam ser litisconsortes".

Dentro desse enfoque, o RO nº 1696-77/RR foi dos primeiros pronunciamentos a cuidar da inclusão de coparticipantes:

> O §4º do art. 73 da Lei n° 9.504/97 expressamente prevê que o descumprimento do disposto nesse artigo acarretará a suspensão imediata da conduta vedada e sujeitará os responsáveis à aplicação de multa no valor de cinco a cem mil UFIRs. E o respectivo § 5 prescreve que o candidato beneficiado, agente público ou não, ficará sujeito à cassação do registro ou dodiploma, sem prejuízo da multa do § 4.
>
> Por sua vez, o §8º reitera que se aplicam as sanções do § 4 "aos agentes públicos responsáveis pelas condutas vedadas e aos partidos, coligações e candidatos que dela se beneficiarem".
>
> Duas, portanto, são as categorias de réus que devem necessariamente integrar o polo passivo da representação por conduta vedada: a do agente público responsável e a do beneficiário.
>
> Sem a citação do agente público, inclusive, ficaria sem sentido a determinação, por exemplo, para que fosse suspensa a conduta vedada, se o responsável por essa conduta não integrar a relação processual.Aliás, em se tratando de conduta vedada, não se consegue imaginar hipótese em que o agente público por ela responsável não seja citado para integrar a lide, pois ele, na verdade, é o principal representado, autor da ilicitude, sendo os demais, quais sejam, os candidatos, partidos ou coligações, beneficiários da conduta, mas não responsáveis por ela, salvo o caso, ainda por exemplo, de que o eventual candidato seja o próprio agente público responsável pela conduta vedada, o que não é a hipótese dos autos.Logo, é de aplicar-se à espécie o disposto no art. 47 do Código de Processo Civil:

> (...)
>
> Parágrafo único. O juiz ordenará ao autor que promova a citação de todos os litisconsortes necessários, dentro do prazo que assinar, sob pena de declarar extinto o processo.
>
> Nessas circunstâncias, afigura-se inadmissível a propositura da representação apenas contra os eventuais beneficiários, e não também contra o agente público responsável pela conduta vedada, porque sem a citação desse agente público não se pode nem mesmo julgar se a conduta era vedada, ou não, à falta de defesa apresentada pelo que seria o respectivo responsável[11].

Como se vê, o entendimento adotado primitivamente pela Corte Superior (aplicado às eleições de 2012 e 2014) foi de que o litisconsórcio passivo necessário se formava entre o candidato beneficiado e o agente público tido como responsável pela prática ilícita, e não entre aquele e os que contribuíram para a conduta reprovável[12].

No entanto, a partir do REspe nº 843-56/MG[13], firmou-se posicionamento no sentido da obrigatoriedade de formação do litisconsórcio passivo nas Investigações Judiciais Eleitorais que apontam a prática de abuso do poder político, as quais devem ser propostas contra os candidatos beneficiados e os agentes públicos envolvidos nos episódios a serem apurados. Diante desse quadro, em razão do amálgama de interesses que de uma maneira ou de outra está em jogo durante uma eleição, nada mais coeso. Até porque, todos sabem que normalmente é significativa a participação de subordinados e auxiliares na cadeia causal do poder. A este propósito, cumpre acentuar que a interpretação levada a efeito pelo TSE realçou disposições explícitas concebidas justamente para impedir abusos no curso das disputas. Seguindo essa linha de raciocínio, vide o seguinte fragmento do voto do relator:

> Se a acusação formulada contra determinado candidato é no sentido de que ele foi beneficiado por omissão incorrida ou ato praticado por terceiro, e havendo - como há - consequências jurídicas previstas na legislação que podem atingir quem praticou o ato, tal terceiro deve ser obrigatoriamente incluído na lide - independentemente do tipo de ação

---

11. DJE 06/02/2012, p. 29, por maioria.
12. Neste sentido decidiram os acórdãos/TSE AgRg-REspe nº 113529/MG, DJE de 15/08/2014; RO nº 488846/AM, DJE de 11/04/2014; RJTSE 23/1/11.
13. TSE, DJE 02/09/2016, pp. 73/74.

- para que possa se defender e, se for o caso, arcar com as consequências de eventual condenação.

Ainda acerca dos terceiros dotados de autonomia e cujas manifestações se revelam essenciais à concretude do ato, são, frequentemente, os corresponsáveis pela essência da conduta que dele emerge (inquinada, ainda que em tese, de vedada).

Dentro desse prisma, cremos afigurar-se coerente que nas representações do art. 73 da Lei nº 9.504/97, pelo fato de encarnarem posição relevante, estratégica ou até mesmo de autoridade, os mesmos devam figurar, ao lado do beneficiário, no pólo passivo como litisconsortes necessários[14], não sendo crucial, porém, incluir todos aqueles que de alguma maneira contribuíram para a prática da infração[15].

No tocante a esta temática processual por vezes excedida em questiúnculas procedimentais, é produtivo rememorar trecho do voto subscrito pela relatora do Recurso Ordinário nº 1874-15/AM analisando detidamente a restrição das hipóteses em torno da cadeia de responsáveis pelo ato censurado:

> 0 § 8º do art. 73 da Lei n° 9.504/1997 não determina que devam ser incluídos no polo passivo todos aqueles que, de alguma forma, contribuíram para a realização da conduta vedada, inclusive porque tal exigência poderia levar, como na aplicação irrestrita da teoria da equivalência dos antecedentes causais (*conditio sine qua non*) do Direito Penal, a um regresso ao infinito, tornando necessário incluir no polo passivo da lide inúmeras pessoas como, por exemplo, o fabricante do computador utilizado para fazer as inclusões consideradas indevidas no sítio da internet. Assim, correto o acórdão recorrido quando afirma que 'não há qualquer necessidade de trazer como litisconsortes passivos necessários, os agentes públicos subalternos.

Partindo-se de tal concepção, o litisconsórcio não há que ser assimilado como de observância irrestrita e automática no âmbito das representações e investigações do art. 73, o que revela a impertinência de se pretender uma aplicação uniforme a todo e qualquer contexto fático-processual em que se tenha a multiplicidade de agentes, da regra de que devem ser citados,

14. TSE, RO nº 128453/SE, DJE de 19/09/2018.
15. TSE, RO nº 1874-15/AM, DJE de 02/08/2018.

até a data da diplomação, todos os responsáveis pela conduta e o respectivo beneficiário, sob pena de extinção do feito (AgRg-AC nº 06009450/RO)[16]. Aplicando mencionado entendimento em torno da cumulação de partes, o TSE, ao apreciar situações peculiares como a do gestor candidato à reeleição beneficiário e simultaneamente executor da ação ilícita (REspe nº 477-62/AL)[17] ou do agente público que age como mandatário do candidato (AgR-REspe nº 634-49/MG)[18][19], prudentemente descartou a sua incidência.

15.3.1. Nova modificação de entendimento (Recurso Ordinário Eleitoral nº 060304010/DF)

Em 10/06/2021, o plenário do TSE mais uma vez modificou o seu entendimento nesse assunto do sistema processual eleitoral. O tribunal justificou a revisitação da matéria em razão "das novas disposições trazidas pelo Código de Processo Civil/2015 no tocante ao tratamento dispensado ao litisconsórcio passivo necessário". Para o relator do recurso, sem divergência do plenário e com respaldo na doutrina processual de nomeada[20], "com exceção do entendimento firmado para as Eleições 2016, a jurisprudência histórica desta Corte sempre foi no sentido de não se exigir a formação de litisconsórcio passivo necessário, em AIJE, entre o candidato beneficiário e o autor da conduta ilícita. Tenho que esse entendimento, que vigorou até o pleito de 2014, é o que melhor atende o escopo desta Justiça especializada. Isso porque não me parece uma solução excelente extinguir uma ação eleitoral e, por consequência, deixar alguém exercer, ilegitimamente, o mandato, apenas porque não seria possível cominar pena de inelegibilidade e/ou multa a quem não concorreu ao pleito, mas que teria contribuído para a prática do ilícito eleitoral em apuração".

"Em outras palavras", prosseguiu o Ministro Mauro Campbell, "não é objeto principal desta Justiça especializada, por exemplo, o servidor público ímprobo que atua em desvio de função em favor de determinada candidatura. Para esses, a Justiça comum e as ações criminais e de improbidade

16. TSE, acórdão de 20/11/2018, DJE de 04/12/2018.
17. TSE, DJE de 12/09/2016, pp. 34/35.
18. TSE, DJE de 30/09/2016, p. 39.
19. Não há litisconsórcio passivo necessário na hipótese de meros executores de ordens (TSE, REspe nº 576-11/CE, DJE de16/04/2019).
20. JUNIOR, Fredie Didier. *Curso de Direito Processo Civil*. Salvador: JusPodivm, 2017, p. 513, v.1 e NEVES, Daniel Amorim Assumpção. *Manual de Direito Processual Civil* – Volume Único. 9ª ed. Salvador: JusPodivm, 2017, p. 318.

sempre me pareceram, a seu modo, mais adequadas. (...). Inexiste, pois, relação jurídica controvertida entre o candidato beneficiado e o autor da conduta ilícita nas ações de investigação judicial por abuso do poder político. (...). A nulidade advinda do litisconsórcio passivo necessário deve se limitar aos casos em que ele for unitário, ou seja, englobar, em regra, apenas os eleitos, e não os autores da conduta ilícita".

Eis como ficou disposta a nova tese junto à ementa do Recurso Ordinário Eleitoral nº 060304010/DF, que vem sendo invocado pela Corte Superior Eleitoral em casos similares:

> **ELEIÇÕES 2018. RECURSO ORDINÁRIO. CARGO DE GOVERNADOR. ABUSO DO PODER POLÍTICO. CONDUTA VEDADA. CABIMENTO DO APELO NOBRE. LITISCONSÓRCIO PASSIVO NECESSÁRIO ENTRE CANDIDATO BENEFICIÁRIO E AUTOR DA CONDUTA ILÍCITA. DESNECESSIDADE. HIPÓTESE NÃO ABRANGIDA PELO ART. 114 DO CPC/2015. AFASTAMENTO DA EXIGÊNCIA EM AIJE POR ABUSO DO PODER POLÍTICO. ALTERAÇÃO DE JURISPRUDÊNCIA. APLICAÇÃO PROSPECTIVA. SEGURANÇA JURÍDICA. NECESSIDADE DE PRODUÇÃO DE PROVAS PREVIAMENTE REQUERIDA. RETORNO DOS AUTOS DIGITAIS À ORIGEM. AMPLIAÇÃO OBJETIVA DA DEMANDA. INVIABILIDADE. PROVIDO O RECURSO ORDINÁRIO PARCIALMENTE.**
>
> Preliminares
>
> 1. Se o processo trata de inelegibilidade ou de cassação de diploma ou mandato referente a eleições federais ou estaduais, cabe recurso ordinário, ainda que o feito tenha sido extinto prematuramente. Precedente.
>
> 2. O erro material na indicação do número do processo na petição do recurso não tem o condão de obstar o seu conhecimento.
>
> 3. Tratando-se de litisconsórcio facultativo unitário, é aplicável o efeito expansivo subjetivo previsto no art. 1.005 do CPC/2015, não havendo falar em trânsito em julgado para o litisconsorte que não interpôs recurso específico.
>
> 4. Constando pedido de reabertura da fase instrutória para posterior julgamento do mérito da demanda, tem-se, por lógica, a pretensão de análise dos fatos versados na petição inicial, não havendo falar em violação ao art. 492 do CPC/2015.
>
> Mérito recursal

1. A jurisdição eleitoral, considerados os bens jurídicos que se presta a defender, não pode criar óbice à efetividade da norma eleitoral nem exigir a formação de litisconsórcio sem expressa previsão no ordenamento jurídico.

2. O art. 114 do CPC/2015 prevê a formação do litisconsórcio necessário em apenas duas hipóteses: (a) por disposição de lei; e (b) quando, pela natureza da relação jurídica controvertida, a eficácia da sentença depender da citação de todos que devam ser litisconsortes.

3. Não há, no ordenamento eleitoral, disposição legal que exija a formação de litisconsórcio no polo passivo da AIJE.

4. Inexiste relação jurídica controvertida entre o candidato beneficiado e o autor da conduta ilícita nas ações de investigação judicial por abuso do poder político.

5. Firma-se a tese no sentido de não ser exigido o litisconsórcio passivo necessário entre o candidato beneficiado e o autor da conduta ilícita em AIJE por abuso do poder político.

6. A fixação do novo entendimento tem aplicação prospectiva, para as eleições de 2018 e seguintes, por força do princípio da segurança jurídica.

7. Após a citação, a ampliação objetiva da lide depende da aquiescência dos demandados. E, ainda que houvesse aquiescência, na espécie, a descoberta de novos fatos ocorreu após o prazo decadencial de propositura da AIJE, o que obsta a utilização do instituto.

8. Recurso ordinário provido em parte, tão somente para afastar a necessidade de litisconsórcio passivo necessário entre o candidato beneficiário e os autores da conduta ilícita e determinar o retorno dos autos digitais ao TRE/DF, a fim de que realize a instrução probatória quanto aos fatos narrados na petição inicial.[21]

15.4. PENALIDADES

Uma vez praticadas as Condutas Vedadas, impõe-se a persecução judicial e imposição das reprimendas pertinentes. Os §§ 4º e 5º do art. 73 da Lei nº 9.504/97 estabelecem as consequências aplicáveis aos infratores:

- Suspensão imediata da conduta;

21. DJE de 01/07/2021. Aplicação prospectiva da fixação do novo entendimento para as eleições de 2018 e seguintes, por força do princípio da segurança jurídica.

- Aplicação de multa no valor de R$ 5.320,50 a R$ 106.410,00 passíveis de duplicação a cada reincidência;
- Sujeição do candidato beneficiado à cassação de seu registro ou diploma;
- Sujeição do agente público:

A) a processo para a apuração de ato de improbidade administrativa (Lei nº 8.429/92);

B) a processo para apuração de cometimento de abuso de autoridade;

C) às sanções de caráter constitucional, administrativo ou disciplinar fixadas pelos demais diplomas legais vigentes.

Em vista das penas estatuídas, alguns prismas exigem maior atenção. O primeiro é que o gestor público deve planejar a sua atuação acautelando-se durante os períodos vedados. O segundo, que a conduta eleitoreira na gestão pública não pode ficar impune. Depois, que para punir, é necessário que ilícitos estejam provados. O último está em que a preceituação legal atribuiu ao julgador parâmetros para dosimetria das penas. A sua imposição deve se efetivar apropriada em relação à conduta cometida, às suas circunstâncias, consequências e danos que dela provieram ao pleito.

O mandatário que obtém a vitória eleitoral e depois a desnatura enveredando pelas Condutas Vedadas no exercício do governo, trai o sentido de autoridade que a prerrogativa do cargo lhe confere. Quando viola as leis que regem as eleições e a Administração Pública, o mesmo infringe não apenas o seu dever básico de lealdade às instituições, mas desnatura o poder que lhe foi outorgado pelo povo (CF/88, art. 1º). Daí porque, no que tange à dosagem das sanções, há necessidade de se conjugar o efeito pedagógico a ser extraído pelo infrator com o impacto da sua conduta no equilíbrio do pleito. Aquelas primeiras, para uma justa proporcionalidade, devem guardar relação com o ilícito praticado, variando em termos qualitativos e quantitativos conforme os danos gerados à afetação da igualdade (LE/97, art. 73, *caput*).

A partir dos elementos fáticos e probatórios de cada processo, entendemos deva haver equivalência entre agressão e repressão, isto é, a reprimenda deve ser proporcional à maior ou menor participação de cada agente na execução das infraçõesde modo a melhor refletir na culpabilidade de cada um.

Acerca das punições propriamente ditas, se cumulativamente ou não, as mesmas subordinam-se aos princípios da proporcionalidade e razoabilidade. Esta tem sido, faz tempo, a lição da jurisprudência:

> **DIREITO ELEITORAL E PROCESSUAL CIVIL. AGRAVO INTERNO EM RECURSO ORDINÁRIO. ELEIÇÕES 2014. REPRESENTAÇÃO. CONDUTA VEDADA. APLICAÇÃO DE MULTA. PROPORCIONALIDADE. DESPROVIMENTO.** (...). 2. O bem jurídico tutelado pelo art. 73 da Lei nº 9.504/1997 é a igualdade de chances entre os candidatos, a legitimidade e o equilíbrio do pleito eleitoral. O legislador previu a possibilidade de aplicação das sanções pecuniária e de cassação do registro ou diploma, de forma isolada ou cumulativa, a depender das peculiaridades do caso, em especial de sua gravidade e do seu potencial de ofender o bem jurídico tutelado, de acordo com os princípios da proporcionalidade e razoabilidade.[22]
>
> **ELEIÇÕES 2014.CONDUTA VEDADA. INAUGURAÇÃO. OBRA PÚBLICA. COMPARECIMENTO. COMPROVAÇÃO. PRINCÍPIOS DA RAZOABILIDADE E DA PROPORCIONALIDADE. APLICAÇÃO. DESEQUILÍBRIO NA DISPUTA ELEITORAL. AUSÊNCIA. CASSAÇÃO DO DIPLOMA. IMPOSSIBILIDADE.** (...). 4. O Tribunal Superior Eleitoral já decidiu que a sanção de cassação pela prática das condutas vedadas somente deve ser aplicada em casos mais graves, à luz dos princípios da proporcionalidade e razoabilidade. O reconhecimento desses ilícitos poderá afastar o político das disputas eleitorais pelo longo prazo de oito anos (art. 1º, I, alínea d e j, da LC nº 64/90), o que pode representar sua exclusão das disputas eleitorais, fazendo com que a Justiça Eleitoral substitua a vontade do eleitor, de modo a merecer maior atenção e reflexão por todos os órgãos desta justiça especializada.[23]

A modulação dos efeitos jurídicos derivados do comportamento em desconformidade com os artigos 73 a 77 da Lei nº 9.504/97 reclama a presença desses requisitos. Sendo assim, determinado ato, ainda que importe infração à lei, não ostenta magnitude a ponto de justificar a pena extremada, ao passo que noutras vezes, esta é providencial.[24]

Por vezes as multas aplicadas em teto máximo se apresentam insuficientes quando a reprimenda está a exigir severa contundência dada a gravidade ou desfaçatez do agente. A sanção pecuniária desproporcional à conduta ilícita deve ser rechaçada de modo que a banalização das coisas erradas não resulte abonada pelo Poder Judiciário.

---

22. AgRgRO nº129624/RR, DJE de 25/02/2019.
23. RO nº 1984-03/ES, DJE de 12/09/2016.
24. Como bem concluiu o Ministro Fux, o rol dessas condutas vedadas "objetiva, precípua e especificamente, combater a assimetria de oportunidades patrocinada por recursos públicos" (TSE, RO nº 7634-25/RJ).

No tratamento da graduação das penas, o TSE por vezes adota entendimentos nem sempre sintonizados à consecução dos objetivos pretendidos pelo legislador. Contudo, na RP nº 2959-86/DF (DJE de 17/11/2010), os princípios da razoabilidade e proporcionalidade foram realçados mirando o sentido finalístico da norma. Dito precedente, cujo estudo é primacial à questão da potencialidade das sanções aplicáveis, porta a seguinte ementa:

> **ELEIÇÕES 2010. CONDUTA VEDADA. USO DE BENS E SERVIÇOS. MULTA.**
>
> 1. O exame das condutas vedadas previstas no art. 73 da Lei das Eleições deve ser feito em dois momentos. Primeiro, verifica-se se o fato se enquadra nas hipóteses previstas, que, por definição legal, são "tendentes a afetar a igualdade de oportunidades entre candidatos nos pleitos eleitorais". Nesse momento, não cabe indagar sobre a potencialidade do fato.
>
> 2. Caracterizada a infração às hipóteses do art. 73 da Lei 9.504/97, é necessário verificar, de acordo com os princípios da razoabilidade e proporcionalidade, qual a sanção que deve ser aplicada. Nesse exame, cabe ao Judiciário dosar a multa prevista no § 4º do mencionado art. 73, de acordo com a capacidade econômica do infrator, a gravidade da conduta e a repercussão que o fato atingiu. Em caso extremo, a sanção pode alcançar o registro ou o diploma do candidato beneficiado, na forma do § 5º do referido artigo.
>
> 3. Representação julgada procedente.

Designado relator do processo, o Ministro Henrique Neves lançou percuciente advertência ao votar: "Considero que a aplicação das sanções pela prática de conduta vedada, dentre as quais se encontra a própria cassação do registro ou do diploma de candidato beneficiado, nem sempre deve ser atrelada exclusivamente à questão do prévio conhecimento do ato por parte do candidato". E complementou o seu argumento frisando: "O objetivo da norma é manter o equilíbrio do pleito eleitoral. Assim, ressalvo que em determinadas situações em que este equilíbrio reste evidentemente contaminado pela prática de uma ou sucessivas condutas vedadas, a questão do conhecimento ou anuência do candidato deverá ser examinada de acordo com o contexto em que inseridos os fatos".

Esmiuçando as cominações uma a uma, tem-se que a suspensão da conduta pode ser o antecedente lógico identificador da prática censurada. O seu objetivo característico, geralmente pela via liminar, é obstruir a ilegalidade impedindo que os efeitos danosos se consumem ou se alastrem.

A sanção pecuniária entre R$ 5.320,50 a R$ 106.410,00 passível de duplicação a cada reincidência, é exclusivamente punitiva, não tendo natureza indenizatória. Além de atingir parcela do patrimônio do infrator, a sua função inibitória busca dissuadí-lo de novas investidas contra a lei. Para o TSE, consoante o AgRg-REspe nº 958/SP (DJE de 02/12/2016), a observância da proporcionalidade impõe que o valor da multa, além de desestimular a reiteração, seja compatível à seriedade da conduta e o proveito obtido a partir desta.

Para impor multas de cunho não penal entre o mínimo e o máximo, o órgão julgador deve exercer um juízo de dosimetria para cominar valores conciliáveis à condição econômica do culpado, à gravidade do fato e à repercussão da infração, justificando a aplicação do valor acima do mínimo legal. No entanto, a multa poderá ser majorada em até 10 (dez) vezes se o juiz ou tribunal considerar que, em virtude da sua situação econômica, é ineficaz, embora aplicada no patamar máximo (CE/65, art. 367, § 2º). A extinção da Unidade Fiscal de Referência (UFIR) como índice de correção monetária pela Lei nº 10.522/02 acarretou a não atualização dos valores em Reais das multas previstas, sendo de se converter aquele valor para a moeda corrente.[25]

A cassação do mandato é o corolário mais drástico. Corresponde à exceção. Radical, a penalidade tem o condão de revogar a vontade popular advinda das urnas. Por vezes imperiosa, deve ocorrer naquelas situações efetivamente graves, quando comprovada a alteração do curso normal da eleição em função da conduta que ocasionou o seu desequilíbrio. Dentro do que é natural e lógico, "Nem toda conduta vedada reconhecida pela Justiça Eleitoral acarreta a automática cassação de diploma, competindo ao magistrado exercer um juízo de proporcionalidade entre a conduta praticada e a sanção a ser imposta. Entendimento que se reforça com a edição da Lei Complementar nº 135/2010, que cria como causa de inelegibilidade, pelo prazo de oito anos, a condenação à cassação de diploma com fundamento no art. 73 da Lei nº 9.504/97 (art. 1º, inciso I, alínea j, da Lei Complementar nº 64/90), exigindo-se do julgador uma visão criteriosa no momento da fixação da severa sanção de cassação de diploma"[26]. Para interromper um mandato obtido nas urnas, compete à Justiça Eleitoral verificar a existência de provas seguras de que o uso da máquina pública foi capaz de atingir o bem protegido pela norma[27].

25. TSE, AAG nº 4.491/DF, DJ de 30/09/2005.
26. TSE, AgRg-REspe nº 43.580/RN, DJE de 27/10/2014.
27. TSE, REspe nº 1856-44/MG, DJE de 16/02/2017.

Ineludivelmente, a cassação de um mandato eletivo requer mais que pronunciamentos jurisprudenciais ou doutrinários. O cancelamento da vontade dos eleitores impõe um ato decisório suficientemente fundamentado com suporte em fatos concretos e provas indesmentíveis.

A sujeição do infrator à seara da improbidade administrativa da Lei nº 8.429/92diz com a apuração dos mesmos fatos ocorridos na eleição, porém, no terreno da jurisdição comum. Os julgados a seguir transcritos, estabelecidos previamente ao advento das modificações introduzidas pela Lei nº 14.230/21, exemplificam aludido desdobramento.

A utilização do helicóptero pertencente ao Governo para comparecimento em eventos públicos, com o desvio de rotas mediante embarques e desembarques nas residências de ex-governador e candidato a senador acompanhado da governadora, são condutas ímprobas, reconheceu a Segunda Turma do Superior Tribunal de Justiça no Recurso Especial nº 1.326.597/DF (DJE de 18/12/2017). Da mesma maneira concluiu aquele órgão do STJ sobre a liberação, pelo presidente da Fundação Nacional de Saúde, de recursos federais em período vedado pela lei eleitoral, em benefício de município, no intuito de influenciar a votação do seu filho, à época candidato ao Congresso Nacional:

> **PROCESSUAL CIVIL, CONSTITUCIONAL E ADMINISTRATIVO. AÇÃO CIVIL PÚBLICA. IMPROBIDADE ADMINISTRATIVA. LIBERAÇÃO IRREGULAR DE RECURSOS FEDERAIS EM PERÍODO VEDADO PELA LEGISLAÇÃO ELEITORAL. ART. 73, VI, DA LEI 9.504/1997. NÃO COMPROVAÇÃO DE SITUAÇÕES DE EMERGÊNCIA. ATO ÍMPROBO QUE ATENTA CONTRA OS PRINCÍPIOS DA ADMINISTRAÇÃO PÚBLICA.** (...). Não resta dúvida, assim, nos exatos moldes contidos na sentença de primeiro grau, de que houve transferência extemporânea de verbas federais para o Município de Milhã e ausência de circunstâncias excepcionais que a justifiquem, de modo que a conduta do réu desrespeitou o disposto no art. 73, VI, a, da Lei 9.504/97, enquadrando-se, portanto, no preceito do art. 11, inciso I, da LIA.[28]

O fornecimento de caçambas de pedra mediante a utilização da estrutura administrativa da Prefeitura Municipal, sem pagamento ou contraprestação, para aterramento do terreno em frente à casa de eleitor obje-

28. TSE, AgRg-REsp nº 14840-46/CE, DJE de 22/05/2015.

tivando a conquista de votos, implica em ato ímprobo, decidiu a Primeira Câmara Cível do TJ/RS em 19/10/2018 na Apelação Cível nº 70077468304:

> **APELAÇÃO CÍVEL. Ação de improbidade. Fornecimento de cascalho a particular durante o período eleitoral. Condenação pelo tribunal regional eleitoral.**
>
> A prova colhida no presente processo judicial (pericial e testemunhal) somada a prova emprestada junto ao processo eleitoral, revela que os réus fizeram uso de bens e serviços públicos do Município para angariar votos para si nas eleições de 2008. No caso, que os réus, em troca de votos, forneceram duas caçambas de pedra-cupim para realização do encascalhamento, mediante mão-de-obra de servidores públicos, em propriedade particular de eleitor do Município de Rolador, sem a devida contraprestação ao erário.
>
> Evidente que as condutas dos réus estão enquadradas nos incisos II e XIII do art. 10, assim como no inc. I do art. 11, da Lei 8.429/92.
>
> Portanto, impõe-se a penalização dos demandados nos exatos termos do art. 12 da Lei 8.429/92, pois, além da repressão ao comportamento ímprobo, a punição possui caráter preventivo, devendo ser fixada de forma suficiente a ceifar condutas como a ora *sub judice*.

O Prefeito e o seu Chefe de Gabinete que relotam servidor municipal, então ocupante de um cargo de administrador, transferindo-o de seu posto de serviço para o "quartinho da faxina" onde ficam os materiais e produtos de limpeza da Prefeitura, incidem em ato de Improbidade Administrativa, decidiu a 11ª Câmara de Direito Público do TJ/SP em 22/01/2019 no julgamento da Apelação Cível nº 0000105-68.2008.8.26.0075:

> Ação de Improbidade administrativa. Prefeito Municipal e Chefe de seu Gabinete que, às vésperas de pleito eleitoral, procedem à transferência do posto de serviço de funcionário – filiado a coligação político-partidária rival – a dependência de zeladoria. Ato sancionado pela Justiça Eleitoral e marcado por desvio de finalidade. Elementos probatórios constantes dos autos suficientes à manutenção da solução condenatória. Recursos parcialmente providos para mitigação e adaptação das penas.

A utilização, pelo candidato à reeleição, do veículo oficial do seu Gabinete, para realizar atos de campanha eleitoral, foi considerado agir ímprobo que agridiu o art. 9°, XII e o art. 11, I, da Lei nº 8.429/92, ambos aplicados em decorrência da violação ao art. 73, I da Lei nº 9.504/97, decidiu o Tribunal de Justiça mineiro (TJ/MG):

> **APELAÇÃO CÍVEL - ADMINISTRATIVO - AÇÃO CIVIL PÚBLICA POR ATO DE IMPROBIDADE ADMINISTRATIVA - UTILIZAÇÃO DE VEÍCULO DA PREFEITURA PARA ANGARIAR VOTOS - OFENSA AO ART. 9°, INCISO XII, AO ART. 11, INCISO I, DA LEI N. 8.429/92; E AO ART. 73, INCISO I DA LEI N. 9.504/97 - CARACTERIZAÇÃO - DOLO - SANÇÃO - APLICABILIDADE - DOSIMETRIA - PROPORCIONALIDADE E RAZOABILIDADE - MANUTENÇÃO DA SENTENÇA.**
>
> - Para a caracterização do ato de improbidade administrativa, disciplinado pela Lei nº 8.429/92, faz-se necessária a presença de três elementos, a saber: o sujeito ativo, o sujeito passivo e a ocorrência de um dos atos danosos tipificados na lei em três modalidades - os que importam enriquecimento ilícito (art. 9º); os que causam prejuízo ao erário (art. 10); os que atentam contra os princípios da Administração Pública (art. 11).
> - A prova testemunhal demonstra que o réu se valeu de veículo oficial para fins privados, com claro objetivo de angariar votos; não se pode admitir a deturpação de visitas pessoais realizadas aos eleitores, à época de campanha eleitoral, em encontros meramente coloquiais.
>
> - Na aplicação das sanções previstas no art. 12, da Lei nº 8.429/92, o Magistrado deve se nortear pelos princípios da razoabilidade e proporcionalidade, tanto no que se refere à seleção das penas a serem impostas quanto no dimensionamento e na intensidade.
>
> - Sentença mantida.[29]

A alegação de falta de pessoal para prestação de serviços públicos, combinada à demora na realização de processo seletivo, não são argumentos suficientes para afastar a ilegalidade do ato praticado por Prefeito Municipal candidato à nova investidura:

> **APELAÇÃO CÍVEL. AÇÃO CIVIL PÚBLICA POR ATO DE IMPROBIDADE ADMINISTRATIVA. CONTRATAÇÕES SEM CONCURSO PÚBLICO. SERVIÇOS ESSENCIAIS. IMPOSSIBILIDADE. APROVAÇÃO DA RESOLUÇÃO NORMATIVA Nº 007/2005 PELO TCM. CARÊNCIA DE PESSOAL E DEMORA NA REALIZAÇÃO DO PROCESSO SELETIVO. IRRELEVÂNCIA. CONTRATAÇÃO NO PERÍODO ELEITORAL. IMPOSSIBILIDADE. PROVA DA MÁ-FÉ DO ADMINISTRADOR PÚBLICO E DANO AO PATRIMÔNIO PÚBLICO. DESNECESSIDADE. ELEMENTO SUBJETIVO DOLOSO. OCORRÊNCIA.**

29. Apelação Cível nº 1.0002.12.003190-7/001, 5ª Câmara Cível, j. 12/04/2018.

1. A nomeação de servidores sem concurso público para o exercício de funções variadas na Prefeitura de Vianópolis é prática caracterizada como ato de improbidade, expressamente vedada em nosso ordenamento jurídico, assim como contrária aos princípios constitucionais básicos que regem o setor público expressos no art. 37, *caput*, da Constituição Federal, notadamente ao da legalidade.

2. Não basta ao administrador da coisa pública escorar-se no permissivo constitucional do art. 37, inciso IX, da Constituição Federal, para realizar contratações sem a deflagração do concurso público. É necessário que antes hajam as necessidades provisória e temporária e o excepcional interesse público nas contratações, o que não ocorreu no caso em tela.

3. *In casu*, eventual aprovação pelo TCM da Resolução Normativa nº 007/2005 não afasta o reconhecimento da conduta ímproba do ex-Prefeito de Vianópolis, nem a aplicação das sanções legais previstas na legislação de regência, pois as admissões irregulares afrontam o texto constitucional, uma vez que buscam arregimentar pessoas, em caráter precário e temporário, sem vínculo empregatício, para a realização de atividades permanentes da Administração Pública, em real burla ao postulado do concurso público, expressamente garantido pelo Constituinte.

4. A alegada falta de pessoal para prestação dos serviços necessários ao bom funcionamento do Município, bem como a demora na realização do processo seletivo, não são argumentos suficientes para afastar a ilegalidade do ato praticado pelo ex-Prefeito, ora Apelante.

5. De acordo com a documentação acostada aos autos foi possível evidenciar que as contratações irregulares ocorreram ininterruptamente durante toda a gestão do ex-Prefeito e, não sendo tais condutas enquadradas nas excepcionalidades descritas no inciso V do art. 73 da Lei nº 9.504/97, para a contratação em período eleitoral, correta a incidência das sanções do art. 11, inciso I, da Lei nº 8.429/92.

6. Não se impõe, na espécie, a prova da má-fé do Recorrente, porquanto, tal se encontra ínsita na conduta do agente que, ao arrepio da lei, realizou inúmeras contratações sem a deflagração de concurso público, incorrendo na conduta tipificada nos artigos 10, caput e 11, caput e inciso I da Lei nº 8.429/92.

7. Quanto ao dolo na conduta do agente, apenas aqueles previstos no art. 10 dispensam a sua apuração, pois há previsão expressa na Lei de Improbidade Administrativa de que os fatos ali tipificados admitem a forma culposa. Quanto às condutas expressas nos arts. 9º e 11, imprescindível a verificação da intenção fraudulenta ou de malversação do patrimônio público por quem pratica o ato, pois, somente assim, ele poderá ser classificado como ímprobo.

> 8. No caso em análise, houve dolo na conduta do Apelante, eis que, a partir do momento em que passou a ocupar o mais alto cargo na Prefeitura de Vianópolis, tinha o dever de zelar pela moralidade e legalidade, respeitando e fazendo respeitar os princípios que regem a Administração Pública, notadamente em relação ao provimento de cargos públicos sob a sua responsabilidade.
>
> APELAÇÃO CONHECIDA E DESPROVIDA.[30]

A consumação de aumento salarial em inobservância ao interstício proibitivo dos 180 dias nominalmente estabelecidos pela LE/97 (art. 73, VIII) resulta em ato ímprobo de natureza grave:

> **APELAÇÕES CÍVEIS SIMULTÂNEAS. ADMINISTRATIVO. AÇÃO CIVIL PÚBLICA. IMPROBIDADE ADMINISTRATIVA. CRIAÇÃO, VOTAÇÃO E APROVAÇÃO DE LEI MUNICIPAL POR EX-GESTOR E EX-VEREADORES. AFASTADA A HIPÓTESE DO LITISCONSÓRCIO NECESSÁRIO. PRELIMINAR DE CERCEAMENTO DE DEFESA REJEITADA. AUMENTO SALARIAL DE SERVIDORES. INTERSTÍCIO LEGAL PROIBITIVO DE 180 DIAS ANTERIORES ÀS ELEIÇÕES. INOBSERVÂNCIA. LEI Nº 9.504/97 E LEI Nº 8.429/92. VIOLAÇÃO À EXPRESSA DISPOSIÇÃO LEGAL. DESCOMPASSO COM OS PRINCÍPIOS REGENTES DA ADMINISTRAÇÃO PÚBLICA. SANÇÕES. PERTINÊNCIA. SENTENÇA MANTIDA, INCLUSIVE, EM SEDE DE REEXAME.**[31]

A transferência de servidora pública municipal irmã da então candidata a prefeita que disputava as eleições contra candidato à reeleição para o mesmo cargo, tem conteúdo nitidamente eleitoreiro capaz de ofender o disposto no artigo 73, inciso V, da Lei nº 9.504/97 e, com isso, determinou a ocorrência do ato de improbidade administrativa previsto no artigo 11 da Lei nº 8.429/92:

> **APELAÇÃO CÍVEL - AÇÃO DE IMPROBIDADE ADMINISTRATIVA - VALORAÇÃO DA PROVA - DISCERNIMENTO DO JUÍZO - REFUTAÇÃO DE TODOS OS ARGUMENTOS FORMULADOS PELA PARTE - DESNECESSIDADE - VALIDADE DA SENTENÇA - LEI Nº 9.504/97 - PERÍODO DE CAMPANHA ELEITORAL - CONDUTAS**

30. TJ/GO, Apelação Cívelnº 165752-03.2009.8.09.0157, 3ª Câmara Cível, j. 11/09/2017.
31. TJ/BA, Apelação Cível nº 0000479-41.2009.8.05.0267, 2ª Câmara Cível, DJE de 25/10/2016.

> **VEDADAS AO AGENTE PÚBLICO - TRANSFERÊNCIA DE SERVIDOR - ART. 73, V - IMPROBIDADE ADMINISTRATIVA - LEI 8.429/9, ART. 11 - CONFIGURAÇÃO.**
>
> - Apresentados fundamentos bastantes para sustentar a procedência do pedido, diante do contraditório e da ampla defesa, resta cumprida a exigência constitucional de fundamentação e não há nulidade na sentença.
>
> - A Lei nº 9.504/97, que estabelece as normas para as eleições, traz em seu art. 73, as condutas vedadas ao agente público, em período de campanhas eleitorais, a fim de garantir a igualdade de oportunidades entre os candidatos.
>
> - O ato administrativo consistente na transferência de servidor público, na circunscrição do pleito eleitoral e dos três meses que o antecedem, constitui conduta vedada explicitamente no artigo 73, inciso V, da Lei nº 9.504/97, caracterizando-se a prática de improbidade administrativa.
>
> - Presentes os requisitos autorizadores do reconhecimento da improbidade administrativa, em qualquer de suas modalidades, aplicáveis algumas ou todas as sanções legais previstas no art. 12, incisos I, II e III, da Lei nº 8.429/92.[32]

A propaganda subliminar demonstrando evidente caráter eleitoreiro por parte do agente público (Prefeito Municipal) candidato à reeleição que determina a pintura de prédios públicos locais com as cores do seu partido político, remeteu a conduta vedada do art. 73, I da LE/97 aos tipos ímprobos originalmente descritos pelos arts. 10, *caput* e art. 11, *caput*, e inciso I, da Lei nº 8.429/92, por dano ao erário e ofensa aos princípios da Administração Pública:

> **AÇÃO CIVIL PÚBLICA – ATO DE IMPROBIDADE ADMINISTRATIVA** – Prefeito que, no último ano de legislatura, determinou a realização de pintura em prédios públicos nas cores que sempre usou em campanhas eleitorais, quais sejam, azul, laranja-amarelado e branco – Conjunto probatório que evidencia a conduta – Propaganda subliminar que demonstra caráter eleitoreiro – Pinturas que geraram gasto inútil aos cofres públicos – Atos atentatórios aos princípios da moralidade e legalidade – Violação aos princípios da Administração Pública, nos termos do artigo 11, da Lei 8.429/92 – Sanções de perda da função pública e suspensão dos direitos políticos justificadas diante das motivações políticas do agente público – Readequação da multa

32. TJMG, Apelação Cível nº 1.0344.11.002262-3/001, DJMG de 10/10/2017.

> civil que foi aplicada em patamar máximo, observando-se o princípio da razoabilidade e proporcionalidade, também em atenção ao artigo 12, parágrafo único da LIA. Recurso do réu parcialmente provido, apenas para reduzir a multa civil de cem vezes o valor da remuneração para cinquenta vezes o valor da remuneração.[33]

O Chefe do Poder Executivo que remeteu projeto de lei à Câmara Municipal reajustando os vencimentos do serviço público em percentual superior ao permitido pelo inciso VIII do art. 73 da Lei nº 9.504/97 também praticou o ato de improbidade administrativa na seara descrita pelo então art. 12, inciso III, da Lei nº 8.429/92, em sua redação original:

> **AÇÃO CIVIL PÚBLICA - IMPROBIDADE ADMINISTRATIVA - REAJUSTES DOS VENCIMENTOS DOS SERVIDORES PÚBLICOS EM PERCENTUAL SUPERIOR AO PERMITIDO PELO INCISO VIII DO ART. 73 DA LEI 9.507/97 - CONDUTA VEDADA AOS AGENTES PÚBLICOS EM CAMPANHAS ELEITORAIS -§7º DO ART. 73 DA LEI 9.507/97 - CONDENAÇÃO NA ESFERA ELEITORAL - ATO DE IMPROBIDADE ADMINISTRATIVO CONFIGURADO - ART. 21 DA LEI N.º 8.429/92 - RECURSO PROVIDO.**
>
> "O art. 21, inciso, I da Lei n. 8429/92 estatui que a aplicação das sanções previstas independe da efetiva ocorrência de dano ao patrimônio público";
>
> "Os comportamentos que atentarem contra os princípios da administração pública merecem também ser punidos".[34]

A verificação da ocorrência de abuso de autoridade, para os fins do art. 22 da LC nº 64/90 (LE/97, art. 74), será objeto de análise específica (item nº 15.10.12).

Acerca das sanções nomeadas ao art. 73, observa-se que as mesmas são de índole estritamente eleitoral. O art. 78 da lei é categórico: "A aplicação das sanções cominadas no art. 73, §§ 4º e 5º, dar-se-á sem prejuízo de outras de caráter constitucional, administrativo ou disciplinar fixadas pelas demais leis vigentes".

Ao inserir tal dispositivo, o legislador bloqueou a possibilidade de invocação do *non bis in idem*. Não é necessário proceder numa análise mais

33. TJSP, Apelação Cível nº 1005305-81.2016.8.26.0132, DJSP de 24/06/2021.
34. TJMG, Apelação Cível nº 1.0476.04.000209-1/001, DJMG de 09/03/2006.

acurada da norma para se chegar à conclusão de que "além do processo judicial eleitoral, essas condutas podem ser analisadas por outros tipos de processos, dentro da esfera extra-eleitoral em que se dá a infração, e com aplicação de sanções previstas nas leis respectivas" (CONEGLIAN, 2012, p. 460).

Apesar de a jurisprudência muitas vezes se exceder com certa dose de exagero em lugares-comuns para presumir o *proveito* advindo da prática vedada, nem sempre há elementos concretos apontando pelo agir pessoal do agente. Em vista do arcabouço de punições, para evitar erros e injustiças, "é imprescindível que estejam provados todos os elementos descritos na hipótese de incidência do ilícito eleitoral", especialmente "para a imputação das severas sanções de cassação de registro ou de diploma"[35].

15.5. PRINCÍPIOS

Não obstante o curso do processo eleitoral, a Administração prossegue. O fluxo das suas demandas, a par de contínuo, é obrigatório em termos de resolução. Neste sentido, é de rigor ter presente que as demandas públicas, desde as mais comezinhas às mais complexas, são ininterruptas. Num julgamento sobre Condutas Vedadas, o então Ministro Sepúlveda Pertence advertiu com a costumeira propriedade: "É preciso não levar o campo de incidência da proibição legal a extremos de paranoia hermenêutica".

A despeito da importância que os preceitos contidos entre os artigos 73 a 78 da LE/97 estampam, não devem ser interpretados com exagerado rigor sob o risco de causar estorvos ou inviabilizar o andamento da marcha administrativa e da atividade parlamentar. A realidade sociológica e as nuances do processo político caminham juntas. Por esta razão, é preciso considerar que cada contexto fático exige uma cuidadosa ponderação de provas e circunstâncias. Impensável generalizar diante de regras norteadoras da rotina de administradores públicos.

Na atual conjuntura, é de se registrar igualmente que a jurisprudência erigiu uma série de princípios e subprincípios para refrear medidas excessivas do Estado que possam interferir no exercício de direitos e prerrogativas legalmente estabelecidos. Nesta seara, a fim de não se impor, sem prudencial critério, restrições ao administrador público no exercício de suas funções,

35. TSE, AI nº 5.817/PA, DJ de 16/09/2005 (RJTSE 16/3/203).

a intervenção da Justiça Eleitoral há de se fazer com o devido cuidado[36]. Como anotou Celso Ribeiro BASTOS (1994, p. 25) interpretando o Princípio da Legalidade, "Convém observar que em determinadas hipóteses é reconhecida à Administração a possibilidade de exercer uma apreciação subjetiva sobre certos aspectos do seu comportamento. Isto porque a lei nesses casos está a lhe deferir uma margem de atuação discricionária que exerce na determinação parcial de alguns de seus atos. Diz-se parcial porque o ato administrativo nunca pode ser integralmente discricionário, pois envolveria uma margem tão ampla de atuação subjetiva que certamente faria pôr em debandada o próprio princípio da legalidade". Afora isso, é importante lembrar que a conveniência e a oportunidade, dois temas clássicos do Direito Administrativo, são elementos da cultura jurídica que orbitam o poder discricionário, o qual se situa numa verdadeira "faixa em branco" (KELSEN) que legitima a geração de "instruções gerais" (FLEINER) pela estrutura administrativa, conforme a quase unanimidade dos publicistas[37] e sólido respaldo jurisprudencial[38].

Tomando em conta a afronta a um princípio, Celso Antônio BANDEIRA DE MELLO observa que se trata de ato "muito mais grave do que transgredir uma norma qualquer. A desatenção ao princípio implica ofensa não apenas a um específico mandamento obrigatório, mas a todo um sistema de comandos. É a mais grave forma de ilegalidade ou inconstitucionalidade, conforme o escalão do princípio atingido, porque representa insurgência contra todo o sistema, subversão de seus valores fundamentais, contumélia irremissível a seu arcabouço lógico e corrosão de sua estrutura mestra".[39]

A presença do poder é sempre um elemento de desequilíbrio em qualquer disputa. Não há se ignorar esta realidade.

---

36. TSE, AREspe nº 24.989/RN, DJ de 26/08/2005.

37. *Le plus souvent, le juge ou l'administrateur, armé de son pouvoir discretionnaire, se fait à lui-même ses standards ou ses diretives.* (M. Haurion, *Police juridique et fond du Droit, Revue trimestrielle de Droit Civil*, 1926).

38. "Em inúmeros julgados, o Superior Tribunal de Justiça afirmou que não cabe ao Judiciário interferir em atos discricionários da Administração Pública. Ademais, os atos discricionários, por sua vez, possuem certa liberdade de escolha. Assim, o agente público ao praticar um ato discricionário possui certa liberdade dentro dos limites da lei, quanto à valoração dos motivos e à escolha do objeto, segundo os seus critérios de oportunidade e conveniência administrativas. (...) ao Poder Judiciário cabe à fiscalização do controle jurisdicional dos atos administrativos restringindo-se apenas a observância aos princípios Constitucionais. (...) Ora, se não há qualquer ilegalidade patente no ato administrativo atacado, a improcedência da ação é a regra" (STJ, ROMS nº 55732/PE, DJe de 30/05/2019; REsp nº 1.676.544/SP, DJe de 10/10/2017).

39. *Elementos de Direito Administrativo*. São Paulo: Ed. RT, p. 230.

Com relação aos comportamentos dispostos entre os artigos 73 a 77 da Lei nº 9.504/97, os mesmos estão umbilicalmente adstritos aos princípios constitucionais que, em última análise, visam limitar a gestão estatal atingindo o comportamento de agentes públicos nela investidos durante as fases pré-eleitoral, eleitoral e pós-eleitoral, tanto em função do quadro de competidores como da continuidade administrativa. Para corroborar acerca da estruturação das Condutas Vedadas, seja em torno do seu disciplinamento (artigos, incisos, parágrafos, números, letras) seja de sua demarcação face o processo eleitoral (obediência aos princípios norteadores da ação do Estado e da Administração Pública), o seguinte comentário de parece resumir com exatidão:

> Como já dito e reiterado, regras são descritivas de conduta, ao passo que princípios são valorativos ou finalítiscos. Essa característica dos princípios pode acarretar duas consequências. Por vezes, a abstração do estado ideal indicado pela norma dá ensejo a certa elasticidade ou indefinição do seu sentido. É o que acontece, e.g., com a dignidade da pessoa humana, cuja definição varia, muitas vezes, em função das concepções políticas, filosóficas, ideológicas e religiosas do intérprete. Em segundo lugar, ao empregar princípios para formular opções políticas, metas a serem alcançadas e valores a serem preservados e promovidos, a Constituição nem sempre escolhe os meios que deve ser empregados para preservar ou alcançar esse bens jurídicos. Mesmo porque, e esse é um ponto importante, frequentemente, meios variados podem ser adotados para alcançar o mesmo objetivo. As regras, uma vez que descrevem condutas específicas desde logo, não ensejam essas particularidades. Ora, a decisão do constituinte de empregar princípios ou regras em cada caso não é aleatória ou meramente caprichosa. Ela está associada, na verdade, às diferentes funções que essas duas espécies normativas podem desempenhar no texto constitucional, tendo em conta a intensidade de limitação que se deseja impor aos Poderes constituídos. Ao utilizar a estrutura das regras, o constituinte cria condutas específicas, obrigatórias, e, consequentemente, limites claros à atuação dos poderes políticos. Os princípios, diversamente, indicam um sentido geral e demarcam um espaço dentro do qual as maiorias políticas poderão legitimamente fazer suas escolhas.[40]

40. BARROSO, 2015, pp. 245/246.

15.5.1. Igualdade de oportunidades na eleição

Estabelece o art. 73 da Lei 9.504/97:

> Art. 73. São proibidas aos agentes públicos, servidores ou não, as seguintes condutas tendentes a afetar a **igualdade de oportunidades** entre candidatos nos pleitos eleitorais:

No concernente às condutas bloqueadas, a isonomia aparece como um princípio-valor expresso da lei. Acerca dela, o legislador, além de explícito, foi categórico: buscou não apenas assegurá-la, mas demarcá-la por meio dos imperativos que enumerou num capítulo inteiro, ainda que nem sempre priorizando a melhor técnica legislativa.

A razão primordial do *caput* do art. 73 está na regra da reelegibilidade para os cargos do Poder Executivo introduzida na Constituição Federal através da Emenda nº 16/97 (v. nº 15.9.1):

> Art. 14. A soberania popular será exercida pelo sufrágio universal e pelo voto direto e secreto, com valor igual para todos, e, nos termos da lei, mediante:
>
> (...).
>
> § 5º O Presidente da República, os Governadores de Estado e do Distrito Federal, os Prefeitos e quem os houver sucedido, ou substituído no curso dos mandatos poderão ser **reeleitos** para um único período subsequente.

Para se compreender a *mens legis* desse dispositivo em combinação ao nosso sistema eleitoral, dois métodos interpretativos são inarredáveis.

Introdutoriamente, sob o enfoque teleológico, verifica-se, sem maior empenho exegético, que se quis proteger a legalidade, impessoalidade, moralidade, publicidade e eficiência administrativas mediante um enfrentamento à corrupção e à impunidade do setor público em período eleitoral, conforme é possível se depreender, linhas gerais, da combinação do *caput* do art. 37 da CF/88 com o rol de incisos e punições dos §§ 4º a 9º.

A seguir, no panorama histórico da interpretação, está o fato de que a Lei nº 9.504/97 foi promulgada em 30 de setembro de 1997, ou seja, poucos meses após a publicação da EC nº 16, de 4 de junho daquele ano. Portanto, preocupou-se o legislador em assegurar um direito combinando-o à disciplina de fiscalização do seu fluente exercício.

Ante a possibilidade de se almejar um novo mandato instalado no cargo, uma preocupação cardeal recaiu na salvaguarda da paridade entre os concorrentes, visto que "Todos são iguais perante a lei, sem distinção de qualquer natureza", segundo o preceito inaugural contido ao *caput* do art. 5º da Carta da República. Daí a profundidade do tratamento direcionado às proibições.

Sobre o Princípio da Igualdade, já prelecionava o professor, deputado e Ministro da Justiça Francisco CAMPOS (1947, p. 396):

> A cláusula relativa à igualdade diante da lei vem em primeiro lugar, na lista dos direitos e garantias que a Constituição assegura aos brasileiros e aos estrangeiros residentes no País. Não foi por acaso ou arbitrariamente que o legislador constituinte iniciou com o direito à igualdade a enumeração dos direitos individuais. Dando-lhe o primeiro lugar na enumeração, quis significar expressivamente, embora de maneira tácita, que o princípio de igualdade rege todos os direitos em seguida a ele enumerados.

Sendo que o seu raio de aplicabilidade, por ser amplíssimo, assume especial dimensão ao se mostrar capaz de apanhar qualquer pessoa ou organização, incluída nessa vasta abrangência a ordem política que resulta nas representações populares, conforme pormenorizado pelo jurista mineiro:

> O alcance do princípio de igualdade perante a lei há de ser, portanto, interpretado na maior latitude dos seus termos, ou como envolvendo não só a hipótese de que, embora não havendo existido venha, entretanto, a se criar no País o regime de classes, como toda e qualquer situação, a que, embora casualmente ou episodicamente, sem caráter sistemático, ou de modo puramente singular, se deixe de aplicar o critério ou a medida geral prevista para casos ou situações da mesma espécie, e se lhes aplique critério ou medida de exceção. O princípio não tem, portanto, como foco de incidência, um ponto preciso e definido. Ele se difunde por todo o tecido das relações humanas que possam constituir objeto de regulamentação jurídica ou sejam suscetíveis de configurar-se em conteúdo de um ato ou de um comando da autoridade pública. Não é princípio adstrito a um aspecto ou a uma forma de organização social; é um postulado de ordem geral, destinado a reger o comércio jurídico em todas as modalidades, de modo a assegurar, particularmente sob as constituições liberais e democráticas, o regime da concorrência, que é a categoria sob a qual elas concebem não somente a ordem social, como a ordem política, a ordem econômica e a ordem jurídica.

Ao fim e ao cabo, numa perspectiva de incorporação dessa garantia como valor jurídico, a sua análise termina por diagnosticar algo inquestionável no figurino eleitoral:

> O princípio de igualdade tem por principal função proteger e garantir a livre concorrência entre os homens, seja quando a sua atividade tem por objeto o poder, seja quando o pólo de seu interesse são os bens materiais ou imateriais, cujo gozo exclusivo lhes é assegurado pelo direito de propriedade.

Neste mesmo sentido, dando especial realce quanto à preservação da *igualdade de chances* direcionada a assegurar a lisura dos certames, manifestação do Tribunal Superior Eleitoral no Agravo Regimental na Petição nº 1.884/DF[41] salientou:

> O certame eleitoral tem como medula o tratamento igualitário dos candidatos. Hão de concorrer, tanto quanto possível, no mesmo patamar, sem a adoção de enfoques que acabem gerando privilégio, vantagem indevida para alguns em detrimento de outros, ferindo de morte o princípio democrático da igualdade. Hoje, convive-se com instituto estranho à tradição republicana brasileira - a reeleição. Daí o sistema legal revelar balizas rígidas norteadoras da caminhada a ser empreendida, incumbindo ao Judiciário Eleitoral torná-las efetivas.

A relação de equilíbrio que deve se estabelecer entre a fruição do poder (coisa pública) e a liberdade (individual, privada) justamente para harmonizar os diversos preceitos que informam um e outro, também foi objeto de perspicaz consideração pelo Plenário daquela Corte:

> O detentor de mandato que busque a reeleição, investido no cargo sem necessidade do afastamento, já dispõe de uma maior valia. O exercício da boa administração o credencia, por si só, perante os eleitores. Então, o

41. PUBLICIDADE INSTITUCIONAL - PROGRAMAS - OBRAS - SERVIÇOS E CAMPANHAS - ADMINISTRAÇÃO DIRETA E INDIRETA - MINISTÉRIOS DA EDUCAÇÃO E DA CIÊNCIA E TECNOLOGIA - CARTAZ RELATIVO À OLIMPÍADA BRASILEIRA DE MATEMÁTICA - PERÍODO CRÍTICO DE TRÊS MESES ANTES DAS ELEIÇÕES - GRAVE E URGENTE NECESSIDADE PÚBLICA - AUSÊNCIA DE CONFIGURAÇÃO.
A regra, constante da alínea "b" do inciso VI do artigo 73 da Lei nº 9.504/97, é não se ter publicidade institucional no período de três meses que antecedem às eleições, surgindo a exceção quando direcionada a fazer frente a "(...) grave e urgente necessidade pública, assim reconhecida pela Justiça Eleitoral". (TSE, DJ de 28/08/2006, p.104).

> contexto direciona ao abandono da tentação de vir a reforçar, à margem da lei, a caminhada natural rumo ao novo mandato.

Até mesmo porque, nos moldes atestados pela copiosa jurisprudência emanada do TSE reprimindo a interferência deletéria da "máquina pública",

> São latentes os riscos de uma representação na Justiça Eleitoral, considerado o uso indevido, desvio ou abuso do poder econômico ou do poder de autoridade e a utilização imprópria de veículos de comunicação social - artigo 22 da Lei de Inelegibilidade, Lei Complementar nº 64/90. O antagonismo inerente ao fenômeno da eleição conduz a todos que se apresentem às urnas, visando a um novo mandato, ao apego aos princípios que lastreiam a administração pública - da legalidade, impessoalidade, moralidade, publicidade e eficiência - evitando percalços, acidentes de percurso que acabem por obstaculizar a sequência da candidatura e, ocorrido o pleito com sucesso, por fulminar o próprio mandato obtido, em face de vício por natureza insanável. Então, mais do que nunca, os freios inibitórios devem atuar, a cautela há de ser a tônica na condução dos trabalhos administrativos, adotada, em última análise, postura exemplar, expungida a prática de atos ambíguos e que se mostrem capazes de servir de base a impugnações, não a eles próprios, mas a algo mais importante, à candidatura já de início fortalecida pelo mandato até então cumprido.

15.5.2. Legalidade estrita

As Condutas Vedadas elencam normas restritivas de direito, circunstância que inviabiliza analogias ou equiparações, sob pena de violação ao *due process of law* integrante dos Direitos e Garantias Fundamentais da CF/88 (art. 5°, LIV) e "um dos pilares da moderna ciência processual" (TEIXEIRA, 1990, p. 46). Por conseguinte, sobre atitude diversa daquela descrita ao texto da LE/97 não incide repressão estatal. Somente haverá infrator se houver ato ilícito. Ou seja, é necessário haver a exata correspondência. Trata-se de situação diversa, por exemplo, da roupagem presente à Lei nº 8.429/92 quando esta norma, ao *caput* dos seus artigos 9º, 10 e 11, após anunciar o que "Constitui ato de improbidade administrativa", refere o advérbio "notadamente".

Diante de tal panorama e sendo a enumeração das hipóteses de índole exaustiva, portanto *numerus clausus*, mencionados dispositivos, à semelhança do que ocorre em matéria Penal, Previdenciária e Tributária, se submetem a um regime de rigorosa tipicidade onde a imputação do ato deve ser minuciosa. Consequentemente, é remansoso no TSE o entendimento de que "nas condutas vedadas previstas nos arts. 73 a 78 da Lei das Eleições imperam os princípios da tipicidade e da legalidade estrita, devendo a conduta corresponder exatamente ao tipo previsto na lei" (REspe nº 626-30/DF[42]), visto que tais hipóteses têm natureza objetiva (REspe n° 530-67/PA[43] e AC nº 210-23/PA[44]).

Em rigor, as coordenadas precedentes são extensíveis às alegações acusatórias cujas descrições devem ser individualizadas destacando de forma circunstanciada e satisfatoriamente as condutas dos réus, delimitando-as no tempo e no espaço em qualquer das hipóteses.

Enuncia o art. 5º da CF/88:

> II - ninguém será obrigado a fazer ou deixar de fazer alguma coisa senão em virtude de **lei**;

Mais adiante, o *caput* do seu art. 37 dispõe:

> Art. 37. A administração pública direta e indireta de qualquer dos Poderes da União, dos Estados, do Distrito Federal e dos Municípios obedecerá aos princípios de **legalidade**, impessoalidade, moralidade, publicidade e eficiência (...)

O primeiro dispositivo, por estar situado entre os *Direitos e Garantias Fundamentais*, diz com uma perspectiva individual, ao passo que o outro, pela sua inserção no Titulo da *Organização dos Poderes*, se refere ao Poder Público.

Para Diógenes GASPARINI, "O princípio da legalidade significa estar a Administração Pública, em toda a sua atividade, presa aos mandamentos da lei, deles não se podendo afastar, sob pena de invalidade do ato e responsabilidade de seu autor. Qualquer ação estatal sem o correspondente calço legal, ou que exceda ao âmbito demarcado pela lei, é injurídica e expõe-se a anulação. Seu campo de ação, como se vê, é bem menor que o do par-

42. DJE de 04/02/2016, p. 129.
43. DJE de 02/05/2016, pp. 52/54.
44. DJE de 02/05/2016, pp. 52/54.

ticular" (2001, p. 107). "Na Administração Pública", prossegue o Mestre e Doutor pela PUC/SP, "não há espaço para liberdades e vontades particulares, deve, o agente público, sempre agir com a finalidade de atingir o bem comum, os interesses públicos, e sempre segundo aquilo que a lei lhe impõe, só podendo agir *secundum legem*. Enquanto no campo das relações entre particulares é lícito fazer tudo o que a lei não proíbe (princípio da autonomia da vontade), na Administração Pública só é permitido fazer o que a lei autoriza. A lei define até onde o administrador público poderá atuar de forma lícita, sem cometer ilegalidades, define como ele deve agir".

Conjugadas tais circunstâncias à vastíssima jurisprudência consolidada na vigência da Lei nº 9.504/97, extrai-se que a análise, da configuração ou não, da Conduta Vedada, somente é possível a partir dos fatos concretos que revelem as suas circunstâncias e o contexto em que inseridos. A esse respeito, vide o conteúdo das Consultas nºs 1.036-83/DF[45], 154-24/DF[46] e 98-59/DF[47] apontando a inadequação do tema pela via consultiva.

15.5.3. Abuso de poder

Há que se insistir: não é possível ignorar o fenômeno do poder. Ele centraliza relações jurídicas, sociais e econômicas. Por outro lado, ao exercê-lo, os agentes públicos não podem exceder os limites traçados pela lei. Seus comportamentos estão submetidos à ordem jurídica. No exercício dos atos inerentes às suas atribuições e responsabilidades, os mesmos têm a obrigação de se conduzir observando a norma legal pertinente (Princípio da Legalidade), a moral da instituição a que servem (Moralidade), o interesse geral de todos (Impessoalidade) e a destinação pública própria (Finalidade) de modo transparente (Publicidade) e satisfatório (Eficiência). Este é, pois, o sentido de normalidade administrativa ditado pela Carta Magna.

Os doutrinadores, tanto nacionais como estrangeiros, não são uníssonos quanto à definição de abuso de poder, cada qual formulando um conceito a partir do objeto jurídico sobre o qual recai a sua análise, alguns optando pelo conteúdo da conduta, outros pelo desprezo às regras de austeridade nas relações recíprocas entre o Estado e os indivíduos. Consequentemente, diante das várias teorias aplicadas, as conceituações defluem diversificadas.

45. DJE de 07/10/2014, p. 43.
46. DJE de 05/06/2014, p. 57.
47. DJE de30/05/2012, p. 25.

Para Everardo da Cunha LUNA, lembrado por Fávila RIBEIRO (1993, pp. 21/22), "'*Abusus non est usus, sed corruptela*'. Com efeito, abuso é o uso ilícito de poderes, faculdades, situações, causas ou objetos. Corruptela, contraria a ordem do direito, desviando o exercício dos direitos subjetivos dos justos e verdadeiros fins do ordenamento jurídico (*Abuso de Direito*, Rio de Janeiro, Forense, 1959, p. 99)".

Roberto ROSAS (1997, pp. 101/102), integrante do Tribunal Superior Eleitoral na classe dos Juristas, destacando a ausência de apreciação mais sistemática sobre o conceito, acentuou que "O poder está implícito na ação da autoridade, porque o direito concede esse poder, porém, quando ele se exorbita, ultrapassa na sua atividade, então aí caracteriza-se o abuso de poder que deveria ser exercitado dentro de certos limites". E acrescentou: "Os limites da extensão do abuso de poder estão nos exatos termos da configuração do poder e do seu exercício pretensamente desenvolvido. Mas não é tarefa fácil, porquanto a sede do poder, os desmandos, os desregramentos influem substancialmente no condicionamento do exercício do poder".

Segundo André Luiz Maluf de ARAÚJO, em artigo publicado junto ao *Informativo Eleitoral* (Volume 10, p. 81, 1994) editado pelo TRE/MS, "No direito eleitoral, o abuso de poder é a violação das normas eleitorais por aquele que detém o poder político, seja ele municipal, estadual ou federal, ilidindo a vontade popular através de promessas, distribuição de benesses e de outros meios ilícitos. Geralmente, estes abusos acontecem perto dos pleitos eleitorais, em benefício próprio (reeleição) ou de candidato apoiado por quem detém o poder político-financeiro".

Marcos RAMAYANA (2004, p. 254) define que "O abuso do poder econômico ou político é toda a conduta ativa ou omissiva que tenha virtualidade para atingir o equilíbrio entre candidatos que almejam determinado pleito eleitoral".

Edson de Rezende CASTRO (2012, pp. 337 e 340), fazendo coro aos demais, acentua: "O grande mal das campanhas políticas é, sem dúvida, o abuso do poder". E lembra: "O abuso de poder interfere diretamente na tomada de decisão pelo eleitor, daí que se constitui em contundente afronta ao princípio democrático. Atinge o bem jurídico de maior consideração no Direito Eleitoral, que é a normalidade e legitimidade das eleições. Uma campanha eleitoral marcada pelo abuso de poder e/ou pelo uso indevido dos meios de comunicação social acaba comprometendo os resultados das urnas".

Sem desmerecer as sólidas e bem fundamentadas conceituações dos estudiosos antes mencionados, acreditamos ser aplicável às fases do processo eleitoral brasileiro, em especial nas hipóteses das Condutas Vedadas, a catalogação léxica levada a efeito por João MELO FRANCO e António Herlander ANTUNES MARTINS no *Dicionário de conceitos e princípios jurídicos: na doutrina e na jurisprudência* (1993, p. 25):

> Uso abusivo do poder. Ilegalidade. Abuso do direito ao uso do poder. Uso do poder além da medida legal. Exorbitância. O que está fora da competência da autoridade pública ou porque ela não a tem no caso concreto ou porque excedeu o que tinha. Excesso de poder. Desvio do poder. Desvio de finalidade. Usurpação de poder. Abuso de autoridade. Exercício arbitrário do poder. Uso ilícito do poder. Pode ocorrer por ação ou omissão.

15.5.4. Abuso do poder político

Ocorre quando a investidura popular descamba para o uso nocivo e manipulador da estrutura pública (equipamentos, serviços, servidores) em prejuízo do seu funcionamento regular.

A doutrina e a jurisprudência estão lotadas de registros com degradações dessa natureza.

Como bem observou o Professor de Direito Constitucional e Eleitoral da Universidade de Brasília (UnB) Walter da Costa PORTO, "É certo que sempre se pode lamentar que nosso aparato legal não se mostre eficaz para conter o possível abuso do poder político. E é certo também que o abuso do poder político, ou como diz, agora, a Constituição, "o abuso do exercício de função, cargo ou emprego na administração direta ou indireta, sempre acompanhou nossas eleições" (RJTSE 10/3/100).

Consoante definiu DUGUIT (2009, p. 81), os homens que detêm o poder são submetidos ao direito e a ele ligados. Nesse desenho, devem cumprir e fazer cumprir o ordenamento jurídico em toda a sua extensão e hierarquia a partir da Constituição Federal e de seus princípios. Isso diz com a elementar obediência aos ditames do Princípio da Legalidade, o qual previne o arbítrio e contribui para a definição do conceito de Democracia. Contudo, não raro, agentes políticos tratam questões de órgãos públicos e da sociedade como se fossem *suas*. São arquiconhecidos, na literatura, na jurisprudência e até na Medicina, especificamente na Psiquiatria[48], os

48. O psiquiatra argentino Hugo Marietán, professor da UBA, numa entrevista que concedeu ao jornal *La Nación*, de Buenos Aires, em janeiro de 2009 (https://www.lanacion.com.ar/1089612-los-politicos-suelen-

traços que transformam o exercício de mandatos numa tentação permanente de personalização do poder. Nesta seara onde são desencadeadas as mais variadas formas de ambições individuais capazes de desvirtuar valores elementares de obediência à legalidade, não surpreende que o catálogo de irregularidades e malversações das coisas do povo, a par de espúrio e infelizmente muito criativo, seja quase inesgotável em períodos eleitorais.

Correm eleições e eleições, e esse quadro permanece sem se modificar. Não é sem motivos que a problemática do abuso de poder é vista hoje como um fenômeno coletivo, e não apenas individual. Porém, a CF/88 é peremptoriamente clara: vontades particulares não se sobrepõem à lei.

Perante o Tribunal Superior Eleitoral, o abuso do poder político fica caracterizado quando o agente público, valendo-se da sua condição e agindo em desvio de finalidade, prejudica adversário (RO nº 7634-25/RJ, DJE de 17/05/2019) ou compromete a igualdade da disputa eleitoral e a legitimidade do pleito em benefício da sua própria candidatura ou de terceiros (RO nº 1723-65/DF, DJE de 27/02/2018; RO nº 3783-75/RJ, DJE de 06/06/2016). Importa assinalar que esta modalidade de vício, sendo realizada com *finalidade eleitoral*, pode ser reconhecida inclusive pela Justiça Comum para gerar a inelegibilidade do infrator, conforme autoriza concluir o art. 1º, I, *h*, da LC nº 64/90 com a redação que lhe foi estabelecida pela LC nº 135/10[49].

De se notar que este tipo de vício administrativo enraizado nas campanhas eleitorais "qualifica-se quando a estrutura da administração pública é utilizada em benefício de determinada candidatura ou como forma de prejudicar a campanha de eventuais adversários, incluindo neste conceito quando a própria relação de hierarquia na estrutura da administração pública é colocada como forma de coagir servidores a aderir a esta ou aquela candidatura, pois, nos termos do art. 3º, alínea *j*, da Lei nº 4.898/1965[50], configura abuso de autoridade qualquer atentado 'aos direitos e garantias legais assegurados ao exercício profissional'" (RO nº 2650-41/RS, DJE de 08/05/2017).

-aferrarse-al-poder-como-psicopatas), fez uma instigante análise sobre a psicopatologia e os políticos. Eis a opinião do conceituado médico psiquiatra e professor da Universidade de Buenos Aires: "Um dirigente qualquer sabe que tem que cumprir sua função durante um tempo determinado. E cumprida a missão, vai embora. Ao psicopata, por outro lado, uma vez que está acima, ninguém pode tirá-lo: quer estar uma vez, duas, três vezes. Não deixa o poder e muito menos o delega".

49. Os detentores de cargo na administração pública direta, indireta ou fundacional, que beneficiarem a si ou a terceiros, pelo **abuso do poder econômico ou político**, que forem **condenados em decisão** transitada em julgado ou proferida **por órgão judicial colegiado**, para a eleição na qual concorrem ou tenham sido diplomados, bem como para as que se realizarem nos 8 (oito) anos seguintes

50. Lei revogada pela Lei nº 13.869/19.

Na doutrina, com notável acerto, NIESS (2000, p. 199) explica que "abuso de poder comete o administrador sempre que exorbita de suas funções, que faz mau uso do poder do qual se encontra investido, embora sob o disfarce da moralidade, o que redunda na arbitrariedade e compromete a liberdade de voto". Com a mesma perspectiva, Emerson GARCIA (2000, p. 23) sustenta que "o administrador público que não direciona seu obrar para o interesse público, mas sim em benefício próprio ou alheio, visando o pleito que se aproxima, incorre em flagrante violação a toda ordem de princípios estabelecidos na Constituição da República, os quais erigem-se como consectários lógicos e razão de ser do próprio Estado Social e Democrático de Direito".

15.5.5. Abuso do poder de autoridade e gravidade das circunstâncias

As situações descritas entre os arts. 73 e 77 da LE/97 estão compreendidas no denominado abuso do poder de autoridade, deste constituindo espécie (REspe nº 24.864/SP)[51]. O abuso do poder de autoridade é condenável, dentre outros tantos motivos, por afetar a legitimidade e normalidade das eleições e, também, por violar o princípio da isonomia entre os concorrentes, amplamente assegurado na Constituição da República (ARO nº 718/DF)[52].

O desvirtuamento do poder é uma das causas mais significativas de desigualdade. Um desvio levado a efeito pelo seu detentor pode ter forte impacto social e, assim, influir no resultado do pleito. De se destacar, porém, que o Ministro Marcelo Ribeiro, enquanto integrante do TSE, ao voto proferido no RO nº 1.497/PB (DJE de 02/12/2008), em processo cujo relator foi o Ministro Eros Grau, mediante elogiável acuidade, sopesou o seguinte: "Em determinadas hipóteses, a conduta é vedada, mas não representa absolutamente nada. Por exemplo, o envio de um fax por aparelho de propriedade do Poder Público é vedado, mas não influenciará a eleição".

Sobre "o risco e a impropriedade da interpretação extensiva em sede de normas restritivas de direito", o Ministro Caputo Bastos, ao votar no Recurso Especial Eleitoral nº 24.963/SP, deixou assente que "a levar-se a interpretação (...) ao absurdo, chegaríamos à conclusão de que o agente público, dentro de um automóvel, se indagado por um repórter sobre sua

51. RJTSE 16/4/244.
52. RJTSE 16/2/188.

preferência eleitoral, deveria descer do veículo para responder à pergunta". "Nessa perspectiva", conforme advertiu o Tribunal Superior Eleitoral no Agravo Regimental do Agravo de Instrumento nº5.282/SP, "não parece razoável simplesmente igualar e punir condutas que, na realidade, se apresentam de modo diferenciado. Isso configuraria um excesso legislativo, e, ao mesmo tempo, uma violação a princípios constitucionais contrapostos, como a democracia majoritária e a divisão de poderes" (RJTSE 16/2/239).

De outro modo, considerando-se que é humanamente inviável exprimir, por meio de dispositivos legislados, o universo de condutas passíveis de tipificação, cumpre admitir a existência de uma fronteira, é verdade que por vezes muito tênue, entre o que é uso do poder e abuso de poder. Entretanto, a delimitação de cada um desses institutos, a par de laboriosa, é uma tarefa basilar no domínio do Direito Eleitoral na medida em que aquele último, por seus inúmeros tentáculos, tem o condão de lesar a verdade proclamada nas urnas a partir do desvio de finalidade da *res publica*. A esse respeito, Hely Lopes MEIRELLES (1995, p. 94), examinando as características e circunstâncias centrais de um e de outro, traçou conceito agudo, verdadeiramente vizinho da perfeição:

> O *uso do poder* é prerrogativa da autoridade. Mas o poder há que ser usado normalmente, 'sem abuso'. Usar normalmente do poder é empregá-lo segundo as normas legais, a moral da instituição, a finalidade do ato e as exigências do interesse público.
>
> O *abuso do poder* ocorre quando a autoridade, embora competente para praticar o ato, ultrapassa os limites de suas atribuições ou se desvia das finalidades administrativas.

Na remansosa jurisprudência do TSE, com destaque para as decisões no Recurso Ordinário nº 1380-69/DF[53], no Recurso Especial Eleitoral nº 260-54/AL[54] e no Recurso Ordinário nº 752/ES[55], cujas judiciosas compreensões foram mais recentemente reafirmadas, *quantum satis,* pelos julgamentos levados a efeito no Recurso Especial Eleitoral nº 37354/RJ[56] e no Agravo em Recurso Especial Eleitoral nº 0600688-25/RJ[57], fundou-se o

53. DJE 07/03/2017.
54. DJ 25/08/2006.
55. DJ 06/08/2004.
56. DJE 30/05/2023.
57. DJE 12/09/2022.

entendimento de que a aferição do abuso do poder político independe do resultado do pleito (*elemento quantitativo*).

O fato de os acusados não lograrem êxito na disputa não é fator que impeça a Justiça Especializada de julgar a Ação de Investigação Judicial Eleitoral cabível na forma do art. 22 da LC nº 64/90 porquanto o que se leva em consideração no agir abusivo é "a gravidade das circunstâncias que o caracterizam". Estas, por sua vez, nem sempre se configuram aptas à penalidade extremada da cassação de registro ou mandato. Para tal desfecho, é imprescindível que as provas produzidas em instrução processual sejam robustas e suficientes à inequívoca demonstração de atos abusivos, assim como da comprovação segura da finalidade eleitoral e da gravidade das circunstâncias das condutas aptas a macular a legitimidade e a normalidade da eleição enquanto valores democráticos salvaguardados pelo §9º do art. 14 da Constituição Federal.

Para maior aprofundamento desta particularidade, sob uma ótica eminentemente normativa, são trazidos alguns posicionamentos firmados pelo Tribunal Superior Eleitoral à luz dos dispositivos da LC nº 64/90:

- Nada impede que o mesmo fato descrito como conduta vedada, nos termos do art. 73 da Lei nº 9.504/97, seja também apurado em Ação de Investigação Judicial Eleitoral sob a perspectiva do abuso, hipótese em que, se provada a **gravidade das circunstâncias**, é de rigor a aplicação de sanção de inelegibilidade por oito anos, nos termos do art. 22, XIV, da LC nº 64/90 (AgRg-AI nº 318-38/RJ, DJE de 23/04/2019);
- Embora o resultado das eleições - sob o enfoque da diferença de votos obtidos entre os colocados - traceje, com inegável preponderância técnica, critério de potencialidade (não mais aferível por força do art. 22, XVI, da LC nº 64/90), seu descarte na vala comum dos dados inservíveis revelaria equívoco por constituir lídimo reforço na constatação da **gravidade das circunstâncias** verificadas no caso concreto (AgRg-AC nº 0600755-39/CE, DJE de 16/04/2019);
- Para a configuração do ato abusivo, não será considerada a sua potencialidade de alterar o resultado da eleição, mas a **gravidade das circunstâncias** (art. 22, XVI, da LC nº 64/1990). Além disso, a conduta deve ter aptidão para desequilibrar a igualdade entre os candidatos e afetar a normalidade das eleições (AgRg-MS nº 060194197/RN, DJE de 04/02/2019);
- A jurisprudência do Tribunal Superior Eleitoral, antes mesmo da vigência da LC nº 135/2010, já não aplicava exclusivamente o critério da potencialidade lesiva dos fatos para aferir a existência de abuso de poder, na medida em que também examinava a **gravidade das circunstâncias**da conduta apurada (RCED nº 661/SE, DJe de 16/02/2011; RCED nº 703/SC, DJe de 1º/09/2009; RO nº 4181-56/MS, DJE de 20/02/2019);

- A prerrogativa de parcelamento não significa, em absoluto, um direito automático as mais brandas condições, cabendo aos tribunais o encargo de defini-las com base em um juízo de proporcionalidade, tendo em mira a **gravidade das circunstâncias** que ensejaram a punição, a finalidade de prevenção geral afeta às normas do direito eleitoral sancionador e o escopo educacional da jurisdição (EDCL-PC nº 1300-71/DF, DJE de 11/04/2018);
- 1. A **gravidade das circunstâncias** se afigura elemento fático-jurídico material, suficiente e necessário, para a caracterização a prática abusiva (i.e., de poder econômico, político, de autoridade ou de mídia), nos termos do art. 22 da Lei Complementar nº 64/90. 2. A qualificação jurídica de uma conduta como abusiva de poder econômico demanda o exame relacional entre (i) a própria ação praticada (e reputada por abusiva), (ii) o contexto fático em que ela foi perpetrada (circunstâncias) e elementos concretos) e (iii) os impactos advindos desse ato (supostamente abusivo) na axiologia subjacente aos cânones eleitorais, desvirtuando-os. 3. A **gravidade das circunstâncias** materializa, no âmbito da legislação eleitoral, a máxima da proporcionalidade, em sua dimensão de vedação ao excesso (*Übermassverbot*) (AgRg-AI nº 210-54/RS, DJE de 22/03/2018);
- Com a alteração pela LC nº 135/2010, na nova redação do inciso XVI do art. 22 da LC 64/90, passou-se a exigir, para configurar o ato abusivo, que fosse avaliada a **gravidade das circunstâncias** que o caracterizam, devendo-se considerar se, ante as circunstâncias do caso concreto, os fatos narrados e apurados são suficientes para gerar desequilíbrio na disputa eleitoral ou evidente prejuízo potencial à lisura do pleito" (REspe nº 822-03/PR, DJe de 04/02/2015).

15.5.5.1. Conceito de autoridade para efeitos eleitorais

Para que se possa atribuir efetividade à norma eleitoral em torno das Condutas Vedadas, impõe-se identificar a figura da *autoridade*. Ao se proceder numa análise preliminar, é certo que a expressão utilizada remete ao agente estatal investido em poderes e atribuições legais. De outra parte, releva considerar que inexiste uma exata conceituação normativa em torno dela.

Contudo, a despeito do silêncio da Lei do Mandado de Segurança[58], Hely Lopes MEIRELLES (1995, pp. 25 e 45) aduz:

> Ato de autoridade é toda manifestação ou omissão do Poder Público ou de seus delegados, no desempenho de suas funções ou a pretexto

58. Lei nº 12.016/09.

> de exercê-las. Por autoridade entende-se a pessoa física investida de poder de decisão dentro da esfera de competência que lhe é atribuída pela norma legal. Deve-se distinguir autoridade pública do simples agente público . Aquela detém, na ordem hierárquica, poder de decisão e é competente para praticar atos administrativos decisórios, os quais, se ilegais ou abusivos, são suscetíveis de impugnação por mandado de segurança quando ferem direito líquido e certo; este não pratica atos decisórios, mas simples atos executórios, e, por isso, não responde a mandado de segurança, pois é apenas executor de ordem superior . (...) Considera-se *autoridade coatora* a pessoa que ordena ou omite a prática do ato impugnado, e não o superior que o recomenda ou baixa normas para sua execução. Não há confundir, entretanto, o simples executor material do ato com a autoridade por ele responsável. Coator é a autoridade superior que pratica ou ordena concreta e especificamente a execução ou inexecução do ato impugnado e responde pelas suas consequências administrativas; executor é o agente subordinado que cumpre a ordem por dever hierárquico, sem se responsabilizar por ela (...). Incabível é a segurança contra autoridade que não disponha de competência para corrigir a ilegalidade impugnada. A impetração deverá ser sempre dirigida contra a autoridade que tenha poderes e meios para praticar o ato ordenado pelo Judiciário; tratando-se, porém, de simples ordem proibitiva (não fazer), é admissível o *writ* contra o funcionário que está realizando o ato ilegal, a ser impedido pelo mandado.

No mesmo sentido complementam as reflexões do Professor Carlos Ari SUNDFELD (1993, p. 152):

> A atividade administrativa deve ser desenvolvida nos termos da lei. A administração só pode fazer o que a lei autoriza: todo ato seu há de ter base em lei, sob pena de invalidade. Resulta daí uma hierarquia entre a lei e o ato da Administração Pública: este se encontra em relação de subordinação necessário àquela. Inexiste poder para a Administração Pública que não seja concedido pela lei: o que a lei não lhe concede expressamente, nega-lhe implicitamente. Todo o poder é da lei; apenas em nome da lei se pode impor obediência. Por isso, os agentes administrativos não dispõem de liberdade – existente somente para os indivíduos considerados como tais – mas de competências hauridas e limitadas na lei.

A partir desse norte concebido por tratadistas de escol cujas lições vêm subsidiando os pretórios do país por décadas a fio, conclui-se que *autoridades*, aqui, são aquelas pessoas investidas em poderes de decisão que, no período eleitoral, dentro da sua cota de competências, praticam atos de abuso cuja "gravidade das circunstâncias que o caracterizam" podem levar à caracterização de práticas reprimidas com multa, cassação de mandato e declaração de inelegibilidade.

Assim, ainda que o legislador não tenha declarado, no *caput* do art. 73, quem seriam as autoridades às quais impôs três dezenas de restrições, é possível situá-las em dois grupos distintos de sujeitos ativos a partir dos atos dispostos pelos artigos 73 a 77 da Lei nº 9.504/97 e 22 da LC nº 64/90. São eles:

- os componentes dos Poderes Executivo e Legislativo da circunscrição do pleito[59], e
- os detentores de cargo na Administração Pública direta, indireta ou fundacional da União, dos Estados, do Distrito Federal e dos Municípios que possam beneficiar, a si ou a terceiros, nesta condição[60].

15.5.6. Caso de grave e urgente necessidade pública e matéria relevante e característica das funções de governo

Estas são definições restritivas confinadas às letras *b* e *c* do inciso VI do art. 73 da Lei nº 9.504/97que estão a cargo da Justiça Eleitoral (LE/97, art. 96, incisos I, II e III), dependendo de prévia consulta e autorização. Os enunciados linguísticos constantes dessas duas disposições, ao expressar vocábulos não exatamente precisos, suscitam consideráveis divergências acerca do alcance das exceções nelas estabelecidas.

Para aprofundar nessa abordagem, terreno minado de subjetividades mais complexas do que as frequentes loas retóricas em torno de seus pressupostos, apesar da existência de outros bons precedentes e estudos, o posicionamento adotado pelo Tribunal Superior Eleitoral no Agravo Regimental na Petição nº 1.884/DF[61] perdura como referência:

---

59. Art. 86. Nas eleições presidenciais, a circunscrição serão País; nas eleições federais e estaduais, o Estado; e nas municipais, o respectivo município (Código Eleitoral/65).

60. Nos termos do art. 1º, I, h, da LC nº 64/90 (LC nº 135/10) por práticas de abuso de poder econômico ou político.

61. PUBLICIDADE INSTITUCIONAL - PROGRAMAS - OBRAS - SERVIÇOS E CAMPANHAS - ADMINISTRAÇÃO DIRETA E INDIRETA - MINISTÉRIOS DA EDUCAÇÃO E DA CIÊNCIA E TECNOLOGIA - CARTAZ RELATIVO À OLIMPÍADA BRASILEIRA DE MATEMÁTICA - PERÍODO CRÍTICO DE TRÊS MESES ANTES DAS ELEIÇÕES - GRAVE E URGENTE NECESSIDADE PÚBLICA - AUSÊNCIA DE CONFIGURAÇÃO.
A regra, constante da alínea "b" do inciso VI do artigo 73 da Lei nº 9.504/97, é não se ter publicidade institucional no período de três meses que antecedem às eleições, surgindo a exceção quando direcionada a fazer frente a "(...) grave e urgente necessidade pública, assim reconhecida pela Justiça Eleitoral". (TSE, DJ de 28/08/2006, p.104).

De acordo com o Dicionário Houaiss de Língua Portuguesa, o vocábulo "grave" vem do latim gràvis,e, cujo significado tem a ver com 'pesado, grave, carregado, pejado, grávido, prenhe, duro; forte, molesto; oneroso, importuno, circunspecto, sério, severo, rigoroso'. Em latim, é radical de expressiva cognação: gravìtas, átis 'peso, gravidez; fraqueza, languidez', gravìdus, a, um 'carregado, pesado; prenhe', gravìdo, as, ávi, átum, áre 'emprenhar', gravo,as 'pesar sobre, sobrecarregar, agravar, gravesco, is, ère 'estar sobrecarregado; engravidar', gravatìo,ónis 'peso (do corpo)', gravitúdo, ìnis 'coriza; peso da cabeça', agravo,as 'sobrecarregar, oprimir'; em português, tanto a forma. vulgar. grau (= 'pesado'), quanto a forma grave, que vai prevalecer, ocorrem no século XIII.

Nos dicionários consultados - Houaiss, Aurélio, Michaelis, Caudas Aulete e Língua Portuguesa On-line -, no sentido usado na legislação em foco, prevalecem as seguintes acepções:

a) extremamente sério, preocupante, que pode ter consequências nefastas ou fatais;

b) de efeito extremamente penoso, difícil, doloroso, duro;
c) de grande intensidade, profundo;

d) importante, sério, ponderoso;

e) perigoso, fatal (ex: infecção grave);

f) suscetível de consequências sérias, trágicas;

g) considerável, em número, em grandeza;

h) o que tem peso, ponderação, seriedade, graveza;

i) rígido, severo;

j) intenso, vivo, profundo.

"Assim", prossegue o relator na sua intervenção, "deflui que "grave" toma o sentido, no texto pesquisado, de algo que merece consideração especial, de real importância, sério. "Grave" e "sério" configuram-se, no caso, como termos sinônimos, como se depreende das acepções encontradas para este último adjetivo:

Sério (etimologia: serius,a,um sério, grave):

a) aquilo que merece consideração especial; cujas consequências podem ser grandes e/ou perigosas;

b) importante, grave;

c) positivo, real, verdadeiro;

d) que constitui perigo, ameaça, perigoso, inquietante, grave;

e) que tem grande importância, valor, mérito - Ex: um trabalho sério;

f) levar a sério (derivação: por extensão de sentido) - praticar uma ação não habitual ou extraordinária.

"Em síntese", complementa, "da confluência dos dois sinônimos, conclui-se que, para ser grave, o fenômeno deve se revestir de caráter realmente excepcional, a resultar em consequências de grande importância, inquietantes, ameaçadoras".

Sobre "O outro adjetivo - urgente - vem do latim urgens, entis, particípio passado do latim urgére `apertar, comprimir, impelir, perseguir, ameaçar; apressar; insistir. De acordo com os dicionários pesquisados, preponderam as seguintes acepções:

a) que é necessário ser atendido ou feito com rapidez; que não pode ser retardado. Exemplo: ela precisa de um tratamento urgente da sua doença ;

b) de que não se pode prescindir; indispensável ;

c) que indica necessidade imediata ou pressa. Exemplo: um toque urgente de campainha;

d) que não demora; iminente. Exemplo: seria impossível escaparmos daquela chuva ;

e) que é urgente, que não admite delongas;

f) que é necessário fazer-se rapidamente, inadiável;

g) que se deve fazer com brevidade, rapidez, que não se pode adiar;

h) indispensável, imprescindível.

Adiante, pondera que "Já o substantivo "necessidade" deriva do latim necessìtas, átis 'necessidade (inelutável, inevitável), destino, fatalidade' e tem como principais acepções:

a) qualidade ou caráter de necessário;

b) aquilo que é absolutamente necessário; exigência;

c) aquilo que é inevitável, inelutável, fatal;

d) aquilo que constrange, compele ou obriga de modo absoluto;

e) privação dos bens necessários; indigência, míngua, pobreza, precisão;

f) o que não se pode evitar; inevitável;

g) o que é imprescindível;

h) coacção, coerção, constrangimento;

i) aperto, apuro, carência de coisas necessárias, precisão.

Com base no exame dessas acepções, bem como na dificuldade de caracterização das letras do inciso quando fazem alusão, primeiro às situações de natureza *grave*, e depois *urgente* e *necessidade*, concluiu o relator:

> Quando se juntam os três vocábulos num só texto, como no preceito em tela, formando a expressão "salvo em caso de grave e urgente necessidade", os significados se agudecem, potencializando-se. Revelam então a hipótese de caso de excepcional premência, a direcionar para providências que não podem ser proteladas sob pena de nefastas consequências, principalmente em se tratando de "necessidade pública". O contexto que se extrai do preceito aponta para situação em que a atitude demandada mostra-se obrigatória, imprescindível, inevitável, sem o que não se pode passar, verdadeiramente muito importante, absolutamente indispensável para atingir um objetivo essencial. Nessas circunstâncias, é pertinente enxergar o cabimento de medidas graves e urgentes, por exemplo, no caso de uma epidemia avassaladora - como da gripe aviária que se anuncia -, de uma catástrofe iminente, de um fenômeno devastador que se pode evitar com atitudes eficazes e imediatas, improrrogáveis.

15.6. INSTRUMENTOS DE APURAÇÃO E REPRESSÃO

No circuito da Justiça Eleitoral existem meios específicos, passíveis de acionamento com prazo certo e determinado, visando apuração de transgressões e responsabilidades decorrentes das Condutas Vedadas. Os instrumentos processuais nomeados pelo ordenamento são essencialmente quatro:

- Procedimento Preparatório Eleitoral;
- Representação;
- Ação de Investigação Judicial Eleitoral; e
- Ação de Impugnação de Mandato Eletivo.

15.6.1. Legitimados ativos

Diz com a legitimação para propor as medidas eleitorais cabíveis. Refere-se, pois, à titularidade ativa das mesmas. São os legitimados que tornam as Condutas Vedadas possíveis de controle pelo Estado-juiz.

Disciplina o art. 96 da Lei nº 9.504/97:

> Art. 96. Salvo disposições específicas em contrário desta Lei, as reclamações ou representações relativas ao seu descumprimento podem ser feitas por qualquer partido político, coligação ou candidato, e devem dirigir-se:
>
> I - aos Juízes Eleitorais, nas eleições municipais;
>
> II - aos Tribunais Regionais Eleitorais, nas eleições federais, estaduais e distritais;
>
> III - ao Tribunal Superior Eleitoral, na eleição presidencial.

Embora a regra tenha omitido o Ministério Público Eleitoral do elenco de protagonistas, a instituição detém legitimidade para atuar nos referidos processos por conta da defesa da *ordem jurídica* que lhe foi atribuída constitucionalmente (CF/88, art. 127).

Na prática, o dispositivo, considerada a observação supra, repetiu os habilitados estabelecidos pelo art. 3º da Lei Complementar nº 64/90 para as Investigações Judiciais Eleitorais:

> Art. 3° Caberá a qualquer candidato, a partido político, coligação ou ao Ministério Público, no prazo de 5 (cinco) dias, contados da publicação do pedido de registro do candidato, impugná-lo em petição fundamentada.

15.6.2. Procedimento Preparatório Eleitoral

O antepenúltimo dispositivo da Lei nº 9.504/97 anuncia:

Art. 105-A. Em matéria eleitoral, não são aplicáveis os procedimentos previstos na Lei nº 7.347, de 24 de julho de 1985.

Introduzido por meio da Lei nº 12.034, de 29 de setembro de 2009, o mesmo gerou uma jurisprudência inicialmente firmada pela impossibilidade da instauração de Inquérito Civil Público no âmbito da Justiça Eleitoral. Tal orientação, contudo, incidiu apenas nos pleitos de 2010 e 2012.

Mediante concisa retrospectiva, observa-se que o primeiro pronunciamento do Tribunal Superior Eleitoral a cuidar da não incidência da lei que "disciplina a ação civil pública de responsabilidade por danos causados ao meio ambiente, ao consumidor, a bens e direitos de valor artístico, estético, histórico, turístico e paisagístico e dá outras providências" nas causas eleitorais foi o Recurso Ordinário nº 4746-42/AM. Na oportunidade, em 26/11/2013, por uma considerável maioria de cinco votos a dois, decidiu-se que o órgão do Ministério Público Eleitoral não poderia instaurar Inquérito Civil para, a partir dos elementos levantados, ajuizar Representação Eleitoral[62]. À sessão de 06/02/2014, no julgamento do Recurso Ordinário nº 4887-61/AM, prevaleceu a seguinte formulação: "Não havendo outras provas que embasem a representação, é ilegal a instrução obtida de elementos colhidos em Inquérito Civil Público, a teor do que dispõe o art. 105-A da Lei nº 9.504/1997".[63]

A ilicitude da prova decorrente de inquéritos foi repisada copiosamente[64]. Porém, em 08/09/2015, no julgamento do Recurso Especial Eleitoral nº 545-88/MG, a Corte, sem discordância, efetivou virada jurisprudencial assentando ser admissível a instauração de Inquérito Civil pelo Ministério Público Eleitoral para, na alçada de sua competência, proceder na apuração de ilícitos eleitorais. Prevaleceu o entendimento de que o IC não se circuns-

---

62. INQUÉRITO - INSTAURAÇÃO - MINISTÉRIO PÚBLICO - TEOR DO DISPOSTO NO ARTIGO 105-A DA LEI Nº 9.504/1997. Tem-se a impossibilidade de o Ministério Público instaurar, no respectivo âmbito, inquérito voltado a levantar dados para instruir a representação eleitoral. (rel. Min. Dias Toffoli, rel. Min. Marco Aurélio, DJE de 06/03/2014,). Na assentada, o TSE, por maioria, acolheu a preliminar quanto à ilicitude da prova e extinguiu o processo sem apreciação do mérito, nos termos do voto do Ministro Marco Aurélio (Presidente), que redigiu o acórdão. Vencidos os Ministros Dias Toffoli (relator) e Laurita Vaz.

63. TSE, DJE de 28/02/2014.

64. AGRAVO REGIMENTAL. RECURSO ORDINÁRIO. ELEIÇÃO 2010. GOVERNADOR. VICE-GOVERNADOR. INVESTIGAÇÃO JUDICIAL ELEITORAL. ABUSO DO PODER POLÍTICO E ECONÔMICO. INQUÉRITO CIVIL PÚBLICO. PROVA ILÍCITA. ART. 105-A DA LEI Nº 9.504/97. DESPROVIMENTO. 1. Conforme decidido por esta Corte no julgamento do RO nº 4746-42/AM, o Ministério Público Eleitoral não pode se valer do inquérito civil público no âmbito eleitoral, consoante a limitação imposta pelo art. 105-A da Lei das Eleições. Ressalva doentendimento do relator.2. *In casu*, a investigação foi instruída com documentos e mídia colhidos em inquérito civil público, não havendo outros elementos hábeis a comprovar os supostos abusos de poder político e econômico.3. Agravo regimental desprovido. (RO nº 499408/AM, j. em 18/02/2014, DJE de 11/03/2014).

AGRAVO REGIMENTAL. RECURSO ORDINÁRIO. ELEIÇÃO 2010. REPRESENTAÇÃO. CONDUTA VEDADA. LITISCONSÓRCIO PASSIVO NECESSÁRIO. ART. 47 DO CPC. PROVA. ILICITUDE. DESPROVIMENTO. (...). 3. Conforme decidido por esta Corte no julgamento do RO nº 4746-42/AM, o Ministério Público Eleitoral não pode se valer do inquérito civil público no âmbito eleitoral, consoante a limitação imposta pelo art. 105-A da Lei das Eleições. Ressalva do entendimento do relator. 4. Agravo regimental desprovido. (AgRg-RO nº 4888-46/AM, j. em 20/03/2014, DJE de 11/04/2014).

ELEIÇÕES 2012. AGRAVO REGIMENTAL. RECURSO ESPECIAL. AÇÃO DE INVESTIGAÇÃO JUDICIAL ELEITORAL (AIJE). ABUSO DE PODER ECONÔMICO, POLÍTICO/AUTORIDADE E CONDUTA VEDADA A AGENTE PÚBLICO. PREFEITO. INQUÉRITO CIVIL PÚBLICO. PROVA ILÍCITA. ART. 105-A DA LEI Nº 9.504/97. DEMAIS PROVAS. ILICITUDE POR DERIVAÇÃO. AGRAVOS REGIMENTAIS DESPROVIDOS.

1. O art. 105-A da Lei nº 9.504/97 estabelece que, para a instrução de ações eleitorais, o Ministério Público não pode lançar mão, exclusivamente, de meios probantes obtidos no bojo de inquérito civil público.

2. Ilícitas as provas obtidas no inquérito civil público e sendo essas o alicerce inicial para ambas as AIJEs, inarredável o reconhecimento da ilicitude por derivação quanto aos demais meios probantes, ante a aplicação da Teoria dos Frutos da Árvore Envenenada.

3. Agravos regimentais desprovidos. (AgRg-REspe nº 898-42/RN, j. em 28/08/2014, DJE de 16/09/2014).

creve à Ação Civil Pública, tratando-se de procedimento do *Parquet* que pode embasar outras ações judiciais, incluídas as eleitorais:

> **RECURSO ESPECIAL ELEITORAL. ELEIÇÕES 2012. PREFEITO. REPRESENTAÇÃO. CONDUTA VEDADA AOS AGENTES PÚBLICOS. ART. 73, § 10, DA LEI 9.504/97. PRELIMINARES. REJEITADAS. ART. 105-A DA LEI 9.504/97. APLICABILIDADE ÀS AÇÕES ELEITORAIS. MÉRITO. PROGRAMA SOCIAL. AUSÊNCIA DE PREVISÃO EM LEI PRÉVIA. MULTA. DESPROVIMENTO.** 1. (...). 2. A interpretação do art. 105-A da Lei 9.504/97 pretendida pelo recorrente no sentido de que as provas produzidas em inquérito civil público instaurado pelo Ministério Público Eleitoral seriam ilícitas não merece prosperar, nos termos da diversidade de fundamentos adotados pelos membros desta Corte Superior, a saber:
>
> 2.1. Sem adentrar a questão atinente à constitucionalidade do art. 105-A da Lei 9.504/97, ressalte-se que i) da leitura do dispositivo ou da justificativa parlamentar de sua criação não há como se retirar a conclusão de que são ilícitas as provas colhidas naquele procedimento; ii) a declaração de ilicitude somente porque obtidas as provas em inquérito civil significa blindar da apreciação da Justiça Eleitoral condutas em desacordo com a legislação de regência e impossibilitar o Ministério Público de exercer o seu *munus* constitucional; iii) o inquérito civil não se restringe à ação civil pública, tratando-se de procedimento administrativo por excelência do Parquet e que pode embasar outras ações judiciais (Ministros João Otávio de Noronha, Luciana Lóssio e Dias Toffoli).
>
> 2.2. Ao art. 105-A da Lei 9.504/97 deve ser dada interpretação conforme a Constituição Federal para que se reconheça, no que tange ao inquérito civil público, a impossibilidade de sua instauração para apuração apenas de ilícitos eleitorais, sem prejuízo de: i) ser adotado o Procedimento Preparatório Eleitoral já previsto pelo Procurador-Geral da República; ou ii) serem aproveitados para propositura de ações eleitorais elementos que estejam contidos em inquéritos civis públicos que tenham sido devidamente instaurados, para os fins previstos na Constituição e na Lei 7.347/85 (Ministros Henrique Neves e Gilmar Mendes).
>
> 2.3. O art. 105-A da Lei 9.504/97 é inconstitucional, pois: i) o art. 127 da CF/88 atribuiu expressamente ao Parquet a prerrogativa de tutela de defesa da ordem jurídica, do regime democrático e dos interesses sociais individuais indisponíveis, de modo que a defesa da higidez da competição eleitoral e dos bens jurídicos salvaguardados pelo ordenamento jurídico eleitoral se situa no espectro constitucional de suas atribuições; ii) a restrição do exercício de funções institucionais pelo Ministério Público viola o art. 129, III, da CF/88, dispositivo que prevê o inquérito civil e a ação civil pública para a proteção de interesses difusos e coletivos; iii) houve

> evidente abuso do exercício do poder de legislar ao se afastar, em matéria eleitoral, os procedimentos da Lei 7.347/1985 sob a justificativa de que estes poderiam vir a prejudicar a campanha eleitoral e a atuação política de candidatos (Ministros Luiz Fux e Maria Thereza de Assis Moura).
>
> 3. (...).
>
> 4. A doação de manilhas a famílias carentes, sem previsão do respectivo programa social em lei prévia, configura a conduta vedada do art. 73, § 10, da Lei 9.504/97, sendo irrelevante o fato de as doações supostamente atenderem ao comando do art. 23, II e IX, da CF/88. Manutenção da multa imposta ao recorrente.
>
> 5. Recurso especial eleitoral a que se nega provimento.

Desde então, o PPE, que num contexto empírico restou vitaminado e tem servido de subsídio para alicerçar a propositura de Investigações Judiciais Eleitorais[65], Ações de Impugnação de Mandato Eletivo[66], Representações por Captação Ilícita de Sufrágio (41-A)[67] e de Recursos Ilícitos

---

65. RECURSOS ORDINÁRIOS. ELEIÇÕES 2014. GOVERNADOR. VICE-GOVERNADOR. AÇÃO DE INVESTIGAÇÃO JUDICIAL ELEITORAL (AIJE). ART. 22 DA LC 64/90. ABUSO DE PODER POLÍTICO. REPRESENTAÇÃO. ART. 73, V, DA LEI 9.504/97. CONDUTA VEDADA A AGENTES PÚBLICOS. GRAVIDADE. PROVIMENTO.

    [...].

    2. No tocante às preliminares: a) defere-se o ingresso, como assistente simples, do partido ao qual a vice-governadora é filiada; b) é lícita a prova colhida em Procedimento Preparatório Eleitoral e confirmada em juízo sob o manto do contraditório e da ampla defesa; c) inexiste perda de objeto, pois, ainda que findos os mandatos, remanesce a possibilidade de cominar inelegibilidade; d) o entendimento sobre o litisconsórcio passivo necessário entre os detentores de mandato e terceiros que tenham contribuído com os ilícitos vale apenas para as Eleições 2016, ao passo que o presente caso refere-se às Eleições 2014.

    [...]. (TSE, RO-El nº 2007-51/PB, DJE 18/02/2021)

66. RECURSO ORDINÁRIO. ELEIÇÕES 2018. DEPUTADO ESTADUAL. AÇÃO DE IMPUGNAÇÃO DE MANDATO ELETIVO (AIME). FRAUDE À COTA DE GÊNERO. ART. 10, § 3º, DA LEI 9.504/97. FALTA DE INTERESSE DE AGIR. REJEIÇÃO. DECADÊNCIA. REJEIÇÃO. NULIDADE DE PROVAS. REJEIÇÃO. MÉRITO. CANDIDATURA FICTÍCIA. PROVAS ROBUSTAS. AUSÊNCIA DE VOTOS. PRESTAÇÃO DE CONTAS ZERADA. INEXISTÊNCIA DE ATOS EFETIVOS DE CAMPANHA. PEDIDO DE APOIO PARA OUTRA CANDIDATA. PROVIMENTO.

    [...].

    4. De acordo com a jurisprudência do Tribunal Superior Eleitoral, a instauração de procedimento preparatório eleitoral pelo Ministério Público não viola o art. 105-A da Lei 9.504/97.

    [...]. (TSE, RO-El nº 060190868/RR, DJE 04/10/2022)

67. ELEIÇÕES 2016. AGRAVO REGIMENTAL. AGRAVO. AÇÃO DE INVESTIGAÇÃO JUDICIAL. CANDIDATO A PREFEITO NÃO ELEITO. QUESTÕES PRELIMINARES E NULIDADES. IMPROCEDÊNCIA. DECISÕES. INSTÂNCIAS ORDINÁRIAS. ABUSO DO PODER ECONÔMICO E POLÍTICO E CAPTAÇÃO ILÍCITA DE SUFRÁGIO. INSTÂNCIAS ORDINÁRIAS. PROCEDÊNCIA. IMPOSIÇÃO. CASSAÇÃO DE REGISTRO, INELEGIBILIDADE E MULTA. REEXAME DE FATOS E PROVAS. IMPOSSIBILIDADE.

    [...].

    5. A instauração de inquérito civil pelo Parquet para apurar a prática de ilícitos eleitorais não ofende o art. 105-A da Lei 9.504/97, tendo esta Corte Superior já decidido que: "Admite-se instauração de inquérito civil pelo Parquet para apurar prática de ilícitos eleitorais e, com maior razão, Procedimento Preparatório Eleitoral (PPE), iniciado no caso dos autos mediante portaria ministerial" (AgR-REspe 1318-23, rel. Min. Jorge Mussi, DJE de 26.3.2018).

de Campanha (30-A)[68], Propaganda Partidária[69], Propaganda Eleitoral Antecipada[70] e Recursos Contra a Expedição de Diploma[71], vem disciplinado

[...]. (TSE, AgRg-AI nº 221-87/RJ, DJE 16/09/2019).

68. ELEIÇÃO 2014. RECURSOS ORDINÁRIOS. GOVERNADOR. VICE-GOVERNADOR. DEPUTADO FEDERAL. CAPTAÇÃO ILÍCITA DE RECURSOS FINANCEIROS DESTINADOS A CAMPANHA. ART. 30-A DA LEI Nº 9.504/97. CAIXA DOIS. CONJUNTO PROBATÓRIO APTO A COMPROVAR A PRÁTICA DO ILÍCITO. GRAVIDADE CONFIGURADA. RECURSOS ORDINÁRIOS DA COLIGAÇÃO REAGE TOCANTINS E DE SANDOVAL LOBO CARDOSO. NÃO CONHECIDOS. RECURSO ORDINÁRIO DO MPE. PROVIMENTO. RECURSO ORDINÁRIO DA COLIGAÇÃO A MUDANÇA QUE A GENTE VÊ. PARCIAL PROVIMENTO.

[...].

17. O art. 105-A da Lei nº 9.504/97 autoriza o Ministério Público Eleitoral realizar atos de investigação, desde que não se utilize do inquérito civil exclusivamente com fins eleitorais (Precedentes: REspe nº 545-88/MG, Rel. Min. João Otávio de Noronha, DJe de 4.11.2015; REspe nº 485-39/SE, Rel. Min. Maria Thereza de Assis Moura, DJe de 12.2.2016).

18. A prova produzida por meio de Procedimento Preparatório Eleitoral (PPE) e confirmada em juízo com oportunização do contraditório e da ampla defesa é lícita, não havendo se falar em afronta ao art. 105-A da Lei nº 9.504/97.

[...]. (TSE, RO nº 1220-86/TO, DJE 27/03/2018)

69. AGRAVO REGIMENTAL. RECURSO ESPECIAL. REPRESENTAÇÃO. PROPAGANDA PARTIDÁRIA. PRIMEIRO SEMESTRE DE 2015. INCENTIVO. ATIVIDADE FEMININA NA POLÍTICA. INOBSERVÂNCIA. PROCEDIMENTO PREPARATÓRIO ELEITORAL (PPE). ART. 105-A DA LEI 9.504/97. INTERPRETAÇÃO CONFORME A CONSTITUIÇÃO. MÍDIA. ART. 7º, § 4º, DA RES.-TSE 23.398/2013. PREJUÍZO. AUSÊNCIA. DESPROVIMENTO.

[...].

LICITUDE DE PROCEDIMENTO PREPARATÓRIO ELEITORAL

4. O art. 105-A da Lei 9.504/97 - que veda na seara eleitoral adoção de procedimentos contidos na Lei 7.347/85 - deve ser interpretado conforme o art. 127 da CF/88, no qual se atribui ao Ministério Público prerrogativa de defesa da ordem jurídica, do regime democrático e de interesses sociais individuais indisponíveis, e o art. 129, III, que prevê inquérito civil e ação civil pública para proteger interesses difusos e coletivos. Precedentes.

5. A instauração de Procedimento Preparatório Eleitoral (PPE) é lícita e não ofende dispositivos legais e constitucionais. (TSE, AgRgREspe nº 158-26/PI, DJE 12/12/2016)

70. ELEIÇÕES 2014. AGRAVO REGIMENTAL. RECURSO ESPECIAL. PROVIMENTO. REPRESENTAÇÃO. PROPAGANDA ELEITORAL ANTECIPADA. PROVAS COLHIDAS EM PROCEDIMENTO PREPARATÓRIO ELEITORAL. VIOLAÇÃO AO ART. 105-A DA LEI Nº 9.504/97. NÃO CONFIGURAÇÃO. DESPROVIMENTO.

1. A jurisprudência mais recente desta Corte Superior é no sentido de que é lícita a prova colhida em procedimento preparatório eleitoral promovido pelo Ministério Público Eleitoral, não havendo falar em afronta ao art. 105-A da Lei nº 9.504/97. Precedentes.

2. Não há vedação legal a que o Ministério Público Eleitoral utilize-se de procedimento preparatório eleitoral ou procedimento equivalente para realização de investigações preliminares de supostas infrações eleitorais, na linha do que decidido no REspe nº 545-88/MG. Ressalva do ponto de vista da Relatora.

3. Agravo regimental desprovido. (TSE, REspe nº 2130-55/AM, DJE 24/08/2016)

71. RECURSO CONTRA EXPEDIÇÃO DE DIPLOMA. ELEIÇÃO 2020. ART. 262, CAPUT, DO CÓDIGO ELEITORAL. AUSÊNCIA DE DESINCOMPATIBILIZAÇÃO FÁTICA. LEI COMPLEMENTAR N. 64/90. REJEITADA PRELIMINAR DE NULIDADE DA PROVA PRODUZIDA PELO MINISTÉRIO PÚBLICO ELEITORAL. PERDA DO CARÁTER COMPULSÓRIO DA CONTRIBUIÇÃO SINDICAL. AUSENTES ELEMENTOS QUE AUTORIZEM A CONCLUSÃO DE QUE A ENTIDADE DE CLASSE RECEBEU RECURSOS DE NATUREZA PÚBLICA. DESNECESSÁRIA A DESINCOMPATIBILIZAÇÃO. IMPROCEDÊNCIA.

[...].

2. Rejeitada a preliminar de nulidade da prova. O procedimento preparatório eleitoral (PPE), no âmbito do Ministério Público Eleitoral, está regulamentado na Portaria n. 692/16 da Procuradoria-Geral da República. O PPE caracteriza-se como expediente administrativo visando à colheita de elementos que possibilitem a apuração inicial dos fatos e o cumprimento das funções institucionais do Ministério Público Eleitoral. Assim, cabe ao Parquet, de ofício, agir para esclarecer o ilícito que lhe foi comunicado ou de que tomou conhecimento, por qualquer meio, e, para tanto, pode adotar as medidas persecutórias previstas na lei,

pela Portaria nº 1, de 09/09/2019, com os acréscimos da Portaria PGE nº 8, de 20/07/2021, como procedimento administrativo para a condução de apurações de ilícitos cíveis eleitorais.

A Portaria PGR/MPF nº 499, de 21 de agosto de 2014[72], subscrita pelo Procurador-Geral da República, regulamentou o PPE como procedimento administrativo para a condução de apurações de ilícitos cíveis eleitorais do tipo das Condutas Vedadas de modo a subsidiar a atuação do Ministério Público Eleitoral cujas principais características, observadas as alterações decorrentes de portarias subsequentes, são:

- Sua natureza facultativa, administrativa e unilateral,
- Instauração por meio de portaria para a coleta de subsídios necessários à atuação ministerial;
- Prazo de duração de 60 (sessenta) dias, permitidas, por igual período, prorrogações sucessivas, quando houver necessidade de dar continuidade à investigação;
- Aplicação do princípio da publicidade dos seus atos, excepcionando-se aqueles casos em que haja sigilo legal ou em que a publicidade possa gerar prejuízo às investigações, casos em que a decretação do sigilo deverá ser motivada;
- Permite a autoridade condutora solicitar informações adicionais, expedir ofícios, requisitar documentos e promover a oitiva de testemunhas e de medidas necessárias para a apuração do fato.

Se, ao final do curso da instrução, o agente ministerial responsável pela condução do PPE concluir (a) não comprovado ou inexistente o fato noticiado, (b) não constituir o fato infração eleitoral, (c) estar provado que o investigado não concorreu para a infração ou (d) não existir prova de tal contribuição, deverá arquivá-lo, encaminhando-o para a respectiva homologação a ser feita pelo:

- Procurador-Geral Eleitoral, nos casos em que o arquivamento tenha sido promovido pelo Procurador Regional Eleitoral ou pelo Procurador Eleitoral Auxiliar;
- Procurador Regional Eleitoral, nos casos em que o arquivamento tenha sido promovido pelo Promotor Eleitoral.

---

idôneas a confirmar ou repelir a denúncia apresentada. Nesse sentido, a Corte Superior tem encampado o entendimento segundo o qual é lícita a prova colhida por meio de PPE, no âmbito do Ministério Público Eleitoral. Ademais, a questão alusiva à idoneidade ou ao valor da prova deve ser resolvida no julgamento do caso, em cotejo com todo o acervo de probatório amealhado durante a instrução. (TRE/RS, RCED nº 060038970, j. 28/09/2021)

72. O PPE encontra-se disciplinado atualmente nos termos da Portaria nº 1, de 9 de setembro de 2019, com os acréscimos da Portaria PGE nº 8, de 20 de julho de 2021.

Ao desfecho, conforme assinalado alhures, pacificou-se a jurisprudência ao proclamar que a prova gerada por meio de Procedimento Preparatório Eleitoral, confirmada em juízo mediante contraditório e ampla defesa é lícita, não havendo se falar em afronta ao art. 105-A da LE/97.

15.6.3. Representação

A RP é o instrumento original, embora expedito, para a apuração das ofensas aos artigos 73 a 77 da Lei nº 9.504/97:

> Art. 96. Salvo disposições específicas em contrário desta Lei, as reclamações ou **representações** relativas ao seu descumprimento podem ser feitas por qualquer partido político, coligação ou candidato, e devem dirigir-se:
>
> I - aos Juízes Eleitorais, nas eleições municipais;
>
> II - aos Tribunais Regionais Eleitorais, nas eleições federais, estaduais e distritais;
>
> III - ao Tribunal Superior Eleitoral, na eleição presidencial.
>
> Art. 73. São proibidas aos agentes públicos, servidores ou não, as seguintes condutas tendentes a afetar a igualdade de oportunidades entre candidatos nos pleitos eleitorais:
>
> (...).
>
> § 12. A **representação** contra a não observância do disposto neste artigo observará o rito do art. 22 da Lei Complementar nº 64, de 18 de maio de 1990, e poderá ser ajuizada até a data da diplomação. (Incluído pela Lei nº 12.034, de 2009)

Não havendo detalhamento na lei acerca da matéria, as resoluções do TSE dispondo sobre representações específicas classificam aquelas que visam à apuração das Condutas Vedadas como *especiais*, podendo as mesmas ser ajuizadas até a data da diplomação.

O registro ou o diploma podem ser cassados por decisão que julgue procedente a RP, tenha sido adotado o procedimento do art. 22 da LC nº 64/90 ou do art. 96 da Lei nº 9.504/97[73] (v. nº 15.12).

73. Como a hipótese do § 11 do art. 73 não está contemplada ao § 5º do mesmo dispositivo da LE/97, a sanção aplicável se restringe à pena de multa.

15.6.4. Investigação Judicial Eleitoral

A IJE, dispondo de rito dilatado, esquadrinha as Condutas Vedadas sob a perspectiva de uso indevido, desvio ou abuso de poder de autoridade, econômico e dos meios de comunicação, (LC nº 64/90, art. 22) (v. nº 15.12).

15.6.5. Ação de Impugnação de Mandato Eletivo

No Recurso Especial Eleitoral n° 736-46/BA, o TSE sopesou que embora não caiba, em princípio, apurar Conduta Vedada através de AIME, se os fatos também foram debatidos sob a ótica do abuso de poder e da corrupção eleitoral, ambos expressamente previstos como requisitos pelo art. 14, § 10, da CF/88, viável a condenação por ofensa ao art. 73, § 10, da LE/97.[74]

Sem a pretensão de conferir enfoque exaustivo às disposições, filiamo-nos à corrente que defende o cabimento da Ação de Impugnação de Mandato Eletivo para combater simulacros administrativos com viés eleitoreiro. Sustentamos essa opinião baseados na clareza do texto constitucional.

Diz a Constituição Federal, pelo dispositivo antes mencionado: "O mandato eletivo poderá ser impugnado ante a Justiça Eleitoral no prazo de quinze dias contados da diplomação, instruída a ação com provas de abuso do poder econômico, corrupção ou fraude". Esta assertiva, guindada a patamares constitucionais com inspiração nos textos das Leis nºs 7.493, de 16 de junho de 1986[75], e 7.664, de 29 de junho de 1988[76], não traz pressupostos para aforamento e admissibilidade. Pelo seu sentido óbvio, cabe ao direito processual eleitoral emprestar a maior eficácia possível ao texto da Carta Magna, sob pena de torná-lo inócuo. "Ao intérprete não é consentido passar por cima ou ignorar o texto", ensina Pietro PERLINGIERI (2008, p. 18).

Enveredando pelo assunto a partir do precedente que abre este tópico, vê-se que o mesmo afirmou a necessidade de o vocábulo *corrupção* ser entendido em seu significado coloquial, e não técnico, contemplando desvirtuamentos de condutas praticadas por agente estatal que atentem contra

74. TSE, j. 31/05/2016, DJE de 13/06/2016.

75. Art. 23. A diplomação não impede a perda do mandato, pela Justiça Eleitoral, em caso de sentença julgada, quando se comprovar que foi obtido por meio de abuso do poder político ou econômico.

76. Art. 24. O mandato eletivo poderá ser impugnado ante à Justiça Eleitoral após a diplomação, instruída a ação com provas conclusivas de abuso do poder econômico, corrupção ou fraude e transgressões eleitorais.

a normalidade e o equilíbrio das eleições, pilares contidos ao § 9 do art. 14 da CF.

Acerca da última das três locuções inseridas pelo constituinte naquele parágrafo, o TSE, no Recurso Especial Eleitoral nº 1-49/PI (DJE de 21/10/2015), admitiu expressamente que "o termo *fraude* estampado no art. 14, § 10, da Constituição Federal, encerra conceito aberto, a englobar todas as situações de fraude - inclusive a de fraude à lei - que possam afetar a normalidade das eleições e a legitimidade do mandato obtido". Da elucidativa exposição do Ministro Henrique Neves neste caso, invoca-se outra passagem respaldando o cabimento da medida: "Nessa linha, cumpre destacar que essa compreensão do conceito de fraude para efeito do cabimento da ação de impugnação de mandato eletivo não encerra, em si, interpretação extensiva, mas o mero reconhecimento de que onde o constituinte não distinguiu, não cabe ao legislador ordinário ou ao intérprete distinguir para efeito de reduzir o alcance do comando constitucional".

Reforçando, a nosso ver sob o prisma da organicidade do Direito, a possibilidade de aforamento da AIME para as transgressões contidas entre os artigos 73 e 77 da LE/97, o relator situou:

> Ademais, a interpretação do dispositivo constitucional também deve considerar a existência das demais regras e princípios contidos no corpo da Constituição, de forma a permitir a harmonização das hipóteses de cabimento da AIME com os fins lídimos de eleições que reflitam a vontade popular, livres de quaisquer influências ilegítimas, tal como consta do § 9º do art. 14 da Constituição Federal, autêntico vetor interpretativo no que toca às ações eleitorais.

A diretriz cimentada pelo acórdão resultou na seguinte ementa:

> **RECURSO ESPECIAL. AÇÃO DE IMPUGNAÇÃO DE MANDATO ELETIVO. CORRUPÇÃO. FRAUDE. COEFICIENTE DE GÊNERO.**
>
> 1. Não houve violação ao art. 275 do Código Eleitoral, pois o Tribunal de origem se manifestou sobre matéria prévia ao mérito da causa, assentando o não cabimento da ação de impugnação de mandato eletivo com fundamento na alegação de fraude nos requerimentos de registro de candidatura.
>
> 2. O conceito da fraude, para fins de cabimento da ação de impugnação de mandato eletivo (art. 14, § 10, da Constituição Federal), é aberto e pode englobar todas as situações em que a normalidade das eleições e

> a legitimidade do mandato eletivo são afetadas por ações fraudulentas, inclusive nos casos de fraude à lei. A inadmissão da AIME, na espécie, acarretaria violação ao direito de ação e à inafastabilidade da jurisdição.
>
> Recurso especial provido.

Dentro dessa concepção, ainda deve ser transcrito, a partir do voto do Ministro Cid Flaquer Scartezzini no Acórdão nº 11.640 (RJTSE 6/2/166), trecho da manifestação do Ministério Público Eleitoral lançado pelo então Subprocurador-Geral da República Antonio Fernando Barros e Silva de Souza, que já em 1994 assinalava:

> 76. Os vícios (abuso do poder econômico, corrupção ou fraude) ocorridos no curso do processo eleitoral, desprovidos de idoneidade para influir no resultado eleitoral, que não foram impugnados tempestivamente, são atingidos pela preclusão. Entretanto, ao que penso, o mesmo não ocorre em relação aos que, providos de aptidão para influir no resultado eleitoral, não tenham sido objeto de pronunciamento jurisdicional anterior. Se houve decisão judicial anterior, a impossibilidade da sua utilização como fundamento na ação de impugnação de mandato decorrerá de eventual litispendência ou coisa julgada, jamais de preclusão.

A temática debatida, pelo seu significado prático face o elevado interesse público na lisura das eleições, apresenta densidade doutrinária. Estudos de abalizados autores aprofundaram critérios de enfoque erigindo a viabilidade da AIME quando ocorrer o entrelaçamento de comportamentos vedados com elementos de abuso de poder econômico, corrupção ou fraude.

Na sua obra *Ação de Impugnação de Mandato Eletivo* (1996, pp. 26/27), Pedro Henrique Távora NIESS, examinando o caráter multifário da demanda, assim se manifestou:

> Ao abuso do exercício de função, cargo ou emprego na administração direta ou indireta, não aludiu o art. 14, da Constituição, no parágrafo sob comento; tendo-o feito naquele que o precede, revelou o claro desejo de não o instalar nas províncias da ação impugnatória, embora possa ser apanhado pelas demais figuras que compõem o âmbito de aplicação da ação (a corrupção e a fraude), ou mesmo, como se disse, pelo próprio abuso de poder econômico, na medida em que com ele se confunda.

Prosseguindo, o autor evoca exemplo situado na esfera do inciso I do art. 73:

> Um prefeito que cede automóvel da prefeitura para a campanha do candidato que apóia, por exemplo, não apenas abusa da autoridade de que se investe, mas também do poder econômico, eis que favorece a campanha do afilhado por meio repudiado pelo equilíbrio desejável nas eleições.

Acerca do postulado em causa, FARIAS comunga da mesma opinião (2012, p. 83):

> Dentre os fundamentos que permitem a propositura da ação de impugnação de mandato eletivo, a fraude é o de maior abrangência, sendo, muitas vezes, o instrumento utilizado para o próprio alcance do abuso de poder econômico ou corrupção, através da utilização de meios ardilosos e artificiais para a conquista do ilícito desejado, devendo ser compreendido em sentido amplo, abrangendo tanto a simulação quanto o descumprimento da lei, até mesmo para dar maior efetividade ao instrumento constitucional.

Para complementar nosso ponto de vista, ainda que de maneira sintética, deve-se trazer a lume o fato de que o TSE, sem descurar de ardis ou planos engenhosos tramados por candidatos, desde o julgamento do Recurso Especial Eleitoral nº 28.040/BA vem consentindo que "Se o abuso de poder político consistir em conduta configuradora de abuso de poder econômico ou corrupção (entendida essa no sentido coloquial e não tecnicamente penal), é possível o manejo da ação de impugnação de mandato eletivo"[77]. O caso concreto que firmou o paradigma dizia com ofensa ao inciso I do art. 73 da LE/97 por meio da dispensa de alunos e professores para participar de carreata e do uso de veículos de transporte escolar identificados à chapa que se sagrou vencedora.

A propósito da serventia da AIME para repreender tais atos, cabe invocar o seguinte raciocínio do Ministro Cezar Peluso:

> Parece-me este o sentido que corresponde ao conteúdo semântico do vocábulo no texto do § 10 do art. 14 da Constituição da República, que - disso não há quem duvide - se não resume às figuras criminais do mesmo

77. TSE, DJ de 1º/07/2008, p. 8.

> nome, mas alcança todos os demais comportamentos que, com exceção do abuso e da fraude, o administrador adote no uso da coisa pública (res publica), em proveito eleitoral próprio, como se fosse proprietário dela. Noutras palavras, e daí o rigor daquela definição, corrupção é todo comportamento do administrador que se aproveita, em benefício eleitoral seu, da coisa pública, na larga acepção deste conceito, como se estivesse exercendo sobre ela o papel de proprietário, com poderes de usar, abusar e dispor do objeto do seu domínio.

Com o objetivo de permitir um exame mais detido sobre a formulação, mormente em face dos seus reflexos perante os tribunais regionais, são apontados os seguintes acórdãos do TSE:

- REspe nº 35774/AL, DJE de 26/09/2014, pp. 42/43;
- EDcl-REspe nº 73493/SP, DJE de 14/12/2011, p. 26;
- REspe nº 28581/MG, DJE de 23/09/2008, p. 15;

Sem depreciar mencionados julgados, temos que a ementa do AgRg-AI nº 11.708/MG exprime com destreza os caracteres definidores dessa diretriz:

> **ABUSO DE PODER ECONÔMICO ENTRELAÇADO COM ABUSO DE PODER POLÍTICO. AIME. POSSIBILIDADE. CORRUPÇÃO. POTENCIALIDADE. COMPROVAÇÃO. (...).**
>
> (...).
>
> 3. O abuso de poder econômico entrelaçado com o abuso de poder político pode ser objeto de Ação de Impugnação de Mandato Eletivo (AIME), porquanto abusa do poder econômico o candidato que despende recursos patrimoniais, públicos ou privados, dos quais detém o controle ou a gestão em contexto revelador de desbordamento ou excesso no emprego desses recursos em seu favorecimento eleitoral. Precedentes: REspe nº 28.581/MG, de minha relatoria, DJe de 23.9.2008; REspe nº 28.040/BA, Rel. Min. Ayres Britto, DJ de 1º.7.2008.
>
> 4. No caso, os agravantes utilizaram-se do trabalho de servidores públicos municipais e de cabos eleitorais, que visitaram residências de famílias carentes, cadastrando-as e prometendo-lhes a doação de quarenta reais mensais, caso os agravantes sagrassem-se vencedores no pleito de 2008.
>
> 5. A reiteração do compromisso de doação de dinheiro, feita individualmente a diversos eleitores, não significa que a promessa seja genérica. Pelo contrário, torna a conduta ainda mais grave, na medida em que não implica apenas desrespeito à vontade do eleitor (captação ilícita de sufrágio), mas também tende a afetar a normalidade e a legitimidade das eleições (abuso de poder econômico).

6. A jurisprudência desta c. Corte é no sentido de que o exame da potencialidade não se vincula ao resultado quantitativo das eleições (RCED nº 698/TO, de minha relatoria, DJe de 12.8.2009). De todo modo, o e. Tribunal a quo reconheceu existir elementos suficientes para a caracterização não só da captação ilícita de sufrágio, mas também do abuso de poder econômico, que influenciou a vontade popular, avaliando, implicitamente, a diferença de votos entre os candidatos.

7. (...).

8. Agravo regimental não provido.

Com apoio nos Recursos Especiais Eleitorais nºs 1392-48/SP, 1546-66/SP, 1528-45/SP e na Ação Cautelar nº 596-24/SP, todos julgados pelo TSE na sessão de 22/11/2016, há que se pôr em evidência, mediante fundamentos a nosso ver exaustivos e definitivos, a dimensão embutida na Ação de Impugnação de Mandato Eletivo enquanto único instrumento constitucional de inibição às práticas eleitorais nocivas:

ELEIÇÕES 2012. AÇÃO DE IMPUGNAÇÃO DE MANDATO ELETIVO (AIME). AÇÃO DE INVESTIGAÇÃO JUDICIAL ELEITORAL (AIJE). RECURSO CONTRA EXPEDIÇÃO DE DIPLOMA (RCED). PREFEITO E VICE. (...). MULTIPLICIDADE DE AÇÕES ELEITORAIS. IDENTIDADE FÁTICA. PROEMINÊNCIA DA AÇÃO DE IMPUGNAÇÃO DE MANDATO ELETIVO. PREFERRED POSITION DA AIME NO PROCESSO ELEITORAL. ÚNICA AÇÃO ELEITORAL COM ASSENTO CONSTITUCIONAL. (...).

(...).

5. A ação de impugnação de mandato eletivo (AIME) ocupa uma *preferred position* em relação às demais ações eleitorais, ante a jusfundamentalidade formal e material gravada pelo constituinte de 1988.

a)Sob o prisma formal, a AIME, à semelhança dos demais remédios constitucionais (e.g., *habeas corpus, habeas data*, mandado de segurança, mandado de injunção e ação popular), foi positivada no Título dedicado aos Direitos e Garantias Fundamentais, especificamente no art. 14, §§ 10 e 11, da CRFB.

b) Examinada por um viés material, a importância da AIME salta aos olhos por ser a única ação eleitoral que conta com lastro constitucional para retirar um agente político investido no mandato pelo batismo das urnas, mitigando, em consequência, o cânone da soberania popular.

6. O regime jurídico-constitucional da ação de impugnação de mandato eletivo encerra critério substantivo de racionalização dos feitos eleitorais,

i.e., trata-se de um vetor normativo que permite abrandar a ausência de sistematicidade característica do processo eleitoral, seja porque possuem eficácia interpretativa, ao servir de filtro hermenêutico a guiar a atuação do magistrado, seja porque possuem eficácia negativa, ao obstar qualquer atuação do legislador no sentido de subtrair sua máxima efetividade (FUX, Luiz; FRAZÃO, Carlos Eduardo. Reunião de processos no Direito Eleitoral quando veiculem os mesmos fatos: a proeminência constitucional da Ação de Impugnação de Mandato Eletivo (AIME). *In*: Novos paradigmas do Direito Eleitoral. Belo Horizonte, 2016, p. 299-312).

7. A *ratio essendi* da ação de impugnação de mandato eletivo é impedir que os mandatos eletivos sejam desempenhados por candidatos eleitos que adotaram comportamentos censuráveis durante o prélio eleitoral, com vilipêndio aos valores mais caros ao processo político, tais como a igualdade de chances entre os players da competição eleitoral, a liberdade de voto dos cidadãos e a estrita observância das disposições constitucionais e legais respeitantes ao processo eleitoral.

8. A legitimidade e a normalidade das eleições se afiguram pressupostos materiais para a investidura idônea e legítima do cidadão eleito, bem como para a consequente fruição de seu mandato eletivo.

9. A ação de impugnação de mandato eletivo transcende a mera tutela de pretensões subjetivas (e.g., do titular que pretende não ter seu mandato eletivo desconstituído), conectando-se, precipuamente, com a salvaguarda de interesses transindividuais (e.g., a legitimidade, a normalidade das eleições, a higidez e a boa-fé da competição eleitoral), a revelar, com extrema nitidez, o caráter híbrido que marca o processo eleitoral.

10. A multiplicidade de ações eleitorais com fatos idênticos e, não raro, com sanções idênticas desafia a organicidade e a racionalidade da sistemática processual, na medida em que ultraja a celeridade e a economia processuais, podendo ocasionar (i) a proliferação de ações com objetos idênticos, (ii) a duplicidade de esforços envidados pelo Tribunal em cada uma delas, fulminando a economia e a celeridade reitores fundamentais dos processos em geral e (iii) a possibilidade real de pronunciamentos divergentes acerca dos mesmos fatos, o que descredibilizaria a Justiça Eleitoral e geraria um cenário de insegurança jurídica.

11. O cenário atual reclama a racionalização imediata da atual gramática processual-eleitoral, no afã de conferir, de um lado, segurança jurídica a todos os envolvidos no processo (partes, advogados, Ministros e sociedade civil), e amainar, por outro lado, eventuais riscos que ponham em xeque a integridade institucional do Tribunal Superior Eleitoral, razão pela qual a concentração de todos os feitos em um único processo me

> parece a melhor saída, a fim de se evitar atos processuais repetitivos e de se criar a indesejável insegurança jurídica.
>
> 12. A proeminência da AIME no processo eleitoral se ancora no fato de ser a única ação com assento e contornos normativos delineados pelo constituinte, e, por conseguinte, ostentar posição preferencial quando em cotejo com as demais ações eleitorais.
>
> 13. Essa mesma racionalidade presidiu a argumentação desenvolvida, de forma precisa, pelo Ministro Dias Toffoli, no RCED no 884, e encampada por esta Corte, no sentido da não recepção do inciso IV do art. 262 do Código Eleitoral em face do art. 14, § 10, da Lei Maior: Essa mesma racionalidade presidiu a argumentação desenvolvida, de forma precisa, pelo Ministro Dias Toifoli, no RCED no 884:
>
> "Fica evidente, no meu entender, que o legislador constituinte originário, ao adotar essa postura incomum de fazer previsão expressa da espécie de ação judicial e esmiuçar suas características - prazo, causa de pedir, processamento sob segredo de justiça e punição em hipótese de má-fé - preocupou-se em estabelecer com detalhes o instrumento processual cabível para impugnar o diploma na nova ordem constitucional em razão de abuso de poder econômico, corrupção ou fraude".

Derradeiramente, em função da lisura do processo eleitoral e da vontade popular como pressupostos para a "investidura idônea e legítima do cidadão eleito", imperativo reproduzir, do voto do relator, excerto invocando judiciosa intervenção do Ministro Pedro Acioli acerca da AIME:

> O mandato eletivo é a forma ou instrumento pelo qual se torna eficaz a prática democrática. Confere a ele, o mandato, poderes ao seu detentor, para representar o povo. É pois o mandato o núcleo de configuração da democracia representativa. Nele se realiza de um pólo o princípio da representação política e de outro, o princípio da autoridade legítima. Obviamente, o exercício do mandato é passível de controle e, tal controle na maioria é exercido pelo próprio povo, com a aceitação ou rejeição do seu representante. Todavia, certo aspecto que diz respeito à obtenção do mandato, diz respeito da regularidade jurídico-formal de sua conquista. Preocupa-se, portanto, o dispositivo constitucional em pauta, em prestar os meios impugnatórios da conquista de um mandato, realizada com suporte em meios não admitidos. Sob essa ótica, para que os candidatos a mandatos legislativos possam ser considerados eleitos, não é suficiente a obtenção de votos necessários à eleição. Torna-se fundamental que sua eleição tenha obedecido á legislação eleitoral em vigor, como seu proceder tenha se pautado nos princípios concernentes à igualdade em disputa.

Nessa trilha, vide também o Recurso Especial Eleitoral nº 1-42/BA, nas passagens cabíveis no tema:

> **ELEIÇÕES 2016. RECURSO ESPECIAL. AIME. IMPROCEDÊNCIA NA ORIGEM. PRELIMINARES. LITISCONSÓRCIO PASSIVO NECESSÁRIO. AUTOR DO ATO ABUSIVO E BENEFICIÁRIOS. DESNECESSIDADE. LEGITIMIDADE PASSIVA EXCLUSIVA DOS CANDIDATOS ELEITOS E DIPLOMADOS. INADEQUAÇÃO DA VIA ELEITA. INEXISTÊNCIA. ABUSO DO PODER POLÍTICO ENTRELAÇADO COM O ECONÔMICO. CONTRATAÇÃO MACIÇA DE SERVIDORES TEMPORÁRIOS NA VÉSPERA DO PERÍODO ELEITORAL. COMPROVAÇÃO. CONTEXTO FÁTICO-PROBATÓRIO DELINEADO NO ACÓRDÃO RECORRIDO. REEXAME. INOCORRÊNCIA. PROVA DA PARTICIPAÇÃO, CIÊNCIA OU ANUÊNCIA DOS BENEFICIÁRIOS. DESNECESSIDADE. GRAVIDADE. COMPROVAÇÃO. PROVIMENTO. CASSAÇÃO DOS DIPLOMAS DOS ELEITOS.**
>
> I. Das preliminares suscitadas pelos recorridos
>
> 1.1. Da legitimidade passiva exclusiva dos candidatos diplomados na AIME
>
> 1. Na linha da jurisprudência consolidada desta Corte Superior, "na ação de impugnação do mandato eletivo, o polo passivo deve ser ocupado por candidatos eleitos diplomados, pois a sanção buscada é a perda do mandato" (AI nº 1002-22/MG, Rel. Min. Admar Gonzaga, DJe de 8.2.2019). No mesmo sentido: Recursos Especiais nº 106-65/SP, 102-28/SP e 101-43/SP, todos de relatoria do Ministro Jorge Mussi, DJe de 29.6.2017.
>
> 2. Tendo em vista que o objetivo precípuo da AIME é a desconstituição de mandato de quem eleito e devidamente diplomado, nenhum provimento judicial aproveitaria ao prefeito que antecedeu os recorrentes no Executivo municipal - apontado como o responsável pela prática das condutas em apuração -, que não mais ocupa mandato eletivo passível de anulação nesta via, não havendo, portanto, que se cogitar de sua necessária participação no polo passivo da demanda.
>
> 3. Por conseguinte, tendo em vista a regularidade da conformação, no prazo estipulado pelo art. 14, § 10, da Constituição Federal, do polo passivo da demanda ora em apreço, integrado apenas pelos candidatos diplomados, não há que se perquirir acerca da decadência do direito de propor a AIME.
>
> 4. Preliminar rejeitada.
>
> 1.2. Do cabimento da AIME no caso concreto
>
> 5. O TSE já pacificou ser cabível o manejo da AIME que aponta como causa de pedir fatos configuradores de abuso do poder político quando imbricados ao abuso do poder econômico. Precedentes.

> [...].
>
> II. Do mérito
>
> 2.1. Breves considerações sobre a AIME
>
> 9. Para a configuração do abuso do poder econômico em sede de AIME, devem ser observadas as diretrizes estabelecidas pelo art. 22, XVI, da LC nº 64/90, de modo a ser exigível, também na ação constitucional, a demonstração do requisito da gravidade do ato, o qual deve ser suficiente para comprometer a igualdade de chances entre os concorrentes.[78]

No Agravo Regimental em Agravo de Instrumento nº 596-30/CE (DJE de 17/02/2020), em sede de eleição municipal, o TSE reafirmou a possibilidade jurídica de Condutas Vedadas serem seguramente tratadas em sede de Ação de Impugnação de Mandato Eletivo:

> **ELEIÇÕES 2016. AGRAVO REGIMENTAL. AGRAVO DE INSTRUMENTO. RECURSO ESPECIAL ELEITORAL. AÇÃO DE IMPUGNAÇÃO DE MANDATO ELETIVO (AIME) CUMULADA COM AÇÃO DE INVESTIGAÇÃO JUDICIAL ELEITORAL (AIJE). PREFEITO. REABERTURA DA INSTRUÇÃO PROCESSUAL. PREQUESTIONAMENTO. AUSÊNCIA. SÚMULA Nº 72/TSE. ABUSO DO PODER POLÍTICO E ECONÔMICO. CONDUTA VEDADA. CORRUPÇÃO ELEITORAL. REEXAME DO CONJUNTO FÁTICO-PROBATÓRIO. IMPOSSIBILIDADE. SÚMULA Nº 24/TSE. DISSÍDIO JURISPRUDENCIAL. SIMILITUDE FÁTICA. AUSÊNCIA. SÚMULA Nº 28/TSE. DESPROVIMENTO.**
>
> 1. (...).
>
> 2. O Tribunal Regional Eleitoral, soberano na análise do conjunto fático-probatório, manteve a sentença de improcedência da AIME e da AIJE, julgadas conjuntamente, ante a carência de elementos probatórios suficientes para a condenação por abuso do poder político e econômico, corrupção eleitoral e conduta vedada na campanha ao cargo de prefeito no pleito de 2016.
>
> 3. Afastar os fundamentos do Tribunal a quo a respeito da fragilidade e insuficiência das provas dos autos acerca das práticas descritas na exordial, a configurar abuso do poder político e econômico, corrupção eleitoral e conduta vedada, demandaria o revolvimento da matéria fático-probatória, providência inadmissível nesta instância extraordinária, nos termos da Súmula nº 24/TSE.

78. DJE 17/12/2019.

> 4. A abertura da via recursal pelo art. 276, I, b, do Código Eleitoral exige efetivo confronto analítico do julgado, de modo a evidenciar-se a similitude fática entre as hipóteses confrontadas, o que não se perfaz com a simples transcrição de ementas, como ocorrido na espécie, nos termos da Súmula nº 28/TSE.
>
> 5. Consoante iterativa jurisprudência desta Corte Superior, "fica prejudicada a tese de dissídio jurisprudencial na hipótese em que, de acordo com a tese propugnada nas razões recursais, houver a necessidade de revisão do contexto fático-probatório" (AgR-REspe nº 660-04/SE, Rel. Min. Og Fernandes, DJe de 22.11.2019).
>
> 6. Agravo regimental desprovido.

Como se viu, há plena compatibilidade entre os institutos apreciados, mostrando-se lídima a exegese que admite a inserção das Condutas Vedadas como causa de pedir no domínio da Ação de Impugnação de Mandato Eletivo.

Conforme evidenciamos, a linha jurisprudencial que vem sendo percorrida pelo TSE concretiza a vontade proclamada pelo texto da Constituição Federal no seu art. 14, § 10 em termos de AIME.

15.7. LAPSOS TEMPORAIS RESTRITIVOS

Determina a Lei das Eleições:

> Art. 73. São proibidas aos agentes públicos, servidores ou não, as seguintes condutas tendentes a afetar a igualdade de oportunidades entre candidatos nos pleitos eleitorais:

A partir dos preceitos disciplinando as hipóteses de *Condutas Vedadas aos Agentes Públicos em Campanhas Eleitorais*, observa-se que o legislador, visivelmente preterindo a melhor técnica redacional, estabeleceu prazos proibitivos bastante diversificados, por vezes inapropriados ao corpo do mencionado capítulo, o que evidencia alheamento ou atecnia.

Em que pese o núcleo de cada conduta descrita expressar a proteção a um determinado bem jurídico, o hiato em torno dos primeiros incisos ensejou uma jurisprudência pouco convincente, sobretudo quando a abordagem infracional ocorre em sede de Investigação Judicial Eleitoral.

A redação, ao contemplar delimitações temporais fixadas em dias, meses, semestre e ano, estabeleceu o seguinte:

- V - nomear, contratar ou de qualquer forma admitir, demitir sem justa causa, suprimir ou readaptar vantagens ou por outros meios dificultar ou impedir o exercício funcional e, ainda, *ex officio*, remover, transferir ou exonerar servidor público, na circunscrição do pleito, **nos três meses que o antecedem e até a posse dos eleitos**, sob pena de nulidade de pleno direito, ressalvados;
- VI - **nos três meses que antecedem o pleito**;
- VII - realizar, **no primeiro semestre do ano de eleição**, despesas com publicidade dos órgãos públicos federais, estaduais ou municipais, ou das respectivas entidades da administração indireta, que excedam a média dos gastos no primeiro semestre dos três últimos anos que antecedem o pleito;
- VIII - fazer, na circunscrição do pleito, revisão geral da remuneração dos servidores públicos que exceda a recomposição da perda de seu poder aquisitivo ao longo do ano da eleição, **a partir do início do prazo estabelecido no art. 7º desta Lei** e até a posse dos eleitos;
- § 10 – **No ano em que se realizar eleição**, fica proibida a distribuição gratuita de bens, valores ou benefícios por parte da Administração Pública, exceto nos casos de calamidade pública, de estado de emergência ou de programas sociais autorizados em lei e já em execução orçamentária no exercício anterior, casos em que o Ministério Público poderá promover o acompanhamento de sua execução financeira e administrativa;
- § 11 - **Nos anos eleitorais**, os programas sociais de que trata o § 10 não poderão ser executados por entidade nominalmente vinculada a candidato ou por esse mantida;
- Art. 75 - **Nos três meses que antecederem as eleições**, na realização de inaugurações é vedada a contratação de shows artísticos pagos com recursos públicos;
- Art. 77 - comparecer, **nos 3 (três) meses que precedem o pleito**, a inaugurações de obras públicas.

A respeito dos quatro primeiros incisos, não obstante a resistência de certos campos da doutrina, um debate na apreciação do Recurso Especial Eleitoral nº 989-24/MG resultou, por maioria de votos, em posicionamento inovador do TSE[79] refutando a possibilidade da presunção legal de valia para *o ano todo* relativamente aqueles períodos não delimitados. A tese vencedora, enfatizando que, "à semelhança do que se verifica na captação ilícita de sufrágio, também a norma referiu-se expressamente a candidatos, ao tipificar as condutas vedadas de que cuidam o art. 73 da Lei das Eleições", reconheceu

79. Em sentido diverso (*"Para a incidência do inciso I do art. 73 da Lei nº 9.504/97, não se faz necessário que a conduta tenha ocorrido durante os três meses que antecedem o pleito"*), vide o decidido pelo TSE no REspe nº 93.887/TO, DJE de 16/09/2011 (RJTSE 22/3/146).

a incidência do termo inicial dos 3 (três) meses que antecedem o pleito em acórdão que ficou assim ementado:

> **RECURSOS ESPECIAIS. ART. 73, INCISO I, DA LEI Nº 9.504/97. AUTOMÓVEL PÚBLICO. UTILIZAÇÃO. TRANSPORTE DE ELEITORES. FATO OCORRIDO ANTES DO PERÍODO ELEITORAL. CONDUTA VEDADA. DESCARACTERIZAÇÃO. LIMITAÇÃO TEMPORAL. OBSERVÂNCIA. NECESSIDADE. PROVIMENTO.**
>
> 1. As condutas vedadas previstas no art. 73 da Lei nº 9.504/97 têm por escopo proteger a igualdade de oportunidades entre candidatos em campanha eleitoral.
>
> 2. Diante da ausência de previsão expressa, para a incidência do inciso I do art. 73 da Lei nº 9.504/97, a conduta deve ser praticada durante o período eleitoral, nos três meses que antecedem o pleito, quando se pode falar em candidatos.
>
> 3. Normas que restringem direitos devem ser interpretadas estritamente.
>
> 4. Recursos especiais providos.[80]

Nesta assentada, observou o Ministro Henrique Neves: "Não se está aqui, pelo que compreendi do voto de Sua Excelência, afirmando que ele poderia ter utilizado o carro público para dar carona a três eleitores em potencial em março do ano de eleição. Está-se dizendo que essa conduta, por ser em março do ano da eleição, portanto muito antes da escolha em convenção, não pode ser enquadrada no artigo 73 da Lei n° 9.504/97, que estabelece as condutas vedadas e veio com a emenda da reeleição, ou seja, é uma forma de engessar o governo de utilizar a máquina pública em benefício de candidaturas". Ao votar no julgamento, o Ministro João Otávio de Noronha complementou este raciocínio explicando de modo bastante convincente que "Se não ocorreu no período eleitoral, é outro tipo de irregularidade, que será apurada em processo administrativo e pode, inclusive, ensejar sanções, mas em outra sede e não aqui, no Tribunal Eleitoral, com a devida vênia. Não se trata de conduta vedada para fins eleitorais".

Entretanto, referida exegese, em que pese se expressar metodologicamente adequada ao tipo infracional constante do inciso I assim como aos outros três incisos que lhe seguem, não encontrou nem a estabilidade nem a coerência previstas pelo art. 926 do Código de Processo Civil, ambas

80. TSE, DJE 24/02/2014, p. 25 e REPDJE, 18/08/2014, p. 157.

inarredáveis à prestação jurisdicional "justa e efetiva" preconizada pelo art. 6º do mesmo diploma.

Ainda que reafirmada no julgamento da RP nº 145-62/DF (j. 07/08/2014), a mesma foi repelida à unanimidade pela RP nº 665-22/DF (j. 1º/10/2014) e mediante votos vencidos no REspe nº 268-38/AM (19/03/2013).

Oscilações jurisprudenciais em torno de uma matéria como esta, relacionada aos incisos I a IV da LE/97, inegavelmente embaraçam a segurança jurídica, obstruem a atividade administrativa e geram indesejadas oscilações jurisprudenciais. É insensato que num dia, por uma dada composição plenária, o limite temporal seja declarado de uma forma, e noutro, por conta de dança nas cadeiras, se dê mediante compreensão inteiramente diversa através de um reprovável estado de incerteza. A disposição a esse respeito, para não frustrar um regramento que cumpre finalidades constitucionais (art. 37, *caput*), deve ser legislada de forma clara. Uma vez prevista objetivamente no texto da norma, não subsistirão ambiguidades, tampouco discrepâncias hermenêuticas em torno da sua aplicação. O Direito, como afirmou DWORKIN (2014), demanda coerência e integridade.

Resumidamente:

CONDUTAS VEDADAS	PERÍODO
Art. 73, I, II, III e IV	não estabelecido
V	3 meses
VI	3 meses
VII	primeiro semestre do ano de eleição
VIII	180 dias (v. art. 7º, §1º)
§ 10	ano de eleição
§ 11	anos eleitorais
Art. 75	3 meses
Art. 77	3 meses

15.8. CONTAGEM DE PRAZOS

A contagem de prazo para as Condutas Vedadas previstas em meses está submetida a limite temporal fixo. É feita mês a mês, independentemente do número de dias que formam cada um daqueles. Iniciado o prazo num determinado dia, vence em igual no do mês seguinte, ficando o do início subordinado ao da eleição, de tal forma que, por exemplo, se o prazo de três meses que anteceder um pleito se insere entre 3 de julho e 3 de outubro, este não corresponde ao período de 90 dias do calendário estabelecido pela Lei nº 810/49.

15.9. CONTINUIDADE ADMINISTRATIVA

A prestação de serviços públicos (*public utility, servicio público, Öffentlicher Versorgungsbetrieb, servizio pubblico*), dada a sua natureza, é uma atividade fundamental de caráter contínuo. Correlata a esta tarefa e estreitamente vinculada à questão central das necessidades imprescindíveis da coletividade, é a conceituação do Professor Gilles GUGLIEMI colhida a partir de ensaio de Maria Sylvia Zanella DI PIETRO (2015, p. 346):

> O princípio da continuidade dos serviços públicos é a versão administrativa do princípio da continuidade do Estado. Para a teoria do serviço público que não considerava o Estado senão como um feixe de serviços público, o valor deste princípio é fundamental.
>
> Hoje, o princípio da continuidade dos serviços públicos é um princípio com valor constitucional. O Conselho de Estado igualmente sublinhou sua importância qualificando-o como 'princípio fundamental, o que significa, certamente, que se trata de um princípio geral do direito.

No que diz respeito aos gestores e servidores públicos, trata-se de um dever funcional submetido aos rigores do art. 37 da CF/88 (v. nº 14.5.2). Portanto, a Administração que negligenciar no planejamento do ano eleitoral amargará na execução de suas ações. Para o adequado dimensionamento das limitações impostas ao poder-dever de atuação do Poder Público, bem como dos períodos restringidos (v. nº 14.7), é indispensável transcender a retórica.

É verdade que algumas restrições incidem na circunscrição do pleito. Contudo, a despeito disso, com base nos artigos 73 a 77 da Lei nº 9.504/97, não se pode concluir pela ocorrência de uma estagnação administrativa. A norma não contém tamanho radicalismo, embora o fetichismo das nomenclaturas por vezes lidas e interpretadas erroneamente fomentem tal convicção por parte de muitos. Não há se falar, aliás, sequer em linhas limítrofes. O Direito Eleitoral não obstruiu as ações de governo incapazes de influenciar o resultado das eleições ou de perturbar a normalidade da disputa.

Neste ínterim, *verbi gratia*, seguem permitidas normalmente as licitações para contratação de obras, serviços e aquisição de bens, na forma das Leis nºs 8.666/93 e 14.133/21 , ambas em combinação com a a Lei Complementar nº 101/00[81].

As disposições eleitorais também não censuram a realização de concursos públicos, execução ou inauguração de obras públicas, entrega de bens, serviços ou equipamentos, expansões viárias, aquisições de produtos, veículos e maquinários, assinatura de acordos, tratados e convênios, aperfeiçoamento de serviços e servidores, etc. Nessa perspectiva, o Poder Público pode, também, prosseguir na promoção de estudos, pesquisas, treinamentos e programas de capacitação em vista de seus funcionários, servidores e empregados.

Da mesma sorte, porque a lei não impediu ou abreviou a ação governamental, a União, os Estados, o DF e os Municípios, durante o curso do ano eleitoral, dentre outras providências, podem:

- Continuar executando serviços públicos de "zeladoria" como pinturas, varreduras, asfaltamentos, podas, recapeamentos, obras, sinalizações;
- Abrir, pavimentar e alargar vias públicas;
- Embelezar e reformar áreas públicas;
- Ampliar, reformar e construir praças, viadutos, canteiros, passarelas, pontes, etc;
- Executar abastecimento de água potável;
- Instalar redes elétricas, de esgoto, água e outras;
- Legislar sobre os assuntos de sua competência;
- Aplicar as suas rendas;
- Fixar e cobrar preços ou tarifas pela prestação dos seus serviços;
- Organizar e manter os serviços de fiscalização necessários ao exercício do seu poder de polícia administrativa;
- Manter os seus programas sociais;
- Proceder em desapropriações e indenizações;
- Instituir e arrecadar os impostos de sua competência;
- Organizar, denominar e sinalizar vias públicas, próprios e logradouros;

81. Impõe-se observar a) existência de dotação e disponibilidade orçamentária e financeira; b) não se tratar de recursos decorrentes de Transferências Voluntárias; c) o disposto no art. 42 da Lei de Responsabilidade Fiscal (LRF) ("Contrair obrigação de despesa, nos últimos dois quadrimestres do mandato, que não possa ser cumprida integralmente dentro do mandato, ou que tenha parcelas a serem pagas no exercício seguinte ao do término do mandato, sem que haja suficiente disponibilidade de caixa").

- Efetuar compras e alienações;
- Proteger seus bens, instalações e serviços;
- Firmar convênios, protocolos e outros atos jurídicos correlatos com os demais Entes Federativos;
- Proceder no tombamento de bens;
- Manter as suas publicações oficiais;
- Formar consórcios;
- Tomar empréstimos.

Em suma:

> O princípio da continuidade dos serviços públicos é um princípio implícito, decorrente do regime de direito público a que eles estão sujeitos. É importante observar que a expressão "serviços públicos", aqui, é empregada em sentido amplo, como sinônimo de "atividade de administração pública em sentido material". Alcança, portanto, todas as atividades propriamente administrativas executadas sob regime jurídico de direito público.
>
> (...)
>
> Os serviços públicos, como seu nome indica, são prestados no interesse da coletividade, sob regime de direito público. Por esse motivo, sua prestação deve ser adequada, não podendo sofrer interrupções.
>
> A interrupção de um serviço público prejudica toda a coletividade, que dele depende para a satisfação de seus interesses e necessidades.
>
> A aplicação desse princípio implica restrição a determinados direitos dos prestadores de serviços públicos e dos agentes envolvidos em sua prestação.
>
> Uma peculiaridade do princípio da continuidade dos serviços públicos é que sua observância é obrigatória não só para toda a Administração Pública, mas também para os particulares que sejam incumbidos da prestação de serviços públicos sob regime de delegação (concessionárias, permissionárias e autorizadas de serviços públicos).[82]

Com base nisso, é de se reconhecer que "se o constituinte derivado quis estabelecer, no País, alterando a tradição republicana, a reeleição para os cargos de Presidente, Governador e Prefeito, sem exigir o afastamento

82. ALEXANDRINO, Marcelo, PAULO, Vicente. *Direito Administrativo Descomplicado*. 20ª ed. Revista e atualizada, São Paulo: Método, 2012, pp. 210/211.

definitivo até a data da eleição, cumpre entender que teve em conta (...) a conveniência da continuidade administrativa, como valor relevante no instituto da reeleição", conforme ressaltou o Ministro Néri da Silveira numa formidável capacidade de síntese ao concluir o seu voto na Ação Direta de Inconstitucionalidade nº 1.805-2/DF, julgada pelo Supremo Tribunal Federal em 26/03/1998.

Na esteira dessa exegese, outra alegação imprópria a ser desmistificada em termos de gestão pública e calendário eleitoral consiste em que "A simples prova da prática de atos administrativos, pelas autoridades do Poder Executivo, cujo vício consistiria simplesmente em terem sido praticados em período eleitoral, não demonstra qualquer reflexo favorável na candidatura dita situacionista", conforme clarificou o TSE (RP nº 14.811/DF[83]).

15.9.1. Reeleição

En passant, são cabíveis sucintas ponderações acerca do instituto.

A reeleição para os cargos do Poder Executivo dispensando o titular de afastamento ou desincompatibilização (ADIN nº 1.805-2/DF)[84] impôs

83. RJTSE 7/2/350.

84. Ação direta de inconstitucionalidade. 2. Art. 14, § 5º, da Constituição, na redação dada pela Emenda Constitucional nº 16/1997. 3. Reeleição do Presidente da República, dos Governadores de Estado e do Distrito Federal e dos Prefeitos, bem como dos que os hajam sucedido ou substituído no curso dos mandatos, para um único período subseqüente.4. Alegação de inconstitucionalidade a) da interpretação dada ao parágrafo 5º do art. 14 da Constituição, na redação da Emenda Constitucional nº 16/1997, ao não exigir a renúncia aos respectivos mandatos até seis meses antes do pleito, para o titular concorrer à reeleição; b) do § 2º do art. 73 e do art. 76, ambos da Lei nº 9.504, de 30.7.1997; c) das Resoluções do Tribunal Superior Eleitoral nºs 19.952, 19.953, 19.954 e 19.955, todas de 2.9.1997, que responderam, negativamente, a consultas sobre a necessidade de desincompatibilização dos titulares do Poder Executivo para concorrer à reeleição. 5. Não conhecimento da ação direta de inconstitucionalidade, no que concerne às Resoluções referidas do TSE, em respostas a consultas, porque não possuem a natureza de atos normativos, nem caráter vinculativo. 6. Na redação original, o § 5º do art. 14 da Constituição era regra de inelegibilidade absoluta. Com a redação resultante da Emenda Constitucional nº 16/1997, o § 5º do art. 14 da Constituição passou a ter a natureza de norma de elegibilidade. 7. Distinção entre condições de elegibilidade e causas de inelegibilidade. 8. Correlação entre inelegibilidade e desincompatibilização, atendendo-se esta pelo afastamento do cargo ou função, em caráter definitivo ou por licenciamento, conforme o caso, no tempo previsto na Constituição ou na Lei de Inelegibilidades. 9. Não se tratando, no § 5º do art. 14 da Constituição, na redação dada pela Emenda Constitucional nº 16/1997, de caso de inelegibilidade, mas, sim, de hipótese em que se estipula ser possível a elegibilidade dos Chefes dos Poderes Executivos, federal, estadual, distrital, municipal e dos que os hajam sucedido ou substituído no curso dos mandatos, para o mesmo cargo, para um período subseqüente, não cabe exigir-lhes desincompatibilização para concorrer ao segundo mandato, assim constitucionalmente autorizado. 10. Somente a Constituição poderia, de expresso, estabelecer o afastamento do cargo, no prazo por ela definido, como condição para concorrer à reeleição prevista no § 5º do art. 14, da Lei Magna, na redação atual. 11. Diversa é a natureza da regra do § 6º do art. 14 da Constituição, que disciplina caso de

a necessidade de Condutas Vedadas aos Agentes Públicos em Campanhas Eleitorais.

Estudando-a criteriosamente e com imparcialidade a partir de pronunciamentos intrínsecos à sua gênese, é possível elencar quais motivações político-administrativas convenceram o legislador não apenas a retomá-la[85], mas a estendê-la ao plano federal.

Consoante os seus termos, a Justificação da PEC nº 1-B/1995 situou a reeleição como um vetor capaz de estabelecer o desenvolvimento de três grandezas administrativas:

- "continuidade administrativa";
- "constituição de corpos administrativos estáveis"; e
- "levar a efeito o cumprimento de metas governamentais de médio prazo".

De acordo com o Parecer datado de 17/12/1996, da Comissão Especial instalada na Câmara dos Deputados para o exame da citada PEC,

- "a norma da reelegibilidade imediata para os cargos do Poder Executivo (...) significa uma inovação em nosso Direito Político";

---

inelegibilidade, prevendo-se, aí, prazo de desincompatibilização. A Emenda Constitucional nº 16/1997 não alterou a norma do § 6º do art. 14 da Constituição. Na aplicação do § 5º do art. 14 da Lei Maior, na redação atual, não cabe, entretanto, estender o disposto no § 6º do mesmo artigo, que cuida de hipótese distinta. 12. A exegese conferida ao § 5º do art. 14 da Constituição, na redação da Emenda Constitucional nº 16/1997, ao não exigir desincompatibilização do titular para concorrer à reeleição, não ofende o art. 60, § 4º, IV, da Constituição, como pretende a inicial, com expressa referência ao art. 5º, § 2º, da Lei Maior. 13. Não são invocáveis, na espécie, os princípios da proporcionalidade e razoabilidade, da isonomia ou do pluripartidarismo, para criar, por via exegética, cláusula restritiva da elegibilidade prevista no § 5º do art. 14, da Constituição, na redação da Emenda Constitucional nº 16/1997, com a exigência de renúncia seis meses antes do pleito, não adotada pelo constituinte derivado. 14. As disposições do art. 73, § 2º, e 76, da Lei nº 4.504/1997, hão de ser visualizadas, conjuntamente com a regra do art. 14, § 5º, da Constituição, na redação atual. 15. Continuidade administrativa e reeleição, na concepção da Emenda Constitucional nº 16/1997. Reeleição e não afastamento do cargo. Limites necessários no exercício do poder, durante o período eleitoral, sujeito à fiscalização ampla da Justiça Eleitoral, a quem incumbe, segundo a legislação, apurar eventuais abusos do poder de autoridade ou do poder econômico, com as conseqüências previstas em lei. 16. Não configuração de relevância jurídica dos fundamentos da inicial, para a concessão da liminar pleiteada, visando a suspensão de vigência, até o julgamento final da ação, das normas infraconstitucionais questionadas, bem assim da interpretação impugnada do § 5º do art. 14 da Constituição, na redação da Emenda Constitucional nº 16/1997, que não exige de Chefe de Poder Executivo, candidato à reeleição, o afastamento do cargo, seis meses antes do pleito. 17. Ação direta de inconstitucionalidade conhecida, tão-só, em parte, e indeferida a liminar na parte conhecida. (Tribunal Pleno, rel. Min. Néri da Silveira, DJ de 14/11/2003).

85. A possibilidade de reeleição para o Executivo não foi propriamente uma inovação introduzida pela Emenda Constitucional nº 16/97. A CF/1891 não impedia que os Estados-membros fixassem regramento próprio acerca dos mandatos de seus presidentes. Porém, apenas as constituições de Alagoas (11/06/1891), Rio Grande do Sul (14/07/1891), Ceará (12/07/1892) e Pará (1º/09/1904) estabeleceram a possibilidade da reeleição, sendo que as duas últimas determinavam o afastamento trinta dias antes da realização da eleição. Esta autonomia foi extinta em 1934 pela segunda Carta republicana (art. 52), que unificou a vedação.

- "amplia de maneira significativa as possibilidades de escolha à disposição do eleitorado";
- "aprovará ou desaprovará um programa já em parte testado na prática";
- "permitirá – caso o voto do eleitor o consinta – a continuidade de um programa governamental";
- "representa forte estímulo ao governante para que se esmere na gestão"; e
- "permite ao sistema político aproveitar o talento gerencial e as qualidades de liderança comprovadas pelo bom desempenho".

Como desfecho do processo legislativo, adotou-se o modelo de reeleição limitada à recandidatura subsequente. Transposto um intervalo, o ciclo pode ser retomado. Há de se perquirir, no entanto, que a sua introdução, pura e simples, não se deu sem efeitos complicadores.

"A norma da reelegibilidade, introduzida em nossa Constituição pela Emenda nº 16/97[86], trouxe para o primeiro plano, nos meios políticos, o problema conhecido como 'abuso da máquina administrativa' nas campanhas eleitorais", assinalou o anteriormente referido Relatório do Projeto de Lei nº 2.695/97 apresentado junto à Câmara dos Deputados que, após o seu processamento legislativo, culminou no texto originário da vigente Lei das Eleições.

É axiomático que ao disputar a recondução exercendo sua autoridade, o mandatário usufrui de um direito. Isso, porém, determina uma desproporção de posição relativamente aos demais concorrentes ao mesmo cargo. Em função desse ponto controvertido, coube ao legislador coibir abusos e desvios em favor dos candidatos que detém o poder ou que por esses são apoiados eleitoralmente.

Verdade seja dita, a sua natureza deletéria ou vantajosa alavanca debates inconciliáveis em torno da reeleição. Os que lhe suscitam objeções invocam a sua vulnerabilidade ante o uso da máquina administrativa, a possibilidade de formação de *dinastias* no exercício sucessivo de poder e prejuízos à lisura eleitoral pela desigualdade. O excesso de personalização, face à permanência do titular no cargo, e a manipulação dos recursos, seriam outros fatores capazes de comprometer as disputas. Aqueles que ad-

86. A possibilidade de reeleição para o Executivo não foi uma inovação introduzida pela EC nº 16/97. A CF/1891 não impedia que os Estados-membros fixassem regramento próprio acerca dos mandatos de seus presidentes. Porém, apenas as constituições de Alagoas (11/06/1891), Rio Grande do Sul (14/07/1891), Ceará (12/07/1892) e Pará (1º/09/1904) estabeleceram a possibilidade da reeleição, sendo que as duas últimas determinavam o afastamento do titular trinta dias antes da realização da eleição. Esta autonomia foi extinta em 1934 pela segunda Carta republicana (art. 52), que unificou a vedação.

vogam a dualidade de papéis exultam que o eleitorado não pode abdicar da experiência e continuidade administrativas, ambas garantias de qualidade à gestão subsequente. Ressaltam, do mesmo modo, a oportunidade de se reconhecer gestões bem sucedidas reconduzindo administradores públicos capacitados às instâncias governamentais por eles ocupadas.

A Justiça Eleitoral, a partir do TSE, jamais ocultou suas restrições à reeleição. Porém, "Mais uma vez quero lembrar a impossibilidade real de separar-se a figura de qualquer candidato à reeleição do cargo por ele ocupado e ao qual deseja ser reconduzido. Essa é uma associação irrefutável, que se tem que admitir e aceitar. Mas, essa, foi a opção do legislador, sobre cuja oportunidade e conveniência não compete ao Judiciário opinar. Essa é a regra e sob ela o processo eleitoral deve seguir normalmente", consignaria o Ministro Fernando Neves à RRP nº 56/DF (RJTSE 10/3/54).

De se ver que dos seis Governadores de Estado cassados pelo Tribunal Superior Eleitoral entre 2001 e 2018 - um deles duas vezes -, cinco disputaram a reeleição. Desses, dois tiveram os seus mandatos extintos por praticarem Condutas Vedadas:

ANO	ESTADO	CANDIDATO À REELEIÇÃO/ ANO DO PLEITO	ACUSAÇÕES	ACÓRDÃO TSE
2001	PI	SIM (1998)	Abuso de Poder Econômico e Político	RO nº 510
2004	RR	SIM (2004)	Conduta Vedada (uso promocional de programas sociais custeados pelo poder público)	REspe nº 21.320
2008	PB	SIM (2006)	Condutas Vedadas e Abuso de Poder Político com conteúdo econômico	RO nº 1.497
2009	MA	NÃO (2006)	Abuso do Poder Político e Econômico e Conduta Vedada	RCED nº 671

ANO	ESTADO	CANDIDATO À REELEIÇÃO/ ANO DO PLEITO	ACUSAÇÕES	ACÓRDÃO TSE
2009	TO	SIM (2006)	Abuso do Poder Político e Econômico e Uso Indevido dos Meios de Comunicação	RCED nº 698
2017	AM	SIM (2014)	Captação Ilícita de Sufrágios	RO nº 2246-61
2018	TO	NÃO (2014)	Captação Ilícita de Recursos e Abuso de Poder Econômico	RO nº1220-86

Nesse ponto específico, são colacionados os dois acórdãos condenatórios em razão das Condutas Vedadas, o primeiro oriundo de Roraima, da lavra do Ministro Luiz Carlos Lopes Madeira proferido no Recurso Especial Eleitoral nº 21.320, DJ de 30/08/2004, e o segundo da Paraíba, pelo Ministro Eros Grau, no Recurso Ordinário nº 1.497, DJE de 02/12/2008:

> **ELEIÇÕES 2002. RECURSO ESPECIAL RECEBIDO COMO RECURSO ORDINÁRIO. PRELIMINARES DE INTEMPESTIVIDADE E PRECLUSÃO AFASTADAS. CONDUTA VEDADA AOS AGENTES PÚBLICOS. USO DE PROGRAMAS SOCIAIS, EM PROVEITO DE CANDIDATO, NA PROPAGANDA ELEITORAL. RECURSO PROVIDO PARA CASSAR O DIPLOMA DE GOVERNADOR. APLICAÇÃO DE MULTA.** Das decisões dos tribunais regionais cabe recurso ordinário para o Tribunal Superior, quando versarem sobre expedição de diplomas nas eleições federais e estaduais (CE art. 276, II, a). É vedado aos agentes públicos fazer ou permitir o uso promocional de programas sociais custeados pelo poder público.

> **RECURSO ORDINÁRIO. ELEIÇÕES 2006. AÇÃO DE INVESTIGAÇÃO JUDICIAL ELEITORAL. GOVERNADOR E VICE-GOVERNADOR. CONDUTA VEDADA A AGENTE PÚBLICO E ABUSO DE PODER POLÍTICO COM CONTEÚDO ECONÔMICO. POTENCIALIDADE DA CONDUTA. INFLUÊNCIA NO RESULTADO DAS ELEIÇÕES. ELEIÇÕES DISPUTADAS EM SEGUNDO TURNO. NÃO APLICAÇÃO DO DISPOSTO NO ARTIGO 224 DO CE. MANTIDA A CASSAÇÃO DOS DIPLOMAS DO GOVERNADOR E DE SEU VICE. PRELIMINARES: RECURSO CABÍVEL, TEMPESTIVIDADE,**

JUNTADA DE DOCUMENTOS, VÍCIO EM LAUDO PERICIAL, SUSPEIÇÃO DE PROCURADOR REGIONAL ELEITORAL, TEMPO E ORDEM DE SUSTENTAÇÃO ORAL, ILEGITIMIDADE DE PARTE. RECURSOS A QUE SE NEGA PROVIMENTO.

1. Não cabimento do recurso. O recurso cabível é o ordinário, vez que se trata de matéria que enseja a perda do mandato eletivo estadual. Precedentes.

2. Intempestividade do recurso. A devolução tardia dos autos não enseja a decretação da intempestividade de peça contestatória apresentada no prazo legal.

3. Juntada de documentos. As partes devem produzir as provas e requerer as diligências em momento próprio; não se admite o exame de documento novo sem que ocorra motivo de força maior.

4. Vício no laudo técnico pericial. Perita, servidora concursada do Tribunal de Contas da União, possui atribuição legal para auxiliar a Justiça Eleitoral no exame de contas.

5. Suspeição do Procurador Regional Eleitoral. Procurador Regional Eleitoral que oficiou no feito como *custos legis*; preliminar rejeitada.

6. Sustentação oral. A sustentação oral foi deferida às partes, pelo Tribunal de origem, nos termos de seu Regimento Interno; a concessão de prazo maior para a manifestação do Ministério Público não gera nulidade quando este funciona como fiscal da lei.

7. Ilegitimidade de uma das partes. Alegação de ilegitimidade para figurar no pólo passivo da relação processual apenas no recurso ordinário; matéria preclusa.

Quanto ao mérito:

8. Utilização de programa social para distribuir recursos públicos, mediante a entrega de cheques a determinadas pessoas, visando à obtenção de benefícios eleitorais.

9. Ausência de previsão legal e orçamentária para distribuição dos cheques; violação do disposto no artigo 73, § 10, da Lei n. 9.504/97.

10. Inexistência de critérios objetivos para escolha dos beneficiários; concessão de benefícios de valores elevados a diversas pessoas que não comprovaram estado de carência.

11. Uso promocional do programa social comprovado; participação do Governador no projeto "Ciranda de Serviços", associado à distribuição de cheques, no qual atendia pessoalmente eleitores em diversos municípios do Estado; envio de foto do Governador junto com os cheques distribuídos; utilização de imagens do Governador na propaganda eleitoral gratuita do então candidato à reeleição.

> 12. Elevação dos gastos com o "programa" às vésperas do período eleitoral.
>
> 13. Potencialidade da conduta; quantidade de cheques nominais e de recursos públicos distribuídos suficiente para contaminar o processo eleitoral, determinando a escolha de voto dos beneficiários e de seus familiares.
>
> 14. A probabilidade de comprometimento da normalidade e equilíbrio da disputa é suficiente para ensejar a cassação do diploma de quem nessas circunstâncias foi eleito. Precedentes.
>
> 15. Cassado o diploma de Governador de Estado, eleito em segundo turno, pela prática de ato tipificado como conduta vedada, deve ser diplomado o candidato que obteve o segundo lugar. Precedente.

De outro lado, a passionalidade e o excesso de boatos pelas mídias e adversários políticos em torno de providências rigorosamente normais de governo podem gerar estados emocionais muitas vezes negativos na opinião pública. Contudo, é de se ter presente que atos de gestão administrativa executados no período eleitoral, mesmo numa situação de recandidatura, são legais e legítimos, não corporificando abuso ou desvio de poder, sendo temerária, às vezes de modo infamante, a presunção de tais vícios. Há necessidade de prova sólida das imputações de favorecimentos indevidos nas reeleições, consoante detalharam os Recursos Ordinários nºs 4818-83/SE (DJE de 11/10/2011) e 2.233/RR (DJE de 10/03/2010):

> **RECURSO ORDINÁRIO. ELEIÇÕES 2006. GOVERNADOR. SENADOR. REPRESENTAÇÃO. CONDUTAS VEDADAS AOS AGENTES PÚBLICOS EM CAMPANHA. ART. 73, I E II, DA LEI Nº 9.504/97. FALTA DE PROVAS.**
>
> 1. A caracterização da conduta vedada prevista no art. 73, I, da Lei nº 9.504/97 pressupõe a cessão ou o uso, em benefício de candidato, partido político ou coligação, de bens móveis ou imóveis pertencentes à administração direta ou indireta da União, dos Estados, do Distrito Federal, dos Territórios e dos Municípios. 2. A conduta vedada do art. 73, II, da Lei nº 9.504/97 configura-se mediante o uso de materiais ou serviços, custeados pelos Governos ou Casas Legislativas, que excedam as prerrogativas consignadas nos regimentos e normas dos órgãos que integram. 3. Na espécie, aduz-se que houve utilização da máquina administrativa do Estado de Sergipe em favor da candidatura do governador, candidato à reeleição, e de sua esposa ao Senado, por meio da distribuição de cartas com pedido de voto, em setembro de 2006, a alunos de um estabelecimento de ensino no Estado de Sergipe, com violação do art. 73, I e

II, da Lei nº 9.504/97. 4. Contudo, o recorrente não se desincumbiu do ônus de demonstrar que as correspondências foram confeccionadas com dinheiro público e que o primeiro recorrido determinou a distribuição das cartas na rede pública de ensino. 5. Ademais, embora a utilização de informações de banco de dados de acesso restrito da Administração Pública possa, em tese, configurar a conduta vedada no art. 73, I, da Lei nº 9.504/97, não há, nestes autos, provas que demonstrem a natureza do banco de dados da Secretaria Estadual de Educação de Sergipe - se de acesso livre ou restrito - o que impede a condenação dos recorridos. 6. Recurso ordinário não provido.

CHAPA ÚNICA. IMPOSSIBILIDADE JURÍDICA DO PEDIDO. ABUSO DE PODER POLÍTICO. DISTRIBUIÇÃO DE BRINDES. COMEMORAÇÃO DO DIA DAS MÃES. AUSÊNCIA DE PROVA DO INTUITO ELEITORAL DO EVENTO. JORNAL. REALIZAÇÕES DO GOVERNO. TRATORES E INSUMOS AGRÍCOLAS. CONTINUIDADE DE PROGRAMA SOCIAL. AULA MAGNA. INAUGURAÇÃO DE OBRA PÚBLICA. DESCARACTERIZAÇÃO. USO DE SÍMBOLO. COMPETÊNCIA. COMPARECIMENTO PESSOAL. ENTREGA DE TÍTULOS FUNDIÁRIOS. ATO DE GOVERNO. VALE SOLIDARIEDADE. PROGRAMA DO GOVERNO ANTERIOR. ENTREGA EM DOBRO NÃO COMPROVADA. CONDUTA VEDADA. SERVIDOR PÚBLICO OU AGENTE PÚBLICO. ESTAGIÁRIOS. CONTRATAÇÃO.

1. De acordo com o princípio da indivisibilidade da chapa única majoritária, segundo o qual, por ser o registro do governador e vice-governador realizado em chapa única e indivisível (art. 91 do Código Eleitoral), a apuração de eventual censura em relação a um dos candidatos contamina a ambos. A morte do titular da chapa impõe a interpretação de referido princípio com temperamentos. (...). 4. A publicidade através de mídia escrita deve ostentar potencialidade lesiva para caracterizar o abuso a que alude o art. 74 da Lei 9.504/97. 5. Não há ilicitude na continuidade de programa de incentivo agrícola iniciado antes do embate eleitoral. 6. Os atos próprios de governo não são vedados ao candidato à reeleição. 7. O ato de proferir aula magna não se confunde com inauguração de obra pública. 8. O alegado maltrato ao princípio da impessoalidade em vista da utilização de símbolo de governo não constitui matéria eleitoral, devendo ser a questão levada ao conhecimento da Justiça Comum. Precedentes. 9. A continuidade de programa social iniciado no governo anterior não encontra óbice na legislação eleitoral, não restando comprovadas, ademais, a alegação de pagamento em dobro do benefício às vésperas da eleição. 10. Ainda que se admita interpretação ampliativa do

> disposto no art. 73, V, da Lei 9.504/97 é necessário, ao menos, vínculo direto com a Administração. 11. Não comprovada a ligação entre as contratações e a campanha eleitoral, eventuais irregularidades devem ser apuradas em outras instâncias. 12. Recurso ordinário desprovido.

Há, é inegável, uma suposição generalizada, até mesmo em considerável parcela da doutrina, de que a recandidatura se guia pelo excesso. No entanto, de tudo quanto se possa porventura opor ao instituto ora em revista, é insensato conjecturar que todo agente político, na condição de candidato à reeleição, baseia a sua postura no uso eleitoreiro da estrutura administrativa por ele chefiada. Considerar tal hipótese equivaleria rotular todo o pretendente à reeleição como um *infrator nato*, sem se falar no aniquilamento do instituto.

"Na verdade", facilmente se compreende que "pelo sistema adotado, o candidato à reeleição prossegue no cumprimento de suas obrigações como mandatário do cargo para o qual foi eleito. Isso quer dizer que continua a cumprir sua agenda de trabalho. (...). Necessário conviver com essas dificuldades, como ocorre em diversos outros países que também admitem a reeleição" (AgRgRp nº 1.252/DF, DJ de 23/10/2007, p. 134).

Nessa toada, nunca será demasiado lembrar que na ausência de provas, não há como imputar, por exemplo, que o caráter oficial de um determinado compromisso está relacionado à agenda eleitoral. A par das dificuldades naturais de distinção entre a conduta do gestor e a do candidato, que são fronteiriças, "Não há como negar que dos atos regularmente praticados em decorrência do exercício do cargo público sempre ou ao menos em na maior parte das vezes irão decorrer efeitos, positivos ou negativos, na formação do juízo que os administrados fazem de seus administradores, com reflexos na renovação dos mandatos" (RJTSE 10/3/54).

Note-se, a propósito, conforme averbou o redator do Recurso Ordinárionº 399/MG (DJ de 24/11/00), "que a configuração do abuso de poder político, em se tratando de hipótese na qual o candidato é admitido a concorrer sem se afastar do exercício do cargo público, é matéria das mais tormentosas, pois, não se ignora, tal condição impede que se atinja o ideal de perfeita igualdade de condições entre os diversos disputantes".

"No entanto", como a seguir aditou, "esse ideal de igualdade, na realidade, é inatingível de forma absoluta, em decorrência da própria diversidade de situações que as circunstâncias de cada candidato propiciam. Assim, alguém que exerça a sua profissão nos meios de comunicação, em atividades de entretenimento, no magistério, enfim, profissões que demandem contato simultâneo com um maior número de pessoas, certamente leva, ao menos em linha de princípio, vantagem sobre os demais na lida eleitoral.

O mesmo se dá com relação a quem esteja no exercício de cargo público".

E "Isso está evidente no quadro da reeleição. A mídia, sem dúvida, empresta uma atenção muito maior para os eventuais ocupantes dos cargos públicos. Isto se dá no plano federal e, talvez até com maior razão, também no plano estadual. E às vezes, se for o caso, no plano municipal. (...). Essa é uma questão notória, não há como discutir e não há como impedir que os detentores de poder participem do processo eleitoral num estado partidariamente ocupado. Esse é um dado da realidade, de constatação sociológica, não há como evitar. Felizmente, é constatado nas democracias e pode ser superado. É preciso que se levem em conta esses fatos e não se impressionar com divulgações, entrevistas ou abordagens de cunho eventualmente favorável ao governo, já que cabe à oposição, no processo, fazer o contraponto. Esse é um ônus do processo democrático" (Recurso Ordinário nº 725/GO, j. 12/04/2005, p. 51).

De outro lado, é conveniente desmistificar a ideia de que a reeleição está assegurada de modo automático ou natural aos que se encontram no exercício dos cargos assinalados pelo § 5º do art. 14 da CF/88. Para recandidatarem-se, Presidentes da República, Governadores de Estado e do Distrito Federal, Prefeitos Municipais e quem mais os houver sucedido ou substituído no curso dos mandatos, deverão estar elegíveis nos termos da Constituição Federal e da Lei Complementar nº 64/90, esta com a redação que lhe foi atribuída pela LC nº 135/10. Por essa razão, cumpre meditar, estarão excluídos da possibilidade de recondução os quadros dirigentes que, no curso do seu governo, foram condenados por decisão transitada em julgado ou proferida por órgão judicial colegiado pela prática de qualquer dos crimes arrolados pela letra *e* do inciso I do art. 1º da *Lei da Ficha Limpa*[87]; que tiveram as suas contas rejeitadas por irregularidade insanável configuradora de ato doloso de improbidade administrativa, e por decisão irrecorrível do órgão competente; que restaram excluídos do exercício da sua profissão por infração ética e todos aqueles que incidirem nas demais hipóteses legais prescritas.

87. Diz a LC 135/10:

1. contra a economia popular, a fé pública, a administração pública e o patrimônio público; 2. contra o patrimônio privado, o sistema financeiro, o mercado de capitais e os previstos na lei que regula a falência;

3. contra o meio ambiente e a saúde pública; 4. eleitorais, para os quais a lei comine pena privativa de liberdade; 5. de abuso de autoridade, nos casos em que houver condenação à perda do cargo ou à inabilitação para o exercício de função pública; 6. de lavagem ou ocultação de bens, direitos e valores; 7. de tráfico de entorpecentes e drogas afins, racismo, tortura, terrorismo e hediondos; 8. de redução à condição análoga à de escravo; 9. contra a vida e a dignidade sexual; e10. praticados por organização criminosa, quadrilha ou bando.

Outra avaliação que se impõe ter presente é a de que governar desgasta. Assim como existem os ventos favoráveis, existem os contrários. Promessas não executadas, mesmices e gestões inconvincentes podem ocasionar insucessos eleitorais aos que se recandidatam. A história política está repleta de exemplos desses naufrágios.

Nesse contexto, em vista de uma regra constitucional maturada, é crível apontar que não obstante o potencial que reveste a candidatura do titular, concorrer à recondução no exercício da autoridade não consubstancia uma tarefa que se possa denominar exatamente singela. No plano da realidade político-administrativa, reeleger-se pode significar um desafio mais laborioso do que simplesmente eleger-se. E isso, não há dúvida, vale para o cargo executivo que for.

Por esse ângulo, lembrou com propriedade Celso Ribeiro BASTOS (1998):

> [...] o fato de estar no exercício de funções executivas não desequilibra a igualdade que deve reinar entre os candidatos, porque a recandidatura não é exclusivamente fonte de vantagens, mas sem dúvida alguma, é raiz de não poucos desgastes perante a opinião pública.

Nessa mesma linha, uma questão adicional merecedora de abordagem é a que envolve o truísmo em torno da "vantagem absoluta" da reeleição.

A especificidade da variante brasileira, bem como do seu regramento, projetam relações peculiares em torno do poder. Nesse sentido, o instituto comporta dois prismas: o jurídico e o político.

No que diz ao primeiro encontram-se as disposições constitucionais e legais antes vistas, aquelas impondo limites temporais (uma reeleição subsequente) e a outras limitações de natureza político-administrativas (condutas vedadas) visando à proteção da probidade administrativa e a normalidade e legitimidade das eleições.

Esses componentes normativos, tonificados pela jurisprudência, impossibilitam o candidato à reeleição de dispor livre e ilimitadamente do seu poder. Conquanto permaneça investido no seu mandato, fruto legítimo de eleição anteriormente disputada, os tipos constantes do art. 73 da Lei nº 9.504/97 definem diversas "condutas tendentes a afetar a igualdade de oportunidades entre candidatos nos pleitos eleitorais".

Ainda contemplando as hipóteses de demarcação de poder na esfera da recandidatura, as garantias constitucionais de natureza eleitoral buscam salvaguardar o interesse coletivo por disputas livres (CF, art. 14, *caput*) e a exigência de candidatos que preencham os requisitos legais para o exercício de poderes públicos (CF, art. 14, §9º). Delimitados, assim, os raios de ação do gestor-candidato.

Essas demarcações, convém insistir, são rigorosas e de compulsória observância. Objetivam coibir abusos de diversos matizes e equilibrar a desproporção existente na posição dos candidatos da disputa eleitoral. Desproporção essa, saliente-se, irrefragavelmente estabelecida no sistema constitucional com amparo no art. 59 da CF[88].

Do ponto de vista sociológico, retornando ao fator de desigualdade das pelejas a partir da permanência dos mandatários em seus poderes, é congruente citar a conclusão de Carl SCHMITT (1971, p. 49)[89] quando, com invulgar detença, investigou minuciosamente a ocupação dos espaços políticos.

Desenvolvendo a sua conhecida concepção política em torno da Constituição, o professor da Universidade Humboldt dissertou:

> O partido dominante dispõe de toda a preponderância que leva consigo em um estado onde impera esta classe de legalidade a mera posse dos meios legais do poder. A maioria deixa repentinamente de ser um partido, trata-se de um estado mesmo.

Ainda de acordo com o jurista alemão,

> Por mais estritas e delimitadas que sejam as normas a que está sujeito o estado legislativo na execução da lei, "destaca-se sempre o ilimitado que está por trás", como foi dito certa vez por Otto Mayer. Em consequência, acima de toda normatividade, a mera posse do poder estatal produz uma mais-valia política adicional que vem acrescentar-se ao poder puramente

88. Art. 59. O processo legislativo compreende a elaboração de:
I - emendas à Constituição;
II - leis complementares;
III - leis ordinárias;
IV - leis delegadas;
V - medidas provisórias;
VI - decretos legislativos;
VII - resoluções.
Parágrafo único. Lei complementar disporá sobre a elaboração, redação, alteração e consolidação das leis.

89. Tradução livre do espanhol pelo autor.

legal e normativista, uma vantagem supralegal relativa à posse legal do poder em favor da maioria.

Em suma, apesar da inerente complexidade que circunda o tema, a linha doutrinária do precitado autor combinada à interpretação estabelecida pelo STF na ADIN nº 1.805/DF (desnecessidade de desincompatibilização) autoriza o reconhecimento de que o candidato à reeleição encontra-se numa posição jurídico-política diferenciada, verdadeiramente peculiar em termos de poder. Isso, contudo, em momento algum o credencia automaticamente como competidor favorito da disputa eleitoral.

Sobre parentesco e reeleição, para não gastar muito esforço, vide o esclarecido pelo Pleno do Supremo Tribunal Federal no Recurso Extraordinário nº 344.882/BA, DJ de 06/08/2004:

> **Elegibilidade: cônjuge e parentes do chefe do Poder Executivo: elegibilidade para candidatar-se à sucessão dele, quando o titular, causador da inelegibilidade, pudesse, ele mesmo, candidatar-se à reeleição, mas se tenha afastado do cargo até seis meses antes do pleito.** 1. A evolução do Direito Eleitoral brasileiro, no campo das inelegibilidades, girou durante décadas em torno do princípio basilar da vedação de reeleição para o período imediato dos titulares do Poder Executivo: regra introduzida, como única previsão constitucional de inelegibilidade, na primeira Carta Política da República (Const. 1891, art. 47, § 4º), a proibição se manteve incólume ao advento dos textos posteriores, incluídos os que regeram as fases de mais acendrado autoritarismo (assim, na Carta de 1937, os arts. 75 a 84, embora equívocos, não chegaram à admissão explícita da reeleição; e a de 1969 (art. 151, § 1º, a) manteve-lhe o veto absoluto). 2. As inspirações da irreelegibilidade dos titulares serviram de explicação legitimadora da inelegibilidade de seus familiares próximos, de modo a obviar que, por meio da eleição deles, se pudesse conduzir ao continuísmo familiar. 3. Com essa tradição uniforme do constitucionalismo republicano, rompeu, entretanto, a EC 16/97, que, com a norma permissiva do § 5º do art. 14 CF, explicitou a viabilidade de uma reeleição imediata para os Chefes do Executivo. 4. Subsistiu, no entanto, a letra do § 7º, atinente a inelegibilidade dos cônjuges e parentes, consanguíneos ou afins, dos titulares tornados reelegíveis, que, interpretado no absolutismo da sua literalidade, conduz a disparidade ilógica de tratamento e gera perplexidades invencíveis. 5. Mas, é lugar comum que o ordenamento jurídico e a Constituição, sobretudo, não são aglomerados caóticos de normas; presumem-se um conjunto harmônico de regras e de princípios: por isso, é impossível

> negar o impacto da Emenda Constitucional nº 16 sobre o § 7º do art. 14 da Constituição, sob pena de consagrar-se o paradoxo de impor-se ao cônjuge ou parente do causante da inelegibilidade o que a este não se negou: permanecer todo o tempo do mandato, se candidato à reeleição, ou afastar-se seis meses, para concorrer a qualquer outro mandato eletivo. 6. Nesse sentido, a evolução da jurisprudência do TSE, que o STF endossa, abandonando o seu entendimento anterior.

Especificamente sobre inelegibilidade reflexa e município vizinho onde um cônjuge já exerce mandato na chefia do Poder Executivo, o TSE decidiu o Recurso Especial Eleitoral nº 19.257/AL (DJE de 12/08/2019):

> **DIREITO CONSTITUCIONAL E ELEITORAL. RECURSO ESPECIAL ELEITORAL. ELEIÇÕES 2016. REGISTRO DE CANDIDATURA. CÔNJUGE DE PREFEITO REELEITO EM MUNICÍPIO VIZINHO. CAUSA DE INELEGIBILIDADE REFLEXA POR PARENTESCO PREVISTA NO ART. 14, § 7º, DA CONSTITUIÇÃO. NÃO INCIDÊNCIA. DESPROVIMENTO.**
>
> 1. Recurso especial eleitoral interposto contra acórdão do TRE/AL que deferiu o pedido de registro de candidatura de Emanuella Corado Acioli de Moura ao cargo de Prefeita do Município de Barra de Santo Antônio/ AL nas eleições de 2016.
>
> 2. No caso, a recorrida, Prefeita eleita em 2016, é cônjuge do Prefeito de Paripueira (município vizinho de Barra de Santo Antônio), que foi eleito em 2008 e reeleito em 2012.
>
> 3. A controvérsia consiste em saber se a inelegibilidade reflexa por parentesco, prevista no art. 14, § 7º, da Constituição Federal, proíbe que cônjuge e parentes consanguíneos ou afins do chefe do Poder Executivo candidatem-se não apenas no "território de jurisdição do titular", mas também em municípios vizinhos onde o titular exerça "influência política".
>
> 4. O STF, sob o regime da repercussão geral, firmou o entendimento de que o art. 14, § 5º, da Constituição deve ser interpretado no sentido de que a proibição da segunda reeleição torna inelegível para o cargo de chefe do Poder Executivo o cidadão que já exerceu dois mandatos consecutivos em cargo da mesma natureza, ainda que em ente da federação diverso (RE nº 637485, Rel. Min. Gilmar Mendes, j. em 01.08.2012). Conforme o entendimento da Corte, tal interpretação seria necessária, à luz do princípio republicano, para impedir a perpetuação de uma mesma pessoa no poder, criando a figura do "prefeito itinerante".
>
> 5. Todavia, o entendimento do STF a respeito da inelegibilidade do "prefeito itinerante" não pode ser aplicado, automaticamente, ao caso

de inelegibilidade reflexa. Em primeiro lugar, o precedente do STF conferiu interpretação ao art. 14, § 5º, da CF/88, enquanto que o caso em análise se fundamenta no art. 14, § 7º, da CF/88. Desse modo, não é possível aplicar, por simples analogia, as conclusões daquele precedente ao caso dos autos.

6. Em segundo lugar, o direito à elegibilidade é direito fundamental. Como resultado, de um lado, o intérprete deverá, sempre que possível, privilegiar a linha interpretativa que amplie o gozo de tal direito. De outro lado, as inelegibilidades devem ser interpretadas restritivamente, a fim de que não alcancem situações não expressamente previstas pela norma. Precedentes.

7. Ademais, em relação à presente hipótese, a jurisprudência do Tribunal Superior Eleitoral é no sentido de que o cônjuge e os parentes de prefeito reeleito não são inelegíveis para o mesmo cargo em outra circunscrição eleitoral, ainda que em município vizinho, desde que este não resulte de desmembramento, incorporação ou fusão realizada na legislatura imediatamente anterior ao pleito. Essa compreensão foi reafirmada para as eleições de 2016 no AgR-REspe nº 220-71/SE, Rel. Min. Luciana Lóssio, j. em 08.03.2017. Portanto, eventual revisão de jurisprudência não poderia ser aplicada ao caso em análise.

8. Como forma de privilegiar o direito à elegibilidade e em linha com a jurisprudência do TSE, entendo que, em regra, a vedação ao terceiro mandato consecutivo familiar, prevista no art. 14, § 7º, da CF/88, limita-se ao território de jurisdição do titular. Não cabe aplicar, por analogia, o entendimento do STF relativo à inelegibilidade do "prefeito itinerante" para impedir a candidatura, em outro município da federação, do cônjuge e dos parentes consanguíneos ou afins de chefe do Poder Executivo.

9. Recurso especial eleitoral a que se nega provimento.

Dizendo a CF/88 que "são inelegíveis, no território de jurisdição do titular, o cônjuge e os parentes consanguíneos ou afins, até o segundo grau ou por adoção, do Presidente da República, de Governador de Estado ou Território, do Distrito Federal, de Prefeito ou de quem os haja substituído dentro dos seis meses anteriores ao pleito, salvo se já titular de mandato eletivo e candidato à reeleição", e sendo os direitos políticos personalíssimos, o rigor etimológico da expressão constitucional deve prevalecer.

Nesta conformidade, ou seja, de que o território do Município se restringe ao seu espaço físico e somente a ele, "O cônjuge e os parentes de prefeito em segundo mandato são elegíveis em outra circunscrição eleitoral, ainda que em município vizinho, desde que este não resulte de desmembramento, incorporação ou fusão realizada na legislatura imediatamente anterior ao pleito".[90]

Acerca da candidatura de prefeito reeleito à chefia do Poder Executivo em municipalidade diversa, apesar do assunto não ter sido objeto de abordagem específica pela Constituição Federal, o STF, no julgamento do Recurso Extraordinário nº 637.485/RJ, inadmitiu a tese dos *prefeitos itinerantes*. Para a Corte Suprema, o art. 14, § 5º, da Constituição Federal deve ser interpretado no sentido de que a proibição da segunda reeleição é absoluta, e torna inelegível para determinado cargo de Chefe do Poder Executivo o cidadão que já exerceu dois mandatos consecutivos em cargo da mesma natureza, ainda que em ente da Federação diverso:

> **RECURSO EXTRAORDINÁRIO. REPERCUSSÃO GERAL. REELEIÇÃO. PREFEITO. INTERPRETAÇÃO DO ART. 14, § 5º, DA CONSTITUIÇÃO. MUDANÇA DA JURISPRUDÊNCIA EM MATÉRIA ELEITORAL. SEGURANÇA JURÍDICA. I. REELEIÇÃO. MUNICÍPIOS. INTERPRETAÇÃO DO ART. 14, § 5º, DA CONSTITUIÇÃO. PREFEITO. PROIBIÇÃO DE TERCEIRA ELEIÇÃO EM CARGO DA MESMA NATUREZA, AINDA QUE EM MUNICÍPIO DIVERSO.** O instituto da reeleição tem fundamento não somente no postulado da continuidade administrativa, mas também no princípio republicano, que impede a perpetuação de uma mesma pessoa ou grupo no poder. O princípio republicano condiciona a interpretação e a aplicação do próprio comando da norma constitucional, de modo que a reeleição é permitida por apenas uma única vez. Esse princípio impede a terceira eleição não apenas no mesmo município, mas em relação a qualquer outro município da federação. Entendimento contrário tornaria possível a figura do denominado "prefeito itinerante" ou do "prefeito profissional", o que claramente é incompatível com esse princípio, que também traduz um postulado de temporariedade/alternância do exercício do poder. Portanto, ambos os princípios – continuidade administrativa e republicanismo – condicionam a interpretação e a aplicação teleológicas do art. 14, § 5º, da Constituição. O cidadão que exerce dois mandatos consecutivos como prefeito de determinado município fica inelegível para o cargo da mesma natureza em qualquer outro município da federação. II. MUDANÇA DA JURISPRUDÊNCIA EM MATÉRIA ELEITORAL. SEGURANÇA JURÍDICA. ANTERIORIDADE ELEITORAL. NECESSIDADE DE AJUSTE DOS EFEITOS DA DECISÃO. Mudanças radicais na interpretação da Constituição devem ser acompanhadas da

90. TSE, AgRgREspe nº 22.071/SE, DJE de 19/04/2017 e AgRgREspe nº 83.291/BA, PSESS de 11/12/2012.

devida e cuidadosa reflexão sobre suas consequências, tendo em vista o postulado da segurança jurídica. Não só a Corte Constitucional, mas também o Tribunal que exerce o papel de órgão de cúpula da Justiça Eleitoral devem adotar tais cautelas por ocasião das chamadas viragens jurisprudenciais na interpretação dos preceitos constitucionais que dizem respeito aos direitos políticos e ao processo eleitoral. Não se pode deixar de considerar o peculiar caráter normativo dos atos judiciais emanados do Tribunal Superior Eleitoral, que regem todo o processo eleitoral. Mudanças na jurisprudência eleitoral, portanto, têm efeitos normativos diretos sobre os pleitos eleitorais, com sérias repercussões sobre os direitos fundamentais dos cidadãos (eleitores e candidatos) e partidos políticos. No âmbito eleitoral, a segurança jurídica assume a sua face de princípio da confiança para proteger a estabilização das expectativas de todos aqueles que de alguma forma participam dos prélios eleitorais. A importância fundamental do princípio da segurança jurídica para o regular transcurso dos processos eleitorais está plasmada no princípio da anterioridade eleitoral positivado no art. 16 da Constituição. O Supremo Tribunal Federal fixou a interpretação desse artigo 16, entendendo-o como uma garantia constitucional (1) do devido processo legal eleitoral, (2) da igualdade de chances e (3) das minorias (RE 633.703). Em razão do caráter especialmente peculiar dos atos judiciais emanados do Tribunal Superior Eleitoral, os quais regem normativamente todo o processo eleitoral, é razoável concluir que a Constituição também alberga uma norma, ainda que implícita, que traduz o postulado da segurança jurídica como princípio da anterioridade ou anualidade em relação à alteração da jurisprudência do TSE. Assim, as decisões do Tribunal Superior Eleitoral que, no curso do pleito eleitoral (ou logo após o seu encerramento), impliquem mudança de jurisprudência (e dessa forma repercutam sobre a segurança jurídica), não têm aplicabilidade imediata ao caso concreto e somente terão eficácia sobre outros casos no pleito eleitoral posterior. III. REPERCUSSÃO GERAL. Reconhecida a repercussão geral das questões constitucionais atinentes à (1) elegibilidade para o cargo de Prefeito de cidadão que já exerceu dois mandatos consecutivos em cargo da mesma natureza em Município diverso (interpretação do art. 14, § 5º, da Constituição) e (2) retroatividade ou aplicabilidade imediata no curso do período eleitoral da decisão do Tribunal Superior Eleitoral que implica mudança de sua jurisprudência, de modo a permitir aos Tribunais a adoção dos procedimentos relacionados ao exercício de retratação ou declaração de inadmissibilidade dos recursos repetitivos, sempre que as decisões recorridas contrariarem ou se pautarem pela orientação ora firmada. IV. EFEITOS DO PROVIMENTO DO RECURSO EXTRAORDINÁRIO. Recurso extraordinário provido para: (1) resolver o caso concreto no sentido de que a decisão do TSE no RESPE

> 41.980-06, apesar de ter entendido corretamente que é inelegível para o cargo de Prefeito o cidadão que exerceu por dois mandatos consecutivos cargo de mesma natureza em Município diverso, não pode incidir sobre o diploma regularmente concedido ao recorrente, vencedor das eleições de 2008 para Prefeito do Município de Valença-RJ; (2) deixar assentados, sob o regime da repercussão geral, os seguintes entendimentos: (2.1) o art. 14, § 5º, da Constituição, deve ser interpretado no sentido de que a proibição da segunda reeleição é absoluta e torna inelegível para determinado cargo de Chefe do Poder Executivo o cidadão que já exerceu dois mandatos consecutivos (reeleito uma única vez) em cargo da mesma natureza, ainda que em ente da federação diverso; (2.2) as decisões do Tribunal Superior Eleitoral que, no curso do pleito eleitoral ou logo após o seu encerramento, impliquem mudança de jurisprudência, não têm aplicabilidade imediata ao caso concreto e somente terão eficácia sobre outros casos no pleito eleitoral posterior.

Em que pese o mérito da matéria ter sido decidido, o Ministro Cezar Peluso, ao divergir, traçou maciças considerações no seu voto minoritário cujos excertos vão a seguir selecionados porquanto o tema debatido abordou o exercício de Direitos Fundamentais. A seu ver,

> Não há nenhuma vedação constitucional absoluta, não existe uma regra constitucional de caráter geral que proíba eleições sucessivas para vários cargos. Então, a meu ver, essa racionalidade não está em vedar a criação daquilo que, com evidente espírito crítico, se chama de "político profissional" ou de "prefeito itinerante", como alguém que se elege para diversos cargos sucessiva e indefinidamente. Isso é possível acontecer com todos os demais cargos, só não o é com o de prefeito. Só nesta hipótese se trata do mesmo cargo, e a norma não pode ser interpretada como referência a cargo da mesma natureza.
>
> Aliás, sob certo ponto de vista, a experiência na Administração pode ser até coisa muito boa para efeito da tutela dos interesses públicos, porque também é verdade que a inexperiência, em relação à Administração Pública, pode ser desastrosa para, no caso, o Município, enfim, para o Governo, para a Administração Pública em geral.
>
> O prefeito de uma cidade não é reeleito para cargo de outra cidade; isto não é reeleição. Quando se diz que o cidadão foi reeleito, evidentemente, se supõe e entende, a menos que haja outra convenção linguística, que ele foi eleito para o mesmo cargo! Então, se a Constituição fala em reeleição, evidentemente, significa para o mesmo cargo. E também, quando se refere a mandato, significa, evidentemente, mandato relativo ao mesmo cargo.

> Logo, a meu ver, e com o devido respeito, neste caso não há lugar para a ideia da fraude à Constituição, ou à "fraus constitutionis", porque não existe nenhuma regra constitucional, como tal cogente, proibitiva dessa reeleição.

A despeito da inteligência e densidade manifestadas pelos votos vencedores, a inelegibilidade, porque implica numa exceção, há de estar expressamente enumerada nos textos de regência. Desse modo, tal como afirmado pelo voto dissidente que integra o acórdão, cremos inviável uma construção constitucional que culmine no acréscimo de um impedimento de direito inerente à cidadania ao desamparo de tal premissa, sobremodo quando a regra é a da elegibilidade. Não sendo assim, visível será a incongruência.

Volvendo para o texto da Lei Maior, é descomplicado verificar que o constituinte de 1987/1988, reiterando técnica redacional inaugurada pela Carta de 1934, optou por estipular as inelegibilidades territoriais. Assim procedendo, parece pacífico, não foi seu desejo estabelecer que determinadas autoridades com jurisdição numa circunscrição (governadores, prefeitos, vices), após o seu regular exercício, fiquem inelegíveis para outras. Dito noutros termos: a par de casuístico, o disciplinamento versado pela CF/88 não obstruiu nominalmente a possibilidade da candidatura "em outro ente da Federação". Na legislação também não são encontrados impedimentos desta natureza.

A essência dos mandamentos acima examinados foi vedar uma hermenêutica ampliativa. Exemplo vivo disso foi a jurisprudência construída pelo TSE ao longo dos anos, mais especificamente desde o início da vigência da Constituição Federal de 1988, no sentido de que detentor de mandato de prefeito municipal, que tivesse ou não sido reeleito, poderia ser candidato a prefeito em outro município, vizinho ou não, em período subsequente, exceto se se tratasse de município desmembrado, incorporado ou que resultasse de fusão[91], não cuidando tal hipótese de um terceiro mandato, vedado que foi pelo art. 14, §5°, da CF.[92]

À falta de outros disciplinamentos específicos sobre o instituto, é útil examinar uma brevíssima amostragem da jurisprudência que foi se estabelecendo progressivamente no Tribunal Superior Eleitoral nos processos onde há reeleição:

91. TSE, CTA nº 841/RJ, DJ de 27/02/2003;
92. TSE, CTA nº 21.487/DF, DJ de 16/09/2003.

- As alterações promovidas pela Lei nº 13.165/2015 estreitando o processo eleitoral e postergando a data-limite para apresentação do registro de candidatura, não alteraram **a possibilidade de que gestores compareçam a eventos imbuídos da condição material de concorrentes à reeleição.** Portanto, o fato de o gestor não ostentar a qualificação formal de candidato não afasta a necessidade de proteção reconhecida pelo art. 77 da Lei nº 9.504/1997[93];
- Revela-se maior a **reprovabilidade da conduta do agente público que concorre à reeleição** ao cargo de Governador e se vale de convênio firmado com a Prefeitura da capital do Estado, em data próxima ao início do período eleitoral, para fixar placas ao longo de via de intenso fluxo de veículos na cidade, contendo símbolos oficiais da Prefeitura e do Estado[94];
- Sendo o gestor municipal candidato à reeleição beneficiário e autor da conduta ilícita, não prevalece a necessidade de formação do **litisconsórcio passivo necessário** com os demais agentes públicos envolvidos na conduta vedada encetada[95];
- A inelegibilidade inserta no art. 14, § 7º, da Constituição da República não se patenteia se o **cônjuge ou parente já for titular de mandato eletivo e candidato à reeleição**[96];
- **Vice-presidente da República, vice-governador de Estado ou do Distrito Federai ou vice-prefeito**, reeleito ou não, **pode se candidatar ao cargo do titular, mesmo tendo substituído aquele** no curso do mandato[97].

15.9.1.1. Reeleição para o Poder Executivo na perspectiva do Direito Eleitoral Comparado

Buscando distender o exame da incidência dos regramentos e princípios erigidos em torno da reeleição para a chefia do Poder Executivo nacional, ainda que de modo expedito, é de bom alvitre disponibilizar o trato que lhes é dispensado pelo direito alienígena.

Para isso, valemo-nos do Direito Comparado para localizar e inserir o instituto no cenário contemporâneo.

Iniciaremos pela Vigésima Segunda Emenda da Constituição norte-americana, datada de 27/02/1951 e que assim dispõe: "Ninguém poderá

93. TSE, AgRgREspe nº 29409/PI, DJE de 05/04/2019.
94. TSE, AgRgREspe nº 184322/AP, DJE de 13/09/2019.
95. TSE, AgRgREspe nº 134240/MG, DJE de 05/08/2019.
96. TSE, AgRgREspe nº 21594/SP, DJE de 02/06/2017.
97. TSE, CTA nº 689, DJ de 14/12/2001 (circulado em 17/12/2001).

ser eleito mais de duas vezes para o cargo de Presidente". Diante desta inflexibilidade, a reeleição pode ser exercida consecutivamente ou não, mas apenas uma vez.

Noutro norte, nos Estados Unidos, a fisionomia da reeleição presidencial não gera simetria relativamente às esferas estaduais e municipais, que são livres para estabelecê-la ou repudiá-la. Entretanto, dos 50 Estados que compõem a União Federal, 33 disciplinaram a recondução de governadores e vice-governadores.

Para melhor compreender a interessante autonomia federativa estadunidense, é válido agrupar aqueles entes regionais a partir do feitio de reeleição que ficou estabelecida por cada um:

ESTADOS	DISCIPLINA
Califórnia, Delaware, Michigan, Mississippi, Missouri e Nevada	Somente dois mandatos, consecutivos ou não
Montana	mandatos limitados a 8 ou mais anos dentro de um período total de 16 anos
Alabama e Virgínia	Vedação à reeleição no mandato imediatamente seguinte
Carolina do Norte, Flórida, Geórgia, Havaí, Indiana, Kansas, New Jersey, Ohio, Pensilvânia	dois mandatos consecutivos
Arkansas, Connecticut, Dakota do Norte, Idaho, Illinois, Iowa, Massachusetts, Minnesota, New Hampshire, Nova York, Texas, Utah, Washington, Wisconsin e Wyoming	reeleições ilimitadas

No continente europeu, onde predomina o sistema parlamentarista[98], a Constituição Francesa (art. 6º) estabelece que o Presidente da República,

98. "Difundido a partir da Inglaterra para o continente europeu, o parlamentarismo não é um sistema único e acabado. É bem mais complexo do que se supõe. Há uma significativa variedade de padrões em funcionamento, não existindo unanimidade na sua conceituação. Com isso, a dificuldade para se enquadrar os países no tipo A ou B é natural, e se deve às particularidades de cada modelo. "Dúctil, complexo e adaptável às circunstâncias imperiosas do momento, o parlamentarismo é antes de tudo, uma criação do espírito nacional, expressão dinâmica do temperamento político de cada povo, de seu nível cultural, de seu sistema de representação e de suas organizações partidárias" (AZAMBUJA, 1982, p. 280).

Modernamente o sistema varia de país para país, com especial realce diante da forma de governo adotada, se monarquia ou república. Relativamente à primeira, podemos citar Austrália, Bélgica, Dinamarca, Espanha, Holanda, Inglaterra, Japão, Luxemburgo, Noruega, Nova Zelândia e Suécia como combinações bem sucedidas. Por sua vez, a forma republicana organiza os poderes na Alemanha, Áustria, Finlândia, França, Grécia, Islândia, Israel, Itália e Portugal, entre outros.

eleito para um mandato de cinco anos, não poderá exercer mais que dois períodos consecutivos.

A Constituição da República Checa (Art. 57) é clara: "Nenhuma pessoa poderá ser eleita para o cargo de Presidente mais do que duas vezes sucessivamente".

O art. 95 da Constituição da República da Croácia estipula idêntica restrição.

A Constituição da Geórgia de 24 de agosto de 1995 prevê a possibilidade de única reeleição presidencial no cargo (Art. 70).

Na Ucrânia, o Presidente da República é eleito pelos cidadãos do país por sufrágio universal, igual e direto por escrutínio secreto para um

---

Egressos de períodos totalitários banhados em crueldade, Alemanha (1949), Itália (1946), França (1944), Portugal (1974) e Espanha (1976) reestruturaram o parlamentarismo como expressão de maturidade e blindagem ao personalismo exacerbado. Outros países edificaram o sistema visando mútua dependência, ou *íntima colaboração* (DUGUIT, 1918, p. 192), entre Legislativo e Executivo. Cada um deles procedeu na moldagem mais congruente à sua realidade. Vamos a alguns exemplos. Enquanto nos dois primeiros e na Grécia os Presidentes da República são eleitos pelos parlamentos, franceses e portugueses escolhem diretamente os seus Chefes de Estado. O exercício do mandato é outro componente diversificado. Alemanha, Grécia, França e Portugal optaram por cinco anos, Israel por sete e na Itália são oito anos.

Em termos de respaldo político, na Itália e no Japão o Presidente do Conselho de Ministros necessita dos votos de confiança das duas Casas legislativas, noutros países, o esteio da Câmara dos Deputados é suficiente. No modelo inglês – mais estável e onde dois sólidos partidos se revezam – há uma ressalva importante: o Primeiro-Ministro é sempre o líder do maior deles, mesmo que não detenha a maioria das cadeiras na Câmara dos Comuns. Já a Holanda e a Noruega dispensam seu *premier* de integrar o parlamento. Acerca do *governo* assim dito, recebe uma variada denominação: Governo (Alemanha, Espanha, França, Portugal, Noruega, Suécia), Conselho de Ministros (Dinamarca e Itália), Conselho de Estado (Finlândia e Noruega) e Gabinete (Japão), entre outros.

Essas diferenças, próprias de etnias, sistemas e culturas intrínsecas, não desvirtuam o traço comum que prevalece a todos: o Poder Executivo é sempre responsável (e responsabilizado) perante o Parlamento. Há uma responsabilidade soldada entre ambos. Como o governo depende da confiança do Parlamento para manter-se, há estreita articulação entre Executivo e Legislativo (Princípio da confiança política).

(...).

Do mesmo modo que a distinção existente entre Estado e Governo materializa uma realidade, representar e governar também são encargos inconfundíveis. Nas democracias avançadas, onde cada uma delas é exercida por partícipes distintos, há discernimento entre cargo e função para a prática de atividades estatais por meio de uma partilha de poder acordada racionalmente através dos caracteres que identificam o parlamentarismo, que são a responsabilidade política e o bom desempenho.

O sistema parlamentar está mais próximo da realidade. É o que reúne maiores chances de acerto diante dos obstáculos. Absorve as crises de funcionamento do governo sem comprometer a legitimidade do regime e de instituições que lhe são primordiais. Viabiliza a participação igualitária de homens e mulheres no poder. Permite a participação factual do Parlamento no processo de gestão. Não fomenta ambiguidades entre as forças que sustentam o Governo.

(...).

Com o predomínio do viés político, o impulso que o parlamentarismo tem proporcionado ao progresso econômico das nações que o adotaram muitas vezes é subestimado, inclusive por cientistas políticos. Ocorre que os resultados alcançados são os melhores possíveis. Cumpre não esquecê-los".

(SANTOS, 2018, pp. 174/176).

mandato de cinco anos, admitida uma reeleição, nos termos fixados pelo art. 103 da Constituição.

A redação disposta pela Constituição da Turquia (1982) limita o exercício da presidência da República por dois períodos não necessariamente subsequentes (art. 101).

Em Portugal, "Não é admitida a reeleição para um terceiro mandato consecutivo, nem durante o quinquênio imediatamente subsequente ao termo do segundo mandato consecutivo", conforme o art. 123 da Constituição de 02/04/1976.

A reeleição presidencial é interditada de modo expresso e absoluto nos seguintes países da América Latina, consoante dispõem as respectivas Constituições: Costa Rica (Art. 132), El Salvador (Art. 152, §1º), Guatemala (Art. 187), Honduras (Art. 239), México (Art. 83) e Paraguai (Art. 229).

Na Argentina, a possibilidade de uma reeleição para a presidência da República surgiu em 1994 juntamente ao art. 90 da Constituição Federal, acompanhada, porém, da redução do mandato presidencial de seis para quatro anos.

Fugindo à razoabilidade, a reeleição presidencial na Nicarágua tornou-se ilimitada (Art. 147) desde a reforma constitucional de 2014.

No Peru, o único país parlamentarista do continente latino-americano, de acordo com o art. 112 da Constituição de 1993, somente após o transcurso de outro período presidencial é que o titular do Poder Executivo poderá postular novamente o exercício do cargo.

A Constituição do Equador permite que o Presidente seja reeleito numa única oportunidade (Art. 144).

O Presidente da República do Panamá não poderá ser reeleito durante os dois períodos presidenciais imediatamente seguintes ao seu, segundo dispõe a Lei Fundamental do país (Art. 178).

A Colômbia introduziu a reeleição em 2005, mas em 2015 optou por revogá-la. Estabelece o atual art. 157 da sua Constituição que "não poderá ser eleito presidente da República o cidadão que, por qualquer motivo, tiver exercido a presidência".[99]

99. O texto da emenda consubstanciada pelo Ato Legislativo 2 de 2015, adverte que a reeleição somente poderá ser reabilitada por uma Assembleia Constituinte ou através de referendo de iniciativa popular.

Na Indonésia, de acordo com o Art. 7 da Constituição, é possibilitada uma reeleição presidencial.

Na República Democrática de São Tomé e Príncipe não é admitida a reeleição para um terceiro mandato consecutivo, nem durante o qüinqüênio imediatamente subsequente ao termo do segundo mandato consecutivo (Art. 79, 3).

Em Moçambique, no sudeste do continente africano, o Presidente da República que tenha sido eleito duas vezes consecutivas só pode candidatar-se às eleições presidenciais cinco anos após o último mandato (Art. 147, 5).

No Timor Leste, o mandato do Presidente da República pode ser renovado uma única vez (Art. 75, 3).

Em Angola, o titular do Poder Executivo pode ser reeleito para mais dois mandatos, consecutivos ou interpolados (Art. 59).

No Cabo Verde, de acordo com o art. 133, 1, da Constituição, o Chefe do Poder Executivo não poderá candidatar-se para um terceiro mandato nos cinco anos imediatamente subsequentes ao termo do segundo consecutivo.De se notar, como peculiaridade distintiva,que em razão de eventuais crimes cometidos no exercício das suas funções, o Presidente da República perde automaticamente a possibilidade de ser reeleito (Art. 131, 3).

A Constituição da República da Guiné-Bissau, no seu art. 66, 3, determina que o Presidente estará impedido de candidatar-se a um terceiro mandato consecutivo, nem durante os 5 anos subsequentes ao termo do segundo mandato.

15.10. CASUÍSTICA

Cabe agora examinar, uma a uma, cada espécie de Conduta Vedada:

> Art. 73. São proibidas aos agentes públicos, servidores ou não, as seguintes condutas tendentes a afetar a igualdade de oportunidades entre candidatos nos pleitos eleitorais:
>
> I - ceder ou usar, em benefício de candidato, partido político ou coligação, bens móveis ou imóveis pertencentes à administração direta ou indireta da União, dos Estados, do Distrito Federal, dos Territórios e dos Municípios, ressalvada a realização de convenção partidária;

II - usar materiais ou serviços, custeados pelos Governos ou Casas Legislativas, que excedam as prerrogativas consignadas nos regimentos e normas dos órgãos que integram;

III - ceder servidor público ou empregado da administração direta ou indireta federal, estadual ou municipal do Poder Executivo, ou usar de seus serviços, para comitês de campanha eleitoral de candidato, partido político ou coligação, durante o horário de expediente normal, salvo se o servidor ou empregado estiver licenciado;

IV - fazer ou permitir uso promocional em favor de candidato, partido político ou coligação, de distribuição gratuita de bens e serviços de caráter social custeados ou subvencionados pelo Poder Público;

V - nomear, contratar ou de qualquer forma admitir, demitir sem justa causa, suprimir ou readaptar vantagens ou por outros meios dificultar ou impedir o exercício funcional e, ainda, *ex officio*, remover, transferir ou exonerar servidor público, na circunscrição do pleito, nos três meses que o antecedem e até a posse dos eleitos, sob pena de nulidade de pleno direito, ressalvados:

a) a nomeação ou exoneração de cargos em comissão e designação ou dispensa de funções de confiança;

b) a nomeação para cargos do Poder Judiciário, do Ministério Público, dos Tribunais ou Conselhos de Contas e dos órgãos da Presidência da República;

c) a nomeação dos aprovados em concursos públicos homologados até o início daquele prazo;

d) a nomeação ou contratação necessária à instalação ou ao funcionamento inadiável de serviços públicos essenciais, com prévia e expressa autorização do Chefe do Poder Executivo;

e) a transferência ou remoção *ex officio* de militares, policiais civis e de agentes penitenciários;

VI - nos três meses que antecedem o pleito:

a) realizar transferência voluntária de recursos da União aos Estados e Municípios, e dos Estados aos Municípios, sob pena de nulidade de pleno direito, ressalvados os recursos destinados a cumprir obrigação formal preexistente para execução de obra ou serviço em andamento e com cronograma prefixado, e os destinados a atender situações de emergência e de calamidade pública;

b) com exceção da propaganda de produtos e serviços que tenham concorrência no mercado, autorizar publicidade institucional dos atos, programas, obras, serviços e campanhas dos órgãos públicos federais, estaduais ou municipais, ou das respectivas entidades da administração indireta, salvo em caso de grave e urgente necessidade pública, assim reconhecida pela Justiça Eleitoral;

c) fazer pronunciamento em cadeia de rádio e televisão, fora do horário eleitoral gratuito, salvo quando, a critério da Justiça Eleitoral, tratar-se de matéria urgente, relevante e característica das funções de governo;

VII - realizar, no primeiro semestre do ano de eleição, despesas com publicidade dos órgãos públicos federais, estaduais ou municipais, ou das respectivas entidades da administração indireta, que excedam a média dos gastos no primeiro semestre dos três últimos anos que antecedem o pleito;

VIII - fazer, na circunscrição do pleito, revisão geral da remuneração dos servidores públicos que exceda a recomposição da perda de seu poder aquisitivo ao longo do ano da eleição, a partir do início do prazo estabelecido no art. 7º desta Lei e até a posse dos eleitos.

§ 1º Reputa-se agente público, para os efeitos deste artigo, quem exerce, ainda que transitoriamente ou sem remuneração, por eleição, nomeação, designação, contratação ou qualquer outra forma de investidura ou vínculo, mandato, cargo, emprego ou função nos órgãos ou entidades da administração pública direta, indireta, ou fundacional.

§ 2º A vedação do inciso I do *caput* não se aplica ao uso, em campanha, de transporte oficial pelo Presidente da República, obedecido o disposto no art. 76, nem ao uso, em campanha, pelos candidatos a reeleição de Presidente e Vice-Presidente da República, Governador e Vice-Governador de Estado e do Distrito Federal, Prefeito e Vice-Prefeito, de suas residências oficiais para realização de contatos, encontros e reuniões pertinentes à própria campanha, desde que não tenham caráter de ato público.

§ 3º As vedações do inciso VI do *caput*, alíneas b e c, aplicam-se apenas aos agentes públicos das esferas administrativas cujos cargos estejam em disputa na eleição.

§ 4º O descumprimento do disposto neste artigo acarretará a suspensão imediata da conduta vedada, quando for o caso, e sujeitará os responsáveis a multa no valor de cinco a cem mil UFIR.

§ 5º Nos casos de descumprimento do disposto nos incisos do caput e no § 10, sem prejuízo do disposto no § 4º, o candidato beneficiado, agente público ou não, ficará sujeito à cassação do registro ou do diploma.

§ 6º As multas de que trata este artigo serão duplicadas a cada reincidência.

§ 7º As condutas enumeradas no *caput* caracterizam, ainda, atos de improbidade administrativa, a que se refere o art. 11, inciso I, da Lei nº 8.429, de 2 de junho de 1992, e sujeitam-se às disposições daquele diploma legal, em especial às cominações do art. 12, inciso III.

§ 8º Aplicam-se as sanções do § 4º aos agentes públicos responsáveis pelas condutas vedadas e aos partidos, coligações e candidatos que delas se beneficiarem.

§ 9º Na distribuição dos recursos do Fundo Partidário (Lei nº 9.096, de 19 de setembro de 1995) oriundos da aplicação do disposto no § 4º, deverão ser excluídos os partidos beneficiados pelos atos que originaram as multas.

§ 10. No ano em que se realizar eleição, fica proibida a distribuição gratuita de bens, valores ou benefícios por parte da Administração Pública, exceto nos casos de calamidade pública, de estado de emergência ou de programas sociais autorizados em lei e já em execução orçamentária no exercício anterior, casos em que o Ministério Público poderá promover o acompanhamento de sua execução financeira e administrativa.

§ 11. Nos anos eleitorais, os programas sociais de que trata o § 10 não poderão ser executados por entidade nominalmente vinculada a candidato ou por esse mantida.

§ 12. A representação contra a não observância do disposto neste artigo observará o rito do art. 22 da Lei Complementar nº 64, de 18 de maio de 1990, e poderá ser ajuizada até a data da diplomação.

§ 13. O prazo de recurso contra decisões proferidas com base neste artigo será de 3 (três) dias, a contar da data da publicação do julgamento no Diário Oficial.

Art. 74. Configura abuso de autoridade, para os fins do disposto no art. 22 da Lei Complementar nº 64, de 18 de maio de 1990, a infringência do disposto no § 1º do art. 37 da Constituição Federal, ficando o responsável, se candidato, sujeito ao cancelamento do registro ou do diploma.

Art. 75. Nos três meses que antecederem as eleições, na realização de inaugurações é vedada a contratação de shows artísticos pagos com recursos públicos.

Parágrafo único. Nos casos de descumprimento do disposto neste artigo, sem prejuízo da suspensão imediata da conduta, o candidato beneficiado, agente público ou não, ficará sujeito à cassação do registro ou do diploma.

Art. 76. O ressarcimento das despesas com o uso de transporte oficial pelo Presidente da República e sua comitiva em campanha eleitoral será de responsabilidade do partido político ou coligação a que esteja vinculado.

> § 1º O ressarcimento de que trata este artigo terá por base o tipo de transporte usado e a respectiva tarifa de mercado cobrada no trecho correspondente, ressalvado o uso do avião presidencial, cujo ressarcimento corresponderá ao aluguel de uma aeronave de propulsão a jato do tipo táxi aéreo.
>
> § 2º No prazo de dez dias úteis da realização do pleito, em primeiro turno, ou segundo, se houver, o órgão competente de controle interno procederá *ex officio* à cobrança dos valores devidos nos termos dos parágrafos anteriores.
>
> § 3º A falta do ressarcimento, no prazo estipulado, implicará a comunicação do fato ao Ministério Público Eleitoral, pelo órgão de controle interno.
>
> § 4º Recebida a denúncia do Ministério Público, a Justiça Eleitoral apreciará o feito no prazo de trinta dias, aplicando aos infratores pena de multa correspondente ao dobro das despesas, duplicada a cada reiteração de conduta.
>
> Art. 77. É proibido a qualquer candidato comparecer, nos 3 (três) meses que precedem o pleito, a inaugurações de obras públicas.
>
> Parágrafo único. A inobservância do disposto neste artigo sujeita o infrator à cassação do registro ou do diploma.
>
> Art. 78. A aplicação das sanções cominadas no art. 73, §§ 4º e 5º, dar-se-á sem prejuízo de outras de caráter constitucional, administrativo ou disciplinar fixadas pelas demais leis vigentes.

Para desenvolver o conteúdo proposto com didatismo, elegemos a simplicidade, evitando estender em especulações ou devaneios hermenêuticos. Buscou-se, sempre que possível, uma visão pragmática da legislação em torno dos artigos examinados.

Por decorrência da amplitude de temas situados entre os artigos 73 e 78, adverte-se o leitor que a invocação de doutrinas, estudos e jurisprudências objetivando enriquecer as reflexões e as críticas apresentadas recaíram numa compilação criteriosa e específica ao invés de exaustiva.

15.10.1. Utilização de bens móveis ou imóveis públicos em benefício de candidatos, partidos e coligações

> Art. 73. (*omissis*)
>
> I - ceder ou usar, em benefício de candidato, partido político ou coligação, bens móveis ou imóveis pertencentes à administração direta ou

indireta da União, dos Estados, do Distrito Federal, dos Territórios e dos Municípios, ressalvada a realização de convenção partidária;

Dispensável enfatizar que os bens públicos não são constituídos ou disponibilizados para proveito daqueles que estão disputando eleições. Os bens pertencentes à Administração Pública têm destinação certa e exclusiva: a prestação do serviço público. Servem para a realização das necessidades da coletividade.

Os pretextos para este bloqueio são basicamente dois:

- RESGUARDAR a patrimonialidade estatal e
- REPRIMIR o desvio de sua finalidade em benefício de candidatos, partidos ou coligações.

As vedações positivadas - ceder ou usar - visam, em substância, impedir a apropriação da máquina pública, "de todos os bens patrimoniais indisponíveis ou disponíveis - *bens do patrimônio administrativo*" (REspe nº 21.120/ES)[100] -, para fins privados. Daí o porquê das proibições contidas neste dispositivo serem aplicáveis em caráter continuado, independentemente da circunscrição do pleito. Com isso, agentes públicos municipais não podem usar ou ceder bens móveis ou imóveis da municipalidade para candidatos estaduais ou presidenciais e vice-versa.

Outro aspecto a ser ressaltado, além, por óbvio, da necessidade de prova da cessão e do uso, está em que o inciso I do art. 73 é a versão civil-eleitoral do ilícito penal previsto pelo art. 346 do CE/65 em relação à conduta descrita por seu art. 377 ao determinar que "O serviço de qualquer repartição, federal, estadual, municipal, autarquia, fundação do Estado, sociedade de economia mista, entidade mantida ou subvencionada pelo poder público, ou que realiza contrato com este, inclusive o respectivo prédio e suas dependências não poderá ser utilizado para beneficiar partido ou organização de caráter político".

É extensa, por vezes praticamente inesgotável a lista de bens móveis e imóveis que forma uma administração. São prédios, veículos, áreas, aparelhos, ferramentas, maquinários. Neste universo, importa referir que nem toda a utilização de bens públicos é revestida de ilegalidade ou restrição perante o inciso I do art. 73. Algumas situações passam ao largo. Para o TSE, o que a lei veda é o uso evidente e intencional[101] do aparato público em

100. TSE, DJ de 17/10/2003, p. 132 (RJTSE 14/4/192).

101. TSE, REspe nº 18.900/SP, DJ de29/06/2001.

prol de campanha, e não a captação trivial[102] ou a utilização[103] de imagens de bens públicos.

Neste particular, filiamo-nos à compreensão de que filmar ou fotografar e posteriormente utilizar a filmagem ou a imagem captada de um bem móvel ou imóvel pertencente ao Poder Público, na propaganda eleitoral, não é fato típico que reúna, de plano, as características da utilização da máquina administrativa em benefício de candidato. Filmar não é usar.

Impõe-se ter presente que o inciso I do § 2º do art. 54 da LE/97 traz expressa permissão à veiculação de cenas externas nas quais restem expostas realizações de governo ou administração pública. Não se trata da prática de um atoem detrimento das demais candidaturas. Nesses casos, não há uso nem cessão de nada. Realizar tomadas internas ou externas de um bem público não equivale à sua utilização, tampouco causa lesão a algum princípio constante do *caput* do art. 37 da CF/88 ou compromete a igualdade da disputa. Qualquer candidato pode filmar e apresentar órgãos e prédios públicos na sua propaganda eleitoral, desde que não haja interrupção nos serviços prestados nem encenação nas imagens[104]:

> **ELEIÇÕES 2014. DIREITO ELEITORAL. RECURSO ORDINÁRIO. CONDUTA VEDADA. VIOLAÇÃO AO ART. 73, INCISOS I, II e III, DA LEI 9.504/97. SITUAÇÃO FÁTICA QUE NÃO SE AMOLDA AOS NÚCLEOS DAS CONDUTAS PROIBIDAS. INOCORRÊNCIA DE ATO ILÍCITO. RECURSO ORDINÁRIO DESPROVIDO.**
>
> 1. Hipótese em que se aduz a prática de ações alegadamente condizentes com as disposições pertinentes às condutas vedadas disciplinadas nos três primeiros incisos do art. 73 da Lei 9.504/97.
>
> 2. Colhe-se da narrativa apresentada na peça inicial que três dos representados teriam disponibilizado a utilização de patrimônio e de efetivo da Polícia Militar do Estado do Amazonas como cabos eleitorais, além de cenários e acessórios para a propaganda eleitoral dos candidatos ao cargo de Senador da República e respectivos Suplentes. E assim o fizeram para apresentação em propaganda televisiva veiculada no dia 15 de setembro de 2014, bloco diurno.
>
> 3. No entanto, tais imagens nada mais são do que mera reprodução de propaganda institucional exibida pelo Governo do Estado do Amazonas

102. TSE, RP nº 3267-25/DF, DJE de 21/05/2012.
103. TSE, RO nº 0602196-65/PA, DJE de 14/04/2020.
104. TSE, AREspE nº 060005179/PR, DJE 02/08/2022.

em comemoração ao dia do soldado. Os excertos contidos no material anexado aos autos podem ser facilmente acessados pelo sítio eletrônico YouTube (https://www.youtube.com/watch?v=EASnEnW4YsQ).

4. O contexto fático, assim, revela situação diversa da evidenciada pelos representantes, uma vez que as imagens não foram produzidas com a finalidade implícita ou explícita de serem utilizadas em campanha eleitoral em benefício de qualquer candidato, mas, de outra sorte, produzidas para enaltecer o trabalho dos Policiais Militares do Estado do Amazonas. Nesse diapasão, não se acha inserido na proibição contida nos incisos do art. 73 da Lei 9.504/97 qualquer intuito de proscrever a utilização de imagens de domínio público, facilmente acessadas por todos aqueles que se lançam em campanha eleitoral.

5. Outro fato objeto desta demanda eleitoral diz respeito à realização de filmagens no interior de escolas públicas, durante o período de aulas, servindo alunos e Professores, de acordo com os representantes, como verdadeiros atores de propaganda eleitoral gratuita.

6. A partir do exame do arquivo digital que acompanha a peça exordial, verifica-se que há captação de imagens no interior de escola pública, 2'14" a 2'23", onde alunos e Professores são filmados no transcorrer do dia letivo, realizando atividades próprias da seara escolar. Na hipótese em destaque, não há interação direta entre os que são filmados e a câmera, o que denota que se trata de mera captação de imagens, e não propriamente de encenação, tal como sugere a coligação recorrente.

7. Sobre o tema, a orientação jurisprudencial deste colendo Tribunal Superior é de afastar a prática de conduta vedada na hipótese de mera captação de imagens de bens ou serviços públicos. Por conseguinte, semelhante raciocínio aplica-se ao caso em exame, no qual foi captada imagem situacional de efetiva prestação de serviço público. Precedente: Rp 3267-25/DF, Rel. Min. MARCELO RIBEIRO, DJe 21.5.2012.

8. Recurso Ordinário a que se nega provimento.[105]

ELEIÇÕES 2020. MANDADO DE SEGURANÇA. PROPAGANDA ANTECIPADA. DECISÃO LIMINAR EM REPRESENTAÇÃO. CABIMENTO EXCEPCIONAL DO MANDAMUS. FLAGRANTE ILEGALIDADE. AUSÊNCIA DE RECURSO PRÓPRIO. INEXISTÊNCIA DE TRÂNSITO EM JULGADO. SUPOSTA PUBLICIDADE INSTITUCIONAL. INOCORRÊNCIA. POSTAGEM EM REDE SOCIAL PRIVADA. CONFIRMAÇÃO DA LIMINAR. CONCEDIDA A ORDEM DE SEGURANÇA.

105. TSE, RO 1960-83/AM, DJE 10/08/2017.

> [...].
>
> 4. Com efeito, considerando as imagens colacionadas e, especialmente, ao se verificar a fonte de sua divulgação, vê-se que não se trata de propaganda institucional da Administração da cidade de Cajapió-MA. Não foram os posts, evidentemente, divulgados pelo ente público municipal, tendo sido derivadas de redes digitais particulares, fato que, sob o aspecto do que contido na representação em análise, desnatura o uso da máquina pública em prol dos Impetrantes.
>
> 5. Nesse contexto, as imagens colacionadas apenas apresentam bens adquiridos pela municipalidade, cuja utilização não é restrita. Qualquer cidadão pode fotografar-se em frente a um prédio, veículo ou equipamento público e fazer tal divulgação em suas redes sociais.
>
> 6. A propósito, os adversários do candidato ora Impetrante podem tirar fotografias de bens públicos a fim de tecer críticas à gestão municipal, não havendo, assim, quebra da igualdade de oportunidades.
>
> [...].
>
> 8. Segurança concedida, ratificando-se a liminar.[106]

A interpretação extensiva do inciso I do art. 73 da LE/97 revela-se totalmente imprópria.

Frente o conceituado pela Corte Superior a partir da RP nº326725/DF, vale recorrer à lição de Adriano Soares da COSTA (2000, pp. 517-518):

> Não há proibição de filmagens dos prédios e monumentos públicos, nem de obras públicas, para serem as imagens utilizadas em campanha eleitoral, porque aí não haverá utilização ou cessão do bem em sentido próprio, que tenha qualquer teor de ilicitude.
>
> (...) Usar e ceder bens públicos em favor de alguma candidatura é liberá-los para serem convertidos em meio, instrumento ou apoio para o partido ou candidato, beneficiando-o irregularmente. É o uso da sala de aula como comitê de campanha; é o uso do ginásio de esportes para realizar reuniões; é o uso do carro de som para fazer comício; é o uso do carro para transportar eleitores etc. A norma, de conseguinte, há de ter uma interpretação restritiva.

Contudo, é imperativo distinguir aquela situação que envolve prédios e serviços indisponíveis cujo acesso é restrito. Nesses casos, o uso, na mí-

106. TRE/MA, RE nº 060055497, DJ 09/11/2020.

dia eleitoral, de imagens de recintos ou servidores públicos, resulta de um privilégio franqueado pela hierarquia administrativa capaz de ofender a igualdade entre candidatos. O sentido buscado pela norma resta burlado quando ocorrem gravações seguidas de divulgações, no espaço televisivo destinado à veiculação da propaganda eleitoral, de instalações públicas sabidamente inacessíveis aos demais pretendentes.

Esta modalidade, ao se consumar, é daquelas que frustra a norma jurídica por meio da sua "violação direta, pura e simples, sem rodeios ou subterfúgios", para repetir as percucientes observações do Professor Alvino LIMA (1965, p. 33), da Faculdade de Direito de São Paulo.

O seguinte julgado do TRE/RS distinguiu precisamente:

> **Recurso. Conduta vedada. Propaganda eleitoral. Eleições 2012.**
>
> Decisão originária que julgou improcedente representação, ao entendimento de que a utilização de imagens de obras públicas e depoimentos elogiosos de servidores não caracterizam a pretendida irregularidade.
>
> Licitude da conduta impugnada.
>
> É livre a veiculação de representações gráficas ou fotográficas e de impressões pessoais favoráveis ao candidato, desde que não haja o indevido uso da máquina administrativa favorecendo esta exposição.
>
> Provimento negado.[107]

O caráter abusivo ou privilegiado da publicidade estará delineado se um concorrente oposicionista, pretendendo exibir outra versão, aspectos questionáveis ou negativos da administração, no horário eleitoral, não gozar da possibilidade de acesso às mesmas instalações. Neste sentido se posicionou o TRE/SC:

> **RECURSO - REPRESENTAÇÃO - CONDUTA VEDADA - ART. 73, I E III, DA LEI Nº 9.504/1997 - USO, NA PROPAGANDA DO HORÁRIO ELEITORAL GRATUITO, DE PRÉDIOS - IMAGENS CAPTADAS EM ESTABELECIMENTOS PÚBLICOS COM A COLABORAÇÃO DE SERVIDORES EM HORÁRIO DE EXPEDIENTE - CONFIGURAÇÃO - RECURSO PROVIDO.**
>
> A realização de propaganda para o horário eleitoral gratuito no interior de policlínicas e escolas públicas, mediante captação de imagens que só puderam ser obtidas pela colaboração dispensada por servidores públicos

107. RE nº 9768, DEJERS de 08/11/2012.

que ali executavam suas atribuições, em espaços aos quais não teriam livre acesso outras equipes de filmagem, configura as condutas vedadas do art. 73, incisos I e III, da Lei n. 9.504/1997.[108]

Decisão análoga pelo TRE/RS glosou a mesma infração:

Recurso. Conduta vedada prevista no art. 73, incs. I e III, da Lei n. 9.504/97. Eleições 2012. Imagens de bens móveis e imóveis da administração municipal em propaganda impressa. Representação julgada improcedente no juízo originário.

Reconhecimento da propaganda eleitoral. Afastada a configuração de uso indevido dos meios de comunicação social e abuso de poder político. Divulgação de fotografias de bens da prefeitura, com símbolos, frases e imagens utilizados pela administração municipal. Propaganda contratada pelo partido político, inexistência de indícios de utilização de fotografias custeadas pelo próprio Poder Público. Não configurado o abuso de poder político. Utilização pelos representados de imagens de bens e serviços públicos de acesso restrito, não podendo qualquer cidadão ou candidato neles adentrar sem prévia autorização. Áreas afetadas à atividade administrativa ou a prestação de serviços de interesse social. Os candidatos à reeleição ao utilizarem em suas propagandas a fotografia de espaços internos dos prédios públicos, valeram-se de suas posições para obter o benefício eleitoral. Uso indevido de bem público. Caracterização da prática da conduta vedada tipificada no art. 73, inc. I, da Lei n. 9.504/97. Aplicação da pena de multa a cada um dos representados em seu patamar mínimo. Afastado pedido de cassação dos diplomas. Provimento parcial.[109]

Do mesmo modo compreendeu o TRE/SP em situação similar:

RECURSO ELEITORAL. REPRESENTAÇÃO POR CONDUTA VEDADA E ABUSO DE PODER POLÍTICO. IMPROCEDENTE. ELEIÇÕES 2020.

Gravações realizadas no interior de bens públicos (unidade de pronto atendimento e de hospital) para fins de propaganda eleitoral - Locais em que o acesso não é livre a qualquer pessoa - Entrevista concedida por paciente internado, extrapolando a mera captação de imagens - Conduta vedada caracterizada.

108. TRE/SC, Acórdão nº 23.583, DJE de 22/04/2009.

109. RE nº 313-93, j. 23/07/2013.

> Abuso de poder político não configurado – ausência de impacto e de gravidade do ilícito reconhecido.
>
> Recurso PARCIALMENTE PROVIDO, para condenar cada um dos representados ao pagamento de multa fixada no mínimo legal, em razão da prática de conduta vedada prevista no artigo 73, I, da Lei n° 9.504/97.[110]

Noutro prisma, a realização de entrevista coletiva, pelo Chefe da Casa Civil, no Palácio do Planalto, sede do governo e domicílio profissional do titular do Poder Executivo, não configura desrespeito ao disposto no inciso I do art. 73 da Lei nº 9.504/97 se os atos praticados foram condizentes aos deveres do cargo que o agente ocupa sem desbordar para fins escusos[111]. O mesmo valendo, por evidente, para os entes estaduais e municipais.

A propósito desses últimos, uma situação corriqueira como a exposição, à população, de maquinários adquiridos pelo Poder Público, não pode ser reputada, de plano, como conduta vedada, se o fato no mínimo dista do período das convenções partidárias. Com o pleito ocorrendo em outubro, soa forçado vislumbrar alguma influência no eleitor quando isso se dá nos primeiros meses do ano. Nesses casos, é prematuro apontar ruptura de isonomia.

Disso difere quando os candidatos majoritários, a um mês da eleição e sob o pretexto de divulgar a aquisição, pela Prefeitura Municipal, de máquina e micro-ônibus, realizam uma carreata utilizando-se desses veículos e de uma servidora visando promover suas candidaturas à reeleição. Tal agir já sujeitou infratores à pena pecuniária:

> **AGRAVO REGIMENTAL. RECURSO ESPECIAL ELEITORAL. ELEIÇÕES 2012. PREFEITO. VICE-PREFEITO. AÇÃO DE INVESTIGAÇÃO JUDICIAL ELEITORAL. ABUSO DO PODER POLÍTICO. CONDUTA VEDADA A AGENTE PÚBLICO. ART. 73, I E II, DA LEI Nº 9.504/97. CONFIGURAÇÃO. MULTA. DESPROVIMENTO.**
>
> 1. No caso dos autos, os candidatos, a pretexto da divulgação da aquisição de uma máquina patrol e de um micro-ônibus pela prefeitura, realizaram carreata utilizando-se de veículos e de servidora pública municipal visando promover sua candidatura à reeleição.

110. TRE/SP, REl nº 060055738 , DJE 23/04/2021.

111. TSE, RP nº 59080/DF, DJE de 25/08/2014. Em 12/11/2014 o Senador Jarbas Vasconcelos (PE) apresentou o Projeto de Lei do Senado nº 324/14 introduzindo o inciso IX ao artigo 73 da Lei nº 9.504/97 para proibir "o chefe do poder executivo federal, estadual, dodistrito federal ou municipal candidato à reeleição", de utilizar "o local dos edifíciossedes do governo e as residências oficiais, em atos públicosrelacionados com a campanha eleitoral, inclusive em concessões de entrevistas". O PLS foi arquivado sem designação de relator nem votação.

> 2. A utilização de bens adquiridos pela Administração Municipal, com o claro objetivo de beneficiar as candidaturas do prefeito e do vice-prefeito à reeleição, configura conduta vedada prevista no art. 73, I e II, da Lei nº 9.504/97.
>
> 3. Na aplicação da sanção de multa foram observados os princípios da proporcionalidade e razoabilidade, além do disposto nos arts. 22, XVI, da LC nº 64/90 e 73, §§ 4º e 5º, da Lei nº 9.504/97.
>
> 4. Agravos regimentais não providos.[112]

Porém, se a transgressão se deu a menos de um mês do pleito e foi extrapassada, forçoso convir pela cassação dos beneficiados em virtude de seus abalos à isonomia:

> **Recurso Eleitoral. Representação. Conduta vedada. Uso de bens móveis. Publicidade institucional em período vedado. Exposição de veículos em via pública. Procedência. Cassação de registro, multa e inelegibilidade.**
>
> A excessiva exposição de veículos novos adquiridos pela administração municipal em principal avenida da cidade, há menos de um mês das eleições, ocasiona indevidos benefícios ao Chefe do Executivo local, candidato à reeleição, afetando a igualdade de oportunidades entre os candidatos no pleito.
>
> Revela-se grave a conduta de exibir, por dias seguidos, bens públicos - dentre os quais 3 (três) ambulâncias - com o objetivo de evidenciar supostas vantagens de um segundo mandato do então prefeito, comprometendo a regularidade dos serviços prestados à comunidade, inclusive serviços de saúde, reconhecidamente já deficientes.
>
> Recurso a que se nega provimento.[113]

De modo igual quando a infração se dá na véspera do pleito:

> **RECURSO ELEITORAL - AÇÃO DE INVESTIGAÇÃO JUDICIAL ELEITORAL - CONDUTA VEDADA A AGENTE PÚBLICO - ART. 73, I e VI, b, LEI Nº 9.504/97 - APLICAÇÃO DE MULTA - PEDIDO PARCIALMENTE PROCEDENTE - SENTENÇA MANTIDA**
>
> 1. A exposição do novo caminhão de lixo em praça pública nas vésperas das eleições municipais, a pretexto de informar à população, em nada

112. TSE, AgR-REspe nº 75037/MG, DJE de 16/10/2015.
113. TRE/MG, Recurso Eleitoral nº 41024, DJEMG de 06/08/2013.

> prestigia o interesse público pretendido pela municipalidade, configurando autentico ato de desvio de finalidade.
>
> 2. Sentença condenatória mantida pela prática de conduta vedada consistente na propaganda eleitoral em bem público e propaganda institucional em período vedado.
>
> 3. A utilização de bem público em favor de candidato ou coligação durante o período eleitoral é vedada, resultando em multa independentemente de sua participação ou anuência, face o inegável benefício (§ 4º do art. 73, da Lei n.º 9.504/97).[114]

Compreensão bastante semelhante a respeito da mesma ilicitude - na maioria das vezes perpetrada por candidaturas facilitadas pelo livre acesso à estrutura governamental (*chapa branca*) - foi expressa no julgamento do Recurso Ordinário n° 4766-87/SE[115] sobre o uso eleitoreiro de ambulâncias adquiridas pelo governo estadual que foram utilizadas para percorrer, sob a forma de carreatas com sirenes e luzes ligadas, diversas cidades às vésperas das eleições divulgando as candidaturas situacionistas. Ao concluir pela divulgação do serviço de saúde pública com indisfarçado apelo eleitoral capaz de afetar a igualdade entre candidatos, o TSE aplicou a penalidade de 50.000 Unidades de Referências Fiscais a cada um dos infratores.

Nesses episódios, há uso de bem público na medida em que os beneficiados, na posição de situacionistas, auferem um clamoroso auxílio de campanhamediante a associação das suas imagens ao resultado administrativo levado a efeito, no caso, a ostentação de veículos da frota que servem para o atendimento de serviços públicos.

A propaganda eleitoral explícita, pretendendo atrelar a postura administrativa do Município à prefeita e ao vice-prefeito, através da pintura de postes de sinalização de trânsito, poucos dias antes do pleito, por determinação do presidente da empresa municipal da área de transportes, na cor rosa - a mesma utilizada na campanha eleitoral da candidata à reeleição -, além de ofender os Princípios da Impessoalidade e da Moralidade Administrativa, caracteriza Conduta Vedada[116]. Entendimento oposto, pelo TRE/MG, admitiu que a considerável antecedência das pinturas em relação ao pleito debela o ilícito:

114. TRE/PR, Recurso Eleitoral nº 41095, DJ de 29/7/2014.
115. TSE, DJE de 13/02/2015.
116. TSE, AgR-REspe nº 95304/RJ, DJE de 25/02/2015.

> **Alegação de pintura de prédios públicos nas cores do partido dos recorridos.** Constatação que os prédios foram pintados em 2008, 2009, não tendo, assim, o condão de influenciar na eleição porque já constavam do cenário público sem qualquer aspecto de publicidade recente de campanha. O recorrente não se desincumbiu de comprovar o alegado. Recurso não provido.[117]

O desvirtuamento de festa tradicional privada patrocinada pela prefeitura, em favor da campanha, embora não evidenciando abuso do poder ante a ausência de gravidade, configurou a conduta do art. 73, I, uma vez que os bens cedidos pela municipalidade para a realização do evento acabaram revertendo indiretamente em benefício dos candidatos.[118]

Configura a prática reprimida pelos incisos I e II do art. 73 da Lei nº 9.504/97 e, também, o abuso do poder político, a realização de sucessivas audiências públicas levadas a efeito por vereadores com a utilização de bens, servidores e da estrutura pública, para, sob o pretexto de discutir questões relativas a projeto de lei, apontar o então prefeito, candidato à reeleição, como grande inimigo de agricultores. As reuniões foram transmutadas em atos ostensivos de campanha eleitoral, extrapolando o debate político inerente às atividades do Poder Legislativo, considerando-se o número elevado de pessoas que compareceram e a grande repercussão do assunto na comunidade, o que segundo a decisão condenatória, demonstrou a gravidade da conduta de uso da máquina pública[119].

A atividade notarial possui natureza estatal e se submete ao regime de direito público. O STF já deixou assentado que o encargo desenvolvido pelos titulares das serventias de notas e registros, embora análoga à atividade empresarial, está sujeito ao regime de direito público[120]. Em decorrência disso, a utilização das dependências e dos bens do Cartório de Ofício de Notas em período de campanha, por meio do uso de telefone/fax informado à Justiça Eleitoral, e pela utilização dos próprios servidores do cartório que estariam à disposição de candidatos, atrai o art. 73, I[121].

117. RE nº 58309/MG, DJEMG-TREMG de 26/11/2014.
118. TSE, REspe nº 13433/PE, DJE de 05/10/2015, por maioria.
119. TSE, AC nº 64905/RS e REspe nº 1.063/RS, DJE de 02/12/2015.
120. ADI nº 1.800/DF, DJ de 28/09/2007, por maioria.
121. TSE, REspe nº 185644/MG, DJE de 16/02/2017.

Não há conduta vedada no envio de mensagem político-partidária a endereços eletrônicos institucionais amplamente divulgados na *Internet*, porquanto a tipificação do comportamento descrito no inciso I exige o uso de cadastro de *e-mails* de acesso restrito da Administração Pública.[122]

Utilizar um caminhão pertencente à municipalidade para transportar a madeira destinada à construção de um palanque de comício resulta em violação legal[123], da mesma forma que usar, no dia do pleito, um veículo da prefeitura para guardar e transportar material de campanha em favor de candidatos às eleições federais.[124]

A comprovação de suposto plágio no *layout* de revista comemorativa do aniversário do município, para confecção de material de campanha dos candidatos concorrentes aos cargos de prefeito e vice, descaracteriza o ilícito:

> **ELEIÇÕES 2012. AGRAVO REGIMENTAL. RECURSO ESPECIAL. CONDUTA VEDADA. ART. 73, I, DA LEI Nº 9.504/97. NÃO CARACTERIZAÇÃO. DESPROVIMENTO.**
>
> 1. A conduta vedada no art. 73, I, da Lei nº 9.504/97 pressupõe a cessão ou utilização de bem público, em benefício de candidato, partido político ou coligação, o que não restou demonstrado na espécie.
>
> 2. A constatação de suposto plágio no layout para confecção de material de campanha não comprova sua efetiva cessão pelo Executivo local, sobretudo quando há informação de que as fotos utilizadas foram disponibilizadas no sítio eletrônico da prefeitura.
>
> 3. Agravo regimental desprovido.[125]

Nos termos do Agravo Regimental em Recurso Ordinário nº 3525-49/PR (DJE de 27/10/2017), justifica-se a aplicação de multa ao Chefe do Poder Executivo que, em reunião ocorrida no prédio da prefeitura, pediu a servidores municipais que realizassem campanha eleitoral para candidato a deputado federal.

Noutro sentido, o discurso feito por agente político durante solenidade de inauguração de uma obra pública na qual externou a sua preferência pessoal por uma determinada candidatura, não significa que ele usou

122. TSE, AgRg-RO nº 5243-65/MG, DJE de 02/08/2018.
123. TSE, RO nº 2.344/AM, DJ de 15/10/2009.
124. TSE, AgRG-REspe nº 3521-12/PR, DJE de 02/08/2018.
125. TSE, AgRg-REspe nº DJE de 05/02/2016.

ou cedeu o imóvel em benefício do mencionado candidato[126], conforme orientação precisada pelo Recurso Especial Eleitoral nº 24.963/SP (DJ de 09/09/2005):

> **Recurso especial. Representação. Condenação. Multa. Presidente da República. Discurso. Elogio. Administração. Candidata. Prefeita. Pedido. Voto. Ocasião. Inauguração. Obra pública. Alegação. Favorecimento. Candidatura. Improcedência. Ausência. Caracterização. Cessão. Uso. Bem público. Benefício. Candidatura. Prefeita. Prejuízo. Equilíbrio. Diversidade. Participante. Eleição. Configuração. Liberdade. Manifestação. Opinião. Inaplicabilidade. Art. 73, I, da Lei nº 9.504/97.**

A indicação de número de telefone pertencente à administração pública no Demonstrativo de Regularidade de Atos Partidários (DRAP) é outra modalidade insípida que não se amolda aos rigores do tipo descrito ao art. 73, I, da LE/97.[127]

Como se infere, para a efetuação das penalidades em torno do inciso I, há necessidade de prova de que o bem cedido ou usado integre o patrimônio público e que o interesse nisso foi eleitoral.

15.10.1.1. Veículos adesivados em áreas e estacionamentos públicos

Inexiste vedação legal para que veículos particulares identificados com adesivos eleitorais estacionem em pátios ou no interior de domínios pertencentes à administração pública. O fato dos automóveis pessoais de detentores de mandato, funcionários ou terceiros estarem em áreas de poderes públicos não autoriza sejam os mesmos equiparados à extensão do espaço público onde recaia alguma proibição legal.

Além dos insuprimíveis direitos de Manifestação do Pensamento e de Propriedade assegurados constitucionalmente (CF/88, art. 5º, IV e XXII), convém salientar que bens de propriedade particular, aí incluídos os carros, independem de licença municipal para a colocação de propaganda, necessitando somente da autorização de seus proprietários e obediência às dimensões legais:

126. TSE, AgR-REspe nº 401727/SP, DJE de 18/08/2011.
127. TSE, REspe nº 32372/RS, DJE de 04/04/2019.

> **MANDADO DE SEGURANÇA. ELEIÇÕES GERAIS. 2022. NOTÍCIA DE IRREGULARIDADE EM PROPAGANDA ELEITORAL. PODER DE POLÍCIA. PROIBIÇÃO DE CIRCULAÇÃO EM ÁREA DE PRÉDIOS PÚBLICOS. VEÍCULOS PARTICULARES. ADESIVOS. PESSOAS QUE VEICULE PROPAGANDA ELEITORAL. BENS PÚBLICOS DE USO COMUM.**
>
> DEFERIDO O PEDIDO FEITO EM SEDE DE LIMINAR. SUSPENSÃO DA DECISÃO.
>
> MÉRITO
>
> É lícita a propaganda eleitoral que se realiza pela afixação adesivos em automóveis particulares, mesmo se os veículos estiverem estacionados em prédios que abrigam repartições públicas.
>
> Não se trata de utilização de bens imóveis pertencentes à administração em benefício de candidatos com promoção de candidatura por meio de propaganda eleitoral irregular.[128]

> **Recurso Eleitoral. Representação. Propaganda eleitoral irregular. Bem público. Eleição 2008. Procedência. Multa.**
>
> Adesivos de campanha afixados em veículos particulares parados em estacionamento da Prefeitura Municipal.
>
> Bens de propriedade particular independem de licença municipal, necessitando somente de autorização do proprietário do bem.
>
> Recurso a que se dá provimento.[129]

Nesses casos, é impossível atribuir ao legítimo exercício de direitos constitucionais a pecha de utilização indevida da coisa pública ou desvirtuamento de serviço estatal com o fim de beneficiar candidatos. Como não se trata de uso ou cedência de um bem ou de um servidor público para atuar em campanha eleitoral, não há razão plausível para atribuir a prática de conduta vedada. É evidente que o bom senso deve predominar nestas situações.

Ante tais preceitos, a orientação jurisprudencial dimanada dos tribunais firmou-se pela regularidade da propaganda e consequente descaracterização da Conduta Vedada:

128. TRE/MG, MSCiv nº 060600381, PSEES 06/10/2022.
129. TRE/MG, RE nº 4.560, DJEMG de 19/03/2009.

ELEIÇÕES 2020 - RECURSO ELEITORAL - REPRESENTAÇÃO POR PROPAGANDA ELEITORAL IRREGULAR. IMPROCEDENTE - ADESIVOS EM VEÍCULOS DE SERVIDORES. CARROS PARADOS NOS ESTACIONAMENTOS DOS ÓRGÃOS PÚBLICOS - TUTELA INIBITÓRIA. SUPERVENIÊNCIA DO PLEITO. INCAPACIDADE DE INFLUENCIAR A DISPUTA. PERDA DO OBJETO - PEDIDO DE RECONHECIMENTO DE CONDUTA VEDADA. ART.73, INCISO I, DA LEI ELEITORAL. INADEQUAÇÃO DA VIA ELEITA. RITO ESPECÍFICO. NÃO CONHECIMENTO - PEDIDO DE APLICAÇÃO DE MULTA. ART.37, §1º, DA LEI ELEITORAL. IRREGULARIDADE NÃO CONFIGURADA. SITUAÇÃO QUE NÃO SE AMOLDA AO PREVISTO NO REFERIDO DISPOSITIVO LEGAL. VEÍCULOS PARTICULARES DOS SERVIDORES. NÃO PROVIMENTO - RECURSO PARCIALMENTE CONHECIDO E NÃO PROVIDO.

[...].

4.A legislação eleitoral não impede que servidores municipais realizem propaganda eleitoral para determinado candidato ou partido em seus bens particulares.[130]

REPRESENTAÇÃO. CONDUTA VEDADA A AGENTE PÚBLICO. ABUSO DE PODER POLÍTICO. PROPAGANDA ELEITORAL AFIXADA EM VEÍCULOS ESTACIONADOS EM PRÉDIOS PÚBLICOS. AUTOMÓVEIS PARTICULARES. NÃO CARACTERIZAÇÃO. IMPROCEDÊNCIA. LITIGÂNCIA DE MÁ-FÉ AFASTADA.[131]

RECURSO ELEITORAL - REPRESENTAÇÃO - CONDUTA VEDADA - UTILIZAÇÃO DE BENS E IMÓVEIS PÚBLICOS EM BENEFÍCIOS DE CAMPANHA ELEITORAL - ART. 73, I, II e IV, B, LEI Nº 9.504/97 - NÃO CONFIGURAÇÃO - IMPROVIMENTO DO RECURSO. Não há qualquer norma que proíba a afixação de propaganda eleitoral em veículos particulares nem o estacionamento destes, quando necessário, em prédios onde funcionem órgãos públicos. Não caracterização das condutas vedadas pelo art. 73, incisos I, II e IV, da Lei nº 9.504/97.

Manutenção da sentença de primeiro grau.

Improvimento do recurso.[132]

RECURSO – REPRESENTAÇÃO – COLOCAÇÃO DE ADESIVOS EM AUTOMÓVEIS PARTICULARES - ESTACIONAMENTO NO PÁTIO

130. TRE/PR, RE nº 06002394820206160147, PSESS 10/12/2020.
131. TRE/SP, REP nº 762.255, DJESP de 24/02/2011.
132. TRE/RN, REL nº 8914, DJE de 02/10/2009.

> **DA PREFEITURA MUNICIPAL – ALEGADA PROPAGANDA EM BEM PÚBLICO – ART. 73, INCISO I, DA LEI N. 9.504/1997 – CONDUTA VEDADA – NÃO-CONFIGURAÇÃO – DESPROVIMENTO.** O estacionamento de veículos particulares contendo adesivos de propaganda eleitoral, em local público como o pátio da Prefeitura Municipal, não configura a conduta vedada no art. 73, I, da Lei nº 9.504/1997, nem tem potencialidade para caracterizar abuso de poder.[133]

Essas mesmas conclusões são aplicáveis no concernente a atos estatais infundados como ordens de serviço, portarias ou memorandos emitidos por agentes públicos (Lei nº 9.504/97, art. 73, §1º) visando embaraçar ou impedir o gozo dos direitos antes listados. É inequívoco que a edição desses documentos escapa da legalidade. Evidenciando falha de percepção ou abuso de autoridade em torno do tema, os mesmos agridem o ordenamento jurídico, sobremodo o art. 41 da LE/97: "A propaganda exercida nos termos da legislação eleitoral não poderá ser objeto de multa nem cerceada sob alegação do exercício do poder de polícia ou de violação de postura municipal, casos em que se deve proceder na forma prevista no art. 40".

É injustificável que transcorridas mais de duas décadas após o advento da Lei das Eleições, depois de firmadas teses em recursos representativos da temática, se persista na adoção de entendimentos incompatíveis com a interpretação dada pelos tribunais. De se observar, no ponto, que propaganda eleitoral é matéria de interesse nacional cuja competência privativa para legislar pertence à União Federal (CF/88, art. 22, I), sendo absolutamente vedado aos Estados, ao DF e aos Municípios discipliná-la porquanto não incluída no rol das competências comum (art. 23) ou concorrente (art. 24). Somente o Congresso Nacional normatiza sobre o assunto.

15.10.1.2. Exceções

a. Convenções partidárias

O dispositivo guarda sintonia com o art. 8º da Lei nº 9.504/97 ao permitir que os partidos políticos realizem suas convenções nos prédios públicos, geralmente nas sedes dos Poderes Legislativos (v. 3.6).

---

133. Acórdão nº 23.091, PSESS de 14/10/2008.

b. Residência oficial

Coerente ao texto da Carta Magna que desobriga de desincompatibilização os pretendentes à reeleição aos cargos do Executivo (STF, ADIN nº 1.805-2/DF)[134], a Lei nº 9.504/97 fez expressa ressalva à utilização da residência oficial, pelo Chefe do Poder, para a realização de eventos de campanha, desde que não tenham natureza pública:

> § 2º. A vedação do inciso I do *caput* não se aplica ao uso, em campanha, de transporte oficial pelo Presidente da República, obedecido o disposto no art. 76, nem ao uso, em campanha, pelos candidatos a reeleição de Presidente e Vice-Presidente da República, Governador e Vice-Governador de Estado e do Distrito Federal, Prefeito e Vice-Prefeito, de suas residências oficiais para realização de contatos, encontros e reuniões pertinentes à própria campanha, desde que não tenham caráter de ato público.

Essa questão foi dirimida a partir do voto do Ministro Neri da Silveira na antes aludida Ação Direta de Inconstitucionalidade: "Se o Presidente e Governadores continuam administrando a República e os Estados, durante a campanha, porque não obrigados a se afastar do cargo, certo é que as medidas de segurança próprias da investidura, incluídas residência e transporte oficial, não se pode entender lhes foram subtraídas durante o período de campanha".

Mencionada excepcionalidade atribui licitude, aos Chefes de Poder Executivo, para conceder audiências e realizar reuniões políticas ou contatos onde residem oficialmente. Ainda conforme os termos redacionais estabelecidos, a simples presença dos órgãos de imprensa no local não converte o ato em público. Em verdade, a entrevista apenas confere publicidade ao ato, mas não o torna público:

> Audiência concedida pelo candidato à reeleição. Art. 73, § 2º, da Lei nº 9.504/97. 1. A audiência concedida pelo titular do mandato, candidato à reeleição, em sua residência oficial não configura ato público para os efeitos do art. 73 da Lei nº 9.504/97, não relevando que seja amplamente

134. (...). 10. Somente a Constituição poderia, de expresso, estabelecer o afastamento do cargo, no prazo por ela definido, como condição para concorrer à reeleição prevista no § 5º do art. 14, da Lei Magna, na redação atual.

noticiada, o que acontece em virtude da própria natureza do cargo que exerce.

2. Agravo regimental desprovido.[135]

Ainda quanto à residência oficial, acresça-se, nos termos da AIJE nº 0601212-32/DF[136], que os atos de campanha que a Lei das Eleições autoriza são aqueles eminentemente voltados para arranjos internos, permitindo-se ao Chefe do Poder Executivo receber interlocutores, reservadamente, com o objetivo de traçar estratégias e alianças políticas. Assim, o mandatário que ocupa tais imóveis deve cumprir três exigências: a) somente poderá realizar contatos, encontros e reuniões, ou seja, praticar atos em que se dirige a interlocutores diretos; b) as tratativas devem ser pertinentes à sua própria campanha; e c) por fim, veda-se por completo que tais contatos, encontros e reuniões assumam "caráter de ato público".

A jurisprudência das Cortes regionais segue de perto o norte delineado pelo TSE:

AGRAVO REGIMENTAL. REPRESENTAÇÃO. CONDUTA VEDADA. USO DE RESIDÊNCIA OFICIAL. REUNIÃO DE CAMPANHA. AUSÊNCIA DE CARÁTER DE ATO PÚBLICO. POSSIBILIDADE. PEDIDO MANIFESTAMENTE IMPROCEDENTE. ELEIÇÕES 2010. NEGATIVA DE SEGUIMENTO.

Utilização de residência oficial de Governador para reunião com manifestação de apoio de diversos Prefeitos. Uso de materiais ou serviços públicos, durante a cerimônia de assinatura de parceria. Encontro com empresários. Não configuração de conduta vedada. Permissivo legal do art. 73, § 2º, da Lei nº 9.504/97. Manifesta improcedência. Decisão mantida.

Agravo regimental a que se nega provimento.[137]

REPRESENTAÇÃO. RESIDÊNCIA OFICIAL DO GOVERNADOR. ALMOÇO. REUNIÃO DE CUNHO POLÍTICO. PUBLICIDADE NÃO COMPROVADA. § 2° DO ART. 73 DA LEI 9.504/97/. APLICAÇÃO A CONDUTA ANTERIOR AO PERÍODO ELEITORAL. UTILIZAÇÃO DE MATERIAIS CUSTEADOS PELO ESTADO. EXCESSOS NO EXERCÍCIO DE PRERROGATIVAS OU VIOLAÇÃO ÀS NORMAS DE

135. TSE, ARP nº 1.252/DF, DJ de 23/10/2007.

136. DJE 07/11/2022.

137. TRE/MG, RP nº 801977, DJE de 04/10/2010.

> **ÓRGÃOS PÚBLICOS. NÃO COMPROVAÇÃO. CONDUTA VEDADA. ART.73, INCISOS I E II, DA LEI Nº 9.504/97. MATERIALIDADE DA CONDUTA. NÃO CONFIGURAÇÃO. IMPROCEDÊNCIA.** 1. É lícita a utilização, pelo Chefe do executivo, de sua residência oficial para a realização de evento político, desde que o ato seja realizado sem publicidade ou excessos na utilização de recursos. 2. A exceção do § 2º do artigo 73 da Lei das Eleições pode ser aplicada a casos ocorridos antes do registro de candidatura, desde que atendidos os requisitos legais. 3. Improcedência da representação.[138]

Quer pelo mandamento legal, quer pela interpretação dos tribunais, comungamos do entendimento de Távora NIESS (1998, p. 33): "É compreensível que se o Chefe do Poder Executivo candidato à reeleição apresenta-se nessa dupla condição, não sendo possível dissociar uma da outra, caiba-lhe o uso do imóvel onde reside para promover a sua campanha".

Dessarte, em 19/10/2023, portanto mais de um ano após o pleito presidencial de 2022, o tema da "residência oficial" alcançou sua possível pacificação na jurisprudência. O Tribunal Superior Eleitoral, ao decidir as AIJEs nºs 0601212-32 e 0601665-27, aprovou tese definindo que somente é lícito à pessoa ocupante de cargos de Prefeito Municipal, Governador de Estado e Presidente da República fazer uso de cômodo da residência oficial para realizar e transmitir *live* eleitoral se observadas as seguintes premissas:

a) tratar-se de ambiente neutro, desprovido de símbolos, insígnias, objetos, decoração ou outros elementos associados ao Poder Público ou ao cargo ocupado;

b) a participação for restrita à pessoa detentora do cargo;

c) o conteúdo divulgado se referir exclusivamente à sua candidatura;

d) não forem utilizados recursos materiais e serviços públicos, nem aproveitados servidoras, servidores, empregadas e empregados da Administração Pública direta e indireta;

e) houver devido registro, na prestação de contas, de todos os gastos efetuados e das doações estimáveis relativas à *live* eleitoral, inclusive relativos a recursos e serviços de acessibilidade.

---

138. TRE/SE, RP nº 2815-19, DJE de 09/02/2011.

15.10.2. Utilização de materiais ou serviços custeados pelos Governos ou Casas Legislativas que excedam as prerrogativas legais

> Art. 73. (*omissis*)
>
> II - usar materiais ou serviços, custeados pelos Governos ou Casas Legislativas, que excedam as prerrogativas consignadas nos regimentos e normas dos órgãos que integram;

Tal regulamentação foi introduzida no ordenamento através do art. 40 da Lei nº 9.100/95[139] como adequação legislativa ao que havia sido decidido pelo Tribunal Superior Eleitoral no paradigmático Recurso Ordinário nº 12.244/PB. Neste julgamento (Caso Humberto Lucena)[140] ocorrido em 13/09/1994, a Corte, por maioria de votos, reconheceu o uso abusivo de prerrogativas parlamentares e determinou a cassação do mandato de um Senador da República candidato à reeleição em razão da impressão, pela Gráfica do Senado Federal, de 130 mil calendários de parede contendo a sua imagem:

> **RECURSO - PRAZO - ACORDÃO - ASSINATURA - MINISTÉRIO PÚBLICO - EFEITO. NA DICÇÃO DA ILUSTRADA MAIORIA, EM RELAÇÃO A QUAL GUARDO RESERVAS, A ASSINATURA DO ACÓRDÃO PELO ORGÃO DO MINISTÉRIO PÚBLICO NÃO IMPLICA A RESPECTIVA INTIMAÇÃO, COMEÇANDO A CORRER O PRAZO RECURSAL SOMENTE DA PUBLICAÇÃO NO DIÁRIO DA JUSTICA. ABUSO DE AUTORIDADE - PARLAMENTAR - SERVICO GRÁFICO DO SENADO FEDERAL.**
>
> Consubstancia abuso de autoridade a utilização do serviço gráfico do Senado Federal em confecção de calendários, contendo a imagem do parlamentar, e que tenham sido enviados aos cidadãos do Estado no

139. Art. 40. Os candidatos detentores de mandato eletivo não poderão utilizar serviços gráficos custeados pelas Casas Legislativas para a confecção de impressos de propaganda eleitoral, sendo-lhes, também, vedada a utilização de materiais e serviços que excedam as prerrogativas consignadas nos regimentos e normas das Casas que integram.

140. HUMBERTO Coutinho de LUCENA (1928-1998) foi deputado estadual (1951-1959), federal (1959-1971, 1975-1979) e senador (1979-1998) pela Paraíba. Após a condenação do TSE, o Congresso Nacional aprovou um projeto, transformado na Lei nº 8.985/95, concedendo anistia a Lucena e outros 15 parlamentares candidatos às eleições de 1994 processados ou condenados por ilícitos eleitorais relacionados com a utilização dos serviços gráficos do Senado Federal, condicionando o benefício ao ressarcimento dos valores. A OAB questionou a medida no STF, mas o tribunal rejeitou o pedido (SANTOS, 2019, p. 202).

> qual possui o domicilio eleitoral, ocorrendo a remessa em pleno ano destinado às eleições.[141]

Cumpre registrar que esta compreensão teve como matriz, precedentes tratando de situações análogas, embora sob a égide do derrogado pressuposto do *nexo de causalidade*. Vejamos dois importantes julgados que podem ser tomados como referência dessa construção jurisprudencial. No primeiro deles, o Recurso Ordinário nº 9.104/RN (DJ de 06/08/1991, p. 10.174)[142], a Corte declarou inelegíveis a prefeita e seu marido, candidato a deputado estadual, porque o erário municipal suportou o pagamento de, pasmem, calendários com a fotografia de toda a família. No outro acórdão, do Recurso Especial Eleitoral nº 9.350/RS (DJ de 26/05/1992, p. 7.473)[143], o TSE não declarou a inelegibilidade de deputado que utilizou verba da Assembleia Legislativa para a confecção de calendários em razão de que o mesmo, após o ingresso da representação, efetuou o ressarcimento do erário com recursos próprios.

Agora vige uma proibição expressa, verdadeiramente circunstanciada sobre o assunto.

Os materiais e serviços disponibilizados por governos e legislativos a partir de orçamentos públicos dizem respeito às finalidades institucionais. O permitido será aquilo que estiver circunscrito a direitos e prerrogativas. Dentro do "exceder" estão incluídas a utilização de computadores, *fax*, aparelhos celulares funcionais em atividades político-partidárias, *e-mails*, fotocópias e impressoras. Portanto, o conteúdo dos materiais franqueados não pode derivar para o cenário eleitoral.

Esta segunda vedação inscrita no rol do art. 73 pretende combater o uso indevido de franquias e instrumentos disponibilizados aos membros dos poderes políticos para melhor desempenhar as suas funções. A utilização de materiais e serviços sem excessos ou desvios ficou assegurada. O que restou interditado, com absoluto acerto e evidente obviedade, foi o agir oblíquo.

Nessa senda, decisão tomada na Representação nº 844-53/DF fez constar:

---

141. RJTSE 7/1/251.
142. RJTSE 3/3/18.
143. RJTSE 4/2/11.

ELEIÇÕES 2014. REPRESENTAÇÃO. CONDUTA VEDADA A AGENTE PÚBLICO. UTILIZAÇÃO DE FOTOGRAFIA PRODUZIDA POR SERVIDOR PÚBLICO EM SÍTIO ELETRÔNICO DE CAMPANHA. BEM DE USO COMUM OU DO DOMÍNIO PÚBLICO. NÃO CARACTERIZAÇÃO. IMPROCEDÊNCIA.

1. Mera utilização de fotografias que se encontram disponíveis a todos em sítio eletrônico oficial, sem exigência de contraprestação, inclusive para aqueles que tiram proveito comercial (jornais, revistas, blogs, etc), é conduta que não se ajusta às hipóteses descritas nos incisos I, II e III, do art. 73 da Lei das Eleições.

2. Representação que se julga improcedente.[144]

Alguns parâmetros básicos em torno deste assunto recorrente em todas as campanhas eleitorais brasileiras foram postos a partir da mencionada RP:

- a vedação ao uso ou cessão de bem público, em benefício de candidato, não abrange bem público de uso comum;
- as imagens do acervo de fotografias presidenciais em eventos oficiais são bens de domínio público, ou seja, constituem bens de uso coletivo, podendo ser visualizadas e baixadas em seu próprio computador;
- a utilização de fotografias que se encontram disponíveis a todos os interessados no sítio eletrônico oficial, sem exigência de contraprestação, inclusive para aqueles que obtêm proveito comercial (jornais, revistas, blogs, outros) - reservado o crédito de natureza profissional -, é conduta que não se ajusta às hipóteses inscritas nos incisos 1, II e III, do art. 73 da Lei das Eleições;
- tais fotografias se amoldam ao conceito - considerada a destinação - de bens de uso comum, que são aqueles afetados "por sua própria natureza ou por lei, a uma utilização indistinta do todos os administrados, independente do qualquer ato administrativo que o anteceda"[145];
- ajustam-se à definição inscrita no art. 37, § 4º, da Lei Eleitoral, porquanto acessíveis a qualquer pessoa que simplesmente baixá-las do sítio eletrônico oficial do respectivo Poder.

Em vista do objeto jurídico protegido (a isonomia entre os concorrentes), as assertivas constantes deste precedente se aplicam por inteiro aos cenários das eleições estaduais e municipais.

---

144. TSE, DJE de 1º/10/2014, p. 29.

145. MELLO, Celso A. Bandeira de. *Curso de direito administrativo*. 17ª ed. São Paulo: Malheiros. p. 816.

A disponibilização de quotas postais no âmbito do Poder Legislativo tem como única finalidade permitir aos parlamentares o envio de correspondência às pessoas e instituições informando assuntos relacionados ao exercício do mandato tais como boletins, discursos, cópias de projetos apresentados, pedidos encaminhados etc.

Contudo, é sempre bom destacar que tal benefício, embora ínsito à prestação de contas das atividades públicas, somente é possível em razão dos impostos suportados pelos contribuintes.

Em harmonia ao regramento, candidato à reeleição que se beneficia indevidamente da utilização de serviço custeado pelo Poder Público (convênio entre a Casa Legislativa e os Correios) para o envio de propaganda eleitoral justifica a imposição da pena de cassação do mandato, nos termos do § 5º do art. 73 da LE/97. Na hipótese, calha frisar, o ressarcimento do prejuízo imposto ao Legislativo é irrelevante na seara das Condutas Vedadas, não afastando a consequência punitiva na medida em que os bens tutelados pela regra são a lisura e a regularidade do processo eleitoral.

O TSE decidiu sobre a matéria no julgamento do AgRgRESPE nº 25.770/RS ao negar provimento a recurso de vereador cassado sob o entendimento de que "Não se prestigia o arrependimento tardio, sobretudo se este só se manifesta quando o ilícito é descoberto. O tipo do art. 73, II, aperfeiçoou-se no momento da remessa das cartas, pouco importando o fato de o remetente, após a descoberta da conduta, ter ressarcido os cofres públicos".

Em julgados posteriores, a Corte reassentou o seu entendimento, como se pode extrair da seguinte ementa:

> **RECURSO ESPECIAL RECEBIDO COMO RECURSO ORDINÁRIO. PROPAGANDA ELEITORAL. PARLAMENTAR. UTILIZAÇÃO DE SERVIÇOS. ASSEMBLÉIA LEGISLATIVA. ABUSO DE AUTORIDADE. DECLARAÇÃO DE INELEGIBILIDADE.**
>
> 1. Configura abuso de autoridade a utilização, por parlamentar, para fins de campanha eleitoral, de correspondência postada, ainda que nos limites da quota autorizada por ato da Assembleia Legislativa, mas cujo conteúdo extrapola o exercício das prerrogativas parlamentares.
>
> 2. A prática de conduta incompatível com a Lei nº 9.504/97, artigo 73, II, e com a Lei Complementar 64/90, enseja a declaração de inelegibilidade

> para as eleições a se realizarem nos três anos subsequentes àquela em que se verificou o fato.
>
> Recurso parcialmente provido.[146]

Todavia, tratando-se de incidente isolado, provocado por erro de assessor e havendo o reembolso do erário, é proporcional a aplicação de multa no valor mínimo quando foram utilizados o *e-mail* da Câmara Municipal, seus computadores e servidor para promover candidaturas[147].

Noutro caso similar, onde o serviço de fotocópias do Legislativo foi usado para produzir panfletos e posteriormente sobreveio o ressarcimento das despesas, o TRE/PR reconheceu a Conduta Vedada, mas para aplicar somente a pena pecuniária:

> **RECURSO ELEITORAL - AGENTE PÚBLICO -UTILIZAÇÃO DE BENS PÚBLICOS – CONDUTA VEDADANO ARTIGO 73, I E II, DA LEI Nº 9.504/97 - APLICAÇÃO DE MULTA - AUSÊNCIA DE CASSAÇÃO DO REGISTRO - PROPORCIONALIDADE DA SANÇÃO - FALTA DE POTENCIALIDADE DA CONDUTA - RESSARCIMENTO DO DANO AO ERÁRIO - FATOS QUE NÃO ILIDEM A RESPONSABILIDADE - DESPROVIMENTO.**
>
> 1. Configura conduta vedada ao agente público a utilização de bens móveis da Casa de Leis para a confecção de material para campanha, não havendo que se falar em efetividade do benefício ou ressarcimento ao erário, fatores que não ilidem a responsabilidade dos agentes.
>
> 2. A pena de cassação do registro prevista no §5º da Lei n.º 9.504/97 deve ser aplicada segundo o princípio da razoabilidade.
>
> 3. Circunstâncias do caso concreto que indicam a suficiência da pena de multa para a punição da conduta.
>
> 4. Recursos desprovidos. Sentença mantida.[148]

Num outro episódio, a coligação contrária ao então Presidente da República e candidato à reeleição (1998) ingressou com representação junto ao TSE em desfavor deste e do Ministro da Previdência e Assistência Social (MPAS) alegando que o primeiro vinha expedindo, desde maio do ano eleitoral, cartas aos aposentados do país versando sobre propalados benefícios decorrentes da reforma da previdência, exaltando os feitos realizados pelo Governo Federal e atacando a oposição pelos males do País e por não dese-

146. TSE, REspe nº 16.067/ES, DJ de 14/08/2000 (RJTSE 12/4/199).

147. TSE, ARespe nº 27.896/SP, DJE de 18/11/2009.

148. RE nº 5.083/PR, Acórdão nº 33.698, PSESS de 20/08/2008.

jar melhorar a vida das pessoas. Alegou-se também o uso de verba pública destituída de caráter educativo, informativo ou de orientação social e fins eleitorais vedados em lei, com afronta aos artigos 36 e 73 da LE/97.

Julgada improcedente, em sede recursal, o relator entendeu que o Ministro de Estado, à época em que o país acompanhava uma reformulação na Previdência Social, no uso de suas prerrogativas (CF/88, art. 220, § 1º)[149] e no cumprimento do seu dever (CF/88, art. 5º, XXXIII)[150], apenas informou os aposentados do andamento da reforma e das providências desenvolvidas pelo Governo Federal, visando tranquilizá-los, e não fazer propaganda proibida.

Contudo, a divergência reconheceu que o considerável volume de cartas expedidas, associado ao teor da mensagem, ainda que implicitamente, revelaram "a intenção de promover propaganda eleitoral, uma vez que a orientação adotada pela coligação presidencial desfrutou de uma singular oportunidade de defesa ao serem apresentadas, à significativa parcela do eleitorado, justificativas das medidas aprovadas na reforma do sistema previdenciário e, ainda, considerações de ordem subjetivas elogiosas às novas regras" (RRP n° 68/DF):

> **RECURSO - REPRESENTAÇÃO POR VIOLAÇÃO DA LEI N. 9.504/97 - CONDUTA VEDADA A AGENTE PÚBLICO - FALTA DE EXPRESSO PEDIDO DE APLICAÇÃO DE MULTA EM RELAÇÃO A UM DOS REPRESENTADOS - CIRCUNSTÂNCIA QUE NÃO PROVOCA A INÉPCIA DO PEDIDO NO PARTICULAR - CARTA ENCAMINHADA PELO MINISTRO DA PREVIDÊNCIA SOCIAL, SEM EVIDÊNCIAS QUE DELA TIVESSE CONHECIMENTO O PRESIDENTE DA REPÚBLICA, CANDIDATO À REELEIÇÃO, E A COLIGAÇÃO QUE LHE DÁ APOIO.**
>
> O envio de dezessete milhões de cartas, em período pré-eleitoral, defendendo postura política adotada pelo governo e contestada pela oposição, enseja a aplicação da multa prevista no artigo 73, parágrafo 4, da Lei nº 9.504/97, por infringência do inciso II do mesmo dispositivo. Recurso provido, em parte.[151]

---

149. Art. 220. A manifestação do pensamento, a criação, a expressão e a informação, sob qualquer forma, processo ou veículo não sofrerão qualquer restrição, observado o disposto nesta Constituição.

§ 1º Nenhuma lei conterá dispositivo que possa constituir embaraço à plena liberdade de informação jornalística em qualquer veículo de comunicação social, observado o disposto no art. 5º, IV, V, X, XIII e XIV.

150. XXXIII - todos têm direito a receber dos órgãos públicos informações de seu interesse particular, ou de interesse coletivo ou geral, que serão prestadas no prazo da lei, sob pena de responsabilidade, ressalvadas aquelas cujo sigilo seja imprescindível à segurança da sociedade e do Estado.

151. RJTSE 10/3/71.

Ao votar neste julgamento pioneiro em torno do inciso II da LE/97 e da própria reeleição, o Ministro Neri da Silveira advertiu o tribunal suscitando justamente aquela que é a maior crítica até hoje endereçada ao instituto adotado a partir do pleito de 1998: "Se se admite, pura e simplesmente, que órgãos de governo possam fazer esse tipo de comunicação ao eleitorado, com recursos do Erário, certo é que os demais candidatos, partidos ou coligações não dispõem das mesmas condições para fazê-lo, porque não estão detendo o poder; dá-se, sem dúvida alguma, um desequilíbrio dentro do processo eleitoral".

"Com advento do instituto da reeleição, é corriqueiro que chefes do Poder Executivo a níveis federal, estadual e municipal, a pretexto de divulgar obras, serviços e outras atividades governamentais, realizem promoção em benefício próprio ou de terceiros visando futura candidatura. Essa conduta, além de absolutamente reprovável pelo uso da Administração Pública como verdadeiro veículo de divulgação pessoal, inserindo o administrador em clara vantagem perante seus adversários com recursos do erário, afronta os principais valores que norteiam a publicidade institucional, a qual deve possuir cunho exclusivamente informativo, educativo ou de orientação social", constou do Recurso Ordinário nº 3783-75/RJ (DJE de 06/06/2016).

A distribuição de camisetas confeccionadas com dinheiro público, na cor da campanha da reeleição do prefeito, para que servidores municipais as utilizassem como uniforme de trabalho, caracteriza o tipo do inciso II do art. 73.[152]

Noutro passo, importa distinguir que o uso do serviço de funcionários públicos na campanha eleitoral não se confunde com a prestação de segurança à autoridade que se candidata à reeleição[153]. Esta não corresponde a uma prerrogativa sua, mas um dever ao qual o titular, seja presidente, governador ou prefeito, está submetido em função dos deveres e obrigações do cargo.

15.10.3. Utilização de servidores públicos ou empregados da administração pública no horário de expediente

> Art. 73. (*omissis*)
>
> III – ceder servidor público ou empregado da administração direta ou indireta federal, estadual ou municipal do Poder Executivo, ou usar de

152. TSE, REspEl nº 722/SE, DJE 22/09/2020.
153. TSE, AG nº 4.246/MS, DJ de 16/09/2005.

seus serviços, para comitês de campanha eleitoral de candidato, partido político ou coligação, durante o horário de expediente normal, salvo se o servidor ou empregado estiver licenciado;

Prima facie, a normativa buscar impedir que os ocupantes de cargos na Administração Pública sejam desviados, liberados, ameaçados ou coagidos de suas funções durante o período eleitoral. Pelo texto de regência, a participação de qualquer servidor do Poder Executivo (concursado, contratado, comissionado) é vedada apenas quando coincidir com seu horário/jornada de trabalho.

Trata-se de mais um inciso criado em obediência à Constituição Federal contra o vírus do abuso de poder político.

Como o contribuinte não recolhe seus impostos para remunerar cabos eleitorais ou colaboradores de campanha, a violação à regra implica em prejuízo ao erário, ofensa aos princípios do art. 37 da CF/88 e violação aos deveres de honestidade, imparcialidade, legalidade e especialmente lealdade ao Poder Público, todos causados pelo cedente (chefe ou superior hierárquico) e pelo candidato que se beneficia eleitoralmente do funcionário. Bem por isso, tanto os responsáveis pela conduta quanto aqueles que dela se beneficiaram sujeitam-se às sanções dos §§ 4º e 8º do art. 73. Porém, "A proibição não atinge o próprio servidor, vale dizer, o servidor pode, ele mesmo, prestar o serviço sem infringir a norma, pois o agente da infração é quem cede e quem usa, e não o próprio servidor" (CONEGLIAN, 2012, pp. 420/421).

Os verbos que expressam a ilicitude são dois. Nessa modalidade de comportamento, somente é possível considerar *agente público*, para efeitos da conduta vedada, quem detém poderes ou atribuições para *ceder* ou *usar* dos serviços prestados por um servidor da administração, no horário de expediente, em benefício de candidatos, partidos ou coligação. Este é o núcleo da infração descrita a ser formalmente observado. Por força disso, não é viável considerar o servidor público supostamente cedido ou que teve seus serviços utilizados como sendo o autor do ilícito.

No entanto, apesar da sua ênfase, é inaceitável se possa admitir que o inciso censure apenas o Poder Executivo e mitigue os demais poderes no que se refere à possibilidade de candidatos usufruírem do trabalho de pessoas que pertencem ao serviço público. É indesculpável que embora inscrita quatro vezes ao texto constitucional, a expressão *Poderes Públicos* não tenha ocorrido ao legislador ordinário, o qual, no trato da *quaestio juris*, foi imprevidente e dadivoso. Porém, é preciso não perder de vista que o corpo legislativo que atuou na edição da Emenda Constitucional nº 16 (Reeleição) foi exatamente o mesmo que redigiu as Condutas Vedadas. Diante da omissão legislativa, voluntária ou involuntária, o certo é que transcorridas diversas legislaturas, não houve mudança no ordenamento jurídico. Dentro desse contexto, é indene de dúvida que a LE/97 desperdiçou a oportunidade de dar uma guinada em prol da realidade. É inadmissível que os demais poderes e órgãos tenham sido excluídos do raio de abrangência de um dispositivo que visa reprimir o uso indevido de servidores públicos. Não resta dúvida que a técnica legislativa adotada neste dispositivo, a par de ilógica e apartada dos conceitos mais rudimentares de gestão pública, frustrou a própria isonomia anunciada pelo *caput* do art. 73.

Em que pese o acinte de condutas cedendo servidores do Poder Legislativo para participar de campanhas eleitorais durante o horário de expediente, esse fato, em razão do princípio da legalidade estrita, não tipifica o inciso III do art. 73. No entanto, o mesmo, uma vez observado o concurso de outros requisitos (gravidade, reincidência, quantidade de funcionários, momento da ação), pode configurar abuso de poder de autoridade, mas não há como ser enquadrado na disciplina das Condutas Vedadas.

A matéria, com esses contornos, já foi desatada pelo TSE (AgR-REspe nº 1196-53/RN, DJE de 12/09/2016[154], AgR-REspe nº 1374-72/RS, DJE de 18/04/2016[155] e AgR-REspe nº 626-30/MS, DJE de 04/02/2016[156]). No ares-

---

154. ELEIÇÕES 2014. AGRAVO REGIMENTAL. RECURSO ESPECIAL. REPRESENTAÇÃO. ABUSO DO PODER POLÍTICO. GOVERNADOR. VICE-GOVERNADOR. CONDUTA VEDADA. SERVIDOR PÚBLICO. PODER LEGISLATIVO. CESSÃO. PREVISÃO LEGAL. AUSÊNCIA. RESTRIÇÃO DE DIREITOS. INTERPRETAÇÃO EXTENSIVA. IMPOSSIBILIDADE. DESPROVIMENTO.1. A vedação contida no art. 73, III, da Lei nº 9.504/97 é direcionada aos servidores do Poder Executivo, não se estendendo aos servidores dos demais poderes, em especial do Poder Legislativo, por se tratar de norma restritiva de direitos, a qual demanda, portanto, interpretação estrita. 2. Nas condutas vedadas previstas nos arts. 73 a 78 da Lei das Eleições imperam os princípios da tipicidade e da legalidade estrita, devendo a conduta corresponder exatamente ao tipo previsto na lei (REspe nº 626-30/DF, Rel. Min. Maria Thereza de Assis Moura, DJe 4.2.2016).3. Agravo regimental desprovido.

155. ELEIÇÕES 2014. RECURSO ESPECIAL ELEITORAL. REPRESENTAÇÃO. CONDUTA VEDADA. CESSÃO DE SERVIDOR DO PODER LEGISLATIVO EM BENEFÍCIO DE CAMPANHA ELEITORAL. 1. Em razão de o art. 73, inciso III, da Lei nº 9.504/1997 consistir em norma restritiva, ao dispor "ceder servidor público ou empregado da administração direta ou indireta federal, estadual ou municipal do Poder Executivo", não se justifica, considerando sua finalidade, interpretá-la extensivamente e aplicá-la a servidores de outros poderes que não o Executivo. 2. Decisão agravada mantida por seus fundamentos. Agravo regimental desprovido.

156. ELEIÇÕES 2012. AGRAVO REGIMENTAL EM RECURSO ESPECIAL. REPRESENTAÇÃO POR CONDUTA VEDADA. CESSÃO DE SERVIDORES PÚBLICOS DO PODER LEGISLATIVO PARA A CAMPANHA ELEITORAL. ART. 73, III, DA LEI Nº 9.504/97. PROIBIÇÃO ADSTRITA AOS SERVIDORES DO PODER EXECUTIVO. LEGALIDADE ESTRITA. CONDUTA PASSÍVEL DE REPRESSÃO, EM TESE, SOB O VIÉS DO ABUSO DE PODER. FUNDAMENTOS DA DECISÃO AGRAVADA NÃO INFIRMADOS. DESPROVIMENTO. 1. No âmbito das chamadas condutas vedadas aos agentes públicos em campanhas, cuja disciplina encontra-se inserta na Lei nº 9.504/97, arts.

to advindo do TRE gaúcho, após o relator admitir a controvérsia doutrinária e jurisprudencial que circunda o tema, ficou salientado o seguinte:

> Caso fosse a intenção do legislador abarcar também os agentes do Poder Legislativo na vedação prevista no inciso III, teria expressamente consignado a restrição, como ocorrido no inciso li, que prevê usar materiais ou serviços, custeados pelos Governos ou Casas Legislativas. Portanto, a interpretação sistemática das condutas previstas no art. 73 demonstra que o legislador quis excluir os agentes vinculados ao Legislativo, não cabendo ao intérprete efetuar restrição não prevista na legislação eleitoral.

Pela doutrina, em sentido diverso e de modo instigante, manifestando que como "nenhum servidor público pode ser colocado à disposição de particulares", Edson de Resende CASTRO (2012, p. 382) acentua que a cessão de servidores do Legislativo, Judiciário, Ministério Público e Tribunais de Contas "também caracteriza abuso e improbidade administrativa". Sob essa mesma perspectiva, apontando uma falha gritante da norma, Luiz Ismaelino VALENTE e José Antônio ALMEIDA concluíram que foram deixados livres, "sem nenhuma razão de ser, os servidores e empregados dos Poderes Legislativo e Judiciário, bem como dos Tribunais de Contas e do Ministério Público" (1998, p. 28), sendo, por isso, "irrelevantes as ressalvas produzidas, em contraposição aos princípios que devem reger a matéria" (1998, p. 176).

Um acórdão oriundo do Mato Grosso do Sul, a partir do posicionamento manifestado pelo relator, encetou esta mesma compreensão: "Não obstante a literalidade da norma de que a conduta vedada prevista no art. 73, inciso III, da Lei n.º 9.504/97 se refere aos servidores do Poder Executivo, a melhor interpretação é no sentido de que a vedação deste dispositivo alcança qualquer servidor público, de quaisquer esferas ou Poderes, que esteja em horário de expediente normal, conforme os limites legais da jornada de trabalho, não importando o vínculo com a Administração Pública, sob pena de afronta aos princípios da eficiência e da moralidade". Entretanto, o Tribunal Superior Eleitoral reformou a decisão do TRE/MS através do acórdão nº 626-30/MS e julgou improcedente a representação.[157]

---

73 a 78, imperam os princípios da tipicidade e da estrita legalidade, devendo a conduta corresponder exatamente ao tipo previamente definido pela lei. Precedentes. 2. Não se verificando a existência de argumentos hábeis a ensejar a alteração da decisão agravada, fica ela mantida por seus próprios fundamentos. Incidência da Súmula 182 do STJ. 3. Agravo regimental desprovido.

157. ELEIÇÕES 2012. AGRAVO REGIMENTAL EM RECURSO ESPECIAL. REPRESENTAÇÃO POR CONDUTA VEDADA. CESSÃO DE SERVIDORES PÚBLICOS DO PODER LEGISLATIVO PARA A CAMPANHA ELEITORAL. ART. 73, III, DA LEI N° 9.504/97. PROIBIÇÃO ADSTRITA AOS SERVIDORES DO PODER EXECUTIVO. LEGALIDADE ESTRITA.

Acerca da expressão "comitê", a mesma é ampla, e vem sendo combinada com o verbo "usar" para ser entendida como qualquer modalidade de função eleitoral, e não apenas como atividade executada propriamente naquele. Com isso, a execução de serviço de limpeza, pela municipalidade, preparando o local da festa de lançamento de uma candidatura, atrai a conduta.[158]

Seria um disparate confinar a locução acima à sua literalidade em detrimento do seu fundo. Na medida em que o Direito deve ser compreendido como uma norma que reclama sentido (GADAMER), de todo concernente, ao julgador, "realizando um dos mais nobres e importantes dos seus deveres, suprir as lacunas da lei, revelando-a, dando-lhe o seu legítimo sentido e real alcance", pontificou o Ministro Carlos Thompson Flores ao votar no Recurso Extraordinário Eleitoral nº 90.332/SP (DJ de 09/03/1979).

A participação do Chefe de Gabinete do Prefeito, em reunião de caráter eleitoral organizada por partido na qual estiveram presentes parlamentares e onde foi constatada a existência de roupas adesivadas com o número dos candidatos e de cartazes e faixas de propaganda, ausente a prova de que o servidor não usufruísse de jornada flexível de trabalho, impõe a pena de multa[159]. Todavia, não haverá ofensa à lei se a prova for clara na delimitação do horário de expediente do servidor e se os fatos imputados se deram fora deste (RO nº 3776/RJ)[160]:

> **Eleições 2010 – Representação – Conduta Vedada – Inciso III do art. 73 da Lei Nº 9.504/1997 – Uso dos serviços de assessor durante a campanha eleitoral** – Postagem de matérias no *Twitter* e no sitio oficial de campanha – Ausência de provas de que os serviços alegadamente prestados tenham sido realizados durante o horário de expediente – Matérias divulgadas por meio da página da Assembleia Legislativa relativas à atividade parlamentar do Representado – Atribuições normais do cargo de assessor parlamentar – IMPROCEDÊNCIA.[161]

CONDUTA PASSÍVEL DE REPRESSÃO, EM TESE, SOB O VIÉS DO ABUSO DE PODER. FUNDAMENTOS DA DECISÃO AGRAVADA NÃO INFIRMADOS. DESPROVIMENTO.1. No âmbito das chamadas condutas vedadas aos agentes públicos em campanhas, cuja disciplina encontra-se inserta na Lei nº 9.504/97, arts. 73 a 78, imperam os princípios da tipicidade e da estrita legalidade, devendo a conduta corresponder exatamente ao tipo previamente definido pela lei. Precedentes.2. Não se verificando a existência de argumentos hábeis a ensejar a alteração da decisão agravada, fica ela mantida por seus próprios fundamentos. Incidência da Súmula 182 do STJ.3. Agravo regimental desprovido. (TSE, DJE de 04/02/2016, p. 129).

158. TRE/SC, Acórdão nº 27853, DJE de 30/11/2012.
159. TSE, AgRgREspe nº 555-44/SP, DJE de 12/02/2019.
160. TSE, DJE de 06/11/2014, pp. 88/89.
161. TRE/SC, Acórdãonº 25.725, DJE de 27/04/2011.

> **RECURSO. AÇÃO DE INVESTIGAÇÃO JUDICIAL ELEITORAL. CONDUTA VEDADA A AGENTE PÚBLICO. AUSÊNCIA DE COMPROVAÇÃO DE CIÊNCIA DE ATO PELA AUTORIDADE PÚBLICA.**
>
> I - Resta incontroversa a ocorrência da conduta vedada, praticada pelo servidor, visto que foi devidamente comprovado, por diversos meios de prova, que o mesmo, a mando do presidente da autarquia a qual era vinculado, entregou, em seu horário de expediente, documento relativo ao candidato recorrido, em cartório eleitoral. II - Ato praticado com o consentimento do candidato beneficiado. Possibilidade de responsabilização. III - Reduzida lesividade da conduta. Princípio da proporcionalidade que impede a cassação do diploma do recorrido, porquanto a sanção pecuniária é bastante para punir o ilícito. IV - A falta de pedido expresso de condenação ao pagamento de multa não impede sua aplicação, haja vista que é consequência natural do ilícito. Precedentes do E. TSE. V - Parcial provimento do recurso para condenar o recorrido ao pagamento de multa no valor equivalente a 5.000 UFIRs.[162]

Há casos, porém, em que os fatos em torno do preceituado inciso III do art. 73 se dão numa configuração tal onde o agir contra a lei e o resultado, por irrefragáveis, atraem as penalidades máximas do ordenamento. Isso ocorre, por exemplo, quando a chapa majoritária se vale de servidores do quadro funcional, em pleno horário de trabalho, para a prática de campanha eleitoral no interior de obras públicas. Foi o que apurou o Agravo Regimental em Agravo de Instrumento nº 398-24/SP:

> **ELEIÇÕES 2016. AGRAVO REGIMENTAL. AGRAVO EM RECURSO ESPECIAL. AÇÃO DE INVESTIGAÇÃO JUDICIAL ELEITORAL. CONDUTA VEDADA E ABUSO DE PODER POLÍTICO. PREFEITO E VICE-PREFEITO ELEITOS. AUSÊNCIA DE IMPUGNAÇÃO ESPECÍFICA AOS FUNDAMENTOS DA DECISÃO AGRAVADA.**
>
> (...).
>
> 3. No mérito, o TRE/SP manteve a condenação dos agravantes ao pagamento de multa, cassou os registros aos cargos de prefeito e vice-prefeito e declarou a inelegibilidade de ambos pelo período de 8 anos, em razão do abuso de autoridade, caracterizado pela pintura de bens públicos com a cor do partido dos investigados, nos termos do art. 74 da Lei 9.504/97 c.c. o art. 22, XIV, da LC 64/90, e pela prática de conduta vedada a agentes públicos, consistente na realização de atos de campanha

162. TRE/RJ, RE nº 17256, DJERJ de 15/01/2014.

> no interior de obra pública e na utilização de servidores públicos em atos de campanha durante o horário de expediente, nos termos do art. 73, incisos I e III, da Lei 9.504/97.
>
> 4. A utilização de servidores públicos em horário de expediente para participar de atos de campanha e a realização de campanha política no interior de obras públicas foram comprovados mediante depoimentos de testemunhas e fotografias, segundo a compreensão do tribunal regional, que é soberano quanto ao exame do caderno fático-probatório. Eventual reforma do *decisum* atrairia o óbice do verbete sumular 24 do TSE. Agravo regimental a que se nega provimento.[163]

Lado outro, é imperioso atentar que em função do elemento normativo "ceder", a presença espontânea do servidor público acompanhando o candidato em atos de campanha durante o seu horário de labor, torna a conduta atípica, sem prejuízo, porém, da apuração funcional cabível (Princípio da autonomia das instâncias).

15.10.3.1. Agentes políticos

Como visto, o inciso III do art. 73 veda a utilização, pelo Chefe do Poder Executivo, do funcionalismo durante a campanha eleitoral. Servidores e empregados da Administração Pública devem cumprir seus expedientes de trabalho normalmente. Quanto aos *agentes políticos*, em regra, não se aplicam as mesmas determinações de carga horária e jornada de trabalho. O inciso refere especificamente "ceder servidor público", nada mencionando sobre aqueles.

A questão é de relevância prática.

No tema em análise, há um equívoco exegético em equiparar a situação jurídica dos agentes políticos a dos servidores públicos. Os erros cometidos nesse campo estão ligados, em boa medida, à confusão que foi se estabelecendo entre estrutura pública e prerrogativa. Todavia, convém rememorar que aqueles primeiros antes mencionados exercem os seus cargos ou em decorrência do sufrágio popular ou de nomeações específicas. Sendo assim, determinadas autoridades públicas não são equiparáveis aos servidores em geral. Consequentemente, não se inserem na conceituação

163. TSE, DJE de 19/12/2018, pp. 97/98.

usual. Nossa melhor doutrina, à luz do sistema vigente, conduz a essa inexorável conclusão.

"Agentes políticos", diz HELY, "são os componentes do Governo nos seus primeiros escalões, investidos em cargos, funções, mandatos ou comissões, por nomeação, eleição, designação ou delegação para o exercício de atribuições constitucionais" (1995, p. 72). Nessa esteira, DI PIETRO reforça que os mesmos são classificados como agentes políticos "porque exercem típicas atividades de governo e exercem mandato, para o qual são eleitos, apenas os Chefes dos Poderes Executivos federal, estadual e municipal, os Ministros e Secretários de Estado, além de Senadores, Deputados e Vereadores, sendo que os auxiliares diretos 'são de livre escolha do Chefe do Executivo e providos em cargos públicos, mediante nomeação' " (2007, p. 478).

Na linha desses pronunciamentos, lições de constante referência a todos que estudam o assunto, o TSE, quando decidiu o REspe nº 34.978/RN[164], teve a oportunidade de solver a questão acentuando que o agente político não se sujeita ao *horário de expediente normal.* É específico dele a independência na sua atuação e o imperativo de tomar decisões que projetam o exercício do poder delegado pelo povo (CF/88, art. 1º, Par. Único). O exercício dessas atribuições não se confunde com as funções exercidas pelos demais *agentes públicos, servidores ou não*, subordinados às limitações hierárquicas e, via de regra, sujeitos a um sistema comum de responsabilidade.

A liberdade de ação e a própria condição jurídica do agente político implicam num custo, também político, que não atinge os demais agentes. Compreender diferentemente disso para lhe estipular a exigência da carga horária de trabalho idêntica a dos servidores é desprezar a natureza representativa da investidura. Dessa forma, e levando-se em conta também a discricionariedade legislativa na matéria, inolvidável que aqueles antes nominados, por não se classificarem na categoria dos servidores em sentido estrito, não se submetem às regras comuns destinadas a estes, não estando sujeitos ao cumprimento de carga horária ou jornada fixa de trabalho. A consagrar a diferença fundamental que existe entre ambas, está o fato de que as suas atividades e tarefas não estão relacionadas a uma rotina padronizada de trabalho.

Por outro lado, não obstante a flexibilidade dos seus horários, referidos agentes seguem à disposição da Administração, o que, caso a caso,

164. TSE, DJ de 16/12/2009, decisão monocrática.

pode remeter as infrações mais graves às searas próprias, exceto Condutas Vedadas, posto que "A parte final do disposto no inciso III do art. 73 da Lei nº 9.504/97 (*durante o horário de expediente normal*) não se aplica à presença moderada, discreta ou acidental de Ministros de Estado em atos de campanha, conquanto agentes políticos, não sujeitos a regime inflexível de horário de trabalho", decidiu a RP nº 848-90/DF.[165]

Ao ratificar as posições anteriormente firmadas sobre esta matéria pouco lembrada pelos compêndios especializados, o AgRg-REspen° 576-80/RS (DJE de 05/04/2018), decidido por maioria[166], traz votos aludindo à peculiaridade do caráter ocasional desse agir:

> **ELEIÇÕES 2016. AGRAVO REGIMENTAL EM RECURSO ESPECIAL. REPRESENTAÇÃO. CONDUTA VEDADA JULGADA PROCEDENTE NA ORIGEM. ART. 73, INCISO III, DA LEI 9.504/97. PARTICIPAÇÃO DE OCUPANTES DE CARGO EM COMISSÃO DO PODER EXECUTIVO MUNICIPAL EM REUNIÕES, DURANTE O HORÁRIO DE EXPEDIENTE. CONDIÇÃO DE AGENTES POLÍTICOS QUE NÃO SE SUJEITAM A EXPEDIENTE FIXO OU A CUMPRIMENTO DE CARGA HORÁRIA. MANUTENÇÃO DO DECISUM AGRAVADO, QUE SE ENCONTRA ALINHADO COM A JURISPRUDÊNCIA DESTE TRIBUNAL. REPRESENTAÇÃO JULGADA IMPROCEDENTE. AGRAVO REGIMENTAL AO QUAL SE NEGA PROVIMENTO.**
>
> 1. Os 3 Secretários Municipais e o Vice-Prefeito, na condição de agentes políticos, não se submetem à jornada fixa de trabalho e, nesse sentido, a cessão deles para participar de reuniões relativas ao pleito de 2016, durante o horário de expediente dos órgãos aos quais vinculados, não implica sujeição ao tipo legal proibitivo constante do inciso III do art. 73 da Lei 9.504/97.
>
> 2. O *decisum* agravado fundamentou-se na orientação jurisprudencial firmada por esta Corte no julgamento da Rp 145-62/DF, de lavra do eminente Ministro ADMAR GONZAGA, na qual se firmou o posicionamento de que os Ministros de Estado, como agentes políticos, não

165. TSE, DJE de 1º/10/2014, unânime.

166. O fato de os agentes políticos não se sujeitarem a expediente fixo ou cumprimento de carga horária, com toda vênia, não os autoriza a, no horário regular do expediente da Prefeitura Municipal, prestar serviço em prol de candidato. Tal ação afeta claramente a igualdade de oportunidades entre candidatos nos pleitos eleitorais, já que se trata de pessoas remuneradas com recursos públicos trabalhando em prol de candidatura em horário de expediente normal. (trecho da parte conclusiva do primeiro voto-vencido)

> se sujeitam a expediente fixo e, por isso, não se submetem à incidência da conduta vedada.
>
> 3. Os agentes políticos não se sujeitam a expediente fixo ou a cumprimento de carga horária, visto que titulares de cargos estruturais à organização política do País, ou seja, ocupantes dos que integram o arcabouço constitucional do Estado, o esquema fundamental do Poder. Seus direitos e deveres não advêm de contrato travado com o Poder Público, mas descendem diretamente da Constituição e das leis.
>
> 4. Decisão agravada alinhada com o entendimento jurisprudencial desta Corte.
>
> 5. Agravo Regimental ao qual se nega provimento.

As decisões da Corte Superior Eleitoral convencem. E o fazem por uma razão primária. A intenção do legislador está explícita na norma: excluir os agentes políticos da exigência de obediência a horário. Dúvida não há acerca desse caráter excepcional. Quisesse realmente inseri-los e teria consignado tal obrigação ao corpo do inciso III do art. 73. Com isso, mostra-se inegável que o formato normativo das Condutas Vedadas consagrou a liberdade funcional, especialmente se levado em conta o elemento de transitoriedade que reveste os mandatos eletivos.

Parece nos irretorquível, diante desse quadro de circunstâncias, dos princípios que lhe são derivados e, sobretudo, da ausência de impedimento legal expresso, inexistir óbice à participação de presidentes, governadores, prefeitos, vices, ministros, secretários e alguns auxiliares diretos em campanhas eleitorais no período de expediente desde que tais agentes políticos não utilizem bens públicos nem prejudiquem o trabalho de seus órgãos e respectivos servidores. A ausência de uma correta exegese dessas regras pode, inclusive, conduzir a situações ilógicas.

15.10.3.2. Licenças, férias e horários livres

Sob o prisma constitucional, a liberdade política é um Princípio Fundamental do Estado Democrático de Direito (CF/88, art. 1º). Sendo assim, é imperativo destacar que a restrição imposta pela LE/97 não inibe a cidadania ou o direito dos servidores de participar de atos de campanha. Pelo contrário. A parte final do inciso III exclui da prática infracional o "servidor ou empregado que estiver licenciado" de suas atribuições.

Sendo vontade sua e estando de férias, fora do expediente, em licença-prêmio, recesso, no horário de almoço, lanche ou descanso, fins de semana e feriados, servidores e empregados podem dispor do seu tempo para prestar serviço em comitês e atividades eleitorais. A licença-médica, porque impede o servidor de exercer suas funções regulares, não se encaixa na exceção.

15.10.3.3. Uso de *bottons* ou adesivos por servidores públicos no local de trabalho

A utilização de *bottons*, broches ou adesivos contendo propaganda eleitoral, por servidor, funcionário ou empregado público, no seu local de trabalho, é conduta eventualmente inadequada ou censurável, mas que não se adequa ao disposto pelo o inciso III do art. 73 da Lei nº 9.504/97. Se a Lei Eleitoral permite, "no dia das eleições, a manifestação individual e silenciosa da preferência do eleitor por partido político, coligação ou candidato, revelada exclusivamente pelo uso de bandeiras, broches, dísticos e adesivos" (art. 39-A), o cidadão estampar, no seu vestuário pessoal, um pequeno ou discreto adorno exteriorizando a sua opção de voto não equivale, de modo algum, às hipóteses de "cessão de servidor" ou "utilização de seus serviços", tampouco "durante o horário de expediente". Elucubrar o inverso seria assistemático frente o arcabouço vigente.

Nessas situações, ainda que o candidato aufira algum benefício ante a percepção, pelos eleitores, de um ou mais servidores identificados, é preciso dizer que sendo os atos isolados e inexistindo provas contundentes ou conferindo certeza de que as identificações decorreram de determinação prévia visando o "uso promocional da distribuição dos bens e serviços públicos da Administração", é descabido dilatar o alcance da regra para atribuir-se prática punível:

> **ELEIÇÕES 2012. AGRAVO REGIMENTAL. RECURSO ESPECIAL PROVIDO. REPRESENTAÇÃO. CONDUTA VEDADA. ART. 73, III, DA LEI Nº 9.504/97. NÃO CONFIGURAÇÃO. DESPROVIMENTO.**
>
> 1. A jurisprudência deste Tribunal opera no sentido de que normas restritivas de direitos devem ser interpretadas estritamente.
>
> 2. A mera circunstância de os servidores portarem adesivos contendo propaganda eleitoral dentro da repartição, durante o horário de expediente, conquanto eticamente reprovável, não se enquadra na descrição típica contida no art. 73, III, da Lei nº 9.504/97, cuja proibição consiste na "cessão de servidor" ou na "utilização de seus serviços", "para comi-

tês de campanha eleitoral de candidato, partido político ou coligação", circunstâncias que não se verificaram no caso.

3. Agravo regimental a que se nega provimento.[167]

Eleitoral. Recurso. Representação. Servidor Público Municipal. Utilização de "boné" com nome de candidato à reeleição. Pretensa violação ao art. 73, III, Lei n° 9.504/97. Inocorrência de conduta vedada. Interpretação estrita de norma proibitiva. Situação não contemplada no dispositivo. Inviabilidade de controle do ato e ausência de prévio conhecimento do beneficiário. Improcedência da representação. Manutenção. Desprovimento do recurso.

- Verificando-se a não ocorrência de qualquer das situações contempladas no comando legal proibitivo, porquanto não houve, à evidência, cessão de agente público da administração municipal, tampouco o uso de seus serviços para fins de auxílio à campanha eleitoral do recorrido, impõe-se a manutenção da decisão recorrida, que considerou improcedente alegação de conduta vedada, máxime à luz da necessária interpretação estrita conferida ao dispositivo tido por violado.

- Sendo inviável exigir-se do gestor público o efetivo controle sobre todos os atos dos servidores públicos, ou mesmo a ciência quando um deles resolve, sponte propria, fazer uso de "boné" com propaganda eleitoral material publicitário, aliás, cuja divulgação não teve comprovada irregularidade alguma –, não há como afirmar-se a existência de prévio conhecimento do beneficiário.[168]

É de se assinalar que a proibição de manifestações pessoais de cunho eleitoral, no recinto das repartições públicas, não abrange o usuário dos serviços públicos, o qual é livre para expressar a sua convicção (CF/88, art. 5º, II[169] e IV[170]). O eleitor pode ingressar nesses locais externando a sua preferência.

15.10.3.4. Postagem de apoio político por servidor público em horário de expediente

Em 13/06/2019, o TSE negou provimento a agravo interposto contra decisão monocrática que, ao dar provimento a Recurso Especial

167. TSE, AgR-Respe nº 1511-88/CE, DJE de 18/08/2014.
168. TRE/BA, RE nº 1418, DPJBA de 19/07/2005.
169. Ninguém será obrigado a fazer ou deixar de fazer alguma coisa senão em virtude de lei.
170. É livre a manifestação do pensamento, sendo vedado o anonimato.

para reformar decisão regional[171], julgou improcedente IJE e afastou as multas individualmente aplicadas a servidores públicos que haviam exteriorizado apoio político a candidato em perfis pessoais no *Facebook* durante os seus horários de expediente. A autora alegava a prática das condutas vedadas pelo art. 73, I, III e VI, *b*, da Lei n° 9.504/97 encadeadas com o abuso de poder político e de autoridade do art. 22 da LC nº 64/90.

A decisão da Corte de rejeitar as ocorrências foi acertada. Primeiro de tudo, é preciso ter presente que exteriorizar posição eleitoral numa rede social não é algo que esteja reprimido pela LE/97. Depois, que o fato de a pessoa exercer cargo, função ou emprego público não lhe retira ou apequena o direito à manifestação de seu pensamento. A publicação espontânea de apoio em rede social efetuada por servidor público, mesmo no seu horário de expediente, não configura automaticamente a conduta vedada prevista no art. 73, III.

O julgado em comento, por meio de conclusão unânime, delineou que para a configuração da ilegalidade por parte do servidor público, há necessidade do concurso dos seguintes requisitos:

- EVASÃO do local de trabalho para a campanha;
- UTILIZAÇÃO de bens (computador, *tablet*) pertencentes ao órgão público;
- APOIO ao candidato estabelecido por determinação do próprio ou por superior hierárquico (a "ordem da chefia").

---

171. ELEIÇÕES 2016 - RECURSO ELEITORAL - AÇÃO DE INVESTIGAÇÃO JUDICIAL ELEITORAL - CONDUTA VEDADA AOS AGENTES PÚBLICOS E ABUSO DE PODER POLÍTICO - ALEGAÇÃO DE CERCEAMENTO DE DEFESA - INOCORRÊNCIA - ALEGAÇÃO DE NULIDADE DA SENTENÇA POR AUSÊNCIA DE ABERTURA DE PRAZO PARA FACULTAR ÀS PARTES A APRESENTAÇÃO DE ALEGAÇÕES FINAIS - INOCORRÊNCIA - AUSÊNCIA DE DILAÇÃO PROBATÓRIA A ENSEJAR A NECESSIDADE DE APRESENTAÇÃO DE RAZÕES FINAIS - ARTIGO 73, III, DA LEI Nº. 9.504/97 - UTILIZAÇÃO DE SERVIDORES PÚBLICOS EM CAMPANHA ELEITORAL - CARACTERIZAÇÃO - RECURSO PARCIALMENTE PROVIDO.

1.De acordo com a jurisprudência desta Corte, nas ações processadas sob o rito do artigo 22 da Lei Complementar nº 64/90, a apresentação do rol de testemunhas deve ocorrer no momento da propositura da ação e da apresentação da defesa, sob pena de preclusão.

2.A ausência de dilação probatória torna prescindível a abertura de prazo para apresentação de alegações finais.

3.Caracteriza infração ao disposto no artigo 73, III, da Lei nº. 9.504/97, a utilização de servidores públicos para realização de campanha eleitoral em rede social durante horário de expediente.

4.A parte final do disposto no inciso III do art. 73 da Lei nº 9.504/97 ("...durante o horário de expediente normal..."), não se aplica aos Ministros de Estado em atos moderados de campanha, conquanto agentes políticos, não sujeitos a regime inflexível de horário de trabalho;

5.Para a configuração do abuso de poder político é imprescindível a demonstração de que as condutas impugnadas se revistam de gravidade suficiente a comprometer a normalidade do pleito, nos termos do artigo 22, XVI, da Lei Complementar n.º 64/90.

6.Recurso parcialmente provido.

Nessa ordem de ideias, tendo a Corte debatido de forma consistente a gênese das locuções "ceder" e "usar de seus serviços", ambas contidas ao inciso em exame, assentou o acórdão do AgR-Al n° 126-22/PR:

> **DIREITO ELEITORAL. AGRAVO INTERNO EM RECURSOS ESPECIAIS COM AGRAVOS. ELEIÇÕES 2016. AÇÃO DE INVESTIGAÇÃO JUDICIAL ELEITORAL. CONDUTA VEDADA. ART. 73, III, DA LEI Nº 9.504/1997. NÃO CONFIGURAÇÃO. DESPROVIMENTO.**
>
> 1. Agravo interno interposto contra decisão monocrática que deu provimento aos agravos nos próprios autos para: (i) negar seguimento ao recurso especial interposto pela coligação e (ii) dar provimento ao recurso especial de Edenilson Luis Palauro e outros, julgando improcedente a ação de investigação judicial eleitoral, afastando a condenação por afronta ao art. 73, III, da Lei nº 9.504/1997.
>
> 2. O art. 73 da Lei nº 9.504/1997, por encerrar norma restritiva de direitos, deve ser interpretado restritivamente, devendo a conduta corresponder exatamente ao tipo previsto na lei.
>
> 3. Para a incidência da vedação do art. 73, III, relativa à cessão de servidores ou utilização de seus serviços em benefício de candidato, partido político ou coligação, é necessário que se verifique o uso efetivo do aparato estatal em prol de determinada campanha. O mero engajamento eleitoral de servidor público, fora do exercício das atribuições do cargo, não caracteriza a prática de conduta vedada.
>
> 4. No caso, a exteriorização de apoio político nos perfis pessoais dos servidores na rede social Facebook, ainda que durante o horário de expediente, não configurou a conduta vedada prevista no art. 73, III, da Lei nº 9.504/1997. Isso porque não ficou demonstrado que teriam: (i) se ausentado do local de trabalho ou se deslocado do serviço para a campanha do candidato; (ii) utilizado bens públicos (computadores) do município; e (iii) apoiado candidato por ordem da chefia.
>
> 5. Agravo interno a que se nega provimento.

15.10.4. Uso promocional de distribuição gratuita de bens e serviços de caráter social

> Art. 73. (*omissis*)
>
> IV - fazer ou permitir uso promocional em favor de candidato, partido político ou coligação, de distribuição gratuita de bens e serviços de caráter social custeados ou subvencionados pelo Poder Público;

As políticas públicas não estão impedidas em ano eleitoral. Ao contrário. Num país com as deficiências econômicas e sociais do Brasil, mantê-las é um imperativo para a preservação de direitos fundamentais. É preciso racionalizar a discussão sobre esse tema e reduzir a restrição legal às suas dimensões reais. O que a regra objetiva impedir é a vantagem daquele que disputa a eleição desfrutando de poder político e, com isso, a possibilidade do uso com finalidade eleitoral da "distribuição gratuita de bens e serviços de caráter social, custeados ou subvencionados pelo Poder Público".

A intenção do legislador foi barrar o "mecenato" ou o "filantropismo" orquestrado por agentes e candidatos mirando a exploração de fragilidades das camadas mais carentes da população. Há conduta equivalente na seara da improbidade administrativa nos termos do art. 11, inciso I, da Lei n.º 8.429/92, que descreve:

> Constitui ato de improbidade administrativa que atenta contra os princípios da administração pública qualquer ação ou omissão que viole os deveres de honestidade, imparcialidade, legalidade, e lealdade às instituições, e notadamente:
>
> I – praticar ato visando fim proibido em lei ou regulamento ou diverso daquele previsto, na regra de competência.

Na refrega pela reeleição, quase sempre a mais acirrada e passional das disputas (v. nº 15.9.1), uma vez "averiguada a necessidade de implementação das providências administrativas para adoção de programa social, mostra-se óbvia a necessidade de rapidez por parte do administrador público, em face da natureza da situação e ponderando, ainda, o advento das restrições impostas pela lei eleitoral, com a proximidade do pleito, não se podendo, simplesmente, por meio dessa circunstância, se inferir o intento eleitoral do candidato. Um candidato em campanha normalmente é instado a se manifestar sobre determinado programa que implementou ou pretende implementar, sendo assim permitido que se manifeste sobre ele, não podendo daí concluir-se o indevido uso promocional a que se refere o art. 73, IV, da Lei nº 9.504/97", sinalizou o Agravo de Instrumento nº 5.817/PA (DJE de 16/09/2005).

Da mesma maneira, importa notar que a participação do Chefe do Executivo em campanha de utilidade pública não configura a conduta referida pelo citado dispositivo[172]. Porém, nessas situações, a "comunicação

172. TSE, AREspe nº 24.989/RN, DJ de 26/08/2005.

pública deve se desvincular da personalização, ou seja, a comunicação pública não é aquela que está a serviço do presidente, de ministros e de autoridades políticas, mas é um processo de interlocução que preza o interesse coletivo"[173].

Os discursos proferidos durante a entrega de bens viabilizados pelo Poder Público, queira-se ou não, intensificam imagens e, de um modo ou outro, fundem, no imaginário popular, a pessoa e o objeto como indissociáveis. Dai porque a realização de atos de propaganda eleitoral concomitantes à distribuição de bens custeados por secretaria municipal, com a presença de familiares e integrantes da campanha eleitoral, serem reprimidos.[174]

> **RECURSO. CONDUTAS VEDADAS. ELEIÇÕES 2012. PROCEDÊNCIA DE REPRESENTAÇÃO NO JUÍZO ORIGINÁRIO. INCURSÃO NAS PROIBIÇÕES DO ART. 73, IV, DA LEI DAS ELEIÇÕES. CONDENAÇÃO AO PAGAMENTO DE MULTA, FIXADA INDIVIDUALMENTE. PRELIMINAR DE LITISCONSÓRCIO PASSIVO NECESSÁRIO AFASTADA.**
>
> (...). Configurada a indevida distribuição de bens custeados ou subvencionados pelo Poder Público, com finalidade eleitoral. Campanha de distribuição gratuita de preservativos durante o período das festas de carnaval, vinculando falsamente tal iniciativa à imagem de partidos políticos, com o propósito de angariar votos. Desnecessidade do prévio conhecimento dos líderes das agremiações envolvidas para caracterização da ilicitude das condutas impugnadas. Provimento negado.[175]

A fim de verificar a ocorrência de publicidade com propósito eleitoral, não deve ser observado tão-somente o objeto em si, mas outras circunstâncias correlatas, tais como o protagonismo dos agentes, a quantidade e qualidade dos benefícios, bem como o seu alcance social:

> **ELEIÇÕES 2012. AÇÃO DE INVESTIGAÇÃO JUDICIAL ELEITORAL. ABUSO DO PODER POLÍTICO E CONDUTAS VEDADAS (ART. 73, IV e § 10, DA LEI Nº 9.504/97). PREFEITO, VICE-PREFEITO, SECRETÁRIA MUNICIPAL E VEREADOR. EVENTO DO**

173. MATOS, Heloiza. A comunicação pública no Brasil e na França: desafios conceituais. *In*: *XXXII Congresso Brasileiro de Ciências da Comunicação. IX Colóquio Brasil-França de Ciências da Comunicação*. Disponível em: http://twileshare.com/uploads/A_Comunica%C3%A7%C3%A3o_P%C3%BAblica_no_Brasil_e_na_Fran%C3%A7a_desafios_conceituais1.pdf

174. TSE, REspe nº 4223285/RN, DJE de 21/10/2015.

175. TRE/RS, RE nº 57930/RS, DEJERS de 04/03/2013.

DIA DAS MÃES. DISTRIBUIÇÃO DE CESTAS BÁSICAS E ELETRODOMÉSTICOS. EXCESSO. ABUSO. REEXAME DE FATOS E PROVAS. INVIABILIDADE.

(...).

4. O Tribunal a quo, com base na análise da legislação municipal e dos convênios firmados, consignou que a distribuição de 1.150 cestas básicas e o sorteio de vários eletrodomésticos em evento comemorativo realizado no Dia das Mães não estava prevista em lei específica, no plano plurianual ou na Lei de Diretrizes Orçamentárias, asseverando que os recorrentes deixaram de juntar aos autos as leis orçamentárias anuais.

5. A configuração da prática da conduta vedada prevista no inciso IV do art. 73 da Lei das Eleições não está submetida a limite temporal fixo ou à existência de candidaturas registradas perante a justiça eleitoral. É necessário, contudo, verificar as circunstâncias específicas do fato, tais como a sua proximidade com o período eleitoral concentrado e, especialmente, a sua correlação direta com as eleições, que o torna tendente "a afetar a igualdade de oportunidades entre candidatos nos pleitos eleitorais" (Lei nº 9.504/97, art. 73, *caput*)[176].

6. A situação descrita pelo acórdão regional revela que, no momento da extensa distribuição dos bens custeados pelos cofres públicos, os três primeiros investigados, além de terem discursado, participaram ativamente da distribuição dos bens, caracterizando, assim, o uso promocional a que se refere o art. 73, IV, da Lei das Eleições.

7. A gravidade da ilicitude, que também caracterizou a prática de abuso do poder político, foi aferida pela Corte de Origem, mediante a constatação das seguintes circunstâncias: i) a abrangência do ilícito (distribuição de 1.150 cestas básicas e de diversos eletrodomésticos em um único dia); ii) o diminuto eleitorado do município (8.764 eleitores); iii) o expressivo aumento das doações de cestas básicas, da qualidade e da quantidade dos bens em relação às festividades dos anos anteriores (nove liquidificadores, nove ventiladores, nove TVs LCD de 14 polegadas, uma de 29 polegadas e duas geladeiras) e iv) a presença do prefeito, do vice-prefeito e da primeira-dama no evento, no qual, além de terem proferido discursos, participaram ativamente da distribuição dos bens.[177]

---

176. A maior ou menor proximidade com a eleição é fator a ser apurado nesta análise. A participação de pré-candidato em inauguração de conjunto habitacional em que entregues casas próprias a algumas famílias não caracteriza a conduta vedada de que trata o art. 73, IV, da Lei nº 9.504/1997, ausente prova de que tenha sido feito ou permitido uso promocional dessa ação social em seu favor, bem assim ocorrido o fato cerca de um ano antes das eleições, assinalou o AgRO nº159535/PR (DJE de 26/02/2019).

177. TSE, REspe nº 71923/RJ,DJE de 23/10/2015.

Aqui o abuso de poder se caracteriza quando resta demonstrado que o ato da Administração, embora aparentemente regular, em verdade estava camuflado de legalidade objetivando favorecer alguma candidatura. Ou seja: o fato teve existência legal, mas padece de vício. Este, embora por vezes capaz de desequilibrar uma eleição, é insuscetível da declaração de nulidade que reveste, por exemplo, os atos que se encontram relacionados pelos incisos V e VI, *a*.

Na maioria dos casos que isso ocorre, não há uma violação escancarada à lei, mas uma forma sutil ou dissimulada de frustrá-la para justamente dificultar a sua aplicação. Depara-se a sua comprovação com enormes obstáculos, os quais, muitas vezes, somente por via indireta, poderá chegar-se à segura presunção resultante dos elementos indiciários recolhidos. Essas modalidades viciadas de privatização ou capturas da coisa pública, adrede tramadas ao longo do calendário eleitoral de modo a viabilizar dividendos de campanha, revelam-se apartadas de qualquer finalidade educativa, informativa ou de orientação social quando a promoção beneficia agentes públicos ou partidos políticos associando-os à *paternidade* ou *maternidade* de determinado empreendimento ou programa em afronta ao art. 37, § 1º, da CF/88.

Comentando a aplicação desse regramento da Lei Fundamental, Arnaldo RIZZARDO (2009, pp. 442/443) afirmou:

> A impessoalidade se refere à realização dos atos sem conotação especial à pessoa do agente, ou aos interesses particulares, de modo a se evidenciar total objetividade e neutralidade na atividade administrativa. Não se dá realce ao indivíduo, de modo a não se encontrarem marcas pessoais.
>
> (...)
>
> Muito menos se vinculam ao nome do administrador as obras públicas ou campanhas, bem como, nos planos de governo em qualquer esfera, se permite referência à pessoa dos que chefiam as administrações. Acontece que os atos de governo ou da administração devem ser atribuídos aos órgãos do Poder Público, e não aos indivíduos que os representam. Não lhes pertencem as realizações, as obras, os serviços, e muito menos constituem mérito dos mesmos, importante em reconhecimento dos cidadãos ou governados.
>
> (...)
>
> Daí, pois, não se admitir a propaganda política ou promoção pessoal de agentes públicos e administradores em geral que apõem os respectivos nomes ou inserem suas fotografias na divulgação de obras e serviços

que realizam. Nem cabe a menção, na obra, como realização de determinado governo. Não se noticiam feitos governamentais de uma pessoa que ocupa o cargo, e igualmente do governo de certo partido político.

A propósito de situação em tudo semelhante, vide o decidido no AgR-REspe nº 5427532/PI :

> **Representação. Conduta vedada.**
>
> - Para a configuração da conduta vedada prevista no citado inciso IV do art. 73 - distribuição gratuita de bens e serviços de caráter social custeados ou subvencionados pelo Poder Público -, é necessário demonstrar o caráter eleitoreiro ou o uso promocional em favor de candidato, partido político ou coligação.
>
> Agravo regimental não provido.[178]

Outras considerações ainda devem ser trazidas aqui.

Na análise detida da lei, não é possível esgarçá-la para equiparar uma transferência de recursos visando o fomento da cultura, do esporte ou do turismo à distribuição gratuita de bens, valores ou benefícios. Estas são situações distintas, verdadeiramente inconfundíveis, onde as primeiras não infringem a norma face à natureza difusa ou coletiva do benefício.

Existem contratos prevendo contrapartidas por parte dos proponentes, podendo ser onerosos na forma de bens ou serviços, conforme apontado pelo Recurso Especial Eleitoral nº 2826-75/SC (DJE de 22/05/2012):

> **RECURSO ESPECIAL. CONDUTA VEDADA. ART. 73, IV e § 10, DA LEI Nº 9.504/97. SENADOR. DEPUTADO ESTADUAL. REPASSE. RECURSOS FINANCEIROS. SUBVENÇÃO SOCIAL. ENTIDADES PÚBLICAS E PRIVADAS. FOMENTO. TURISMO. ESPORTE. CULTURA. CONTRATO ADMINISTRATIVO. CONTRAPARTIDA. GRATUIDADE. DESCARACTERIZAÇÃO. DESPROVIMENTO.** (...). 4. A assinatura de convênios e o repasse de recursos financeiros a entidades públicas e privadas para a realização de projetos na área da cultura, do esporte e do turismo não se amoldam ao conceito de distribuição gratuita, previsto no art. 73, § 10, da Lei nº 9.5047/97, sobretudo quando os instrumentos preveem a adoção de contrapartidas por parte das instituições. 5. Para caracterização da conduta tipificada no art. 73,

178. TSE, DJE de 09/10/2012, p. 17.

IV, da Lei das Eleições, é necessário que o ato administrativo, supostamente irregular, seja praticado de forma a beneficiar partidos políticos ou candidatos. In casu, não ficou comprovado que as assinaturas dos convênios tenham sido acompanhadas de pedidos de votos, apresentação de propostas políticas ou referência a eleições vindouras, o que afasta a incidência da norma. 6. Recurso especial conhecido como ordinário e desprovido.

No corpo deste acórdão há referência a outros julgados temáticos do TSE a seguir transcritos exemplificando que a linha exegética adotada pela Corte relativamente a bens, valores, auxílios ou benefícios objetos da vedação do inciso IV recai pontualmente naqueles de cunho assistencialista:

- **distribuição de animais** (RO n° 149655/AL, DJE de 24/02/2012);
- **isenções tributárias** (CTA. n° 153169/DE, DJE de 28/10/2011);
- **distribuição de bens de caráter assistencial** (AgR-Al n° 116967/RJ, DJE 17/08/2011);
- **distribuição de cestas básicas** (AgR-REspe n° 997906551/SC, DJE de 19/04/2011);
- **doação de bens perecíveis** (Pet n° 100080/DE, DJE de 24/08/2010) e
- **repasse de valores destinados à assistência social** (Cta. n° 951-39/DF, DJE de 04/08/2010).

Destarte, interessante decisão do TSE reconhecendo que não se configura o uso promocional ilícito da doação quando o donatário do bem manifesta o seu apoio político ao candidato por ela responsável na propaganda eleitoral omitindo qualquer referência ao benefício:

ELEIÇÕES 2012. RECURSO ESPECIAL. DOAÇÃO. TERRENO. DONATÁRIO. APOIO POLÍTICO. MANIFESTAÇÃO. PROPAGANDA ELEITORAL GRATUITA. CANDIDATO. DOADOR. CONDUTA VEDADA. NÃO CARACTERIZAÇÃO. PROVIMENTO.

1. A conduta vedada prevista no art. 73, IV, da Lei nº 9.504/97 - que veda aos agentes públicos, servidores ou não, "fazer ou permitir uso promocional em favor de candidato, partido político ou coligação, de distribuição gratuita de bens e serviços de caráter social custeados ou subvencionados pelo Poder Público" - não incide quando há contraprestação por parte do beneficiado. O contrato de doação de terras firmado traz previsão expressa de sua revogação, caso não atendidos os pressupostos que embasaram a sua concessão. A doação com encargo não configura "distribuição gratuita".

> 2. Não há uso promocional da doação quando o donatário do bem apenas manifestou apoio político ao candidato por ela responsável, em propaganda eleitoral gratuita, sem qualquer menção direta à aludida doação.
>
> 3. Na linha dos precedentes desta Corte, "para a configuração do inc. IV do art. 73 da Lei n° 9.504/97, a conduta deve corresponder ao tipo definido previamente. O elemento é fazer ou permitir uso promocional de distribuição gratuita de bens e serviços para o candidato, quer dizer, é necessário que se utilize o programa social – bens ou serviços – para dele fazer promoção (AgRg-REspe n° 25130/SC, DJ de 23.9.2005, rel. Min. Carlos Madeira)" (REspe n° 2826-75/SC, rel. Min. Marcelo Ribeiro, DJE de 22.5.2012).
>
> 4. Recurso especial provido.[179]

Compreendidos os verbos insertos à norma, a simples divulgação do futuro implemento de programa social mediante a promessa de distribuição de lotes de terra não se enquadra no inciso IV.[180]

A oferta de cirurgias de laqueadura de trompas, no âmbito de hospital particular subvencionado pelo Sistema Único de Saúde (SUS), utilizadas como mote para a promoção de candidatura ao cargo de deputado estadual, denota o grau de reprovabilidade da conduta praticada, atraindo as sanções de cassação de diploma e multa acima do mínimo legal.[181]

Inobstante caracterizado o Estado de Emergência no município em razão da estiagem e atendidas às exigências do § 10 do art. 73, a distribuição das cestas básicas, que já estavam disponíveis a mais de um mês somente às vésperas pleito, contando com a presença dos candidatos apoiados pelo então prefeito, configura desvirtuamento da finalidade legal.[182]

No entanto, divulgar a participação, em aula inaugural de cursinho pré-vestibular subvencionado pela Prefeitura, implantado anteriormente, sem que tenha havido distribuição de bens ou serviços, não encontra adequação na norma descrita pelo inciso IV.[183]

É elementar: a oficialidade de um evento exige do agente público ou político redobrada cautela. Para a configuração da conduta prevista pela regra em exame, é necessário fique demonstrado o *caráter eleitoreiro* do

---

179. TSE, REspe nº 34.994/RS, DJE de 25/06/2014.
180. TSE, AgRg-REspe nº 85738/GO, DJE de 22/10/2015.
181. TSE, AgRgRO nº 6.453/RJ, DJE de 1º/03/2016.
182. TRE/BA, RE nº 33.481, DJE de 09/03/2016.
183. TSE, REspe nº 25651/PR, DJE de 27/10/2017.

ato. Este é o ponto central do debate jurídico centrado no devido processo legal (CF/88, art. 5º, LIV). O desvirtuamento que enseja a ação da Justiça Eleitoral tem que mirar a disputa. Se a conduta perpetrada consubstanciou outra espécie de ilicitude, a mesma deve ser apurada nas vias competentes, judiciais ou extrajudiciais.

Conforme observou COSTA (2000, p. 519), "Tal preceito tem por escopo proibir as famosas e cínicas utilizações de bens e serviços de caráter social em benefício de candidatos inescrupulosos. Não raro, vemos candidatos distribuindo merendas escolares, ou remédios, ou agasalhos, todos custeados ou subvencionados pelo Poder Público, servindo para corromper a vontade do povo mais humilde, subtraindo dele a liberdade do voto".

15.10.5. Movimentação de pessoal

> Art. 73. (*omissis*)
>
> V - nomear, contratar ou de qualquer forma admitir, demitir sem justa causa, suprimir ou readaptar vantagens ou por outros meios dificultar ou impedir o exercício funcional e, ainda, *ex officio*, remover, transferir ou exonerar servidor público, na circunscrição do pleito, nos três meses que o antecedem e até a posse dos eleitos, sob pena de nulidade de pleno direito, ressalvados:
>
> a) a nomeação ou exoneração de cargos em comissão e designação ou dispensa de funções de confiança;
>
> b) a nomeação para cargos do Poder Judiciário, do Ministério Público, dos Tribunais ou Conselhos de Contas e dos órgãos da Presidência da República;
>
> c) a nomeação dos aprovados em concursos públicos homologados até o início daquele prazo;
>
> d) a nomeação ou contratação necessária à instalação ou ao funcionamento inadiável de serviços públicos essenciais, com prévia e expressa autorização do Chefe do Poder Executivo;
>
> e) a transferência ou remoção *ex officio* de militares, policiais civis e de agentes penitenciários;

O regramento, apesar de incisivo naquilo que reprime ou consente em termos de providências no campo de cargos e funções dos poderes públicos, enseja alguns questionamentos. No período dos três meses que antecedem o pleito até a data da posse (e não da diplomação) dos eleitos, é totalmente vedado, sob o risco de nulidade de pleno direito:

- nomear, contratar e admitir;
- demitir SEM justa causa[184];
- suprimir ou readaptar vantagens[185];
- por qualquer meio, dificultar ou impedir o exercício funcional[186];
- praticar qualquer espécie de ato de ofício objetivando remover, transferir ou exonerar servidor público[187].

Para o mesmo período, outros importantes atos administrativos estão condicionados à vontade do interessado, não podendo ser efetivados de ofício:

184. Recurso. Representação. Conduta Vedada. Prefeito e vice. Eleições 2012.

Matéria preliminar afastada: 1. Competência desta Justiça Especializada para julgar a representação, porquanto baseada em matéria disciplinada na Lei das Eleições. 2. Presença de elementos a revelar possível violação à legislação de regência, não se tratando de inicial inepta ou pedido impossível; 3. Inexistência de litisconsórcio passivo. O vice-prefeito, na condição de candidato, integrava coligação diversa, não se beneficiando da tomada de decisão impugnada. 4. Não demonstrado o alegado cerceamento de defesa. Ausência de prejuízo às partes.

A rescisão de contrato de trabalho de funcionário da prefeitura, ainda que temporário, em período vedado pela legislação, sem justa causa, motivada por perseguição política, afronta o artigo 73, V, da Lei n. 9.504/97. Demissão que somente não ocorreu em face da decisão judicial determinando a reintegração do servidor, antes mesmo que ela se perfectibilizasse.

Sentença de procedência confirmada. Manutenção da sanção pecuniária aplicada.

Provimento negado. (TRE/RS, RE nº 31218, DEJERS de 09/12/2013).

A necessidade de restrição nos gastos públicos não traduz o conceito de "justa causa" que autoriza a demissão de servidores públicos no período eleitoral, o qual implica a comprovação da prática de infração ou falta funcional de natureza grave, apurada mediante contraditório e ampla defesa, na esteira do preconizado pelo regime jurídico-administrativo (TRE/SC, Acórdão nº 29.757, de 04/08/2014).

185. RECURSO ELEITORAL. REPRESENTAÇÃO. PRELIMINAR DE INCOMPETÊNCIA DA JUSTIÇA ELEITORAL. REJEIÇÃO. CONDUTA VEDADA (ART. 73, V, DA LEI N.º 9.504/97). TRANSFERÊNCIA DE SERVIDOR PÚBLICO NA CIRCUNSCRIÇÃO DO PLEITO MUNICIPAL. CONDUTA PROIBIDA CARACTERIZADA. IMPROVIMENTO DO RECURSO. 1. É competente a Justiça Eleitoral sempre que a conduta do Agente Político objetivar desequilibrar o prélio eleitoral, mormente se fixada em Lei (Lei n.º 9.504/97, art. 73, § 4º). 2. Enquadrando-se os servidores nas prerrogativas da norma em referência, não podiam ser removidos, transferidos ou demitidos sem justa causa, bem como sofrer redução de carga horária na circunscrição do prélio eleitoral, nos três meses que o antecedem até a posse dos eleitos. Conduta vedada configurada. 3. Recurso conhecido e Improvido. (RE nº 14641, DJE de 24/09/2010, pp. 6/7).

186. Recurso especial – Admissão e dispensa de servidores temporários – Conduta vedada – Art. 73, V, da Lei nº 9.504/97 – Dificultar ou impedir o exercício funcional – Caracterização – Reexame de fatos e provas - Impossibilidade - Atos que podem também configurar abuso do poder político a ser apurado por meio de investigação judicial, na forma do art. 22 da Lei Complementar nº 64/90. Recursos especiais não conhecidos. (Acórdão nº 21.167/ES, rel. Min. Fernando Neves da Silva, DJ de 13/06/2003).

187. ELEIÇÕES 2012. RECURSO ELEITORAL. REPRESENTAÇÃO. SERVIDOR PÚBLICO. REMOÇÃO EX OFFICIO. ART. 73, V, DA LEI Nº 9.504/97. CONDUTA VEDADA. CONFIGURAÇÃO. RESPONSABILIDADE. PREFEITO MUNICIPAL. CARACTERIZAÇÃO. SANÇÃO. MULTA. VALOR. REDUÇÃO. RAZOABILIDADE E PROPORCIONALIDADE. CONHECIMENTO E PARCIAL PROVIMENTO DO RECURSO. 1. Aos agentes públicos é vedado nomear, contratar ou de qualquer forma admitir, demitir sem justa causa, suprimir ou readaptar vantagens ou por outros meios dificultar ou impedir o exercício funcional e, ainda, ex-officio, remover, transferir ou exonerar servidor público, na circunscrição do pleito, nos três meses que o antecedem e até a posse dos eleitos, a teor do art. 73, inciso V, da Lei nº 9.504/97. 2. A revogação posterior do ato não impede a configuração da conduta vedada nem exime os agentes da sanção devida. (...) (RE nº 32517, Acórdão nº 25/2013, DJE de 14/02/2013).

- remoção;
- transferência ou
- exoneração de funcionário.

A demissão POR JUSTA CAUSA é livre a qualquer tempo.

Podendo ser realizados independentemente da campanha eleitoral, foram EXCETUADOS DO ELENCO DE PROIBIÇÕES os seguintes atos:

- nomeação e exoneração de cargos em comissão ou comissionados (CCs)[188];
- designação e dispensa de funções de confiança;
- nomeação para cargos do Poder Judiciário, do Ministério Público, dos Tribunais ou Conselhos de Contas e órgãos da Presidência da República;
- nomeação dos aprovados em CONCURSO PÚBLICO QUE TENHA SIDO HOMOLOGADO ATÉ O INÍCIO DAQUELE PRAZO;
- nomeação ou contratação necessária à instalação ou ao funcionamento inadiável de serviços públicos essenciais, com prévia e expressa autorização do Chefe do Poder Executivo;
- transferência ou remoção *ex officio* de militares (incluídos os policiais e bombeiros), policiais civis e de agentes penitenciários.

O que se tem do rol acima são, basicamente, exceções. Porém, tais excepcionalidades se fazem necessárias na medida em que formam um conjunto de condutas e controles da administração objetivando protegê-la. A finalidade primordial do dispositivo é inviabilizar surpresas, pressões, perseguições, inchaço da máquina e apadrinhamentos em época eleitoral. *Grosso modo*, o mesmo impede que servidores públicos sejam coagidos a apoiar ou repudiar determinados candidatos. A lei também procurou evitar "a empregomania desenfreada nas épocas eleitorais para benefício das situações políticas dominantes", como lembra Pinto FERREIRA (1991, p. 411).

Além disso, esta regulamentação que aperfeiçoou o regramento outrora rudimentarmente previsto ao art. 13 da Lei nº 6.091/74[189] em relação ao uso de servidores e serviços públicos, foi valorizada com a inclusão, através do §5º da Lei nº 12.034/09, da pena de cassação do registro ou diploma.

Ao delimitar a abrangência dos atos censurados à "circunscrição do pleito" (Código Eleitoral, art. 86), a norma afastou o risco de toda a Admi-

188. Em sua essência, de livre nomeação, exoneração, caráter precário e destituídos de estabilidade.
189. Dispõe sobre o fornecimento gratuito de transporte, em dias de eleição, a eleitores residentes nas zonas rurais, e dá outras providências.

nistração Pública ficar imobilizada no curso do período eleitoral. Com isso, no cenário das eleições municipais, as vedações aplicáveis não se estendem aos órgãos e serviços públicos estaduais ou federais, ao passo que nas eleições gerais, aquelas não se aplicam aos órgãos e serviços locais, conforme ficou dito pelo Tribunal Superior Eleitoral ao responder a Consulta nº 1.065/DF:

> **Consulta. Recebimento. Petição. Art. 73, V, Lei nº 9.504/97. Disposições. Aplicação. Circunscrição do pleito. Concurso público. Realização. Período eleitoral. Possibilidade. Nomeação. Proibição. Ressalvas legais.**
>
> 1. As disposições contidas no art. 73, V, Lei nº 9.504/97 somente são aplicáveis à circunscrição do pleito.
>
> 2. Essa norma não proíbe a realização de concurso, mas, sim, a ocorrência de nomeações, contratações e outras movimentações funcionais desde os três meses que antecedem as eleições até a posse dos eleitos, sob pena de nulidade de pleno direito.
>
> 3. A restrição imposta pela Lei nº 9.504/97 refere-se à nomeação de servidor, ato da administração de investidura do cidadão no cargo público, não se levando em conta a posse, ato subsequente à nomeação e que diz respeito à aceitação expressa pelo nomeado das atribuições, deveres e responsabilidades inerentes ao cargo.
>
> 4. A data limite para a posse de novos servidores da administração pública ocorrerá no prazo de trinta dias contados da publicação do ato de provimento, nos termos do art. 13, § 1º, Lei nº 8.112/90, desde que o concurso tenha sido homologado até três meses antes do pleito conforme ressalva da alínea c do inciso V do art. 73 da Lei das Eleições.
>
> 5. A lei admite a nomeação em concursos públicos e a consequente posse dos aprovados, dentro do prazo vedado por lei, considerando-se a ressalva apontada. Caso isso não ocorra, a nomeação e consequente posse dos aprovados somente poderão acontecer após a posse dos eleitos.
>
> 6. Pode acontecer que a nomeação dos aprovados ocorra muito próxima ao início do período vedado pela Lei Eleitoral, e a posse poderá perfeitamente ocorrer durante esse período.
>
> 7. Consoante exceções enumeradas no inciso V, art. 73, as proibições da Lei nº 9.504/97 não atingem as nomeações ou exonerações de cargos em comissão e designação ou dispensa de funções de confiança; as nomeações para cargos do Poder Judiciário, do Ministério Público, dos Tribunais ou Conselhos de Contas e dos órgãos da Presidência da República; as nomeações ou contratações necessárias à instalação ou ao funcionamento inadiável de serviços públicos essenciais, com prévia e

expressa autorização do chefe do Poder Executivo e as transferências ou remoções *ex officio* de militares, de policiais civis e de agentes penitenciários.[190]

Equívoco frequente em termos de interpretação, as disposições contidas no inciso V não proíbem a simples realização de CONCURSO PÚBLICO. A sua formalização pode ser feita a qualquer momento, conforme juízo de conveniência e oportunidade pela administração.

Especificamente em torno da proibição de suprimir ou readaptar vantagens, trata-se de uma regra que, em última análise, assegura a impossibilidade do uso da influência política ou eleitoral por parte de candidatos que detém acesso às estruturas públicas.

Por induvidoso que os Poderes Públicos podem exercer o seu poder-dever de autotutela e, com isso, revisar (suprimir ou readaptar) vantagens concedidas aos servidores. É frequente, na administração pública, a concessão e posterior supressão de vantagens pessoais (gratificações ou adicionais) pagas aos servidores em decorrência de uma situação de trabalho excepcional, sempre mediante a edição de lei específica para tais finalidades. Entretanto, nos anos eleitorais, existe um limite temporal para essas reformas.

A vedação imposta - que não resguarda vantagens de agentes políticos -, buscou revestir de segurança jurídica a vida funcional dos servidores públicos durante o momento crítico ou no "período de suspeição" do processo eleitoral, como alude CASTRO (2012, p. 388), que é aquele compreendido nos três meses que antecedem a data do pleito.

Ao estabelecer este regramento, a norma pretendeu salvaguardar especialmente os servidores públicos de retaliações, tanto ANTES quanto APÓS o transcurso da eleição. A mesma contém um viés proibitivo justamente para que a administração e seu corpo funcional não sejam alvejados ou surpreendidos pela passionalidade que reveste as campanhas eleitorais.

Objetivamente, o inciso buscou impedir, *de qualquer forma* (ato, decreto, processo legislativo, lei), a supressão ou readaptação de vantagens funcionais dos servidores na circunscrição do pleito. Como bem destacaram SATO e SOUZA (2008, p. 73), "A conduta recriminada pelo dispositivo supra transcrito almeja resguardar o direito de os servidores públicos

190. TSE, Res. nº 21.806/04, DJ de 12/07/2004.

continuarem exercendo suas funções, da mesma forma e em igualdade de condições, no período de três meses que antecedem o pleito até a posse dos eleitos. Esta "maior estabilidade" conferida aos servidores públicos no período que antecede o pleito até a posse dos eleitos evita que os mesmos sejam pressionados ou seduzidos por promessas de majoração ou redução de vencimentos, por exemplo".

A Administração Pública submete-se à legalidade (CF/88, art. 37, *caput*), constituindo-se parâmetro normativo importante para salvaguardar o Estado de Direito (CF/88, art. 1º, *caput*), por meio da compreensão de primazia da lei e reserva legal, como refere Itiberê de Oliveira Rodrigues (2005, p. 56): "Em relação a todas as atividades da Administração Pública, esse princípio significa que ela necessita observar e aplicar as leis e que ela não pode substituir os comandos legais por suas próprias decisões". Nesse passo, o texto da LE/97 restringe duas ações por parte dos Poderes Públicos em torno das vantagens dos servidores no ano eleitoral: "suprimir ou readaptar".

Consoante DE PLÁCIDO E SILVA no seu *Vocabulário Jurídico* (1973, IV, pp. 1.504 e 1.294),

- SUPRIMIR, na linguagem técnica, exprime a ideia da ação que extingue, que elimina, que subtrai alguma coisa, no sentido de que se torna inoperante a sua finalidade,
- READAPTAR remete a remodelar para que se ajuste ou sirva ao novo fim; é a nova adaptação.

Acerca da remuneração de servidores públicos, são pertinentes os seguintes comentários de Di PIETRO (2013, p. 617):

> A Constituição de 1988, seguindo a tradição das Constituições anteriores, fala ora em remuneração, ora em vencimentos para referir-se à remuneração paga aos servidores públicos pelas entidades da Administração Pública direta ou indireta. A legislação infraconstitucional incumbe-se de dar o conceito legal. A regra que tem prevalecido, em todos os níveis de governo, é a de que os estipêndios dos servidores públicos compõem-se de uma parte fixa, representada pelo padrão fixado em lei, e uma parte que varia de um servidor para outro, em função de condições especiais de prestação do serviço, em razão do tempo de serviço e outras circunstâncias previstas nos estatutos funcionais e que são denominadas, genericamente, de vantagens pecuniárias; elas compreendem, basicamente, adicionais, gratificações e verbas indenizatórias.

Complementando, Diógenes GASPARINI (2002, p. 205), em lição consagrada nos pretórios, classifica as vantagens pecuniárias em três categorias:

- adicionais (por tempo de serviço e de função),
- gratificações (de serviço - v.g. risco de vida, serviços extraordinários - e pessoais - *v.g.* salário-família. salário-educação), e
- indenização (ajudas de custo, diárias e transporte).

Comungam do mesmo pensar, dentre outros administrativistas pátrios, Celso Antônio BANDEIRA DE MELLO (*Curso de Direito Administrativo*, Malheiros, 7ª edição, p. 167) e Odete MEDAUAR (*Direito Administrativo Moderno*, RT, 1996, p. 309).

Como consequência, em vista da redação *vantagens* inserta ao inciso V do art. 73, forçoso reconhecer a intocabilidade de todas, tanto as de natureza pecuniária quanto as demais.

Vantagens, na conceituação de HELY (1995, p. 408),

> São acréscimos de estipêndio do servidor, concedidas a título definitivo ou transitório, pela decorrência do tempo de serviço (*ex facto temporis*), ou pelo desempenho de funções especiais (*ex facto officii*), ou em razão das condições anormais em que se realiza o serviço (*propter laborem*) ou, finalmente, em razão de condições pessoais do servidor (*propter personam*). As duas primeiras espécies constituem os adicionais (adicionais de vencimento e adicionais de função), as duas últimas formam a categoria das gratificações (gratificações de serviço e gratificações pessoais). Todas elas são espécies do gênero retribuição pecuniária, mas se apresentam com características próprias e efeitos peculiares em relação ao beneficiário e à Administração.

Frente à expressão adotada pelo legislador (*de qualquer forma*), a jurisprudência reconhece que a ofensa à norma de interdição revela-se insanável porquanto ofende princípios básicos do ordenamento atingindo interesses de ordem pública e atraindo a invalidade do que venha a ser ou já tenha sido deliberado, aprovado e sancionado. Nesse contexto, diversos julgados apontam que a revogação posterior do ato que suprime ou readapta vantagem não impede a configuração da conduta vedada nem exime os agentes da sanção devida. Não obstante, é de bom alvitre ressaltar que a Administração Pública pode rever os seus atos quando eivados de vícios ou irregularidades, conforme disposto na Súmula 474 do STF.

Por derradeiro, o limite do período de observância estrita se estende *até a posse dos eleitos* objetivando interditar mandatários que após perderem a disputa eleitoral, adotem medidas de perseguição contra servidores públicos por meio da supressão de vantagens.

Sobre a nomeação e exoneração de cargos comissionados[191], é necessário ter em vista o prevalecimento da presunção de legalidade dos atos administrativos de livre escolha em torno do ingresso e saída desses servidores.

Há de se assim presumir no mínimo porque os mesmos guardam pertinência com a confiança que deve existir entre a autoridade nomeante e o servidor público. Justamente por conta disso, algumas questões preliminares alusivas às peculiaridades desses cargos integrantes dos diversos entes federativos se impõem previamente à análise.

Ocupados transitoriamente mediante regime jurídico distinto dos demais, "Os cargos de provimento em comissão (cujo provimento dispensa concurso público) são aqueles vocacionados para serem ocupados em caráter transitório por pessoa de confiança da autoridade competente para preenchê-los, a qual também pode exonerar *ad nutum*, isto é, livremente, quem os esteja titularizando" (MELLO, 2006, p. 280).

Conforme aponta Edmir Netto de ARAÚJO (2005, pp. 303/304), "Os cargos podem ser providos em comissão ou confiança, que, para nós, não deixam de ser sinônimos, no Direito Administrativo. Um dos significados do verbo cometer é exatamente o de confiar, e o de comissão é o de preenchimento de cargo por ocupante exonerável 'ad nutum', que quer dizer 'à vontade de quem nomeia'".

Em razão das suas características inerentes, cabe à União Federal, aos Estados, ao Distrito Federal e aos Municípios, especificar os requisitos dos seus respectivos cargos de confiança.

Nada obstante, a inexistência do concurso público enquanto mecanismo seletivo de acesso não exime a Administração de que as nomeações recaiam apenas para o exercício de funções de direção, chefia e assessoramento, não se prestando ao desempenho de atividades burocráticas, técnicas ou operacionais, conforme reiterado pelo Supremo Tribunal Federal

191. De acordo à Constituição Federal, pelo inciso V do art. 37, "as funções de confiança, exercidas exclusivamente por servidores ocupantes de cargo efetivo, e os cargos em comissão, a serem preenchidos por servidores de carreira nos casos, condições e percentuais mínimos previstos em lei, destinam-se apenas às atribuições de direção, chefia e assessoramento".

em julgamento revestido de Repercussão Geral no Recurso Extraordinário nº 1.041.210/SP[192].

Da mesma maneira, o fato da transitoriedade dos CCs não retira a eficácia da previsão constitucional de cumprimento, tanto pelo nomeante como pelo nomeado, dos ditames constitucionais de moralidade, impessoalidade, publicidade e eficiência. Desta feita, práticas consubstanciadas em nomeações para cargos comissionados, em número elevado ou anormal, ocorridos durante o mandato do Chefe do Poder Executivo previamente ao período vedado, poderão vir a ser objeto de investigação na Justiça Comum, descabendo à Justiça Eleitoral perscrutar a respeito das práticas afetas à Lei nº 8.429/92. A contratação irregular de servidores só passa a merecer análise e eventual repressão pela Justiça Eleitoral quando o ato se reveste de manobras ou ardis com finalidade eleitoral[193]:

> **Recurso. Conduta vedada. Art. 73, inc. V, da Lei n. 9.504/97. Eleições 2012. Contratação de servidores, a título de cargos comissionados, no período vedado pela legislação. Procedência da representação no juízo monocrático. Aplicação de multa.**
>
> (...).
>
> Demais prefaciais afastadas. Legitimidade passiva de todos os agentes públicos e beneficiários: candidato a prefeito, vice, chefe do executivo municipal e da coligação concorrente. Imprópria a pretensão de chamamento ao processo de outras partes, por outras condutas. Não acolhida a preliminar de inépcia da inicial, por existirem todos elementos necessários para sustentar a demanda. Patente a violação à Lei das Eleições. Contratação irregular de servidores, sem a realização de concurso público, para o desempenho de atividades burocratas e permanentes. Cargos previstos em lei municipal julgada inconstitucional pelo Tribunal de Justiça, o qual afastou a qualificação de cargo de confiança. Nomeações não enquadradas nas exceções legais da letra *a* do inc. V do art. 73 da Lei n. 9.504/97. Desnecessária a comprovação do benefício dos candidatos, partidos e coligações, a qual decorre da própria conduta vedada. Manutenção da sentença.
>
> Provimento negado.[194]

192. Tribunal Pleno, virtual, DJe de 22/05/2019.
193. TRE/MS, Acórdão n 42636, DJE de 29/04/2013.
194. TRE/RS, Recurso Eleitoral nº32347, DEJERS de19/09/2013.

> **RECURSO ELEITORAL. DESVIRTUAÇÃO DA LEI APLICADA (Art. 73, inc. V, alínea "a" da LEI 9.504/97). EXONERAÇÃO EM MASSA DE NÃO OCUPANTES DE CARGO EM COMISSÃO OU FUNÇÕES DE CONFIANÇA. ABUSO DE PODER POLÍTICO E PRÁTICA DE CONDUTA VEDADA (Art. 73, Inc. V, LEI 9.504/97). RECURSO IMPROVIDO.** 1. Na forma do art.37, inc. V da Magna Carta, os cargos em comissão ou funções de confiança se destinam apenas às atribuições de direção, chefia e assessoramento. 2. As atividades de motorista, enfermeiro e auxiliar de serviços gerais não se enquadram no proposto pelo inciso V do art.37 referenciado. 3. Irregularidade no ingresso ao quadro de servidores não autoriza desligamento coletivo de temporários. 4. Abuso de poder político e prática de conduta vedada configurados. 5. Recurso improvido.[195]

De outro lado, desfazendo alguns truísmos que orbitam em torno dos cargos comissionados face o calendário eleitoral, apontam os regionais:

> **NOMEAÇÃO DE PESSOAS EM CARGOS EM COMISSÃO PARA SUPOSTAMENTE ATUAR NA CAMPANHA DOS REPRESENTADOS - AUTORIZAÇÃO LEGAL PARA EXONERAÇÃO E NOMEAÇÃO EM CARGOS DE CONFIANÇA.**
>
> Detentor de cargo em comissão ou de função de confiança está sujeito à livre exoneração. Não se reclama fundamentação ou se indagam motivos. É autorização total dada ao Chefe do Poder Executivo. O que não pode haver é um mercadejar entre a permanência no cargo e o direito de voto. Mas sobre isso não existe prova sequer indiciária.
>
> NÃO RECONHECIMENTO DE CONDUTAS VEDADAS OU DE ABUSO DE PODER - DESPROVIMENTO DO RECURSO - MANUTENÇÃO DA SENTENÇA QUE JULGOU O PEDIDO IMPROCEDENTE.[196]

> **ELEIÇÕES 2008. RECURSO INOMINADO. REPRESENTAÇÃO. IMPROCEDÊNCIA. CONDUTA VEDADA. AGENTES PÚBLICOS. ELEIÇÕES 2008. ART. 73, V, DA LEI Nº 9.504/97. CRIAÇÃO DE CARGOS DE PROVIMENTO EM COMISSÃO. NOMEAÇÃO DE CORRELIGIONÁRIOS POLÍTICOS. CONDUTA VEDADA. INEXISTÊNCIA. RECURSO DESPROVIDO.**

195. TRE/AM, AIJE nº 4419, DJE de 19/10/2015.
196. TRE/SC, Acórdão nº 30238, DJE de 30/10/2014.

1. Sentença impugnada que julgou improcedente representação proposta pelo MPE, na qual se pediu a nulidade das condutas vedadas e a aplicação da multa prevista no § 4º do art. 73, da Lei nº 9.504/97.

2. Qualificação dos fatos que não importam na classificação jurídica de conduta vedada.

5. Recurso conhecido e desprovido.[197]

RECURSO ELEITORAL - EXONERAÇÃO DE CARGO EM COMISSÃO - RETALIAÇÃO POLÍTICA - NÃO DEMONSTRAÇÃO- ABUSO DO PODER POLÍTICO - NÃO CONFIGURADO - RECURSO IMPROVIDO - SENTENÇA MANTIDA.

Não há que se falar em abuso do poder político quando o agente público exonera servidores ocupantes de cargos em comissão, uma vez que os citados cargos são de livre nomeação e exoneração. Essa conduta é permitida inclusive até mesmo durante os três meses que antecedem o pleito, conforme disposto no artigo 73, V, "a", da Lei nº 9.504/97[198].

Recurso. Ação de Investigação Judicial Eleitoral. Conduta vedada. Art. 73 da Lei n. 9.504/97. Abuso de poder político e de autoridade. Uso indevido dos meios de comunicação social. Art. 74 da Lei n. 9.504/97 c/c art. 22 da Lei Complementar n. 64/90. Eleições 2016.

[...].

Nomeações de cargos em comissão e de secretários, realizados no ano da eleição, para substituir pessoas exoneradas. Inexistência de finalidade eleitoreira. As atividades administrativas não paralisam em ano eleitoral e ensejam contratações para suprir falta de pessoal. No mesmo sentido, não há comprovação de que as contratações temporárias de servidores visaram a angariar votos em favor dos recorridos. Contratações reconhecidas como necessárias pelo Poder Legislativo e realizadas com amparo em lei.

Necessário, para caracterizar o abuso de poder, que a gravidade da prática imputada tenha o potencial de romper a normalidade da campanha e a paridade de oportunidade entre os concorrentes nas eleições, o que não demonstrado nos autos. Tampouco comprovado o uso da máquina pública em benefício dos candidatos eleitos aos cargos de prefeito e vice.

Provimento negado.[199]

---

197. TRE/AL, Acórdão nº 6066, DOE de 15/06/2009.
198. TRE/MT, Recurso Eleitoral nº 1627, DJ de 13/12/2005.
199. TRE/RS, Recurso Eleitoral nº 21265, DEJERS de03/04/2017.

O fato do servidor nomeado para um cargo em comissão ter sido exonerado deste e, logo em seguida, nomeado para outro, com a concessão de maior vantagem pecuniária, não permite afastar a ressalva do art. 73, V, a, da Lei nº 9.504/97, porquanto tal dispositivo não vedar a melhoria na condição do servidor, no caso, um incremento remuneratório.[200]

Já absurdos como nomeações para cargos inexistentes ou já preenchidos, a exoneração em massa de servidores comissionados logo após as eleições e a concessão de grande número de licenças-prêmio, tipificam práticas de empreguismo eleitoral, suficientes a ensejar a condenação com base na prática de abuso de poder econômico e político por meio da utilização indevida da máquina administrativa pelo candidato a reeleição.[201]

Compreendida a utilização eleitoreira do serviço público, configura-se o abuso de autoridade pela elevada contratação temporária de servidores para cargos de natureza permanente em ano eleitoral.[202]

Configura grave abuso do poder político a expedição de decreto, pelo prefeito candidato à reeleição, a menos de 15 dias do pleito, reduzindo a jornada dos servidores comissionados, quiçá dos contratados, sem reduzir os vencimentos, para participarem de campanhas eleitorais, provocando situação ilegal de privilégio na disputa, interferindo no processo eleitoral, em manifesta contrariedade ao princípio da impessoalidade e da eficiência.[203]

Quanto à contratação temporária prevista no inciso IX do art. 37 da CF/88, ao contrário do que se pensa comumente, a mesma possui um regime jurídico próprio, que difere do provimento de cargos efetivos e empregos públicos mediante concurso, não se confundindo, por isso, com a nomeação ou exoneração de cargos em comissão ressalvadas no art. 73, V. É, portanto, um fato que não se enquadra na alínea "a" do mencionado dispositivo.[204]

A definição do conteúdo jurídico dos incisos II e IX do artigo da Constituição Federal recebeu orientação do Supremo Tribunal Federal em regime de Repercussão Geral firmada a partir do Recurso Extraordinário

200. TSE, AgR-REspe nº 2994-46/PR, DJE de 05/12/2012.

201. TSE, REspe nº 1-38/RN, DJE de 23/03/2015.

202. TSE, REspe nº 13426/CE, DJE de 26/10/2015.

203. TSE, REspe nº 69541/GO, DJE de 26/06/2015.

204. TSE, EDclREspe nº 21.167/ES, DJ de 12/09/2003.

nº 658.026/MG[205] definindo os requisitos para que se considere válida a contratação temporária.

São eles:

a) os casos excepcionais devem ser previstos em lei;

b) o prazo de contratação deve estar predeterminado;

c) que a necessidade seja efetivamente temporária;

d) o interesse público deve ser excepcional;

e) a sua necessidade deve ser indispensável, vedada para os serviços ordinários permanentes do Estado, e que devam estar sob o espectro das contingências normais da Administração.

Consoante referido anteriormente, a partir das alterações introduzidas pela LC nº 135/10, o legislador instituiu a *gravidade dos fatos* como novo paradigma para a aferição do abuso de poder (v. nº 15.5.4). Para a cominação das sanções nesta órbita, é indispensável apurar se houve motivação eleitoral na demissão de servidores. Em caso de afronta, é de ser revogada a vontade popular. Dessa forma, o reconhecimento da Conduta Vedada prevista no inciso V do art. 73por conta da rescisão de sete contratos temporários relativos a cargos de motorista, auxiliar de serviço e auxiliar de enfermagem da prefeitura não se mostra apta a demonstrar a gravidade que se exige para reconhecimentos de abuso de poder e consequente declaração de inelegibilidade dos envolvidos, sendo suficiente uma pena de multa[206]. Por outro lado, o descarte de um contingente elevado de 717 servidores municipais posteriormente às eleições releva a gravidade da conduta quando atingida a finalidade almejada, ou seja, granjear votos para garantir a reeleição. Em razão disso, a cassação de diplomas e a fixação de multa acima do mínimo legal se justifica[207].

Acerca do regramento instituído pela letra *d*, o mesmo é tido por alguns intérpretes como uma forma de *atalho* para o cometimento de abuso de poder e captação ilícita de sufrágio (art. 41-A) por conta do estabelecimento de um vínculo eleitoralmente *retribuível*, no caso, expresso pela gratidão quanto à vaga obtida.

205. Tribunal Pleno, DJe nº 214, de 31/10/2014.

206. TSE, REspe nº 215-05/PB, j. 16/08/2016.

207. TSE, AgR-AI nº 614-67/CE, j. 26/04/2016.

De fato, a jurisprudência anota repetidos casos onde ocorre a coação dos contratados sendo-lhes exigidos os seus votos, por vezes de seus familiares e parentes como troca para a permanência nos empregos e funções ocupados.

A nomeação ou contratação exclusivamente para instalação ou funcionamento inadiável de serviços públicos essenciais é atribuição de competência restrita do Administrador Público. Cabe a ele, seja presidente, governador ou prefeito, juntamente com os seus auxiliares, avaliar ditas condições, dispensado de autorização prévia pela Justiça Eleitoral.

Tais questões foram examinadas pelo Pleno do Tribunal Superior Eleitoral ao ensejo do AAG nº 4.248/MG, rel. Min. Fernando Neves da Silva, DJ de 29/08/2003:

> **Agravo de instrumento. Agravo regimental. Contratação de pessoal - Art. 73, V, da Lei nº 9.504/97 - Surto de dengue – Serviço essencial e inadiável - Convênio - Assinatura e aditamento - Anterioridade – Pleito - Chefe do Poder Executivo – Autorização - Alínea *d* – Não-ocorrência.**
>
> 1. A autorização referida na alínea d do inciso V do art. 73 da Lei nº 9.504/97 deve ser específica para a contratação pretendida e devidamente justificada.
>
> 2. O fato de se tratar de contratação de pessoal para prestar serviços essenciais e inadiáveis não afasta a necessidade de que, no período a que se refere o inciso V do art. 73 da Lei nº 9.504/97, haja expressa autorização por parte do chefe do Executivo.

Esta, entretanto, não seria a única vez que o TSE se debruçaria sobre tão importante matéria. Ela foi novamente submetida ao seu crivo por meio do Recurso Especial Eleitoral nº 27.563/MT, em cujo julgamento, com amparo no conteúdo da *Lei de Greve*, decidiu-se que a educação não corresponde a um serviço público essencial. Eis a ementa do paradigma:

> **CONDUTA VEDADA A AGENTE PÚBLICO EM CAMPANHA ELEITORAL. ART. 73, INCISO V, ALÍNEA "D", DA LEI Nº 9.504/97.**
>
> 1. Contratação temporária, pela Administração Pública, de professores e demais profissionais da área da educação, motoristas, faxineiros e merendeiras, no período vedado pela lei eleitoral.
>
> 2. No caso da alínea d do inciso V da Lei nº 9.504/97, só escapa da ilicitude a contratação de pessoal necessária ao funcionamento inadiável de serviços públicos essenciais.

> 3. Em sentido amplo, todo serviço público é essencial ao interesse da coletividade. Já em sentido estrito, essencial é o serviço público emergencial, assim entendido aquele umbilicalmente vinculado à "sobrevivência, saúde ou segurança da população".
>
> 4. A ressalva da alínea d do inciso V do art. 73 da Lei nº 9.504/97 só pode ser coerentemente entendida a partir de uma visão estrita da essencialidade do serviço público. Do contrário, restaria inócua a finalidade da lei eleitoral ao vedar certas condutas aos agentes públicos, tendentes a afetar a igualdade de competição no pleito. Daqui resulta não ser a educação um serviço público essencial. Sua eventual descontinuidade, em dado momento, embora acarrete evidentes prejuízos à sociedade, é de ser oportunamente recomposta. Isso por inexistência de dano irreparável à "sobrevivência, saúde ou segurança da população".
>
> 5. Modo de ver as coisas que não faz tábula rasa dos deveres constitucionalmente impostos ao Estado quanto ao desempenho da atividade educacional como um direito de todos. Não cabe, a pretexto do cumprimento da obrigação constitucional de prestação "do serviço", autorizar contratação exatamente no período crítico do processo eleitoral. A impossibilidade de efetuar contratação de pessoa em quadra eleitoral não obsta o poder público de ofertar, como constitucionalmente fixado, o serviço da educação.[208]

Em seu voto num tema que se apresenta controvertido e difícil, o Ministro Carlos Ayres Britto, após salientar o entendimento de que educação e saúde são setores da Administração inscritos na categoria dos "serviços de relevância pública", e invocar o magistério de Odete MEDAUAR delimitando o alcance do vocábulo *essencial*, enfatizou, nos seguintes termos:

> 16. Nesse fluxo de ideias, a ressalva da alínea d do inciso V do art. 73 da Lei nº 9.504/97 só pode ser coerentemente entendida a partir de uma visão estrita da essencialidade do serviço público. Do contrário, restaria inócua a finalidade da Lei Eleitoral ao vedar certas condutas aos agentes públicos, tendentes a afetar a igualdade de competição no pleito. Restaria aberto um espaço enorme às contratações de pessoal no período crítico do processo eleitoral. Com o que não se coibiria o uso da máquina administrativa em quadra tão delicada da vida do País, com sua previsível consequência: o esvaziamento das metas constitucionalmente impostas para assegurar a livre expressão do voto popular (§9º do art. 14).

208. DJ de 12/02/2007.

Adiante, o relator sinalou a possibilidade da recomposição do serviço em caso de não ser efetivado por um determinado lapso:

> 17. Daqui não resulta ser a educação um serviço **essencial**. Sua eventual descontinuidade, em dado momento, embora acarrete evidentes prejuízos à sociedade, é de ser oportunamente recomposta. Isso por inexistência de dano irreparável à "sobrevivência, saúde ou segurança" da população.

Ao concluir a sua intervenção advertindo sobre a necessidade de a educação ser tratada mediante um planejamento prévio e criterioso pelo Poder Público, e não durante as eleições, anotou (no original com negritos):

> 18. Esse modo de ver as coisas não faz tábula rasa dos deveres constitucionalmente impostos ao Estado quanto ao desempenho da atividade educacional como um direito de todos (arts. 6º, 205 e 206). Que ele, Poder Público, se programe eficientemente para a garantia desse direito público subjetivo sem necessidade de efetuar contratações de pessoal no período vedado pela Lei Eleitoral. Como bem assentado no acórdão fustigado, "Tão certo quanto ser dever do Estado, os serviços de educação merecem e requerem planejamento, organização estrutural e física, perfis didático e metodológico traçados com antecedência" (fls. 1.352). É dizer: **não cabe, a pretexto do cumprimento da obrigação constitucional de prestação "do serviço", autorizar contratação exatamente no período crítico do processo eleitoral**. Mais ainda: a impossibilidade de contratação de pessoal em quadra eleitoral não obsta o Poder Público de ofertar, como constitucionalmente fixado, a atividade da educação.

Note-se que o acórdão, em momento algum, pôs em dúvida a relevância da educação enquanto "direito de todos e dever do Estado", segundo o disposto pela Constituição Federal/88 (art. 205, *caput*).

Nos termos da delimitação cravada pelo TSE, todo o serviço público é essencial ao interesse da coletividade. Contudo, em sentido estrito, essencial, no raio de incidência da Lei nº 9.504/97, é o serviço público emergencial, aquele que se encontra umbilicalmente vinculado à sobrevivência, saúde ou segurança das pessoas.

Portanto, fora dos setores que ficaram expressamente designados a partir do REspe nº 27.563/MT, que vem constituindo a diretriz jurisprudencial dominante na Justiça Eleitoral desde 2007, o Poder Público não está autorizado a contratar na forma da alínea *d* do inciso V do art. 73 da LE/97.

Destarte, não havendo maior elasticidade na dosagem das exceções, os minuciosos fundamentos expendidos no Recurso Especial Eleitoral nº 1012-61/PB, publicado na edição do Diário de Justiça Eletrônico, Tomo nº 097, de 24/05/2019, pp. 70/71, prestigiaram plenamente a exegese referida linhas atrás:

> **AGRAVO REGIMENTAL. RECURSO ESPECIAL. PREFEITO E VICE. AÇÃO DE INVESTIGAÇÃO JUDICIAL ELEITORAL (AIJE). CONDUTA VEDADA. ART. 73, V, DA LEI 9.504/97. CONTRATO TEMPORÁRIO. PERÍODO DEFESO. ILICITUDE. REENQUADRAMENTO JURÍDICO DOS FATOS. POSSIBILIDADE. OFENSA À SÚMULA 24/TSE. INOCORRÊNCIA. DESPROVIMENTO.**
>
> 1. Na decisão monocrática, restabeleceu-se sentença em que se reconheceu a prática de conduta vedada pelos agravantes - reeleitos ao cargo majoritário de Lucena/PB em 2016 - consistente em contratações de seis funcionários por tempo determinado no período crítico, não albergadas pela ressalva do art. 73, V, d, da Lei 9.504/97, impondo-se, em consequência, multa individual de cinco mil Ufirs.
>
> 2. No presente regimental, aponta-se indevida incursão no conjunto fático-probatório, providência vedada pela Súmula 24/TSE. Porém, procedeu-se apenas à revaloração jurídica dos elementos constantes do aresto *a quo*, em que se delineou de forma minuciosa as atividades dos servidores substituídos.
>
> 3. A teor do entendimento desta Corte, conceitua-se como serviço público essencial, para os fins do art. 73, V, d, da Lei 9.504/97, aquele de natureza emergencial, umbilicalmente ligado à sobrevivência, à saúde ou à segurança da população. Interpretação em sentido diverso esvaziaria o comando legal e permitiria o uso da máquina pública em benefício de candidaturas.
> 4. No caso, apesar de as contratações estarem ligadas à Secretaria Municipal de Saúde, não se verifica o caráter essencial quanto aos cargos de auxiliar de serviços gerais e de agente de vigilância ambiental (prevenção e controle de fatores de risco ambiental).
>
> 5. A simples circunstância de os cargos estarem lotados na Secretaria Municipal de Saúde não lhes confere, ipso facto, a inescusável premência a que alude o referido dispositivo, sendo forçoso reconhecer a ilicitude das contratações na espécie.
>
> 6. Agravo regimental desprovido.

Em torno da regra ora em exame, resta averiguar um aspecto desdobrado pontualmente do anterior: a renovação de contrato dos servidores públicos temporários.

A matéria foi objeto do Recurso Especial Eleitoral nº 387-04/PB (DJE de 20/09/2019)[209]. Dito julgado abordou a reiteração do vínculo contratual de (55) servidores temporários municipais para as áreas de educação e obras durante o período censurado. Com apoio nos seus precedentes e na doutrina

---

209. ELEIÇÕES 2016. RECURSO ESPECIAL ELEITORAL. AÇÃO DE INVESTIGAÇÃO JUDICIAL ELEITORAL. CONDUTA VEDADA. RENOVAÇÃO DE CONTRATOS DE SERVIDORES TEMPORÁRIOS. NOVO VÍNCULO DE DIREITO PÚBLICO. CONFIGURAÇÃO DA CONDUTA VEDADA. SERVIÇOS DE EDUCAÇÃO E ASSISTÊNCIA SOCIAL. AUSÊNCIA DE ESSENCIALIDADE. JURISPRUDÊNCIA DO TSE. OBRAS PÚBLICAS. DESNECESSIDADE DE INAUGURAÇÃO. NATUREZA OBJETIVA DA CONDUTA VEDADA. PROVIMENTO.

1. A renovação de contratos de servidores públicos temporários, nos três meses que antecedem as eleições, configura conduta vedada, nos termos do art. 73, inciso V, da Lei nº 9.504/1997.

2. Teleologicamente, a conduta vedada do art. 73, inciso V, da Lei das Eleições busca evitar que o agente público abuse da posição de administrador para auferir benefícios na campanha, utilizando os cargos ou empregos públicos, sob sua gestão, como moeda de troca eleitoral. Sendo assim, é indiferente que se trate de contratação originária ou de renovação, pois a "promessa de permanência" no cargo pode ser tão quanto ou ainda mais apelativa que a promessa de contratação.

3. A renovação contratual, ao modo de prorrogação, encontra-se contida no campo semântico do verbo "contratar", pois, na realidade, o contrato por prazo determinado é extinto e substituído por um novo; este, ainda que venha a ter o mesmo conteúdo, constitui novo vínculo entre as partes contratantes.

4. A contratação de servidores por tempo determinado pressupõe necessidade temporária de excepcional interesse público (art. 37, IX, da CF/88). Após cada período, a necessidade de contratação e o excepcional interesse público devem ser reavaliados, de forma a fundamentar a renovação dos contratos. Portanto, a renovação constitui ato administrativo diverso da contratação originária, com fundamentação nova e atualizada, não podendo ser considerada mera extensão de vínculo anterior.

5. A jurisprudência do Tribunal Superior Eleitoral não faz distinção entre a contratação originária e a renovação dos contratos temporários. Precedente.

6. O legislador excepcionou a regra apenas para os casos em que a contratação seja necessária à instalação ou ao funcionamento inadiável de serviços públicos essenciais, com prévia e expressa autorização do chefe do Poder Executivo (art. 73, inciso V, alínea "d", da Lei nº 9.504/1997). Nesse sentido, não está contida na ressalva legal a contratação de temporários para o trabalho em obras que já se estendem há mais de dois anos, ainda que venham a se destinar, posteriormente, a serviço essencial.

7. O conceito de "serviço público essencial" é interpretado pela jurisprudência do Tribunal Superior Eleitoral de maneira restritiva, abarcando apenas aqueles relacionados à sobrevivência, saúde ou segurança da população. Exclui-se, portanto, a contratação de profissionais das áreas de educação e assistência social. Precedentes.

8. Embora os serviços de educação sejam de relevante interesse público, o legislador optou por critério diverso para excepcionar a regra do art. 73, inciso V, da Lei das Eleições. Não pode o julgador, diante da opção legislativa, substituí-la por regra que, em seu juízo, lhe parece mais justa ou adequada, sob pena de ofensa ao princípio democrático (art. 2º da CF/88).

9. A análise consequencialista da decisão judicial não pode conduzir à negativa de aplicação da lei vigente. O chefe do Poder Executivo possui inúmeras alternativas durante sua administração, devendo a responsabilidade pela programação da gestão abarcar a duração dos contratos firmados e a existência de condutas vedadas durante o curso do mandato.

10. As condutas vedadas são cláusulas de responsabilidade objetiva, dispensando a comprovação de dolo ou culpa do agente. Dispensam, por igual razão, a análise da potencialidade lesiva para influenciar no pleito. Precedente.

11. Tendo em vista o reconhecimento da baixa gravidade da conduta, a sanção pela prática de conduta vedada deve ser fixada no mínimo legal, em homenagem ao princípio da proporcionalidade.

12. Recurso provido para condenar o recorrido Roberto Bandeira de Melo Barbosa pela prática de conduta vedada, com a imposição de multa.

de Wald[210], Venosa[211], Carvalho Filho[212], Mota, Di Pietro e Ferraz[213], o TSE determinou que a conduta ora em comento encontra-se implicitamente vedada pelo art. 73, inciso V, da Lei nº 9.504/97.

No ponto, conforme a decisão, "O dispositivo veda não apenas a nomeação ou contratação de servidor público, mas qualquer forma de admissão que não se enquadre nas exceções expressas. Teleologicamente, a norma busca evitar que o agente público abuse de sua posição de administrador para auferir benefícios eleitorais, utilizando os cargos ou empregos públicos, sob sua gestão, como moeda de troca eleitoral".

Adentrando no "âmbito de proteção da norma", o plenário concluiu afigurar-se "indiferente que se trate de contratação de servidores temporários ou de renovação dos contratos preexistentes. Ressalte-se que a norma não vedou apenas a admissão de novos servidores; indagar se o servidor envolvido já prestou serviços à Administração Pública anteriormente é despiciendo. Afinal, a "promessa de permanência", no cargo ou função, pode ser tão quanto ou ainda mais apelativa do que a promessa de nomeação ou contratação".

Para a Corte, "Quando se trata de "renovação contratual", é possível subentender-se que uma avença por tempo determinado chega ao final do seu prazo, ou seja, extingue-se naturalmente, conforme a vontade inicialmente manifestada. Então, as prestações são novamente acordadas para um novo período. (...). Portanto, a renovação dos contratos temporários (...) não pode ser considerada simples extensão de vínculo anterior. Pelo contrário, trata-se de ato administrativo diverso, que se presume revestido das formalidades legais e dotado de nova e atualizada fundamentação quanto à necessidade e à excepcionalidade da contratação. Não há razão técnico-jurídica nem axiológica para que as renovações de contratos sejam excluídas do espectro proibitivo do art. 73, inciso V, da Lei nº 9.504/1997". Desse modo, e por essa razão, "o Tribunal Superior Eleitoral não faz distinção entre celebração ou renovação de contratos para fins de incidência da vedação".

---

210. WALD, Arnoldo. *Direito Civil. Direito das obrigações e teoria geral dos contratos.* 21ª ed. São Paulo: Editora Saraiva, 2013, p. 378.
211. VENOSA, Sílvio de Salvo. *Direito Civil: contratos.* 17ª ed. São Paulo: Atlas, 2017, p. 74.
212. CARVALHO FILHO, José dos Santos. *Manual de Direito Administrativo.* 32ª ed. São Paulo: Atlas. 2018. p. 712.
213. MOTTA, Fabrício; DI PIETRO, Maria Sylvia Zanella; FERRAZ, Luciano de Araújo. *Servidores Públicos na Constituição de 1988.* São Paulo: Atlas, 2011, p. 72.

De fato, foi rigorosa a lei. Talvez até demais. Não se ignora isso. É de se verificar, porém, que numa eventualidade, havendo concurso público tempestivamente homologado pela Administração e ainda válido, realizado para o preenchimento de cargos, mesmo dentro do período crítico, poderão ser realizadas nomeações de candidatos aprovados; alternativamente, formalizadas as suas contratações temporárias, respeitada, para isso, a ordem classificatória do certame, ressalvou o Pleno do Tribunal Superior Eleitoral no exame do REspe nº 450-60/MG (j. em 26/09/2013).

Outrossim:

> **ELEIÇÕES 2016 - RECURSOS - AÇÃO DE INVESTIGAÇÃO JUDICIAL ELEITORAL (AIJE) - SENTENÇA CONDENATÓRIA COM APLICAÇÃO DE PENALIDADE PECUNIÁRIA PELA PRÁTICA DE CONDUTA VEDADA AOS AGENTES PÚBLICOS DURANTE A CAMPANHA ELEITORAL (LEI N. 9.504/1997, ART. 73, V).**
>
> - PRELIMINARES REJEITADAS: (1) INÉPCIA DA INICIAL - PEÇA ACUSATÓRIA DESCREVENDO DIVERSOS ATOS ADMINISTRATIVOS MUNICIPAIS QUE PODERIAM, EM TESE, CONFIGURAR O COMETIMENTO DE ILÍCITOS ELEITORAIS DE RESPONSABILIDADE COMUM, DA COLIGAÇÃO E DOS CANDIDATOS DEMANDADOS - ARGUMENTAÇÃO FÁTICA E JURÍDICA APTA A TORNAR VIÁVEL O PLENO EXERCÍCIO DA DEFESA E DO CONTRADITÓRIO - (2) ILEGITIMIDADE PASSIVA DA COLIGAÇÃO E DO CANDIDATO AO CARGO DE VICE-PREFEITO - POSSIBILIDADE LEGAL DE IMPOR REPRIMENDA AOS ELEITORALMENTE BENEFICIADOS PELA PRÁTICA DAS CONDUTAS ILÍCITAS PREVISTAS PELO ART. 73, §§ 4º E 8º, DA LEI N. 9.504/1997.
>
> - MÉRITO: HIPÓTESE RECURSAL CIRCUNSCRITA À DISCUSSÃO DAS CONTRATAÇÕES TEMPORÁRIAS REALIZADAS DURANTE O ANO ELEITORAL PELA GESTÃO DO PREFEITO, CANDIDATO À REELEIÇÃO - CONTRATAÇÕES TEMPORÁRIAS ENVOLVENDO 141 PESSOAS, PROFISSIONAIS DAS ÁREAS DA SAÚDE E DA EDUCAÇÃO - EXAME DAS ADMISSÕES E DE SUA ESSENCIALIDADE PARA A CONTINUIDADE DO SERVIÇO PÚBLICO A AUTORIZAR O ENQUADRAMENTO NAS EXCEÇÕES LEGAIS DO ART. 73, V, "d", DA LEI N. 9.504/1997 - SINGULARIDADES DO CASO CONCRETO:
>
> (1) ADMISSÃO EMERGENCIAL DE 40 PROFISSIONAIS DA SAÚDE AUTORIZADA POR LEI COMPLEMENTAR APROVADA PELA CÂMARA DE VEREADORES E REALIZADA PARA VIABILIZAR PRESTAÇÃO DE SERVIÇOS EM UNIDADE DE PRONTO ATENDIMENTO, BEM COMO SUPRIR O AUMENTO DE DEMANDA DE

TRABALHO EM LOCAIS ESPECÍFICOS E SUBSTITUIR SERVIDORES EXONERADOS.

(2) EMPREGO DE 89 PROFISSIONAIS, POR TEMPO DETERMINADO, NA ÁREA DA EDUCAÇÃO PARA O FIM DE SUBSTITUIR SERVIDORES EFETIVOS AFASTADOS EM RAZÃO DO GOZO DE LICENÇAS AUTORIZADAS POR LEI, PARA ATENDER O AUMENTO INESPERADO DE DEMANDA E CARÊNCIAS ESPECÍFICAS DE ALUNOS ESPECIAIS.

(3) CONTRATAÇÃO TEMPORÁRIA DURANTE O PERÍODO ELEITORAL DE 12 PROFISSIONAIS DA SAÚDE E TAMBÉM DA EDUCAÇÃO PARA SUBSTITUIR SERVIDORES COM CONTRATO DE TRABALHO ENCERRADO - CASOS EM QUE ERA POSSÍVEL PREVER O TÉRMINO DA RELAÇÃO CONTRATUAL.

- COMPROVAÇÃO DE QUE A MAIORIA DAS CONTRATAÇÕES OBJETIVARAM GARANTIR A FORÇA DE TRABALHO NECESSÁRIA AO FUNCIONAMENTO DOS SERVIÇOS PRESTADOS NAS ÁREAS DA SAÚDE E DA EDUCAÇÃO, CONSIDERADAS ESSENCIAIS, INDISTINTAMENTE - INEQUÍVOCA PRESENÇA DOS REQUISITOS DA ESSENCIALIDADE DO SERVIÇO PÚBLICO E DA IMPREVISIBILIDADE DA ESMAGADORA MAIORIA DAS CONTRATAÇÕES, A JUSTIFICAR A EXCEPCIONALIDADE DE QUE TRATA O ART 73, V, "d", DA LEI N. 9.504/1997.

- INOBSERVÂNCIA DO REQUISITO DA IMPREVISIBILIDADE EM CONTRATAÇÕES RESIDUAIS QUE, EMBORA NÃO AFASTE A VIOLAÇÃO DA NORMA PROIBITIVA, NÃO REVELA ILÍCITO COM GRAVIDADE SUFICIENTE PARA AFETAR A REGULARIDADE E A LEGITIMIDADE DO PLEITO ELEITORAL - IMPOSIÇÃO DE PENALIDADE PECUNIÁRIA QUE SE JUSTIFICA PARA O CASO CONCRETO.

- DESPROVIMENTO DO RECURSO DA COLIGAÇÃO REPRESENTANTE E PROVIMENTO PARCIAL DO APELO DOS REPRESENTADOS APENAS PARA DIMINUIR O VALOR DA MULTA APLICADA - RESPONSABILIZAÇÃO SOLIDÁRIA ENTRE OS REPRESENTADOS PELO ADIMPLEMENTO DA PENALIDADE PECUNIÁRIA.[214]

Recurso. Ação de Investigação Judicial Eleitoral. Conduta vedada. Art. 73 da Lei n. 9.504/97. Abuso de poder político e de autoridade.

214. TRE/SC, Acórdão nº 33.001, DJE de23/07/2018.

Uso indevido dos meios de comunicação social. Art. 74 da Lei n. 9.504/97 c/c art. 22 da Lei Complementar n. 64/90. Eleições 2016.

(...)

4. Nomeações de cargos em comissão e de secretários, realizados no ano da eleição, para substituir pessoas exoneradas. Inexistência de finalidade eleitoreira. As atividades administrativas não paralisam em ano eleitoral e ensejam contratações para suprir falta de pessoal. No mesmo sentido, não há comprovação de que as contratações temporárias de servidores visaram a angariar votos em favor dos recorridos. Contratações reconhecidas como necessárias pelo Poder Legislativo e realizadas com amparo em lei.[215]

RECURSO ELEITORAL. AÇÃO DE INVESTIGAÇÃO JUDICIAL ELEITORAL. JULGADA PROCEDENTE NA 1ª INSTÂNCIA. ABUSO DE PODER POLÍTICO. CONCESSÃO DE LICENÇAS - PRÊMIO. NÃO DEMONSTRAÇÃO DO INTERESSE ELEITOREIRO. CONTRATAÇÃO DE SERVIDORES SEM CONCURSO PÚBLICO. ANO ELEITORAL. SITUAÇÃO EXCEPCIONAL E TEMPORÁRIA NÃO DEMONSTRADA. INEXISTÊNCIA DE PROCESSO SELETIVO SIMPLIFICADO. ESCOLHA DOS CONTRATADOS POR OPÇÃO POLÍTICA. NÃO OBEDIÊNCIA AO PRINCÍPIO DA IMPESSOALIDADE. INTERESSE ELEITOREIRO. CANDIDATO A REELEIÇÃO. COMPROMETIMENTO DA NORMALIDADE E LEGITIMIDADE DA ELEIÇÃO. CONFIGURAÇÃO DE ABUSO DE PODER POLÍTICO. CANDIDATOS NÃO ELEITOS. INELEGIBILIDADE POR 08 (OITO) ANOS AO PREFEITO MUNICIPAL AUTOR DA PRÁTICA ILICITA. VICE-PREFEITO QUE NÃO CONCORREU DIRETA OU INDIRETAMENTE PARA A CONDUTA. CARÁTER PERSONALÍSSIMO DA SANÇÃO DE INELEGIBILIDADE. AFASTAMENTO.

O abuso do poder político ou de autoridade ocorre quando o agente público, valendo-se de sua condição funcional e utilizando-se da estrutura administrativa à sua disposição, compromete a igualdade da disputa e a legitimidade do pleito em benefício de sua candidatura ou de terceiros.

A contratação temporária de pessoal no ano eleitoral, mesmo fora do período vedado pela legislação, quando não restar demonstrada qualquer excepcionalidade, urgência ou relevância que a justifique, evidencia a utilização da máquina administrativa pelo Chefe do Poder Executivo com intuito eleitoreiro, especialmente quando não houver nenhum procedimento de seleção prévio que favoreça o princípio da impessoalidade

215. TRE/RS, Recurso Eleitoral nº 21265, DEJERS de 03/04/2017.

e os depoimentos testemunhais revelarem o viés político como critério de seleção de contratados.

Na espécie, prefeito municipal e candidato à reeleição no pleito de 2016 contratou 119 servidores no ano eleitoral e sem processo seletivo, para a ocupação de cargos de necessidade permanentes da administração (vigilante, ASG, motorista, etc.), sem fundamentar e nem demonstrar a situação excepcional e temporária apta a possibilitar a contratação fundamentada no Art. 37, IX, da Constituição Federal.

A realidade fática do município, composto por pouco mais de dez mil eleitores e tendo a prefeitura municipal como uma das principais empregadoras da localidade, revela a gravidade da conduta, capaz de comprometer a legitimidade do pleito e configurar o abuso de poder político.

Inexistência de prova quanto ao viés eleitoreiro da concessão das licenças-prêmio. Afastamento do referido fundamento.

O TSE já assentou o caráter personalíssimo da sanção de inelegibilidade cominada em sede de ação de investigação judicial eleitoral, somente incidindo sobre o autor da conduta abusiva.

Reforma da sentença para afastar a sanção de inelegibilidade cominada ao investigado que ocupava o cargo de vice-prefeito municipal, porquanto não demonstrada a sua participação na prática abusiva.

Manutenção da condenação do investigado que ocupava o cargo de prefeito municipal pela prática de abuso de poder político, com a conseqüente sanção de inelegibilidade pelo prazo de 8 anos a contar do pleito de 2016.[216]

ELEIÇÕES 2016. RECURSO ELEITORAL. AÇÃO DE INVESTIGAÇÃO JUDICIAL ELEITORAL. PREFEITO. CONTRATAÇÕES TEMPORÁRIAS DE SERVIDORES PÚBLICOS EM ANO ELEITORAL. AUSÊNCIA DE NECESSIDADE TEMPORÁRIA DE EXCEPCIONAL INTERESSE PÚBLICO. ABUSO DE PODER POLÍTICO CONFIGURADO. NÃO COMPROVADA A CONTRATAÇÃO NO PERÍODO VEDADO PELO ART. 73, V, DA LEI 9.504/97. AFASTAMENTO DA MULTA PREVISTA NO ART. 73, § 4º, DA MESMA LEI. PROVIMENTO PARCIAL DO RECURSO.

1. (...).

2. Mérito. Contratação temporária, no ano eleitoral, logo após a edição de decreto que declarou situação de emergência econômico-financeira

216. TRE/RN, Recurso Eleitoral nº 38973, DJE de 26/11/2018.

e determinou a limitação de despesas no âmbito do Poder Executivo Municipal, de aproximadamente 2.000 pessoas pela Administração Municipal de São João da Barra, à época chefiada pelo recorrente, que buscava a sua reeleição.

3. As circunstâncias demonstradas nos autos revelam a ausência de necessidade temporária de excepcional interesse público, exigida pelo art. 37, IX, da CRFB para as contratações de servidores públicos por tempo determinado.

4. A exigência de aprovação em concurso público para preenchimento de cargos públicos efetivos é um dos grandes avanços trazidos pela Constituição de 1988, na medida em que não só possibilita o acesso de todo e qualquer cidadão à carreira pública, mas também, e principalmente, promove a impessoalidade e a moralidade no âmbito da administração pública.

5. O desvirtuamento das hipóteses que excepcionam a regra do concurso público deve ser combatido com rigor por todas as instituições que têm como missão dar efetividade a nosso ordenamento jurídico. No âmbito eleitoral, a conduta possui inegável aptidão para configurar o abuso de poder político previsto na Lei de Inelegibilidades, pois possibilita o favorecimento de pessoas com a perspectiva de obtenção de seus votos, seja por gratidão ao "benfeitor", seja por puro e simples interesse na manutenção do cargo ilicitamente obtido.

6. Abuso do poder político configurado, na medida em que o recorrente se valeu de sua condição de administrador público para se colocar em posição de vantagem em relação aos demais concorrentes, movimentando a máquina pública em seu favor.

7. (...).

8. No caso, a gravidade exsurge não só da violação a uma das mais importantes normas constitucionais que regem a administração pública, mas também do total descaso com a situação econômico-financeira do município, visto que, logo após reconhecer que o Município não estava em condições de honrar seus compromissos financeiros, o recorrente praticou a conduta abusiva, não sendo necessários cálculos matemáticos para concluir-se que a contratação de 2.000 pessoas gera grande repercussão nos cofres públicos.

9. Ainda que se mostre desnecessária a demonstração da potencialidade lesiva no caso concreto, fato é que as contratações efetuadas pelo recorrente tinham capacidade para angariar os votos não apenas dos servidores temporários, mas também os de seus familiares, alcançando, assim, quantidade expressiva de eleitores.

> 10. (...).
>
> 11. PROVIMENTO PARCIAL do recurso para afastar a imposição da multa prevista no art. 73, § 4º, da Lei 9.504/97, mantendo-se a sanção de inelegibilidade do recorrente pelo prazo de 8 (oito) anos a contar das eleições de 2016.[217]

15.10.5.1. Contratação de estagiários

Não há óbice à contratação de estagiários por parte dos órgãos da Administração pública direta, autárquica e fundacional de qualquer dos Poderes da União, dos Estados, do Distrito Federal e dos Municípios no período dos três meses precedentes às eleições.

O contrato de estágio não restou emoldurado às disposições do inc. V do art. 73 da Lei nº 9.504/97. Ao redigir esta cláusula limitativa, o legislador optou não equiparar estagiários a servidores públicos. Entender-se o contrário significaria o rompimento do Princípio da legalidade estrita (v. nº 15.5.2).

A Lei nº 11.788/08 conceitua estágio como "o ato educativo escolar supervisionado, desenvolvido no ambiente de trabalho, que visa à preparação para o trabalho produtivo de educandos que estejam frequentando o ensino regular em instituições de educação superior, de educação profissional, de ensino médio, da educação especial e dos anos finais do ensino fundamental" (art. 1º).

Por força desses fundamentos normativos, é preciso não perder de vista que o estagiário não é indicado, nomeado ou comissionado. O seu regime jurídico, a par de próprio, também é singular: o educando mantém vínculo com o poder público através de um termo de compromisso celebrado entre ele, a parte concedente do estágio e sua respectiva instituição de ensino (art. 3º, II).

Traçadas essas necessárias distinções, os acórdãos a seguir ementados auxiliam a compreensão do assunto:

> **CONTRATAÇÃO DE SERVIDORES EM PERÍODO VEDADO - SUPOSTA INFRINGÊNCIA AO ART. 73, V, DA LEI DAS ELEIÇÕES - CONTRATAÇÃO DE ESTAGIÁRIOS NO ALUDIDO PERÍODO**

217. TRE/RJ, Recurso Eleitoral nº 20.522, DJERJ de 04/09/2018.

- AUSÊNCIA DE CONOTAÇÃO ELEITORAL - CONDUTA NÃO CARACTERIZADA.

No âmbito da Administração Pública, o contrato de estágio apresenta natureza peculiar, com finalidade tipicamente educacional e profissionalizante, razão pela qual não há irregularidade na contratação remunerada de estagiário em período vedado, especialmente quando não resta desvirtuado o ato e não há inferência de caráter promocional.[218]

AÇÃO DE INVESTIGAÇÃO JUDICIAL ELEITORAL. ELEIÇÕES 2010. ABUSO DE PODER POLÍTICO. ESTÁGIO REMUNERADO. NÃO CONFIGURAÇÃO.

1. Contratação de estagiários em ano eleitoral é possível, quando o programa social foi iniciado em ano anterior à Eleição.

2. Pagamento das bolsas às véspera do Pleito, com suposta finalidade de influenciar no voto dos eleitores, não restou devidamente comprovado.

3. Aumento do valor da bolsa previsto desde o ano de 2009, portanto, antes do período eleitoral.

4. Ação improcedente.[219]

Recursos. Representação. Conduta vedada. Art. 73, inc. V, da Lei n. 9.504/97. Eleições 2016.

Contratação de seis estagiários e de uma professora para a rede municipal de ensino nos três meses que antecederam a eleição. A contratação de estagiários pelo município, dada a sua natureza peculiar, sujeita-se à regulamentação especial. A finalidade predominante educacional e profissionalizante impede seja o estagiário equiparado à figura do servidor público para fins de caracterização da conduta vedada descrita no art. 73, inc. V, da Lei das Eleições. Programa de estágio autorizado por lei municipal e em execução desde 2008, o que afasta suposta motivação eleitoreira para sua implementação. Irregularidades porventura existentes nas contratações devem ser apuradas em seara própria. Tampouco configura conduta vedada a contratação, em regime suplementar, de professora ingressa por meio de concurso público em período anterior ao pleito de 2016. Ato de convocação praticado sob motivação plenamente legal, visando a suprir a falta de professores, desvinculado de pedido de voto ou de apoio a candidato ou a partido.

218. TRE/SC, Acórdão nº 29.220, DJE de 06/05/2014.

219. TRE/RR, AIJE nº 180409, DJE de 13/04/2012.

Provimento negado.[220]

Recurso. Ação de investigação judicial eleitoral. Uso indevido dos meios de comunicação. Art. 22 da Lei Complementar n. 64/90. Abuso de poder político. Eleições suplementares. Ano de 2013.

(...).

Não configura o abuso de poder a contratação de estagiários pela prefeitura quando não comprovado o direcionamento de suas funções para atuação na campanha eleitoral. Provimento negado.[221]

Por outro lado, a contratação excessiva / eleitoreira de estagiários enquanto *moeda de troca* ou chantagem no tocante às famílias dos mesmos é passível de apuração e repressão como modalidade de abuso de poder político através de Investigação Judicial Eleitoral:

ELEIÇÕES 2016. RECURSOS ELEITORAIS. AÇÕES DE INVESTIGAÇÃO JUDICIAL ELEITORAL. ART. 22 DA LC Nº 64/90. PRELIMINAR REJEITADA DE AUSÊNCIA DE FUNDAMENTAÇÃO DA SENTENÇA. PRELIMINAR ACOLHIDA DE DESENTRANHAMENTO DE DOCUMENTOS JUNTADOS EM SEDE RECURSAL. PRELIMINAR DE SENTENÇA EXTRA PETITA CONFUNDE-SE COM MÉRITO. ABUSO DE PODER POLÍTICO E ECONÔMICO. CONDUTA VEDADA. CONFIGURAÇÃO. COMPROVADA A PRÁTICA DE GRAVES IRREGULARIDADES EM PROL DA CAMPANHA DOS CANDIDATOS QUE PRETENDIAM A REELEIÇÃO AOS CARGOS DE PREFEITO E VICE. USO DA MÁQUINA PÚBLICA. AFERIÇÃO DO ABUSO A PARTIR DE MÚLTIPLOS FATOS. GRAVIDADE CARACTERIZADA QUANDO CONSIDERADO O CONJUNTO DE IRREGULARIDADES. INTERFERÊNCIA NA LISURA, LEGITIMIDADE E EQUILÍBRIO DO PLEITO. SENTENÇA CONFIRMADA. MANTIDAS A CASSAÇÃO DOS MANDATOS DA PREFEITA E DO VICE-PREFEITO DO MUNICÍPIO DE CASCAVEL/CE E A DECLARAÇÃO DE INELEGIBILIDADE POR OITO ANOS.

(...)

4. Na espécie, provadas, em síntese, as seguintes condutas, que, em conjunto, revelam, de forma inequívoca, a gravidade exigida em ações desta natureza, quais sejam: a contratação excessiva de servidores temporários

220. TRE/RS, RE nº 30281, DEJERS de 30/03/2017.

221. TRE/RS, RE nº 18642, DEJERS de 24/07/2014.

e comissionados em ano eleitoral; o repasse irregular de recursos públicos à Associação dos Universitários de Cascavel; a concessão de benefícios previdenciários, por meio do Fundo Municipal de Previdência - CAPREV, em quantidade desproporcional; fraudulenta contratação de estagiários; e uso de ônibus escolar em campanha; tudo com finalidade eleitoral e em prol da reeleição dos recorrentes.

(...)

8. Confirmadas a cassação da prefeita e do vice-prefeito do Município de Cascavel-CE e a declaração de inelegibilidade deles por oito anos.

9. Impõe-se a realização imediata de novas eleições, salvo eventual tutela recursal excepcional em sentido contrário.[222]

RECURSO ELEITORAL. AÇÃO DE INVESTIGAÇÃO JUDICIAL ELEITORAL. ABUSO DE PODER POLÍTICO E OU DE AUTORIDADE, CONDUTAS VEDADAS E CAPTAÇÃO ILÍCITA DE SUFRÁGIO. USO DE BENS DO PODER PÚBLICO. PARTICIPAÇÃO DE SERVIDORES NA CAMPANHA. REALIZAÇÃO DE PRÉ-CAMPANHA EM POSTO DE SAÚDE. CONTRATAÇÃO IRREGULAR DE ESTAGIÁRIOS. DISTRIBUIÇÃO DE CESTAS BÁSICAS. PRELIMINAR DE CERCEAMENTO DE DEFESA AFASTADA. AUSÊNCIA DE ROL DE TESTEMUNHAS E JUSTIFICAÇÃO PARA PROVA PERICIAL NA PETIÇÃO INICIAL. PRECLUSÃO. AUSÊNCIA DE PROVA QUANTO ÀS SUPOSTAS ILEGALIDADES APONTADAS NA INICIAL. NECESSIDADE DE PROVA SEGURA E ROBUSTA PARA FINS DE CASSAÇÃO DE MANDATO E DECLARAÇÃO DE INELEGIBILIDADE. RECURSO CONHECIDO E DESPROVIDO.

1. (...).

2. Não há óbice à contratação de estagiários no período vedado, salvo se as circunstâncias do caso concreto revelarem indicativos de que esse ato foi perpetrado com finalidade eleitoreira.

3. A caracterização de abuso de poder demanda a existência de prova segura e robusta em relação aos atos apontados como ilícitos. Precedentes.

4. Recurso conhecido e desprovido.[223]

222. TRE/CE, RE nº 31.222, DJE de 01/02/2019.

223. TRE/PR, RE nº 6186, DJ de 11/07/2017.

15.10.6. Transferência voluntária de recursos

> Art. 73. (*omissis*)
>
> VI - nos três meses que antecedem o pleito:
>
> a) realizar transferência voluntária de recursos da União aos Estados e Municípios, e dos Estados aos Municípios, sob pena de nulidade de pleno direito, ressalvados os recursos destinados a cumprir obrigação formal preexistente para execução de obra ou serviço em andamento e com cronograma prefixado, e os destinados a atender situações de emergência e de calamidade pública;

De acordo com o artigo 25 da Lei de Responsabilidade Fiscal (LC nº 101/00), transferência voluntária "é a entrega de recursos correntes ou de capital a outro ente da federação, a título de compensação, auxílio ou assistência financeira, que não decorra de determinação legal, constitucional ou os destinados ao Sistema Único de Saúde[224]".

Nos três meses que antecedem o pleito, é proibido a qualquer agente público "realizar transferência voluntária de recursos da União aos Estados e Municípios, e dos Estados aos Municípios, sob pena de nulidade de pleno direito, ressalvados os recursos destinados a cumprir obrigação formal preexistente para execução de obra ou serviço em andamento e com cronograma prefixado, e os destinados a atender situações de emergência e de calamidade pública".

Esta disciplina diz com os impedimentos relativos à gestão de recursos orçamentários e financeiros. A intenção do legislador aqui foi salutar: obstruir a utilização indevida de recursos públicos como moeda de troca para apoios políticos. Não restou vedada a realização de convênios prevendo a transferência de recursos. A restrição legislada abrange apenas a transferência de recursosem período certo do exercício. Os demais atos formais seguem permitidos.

---

224. Lei nº 8.080/90:

Art. 1º Esta lei regula, em todo o território nacional, as ações e serviços de saúde, executados isolada ou conjuntamente, em caráter permanente ou eventual, por pessoas naturais ou jurídicas de direito Público ou privado.

(...)

Art. 4º O conjunto de ações e serviços de saúde, prestados por órgãos e instituições públicas federais, estaduais e municipais, da Administração direta e indireta e das fundações mantidas pelo Poder Público, constitui o Sistema Único de Saúde (SUS).

§ 1º Estão incluídas no disposto neste artigo as instituições públicas federais, estaduais e municipais de controle de qualidade, pesquisa e produção de insumos, medicamentos, inclusive de sangue e hemoderivados, e de equipamentos para saúde.

O dispositivo, de forma pragmática, contempla exceções:

- obrigações formais preexistentes para a execução de **obra** ou **serviço** desde que já **em andamento** e **cronograma prefixado**;
- **repasses** previstos nos arts. 158 e 159 da CF/88;
- situações de **emergência ou calamidade pública** e
- repasses destinados a **determinadas entidades de direito privado**:

> **ELEITORAL. AGRAVO REGIMENTAL. RECLAMAÇÃO. LIMINAR INDEFERIDA. CONDUTA VEDADA. TRANSFERÊNCIA VOLUNTÁRIA DE RECURSOS DOS ESTADOS AOS MUNICÍPIOS. ART. 73, VI, *a*, DA LEI Nº. 9.504/97. VIOLAÇÃO À DECISÃO NA CONSULTA-TSE Nº 1.062. NÃO-CONFIGURAÇÃO. IMPROCEDÊNCIA.**
>
> 1- A transferência de recursos do governo estadual a comunidades carentes de diversos municípios não caracteriza violação ao art. 73, VI, a, da Lei nº 9.504/97, porquanto os destinatários são associações, pessoas jurídicas de direito privado.
>
> 2- A regra restritiva do art. 73, VI, a, da Lei no 9.504/97 não pode sofrer alargamento por meio de interpretação extensiva de seu texto (Ac. no 16.040, rel. Min. Costa Porto).
>
> 3- Agravo regimental não provido.
>
> 4- Reclamação julgada improcedente.[225]

A transferência de recursos entre os entes federativos decorre do confuso modelo federativo delimitado pela Lei Fundamental da República.

Embora aparentemente simples no seu conteúdo, essa engenharia constitucional pautou uma divisão de competências onde às vezes predomina o descompasso entre os calendários de um ente para o outro.

Diante disso, a conceituação dos repasses de recursos pelo Portal da Transparência do Governo Federal[226] dispõe:

- **Transferência de Recursos** – No Portal representam os recursos federais transferidos da União para estados, municípios, Distrito Federal ou diretamente repassados a cidadãos;
- **Transferências Intra-Governamentais** – Transferências feitas no âmbito de cada governo. Podem ser a autarquias, fundações, fundos, empresas e

225. TSE, ARCL nº 266/CE, DJ de 04/03/2005.

226. http://www.portaltransparencia.gov.br/glossario/DetalheGlossario.asp?letra=t.

a outras entidades autorizadas em legislação especifica. (Fonte: Tesouro Nacional);

- **Transferências Inter-Governamentais** - Transferências feitas entre a União, Estados, Distrito Federal e Municípios. *Fonte:* (Tesouro Nacional);
- **Transferências Constitucionais** – São transferências, previstas na Constituição Federal, de parcelas das receitas federais arrecadadas pela União e que devem ser repassadas aos Estados, ao Distrito Federal e aos Municípios. O objetivo do repasse é amenizar as desigualdades regionais e promover o equilíbrio sócioeconômico entre Estados e Municípios. Dentre as principais transferências da União para os Estados, o DF e os Municípios, previstas na Constituição, destacam-se: o Fundo de Participação dos Estados e do Distrito Federal (FPE); o Fundo de Participação dos Municípios (FPM); o Fundo de Compensação pela Exportação de Produtos Industrializados (FPEX); o Fundo de Manutenção e de Desenvolvimento do Ensino Fundamental e de Valorização do Magistério (FUNDEF); e o Imposto sobre a Propriedade Territorial Rural (ITR);
- **Transferências destinadas ao Sistema Único de Saúde (SUS)** – São transferências tratadas separadamente por conta da relevância do assunto, por meio da celebração de convênios, de contratos de repasses e, principalmente, de transferências fundo a fundo. O SUS compreende todas as ações e serviços de saúde estatais das esferas federal, estadual, municipal e distrital, bem como os serviços privados de saúde contratados ou conveniados. Os valores são depositados diretamente do Fundo Nacional de Saúde aos fundos de saúde estaduais, municipais e do Distrito Federal. Os depósitos são feitos em contas individualizadas, isto é, específicas dos fundos;
- **Transferências Diretas ao Cidadão** – São os recursos financeiros repassados pela União diretamente ao cidadão que participa de programas específicos. A União concede benefício monetário mensal, sob a forma de transferência de renda diretamente à população-alvo do programa;
- **Transferências Legais** – São as parcelas das receitas federais arrecadadas pela União, repassadas aos Estados, ao Distrito Federal e aos Municípios, previstas em leis específicas. Essas leis determinam a forma de habilitação, a transferência, a aplicação dos recursos e como deverá ocorrer a respectiva prestação de contas;
- **Transferências Voluntárias** – São os recursos financeiros repassados pela União aos Estados, DF e Municípios em decorrência da celebração de convênios, acordos, ajustes ou outros instrumentos similares, cuja finalidade é a realização de obras e/ou serviços de interesse comum. A Transferência Voluntária é a entrega de recursos a outro ente da Federação, a título de cooperação, auxílio ou assistência financeira, que não decorra de determinação constitucional, legal ou os destinados ao Sistema Único de Saúde (SUS).

Na transferência de **natureza obrigatória**, o ente transferidor simplesmente arrecada e/ou repassa uma receita pública que, por expressa determinação constitucional ou legal (contratual), pertence ao ente beneficiário. Nessas situações não há opção ao administrador público senão recebê-las.

No regime das **transferências voluntárias**, como o próprio nome está a anunciar, a situação mostra-se diversa. O ente transferidor, de maneira livre e mediante critérios compensatórios de auxílio ou assistência financeira, entrega uma parte da sua própria receita pública para que outro ente federativo utilize os recursos públicos. Os principais instrumentos de transferências voluntárias são os convênios, acordos, ajustes ou similares como os contratos de repasse.

De acordo com o Decreto n° 6.170, de 25/07/2007, com as mudanças determinadas pelo Decreto nº 8.180, de 30/12/2013 dispondo sobre as normas relativas às transferências de recursos da União mediante convênios e contratos de repasse, no seu art. 1°:

> § 1º Para os efeitos deste Decreto, considera-se:
>
> I – CONVÊNIO: acordo, ajuste ou qualquer outro instrumento que discipline a transferência de recursos financeiros de dotações consignadas nos Orçamentos Fiscal e da Seguridade Social da União e tenha como partícipe, de um lado, órgão ou entidade da administração pública federal, direta ou indireta, e, de outro lado, órgão ou entidade da administração pública estadual, distrital ou municipal, direta ou indireta, ou ainda, entidades privadas sem fins lucrativos, visando a execução de programa de governo, envolvendo a realização de projeto, atividade, serviço, aquisição de bens ou evento de interesse recíproco, em regime de mútua cooperação;
>
> II - CONTRATO DE REPASSE: instrumento administrativo, de interesse recíproco, por meio do qual a transferência dos recursos financeiros se processa por intermédio de instituição ou agente financeiro público federal, que atua como mandatário da União.

As verbas públicas transferidas previamente ao período das campanhas eleitorais, embora lícitas, podem vitaminar obras, serviços e candidaturas. Nesses cenários, é inolvidável a natureza de alguns objetos conveniados proporcionarem uma posição privilegiada ao gestor ou ao seu candidato em relação aos demais concorrentes, tornando visível, aos olhos da população beneficiada, a concretização de ações governamentais. Com isso, "Ainda que se saiba que os recursos são provenientes de outras esferas de governo, o administrador fica, no mínimo, com a imagem de homem público que sabe canalizar recursos para as necessidades locais" (CASTRO, 2012, p. 391).

> **Art. 73, VI, a, da Lei nº 9.504/97. Convênio celebrado com o governo do estado para a pavimentação de ruas e construção de casas populares. Transferência voluntária de recursos no período vedado, destinados à execução de obra fisicamente iniciada nos três meses que antecedem o pleito.**
>
> Resolução/TSE nº 21.878, de 2004.
>
> À União e aos Estados é vedada a transferência voluntária de recursos até que ocorram as eleições municipais, ainda que resultantes de convênio ou outra obrigação preexistente, quando não se destinem à execução de obras ou serviços já iniciados fisicamente.
>
> Recursos Especiais desprovidos.[227]

O Plenário do TSE, respondendo à Consulta n° 1.320/DF[228], invocou precedente consubstanciado no REspe nº 25.324/RJ para testificar a exegese da Corte: "Não basta a mera celebração do convênio ou a formalização dos procedimentos preliminares: é indispensável a sua efetiva execução física antes do início do período de vedação", ressalvadas as hipóteses em que se faça necessária para atender a situação de emergência ou calamidade pública. Nestes termos:

> **RECURSO - INVESTIGAÇÃO JUDICIAL - CONDUTA VEDADA - ART. 73, VI, "A", DA LEI N. 9.504/1997 - REPASSE DE RECURSOS PÚBLICOS ESTADUAIS A MUNICÍPIO NO PERÍODO ELEITORAL - SITUAÇÃO EXCEPCIONAL - NÃO-CONFIGURAÇÃO - DESPROVIMENTO.**
>
> Comprovada a situação de calamidade pública no município, o que constitui uma das hipóteses permissivas para o repasse de recursos públicos estaduais no período eleitoral, não resta configurada a conduta vedada.[229]

227. TSE, REspe nº 25.324/RJ, DJ de 17/02/2006.
228. Res. nº 22.284/DF, DJ de 08/08/2006, p. 117.
229. TRE/SC, Acórdão nº 20137, DJESC de 20/07/2005.

Numa perspectiva de fratura da isonomia, não é demasiado assinalar que sem as limitações estabelecidas pela letra *a* do inciso VI do art. 73 da LE/97, as transferências voluntárias poderiam ser carreadas em pleno período eleitoral para aqueles Estados e Municípios melhor alinhados politicamente com o Governo Federal, o mesmo podendo ser cogitado dos Estados em relação aos Municípios. A barganha então poderia se estabelecer desenfreada, o que certamente aniquilaria as candidaturas oposicionistas ou sem afinidade com os demais entes federativos.

15.10.7. Publicidade institucional

> Art. 73. (*omissis*)
>
> VI - nos três meses que antecedem o pleito:
>
> b) com exceção da propaganda de produtos e serviços que tenham concorrência no mercado, autorizar publicidade institucional dos atos, programas, obras, serviços e campanhas dos órgãos públicos federais, estaduais ou municipais, ou das respectivas entidades da administração indireta, salvo em caso de grave e urgente necessidade pública, assim reconhecida pela Justiça Eleitoral;

Eis aí um dispositivo da LE/97 fadado a ensejar controvérsias.

O regime da "publicidade institucional" como se encontra estabelecido no texto, gera posições hermenêuticas por vezes ilógicas, às vezes medonhas, não raro completamente apartadas da sua real finalidade. Prevista no § 1º do art. 37 da Carta da República, "A publicidade dos atos, programas, obras, serviços e campanhas dos órgãos públicos deverá ter caráter educativo, informativo ou de orientação social, dela não podendo constar nomes, símbolos ou imagens que caracterizem promoção pessoal de autoridades ou servidores públicos".

Erigida a partir de fundamentos constitucionais, a comunicação governamental de atos, programas, obras, serviços e campanhas, somente pode ter caráter educativo, informativo ou de orientação social, não podendo servir de mote para a promoção pessoal de governantes, autoridades e servidores. Ela deve permanecer rigidamente harmonizada com o Princípio da Impessoalidade. Sua finalidade é estrita: assegurar transparência no exercício do poder. De rigor, "A comunicação pública deve zelar pela prevalência do interesse coletivo, promovendo a troca e a partilha de informações de 'utilidade pública'".[230]

Transposta para a seara eleitoral, a publicidade institucional suportada pelo contribuinte e dirigida pelo gestor público é capaz de influenciar o pleito. Trata-se, afinal, de mecanismo através do qual a Administração transmite a imagem do *governo* para o povo geralmente enfatizando atos e realizações. É exatamente por conta deste poder de comunicação unilateral que ela sofre restrição nos três meses anteriores ao pleito: para obstar os agentes governamentais de fazer propaganda eleitoral dissimulada.

A vinculação do conteúdo da divulgação governamental ao titular do mandato, seu partido ou grupo político tisna o Princípio da Impessoalidade. Quando os meios empregados (impressos, virtuais, radiofônicos, outros) descambam para a louvação da Administração e dos seus gestores, há propaganda, e não publicidade, o que configura desvio de finalidade da ação governamental:

> **ELEIÇÕES 2012. REPRESENTAÇÃO. CONDUTA VEDADA (ART. 73, IV, b, DA LEI DAS ELEIÇÕES). PROPAGANDA INSTITUCIONAL. CARACTERIZAÇÃO ASSENTADA PELO ACÓRDÃO REGIONAL. DEMANDA CUJO EQUACIONAMENTO EXIGE O REEXAME DO CONJUNTO FÁTICO-PROBATÓRIO. IMPOSSIBILIDADE. INTELIGÊNCIA DAS SÚMULAS NºS 279 DO STF E 7 DO STJ. DESPROVIMENTO.**
>
> 1. A *ratio essendi* da conduta vedada prevista no art. 73, VI, b, da Lei das Eleições consiste em evitar a utilização oblíqua de propagandas ou publicidades subvencionadas pelo Poder Público, que, verdadeiramente, objetivam divulgar subliminarmente informações favoráveis a players determinados, de sorte a vulnerar a igualdade de chances e a macula a higidez da competição eleitoral.
>
> 2. A conduta vedada de veicular propaganda ou publicidade institucional, nos três meses anteriores ao pleito, a teor do art. 73, VI, b, da Lei nº 9.504/97, se aperfeiçoa, além de outras hipóteses, sempre que o agente público utilizar cores da agremiação partidária a cujos quadros pertença, em vez das cores oficiais da entidade federativa, em bens de uso comum no intuito de favorecer eventual candidatura à reeleição ou de seus correligionários.

---

230. Zémor Pierre, apud MATOS, Heloiza. A comunicação pública no Brasil e na França: desafios conceituais. *In*: *XXXII Congresso Brasileiro de Ciências da Comunicação. IX Colóquio Brasil-França de Ciências da Comunicação.* Disponível em: http://www2.eptic.com.br/sgw/data/bib/artigos/713eced27fe3005cec245574bda7045d.pdf.

(...).

4. *In casu*,

a) consignei no decisum monocrático, ora agravado, o acerto do acórdão proferido pelo TRE/SP que, após examinar o complexo probatório carreado aos autos, assentou:

"(...) [as] excludentes [da conduta vedada] não estão presentes no caso em tela, vez ter ficado comprovado que, por ato dos representados, no período eleitoral houve sim utilização das cores do partido "Democratas", quais sejam, verde e azul, ao invés das cores da cidade de Olímpia no seu logotipo, com a frase "Olímpia cada dia melhor para você", vide, p ex., nas latas de lixo da cidade (fls. 170 e 173/176), em placas de inauguração de praças públicas (fls. 171/172), em convites de inauguração de Centro de atendimento ao turista, ainda indicado no sítio eletrônico da Prefeitura (fl. 179), e em placa de inauguração de reforma de prédio de Delegacia de Polícia de Olímpia (fl. 180), tudo em acordo com as fotos acompanhadas do jornal "Tribuna Regional" editado em 29/09/2013 (fl. 211).

Além disso, uniformes escolares nas cores verde e azul também ostentavam logotipo da Prefeitura, identificando a administração do DEM (fls. 160, 163, 182/183), assim como veículos do SAMU (fl. 162), caminhão de lixo (fl. 169) e placa de obra pública municipal em andamento (fl. 181).

Destaco terem sido utilizados esses sinais subliminares de identificação pelo prefeito e candidato à reeleição em seu material de propaganda, no qual constavam fotos de uniformes escolares, material escolar e prédio da Secretaria de Cultura, sempre contendo as cores azul e verde e o supramencionado logotipo (fl. 186).

(...)

Desta forma, data vênia, a prática de conduta vedada ficou caracterizada, consubstanciada em se prevalecerem, os representados, da indevida propaganda institucional no período de três meses antes da eleição de [sic] (artigo 73, VI, 'b', da Lei 9.504/1997), sendo adequado também compreender, em face das minudências ora delineadas, que a mensagem subliminar resultou em associar a imagem da administração municipal à do partido do Prefeito (DEM) e consequentemente ao próprio Prefeito. Denotou-se aí, neste ponto, ainda que de forma oblíqua, a intenção de exaltar a atual administração em período não autorizado, o que configura o ilícito.

Quanto mais quando diretamente beneficiados pelo acontecido, dado que suas imagens estavam como continuam a estar diretamente vinculadas à administração local.

(...)

6. Agravo regimental desprovido.[231]

A personalização da publicidade oficial, velho e continuado cacoete tupiniquim, revela o seu desvio de finalidade ao colidir com os regramentos mais elementares da CF/88, "desde os alicerces até o telhado", para invocar LASSALLE (2000, p. 12), com isso violando, a um só tempo, os deveres de igualdade, lealdade, imparcialidade e legalidade a que estão submetidos todos os partícipes da engrenagem estatal (v. nº 15.2).

15.10.7.1. Publicidade Institucional e Condutas Vedadas: a controvertida jurisprudência do TSE

Nessa seara, a LE/97 é daquelas leis que traem a Constituição[232]. E por uma razão rudimentar: o legislador desconsiderou – ou assim tentou fazer crer – que a transparência é uma imposição da cidadania, verdadeiramente um elemento de Estado. Em função disso, muito se discute, em termos doutrinários e jurisprudenciais, acerca da infringência aos limites da publicidade institucional no trimestre proibido pela LE/97. Visando sua adaptação à realidade, há necessidade de sua mitigação para se evitar embaraços ou situações estapafúrdias, verdadeiramente surreais.

A controvérsia que envolve esta questão é tamanha que resulta em descompasso jurisprudencial e insegurança jurídica praticamente continuadas e inconciliáveis, sobretudo entre os tribunais regionais e o TSE. Porém, a causa é nítida: divergem os textos da Constituição Federal e da Lei nº 9.504/97. Isso ocorre fundamentalmente porque enquanto o §1º do art. 37 da CF/88 determina que "A publicidade dos atos, programas, obras, serviços e campanhas dos órgãos públicos deverá ter caráter educativo, informativo ou de orientação social", a letra *b* do inciso VI do art. 73 da Lei das Eleições veda a autorização de "publicidade institucional dos atos, programas, obras, serviços e campanhas dos órgãos públicos federais, estaduais ou municipais, ou das respectivas entidades da administração indireta".

Face à necessidade de se atribuir perenidade aos institutos jurídicos, as oscilações não deveriam prevalecer. Porém, repita-se, este é um tema abor-

231. TSE, AgR-AI nº 95281/SP, DJE de 04/09/2015.

232. Nesse eixo, leia-se a seguinte passagem de Josaphat Marinho: "Será fraude à Constituição a lei que, a título de regulá-la, a deformar ou subverter, ferindo-lhe o texto ou o espírito" (RIL 127/9, *Direitos e garantias fundamentais*).

dado e debatido sem consenso. Nesse contexto, outra digressão importante a ser feita é que a maioria dessas divergências existe faz anos, persistindo eleição após eleição. No entanto, a harmonização entre Lei e Constituição num segmento desta envergadura impõe uma atualização dogmática de modo a que ambas as redações, em vista de seus objetos e finalidades, sejam atendidas sem descompassos. Como expõe Renato NALINI, outrora Presidente do Tribunal de Justiça de São Paulo e Secretário de Estado da Educação, "toda a normatividade é suscetível de inúmeras leituras. Depende de quem a lê e do objetivo a que se propõe" (2006, p. 263).

É assente, na jurisprudência, que não se faz necessário, para a configuração da conduta prevista no art. 73, VI, b, que a mensagem possua caráter eleitoreiro, bastando que tenha sido veiculada nos três meses anteriores ao pleito, excetuando-se a propaganda de produtos e serviços que tenham concorrência no mercado e a grave e urgente necessidade pública, assim reconhecida pela Justiça Eleitoral (AgR-AI nº 33407/BA, DJE de 11/04/2014 e AI nº 719-90/MS, DJE de 22/08/2011, dentre dezenas de acórdãos).

A Corte Superior igualmente consolidou que as condutas elencadas nos incisos do artigo 73 da Lei das Eleições são, por presunção legal, tendentes a afetar a igualdade de oportunidades entre os candidatos nos pleitos eleitorais (AgR-REspe n° 35.095/SP, DJE de 14/04/2010). Persiste, no entanto, a controvérsia em torno da *mera prática do ato*, expressão maçante e capaz de industrializar injustiças. A interpretação do TSE é excessivamente literal:

> **REPRESENTAÇÃO. PREFEITO E VICE-PREFEITO. PRETENSA OCORRÊNCIA DE CONDUTA A AGENTE PÚBLICO. VIOLAÇÃO AO ART. 275 DO CÓDIGO ELEITORAL. EDUCAÇÃO. NÃO CARACTERIZADA, PARA FINS ELEITORAIS, COMO SERVIÇO PÚBLICO ESSENCIAL. APLICAÇÃO DO PRINCÍPIO DA NON REFORMATIO *IN PEJUS*. ART. 73, INCISO V, DA LEI Nº 9.504/97. CONTRATAÇÃO DE SERVIDORES NO PERÍODO DE TRÊS MESES QUE ANTECEDE O PLEITO ELEITORAL. CONFIGURAÇÃO. MERA PRÁTICA DA CONDUTA. DESNECESSÁRIO INDAGAR A POTENCIALIDADE LESIVA. FIXAÇÃO DA REPRIMENDA. OBSERVÂNCIA DOS PRINCÍPIOS DA RAZOABILIDADE E PROPORCIONALIDADE. RECURSO ESPECIAL CONHECIDO E PARCIALMENTE PROVIDO.**
>
> (...).
>
> 6. A configuração das condutas vedadas prescritas no art. 73 da Lei nº 9.504/97 se dá com a mera prática de atos, desde que esses se subsumam às hipóteses ali elencadas, porque tais condutas, por presunção legal, são

tendentes a afetar a igualdade de oportunidades entre os candidatos no pleito eleitoral, sendo desnecessário comprovar-lhes a potencialidade lesiva.

7. Nos termos da jurisprudência do Tribunal Superior Eleitoral, caracterizada a infringência ao art. 73 da Lei das Eleições, é preciso fixar, com base na observação dos princípios da razoabilidade e proporcionalidade, a reprimenda adequada a ser aplicada ao caso concreto.

9. Recurso especial conhecido e parcialmente provido para deferir o registro de candidatura dos Recorrentes aos cargos de prefeito e vice-prefeito do Município de Corinto/MG, mantida, entretanto, a multa aplicada ao primeiro recorrente.[233]

AGRAVO REGIMENTAL. RECURSO ESPECIAL. IMPOSSIBILIDADE. INCURSÃO EM MATÉRIA DE PROVA. NÃO OCORRÊNCIA. PUBLICIDADE INSTITUCIONAL. PERMANÊNCIA. TRÊS MESES ANTERIORES AO PLEITO. CONDUTA VEDADA. LEI Nº 9.504/97, ART. 73, VI, b. IGUALDADE DE OPORTUNIDADES.

(...). A permanência de publicidade institucional nos três meses anteriores ao pleito constitui conduta vedada pelo art. 73, VI, b, da Lei das Eleições. Precedentes. As condutas elencadas nos incisos do artigo 73 da Lei das Eleições são, por presunção legal, tendentes a afetar a igualdade de oportunidades entre os candidatos nos pleitos eleitorais.

Agravo regimental a que se nega provimento.[234]

Elucubrações jurisprudenciais e teses desarrazoadas desse naipe, além de frustrarem os dogmas constitucionais, têm gerado punições excedidas, "independentemente de haver em seu conteúdo caráter informativo, educativo ou de orientação social (art. 37, § 1°, da CF/88)"[235], do qual é exemplo também o AgR-REspe nº 477-62, de Alagoas (DJE de 12/09/2016):

ELEIÇÕES 2012. AGRAVO REGIMENTAL EM RECURSO ESPECIAL ELEITORAL. CANDIDATOS AOS CARGOS DE PREFEITO E VICEPREFEITO. CONDUTA VEDADA AOS AGENTES PÚBLICOS. PUBLICIDADE INSTITUCIONAL VEICULADA EM PERÍODO VEDADO (ART. 73, VI, b, DA LEI DAS ELEIÇÕES). APLICAÇÃO DE MULTA. VIOLAÇÃO AO ART. 275 DO CÓDIGO ELEITORAL.

233. TSE, REspe nº 45.060/MG, DJE de 22/10/2013.
234. TSE, AgR-REspe nº 35095/SP, DJE de 14/04/2010.
235. TSE, REspe n° 447-86/SP, DJE de 23/09/2014.

> **NÃO OCORRÊNCIA. CIRCUNSTÂNCIAS DO CASO CONCRETO DEMONSTRAM CIÊNCIA E PARTICIPAÇÃO DO RECORRENTE (ENTÃO PREFEITO). (...). POTENCIALIDADE LESIVA DA CONDUTA. DESNECESSIDADE. CARÁTER INFORMATIVO DO CONTEÚDO. REDUÇÃO DA MULTA AO SEU MÍNIMO LEGAL. NÃO CABIMENTO. DESPROVIMENTO.** 1. A publicidade institucional é vedada nos três meses que antecedem ao pleito, independentemente de haver em seu conteúdo caráter informativo, educativo ou de orientação social (art. 37, § 1º, da CF/88), ressalvadas as exceções previstas em lei (AgR-REspe 447-86/SP, Rel. Min. João Otávio de Noronha, DJe de 23.9.2014 e AgR-REspe nº 1440-90/PR, Rel. Min. João Otávio de Noronha, DJe de 20.3.2015).
>
> 2. A conduta vedada descrita no art. 73, VI, b, da Lei nº 9.504/97 reclama, para sua configuração, apenas a realização do ato ilícito, tornando-se desnecessária a comprovação de potencialidade lesiva (AgR-REspe nº 208-71/RS, de minha relatoria, DJe de 6.8.2015 e AgR-REspe nº 447-86/SP, Rel. Min. João Otávio de Noronha, DJe de 23.9.2014).
>
> (...).
>
> 4. A emissão de convites em nome da prefeitura, com a logomarca do órgão, noticiando a inauguração de obra pública e a entrega de viaturas evidencia a autoria do então prefeito na conduta vedada insculpida no art. 73, VI, b, da Lei das Eleições. 5. Sendo o gestor municipal candidato à reeleição beneficiário e autor da conduta ilícita, não prevalece a tese acerca da necessidade de litisconsórcio passivo necessário com os demais agentes públicos envolvidos na conduta vedada.
>
> (...).
>
> 7. Agravo regimental desprovido.

No entanto, uma segunda corrente de interpretação, mais congruente ao espírito da Constituição Federal, preterindo o moralismo vitoriano da LE/97 e potencializando a função normativa dos princípios nucleados ao §1º do art. 37 da CF/88, vem entendendo viável a publicidade institucional no trimestre anterior ao pleito. Para isso, centra-se em quatro parâmetros:

- estrito caráter informativo e orientativo dos atos, programas, obras, serviços e campanhas da Administração;
- divulgação imparcial, sem excessos, sem enaltecimento de ações do governo, destaques indevidos ou conteúdos tendenciosos;
- veiculação de continuidade administrativa;
- sem viabilizar qualquer vantagem político-eleitoral.

A zona entre o que pode e o que não pode ser veiculado em termos de divulgação institucional por vezes realmente se mostra estreita, No entanto, examinando o assunto numa perspectiva lógica a partir da interpretação sistemática do *caput* do art. 37 da CF/88, só é possível chegar a duas conclusões.Uma, que a publicidade dos atos estatais não foi estabelecida por mero capricho do constituinte. Pelo contrário. Serve-lhe para exprimir o *rules of game*.Outra, que a sua continuidade, uma vez posta a serviço do cidadão, deve perdurar, ainda mais no curso do processo eleitoral.

Não há verdadeira democracia senão naquela onde o povo é mantido informado desde o mais prosaico ao mais complexo ou importante. O princípio da publicidade traduz um iniludível enunciado programático que comina obrigatoriedade à Administração Pública de levar ao conhecimento da sociedade os atos, programas, obras e serviços que estão sendo realizados a partir dos impostos por ela recolhidos. Portanto, a matéria exige nova postura do Judiciário Eleitoral no sentido de uma interpretação harmônica do ordenamento jurídico. Não há se cogitar que a ação governamental seja ocultada da população.

Se a Carta da República impõe, com clareza e precisão ("obedecerá"), a publicidade enquanto premissa a ser perseguida pela Administração para a prática das suas ações, ao dispositivo da Lei Eleitoral há de ser conferida uma interpretação afinada com isso. O sentido do preceito constitucional, por sua eficácia jurídica de índole obrigatória, não pode ser frustrado.

Num juízo de ponderação, sopesando os princípios cogitados em vista do Direito Constitucional Eleitoral, informes institucionais claramente

- isentos;
- concernentes a atos de gestão;
- sem pedido de voto;
- destituídos de apoio político;
- sem conter notas abusivas;
- sem veicular propostas de governo;
- não evidenciando a intenção de influir nas eleições ou no eleitorado;
- em obediência ao Princípio da Impessoalidade Administrativa (CF/88, art. 37, *caput*);
- sem a intenção de causar desequilíbrio na disputa;
- veiculando notícias de interesse geral da coletividade;

não têm o condão de ofender o (pessimamente redigido) artigo 73, VI, b, da Lei nº 9.504/97.

Nessa trilha, "Interpretar uma norma", leciona Juarez FREITAS (1995, p. 47), "é interpretar um sistema inteiro: qualquer exegese comete, direta ou obliquamente, uma aplicação da totalidade do Direito". Na espécie, para que se priorize a redação da Carta Magna, não se afirma da invalidação de um princípio por outro, mas da sua prevalência, conforme as circunstâncias (v. ALEXY, Robert. *Theorie der Grundrechte* (*Teoria dos Direitos Fundamentais*). Frankfurt am Main: Suhrkamp, 1986 p. 78/79).

Outra lição doutrinária frequentemente reeditada defende que o Princípio é de conteúdo geral e não especial justamente porque comporta uma série indefinida de aplicações. Nesta sua obra, Paulo BONAVIDES (1998, p. 239), em preleção indispensável, recorda que BOULANGER foi um dos mais destacados precursores da teoria da normatividade dos princípios ao concluir que "A verdade que fica é a de que os princípios são um indispensável elemento de fecundação da ordem jurídica positiva. Contém em estado de virtualidade grande número de soluções que a prática exige".

Sob a ótica normativa, que visa confrontar desinformações, manipulações e politicagens engendradas pelas máquinas administrativas, o *governo* deve não apenas ser, mas exercer um "poder visível", posto que numa democracia, um dos princípios fundamentais do estado constitucional assenta-se na máxima onde "o caráter público é a regra" e "o segredo a exceção", conforme assinalado de modo implacável por Norberto BOBBIO (1992, p. 83/86) em memorável ensaio que alcançou a condição de obra clássica.

Desse modo, "caráter educativo, informativo ou de orientação social" não são, não podem ser palavras à toa ou meramente postiças na *Constituição Cidadã*.

Do contrário soaria falso gozarem do *status* constitucional. Conforme o quadro explicita, as mesmas exprimem o conteúdo da informação oficial destinado à sociedade:

PRESSUPOSTOS	FINALIDADES
EDUCATIVO	Educação e Cultura para o povo
INFORMATIVO	Manter a sociedade informada
ORIENTAÇÃO SOCIAL	Parâmetros e valores

Na esteira desses cânones fundamentais à transparência dos atos da ação governamental, o TSE decidiu o Recurso Especial Eleitoral nº 5048-71/AM (DJE de 26/02/2014):

> **RECURSO ESPECIAL. (...). REPRESENTAÇÃO. CONDUTA VEDADA. ELEIÇÃO 2010. LEI Nº 9.504/97, ART. 73, I e II. ABUSO**

DO PODER POLÍTICO. DESCARACTERIZAÇÃO. PROPAGANDA INSTITUCIONAL. DESPROVIMENTO.

1. (...).

2. A publicidade institucional de caráter meramente informativo acerca de obras, serviços e projetos governamentais, sem qualquer menção a eleição futura, pedido de voto ou promoção pessoal de agentes públicos, não configura conduta vedada ou abuso do poder político.

3. (...).

Sendo o dispositivo julgado da mesma maneira pelo AgR-AI nº 50006/SP e posteriormente pela RP nº 1600-62/DF, consoante se infere a partir das suas respectivas ementas:

AGRAVO REGIMENTAL. (...). ELEIÇÕES 2012. CONDUTA VEDADA. PUBLICIDADE INSTITUCIONAL. INEXISTÊNCIA. MERA INFORMAÇÃO. DESPROVIMENTO.

1. Não configura publicidade institucional em período vedado faixa situada em logradouro público, com caráter meramente informativo, que visa apenas alertar a população sobre eventuais transtornos decorrentes da execução de obra.
2. Entendimento diverso impediria qualquer espécie de divulgação de informação de interesse da comunidade.

3. Agravo regimental desprovido.[236]

ELEIÇÕES 2014. REPRESENTAÇÃO. CONDUTA VEDADA. ART. 73, I, III e VI, b, DA LEI 9.504/97. NOTICIA VEICULADA EM SITIO MANTIDO POR EMPRESA PUBLICA. PERÍODO VEDADO. MERO CARATER INFORMATIVO.

(...).

4. Segundo o entendimento do Tribunal Superior Eleitoral, não há falar em conduta vedada (art. 73 da Lei das Eleições) na hipótese em que a notícia veiculada no portal de Órgão da administração pública possui conteúdo meramente informativo. Precedente.

5. Na espécie, a nota publicada pelos Correios em sua página na *internet* não ter o condão de causar o pretenso desequilíbrio na disputa eleitoral. O que se percebe, bem verdade, é apenas a veiculação de urna nota de esclarecimento, com caráter informativo, por meio da qual a empresa

236. TSE, DJE de 1º/10/2013, p. 62.

> defende a própria imagem, a vista das suspeitas lançadas pelo então candidato a Presidente da República, Senador Aécio Neves, a respeito de supostas irregularidades na realização de serviços postais relativos à distribuição de material de campanha.
>
> 6. Não se verifica, portanto, a realização das condutas vedadas descritas no art. 73, I, III e VI, b, da Lei nº 9.504/97, haja vista a inexistência do uso de bens da administração pública ou a utilização dos serviços de seus empregados em benefício de candidatos, partido politico ou coligação, tampouco se evidencia a publicidade institucional em período vedado.[237]

Informativo do Poder Executivo que simplesmente presta contas à população, aos contribuintes, acerca de obras e serviços à disposição ou que seriam realizados no Município, não contendo menção ao nome do gestor nem a símbolos ou marcas específicas de sua gestão, tampouco alusões ao processo eleitoral ou pedidos de voto, se inserem nessa mesma rubrica. Já a utilização de expressões mais incisivas, embora denotando ênfase à gestão, o que é razoável, não implica em afronta ao art. 37, § 1º da Constituição Federal:

> **ELEIÇÕES 2020. RECURSOS ELEITORAIS. AÇÃO DE INVESTIGAÇÃO JUDICIAL ELEITORAL. EXCESSO DE GASTOS COM PUBLICIDADE INSTITUCIONAL. CONDUTA VEDADA. LEI 9.504/1997, ART. 73, VII. ABUSO DE PODER. PROMOÇÃO PESSOAL COM A DISTRIBUIÇÃO DE BOLETIM INFORMATIVO INSTITUCIONAL.**
>
> [...].
>
> PROMOÇÃO PESSOAL COM A DISTRIBUIÇÃO DE BOLETIM INFORMATIVO. NÃO CARACTERIZAÇÃO.
>
> [...].
>
> 4. É legítima a utilização de publicidade institucional, desde que respeitado o prazo do art. 73, VI, "b" da Lei nº 9.504/1997 e obedecidos os requisitos do art. 37, § 1º da Constituição Federal, que determinam que a publicidade dos atos, programas, obras, serviços e campanhas dos órgãos públicos deverá ter caráter educativo, informativo ou de orientação social, dela não podendo constar nomes, símbolos ou imagens que caracterizem promoção pessoal de autoridades ou servidores públicos.
>
> 5. A distribuição de Boletim Informativo pela Prefeitura no final do ano de 2019 e início de 2020, sem menção nem destaque à figura do can-

---

237. TSE, DJE de 10/03/2016, unânime.

didato à reeleição e sem personalização da Administração a sua pessoa não configura promoção pessoal.[238]

> Recurso Eleitoral. Ação de investigação judicial eleitoral. Eleições 2020. Condutas vedadas a agente público. Art. 73, III e VI, "b", da Lei nº 9.504/97. Abuso de poder político. Abuso de poder de autoridade. Publicidade institucional em período vedado e com promoção pessoal. Desvio de finalidade. Art. 74 da Lei nº 9.504/97. Prefeito Municipal. Candidato à reeleição. Sentença de improcedência.
>
> [...].
>
> 5.2 Da publicidade institucional em período vedado e com promoção pessoal.
>
> A despeito do aspecto quantitativo da publicidade institucional, consubstanciado no número de tiragem da revista, ser bem próximo ao do eleitorado, o que poderia sugerir ter-se tratado de conduta grave, sob o aspecto qualitativo, a referida publicidade não teve gravidade suficiente para configurar o abuso de autoridade e justificar a cassação dos mandatos.
>
> A divulgação da publicidade institucional, via impresso, teve apenas alguns pontos que desaguaram em promoção pessoal, especialmente o editorial, mas o encarte da publicação teve real caráter informativo. A imagem do candidato à reeleição também foi divulgada poucas vezes em comparação com o total de fotos veiculadas. Das 24 páginas da revista impugnada, apenas a última é desprovida de caráter informativo, ensejando a promoção pessoal.
>
> Abuso de autoridade, na forma do art. 74 da Lei nº 9.504/97, não configurado.[239]

As decisões acima trasladadas expressaram exegese atendendo melhor ao interesse e às necessidades da sociedade. Ainda que isoladas, mas notadamente delineando nova e adequada reflexão sobre o tema ao admitir implicitamente que a redação da letra *b* do inciso VI do art. 73 padece de obscuridade e que isso ocasiona divergências, determinaram alguns efeitos.

O primeiro foi conferir um novo critério no qual, tendo a informação sido efetivada, *v.g.*, na mídia do órgão responsável por um determinado serviço, sem massificação e maiores destaques, ou seja, sem a veiculação orquestrada pelas demais secretarias ou ministérios, não é caso de infração.

238. TRE/PR, AIJE nº 060063029 , DJE 13/05/2022.

239. TRE/MG, REl nº 060057705, DJEMG 17/05/2022.

O segundo, não menos determinante, trouxe a lume o que parcela da doutrina especializada já diagnosticara: a temática vem recebendo análises discrepantes, por vezes contraditórias no próprio TSE.

A soma desses dois conduz ao terceiro efeito: a reversão do entendimento jurisprudencial contribuirá para conferir maior segurança jurídica aos responsáveis pela continuidade de uma obrigação que é constitucionalizada, no caso, a de informar as pessoas.

Visando abrandar a ortodoxia da lei, o *critério factual*, ou seja, o de exame do caso individual, deve ser feito de modo a identificar-se a existência da estrita informação ou se se trata de publicidade. Somente assim será possível afirmar com segurança se a intenção foi informar ou sugestionar pelo caráter propagandístico.

Todas essas teses e doutrinas compõem o quadro diversificado e profundo da celeuma estabelecida em torno da publicidade institucional em ano eleitoral. Porém, não há se perder de vista que à medida que as tarefas do Poder Público moderno se multiplicaram, o Direito Administrativo foi constitucionalizado. Portanto, a Administração está subordinada ao Direito. Na situação em análise, são inumeráveis os argumentos conduzindo à conclusão de que a LE/97 deve ser interpretada à luz da Carta Magna, e não o contrário, pena de subversão do ordenamento. Noutras palavras: é inviável a legislação ordinária restringir aquilo que a CF/88 dilatou. Ou seja: nos casos concretos, somente ocorrerá Justiça se realizada sob, e não sobre a Constituição.

Encarada a matéria de forma objetiva, diante da insegurança jurídica criada pelas restrições jurisprudenciais e pelo lastimável excesso de loas retóricas acerca do tema, nota-se a premência da atuação legislativa para reparar a redação da Lei nº 9.504/97. Afinal, a cognominada Lei das Eleições não somente ignora como ainda desconfia da publicidade que a Constituição Federal que lhe precede e submete estipulou em seu art. 37, §1º.

Com efeito, faltou percepção ao legislador originário porquanto a publicidade dos atos, programas, obras, serviços e campanhas dos órgãos públicos não pode ser precarizada. Verificado o seu sentido educativo, informativo ou de orientação social, e na ausência de nomes, símbolos ou imagens que caracterizem promoção pessoal de autoridades ou servidores públicos, a definição jurídica da lei ordinária não pode, em absoluto, confrontar princípios constitucionais, como ocorre atualmente.

Sobre tal hierarquia, não falou diferente Carlos MAXIMILIANO (2001, pp. 248), um dos mais eminentes juristas do Brasil, ao afirmar, credenciado pela experiência e importante trajetória como Procurador-Geral da República, Ministro da Justiça e depois da Suprema Corte, que "As leis fundamentais devem ser mais obrigatórias do que as ordinárias, visto pertencerem, em geral, à classe das imperativas e de ordem pública".

Não sendo a Constituição Federal um reles "pedaço de papel" (LASSALE), a publicidade institucional consubstancia um bem jurídico que não pode ser relativizado. Por se tratar de regra vinculante constitucionalmente imposta, cabe ao TSE ordenar a jurisprudência em termos de estabilidade de modo a garantir eficácia plena ao texto da CF/88. Existindo dúvida acerca da efetiva interpretação das normas ordinárias em questão, há de prevalecer o direito às informações públicas como direito fundamental. Ou se entende assim, ou se esvazia a norma constitucional, com ofensa a Norma Geral da República.

15.10.7.1.1. Veiculação de postagens sobre atos, programas, obras, serviços e/ou campanhas de órgãos públicos federais, estaduais ou municipais em perfil privado de rede social não equivale à publicidade institucional

Importante decisão levada a efeito pelo Tribunal Superior Eleitoral no julgamento do REspe nº 376-15/ES (DJE 17/04/2020) corrigiu equívocos verificados em inúmeros julgados precedentes estabelecidos em torno da matéria.

Atribuindo prevalência ao direito à liberdade de expressão (arts. 5º, IV e IX[240], e 220[241] da CF), ficou assentado e vem sendo reafirmado com clareza, o entendimento de que "A veiculação de postagens sobre atos, programas, obras, serviços e/ou campanhas de órgãos públicos federais, estaduais ou municipais em perfil privado de rede social não se confunde com publicidade institucional autorizada por agente público e custeada

240. Art. 5º Todos são iguais perante a lei, sem distinção de qualquer natureza, garantindo-se aos brasileiros e aos estrangeiros residentes no País a inviolabilidade do direito à vida, à liberdade, à igualdade, à segurança e à propriedade, nos termos seguintes:
[...].
IV - é livre a manifestação do pensamento, sendo vedado o anonimato;
[...].
IX - é livre a expressão da atividade intelectual, artística, científica e de comunicação, independentemente de censura ou licença;

241. Art. 220. A manifestação do pensamento, a criação, a expressão e a informação, sob qualquer forma, processo ou veículo não sofrerão qualquer restrição, observado o disposto nesta Constituição.

com recursos públicos, a qual é vedada nos três meses que antecedem as eleições"[242].

Decorre dessa correção de rumo, que a postagem em perfil privado de rede social, das realizações de *governo*, não constitui ilícito eleitoral, sendo certo também que não subsiste restrição legal a que um servidor público, que também é cidadão, crie uma página em rede social onde divulgue positivamente os atos da Administração e sinalize a sua preferência eleitoral, de forma explícita ou implícita.

15.10.7.2. Placas de obras públicas

É admissível a permanência de placas em obras públicas colocadas anteriormente ao período (*período crítico*) previsto no art. 73, VI, b, da LE/97 desde que nelas não constem expressões identificando autoridades, servidores ou administrações cujos dirigentes estejam em campanha eleitoral[243].

Nos próprios casos cogitados alhures, o caráter propagandístico pode eventualmente ligar a obra à pessoa do administrador, gerando ruptura na isonomia[244]. Nas demais situações, é um absurdo que placas ordinárias, quase sempre horrendas e sem manutenção, tenham que ser retiradas ou encobertas simplesmente porque há uma eleição em curso. Informações sobre os custos da obra, fontes de custeio, responsáveis técnicos, licenciamentos ambientais e prazo estimado para a sua conclusão são isentas, passando longe de propiciar vantagem eleitoral ou atentar contra princípios de gestão. E mais: seria desarrazoado, sem se dizer oneroso e inútil, que as mesmas tivessem que ser retiradas e posteriormente recolocadas a cada certame eleitoral que ocorre. Em suma: placas de obras dizendo apenas a sua ocorrência são anódinas.

Ao lado disso, é de se avivar que o art. 16 da Lei nº 5.194/66, dispondo acerca da regulamentação do exercício das profissões de Engenheiro,

242. Trecho do voto refere:" Decerto, não se pode confundir a produção e divulgação de encarte pela prefeitura municipal com o ato de digitalização e compartilhamento do material feito por qualquer cidadão. Qualificar como ilícita a reprodução de material publicitário elaborado por órgão público, simplesmente porque, na origem, foram confeccionados com recursos públicos, fere a lógica da liberdade de manifestação e de expressão. Mostra-se, até mesmo, anacrônico. Afinal, a essência das relações contemporâneas no ambiente virtual é o compartilhamento de conteúdos e a manifestação dos participantes sobre todos os temas".

243. TSE: AgR-AI n° 85-42/PR, DJE 02/02/2018; 2ºs ED-AgR-AI nº 10.783/PA, DJE 18/05/2010; e RESPE nº 24722/RN, PSESS 09/11/2004 (RJTSE 16/1/300).

244. TSE, RESPE nº 0602297-48/PR, DJE 18/09/2019.

Arquiteto e Engenheiro Agrônomo, determina incisivamente: "Enquanto durar a execução de obras, instalações e serviços de qualquer natureza, é obrigatória a colocação e manutenção de placas visíveis e legíveis ao público, contendo o nome do autor e co-autores do projeto, em todos os seus aspectos técnicos e artísticos, assim como os dos responsáveis pela execução dos trabalhos". Trata-se, não resta duvida, de uma atribuição profissional detalhada com especificidade e que não pode sofrer a interferência do Judiciário Eleitoral, sob o risco do extravasamento de suas competências e ofensa aos Princípios da Separação dos Poderes (CF/88, art. 2º) e da Legalidade (Art. 37, *caput*).

Para particularidades como essas, o TSE apresenta uma jurisprudência já longeva[245] admitindo a manutenção das placas colocadas anteriormente ao período previsto à letra *b* do inciso VI do art. 73 desde que às mesmas não constem expressões que indiquem partícipes de cenários eleitorais. O precedente temático foi formalizado no julgamento do RRP nº57/DF, em 13/08/1998, cuja íntegra está publicada na RJTSE, volume 10, nº 3, fls. 59 a 71. Ao votar, o Ministro Fernando Neves deu realce ao ponto acentuando que:

> No geral, há que se presumir que as placas estão atendendo a finalidade a que se propõem e, por isso, não se enquadram na proibição doart. 73, VI, *b*, da Lei nº 9.504/97, nem devem ser automaticamente retiradas. Entretanto repito: se abusos forem detectados, inclusive em outros locais das obras, os casos concretos deverão ser apresentados à Justiça Eleitoral a fim de que, examinadas as suas circunstâncias e peculiaridades, sejam corrigidos e, se for o caso, punidos os culpados.

Placas de publicidade institucional desbordam das exceções legais quando o seu teor ultrapassa a função de informar aspectos técnicos e se transmudam em instrumentos de enaltecimento da atuação administrativa do Governo, notadamente em assuntos que beneficiam a recandidatura do Chefe do Poder Executivo.[246]

245. Escassamente observada pelo próprio TSE e pelos tribunais regionais em casos semelhantes.
246. TSE, AgR-RO nº 661668/CE, DJE de 1º/12/2015.

15.10.7.3. Festas municipais e estaduais

Nesse tema vige uma falsa mística de proibição tomada sob contornos absolutos. Entretanto, a divulgação de festas e feiras municipais ou estaduais não se insere à hipótese da publicidade institucional contida à letra *b* do inciso VI do art. 73 da LE/97. É certo, outrossim, que inexiste disciplina legal ou resolutiva expressa acerca do tema. Logo, não há proibição normatizada em torno da concretização desses eventos. O que há é a necessidade de se proceder na distinção ontológica entre as situações. Peças publicitárias aludindo efemérides típicas, tradicionais de Estados e Municípios, destituídas de referências a atos, programas, obras, serviços e campanhas de órgãos públicos, não reúnem os indispensáveis elementos caracterizadores da infração estatuída. É necessário, pois, afastar o moralismo retórico que incide nessa matéria.

Norma alguma se ocupou proibir que os entes públicos, mesmo na circunscrição do pleito e ao longo do curso do calendário eleitoral, organizem, divulguem, apoiem, realizem ou patrocinem festividades e eventos, sobremodo aqueles já costumeiros. Para o TSE, conforme visto alhures, propaganda institucional é, especificamente, aquela que divulga ato, programa, obra, serviço e campanhas do governo ou órgão público, autorizada por agente público e paga pelos cofres públicos (REspe nº 20.972/AP, DJ de 05/11/2002).

Nesses acontecimentos, a participação de titulares de mandato eletivo se dá no exercício regular de suas funções, não caracterizando abuso de poder político, muito menos Conduta Vedada, disseram os julgados a seguir:

> **RECURSO ELEITORAL. ELEIÇÕES 2016. REPRESENTAÇÃO. CONDUTA VEDADA AO AGENTE PÚBLICO.**
>
> Art. 73, VI, b, da Lei nº 9.504/97. Sentença de improcedência. Comparecimento de prefeito, candidato à reeleição, em desfile cívico e festa de encerramento do aniversário da cidade. Ausência de manifestação político-partidária. Inexistência de propaganda política no local. Propaganda institucional e conduta vedada não caracterizadas. RECURSO DESPROVIDO.[247]
>
> **Ação de investigação judicial eleitoral - AIJE. Ação proposta por coligação em face de candidatos a Governador e Vice-Governador, Governador, Prefeito Municipal e Presidente de Sindicato de Produ-**

247. Tre/sp, RE nº 32968, DJE de 25/04/2017.

> **tores Rurais. Arts. 22 da Lei Complementar nº 64/1990, 23, § 5º, 36, caput, 73 e seguintes da Lei nº 9.504/1997. Eleições de 2014. Notícia de prática de propaganda eleitoral extemporânea, condutas vedadas a agentes públicos, abuso do poder econômico e político, uso indevido dos meios de comunicação social e doação irregular para campanha. Realização de festa agropecuária tradicional em município, com a presença de candidato ao Governo do Estado, homenageado como patrono.**
>
> (...). Tentativa da investigante de conferir caráter eleitoral à festividade do município. Ausência de provas. Exposição agropecuária tradicional da localidade, que ocorre há 40 anos, sempre com homenagem a exponenciais da sociedade. Discurso sucinto do homenageado, sem qualquer conotação eleitoral. Alegações, constantes da petição inicial, sem correlação com a documentação a ela acostada, que não reflete os mencionados ilícitos eleitorais por parte de quaisquer daqueles indicados para comporem o polo passivo da presente ação. Meras ilações.[248]

Para desespero dos puristas, a eventual presença de candidatos nesses eventos é algo natural, por vezes até mesmo aguardada, inclusive por se tratar de lugares públicos a todos acessíveis e sobre os quais o legislador foi acertadamente silente:

> **RECURSO ELEITORAL. REPRESENTAÇÃO. CONDUTAS VEDADAS. IMPROCEDÊNCIA.** Evento realizado pelo SESC em comemoração à semana da pátria e ao aniversário de emancipação da cidade, com o apoio da Prefeitura, em praça principal da cidade. Ato regular de gestão administrativa. Não-caracterização de abuso de poder político. Presença de Prefeito no local. Lugar público. Livre circulação de pessoas. Inexistência de propaganda política no local. Não comprovação de cunho eleitoreiro. Recurso a que se nega provimento.[249]

Desvios de conotação eleitoreira ocorrem, por exemplo, quando há o patrocínio de festa acompanhada de eloquente pedido de apoio à candidatura do patrono, situação caracterizadora de abuso do poder econômico[250]. Da mesma forma quando a municipalidade se encontra em situação de emergência financeira e, mesmo assim, promove quatro eventos de grande porte a uma semana da eleição.[251]

---

248. TRE/MG, AIJE nº 282727, DJEMG de 06/04/2017.
249. TRE/MG, RE nº 44792004, DJ de 11/11/2005.
250. TSE, RO nº 793/RO, DJ de 29/10/2004 (RJTSE 15/3/137).
251. TRE/SE, RP nº 060138077, Mural da Secretaria, 09/11/2018.

Contudo, é necessário ainda desfazer outros mitos e generalizações disparatadas que circundam o assunto.

A identificação dos eventos contendo a presença do brasão do país, do Estado ou do Município é fator anódino. O símbolo oficial do ente público não dispõe de potencialidade visual alguma para promover administrações ou candidaturas, tampouco afetar a igualdade de chances entre candidatos. Já os materiais usuais de divulgação (*folders*, *banners*, convites) ilustrados com mapa de localização, distância entre as cidades e informes gerais contendo o número de habitantes, dados históricos, climáticos, telefones úteis, atividades desenvolvidas e outras assemelhadas, são especificidades que retiram totalmente o caráter de publicidade institucional em termos de atos, programas, obras, serviços e campanhas, caracterizando peças publicitárias com fins meramente turísticos e culturais para a propagação do ente federativo, nada mais que isso.

15.10.7.4. *Sites* dos Poderes Legislativo e Executivo

"Os agentes públicos devem zelar pelo conteúdo a ser divulgado em sítio institucional, ainda que tenham proibido a veiculação de publicidade por meio de ofícios a outros responsáveis, e tomar todas as providências para que não haja descumprimento da proibição legal".[252]

Diante da necessidade das comunicações, a manutenção de *site* oficial contendo os perfis, currículos e referências gerais de parlamentares ou gestores públicos é um desdobramento natural da organização do próprio Poder. Os seus integrantes e os demais interessados em geral precisam dispor dessas informações para desenvolver as suas atividades, fiscalizar, prestar serviços. São conteúdos de interesse geral revestidos de caráter permanente. De outra parte, é de relevo crescente a exigência da sociedade por mais transparência nas ações estatais e dos agentes políticos. Dada a disseminação e induvidosa utilidade dos endereços eletrônicos de parlamentos na *internet*, o serviço não caracteriza publicidade institucional indevida, tampouco propaganda antecipada, consoante sacramentou o AgR-REspe nº 1492-60/RO:

> **AGRAVO REGIMENTAL. RECURSO ESPECIAL. DECISÃO. PROVIMENTO PARA AFASTAR A MULTA IMPOSTA AO RECORRENTE. REPRESENTAÇÃO. CONDUTA VEDADA A AGENTE PÚBLICO. NÃO CONFIGURAÇÃO. DIVULGAÇÃO DA ATIVIDADE PARLA-**

252. TSE, AgR-Respe nº 35.590/SP, DJE de 24/05/2010.

> **MENTAR EM SÍTIO DA ASSEMBLEIA LEGISLATIVA. DECISÃO AGRAVADA EM CONSONÂNCIA COM A JURISPRUDÊNCIA DESTA CORTE.**
>
> 1. Nos termos da jurisprudência do e. TSE, "não caracteriza a conduta vedada descrita no art. 73, VI, b, da Lei nº 9.504/97, a divulgação de feitos de deputado estadual em sítio da *internet* de Assembleia Legislativa." (REspe nº 26.875/RO, rel. Min. Gerardo Grossi, DJ de 19.12.2006).
>
> 2. Agravo regimental a que se nega provimento.

O ordenamento jurídico é constituído de institutos com funções determinadas. A transparência nos mandatos é uma delas. No ano eleitoral, os parlamentares poderão continuar divulgando seus trabalhos fazendo uso dos recursos públicos disponibilizados para tanto, sendo necessário apenas observar que a utilização de *link* em *site* oficial direcionando a sítio pessoal de candidato caracteriza a conduta censurada pelo art. 57-C, § 1º, II, da Lei nº 9.504/97[253]. Para o TSE, o fato de constar na página oficial do parlamento somente o *link* do sítio pessoal do candidato, e não a propaganda em si, não afasta o caráter ilícito da situação, uma vez que aquela primeira foi utilizada como meio facilitador de divulgação de propaganda eleitoral:

> **ELEIÇÕES 2020. AGRAVO REGIMENTAL. AGRAVO. RECURSO ESPECIAL. REPRESENTAÇÃO. CONDUTA VEDADA. LITISCONSÓRCIO PASSIVO NECESSÁRIO. DESNECESSIDADE. LINK NA PÁGINA DA CÂMARA DE VEREADORES. DIRECIONAMENTO PARA A PÁGINA PESSOAL DO CANDIDATO. USO DE SERVIÇO CUSTEADO PELA CASA LEGISLATIVA. ART. 73, II DA LEI 9.504/1997. MULTA. PROPAGANDA ELEITORAL IRREGULAR NA INTERNET NÃO RECONHECIDA. NON REFORMATIO IN PEJUS. SÚMULAS 24 E 30 DO TSE. DESPROVIMENTO.**
>
> [...]. 4. A moldura fática delineada pela Corte Regional certifica a ocorrência de indisfarçado desvio de finalidade na utilização de página mantida por órgão da administração pública do município, a qual serviu de atalho para impulsionar o acesso à rede social do candidato em que promovidos atos deliberados de campanha eleitoral.
>
> 5. A ratio normativa visa impedir o desequilíbrio das eleições pelo uso irregular dos bens públicos, em especial daqueles que estão na gestão da máquina pública, com maiores prerrogativas do que os demais candidatos. O emprego dos recursos públicos promove descompasso na

253. TSE, REspe nº 802961/SP, DJE de 19/02/2014.

oportunidade de chances entre os competidores eleitorais, razão porque o legislador se preocupou em delimitar o campo de atuação dos gestores, em plena campanha eleitoral.[254]

> **ELEIÇÕES 2014. (...). REPRESENTAÇÃO. PROPAGANDA ELEITORAL IRREGULAR. SÍTIO ELETRÔNICO DE ÓRGÃO PÚBLICO. PRÉVIO CONHECIMENTO. MANUTENÇÃO DA DECISÃO AGRAVADA.** 1. É vedada a veiculação de propaganda eleitoral em página oficial de órgão público, até mesmo mediante a divulgação de endereço eletrônico que redirecione o usuário ao conteúdo da publicidade, conforme preceitua o art. 57-C, § 1º, inciso II, da Lei nº 9.504/1997. (...).[255]

A jurisprudência dominante afronta o art. 57-C da LE/97. A nosso ver, equivoca-se ao alargar demasiadamente o sentido de propaganda, o qual sequer é normatizado. Não há violação alguma à isonomia porquanto o conteúdo de campanha do candidato não está inserido na página da *internet* mantida sob a responsabilidade do ente público do qual é integrante. É crucial fazer uma distinção entre os modernos instrumentos em vista do seu público e alcance. Existem fundamentos inarredáveis nessa controvérsia que não podem ser desconsiderados.

Há, contudo, uma premissa maiúscula a ser observada e que o Judiciário Eleitoral não pode simplesmente desconsiderar:. um *site*, um *blog*, uma conta de *Instagram* ou um canal de *Youtube* exigem o interesse da pessoa em pesquisá-los e acessá-los. Noutros termos: não há possibilidade de participação involuntária nas redes sociais. Com isso, "Apenas o eventual usuário que estivesse acessando informações daquele parlamentar e tivesse interesse no que tange ao acesso de sua página pessoal é que visualizaria nesta a propaganda eleitoral. Ou seja, seria necessário o ato volitivo para acessar o conteúdo alusivo à difusão da candidatura, existente em outro endereço na *internet*", apontou o Ministro Henrique Neves ao arrostar precedente e votar vencido no Recurso Especial Eleitoral nº 8029-61/SP.

---

254. TSE, ARЕspE nº 060024393/PR, 23/05/2022
255. AgR-AI nº 106770/MS, DJE de 17/08/2015.

15.10.8. Pronunciamentos em cadeia de rádio e TV

> Art. 73. (*omissis*)
>
> VI - nos três meses que antecedem o pleito:
>
> c) fazer pronunciamento em cadeia de rádio e televisão, fora do horário eleitoral gratuito, salvo quando, a critério da Justiça Eleitoral, tratar-se de matéria urgente, relevante e característica das funções de governo;

Nos três meses que precedem as eleições, os agentes públicos da respectiva circunscrição ficam proibidos de efetuar pronunciamentos em cadeia de rádio e televisão.

Releva consignar que além de nacional, as redes de radiodifusão podem ser regionais e locais (Decreto nº 84.181/79, art. 88).

A lei é peremptória para todas, excetuando somente quando a matéria for (a) urgente, (b) relevante ou (c) característica das funções de governo. Cabe ao órgão da Justiça Eleitoral com jurisdição no pleito verificar se o conteúdo do pronunciamento pretendido reúne as conotações ressalvadas. O regramento objetiva impedir, por parte dos detentores de parcela do poder estatal, o livre acesso aos veículos de comunicação de massa capazes de atingir e influenciar ou manipular expressivas parcelas da população.

Não menos nítido, o outro sentido da disciplina é restringir a já natural visibilidade dos agentes públicos das esferas administrativas que estão no *governo*. Nisso, recorremos novamente a Olivar CONEGLIAN (2012, p. 430):

> A proibição atinge todo e qualquer agente público, e não apenas aquele que detém cargo eletivo, ou aquele que é candidato. Assim, o porta-voz da presidência da República tem vedada a sua presença e sua voz nas rádios e tevês de todo o país, durante a campanha presidencial. O presidente da Câmara não pode fazer esses pronunciamentos. O Ministro da Saúde não pode vir a público para falar de sua pasta. Não se pode esquecer do *caput* do art. 73: condutas vedadas a todos os agentes públicos, servidores ou não.

Não há margem para ingenuidades nesse nicho estratégico da comunicação. Não se pode perder de vista que se por um lado o conteúdo de sons e imagens oficiais tem finalidade de orientação e esclarecimento da sociedade em geral, o mesmo alcança as massas.

Somente no programa eleitoral é lícito que o candidato apresente as realizações de seu governo de forma comparativa sem que isso configure infração. O TSE, embora nem sempre de modo unânime, sedimentou posicionamento repudiando a personalização nas falas oficiais:

> **ELEIÇÕES 2014. REPRESENTAÇÃO. PROPAGANDA ELEITORAL ANTECIPADA. PRONUNCIAMENTO DA PRESIDENTE DA REPÚBLICA EM CADEIA DE RÁDIO E TV. DIA DO TRABALHADOR. PEDIDO JULGADO PROCEDENTE.**
>
> 1. O princípio da publicidade, que exige o direito e o acesso à informação correta dos atos estatais, entrelaça-se com o princípio da impessoalidade, corolário do princípio republicano. Em razão do princípio da impessoalidade, não há relevância jurídica na posição pessoal do administrador ou do servidor público, porque deve ser realizada a vontade do Estado, independentemente das preferências subjetivas ou dos interesses particulares do gestor.
>
> 2. A convocação de cadeia de rádio e televisão pela Presidência da República constitui legítima manifestação do princípio da publicidade dos atos da administração pública federal, desde que observada a necessária vinculação do pronunciamento a temas de interesse público - como decorrência lógica do princípio da impessoalidade - e desde que observadas as balizas definidas no art. 87 do Decreto nº 52.795/1963, com a redação dada pelo Decreto nº 84.181/1979, segundo o qual, "na preservação da ordem pública e da segurança nacional ou no interesse da Administração, as emissoras de radiodifusão poderão ser convocadas para, gratuitamente, formarem ou integrarem redes, visando à divulgação de assuntos de relevante importância".
>
> 3. Não se pode admitir que a mandatária maior da nação faça distinção entre brasileiros para os tratar em termos de nós - os que apoiam o seu governo - e eles - aqueles que não apoiam o governo -, neste caso fazendo referência explícita a críticas e escândalos veiculados pela oposição e divulgados amplamente na imprensa; tampouco, faça da convocação ferramenta de propaganda eleitoral antecipada.[256]
>
> 4. Enquanto a propaganda partidária é canal de aproximação entre partidos e eleitores, disponível a todas as agremiações registradas no Tribunal Superior Eleitoral, a convocação de cadeia de rádio e televisão é ferramenta de acesso restrito, cuja utilização com contornos eleitorais pela Presidente da República acarreta inequívoca violação ao princípio da igualdade de chances entre os contendores - partidos políticos -,

256. Refere-se à Dilma Rousseff.

entendido assim como a necessária concorrência livre e equilibrada entre os partícipes da vida política, sem o qual acaba por comprometer a própria essência do processo democrático.

5. A Justiça Eleitoral deve atuar com bastante rigor quando a antecipação de campanha é realizada por meio de ferramentas de grande alcance e disponíveis apenas aos detentores de mandato eletivo, como ocorre na publicidade institucional e na convocação de cadeia de rádio e televisão.

6. Pedido julgado procedente para fixar a multa no valor máximo.[257]

Recurso em Representação. Propaganda eleitoral antecipada. Evento realizado em comemoração ao Dia do Trabalhador. Presença do Excelentíssimo Senhor Presidente da República, da pré-candidata do Partido dos Trabalhadores à sucessão presidencial nas eleições de 2010 e do presidente da Força Sindical. Recurso parcialmente provido.

1. Ausência de prova de desvirtuamento do evento realizado pela Força Sindical e do propósito de promoção de candidatura. Negado provimento ao recurso nessa parte.

2. Insuficiência de valor probatório de matéria jornalística. Precedentes.

2.1. Ausência da mídia com o conteúdo do referido discurso e/ou da transcrição de seu inteiro teor.

2.3. Negado provimento ao recurso quanto à responsabilização do presidente da Força Sindical.

3. A simples presença da pré-candidata à sucessão presidencial no evento não é suficiente para caracterizar propaganda implícita ou antecipada ou mesmo para comprovar o seu conhecimento ou consentimento aos atos ali realizados. Precedentes. Negado provimento ao recurso nessa parte.

4. Discurso do Excelentíssimo Senhor Presidente da República.

4.1. Não caracteriza propaganda eleitoral a circunstância de o político, no exercício do mandato, referir-se aos atos de sua gestão.

4.2. Configuração da ilegalidade no seguinte trecho do discurso: "é necessária a continuidade e vocês sabem quem eu quero".

4.3. Provimento do recurso para julgar procedente a representação nessa parte.

4.4. Fixação de multa no valor mínimo: R$ 5.000,00 (cinco mil reais).[258]

257. TSE, RRp nº 32663/DF, PSESS de 30/09/2014.

258. TSE, RRp nº 101294/DF, DJE de 27/08/2010.

O art. 87, *caput*, do Decreto nº 84.181/79 permite, consoante juízo discricionário do Presidente da República, dos Presidentes da Câmara dos Deputados, do Senado Federal e do Supremo Tribunal Federal, a convocação de cadeia de rádio e televisão "na preservação da ordem pública e da segurança nacional ou no interesse da Administração" para a divulgação de "assuntos de relevante importância".

Como se vê, a previsão regulamentária é claríssima quanto à natureza do pronunciamento disciplinado. Nesses momentos, em obediência aos primados da lisura e da igualdade, não se admite a fala pessoalizada ou a distinção, entre os destinatários, das informações. O que se aguarda dessas personalidades das cúpulas dos Três Poderes é que mantenham a equidistância.

Num país onde tudo se reveste de efêmero, não custa lembrar que dois outrora titulares da Presidência da República, *habitués* de redes nacionais, foram afastados por processos de *Impeachment* (1992 e 2016). Isso já seria suficiente para motivar o Congresso Nacional no endurecimento do dispositivo em análise. Como já anteriormente referido, mas não custa evocar, essas limitações foram subsumidas dentre as Condutas Vedadas devido à sua capacidade de penetração social nos mais diversos públicos. Hoje, para fazer uso da analogia, as *Brigadas de Aclamação* são mobilizadas pelas redes sociais.

Há desvio na utilização de pronunciamento em cadeia de rádio e televisão mediante, por exemplo, o emprego de tons subliminares, linguagens triunfalistas ou fazendo referência, por exemplo, a "legados político-administrativos". Tais procedimentos podem configurar o abuso de autoridade previsto no art. 74 da Lei nº 9.504/97 por ofensa ao princípio da impessoalidade consagrado ao *caput* e no § 1º do art. 37 da CF/88, bem como dos meios de comunicação social, na forma do art. 22 da LC nº 64/90.

15.10.9. Despesa excedida com publicidade institucional

> Art. 73. (*omissis*)
>
> VII - empenhar, no primeiro semestre do ano de eleição, despesas com publicidade dos órgãos públicos federais, estaduais ou municipais, ou das respectivas entidades da administração indireta, que excedam a 6 (seis) vezes a média mensal dos valores empenhados e não cancelados nos 3 (três) últimos anos que antecedem o pleito;

A disposição atual, determinada pela Lei nº 14.356/22, veda ao agente público "empenhar, no primeiro semestre do ano de eleição, despesas com publicidade dos órgãos públicos federais, estaduais ou municipais, ou das respectivas entidades da administração indireta, que excedam a 6 (seis) vezes a média mensal dos valores empenhados e não cancelados nos 3 (três) últimos anos que antecedem o pleito". Ou seja: a lei se preocupou em frear as gastanças publicitárias.

Por essa nova redação, a conduta vedada se verifica no ano eleitoral, embora os parâmetros sejam hauridos de exercícios anteriores, anotou o voto lançado ao Recurso Especial Eleitoral nº 709-48/MG (DJE de 16/10/2018).

A interpretação prevalecente no TSE considera que o limite estabelecido pelo inciso VII objetiva impedir que, no ano eleitoral, a publicidade institucional suportada pelos cofres públicos seja desvirtuada de seus (rígidos) propósitos constitucionais e utilizada como meio de divulgação numa "escala anual maior do que a habitual". Trata-se de uma objeção a um tipo de influência daninha à normalidade do pleito.

No quesito em análise, a publicação de atos oficiais (leis, decretos, editais de concursos públicos, tomadas de preços, atos convocatórios, portarias) inerentes ao Princípio da Continuidade da Atividade Estatal não se confunde com a publicidade entendida como institucional. Os gastos daquela primeira categoria não podem ser contabilizados para a observância do limite previsto no inciso. A própria literalidade do dispositivo torna desnecessário enfrentar a questão com maior profundidade. De rigor, a celeuma perde maior relevância perante os elementos que são considerados desde o Recurso Especial Eleitoral nº 25.748/SP[259]:

- a publicação de atos oficiais (leis, decretos, portarias)nos encartes junto a periódicos, por força de contrato precedido de licitação, não se confunde com a publicidade institucional proibida pelo dispositivo da Lei nº 9.504/97;

259. Recurso especial. Agravo regimental. Ação de investigação judicial eleitoral. Publicidade institucional. Período Vedado. Art. 73, VI, b, da Lei nº 9.504/97. Violação.
Não-caracterização. Dissídio. Não-configuração. Fatos e provas. Reexame. Súmula nº 279 do Supremo Tribunal Federal. Decisão agravada. Fundamentos não afastados. <u>1. A publicação de atos oficiais, tais como leis e decretos, não caracteriza publicidade institucional.</u> 2. A configuração do dissídio jurisprudencial requer, entre outros requisitos, a realização do confronto analítico. 3. O recurso especial não se apresenta como meio idôneo para se reexaminar fatos e provas (Súmula nº 279 do Supremo Tribunal Federal). 4. O agravo regimental, para que obtenha êxito, deve atacar, especificamente, todos os fundamentos da decisão agravada. Agravo regimental desprovido.

- não se identifica naquelas publicações a denominada propaganda pública, isto é, a divulgação de programas, obras e serviços com o propósito de exposição, na mídia, dos empreendimentos do Poder Público;
- trata-se de simples publicação das leis e demais atos oficiais para dar conhecimento aos administrados do seu teor e vigência, garantindo-se, desse modo, a sua estrita observância no interesse de toda a coletividade;
- a proibição legal está voltada apenas à divulgação de ato, programa, obra, serviços e campanhas autorizados por agente público e paga pelos cofres públicos.

Estes são valores despendidos sem a incidência de juízo discricionário pelo Administrador. Constituem ato administrativo vinculado meramente atendendo às exigências legais erigidas em observância aos deveres constitucionais de publicidade e transparência afetos ao trato da coisa pública e impossíveis, quer pela sua natureza, quer pela sua finalidade, de "afetar a igualdade de oportunidades entre candidatos" (art. 73, *caput*).

Quanto à posição do TSE quando se trata da extrapolação de gastos, a jurisprudência da Corte, desde a edição da Lei nº 9.504/97, há muito se consolidou no sentido de que a responsabilidade é do Chefe do Poder Executivo:

> **Propaganda institucional estadual. Governador. Responsabilidade. Ano eleitoral. Média dos últimos três anos. Gastos superiores. Conduta vedada. Agente público. Art. 73, VII, da Lei nº 9.504/97. Prévio conhecimento. Comprovação. Desnecessidade.**
>
> 1. É automática a responsabilidade do governador pelo excesso de despesa com a propaganda institucional do estado, uma vez que a estratégia dessa espécie de propaganda cabe sempre ao chefe do executivo, mesmo que este possa delegar os atos de sua execução a determinado órgão de seu governo.
>
> 2. Também é automático o benefício de governador, candidato à reeleição, pela veiculação da propaganda institucional do estado, em ano eleitoral, feita com gastos além da média dos últimos três anos.
>
> Recurso conhecido e provido.[260]

260. REspe nº 21.307/GO, DJ de 06/02/2004, por maioria.

A este respeito, do precedente supra, lê-se no voto do Ministro Luiz Carlos Lopes Madeira:

> O inciso VII do art. 73 da Lei nº 9.504/97 descreve uma situação objetiva de excesso de gastos. Pouco importa, no caso, qualquer tipo de culpa do governante. A ele está interditado ultrapassar o limite estabelecido na lei. Nessas condições pouco importa que do gasto tenha resultado a ele qualquer tipo de proveito.Nessa circunstância há de se dizer que o proveito se presume. E digo mais. O fato de não ter sido a despesa feita pela Casa Civil ou pela governança do estado também não faz diferença. Se admitirmos a criação de agências e de empresas que vão promover a divulgação dos feitos do governo, forçoso será que fiquem sujeitas aos limites da lei ou estabeleceremos condições amplas para que a lei seja violada, fraudada nos seus objetivos. Vale dizer, havendo excesso nas despesas feitas diretamente ou por interposta pessoa ou entidade, incide o inciso VII do art. 73 da Lei nº 9.504/97.

Todavia, ao apreciar o Recurso Especial Eleitoral nº 26.838/AM, DJE de 20/05/2015, p. 148/149, o órgão cravou diferente: "A simples circunstância de exercer a chefia do Poder Executivo Estadual, por si só, não permite a conclusão de que o primeiro recorrente teria conhecimento do teor de todas as matérias veiculadas por agência que integra a estrutura administrativa do Estado".

Porém, no que diz com a infração em si, a jurisprudência é posicionada:

> **RECURSO ELEITORAL. REPRESENTAÇÃO. CONDUTA VEDADA. ART. 73, INC. VII, DA LEI N. 9.504/97. ELEIÇÕES 2016. PROCEDÊNCIA. MULTA. (...). REENQUADRAMENTO DAS DESPESAS DE PUBLICIDADE COM DIVULGAÇÃO DO CALENDÁRIO DE IPTU. AFASTADA. MÉRITO. PUBLICIDADE INSTITUCIONAL. ANO ELEITORAL. DESPESA SUPERIOR À PREVISÃO LEGAL. PRIMEIRO SEMESTRE. DESPROVIMENTO.**
>
> 1. (...). 2. Mérito. Identificados gastos com publicidade institucional no primeiro semestre de 2016 acima da média dos primeiros semestres dos anos de 2013, 2014 e 2015, em desconformidade com o disposto no art. 73, inc. VII, da Lei das Eleições. É proibido aos agentes públicos realizar, no primeiro semestre do ano de eleição, despesas com publicidade institucional que excedam à média dos gastos praticados nos primeiros semestres dos três anos que antecedem o pleito. Para o

cálculo das despesas com publicidade, devem ser considerados os valores efetivamente liquidados.[261]

ELEIÇÕES 2016. RECURSO ELEITORAL. CONDUTAS VEDADAS AOS AGENTES PÚBLICOS EM CAMPANHA. ART. 73, INCISO VII DA LEI DAS ELEIÇÕES. DESPESAS COM PUBLICIDADE NO PRIMEIRO SEMESTRE DO ANO ELEITORAL. OBSERVÂNCIA DO LIMITE GERADO PELA MÉDIA DE GASTOS NOS PRIMEIROS SEMESTRES DOS TRÊS ANOS ANTERIORES. ESPÉCIES DE PUBLICIDADE INSTITUCIONAL, LEGAL E DE UTILIDADE PÚBLICA. INTERPRETAÇÃO DO DISPOSITIVO. INAPLICABILIDADE DAS DISTINÇÕES, SEGUNDO PRECEDENTE DO TSE. AINDA QUE APLICADAS AS DISTINÇÕES, RETIRANDO-SE A PUBLICIDADE LEGAL DO CÁLCULO - RESTARIA DEMONSTRADA A VIOLAÇÃO À CONDUTA. NATUREZA OBJETIVA DA INFRAÇÃO. DISPENSA DE ANÁLISE DE POTENCIALIDADE E GRAVIDADE. MULTA. REDUÇÃO. RECURSO PARCIALMENTE PROCEDENTE.

1. A norma constante no inciso VII do art. 73 da Lei das Eleições impõe limites à realização de "despesas com publicidade" sem distinguir qual espécie de publicidade está restrita, o que legitima o entendimento de que abarca toda e qualquer espécie de publicidade.

2. Ainda que se faça a distinção entre publicidade institucional, de utilidade pública e legal, somente essa última, imposta por comando legal para auferir eficácia aos atos do Administrador, poderia ser deduzida da média de cálculo de despesas realizadas nos primeiros semestres dos 3 anos anteriores.

3. A publicidade institucional lícita é aquela que observa os limites impostos pelo art. 37, § 1º da Constituição Federal, sendo que eventual desvirtuamento impede que seja entendida como publicidade institucional e, dentro da tese debatida, a sua exclusão da média de cálculo prevista no inciso VII do art. 73 da Lei das Eleições.

4. Porque a norma não faz a distinção entre as formas de publicidade e a interpretação temperada da norma decorre de entendimento jurisprudencial, incumbe à parte que alega a realização de publicidade de utilidade pública o ônus de demonstrar sua regularidade e ausência de desvirtuação para que tais valores de publicidade sejam retirados da média de cálculo do inciso VII do art. 73 da Lei das Eleições.

5. No caso concreto, a aplicação dos dois entendimentos conduzem à verificação de ofensa à norma contida no inciso VII do art. 73 da Lei das Eleições.

261. TRE/RS, RE nº27534, DEJERS de 28/05/2018.

> 6. As condutas vedadas aos agentes públicos são infrações de natureza objetiva, ou seja, uma vez constatadas a sua reprovação pelo Poder Judiciário não depende da análise da potencialidade ou da gravidade da conduta.
>
> 7. A multa prevista no § 4º do art. 73 da Lei das Eleições deve, na medida do possível, guardar relação de proporcionalidade e razoabilidade com a infração aferida. Redução do valor da multa imposta na origem.
>
> 8. Recurso Eleitoral conhecido e parcialmente provido.[262]

15.10.9.1. Requisição de informações sobre os gastos

Tanto a função fiscalizatória (CF/88, art. 5º, XXXIII)[263], quanto o reconhecimento da prática infracional, dependem da análise e manuseio de informações e documentos (empenhos, contratos, planilhas). É temerário presumir excesso nos gastos com a publicidade estatal. A controvérsia foi dirimida pelo TSE na Petição nº 1.880/DF:

> **PETIÇÃO. GASTOS DA ADMINISTRAÇÃO PÚBLICA FEDERAL COM PUBLICIDADE INSTITUCIONAL. REQUISIÇÃO DE INFORMAÇÕES AO PRESIDENTE DA REPÚBLICA. PROCEDÊNCIA.**
>
> 1. A Justiça Eleitoral tem competência para requisitar ao Presidente da República informações quanto aos gastos com publicidade (inciso XVIII do art. 23 do Código Eleitoral e inciso VII do art. 73 da Lei nº 9.504/97);
>
> 2. Partidos políticos, como protagonistas centrais do processo eleitoral, têm legitimidade para pleitear a requisição de tais informações à Justiça Eleitoral;
>
> 3. O Presidente da República, chefe do Poder Executivo e exercente da direção superior da Administração Pública Federal, é responsável pela prestação das informações do gênero.
>
> 4. Procedência do pedido.[264]

Na ausência de informações (portais, murais, balancetes) sobre os gastos efetuados nesta rubrica, é cabível requisitá-las judicialmente, observadas as disposições constantes do art. 96 da Lei nº 9.504/97 quanto ao foro competente para a postulação das mesmas. Em seu voto no acórdão acima, o relator, Mi-

262. TRE/PR, RE nº 21210, DJ de 29/11/2017.
263. Todos têm direito a receber dos órgãos públicos informações de seu interesse particular, ou de interesse coletivo ou geral, que serão prestadas no prazo da lei, sob pena de responsabilidade, ressalvadas aquelas cujo sigilo seja imprescindível à segurança da sociedade e do Estado
264. DJ de 28/08/2006.

nistro Ayres Britto, mencionou que "no âmbito da Justiça Eleitoral, é de se ver que o pedido de acesso aos dados pertinentes a gastos com publicidade institucional (...) não visa a outra coisa que não seja a fiscalização do cumprimento da própria legislação eleitoral". Na esteira dessa disciplina, observada a regra da simetria constitucional, o entendimento exarado é aplicável em nível estadual e municipal porquanto a sua racionalidade é exatamente a mesma em relação a governadores, prefeitos e presidentes de Legislativos.

15.10.10. Revisão geral da remuneração de servidores públicos

> Art. 73. (*omissis*)
>
> VIII - fazer, na circunscrição do pleito, revisão geral da remuneração dos servidores públicos que exceda a recomposição da perda de seu poder aquisitivo ao longo do ano da eleição, a partir do início do prazo estabelecido no art. 7º desta Lei e até a posse dos eleitos.

É obrigatório revisar os vencimentos do serviço público. A matéria tem assento constitucional, estando prevista no inciso X do art. 37 da Carta Magna[265] o qual determina à Administração Pública, seja federal, estadual e municipal, que proceda anualmente na revisão da remuneração de seus servidores[266].

Transpondo a questão para o Direito Eleitoral[267], o inciso VIII do art. 73 da Lei nº 9.504/97 proíbe que a Administração Pública faça, "na circunscrição do pleito, revisão geral da remuneração dos servidores públicos que exceda a recomposição da perda de seu poder aquisitivo ao longo do ano da eleição, a partir do início do prazo estabelecido no art. 7º desta Lei e até a posse dos eleitos".

Dizendo noutros verbos: "Dentro desse período pode haver a revisão de remuneração até o limite da inflação, mas não mais que isso.Deve-se obser-

265. X - a remuneração dos servidores públicos e o subsídio de que trata o § 4º do art. 39 somente poderão ser fixados ou alterados por lei específica, observada a iniciativa privativa em cada caso, assegurada revisão geral anual, sempre na mesma data e sem distinção de índices;

266. Desde que a despesa conste da Lei Orçamentária Anual (LOA) e esteja prevista na Lei de Diretrizes Orçamentárias (LDO). A decisão do STF foi tomada no Recurso Extraordinário RE 905.357/RR, com repercussão geral reconhecida, na sessão virtual encerrada em 28/11/2019.

267. Há, também, vedação similar pelo parágrafo único do art. 21 da Lei Complementar nº 101, de 2000 (Lei de Responsabilidade Fiscal), que assim dispõe: "Também é nulo de pleno direito o ato de que resulte aumento da despesa com pessoal expedido nos cento e oitenta dias anteriores ao final do mandato do titular do respectivo Poder ou órgão referido no art. 20."

var, ainda, que qualquer revisão de remuneração não ofende as leis eleitorais se ocorrer no período anterior ao mês de abril, mesmo que ultrapasse o índice inflacionário"[268].

A transgressão somente ocorre quando há aumento ou ganho real. A ausência de um regramento com tais contornos propiciaria um cenário de absoluta desigualdade entre os candidatos. Sem ele, estaria permitida a utilização da máquina administrativa para finalidades eleitoreiras as mais cruas e imagináveis possíveis através da concessão de aumentos em pleno período eleitoral, circunstância capaz de gerar um imensurável desequilíbrio no pleito a partir da barganha decorrente do sentimento de gratidão ou "simpatia eleitoral" por parte do servidor, de sua família e dos que lhe são próximos relativamente ao *benfeitor*.

Por se tratar de óbice restrito à *circunscrição do pleito*, não há impedimento à revisão geral da remuneração do funcionalismo estadual ocorrer no ano que houver eleição municipal ou então que a remuneração dos servidores municipais seja revisada no ano da eleição geral. Na Resolução nº 21.296, o TSE esmiuçou as peculiaridades da regra esgotando a questão temporal:

> **Revisão geral de remuneração de servidores públicos - Circunscrição do pleito - Art. 73, inciso VIII, da Lei nº 9.504/97 - Perda do poder aquisitivo - Recomposição - Projeto de lei - Encaminhamento - Aprovação.**
>
> 1. O ato de revisão geral de remuneração dos servidores públicos, a que se refere o art. 73, inciso VIII, da Lei nº 9.504/97, tem natureza legislativa, em face da exigência contida no texto constitucional.
>
> 2. O encaminhamento de projeto de lei de revisão geral de remuneração de servidores públicos que exceda à mera recomposição da perda do poder aquisitivo sofre expressa limitação do art. 73, inciso VIII, da Lei nº 9.504/97, na circunscrição do pleito, não podendo ocorrer a partir do dia 9 de abril de 2002 até a posse dos eleitos, conforme dispõe a Resolução/TSE nº 20.890, de 9.10.2001.
>
> 3. A aprovação do projeto de lei que tiver sido encaminhado antes do período vedado pela lei eleitoral não se encontra obstada, desde que se restrinja à mera recomposição do poder aquisitivo no ano eleitoral.

268. CONEGLIAN, Olivar. *Eleições*, p. 433.

> 4. A revisão geral de remuneração deve ser entendida como sendo o aumento concedido em razão do poder aquisitivo da moeda e que não tem por objetivo corrigir situações de injustiça ou de necessidade de revalorização profissional de carreiras específicas.[269]

Também é pertinente a abordagem de um caso concreto. No curso do pleito de 2014, o Ministério Público Eleitoral ajuizou Ação de Investigação Judicial Eleitoral em desfavor da chapa que se sagrou vencedora para os cargos de Governador e Vice-Governador do Estado do Rio de Janeiro com 4.343.298 de votos. Alegou-se na AIJE, como *causa petendi*, a prática de conduta vedada e abuso de poder político devido ao envio de vinte e quatro projetos de lei, dentro do período vedado, visando à concessão de reajuste e de aumento de remuneração aos servidores públicos da Administração Estadual direta e indireta, inativos e pensionistas, em patamar acima da inflação anual.

O TRE/RJ julgou parcialmente procedente a causa ao reconhecera prática do art. 73, VIII, da LE/97, condenando o governador reeleito ao pagamento de multa no valor de R$ 53.205,00. Entendeu que apesar dos implementos salariais gerarem efeitos financeiros somente a partir do ano seguinte, a mera aprovação do projeto no ano das eleições, dentro do período defeso, configura o ilícito, haja vista o aproveitamento eleitoral da conduta. Sobre o abuso do poder político, declarou que não ficara demonstrado, pois, considerando-se o quantitativo de servidores beneficiados pela revisão salarial (aproximadamente 70% dos servidores estaduais), não houve gravidade suficiente para abalar as eleições, sobretudo diante da quantidade de votos atribuídos aos investigados (55,78% dos votos válidos do RJ).

Do acórdão condenatório[270] as partes recorreram; os eleitos postulando a sua reforma, e o MPE a majoração da pena, com o reconhecimento do abuso de poder e a cassação do mandato cumulada com a inelegibilidade.

---

269. Cta. nº 782/DF, DJ de 07/02/2003.

270. RECURSO ORDINÁRIO. ELEIÇÕES 2014. GOVERNADOR. AÇÃO DE INVESTIGAÇÃO JUDICIAL ELEITORAL (AIJE). CONDUTA VEDADA. ART. 73, VIII, DA LEI 9.504/97. ABUSO DE PODER POLÍTICO. ART. 22 DA LC N° 64/90. REVISÃO GERAL DA REMUNERAÇÃO ACIMA DA INFLAÇÃO. CONFIGURAÇÃO. GRAVIDADE. PARÂMETRO ADOTADO A PARTIR DA LC N° 135/2010. INCLUSÃO DO INCISO XVI AO ART. 22 DA LC N° 64/90. POTENCIALIDADE. CRITÉRIO SUPERADO. OPÇÃO LEGISLATIVA. MANDATO. TRANSCURSO DO PRAZO. CASSAÇÃO PREJUDICADA. INELEGIBILIDADE. INCIDÊNCIA. RESULTADO ÚTIL E PRÁTICO DO RECURSO. PRESERVAÇÃO NESSA PARTE. REFORMA PARCIAL DO ACÓRDÃO REGIONAL. RECURSO ORDINÁRIO DO PARQUET. PROVIMENTO. RECURSO ESPECIAL DO INVESTIGADO. RECEBIMENTO NA VIA ORDINÁRIA. FUNGIBILIDADE. DESPROVIMENTO.

Às suas razões de inconformidade, a defesa buscou reanimar tese já repelida pela Corte Regional[271] no sentido de que a revisão de vencimentos encetada não seria geral, mas setorial. O esforço foi novamente infru-

---

1. O caso versa sobre a expedição de diploma nas eleições estaduais, razão pela qual é cabível a interposição de recurso ordinário. O princípio da fungibilidade recursal autoriza, na espécie, o recebimento do recurso especial como ordinário.

2. O art. 73, VIII, da Lei no 9.504/97 veda ao agente público fazer, na circunscrição do pleito, revisão geral da remuneração (lato sensu) dos servidores públicos que exceda a recomposição da perda de seu poder aquisitivo ao longo do ano da eleição, a partir do início do prazo estabelecido no art. 7º do mesmo diploma legal até a posse dos eleitos.

3. A interpretação estritamente literal do aludido artigo - de modo a entender que revisão geral apta a caracterizar ilícito eleitoral é somente aquela que engloba todos os servidores da circunscrição do pleito - não é a que melhor se coaduna com a finalidade precípua da norma de regência, que é a de proteger a normalidade e a legitimidade do prélio eleitoral da influência do poder político. Assim, revela-se defeso ao agente público conceder reajuste remuneratório que exceda a recomposição da perda do poder aquisitivo, no período vedado, a servidores que representem quantia significativa dos quadros geridos.

4. A proibição quanto ao incremento do valor percebido pelos servidores a título de contraprestação do trabalho prestado alcança qualquer das parcelas pagas sob essa rubrica, de modo que, para fins do art. 73, VIII, da Lei das Eleições, não há como distinguir vencimento-base de remuneração final.

5. A aplicação da sanção mais severa do § 5º do art. 73 da Lei nº 9.504/97 demanda juízo de proporcionalidade. Precedentes.

6. A aferição da gravidade - se positiva a percepção - afasta a possibilidade de se aplicar apenas a sanção pecuniária, porquanto se revelaria desproporcional à conduta praticada.

7. O abuso do poder político decorre da utilização da estrutura da administração pública em benefício de determinada candidatura ou, ainda, como forma de prejudicar adversário.

8. A partir da Lei Complementar nº 135/2010, que inseriu inciso XVI ao art. 22 da Lei Complementar nº 64/90, não mais se cogita de potencialidade como critério para configuração do abuso de poder, mas apenas a gravidade do ato perpetrado.

9. In casu, a própria corrente majoritária formada no TRE/RJ reconheceu que "o ato é grave, mas não [...] capaz de abalar o pleito a ponto de invalidá-lo. A Justiça Eleitoral tem o dever de proteger, dentro do possível, o voto, não o político ou candidato. Não se justifica invalidar 4.343.298 votos"(fl. 1997).

10. O prejuízo à normalidade e à legitimidade do pleito, dado o contexto revelador de gravidade, foi reconhecido pelo TSE, sobremodo ante a revisão remuneratória - em patamares superiores à de mera recomposição inflacionária - de 24 (vinte e quatro) categorias profissionais do Estado do Rio de Janeiro, o que representou, na época, 336.535 servidores públicos. Justificada, na quadra da conduta vedada, a imposição da pena mais grave. No âmbito do abuso de poder, que não admite gradações sancionatórias, a procedência da AIJE.

11. Logo, merece reforma parcial o acórdão regional, pelo qual imposta apenas a sanção de multa por conduta vedada, pois, embora assentada a gravidade, trilhou-se, cumulativamente, o caminho da potencialidade, em contrariedade às normas de regência e à jurisprudência do Tribunal Superior Eleitoral.

12. Tendo sido a ação julgada parcialmente procedente na origem, o transcurso do prazo do mandato não inviabiliza, por si só, a modificação do decisum na linha da procedência in totum, uma vez não esgotado o prazo da inelegibilidade.

13. Recurso especial de Luiz Fernando de Souza recebido como ordinário e a ele negado provimento. Recurso ordinário do Parquet provido para julgar totalmente procedente a AIJE.

271. "Se dermos uma interpretação literal ao "aumento geral", o dispositivo está fadado a ser letra morta na lei. Basta o governante conceder aumento para todas as categorias, menos uma, que estará descaracterizado o aumento geral e terá o entendimento sábio, como o Desembargador Flavio Willeman, que dirá que o aumento não foi concedido a todos porque faltou uma categoria. Assim, a aumento geral citado pela lei deve ser interpretado em um sentido mais amplo para se atingir grande parte de pessoas beneficiadas. Evidentemente, tal dispositivo não pode ser interpretado com tamanha literalidade, sob pena de se transformar em letra morta. Imagino que não tenha sido esse o espírito da lei" (trecho do voto do relator).

tífero. No TSE, o relator do recurso, após lembrar a doutrina de Carlos MAXIMILIANO e a Lei de Introdução às Normas do Direito Brasileiro (LINDB) dispondo que "na aplicação da lei, o juiz atenderá aos fins sociais a que ela se dirige e às exigências do bem comum" (art. 5º do Dec. Lei nº 4.657/1942), rechaçou o "casuísmo criado pelo recorrido" ao entender por "correto o acórdão recorrido ao consignar que, 'diante da abrangência das categorias favorecidas, e de suas representatividades no contexto estadual, tratou-se, de fato, de reajustes em grande escala, suficientes para caracterizar reajuste geral, nos termos do inciso VIII do art. 73 da Lei de Eleições'".

Prosseguindo, subscreveu a premissa fática estabelecida pelo acórdão recorrido de que a inflação dentro do período em que houve a concessão do aumento salarial era de 3% a 4%, o que determinava que todos os projetos que concederam algum incremento salarial superior ao corpo do funcionalismo estadual, deveriam ser considerados em desacordo com a legislação eleitoral.

Sobre o abuso de poder político, "considerando-se que dentro de um colégio de 12.141.145 (doze milhões, cento e quarenta e um mil e cento e quarenta e cinco) eleitores o recorrido Luiz Fernando de Souza (Pezão) foi eleito com 4.343.298 (quatro milhões, trezentos e quarenta e três mil, duzentos e noventa e oito) votos, e que o número de pessoas afetadas pela prática irregular circunscreve-se a 336.535 (trezentos e trinta e seis mil e quinhentos e trinta e cinco) servidores públicos beneficiados pela medida, verifica-se que não houve gravidade suficiente para macular a normalidade e a legitimidade das eleições no Estado do Rio de Janeiro/RJ".

O voto seguinte aderiu aos fundamentos da relatoria realçando que embora "não contemple a totalidade dos servidores da circunscrição eleitoral, o fato de a revisão ter alcançado quantidade significativa de servidores, englobando carreiras volumosas da Administração Pública estadual, é suficiente para evidenciar conduta tendente a afetar a igualdade de oportunidades entre os candidatos, um dos princípios basilares do Direito Eleitoral".

Após os pronunciamentos dos Ministros João Noronha, Luiz Fux, Admar Gonzaga e Og Fernandes, votou o Ministro Tarcísio Vieira Neto. O responsável pela confecção do acórdão viu a questão dos autos sob uma ótica diversa. Em voto curtíssimo, mas muito bem engendrado, o primeiro juiz a divergir da maioria fundamentou a sua intervenção reputando que "o Tribunal Regional Eleitoral do Rio de Janeiro incide em certa contradição quando assenta que existiu o fato, que é objeto da ação de investigação judicial eleitoral, na qual imputadas as práticas de conduta vedada e de abuso de poder político, mas que esse fato não teria relevância porque, a partir de contas aritméticas, o universo de beneficiários contemplados pela revisão remuneratória - em mais de trezentos mil servidores - não abalaria o resultado da eleição". Demais, observou tratar-se do"aumento indiscriminado de trezentos e vinte e seis mil eleitores".

As objeções do Ministro Fachin, decisivas para o acatamento do pedido de reconhecimento de abuso de poder político pelo tribunal, explicitaram uma percepção tonificada pela realidade: "Foram beneficiados 336.535 funcionários e, pela via reflexa, suas respectivas famílias. É com esse cenário que se examina, aqui, a conduta, para analisá-la na perspectiva do art. 73, inciso VIII, da Lei das Eleições, vale dizer, o tema atinente a condutas vedadas aos agentes públicos em campanha - era o caso -, além de eventual prisma de abuso do poder político".

Passo outro, a majoração do adicional de insalubridade concedido a uma específica categoria de servidores públicos não se confunde com o instituto da revisão geral de remuneração e, portanto, não configura a conduta vedada pelo art. 73, VIII, da Lei nº 9.504/97[272], assim como a concessão de gratificações a pontuais servidores[273] também lhe é diversa.

15.10.10.1. Outros benefícios funcionais

À exceção do inciso VIII, não há outro que impeça a concessão de benefícios legais a funcionários públicos no curso do ano eleitoral. Entretanto, pode ocorrer da prática não se enquadrar na figura infracional prevista no art. 73 da Lei nº 9.504/97 e, sim, tipificar o ilícito do art. 22 da Lei Complementar nº 64/90.

Exemplo desta hipótese de abuso do poder de autoridade se colhe do Recurso Especial Eleitoral nº 26.054/AL, onde restou declarado que "A concessão de benefícios a servidores públicos estaduais nas proximidades das eleições municipais pode caracterizar abuso do poder político, desde que evidenciada, como na hipótese, a possibilidade de haver reflexos na circunscrição do pleito municipal, diante da coincidência de eleitores".[274]

272. TRE/PR, REl nº 060022583, DJE 18/07/2022.
273. TRE/MG, REl nº 060039428, DJEMG 24/01/2023.
274. TSE, DJ de 25/08/2006, p. 169.

15.10.10.2. Abono

O ato administrativo que concede abono ao servidor público não se equipara à revisão geral de remuneração. É descabido aplicar elasticidade interpretativa para afirmar que mencionado benefício remuneratório, caracterizado pela sua efemeridade e provisoriedade, configure prática vedada em torno do calendário eleitoral.

A concessão de abono não é conduta proibida pela Lei nº 9.504/97, taxativa apenas para inibir a "revisão geral da remuneração dos servidores públicos que exceda a recomposição da perda de seu poder aquisitivo ao longo do ano da eleição, a partir do início do prazo estabelecido no art. 7º desta Lei e até a posse dos eleitos". Notória, portanto, a não subsunção do instituto à norma eleitoral. Neste sentido, é importante referir o julgamento do AREspe nº 24.989/RN (j. 26/08/05) no qual o TSE novamente advertiu que "A intervenção da Justiça Eleitoral há de se fazer com o devido cuidado no que concerne ao tema das condutas vedadas, a fim de não se impor, sem prudencial critério, severas restrições ao administrador público no exercício de suas funções".

Ainda que não haja um precedente específico do Tribunal Superior Eleitoral na questão[275], os regionais se inclinam pela licitude na concessão de abonos:

- Concessão de abono por meio do FUNDEB - Fundo de Manutenção e Desenvolvimento da Educação Básica e de Valorização dos Profissionais da Educação - aos professores da rede municipal de ensino. Foiconcedido abono apenas para os servidores da área da educação, portanto não houve revisão geral da remuneração dos servidores públicos (TRE/MG, RE nº 131741, DJEMG de 22/01/2015);
- **SUPOSTA PRÁTICA DE CONDUTA VEDADA AOS AGENTES PÚBLICOS EM CAMPANHA ELEITORAL (LEI N. 9.504/1997, ART. 73, VII E VIII) E DE ABUSO DO PODER POLÍTICO (LEI COMPLEMENTAR N. 64/1990, ART. 22) - CONCESSÃO DE ABONO PECUNIÁRIO A DETERMINADO GRUPO DE SERVIDORES PÚBLICOS MUNICIPAIS** - RESTRIÇÃO IMPOSTA PELA LEI APENAS À OUTORGA DE REVISÃO GERAL AO FUNCIONALISMO - ATIPICIDADE DO ILÍCITO IMPUTADO - SUPOSTO PAGAMENTO DE DESPESAS COM PUBLICIDADE INSTITUCIONAL NO PRIMEIRO SEMESTRE DAS ELEIÇÕES ACIMA

275. No Agravo Regimental no Recurso Especial Eleitoral nº 060200585/ES (DJE 06/04/2022), o TSE manteve a glosa pelo uso promocional, por meio de vídeo divulgado em redes sociais, da concessão de abono a professores municipais..

DO LIMITE MÁXIMO PERMITIDO POR LEI - PRECARIEDADE DA DOCUMENTAÇÃO TRAZIDA AOS AUTOS A IMPEDIR A IDENTIFICAÇÃO DA MÉDIA SEMESTRAL DAS DESPESAS LIQUIDADAS PELA ADMINISTRAÇÃO NOS 03 (TRÊS) ANOS ANTERIORES AO PLEITO, BEM COMO DOS GASTOS REALIZADOS NO PRIMEIRO SEMESTRE DA ELEIÇÃO - IMPOSSIBILIDADE MATERIAL DE DETERMINAR A OCORRÊNCIA OU NÃO DA CONDUTA VEDADA ATRIBUÍDA AOS CANDIDATOS ELEITOS - DESPROVIMENTO (TRE/SC, RDJE nº 19.107, DJE de 31/10/2013);

- **AÇÃO DE INVESTIGAÇÃO JUDICIAL ELEITORAL - ABUSO DE PODER POLÍTICO - CONDUTA VEDADA - MAJORAÇÃO DOS SERVIDORES DA EDUCAÇÃO COM VERBA DO FUNDEB - CONCESSÃO DE ABONO NOS 180 DIAS ANTERIORES À ELEIÇÃO - IMPROCEDÊNCIA.** 1. É lícito ao gestor efetuar o pagamento de abono aos servidores da educação de forma a aplicar as verbas repassadas pelo FUNDEB ao magistério, mesmo se nos 180 dias anteriores as eleições, pois a Lei n.º 11.494/2007 se constitui em uma norma cogente. 2. Às vedações constantes na Lei n.º 9.504/97 devem ser interpretadas cautelosamente, sob pena de imobilizar a administração pública a cada dois anos. 3. O cumprimento das atribuições da função, mormente as determinações legais, não configura abuso de poder político, já que não há como configurar tentativa de influenciar na escolha do eleitor (TRE/PA, Recurso Eleitoral nº 28688, DJE de 10/12/2012).

Contudo, o Tribunal Regional Eleitoral do Estado do Rio de Janeiro, em sede de Consulta, ao responder indagações formuladas por prefeito municipal, destoou por completo dos acórdãos anteriores ao emitir as seguintes conclusões:

> **SERVIDOR PÚBLICO. REVISÃO. REMUNERAÇÃO. CONCESSÃO. ABONO. VEDAÇÃO. ANO DE ELEIÇÃO.**
>
> - Vedada a modificação na remuneração dos servidores públicos, ficando essa restrita à recomposição da perda de seu poder aquisitivo ocorrida ao longo do ano da eleição, ou seja, unicamente àquela ocorrida ao longo de 2008.
>
> - A vedação legal, concernente à revisão de remuneração no período, atinge todas as categorias de servidores.
>
> - Defesa a concessão de abono aos servidores públicos municipais dentro do prazo a que alude a Resolução TSE nº 22.579/07 por meio de autorização legislativa. Tal concessão acarretaria efetiva mudança na remuneração dos servidores.[276]

276. Consulta nº 314, Acórdão nº 34.460, DOERJ de 24/06/2008.

15.10.10.3. Reestruturação de carreira de servidores públicos

Os serviços e servidores públicos estão constituídos em todos os entes da Federação. Os mesmos, bem se sabe, promovem atividades de execução, controle, supervisão e tantas outras. Para efetivar tanto a sua continuidade como o princípio-dever da eficiência (CF/88, art. 37, *caput*), as estruturas administrativas devem acompanhar os processos de modernização e proceder em ajustamentos relativamente aos seus cargos e funções.

Em resposta à Consulta nº 772/DF, o Tribunal Superior Eleitoral expediu a Resolução nº 21.054/DF, de 02/04/2002[277]. Invocando entendimento fixado anteriormente pelo Superior Tribunal de Justiça a partir do Recurso Ordinário em Mandado de Segurança n° 11.126/PR (DJ de 11/06/2001)[278], bem como a consagrada doutrina de Celso Ribeiro BASTOS[279], a Corte elucidou que a aprovação, pela via legislativa, de proposta de reestruturação de carreira de servidores não se confunde com revisão geral de remuneração, não encontrando obstáculo à proibição contida no art. 73, inciso VIII, da Lei n° 9.504, de 1997.

15.10.11. Distribuição gratuita de bens, valores, benefícios e programas sociais

> Art. 73. (*omissis*):
>
> § 10. No ano em que se realizar eleição, fica proibida a distribuição gratuita de bens, valores ou benefícios por parte da Administração Pública, exceto nos casos de calamidade pública, de estado de emergência ou de programas sociais autorizados em lei e já em execução orçamentária no exercício anterior, casos em que o Ministério Público poderá promover o acompanhamento de sua execução financeira e administrativa.

---

277. RJTSE 13/3/345.

278. ADMINISTRATIVO E PROCESSUAL CIVIL. LEI DE EFEITO CONCRETO. ISONOMIA DE VENCIMENTOS. IDENTIDADE DE FUNÇÕES. AUSÊNCIA DE PROVA PRÉ-CONSTITUÍDA. MANDADO DE SEGURANÇA. RECURSO. 1. Doutrina e jurisprudência afastam a possibilidade da impetração do Mandado de Segurança contra lei em tese; cabível, entretanto, contra ato normativo de efeitos concretos e decisórios, que supostamente exclui os impetrantes da incidência igualitária de aumento ou gratificação. 2. Concedida, exclusivamente, a determinada categoria, a vantagem perseguida não pode ser considerada revisão geral de remuneração. Identidade de funções não demonstrada. 3. O Mandado de Segurança é ação de rito sumário, sem dilação probatória. O direito invocado, para ser amparado, há que vir expresso em norma legal, e trazer em si todos os requisitos e condições de sua aplicação ao impetrante. 4. Recurso não provido.

279. *Comentários à Constituição do Brasil: promulgada em 5 de outubro de 1998*/ Celso Ribeiro Bastos, Ives Gandra Martins. São Paulo: Saraiva, 1988, Tomo III.

O objetivo desta vedação acrescentada ao texto original da LE/97 pela Lei nº 11.300/06 não está em aniquilar a execução ou impedir o planejamento de programas públicos, mas impedir o mecenato eleitoral, desde as suas modalidades mais sutis ou dissimuladas, àquelas mais escancaradas.

O regramento almeja o resguardo da paridade de armas entre candidatos tendo em vista que aquele pretendente que é ocupante de cargo público, portanto com acesso à estrutura estatal, quase sempre desfruta de uma potencial vantagem sobre os demais que não integram a Administração Pública. Em termos mais contundentes: "O télos do § 10 do art. 73 da Lei 9.504/97 é salvaguardar a lisura do pleito e a paridade de armas de programas assistenciais de cunho oportunista, por meio dos quais se manipula a miséria humana e a negligência do Estado em áreas sensíveis como, por exemplo, saúde e educação"[280].

Por outro lado, não é menos exato que há necessidade de se atender questões axiológicas desdobradas de princípios constitucionais para interpretar realisticamente o conteúdo da norma. Este disciplinamento não pode ser compreendido mediante inflexível rigor literal quando se sabe que existem necessidades sociais aflitivas em qualquer administração, das maiores às menores. O que a lei busca reprimir é o assistencialismo mercantil-eleitoral, que jamais pode ser confundido com o assistencialismo social. Mesmo no desenrolar do calendário eleitoral, o Poder Público, em vista de um princípio programático estatuído pela CF/88, permanece no exercício de um papel de essencial importância na construção de uma sociedade livre, justa e solidária (art. 3º, I).

Argumentos *ad terrorem* à parte, é impossível desprezar o dilema vivenciado por administradores públicos quando necessitam incrementar ações que ocasionalmente podem vir a ser catalogadas na restrição legal. Nesse aspecto, o TSE, através da Consulta nº 154-24/DF[281], quando assentou que a análise da configuração ou não de Conduta Vedada somente é possível a partir dos fatos concretos que revelam suas circunstâncias próprias e o contexto em que inseridos, imprimiu certa largueza ao conceito legal.

O exame dos fatos numa seara sensível como a do §10 do art. 73 deve ser de forma contextualizada, sob o risco de não alcançar a melhor justiça. Tratando-se de norma proibitiva, o que não estiver contemplado pelas ex-

280. TSE, REspe nº 4.535/MG, DJE de 03/08/2018.

281. DJE de 05/06/2014, p. 57.

ceções estabelecidas (calamidade pública, estado de emergência ou programas sociais autorizados em lei e já em execução orçamentária no exercício anterior), *prima facie*, não poderá ser executado.

Diz-se *a princípio* porque o texto cru da lei, produto de atecnia legislativa, inviabilizaria a continuidade administrativa, sobretudo em localidades paupérrimas e desassistidas de serviços públicos.

Diante da finalidade perseguida pelo texto, se o programa social, embora autorizado em lei, não estava em execução orçamentária no ano imediatamente anterior, o mesmo não se enquadra na exceção. Acerca da instituição do programa social propriamente dita, tem-se que decreto não é instrumento equivalente à lei em sentido estrito. Existem inconfundíveis distinções entre ambos. Para melhor situar, vejamos algumas.

"Ninguém será obrigado a fazer ou deixar de fazer alguma coisa senão em virtude de lei", esclarece o art. 5º, II, da CF/88. Disso decorre que o sentido da ressalva "autorizados em lei" é justamente restringir a participação dos agentes públicos durante a extensão do processo eleitoral. Noutro giro, forçoso reconhecer que vigora o princípio da hierarquização das normas conferindo um sentido de estrutura ao ordenamento jurídico onde o decreto é expedido apenas para a *fiel execução* das leis, conforme dirime o art. 84, IV, da CF/88.

A restrição imposta pelo §10 obedece a essa diretriz.

A propósito da natureza legislativa face à exigência contida no dispositivo, dois escólios doutrinários merecem transcrição. O primeiro, por Celso Antônio BANDEIRA DE MELLO (*Curso de Direito Administrativo*, 19ª, ed., p. 318) elucida:

> No Brasil, entre a lei e o regulamento não existe diferença apenas quanto à origem. Não é tão-só o fato de uma provir do Legislativo e outro do Executivo o que os aparta. Também não é apenas a posição de supremacia da lei sobre o regulamento o que os discrimina. Esta característica faz com que o regulamento não possa contrariar a lei e firma seu caráter subordinado em relação a ela, mas não basta para esgotar a disceptação entre ambos no Direito brasileiro. Há outro ponto diferencial e que possuí relevo máximo e consiste em que - conforme averbação precisa do Prof. O. A. Bandeira de Mello - só a lei inova em caráter inicial na ordem jurídica. A distinção deles segundo a matéria, diz o citado mestre, 'está em que a lei inova originariamente na ordem jurídica, enquanto o regulamento não a altera (...). É fonte primária do Direito, ao passo que o regulamento é fonte secundária, inferior.

Manifestando idêntica compreensão, destacou CARVALHO FILHO no seu *Manual de Direito Administrativo*:

> A formalização do poder regulamentar se processa, basicamente, por decretos e regulamentos. Nesse sentido é que o art. 84, IV, da Constituição Federal dispõe que ao Presidente da República compete expedir decretos e regulamentos para a fiel execução das leis. Pelo princípio da simetria constitucional, o mesmo poder é conferido a outros Chefes do Poder Executivo (governadores, prefeitos, interventores) para os mesmos objetivos. De acordo com o sistema clássico da separação de Poderes, não pode o legislador, fora dos casos expressos na Constituição, delegar integralmente seu poder legiferante aos órgãos administrativos. Significa dizer que o poder regulamentar legítimo não pode simular o exercício da função de legislar decorrente de indevida delegação oriunda do Poder Legislativo, delegação essa que seria, na verdade, inaceitável renúncia à função que a Constituição lhe reservou. (...) O poder regulamentar é subjacente à lei e pressupõe a existência desta.
>
> É com esse enfoque que a Constituição autorizou o Chefe do Executivo a expedir decretos e regulamentos: viabilizar a efetiva execução das leis (art. 84, IV).Por essa razão, ao poder regulamentar não cabe contrariar a lei (*contra legem*), pena de sofrer invalidação. Seu exercício somente pode dar-*se secundum legem*, ou seja, em conformidade com o conteúdo da lei e nos limites que esta impuser.
>
> Decorre daí que não podem os atos formalizadores criar direitos e obrigações, porque tal é vedado num dos postulados fundamentais que norteiam nosso sistema jurídico: "ninguém será obrigado a fazer ou deixar de fazer alguma coisa senão em virtude de lei" (art. 5º, II, CF). (...) não podem considerar-se legítimos os atos de mera regulamentação, seja qual for o nível da autoridade de onde se tenha originado, que, a pretexto de estabelecerem normas de complementação da lei, criam direitos e impõem obrigações aos indivíduos. Haverá, nessa hipótese, indevida interferência de agentes administrativos no âmbito da função legislativa, com flagrante ofensa ao princípio da separação de Poderes insculpido no art. 21 da CF. Por isso, de inegável acerto a afirmação de que só por lei se regula liberdade e propriedade; só por lei se impõem obrigações de fazer ou não fazer, e só para cumprir dispositivos legais é que o Executivo pode expedir decretos e regulamentos, de modo que são inconstitucionais regulamentos produzidos em forma de delegações disfarçadas oriundas de leis que meramente transferem ao Executivo a função de disciplinar o exercício da liberdade e da propriedade das pessoas.

Assim ocorre também com a jurisprudência, que tem um posicionamento taxativo acerca das duas ressalvas legais:

> **AGRAVO REGIMENTAL. AGRAVO DE INSTRUMENTO. CONDUTA VEDADA. DISTRIBUIÇÃO DE BENEFÍCIOS SOCIAIS EM PERÍODO VEDADO. ART.73, §10, DA LEI 9.504/97. PROGRAMAS SOCIAIS NÃO CRIADOS POR LEI.**
>
> 1. A instituição de programa social mediante decreto não atende à ressalva prevista no art. 73, §10 da Lei nº 9.504/97.
>
> 2. A mera previsão na lei orçamentária anual dos recursos destinados a esses programas não tem o condão de legitimar sua criação.
>
> 3. Agravo regimental não provido.[282]

> **AGRAVO REGIMENTAL. RECURSO ESPECIAL. AIJE. ART. 73, § 10, DA LEI Nº 9.504/97. PROGRAMA SOCIAL. CESTAS BÁSICAS. AUTORIZAÇÃO EM LEI E EXECUÇÃO ORÇAMENTÁRIA NO EXERCÍCIO ANTERIOR. AUMENTO DO BENEFÍCIO. CONDUTA VEDADA NÃO CONFIGURADA.**
>
> 1. A continuação de programa social instituído e executado no ano anterior ao eleitoral não constitui conduta vedada, de acordo com a ressalva prevista no art. 73, §10 da Lei nº 9.504/97.
>
> (...).[283]

Sob tais critérios, a reformulação, no ano das eleições, de programa social já autorizado em lei e em execução no exercício anterior, portanto satisfazendo os pressupostos formais do objeto tutelado, não caracteriza a prática censurada pelo artigo de regência, sinalou o TSE no Agravo Regimental em Agravo de Instrumento nº 424-65/SC.[284]

A renúncia de créditos tributários relativos ao Imposto sobre a Propriedade de Veículos Automotores (IPVA) e taxas do DETRAN no ano de 2014, concedida por uma Medida Provisória de 2013, convertida numa lei de 2014 e posteriormente alterada por outra MP de 2014, é ação de governo que não se subsume no conceito de *distribuição gratuita* exigido para caracterizar a conduta vedada do art. 73, § 10, da Lei nº 9.504/97. Com este entendimento, o Tribunal Superior Eleitoral, por maioria, negou provimento ao Recurso Ordinário nº 171.821/PB[285] interposto por

282. TSE, AgR-AI nº 116967/RJ, DJE de 17/08/2011.
283. TSE, AgR-REspe nº 997906551/SC, DJE de 19/04/2011.
284. DJE de 23/11/2018.
285. DJE de 28/06/2018.

coligação adversária e absolveu Governador de Estado de ofensa ao referido dispositivo.

Destarte, a casuística emanada do estudo de acórdãos contextualiza diversas situações concretas auxiliando o intérprete no exame deste conteúdo:

> **RECURSO ESPECIAL ELEITORAL. ELEIÇÕES 2012. PREFEITO. AÇÃO DE INVESTIGAÇÃO JUDICIAL ELEITORAL. CONDUTA VEDADA. ART. 73, § 10, DA LEI 9.504/97. DISTRIBUIÇÃO DE BENS. TABLETS. PROGRAMA ASSISTENCIALISTA. NÃO CONFIGURAÇÃO. CONTINUIDADE DE POLÍTICA PÚBLICA. ABUSO DE PODER POLÍTICO. DESVIO DE FINALIDADE. BENEFÍCIO ELEITORAL. NÃO COMPROVAÇÃO. REEXAME DE FATOS E PROVAS. IMPOSSIBILIDADE. DESPROVIMENTO.**
>
> 1. Na espécie, a distribuição de *tablets* aos alunos da rede pública de ensino do Município de Vitória do Xingu/PA, por meio do denominado programa "escola digital", não configurou a conduta vedada do art. 73, § 10, da Lei 9.504/97 pelos seguintes motivos:
>
> a) não se tratou de programa assistencialista, mas de implemento de política pública educacional que já vinha sendo executada desde o ano anterior ao pleito. Precedentes.
>
> b) os gastos com a manutenção dos serviços públicos não se enquadram na vedação do art. 73, § 10, da Lei 9.504/97. Precedentes.
>
> c) como os *tablets* foram distribuídos em regime de comodato e somente poderiam ser utilizados pelos alunos durante o horário de aula, sendo logo depois restituídos à escola, também fica afastada a tipificação da conduta vedada, pois não houve qualquer benefício econômico direto aos estudantes. Precedentes.
>
> d) a adoção de critérios técnicos previamente estabelecidos, além da exigência de contrapartidas a serem observadas pelos pais e alunos, também descaracterizam a conduta vedada em exame, pois não se configurou o elemento normativo segundo o qual "a distribuição de bens, valores ou benefícios" deve ocorrer de forma "gratuita". Precedentes.
>
> 2. O abuso do poder político caracteriza-se quando o agente público, valendo-se de sua condição funcional e em manifesto desvio de finalidade, compromete a igualdade da disputa e a legitimidade do pleito em benefício de sua candidatura ou de terceiros, o que não se verificou

> no caso. No ponto, a reforma do acórdão recorrido esbarra no óbice da Súmula 7/STJ.
>
> 3. Recurso especial eleitoral desprovido.[286]

A distribuição de mochilas em complementação ou incremento a programa social de fornecimento de uniformes escolares previsto em lei e em execução orçamentária anteriormente, não é conduta apta à cassação de registros nem à inelegibilidade, sendo suficiente a aplicação de multa porquanto a mesma não possuía clara previsão legal e orçamentária no ano prévio à eleição[287].

De acordo com os dados do Instituto Brasileiro de Geografia e Estatística (IBGE), mais de um terço das famílias brasileiras ingerem quantidade de alimento insuficiente às suas necessidades. Nesse contexto, a execução de programa social de distribuição de cestas básicas previsto em lei municipal e em execução que sofreu pequena majoração de recursos financeiros, não revela, por si só, a existência de ilícito eleitoral na esfera do art. 73, §10.[288]

O acréscimo de beneficiados, desde que em número moderado, também não enseja a cassação do mandato:

> **AGRAVO REGIMENTAL. RECURSO ESPECIAL. AIJE. ART. 73, § 10, DA LEI Nº 9.504/97. PROGRAMA SOCIAL. CESTAS BÁSICAS. AUTORIZAÇÃO EM LEI E EXECUÇÃO ORÇAMENTÁRIA NO EXERCÍCIO ANTERIOR. AUMENTO DO BENEFÍCIO. CONDUTA VEDADA NÃO CONFIGURADA.**
>
> 1. A continuação de programa social instituído e executado no ano anterior ao eleitoral não constitui conduta vedada, de acordo com a ressalva prevista no art. 73, § 10 da Lei nº 9.504/97.
>
> 2. Consta do v. acórdão recorrido que o "Programa de Reforço Alimentar à Família Carente" foi instituído e implementado no Município de Santa Cecília/SC em 2007, por meio da Lei Municipal nº 1.446, de 15 de março de 2007, de acordo com previsão em lei orçamentária de 2006. Em 19 de dezembro de 2007, a Lei Municipal nº 1.487 ampliou o referido programa social, aumentando o número de cestas básicas distribuídas de 500 (quinhentas) para 761 (setecentas e sessenta e uma).

---

286. TSE, REspe nº 55547/PA, DJE de 21/10/2015.
287. TSE, REspe nº 48472/MG, DJE de 14/08/2014.
288. TSE, REspe nº 132332/GO, DJE de 10/04/2015.

> 3. No caso, a distribuição de cestas básicas em 2008 representou apenas a continuidade de política pública que já vinha sendo executada pelo município desde 2007. Além disso, o incremento do benefício (de 500 para 761 cestas básicas) não foi abusivo, razão pela qual não houve ofensa à norma do art. 73, § 10 da Lei nº 9.504/97.
>
> 4. Agravo regimental desprovido.[289]

No julgamento do Recurso Especial Eleitoral nº 365-79/MG[290], a Corte Superior estabeleceu importante orientação jurisprudencial admitindo que a realização de obras de terraplanagem em propriedades particulares respaldada na Lei Orgânica do Município, portanto em norma de natureza permanente, atrai a ressalva constante do §10 do art. 73 da Lei nº 9.504/97. Nesse modelo, diante da expressão da fonte normativa, um decreto expedido pelo Poder Executivo, observado o princípio da simetria constitucional, corresponderia à regulamentação legal adequada.

A suspensão liminar dos efeitos decorrentes de decretos editados pela municipalidade concedendo benefícios a empresas, impedindo a consumação dos benefícios, reveste a cassação dos registros como medida desproporcional, sendo a multa suficiente.[291]

A assinatura de convênios e o repasse de recursos financeiros a entidades públicas e privadas para a realização de projetos nas áreas da cultura, do esporte e do turismo, não se amoldam ao conceito de distribuição gratuita do §10 quando os instrumentos de formalização estabelecem a adoção de contrapartidas por parte daquelas instituições.[292]

Conforme o TSE pontuou no Recurso Especial Eleitoral nº 24.389/ MG (DJE de 03/04/2019), eventos tradicionais, desacompanhados da distribuição de brindes por parte da Administração Pública, não se enquadram na severa censura legal.

À falta de previsão em lei específica e execução orçamentária no ano anterior, o programa de empréstimo de ovinos, para utilização e reprodução, caracteriza conduta punível pecuniariamente.[293]

O candidato que, à míngua dos mesmos pressupostos formais, se vale de recursos públicos para beneficiar determinadas pessoas, e a pretexto de

289. TSE, AgR-REspe nº 997906551/SC, DJE de 19/04/2011.
290. DJE de 14/11/2014.
291. TSE, AgR-REspe nº 58085/PR, DJE de 04/02/2014.
292. TSE, REspe nº 0000045-35/MG, DJE de 03/08/2018 e REspe nº 2826-75/SC, DJE de 22/05/2012.
293. TSE, RO nº 149655/AL, DJE de 24/02/2012.

concretizar programa social de combate e erradicação da pobreza, distribui maciçamente cheques ao portador à população visando obter benefícios eleitorais[294], vicia o processo eleitoral na sua essência ao ofender o objeto jurídico diretamente protegido, impondo, com isso, a sanção radical da cassação de mandato:

> **RECURSO ORDINÁRIO. ELEIÇÕES 2006. AÇÃO DE INVESTIGAÇÃO JUDICIAL ELEITORAL. GOVERNADOR E VICE-GOVERNADOR. CONDUTA VEDADA A AGENTE PÚBLICO E ABUSO DE PODER POLÍTICO COM CONTEÚDO ECONÔMICO. POTENCIALIDADE DA CONDUTA. INFLUÊNCIA NO RESULTADO DAS ELEIÇÕES. ELEIÇÕES DISPUTADAS EM SEGUNDO TURNO. MANTIDA A CASSAÇÃO DOS DIPLOMAS DO GOVERNADOR E DE SEU VICE. (...). RECURSOS A QUE SE NEGA PROVIMENTO.**
>
> (...).
>
> 8. Utilização de programa social para distribuir recursos públicos, mediante a entrega de cheques a determinadas pessoas, visando à obtenção de benefícios eleitorais.
>
> 9. Ausência de previsão legal e orçamentária para distribuição dos cheques; violação do disposto no artigo 73, § 10, da Lei n. 9.504/97.
>
> 10. Inexistência de critérios objetivos para escolha dos beneficiários; concessão de benefícios de valores elevados a diversas pessoas que não comprovaram estado de carência.
>
> 11. Uso promocional do programa social comprovado; participação do Governador no projeto "Ciranda de Serviços", associado à distribuição de cheques, no qual atendia pessoalmente eleitores em diversos municípios do Estado; envio de foto do Governador junto com os cheques distribuídos; utilização de imagens do Governador na propaganda eleitoral gratuita do então candidato à reeleição.
>
> 12. Elevação dos gastos com o "programa" às vésperas do período eleitoral.
>
> 13. Potencialidade da conduta; quantidade de cheques nominais e de recursos públicos distribuídos suficientemente para contaminar o processo eleitoral, determinando a escolha de voto dos beneficiários e de seus familiares.

---

294. O Governador do Estado enviava aos eleitores-beneficiários atendidos nas "cirandas de serviços" uma foto acompanhada do cheque (acórdão do TSE – p. 37).

14. A probabilidade de comprometimento da normalidade e equilíbrio da disputa é suficiente para ensejar a cassação do diploma de quem nessas circunstâncias foi eleito. Precedentes.

15. Cassado o diploma de Governador de Estado, eleito em segundo turno, pela prática de ato tipificado como conduta vedada, deve ser diplomado o candidato que obteve o segundo lugar. Precedente.

Recursos a que se nega provimento.[295]

Outro caso de assistencialismo político deformador dos princípios:

RECURSO ELEITORAL. CONDUTA VEDADA. UTILIZAÇÃO DE PROGRAMA SOCIAL EM BENEFÍCIO DE CANDIDATURA. CAPTAÇÃO ILÍCITA DE SUFRÁGIO NA EXECUÇÃO DE PROGRAMA SOCIAL. ANUÊNCIA DOS RECORRENTES. ATOS PRATICADOS POR SERVIDORES PÚBLICOS/CABOS ELEITORAIS. RECURSO DESPROVIDO.

1. Em ano de eleições municipais não há impedimento à execução de programas sociais desenvolvidos pelo governo estadual.

2. No caso em comento o programa social foi executado pelo governo municipal apenas no período crítico das eleições - a partir de junho e até setembro - com a distribuição de Cheque Mais Moradia, inclusive na casa de eleitores e abrangendo um elevado número de famílias - 936 ao todo.

3. Ficou demonstrado nos autos que cabos eleitorais dos Recorrentes, que também eram servidores públicos, compareciam às residências de eleitores instando-os a se cadastrarem e/ou receber o benefício, oportunidade em que pediam votos para os candidatos. Tais circunstâncias configuram desvio de finalidade do programa social de modo a beneficiar candidatos.

4. Para a configuração da captação ilícita de sufrágio, basta a entrega e/ou promessa de benesses aos eleitores em troca do voto, cujo pedido não precisa ser expresso.

5. A responsabilidade dos Recorrentes, candidatos à reeleição restou provada quando os seus cabos eleitorais, que também eram servidores municipais, executaram programa social de entrega de auxílio para reforma de imóveis, dirigindo-se de casa em casa, instando eleitores a

295. TSE, RO nº 1.497/PB, DJE de 02/12/2008.

> se cadastrarem, bem como entregando os benefícios, no período crítico das eleições - julho a setembro.
>
> 6. Recurso Eleitoral conhecido e desprovido.[296]

A abrangência do §10 do artigo 73 é um obstáculo, no ano das eleições, à implementação de benefício fiscal referente à dívida ativa do Município, assim como o encaminhamento, à Câmara de Vereadores, de projeto de lei objetivando previsão normativa voltada a favorecer os contribuintes que estiverem inadimplentes.[297]

Ratificando esta jurisprudência, o Recurso Especial Eleitoral nº 822-03/PR (DJE de 27/09/2018) reconheceu que a sanção de lei de iniciativa do Prefeito, em ano eleitoral, concedendo a isenção de imposto de Transmissão de Bens Imóveis (ITBI) a mais de duas centenas e meia de famílias, sem estimativa orçamentária específica, gera benefício aos moradores, independentemente do registro das escrituras nas matrículas dos imóveis.

A doação, com encargos, de área pública a terceiros, não configura a vedação estatuída no artigo 73, §10 porquanto para a subsunção do fato à norma há de haver gratuidade plena da doação.[298]

Evitando repetir o que já fora dito anteriormente sobre o uso promocional de distribuição gratuita de bens e serviços de caráter social (item nº 15.10.4), calha um despretensioso acréscimo a partir de advertência lançada sob a forma de nota de rodapé no acórdão do Recurso Especial Eleitoral n° 397-92/SC:

> E certo que a jurisprudência deste Tribunal tem sido concentrada no exame de ações assistencialistas (Entre as quais: a distribuição de animais (RO nº 1496-55, rel. Min. Arnaldo Versiani, DJE de 24.2.2012); as isenções tributárias (Cta n° 1531-69, rel. Min. Marco Aurélio, DJE de 28.10.2011); a distribuição de bens de caráter assistencial (AgR-Al nº 1169-67, rel. Min. Nancy Andrighi, DJE de 17.8.2011); a distribuição de cestas básicas (AgR-REspe n° 9979065-51, rel. Mm. Aldir Passarinho Junior, DJ de 19.4.2011); a doação de bens perecíveis (Pet n" 1000-80, rel. Min. Marco Aurélio, DJE de 24.8.2010) e o repasse de valores destinados a assistência social (Cta nº 95.139, rel. Min. Marco Aurélio, DJE de 4.8.2010).

296. TRE/GO, Recurso Eleitoral nº 70667, DJ de 07/05/2014.

297. TSE, Cta. nº 153169/DF, DJE de 28/10/2011.

298. TRE/GO, RE nº 138, DJ de 14/03/2018.

> Entretanto, a verificação da existência da distribuição de bens, valores e benefícios prevista no § 10 do art. 73 não contempla apenas o assistencialismo básico da população de baixa renda. 0 exercício dos direitos culturais e o acesso as fontes da cultura nacional devem ser garantidos pelo Estado, a quem incumbe incentivara a difusão das manifestações culturais, valorizando-as, nos termos do art. 215, da Constituição da Republica. Da mesma forma, conforme previsto no art. 217 da Constituição da República: "E dever do Estado fornecer práticas desportivas formais e não-formais, como direito do cada um [...] Ambas as atividades, portanto, se caracterizam como obrigações constitucionais impostas ao Estado, as quais, por certo trazem benefícios aos cidadãos.
>
> E como tal, em tese, são passiveis de serem enquadradas na proibição contida no § 10 do art. 73 da Lei n° 9.504/97 de modo a impedir que, nos anos de eleição, o administrador lance mão dos recursos públicos para desenvolver programas voltados a essas áreas que não estejam previamente estabelecidos em lei e contem com execução orçamentária anterior.

Em igual direção estão outras hipóteses de afronta ao § 10 do art. 73 da Lei nº 9.504/97 extraídas da jurisprudência a partir da inocorrência do binômio programa social autorizado em lei/execução orçamentária no exercício anterior ao pleito:

- Distribuição de **títulos dominiais de posse** decorrente de Programa Social que iniciou a sua execução apenas no ano da eleição[299];
- **Doação de lotes** no ano eleitoral, em ação conjunta promovida pelo Prefeito Municipal candidato à reeleição e pelo Presidente da Câmara de Vereadores que culmina na aprovação de Leis Municipais e na tradição de duas áreas públicas a particulares[300];
- Distribuição de **cestas básicas** e outros benefícios ao longo do ano eleitoral pela Secretaria de Assistência Social fundada em lei municipal de dezembro do ano anterior, sem, contudo, execução orçamentária e sem a observância do procedimento estabelecido na mesma lei[301];
- Distribuição de **material de construção**, entre pessoas que não souberam informar se estavam inscritas em programa social, mas que ostentavam propaganda eleitoral nas fachadas de suas casas, demonstrando disponibilidade de seu voto em favor dos candidatos apoiados pelo representado, fica caracterizada a prática da conduta vedada. Ainda que a conduta não

299. TRE/BA, Recurso Eleitoral nº 55984, DJE de 01/08/2018.
300. TRE/GO, Recurso Eleitoral nº 48436, DJE de 01/02/2019.
301. TRE/PR, Recurso Eleitoral nº 24455, DJE de 20/11/2017.

tivesse caráter eleitoreiro ou promoção do agente público, tais fatos não se amoldam ao permissivo da parte final do § 10[302];

- Doação de **veículo para uma instituição de caridade**[303];
- Distribuição gratuita de **bens** pela Administração Pública intermediada por vereadores[304];
- Implementação de **benefício fiscal referente à dívida ativa** do Município, a exemplo de plano de recuperação de crédito com concessão, ainda que parcial, de descontos de juros e multas aos contribuintes inadimplentes, em ano eleitoral[305].

De outro lado, inserindo-se na exceção legal, ainda que ocasionalmente a sua violação tenha sido admitida como de baixa ou moderada intensidade e, por conta disso, passível apenas de pena pecuniária ao revés da cassação do registro ou diploma, estão exemplificadas algumas situações abaixo:

- A **concessão de autorização, pela municipalidade, para famílias de baixa renda, legalizar, com a lavratura das devidas escrituras públicas, os lotes de terrenos urbanos que receberam em doações das administrações anteriores**, há mais de duas décadas, na execução de políticas públicas em conformidade com leis municipais então editadas, não se subsume ao conteúdo normativo, já que houve apenas o cumprimento de uma obrigação acerca da regularização de uma situação precária há anos consolidada, em continuidade ao plano assistencial criado pela legislação específica[306];
- Quando a **concessão de benefícios a servidores públicos, na forma de descontos para a aquisição de produtos e/ou serviços da iniciativa privada**, é suportada exclusivamente pelas empresas conveniadas mediante termo assinado com o Governo do Estado, notadamente diante da expressa previsão no decreto regulamentar no sentido de que a adesão ao programa não garante "beneficio junto aos programas de governo, a licitações, contratos ou obrigações fiscais", não há que se falar em ofensa à norma eleitoral, porquanto ausente qualquer tipo de distribuição[307];
- Quando à **edição de lei de iniciativa do Chefe do Executivo municipal, em ano eleitoral, reconhece a ocorrência da prescrição quinquenal**

302. TRE/MS, Recurso Eleitoral nº 19733, DJE de29/08/2016.
303. TRE/BA, Recurso Eleitoral nº 54416, DJE de 09/05/2016.
304. TRE/GO, Recurso Eleitoral nº 40772, DJE de 09/01/2019.
305. TRE/MA, Recurso Eleitoral nº 26089, DJE de 02/02/2018.
306. TRE/MS, Recurso Eleitoral nº 19232, DJE de 08/02/2013.
307. TRE/MT, Representação nº 60032921, DJE de 01/12/2018.

em relação a créditos tributários efetivamente prescritos, não obstante constituir distribuição de vantagem ou benefício[308];

- Sendo intrínseco à atividade da Administração Pública promover e estimular ações preparatórias voltadas à educação, não configura a proibição descrita no § 10 do art. 73, da Lei 9.504/97, o **oferecimento do Curso Pré-Enem Amaraji, bem como a distribuição de material didático** para tanto empreendido, estando ausentes, pois, elementos hábeis a conduzir à exegese de que tenha havido propriamente à implementação de um programa social[309];
- Embora os fatos tenham ocorrido no período eleitoral, não há com se presumir que as **ações inerentes a atividade administrativa** possuem, por essa razão, caráter eleitoreiro, não estando o candidato à reeleição proibido de implementar políticas públicas no ano eleitoral, especialmente quando não existe um flagrante desvirtuamento da finalidade pública. Teleologia do conteúdo dos artigos 14, § 5º, da Constituição Federal/88 e 73, § 10, da Lei n.º 9.504/90[310];
- A prestação de **auxílio institucional à família em situação de extrema vulnerabilidade**, inserido em programa social com previsão orçamentária prévia ao período vedado e sem comprovação de vinculação eleitoral, é procedimento regular[311];
- Não havendo provas nos autos de que a **distribuição de benefícios (arroz proveniente de lavoura comunitária)**, por parte da administração pública municipal, tenha ocorrido no ano eleitoral, não resta configurada a conduta reprimida[312];
- Restando o **conjunto probatório insuficiente para lastrear** uma **condenação por abuso de poder econômico (LC nº 64/90) e captação ilícita de sufrágio (LE/97, art. 41-A)**, não estará caracterizada a conduta vedada descrita no art. 73, § 10 da Lei nº 9.504/97[313].

Em resumo: o programa social deve ser específico. Admitir de modo diverso, elastecendo a redação normativa, "implicaria anuir com a ideia de ser lícito aos governantes utilizarem-se de normativos genéricos, com comandos abertos e/ou exemplificativos para se valerem de um verdadeiro "cheque em branco", onde tudo vale, tudo pode – o que não se deve admi-

308. TRE/MS, Recurso Eleitoral nº 18537, DJE de 31/10/2012.
309. TRE/PE, Recurso Eleitoral nº 12703, DJE de 26/10/2017.
310. TRE/PA, Recurso Eleitoral nº 80058, DJE de 29/10/2014.
311. TRE/RS, Recurso Eleitoral nº 121-45, j. 05/12/2013.
312. TRE/TO, Recurso Eleitoral nº 74981, DJE de 30/01/2014.
313. TRE/PB, Recurso Eleitoral nº 32831, DJE de 29/11/2017.

tir", conforme assentado pelo Ministro Raul Araujo Filho na relatoria do Recurso Especial Eleitoral nº 15661/PB (DJE 31/03/2023)[314].

314. ELEIÇÕES 2016. RECURSOS ESPECIAIS. AIJE. PREFEITO E VICE-PREFEITO. CONDUTA VEDADA. ABUSO DE PODER POLÍTICO-ECONÔMICO. DISTRIBUIÇÃO GRATUITA E INDISCRIMINADA DE AUXÍLIOS FINANCEIROS EM ANO ELEITORAL. PARCIAL PROVIMENTO NO TRIBUNAL LOCAL. (1) SENTENÇA QUE RECONHECEU APENAS PARTE DAS CONDUTAS VEDADAS IMPUTADAS NA EXORDIAL. INTERPOSIÇÃO DE RECURSO INTEMPESTIVO PELOS INVESTIGADOS. INTERPOSIÇÃO DE RECURSOS TEMPESTIVOS PELOS INVESTIGANTES. IMPOSSIBILIDADE DE REDISCUSSÃO DO CAPÍTULO ESPECÍFICO. COISA JULGADA PARCIAL. ACÓRDÃO AMPLIATIVO. RECONHECIMENTO DAS DEMAIS CONDUTAS E ABUSO DE PODER. (2) ART. 73, § 10, DA LEI Nº 9.504/1997 C/C ART. 22, XIV, DA LC Nº 64/1990. REPASSES NÃO ALBERGADOS NAS EXCEÇÕES LEGAIS. AUXÍLIOS DISTRIBUÍDOS COM BASE EM LEI MUNICIPAL GENÉRICA. INEXISTÊNCIA DE PROGRAMA SOCIAL. FATO INCONTROVERSO. "CHEQUE EM BRANCO" AO GESTOR. IMPOSSIBILIDADE. DECRETOS DE CALAMIDADE PÚBLICA E DE ESTADO DE EMERGÊNCIA QUE NÃO AUTORIZAM OS REPASSES EFETUADOS. AUSÊNCIA DE FORMALIDADES NA CONCESSÃO DOS BENEFÍCIOS. AUSÊNCIA DA CONDIÇÃO DE PESSOA CARENTE EM PARTE DOS BENEFICIÁRIOS. GRAVIDADE DA CONDUTA. ACERVO FÁTICO-PROBATÓRIO. IMPOSSIBILIDADE DE REEXAME, VERBETE SUMULAR Nº 24 DO TSE. CONFIRMAÇÃO DAS SANÇÕES IMPOSTAS PELO TRE. MULTA AOS RESPONSÁVEIS E BENEFICIÁRIOS. INELEGIBILIDADE. SANÇÃO PERSONALÍSSIMA. IMPOSIÇÃO AOS AGENTES PÚBLICOS QUE PRATICARAM O ILÍCITO. CASSAÇÃO DE DIPLOMA. PREFEITO E VICE ELEITOS EM 2016. PERDA DE OBJETO. MANUTENÇÃO DO ARESTO REGIONAL. RECURSO ESPECIAL PARCIALMENTE NÃO CONHECIDO. DESPROVIMENTO DOS RECURSOS ESPECIAIS. AÇÃO CAUTELAR PREJUDICADA.

[...]

MÉRITO

2.1 Na origem, imputou-se aos investigados a prática de abuso de poder político entrelaçado com poder econômico consubstanciado na prática das condutas vedadas delineadas nos arts. 73, I, III, IV, V e § 10 em desfavor do então prefeito e dos candidatos a prefeito e vice beneficiados (ulteriormente eleitos), bem como a candidato a vereador, além de secretários municipais.

2.2 Os investigantes argumentaram que os investigados praticaram as seguintes condutas configuradoras de abuso dos poderes político e econômico, de condutas vedadas a agentes públicos e de captação ilícita de sufrágio: (a) contratação indiscriminada de servidores, sob argumento de excepcional interesse público, e nomeação de servidores comissionados; (b) distribuição gratuita de bens, valores e benefícios para os munícipes; (c) distribuição de materiais de construção às vésperas do pleito de 2016; (d) cessão e utilização de bens, materiais e servidores públicos em benefício de candidatos da coligação adversária; e (e) oferta de combustível em troca de voto.

2.3 O Tribunal local desproveu o recurso eleitoral dos investigados, ao tempo em que deu parcial provimento ao recurso eleitoral dos investigantes para, adicionalmente à sentença, reconhecer a prática de abuso de poder derivada da conduta vedada versada no art. 73, § 10, da Lei das Eleições, qual seja, distribuição indevida de benefícios em ano eleitoral.

2.4 No caso, tais concessões foram distribuídas indevidamente com base em (I) leis municipais genéricas, bem como com esteio (II) em decretos de calamidade pública e/ou de estado de emergência estaduais e municipais que não tinham como objeto a concessão irrestrita de benefícios que não guardam pertinência, nem por via oblíqua, com benefícios assistenciais.

2.5 A jurisprudência do TSE consolidou-se no sentido de "[...] ser necessária a lei específica que institua o programa social, além de sua execução orçamentária no ano anterior às eleições ano anterior às eleições [...]" (AgR-REspE nº 1-72/PI, rel. Min. Gilmar Mendes, julgado em 16.11.2016, DJe de 2.12.2016).

2.6 No julgamento do REspEl nº 372-75/ES, rel. Min. Alexandre de Moraes, igualmente relativo ao pleito de 2016, esta Corte Superior, diante da "[...] inexistência de autorização legal específica do programa social ¿+ Liberdade pelo Conhecimento – Geração de Emprego e Renda' [...]", manteve a conclusão do acórdão regional acerca da violação ao art. art. 73, § 10, da Lei das Eleições e da configuração do abuso de poderes econômico e político e ratificou a compreensão de que a hipótese autorizadora do § 10 do art. 73 da Lei nº 9.504/1997 somente se perfaz com autorização legislativa específica, não satisfazendo esse requisito a existência de dispositivo legal genérico previsto na Lei de Organização da Assistência Social.

15.10.11.1. Programas sociais e entidades nominalmente vinculadas a candidato ou por este mantida

> Art. 73. (*omissis*):
>
> §11. Nos anos eleitorais, os programas sociais de que trata o §10 não poderão ser executados por entidade nominalmente vinculada a candidato ou por este mantida.

O dispositivo, nitidamente inspirado na jurisprudência, é inovador. A interdição nele estipulada traz um viés contundente: proíbe, *no ano da eleição*, portanto a contar de 1º de janeiro, a execução, por entidade vinculada nominalmente a candidato ou por ele mantida, de qualquer programa social da Administração Pública, inclusive aqueles autorizados em lei e já em execução orçamentária no exercício anterior, conforme averbou o Recurso Especial Eleitoral nº 397-92/SC (DJE de 20/10/2015).

2.7 As razões de decidir do predito julgado aplicam-se integralmente à presente hipótese, tendo em vista que o referido caso tratou de situação idêntica: lei municipal que constitui, conforme atestou o acórdão regional, "mera cópia da Lei Orgânica da Assistência Social - LOAS".

2.8 Ademais, ainda que se considerasse que as leis municipais objeto desta controvérsia tivessem por objeto programa social específico – o que não é o caso –, a lei municipal genérica expressamente estabelece que as despesas com doações aos munícipes se restringem às pessoas "comprovadamente carentes", sendo indispensável o cumprimento de formalidades específicas, bem como a Lei Municipal nº 674/2014 estipula que as benesses custeadas pelo Poder Público tenham por destino famílias com "renda familiar per capita igual ou inferior a meio salário mínimo nacional", quando presentes, na localidade, fatos imprevisíveis ou fortuitos que configurem riscos, perdas e danos. Faz-se o registro porque, no caso, tais formalidades nem sequer foram cumpridas pela municipalidade.

2.9 O contexto probatório – que considerou depoimentos em relação aos demais elementos de provas constantes dos autos –, é insuscetível de alteração nesta seara extraordinária, tendo em vista o óbice do Enunciado nº 24 da Súmula do TSE. Precedentes.

2.10 A concessão irrestrita de benesses a diversos munícipes não guarda relação com enfrentamento de fome e sede, ainda que feita sob o alegado pálio assistencial. Compreender de forma diversa implicaria anuir com a ideia de ser lícito aos governantes utilizarem-se de normativos genéricos, com comandos abertos e/ou exemplificativos para se valerem de um verdadeiro "cheque em branco", onde tudo vale, tudo pode – o que não se deve admitir.

2.11 A distribuição de benefícios realizada pelos investigados consubstancia-se em conduta revestida com notória finalidade eleitoreira, aferível não só a partir do (I) desrespeito à necessidade de criação lei específica – fato que, por si só, já se subsumiria à prática de conduta vedada –, mas, também, qualificada pelo (II) desvirtuamento das doações operadas em pretensa atenção à lei municipal genérica.

2.12 As preditas doações são aptas a deflagrar quadro de abuso de poder, mormente ao se considerar que as concessões impugnadas não se imbricam com ações de ordem eminentemente social, daí revelando a alta reprovabilidade da conduta (aspecto qualitativo), bem como sua aptidão em reverberar no equilíbrio da corrida eleitoral (aspecto quantitativo).

2.13 O impacto causado na normalidade e legitimidade do pleito indicam a quebra de isonomia entre os concorrentes que disputavam a chefia do Executivo em município em que 7.262 eleitores compareceram às urnas, de modo que os 103 beneficiários oficialmente identificados pela irregular política pública influenciaram diretamente no resultado das eleições, notadamente ao se considerar a diferença mínima de votos entre o primeiro e segundo colocados, qual seja, apenas 33 votos.

Dessa forma, descontadas ocasionais excepcionalidades, o texto legal traz elementos estruturais de caráter certo.

Entidades são associações, creches, agremiações esportivas e outras.

O advérbio *nominalmente* remete à *principalmente, especialmente.*

Vinculada, na linguagem técnica, exprime a ideia de *ligação* ou *relação.*

Acerca da expressão *mantida*, o sentido léxico da norma conduz à *sustentada* ou *provida.* A propósito disso, no julgado acima referido, o relator, respaldado pelo Plenário, concluiu que as entidades mantidas por candidatos não se restringem apenas àquelas em que o candidato é o principal ou único responsável pelos aportes de recursos financeiros necessários à sobrevivência da instituição. Conceitualmente, "Também devem ser consideradas como mantidas as entidades que são conduzidas pelos candidatos, que, nessa condição, atuam diretamente perante terceiros buscando recursos financeiros para o desenvolvimento do objeto social e programas sociais idealizados", admitiu.

O voto concluiu destacando:

> De outro modo, interpretar que a regra do § 11 somente contemplaria a entidade financeira e exclusivamente mantida por candidato, seria, ao mesmo tempo, incentivar a fraude a lei e permitir que os simpatizantes fizessem doações indiretas antecipadas ou no curso das eleições a margem da escrituração contábil da campanha, em favor dos projetos sociais executados pelos candidatos.

Há, porém, um fato inconteste no país: multiplicam-se os casos de entidades filantrópicas ou assistenciais mantidas por *políticos*, assim compreendidas as pessoas titulares ou não de mandatos eletivos. O tema comporta múltiplos juízos, a maioria dos quais desembocando numa dialética travada em torno da prática da assistência social e o fato dos mantenedores dessas instituições serem potenciais candidatos ou mandatários. Na realidade, é necessário se chamar mais a atenção para um segundo ponto.

O Poder Público, nas três esferas federativas, não fornece os seus serviços adequadamente. A ineficiência reinante, que já deveria pertencer ao passado, persiste. A população, na maioria das vezes, se vê relegada à própria sorte em termos de saúde, assistência ou previdência social. A realidade nocauteia o lirismo retórico da CF/88 quando pacientes ficam deitados em macas nos corredores aguardando atendimento médico, ou pessoas precisam pernoitar em filas a céu aberto, no frio ou na chuva, para conseguir fichas de consultas médicas. Numa visão ampla, é justamente esse hiato estatal que propicia o surgimento de *albergues* ou *casas solidárias* para acolher quem irá se submeter a um tratamento ou realizar uma consulta médica fora do seu domicílio.

Qualquer um que se debruçar minimamente sobre essa questão concluirá por três entendimentos básicos. O primeiro, é que há, sim, um mecenato desinteressado amparando necessitados. O outro, é que existem os filantropos de ocasião mirando pleitos a partir da miséria alheia. Mas também é possível constatar uma terceira categoria: a dos que, na titularidade de mandatos, especialmente legislativos, desembolsam quantias pessoais, às vezes com respaldo de terceiros, para manter tais empreendimentos funcionando como forma de ação social. Nesse contexto, a concessão de benefícios particulares não se enquadra na "distribuição gratuita de bens, valores ou benefícios por parte da Administração Pública" do §10 do art. 73 da LE/97.

A propósito de uma temática desta latitude, somente o caso concreto e seu acervo probatório é que permitirão concluir se o oferecimento do bem ou da vantagem pessoal se deu ou não em troca do voto como ficou apurado no Recurso Ordinário nº 8003-19/RJ (DJE de 19/12/2018):

> **RECURSO ORDINÁRIO. ELEIÇÕES 2014. DEPUTADO FEDERAL. AÇÃO DE INVESTIGAÇÃO JUDICIAL ELEITORAL. ABUSO DE PODER POLÍTICO E ECONÔMICO. ART. 22 DA LC 64/90. ASSISTENCIALISMO. CENTRO SOCIAL. FINALIDADE ELEITOREIRA. CONFIGURAÇÃO. CONDUTA GRAVÍSSIMA. DESEQUILÍBRIO. LEGITIMIDADE DO PLEITO. PARIDADE DE ARMAS. CAPTAÇÃO ILÍCITA DE SUFRÁGIO. ART. 41-A DA LEI 9.504/97. NÃO COMPROVAÇÃO. PROVIMENTO PARCIAL.**
>
> HISTÓRICO DA DEMANDA.
>
> 1. Trata-se de Ação de Investigação Judicial Eleitoral (AIJE) ajuizada pelo Parquet em desfavor de (...) - suplente de Deputado Federal nas Eleições 2014 e, antes, Vereador de Duque de Caxias/RJ eleito em 2012 - por supostos abuso de poder econômico e político (art. 22, caput, da LC 64/90) e compra de votos (art. 41-A da Lei 9.504/97).
>
> 2. Alega-se que o candidato valeu-se do cargo de vereador e, ainda, do centro social Entidade Luz do Amanhã Criança Esperança (ELACE), por ele fundado, para alavancar sua candidatura, oferecendo inúmeros serviços gratuitos, em especial médicos, a milhares de pessoas, e distri-

buindo material publicitário da instituição em conjunto com santinhos referentes ao cargo em disputa, de forma a associar seu nome aos trabalhos em favor da comunidade.

3. Aduz-se, ainda, que Francisco auferiu notória vantagem perante seus concorrentes, o que se refletiu na circunstância de que quase metade (4.732) de seus votos em 2014 (9.525) originaram-se da zona eleitoral em que localizado o instituto.

4. O TRE/RJ, por maioria de quatro votos a três, julgou improcedentes os pedidos quanto ao abuso de poder, o que ensejou recurso ordinário pelo Parquet.

EXAME DO RECURSO

ABUSO DE PODER ECONÔMICO E POLÍTICO

5. Constitui abuso de poder político e econômico a atuação de vereador que, aproveitando-se de calamidade de sistema público de saúde, intermedeia exames, cirurgias e consultas médicas visando angariar votos para pleito futuro. Precedente: REspe 319-31/RJ, redatora para acórdão Min. Luciana Lóssio, DJe de 31.3.2016.

6. Também se verifica abuso na hipótese de aproveitamento eleitoreiro de instituição filantrópica, de modo a comprometer a legitimidade do pleito e a paridade de armas. Precedentes.

7. Cabe à Justiça Eleitoral apurar e punir, com rigor, prática de assistencialismo - verdadeiro clientelismo - por ocupante de mandato eletivo que, visando obter votos para pleito futuro, manipula a miséria humana em benefício próprio ao aproveitar-se da omissão do Estado em inúmeras áreas - com destaque para a saúde pública, direito social assegurado indistintamente a todos (arts. 6º e 196 da CF/88).

8. O ilícito é incontroverso e as circunstâncias são gravíssimas. O candidato atrelou seu nome e imagem ao centro social Entidade Luz do Amanhã Criança Esperança (ELACE), que oferecia serviços médicos, odontológicos, fisioterapêuticos, advocatícios e esportivos, gerando nos munícipes vínculo de dependência entre voto e manutenção das benesses.

9. O conjunto probatório não deixa dúvida a respeito. No centro social apreenderam-se, dentre inúmeros documentos, os seguintes: a) papéis timbrados da Câmara Municipal de Duque de Caxias; b) carimbo e cartões de Vereador do recorrido; c) convites para festa com inscrição "apoio cultural Chico Borracheiro"; d) requisições relativas à energia elétrica; e) cartões do SUS; f) receituários e escala da ELACE; g) pedidos de bolsas de estudos; h) santinhos de propaganda eleitoral; i) tíquetes para comida e bebida com carimbo do candidato; j) fotografias do recorrido e do centro social; k) R$ 13.643,00 em espécie; l) 154 receituários

e 101 formulários médicos; m) 1.556 fichas da academia ELACE ainda não preenchidas; n) 80 requisições de exame da Prefeitura Municipal de Duque de Caxias e 86 de hospitais diversos; o) carta com referência de entrega ao Sr. Chico Borracheiro e bilhete pedindo para resolver problemas quanto a exames pelo SUS; p) dois blocos de receita médica do Dr. Marcos Antônio dos Santos, inclusive com receita já carimbada; q) 3.005 fichas de atendimento médico, de várias especialidades, algumas contendo zona eleitoral e seção de votação dos pacientes; r) 2.000 cartões de paciente da ELACE em branco; s) 285 atestados médicos; t) seis currículos e duas cópias do cartão da criança; u) três formulários do Cadastro Vale Social; v) 16 formulários contendo nome de pessoas e tipos de serviços solicitados/oferecidos; x) cinco termos de compromisso de academia que funciona no local._

10. Informativo do ELACE, datado de agosto de 2012, revela que, já naquela época, "mais de mil pessoas [eram] atendidas em consultas de: fisioterapia, odontologia, ginecologia, cardiologia, dermatologia e outros" e, ainda, ser a entidade "o maior centro de atendimento social da Baixada Fluminense" (fl. 44).

11. Durante o período eleitoral, em frente ao prédio em que funciona o ELACE, havia placa de propaganda do candidato, que usou na urna a alcunha "Chico Borracheiro" (fls. 48-52).

12. A equipe de fiscalização de propaganda do TRE/RJ, ademais, obteve de eleitor encarte do centro social acompanhado de santinho do candidato. Noticiou-se, ainda, que o recorrido estaria distribuindo ostensivamente material de campanha, no total de aproximadamente 500 impressos (fl. 42).

13. No verso do santinho, consta a mensagem "caros amigos, estamos em ano de eleição e neste momento apoiamos um grande amigo e colaborador de nosso Projeto Fé e Esperança, portanto, gostaríamos de contar com o apoio de vocês que fazem parte deste trabalho, pedindo seu voto de confiança para o Deputado Federal Chico Borracheiro com o número 9040. [...] É o idealizador da maior obra social da baixada fluminense. Trabalha incansavelmente pela saúde [...]" (fl. 202v).

14. A associação em favor da pessoa do recorrido é incontroversa, porquanto no referido santinho, em seu sítio eletrônico na Câmara Municipal de Duque de Caxias e no informe publicitário do ELACE noticia-se que ele fundou a entidade.

15. Toda essa documentação revela de modo insofismável o ilícito, porquanto o candidato usou ostensivamente de instituto assistencial como plataforma política, vinculando seu nome e imagem aos serviços oferecidos à comunidade para se promover.

16. Nesse ambiente, em que serviços comunitários e atos de campanha confundiam-se, sobreleva o intento de se construir vínculo político entre o recorrido e os inúmeros eleitores que o procuravam, pois, repita-se, apreendeu-se grande quantidade de itens relativos em especial a atendimentos médicos.

17. É certo que o recorrido se apresentou como inequívoca porta de acesso para fruição de serviço de natureza pública, aferindo, ao fim e ao cabo, notórios dividendos eleitorais. O uso dessa ferramenta constituiu elemento distintivo ante os demais candidatos em condições normais de disputa.

18. Em contrarrazões, aduziu-se que as provas seriam frágeis porque os fiscais que diligenciaram não compareceram à audiência de instrução e seus informantes nem sequer foram identificados. Todavia, "certidão lavrada por serventuário da Justiça Eleitoral tem fé pública e presunção relativa de veracidade, podendo seu conteúdo ser refutado apenas por provas robustas", o que não ocorreu no caso. Precedente: AgR-AI 7.980/SP, Rel. Min. Joaquim Barbosa, DJ de 8.8.2008.

19. A gravidade dos fatos - art. 22, XVI, da LC 64/90 - foi sobejamente demonstrada pelas circunstâncias acima. Houve notório aproveitamento do calamitoso sistema de saúde pública para intermediar e distribuir benesses, com o fim de obter votos de pessoas carentes, em afronta à normalidade e à legitimidade das eleições.

20. Por fim, é de se ressaltar que, dos 9.525 votos recebidos pelo candidato, quase metade deles (4.732; 49,8%) originaram-se da zona eleitoral em que se localiza o centro social.

COMPRA DE VOTOS

21. Neste ponto específico, inexiste prova robusta de que a prestação dos serviços assistencialistas era condicionada ao voto dos eleitores.

22. Assim, mantém-se o aresto regional na parte em que afastou ocorrência do ilícito do art. 41-A da Lei 9.504/97.

CONCLUSÃO

23. Recurso ordinário provido em parte para cassar o diploma de suplente de deputado federal de Francisco dos Santos e declarar sua inelegibilidade por oito anos por abuso de poder econômico e político.[315]

315. No mesmo sentido, por maioria, a decisão do tribunal no AREspEl nº 0600688-37/BA (DJE 30/08/2023): ELEIÇÕES 2020. AGRAVO EM RECURSO ESPECIAL. AÇÃO DE INVESTIGAÇÃO JUDICIAL ELEITORAL. CANDIDATO A VEREADOR REELEITO. ABUSO DOS PODERES POLÍTICO E ECONÔMICO. ENTIDADE FILANTRÓPICA. ASSISTENCIALISMO. UTILIZAÇÃO PARA PROMOVER CANDIDATURA. PROCEDÊNCIA NA ORIGEM.

Também dispondo sobre os chamados *centros sociais*, afigura-se o Recurso Ordinário nº 35-58/RJ (DJE de 25/02/2019), cuja conclusão expressou convicção cabalmente diversa do caso anterior, conforme se apura a partir da sua ementa:

> **RECURSO ORDINÁRIO. ELEIÇÕES 2014. DEPUTADO ESTADUAL. AÇÃO DE INVESTIGAÇÃO JUDICIAL ELEITORAL (AIJE). ABUSO DE PODER ECONÔMICO. ART. 22 DA LC 64/90. CENTRO ASSISTENCIALISTA.**
>
> 1. Trata-se de recurso ordinário interposto (...) contra acórdão do TRE/RJ em que, por quatro votos a três, decretou perda de diploma e inelegibilidade por oito anos por abuso de poder econômico diante de suposto uso de centro assistencialista para fins eleitoreiros, em Ação de Investigação Judicial Eleitoral.
>
> TEMA DE FUNDO. INSTRUÇÃO DEFICIENTE. BUSCA E APREENSÃO. DOCUMENTOS. TRIAGEM. (...). INTEGRALIDADE. PROVA. FRAGILIDADE. PROVAS REMANESCENTES.
>
> (...).
>
> 5. A condenação por abuso de poder decorrente do uso de centros sociais para fins eleitoreiros requer prova robusta e inconteste do desvirtuamento dessa atividade. Precedentes, dentre eles: RO 3706-08/RJ, redator para acórdão Min. Luiz Fux, *DJe* de 25.6.2015; AgR-REspe 1218-26/RJ, Rel. Min. Maria Thereza de Assis Moura, *DJe* de 19.2.2016; AgR-RO 10-85/RJ, de minha relatoria, *DJe* de 5.4.2018.

---

1. Alterar as conclusões das instâncias ordinárias, de ocorrência de abuso dos poderes político e econômico, pela demonstração da presença de gravidade apta a afetar a normalidade do pleito, demandaria o reexame do conjunto fático-probatório dos autos, o que não é cabível no recurso especial eleitoral, nos termos da Súmula n. 24 deste Tribunal Superior.

2. Nos termos da jurisprudência do Tribunal Superior Eleitoral, a caracterização do abuso de poder independe da circunstância de o ilícito ter sido praticado dentro ou fora do período eleitoral.

3. Na linha do entendimento deste Tribunal Superior, "o notório aproveitamento do deficiente sistema de saúde pública para intermediar e distribuir benesses, com o fim de obter votos da parcela carente, em afronta aos bens jurídicos tutelados no referido artigo – normalidade e legitimidade das eleições – é apto a ensejar a cassação de diploma" (AgR–REspe nº 162–98/RN, Rel. Min. Jorge Mussi, DJe de 15.5.2018).

4. A conformidade da decisão impugnada com a jurisprudência deste Tribunal Superior atrai a incidência da Súmula nº 30/TSE.

5. Agravo em recurso especial ao qual se nega provimento.

> 6. O conjunto probatório é extremamente frágil, pois uma quantidade ínfima dos documentos que resultaram da busca e apreensão integrou o caderno processual. Embora o TRE/RJ tenha ressaltado que se coletaram 2.638 "fichas de pesquisa social" e 22 requisições de exames médicos, juntaram-se apenas 20 fichas e três requisições, permanecendo as demais na 78ª Zona Eleitoral.
>
> 7. Em casos como o dos autos, a prova produzida antes do ajuizamento da AIJE deve integrar às inteiras o caderno processual. Incabível a triagem a cargo exclusivo dos órgãos de investigação e de acusação, como feito pela equipe de fiscalização da propaganda, em manifesta ofensa ao contraditório, à ampla defesa e à paridade de armas. Precedentes.
>
> 8. Os poucos documentos colacionados indicam a entrega de cerca de 40 cestas básicas entre 2005 e 2010, de nove "kit fraldas" de 2007 a 2010 e de três requisições de exames médicos em 2010, ou seja, em muito anterior às Eleições 2014 e sem pedido de voto.
>
> 9. Não se colheu a oitiva de nenhum dos supostos beneficiários visando comprovar o assistencialismo com fim eleitoreiro.
>
> 10. Os dois fiscais de propaganda ouvidos em juízo salientaram que "todos os locais estavam vazios no momento em que houve fiscalização", "não sabe se no centro social havia cursos profissionalizantes ou distribuição de brinquedos e cestas básicas"; "não havia nenhum dado relativo à eleição de 2014"; "não havia qualquer pessoa sendo atendida no local onde havia material para atendimento médico, odontológico e social"; "não viu material de campanha eleitoral no local".
>
> 11. As matérias extraídas do sítio eletrônico da recorrente são dos anos de 2009 a 2011 e de 2013 (março), sem nenhuma conexão com as Eleições 2014.
>
> CONCLUSÃO. PROVIMENTO. RECURSO ORDINÁRIO. IMPROCEDÊNCIA. PEDIDOS.
>
> 12. Recurso ordinário provido para julgar improcedentes os pedidos, afastando-se as sanções de perda de diploma e de inelegibilidade.[316]

De se atentar, aqui, para o fato de que embora intimamente ligados, os conteúdos dos §§ 10 e 11 do art. 73 expressam restrições distintas. É importante não confundir que a primeira delas é destinada à Administração Pública, enquanto que a outra às entidades particulares. Dessa forma, "A assinatura de convênio e o repasse de recursos públicos para uma entida-

316. Neste sentido, vide o Recurso Especial Eleitoral nº 25857/ES (DJE de 19/06/2020) admitindo que "O exercício de atividade de filantropia não configura, por si só, o abuso de poder econômico".

de assistencial presidida por parente de candidato, não caracteriza, por si só, infração às normas previstas no art. 73, §§ 10 e 11 da Lei n° 9.504/97", mitigou o TSE ao apreciar o Agravo Regimental em Recurso Ordinário nº 5053-93/AM (DJE de 12/06/2013).[317]

Ainda em termos repressivos, é crucial realçar que como a hipótese descrita pelo § 11 do art. 73 não está contemplada pelo § 5º do mesmo dispositivo da Lei nº 9.504/97, a sanção aplicável se restringe a de natureza pecuniária, não havendo hipótese de cassação de registro ou diploma, exceto quando identificada, durante a instrução processual, a presença do abuso de poder. A esse respeito, vide a ementa do Recurso Especial Eleitoral nº 243-89/MG encartada à edição de 03/04/2019 do DJE:

> **ELEIÇÕES 2016. RECURSOS ESPECIAIS ELEITORAIS. AÇÃO DE INVESTIGAÇÃO JUDICIAL ELEITORAL. PREFEITO E VICE-PREFEITO ELEITOS. TERCEIRO QUE CONTRIBUIU PARA A PRÁTICA DO ATO TIDO POR ABUSIVO. INOVAÇÃO RECURSAL. PRECLUSÃO. LITISCONSÓRCIO PASSIVO NECESSÁRIO. INEXIS-**

---

317. Nessa temática, vale acrescer o seguinte trecho do debate de plenário desenvolvido no julgamento do AREspE nº 0600688-37/BA (DJE 30/08/2023) acerca de serviços assistenciais prestados por associação (entidade privada):

O SENHOR MINISTRO RAUL ARAÚJO: Saber se realmente o entendimento da Corte é de que, mesmo tratando-se de entidades privadas que realizam essas atividades benemerentes, de cunho, de alcance local, onde ali tem realmente uma importância para a coletividade, se esse entendimento de que o uso, em alguma medida, dessas atividades desenvolvidas por essas entidades privadas por parte de candidato que apoia essas atividades benemerentes, se esse uso realmente caracteriza um abuso a justificar o entendimento do eminente relator.

O SENHOR MINISTRO CARLOS HORBACH (relator): Não, perfeito. Eu compreendo a preocupação do Ministro Raul Araújo, que é uma preocupação correta. E a nossa jurisprudência é no sentido exatamente de sancionar o desvirtuamento dessas entidades, que, no caso dos autos, se comprovou na linha do assentado pelo regional baiano. Então, a minha postura aqui é exatamente de, até mesmo por conta da Súmula 24, me basear nas conclusões do regional baiano em relação à ocorrência do desvirtuamento da utilização eleitoral dessas entidades e, então, sancionar pela ocorrência do abuso. Há uma série de precedentes, inclusive, que foram muito rumorosos, há 15 ou 20 anos, em relação a casas que políticos mantinham nas capitais dos estados para receber eleitores do interior, que se deslocavam para tratamento de saúde na capital, os chamados albergues. E, a partir de então, todas essas entidades que são assistenciais e privadas, elas, se utilizadas para fins eleitorais, geram a caracterização do abuso. De modo que não se sanciona, repito, a existência das entidades e, até mesmo, a possibilidade dos candidatos delas participarem, mas sim se sanciona o desvirtuamento eleitoral dessas mesmas entidades, com a exploração da população carente que precisa desse serviço.

O SENHOR MINISTRO RAUL ARAÚJO: Em certa medida, essas entidades foram criadas, foram instituídas e desenvolvem atividades o ano inteiro, ano após ano, com, certamente, alguma motivação com essa índole de interesse eleitoral. É por isso que destaco. E trago isso de minha experiência de promotor de justiça, do início da minha atividade, ali pela década de 1980, né. E eu via muito isso, lá nas comarcas do interior. Havia aquelas fundações, com atuação social importante para o local, atuando o ano inteiro, mas, normalmente, elas estavam mesmo ligadas a algum interesse político daqueles que mantinham, que sustentavam essas entidades. Então, não podíamos ter a ingenuidade de imaginar que elas existiriam se não houvesse também, em alguma medida, esse tipo de propósito.

> **TÊNCIA. ART. 73, § 10, DA LEI Nº 9.504/97. CONDUTA VEDADA. INTERPRETAÇÃO ESTRITA. ABUSO DE PODER ECONÔMICO E POLÍTICO. CASSAÇÃO DE DIPLOMAS. INELEGIBILIDADE. ART. 22, XIV, DA LC Nº 64/90. REEXAME. CONJUNTO FÁTICO-PROBATÓRIO. SÚMULA Nº 24/TSE. DISSÍDIO JURISPRUDENCIAL. MANUTENÇÃO DA CASSAÇÃO DOS DIPLOMAS. AFASTADA A INELEGIBILIDADE DO VICE-PREFEITO. MERO BENEFICIÁRIO. PREJUDICADO O AGRAVO INTERNO INTERPOSTO NOS AUTOS DA AÇÃO CAUTELAR Nº 0603154-75/MG.**

15.10.12. Promoção pessoal na publicidade institucional

> Art. 74. Configura abuso de autoridade, para os fins do disposto no art. 22 da Lei Complementar nº 64, de 18 de maio de 1990, a infringência do disposto no § 1º do art. 37 da Constituição Federal, ficando o responsável, se candidato, sujeito ao cancelamento do registro ou do diploma.

O artigo define abuso de autoridade a partir da violação de um preceito constitucional de natureza programática. Trata-se da terceira modalidade de repressão aos excessos e desvios praticados com finalidade eleitoral a partir da publicidade institucional (impressa, sonora, audiovisual, outras). Aludido dispositivo, a toda evidência, é um reforço normativo às demais proibições já previstas nos incisos VI, *b* e VII do art. 73 da Lei nº 9.504/97na busca da preservação do Princípio da Impessoalidade. Sobre este, "objetiva a igualdade de tratamento que a Administração deve dispensar aos administrados que se encontrem em idêntica situação jurídica". Nesse ponto, representa uma faceta do princípio da isonomia. Por outro lado, para que haja verdadeira impessoalidade, "deve a Administração voltar-se exclusivamente para o interesse público, e não para o privado, vedando-se, em consequência, sejam favorecidos alguns indivíduos em detrimento de outros, e prejudicados alguns para favorecimento de outros", disse CARVALHO FILHO (2015, p. 15).

Nenhum candidato pode dispor das verbas públicas que são arcadas pelos contribuintes para se consolidar eleitoralmente, excetuados os valores disciplinados pelo Fundo Especial de Financiamento de Campanha (FEFC). A promoção eleitoral realizada com o emprego da máquina pública denigre os princípios da legalidade e isonomia, havendo de ser duramente combatida em prol da lisura do pleito.

Esta preocupação do Poder Judiciário vem de tempos anteriores às Condutas Vedadas. Em voto proferido no Tribunal Superior Eleitoral no Acórdão nº 11.841/RJ (RJTSE 6/3/136), que tratava, entre outros assuntos, de licitação publicitária e abuso de poder político, o Ministro Antônio de Pádua Ribeiro expressou incisivamente que "Na verdade, o que está acontecendo no Brasil é algo que precisa ser reprimido e com rigor. Andam, a título de propaganda institucional, malversando verbas públicas em benefícios eleitoreiros de certos candidatos ou pretensos candidatos a cargos públicos. Isso não é uma atuação sadia e que não se conforma com os maiores interesses do país. Estamos numa era em que precisamos melhor refletir sobre esse tema e termos em conta que estamos numa nação de miseráveis em que os desníveis sociais aumentam a cada instante, a toda hora e, portanto, ao interpretar a lei, devemos ser rigorosos quanto à responsabilidade pela utilização do dinheiro público, que é algo sagrado, e há de ser usado com todas as cautelas legais e morais".

O elemento subjetivo da conduta reprimida pelo art. 74 consiste no propósito deliberado de atender a interesses pessoais mediante a utilização das marcas, símbolos e identidades estatais. Concisamente falando, é o mau uso do direito. Tal proceder constitui ofensa à legislação eleitoral e à CF/88:

> **RECURSO - INVESTIGAÇÃO JUDICIAL ELEITORAL - PUBLICIDADE INSTITUCIONAL - DISTRIBUIÇÃO DE CALENDÁRIO COM DIVULGAÇÃO DE OBRAS E REALIZAÇÕES DA ADMINISTRAÇÃO MUNICIPAL - ABUSO DE PODER POLÍTICO E DE AUTORIDADE - ART. 22 DA LEI COMPLEMENTAR N. 64/1990 - PROMOÇÃO PESSOAL DE CARÁTER ELEITORAL - CONFIGURAÇÃO - OFENSA AO § 1º DO ART. 37 DA CONSTITUIÇÃO FEDERAL - POTENCIALIDADE DA CONDUTA PARA AFETAR O EQUILÍBRIO DO PLEITO - INELEGIBILIDADE DECRETADA - PROVIMENTO.**
>
> A publicidade institucional que consiste na distribuição de calendário destacando obras e realizações da administração municipal, com evidente promoção pessoal do prefeito candidato à reeleição e conotação eleitoreira, caracteriza abuso de poder de autoridade, atraindo a sanção de inelegibilidade prevista no inciso XIV do art. 22 da Lei Complementar n. 64/1990[318].
>
> Recurso contra expedição de diploma. Insurgência embasada em ação de investigação, acolhida em primeiro grau, com fundamento nos arts.

318. Acórdão nº 24008, DJE de 23/09/2009.

> 74 da Lei nº 9.504/97 e 37, § 1º, da Constituição Federal. Identidade entre o símbolo da campanha e o alusivo ao aniversário do município.
>
> Utilização de publicidade institucional com obtenção de vantagem de cunho eleitoral. Violação ao princípio da igualdade do pleito. Provimento.[319]

A Justiça Eleitoral já reprimiu igualmente com multa e cassação o parlamentar que desnaturou a publicidade informativa das transmissões legislativas e utilizou indevidamente a tribuna do Poder Legislativo para pedir votos para si à população, caracterizando promoção pessoal de autoridade:

> **Recurso Especial. Conduta vedada. Art. 74 da Lei nº 9.504/97. Configurada. Pedido de voto em tribuna de Câmara Municipal. Publicidade dos atos por TV a cabo. Infringência ao § 1º do art. 37 da Constituição Federal.**
>
> Desnecessidade de aferir-se potencialidade, não obstante havida. A publicidade institucional não supõe o dispêndio de recursos públicos; é suficiente por si só, ainda mais quando se evidencia um sistema de compensação entre o órgão de divulgação e a entidade pública. Divergência não caracterizada.[320]

Na medida em que houve uma preocupação ostensiva do legislador em preservar os princípios administrativos do ambiente político-eleitoral, há viabilidade para que mesmo as infrações prévias ao registro da candidatura sejam passíveis de apuração.

Da mesma forma, a regra da publicidade institucional fora da circunscrição do pleito (art. 73, § 3º, da Lei 9.504/97) não impede a apuração de conduta vedada quando o autor da infração eventualmente ocupar cargo em esfera diversa da eleição[321].

No entanto, para a Justiça Eleitoral, somente a comprovada infringência ao disposto no § 1º do art. 37 da Constituição Federal de 1988 atrai a reprimenda do art. 74 da LE/97. Na ausência de promoção de conteúdo eleitoral, para além do problema ético, não há de se falar em ofensa ao dispositivo.

---

319. TRE/RS, RD nº 17 2005, DJ de 10/01/2006.
320. TSE, RESPE nº 25.064/AM, DJ de 16/09/2005 (RJTSE 16/3/389).
321. TSE: AgR-RO nº 1223-90, DJE 22/06/2018 e REspe nº 1563-88, DJE 17/10/2016.

AÇÃO DE INVESTIGAÇÃO JUDICIAL ELEITORAL. PRELIMINARES. IMPOSSIBILIDADE JURÍDICA DO PEDIDO OU AUSÊNCIA DE INTERESSE DE AGIR. ILEGITIMIDADE PASSIVA. INÉPCIA DA INICIAL. REJEIÇÃO. ALEGAÇÃO. ABUSO DE AUTORIDADE. VIOLAÇÃO. PRINCÍPIO DA IMPESSOALIDADE. PUBLICIDADE INSTITUCIONAL. MENSAGEM ELETRÔNICA. SERVIDORES. PODER EXECUTIVO FEDERAL. PRONUNCIAMENTO. CADEIA NACIONAL. ATOS DE PROMOÇÃO PESSOAL. IMPROCEDÊNCIA.

1. A ação de investigação judicial eleitoral para apuração do abuso de autoridade previsto no art. 74 da Lei nº 9.504, de 1997, por violação ao princípio da impessoalidade (Constituição, art. 37, § 1º), pode ser ajuizada em momento anterior ao registro de candidatura, haja vista, na hipótese de eventual procedência, as sanções atingirem tanto candidatos quanto não candidatos.

2. O abuso do poder de autoridade pode se configurar, inclusive, a partir de fatos ocorridos em momento anterior ao registro de candidatura ou ao início da campanha eleitoral. Precedentes.

3. (...).

4. É entendimento deste Tribunal Superior que o abuso de autoridade previsto no art. 74 da Lei nº 9.504, de 1997, exige a demonstração objetiva da violação ao art. 37, § 1º, da Constituição, consubstanciada em ofensa ao princípio da impessoalidade pela menção na publicidade institucional de nomes, símbolos ou imagens que caracterizem promoção pessoal ou de servidores públicos.

5. Ação de investigação judicial eleitoral que se julga improcedente.[322]

Dentro dessas considerações, reafirmou a ementa do RO nº 1723-65/DF: a caracterização do abuso de autoridade, na espécie específica e tipificada no art. 74 da Lei 9.504/97, requer seja demonstrada, de forma objetiva, a afronta ao disposto no art. 37, § 1º, da CF/88, ou seja, exige a ruptura do princípio da impessoalidade com a menção na publicidade institucional a nomes, símbolos ou imagens que caracterizem promoção pessoal ou de servidores públicos[323].

Um exemplar clássico dessa afronta ao texto constitucional pode ser conferido no Recurso Especial Eleitoral nº 26.081/RN, publicado no Diário de Justiça de 20/10/2006, p. 207:

322. TSE, AIJE nº 5.032/DF, DJE de 29/10/2014.

323. TSE, DJE de 27/02/2018, pp. 126/127.

> **RECURSOS ESPECIAIS ELEITORAIS. PROPAGANDA DIVULGADA COM PRETENSA CARACTERÍSTICA DE SER INSTITUCIONAL. CULTO INDIRETO À CHEFE DO EXECUTIVO QUE SE APRESENTA AO ELEITORADO COM INTENÇÃO DE SER CANDIDATA À REELEIÇÃO AO CARGO DE GOVERNADOR. VIOLAÇÃO AO ART. 37, § 1º, DA CF/88.**
>
> 1. Propaganda feita pelo Poder Executivo Estadual que destoa dos limites fixados pelo art. 37, § 1º, da CF/88.
>
> 2. Louvores em propaganda tida por institucional, mesmo indiretos, à Chefe do Executivo, considerada pretensa candidata à reeleição, caracterizam violação à lei.
>
> 3. Incompetência da Justiça Eleitoral que se afasta.
>
> 4. Acórdão que, analisando os fatos, concluiu ter ocorrido violação ao art. 36 da Lei nº 9.504/97. Multa aplicada.
>
> 5. Decisão que se mantém por reconhecer que os princípios constitucionais da impessoalidade e da moralidade foram descumpridos, além da configuração de propaganda eleitoral extemporânea.
>
> 6. Recursos especiais não providos.

15.10.13. Contratação de shows artísticos

> Art. 75. Nos três meses que antecederem as eleições, na realização de inaugurações é vedada a contratação de shows artísticos pagos com recursos públicos.
>
> Parágrafo único: Nos casos de descumprimento do disposto neste artigo, sem prejuízo da suspensão imediata da conduta, o candidato beneficiado, agente público ou não, ficará sujeito à cassação do registro ou do diploma. (Incluído pela Lei nº 12.034, de 2009).

Um *show* com a presença de artistas pode funcionar como atrativo para uma inauguração. Pode, sem dúvida, ser um mote para atrair o público. Noutro passo, também pode facilmente camuflar um comício de início ou encerramento de campanha eleitoral. O que se veda aqui, em nome e em função da isonomia entre os concorrentes, é a utilização de verbas públicas para a remuneração de *shows* artísticos em inaugurações:

> **REPRESENTAÇÃO ELEITORAL. CONTRATAÇÃO DE SHOW ARTÍSTICO, PAGO COM RECURSOS PÚBLICOS, NA REALIZAÇÃO**

> **DE INAUGURAÇÃO DE OBRA PÚBLICA, NOS TRÊS MESES QUE ANTECEDEM AS ELEIÇÕES. CONDUTA VEDADA.**
>
> (...)
>
> 2. A legislação de regência visa evitar o abuso do poder político e preservar a igualdade dos candidatos e a normalidade do processo eleitoral.
>
> 3. Representação julgada procedente, mediante julgamento direto pelo plenário, na forma do art 12 da Resolução TSE 22.142/2006.[324]

Esta proibição, embora geral para os "três meses que antecederem as eleições", está limitada à circunscrição do pleito. Do contrário, haveria invasão de competência. Exemplificando: nas eleições estaduais, não é vedado às prefeituras municipais contratar *shows* artísticos no período de três meses que antecede a data da eleição, assim como em ano de eleições municipais, o Estado não fica impedido de fazê-lo. Não seria minimamente crível uma representação objetivando cassar o registro ou o diploma a partir de conduta levada a efeito por outras pessoas e em esfera administrativa diversa:

> **RECURSOS ELEITORAIS. AÇÃO DE INVESTIGAÇÃO JUDICIAL ELEITORAL. CONDUTAS VEDADAS. NÃO CONFIGURADA PROPAGANDA INSTITUCIONAL EM PERÍODO VEDADO. DOAÇÃO DE TERRENO PÚBLICO. NÃO CONFIGURADA. RENOVAÇÃO DE CONVÊNIO COM HOSPITAL. COMPARECIMENTO EM EVENTOS, FESTAS E INAUGURAÇÕES. SHOWS ARTÍTICOS PAGOS COM RECURSOS PÚBLICOS. NÃO OCORRÊNCIA. REUNIÃO DO VICE-GOVERNADOR COM SERVIDORES COMISSIONADOS. PROPAGANDA INSTITUCIONAL EM REDES SOCIAIS. CONDUTA VEDADA CONFIGURADA. LITIGÂNCIA DE MÁ-FÉ. REDUÇÃO DA CONDENAÇÃO. AUSÊNCIA DE MÁ-FÉ NA INTERPOSIÇÃO DE EMBARGOS DE DECLARAÇÃO. MULTA RETIRADA. RECURSOS PARCIALMENTE PROVIDOS.**
>
> (...).
>
> 5. Não configura conduta vedada a realização de shows artísticos, sem conotação eleitoreira, pagos com recursos de entes federativos cujos cargos não estão em disputa.[325]

324. TRE/GO, Reclamação nº 1219, PSESS de 03/10/2006.
325. TRE/GO, Recurso Eleitoral nº 43096, DJ de 06/09/2018.

Desde o advento da Lei nº 12.034/09, o infrator é passível de cassação do registro ou diploma[326]. No entanto, o óbice preconizado pela conduta pode ser rompido, *verbi gratia*, através de contratações e patrocínios particulares. A redação da norma dificulta o seu entendimento. É inequívoco que a mesma dá uma pista falsa. A hipótese que tipifica a conduta descrita está, é verdade, na "contratação". Numa leitura rasa ou açodada, quiçá estimulada pela interpretação gramatical, pode-se eventualmente coligir que se o contrato de um artista, animador ou de uma banda ocorrer antes do trimestre de proibição, a inauguração acompanhada do show poderiam ser realizadas normalmente no período. Subscrever tal conclusão seria um equívoco, quando não, burla à lei.

Estando o prazo para esta conduta fixado em mira das "eleições" (*caput*), a interpretação sistemática do dispositivo relativamente às condutas antecedentes e aquela que lhe sucede (art. 77) não permite outra conclusão senão a de que o legislador objetivou repreender o ato em si, ou seja, a inauguração embalada por *show* suportado por verbas públicas, independentemente da data da formalização do contrato. Note-se que nem mesmo *show* gravado em DVD pode ser reproduzido (vide a Res./TSE nº 22.267/06):

> **RECURSO ELEITORAL. PROPAGANDA ELEITORAL IRREGULAR. ELEIÇÕES 2008. PAINÉIS FIXADOS EM TRIO ELÉTRICO. PROPRIEDADE PARTICULAR. CANDIDATOS A PREFEITO E VICE-PREFEITO. DIMENSÃO DE 4M2. EXCESSO. IMPOSSIBILIDADE. ART. 14 C/C ART. 17 DA RESOLUÇÃO TSE Nº 22.718/2008. NÃO ATENDIMENTO. PRÉVIO CONHECIMENTO. CONFIGURAÇÃO. PRINCÍPIO DA IGUALDADE DE OPORTUNIDADE DOS CANDIDATOS. INOBSERVÂNCIA. MULTA. APLICAÇÃO. SENTENÇA MANTIDA. IMPROVIMENTO DO RECURSO.** (...). 2. (...). Consulta. Utilização. Telão. Palco fixo. Comício. Possibilidade. Retransmissão. Show artístico gravado. Utilização. Trio Elétrico. Impossibilidade. (CTA 1.261, Rel. Min. Francisco César Asfor Rocha, DJ - 16/08/2006, pag. 114).[327]

326. Julgado do TRE/CE exprime a situação previamente à reforma legislativa levada a efeito em 2009: INAUGURACAO DE OBRA PÚBLICA EM DIA PRÓXIMO A DATA DO PLEITO, COM SHOW ARTÍSTICO E INDISFARÇÁVEL FINALIDADE ELEITOREIRA. CONDUTA MORALMENTE CENSURAVEL E INCONDIZENTE COM A SERIEDADE EXIGÍVEL DOS AGENTES PÚBLICOS E CANDIDATOS, MAS QUE NAO ENSEJA APLICACAO DE MULTA NOS MOLDES DA LEI N. 9.504/97. E QUE O ART. 73, IV, NÃO A ALCANCA E O ART. 75 POSSUI COMANDO PROIBITÓRIO, MAS SE RESSENTE DE SANÇÃO, ATECNIA, OU CASUISMO, QUE O FAZ OCIOSO E IMPRESTAVEL PARA A PUNICAO DE OCORRENCIAS QUE TAIS. (RO nº 11125, PSESS de 10/11/1998, v.u.).

327. TRE/CE, Recurso Eleitoral nº 14510, PSESS de 23/09/2008.

É importante notar que assim como ocorre no art. 77, o art. 75 também não embaraça a realização de inaugurações, tampouco impede a realização dos demais *shows* custeados pelos cofres públicos. Com isso, a realização de showmício em obra pública, sem caracterizar inauguração, não é infração. Nos três meses que antecederem as eleições, a vedação recai na contratação de *show* suportado pelo erário destinado especificamente às inaugurações.

> **AÇÃO DE INVESTIGAÇÃO JUDICIAL ELEITORAL. ABUSO DE PODER ECONÔMICO. ABUSO DE PODER POLÍTICO. CONDUTA VEDADA A AGENTE PÚBLICO. AÇÃO JULGADA IMPROCEDENTE.** A mera presença do recorrido não pode ser comparada à inauguração de obra pública, conduta esta vedada nos termos do art. 77 da Lei das Eleições. O custeio do show artístico no primeiro dia do evento não se enquadra à hipótese do art. 75 da Lei nº 9.504/97, uma vez que não houve naquele dia nenhuma inauguração, tratando-se apenas de festa tradicional da cidade.[328]

15.10.14. Inaugurações de obras públicas

> Art. 77. É proibido a qualquer candidato comparecer, nos 3 (três) meses que precedem o pleito, a inaugurações de obras públicas.

A norma primitiva estabelecia apenas a cassação de registro para o caso de violação pelos candidatos aos cargos do Poder Executivo. Contudo, a alteração legislativa consumada em 2009 estendeu a cassação do diploma de qualquer candidato, sendo que dois conceitos normativos insertos à norma desafiam interpretação: "comparecer" e "obra pública".

15.10.14.1. Tipicidade da conduta e sujeito ativo

Inaugurações são acontecimentos geralmente precedidos de convites, divulgação e seguidos de coquetéis ou confraternizações. Quase sempre contam com a presença de políticos, autoridades e da sociedade em geral. Uma ponte, um prédio ou trecho de estrada asfaltada são ações governamentais que materializam providências úteis, quase sempre com reflexos

328. TRE/MG, RE nº 28368, DJEMG de 08/08/2017.

no cotidiano das pessoas. Politicamente, significa a apresentação de algo outrora possivelmente prometido. É, por assim dizer, um êxito administrativo.

Diz o *Houaiss* (Editora Objetiva, 2001) que inaugurar é entregar oficialmente ao público, consagrar solenemente (p. 1.591). Por isso, dependendo do que, quando e quem inaugura, o ato adquire maior ou menor relevância.

A Lei nº 9.504/97, nos seus primeiros tempos, vedava:

> Art. 77. É proibido aos candidatos a cargos do Poder Executivo **participar**, nos três meses que precedem o pleito, de inaugurações de obras públicas.
>
> Parágrafo único. A inobservância do disposto neste artigo sujeita o infrator à cassação do registro.

Com o advento da Lei nº 12.034/09, o verbo enrijeceu:

> Art. 77. É proibido a qualquer candidato **comparecer**, nos 3 (três) meses que precedem o pleito, a inaugurações de obras públicas.
>
> Parágrafo único. A inobservância do disposto neste artigo sujeita o infrator à cassação do registro ou do diploma.

A alteração legislativa consumada a partir do Projeto de Lei nº 5.498/09 da Câmara dos Deputados foi expressiva. **Participar** de inauguração de obra pública é conduta que admite interpretações mais dilatadas do que simplesmente **comparecer**. Diante desse conceito, num prisma léxico, enquanto aquela diz com *tomar parte*, na outra basta o candidato *estar presente* para que se configure a conduta. Havia uma lógica por trás dessa alteração: a introdução do novo verbo sinalizou que o anterior era insuficiente, tanto para desencorajar comportamentos reprováveis, quanto para proteger a legalidade. Havia, portanto, uma necessidade ainda mais elevada. Ao fim e ao cabo, "O art. 77 da Lei nº 9.504/97 visa impedir o uso da máquina pública em favor de candidatura e reprimir o abuso de poder político em detrimento da moralidade do pleito. Para atingir esse objetivo, referido artigo veda a utilização indevida ou o desvirtuamento de inauguração de obra pública em benefício de candidato" (REspe nº 26.008/RS, DJ de 09/04/2007).

Se ao início da sua vigência o dispositivo alcançava exclusivamente os candidatos ao Poder Executivo, ora atinge todos os pretendentes a cargos eletivos na circunscrição do pleito.

Acerca dos três meses de restrição, vale mencionar que quando o PL nº 5.498/09 foi remetido ao Senado Federal, sobreveio proposta de redação ainda mais severa e abrangente em termos de lapso temporal e conteúdo: a Emenda nº 21 da CCJ vedava, nos seis meses que antecediam o pleito, a propaganda institucional ou eleitoral relacionada à inauguração ou ao lançamento de pedra fundamental de obras públicas.

15.10.14.2. Excesso praticado por não candidato

Se o titular do mandato não concorre, inexistem restrições diretas à sua presença no evento. Contudo, os excessos ou desvios de finalidade que forem praticados em benefício de terceiros como candidatos apoiados ou beneficiados pelo governo, poderão caracterizar abuso de poder econômico, político ou de autoridade puníveis nos termos do artigo 22, XIV, da Lei Complementar nº 64/90, com as alterações introduzidas pela Lei Complementar nº 135/10, a qual estabelece cassação de registro ou diploma e oito anos de inelegibilidade a contar da eleição[329].

15.10.14.3. Conceito de obra pública e bem jurídico tutelado

Primeiramente, é bem de ver que a Lei de Licitações fornece um conceito jurídico que incide ao Direito Eleitoral relativamente ao instituto em comento. Conforme dispõem o inciso I do art. 6º da Lei nº 8.666/93 e o inciso XII do art. 6º da Lei nº 14.133/21, obra é "toda construção, reforma, fabricação, recuperação ou ampliação, realizada por execução direta ou indireta", bem como "toda a atividade estabelecida por força de lei, como privativa das profissões de arquiteto e engenheiro".

Verbete da lavra de Hely Lopes MEIRELLES (2006, p. 55) elucidou com clareza:

> A obra pública pode ser classificada em quatro modalidades de empreendimentos, a saber: equipamento urbano (ruas, praças, estádios,

329. XIV – julgada procedente a representação, **ainda que após a proclamação dos eleitos,** o Tribunal declarará a inelegibilidade do representado e de quantos hajam contribuído para a prática do ato, cominando-lhes **sanção de inelegibilidade para as eleições a se realizarem nos 8 (oito)anos subsequentes à eleição em que se verificou**, além da cassação do registro ou diploma do candidato diretamente beneficiado pela interferência do poder econômico **ou** pelo desvio ou abuso do poder de autoridade **ou dos meios de comunicação**, determinando a remessa dos autos ao Ministério Público Eleitoral, para instauração de processo disciplinar, se for o caso, **e de ação penal,** ordenando quaisquer outras providências que a espécie comportar

> monumentos; calçamento e canalizações; redes de energia elétrica e de comunicação; viadutos, túneis, "metrôs" e demais melhoramentos próprios das cidades); equipamento administrativo (instalações e aparelhamento para o serviço administrativo interno em geral); empreendimentos de utilidade pública (ferrovias, rodovias, pontes, portos, aeroportos, canais, obras de saneamento, represas usinas hidrelétricas ou atômicas e demais construções de interesse coletivo); edifícios públicos (sedes de governo, repartições públicas, escolas, hospitais, presídios etc.).

Da mesma forma se posicionou CARVALHO FILHO (2015, p. 184):

> Contratos de obra pública são aqueles em que o objeto pactuado consiste em construção, reforma, fabricação, recuperação ou ampliação de determinado bem público.
>
> A noção envolve bens de utilização administrativa ou de uso coletivo. Assim, tanto é contrato de obra a construção de edifício para instalar-se a sede de uma Assembleia Legislativa, como o é a de uma escola municipal. São, ainda, exemplos desses contratos a construção de viadutos, de represas, de prédios públicos, de obras sanitárias, etc.

De fato, o art. 77 da Lei das Eleições estabeleceu uma modalidade até então inédita de restrição visando impedir que eventos públicos sejam desvirtuados e utilizados indevidamente em prol de campanhas, convertidos em palco para adulações administrativas. Não se pode perder de vista que o dispositivo adquire especial relevância diante da possibilidade de reeleição pelos titulares do Poder Executivo, dispensados que foram da exigência de afastamento do cargo (v. nº 15.9.1).

Em que pese a existência das mais variadas críticas encetadas à norma, a intenção do legislador fixou-se na valorização do elenco de princípios que norteiam a Administração Pública em toda a sua atividade:

> Art. 37. A administração pública direta e indireta de qualquer dos Poderes da União, dos Estados, do Distrito Federal e dos Municípios obedecerá aos princípios de legalidade, impessoalidade, moralidade, publicidade e eficiência (...).

Mencionados princípios abrangem todos os Poderes da República, vinculando os seus agentes em qualquer instância. Em vista da importância que ostentam, oportuno transcrever a clássica lição do insigne Geraldo ATALIBA (1985, p. 32) referida em seu festejado ensaio *República e Constituição*:

> Os princípios são as linhas mestras, os grandes nortes, as diretrizes magnas do sistema. Apontam os rumos a serem seguidos por toda a sociedade e obrigatoriamente perseguidos pelos órgãos do governo (poderes constituídos). Eles expressam a substância última do querer popular, seus objetivos e desígnios, as linhas mestras da legislação, da administração e da jurisdição. Por estas não podem ser contrariados; tem que ser prestigiados até as últimas consequências.

Para Edson de Resende CASTRO (2012, p. 405),

> (...) o comparecimento em inaugurações proporciona ao político a associação de sua imagem ao benefício entregue à população. Se determinado candidato comparece à inauguração de um posto de saúde, passa a ser visto pela população como um dos responsáveis pela realização da obra e pela implantação do serviço. O dividendo político é certo. Então, não importa que esse candidato o seja para Prefeito ou para Vereador. De qualquer forma, haverá abuso do poder político, porque é evidente que o comparecimento na inauguração só será permitida aos que são correligionários do administrador. O Prefeito não permitirá que subam ao palanque da inauguração candidatos a Vereador filiados a partidos adversários. Se permite a participação de candidatos correligionários, age com critérios pessoais e fere um dos princípios constitucionais norteadores da administração. De seu lado, o candidato a Vereador que sobe ao palanque abusa da condição de correligionário daquele que está no poder e, via de consequência, se sujeita também à cassação do registro ou do diploma previsto no parágrafo único do art. 77 (com redação da Lei nº 12.034/2009).

Entretanto, há quem sustente, mediante respeitáveis considerações, que a norma do artigo 77 da Lei das Eleições é inócua e passível de burla. Pedro Henrique Távora NIESS (1998, p. 76), transcrevendo manifestação de Torquato JARDIM, lidera o coro arrolando os seus argumentos com a habitual precisão:

> Primeiro, o candidato à reeleição poderá participar das inaugurações antes do início do prazo da proibição, tirando da festa a repercussão que desejar; segundo, poderá referir-se às obras durante a propaganda eleitoral gratuita; terceiro, as pessoas que inaugurarem as obras poderão ter com o candidato identidade notória; e "quarto, e muito mais importante, é que nada explicitamente proíbe que as imagens das obras, inauguradas ou por concluir, sejam exibidas na televisão no horário da propaganda gratuita".

Sobre a possibilidade de exibição midiática da inauguração, são cabíveis duas considerações. A primeira da lavra de José CRETELLA JÚNIOR (1991, p. 2.253) em página clássica da literatura administrativista: "Uma imagem vale por mil palavras. Assim, na publicidade dos atos e campanhas dos órgãos públicos, não deverão constar nomes, nem símbolos ou imagens que permitam relacionar os interessados na promoção pessoal, autoridades ou servidores públicos". A outra, formulada por Adilson de Abreu DALLARI (1991, p. 247), apura o caráter subliminar que inexoravelmente permeia a reprodução da imagem do agente político:

> Por exemplo, haveria abuso se houvesse referência ao "Governo Fulano de Tal"; se houvesse repetida menção de uma frase ou conjunto de palavras identificadoras de um partido ou grupo político; se houvesse a utilização de qualquer imagem, desenho, figura ou produção gráfica identificadora ou individualizadora de determinada pessoa, autoridade, partido ou grupo político; enfim, se houvesse qualquer subterfúgio destinado a embutir na informação de interesse público elementos de interesse pessoal ou de determinados grupos.

Pugnando pela ampliação do lapso de vedação previsto no art. 77, Luiz VALENTE (1998, p. 51) sublinhou o efeito meramente retórico advindo do dispositivo:

> O preceito é inoperante para coibir a exploração político-eleitoral de inaugurações de obras públicas. Se o intuito moralizador do legislador fosse sincero, o dispositivo trataria de proibir toda e qualquer inauguração festiva em obras públicas em ano de eleições, ou, pelo menos, nos seis meses anteriores ao pleito. Não que as obras públicas não possam ser inauguradas, mas a inauguração não tem porque ser festiva ou transformada em autêntico comício.

15.10.14.4. Constitucionalidade

A regra teve a sua inconstitucionalidade arguida perante o plenário do Supremo Tribunal Federal no ano eleitoral de 2006, sendo rechaçada por unanimidade. O enfrentamento da matéria resultou na decisão proferida nos autos da Ação Direta de Inconstitucionalidade nº 3.305-1/DF[330], cuja ementa dispôs:

330. Tribunal Pleno, DJ de 24/11/2006 (LEXSTF 29/338-2007/ 98-110).

AÇÃO DIRETA DE INCONSTITUCIONALIDADE. ARTIGO 77 DA LEI FEDERAL N. 9.504/97. PROIBIÇÃO IMPOSTA AOS CANDIDATOS A CARGOS DO PODER EXECUTIVO REFERENTE À PARTICIPAÇÃO EM INAUGURAÇÃO DE OBRAS PÚBLICAS NOS TRÊS MESES QUE PRECEDEM O PLEITO ELETIVO. SUJEIÇÃO DO INFRATOR À CASSAÇÃO DO REGISTRO DA CANDIDATURA. PRINCÍPIO DA IGUALDADE. ARTIGO 5º, *CAPUT* E INCISO I, DA CONSTITUIÇÃO DO BRASIL. VIOLAÇÃO DO DISPOSTO NO ARTIGO 14, § 9º, DA CONSTITUIÇÃO DO BRASIL. INOCORRÊNCIA.

1. A proibição veiculada pelo preceito atacado não consubstancia nova condição de elegibilidade. Precedentes.

2. O preceito inscrito no artigo 77 da Lei federal nº 9.504 visa a coibir abusos, conferindo igualdade de tratamento aos candidatos, sem afronta ao disposto no artigo 14, § 9º, da Constituição do Brasil.

3. A alegação de que o artigo impugnado violaria o princípio da isonomia improcede. A concreção do princípio da igualdade reclama a prévia determinação de quais sejam os iguais e quais os desiguais. O direito deve distinguir pessoas e situações distintas entre si, a fim de conferir tratamentos normativos diversos a pessoas e a situações que não sejam iguais.

4. Os atos normativos podem, sem violação do princípio da igualdade, distinguir situações a fim de conferir a um tratamento diverso do que atribui a outra. É necessário que a discriminação guarde compatibilidade com o conteúdo do princípio.

5. Ação Direta de Inconstitucionalidade julgada improcedente.

15.10.14.5. Processamento

As representações que visam apurar a hipótese infracional prevista no art. 77, tombadas como *específicas* pelas resoluções do Tribunal Superior Eleitoral (v. item nº 15.6.3), podem ser ajuizadas até a data da diplomação dos eleitos. A jurisprudência dirimiu que não há vedação de que os mesmos fatos configurem mais de um ilícito eleitoral, desde que comprovados os pressupostos que lhe são caracterizadores. Assim, mesmo que já tenha sido objeto de Representação, a inauguração pode ser apurada através de Investigação Judicial Eleitoral sob a ótica do abuso de poder e, com isso, ensejar a aplicação do disposto no inciso XIV do art. 22 da LC nº 64/90 (REspe nº 24.122/SP, PSESS de 30/09/2004 e AI nº 4.511/SP, DJ de11/06/2004).

15.10.14.6. Casuística

Não obstante a translucidez do dispositivo através da rigidez plasmada ao *caput* do art. 77, as peculiaridades que revestem os casos concretos têm sido alvo de constantes debates nos tribunais eleitorais. O intuito do preceito, após a sua reordenação pelo legislador ordinário, foi proibir a presença, em inaugurações de obras públicas, de quem está concorrendo. Nisso, a regulamentação não lhe conferiu maior ou menor amplitude, simplesmente vedou o comparecimento. Ocorre que a abundante jurisprudência lavrada em torno deste tópico vem esboçando um afastamento do vetor preconizado pela definição normativa. Há, por assim dizer, uma mutilação no sentido da lei: para o TSE, participações discretas em inaugurações públicas não geram desequilíbrio.[331]

a. Participar x comparecer

Se o representado teve postura discreta, não participou ostensivamente do evento, não fez uso da palavra, não distribuiu material de campanha ou protagonizou situação com viés eleitoral, a jurisprudência admite a análise pormenorizada desta prova para atenuar o rigorismo literal do dispositivo e, com isso, descartar a conduta infracional ou determinar a incidência de pena pecuniária ao invés daquela de cassação.

> **AGRAVO REGIMENTAL. RECURSO ESPECIAL ELEITORAL. ELEIÇÕES 2012. PREFEITO. REPRESENTAÇÃO. CONDUTA VEDADA AOS AGENTES PÚBLICOS EM CAMPANHA. COMPARECIMENTO A INAUGURAÇÃO DE OBRA PÚBLICA. PRINCÍPIO DA PROPORCIONALIDADE. PROVIMENTO.**
>
> 1. É incontroverso que o agravante José Bento Leite do Nascimento compareceu a inauguração de obra pública no Município de Soledade/PB faltando menos de quinze dias para o pleito, em violação ao art. 77 da Lei 9.504/97.
>
> 2. Todavia, deve ser aplicado no caso dos autos o princípio da proporcionalidade, notadamente diante da ausência de participação ativa do agravante no referido evento, não tendo havido, assim, quebra da igualdade entre os candidatos.

331. Perante a Corte Superior, a parêmia *in claris cessat interpretatio* ("disposições claras não comportam interpretação") vem se revelando inaplicável.

> 3. Agravo regimental provido para dar provimento ao recurso especial eleitoral, julgando-se improcedentes os pedidos.[332]

Como consequência dessa interpretação, a presença marcada pelo quase anonimato não pode ser equiparada àquela onde o protagonista é praticamente o mestre de cerimônias do evento:

> **AGRAVO REGIMENTAL. RECURSO ESPECIAL ELEITORAL. REPRESENTAÇÃO. CONDUTA VEDADA. COMPARECIMENTO À INAUGURAÇÃO DE OBRA PÚBLICA. ART. 77 DA LEI Nº 9.504/97. PARTICIPAÇÃO ATIVA DA CANDIDATA DURANTE O EVENTO. NÃO DEMONSTRAÇÃO. PROPORCIONALIDADE. REEXAME. SÚMULA Nº 24/TSE. NÃO PROVIMENTO.**
>
> (...).
>
> 3. A jurisprudência desta Corte Superior admite a aplicação do princípio da proporcionalidade na representação por conduta vedada descrita no art. 77 da Lei nº 9.504/97, para afastar a sanção de cassação do diploma, quando a presença do candidato em inauguração de obra pública ocorre de forma discreta e sem participação ativa no evento, pois não resulta na quebra da igualdade de chances entre os concorrentes na disputa eleitoral[333].

A figura híbrida da "mera presença sem participação", nos moldes da jurisprudência, recebeu os seguintes contornos:

> **Representação. Conduta vedada. Inauguração de obra pública. Art. 77 da Lei nº 9.504/97.**
>
> 1. A mera presença do candidato na inauguração de obra pública, como qualquer pessoa do povo, sem destaque e sem fazer uso da palavra ou dela ser destinatário, não configura o ilícito previsto no art. 77 da Lei nº 9.504/97.
>
> 2. Entendimento do acórdão regional em consonância com a interpretação do TSE sobre o art. 77 da Lei nº 9.504/97, conforme precedentes: AgR-RO nº 8902-35, rel. Min. Arnaldo Versiani, DJE de 21.8.2012; REspe nº 6469-84, rel. Min. Nancy Andrighi, DJE de 24.8.2011; AgR-AI nº 11173, rel. Min. Marcelo Ribeiro, DJE de 16.10.2009.
>
> Agravo regimental a que se nega provimento[334].

---

332. TSE, AgRgREspe nº 47371/PB, DJE de 27/10/2014.
333. TSE, AgRgREspe nº 171064/SP, DJE de 03/08/2018.
334. TSE, AgR-AI nº 178190/RO, DJE de 06/12/2013.

O Tribunal Regional Eleitoral do Rio Grande do Sul, em aresto sobre da presença de candidato na inauguração de uma ponte de madeira no interior do Estado, comungou dessa mesma orientação para arredar a punição extrema:

> **Representação. Prática de conduta vedada. Comparecimento de candidato em ato de inauguração de obra pública (artigo 77 da Lei nº 9.504/97). Alegada quebra de igualdade de oportunidades entre candidatos e violação à lisura da eleição. Incontroversa a inauguração de ponte de madeira custeada pela municipalidade e a presença do representado.** Compreensão, contudo, do escopo da norma, que é o de evitar o desequilibro entre os participantes do pleito. Mera presença discreta e silenciosa em cerimônia, considerado o pequeno público presente, ausência de pedido de votos ou promoção pessoal, não é conduta capaz de alterar significativamente o processo eleitoral. Aferição da relevância jurídica do ato praticado pelo candidato para atribuição da sanção. Ainda que reconhecida a tipicidade da conduta descrita no artigo 77 da Lei das Eleições, desproporcional a cassação do registro de candidatura. Aplicação da multa prevista no artigo 73, § 4º, da mesma norma, destinada a coibir todas as condutas vedadas. Procedência parcial.[335]

Não havendo elementos de prova demonstrando que a população tenha sido convocada ou estive presente em número significativo em evento onde o público predominante era formado por autoridades, e que não houve discurso promovendo a reeleição de parlamentar que sequer se apresentou como candidato, a cassação afigura-se reprimenda excessiva:

> **Representação. Conduta vedada. Inauguração de obra pública.**
>
> 1. Este Tribunal Superior já firmou entendimento no sentido de que, quanto às condutas vedadas do art. 73 da Lei nº 9.504/97, a sanção de cassação somente deve ser imposta em casos mais graves, cabendo ser aplicado o princípio da proporcionalidade da sanção em relação à conduta. 2. Com base nos princípios da simetria e da razoabilidade, também deve ser levado em consideração o princípio da proporcionalidade na imposição da sanção pela prática da infração ao art. 77 da Lei das Eleições. 3. Afigura-se desproporcional a imposição de sanção de cassação a candidato à reeleição ao cargo de deputado estadual que

335. RP nº 572797, PSESS de 05/10/2010, unânime.

> comparece em uma única inauguração, em determinado município, na qual não houve a presença de quantidade significativa de eleitores e onde a participação do candidato também não foi expressiva. Agravo regimental não provido.[336]

Noutros casos, estando em igualdade com os demais pretendentes, não ficou caracterizada a utilização da máquina administrativa quando o candidato compareceu à inauguração pública promovida por adversários políticos:

> **RECURSO ESPECIAL ELEITORAL. RECEBIMENTO. RECURSO ORDINÁRIO. ELEIÇÕES 2010. INAUGURAÇÃO DE OBRA PÚBLICA. ART. 77 DA LEI 9.504/97. VIOLAÇÃO. INEXISTÊNCIA. (...).** 2. A disciplina das condutas vedadas aos agentes públicos em campanha eleitoral visa coibir a utilização da máquina administrativa em benefício de determinada candidatura, o que não se verifica na espécie. Na espécie, o candidato compareceu à inauguração de obra promovida pelo seu adversário político, mas não auferiu vantagem político-eleitoral com o evento. Não incide, por isso, a sanção prevista no art. 77, parágrafo único, da Lei 9.504/97. 3. Recurso ordinário não provido.[337]
>
> **AGRAVO REGIMENTAL. AGRAVO DE INSTRUMENTO. RECURSO ESPECIAL. CONDUTA VEDADA. DESCARACTERIZAÇÃO. INAUGURAÇÃO DE OBRA PÚBLICA. ADVERSÁRIO POLÍTICO. AUSÊNCIA. POTENCIALIDADE. DESEQUILÍBRIO. ELEIÇÃO.** 1. A disciplina relativa às condutas vedadas a agentes públicos em campanha eleitoral visa coibir a utilização da máquina administrativa em benefício de partido, coligação ou candidato. 2. No caso em tela, tendo a obra sido inaugurada na gestão de adversário político dos agravados, sem que estes auferissem dividendos político-eleitorais com o evento, não incide a sanção prevista no art. 77, parágrafo único, da Lei nº 9.504/97. 3. As condutas vedadas devem ser examinadas sob o princípio de proporcionalidade e com base no potencial lesivo ao equilíbrio do pleito. Precedentes. 4. Agravo regimental desprovido.[338]

Já a presença de candidata, em diversas inaugurações de obras públicas promovidas pela Prefeitura durante o período eleitoral, acompanhada

336. TSE, AgR-RO nº 890235/GO, DJE de 21/08/2012.
337. TSE, REspe nº 646984/SP, DJE de 24/08/2011.
338. TSE, AgR-AI nº 11.173/SP, DJE de 16/10/2009.

do Chefe do Executivo pedindo apoio e votos, identifica a infração do art. 77 da LE/97:

> **EMBARGOS DE DECLARAÇÃO. RECURSO ESPECIAL ELEITORAL. (...). ANÁLISE. POTENCIALIDADE. CONDUTA VEDADA. EMBARGOS PROVIDOS. AUSÊNCIA. EFEITOS MODIFICATIVOS.**
>
> (...).
>
> II - A participação da candidata em diversas inaugurações de obras públicas, no período eleitoral, tem potencialidade para interferir no resultado das eleições[339].

b. Local próximo

O local próximo do evento não equivale ao local do evento. Da mesma forma, permanecer nas imediações ou fora do recinto onde ocorreu a cerimônia pública oficial de inauguração da obra não é atitude que atraia a penalidade prevista no tipo legislado. A hipótese prevista primou pela exatidão:

> **AGRAVO REGIMENTAL. INAUGURAÇÃO DE OBRA PÚBLICA. NÃO-PARTICIPAÇÃO DO CANDIDATO. PLACAS COM NOME DE TODA A ADMINISTRAÇÃO MUNICIPAL DE 2001/2004, TANTO DO PODER EXECUTIVO COMO DO PODER LEGISLATIVO. CONFECÇÃO ORIENTADA PELO CERIMONIAL DO GOVERNADOR DO ESTADO. RESPONSABILIDADE DO PREFEITO. NÃO-OCORRÊNCIA.**
>
> 1. A permanência do prefeito, candidato à reeleição, em local próximo ao evento de inauguração, não caracteriza ofensa ao art. 77 da Lei nº 9.504/97.
>
> 2. A circulação do prefeito em companhia do governador do estado pela cidade, após as inaugurações, não configura conduta ilícita, visto que o prefeito, embora candidato, permanece na chefia do Executivo Municipal e, assim, exerce as atividades inerentes a seu cargo paralelamente à campanha eleitoral.
>
> 3. A violação ao art. 37, § 1º, c.c. o art. 74 da Lei nº 9.504/97, se de fato existente, não deve ser imputada ao Recorrido, porquanto restou

339. TSE, ERESPE nº 28.534/MA, DJE de 06/08/2009.

apurado que a placa objeto da controvérsia foi confeccionada a mando do cerimonial do governo do estado.

Agravo Regimental desprovido.[340]

c. Presença do candidato após a solenidade

O candidato não esteve no evento. A sua chegada ao local ocorreu quando já formalmente encerrada a cerimônia de inauguração. Assim, mesmo com a presença de algumas pessoas que nela compareceram, não é possível se equipar com a solenidade:

> **RECURSO ESPECIAL - COTEJO.**
>
> O cotejo indispensável a que se diga enquadrado o recurso especial em um dos permissivos próprios faz-se a partir das premissas fáticas do acórdão proferido, sendo defeso proceder-se a exame da prova para substituí-las.
>
> **OBRA PÚBLICA – INAUGURAÇÃO – ARTIGO 77 DA LEI Nº 9.504/97.**
>
> Não configura situação jurídica enquadrável no artigo 77 da Lei nº 9.504/97 o comparecimento de candidatos ao local após a inauguração da obra pública, quando já não mais estão presentes os cidadãos em geral.[341]

d. Circunscrição eleitoral diversa

À falta de regra tópica, entendimento fixado por maioria de votos pelo TSE[342] a partir do julgamento do Recurso Especial Eleitoral nº 24.122/SP restringiu a abrangência da punição contida no art. 77 à *circunscrição do pleito*, ou seja, aos limites demarcados pelo art. 86 do Código Eleitoral[343].

---

340. TSE, ARESPE nº 25.093/ES, DJ de 05/05/2006 (RJTSE 17/3/339).

341. TSE, RESPE nº 24.852/SC, DJ de 28/10/2005 (RJTSE 16/4/240).

342. Trecho do voto vencido: "De qualquer forma, a questão deve ser examinada também do ponto de vista do interesse político, das chamadas regiões, microrregiões, das afinidades e da coexistência de interesses, como se conjugam. Aqui a inauguração é de uma estrada de interesse comum dos municípios".

343. Art. 86. Nas eleições presidenciais, a circunscrição serão País; nas eleições federais e estaduais, o Estado; e nas municipais, o respectivo município.

Mencionado dispositivo do CE/65 deve ser interpretado restritivamente, nos exatos termos do que dispõe, ou seja: nas eleições presidenciais, a circunscrição será o País; nas eleições federais e estaduais, o Estado; e nas municipais, o respectivo Município. De acordo com esta exegese, no nosso sentir coerente ao princípio da legalidade estrita (v. nº 15.5.2), numa determinada eleição local, os candidatos de outros municípios não estão impedidos de comparecer naquele onde ocorre a inauguração, posto inexistir influência, interferência ou distribuição de vantagens perante o respectivo eleitorado:

> **RECURSO ESPECIAL. REGISTRO. CANDIDATO. PREFEITO. CONDUTA VEDADA. PARTICIPAÇÃO. INAUGURAÇÃO. OBRA PÚBLICA. MUNICÍPIO DIVERSO. PERÍODO. PROIBIÇÃO. ART. 77 DA LEI Nº 9.504/97. ABUSO. PODER POLÍTICO. INELEGIBILIDADE. INEXISTÊNCIA.**
>
> 1. Não constitui conduta a ser alcançada pelo art. 77 da Lei nº 9.504/97 a participação de candidato em inauguração de obra pública, fora da circunscrição territorial pela qual disputa cargo eletivo, considerado o conceito do art. 86 do Código Eleitoral.
>
> 2. Além do mais, cuidando-se de obra pública, em local público e de acesso a qualquer pessoa, nada impedia que dela participassem todos os candidatos.
>
> 3. O que a lei pretende vedar é a utilização indevida, ou o desvirtuamento da inauguração em prol de candidato, fato, aliás, que pode ser apurado na forma dos arts. 19 e 22 da Lei Complementar nº 64/90. Precedentes: Acórdãos nºs 4.511, de 23.3.2004, Ag nº 4.511; 21.167, de 21.8.2003, EDclREspe nº 21.167, da relatoria do Min. Fernando Neves[344].

e. Potencialidade lesiva

No AgRREspe nº 34.853/RN (DJE de 10/05/2010), o TSE reafirmou a necessidade de comprovação do potencial lesivo da conduta vedada para a imposição da grave penalidade da cassação do mandato:

> **Agravo regimental. Recurso especial. Conduta vedada. Participação em inauguração de obra pública. Art. 77 da Lei nº 9.504/97.** Potencialidade lesiva não demonstrada. Equilíbrio do pleito preservado. Princípio

344. RJTSE 15/4/295.

> da proporcionalidade. Observância. Matéria fática. Impossibilidade de reexame. Súmulas nº 7/STJ e 279/STF. Precedentes. Agravos regimentais desprovidos.

Isso ficou do mesmo modo decidido no AgR-AI nº 11173/SP (DJE de 16/10/2009):

> **AGRAVO REGIMENTAL. AGRAVO DE INSTRUMENTO. RECURSO ESPECIAL. CONDUTA VEDADA. DESCARACTERIZAÇÃO. INAUGURAÇÃO DE OBRA PÚBLICA. ADVERSÁRIO POLÍTICO. AUSÊNCIA. POTENCIALIDADE. DESEQUILÍBRIO. ELEIÇÃO.**
>
> 1. A disciplina relativa às condutas vedadas a agentes públicos em campanha eleitoral visa coibir a utilização da máquina administrativa em benefício de partido, coligação ou candidato.
>
> 2. No caso em tela, tendo a obra sido inaugurada na gestão de adversário político dos agravados, sem que estes auferissem dividendos político-eleitorais com o evento, não incide a sanção prevista no art. 77, parágrafo único, da Lei nº 9.504/97.
>
> 3. As condutas vedadas devem ser examinadas sob o princípio de proporcionalidade e com base no potencial lesivo ao equilíbrio do pleito. Precedentes.
>
> 4. Agravo regimental desprovido.

Constatado o potencial lesivo do ato infracional, a drástica punição que revoga a vontade popular expressada pelas urnas era imperativo inafastável:

> **EMBARGOS DE DECLARAÇÃO. RECURSO ESPECIAL ELEITORAL. TERCEIRO INTERESSADO QUE NÃO É PARTE NO PROCESSO. AUSÊNCIA. PEDIDO. INGRESSO. CONDIÇÃO DE LITISCONSORTE OU ASSISTENTE. INADMISSIBILIDADE. EMBARGOS NÃO CONHECIDOS. OMISSÃO. EXISTÊNCIA. ANÁLISE. POTENCIALIDADE. CONDUTA VEDADA. EMBARGOS PROVIDOS. AUSÊNCIA. EFEITOS MODIFICATIVOS.**
>
> I. (...). II - A participação da candidata em diversas inaugurações de obras públicas, no período eleitoral, tem potencialidade para interferir no resultado das eleições. III - Não é necessária a comprovação do nexo causal entre as condutas ilícitas e o resultado das eleições para ensejar a cassação do mandato eletivo. Precedentes. IV - Primeiros embargos

não conhecidos e segundos embargos providos, sem concessão de efeitos modificativos[345].

Hodiernamente, a jurisprudência enuncia que "as condutas vedadas possuem natureza objetiva, sendo desnecessária a análise de potencialidade lesiva para influenciar no pleito" (AgRg-REspe nº 56.079/SE, DJE de 29/10/2019).

f. Propaganda antecipada

A inauguração de obra pública, mesmo ocorrendo em período excluído da esfera temporal expressamente disciplinada pelo art. 77 da Lei nº 9.504/97, pode atrair a pena pecuniária pela configuração de propaganda extemporânea. Assim também reconheceu o TSE previamente à Lei 13.165/15:

> **Representação. Propaganda eleitoral antecipada.** 1. Configura propaganda eleitoral antecipada a referência à sucessão presidencial, bem como à continuidade de governo, em inauguração de obra pública, sobretudo ao haver interação com a respectiva plateia, quando se menciona o nome daquele que seria o pré-candidato. 2. Deve ser julgada improcedente a representação quanto ao beneficiário, se não está comprovado o prévio conhecimento da propaganda. Recurso provido, em parte, para julgar procedente a representação relativamente ao primeiro representado, com a aplicação de multa no valor mínimo de R$ 5.000,00.[346]

Neste caso paradigma, a partir da decomposição do discurso emitido pelo titular do mandato que findava, declarou-se a existência de propaganda subliminar com propósito eleitoral não somente a partir dos textos que foram verbalizados, mas também de outras circunstâncias extraídas do evento:

- A parte representada foi a pessoa mais mencionada no discurso oficial (cinco vezes), embora outras autoridades também estivessem presentes no local;
- Além de atingir o público presente à inauguração, a mensagem também atingiu a um considerável número de pessoas, tendo em vista que o discurso oficial foi transmitido ao vivo pelo canal oficial da Presidência da República (NBR);

345. TSE, EdclRESPE nº 28.534/MA, DJE de 08/06/2009.

346. RRP nº 32.872/DF, DJ de 12/08/2010.

- No momento em que o representado afirma não poder dizer quem será o futuro presidente, mas salienta que este seja adivinhado, a imagem da beneficiada recebe um *close*, ocasião em que o público se manifesta com risos e aplausos;
- Além da vida política do país, o mote do discurso centrava-se na exposição das políticas de governo já executadas, daquelas em execução e naquelas que se pretendia ainda executar;
- Foram mencionados inúmeros projetos que ultrapassam o mandato do representado, incluindo-se o PAC-II, obras para a realização da Copa do Mundo de 2014 e das Olimpíadas de 2016.

Para bem examinar a matéria, além do AI nº 66-44/RJ (DJE de 30/08/2019), impende o acréscimo de dois julgados, um do Tribunal Superior Eleitoral concluindo que "Configura propaganda eleitoral antecipada reação à manifestação popular, ainda que surgida espontaneamente entre os presentes a evento, que leve ao conhecimento geral, ainda que de forma dissimulada, eventual candidatura, mesmo que somente postulada"[347], e outro regional, confirmado pelo TSE, apontando os mesmos padrões infracionais:

> **ELEIÇÕES 2016. AGRAVO REGIMENTAL. RECURSO ESPECIAL. REPRESENTAÇÃO. PROPAGANDA. ELEITORAL EXTEMPORÂNEA. INAUGURAÇÃO DE OBRA PÚBLICA. PEDIDO EXPLÍCITO DE VOTOS. CONFIGURAÇÃO. PRECEDENTES. REEXAME DE PROVAS. IMPOSSIBILIDADE. SÚMULA Nº 24/TSE. NÃO PROVIMENTO.**
>
> Histórico da demanda
>
> 1. Contra acórdão do TRE/PE, pelo qual mantida integralmente a sentença de 1º grau em que julgada procedente a representação por propaganda antecipada assentado o pedido expresso de votos (...).
>
> 2. (...).
>
> Do agravo regimental
>
> 3. Inviável a reforma da conclusão do TRE/PE para afastar a configuração da propaganda eleitoral extemporânea assentado no acórdão regional o pedido explícito de votos, inexistentes "dúvidas, portanto, que os recorrentes praticaram propaganda eleitoral antecipada, (...) afetando a igualdade de oportunidade entre os pretensos candidatos" (fl. 147), em razão do óbice, repita-se, imposto pela Súmula nº 24/TSE, em sintonia o

347. RRP nº 1.406/DF, DJE de 10/05/2010.

acórdão regional com a jurisprudência desta Corte Superior reafirmada na assentada do dia 26.6.2018, ao exame do AgR-AI nº 9-24, Rel. Min. Tarcisio Vieira de Carvalho Neto e do AgRREspe nº 43-46, Rel. Min. Jorge Mussi no sentido de que "a propaganda antecipada caracteriza-se pelo pedido expresso de votos, referência explícita a eleições vindouras ou elogio que apresente a pessoa como a mais apta para o exercício de cargo eletivo (AgR-REspe 3309-94/BA, redator para acórdão Min. Henrique Neves da Silva, DJe de 31.5.2016)" (RP. nº 29487/DF, Rel. Min. Antônio Herman de Vasconcellos e Benjamin, DJe de 09.3.2017).

4. (...).

Agravo regimental conhecido e não provido.[348]

Direito Eleitoral. Eleições de 2018. Propaganda antecipada. Recurso contra decisão que acolheu a representação oferecida pelo Ministério Público para condenar os recorrentes à multa fixada em R$ 10.000,00 (dez mil reais) e R$ 5.000,00 (cinco mil reais), por propaganda extemporânea feita em inauguração de obra pública pela Prefeitura de Belford Roxo em 26 de março deste ano. (...).

O vídeo posteriormente anexado confirma, de forma fidedigna, a transcrição do trecho do discurso do recorrente, atual Prefeito do Município de Belford Roxo, no qual pedia expressamente votos para o segundo recorrente - ex-vice-Prefeito do Município de Belford Roxo e candidato à reeleição para Deputado estadual nas eleições de 2018, como também para a terceira recorrente - esposa do primeiro recorrente que, à época, era Secretária de Assistência Social e Cidadania do Município de Belford Roxo e nestas eleições está concorrendo ao cargo de Deputada Federal. O vídeo não deixa dúvidas de que o primeiro recorrente, na condição de Prefeito da cidade, aproveitou-se da inauguração de obra pública em estrutura montada pela Prefeitura, para transformá-la em palanque eleitoral e pedir explicitamente votos para a segunda e terceira recorrentes. As afirmações feitas pelo primeiro recorrente contaram com a anuência dos demais que, na condição de beneficiários da propaganda, incentivaram o discurso com aplausos, sorrisos, abraços e outros gestos de aprovação, tendo a segunda recorrente ainda oferecido água ao primeiro, para que prosseguisse com sua fala. O vídeo também mostra o nome e símbolo da Prefeitura na parede ao fundo do palanque e que se trata de gravação feita em 26 de março de 2018. (...). Os próprios recorrentes admitem, no recurso, que os fatos ocorreram em período anterior ao da escolha das candidaturas e processo eleitoral, inexistindo, portanto,

348. AgRgREspe nº 74-10/PE, DJE de 24/08/2018.

qualquer dúvida sobre a extemporaneidade da propaganda eleitoral a caracterizar o ilícito previsto no art. 36 da Lei nº 9.504/97.

O valor da multa está de acordo com os princípios da proporcionalidade e individualização da pena, levando-se em conta a gravidade de cada conduta, condição econômica e experiência política de cada recorrente, como preveem os arts. 36, § 3º c/c art. 367 do Código Eleitoral, devendo ser mantido. Desprovimento do recurso.[349]

g. Simulação de inauguração

Recentes resoluções vêm dispondo que a realização de *evento assemelhado ou que simule* inauguração poderá ser alvo de apuração na forma do art. 22 da Lei Complementar nº 64/1990 ou arguida em ação de impugnação de mandato eletivo, após a diplomação do eleito. Nessa perspectiva, a Corte novamente extrapolou os seus limites de regulamentação ao estabelecer um tipo infracional condicionado ao processo legislativo (CF/88, arts. 22, I e 59, III).

O ordenamento não autoriza que o TSE aja ou crie diante da ausência da lei. Neste sentido, importa reparar para o excerto da intervenção do Ministro Sepúlveda Pertence na sessão que delineou os termos da Resolução nº 21.002 (CTA nº 715 - DF) advertindo:

> Dispõe o art. 23, IX, do C. Eleitoral competir ao TSE 'expedir as instruções que julgar convenientes à execução deste Código'. Cuida-se de competência normativa, mas de hierarquia infralegal. O juízo de conveniência, confiado ao TSE, tem por objeto a expedição ou não da instrução, não o seu conteúdo.
>
> Este, destinado à execução do Código e, obviamente, a todo o bloco da ordem jurídica eleitoral, está subordinado à Constituição e à lei.
>
> É verdade, além de explicitar o que repute implícito na legislação eleitoral, viabilizando a sua aplicação uniforme, pode o Tribunal colmatar-lhe lacunas técnicas, na medida das necessidades de operacionalização do sistema gizado pela Constituição e pela lei.
>
> Óbvio, entretanto, que não as pode corrigir, substituindo pela de seus juízes, a opção do legislador (...).

349. TRE/RJ, RRP nº 060030568, PSESS de 12/09/2018. Esta decisão foi confirmada à unanimidade pelo TSE em 30/05/2019 no Agravo Regimental em Agravo de Instrumento nº 060030568/RJ (DJE de 14/08/2019).

h. Inaugurações privadas

As solenidades que inauguram obras ou benfeitorias particulares, ainda que anunciadas pelos meios de comunicação e contando com a presença de lideranças políticas e da sociedade em geral, são de caráter privado, inexistindo proibição de comparecimento ou participação de candidatos nelas. Nesses casos, nada impede quem estiver presente de, por exemplo, proferir discurso ou cortar fita.

José Jairo GOMES (2011, p. 508), quando comenta a tipificação das Condutas Vedadas, reporta-se aos bens estabelecidos pelo CCB para dizer que,

> Nos termos do art. 98 do Código Civil, públicos são os bens do domínio nacional pertencentes às pessoas jurídicas de Direito Público interno, as quais abrangem os entes integrantes da Administração direta (União, Estados, Distrito Federal e Municípios) e indireta (autarquia, fundação instituída pelo Poder Público, empresa pública, sociedade de economia mista, consórcio e agência). Todos os demais bens são privados, seja qual for a pessoa a que pertençam.
>
> À vista do critério de afetação ou destinação do bem, a doutrina contemporânea encarta na categoria dos bens públicos todos aqueles comprometidos com realização de serviços de caráter público.
>
> Privados, ao contrário, são aqueles ordenados a atender interesses particulares, ou seja, de seus próprios titulares.
>
> Desse prisma, tem-se ressaltado serem públicos os bens de entidades privadas prestadoras de serviços públicos, desde que afetados diretamente a uma finalidade pública. (...).
>
> É o caso dos bens integrantes do domínio de concessionárias de serviços públicos, como empresas de transporte urbano, intermunicipal ou interestadual.

O texto de regência é categoricamente claro: "obra pública":

> O que caracteriza a obra pública é sua destinação ao público ou ao serviço público, sendo indiferentes o modo de sua execução, a pessoa que a executa e o local de sua realização.
>
> A obra pública é a realização material que a Administração comumente executa sobre um bem público como equipamento ou estrutura para um serviço público a ser oferecido à comunidade; em outros casos ser implantada em terreno particular mas com finalidade pública.

> Em todas essas hipóteses será obra pública, desde que destinada ao público ou ao serviço público, variando apenas seu modo de utilização, que pode ser comum do povo ou especial de um serviço destinado ao público, ou mesmo de um serviço técnico ou administrativo reservado a seus servidores e usuários específicos.[350]

A doação de áreas públicas para a execução de empreendimentos particulares não repercute na titularidade do bem. Tratando-se de investimento privado, fruto de capital próprio ou financiado, sem destinação ao serviço público, não há de se cogitar da proibição do art. 77.

> **RECURSO ELEITORAL - REPRESENTAÇÃO ELEITORAL - CONDUTA VEDADA - ARTIGO 77 DA LEI Nº 9.504/97 - PARTICIPAÇÃO DE CANDIDATOS EM INAUGURAÇÃO DE OBRA PÚBLICA - INEXISTÊNCIA DE OBRA PÚBLICA - INSUFICIÊNCIA DE PROVAS - RECURSO DESPROVIDO.**
>
> 1. A presença de candidato em festa de inauguração de empresa privada, ainda que realizada em prol de sua campanha, não se subsume à vedação contida no artigo 77 da Lei n.º 9.504/97. 2. Evento que pode caracterizar abuso de poder econômico, mas não a conduta vedada ora tratada. 3. Sentença mantida. 4. Recurso desprovido.[351]
>
> **RECURSO - REPRESENTAÇÃO - CANDIDATO À REELEIÇÃO - SUPOSTA VIOLAÇÃO AO ART. 77 E PARÁGRAFO ÚNICO DA LEI N. 9.504/1997 E AO ART. 377 DO CÓDIGO ELEITORAL – INAUGURAÇÃO DE OBRA - INSTITUIÇÃO PARTICULAR - AUSÊNCIA DE PARTICIPAÇÃO EFETIVA DO CANDIDATO NO EVENTO.**
>
> Embora criada por ente público municipal, a Fundação Universidade do Vale do Itajaí - Univali é privada para todos os efeitos, em conformidade com as disposições consignadas na Lei Instituidora n. 2.515, de 19.10.1989.[352]
>
> **MÉRITO. INAUGURAÇÃO DE OBRA. PRESENÇA DO PREFEITO. EMPREENDIMENTO QUE NÃO SE CARACTERIZA COMO OBRA PÚBLICA.**
>
> Obra realizada por empresa particular que obteve o financiamento da Caixa Econômica Federal. Ausência de participação da municipalidade

350. MEIRELLES, 2008, pp. 359/360.
351. TRE/PR, RE nº 7232, DJ de 09/07/2009.
352. TRE/SC, RREP nº 809, DJ de 27/06/2002.

na concretização da obra. O Prefeito compareceu ao evento como convidado sem participação efetiva. Não caracterização de conduta vedada. Recurso a que se nega provimento.[353]

ELEIÇÃO 2016. RECURSO ESPECIAL. AÇÃO DE INVESTIGAÇÃO JUDICIAL ELEITORAL (AIJE). CONDUTA VEDADA. ART. 77 DA LEI Nº 9.504/97. CANDIDATOS. CARGO. VEREADOR. COMPARECIMENTO. INAUGURAÇÃO. PARQUE TECNOLÓGICO. UNIVERSIDADE PRIVADA. APORTE FINANCEIRO. CONVÊNIO. ESTADO. TERRENO. DOAÇÃO. MUNICÍPIO. OBRA. NATUREZA JURÍDICA. DELIMITAÇÃO. NORMA RESTRITIVA. EXEGESE ESTRITA. TIPIFICAÇÃO DA CONDUTA VEDADA. NÃO OCORRÊNCIA. RECURSO ESPECIAL PROVIDO.

1. *In casu*, a orientação perfilhada no acórdão regional foi a de que o comparecimento de vereadores candidatos à reeleição, durante o período crítico, à inauguração de obra realizada por universidade privada, construída em terreno doado pelo município e patrocinada, em parte, com recursos públicos repassados por meio de convênio estadual, nos três meses que antecederam a data do pleito, caracteriza a conduta vedada descrita no art. 77 da Lei nº 9.504/97.

2. Tal entendimento, contudo, contraria remansosa jurisprudência desta Corte Superior, no sentido de que as normas que encerram condutas vedadas devem ser interpretadas restritivamente.

3. O artigo 77 da Lei das Eleições veda o comparecimento de candidatos à inauguração de obra pública *stricto sensu*, assim considerada aquela que integra o domínio público. Incidência dos princípios da tipicidade e da legalidade estrita, devendo a conduta corresponder exatamente ao tipo previamente definido na norma.

4. Recurso especial ao qual se dá provimento.[354]

g. Outras situações

Tratando-se de solenidade distinta da inauguração de obra pública, é juridicamente impossível enquadrar as condutas à margem do regime da legalidade estrita (v. nº 15.5.2). Há que se ter cautela. Não se pode interpretar extensivamente a normatização para reprimir um comportamento que o legislador optou não definir como ilegal. O escopo da LE/97 é exclusivamente *obra pública*. Coloca-se em evidência, neste ponto, o tema concer-

353. TRE/MG, RE nº 26072004, DJMG de 09/03/2005.

354. TSE, REspe nº 18212/RS, DJE de 08/11/2017.

nente ao Princípio da Legalidade (CF/88, art. 1º, II) que se qualifica como um postulado elementar de contenção dos excessos do Poder Público.

Com base nessa compreensão,

- Cerimônia oficial ocorrida em solenidade administrativa não equivale à inauguração de obra pública;[355]
- A cerimônia pública para assinatura de ordem de serviço não infringe ao artigo 77, da Lei das Eleições, porquanto, em tais solenidades, não há que se falar em obra, tampouco em inauguração;[356]
- No tocante à inauguração de obra pública, a norma regente veda o comparecimento de candidatos à cerimônia e não a mera inauguração da obra pelos entes federativos;[357]
- Inexistência, no ordenamento jurídico, de proibição expressa que vede a inauguração de obra inacabada;[358]
- O conceito de inauguração previsto no *caput* do art. 77 da Lei das Eleições deve ser entendido como a entrega de obra pública finalizada, concluída. A realização de vistorias, visitações, ou de cerimônias afetas à abertura e encerramento de etapas no transcurso de sua execução, a exemplo do evento sobre o qual se funda a causa petendi, não se inserem nesse contexto, posto que alheias à figura elementar integrante do tipo sancionador;[359]
- A presença de candidato em **obra inacabada** não configura conduta vedada[360], tampouco improbidade administrativa[361];
- O discurso feito por agente público, durante inauguração de obra pública, no qual manifesta sua preferência por determinada candidatura, não significa **uso ou cedência do imóvel público** em benefício do candidato[362];
- **Visitar obra já inaugurada** não ofende a proibição contida no artigo 77 da Lei nº 9.504/97[363];
- Proferir **aula magna** não se confunde com inauguração de obra pública[364];
- O **sorteio de casas populares** não se enquadra no conceito de inauguração de obra pública[365];

355. TRE/RS, RE nº 060050583 , MURAL 14/12/2020.
356. TRE/ES, RE nº 50364, DJE 12/05/2014.
357. TRE/GO, REl nº 060058768 , DJE 05/07/2021.
358. TRE/MG, REl nº 060153214, DJEMG 14/07/2022.
359. TRE/PE, RP nº 060069288, DJE 27/04/2021.
360. TRE/RS, RE nº 200-90, j. 17/12/2013.
361. TJ/RS, Apelação Cível Nº 70046566881, Vigésima Segunda Câmara Cível, j. 18/10/2012.
362. TSE, AgRRespe nº 401727/SP, DJE de 18/08/2011.
363. RJTSE 10/3/49.
364. TSE, RO nº 2233/RR, DJE de 10/03/2010.
365. RJTSE 16/1/307 e RJTSE 17/1/214.

- Inauguração de **feira de comércio** não equivale à obra pública[366];
- A proibição contida no art. 77 dirige-se objetivamente à presença física do candidato, não à **subscrição de convite** para o ato inaugural[367];
- **Formulação de convite no horário eleitoral gratuito** ou **por meio de carro de som**[368], não caracterizam infração à LE/97;
- A entrega das **chaves dos vestiários de um campo de futebol**, em período vedado, **cuja obra foi custeada pelo poder público**, é considerada uma inauguração de obra pública, uma vez que a referida entrega pressupõe a abertura de suas instalações para o uso do público geral[369];
- O comparecimento de candidato em evento onde há **entrega das chaves de moradia popular** não caracteriza inauguração de obra pública[370];
- O comparecimento, pelo candidato, por **curto período**, na inauguração, inclusive se retirando do local quando alertado para a possível prática de ato ilícito, não pode conduzir à severa sanção preconizada pelo parágrafo único do art. 77 da Lei das Eleições[371];
- O comparecimento em **inauguração de obra pública capitaneada por adversário político** não tem potencialidade lesiva para quebrar a igualdade entre os candidatos[372];
- A presença de candidato em **festa de inauguração de empresa privada, ainda que realizada em prol de sua campanha**, não se subsume à vedação contida no artigo 77 da Lei n.º 9.504/97[373];
- A **mera passagem de candidato no local do evento**, não configura potencialidade lesiva[374];
- Não se pode qualificar a **missa** de que participara o candidato como ato de inauguração, não havendo que se cogitar da vedação do art. 77 da Lei nº 9.504/97[375];
- A **vistoria de obras públicas** não pode ser entendida como inauguração porque o titular do Poder Executivo, candidato à reeleição, não precisando se afastar do cargo que ocupa, continua sendo o administrador público[376].

366. TRE/SP, REC nº 23337, DOE de 07/12/2004.
367. TRE/PR, RE nº 01506, DJ de 30/03/2001.
368. TRE/SP, RE nº 31249, DOE de 21/07/2009.
369. TSE, RO nº 198403/ES, DJE de 12/09/2016.
370. TRE/BA, RE nº 31119, DJE de 17/09/2018.
371. TRE/MG, RE nº 22224, DJE de 19/12/2016.
372. TRE/PB, RE nº 27672, DJE de 08/11/2016.
373. TRE/PR, Recurso Eleitoral nº 7232, DJ de 09/07/2009.
374. TRE/RO, Recurso Eleitoral nº 18049, PSESS de 26/10/2016.
375. TRE/DF, ARPLEI nº 549, PSESS de02/09/2002.
376. TRE/MS, RP nº 67, DJ de 11/09/2002.

15.10.14.7. Aplicabilidade do dispositivo frente à Lei nº 13.165/15

Sem prejuízo do que já foi exposto em relação a cada tema examinado anteriormente, a partir da leitura das disposições que regem as Condutas Vedadas, constata-se que o legislador delimitou os períodos de proibição fixando-os em 180 dias, três ou seis meses antes do pleito e para todo o ano da eleição (v. nº 15.7). Porém, especificamente quanto ao art. 77, vedou "a qualquer candidato" comparecer "nos 3 (três) meses que precedem o pleito, a inaugurações de obras públicas". Ocorre que para que se possa atribuir a alguém o *status* jurídico de candidato, é necessário o preenchimento de dois requisitos formais e concorrentes: que esta pessoa tenha sido escolhida numa convenção partidária e que tenha postulado o seu pedido de registro de candidatura para algum cargo eletivo. Sem o atendimento desses pressupostos, não há que se falar em candidato, tampouco em contenda eleitoral. Sobre o tema, Adriano Soares da COSTA (2000, p. 225) não hesitou afirmar:

> Antes do registro da candidatura pela Justiça Eleitoral, inexiste ainda o estado jurídico de candidato. A candidatura e a condição de candidato são efeitos jurídicos do registro, operado em virtude da sentença constitutiva prolatada no processo de registro de candidatos.

Esta foi, sem diferença, a orientação jurisprudencial refletida no TSE:

> **Representação. Improcedência. Descumprimento. Art. 77 da Lei nº 9.504/97. Não-configuração. Prefeito. Ausência. Pedido. Registro. Condição de candidato não averiguada.**
>
> 1. A condição de candidato somente é obtida a partir da solicitação do registro de candidatura. Assim sendo, como ainda não existia pedido de registro de candidatura à época do comparecimento à inauguração da obra pública, o art. 77 da Lei nº 9.504/97 não incide no caso em exame. Nesse sentido: Acórdão nº 22.059, Agravo Regimental no Recurso Especial nº 22.059, rel. Ministro Carlos Velloso, de 9.9.2004.
>
> Agravo regimental a que se nega provimento.[377]
>
> **AGRAVO REGIMENTAL. RECURSO ESPECIAL. REPRESENTAÇÃO. PREFEITO. ALEGAÇÃO DE INAUGURAÇÃO DE OBRA PÚBLICA EM PERÍODO VEDADO. INADMISSIBILIDADE. CASSAÇÃO RE-**

377. AAG nº 5.134/SP, DJ de 18/03/2005.

GISTRO. AUSÊNCIA. CONDIÇÃO DE CANDIDATO À REELEIÇÃO. PARÁGRAFO ÚNICO DO ART. 77 DA LEI Nº 9.504/97.

A norma do parágrafo único do art. 77 da Lei nº 9.504/97 refere-se, expressamente, a candidato, condição que só se adquire com a solicitação do registro de candidatura.

Agravo regimental improvido.[378]

Retornando ao ponto que interessa à abordagem, uma inovação legislativa visivelmente mal meditada rompeu com a sistemática trilhada desde a redação primitiva da Lei nº 9.504/97 disciplinando a realização das convenções entre 10 e 30 de junho que havia sido mantida pela Lei nº 12.891/13 quando limitava mencionados eventos de 12 a 30 de junho. Com a Lei nº 13.165/15 modificando o art. 8º da LE/97 para determinar que "A escolha dos candidatos pelos partidos e a deliberação sobre coligações deverão ser feitas no período de 20 de julho a 5 de agosto do ano em que se realizarem as eleições", ninguém pode ser considerado candidato antes desse prazo.

Legislando em ritmo de cambulhada e negligenciando quanto à harmonia redacional que deve prevalecer nos textos normativos, o legislador ordinário, ao remeter as convenções partidárias para um período diverso sem proceder às necessárias adequações impostas pelo calendário do "ano em que se realizarem as eleições", desprezou a sincronia que até então, mal ou bem, encadeava as etapas do processo eleitoral.

Isso foi de um primitivismo injustificável. Em que pese haver a intenção de reforçar a proteção aos antes examinados princípios constitucionais da Administração Pública, a parte inicial do dispositivo em comento contém um qualificativo que está ausente das Condutas Vedadas antecedentes. Ato contínuo, não sendo juridicamente admissível equiparar "candidato a candidato" ou "pré-candidato" ainda não referendado por convenção partidária, à figura do candidato propriamente dito, o conteúdo da norma é no mínimo discutível em seus efeitos. Como os atos devem ser regulados pelas normas que vigem no momento de sua realização (*tempus regit actum*), aquele que comparece à inauguração de uma obra pública previamente aos "3 (três) meses que precedem o pleito" não o faz na condição jurídica de candidato, o que perante o devido processo legal (CF/88, art. 5º, LIV), impede o exato enquadramento da conduta na proibição do art. 77.

378. ARESPE nº 22.059/GO, PSESS de 09/09/2004 (RJTSE 17/1/97).

Para abonar a conclusão pela inaplicabilidade do dispositivo, do voto proferido pelo Ministro Carlos Veloso no ARESPE nº 22.059/GO antes ementado, extrai-se trecho ressaltando que a condição jurídica de candidato somente se dá com o requerimento de registro perante a Justiça Eleitoral:

> Por sua vez, a norma eleitoral sob exame, parágrafo único do art. 77 da Lei nº 9.504/97, refere-se expressamente a candidato, condição que o infrator não adquire sem que tenha solicitado o pedido de registro. Se fosse distinta a intenção do legislador, a pena cominada seria o indeferimento do registro, ou a vedação de requerimento do registro e não a cassação do registro prevista no referido dispositivo. Tampouco cabe a interpretação extensiva à disposição em comento, pois, como ressaltou a ilustre desembargadora Maria Thereza Veiga, no Regional, a norma é restritiva de direitos e, como tal, deve ser interpretada de modo restrito, nos limites da própria norma.

Mas esta, embora dotada de inegável importância, não é a diretriz vigente. No Agravo Regimental do Recurso Especial Eleitoral nº 29409/PI (DJE de 05/04/2019), o TSE estabeleceu que a *condição material* de candidato está sobreposta à sua *qualificação formal*. Para a Corte, o fato de o gestor não ostentar o registro não afasta a necessidade de proteção reconhecida pelo art. 77. Segundo o seu relator, "A teleologia da norma proibitiva contida no art. 77 da Lei das Eleições é evitar que os agentes públicos se utilizem das inaugurações de obras como meio de angariar votos e realizar campanha, impedindo que obras financiadas com recursos públicos sejam desvirtuadas em prol de candidaturas. Para isso, se estabelece o período de três meses, como espécie de "quarentena", para obstar que o agente participe ativamente do evento e com isso aufira benefício eleitoral indevido".

O novo equacionamento do dispositivo centrou-se em dois vetores. "Em primeiro lugar, eventual desvirtuamento do evento e comprometimento da finalidade protetiva é consequência fática que independe da qualificação jurídica dada ao agente causador. Usualmente, os munícipes conhecem a intenção do atual gestor de disputar a reeleição muito antes de esta ser oficialmente formalizada no pedido de registro, ou seja, materialmente o candidato à reeleição já o é antes de apresentar o requerimento formal. Essa realidade fática revela a ingenuidade de se decretar que os ilícitos eleitorais somente têm relevância se cometidos após a formalização do registro".

Noutro passo, admitiu-se que "a rejeição de uma análise material do candidato em prol da exigência de situação formal tornaria inócua a norma, por condicionar sua aplicação a uma qualificação jurídica que depende de constituição judicial. Ou seja, se o indivíduo vier a ter seu registro indeferido pelo juiz eleitoral, formalmente sua candidatura não existiu, conduzindo à equivocada interpretação de que os ilícitos se tornariam impuníveis". A ementa deste recurso ficou assim:

> **ELEIÇÕES 2016. AGRAVOS REGIMENTAIS EM RECURSO ESPECIAL ELEITORAL. AUSÊNCIA DE CERCEAMENTO DE DEFESA E VIOLAÇÃO DA COISA JULGADA. CONDUTA VEDADA. ABUSO DE PODER. INDEPENDÊNCIA. ARGUIÇÃO DE INCONSTITUCIONALIDADE. TEMA NÃO DEBATIDO PELO ACÓRDÃO RECORRIDO. MATÉRIA DE ORDEM PÚBLICA. NECESSIDADE DE PREQUESTIONAMENTO. ART. 77 DA LEI Nº 9.504/1997. CONDIÇÃO DE CANDIDATO. DESCOMPASSO LEGISLATIVO. INTERPRETAÇÃO TELEOLÓGICA. PRESERVAÇÃO DO ESPECTRO DE PROTEÇÃO DA NORMA. ABUSO DE PODER. GRAVIDADE DA CONDUTA. REEXAME DE PROVAS. SÚMULA Nº 24/TSE. AGRAVOS DESPROVIDOS.**
>
> (...).
>
> 4. Nos termos do art. 132, § 2º, do Código Civil, os prazos materiais em meses expiram no dia de igual número do de início. Dessa forma, o prazo de 3 meses referido na vedação do art. 77 da Lei nº 9.504/1997 incidiu, nas eleições de 2016, a partir de 2.7.2016.
>
> (...).
>
> 10. O art. 77 da Lei nº 9.504/1997, ao exigir a condição de candidato para a configuração da conduta vedada, deve ser interpretado de acordo com o telos subjacente à normatização, no sentido de evitar que agentes e gestores se utilizem das inaugurações de obras públicas como meio de angariar benefício eleitoral.
>
> 11. As alterações promovidas pela Lei nº 13.165/2015, ao estreitarem o processo eleitoral e postergarem a data- limite para apresentação do registro de candidatura, não alteraram a possibilidade de que gestores compareçam a eventos imbuídos da condição material de concorrentes à reeleição. Portanto, o fato de o gestor não ostentar a qualificação formal de candidato não afasta a necessidade de proteção reconhecida pelo art. 77 da Lei nº 9.504/1997.
>
> 12. Impor interpretação estritamente formal ao ilícito em debate enveredaria por violação ao princípio da proporcionalidade sob a ótica da vedação da proteção deficiente. A qualificação formal de candidato seria

exigível apenas a partir do dia 16 de agosto, possibilitando que notórios candidatos participem de inaugurações de obras públicas até 45 dias antes das eleições e decotando pela metade o espectro de proteção da norma.

13. Demonstrada a participação do prefeito na condição de candidato à reeleição, não se pode fazer prevalecer condição formalista sobre a realidade comprovada nos autos.

14. O acórdão recorrido entendeu demonstrado o abuso de poder político pela conjunção de diversos elementos fáticos, qualificados pela conotação eleitoral e pela má-fé do agravante ao participar de evento em período vedado. Não houve presunção de abuso pelo simples fato de haver divulgação das inaugurações e o comparecimento de muitas pessoas.

15. A insurreição do agravante contra a condenação por abuso de poder revela mero inconformismo quanto à análise das provas. No entanto, esta matéria não pode ser revisitada em sede de recurso especial, nos termos da Súmula nº 24/TSE.

16. Agravo interno desprovido.

15.10.14.8. Inelegibilidade

Acerca do preceito, o TSE positivou a seguinte diretriz:

RECURSOS ESPECIAIS ELEITORAIS. ELEIÇÕES 2012. PREFEITO. REGISTRO DE CANDIDATURA. INELEGIBILIDADE. ART. 1º, I, J, DA LEI COMPLEMENTAR 64/90. INAUGURAÇÃO DE OBRA PÚBLICA. COMPARECIMENTO. CONDUTA VEDADA AOS AGENTES PÚBLICOS. ART. 77 DA LEI 9.504/97. CONTAGEM DO PRAZO. OITO ANOS A PARTIR DA ELEIÇÃO. TÉRMINO FINAL. ANO DA ELEIÇÃO. DESPROVIMENTO.

1. As hipóteses de inelegibilidade instituídas ou alteradas pela LC 135/2010 tiveram a constitucionalidade reconhecida pelo STF em ações de controle concentrado de constitucionalidade (ADCs 29 e 30 e ADI 4.578, de relatoria do Min. Luiz Fux, DJe de 29.6.2012).

2. O comparecimento de candidato que ocupa o cargo de deputado federal a inauguração de obra pública (art. 77 da Lei 9.504/97) constitui conduta vedada aos agentes públicos apta a atrair a inelegibilidade do art. 1º, I, j, da LC 64/90.

3. Na linha do que decidiu este Tribunal no julgamento do REspe 50-88/PE, de minha relatoria, o prazo de inelegibilidade de 8 anos previsto no art. 1º, I, j, da LC 64/90 deve ser contado de modo a abranger, por

inteiro, o período de 8 anos seguintes, independentemente da data em que se realizou a primeira eleição e da data da eleição que se realizar 8 anos depois.

4. Recursos especiais a que se nega provimento.[379]

15.10.14.9. Quadro comparativo do art. 77

ART. 77	1997 (LEI Nº 9.504)	2009 (LEI Nº 12.034)
Objeto	Obra pública	Obra pública
Conduta Vedada	Participar (ampla)	Comparecer (restrita)
Sujeito (s) ativo (s) da infração	Candidatos a cargo do Poder Executivo	Qualquer candidato
Penalidade	Cassação do registro	Cassação do registro ou diploma
Inaugurações	Permitidas	Permitidas
Princípio da Proporcionalidade	As condutas vedadas devem ser examinadas sob o princípio de proporcionalidade e com base no potencial lesivo ao equilíbrio do pleito (AgRg no AI nº 11173/SP).	Afasta a cassação do diploma, quando a presença do candidato ocorre de forma discreta e sem participação ativa, sem a quebra da igualdade de chances entre os concorrentes (AgRgRO nº 890235/GO).

15.11. INELEGIBILIDADE POR CONDUTAS VEDADAS

A redação do artigo 1º, I, j, da Lei Complementar nº 64/90, a partir dos dizeres contidos à Lei Complementar nº 135/10, ordena que sejam considerados inelegíveis,

> J) **os que foram condenados**, em decisão transitada em julgado ou proferida por órgão colegiado da Justiça Eleitoral, por corrupção eleitoral, por captação ilícita de sufrágio, por doação, captação ou gastos ilícitos de recursos de campanha ou **por conduta vedada aos agentes públicos**

379. REspe nº 11661/RS, Nesses mesmos termos: AgR-REspe n° 248-55/GO.

em campanhas eleitorais que impliquem cassação do registro ou do diploma, pelo prazo de 8 (oito) anos a contar da eleição.

a. Punição com multa não estabelece inelegibilidade

A mesma letra *j* do inciso I do art. 1º da LC nº 64/90, com a redação que lhe foi dada pela LC nº 135/10, refere, para efeitos de inelegibilidade,

> j) **os que foram condenados**, em decisão transitada em julgado ou proferida por órgão colegiado da Justiça Eleitoral, por corrupção eleitoral, por captação ilícita de sufrágio, por doação, captação ou gastos ilícitos de recursos de campanha ou **porconduta vedada** aos agentes públicos em campanhas eleitorais **que impliquem cassação do registro ou do diploma**, pelo prazo de 8 (oito) anos a contar da eleição.

O texto é ostensivamente direto. O legislador, ao redigir a norma, fez clara opção no que está relacionado à imposição da incapacidade eleitoral. Entretanto, a inelegibilidade não é imposta pela procedência da Representação fundada nas hipóteses do art. 73 da Lei nº 9.504/97, constituindo-se num provável efeito secundário daprocedência desta ação, verificável apenas no momento em que o cidadão vier a requerer o registro de sua candidatura. Para a sua configuração, é inarredável que a prática da Conduta Vedada resulte na cassação do registro ou do diploma, sendo a censura pecuniária insuficiente:

> **AGRAVO REGIMENTAL. RECURSO ORDINÁRIO. REGISTRO DE CANDIDATURA. ELEIÇÕES 2014. CONDENAÇÃO ELEITORAL POR CONDUTA VEDADA PENA DE MULTA. INELEGIBILIDADE DO ART. 1º, I, j, DA LC Nº 64/90. NÃO INCIDÊNCIA.**
>
> 1. A inelegibilidade referente à condenação por conduta vedada, por órgão colegiado ou com trânsito em julgado, prevista na alínea j do inciso I do art. 1º da LC nº 64/90, somente se caracteriza caso efetivamente ocorra a cassação de registro ou de diploma no respectivo processo. Precedentes: AgR-REspe nº 160-76, rel. Min. Laurita Vaz, PSESS em 25.10.2012; AgR-REspe nº 230-34, rel. Min. Arnaldo Versiani, PSESS em 30.10.2012.
>
> 2. Hipótese em que houve condenação apenas a multa. Não incidência da inelegibilidade.
>
> 3. Na linha da jurisprudência do Tribunal Superior Eleitoral, as regras alusivas às causas de inelegibilidade são de legalidade estrita, vedada a

> interpretação extensiva para alcançar situações não contempladas pela norma.
>
> Agravo regimental a que se nega provimento.[380]

b. Situação decorrente da indivisibilidade da chapa

Este é um tema mais ruidoso do que propriamente intrincado. No seu entorno vige a falsa mística de que todos os integrantes da chapa cassada resultaram reflexamente inelegíveis. Contudo, não é assim. Ainda que a composição majoritária se constitua una e indivisível conforme dispõem o art. 91 do Código Eleitoral[381] e o § 4º[382] do art. 2º e § 1º[383] do art. 3º da Lei nº 9.504/97, a declaração de inelegibilidade reveste-se de caráter autônomo e possui natureza personalíssima. Quando a restrição se refere a apenas um de seus membros, não alcança automaticamente a esfera jurídica do outro integrante[384]. Essa é uma das razões pela qual ninguém será obrigado a deixar de fazer alguma coisa, no caso, concorrer, senão em virtude da lei (CF/88, art. 5º, II).

É fora de dúvida que a responsabilização por uma prática infracional exige conduta própria e apurada, não sendo crível a sua configuração automática, via presunção, pelo fato do candidato integrar ou haver integrado uma chapa. No seu bojo, a norma de regência contém uma modulação determinando a pena de inelegibilidade aqueles que *hajam contribuído para a prática do ato,* a teor do inciso XIV do art. 22 da LC nº 64/90 (com a redação que lhe foi dada pela LC nº 135/10). A prova escorreita da responsabilidade do agente é cardeal, não havendo falar em inelegibilidade por arrastamento:

> **ELEIÇÕES 2014. RECURSOS ESPECIAIS. RECEBIMENTO. RECURSOS ORDINÁRIOS. FUNGIBILIDADE. AÇÕES DE INVESTIGAÇÃO JUDICIAL ELEITORAL. ABUSO DE PODER POLÍTICO. CONFIGURAÇÃO. GOVERNADOR CANDIDATO À REELEIÇÃO. AUMENTOS SALARIAIS. SERVIDORES PÚBLICOS. VÉSPERA DO**

380. TSE, AgR-RO nº 90356/RS, PSESS de 22/10/2014.
381. Art. 91. O registro de candidatos a presidente e vice-presidente, governador e vice-governador, ou prefeito e vice-prefeito, far-se-á sempre em chapa única e indivisível, ainda que resulte a indicação de aliança de partidos.
382. § 4º A eleição do Presidente importará a do candidato a Vice-Presidente com ele registrado, o mesmo se aplicando à eleição de Governador.
383. A eleição do Prefeito importará a do candidato a Vice-Prefeito com ele registrado.
384. LC nº 94/90, art. 18: A declaração de inelegibilidade do candidato à Presidência da República, Governador de Estado e do Distrito Federal e Prefeito Municipal não atingirá o candidato a Vice-Presidente, Vice-Governador ou Vice- Prefeito, assim como a destes não atingirá aqueles.

> **PERÍODO ELEITORAL. DESPROVIMENTO. CANDIDATO A VICE--GOVERNADOR. MERO BENEFICIÁRIO. PARCIAL PROVIMENTO.** (...). Para a declaração da inelegibilidade prevista no inciso XIV do art. 22 da LC nº 64/90, deve ser feita distinção entre o autor da conduta abusiva e seu mero beneficiário. Se mero beneficiário da conduta, sem participação direta ou indireta nos fatos, não incide a sanção de inelegibilidade.[385]

Sobressai, pois, que as causas de inelegibilidade têm caráter individual, circunstância que delimita o impedimento de interpretações alargadas mirando responsabilizações de forma objetiva. Até mesmo porque, caso tal hipótese fosse consentida, aniquilaria a legalidade e o equilíbrio dos processos. Trata-se, portanto, de um trinômio – fato, responsabilização e inelegibilidade – intrinsecamente ligado à prova dos autos.

A propósito do detalhamento da norma em comento, que exige entendimento restritivo pelo intérprete, a advertência constante do voto do Ministro Edson Vidigal no Recurso Ordinário nº 192/TO junto ao TSE (PSESS de 04/09/1998) é primorosa:

> A inelegibilidade diz respeito a um estado jurídico negativo consubstanciado na impossibilidade de um cidadão ser votado num processo eleitoral. Destarte, por determinar restrições aos direitos políticos do cidadão, as normas que definem *facttispecies* de inelegibilidade devem ser analisadas de forma restritiva. A boa hermenêutica não deixa quaisquer arestas interpretativas em sentido contrário.[386]

Destarte, em se tratando de um dispositivo dessa hierarquia, sancionatório, dotado de feitio moralizante e capaz de embaraçar a capacidade eleitoral passiva do atingido, é de se ter presente a anotação de João

385. TSE, RO nº 1840/TO, DJE de 20/02/2019.

386. RECURSO ORDINÁRIO. REGISTRO DE CANDIDATURA. IMPUGNAÇÃO. GOVERNADOR. RENÚNCIA SEIS MESES ANTES DO PLEITO. INELEGIBILIDADE DOS FILHOS. INELEGIBILIDADE DE DIRIGENTES PARTIDÁRIOS.
1. A RENÚNCIA DE TITULAR DE CARGO EXECUTIVO NÃO ENSEJA INELEGIBILIDADE PARA O MESMO CARGO, NO PERIODO IMEDIATAMENTE SUBSEQUENTE. RESOLUCAO/TSE N. 20.114, DJ DE 03/06/98.
2. O "CONJUGE E PARENTES A QUE SE REFERE O ART. 14, PARAG. 7, DA CONSTITUICAO, PODEM CONCORRER, NO 'TERRITÓRIO DE JURISDIÇÃO' DO TITULAR, A CARGOS ELETIVOS, SALVO PARA O MESMO CARGO OCUPADO PELO TITULAR, DESDE QUE ESSE RENUNCIE ATE SEIS MESES ANTES DO PLEITO" (RESOLUÇÃO N. 20.114, REL. MIN. NERI DA SILVEIRA, DJ DE 03/06/98).
3. ANTE A AUSÊNCIA DE PREVISÃO LEGAL, O EXERCÍCIO DA PRESIDÊNCIA OU DIREÇÃO DE PARTIDO POLITICO NAO E CAUSA DE INELEGIBILIDADE (RESOLUÇÃO N. 20.219, REL. MIN. NERI DA SILVEIRA, DJ DE 22/06/98).
(RJTSE 10/4/96).

MANGABEIRA no sentido de que as leis complementares são justamente aquelas que "compõem, completam, aperfeiçoam e aumentam a lei que a Constituição determina seja feita" (1947).

Nesse diapasão, conforme vastamente debatido nos diversos precedentes deste item, para a efetividade da alínea *j* do inciso I do art. 1º da LC nº 64/90, não basta haver a condenação da perda do mandato eletivo se esta não resultar no expresso reconhecimento judicial de uma das condutas ilícitas previamente tipificadas, sob pena de instituir-se, ao arrepio do ordenamento jurídico, uma causa isolada de inelegibilidade. Há que prevalecer a necessária distinção em torno das condutas. A decisão que condenou deve ser conclusiva em termos da ação ou omissão:

> **RECURSO ESPECIAL. ELEIÇÕES 2016. CANDIDATO ELEITO AO CARGO DE PREFEITO. INDEFERIMENTO NA ORIGEM. HIPÓTESES DE INELEGIBILIDADE PREVISTAS NO ART. 1º, d E j, DA LC Nº 64/90. CONDENAÇÃO À CASSAÇÃO DE MANDATO EM AIME. DECISÃO PROFERIDA POR ÓRGÃO COLEGIADO. ART. 93 DA CONSTITUIÇÃO DA REPÚBLICA, ART. 275 DO CÓDIGO ELEITORAL E ART. 1.022 DO CÓDIGO DE PROCESSO CIVIL. AUSÊNCIA DE VIOLAÇÃO. DISSÍDIO JURISPRUDENCIAL. SIMILITUDE FÁTICA NÃO DEMONSTRADA. SUPERAÇÃO DE ENTENDIMENTO PELO TSE. POSSIBILIDADE DE INCIDÊNCIA DA CAUSA DE INELEGIBILIDADE DO ART. 1º, I, d, da LC Nº 64/90 PARA OS CONDENADOS EM AIME. ABUSO DE PODER E CAPTAÇÃO ILÍCITA DE SUFRÁGIO. AUSÊNCIA DE INDICAÇÃO ESPECÍFICA, NO ACÓRDÃO CONDENATÓRIO, DE ELEMENTOS APTOS A CONFIGURAR PARTICIPAÇÃO OU COAUTORIA DO VICE-PREFEITO NA PRÁTICA DOS ILÍCITOS. RECURSOS PROVIDOS.**
>
> (...).
>
> 5. A inelegibilidade tem natureza personalíssima - justificada pela máxima efetividade que deve ser conferida ao exercício do direito fundamental ao *ius honorum* -' e sua incidência reclama não apenas a existência de condenação à perda do mandato, mas também o reconhecimento da participação ou da autoria de uma das condutas ilícitas previamente tipificadas.
>
> (...).
>
> 7. Por outro lado, a responsabilização pela prática ilícita não pode advir, exclusivamente, de elementos como o benefício eleitoreiro auferido pela chapa em virtude da prática do ilícito ou de menções a programa social em propaganda eleitoral.
>
> (...).
>
> 9. No caso *sub examine*:

a) o acórdão não identifica qual teria sido a parcela de contribuição do vice-prefeito para a prática do abuso de poder e da captação ilícita de sufrágio perpetrados através do programa social de distribuição de macadame, realizado sem observância dos requisitos legais;

b) a ausência de menção específica a qualquer tipo de ação ou omissão do vice-prefeito que possa, minimamente, sugerir sua participação ou coautoria na prática do ilícito eleitoral afasta a incidência das hipóteses de inelegibilidade previstas no art. 1º, I, d e j, da LC nº 64/90.

10. Recursos aos quais se dá provimento.[387]

ELEIÇÕES 2016. INELEGIBILIDADE. ALÍNEA J. LEI COMPLEMENTAR 64/90, ARTIGO 1º, INCISO I. CONDENAÇÃO. CONDUTA VEDADA. AGENTE PÚBLICO. MULTA. CANDIDATO. CASSAÇÃO. INTERPRETAÇÃO.

(...).

22. A responsabilidade pela prática do ato, portanto, revela-se fator de definição para a incidência da inelegibilidade por abuso de poder. Igual entendimento também deve ser aplicado ao caso das condenações decorrentes das condutas vedadas que implicam a cassação do registro ou do diploma, pois, afinal, a responsabilidade objetiva é de quem pratica o ato.

23. A jurisprudência deste Tribunal - demonstrando que o elemento essencial para a caracterização da inelegibilidade é a responsabilidade pela prática do ato - tem reconhecido a sua não incidência nas hipóteses em que o candidato é cassado como mero beneficiário, sem demonstração de ele ter participado da prática vedada. Nesse sentido são as hipóteses em que o vice é cassado por causa da unicidade da chapa, sem que se tenha identificado sua participação ou anuência na conduta vedada (REspe 334-21, rel. Min. Dias Toffoli, julgado em 23.10.2012; REspe 108-53, rel. Min. Laurita Vaz, julgado em 18.10.2012).[388]

RECURSO ESPECIAL. REGISTRO DE CANDIDATURA. ELEIÇÕES 2012. CONDENAÇÃO ELEITORAL. CASSAÇÃO REFLEXA DE MANDATO DE VICE-PREFEITO EM DECORRÊNCIA DA CASSA-

387. TSE, REspe nº 19.650/SC, PSESS de 13/12/2016. Para apurar a responsabilidade dos vices como apta a atrair inelegibilidade, o relator invocou expoentes doutrinários da moderna dogmática jurídico-penal acerca do concurso de pessoas no delito para o que denominou de *teoria do domínio funcional do ilícito eleitoral.*

388. REspe nº 404-87/RJ, PSESS de 27/10/2016. O julgamento reafirmou, a partir da interpretação do art. 22 da LC nº 64/90 com a redação que lhe foi dada pela LC nº 135/10, que "a sanção de inelegibilidade tem natureza personalíssima, razão pela qual incide somente perante quem efetivamente praticou a conduta" (REspe nº 843-56/MG, red. para o acórdão, por sucessão, Min. Henrique Neves, DJE de 02/09/2016). Daí porque a inelegibilidade que decorre do abuso de poder não atingir o candidato tido como mero beneficiário do abuso (RMS nº 503-67/RJ, rel. Min. João Otávio de Noronha, DJE de 05/03/2014).

ÇÃO DO TITULAR. NÃO INCIDÊNCIA DA INELEGIBILIDADE DA ALÍNEA J DO INCISO I DO ART. 1º DA LC Nº 64/90.

1. Não incide a inelegibilidade da alínea j do inciso I do art. 1º da LC nº 64/90 se o candidato teve cassado o seu mandato de vice-prefeito apenas por força da indivisibilidade da chapa, tendo o aresto condenatório consignado expressamente que ele não teve participação nos fatos apurados nos processos que deram origem à condenação eleitoral. Precedente.

2. Recurso especial não provido.[389]

15.12. DESDOBRAMENTOS DAS REPRESENTAÇÕES

Determina o art. 21 da Resolução nº 23.193/09 do TSE[390]:

> No caso de a inicial indicar infração à Lei 9.504/97 e também as transgressões citadas nos arts. 19 e 22 da LC n° 64/90, com ou sem pedido expresso das partes, o relator determinará o desmembramento do feito, remetendo-se cópia integral à Corregedoria Eleitoral para apuração das transgressões referentes à LC n°64/90 (Resolução n°21.166/2002).

A partir desse dispositivo dando forma ao devido processo legal eleitoral, uma Representação apontando ultraje aos arts. 73 a 77 da LE/97 é passível de desdobramento para a apuração de abuso de poder econômico, político, dos meios de comunicação e outros, salvo se o autor da representação informar haver ajuizado concomitantemente outras representações sobre as mesmas narrativas.

Estipulou a Lei Geral das Eleições:

> Art. 96. Salvo disposições específicas em contrário desta Lei, as reclamações ou representações relativas ao seu descumprimento podem ser feitas por qualquer partido político, coligação ou candidato, e devem dirigir-se:
>
> I - aos Juízes Eleitorais, nas eleições municipais;
>
> II - aos Tribunais Regionais Eleitorais, nas eleições federais, estaduais e distritais;
>
> III - ao Tribunal Superior Eleitoral, na eleição presidencial.

389. TSE, REspe nº 334-21/MG, PSESS 23.10.2012.

390. Dispõe sobre representações, reclamações e pedidos de resposta previstos na Lei nº 9.504/97, DJE de 24/12/2009, pp. 2/7.

As reclamações e representações deverão ser aforadas relatando fatos, indicando provas, indícios e circunstâncias.

Nas eleições municipais, os juízes eleitorais cumulam as tarefas originalmente atribuídas aos corregedores. Nas zonas eleitorais constituídas por mais de um juízo, poderá haver delegação de competência para o trâmite de Representações[391] e Investigações Judiciais Eleitorais.

De rigor, as disposições resolutivas instrumentalizam o disposto pelo art. 78 da LE/97 no sentido de que "A aplicação das sanções cominadas no art. 73, §§ 4º e 5º, dar-se-á sem prejuízo de outras de caráter constitucional, administrativo ou disciplinar fixadas pelas demais leis vigentes".

A matéria foi versada pelo Tribunal Superior Eleitoral no acórdão do Recurso Especial Eleitoral nº 16.120/GO (DJ de 25/02/2000, p. 127), de que foi relator o Ministro Costa Porto:

> **Recurso.**
>
> Conhecimento como ordinário. Investigação judicial de competência originária de Tribunal Regional Eleitoral.
>
> Sanção pecuniária (Lei 9.504/97, art. 73, § 4°).
>
> Possibilidade de sua convivência com o art. 22, I a XV, da LC 64/90.
>
> Negado provimento.

Outras decisões do TSE complementam a abordagem:

> **Recurso Especial. Representação. Conduta vedada aos agentes públicos (art. 73, IV, da Lei nº 9.504/97). Cerceamento de defesa. Não caracterizado. Art. 96 da Lei das Eleições. Constitucionalidade. Julgamento antecipado da lide. Possibilidade.**
>
> O simples protesto genérico não se confunde com requerimento de prova - *obscure dictum habetur pro non dictum*. A falta de apreciação de provas (CPC, art. 300) e a não impugnação dos fatos postos na inicial (CPC, art. 302) autorizam o julgamento antecipado da lide (CPC, art. 328).
>
> A celeridade do rito processual do art. 96 da Lei nº 9.504/97 não viola a garantia da ampla defesa.

391. Lei nº 9.504/97, art. 96:

(...)

§ 2º: Nas eleições municipais, quando a circunscrição abranger mais de uma Zona Eleitoral, o Tribunal Regional designará um Juiz para apreciar as reclamações ou representações.

Se o recurso especial não argúi a falta de potencialidade para influir no resultado do pleito, impossível emitir juízo sobre ela. Recurso Especial conhecido, mas desprovido.[392]

REPRESENTAÇÃO - ARTIGO 73 DA LEI Nº 9.504/97 - RITO.

A teor do disposto no artigo 96 da Lei nº 9.504/97, somente é afastado o rito nela previsto quando houver disposição expressa a respeito, como ocorre quanto à conduta glosada no artigo 41-A. Tratando-se de representação enquadrável no artigo 73, observa-se o rito sumário.

Precedentes: Resolução-TSE nº 21.166/2002; Agravo Regimental no Agravo de Instrumento nº 3.363/SP e Agravo de Instrumento nº 3.037/SP, relatados, respectivamente, pelos ministros Carlos Velloso e Luiz Carlos Madeira e publicados no Diário da Justiça de 15 de agosto de 2003 e 16 de agosto de 2002.[393]

15.12.1. Quadro comparativo RP/IJE

PROCESSO	REPRESENTAÇÃO (Lei nº 9.504/97)	INVESTIGAÇÃO JUDICIAL ELEITORAL (LC nº 64/90)
Rito	Concentrado	Ampliado
Prazo de defesa	48 horas	5 dias
Prova Testemunhal	Não há previsão	Admite
Alegações finais	Não há previsão[394]	2 dias
Sanções	Suspensão da conduta, multa entre R$ 5.320,50 e R$ 106.410,00 duplicadas a cada reincidência, cassação do registro ou do diploma, responsabilização por improbidade administrativa	Suspensão do ato que motivou o pedido, inelegibilidade do representado e dos que tenham contribuído para a prática do ato por 8 anos e cassação do registro ou diploma do candidato beneficiado
Prazo recursal	24 horas (3 dias p/TSE e STF)	3 dias

392. REspe nº 24940/SP, DJ 19/05/2006, p. 133.

393. RMS nº 401/PE, DJ de 03/02/2006, p. 168.

394. Art. 96, § 7º: Transcorrido o prazo previsto no § 5º, apresentada ou não a defesa, o órgão competente da Justiça Eleitoral decidirá e fará publicar a decisão em vinte e quatro horas.

15.13. AS CONDUTAS VEDADAS NA PERSPECTIVA DO DIREITO ELEITORAL COMPARADO

Após percorrermos o conteúdo da Lei nº 9.504/97, mostra-se pertinente verificar como o tema situado entre os artigos 73 a 77 é disposto fora do Brasil.

Dentro dos pressupostos que acabamos de conferir, encontraremos outros ordenamentos jurídicos que positivaram fundamentos com o propósito de assegurar a estabilidade do processo eleitoral restringindo ações estatais passíveis de repercussão em candidaturas.

O breve e despretensioso levantamento do direito alienígena aqui efetivado demonstrará que cada um dos sete países eleitos pela pesquisa, dois europeus e cinco americanos, procedendo na moldagem mais congruente ao seu sistema e à sua cultura, buscou encontrar mecanismos de preservação da engrenagem administrativa e coerção dos infratores.

Guardadas as diferenças inerentes a cada realidade normativo-constitucional, é possível constatar que as enumerações adotadas pelos textos estrangeiros não expressam uma padronização em termos redacionais. No entanto, cada um deles, ao seu modo e por razões as mais diversas, tratou do objeto central: vedar condutas em relação aos poderes constituídos.

Analisando comparativamente o conjunto de referências disponíveis, é possível distinguir as legislações ambiciosas daquelas mais tímidas ou reticentes, assim como os textos expansivos dos superficiais. De modo geral, as redações permitem evidenciar com clareza o conteúdo e o alcance que o legislador pretendeu dar à norma.

Nesse estudo, examinando peculiaridades de regras internacionais, depreende-se que o lapso inicial das restrições é variado, podendo tomar como referência o início "da campanha eleitoral" (Portugal, México), "do processo eleitoral" (Panamá), "da convocação das eleições" (Espanha) ou "das primárias" (Argentina). A Colômbia optou pelos "4 meses anteriores às eleições".

Quanto aos sujeitos das vedações, são os funcionários, agentes, servidores ou empregados públicos.

A proibição de propaganda eleitoral nos locais de serviço público é corrente.

Os verbos constantes da maioria dos dispositivos responsabilizam os infratores dos corpos funcionais integrantes dos poderes públicos, com predomínio de omissão legislativa quanto à responsabilização dos candidatos.

No concernente ao aspecto repressivo, embora nem sempre explícitas aos textos, as penas são diversificadas:

- Multas;
- Perda do cargo público;
- Prisão;
- Suspensão dos direitos políticos e/ou inabilitação.

15.13.1. Portugal

Em Portugal, a Lei n º 14/79 traz um item de restrição específico denominado *Neutralidade e imparcialidade das entidades públicas* que se encontra situado junto ao Título IV regulamentando a *Campanha Eleitoral*. Dispõe o art. 155º desta norma:

> 1 — Os órgãos do Estado, das Regiões Autónomas e das autarquias locais, das demais pessoas colectivas de direito público, das sociedades de capitais públicos ou de economia mista e das sociedades concessionárias de serviços públicos, de bens do domínio público ou de obras públicas, bem como, nessa qualidade, os respectivos titulares, não podem intervir directa ou indirectamente em campanha eleitoral nem praticar quaisquer actos que favoreçam ou prejudiquem uma candidatura em detrimento ou vantagem de outra ou outras, devendo assegurar a igualdade de tratamento e a imparcialidade em qualquer intervenção nos procedimentos eleitorais.
>
> 2 — Os funcionários e agentes das entidades referidas no número anterior observam, no exercício das suas funções, rigorosa neutralidade perante as diversas candidaturas, bem como perante os diversos partidos.
>
> 3 — É vedada a exibição de símbolos, siglas, autocolantes ou outros elementos de propaganda por titulares de órgãos, funcionários e agentes das entidades referidas no n.º 1 durante o exercício das suas funções.
>
> 4 — O regime previsto no presente artigo é aplicável a partir da publicação do decreto que marque a data das eleições.

Relativamente aos números 1 e 2, há nítida semelhança por parte do que vieram a dispor o *caput* e o inciso I do art. 73 da Lei nº 9.504/97. O número 3 proíbe nominalmente o uso de *bottons* ou adesivos por servidores públicos no local de trabalho, situação abordada no item nº 15.10.3.3.

15.13.2. Espanha

A Espanha disciplinou algumas contenções ao serviço e aos servidores abarcando todos os poderes públicos da circunscrição onde o pleito ocorre.

O art. 50 do *Régimen Electoral General* estabelece:

> Artículo 50. 1. Los poderes públicos que en virtud de su competencia legal hayan convocado un proceso electoral pueden realizar durante el período electoral una campaña de carácter institucional destinada a informar a los ciudadanos sobre la fecha de la votación, el procedimiento para votar y los requisitos y trámite del voto por correo, sin influir, en ningún caso, en la orientación del voto de los electores. Esta publicidad institucional se realizará en espacios gratuitos de los medios de comunicación social de titularidad pública del ámbito territorial correspondiente al proceso electoral de que se trate, suficientes para alcanzar los objetivos de esta campaña.
>
> 2. Desde la convocatoria de las elecciones y hasta la celebración de las mismas queda prohibido cualquier acto organizado o financiado, directa o indirectamente, por los poderes públicos que contenga alusiones a las realizaciones o a los logros obtenidos, o que utilice imágenes o expresiones coincidentes o similares a las utilizadas en sus propias campañas por alguna de las entidades políticas concurrentes a las elecciones.
>
> 3. Asimismo, durante el mismo período queda prohibido realizar cualquier acto de inauguración de obras o servicios públicos o proyectos de éstos, cualquiera que sea la denominación utilizada, sin perjuicio de que dichas obras o servicios puedan entrar en funcionamiento en dicho periodo.
>
> 4. Se entiende por campaña electoral, a efectos de esta Ley, el conjunto de actividades lícitas llevadas a cabo por los candidatos, partidos, federaciones, coaliciones o agrupaciones en orden a la captación de sufragios.
>
> 5. Salvo lo dispuesto en el apartado 1 de este artículo, ninguna persona jurídica distinta de las mencionadas en el apartado anterior podrá realizar campaña electoral a partir de la fecha de la convocatoria de las elecciones, sin perjuicio de lo establecido en el artículo 20 de la Constitución.

Insertas às *Disposiciones generales sobre la campaña electoral* da *Ley Orgánica nº 5/1985, de 19 de Junio*, essas disposições buscam impedir a disfunção estatal no período da campanha eleitoral.

15.13.3. Argentina

Na Argentina, o legislador optou vedar expressamente seis condutas atreladas à gestão pública num único dispositivo do Código Eleitoral Nacional:

> Artículo 64 quater:
>
> (...).

> Queda prohibido durante los quince (15) días anteriores a la fecha fijada para la celebración de las primarias, abiertas simultáneas y obligatorias y la elección general, la realización de actos inaugurales de obras públicas, el lanzamiento o promoción de planes, proyectos o programas de alcance colectivo y, en general, la realización de todo acto de gobierno que pueda promover la captación del sufragio a favor de cualquiera de los candidatos a cargos públicos electivos nacionales.

As primárias argentinas, é conveniente lembrar, têm força de disputa oficial, e ocorrem até sessenta e cinco dias antes das eleições. Estas, por sua vez, são realizadas em outubro (primeiro turno) e, caso necessário, em novembro (segundo turno). A expressão "ato de governo", por sua amplíssima abrangência semântica, pode incidir em incontáveis ações estatais.

15.13.4. Honduras

O art. 142 da *Ley Electoral y de las Organizaciones Políticas* de Honduras, embora excluindo os agentes políticos, é bastante enfático nas restrições e penalidades que estabelece aos infratores:

> ARTÍCULO 142. PROHIBICIONES A FUNCIONARIOS Y A EMPLEADOS PÚBLICOS. Se prohíbe a los funcionarios y empleados públicos:
>
> 1) Asistir a reuniones de carácter político durante los días y horas hábiles;
>
> 2) Utilizar la autoridad, medios e influencias de sus cargos para favorecer personas u organizaciones políticas;
>
> 3) Utilizar los actos de gobierno para hacer propaganda partidista de cualquier tipo; y,
>
> 4) Utilizar recursos financieros o bienes del Estado para hacer propaganda política.
>
> El contraventor será sancionado con una multa equivalente a dos (2) veces su salario mensual y en caso de reincidencia con el doble de la misma sin perjuicio de la destitución de su cargo.

15.13.5. México

A *Ley General de Instituiciones y Procedimentos Electorales* mexicana, extensa e pormenorizada ao extremo em seus dispositivos, apresenta o seguinte elenco de proibições:

Artículo 449.

1. Constituyen infracciones a la presente Ley de las autoridades o los servidores públicos, según sea el caso, de cualquiera de los Poderes de la Unión; de los poderes locales; órganos de gobierno municipales; órganos de gobierno del Distrito Federal; órganos autónomos, y cualquier otro ente público:

a) La omisión o el incumplimiento de la obligación de prestar colaboración y auxilio o de proporcionar, en tiempo y forma, la información que les sea solicitada por los órganos del Instituto o de los Organismos Públicos Locales;

b) La difusión, por cualquier medio, de propaganda gubernamental dentro del periodo que comprende desde el inicio de las campañas electorales hasta el día de la jornada electoral inclusive, con excepción de la información relativa a servicios educativos y de salud, o la necesaria para la protección civil en casos de emergencia;

c) El incumplimiento del principio de imparcialidad establecido por el artículo 134 de la Constitución, cuando tal conducta afecte la equidad de la competencia entre los partidos políticos, entre los aspirantes, precandidatos o candidatos durante los procesos electorales;

d) Durante los procesos electorales, la difusión de propaganda, en cualquier medio de comunicación social, que contravenga lo dispuesto por el párrafo octavo del artículo 134 de la Constitución;

e) La utilización de programas sociales y de sus recursos, del ámbito federal, estatal, municipal, o del Distrito Federal, con la finalidad de inducir o coaccionar a los Ciudadanos para votar a favor o en contra de cualquier partido político o candidato, y

f) El incumplimiento de cualquiera de las disposiciones contenidas en esta Ley.

15.13.6. Panamá

O *Código Electoral de La República de Panamá*[395] abordou o tema numa pluralidade de dispositivos que, embora formando um cipoal de regras dispersas, guardam harmonia relativamente ao que objetivam resguardar: a isonomia entre os candidatos.

395. *Revisado y actualizado hasta la Ley 31 de 22 de Abril de 2013.*

São cinco dispositivos:

> Artículo 30. Queda prohibido a los servidores públicos, realizar actividades de propaganda y afiliación partidaria en su horario de servicio y utilizar la autoridad o influencia de sus cargos para servir intereses de determinados candidatos en el proceso electoral o de las organizaciones que los postulen. A su vez, les está prohibido obstruir el libre ejercicio de las actividades proselitistas o electorales que se realicen conforme a este Código. Los servidores públicos no pueden valerse de su autoridad para que sus subalternos realicen actividades en beneficio o en contra de determinados candidatos o partidos políticos.
>
> Artículo 31. Los servidores del Tribunal Electoral y de la Fiscalía General Electoral serán imparciales y les está prohibida toda participación en la política, salvo la emisión del voto.
>
> Artículo 32. Los bienes y recursos del Estado no pueden utilizarse en beneficio o en contra de determinados candidatos o partidos políticos, salvo que, en igualdad de condiciones, se destinen a uso electoral legítimo.
>
> Artículo 387. Se sancionará con pena de prisión de seis meses a tres años y suspensión de los derechos ciudadanos e inhabilitación para el ejercicio de funciones públicas por uno a tres años, a las personas que:
>
> (...).
>
> 4. Abusen de la autoridad o influencia de un cargo público para actuar en beneficio o en contra de determinados candidatos en el proceso electoral o de las organizaciones que los postulen, u obstruyan el libre ejercicio de las actividades proselitistas o electorales que se realicen conforme a este Código.
>
> Artículo 392. Se sancionará con pena de prisión de seis meses a tres años y suspensión de los derechos ciudadanos e inhabilitación para el ejercicio de funciones públicas por uno a tres años, a las personas que:
>
> (...)
>
> 6. Utilicen ilegítimamente los bienes y recursos del Estado, en beneficio o en contra de determinados candidatos o partidos legalmente constituidos o en formación.

15.13.7. Colômbia

As disposições gerais da *Ley 996 de 2005 (noviembre 24)*, que regula especificamente as eleições presidenciais colombianas, referem que o objetivo desta norma é "garantizando la igualdad de condiciones para los candidatos que reúnan los requisitos de ley" (art. 1º).

A redação do seu art. 38 se assemelha bastante a do art. 73 da Lei nº 9.504/97 ao concentrar, num único dispositivo, inúmeras proibições para o período eleitoral relativamente aos que exercem funções públicas:

> Artículo 38. Prohibiciones para los servidores públicos. A los empleados del Estado les está prohibido:
>
> 1. Acosar, presionar, o determinar, en cualquier forma, a subalternos para que respalden alguna causa, campaña o controversia política.
>
> 2. Difundir propaganda electoral a favor o en contra de cualquier partido, agrupación o movimiento político, a través de publicaciones, estaciones oficiales de televisión y de radio o imprenta pública, a excepción de lo autorizado enla presente ley.
>
> 3. Favorecer con promociones, bonificaciones, o ascensos indebidos, a quienes dentro de la entidad a su cargo participan en su misma causa o campaña política, sin perjuicio de los concursos que en condiciones públicas de igualdad e imparcialidad ofrezcan tales posibilidades a los servidores públicos.
>
> 4. Ofrecer algún tipo de beneficio directo, particular, inmediato e indebido para los ciudadanos o para las comunidades, mediante obras o actuaciones de la administración pública, con el objeto de influir en la intención de voto.
>
> 5. Aducir razones de "buen servicio" para despedir funcionarios de carrera.
>
> La infracción de alguna de las anteriores prohibiciones constituye falta gravísima. Parágrafo. Los gobernadores, alcaldes municipales y/o distritales, secretarios, gerentes y directores de entidades descentralizadas del orden municipal, departamental o distrital, dentro de los cuatro (4) meses anteriores a las elecciones, no podrán celebrar convenios interadministrativos para la ejecución de recursos públicos, ni participar, promover y destinar recursos públicos de las entidades a su cargo, como tampoco de las que participen como miembros de sus juntas directivas, en o para reuniones de carácter proselitista.
>
> Tampoco podrán inaugurar obras públicas o dar inicio a programas de carácter social en reuniones o eventos en los que participen candidatos a la Presidencia y Vicepresidencia de la República, el Congreso de la República, gobernaciones departamentales, asambleas departamentales, alcaldías y concejos municipales o distritales. Tampoco podrán hacerlo cuando participen voceros de los candidatos. No podrán autorizar la utilización de inmuebles o bienes muebles de carácter público para actividades proselitistas, ni para facilitar el alojamiento, ni el transporte de electores de candidatos a cargos de elección popular. Tampoco podrán hacerlo cuando participen voceros de los candidatos. La nómina del respectivo ente territorial o entidad no se podrá modificar dentro de los cuatro (4)

meses anteriores a las elecciones a cargos de elección popular,salvo que se trate de provisión de cargos por faltas definitivas, con ocasión de muerte o renuncia irrevocable del cargo correspondiente debidamente aceptada, y en los casos de aplicación de las normas de carrera administrativa.

Capítulo

16

ENCERRAMENTO DA PROPAGANDA ELEITORAL DE RÁDIO E TV

> Art. 47. As emissoras de rádio e de televisão e os canais de televisão por assinatura mencionados no art. 57 reservarão, nos trinta e cinco dias anteriores à **antevéspera** das eleições, horário destinado à divulgação, em rede, da propaganda eleitoral gratuita, na forma estabelecida neste artigo.

O dispositivo ocupa-se da data de encerramento de todas as transmissões do horário eleitoral veiculado no rádio e na televisão.

Contudo, a possibilidade do exercício de direito de resposta por assertivas ofensivas não cessa. Aquele que é acusado tem o direito sagrado de se defender (CF/88, art. 5º, V).

A difusão de conceitos, imagens ou afirmações caluniosas, difamatórias, injuriosas ou sabidamente inverídicas no último programa transmitido, incluídas nesta rubrica as inserções de trinta e de sessenta segundos previstas ao art. 51 da LE/97[1], pode ensejar direito de resposta (v. nº 8.29) posteriormente ao período de veiculações.

---

1. Art.51. Durante o período previsto no art. 47 desta Lei, as emissoras de rádio e televisão e os canais por assinatura mencionados no art. 57 desta Lei reservarão setenta minutos diários para a propaganda eleitoral gratuita, a serem usados em inserções de trinta e de sessenta segundos, a critério do respectivo partido ou coligação, assinadas obrigatoriamente pelo partido ou coligação, e distribuídas, ao longo da programação veiculada entre as cinco e as vinte quatro horas, nos termos do § 2o do art. 47 desta Lei.

As ofensas perpetradas na última aparição das mídias audiovisuais podem ser reparadas a qualquer tempo. Tanto o §3º do art. 243 do Código Eleitoral, quanto o caput do art. 58 da LE/97 quedaram silentes acerca de data-limite para esta reação por parte do ofendido. Decisão do Tribunal Regional Eleitoral do Rio Grande do Sul assegurou o seu exercício na véspera do pleito:

> **Recurso. Direito de resposta.**
>
> Da interpretação do § 4º do art. 58 da Lei Eleitoral, infere-se o propósito de assegurar que partido, coligação ou candidato, em sendo ofendido, tenha resguardado o direito de resposta, que, de regra, deve ser concedido dentro do horário eleitoral. Todavia, após o término do mesmo, sobrevindo a ofensa, é possível a resposta dentro das quarenta e oito horas que antecedem o pleito, em termos e forma previamente aprovados, de modo a não ensejar tréplica. Inocorrência de subtração de tempo da coligação recorrida, mas concessão de tempo extra para a coligação recorrente, infringindo-se o princípio da igualdade entre as partes. Necessidade de reposição do equilíbrio da situação. Inteligência do supramencionado dispositivo legal.[2]

2. RDR nº 17013700, j. 30/09/2000, por maioria.

Capítulo

17

PROPAGANDA PAGA NA IMPRENSA ESCRITA (ART. 43)

O tema, pela sua importância e feição eminentemente prática, merece estudo específico e detalhado com amparo na jurisprudência.

Diz a Lei Eleitoral:

> Art. 43. São permitidas, até a antevéspera das eleições, a **divulgação paga, na imprensa escrita, e a reprodução na *internet*** do jornal impresso, de até 10 (dez) anúncios de propaganda eleitoral, por veículo, em datas diversas, para cada candidato, no espaço máximo, por edição, de 1/8 (um oitavo) de página de jornal padrão e de 1/4 (um quarto) de página de revista ou tabloide.
>
> § 1º Deverá constar do anúncio, de forma visível, o valor pago pela inserção.
>
> § 2º A inobservância do disposto neste artigo sujeita os responsáveis pelos veículos de divulgação e os partidos, coligações ou candidatos beneficiados a multa no valor de R$ 1.000,00 (mil reais) a R$ 10.000,00 (dez mil reais) ou equivalente ao da divulgação da propaganda paga, se este for maior.

A propaganda paga em veículos impressos é permitida, observado o regramento imposto em 2009.[1]

O período de permissão, diferentemente do que aconteceu no passado, se estende até a antevéspera do dia do pleito, sendo vedada a publicação de *santinhos* no dia da eleição.

1. No Chile, por exemplo, a regra é mais restritiva: "La propaganda electoral por medio de la prensa (...) solo podrá desarrollarse desde el sexagésimo hasta el tercer día anterior al de la elección" (Ley 18.700, art. 31).

O direito de promoção eleitoral não se confunde com o direito de informação. Os limites impostos a partir da Lei nº 12.034 não alcançam artigos de opinião, matérias jornalísticas, editoriais, reportagens, entrevistas e outras formas de informação. Somente anúncios comercializáveis estão submetidos às restrições dispostas pelo art. 43.

Com isso, a aplicação da multa prevista pelo seu §2º só é possível quando se tratar de propaganda paga ou produto de doação indireta em benefício do candidato[2]:

> **RECURSOS ELEITORAIS. PROPAGANDA. ELEITORAL IRREGULAR. OMISSÃO DE CUSTOS NA PUBLICAÇÃO DE PROPAGANDA NA IMPRENSA ESCRITA. SENTENÇA DE PROCEDÊNCIA. ILEGITIMIDADE ATIVA DO PARTIDO AO QUAL O CANDIDATO É FILIADO. AUSÊNCIA DE NOTIFICAÇÃO. CONFIGURAÇÃO DO ILÍCITO. NEGA-SE PROVIMENTO AOS RECURSOS.**
>
> 1. O partido não indicado na inicial e sequer notificado para contestá-la, não pode responder solidariamente pela multa aplicada a seu filiado. Demais, estando coligado ao pleito proporcional, não possui legitimidade para integrar, individualmente, a representação.
>
> 2. A omissão do valor pago por anúncio na imprensa escrita constitui irregularidade na propaganda eleitoral, caracterizada por critério objetivo, que dispensa a existência de dolo ou má-fé.
>
> 3. O fato de a publicação decorrer de doação indireta da empresa responsável não impede a estimativa de seu custo, o qual deve, necessariamente, constar do anúncio.
>
> 4. Nega-se provimento aos recursos, mantendo-se a decisão que excluiu o PMDB do pólo passivo da demanda e julgou procedente a representação quanto ao candidato e à empresa jornalística, impondo-lhes multa.[3]

Aludido preceito não pode ser estendido aos materiais independentes de campanha (jornais, panfletos, *folders*), tampouco ao conteúdo que expresse a posição assumida pelo órgão da mídia (v. nº 8.24.2).

Dentro desses critérios, entre o dia 16 de agosto e a antevéspera da eleição (sexta-feira), o candidato poderá divulgar até dez (10) propagandas eleitorais por veículo, observados os limites de tamanho.

> **ELEIÇÕES 2016 - REPRESENTAÇÃO - PROPAGANDA ELEITORAL - PROCEDÊNCIA - MULTA - RECURSO - IMPRENSA ESCRI-**

2. TSE, ARESPE nº 24307/SP, DJ de 08/04/2005.
3. TRE/SP, Recurso nº14213, PSESS de 24/10/2012.

TA - JORNAL - PUBLICIDADE CONJUNTA - CANDIDATOS DO PLEITO MAJORITÁRIO E PROPORCIONAL - INCIDÊNCIA DO ART. 43 DA LEI 9.504/1997 - LIMITE DE VEICULAÇÃO DIÁRIA - INOBSERVÂNCIA - APLICAÇÃO DE PENALIDADE PECUNIÁRIA - DESPROVIMENTO - MANUTENÇÃO DA SENTENÇA.

Conforme o art. 43 da Lei n. 9.504/1997, o limite de dez anúncios de propaganda eleitoral pela imprensa escrita, por veículo, é o de dez datas diversas em que tenha sido divulgada, isoladamente ou em conjunto, a imagem ou o nome do candidato.[4]

O quantitativo determinado é rígido. A lei não previu exceção. Sendo assim, há de ser aplicada a regra geral disposta no *caput* do artigo:

ELEIÇÕES 2016 - RECURSO ELEITORAL - PROPAGANDA ELEITORAL NA IMPRENSA ESCRITA - TABLÓIDE - LIMITE DE TAMANHO POR CANDIDATO OBEDECIDO - JUSTAPOSIÇÃO DE PROPAGANDAS DA COLIGAÇÃO - AGLOMERAÇÃO DE ANÚNCIOS EM UMA MESMA PÁGINA - LIMITE ULTRAPASSADO - DESRESPEITO AO PRINCÍPIO DA IGUALDADE DE OPORTUNIDADES - INSURGÊNCIA CONTRA A MAJORAÇÃO DO VALOR DA MULTA - REINCIDÊNCIA NA PRÁTICA DA IRREGULARIDADE - EXISTÊNCIA DE DOIS PROCESSOS - CONDUTAS PRATICADAS PELA PRÓPRIA RECORRENTE - ACERTO DA SENTENÇA - DESPROVIMENTO DO RECURSO.[5]

A circunstância de o anúncio ficar aquém do espaço máximo estabelecido por edição não viabiliza a ultrapassagem do número previsto nas demais[6]. Inexiste, pois, a possibilidade de compensação de publicações.

De acordo com o § 1º, cada publicação feita trará o valor pago:

RECURSO ELEITORAL. PROPAGANDA ELEITORAL IRREGULAR. ELEIÇÕES 2016. Sentença de procedência. Multa imposta no patamar mínimo legal. Propaganda eleitoral efetuada em jornal sem a indicação do valor do anúncio. Violação caracterizada do disposto nos art. 43, § 1°, da Lei n° 9504/1997 e 30, § 1°, da Resolução TSE n° 23.457/2015. Responsabilidade objetiva dos recorrentes. Multa aplicada no mínimo legal, em observância aos princípios da razoabilidade e proporcionalidade. Recurso desprovido.[7]

---

4. TRE/SC, Acórdão nº 32193, PSESS de 23/11/2016.
5. TRE/MT, Acórdão nº 26.008, DJE de 20/02/2017.
6. TSE, CTA nº 195781/DF, DJE de 21/11/2011.
7. TRE/SP, Acórdão nº 22.966, DJE de 23/11/2016.

> **REPRESENTAÇÃO. PROPAGANDA ELEITORAL. LEI 9.504/97, ARTIGO 43 E PARÁGRAFOS. DIVULGAÇÃO, NA IMPRENSA ESCRITA, DE ANÚNCIOS DE PROPAGANDA ELEITORAL NOS QUAIS NÃO SE FEZ CONSTAR O VALOR PAGO PELA INSERÇÃO.**
>
> (...)
>
> 2. Comprovada nos autos a divulgação paga, pela imprensa escrita, de anúncios de propaganda eleitoral nos quais não se fez constar o valor pago por inserção, conforme exigido no parágrafo 1º do artigo 43 da Lei 9.504, de 30 de setembro de 1997, impõe-se a aplicação da multa prevista em seu parágrafo 2º, certo como as circunstâncias e peculiaridades do caso concreto permitem inferir a impossibilidade de os beneficiários não terem tido conhecimento da matéria.[8]

Por se tratar de norma de caráter objetivo, a configuração infracional não exige que o agente tenha atuado com o dolo de fraudar a norma, bastando haver omissão quanto ao custo despendido na propaganda.[9]

Ainda que não tenha ocorrido desequilíbrio no pleito ou que posteriormente sobrevenha a revelação da quantia paga, o caráter cogente da norma está em dar transparência aos valores de publicidade no curso da campanha:

> **Propaganda irregular. Artigo 43, §1º da Lei 9.504.**
>
> Preliminar de intempestividade rejeitada. Divulgação de anúncio eleitoral na imprensa escrita sem informar seu valor. Publicação posterior de informação sobre "problemas técnicos". Valores dissociados dos anúncios. Lapso temporal entre a propaganda e o comunicado. Ilícito caracterizado. Responsabilidade do jornal e dos candidatos. Precedentes do TSE. Aplicação de multa. Recurso provido.[10]

Para os casos de excesso de tamanho, justificativas como a baixa potencialidade da publicação, erros de diagramação ou insucesso eleitoral vêm sendo rechaçadas de modo inflexível pelos pretórios eleitorais.

Caracteriza *bis in idem* a aplicação de sanção à pessoa jurídica e ao proprietário do veículo responsável pela divulgação irregular, devendo a penalidade recair tão somente naquela[11], sendo tal responsabilidade objetiva:

---

8. TRE/DF, Acórdão nº 4.503, DJE de 31/05/2011.
9. TSE, REspe nº 76458/GO, DJE de 20/08/2013.
10. TRE/RJ, Recurso Eleitoral nº 40844, DJERJ de 23/08/2013.
11. TRE/GO, Acórdão nº 15.014, DJ de 08/09/2014.

> **RECURSOS ELEITORAIS - PROPAGANDA ELEITORAL IRREGULAR - DIVULGAÇÃO DE ANÚNCIOS EM JORNAL SEM MENCIONAR O VALOR PAGO PELA INSERÇÃO -SENTENÇA DE PROCEDÊNCIA - PRELIMINAR DE ILEGITIMIDADE PASSIVA AFASTADA - MÉRITO - ART. 43, DA LEI N. 9.504/97 - RESPONSABILIDADE OBJETIVA DOS VEICULADORES DA PROPAGANDA - AUSÊNCIA DE DOLO NÃO AFASTA A IRREGULARIDADE - RECURSOS DESPROVIDOS.**[12]

No caso da publicação jornalística não veicular o número de inscrição no Cadastro Nacional da Pessoa Jurídica (CNPJ) ou no Cadastro de Pessoas Físicas (CPF) do responsável pela contratação da propaganda, mero pecadilho, descabe a aplicação de pena pecuniária por analogia ao disposto no art. 38, §1º da Lei nº 9.504/97.

Quando a omissão das informações obrigatórias se consuma por omissão de terceiros, em contexto superveniente de fatos que estava fora do alcance do candidato, não há se aplicar a pena pecuniária, decidiu o Tribunal Regional Eleitoral do Rio Grande do Sul:

> **RECURSO. ELEIÇÕES 2020. REPRESENTAÇÃO POR PROPAGANDA ELEITORAL IRREGULAR. VEICULAÇÃO DE PROPAGANDA EM JORNAL IMPRESSO. VALOR PAGO PELA INSERÇÃO ILEGÍVEL. ART. 43, § 1º, DA LEI N. 9.504/97. APLICADA SANÇÃO PECUNIÁRIA. PROVIDÊNCIAS PARA CUMPRIMENTO DO COMANDO LEGAL OBSERVADAS PELO CANDIDATO. OMISSÃO DE TERCEIRO. EXCLUSÃO DA MULTA. REPRESENTAÇÃO IMPROCEDENTE. PROVIMENTO.**
>
> 1. Recurso contra sentença que julgou procedente representação por propaganda eleitoral irregular com condenação ao pagamento de multa, por infringência ao art. 43, § 1º, da Lei n. 9.504/97, consistente na veiculação de propaganda eleitoral em jornal impresso sem que constasse, de forma legível, o valor pago pela inserção.
>
> 2. Conforme consta nos autos, o candidato observou o comando legal de inserção do valor pago no material de propaganda – premissa elementar –, o qual não veio a se concretizar por omissão de terceiros, em contexto superveniente de fatos que estava fora do alcance do recorrente e que lhe isenta de qualquer responsabilidade.
>
> 3. Provimento do recurso para julgar improcedente a representação e afastar a multa imposta.[13]

12. TRE/SP, Recurso Eleitoral nº 31.467, DJE de 30/10/2012.
13. TRE/RS, Recurso Eleitoral nº 060032415, j. 16/03/2021.

A reprodução virtual das páginas do jornal impresso, na *internet*, deve observar rigorosamente o conteúdo da versão impressa, inclusive com relação às exigências quanto ao CNPJ ou CPF do responsável, a tiragem e o valor pago pela inserção.[14]

A ausência de reprodução fidedigna do jornal impresso na íntegra, mas a publicação avulsa da peça de propaganda eleitoral no *feed* da página do jornal no *Facebook*, violando a exigência de respeito ao conteúdo editorial e o formato da edição impressa do periódico, atrai a punição legal:

> **RECURSO ELEITORAL - ELEIÇÕES 2020 - REPRESENTAÇÃO - Propaganda irregular - Propaganda paga - Imprensa escrita - Reprodução virtual do jornal na internet**
>
> O § 5º do art. 42 da Res. TSE nº 23.610/19 autoriza a reprodução virtual do jornal impresso em sítio eletrônico do próprio jornal desde que sejam respeitados o formato gráfico e o conteúdo editorial, atentando-se ao "espaço máximo, por edição, de 1/8 (um oitavo) de página de jornal padrão e de 1/4 (um quarto) de página de revista ou tabloide" - No caso, não houve a reprodução do jornal impresso na íntegra, mas sim mera publicação avulsa da peça de propaganda eleitoral no feed da página do jornal no Facebook, sem respeito ao conteúdo editorial e o formato da edição impressa do periódico, a evidenciar a violação da norma eleitoral. Inteligência dos arts. 43 da Lei nº 9.504/97 e 42 da Res. TSE nº 23.610/19 - Caracterização da irregularidade da propaganda paga e da responsabilidade dos envolvidos, com remoção do conteúdo e imposição de multa, fixada no mínimo legal, R$ 1.000,00, a cada um dos representados - Sentença reformada - Recurso provido, com determinação.[15]

Sobre o valor da multa imposta, no silêncio da norma de regência, vide a decisão do Tribunal Regional do Rio de Janeiro no julgamento do Recurso Eleitoral nº 52434 (PSESS de 24/11/2016):

> **Recurso Eleitoral. Representação. Propaganda eleitoral irregular. Omissão quanto ao dever de fazer constar, de forma visível, o valor do anúncio relativo à propaganda paga em jornal.**
>
> Violação ao art. 43, § 1º, da Lei das Eleições. Caracterizada a responsabilidade dos candidatos beneficiados. Valor da multa adequado à tiragem, periodicidade e circulação do jornal. Desprovimento do recurso.

14. TRE/PR, Recurso Eleitoral nº 0600363-86, PSESS de 03/12/2020.
15. TRE/SP, Recurso Eleitoral nº 060058860, PSESS de 09/11/2020.

Capítulo

18

VÉSPERA DO PLEITO

O art. 39 da Lei nº 9.504/97 estipula o seguinte:

> Art. 39 (omissis)
>
> § 9º Até as vinte e duas horas do dia que antecede a eleição, serão permitidos distribuição de material gráfico, caminhada, carreata, passeata ou carro de som que transite pela cidade divulgando *jingles* ou mensagens de candidatos.

Acrescentando o §9º à redação do art. 39, a Lei nº 12.043/09 estendeu a propaganda eleitoral até o sábado que precede o domingo do pleito.

O texto legal, meritório no seu conteúdo, assentou que algumas atividades típicas de campanha eleitoral estão permitidas.

Os simpatizantes e eleitores estarão agindo regularmente ao participar dos eventos antes nominados, desde que não os convertam em comícios:

> **Mandado de segurança - Propaganda eleitoral - Carro de som - Caminhada ou passeata - Carreata.**
>
> 1. A permissão para propaganda eleitoral por meio de alto-falantes ou amplificadores de som até a véspera do dia da votação não se limita aos equipamentos imóveis, abrangendo também os móveis, ou seja, os que estejam instalados em veículos.

2. Possibilidade de carro de som transitar pela cidade divulgando *jingles* ou mensagens de candidatos, desde que os microfones não sejam usados para transformar o ato em comício.

3. Caminhada ou passeata não se equiparam a reuniões públicas.

4. O art. 39, § 5º, inciso I, da Lei nº 9.504/97 tipifica como crime a realização de carreata apenas no dia da eleição.[1]

Após as 22h (vinte e duas horas), todas as condutas descritas pelo parágrafo devem cessar.

Dentre as proibições, por evidente se insere o abominável *derrame de santinhos* (v. nº 19.10).

As violações podem tipificar crime de *boca de urna*.[2]

1. TSE, MS nº 3.107/DF, DJ de 13/12/2002 (RJTSE 13/4/184).
2. À guisa de ilustração, em Portugal, "Aquele que no dia da eleição ou no anterior fizer propaganda eleitoral por qualquer meio será punido com prisão até seis meses e multa de 500$00 a 5 000$00", adverte o nº 1 do art. 141 da Lei n.º 14/79, de 16 de maio.

Capítulo

19

DIA DO PLEITO

19.1. PROPAGANDA ELEITORAL

> Art. 39-A (*omissis*)
>
> § 1º É vedada, no dia do pleito, até o término do horário de votação, a aglomeração de pessoas portando vestuário padronizado, bem como os instrumentos de propaganda referidos no *caput*, de modo a caracterizar manifestação coletiva, com ou sem utilização de veículos.

Até às 17 horas do dia do pleito é proibida a aglomeração de pessoas utilizando roupas padronizadas identificando candidaturas. Após o horário assinalado, nada impede que as mesmas se reúnam.

19.2. CRIMES ELEITORAIS

> Art. 39 (*omissis*)
>
> § 5º Constituem crimes, no dia da eleição, puníveis com detenção, de seis meses a um ano, com a alternativa de prestação de serviços à comunidade pelo mesmo período, e multa no valor de cinco mil a quinze mil UFIR[1]:

1. Extinta pela Lei nº 10.522/02.

> I - o uso de alto-falantes e amplificadores de som ou a promoção de comício ou carreata;
>
> II - a arregimentação de eleitor ou a propaganda de boca de urna;
>
> III - a divulgação de qualquer espécie de propaganda de partidos políticos ou de seus candidatos.

O primeiro inciso é claro e dispensa comentários, especialmente ante o caráter ostensivo dos crimes nele descritos.

A conduta seguinte, comumente denominada ***boca de urna***, é prevista nos incisos II e III. O segundo inciso traz um rol de tipificações dispersas entre o Código Eleitoral (art. 302) e a Lei nº 9.504/97 (art. 39, §6º e §9º; art. 39-A, §1º e §3º). Trata-se do comportamento de abordar, tentar persuadir ou convencer o eleitor a votar em determinado candidato ou partido, no dia do pleito.

Na Petição nº 4.868/PR[2], interpretando o art. 39, § 5º, inc. II, da Lei nº 9.504/97, o relator afirmou: "A ação de arregimentar eleitor demanda um comportamento ostensivo voltado a atrair, alinhar, cooptar pessoas para votar em determinado candidato. Caracteriza-se pela prática de ato visivelmente direcionado ao convencimento de um ou mais eleitores, de comportamento com intenção de influenciar o ânimo do eleitor, dissuadindo-o a votar em candidato diverso". Noutro precedente do STF na matéria, o Inquérito nº 3.182/RJ[3], a ementa do julgado registrou com densidade: "As elementares 'arregimentação de eleitor' e 'propaganda de boca de urna' conferem, ao tipo penal em questão, feições abertas que necessariamente devem ser completadas com dados do contexto fático, de modo a possibilitar a aferição, caso a caso, da relevância penal de condutas praticadas".

O TSE trata o crime de *boca de urna* como de mera conduta, consumando-se com a simples distribuição da propaganda, independe da obtenção do resultado[4] que, na espécie, seria o convencimento ou a coação do eleitor[5] inibido na sua livre escolha[6].

Já a entrega de material de campanha a cabos eleitorais, no interior de residência, não se enquadra no crime capitulado no art. 39, § 5º,

2. Tribunal Pleno, DJe 097, 22/05/2014.
3. Tribunal Pleno, DJe 203, 14/10/2013.
4. RHC nº 45/MG, DJ de 06/06/2003.
5. HC nº 669/RJ, DJE de 19/05/2010.
6. AREspe nº 21.312/TO, DJ de 20/02/2004 (RJTSE 15/1/241).

II, delito que pune a efetiva distribuição de propaganda a eleitor, no dia da votação, com o intuito de influir na formação de sua vontade[7].

O mero porte de material de propaganda no dia do pleito, sem que se verifique a sua distribuição entre eleitores, também não caracteriza o delito. A conduta típica exige a divulgação da propaganda. Inocorrente esta, a liberdade de escolha do eleitor permaneceu preservada, prevalecendo, assim,o princípio constitucional da presunção de inocência. Nesta hipótese decidiu o TRE/RS:

> **Recurso criminal. Propaganda de boca de urna (art. 39, § 5º, II, da Lei nº 9.504/97).**Apreensão de bandeiras e panfletos em poder do réu.Para caracterização do delito exige-se prova segura da efetiva abordagem de eleitor ou distribuição da publicidade política. A mera posse do material impugnado não caracteriza a conduta típica proposta pela denúncia.
>
> Necessidade de prova quanto à distribuição efetiva da propaganda eleitoral. Provimento negado.[8]

A problemática do artigo reside no inciso III.

Entretanto, a respeito do tema, há entendimento do Supremo Tribunal Federal norteando a sua interpretação.

O Plenário do STF, em acórdão prolatado na Ação Penal nº 609/BA concernente à concessão de entrevista a emissora de rádio, no dia da eleição, por candidato a deputado federal, afastou a caracterização do delito de propaganda eleitoral vedada ante a manifestação genérica destituída de promoção pessoal. O julgado restou assim ementado, no que interessa:

> **AÇÃO PENAL ORIGINÁRIA. PARLAMENTAR FEDERAL. CRIME ELEITORAL. PROPAGANDA ELEITORAL NO DIA DO PLEITO. ART. 39, § 5º, DA LEI N. 9.504/97. PRELIMINARES. INÉPCIA DA DENÚNCIA. INEXISTÊNCIA. ATENDIMENTO AOS REQUISITOS DO ART. 41 DO CÓDIGO DE PROCESSO PENAL. PROVA PERICIAL. FALTA DE INTIMAÇÃO DA DEFESA NÃO VERIFICADA. AUSÊNCIA DA MÍDIA ORIGINAL COM A GRAVAÇÃO DAS FALAS DO ACUSADO. PERÍCIA. PREJUÍZO. INOCORRÊNCIA. PRELIMINARES REJEITADAS. MÉRITO. ENTREVISTA CONCEDIDA A EMISSORA DE RÁDIO ÀS CINCO HORAS DO DIA DAS**

7. TSE, HC nº 474/SP, DJ de 05/12/2003 (RJTSE 14/4/36).
8. RC nº 25, j. 30/03/2010.

ELEIÇÕES. PRONUNCIAMENTO ANÓDINO. MANIFESTAÇÃO GENÉRICA, SEM REFERÊNCIA DIRETA A UM CANDIDATO. ATO NÃO CARACTERIZADOR DE PROPAGANDA. DELITO NÃO CONFIGURADO. AÇÃO PENAL JULGADA IMPROCEDENTE. RÉU ABSOLVIDO NOS TERMOS DO ART. 386, III, DO CPP.

1. A liberdade de manifestação eleitoral é restringida pela lei em dados períodos, com o intuito de preservar a legitimidade do pleito, para que o voto seja exercido de forma consciente e informada, bem como no intuito de assegurar que o transcurso das eleições ocorra sem distúrbios de qualquer sorte. 2. A criminalização da divulgação de qualquer espécie de propaganda de partidos políticos ou de seus candidatos no dia do pleito, na forma do art. 39, § 5º, III, da Lei nº 9.504/97, tutela a liberdade do voto, impedindo que o eleitor seja importunado, enganado ou coagido para votar neste ou naquele candidato, e protege, também, a regularidade dos trabalhos eleitorais. Doutrina: STOCCO, Rui; STOCCO, Leandro de Oliveira. Legislação Eleitoral Interpretada. 2ª ed. São Paulo: RT, 2006. p. 778; GOMES, Suzana de Camargo. Crimes eleitorais. 3ª ed. São Paulo: RT, 2008. p. 203.

(...).

5. In casu, a conduta do réu não constituiu propaganda eleitoral, a ensejar a incidência do crime previsto no art. 39, § 5º, III, da Lei nº 9.504/97. Deveras: (i) o denunciado Oziel Alves de Oliveira, em entrevista a emissora de rádio perto das 17h do dia em que ocorreu o primeiro turno das eleições de 2010 (03 de outubro), declarou, de modo genérico, que dentro de alguns minutos os portões se fechariam e que todos deveriam participar da cidadania para eleger a primeira presidente do Brasil (fls. 180); (ii) como é cediço, havia duas candidatas no primeiro turno daquelas eleições, e o réu não mencionou o nome de nenhuma delas; (iii) foi a própria rádio quem procurou o réu para entrevistá-lo, e não o contrário, razão pela qual sua intenção não foi a de utilizar-se do meio de comunicação para fazer propaganda, mas tão somente para conceder entrevista, instantes antes de terem início as apurações.

6. A doutrina afirma que "o que é vedado e, inclusive, constitui crime, é a conduta daquele que, no dia da eleição, divulga ou realiza propaganda eleitoral de molde a atingir a esfera do eleitor, através da abordagem, do aliciamento, da utilização de métodos de persuasão ou convencimento [...]. Saliente-se, que o tipo penal exige, para sua configuração, que a conduta seja realizada no dia da eleição, o que significa que o crime somente pode ser cometido durante o horário da eleição ou quando os eleitores estão se dirigindo ao local de votação" (GOMES, Suzana

> de Camargo. Crimes eleitorais. 4ª ed. São Paulo: Editora Revista dos Tribunais, 2010. p. 165).
>
> 7. Conforme já decidiu o Tribunal Superior Eleitoral, "nem toda manifestação político-eleitoral, na data da eleição, é vedada pelo art. 39, §5º, da Lei nº 9.504/97, o qual, por tratar de crime, deve ser interpretado estritamente. A simples declaração indireta de voto, desprovida de qualquer forma de convencimento, de pressão ou de tentativa de persuasão, não constitui crime eleitoral" (REspE nº 485.993, excerto do voto do Relator Ministro Marcelo Ribeiro, unânime, DJe 22.05.2012). Outros precedentes: REspE 8720-AgR, Rel. Min. Luciana Lóssio, DJe 27.06.2014; REspE 155.903, Rel. Min. Nancy Andrighi, Relator designado Min. Teori Zavascki, DJe 16.11.2012).
>
> (...).
>
> 10. Pretensão punitiva estatal julgada improcedente para absolver o réu nos termos do art. 386, III, do CPP.[9]

Do voto do relator, constaram as seguintes preleções:

> De fato, malgrado a regra seja a liberdade de manifestação eleitoral, prevê a lei restrições a essa liberdade em dados períodos, sempre com o intuito de preservar a legitimidade do pleito, zelando para que o voto seja exercido de forma consciente e informada e para que o transcurso das eleições ocorra sem distúrbios de qualquer sorte. A reprimenda penal, nas situações arroladas no art. 39, § 5º, da Lei nº 9.504/97, justifica-se pela necessidade de preservar o respeito a essas restrições, tão caras à democracia, e que precisam ser especialmente observadas no dia em que os cidadãos vão às urnas.
>
> Resta claro, portanto, que nenhuma forma de manifestação, no dia das eleições, caracterizadora de propaganda, pedido de votos ou exaltação de partido político ou candidato é tolerada pela norma penal. Contudo, é certo que a conduta há de ser persuasiva, insistente, recorrente, para que aí sim possa caracterizar a adequação da conduta ao tipo.
>
> (...)
>
> Ora, a mera menção de que neste dia, "que deveria ser cívico, de cidadania plena, quando seria eleita a primeira Presidente do Brasil", é absolutamente insuficiente para configurar a malsinada propaganda eleitoral no dia da eleição. E isto, senão por outro motivo, pelo simples

9. DJE de 30/10/2014.

> fato de que, segundo o texto atribuído ao Acusado, não há a menção de qual candidata seria a eleita à Presidência da República. Sabe-se que, no Primeiro Turno das Eleições Presidenciais de 2010, havia duas candidatas do sexo feminino: (i) a Sra. Dilma Roussef; e (ii) a Sra. Marina Silva. A transcrição da mídia revela, portanto, uma manifestação genérica, retratando um pronunciamento anódino, sem qualquer influência real no comportamento daqueles que o ouviam, e, ressalte-se, ao final da sessão de votação, simbolizando mais uma expectativa daquele candidato ao resultado das eleições, e menos a adequação ao crime eleitoral a ele imputado.

No mesmo sentido, declarando a atipicidade da conduta, as ponderações do ministro Teori Zavascki:

> Ora, no caso, as declarações feitas pelo acusado, considerado o seu conteúdo vago e as circunstâncias em que foram prestadas, não podem ser caracterizadas como instrumento criminoso de propaganda político- partidária, já que manifestamente desprovidas de qualquer aptidão para, por si só, persuadir, aliciar ou constranger os eleitores ouvintes da rádio local a votarem em determinado e específica pessoa. O que elas representam é - nada mais nada menos -, um pronunciamento genérico, comum e típico de candidato em dia de eleição, mas sem a relevância penal que lhe emprestou o Ministério Público, porque inapto a ofender o bem jurídico tutelado pela norma penal.

Nesse contexto do debate, foi trazido o escólio de Suzana de Camargo GOMES (2010, p. 165) no ponto onde a autora, ao versar sobre o elemento subjetivo do tipo, com a sua reconhecida autoridade, assinalou:

> Destarte o que é vedado e, inclusive, constitui crime, é a conduta daquele que, no dia da eleição, divulga ou realiza propaganda eleitoral de molde a atingir a esfera do eleĩtor, através da abordagem, do aliciamento, da utilização de métodos de persuasão ou convencimento, e não daquele que sem incomodar, falar, ou tomar qualquer atitude que desdobre seu âmbito particular, demonstra silenciosa e individualmente sua preferência eleitoral.

Para rejeitar a imputação do Procurador Geral da República, o voto condutor assentou-se na jurisprudência conferida pelo próprio Tribunal Superior Eleitoral, com especial ênfase no decidido pelo Recurso Especial Eleitoral nº 4859-93/AM, onde trecho da sua ementa enfatizou: “Nem toda manifestação político-eleitoral, na data da eleição, é vedada pelo art. 39, § 5º, da Lei nº 9.504/97, o qual, por tratar de crime, deve ser interpretado estritamente. A simples declaração indireta de voto, desprovida de qualquer forma de convencimento, de pressão ou de tentativa de persuasão, não constitui crime eleitoral"[10].

Outro precedente, validando o abrandamento da norma, declarou:

> **ELEIÇÕES 2010. AGRAVO REGIMENTAL. RECURSO ESPECIAL. CRIME ELEITORAL. ART. 35, § 5º, III, DA LEI Nº 9.504/97. JUSTA CAUSA NÃO VERIFICADA. DENÚNCIA. RECEBIMENTO. REQUISITOS NÃO ATENDIDOS. DESPROVIMENTO.**
>
> 1. Nem toda manifestação político-eleitoral, na data da eleição, é vedada pelo art. 39, § 5º, da Lei nº 9.504/97, porquanto a simples declaração indireta de voto, desprovida de qualquer forma de convencimento, de pressão ou de tentativa de persuasão, não constitui crime eleitoral (REspe nº 4859-93/AM, Rel. Min. Marcelo Ribeiro, DJe de 22.5.2012).
>
> 2. A inexistência de menção ao cargo em disputa, ao número do candidato, ou a pedido de votos, conforme consta do acórdão regional, não permite o ajuizamento da ação penal fundada no art. 39, § 5º, III, da Lei nº 9.504/97, pois a entrevista realizada não consubstancia a tipicidade prevista no dispositivo legal em questão.
>
> 3. Agravo regimental a que se nega provimento.[11]

Como decorrência do parâmetro erigido pela Suprema Corte quanto às hipóteses do inciso III, a declaração indireta de voto desprovida da intenção de convencimento, influência, pressão ou tentativa de persuasão do eleitor, não tipifica o crime antes descrito. Portanto, nem toda a manifestação política emitida no dia da eleição, durante o horário da votação, constitui-se delituosa. A ausência do elemento intencional inviabiliza a tipificação criminosa.

Em contrapartida, é de se ter presente o seguinte:

- o **envio de mensagens por SMS no dia das eleições** é alcançado pelo tipo penal do art. 39, § 5º, III, da Lei nº 9.504/1997. A norma penal veda a realização de qualquer ato de propaganda partidária ou eleitoral no dia das eleições. Sobre a questão, o TSE já entendeu pela tipicidade da conduta, assentando que a regra contida no art. 57-B, III, da Lei nº 9.504/1997,

10. DJE, 22/05/2012, p. 112.
11. TSE, AgR-REspe nº 8720/PR, DJE de 27/06/2014.

invocada pelo recorrente, está restrita à propaganda realizada pela internet, não alcançando o envio de mensagens de texto entre aparelhos telefônicos (REspe nº 10-11/RS, DJE de 13/02/2019, pp. 70/72);

- a **grande quantidade de material da candidatura** do acusado encontrado na residência do seu genitor, além de mesas e cadeiras com santinhos e adesivos espalhados, circunstâncias que, aliadas ao trânsito livre e intenso de eleitores no local no decorrer do dia da eleição (várias delas, inclusive, portando referida propaganda), denotam a prática ilícita (REspe nº 29-44/PE, DJE de 09/10/2018, p. 51);
- não constitui fato evidentemente atípico, para fins de apuração do delito previsto no art. 39, § 5º, III, da Lei das Eleições, **o envio de mensagens de texto, em aparelhos telefônicos, via SMS**, no dia da eleição (RHC nº 2797/SP, DJE de 17/09/2013, p. 21);
- ELEIÇÕES 2010. RECURSO ESPECIAL ELEITORAL. CRIME ELEITORAL. ART. 39, § 5º, INCISO III, DA LEI Nº 9.504/1997. PRINCÍPIO DA INSIGNIFICÂNCIA. INAPLICABILIDADE.

  1. A **divulgação de propaganda criminosa dentro da cabine de votação e ao lado da urna eletrônica** não pode ser considerada insignificante, pois viola a liberdade de escolha do eleitor no momento sigiloso de confirmação do voto. 2. Inaplicável o princípio da insignificância ao crime previsto no art. 39, § 5º, inciso III, da Lei nº 9.504/1997, porque o bem jurídico tutelado é a liberdade de exercício do voto. Precedentes. 3. Recurso especial eleitoral provido para restaurar a condenação imposta em sentença (REspe nº 66-72/GO, DJE de 20/03/2017, p. 96);
- RECURSO CRIMINAL ELEITORAL. POSSIBILIDADE DE APRESENTAÇÃO DAS RAZÕES APÓS INTERPOSIÇÃO DO RECURSO. PRAZO RECURSAL QUE SE INICIA APÓS INTIMAÇÃO DO ADVOGADO E DO RÉU CONDENADO. CONHECIMENTO DO RECURSO. CRIME ELEITORAL. DIVULGAÇÃO DE PROPAGANDA ELEITORAL NO DIA DA ELEIÇÃO. MATERIAL DE PROPAGANDA POLÍTICA ARREMESSADO PARA FORA DE VEÍCULO, A 100 METROS DE COLÉGIO ELEITORAL. CRIME PREVISTO NO ARTIGO 39, §5º, III, DA LEI Nº 9.504/97. FLAGRANTE. MATERIALIDADE E AUTORIA COMPROVADAS. CONDENAÇÃO MANTIDA. RECURSO DESPROVIDO.

  Faz divulgação de candidatos e políticos quem, no dia da eleição, nas proximidades de colégio eleitoral, arremessa propaganda política da janela do carro, espalhando-a pela rua e calçada de acesso dos eleitores (TRE/PR, Recurso Eleitoral nº 463292, DJ de 21/11/2011).

19.3. ELEITOR NA CABINA DE VOTAÇÃO E VOTO SECRETO

> No recinto da cabina de votação, é vedado ao eleitor portar aparelho de telefonia celular, máquinas fotográficas, filmadoras, equipamento de radiocomunicação ou qualquer instrumento que possa comprometer o sigilo do voto, devendo a mesa receptora, em caso de porte, reter esses objetos enquanto o eleitor estiver votando.

As resoluções do TSE têm incrementado o rol de aparelhos descritos pelo parágrafo único do art. 91-A da Lei nº 9.504/97, bem como investido a Mesa Receptora no poder de polícia para impedir que o eleitor acesse a cabina portando-os. A irregularidade se consuma pelo mero porte dos aparelhos, ainda que o voto não venha a ser fotografado ou filmado.

Entrementes, de se atentar que embora haja proibição expressa para esse comportamento, o legislador brasileiro, a exemplo do canadense (*Loi*, 491.1, *e*), não estipulou nenhuma sanção relativamente à seara criminal. Por força disso, o ato de adentrar na cabina portando os referidos equipamentos e, por exemplo, no momento da votação, tirar uma *selfie*, ainda que precedido de conduta irregular, não tipifica a norma penal incriminadora constante do art. 312 do Código Eleitoral. Noutros termos: não há infração ao crime de *violar ou tentar violar o sigilo* do próprio voto. A razão da excludente está na Lei Fundamental.

Instituído pioneiramente na Austrália (1856), o voto secreto foi consagrado no Brasil pelo Código Eleitoral de 1932[12]. A Carta da Segunda República, dando sequência às mudanças preconizadas pela Revolução de 30, incorporou-o ao seu texto[13]. A Constituição seguinte, de 1937, silenciou no tema[14]. Deposto o ditador e restaurada a democracia, a Constituição de 1946[15] retomou os salutares preceitos de 1934. As Cartas outorgadas de 1967[16] e 1969[17] mantiveram o voto secreto[18]. Precedida de um extenso pro-

12. Art. 56. O sistema de eleição é o do sufrágio universal direto, voto secreto e representação proporcional.
13. Arts. 52, §1º e 181.
14. Art. 117 - São eleitores os brasileiros de um e de outro sexo, maiores de dezoito anos, que se alistarem na forma da lei.
15. Art. 134 - O sufrágio é universal e, direto; o voto é secreto; e fica assegurada a representação proporcional dos Partidos Políticos nacionais, na forma que a lei estabelecer.
16. Arts. 13, §2º, 41, 43 e 143.
17. Arts. 39, 41 e 148.
18. Foram introduzidas eleições indiretas para a Presidência da República (Colégio Eleitoral) e Governos Estaduais (titulares eleitos pelas Assembleias Legislativas) e indicações para alguns municípios.

cesso de elaboração[19], a CF/88, além de elevar o "voto direto e secreto, com valor igual para todos" (art. 14, *caput*), declarou-o irreformável (art. 60, §4º, II).

O Congresso Constituinte situou o sigilo do voto junto aos Direitos Políticos, os quais, por sua vez, integram os Direitos e Garantias Fundamentais da *Constituição Cidadã*. Portanto, face à nitidez da topografia constitucional, não resta dúvida de que a confidencialidade do voto (*vontade do eleitor*) corresponde a um direito, e não um dever do cidadão. Nessa linha, tirante desbotadas ilações e discursos midiáticos, inexiste impedimento ao eleitor divulgar a sua escolha. Expressão irretorquível dessa postura são as conhecidas manifestações públicas de *apoios eleitorais* onde as pessoas espontaneamente revelam em quem votarão ou já votaram.

Autenticando o ponto, entendimento assinalado pelo Ministro Sepúlveda Pertence ao relatar o Recurso Especial Eleitoral nº 19.502/GO[20] sobre um Ministro de Estado convidado a discursar em festividade na qual manifestou o seu desejo pela eleição de um determinado candidato a prefeito: "A lei não inibe, e a Constituição não permitiria que o fizesse, que, a qualquer tempo, haja manifestações, ainda que ostensivas, de um cidadão – autoridade pública ou não –, com manifesta simpatia, solidariedade ou promessa de apoio à eventual candidatura de outro".

Acerca do objeto jurídico tutelado pelo art. 312 do Código Eleitoral, atípico frente à violação ao art. 91-A da Lei nº 9.504/97, a jurista dedicada à magistratura federal e ao magistério Suzana de Camargo GOMES elucida em sua obra *Crimes Eleitorais* (2010, p. 247):

> Ora, conforme já enfatizado, o voto é secreto por força de preceito constitucional, além de que o seu exercício não representa simplesmente um direito individual, de natureza subjetiva, do eleitor, mas reveste-se de função social. Assim, considerado sob o prisma da relevância social do voto, dado que é a partir de manifestação isolada de cada eleitor, que, somada, é possível aferir-se a vontade popular, necessária para determinar as escolhasdemocráticas, tem-se que, no momento da votação, todas as cautelas devemser tomadas no sentido de ser preservada a manifestação daquele que votano que concerne ao seu sigilo. (...).

19. Da sua instalação em 1º de fevereiro de 1987 até a promulgação da Constituição Federal em 05/10/1988, a Assembleia Nacional Constituinte contabilizou 584 dias de atividades desenvolvidas em sete etapas desdobradas em 25 fases distintas. Os trabalhos da ANC transcorreram ao longo de 330 sessões diluídos em 584 dias (SANTOS, 2019, p. 39).

20. DJ de 1º/04/2002.

> É, em suma, para que o eleitor não venha a sofrer nenhuma forma depressão, de influência, que a legislação resguarda o sigilo do voto, tanto assim que prevista é, inclusive, a existência de cabina indevassável no sentido de propiciar essa garantia, pelo que não é dado ocorrer qualquer violação, nem mesmo sob a excludente de contar com o beneplácito de seu titular, pois, não representa somente um direito individual do eleitor, mas também revela-se pela função social que exerce.

Endossando as compreensões anteriores, pontua o Professor e Doutor em Direito Constitucional pela Pontifícia Universidade Católica de São Paulo - PUC/SP Luiz Carlos dos Santos GONÇALVES (2012, p. 66): "É do eleitor a decisão de revelar, ou não, o sentido de seu voto, não se podendo compeli-lo a isso de nenhuma maneira". Neste mesmo sentido, o outrora Procurador Regional Eleitoral mineiro José Jairo GOMES (2015, p. 82), após afirmar o "direito subjetivo público do eleitor", acrescenta que "Querendo, ele poderá, a qualquer tempo, revelar seu próprio voto e descortinar suas preferências políticas. Para o eleitor, a conduta aqui incriminada é lícita".

Sem embargo de tudo que já foi exposto sobre o tema, porque não haveria sentido criminalizar uma conduta de violação que, em última análise, é a do próprio direito da pessoa, conclui-se que a norma proibitiva, e, por consequência, a reprimenda constante do art. 312 do Código Eleitoral (detenção até dois anos), destina-se ao terceiro, ou seja, aquele que não sendo o próprio eleitor, viola ou tenta violar o sigilo do voto de outro votante, buscando, com isso, ter acesso ao seu conteúdo. No mais, o cidadão, querendo, revela o seu voto a quem e quando quiser, seja verbalizando, seja adesivando o seu carro, a sua roupa e por aí afora.

Sobre o não cumprimento, por parte do eleitor, de determinação emitida por presidente de mesa ou chefe de cartório, embora possa ocasionar a aplicação da medida administrativa ao §1º do art. 140 do Código Eleitoral[21], não configura a prática do crime de desobediência.

Ainda que terceiros atuem segundo determinação do juízo, a remansosa jurisprudência do Tribunal Superior Eleitoral tem considerado que para a caracterização das modalidades do art. 347 da norma codificada de

21. § 1º O presidente da mesa, que é, durante os trabalhos, a autoridade superior, fará retirar do recinto ou do edifício quem não guardar a ordem e compostura devidas e estiver praticando qualquer ato atentatório da liberdade eleitoral.

1965[22] "exige-se o descumprimento de ordem judicial direta e individualizada dada diretamente ao agente"[23]:

> **NOTÍCIA-CRIME. CRIME DE DESOBEDIÊNCIA. ART. 347 DO CÓDIGO ELEITORAL. ORDEM JUDICIAL. AUSÊNCIA. NÃO CONFIGURAÇÃO.**
>
> 1. A jurisprudência é firme no sentido de que, para a caracterização do crime de desobediência eleitoral, "exige-se o descumprimento de ordem judicial direta e individualizada" (RHC nº 1547-11, rel. Min. Laurita Vaz, DJE de 11.10.2013). No mesmo sentido: Habeas Corpus nº 130882, relª. Min. Cármen Lúcia, DJE de 10.11.2011; STF: Inquérito nº 2004, rel. Min. Sepúlveda Pertence, DJ de 28.10.2004. 2. Por não ter havido decisão judicial direta e específica da autoridade judicial e por se ter averiguado apenas que o paciente não acolheu determinação do chefe de cartório para que o acompanhasse à sede da zona eleitoral, em face da prática de propaganda eleitoral vedada no art. 39, § 3º, III, da Lei das Eleições (condução de veículo a menos de 200 metros de escola), não há falar na configuração do delito do art. 347 do Código Eleitoral. Recurso ordinário provido.[24]

19.4. TRANSPORTE DE ELEITORES

Editada em 1974, portanto sob a égide da Constituição outorgada de 1969, e vigendo parcialmente, dispõe a defasada Lei nº 6.091:

---

22. Art. 347. Recusar alguém cumprimento ou obediência a diligências, ordens ou instruções da Justiça Eleitoral ou opor embaraços à sua execução: Pena - detenção de três meses a um ano e pagamento de 10 a 20 dias-multa.

23. Também elucidam esta exegese as seguintes decisões daquela Corte:

    Habeas Corpus. Eleitoral. Desobediência. Art. 347 do Código Eleitoral. Desobediência. Dolo. Comprovação. Ordem direta e individualizada. Inexistência. Previsão de consequências específicas em caso de descumprimento da ordem judicial. Precedentes do Supremo Tribunal. Atipicidade da conduta. Ordem concedida.

    (HC nº 130882/GO, DJE de 10/11/2011).

    CRIME ELEITORAL - CARACTERIZACAO - PROPAGANDA IRREGULAR - CODIGO ELEITORAL, ART. 347.

    I - O crime de desobediência (Código Eleitoral, art. 347) exige, para a sua caracterização, descumprimento à ordem judicial direta e individualizada. Tratando-se de norma genérica, abstrata, não há falar em crime de desobediência.

    II - Precedentes: Acórdãos n° 8.446, 13.460 e 13.429.

    III - Recurso especial conhecido e provido.

    (REspe nº 11.650/SP, DJ de 21/10/1994).

24. TSE, RHC nº 12.861/RJ, DJE de 04/02/2016.

> Art. 5º Nenhum veículo ou embarcação poderá fazer transporte de eleitores desde o dia anterior até o posterior à eleição, salvo:
>
> I - a serviço da Justiça Eleitoral;
>
> II - coletivos de linhas regulares e não fretados;
>
> III - de uso individual do proprietário, para o exercício do próprio voto e dos membros da sua família;
>
> IV - o serviço normal, sem finalidade eleitoral, de veículos de aluguel não atingidos pela requisição de que trata o art. 2º.
>
> (...)
>
> Art. 10. É vedado aos candidatos ou órgãos partidários, ou a qualquer pessoa, o fornecimento de transporte ou refeições aos eleitores da zona urbana.
>
> Art. 11. Constitui crime eleitoral:
>
> (...)
>
> III - descumprir a proibição dos artigos 5º, 8º e 10º;
>
> Pena - reclusão de quatro a seis anos e pagamento de 200 a 300 dias-multa (art. 302 do Código Eleitoral).

No exercício da sua competência de regulamentação, o TSE expediu a Resolução nº 9.641, de 29/08/1974[25], acrescentando o seguinte à *Lei Etelvino Lins:*

> **Art. 8º** Nenhum veículo ou embarcação poderá fazer transporte de eleitores desde o dia anterior até o posterior à eleição, salvo:
>
> **I** – a serviço da Justiça Eleitoral;
>
> **II** – coletivos de linhas regulares e não fretados;
>
> **III** – de uso individual do proprietário, para o exercício do próprio voto e dos membros da sua família;
>
> **IV** – o serviço normal, sem finalidade eleitoral, de veículos de aluguel não atingidos pela requisição de que trata o art. 2º (Lei nº 6.091, art. 5º).
>
> **Parágrafo único.** Não incidirá a proibição prevista neste artigo quando não houver propósito de aliciamento.

25. *Boletim Eleitoral*, ano 23, nº 278, set.1974, p. 458/459.

Previamente à abordagem contudo, é necessário ter em mente que a Lei nº 6.091/74 dispôs exclusivamente "sobre o fornecimento gratuito de transporte, em dias de eleição, a eleitores residentes nas zonas rurais", nada dispondo sobre esse mesmo transporte relativamente às zonas urbanas das cidades.

Efetuada essa consideração introdutória, destaca-se a seguir que os preceitos acima transcritos foram implantados pelo legislador visando essencialmente debelar o transporte proporcionado com interesse eleitoral, em verdade eleitoreiro. Na espécie, o bem jurídico tutelado pela normatização é, mais uma vez, a liberdade do eleitor. O fim explícito de aliciar eleitores com o intuito de influenciar a sua escolha de voto configura um tipo penal de natureza especial, constituindo-se numa variação de aliciamento, consoante a dicção do STF. Dessa maneira, considerada a latitude da soberania popular timbrada pelo *caput* do art. 14 da CF, não são apenas as eleições, mas todas as modalidades estatuídas para o exercício de sufrágio universal mediante voto direito e secreto por parte dos eleitores que estão contempladas pela Lei nº 6.091, o que inclui, portanto, plebiscitos e referendos (consultas populares).[26]

Sobre a denúncia do MPE, deve conter a exposição do fato criminoso com todas as suas circunstâncias, determina o art. 41 do Código de Processo Penal (CPP). Não se admitem imputações vagas ou imprecisas (CAPEZ, 2000, p. 124). Logo, a incoativa ministerial deve descrever, em seus pormenores, o fato típico da espécie, que é transportar interesseiramente o eleitor para votar. Nesse aspecto, apresenta-se inepta a denúncia que não minuciar o elemento subjetivo do crime.

É de se repetir: o art. 11, III, da Lei nº 6.091/74, faz remissão categórica ao art. 302 do Código Eleitoral, exigindo, pois, que a peça acusatória descreva o elemento subjetivo previsto no citado preceito codificado, ementou o HC nº 227/MG (DJ 07/10/1994).

A partir das normas aplicáveis, infere-se que para a configuração do crime de *transportar eleitores*, que é classificado como comum, não basta ocorrer o traslado. Exige-se um comportamento específico que o qualifique. A intenção da lei, é certo, se fixou no constrangimento impingido ao eleitor transportado que se viu impedido de votar de acordo com a sua vontade. Quando o seu parágrafo único alude ao propósito de cooptar, a melhor interpretação aponta pela impossibilidade de se presumir ou dar

26. Neste sentido, vide a elucidação de Paulino JACQUES junto ao nº 1.1 deste livro.

relevo a suposições, e sim, evidenciar a execução dos atos para que se possa alicerçar um juízo condenatório.

Conforme explana Suzana de Camargo GOMES (2010, p. 214), o delito listado pelo inciso III do art. 11 da Lei nº 6.091/74 requer, para a sua caracterização, o elemento subjetivo do tipo:

> A remissão feita ao art. 302 do Código Eleitoral, constante do tipo acima mencionado, bem como o texto do art. 5º, IV, da Lei n. 6.091/1974, deixam de todo evidenciado que o transporte de eleitores, desde o dia anterior até o posterior à eleição, constitui conduta criminosa, desde que realizado com finalidade eleitoral, ou seja, desde que a vontade deliberada do agente seja no sentido de obter vantagem de ordem eleitoral com esse transporte.

Nesse norte, consoante emanado da firme jurisprudência do STF e do TSE, imperioso existir prova estreme de dúvida acerca do recrutamento de eleitores com o pretexto de fraudar-lhes o voto:

> **HABEAS CORPUS. CRIME ELEITORAL. ART. 11, III, DA LEI Nº 6.091, DE 15.08.74, COMBINADO COM OS ARTS. 8º E 10º DA MESMA LEI E COM O ART. 302 DO CÓDIGO ELEITORAL.** Figura delituosa que não se perfaz tão-somente com o elemento "fornecimento de transporte" exigindo, por igual, "a promoção de concentração de eleitores, para o fim de impedir, embaraçar ou fraudar o exercício do voto", aspecto que constitui elementar do ilícito descrito no art. 302 do Código Eleitoral, ao qual faz remissão o referido art. 11 da Lei nº 6.091/74. Decisão que se afastou dessa orientação. Habeas corpus deferido.[27]
>
> **RECURSO ESPECIAL. ELEIÇÕES. TRANSPORTE DE ELEITORES. DOLO ESPECÍFICO. NÃO COMPROVAÇÃO. LEI N° 6.091/74, ARTS. 5°, 10, 11 E CE, ART 302. RESOLUÇÃO TSE N. 9.461.** 1. Para aplicação dos penas previstas na Lei n° 6.091/74, art. 11, impõe-se a constatação da existência do dolo específico, consistente no aliciamento de eleitores em prol de partido ou candidato. 2. Precedentes. 3. Recurso não conhecido.[28]
>
> **AGRAVO REGIMENTAL. RECURSO ESPECIAL ELEITORAL. APELO DOS RÉUS. AÇÃO PENAL. TRANSPORTE ILEGAL DE ELEITORES. ART. 11, III, DA LEI 6.091/74. DOLO ESPECÍFICO. ALICIAMENTO DE ELEITORES. EXIGÊNCIA. NÃO DEMONS-**

27. STF, HC nº 73.424/RS, Tribunal Pleno, DJ de 20/06/1997, p. 28.470.
28. TSE, REspe n° 15.499/PE, DJ de 17/12/1999 (RJTSE 11/4/197).

> **TRAÇÃO.** 1. "O delito tipificado no art. 11, III, da Lei nº 6.091/74, de mera conduta, exige, para sua configuração, o dolo específico, que é, no caso, a intenção de obter vantagem eleitoral, pois o que pretende a lei impedir é o transporte de eleitores com fins de aliciamento" (AgR-REspe 285-17, rel. Min. Marcelo Ribeiro, DJ de 5.9.2008). No mesmo sentido: AgR-REspe 52-13, rel. Min. Henrique Neves da Silva, DJe de 14.3.2017; AgR-REspe 216-41, rel. Min. Luiz Carlos Madeira, DJ de 5.8.2005. (...). 4. A jurisprudência do Tribunal Superior Eleitoral é firme no sentido de que "a condenação deve amparar-se em prova robusta pela qual se demonstre, de forma inequívoca, a prática de todos os elementos do fato criminoso imputado aos réus" (AgR-REspe 52-13, rel. Min. Henrique Neves da Silva, DJe de 14.3.2017).[29]

Por se tratar de crime comum, incorre nas suas penas não somente o candidato ou a candidata, mas também a pessoa que contratou e intermediou a contratação (TRE/PR)[30], assim como o transportador (TRE/MS[31], TRE/SP[32]) e até mesmo os suplentes (TSE)[33].

Dessarte, frente à excedida intensidade da sanção prevista na lei [34], o Tribunal Superior Eleitoral admite o uso do habeas corpus para trancar a ação penal quando constatado, de plano e excepcionalmente, a imputação de fato atípico ou a inépcia da denúncia em torno do transporte:

> **RECURSO ESPECIAL. HABEAS CORPUS. TRANCAMENTO DE AÇÃO PENAL. IMPUTAÇÃO DO CRIME DE TRANSPORTE ILEGAL DE ELEITORES. ARTIGO 11, III, C.C. O ART. 5º DA LEI Nº 6.091/74. CIRCUNSTÂNCIA NECESSÁRIA NÃO DESCRITA. DOLO. AUSÊNCIA DE INDICAÇÃO NA PEÇA ACUSATÓRIA. ORDEM CONCEDIDA.**
>
> - O delito tipificado no art. 11, III, da Lei nº 6.091/74, de mera conduta, exige, para sua configuração, o dolo específico, que é, no caso, a intenção de obter vantagem eleitoral, pois o que pretende a lei impedir é o transporte de eleitores com fins de aliciamento.

---

29. TSE, AgRg-REspe nº 3.395/RS, DJE de 02/02/2018.
30. RE nº 96, acórdão nº 27.590, DJ 30/06/2004.
31. RC nº 2484, DJE 13/05/2015, p. 35.
32. RC nº 1872, DOE 16/03/2006, p. 268.
33. TSE, RO-El nº 060186731/RO, DJE 22/03/2022.
34. A sanção penal mínima de 4 anos de reclusão estabelecida para esse delito é inequivocamente desproporcional à sua gravidade, eis que superior, por exemplo, àquela aplicada aos delitos de estelionato (de 1 a 5 anos), furto (de 1 a 4 anos) e peculato (de 2 a 12 anos), e equivalente a dos delitos de extorsão e roubo, ambos de 4 a 10 anos.

> - Circunstância necessária não descrita, ausente na peça acusatória indicação da possibilidade de existência do elemento subjetivo.
>
> - Agravo regimental a que se nega provimento.[35]

Como se pode depreender, o trivial oferecimento da carona não pode ser tomado como a fase preparatória do tipo. É necessário que a interferência do agente seja meritória e severa, com inafastável reflexo na vontade eleitoral do caronista. O traslado desinteressado, que se dá sem intimidação ou exposição do eleitor a constrangimentos, tampouco coações, não caracteriza a figura penal descrita. Até porque, não há dúvida de que oferecer uma condução a outrem é uma atitude inerente ao convívio social, própria da boa educação. Duvidar disso equivaleria revogar a urbanidade, a boa vizinhança ou o bom senso. Mais: levando em conta a gratuidade e espontaneidade que a caracterizam, não se pode perder de vista que geralmente eleitores de colégios eleitorais mais reduzidos moram próximos uns dos outros ou votam na mesma seção, sendo que muitos não possuem sequer carro. Em suma, a lei não proíbe dar carona.

Acerca do dolo específico, se configura quando há o propósito de impedir, embaraçar ou fraudar o exercício do voto pelo eleitor (STF, HC nº 73.424/RS). Almejou a lei impedir que eleitores sejam arrebanhados para votar. Havendo dúvida quanto ao seu cometimento nessa toada, a jurisprudência, conforme se viu alhures, se inclina pela absolvição:

> **ELEIÇÕES 2018. AGRAVO INTERNO EM RECURSO ESPECIAL. CRIME ELEITORAL. TRANSPORTE IRREGULAR DE ELEITORES. ART. 11, III, C/C OS ARTS. 5º E 10, DA LEI Nº 6.091/1974. ELEMENTO SUBJETIVO DO TIPO. ESPECIAL FIM DE AGIR. DOLO ESPECÍFICO. CONTEXTO FÁTICO. ELEMENTOS SUFICIENTES. DESARMONIA DO ACÓRDÃO REGIONAL COM A JURISPRUDÊNCIA DESTA CORTE. NEGADO PROVIMENTO AO AGRAVO INTERNO.**
>
> 1. Trata-se de agravo interno interposto contra a decisão unipessoal que deu provimento ao recurso especial do MPE para reformar o acórdão regional que havia absolvido o agravante da imputação do crime de transporte irregular de eleitores, previsto no art. 11, III, c/c os arts. 5º e 10 da Lei nº 6.091/1974.
>
> 2. A adequação típica da conduta ao crime do art. 11, III, c/c os arts. 5º e 10 da Lei nº 6.091/1974, exige, além do dolo genérico de realizar

35. TSE, AgRgREspe nº 28.517/MA, DJ de 05/09/2008 (RJTSE 19/3/255).

o verbo núcleo do tipo – transportar eleitores –, o elemento subjetivo especial do injusto, um especial fim do agir que consiste na finalidade de cooptar o voto do eleitor, violando-se o livre exercício do sufrágio. Precedente.

3. Esse especial fim de agir pode ser inferido do contexto em que ocorre a conduta, por meio de raciocínio dedutivo, realizado segundo a previsão do art. 239 do CPP. Precedentes.

4. De acordo com a jurisprudência do TSE, as circunstâncias de o transporte ter sido fornecido com o intuito de viabilizar o voto, de ter sido realizado pedido expresso de apoio ao candidato de preferência do transportador e da presença, em abundância, no veículo, de material de campanha – todos presentes, na espécie – autorizam a conclusão pela existência do especial fim de agir exigido pelo crime em questão.

5. As conclusões do aresto regional que, no caso concreto, apesar da presença desses indícios, não reconheceu a presença de elementos suficientes para a verificação do especial fim de agir, se encontram em desarmonia com a jurisprudência desta Corte.

6. Negado provimento ao agravo interno.[36]

AÇÃO PENAL. CRIME ELEITORAL. TRANSPORTE DE ELEITO-RES. ART. 11, III, DA LEI Nº 6.091/74. CANDIDATO A PREFEITO E VEREADOR. PLEITO DE 2008. 1. Na linha da jurisprudência desta Corte Superior "a prova do elemento subjetivo, da intenção de obter votos, pode ser revelada mediante o contexto verificado" (HC nº 432-93, rel. Min. Marco Aurélio, DJe de 22.3.2013). Tal assertiva não afasta a firme orientação no sentido de que o tipo do art. 11, III, da Lei nº 6.091/74 tem como elemento subjetivo específico a exigência de o transporte ser concedido com o fim explícito de aliciar eleitores. Precedente: AgR-Respe nº 28.517, rel. Min. Marcelo Ribeiro, DJe de 5.9.2008; AgR-Respe nº 21.641, rel. Min. Luiz Carlos Madeira, DJ de 5.8.2005. 2. De acordo com as premissas do acórdão regional, que reformou a sentença de improcedência da denúncia, verifica-se ser incontroverso que houve apenas o transporte de quatro eleitores de uma mesma família, no dia da eleição, não restando evidenciadas outras circunstâncias que comprovassem o dolo específico de interferir na vontade dos eleitores mediante o fornecimento de transporte no dia da eleição. Recurso especial provido.[37]

36. TSE, REspEl nº 93-26/RN, DJE 26/08/2022.

37. TSE, REspe n° 3-05/PA, DJE de 22/10/2015, p. 25.

No que diz respeito aos indícios[38], são igualmente válidos para a apuração do transporte ilegal de votantes. A orientação vem sendo seguida ao longo de várias composições da Corte Suprema e também do Tribunal Superior Eleitoral. Presentes os indícios de autoria e materialidade, evidenciada a existência de elementos suficientes a embasar a acusação na medida em que houve a exposição do fato criminoso com as suas circunstâncias[39],

38. Não custa recordar que o CPP prevê expressamente a prova indiciária, definindo-a no art. 239 como "a circunstância conhecida e provada, que, tendo relação com o fato, autorize, por indução, concluir-se a existência de outra ou outras circunstâncias".

39. Ação Penal. Transporte de eleitores. Art. 11, III, c/c o art. 5º, da Lei 6.091/1974.

Competência deste Regional para o julgamento, em razão do foro privilegiado de um dos denunciados, detentor do cargo de prefeito.

Preliminar afastada. Possibilidade de o inquérito integrar o conjunto de provas desde que confirmadas durante a instrução judicial, com observância do contraditório e ampla defesa.

A homologação do ajuste de delação premiada visa ao controle da sua regularidade e da voluntariedade do ato, não encerrando juízo acerca da eficácia da colaboração. Inviabilidade de concessão do benefício pleiteado - perdão judicial - antes do julgamento da ação. O sigilo do termo de acordo de delação premiada deixa de existir assim que recebida a denúncia. Art. 7º, § 3º, da Lei 12.850/13.

Indícios suficientes sobre a autoria e materialidade do cometimento do crime de transporte de eleitores a autorizar a deflagração da ação penal.

Recebimento da denúncia. (TRE/RS, APCO nº 266862, DEJERS 16/10/2015)

HABEAS CORPUS. AÇÃO PENAL. TRANCAMENTO. INÉPCIA DA DENÚNCIA. AUSÊNCIA DE JUSTA CAUSA. [...].

Há indícios de formação da organização criminosa apontada pelo Ministério Público Eleitoral, bem como a atividade de cada um dos integrantes no contexto. Estão descritos os fatos criminosos bem como a interrelação entre os corréus, de forma a permitir o exercício da ampla defesa pelo paciente. Portanto, as condutas, em tese, se amoldam ao definido nos artigos mencionados.

Assim, a denúncia oferecida pelo Ministério Público Eleitoral cumpre os requisitos exigidos do art. 357, §2º, do Código Eleitoral (requisitos, também, previstos no art. 41 do Código de Processo Penal) narra fatos que, em tese, constitui crime previsto em lei, qualifica o acusado e faz a classificação jurídica do crime. Há justa causa para a propositura da ação penal, consubstanciada no conjunto probatório, uma vez que no auto de prisão em flagrante do terceiro denunciado, uma das testemunhas cita o nome do paciente como a pessoa que a convidou para o transporte gratuito. Assim sendo, no exercício do seu múnus, coube ao Promotor Eleitoral oferecer a denúncia. Por fim, a ação penal foi proposta perante Juízo competente para processá-la e julgá-la.

Desse modo, não pode ser identificado, nessa fase, qualquer abuso de poder ou ilegalidade cometida pelo Juiz Eleitoral ao receber a denúncia e dar prosseguimento à ação penal. Portanto, não há nenhuma ilegalidade no recebimento da denúncia e prosseguimento da ação penal.

DENEGAÇÃO DA ORDEM DE HABEAS CORPUS PARA TRANCAMENTO DA AÇÃO PENAL. (TRE/MG, HC nº 060013678, DJEMG 19/03/2020)

DENÚNCIA. CRIMES DE CAPTAÇÃO ILÍCITA DE SUFRÁGIO E TRANSPORTE ILEGAL DE ELEITORES NO DIA DA ELEIÇÃO. PRESENTES OS REQUISITOS. INDÍCIOS DE AUTORIA E MATERIALIDADE SUFICIENTES. RECEBIMENTO DA DENÚNCIA. (TRE/SP, AP nº 108628, DJESP 07/07/2011)

AÇÃO PENAL. ELEIÇÕES 2002. DEPUTADO ESTADUAL. TRANSPORTE ILEGAL DE ELEITORES (LEI N.º 6.091/74, ARTIGO 11, III, C/C ART. 5º). PREENCHIMENTO DOS REQUISITOS ELENCADOS NOS ARTIGOS 41 DO CPP E 357, §2º, DO CÓDIGO ELEITORAL. RECEBIMENTO DA DENÚNCIA.

- Quando há, em tese, fato penalmente típico e indícios de autoria razoavelmente demonstrados e superficialmente comprovados, há justa causa para a ação penal, onde o órgão acusador deve provar os fatos e os culpados denunciados. (TRE/MA, AP nº 39, DJ 05/11/2007)

- HABEAS CORPUS - TRANCAMENTO DA AÇÃO PENAL - FATOS IMPUTADOS AO IMPETRANTE QUE CONFIGURAM, EM TESE, A PRÁTICA DO CRIME DE TRANSPORTE DE ELEITORES - ALEGAÇÃO DE INÉPCIA DA

tem-se que o trancamento da ação penal é inviável porquanto dependente do exame da matéria fática e probatória.[40]

Quando a redação do art. 155 do Código de Processo Penal dispôs que "O juiz formará sua convicção pela livre apreciação da prova produzida em contraditório judicial, não podendo fundamentar sua decisão exclusivamente nos elementos informativos colhidos na investigação, ressalvadas provas cautelares, não repetíveis e antecipadas", a mesma, consoante o entendimento do Plenário (AP nº 481/PA, rel. Min. Dias Toffoli, DJE de 29/06/2012) e das Turmas (HC nº 97.781/PR, T1, rel. p/ o acórdão Min. Luiz Fux, DJE de 17/03/2014[41] e HC nº 70.344/RJ, T2, rel. Min. Paulo Brossard, DJ de 22/10/1993[42]) do Supremo Tribunal Federal, situou as provas diretas e indiretas em idêntica hierarquia.

Pronunciou o órgão máximo do Supremo Tribunal Federal naquele primeiro julgado, nos termos do excerto a seguir colhido da sua ementa:

> (...). 4. Fraude eleitoral que tem sido comumente praticada em nosso País, cometida, quase sempre, de forma engenhosa, sub-reptícia, sutil, velada, com um quase nada de risco. O delito de corrupção via de regra permite que seus autores, mercê da falta de suficiente lastro probatório, escapem pelos desvãos, em manifesta apologia do fantasma da impunidade, e com sério e grave comprometimento do processo eleitoral. Bem por isso, vem se entendendo que indícios e presunções, analisados à luz do princípio do livre convencimento, quando fortes, seguros, indutivos

---

DENÚNCIA E AUSÊNCIA DE JUSTA CAUSA PELA NÃO-COMPROVAÇÃO DA PRESENÇA DO DOLO ESPECÍFICO - REQUISITOS DO ART. 41 DO CÓDIGO DE PROCESSO PENAL ATENDIDOS -IMPOSSIBILIDADE DE ANÁLISE DAS PROVAS - ENTENDIMENTO JURISPRUDENCIAL PACÍFICO - ORDEM DENEGADA. (TRE/SC, HC nº 150, DJE 03/04/2007)

40. TSE, HC nº 1073-18/MG, DJE 14/12/2011.

41. PENAL E PROCESSUAL PENAL. PREVENÇÃO. CRITÉRIO PARA FIXAÇÃO DA COMPETÊNCIA FUNCIONAL (ART. 83 DO CPP). NECESSIDADE DE DECISÃO MERITÓRIA DO ÓRGÃO PREDECESSOR. SÚMULA Nº 706 DO STF. CONDENAÇÃO COM BASE EM PROVA INDICIÁRIA. LEGITIMIDADE. HABEAS CORPUS SUBSTITUTIVO DE RECURSO ORDINÁRIO CONSTITUCIONAL. INADMISSIBILIDADE. COMPETÊNCIA DO SUPREMO TRIBUNAL FEDERAL PARA JULGAR HABEAS CORPUS: CF, ART. 102, I, "D" E "I". ROL TAXATIVO. (...). 3. A força instrutória dos indícios é bastante para a elucidação de fatos, podendo, inclusive, por si própria, o que não é apenas o caso dos autos, conduzir à prolação de decreto de índole condenatória, quando não contrariados por contraindícios ou por prova direta. Doutrina: MALATESTA, Nicola Framarino dei. A lógica das provas em matéria criminal. Trad. J. Alves de Sá. Campinas: Servanda Editora, 2009, p. 236; LEONE, Giovanni. Trattato di Diritto Processuale Penale. v. II. Napoli: Casa Editrice Dott. Eugenio Jovene, 1961. p. 161-162; PEDROSO, Fernando de Almeida. Prova penal: doutrina e jurisprudência. São Paulo: Editora Revista dos Tribunais, 2005, p. 90-91. Precedentes: AP 481, Relator: Min. Dias Toffoli, Tribunal Pleno, julgado em 08/09/2011; HC nº 111.666, Relator: Min. Luiz Fux, Primeira Turma, julgado em 08/05/2012; HC 96062, Relator: Min. Marco Aurélio, Primeira Turma, julgado em 06/10/2009.

42. Os indícios, dado ao livre convencimento do Juiz, são equivalentes a qualquer outro meio de prova, pois a certeza pode provir deles. Entretanto, seu uso requer cautela e exige que o nexo com o fato a ser provado seja logico e próximo.

> e não contrariados por contraindícios ou por prova direta, podem autorizar o juízo de culpa do agente.

Examinando o sistema do livre convencimento motivado seguido pelo nosso ordenamento processual penal, o Professor da Pontifícia Universidade Católica de São Paulo (PUC/SP) e Desembargador do Tribunal de Justiça/SP Guilherme de Souza NUCCI (2008, pp. 503/504), em obra de constante referência, elucidou a prova indiciária:

> É prova indireta, embora não tenha, por causa disso, menor valia. O único fator - e principal - a ser observado é que o indício, solitário nos autos, não tem força suficiente para levar a uma condenação, visto que esta não prescinde de segurança. Assim, valemo-nos, no contexto dos indícios, de um raciocínio indutivo, que é o conhecimento amplificado pela utilização da lógica para justificar a procedência da ação penal. A indução nos permite aumentar o campo do conhecimento, razão pela qual a existência de vários indícios torna possível formar um quadro de segurança compatível com o almejado pela verdade real.

Em se tratando de indícios, para efeitos de condenação, é necessário sejam os mesmos corroborados por outros elementos comprobatórios como a oitiva dos eleitores transportados[43] afirmando em juízo que foram levados e buscados nos seus locais de votação e que durante o percurso lhes foi dito sobre a candidatura, bem como entregue propaganda e feito o pedido do voto:

> **AGRAVO REGIMENTAL. RECURSO ESPECIAL. CRIMES ELEITORAIS. TRANSPORTE IRREGULAR DE ELEITOR (ART. 10 C/C ART. 11, III, DA LEI 6.091/74). DISTRIBUIÇÃO. MATERIAL DE PROPAGANDA. ALICIAMENTO. VOTO. DOLO ESPECÍFICO CONFIGURADO. BOCA DE URNA (ART. 39, § 5º, II, DA LEI 9.504/97). ENTREGA DE SANTINHOS. SÚMULA 24/TSE. DESPROVIMENTO.**
>
> 1. Os argumentos apresentados pelo Agravante não conduzem à reforma da decisão.
>
> 2. Nos termos dos arts. 5º, 10 e 11, III, da Lei 6.091/74, constitui crime transportar eleitores desde o dia anterior até o posterior ao pleito.

43. TSE, AgR-REspe nº 52-13/RS, DJE 14/03/2017.

3. A Corte Regional, ao manter a condenação do Recorrente, ressaltou que, no dia das Eleições 2018, transportou três eleitoras até o local de votação e, durante o trajeto, procedeu à entrega de material de campanha de candidatos.

4. Contexto fático do acórdão recorrido, ainda, que registra a existência, no veiculo, de significativa quantidade de material de propaganda política e que o Recorrente foi preso em flagrante ao acompanhar uma das eleitoras até a porta da respectiva seção.

5. Circunstâncias descritas que se revelam suficientes para comprovar o elemento subjetivo específico exigido pelo tipo penal, consistente na finalidade de cooptação do voto do eleitor.

6. Em relação ao crime de boca de urna, previsto no art. 39, § 5º, II, da Lei 9.504/97, o TRE/PI assentou que "tanto o acusado, como as três testemunhas ouvidas em juízo, que foram transportadas por ele, no dia das Eleições, afirmaram que houve a entrega de material de propaganda eleitoral (santinhos), sendo indiscutível a ocorrência do crime de boca de urna".

7. O acolhimento da pretensão recursal, a fim de desconstituir as premissas fáticas do acórdão regional, pressupõe revolvimento do conjunto fático e probatório, o que encontra óbice no enunciado 24 da Súmula desta CORTE.

8. Agravo Regimental desprovido.[44]

AGRAVO INTERNO. RECURSO ESPECIAL. CRIME. ART. 10 C/C ART. 11, III, DA LEI 6.091/74. TRANSPORTE IRREGULAR DE ELEITOR. TRAJETO. DISTRIBUIÇÃO. MATERIAL DE PROPAGANDA. ALICIAMENTO. VOTO. DOLO ESPECÍFICO. PRESENÇA. DISSÍDIO PRETORIANO. NÃO CONFIGURAÇÃO. NEGATIVA DE PROVIMENTO.

1. No *decisum* monocrático, manteve-se aresto unânime do TRE/MS quanto à condenação do agravante, Vereador de Coxim/MS eleito em 2016, pela prática do crime de transporte de eleitores (art. 10 c/c art. 11, III, da Lei 6.091/74), com pena de quatro anos de reclusão e 200 dias-multa, substituindo-se a sanção privativa de liberdade por restritiva de direito.

2. Conforme a jurisprudência desta Corte Superior, o bem jurídico tutelado pelo referido delito é o livre exercício do sufrágio, de modo

44. TSE, REspEl nº 060056626/PI, DJE 26/09/2022.

que, para a sua configuração, exige-se a presença do dolo específico consistente na finalidade de cooptação do voto do eleitor.

3. Ademais, é irrelevante o número de pessoas beneficiadas com o transporte, pois se trata de figura típica que visa proteger a liberdade do exercício do voto e evitar interferências espúrias na disputa.

4. Nos termos da moldura fática do aresto regional, é inequívoca a prática do crime pelo agravante, pois, no dia do pleito (2/10/2016), transportou eleitor até a respectiva seção, em carro contendo adesivos de campanha e, durante o percurso, pediu voto para si e para o candidato ao cargo de prefeito, a denotar influência na vontade individual do cidadão, tolhendo sua livre escolha.

5. O aliciamento é corroborado pela seguinte passagem do aresto a quo: "foram levados pelo [agravante] até as escolas onde iam votar e depois buscados, e que durante o percurso o [agravante] lhes disse que era candidato e lhes entregou propaganda sua e também do candidato a prefeito, do tipo santinho, para votarem neles" (no ponto, a despeito de menção no plural, o agravante foi condenado com base no transporte de apenas um eleitor, já que o outro estava com o título cancelado, configurando-se hipótese de crime impossível).

6. Conclusão diversa esbarra no óbice da Súmula 24/TSE, que veda o reexame dos fatos e das provas em sede extraordinária.

7. Dissídio pretoriano não configurado. No paradigma, não se vislumbrou na conduta a reprovabilidade necessária para a tipificação na medida em que a carona decorreu de encontro casual na rua com eleitora que era amiga da esposa do candidato e se referiu a uma distância insignificante (50m), circunstâncias que não estão presentes na base fática do caso dos autos.

8. Agravo interno a que se nega provimento.[45]

No que diz respeito à esfera cível-eleitoral, o oferecimento da carona desprendida de interesses eleitorais não caracteriza a obtenção da vantagem pessoal necessária à tipificação do ilícito descrito no art. 41-A da Lei nº 9.504/97. Nessa hipótese, não se trata de doação, oferta, promessa ou entrega de bem ou vantagem pessoal de qualquer natureza ao eleitor.[46]

---

45. TSE, AgR-REspEl nº 0000001-14.2017.6.12.0012/MS, DJE de 07/04/2021.

46. RECURSO INOMINADO. AÇÃO DE INVESTIGAÇÃO JUDICIAL ELEITORAL. CAPTAÇÃO ILÍCITA DE SUFRÁGIO. ART. 41-A DA LEI Nº 9.504/97. GRAVAÇÃO AMBIENTAL. PROVA IDÔNEA E LÍCITA. CONJUNTO PROBATÓRIO FRÁGIL. NÃO COMPROVAÇÃO DA PRÁTICA DA COMPRA DE VOTOS. TRANSPORTE IRREGULAR DE ELEITORES NO DIA E NA VÉSPERA DA ELEIÇÃO. ABUSO DO PODER ECONÔMICO. AUSÊNCIA DE PROVAS FIRMES E ROBUSTAS DESSA PRÁTICA PROIBIDA. RECURSO CONHECIDO E DESPROVIDO. (TRE/AL, RE nº 785, DOE 22/04/2009)

Questão inteiramente diversa se dá quando existe a comprovação da ocorrência do transporte forjado de eleitores iniciando pela manhã e cessando somente com a prisão em flagrante do condutor. O tema, com essa conotação, foi apreciado pelo TSE no julgamento do Recurso Especial Eleitoral nº 185-64/AC, que reconheceu abuso de poder econômico no dia do pleito apurado na via da Investigação Judicial Eleitoral[47]. O voto divergente que conduziu a maioria do TSE amparou-se na prova testemunhal para reconhecer a presença de elementos capazes de evidenciar que a conduta dos acusados, dentro do contexto factual, desiquilibrou o pleito e, com isso, feriu o bem juridicamente protegido pelo inciso III do art. 11 da Lei nº 6.091/74.

Da mesma forma se pune o esquema engendrado a partir de sólido conjunto probatório demonstrando não só o conhecimento e a anuência do candidato com o ilícito praticado por terceiro, mas a sua participação direta com mototaxistas para a oferta de trabalho remunerado em troca de voto pelo transporte gratuito de eleitores aos locais de votação com a finalidade de obter-lhes os votos.[48]

Já o transporte de pessoa cujo título eleitoral se encontra cancelado, atrai a hipótese do crime impossível[49], posto que nessa condição, o transportado não dispõe do direito de votar.

Embargos de Declaração. Recurso Eleitoral. Eleições 2012. Representação. Captação ilícita de sufrágio. Art. 41-A da Lei das Eleições. Oferecimento de serviço de transporte para eleitores com anuência do Prefeito eleito. Ação julgada procedente em 1º grau. Multa. Cassação do registro de candidatura.

Recurso provido. Reforma da sentença. Ausência de provas robustas e incontestes. Alegação de omissão, contradição, obscuridade e dúvida no acórdão. Prequestionamento. Inexistência de vícios no acórdão ou ocorrência de error in judicando. Claro inconformismo com o desfecho do julgamento.

Embargos rejeitados. (TRE/MG, RE nº 44244, DJEMG 13/03/2013)

47. ELEIÇÕES 2012. AÇÃO DE INVESTIGAÇÃO JUDICIAL ELEITORAL. RECURSO ESPECIAL ELEITORAL. VEREADOR. ABUSO. DESPROVIMENTO. 1. Com base na compreensão da reserva legal proporcional, a cassação de diploma de detentor de mandato eletivo exige a comprovação, mediante provas robustas admitidas em Direito, de abuso grave o suficiente a ensejar essa severa sanção, sob pena de a Justiça Eleitoral substituir-se à vontade do eleitor. 2. Conquanto o acórdão regional não demonstre claramente o especial fim de agir do ad. 41-A da Lei nº 9.504/1997 - intenção de pedir o voto -, há uma coerência, há uma robustez na prova descrita no voto vencedor quanto ao abuso do poder econômico no transporte de eleitores no dia das eleições. A prova testemunhal relatou com absoluta segurança que o transporte de eleitores ocorreu durante o dia todo, iniciando pela manhã, sendo certo, ademais, que somente com a prisão em flagrante a conduta ilícita foi obstada. O voto vencedor expressamente consignou que "flagrado um episódio, claro que não vai haver outro, levou-se todos à Delegacia. Isso não exclui, a meu ver, o fato certo de que houve outras caronas". 3. O transporte de eleitores no dia das eleições - ad. 11, inciso III, da Lei nº 6.091/1974 - é um dos tipos de crimes mais graves da legislação eleitoral, cuja pena mínima é de quatro anos de reclusão. O TRE, soberano na análise das provas dos autos, concluiu que a conduta é grave o suficiente a ensejar a severa sanção de cassação de diploma. (DJE 19/05/2016).
48. TSE, RO-El nº 060186731/RO, DJE 14/12/2021.
49. TSE, REspEl nº 114/MS, DJE 07/04/2021.

Como observação conclusiva, cumpre registrar que o Tribunal Superior Eleitoral tem entendido que o histórico de transporte irregular de eleitores justifica a atuação de Tropas Federais (Processo Administrativo nº 060182817/AM, DJE de 06/10/2016)[50].

19.4.1. Decisão do STF na ADPF nº 1.013/DF

Ao decidir, por maioria[51], os Embargos de Declaração na Medida Cautelar em Arguição de Descumprimento de Preceito Fundamental nº 1.013 MC-ED-REF/DF, o Supremo Tribunal Federal autorizou os entes municipais a conceder, "no limite de suas condições orçamentárias", gratuidade para o uso de transporte público coletivo urbano nos dias em que houver eleição, para todo o eleitorado, em caráter geral e impessoal. Também ficou permitida, para o mesmo fim, mas sem qualquer regulamentação outra, nem mesmo por instrução pelo TSE, "a utilização de ônibus escolares e outros veículos públicos". Tais autorizações ampararam-se "no fundamento constitucional na garantia do direito-dever de voto "com valor igual para todos" (art. 14)".

19.5. MANIFESTAÇÃO INDIVIDUAL E SILENCIOSA

> Art. 39-A. É permitida, no dia das eleições, a manifestação individual e silenciosa da preferência do eleitor por partido político, coligação ou candidato, revelada exclusivamente pelo uso de bandeiras, broches, dísticos e adesivos.

A questão é daquelas descomplicadas, e o dispositivo se explica pela sua simples leitura, não necessitando de maiores observações. A lei possibilita que as pessoas façam politica individualmente no dia do pleito. A *pro-*

50. No mesmo sentido, as decisões do TSE no PA nº 0600014-07/AM, DJE 06/11/2020 e no PA nº 0600011-30/AM, DJE 04/11/2020.

51. Em seu consistente voto vencido, o Ministro Nunes Marques advertiu acerca do impacto orçamentário: "Pondero que, sem adequada previsão de fonte de custeio, cujo debate é matéria própria de deliberação do parlamento, tais despesas poderão ser impostas de forma inadequada aos Municípios, gerando gasto não previsto em leis orçamentárias previamente aprovadas, as quais incluem verbas destinadas, por exemplo, ao custeio do serviço público de saúde e de educação, entre outros. Tais despesas devem necessariamente constar em prévia lei orçamentária. Logo, impor tal ônus aos entes municipais, para além de encontrar obstáculo de ordem legal, envolverá grave risco de que verbas outrora destinadas a gastos primários (como os já mencionados relativos à saúde e à educação), mormente em Municípios pequenos, com enxuto e modesto orçamento, fiquem seriamente comprometidas".

paganda silenciosa no local de votação é uma conduta liberada, "inclusive na hora de votar".[52]

A salutar redação do art. 39-A introduzida pela Lei nº 12.034 não trouxe nenhuma modificação substancial ao processo eleitoral. Em verdade, o que houve em 2009 foi a positivação da jurisprudência e das resoluções do Tribunal Superior Eleitoral mantendo, na essência, o regramento anteriormente previsto desde 1994[53], com o acréscimo do mencionado comando legal.

Acerca da permissão para o uso de camisetas identificando partidos e candidatos, embora corresponda a uma prática antiga[54] e iterativa, ensejou divergências de entendimento entre alguns tribunais regionais no pleito de 2018. O objeto da controvérsia que resultou numa recomendação expedida pelo Tribunal Superior Eleitoral na antevéspera do primeiro turno situava-se nas redações do artigo 39-A da LE/97 e o §1º do artigo 76 da Resolução nº 23.551/17, que disciplinava a propaganda eleitoral. Enquanto aquele primeiro dispositivo admite exclusivamente o uso de bandeiras, broches, dísticos e adesivos pelo eleitor, o outro vedava, no dia do pleito, até o término do horário de votação, a aglomeração de pessoas portando vestuário padronizado de modo a caracterizar manifestação coletiva. Diante da omissão da lei, "na perspectiva de assegurar a unidade do Direito Eleitoral", a Corte Superior "deliberou, por unanimidade e com natureza de recomendação, orientar que (...) é permitida, no dia das eleições, a manifestação individual e silenciosa das preferências do eleitor por partido político, coligação ou candidato, revelada pelo uso de camisetas".[55]

Em complemento a essa trilha, elucidativo pronunciamento do Tribunal Regional Eleitoral do Rio Grande do Sul em acórdão relatado pelo Desembargador Carlos Eduardo Thompson Flores Lenz com a seguinte ementa:

---

52. Reclamação. Manifestação de preferência individual por candidato ou partido político. A Resolução nº 14.708/DF, de 22/09/94, autoriza uso de vestuário, bonés, *bottons*, bandeiras, ou outros distintivos com mensagens politicas, no dia das eleições, inclusive na hora de votar. Reclamação acolhida nos termos assinalados. (TSE, Recl. nº 14.771/DF, DJ de 06/12/1994).

53. Resolução nº 14.708, de 22 de setembro de 1994:

    I - É lícita a manifestação individual e silenciosa da preferência do cidadão por partido, coligação ou candidato, incluída a que se contenha no próprio vestuário ou se expresse no porte de bandeira ou flâmula ou pela utilização de adesivos em veículos ou objetos de que tenha a posse.

54. TSE, Res. nº 14.708/DF, DJ de 26/09/1994.

55. http://www.justicaeleitoral.jus.br/arquivos/sintese-da-recomendacao-do-tse-sobre-uso-de-camisetas--de-candidatos-no-dia-da-eleicao

> **RECURSO CRIMINAL. DELITO TIPIFICADO NO ART. 39, § 5º, INC. II, DA LEI N. 9.504/97. CRIME DE PROPAGANDA DE BOCA DE URNA. ARREGIMENTAÇÃO DE ELEITOR. ELEIÇÕES 2018. DENÚNCIA PROCEDENTE. CONDENAÇÃO. CONDUTA INSERIDA NO PERMISSIVO LEGAL DO ART. 39-A, CAPUT, DA LEI DAS ELEIÇÕES. AUSENTE TIPICIDADE. ABSOLVIÇÃO. PROVIMENTO.**1. O art, 39, § 5º, inc. II, da Lei n. 9.504/97 prevê o tipo penal que veda duas condutas: a propaganda de boca de urna e a arregimentação de eleitores. Na hipótese, condenação por utilização de bandeira e colete, no dia do pleito, nas proximidades de seção eleitoral, contendo propaganda eleitoral de candidato.2. Conduta que se amolda ao permissivo previsto no art. 39-A, *caput*, da Lei Eleitoral, que autoriza, no dia das eleições, a manifestação individual e silenciosa da preferência do eleitor por meio de bandeiras, broches, dísticos e adesivos. Ademais, com relação ao uso de colete, esta Corte já se manifestou no sentido de permitir o uso de peças de vestuário de campanha eleitoral no dia do pleito, ao interpretar o alcance do dispositivo legal.3. Não tendo a recorrente incidido nas condutas tipificadas pelo inc. II do § 5º do art. 39 da Lei n. 9.504/97, uma vez que permitido o porte de bandeira e o uso de colete no dia da eleição, e por não ter sido denunciada pelo tipo penal previsto no inc. III do mesmo dispositivo legal, inexistindo prova acerca desse fato, a absolvição é medida que se impõe.4. Provimento.[56]

O certo é que previamente ao advento do art. 39-A, várias disposições resolutivas do Tribunal Superior Eleitoral (Res. 20.562/00[57], Res. 21.224/02[58], Res. 22.246/06[59] e Res. 22.718/08[60]) - ou seja, normas jurídicas secundárias - já atribuíam expressa licitude, no dia do pleito, às manifestações individuais e silenciosas externando a preferência do cidadão por partido, coligação ou candidato, incluída aquela contida no seu próprio vestuário.

---

56. RC nº 3215, j. 28/07/2020, DJE 17/09/2020.
57. Art. 63. Não caracteriza o tipo previsto no artigo 39, § 5º, II, da Lei nº 9.504/97 a manifestação individual e silenciosa da preferência do cidadão por partido político, coligação ou candidato, incluída a que se contenha no próprio vestuário ou se expresse no porte de bandeira ou flâmula ou pela utilização de adesivos em veículos ou objetos de que tenha posse.
58. Art. 2° No dia da votação, é lícita a manifestação individual e silenciosa da preferência do cidadão por partido, coligação ou candidato, incluída a que se contenha no próprio vestuário ou se expresse no porte de bandeira ou flâmula ou pela utilização de adesivos em veículos ou objetos de que tenha posse.
59. Art. 1°. É permitida, no dia das eleições, a manifestação individual e silenciosa da preferência do eleitor por partido político, coligação ou candidato, revelada no uso de camisas, bonés, broches ou dísticos e pela utilização de adesivos em veículos particulares.
60. Art. 70. É permitida, no dia das eleições, a manifestação individual e silenciosa da preferência do eleitor por partido político, coligação ou candidato, revelada no uso de camisas, bonés, broches ou dísticos e pela utilização de adesivos em veículos particulares.

Um proveitoso acórdão do TSE[61] posterior à introdução deste dispositivo, ao imputar a conduta dos infratores como desfaçatez, manteve decisão condenatória assentada no fato de que a utilização, por eleitores aglomerados, de versão das camisas da Seleção Brasileira de futebol com a inscrição do número correspondente a de candidato às eleições, configurou a tentativa de mascarar o crime previsto no art. 39, 5°, III, da Lei n° 9.504/97, não se amoldando à excludente da "manifestação individual e silenciosa da preferência do eleitor". Nesse caso, ficou comprovada a burla ao permissivo legal na medida em que houve a utilização de vestuário padronizado em manifestação coletiva.

Nos estreitos limites do art. 39-A, para que se possa afirmar que a conduta está ao abrigo da lei enquanto garantia constitucional da liberdade de expressão, é necessário que a mesma reúna três pressupostos e seja:

- Espontânea;
- Individual;
- Silenciosa.

Agindo dessa maneira, com essa caracterização jurídica, tanto eleitores quanto militantes e filiados estarão no exercício regular de um direito assegurado constitucionalmente.

19.5.1. Manifestação individual e silenciosa na perspectiva do Direito Eleitoral comparado

A manifestação política do eleitor no dia do pleito é tratada de forma distinta perante os ordenamentos jurídicos estrangeiros. Ao contrário do que acontece no Brasil, inúmeros países declinam abordar o assunto. Alguns silenciam. Muitos restringem as demonstrações individuais nas proximidades e locais de votação. Outros, embora reconhecidamente democráticos, optaram por inadmiti-las.

19.5.1.1. Portugal

A legislação portuguesa não impede a utilização de adornos identificando a opção eleitoral das pessoas em dia de eleição. Porém, o item 1 do art. 92 da Lei nº 14/79 veda "qualquer propaganda dentro das assem-

61. TSE, AgR-AI n° 1444-79/RJ, DJE de 23/08/2012.

bleias de voto e fora delas até a distância de 500 metros". "Por propaganda", complementa o item 2, "entende-se também a exibição de símbolos, siglas, sinais, distintivos ou autocolantes de quaisquer listas".

19.5.1.2. Espanha

Na Espanha, o art. 93 do Regime Eleitoral Geral determina que "Nem nas instalações das Seções, nem nas suas imediações podem realizar propaganda eleitoral de qualquer tipo". Mais adiante, o art. 144 do referido diploma pune com prisão de três meses a um ano e pena de multa aquele que "Realizar atos de propaganda assim que terminar o prazo da campanha eleitoral".

19.5.1.3. Argentina

Nos termos do art. 71 do *Código Eleitoral Nacional* argentino[62], os eleitores estão proibidos de portar armas e usar bandeiras, distintivos ou outros distintivos durante o dia da eleição, doze horas antes e três horas após a sua conclusão. De acordo com o art. 128 da mesma norma, qualquer pessoa que violar as proibições impostas pelo artigo 71, ficará sujeita à prisão de até quinze dias ou multa de até quinhentos pesos ($ 500).

19.5.1.4. Canadá

No Canadá, "nenhuma pessoa, enquanto estiver em um local de votação", poderá utilizar "qualquer emblema, bandeira, flâmula ou outra coisa que indique que a pessoa apoia ou se opõe a qualquer candidato ou partido registrado, ou às opiniões" do candidato ou por partido político registrado, segundo determina o art. 166 da *Loi Électorale* (2000).

19.5.1.5. Estados Unidos

Não há, na lei suprema norte-americana, dispositivo algum assegurando ou restringindo manifestações individuais de preferências políticas no dia de eleição. Em contrapartida, existem leis estaduais proibindo expressamente a utilização de acessórios ou vestuários no local de votação.

62. Título de acordo com a Lei 25.610. Decreto Antecedente 2.135/83: "Proibições no Dia das Eleições".

A seguir, no quadro, o Estado e a respectiva norma de proibição:

ESTADO	NORMA JURÍDICA
Alaska	Alaska Stat. §§15.15.170, 15.56.016(a)(2) (2016
Arkansas	Ark. Code Ann. §7–1–103(a)(9) (Supp. 2017)
Califórnia	Cal. Elec. Code Ann. §§319.5, 18370 (West Cum. Supp. 2018)
Carolina do Sul	S. C. Code Ann. §7–25–180 (2017 Cum. Supp.)
Colorado	Colo. Rev. Stat. §1–13–714(1) (2017)
Dakota do Norte	N. D. Cent. Code Ann. §16.1–10–03 (2015)
Dakota do Sul	S. D. Codified Laws §12–18–3 (Cum. Supp. 2017)
Delaware	Del. Code Ann., Tit. 15, §4942 (2015)
(Dist.) Colúmbia	D. C. Code §1–1001.10(b)(2) (2016); D. C. Munic. Regs., tit. 3, §707; 65 D. C. Reg. 4504 (2018)
Geórgia	Ga. Code Ann. §21–2–414(a) (Supp. 2017)
Havaí	Haw. Rev. Stat. §11–132(d) (2009); Haw. Admin. Rule §3–172–63(a) (2017)
Illinois	Ill. Comp. Stat., ch. 10, §5/7–41(c) (West 2016)
Indiana	Ind. Stat. Ann. §3–14–3–16 (Lexis 2011)
Kansas	Kan. Stat. Ann. §25–2430(a) (2006)
Louisiana	La. Rev. Stat. Ann. §18:1462 (West Cum. Supp. 2018)
Massachusetts	Mass. Gen. Laws Ann. ch. 54, §65 (West 2007)
Michigan	Mich. Comp. Laws Ann. §168.744 (West Cum. Supp. 2018)
Minnesota	Minn. Stat. §211B.11(1) (Supp. 2017)
Mississippi	Miss. Code Ann. §23–15–895 (Cum. Supp. 2017)
Missouri	Mo. Rev. Stat. §115.637(18) (2006)
Montana	Mont. Code Ann. §13–35–211 (2017)
Nebraska	Neb. Rev. Stat. §32–1524(2) (2016)
Nevada	Nev. Rev. Stat. §293.740 (2015)
New Hampshire	N. H. Rev. Stat. Ann. §659:43(I) (Cum. Supp. 2017)

ESTADO	NORMA JURÍDICA
New Jersey	N. J. Stat. Ann. §19:34–19 (West 2014)
Novo México	N. M. Stat. Ann. §1–20–16 (2011)
Nova Iorque	N. Y. Elec. Law Ann. §8–104(1) (West 2018)
Ohio	Ohio Rev. Code Ann. §3501.35(A) (Lexis Supp. 2018)
Tennessee	Tenn. Code Ann. §2–7–111(b) (2014)
Texas	Tex. Elec. Code Ann. §61.010(a) (West 2010)
Utah	Utah Code §20A–3–501 (2017)

19.5.1.6. Colômbia

Conforme estabelece terminantemente o art. 10 da Lei 163 de 1994 (agosto 31), "todos os tipos de propaganda política e eleitoral são proibidos no dia das eleições". Logo adiante, a regra esmiuçou que "camisetas ou qualquer vestimenta alusiva a propaganda política, cartazes, panfletos, diários ou documentos semelhantes que convidam para votar em um determinado candidato ou simplesmente anunciá-lo" não podem ser utilizados pelos eleitores colombianos nos dias de pleito.

19.5.1.7. Chile

De acordo com a Lei Constitucional Orgânica sobre Voto Popular e Escrutínios (Lei nº 18.700, art. 31), a propaganda eleitoral através do porte de bandeiras, telas ou outros elementos não fixos que identifiquem a candidatura, somente poderá ser realizada do trigésimo (30º) ao terceiro (3º) dia anterior à eleição.

19.5.1.8. Panamá

O art. 293 do Código Eleitoral da República do Panamá veda as *demonstrações públicas* desde a meia-noite da quinta-feira anterior às eleições, até o meio-dia do dia seguinte à sua realização.[63]

63. No Panamá, as "Eleições para Presidente e Vice-Presidente da República, Deputados, Deputados ao Parlamento Centro-Americano, Prefeitos, Vereadores e Representantes do Corregimiento, terá lugar no primeiro domingo Maio do ano em que serão celebrados. Se o primeiro domingo daquele mês sendo

19.5.1.9. Bolívia

Consoante o item III do art. 152 da Lei do Regime Eleitoral boliviano, é proibido, desde a meia-noite até a conclusão das eleições, de qualquer forma de manifestação pública de apoio ou rejeição a uma candidatura.

19.5.1.10. Itália

Diz o art. 9º da Lei nº 212, de 4 de abril de 1956: no dia previsto para as eleições, é vedada a propaganda eleitoral no raio de 200 metros desde a entrada até os círculos eleitorais.

19.6. COMÉRCIO

Os dias destinados às eleições não são mais feriados no Brasil[64]. Após o advento da EC nº 16, de 04/06/1997, a redação original do artigo 77 da CF/88 sofreu alteração passando a estabelecer, como *dia da eleição*, duas datas fixas: o primeiro domingo de outubro (primeiro turno) e o último domingo de outubro (segundo turno). Com isso, o comércio pode funcionar.

Em 2002, a Lei nº 10.607 restringiu os feriados nacionais aos dias 1º de janeiro, 21 de abril, 1º de maio, 7 de setembro, 2 e 15 de novembro e 25 de dezembro, revogando, com isso, os termos da Lei nº 1.266/50, que estabelecia "feriado nacional o dia em que se realizarem eleições gerais em todo o País".

Enfrentando esse aspecto, a Oitava Turma do Tribunal Superior do Trabalho emitiu a seguinte decisão:

> **AGRAVO DE INSTRUMENTO EM RECURSO DE REVISTA.**
>
> 1. TRABALHO EM DIAS DE ELEIÇÃO. PAGAMENTO EM DOBRO. O Regional consignou que a Lei nº 10.607/2002 revogou expressamente a Lei nº 1.266/50, a qual reconhecia o dia de eleição como feriado nacional bem como entendeu que não se aplica a primeira parte do art. 380 do Código Eleitoral por tratar da hipótese em que a Constituição Federal indicar data certa, definida, ou seja, dia e mês para se realizarem as

o primeiro dia do mês, as eleições terão lugar no domingo seguinte" (Código Eleitoral da República do Panamá, art. 223).

64. Embora o TSE insista no contrário (CTA nº 0600366-20/DF, j. 29/08/2019).

eleições-, concluindo que a atual Constituição Federal assim não dispõe. Em tal contexto, não se caracteriza violação literal do referido artigo a teor do art. 896, -c-, da CLT.

2. TRABALHO EM DIA DE FERIADO MUNICIPAL. PAGAMENTO EM DOBRO. Não há falar em violação do art. 9º da Lei nº 605/49 ou em contrariedade à Súmula 146 do TST na medida em que o Regional registra que o feriado trabalhado foi compensado.

3. DANO MORAL COLETIVO. NÃO CARACTERIZAÇÃO. A indicação de violação dos arts. 7º, XIII, da CF e 70 da CLT não enseja o conhecimento da revista, haja vista não se ter configurado a violação direta e literal exigida pela alínea – c- do art. 896 consolidado. Isto porque nenhum dos preceitos citados contém normatização específica sobre a configuração do dano moral coletivo. Agravo de instrumento conhecido e não provido.

(AIRR nº 141900-51.2010.5.17.0121, relª. Minª. Dora Maria da Costa, DEJT 13/12/2013).

No mesmo sentido concluiu a sua Terceira Turma ao decidir o RR nº 10954-88.2013.5.12.0035:

RECURSO DE REVISTA. 1. ELEIÇÕES. DIAS FERIADOS. PAGAMENTO EM DOBRO.

A Lei nº 10.607/2002 suprimiu o dia em que os seus antepassados realizam eleições em todo o país como feriado nacional.

Da mesma forma, o art. 28 da Constituição Federal, com redação dada pela EC nº 16/1997, ao fixar o domingo como dia de eleição, atraiu a incidência da parte final do art. 380 do Código Eleitoral.

Assim, não se evidenciam as violações de dispositivos de lei apontadas.

Recurso de revista não conhecido.

2. APLICAÇÃO DE MULTA CONVENCIONAL. HONORÁRIOS ASSISTENCIAIS. Traduz-se o requisito do prequestionamento, para fins de admissibilidade do recurso de revista, pela emissão de tese expressa, por parte do órgão julgador, em torno dos temas destacados por parte, em suas razões de insurreição. O pressuposto de admissibilidade, não prospera o recurso de revista. Incidência da Súmula 297 do TST.

Recurso de revista não conhecido.

(TST, rel. Min. Alberto Luiz Pereira, publicação em 17/04/2015).

Antes, através da Resolução nº 22.963[65], o Tribunal Superior Eleitoral havia disciplinado o comércio em dia de eleição determinando fossem obedecidas as normas constantes de convenção coletiva ou legislação trabalhista, bem como as condições necessárias para que os seus funcionários pudessem comparecer às suas zonas eleitorais.

19.7. PESQUISAS ELEITORAIS

O ordenamento jurídico consagrou que as pesquisas eleitorais realizadas em datas anteriores ao dia da eleição possam ser divulgadas a qualquer momento, INCLUSIVE na data do pleito, desde que respeitado o prazo de cinco dias prévios e atendidas as informações obrigatórias (v. Capítulo nº 20).

Sobre a divulgação de intenção de voto efetivado no dia das eleições, a denominada pesquisa de *boca de urna*, embora não seja oficial e careça de regulamentação perante as resoluções do TSE, poderá ocorrer, mas somente após o encerramento do escrutínio na respectiva unidade da Federação ou na última nacional, em caso de eleição geral (presidente, governador):

- Eleição municipal: após o horário de encerramento da votação (17 horas);
- Eleição estadual: após as 17 horas;
- Eleição presidencial: após o horário de encerramento da votação em todo o território nacional, levando-se em conta a existência de mais de um fuso horário no país.[66]

---

65. ELEIÇÕES MUNICIPAIS DE 2008. SEGUNDO TURNO. FERIADO APENAS NAS LOCALIDADES EM QUE AINDA HAVERÁ VOTAÇÃO. ABERTURA DO COMÉRCIO. POSSIBILIDADE.

    Em se tratando de segundo turno, deve-se decretar feriado apenas naqueles municípios que ainda terão votações.

    Muito embora seja feriado, pode o comércio abrir a suas portas. Isso, desde que: 1) sejam obedecidas todas as normas constantes de convenção coletiva ou de legislação trabalhista, ou, ainda, de legislação local, sobre remuneração e horário de trabalho em datas de feriado; 2) sejam criadas, pelo empregador, todas as condições necessárias para que seus funcionários possam, sem empecilhos, comparecer às respectivas zonas eleitorais.

    Tratando-se de funcionário que trabalhe em Município onde não haverá segundo turno, mas que tenha domicílio eleitoral em localidade cujo pleito ainda não se concluiu, deve o empregador criar todos os mecanismos necessários ao mais desembaraçado exercício do direito-dever de voto, pena do art. 297 do Código Eleitoral.

    (Processo Administrativo nº 20129/SP, PSESS de 23/10/2008).

66. TSE, Resolução nº 21.229 (Instrução nº 65), de 01/10/2002.

19.8. PRESENÇA DE CANDIDATOS EM LOCAIS DE VOTAÇÃO

As objeções acerca da presença de candidatos em locais de votação, embora ocasionalmente suscitadas, são infundadas. O tipo penal do inciso II do §5º do art. 39 da LE/97 não contém tal proibição. Do contrário, os mesmos não poderiam exercer o seu direito de voto.

Um aperto de mão, um abraço, um beijo. Cumprimentar e dialogar com eleitores e mesários, atos inerentes a qualquer pessoa no dia da eleição, não podem ser enquadrados como condutas criminosas, eis que penalmente atípicas e irrelevantes. Seria um elastério perigoso, desarmonioso com o Estado Democrático de Direito (CF/88, art. 1º). Note-se que o próprio art. 132 do CE/65, por vezes desconsiderado pelos mais afoitos, assegura aos candidatos o direito de fiscalizarem as eleições em quaisquer zonas eleitorais:

> Art. 132 – Pelas mesas receptoras serão admitidos a fiscalizar a votação, formular protestos e fazer impugnações, inclusive sobre a identidade do eleitor, os candidatos registrados, os delegados e os fiscais dos partidos.

No mesmo passo dispõe o art. 140 do Código Eleitoral:

> Art. 140. Somente podem permanecer no recinto da mesa receptora os seus membros, os candidatos, um fiscal, um delegado de cada partido e, durante o tempo necessário à votação, o eleitor.
>
> § 1º O presidente da mesa, que é, durante os trabalhos, a autoridade superior, fará retirar do recinto ou do edifício quem não guardar a ordem e compostura devidas e estiver praticando qualquer ato atentatório da liberdade eleitoral.
>
> (...).

E a Constituição Federal assim sacramentou:

> Art. 5º Todos são iguais perante a lei, sem distinção de qualquer natureza, garantindo-se aos brasileiros e aos estrangeiros residentes no País a inviolabilidade do direito à vida, à liberdade, à igualdade, à segurança
>
> (...).
>
> II - ninguém será obrigado a fazer ou deixar de fazer alguma coisa senão em virtude de lei;
>
> (...);

> XXXIX - não há crime sem lei anterior que o defina, nem pena sem prévia cominação legal.

A partir dessas previsões normativas, é viável extrair que a presença de candidatos nas seções de votação, em princípio, não pode ser equiparada à conduta da arregimentação de eleitores. Nessa esteira, com base em raciocínio desenvolvido pelo voto condutor da Petição nº 4.868 originária do Paraná (acórdão publicado no DJE nº 097, de 22/05/2014) concluindo pela atipicidade da conduta[67] e do qual nos socorremos, "A ação de arregimentar eleitor demanda um comportamento ostensivo voltado a atrair, alinhar, cooptar pessoas para votar em determinado candidato. Caracteriza-se pela prática de ato visivelmente direcionado ao convencimento de um ou mais eleitores, de comportamento com intenção de influenciar o ânimo do eleitor, dissuadindo-o a votar em candidato diverso".

Outro elemento suscitado naquela assentada referiu-se à possibilidade do convencimento de votantes que estivessem no local. Ao abordá-lo, o relator enfatizou a diferenciação existente entre as condutas para fins de não incidência do tipo penal: "O fato de um candidato cumprimentar pessoas em zonas eleitorais não leva à conclusão de que estaria a influenciar o ânimo do eleitor, tentando convencê-lo a votar em determinado sentido".

Esclarecidas tais questões num horizonte por vezes envolto em fetiches hermenêuticos, outros pontos merecem ser considerados, visto que o candidato permanecer ou simplesmente circular pelas áreas de votação realizando contatos fugazes, utilizando roupas identificadas com *bottons* ou adesivos da sua campanha, mas sem distribuir propaganda, são condutas inexpressivas, verdadeiramente incapazes de inibir a liberdade de escolha do eleitor, não se subsumindo ao tipo penal em comento. No plano da realidade, é necessário compreendê-las como meras manifestações de convivência, e não atos passíveis de incriminação, sob o risco de amesquinhamento do postulado da razoabilidade.

Espelhando idêntica cognição, vide a ementa do Inquérito nº 3.182/RJ do Tribunal Pleno do STF publicada ao DJE de 14/10/2013:

---

67. EMENTA: DENÚNCIA. IMPUTAÇÃO DE PRÁTICA DE BOCA DE URNA E DE DIVULGAÇÃO IRREGULAR DE PROPAGANDA ELEITORAL. PEÇA ACUSATÓRIA QUE DESCREVE CONDUTAS ATÍPICAS. 1. É atípica a conduta do candidato que se limita a cumprimentar pessoas em mais de uma zona eleitoral, estando acompanhado de correligionários e portando broche da sua campanha. 2. Diante disso, mais do que mera rejeição da denúncia, impõe-se, na hipótese, a absolvição do requerido. (O tribunal, por unanimidade e nos termos do voto do relator, absolveu o réu com base no art. 386, III, do Código Processo Penal).

PENAL. PROCESSUAL PENAL. ART. 39, § 5º, II E III DA LEI 9.504/1997. DIVULGAÇÃO DE PROPAGANDA ELEITORIAL. PROPAGANDA DE BOCA DE URNA. ATIPICIDADE. AUSÊNCIA DE JUSTA CAUSA. DENÚNCIA REJEITADA. I – A inicial acusatória contemplou a qualificação do acusado, a classificação do crime, o rol de testemunhas e contém informações essenciais sobre a prática das condutas, preenchendo os requisitos do art. 41 do CPP. II – Ausência de justa causa no tocante ao delito de divulgação de propaganda eleitoral (art. 39, § 5º, III da Lei 9.504/1997) sustentada pelo próprio Procurador-Geral da República. III – As elementares "arregimentação de eleitor" e "propaganda de boca de urna" conferem, ao art. 39, § 5º, II da Lei 9.504/1997, feições abertas que devem ser completadas com dados do contexto fático, de modo a possibilitar a aferição, caso a caso, da relevância penal de condutas praticadas. IV – Diálogo com eleitores em frente ao local de votação. Atipicidade. Inexistência de proibição à presença de candidatos nas proximidades dos locais de votação (art. 132 e art. 140 do Código Eleitoral). V – Denúncia rejeitada.

De rigor, conforme se constata, o tema vem sendo desanuviado:

DENÚNCIA - CRIME ELEITORAL - CANDIDATO A PREFEITO - BOCA-DE-URNA - ARREGIMENTAÇÃO DE ELEITORES - ART. 39, § 5º, II DA LEI N. 9.504/1997 - PRELIMINAR DE INÉPCIA DA DENÚNCIA AFASTADA - FALAS DIRIGIDAS A ELEITORES SEM A TENDÊNCIA DE CONVENCIMENTO ELEITORAL - BEM JURÍDICO TUTELADO PELA NORMA NÃO OFENDIDO - ATIPICIDADE - REJEIÇÃO DA PEÇA ACUSATÓRIA.

Solicitar o candidato, no dia das eleições, o voto do eleitor, não implica, necessariamente, "arregimentá-lo", que é a conduta do núcleo do tipo penal do art. 39, § 5º, II, da Lei 9.504/97. A arregimentação pressupõe o aliciamento, a coação ou a manifestação com o objetivo de influir na vontade do eleitor.

O bem jurídico-penal que a norma busca proteger é a liberdade do voto, que não é tolhida por manifestações cordiais dos candidatos que se limitam a breves cumprimentos cordiais em que inserem um pedido de voto.

Se não há ofensa ao bem jurídico-penal, a conduta é atípica.

A "conduta de boca-de-urna", da mesma forma, também tem em seu núcleo a lesividade à liberdade do voto e a mera prática de distribuição de folhetos, sem ofender o valor protegido pela lei também constitui conduta atípica.

Por força dos princípios da fragmentariedade e da intervenção mínima (subsidiariedade) do direito Penal, as condutas do art. 39, § 5º, II, da Lei 9.504/97 devem, preferencialmente, ser objeto de outras esferas do Direito, mais adequadas ao seu tratamento, o que não inibe a atuação da Justiça Eleitoral, dos órgãos de segurança pública e do próprio eleitor.[68]

RECURSO CRIMINAL. ARTIGO 296. PROMOVER DESORDEM QUE PREJUDIQUE OS TRABALHOS ELEITORAIS. ARTIGO 39, §5º, II E III DA LEI N. 9.504/97. BOCA DE URNA. ATIPICIDADE. RECURSO DESPROVIDO.

1. Insuficiência de provas.

2. Atipicidade da conduta do candidato que se limita a cumprimentar eleitores.

3. Inexistência de proibição à presença de candidatos nas proximidades dos locais de votação.

4. Recurso desprovido.[69]

RECURSO ELEITORAL. AÇÃO DE INVESTIGAÇÃO JUDICIAL ELEITORAL. ELEIÇÕES 2012. ABUSO DE PODER POLÍTICO E ABUSO DE PODER ECONÔMICO. CAPTAÇÃO ILÍCITA DE SUFRÁGIO. NÃO COMPROVAÇÃO. RECURSO PROVIDO.

Não configura boca de urnas o simples contato de candidatos ou fiscais de partidos políticos com eleitores no dia da eleição, sem que haja provas contundentes de que estivessem pedindo votos.

(...).

15. Recurso provido.[70]

AÇÃO PENAL. ELEIÇÕES 2008. CRIME ELEITORAL. VIOLAÇÃO DO ARTIGO 39, § 5º, INCISOS II E III DA LEI Nº 9.504/97. UTILIZAÇÃO. ADESIVO. ARREGIMENTAÇÃO DE ELEITOR E PROPAGANDA DE BOCA DE URNA. NÃO CARACTERIZAÇÃO. SAUDAÇÃO ENTRE CANDIDATO E ELEITOR EM LOCAL DE VOTAÇÃO.

68. TRE/SC, PET nº 433-19, DJE 08/05/2017.
69. TRE/PE, Recurso Criminal nº 3.934, DJE de 10/10/2014.
70. TRE/TO, Recurso Eleitoral nº 74.981, DJE de 30/01/2014.

> 1. No dia das eleições é permitido ao candidato manifestação individual e silenciosa, desde que não haja pedido de votos aos eleitores.
>
> 2. O simples cumprimento entre candidato e eleitor em local de votação, sem restar demonstrado que houve entrega de propaganda eleitoral ou ato efetivo de aliciamento do eleitor com objetivo de influenciar sua vontade, não caracteriza o ilícito eleitoral do artigo 39, § 5º, incisos II e III da Lei 9.504/97.
>
> 3. RECURSO ELEITORAL PROVIDO PARA DECRETAR A ABSOLVIÇÃO DO ACUSADO.[71]

> **Ação penal. Alegada a prática do crime previsto no art. 39, § 5º, inc. II, da Lei n. 9.504/97. Arregimentação de eleitores. Eleições 2012.** A permanência de candidato a prefeito, assim como de seu opositor, em frente ao local de votação, conversando com eleitores, não configura o tipo penal de arregimentação ou boca de urna. Conjunto probatório insuficiente para demonstrar a prática de ato tendente a influenciar a liberdade de voto do eleitor. Tampouco distribuído material de propaganda eleitoral na ocasião, o que denota a atipicidade da conduta. Consectário é a absolvição do acusado. Improcedência.[72]

Por outro lado, sendo a eleição um fato eminentemente político, não se olvida a ocorrência de ilícitos a partir de vontades conscientemente dirigidas à publicidade proibida no dia do certame.

Cogitando de indícios de autoria e materialidade criminosa, a Segunda Turma do STF recebeu denúncia da Procuradoria Geral da República para instauração de ação penal contra Deputado Federal denunciado pelo crime previsto no artigo 39, § 5º, inciso II, da Lei nº 9.504/97:

> **INQUÉRITO. DENÚNCIA CONTRA DEPUTADO FEDERAL. CRIMES DE ARREGIMENTAÇÃO DE ELEITOR E PROPAGANDA DE BOCA DE URNA. INDÍCIOS SUFICIENTES DE AUTORIA E MATERIALIDADE DA CONDUTA. OBSERVÂNCIA DOS REQUISITOS DO ART. 41 DO CÓDIGO DE PROCESSO PENAL. INEXISTÊNCIA DAS HIPÓTESES DO ART. 395 DO MESMO CÓDIGO. DENÚNCIA RECEBIDA.**1. Para o recebimento da denúncia, cumpre analisar a existência de indícios suficientes da materialidade e da autoria dos delitos imputados ao Denunciado. 2. A denúncia é proposta

71. TRE/GO, Acórdão nº11660, DJ de 02/12/2011.
72. TRE/RS, APCO nº 127687, DJE de 14/06/2016.

da demonstração de prática de fatos típicos e antijurídicos imputados a determinada pessoa, sujeita à efetiva comprovação e à contradita. 3. A denúncia examinada preenche os requisitos do art. 41 do Código de Processo Penal, individualiza as condutas do denunciado no contexto fático da fase pré-processual, expõe de forma pormenorizada os elementos indispensáveis à existência, em tese, dos crimes de arregimentação de eleitores e propaganda de boca de urna, permitida o pleno exercício do contraditório e da ampla defesa. 4. Ausência das hipóteses do art. 395 do Código de Processo Penal. 5. Denúncia recebida.[73]

Do mesmo modo decidiu o Tribunal Regional Eleitoral de MG:

Recurso criminal. Denúncia oferecida com base no art. 39, § 5º, incisos II e III, da Lei nº 9.504/1997. Eleições de 2016. Julgamento de procedência pelo Juízo *a quo*. Condenação, pelo crime de boca de urna, às penas de detenção e multa. Substituição da pena privativa de liberdade por prestação de serviços à comunidade ou entidades públicas.

Abordagem policial do recorrente, candidato a Vereador, e de uma eleitora que recebeu um "santinho". Apreensão de grande quantidade de material de propaganda eleitoral no veículo do candidato. Confirmação pelos depoimentos das testemunhas de que o réu estava promovendo propaganda eleitoral no dia das eleições. Presença de provas da materialidade e autoria dos crimes previstos no art. 39, § 5º, incisos II e III, da Lei nº 9.504/1997. Condenação. Os crimes em questão se consumam mediante a simples promoção de qualquer espécie de propaganda eleitoral, no dia da eleição, dispensado o resultado pretendido, consistente na efetiva influência na vontade do eleitor, em momento próximo à votação. Inconteste a gravidade da conduta que atenta contra a regularidade das eleições, ao provocar o desequilíbrio da disputa entre os candidatos, com a divulgação de propaganda eleitoral no dia da eleição, maculando, por conseguinte, a lisura do pleito eleitoral. Precedentes do TSE e deste TRE. Impossibilidade de revisão do valor da multa aplicada. Arbitramento no mínimo legal.[74]

A realização de *corpo-a-corpo*, pelo candidato, atrai a penalidade regulamentada pelo art. 39, § 5º, II, da Lei nº 9.504, de 1997:

73. Inquérito nº 3.534/BA, DJE de 02/10/2014.

74. TRE/MG, Acórdão nº 71997, DJE de16/05/2019.

RECURSO CRIMINAL. PRELIMINARES DE VIOLAÇÃO AO PRINCÍPIO DA CORRELAÇÃO E ARQUIVAMENTO IMPLÍCITO DO INQUÉRITO POLICIAL REJEITADAS. BOCA DE URNA. CANDIDATO, AUXILIADO POR CABOS ELEITORAIS, REALIZANDO CORPO A CORPO COM O ELEITORADO EM LOCAL DE VOTAÇÃO. ILÍCITO CARACTERIZADO. 1. Não houve violação ao princípio segundo o qual o réu somente se defenderá dos fatos narrados na peça acusatória, porque a sentença recorrida não extrapolou os limites dos fatos narrados na denúncia, não constituindo julgamento extra petita, nem, por isso, violação ao princípio da correlação, impondo-se, dessa forma, a rejeição da preliminar de nulidade da sentença.2. Ao mencionar que os cabos eleitorais estavam utilizando-se de camisa da seleção brasileira com o número de candidato e o nome do recorrente, a sentença não se referiu a fatos que seriam objeto da ação penal nº 66-28.2009.6.19.0195, mas extraiu essas informações da mídia de DVD acostada aos autos e dos depoimentos prestados pelas testemunhas ouvidas em Juízo. E, porque esses fatos também constam da denúncia, rejeita-se a preliminar de violação ao principio da correlação.3. A preliminar de ausência de justa causa para o prosseguimento da ação penal deve ser rejeitada. O fato de o recorrente não ter figurado no polo passivo da ação penal nº 66-28.2009.6.19.0195, que apurou a conduta de seus cabos eleitorais, não induz ao arquivamento implícito do inquérito policial, já que, nos termos da jurisprudência da Suprema Corte, o pedido de arquivamento deve ser expresso, na forma do art. 28 do Código de Processo Penal. Precedentes do e. STF (HC 104356 e HC 92445).4. Restou devidamente comprovada nos autos a prática de boca de urna, prevista no art. 39, § 5º, II, da Lei nº 9.504/1997, pois, em meio à ostentação de propaganda eleitoral por cabos eleitorais que vestiam camisas da seleção brasileira de futebol com seu número de candidato e nome, o recorrente realizou, durante cerca de duas horas, corpo a corpo com o eleitorado presente no colégio CEROM, local de votação no qual o candidato sequer é inscrito como eleitor, e, portanto, ali não exerceria seu direito de voto. 5.Parecer da Procuradoria Regional Eleitoral pelo desprovimento do recurso.4. Recurso desprovido, para manter a sentença de fls. 305/311, que condenou o recorrente nas penas do art. 39, § 5º, II, da Lei nº 9.504/1997, condenando-o à detenção de um ano e ao pagamento de 15 (quinze) mil UFIRs, cujo regime restou substituído pela pena restritiva de direitos de prestação de serviços à comunidade.[75]

75. TRE/RJ, RC nº 4955, DJERJ 01/10/2012.

19.9. LEI SECA

Lei Seca é a denominação corriqueiramente associada à proibição de comércio e consumo de bebidas alcoólicas no dia da eleição, por vezes na sua véspera. Ocorre que não há nenhuma norma legislada pelo Congresso Nacional vedando tais atos. O que existe são Estados e Municípios apresentando regramentos administrativos. E inconstitucionais.

Posto nesses termos, cabível o exame de alguns tópicos ligados à problemática do tema, os quais, ainda que de forma circunscrita, servirão como premissas para a conclusão da abordagem.

Com vistas ao cenário normativo e suas vicissitudes, calha expender quais são as fontes usuais de interdição. Pelo Poder Executivo, geralmente quem normatiza são as Secretarias de Segurança Pública; quando decorrem do Poder Judiciário, os éditos emanam de juízes ou corregedorias regionais.

No entanto, a Constituição Federal dispõe que nenhuma pessoa física ou jurídica está obrigada a fazer ou deixar de fazer alguma coisa no território nacional senão em virtude da lei (art. 5º, II).

Com a acuidade que lhe é própria, Celso Ribeiro BASTOS (1995, p. 172) chama a atenção que o Princípio da Legalidade "garante o particular contra os possíveis desmandos do Executivo e do próprio Judiciário". Prosseguindo, o saudoso doutrinador explica que "Instaura-se, em consequência, uma mecânica entre os Poderes do Estado, da qual resulta ser lícito apenas a um deles, qual seja o Legislativo, obrigar aos particulares". O jurista e fundador do Instituto Brasileiro de Direito Constitucional (IBDC) conclui o seu comentário com palavras lapidares: "Os demais atuam as suas competências dentro dos parâmetros fixados pela lei. A obediência suprema dos particulares, pois, é para com o Legislativo. Os outros, o Executivo e o do Próprio Judiciário, só compelem na medida em que atuam a vontade da lei. Não podem, contudo, impor ao indivíduo deveres ou obrigações *ex novo*, é dizer, calcados na sua exclusiva autoridade".

Acerca da expressão *em virtude da lei*, José Afonso da SILVA (2010, p. 421) disse o seguinte: "Isso quer dizer que os elementos essenciais da providência impositiva hão que constar da lei. Só a lei cria direitos e impõe obrigações positivas ou negativas, ainda que o texto constitucional dê a entender que só estas últimas estão contempladas no princípio da legalidade". Para Manoel Gonçalves FERREIRA FILHO (2015, p. 195), este fundamento está em que "a exigência de legalidade redunda na preeminência do poder que edita a lei. No modelo, o Poder Legislativo".

Estamos com os refinados e exemplares autores. O exame do Código Eleitoral e da Lei nº 9.504/97 leva à segura constatação de que nenhum dos dois diplomas tolhe, aliás, sequer menciona as bebidas alcoólicas. Nessa matéria, o processo de positivação do Direito subordina-se a um esquema sistemático, rígida e minunciosamente previsto pela Carta Magna. De acordo com o regime constitucional de distribuição das competências legislativas, cabe exclusivamente à União Federal legislar sobre Direito Eleitoral (art. 22, I).

O que não provier dessa natureza, é passível de impetração judicial. Não é possível deixar que cada ente federativo, isoladamente, elabore a sua definição ou etiquete a sua restrição. Somente a lei federal em sentido estrito, ou seja, aquela que seguiu o processo legiferante ritualizado pela Lei Fundamental (art. 59), poderá estabelecer contenções neste setor. Daí a presença da inconstitucionalidade em qualquer norma jurídica que não descenda do Legislativo Federal (CF/88, art. 44) visando restringir o exercício de direitos fundamentais ou estipular tipos penais.

19.9.1. Atipicidade penal

Comercializar ou consumir bebidas alcoólicas no dia do pleito não são atos criminosos.

Inexistem condutas penais típicas a serem reprimidas pelo Estado nessas situações. A rigor, pode-se falar numa carência tipológica.

Tampouco ocorre a prática do delito previsto pelo art. 347 do Código Eleitoral[76] porque "a chamada 'Lei Seca' não tem previsão como tipo penal. (...). Sem previsão legal não há crime" (COSTA, 2002, p. 133).

Do mesmo modo, para dissipar ilações e ativismos, convém não esquecer que o inciso XXXIX do art. 5º da Lei Fundamental da República é peremptório ao dizer que não há crime sem lei anterior que o defina, nem pena sem prévia cominação legal.

Nesta seara, cremos, permanece contemporânea a orientação traçada no voto do Ministro Torquato Jardim transcrevendo manifestação do en-

76. Art. 347. Recusar alguém cumprimento ou obediência a diligências, ordens ou instruções da Justiça Eleitoral ou opor embaraços à sua execução:
Pena - detenção de três meses a um ano e pagamento de 10 a 20 dias-multa.

tão Procurador Regional Eleitoral de São Paulo, Professor Pedro Henrique Távora Niess, no julgamento do Habeas Corpus nº 233/SP, Classe 1ª, em 31/05/1994, que assentou:

> O princípio da legalidade, consagrado pela Constituição da República (art. 5º, inciso XXXIX) e inserto no Código Penal, em seu art. 1º, é a pedra basilar do nosso Direito Penal. Reserva-se à lei, exclusivamente, o mister de definir crimes e cominar penas, donde o clássico brocardo-*nullum crimen nulla poena sine praevia lege.*
>
> Vale lembrar aqui o ensinamento do grande mestre Nelson Hungria:
>
> > A fonte única do direito penal é a norma legal. Não há direito penal vagando fora da lei escrita. Não há distinguir, em matéria penal, entre lei e direito. *Sub speciejuris*, não existe crime sem lei anterior que o defina, nem pena sem prévia cominação legal. (*in Comentários ao Código Penal.* vol. 1 - Forense – 4ª edição, 1958).
>
> A conduta típica, portanto, deve ser descrita em lei. Não há como se conceber a existência de crimes previstos em resoluções, decretos, portarias, ou qualquer outro diploma que não a lei, a qual sofre, ela própria, uma limitação, posto que não pode delegar a ordenamentos inferiores a tarefa de instituir tipos penais. E outra coisa não estaria ocorrendo se se fosse admitir a possibilidade de uma lei criar o crime de 'desobediência a instruções normativas da Justiça Eleitoral', já que, assim, a definição exata da conduta delituosa passaria das mãos do legislador às mãos do Judiciário. A se aceitar tal interpretação estar-se-ia outorgando liberdade ao Judiciário para definir modalidades criminosas, bastando para isso inserir o correspondente mandamento no texto de uma de suas resoluções.[77]

19.9.2. A Lei Seca na perspectiva do Direito Eleitoral Comparado

Diferentemente do Brasil, vários ordenamentos jurídicos optaram estabelecer expressa proibição à venda e consumo de bebidas alcoólicas na véspera, no dia ou após a eleição. Boa parte desses regramentos determi-

---

77. Ementa do julgado:

Crime de desobediência (Código Eleitoral, art. 347): consumo de duas cervejas no dia do plebiscito de 1993 em contrariedade a portaria de juiz eleitoral.

Principio da reserva legal (const., art. 5, XXXIX): inexistente norma legal, descabe a tipificação da conduta em portaria administrativa, ainda que a título de prevenir distúrbio público e assegurar a tranquilidade no dia das eleições.

Recurso de *habeas corpus* provido para trancar a ação penal. Efeitos estendidos "exofficio" aos demais denunciados (CPP, art. 654, § 2). (RJTSE 6/2/14).

na que bares e restaurantes permaneçam fechados no dia do pleito; outros não podem comercializar bebidas alcoólicas. No aspecto repressivo, alguns países criminalizaram e outros não a desobediência dessa determinação. Vejamos alguns exemplares dessas abordagens legais.

Na Nicarágua, "No dia da eleição, é proibida a venda e distribuição de bebidas alcoólicas" (Lei nº 331/00, art. 120, 2).

No Paraguai, "O comerciante que vender bebida alcoólica a partir de doze horas antes do início do ato eleitoral e no dia das eleições pagará multa de cinquenta a duzentos salários mínimos", diz o art. 335 da Lei nº 834/96. A proibição também vigora para os dias que ocorrem comícios (art. 195, d).

Na Argentina, "A prisão de quinze dias a seis meses será imposta a quem vender bebidas alcoólicas doze horas antes e até três após o término do ato eleitoral" (Decreto nº 2.135/83, art. 136).

O art. 223, *d*, do Decreto Número 1-85 da Guatemala restringe "A venda ou distribuição de licores, bebidas alcoólicas e fermentadas ou seu consumo em locais públicos, a partir das doze horas da véspera das eleições e até às seis horas do dia seguinte ao das eleições".

No Chile, a Lei nº 18.700/88 (*Ley Organica Constitucional sobre Votaciones Populares y Escrutinios*) anuncia: "No dia da eleição ou plebiscito, entre as cinco da manhã e duas horas após o encerramento da votação, os estabelecimentos comerciais não podem vender bebidas alcoólicas para consumo no local ou fora dele, com exceção dos hotéis com respeito aos passageiros que passam a noite neles" (Art. 128).

De acordo com o art. 289 do *Código Electoral* do Panamá, "Cantinas, adegas, centros de animação noturna, salões de dança e outros locais de venda de bebidas alcoólicas devem estar fechados desde o meio-dia do sábado anterior às eleições até ao meio-dia do dia seguinte ao das eleições".

Desde quarenta e oito horas antes e até as doze posteriores à realização de comícios, é vedado o consumo de bebidas alcoólicas na Bolívia, segundo expressamente consignado pelo inciso I do art. 152 da Lei nº 126/10 (Lei do Regime Eleitoral).

"Não serão permitidos espetáculos públicos, nem venda ou distribuição de bebidas alcoólicas a partir de seis horas (6h) da véspera daquele em que deverá ocorrer a eleição, até às dezoito horas (18h) do dia seguinte ao que o mesmo foi realizado", disciplina o art. 181 da *Ley Electoral y de las Organizaciones Políticas y sus reformas* de Honduras.

O art. 129 da *Ley Electoral de la República Dominicana* (Lei nº 275-97) delimita que "A partir de vinte e quatro horas antes da eleição, nenhuma bebida alcoólica poderá ser dispensada ou distribuída de qualquer forma, até três horas após o término da votação".

No Uruguai, "Das vinte e quatro horas anteriores ao encerramento da votação até o final da mesma, as bebidas alcoólicas não podem ser vendidas", dispõe o art. 177 da Lei nº 7.812/25.[78]

Na Colômbia, "É vedada a venda e consumo de bebidas intoxicantes a partir das 6 (seis) da tarde do dia anterior àquele em que deverá ser verificada a votação até as 6 (seis) da manhã do dia seguinte à eleição. Os Prefeitos Municipais imporão as correspondentes sanções por violação desta regra, de acordo com o disposto nos respectivos Códigos de Polícia", prevê o art. 206 do *Código Electoral* (Decreto nº 2.241/86).

Consoante o art. 123 da *Ley Orgánica Electoral* do Equador, (a) durante o dia das eleições, (b) trinta e seis (36) horas antes e (c) doze (12) horas após o seu transcurso, é proibida a venda, distribuição ou o consumo de bebidas alcoólicas. A pessoa que vender ou consumir bebida alcoólica nos dias em que há proibição fica sujeita ao pagamento de multa equivalente a cinquenta por cento de um salário mínimo mensal (LOE, art. 291, 3).

Na Bélgica, o Código Eleitoral (art. 184) define que dar, oferecer ou prometer aos eleitores bebidas no âmbito da eleição, não necessariamente em troca do voto, sujeita o infrator à multa de 26 a 200 euros. A mesma sanção é aplicável ao eleitor que tiver aceitado as referidas doações, ofertas ou promessas.

No México também prevaleceu o regime de autonomia legislativa, consoante se vê do art. 300, 2, da *Ley General de Instituciones y Procedimientos Electorales*: "No dia da eleição e no anterior, as autoridades competentes, de acordo com a regulamentação existente em cada ente federativo, podem estabelecer medidas para limitar o horário de atendimento dos estabelecimentos onde são servidas bebidas intoxicantes".

19.10. DERRAME DE SANTINHOS

Não há se negar que em todos os pleitos ocorre o deletério *derrame de santinhos*, tanto nas proximidades como nos próprios locais de votação,

78. Montevideo, Enero 16 de 1925 (*Publicada D.O. 19 ene/925 - Nº 5621*).

com a exposição maciça do nome de candidatos para o eleitorado.

É cediça, de outra parte, a inexistência de texto legislado tratando especificamente desta forma de desvirtuamento da propaganda. No entanto, sucede desrespeito ao art. 37, § 1º da Lei nº 9.504:

> Art. 37. **Nos bens** cujo uso dependa de cessão ou permissão do poder público, ou **que a ele pertençam**, e nos bens de uso comum, inclusive postes de iluminação pública, sinalização de tráfego, viadutos, passarelas, pontes, paradas de ônibus e outros equipamentos urbanos, **é vedada a veiculação de propaganda de qualquer natureza**, inclusive pichação, inscrição a tinta e exposição de placas, estandartes, faixas, cavaletes, bonecos e assemelhados.

A leitura do dispositivo retrotranscrito e este em combinação ao que determina a Resolução nº 23.610 do TSE[79] denota que o conteúdo da regra alcança aqueles candidatos que esparramam impressos junto aos bens pertencentes ao poder público, sejam de uso comum do povo, como as ruas, avenidas, canteiros e praças (CCB, art. 99, I), ou de uso especial, a exemplo dos prédios ou terrenos de escolas, autarquias e ginásios (art. 99, II). Nesses

---

79. Excerto:

Art. 19. Nos bens cujo uso dependa de cessão ou permissão do poder público, ou que a ele pertençam, e nos bens de uso comum, inclusive postes de iluminação pública, sinalização de tráfego, viadutos, passarelas, pontes, paradas de ônibus e outros equipamentos urbanos, é vedada a veiculação de propaganda de qualquer natureza, inclusive pichação, inscrição a tinta e exposição de placas, estandartes, faixas, cavaletes, bonecos e assemelhados (Lei nº 9.504/1997, art. 37, caput) .

[...].

§ 7º O derrame ou a anuência com o derrame de material de propaganda no local de votação ou nas vias próximas, ainda que realizado na véspera da eleição, configura propaganda irregular, sujeitando-se a infratora ou o infrator à multa prevista no § 1º do art. 37 da Lei nº 9.504/1997, sem prejuízo da apuração do crime previsto no inciso III do § 5º do art. 39 da Lei nº 9.504/1997 .

§ 8º A caracterização da responsabilidade da candidata ou do candidato na hipótese do § 7º deste artigo não depende de prévia notificação, bastando a existência de circunstâncias que revelem a impossibilidade de a pessoa beneficiária não ter tido conhecimento da propaganda.

§ 8º-A Na hipótese de derrame de material de propaganda no local de votação realizado na véspera ou no dia da eleição, a representação por propaganda eleitoral irregular poderá ser ajuizada até 48 (quarenta e oito) horas após a data do pleito. (Incluído pela Resolução nº 23.671/2021)

[...].

Art. 87. Constituem crimes, no dia da eleição, puníveis com detenção de 6 (seis) meses a 1 (um) ano, com a alternativa de prestação de serviços à comunidade pelo mesmo período, e multa no valor de R$ 5.320,50 (cinco mil, trezentos e vinte reais e cinquenta centavos) a R$ 15.961,50 (quinze mil, novecentos e sessenta e um reais e cinquenta centavos) (Lei nº 9.504/1997, art. 39, § 5º, I a IV) :

[...].

§ 2º As circunstâncias relativas ao derrame de material impresso de propaganda no dia da eleição ou na véspera, previstas no § 7º do art. 19 desta Resolução, poderão ser apuradas para efeito do estabelecimento da culpabilidade dos envolvidos diante do crime de que trata o inciso III deste artigo.

casos, o *caput* do artigo conduz à conclusão de que se está diante da "veiculação de propaganda de qualquer natureza". Trata-se de uma proibição bastante simples.

Dizem as normas de regência:

> § 1º A veiculação de propaganda em desacordo com o disposto no *caput* deste artigo sujeita o responsável, após a notificação e comprovação, à restauração do bem e, caso não cumprida no prazo, a multa no valor de R$ 2.000,00 (dois mil reais) a R$ 8.000,00 (oito mil reais).
>
> Art. 40-B. A representação relativa à propaganda irregular deve ser instruída com prova da autoria ou do prévio conhecimento do beneficiário, caso este não seja por ela responsável.
>
> Parágrafo único. A responsabilidade do candidato estará demonstrada se este, intimado da existência da propaganda irregular, não providenciar, no prazo de quarenta e oito horas, sua retirada ou regularização e, ainda, se as circunstâncias e as peculiaridades do caso específico revelarem a impossibilidade de o beneficiário não ter tido conhecimento da propaganda.
>
> Art. 96. Salvo disposições específicas em contrário desta Lei, as reclamações ou representações relativas ao seu descumprimento podem ser feitas por qualquer partido político, coligação ou candidato, e devem dirigir-se:
>
> I - aos Juízes Eleitorais, nas eleições municipais;
>
> II - aos Tribunais Regionais Eleitorais, nas eleições federais, estaduais e distritais;
>
> III - ao Tribunal Superior Eleitoral, na eleição presidencial.
>
> § 1º As reclamações e representações devem relatar fatos, indicando provas, indícios e circunstâncias.
>
> § 2º Nas eleições municipais, quando a circunscrição abranger mais de uma Zona Eleitoral, o Tribunal Regional designará um Juiz para apreciar as reclamações ou representações.
>
> § 3º Os Tribunais Eleitorais designarão três juízes auxiliares para a apreciação das reclamações ou representações que lhes forem dirigidas.
>
> § 4º Os recursos contra as decisões dos juízes auxiliares serão julgados pelo Plenário do Tribunal.
>
> § 5º Recebida a reclamação ou representação, a Justiça Eleitoral notificará imediatamente o reclamado ou representado para, querendo, apresentar defesa em quarenta e oito horas.

Em comum, as três disposições legais apontam o prazo de quarenta e oito horas para que o notificado exerça seu direito de defesa ou tome as providências cabíveis à imputação que lhe foi encetada. Porém, como a lei não especificou ilicitude no ato de "derramar santinhos", por construção jurisprudencial, especialmente a partir do que constou do voto condutor do Recurso Especial Eleitoral n° 3798-23/GO[80], o TSE demarcou que a necessidade da prévia notificação do candidato para providenciar a restauração do bem é prescindível, posto que "ainda que concedido prazo ao candidato para a retirada da publicidade irregular, as peculiaridades do caso indicam a impossibilidade de restauraçãodo bem de forma efetiva, a qual contempla, além da limpeza da via pública - deixando as ruas sem propaganda eleitoral no dia pleito -, o resgate da isonomia entre os concorrentes". Segundo pontuou a Corte, "os seus efeitos somente seriam produzidos quando a eleição já estivesse encerrada. Por outro lado, as autoridades públicas já teriam providenciado a limpeza das ruas na segunda-feira subsequente ao pleito".

Adotada tal compreensão inicialmente no AgR-REspe n° 3795-68/GO[81] e depois no AgR-Al nº 616-85/MG[82], com posterior reafirmação pelos acórdãos do ARESpEl nº 0602302-27/PA[83] e do ARESpEl nº 0602397-57/PA[84], sedimentou-se que"na hipótese de propaganda por meio de derramamento de santinhos na madrugada do dia das eleições, a exigência da prévia notificação inserta no art. 37, § 1º, da Lei nº 9.504/97 pode ser mitigada, para garantir a *ratio essendi* da referida norma, que é coibir a realização de propaganda eleitoral em bens públicos, a fim de preservá-los, garantindo a isonomia entre os candidatos na disputa eleitoral e evitando influências no voto do eleitor".[85]

---

80. DJE de 14/03/2016.
81. DJE de 26/08/2016.
82. DJE de 20/03/2018.
83. DJE 23/08/2022.
84. DJE 02/05/2022.
85. O texto da Resolução nº 23.551 (Eleições de 2018) dispôs:

    Art. 14. Nos bens cujo uso dependa de cessão ou permissão do poder público, ou que a ele pertençam, e nos bens de uso comum, inclusive postes de iluminação pública, sinalização de tráfego, viadutos, passarelas, pontes, paradas de ônibus e outros equipamentos urbanos, é vedada a veiculação de propaganda de qualquer natureza, inclusive pichação, inscrição a tinta e exposição de placas, estandartes, faixas, cavaletes, bonecos e assemelhados (Lei nº 9.504/1997, art. 37, *caput*).

    (...).

    § 7º O derrame ou a anuência com o derrame de material de propaganda no local de votação ou nas vias próximas, ainda que realizado na véspera da eleição, configura propaganda irregular, sujeitando-se o infrator à multa prevista no § 1º do art. 37 da Lei nº 9.504/1997, sem prejuízo da apuração do crime previsto no inciso III do § 5º do art. 39 da Lei nº 9.504/1997.

Este ajuste hermenêutico pela via pretoriana, mitigando a obrigatoriedade da notificação prévia, suplantou um dilema. Com efeito, ante a perpetração de uma conduta indevida que apresenta traço *sui generis*, o cumprimento da notificação implicaria no total esvaziamento do conteúdo da norma caso conferida, ao beneficiário da propaganda esparramada, a possibilidade de remoção do material gráfico no prazo legal, ou seja, quando já ultrapassado o pleito. Do modo como a legislação se encontra redigida, forçoso reconhecer que a medida é inviável. Portanto, ao contrário das demais hipóteses de propaganda irregular em bens públicos, quando se trata de derramamento de santinhos, vige a prescindibilidade da notificação prévia.

Já o prazo de aforamento das medidas judiciais cabíveis tem recebido olhar variado. Por se tratar de Representação (RP) pela prática de propaganda irregular, para evitar que a *chuva de santinhos* ficasse impune, a mesma deveria ser aforada em cartório ou no tribunal até a data da eleição, sob o risco de perda do interesse de agir. Este foi o entendimento autenticado para o pleito de 2018:

> **ELEIÇÕES 2018. AGRAVO REGIMENTAL. RECURSO ESPECIAL PROVIDO. REPRESENTAÇÃO. PROPAGANDA ELEITORAL IRREGULAR. DERRAME DE SANTINHOS. ART. 37 DA LEI Nº 9.504/97. AJUIZAMENTO APÓS AS ELEIÇÕES. INTERESSE DE AGIR. AUSÊNCIA. PRECEDENTES. EXTINÇÃO DO FEITO. CONDENAÇÃO AFASTADA. DESPROVIMENTO.**
>
> 1. A jurisprudência deste Tribunal Superior é firme em considerar que a representação para apurar a prática de propaganda eleitoral irregular, por violação à Lei nº 9.504/97, é de ser ajuizada até a data das eleições, sob pena de reconhecimento da perda do interesse de agir do representante.
>
> 2. A presente representação fundada no art. 37 da Lei das Eleições – ainda que trate de derrame de propaganda eleitoral no dia do pleito – deveria ter sido proposta no dia 7.10.2018, o que não se verificou na espécie, de sorte que se impõem a extinção do feito sem resolução do mérito, nos termos do art. 485, VI, do Código de Processo Civil, e o consequente afastamento da condenação imposta pela Corte de origem.
>
> 3. As razões postas no agravo regimental não afastam os fundamentos lançados na decisão agravada.
>
> 4. Agravo regimental desprovido.[86]

86. TSE, REspe nº0603367-95/GO, DJE de 19/08/2019.

De outro lado, na medida em que o comportamento analisado é perpetrado usualmente no dia do pleito, alguns tribunais admitiram que o ajuizamento da medida no primeiro dia útil após a sua realização, preserva o interesse de agir[87]. Consta, ainda, uma decisão isolada admitindo a propositura até a data da diplomação[88].

Para o embate seguinte, de 2020, a Corte Superior firmou "orientação jurisprudencial prospectiva" no sentido de que o prazo para ajuizamento da representação por derrame de santinhos seria de 48 (quarenta e oito) horas para evitar a restrição do direito de ação dos legitimados ativos (art. 5º, XXXV, da CF), que não dispõem de prazo razoável para atuar[89].

Em 2022 observou-se a reiteração deste posicionamento.[90]

De outro norte, a conduta pensada e decidida pelos infratores no sentido da dispersão de propaganda eleitoral impressa em logradouros públicos nas proximidades ou em frente a locais de votação é igualmente passível de desdobramento pela prática do crime do art. 39, § 5º, II e III, da Lei nº 9.504/97, o qual exige a prova de que o acusado praticou-a nos termos descritos pelo tipo penal:

> **Recurso Criminal. Art. 39, § 5º, II e III, da Lei nº 9.504/97. Divulgação de propaganda eleitoral no dia da eleição. Sentença condenatória. Prestação de serviços a comunidade ou multa.**
>
> Preliminar de inépcia da denúncia, suscitada pela 3ª e pelos 4º e 5º recorrentes. Rejeitada.
>
> Suposta descrição incompleta dos fatos e descrição de fato incerto. A alegação de inépcia da denúncia, em grau recursal, após prolatada a sentença, não coaduna com a lógica processual. Matéria preclusa. Art. 569 do CPP. Ausência de violação ao princípio da ampla defesa. Atendimento dos requisitos do art. 357, § 2º, do Código Eleitoral, considerando o contexto narrado.

---

87. TRE/SP, RE nº 45870, PSESS de 02/12/2016 e TRE/MG, RE nº 48150, DJEMG de 30/03/2017.
88. REPRESENTAÇÃO. DERRAME DE "SANTINHOS". PRAZO PARA PROPOSITURA ATÉ A DIPLOMAÇÃO. DERRAME PROMOVIDO POR POLÍTICO CONHECIDO E FRENTE A LOCAL DE VOTAÇÃO LOCALIZADO NO BAIRRO COM MAIOR NÚMERO DE ELEITORES. PROCEDÊNCIA DA REPRESENTAÇÃO. APLICAÇÃO DA MULTA NO PATAMAR MÁXIMO. (TRE/AM, RP nº 060240343, DJEAM de 27/02/2019).
89. TSE, AREspEl nº 0600202-70/CE, DJE 24/02/2023.
90. Cf. TSE, REspEl nº 0601836-85/SE, DJE 28/08/2023: "A caracterização da responsabilidade da candidata ou do candidato na hipótese do § 7º deste artigo não depende de prévia notificação, bastando a existência de circunstâncias que revelem a impossibilidade de a pessoa beneficiária não ter tido conhecimento da propaganda".

> Mérito
>
> Derrame de propaganda eleitoral escrita em via pública, nas proximidades de local de votação, no dia da eleição. Materialidade comprovada. Inexistência de prova de autoria. Absolvição que se impõe, na forma do art. 386, V, do Código de Processo Penal.
>
> Recurso a que se dá provimento para absolver os recorrentes, nos termos do art. 386, V, do CPP.[91]

> **RECURSO CRIMINAL ELEITORAL. SENTENÇA DE PARCIAL PROCEDÊNCIA DA DENÚNCIA. CONDENAÇÃO PELA PRÁTICA DOS CRIMES PREVISTOS NO ART. 39, §5º, III DA LEI Nº 9.504, DE 1997, NO ART. 299 DA LEI Nº 4.737, DE 1965 E NO ART. 299, *CAPUT* DO CÓDIGO PENAL. ABSOLVIÇÃO QUANTO À PRÁTICA DO CRIME PREVISTO NO ART. 316, DO CÓDIGO PENAL.**
>
> [...].
>
> 2.1) Do crime previsto no art. 39, §5º, III da Lei nº 9.504, de 1997 (divulgação de propaganda no dia do pleito).
>
> Derrame de santinhos no dia das eleições. Crime de mera conduta. Tipicidade, em abstrato, já reconhecida neste Tribunal nos autos do RC nº 1777/2015. Impossibilidade presunção de autoria por candidato, tão somete em razão de se tratar de material de propaganda relativo à sua campanha. Confissão de corréus não corroborada por outro elemento de prova substancial quanto à participação do candidato. Não comprovação.
>
> Absolvição nos termos do art. 386, V, do Código de Processo Penal.
>
> [...].[92]

Para o aforamento da respectiva ação penal, os indícios mínimos são imprescindíveis à sua validade:

> **EMENTA - ELEIÇÕES 2016. AÇÃO PENAL. LEI 9.504/1997, ART. 39, § 5º, III. DERRAME DE "SANTINHOS". AUSÊNCIA DE JUSTA CAUSA. REJEIÇÃO DA DENÚNCIA. CE, ART. 358, III E CPP, ART. 395, III. RECURSO DESPROVIDO.**
>
> 1. O recebimento de ação penal está condicionado à apresentação, pelo acusador, de elementos mínimos, relativamente à autoria e materialidade, que justifiquem a movimentação estatal.

91. TRE/MG, RC nº 8702, DJEMG de 22/06/2018.
92. TRE/MG, RE nº 0000043-57, DJEMG 07/03/2023.

> 2. Não demonstrados indícios mínimos dos quais se possa apontar a autoria do crime, impõe-se a manutenção da decisão de não recebimento da denúncia, diante da falta de justa causa para deflagrar a ação penal.
>
> 3. Recurso desprovido.[93]

Conquanto os precedentes comecem a abundar, é perceptível que alguns casos são de deslinde mais difícil.

Em obediência às posturas municipais[94], buscando preservar a higienização e o bom senso, os partidos políticos e as coligações, máxime a partir dos vultosos financiamentos públicos que auferem para realizar suas campanhas, deveriam designar equipes para circular pelas principais seções eleitorais e, ante a constatação da irregularidade, providenciar, previamente ao início do processo de votação, no recolhimento dos santinhos espalhados pelas vias públicas e mesmo na varredura dos locais infestados pela poluição. Contudo, a prática tem demonstrado que esta medida não tem sido adotada.

Adiante, processualmente falando, tanto nas representações[95] quanto nas ações penais[96], a prova a ser produzida deve ser escorreita, posto que o arremesso forjado de *santinhos* (pulverização) de um candidato visando prejudicá-lo, não é exatamente tarefa das mais complexas por parte de adversários inescrupulosos, sobretudo naqueles pontos de votação mais afastados ou destituídos de câmeras de vigilância. Em função disso também, ou seja, de eventuais armações, se faz necessário haver prova material ou

---

93. TRE/PR, PROC nº 1471, DJ de 01/12/2017.

94. Recurso em Mandado de Segurança. Eleições 2004. Propaganda. Galhardetes. Posturas municipais. Observação. Desprovimento. O art. 243, VIII, do Código Eleitoral homenageia a reserva constitucional do art. 30, assegurando aos municípios competência para legislar sobre assuntos de interesse local. A propaganda eleitoral deve observar as posturas municipais. (TSE, RMS nº 301/RJ, DJ de 03/02/2006).

95. CPC, art. 373, I:

    Art. 373. O ônus da prova incumbe:

    I - ao autor, quanto ao fato constitutivo de seu direito;

96. CPP, art. 386:

    Art. 386. O juiz absolverá o réu, mencionando a causa na parte dispositiva, desde que reconheça:

    I - estar provada a inexistência do fato;

    II - não haver prova da existência do fato;

    III - não constituir o fato infração penal;

    IV – estar provado que o réu não concorreu para a infração penal

    V – não existir prova de ter o réu concorrido para a infração penal;

    VI – existirem circunstâncias que excluam o crime ou isentem o réu de pena, ou mesmo se houver fundada dúvida sobre sua existência;

    VII – não existir prova suficiente para a condenação.

testemunhal consistente de que a propaganda tenha sido distribuída ou lançada[97] por quem figurar na ação penal[98] ou representação, devendo o candidato beneficiado ser responsabilizado quando a respectiva instrução processual revelar a impossibilidade de que não tivesse conhecimento da propaganda irregular[99]. Inaplicável, nessa categoria, a responsabilização na modalidade culposa.

---

97. Prática conhecida como "voo da madrugada".

98. Julgados absolutórios relativamente a candidatos:

RECURSO CRIMINAL. ART. 39, § 5º, II e III, DA LEI Nº 9.504/97. DISTRIBUIÇÃO DE "SANTINHOS" NO DIA DA ELEIÇÃO. SENTENÇA DE IMPROCEDÊNCIA. CONJUNTO PROBATÓRIO FRÁGIL. RECURSO DESPROVIDO. (TRE/SP, RecCrimEleit nº 060000687, DJE 27/05/2022)

RECURSO. CONDENAÇÃO CRIMINAL. DIVULGAÇÃO DE PROPAGANDA NO DIA DA ELEIÇÃO. ELEIÇÕES 2016. ART. 39, § 5º, INC. III, DA LEI N. 9.504/97. DERRAME DE SANTINHOS. AUTORIA NÃO COMPROVADA. RESPONSABILIDADE PENAL. IMPUTAÇÃO OBJETIVA. INADMISSIBILIDADE. CONJUNTO PROBATÓRIO INSUFICIENTE. ABSOLVIÇÃO. PROVIMENTO. 1. Insurgência contra sentença que julgou procedente denúncia e condenou o recorrente pela prática do crime previsto no art. 39, § 5º, inc. III, da Lei n. 9.504/97. 2. Existência de "santinhos" espalhados no chão, próximo a local de votação, apreendidos por policiais. Inexistência de flagrante da conduta ou de qualquer prova produzida quanto à autoria ou à participação indireta do réu no fato. A responsabilização com base na mera apreensão do material caracterizaria imputação objetiva, inadmissível na seara penal. 3. Não comprovada a autoria do delito, a reforma da sentença é medida que se impõe. 4. Provimento do recurso, para absolver o réu, nos termos do art. 386, inc. V, do Código de Processo Penal. (TRE/RS, RE nº 567, DJE 30/11/2020)

Recurso Criminal. Ação Penal - Lei nº 9.504/97, art. 39, § 5º, Inciso III- Sentença Condenatória.

PRELIMINAR DE INÉPCIA DA INICIAL suscitada pelo recorrente. Rejeitada.

A denúncia atendeu aos requisitos do art. 41, do CPP, não se mostrando genérica uma vez que houve exposição dos fatos, delimitando-os no momento de sua ocorrência. Preliminar rejeitada.

Mérito

A denúncia afirma que, no dia 02/10/2016, primeiro turno das eleições municipais ocorridas no município de Frutal, o recorrente, "pessoalmente ou mediante interposta pessoa", em horários e locais diversos divulgou propaganda político, por meio de derrame de "santinhos".

Crime previsto no art. 39, 5º, III, da Lei n. 9.504/97. Ausência de provas nos autos da prática do crime pelo recorrente. Absolvição.

RECURSO A QUE SE DÁ PROVIMENTO, para reformar na íntegra a sentença para absolver o réu Edivalder Fernandes da Silva do crime previsto no art. 39, §5º, III, da Lei 9504/97. (TRE/MG, RC nº 93385, DJEMG 25/03/2019)

99. Neste sentido:

TSE, ARespEl nº 0600375-95/PE, DJE 22/03/2023.

ELEIÇÕES 2020. REPRESENTAÇÃO ELEITORAL. PROPAGANDA ELEITORAL IRREGULAR. DERRAME DE MATERIAL GRÁFICO. SANTINHOS. INSUFICIÊNCIA DE PROVAS.

1. O Ministério Público Eleitoral propôs representação por propaganda eleitoral irregular em desfavor de candidato a vereador sob acusação de derrame de material gráfico de propaganda eleitoral em via pública, em frente a um colégio de votação. 2. O artigo 19, § 7º, da Resolução TSE nº 23.610/2019 dispõe que "o derrame ou a anuência com o derrame de material de propaganda no local de votação ou nas vias próximas, ainda que realizado na véspera da eleição, configura propaganda irregular, sujeitando-se o infrator à multa prevista no § 1º do art. 37 da Lei nº 9.504/1997, sem prejuízo da apuração do crime previsto no inciso III do § 5º do art. 39 da Lei nº 9.504/1997". 3. A prova colacionada aos autos resume-se a duas fotografias que revelam um pequeno punhado de santinhos jogados no chão. As fotografias têm registro de data e hora e de coordenadas de georreferenciamento, mas não esclarecem quem teria lançado o material gráfico de campanha ao chão. 6. As fotografias são insuficientes para demonstrar que quem jogou o material gráfico no chão foi o candidato ou alguém que tenha agido sob sua ordem. O cenário retratado nas duas fotografias não autoriza descartar a hipótese de que os poucos santinhos

Nessa órbita, as resoluções do TSE1 têm sido iterativamente claras ao dispor que tanto o derrame quanto a anuência a este, configuram a propaganda irregular que sujeita o infrator à multa prevista no § 1º do art. 37 da Lei nº 9.504/97, bem como à apuração do crime previsto ao inciso III do § 5º do art. 39 da mesma norma.

Anuir, aqui, consoante pontifica PLÁCIDO E SILVA (1973, I, p. 128), "é aprovar, autorizar ou consentir na prática de um ato, ou aceitá-lo depois de feito, sem qualquer oposição".

Destarte, conforme vem se inclinando a jurisprudência, a presença de circunstâncias concretas, ainda que indiciárias[100], permite concluir pela condenação dos infratores, vez que a conduta foi intencionalmente dirigida para angariar eleitores. Neste entorno, o delito em comento traz consigo a possibilidade da coautoria. Aquele que seleciona os locais e arremessa o material gráfico no pátio da escola ou na calçada do prédio[101], desempenha uma contribuição importante - e necessária - ao cometimento do ilícito eleitoral. Nas certeiras palavras de WESSELS (1976, p. 121), "Todo colaborador é aqui, como parceiro dos mesmos direitos, co-titular da resolução comum para o fato e da realização comunitária do tipo, de forma que as

---

encontrados no chão tenham sido jogados fora por algum eleitor ou qualquer terceiro desvinculado do candidato. Embora possível, não há certeza de que o candidato tenha concorrido para o descarte de santinhos ou que com ele tenha anuído. 4. As fotografias têm foco vertical, só mostram os santinhos no chão, sem revelar, no plano horizontal, o local em que o material gráfico foi encontrado. As fotografias contêm registro de coordenadas de georreferenciamento, mas a representação não se dedicou a demonstrar que tais coordenadas realmente teriam proximidade com algum local de votação. A infração por derrame de santinhos só fica configurada quando o material de propaganda é lançado no local de votação ou nas vias próximas (artigo 19, § 7º, da Resolução TSE nº 23.610/2019). O ônus de provar que o local onde os santinhos foram encontrados no chão ficava perto de uma seção eleitoral é do Ministério Público. 5. Recurso desprovido. (TRE/ES, RE nº 060056614, DJE 05/08/2022)

Recurso eleitoral. Representação. Procedência. Propaganda Eleitoral Irregular. "Derrame de santinhos" nos arredores de locais de votação. Artigo 37, §1°, da Lei 9.504/97 c/c artigo 19, §7°, da Res. TSE n. 23.610/19. Ausência de prova da materialidade dos fatos, da autoria ou do conhecimento. Provimento.

1. Esquadrinhando-se os autos, em particular as imagens contidas no documento acostado sob ID 45084132, não se observa a ocorrência de derramamento de material de propaganda em grande quantidade, tampouco a responsabilidade da recorrente sob o ato. Antes, o que se vê é a imagem de apenas 01 (um) santinho isoladamente.

2. Não resta constatada, na espécie, a configuração do imputado ilícito - a que alude o art. 19, §7º da Res. TSE n. 23.610/19 c/c art. 37, §1º da Lei n. 9.504/97 - ressaltando-se a ausência de provas da sua materialidade, da autoria ou do conhecimento prévio dos fatos pelo recorrente, pelo que incabível, por consequência, a aplicação de sanção pecuniária.

3. Recurso a que se dá provimento para, reformando-se a sentença atacada, julgar pela improcedência da representação, afastando-se a multa originariamente estimada. (TRE/BA, RE nº 06008771020206050205, DJE 09/08/2021)

100. Sobre indícios: v. notas e comentários constantes do item nº 19.4.

101. Na Itália, a pioneira Lei nº 212, de 4 de abril de 1956, dispondo sobre a disciplina da propaganda eleitoral, pune com € 103 quem arremessa folhetos ou outras formas de propaganda leve móvel em lugares públicos ou abertos para o público.

contribuições individuais completam-se em um todo unitário e o resultado total deve ser imputado a todos os participantes".

Por força da divisão de tarefas na execução da ilicitude, à luz da moderna dogmática jurídico-penal, não se fala aqui em participação porque "na coautoria, a natureza da contribuição deve ser de tal sorte relevante que, sem ela, o fato punível não poderia ter sido realizado", conforme desenvolveram com inequívoco esmero os Professores de Direito Penal Eugênio ZAFFARONI e José Henrique PIERANGELI (2007, p. 577).

No entanto, é de se mencionar que em alguns casos, ante a dificuldade de se provar a conduta, até porque fortuitamente é o próprio candidato que a pratica, a absolvição do acusado pela porta ampla da insuficiência de provas é a solução mais justa[102]. Outras vezes, analisando o caráter isolado da conduta ou a irrelevância da lesão jurídica provocada, é possível que uma quantidade irrisória de propaganda descartada não tipifique o "derrame"[103].

Sobre a sanção pecuniária, conforme já posto em relevo anteriormente, a veiculação de propaganda por meio do *derrame de santinhos* remete ao disposto no *caput* do art. 37 da Lei nº 9.504/97, o qual prevê multa no valor de R$ 2.000,00 a R$ 8.000,00. Esta sanção pecuniária a ser imposta motivadamente pela decisão que julga procedente a ação, não tem natureza reparatória, apenas punitiva.

A individualização e a dosimetria na estipulação da pena são requisitos obrigatórios da estrutura dessas decisões. (CF, art. 93, IX)

O Tribunal Superior Eleitoral, consoante denotam as pertinentes ementas reproduzidas em nota de rodapé, atribui proporcionalidade na condenação pecuniária que leva em conta parâmetros como o volume de material e o número de locais em que se verificou o derrame[104]. A quantida-

---

102. Dispõe o CPP:

Art. 386. O juiz absolverá o réu, mencionando a causa na parte dispositiva, desde que reconheça:

(...)

VII – não existir prova suficiente para a condenação.

103. Neste sentido, vide as decisões do TRE/CE, RE nº 060021395, DJE 06/07/2021; TRE/SP, REl nº 060070923, DJE 12/09/2022; TRE/GO, RE nº 27130, DJ 28/06/2017 e TRE/PR, RE nº 171-47, j. 14/02/2017. Para o TSE, contudo, o derrame de santinhos nas proximidades de sete locais de votação é conduta que legitima a aplicação da pena pecuniária mínima aos candidatos responsáveis pela confecção do material (AI nº 73041/RJ, j. 29/08/2019).

104. ELEIÇÕES 2018. AGRAVO INTERNO. AGRAVO EM RECURSO ESPECIAL. NEGATIVA DE SEGUIMENTO. AÇÃO CAUTELAR. TUTELA INIBITÓRIA. PROPAGANDA ELEITORAL IRREGULAR. SEGUNDO TURNO. DERRAME DE SANTINHOS. VIAS PÚBLICAS. PROXIMIDADE. LOCAIS DE VOTAÇÃO. DECISÃO JUDICIAL. DESCUMPRIMENTO. MULTA COMINATÓRIA. APLICAÇÃO. PRINCÍPIOS DA PROPORCIONALIDADE E DA RAZOABILIDADE. OBSERVÂNCIA. VERBETES SUMULARES 24, 28 E 30 DO TSE. INCIDÊNCIA.

de de artefatos publicitários despejados e o impacto e reprovabilidade derivados deste incidente, por afetar ostensivamente o princípio da igualdade entre os candidatos, causar indiscutível sujeira pelas vias públicas, transtor-

---

[...].

12. Não assiste razão aos agravantes quanto à alegada inobservância dos princípios da razoabilidade e da proporcionalidade na fixação da multa cominatória, pois, embora tenha mantido a referida sanção, a Corte de origem, considerando razoável e proporcional confirmar as astreintes para cada local em que foi praticado o derrame de santinhos, reduziu pela metade a multa aplicada, adotando tais princípios, a fim de preservar a essência da medida e não incorrer em exorbitância. Ademais, a alteração de tal conclusão, que foi respaldada no conjunto probatório dos autos, esbarra no óbice do verbete sumular 24 do TSE.

[...].

(TSE, AREspEl nº 0602397-57/PA, DJE 02/05/2022)

EMBARGOS DE DECLARAÇÃO. CONVERSÃO EM AGRAVO INTERNO. AGRAVOS INTERNOS. RECURSOS ESPECIAIS. ELEIÇÕES 2018. DERRAME DE SANTINHOS. AUSÊNCIA/FRAGILIDADE DAS PROVAS. SÚMULA 24/TSE. MULTA. CRITÉRIO NÃO OBJETIVO. IMPROCEDÊNCIA. FUNDAMENTOS NÃO INFIRMADOS. SÚMULA 26/TSE. NEGATIVA DE PROVIMENTO.

SÍNTESE DO CASO

1. No decisum monocrático, não se conheceu do agravo de candidato ao cargo de senador pelo Estado do Pará nas Eleições 2018, ante a ausência de impugnação específica dos termos da decisão agravada (Súmula 26/TSE). Ademais, negou-se seguimento aos recursos especiais de candidatos aos cargos de deputado federal, senador e governador, para manter a multa aplicada pelo TRE/PA a cada representado (entre R$ 2.000,00 e R$ 7.000,00) por propaganda ilícita na véspera do pleito, consubstanciada no derrame de santinhos.

(...).

TESES COMUNS AOS DEMAIS AGRAVANTES

4. Nos termos da Jurisprudência iterativa desta Corte, é possível a responsabilização do candidato pelo derrame de santinhos, nas hipóteses em que as circunstâncias e as peculiaridades do caso específico revelarem a impossibilidade de o beneficiário não ter tido conhecimento da propaganda.

5. O cálculo da multa de cada representado teve por base critérios objetivos, considerando-se fatores como volume de material e número de locais em que se verificou o derrame, de modo que não há falar em ausência de parâmetros claros na aplicação das penalidades, muito menos ofensa aos princípios da proporcionalidade e da razoabilidade. Nesse sentido: AgR-AI 0603369-65/GO, Rel. Min. Tarcisio Vieira de Carvalho Neto, DJE de 4/11/2019.

(TSE, REspEl nº060230142/PA, DJE de 26/04/2021)

ELEIÇÕES 2018. AGRAVO REGIMENTAL. AGRAVO. RECURSO ESPECIAL. REPRESENTAÇÃO. PROPAGANDA ELEITORAL IRREGULAR. DERRAME DE SANTINHOS. IRREGULARIDADE CARACTERIZADA. REEXAME DE FATOS E PROVAS. IMPOSSIBILIDADE. SÚMULA Nº 24/TSE. PRÉVIO CONHECIMENTO COMPROVADO. CIRCUNSTÂNCIAS DO CASO CONCRETO. VALOR DA MULTA DEVIDAMENTE FUNDAMENTADO. REDUÇÃO. IMPOSSIBILIDADE. PRECEDENTE. ACÓRDÃO REGIONAL EM CONSONÂNCIA COM O ENTENDIMENTO JURISPRUDENCIAL. SÚMULA Nº 30/TSE. REITERAÇÃO DE TESES. INEXISTÊNCIA DE IMPUGNAÇÃO ESPECÍFICA. SÚMULA Nº 26/TSE. DESPROVIMENTO.

(...).

3. O Tribunal a quo, instância soberana na análise do acervo fático-probatório dos autos, assentou a prática de propaganda eleitoral irregular – derramamento de material de campanha nas vias públicas – e o prévio conhecimento dos beneficiários.

(...).

7. Incide na espécie a Súmula nº 30/TSE, segundo a qual "não se conhece de recurso especial eleitoral por dissídio jurisprudencial, quando a decisão recorrida estiver em conformidade com a jurisprudência do Tribunal Superior Eleitoral", aplicável igualmente aos recursos manejados por afronta a lei (AgR-REspe nº 142-56/SP, Rel. Min. Napoleão Nunes Maia Filho, DJe de 8.11.2016).

8. Agravo regimental desprovido.

(TSE, AgR-AI nº 0603369-65/GO, DJE de 04/11/2019).

no à cidade e trabalho desnecessário para o serviço de limpeza pública, são fatores objetivos para a aplicação das multas aos infratores.

Como desfecho no enfoque da matéria, em vista de uma obra jurídica de cunho prático como se pretende seja esta, pertinente trazer, com arrimo em julgado regional autoexplicativo, a situação onde candidatos proporcionais efetivam derrame de material que embute a propaganda conjunta de candidato majoritário:

> ELEIÇÕES 2022. RECURSO EM REPRESENTAÇÃO. PROPAGANDA ELEITORAL IRREGULAR EM BEM PÚBLICO. DERRAMAMENTO DE MATERIAL DE CAMPANHA EM VIA PÚBLICA. "VOO DA MADRUGADA". RESPONSABILIZAÇÃO DO ART. 40-B DA LEI DAS ELEIÇÕES. CANDIDATO MAJORITÁRIO. AUSÊNCIA DE PROVA DO PRÉVIO CONHECIMENTO. PROVIMENTO DO RECURSO. PEDIDO CONDENATÓRIO JULGADO IMPROCEDENTE RELATIVAMENTE AO CANDIDATO A GOVERNADOR.
>
> 1. A legitimidade passiva ad causam é aferida in status assertionis, isto é, à vista das afirmações deduzidas pelo autor em cotejo superficial com as provas que acompanham a petição inicial. Constando dos autos exemplares de material impresso comum do candidato a Governador com candidatos proporcionais a ele coligados, a sua responsabilidade pessoal pela propaganda irregular deve ser enfrentada e dirimida no julgamento do mérito e não como questão preliminar. Defesa processual peremptória que se rejeita, por improcedente.
>
> 2. A teor da regra extraída do § 7º do art. 19 da Resolução TSE nº 23.610/2019 c/c o § 1º do art. 37 da Lei nº 9.504/97, a dispersão de material impresso de propaganda eleitoral na proximidade de local de votação tipifica ilícito eleitoral punível com sanção pecuniária, sem prejuízo da apuração do crime de "boca de urna" (art. 39, § 5º, da Lei das Eleições).
>
> 3. Lançamento de material impresso de propaganda eleitoral em via pública no dia da votação ("derramamento de santinhos") devidamente comprovado mediante relatório de diligência elaborado pelo Ministério Público, com imagens, documento público revestido de presunção relativa de veracidade não questionada ou elidida pelos representados.
>
> 4. A sobreposição de múltiplos "santinhos" de propaganda eleitoral de diferentes candidatos, inclusive de partidos e coligações concorrentes, embora não seja recomendável por causar tumulto visual e dificultar a percepção de autores e beneficiários da conduta, não impede a constatação da materialidade do ilícito eleitoral. Precedentes deste TRE-RJ.
>
> 5. Não se exige notificação prévia para a caracterização da irregularidade da propaganda eleitoral por "derrame de santinhos" em via pública no

dia da votação por se tratar de ilícito eleitoral de consumação instantânea, em que não é possível regularizar a publicidade ou restaurar o bem (TSE: AgR-AgR-RESPE nº 0000072-75.2018.6.19.0112/RJ).

6. A condição de candidato a cargo majoritário, por si só, não exime o representado de responsabilidade pela prática irregular de ato de propaganda eleitoral comum realizado por candidato proporcional a ele coligado, estando a sua responsabilização pelo ilícito eleitoral condicionada à demonstração inequívoca da autoria ou do prévio conhecimento, conforme o art. 40-B da Lei nº 9.504/97. Precedentes do TSE: R-RP nº 0600061-48.2018.6.08.0000/DF, Rel. Min. Edson Fachin, DJE de 04/05/2020 e R-RP nº 0600248-78.2018.6.00.0000/DF, Rel. Og Fernandes, DJE de 26/08/2019.

7. Na espécie, embora a responsabilidade dos candidatos proporcionais colegitimados passivos seja incontroversa nos autos, não se constata a existência de prova que conduza à conclusão pelo prévio conhecimento do candidato a Governador, não contemplando o parágrafo único do art. 40-B da Lei das Eleições a possibilidade de punição por presunção.

8. À míngua de outros elementos de convicção, a sua tão só qualidade de candidato majoritário beneficiário da publicidade irregular comum praticada por candidatos proporcionais a ele coligados não tem o condão de comprovar o prévio conhecimento erigido pela legislação eleitoral como conditio sine qua non para a aplicação da sanção pecuniária, notadamente por não haver nos autos evidência que comprove a sua ciência pessoal ou a existência de liame subjetivo com os autores da conduta ilícita.

9. Recurso PROVIDO para reformar a decisão condenatória e julgar IMPROCEDENTE o pedido inicial relativamente ao representado Cláudio Bomfim de Castro e Silva.[105]

105. TRE/RJ, Rp nº 0606306-30, DJE 06/03/2023.

Capítulo

20

PESQUISAS ELEITORAIS

20.1. CONSIDERAÇÕES GERAIS

A pesquisa eleitoral, concisamente falando, corresponde a um inventário de opiniões mensurado a partir de entrevistas sistematizadas estatisticamente apresentando as preferências dos eleitores num determinado momento da campanha.

Em função da sua larga utilização por partidos, pré-candidatos, candidatos, meios de comunicação e entidades, a questão do uso das pesquisas eleitorais vem sendo estudada pelo Direito Eleitoral, pelo Direito Constitucional, pela Ciência Política, pela Teoria da Comunicação, pela Estatística e por outros campos, conforme as finalidades e interesses dos analistas.

O ordenamento disciplina as pesquisas desde o advento do Código Eleitoral de 1965 (art. 255), incluindo regulamentações de caráter temporário[1]. Hodiernamente, a Lei nº 9.504/97 apresenta três artigos no capítulo destinado à matéria. A norma principia detalhando quem pode realizá-las, quais são as informações obrigatórias para viabilizar a sua publicidade, a sanção pecuniária por eventual desobediência e a tipificação criminal por divulgação de pesquisa fraudulenta (art. 33). A seguir, dispõe sobre o acesso judicial ao sistema interno da coleta de dados das entidades que as

1. Através das seguintes leis temporárias: Lei nº 7.508 (art. 5º), Lei nº 7.664/88 (art. 26), Lei nº 7.773/89 (art. 26), Lei nº 8.214/91 (art. 32), Lei nº 8.713/93 (art. 31) e Lei nº 9.100/95 (art. 48).

divulgaram, estabelece a obrigatoriedade da veiculação de dados corretos (art. 34) e criminaliza o descumprimento de tais disposições. Por fim, nomina aqueles que poderão eventualmente ser responsabilizados pelo cometimento dos delitos antes mencionados (art. 35).

As disposições legais que estabelecem o procedimento legal a ser percorrido pelas entidades e empresas que desejam promover e divulgar pesquisas são complementadas pelo Calendário Eleitoral e pelas resoluções temáticas expedidas pelo TSE a cada pleito.

Vejamos cada uma delas pormenorizadamente.

20.2. REGISTRO, INFORMAÇÕES OBRIGATÓRIAS E DIVULGAÇÃO

Consta à Lei das Eleições:

> Art. 33. As entidades e empresas que realizarem pesquisas de opinião pública relativas às eleições ou aos candidatos, para conhecimento público, são obrigadas, para cada pesquisa, a registrar, junto à Justiça Eleitoral, até cinco dias antes da divulgação, as seguintes informações:
>
> I - quem contratou a pesquisa;
>
> II - valor e origem dos recursos despendidos no trabalho;
>
> III - metodologia e período de realização da pesquisa;
>
> IV - plano amostral e ponderação quanto a sexo, idade, grau de instrução, nível econômico e área física de realização do trabalho a ser executado, intervalo de confiança e margem de erro;
>
> V - sistema interno de controle e verificação, conferência e fiscalização da coleta de dados e do trabalho de campo;
>
> VI - questionário completo aplicado ou a ser aplicado;
>
> VII - nome de quem pagou pela realização do trabalho e cópia da respectiva nota fiscal.
>
> § 1º As informações relativas às pesquisas serão registradas nos órgãos da Justiça Eleitoral aos quais compete fazer o registro dos candidatos.
>
> § 2º A Justiça Eleitoral afixará no prazo de vinte e quatro horas, no local de costume, bem como divulgará em seu sítio na internet, aviso comunicando o registro das informações a que se refere este artigo, colocando-as à disposição dos partidos ou coligações com candidatos ao pleito, os quais a elas terão livre acesso pelo prazo de 30 (trinta) dias.

> § 3º A divulgação de pesquisa sem o prévio registro das informações de que trata este artigo sujeita os responsáveis à multa no valor de cinquenta mil a cem mil UFIR.
>
> § 4º A divulgação de pesquisa fraudulenta constitui crime, punível com detenção de seis meses a um ano e multa no valor de cinquenta mil a cem mil UFIR.
>
> § 5º É vedada, no período de campanha eleitoral, a realização de enquetes relacionadas ao processo eleitoral.

No Brasil, entidades e empresas estão autorizadas a realizar pesquisas de opinião pública relativamente às eleições.

A norma disciplinou somente as pesquisas destinadas à divulgação.

As mesmas podem ocorrer desde o período da pré-campanha e se estender até o dia do pleito (*boca de urna*).

Ao revestir as informações dispostas nos incisos do art. 33 de indispensabilidade e, simultaneamente, condicionar a divulgação dos resultados ao registro prévio das mesmas, o legislador erigiu preceitos de natureza cogente visando inibir fraudes e abusos e conferir maior grau de transparência aos dados coletados. Contudo, embora o rol de exigências seja considerável e exista a previsão de um itinerário legal para os interessados, a Justiça Eleitoral não realiza qualquer controle prévio sobre o resultado das pesquisas registradas, tampouco acerca de seus contratantes e financiadores. Cabe aos partidos, candidatos e coligações examiná-los diante de alguma suspeita ou intercorrência.

Os quesitos relacionados pela lei para viabilizar a inscrição da pesquisa perante a Justiça Eleitoral podem ser distribuídos em três grupos. A informação constante do inciso I indica o interessado pelo trabalho. Os incisos II e VII revelam o seu custo e a fonte pagadora responsável pelo montante dos recursos despendidos. Os itens III, IV, V e VI especificam os dados estatísticos e metodológicos empregados, ou seja, a roupagem científica do trabalho.

Acerca dos dados apurados, estão condicionados à utilização do sistema de Registro de Pesquisas Eleitorais (PesqEle) disponível nos sítios eletrônicos dos tribunais. Para a sua utilização[2], as entidades e empresas responsáveis deverão necessariamente cadastrar-se fornecendo o seguinte:

---

2. Resolução TSE nº 23.600, art. 2º.

- Nome de pelo menos um e no máximo três dos responsáveis legais pelas mesmas;
- Sua razão social ou denominação;
- Número de inscrição no Cadastro Nacional da Pessoa Jurídica (CNPJ);
- Número do registro da empresa responsável pela pesquisa no Conselho Regional de Estatística, caso o tenha;
- Telefone móvel que disponha de aplicativo de mensagens instantâneas para recebimento de notificações ou quaisquer outras comunicações da Justiça Eleitoral, nos termos da resolução do TSE sobre pesquisas eleitorais bem como daquela que disciplinar o processamento das representações, reclamações e pedidos de direito de resposta;
- Endereço eletrônico (e-mail) para recebimento de notificações ou quaisquer outras comunicações da Justiça Eleitoral, nos termos da resolução do TSE sobre pesquisas eleitorais bem como daquela que disciplinar o processamento das representações, reclamações e pedidos de direito de resposta;
- Endereço completo para recebimento de notificações ou quaisquer outras comunicações da Justiça Eleitoral, nos termos da resolução do TSE sobre pesquisas eleitorais bem como daquela que disciplinar o processamento das representações, reclamações e pedidos de direito de resposta;
- Telefone fixo;
- Arquivo (em PDF) com a íntegra do contrato social, estatuto social ou inscrição como empresário, que comprove o regular registro.

Sequencialmente, o registro da pesquisa acompanhado das informações e documentos exigidos, deverá ser formalizado perante o órgão judicial responsável pelo registro dos candidatos da circunscrição:

- Juízes Eleitorais nas eleições municipais;
- Tribunais Regionais nas eleições federais, estaduais e distritais;
- Tribunal Superior Eleitoral na eleição presidencial.

A seguir, no curso do prazo de cinco dias antecedentes à sua divulgação, pelo meio que for, "a pesquisa poderá ser submetida ao crivo dos interessados (partidos, candidatos, coligações e Ministério Público), que poderão nesse ínterim, apresentar impugnação, seja ao método (via urna fixada em local conhecido), seja pelos critérios (mapeamento equivocado da amostragem), seja por possibilidade de fraudes ou resultados deturpados em face de equívocos (ou subterfúgios) contidos no próprio questionário (nome errado de um concorrente, perguntas indutoras de respostas consistentes)"[3].

3. FILHO, 2012, p. 99.

Examinando as peculiaridades e responsabilidades que revestem esse iter procedimental, Torquato JARDIM (1996, p. 116) comentou:

> Aqueles que por processo alternativo de criação de vontade política, e sem mandato representativo, também atuam no cenário cívico, não como coadjuvantes, mas tentando falas de proscênio, devem, igualmente, justificar, fundamentadamente, o que pensam, dizem, falam e publicam. Não se trata de interpretar, mas de reconhecer o objetivo da lei. A entidade privada que pretenda exercer, direta ou indiretamente, papel político na sociedade; informar, educar, criar ou influenciar a opinião pública mediante métodos que pretenda científicos e isentos de interesses e preconceitos; e ser tão atuante e influente quanto um partido político, um órgão de imprensa, instituições de ensino ou associações de interesses, não pode pretender existir num limbo legal, no qual se lhe reconheçam direitos e não se lhe imponham deveres. A ter o papel social e político que pretende, há de ter, pelo menos, os deveres mínimos impostos aos demais entes sociais e políticos. Seu trabalho há de ser submetido ao mesmo crivo objetivo e crítico a que se expõem todos os demais atores da cena política.

Chegamos, então, ao que parece ser o núcleo da questão. O instituto de pesquisa a realiza e, a seguir, registra perante a autoridade eleitoral competente. Ocorre, contudo, que o registro da pesquisa não equivale a um atestado de lisura das informações encaminhadas.

Num país como o Brasil, que de dois em dois anos realiza eleições, as discussões acerca da influência que as pesquisas de intenção de voto exercem, bem como a sua interferência no processo eleitoral vêm se avolumando.

Tema controvertido, a pesquisa que é tornada pública não apenas informa, mas também forma - e por vezes deforma - algo essencial, que é a opinião das pessoas. Inolvidável que os números nela contidos atuam psicologicamente sobre os eleitores, sobretudo em relação àqueles indecisos ou propensos à abstenção.

Partindo desta abordagem, é crível considerar que através da propaganda, a divulgação das pesquisas pode resultar na *fabricação* de maiorias. A utilização dos seus resultados funciona como efeito inibidor às opiniões contrárias influenciando o eleitor a votar num determinado candidato mais bem cotado, dissuadindo-o da sua intenção original relativamente a outro não tão bem posicionado. Com isso, o *voto útil* é direcionado para o candidato que as pesquisas indicam com mais chance de vitória.[4]

---

4. Nestes casos, a força persuasiva da pesquisa eleitoral desvirtua a vontade original do eleitor. É o *bandwagon effect* (efeito adesão) agindo na política, mais especificamente nas eleições.

Noutra perspectiva, Antônio MENDES (1991, p. 28), em monografia clássica no assunto, assinala que "as pesquisas indicam erros e acertos nas táticas de campanha, redirecionam estratégias, incentivam desistências, forçam alianças, fornecem elementos para programas de governo e alteram a agenda dos candidatos"[5].

Ao lado das observações acima, merece registro o fato de que a legislação, a par de prever sanções buscando desencorajar comportamentos pautados pela malícia e sordidez, estagnou no tempo. Impugnar e comprovar as fraudes constantes de uma pesquisa eleitoral tornou-se tarefa hercúlua, próxima do utópico. Ante a sofisticação das possibilidades de logros e tramoias, é possível afirmar que o texto em vigor apresenta-seno mínimo precário. Não obstante as mudanças verificadas em torno do desenvolvimento e do progresso das redes sociais, o mesmo descurou introduzir qualificadoras em torno de questões inquietantes relativamente às pesquisas viciadas visando reprimir, por exemplo:

- A REINCIDÊNCIA em episódios de irregularidades ou fraudes;
- O MOMENTO DE DIVULGAÇÃO da pesquisa viciada;
- A SEQUÊNCIA COORDENADA DE PESQUISAS negativas ou positivas visando influenciar (leia-se lograr) os eleitores.

Destarte, a divulgação de pesquisa eleitoral destinada a conhecimento público carecedora do prévio registro das informações exigidas pelo art. 33 é uma irregularidade que sujeita seus infratores ao pagamento de multa entre R$ 53.205,00 e R$ 106.410,00. Assinale-se que referida penalidade recai:

- independentemente de o responsável pelo ilícito ser pessoa física ou jurídica (responde pela multa quem divulga o resultado);[6]
- bastando tenha sido dirigida para conhecimento público, sendo irrelevante o número de pessoas alcançado pela divulgação e a sua influência no equilíbrio da disputa eleitoral;[7]
- em desfavor de quem replica pesquisa originalmente publicada por terceiro;[8]
- nos casos em que o prazo de 5 dias entre o registro e a propagação dos dados foi desrespeitado;[9]

5. *O papel das pesquisas eleitorais*, Edição 29, Volume 1.
6. TSE, AgR-REspe nº 30-16/MS, DJE de 22/06/2018.
7. TSE, AgR–REspe nº 108–80/ES, DJE de 17/08/2017.
8. TSE, REspe nº 060142496/SE, DJE de 16/09/2019.
9. TSE, AgR-REspe nº 144-88/MG, DJE de 02/08/2018.

- por força de divulgação levada a efeito, dentre outros meios, através de:
  - entrevista concedida a emissora de rádio;[10]
  - perfil de rede social;[11]
  - comício;[12]
  - jornal;[13]
  - grupo de WhatsApp;[14]

Como forma de ilustrar tais assertivas, o seguinte aresto:

> **ELEIÇÕES 2018. AGRAVO REGIMENTAL. RECURSO ESPECIAL. PESQUISA ELEITORAL. DIVULGAÇÃO SEM PRÉVIO REGISTRO. AUSÊNCIA DE IMPUGNAÇÃO ESPECÍFICA DE FUNDAMENTO DA DECISÃO AGRAVADA. REVISÃO DE FATOS E PROVAS. INVIABILIDADE. DISSÍDIO JURISPRUDENCIAL NÃO CARACTERIZADO. TESE DE INAPLICABILIDADE DO ART. 36, § 6º, DO REGIMENTO INTERNO DO TSE AFASTADA.**
>
> SÍNTESE DO CASO
>
> 1. O Tribunal de origem manteve a condenação da ora agravante ao pagamento de multa no valor de R$ 53.205,00, por divulgação de pesquisa eleitoral sem prévio registro.
>
> 2. A Corte Regional Eleitoral, soberana na análise de fatos e provas, assentou que a publicação realizada pela agravante configura pesquisa eleitoral sem prévio registro, visto que, além de ostentar tal denominação, informava o percentual de crescimento de um dos pré–candidatos, com divulgação em sítio da internet, para amplo conhecimento público, demonstrando, assim, sua aptidão para influenciar o eleitorado.
>
> 3. Em face de tal julgamento, foi interposto recurso especial, ao qual foi negado seguimento por meio de decisão monocrática, em razão da incidência dos verbetes sumulares 24, 27 e 28 desta Corte.
>
> (...).
>
> 9. Na linha da manifestação do órgão ministerial atuante na instância de origem, "o legislador cuidou de restringir a propagação maliciosa de predições estatísticas de desempenho de candidatos nas urnas pelo

---

10. TSE, AgR-REspe nº 13896/PE, DJE de 03/12/2015.
11. TSE, AgRg-AI nº 1244/CE, DJE de 18/05/2021.
12. TSE, AgRg-AI nº 201-40/RN, DJE de 27/03/2018.
13. TSE: AgR-REspe nº 809-17/SE, DJE de 13/06/2019 e REspe nº 26-026/SC, DJE de 31/08/2009.
14. TSE, AgR-AI nº 43-83/SP, DJE de 29/11/2017.

> potencial de turbarem a realidade e influírem no eleitorado", razão pela qual, diante da "força persuasiva de pesquisas eleitorais impõe-lhes o registro na Justiça Eleitoral e a divulgação apenas das que atendam a certos requisitos legais", tratando-se de opção legislativa de balizamento de qualidade das informações disponibilizadas aos cidadãos.
>
> 10. Afasta-se a tese de inaplicabilidade do art. 36, § 6º, do Regimento Interno do TSE, porquanto a decisão agravada foi fundamentada na aplicação dos verbetes sumulares 24, 27 e 28 do TSE.
>
> CONCLUSÃO
>
> Agravo regimental a que se nega provimento.[15]

Saliente-se que as situações acima não se confundem com a divulgação de pesquisa registrada mas destituída da integralidade das informações exigidas pelo *caput* do art. 33. A difusão da pesquisa eleitoral contendo irregularidades formais não equivale à ausência de seu registro prévio. Assim, ante o Princípio da Legalidade (e da omissão do legislador em estabelecer punição para algo também grave), no caso de formalidade preterida, é incabível a aplicação da multa do §3º por ausência de previsão específica.

Em termos repressivos, é assente na jurisprudência do Tribunal Superior Eleitoral que os princípios da proporcionalidade e razoabilidade se mostram inaplicáveis para justificar o estabelecimento de multa em valor aquém do mínimo legal estabelecido (R$ 53.205,00).[16]

O PesqEle deve informar o usuário sobre o dia a partir do qual a pesquisa registrada poderá ser divulgada.

A integridade e o conteúdo dos arquivos e das informações nele inseridos são de inteira responsabilidade da entidade ou empresa realizadora do registro da pesquisa.

Acerca do conteúdo, para a LE/97, no silêncio acerca das modalidades disponíveis, as exigências fixadas pelo art. 33 são as mesmas tanto para apurações qualitativas e quantitativas.

De outra parte, os termos utilizados pela lei não ensejam maior dificuldade ao intérprete no sentido de que a pesquisa que não for destinada ao conhecimento público está dispensada de tais formalidades.

15. AgR-REspe nº 060142921/SE, DJE de 12/02/2020.
16. TSE: AgR-AI nº 3358-32/PR, DJE de 07/03/2016 e AgR-AI nº 32389/RJ, DJE de 21/10/2014.

Acerca da contagem do quinquídio legal, deve ser excluído o dia do início e incluído o dia do vencimento.

20.3. CRIME DE PESQUISA ELEITORAL FRAUDULENTA

Artifícios, burlas e falsificações em pesquisas eleitorais são práticas intoleráveis. Afinal, ninguém desconhece e tampouco pode subestimar as reações sociais e políticas que os números revelados determinam ao inculcar na mente do eleitorado um *ranking* entre candidatos ao mesmo posto. Em torno disso, o § 4º do art. 33 dispõe que "A divulgação de pesquisa fraudulenta constitui crime, punível com detenção de seis meses a um ano e multa no valor de cinquenta mil a cem mil UFIR".

O dispositivo, com evidente acerto, criminaliza a divulgação de pesquisa fraudulenta. O *animus fraudandi* do tipo está na intenção de ludibriar os destinatários da pesquisa, no caso, os eleitores da circunscrição do pleito. Ao comentar esse parágrafo do art. 33 da LE/97, Tito COSTA (2002, p. 176) assim se manifesta: "A fraude está na divulgação. O tipo penal se consubstancia na divulgação".

Para sua configuração, o §4º exige que o conteúdo fraudulento embutido na pesquisa eleitoral seja divulgado, ou seja, torne-se de conhecimento público. O ato de divulgar, aqui, deve ser entendido em seu aspecto vasto, por meio da realização de atos de alcance geral, aptos a influenciar a vontade do eleitorado. De outra banda, é impossível o seu reconhecimento quando não há prova de que tenha ocorrido vício na testagem. Também "a simples entrega de pesquisa a quem a encomendou, por si só, não configura o crime de divulgação de pesquisa eleitoral fraudulenta (art. 33, §4º, da Lei nº 9.504/97), nem mesmo em sua forma tentada, uma vez que, para a incidência do art. 14, II, do Código Penal seria necessário que o ato de divulgação se tivesse iniciado"[17].

A pesquisa fraudulenta apta a induzir o eleitorado a erro é aquela simulada, fruto de manipulação tendenciosa apoiada em dados inverídicos e direcionada a difundir vantagens aos seus beneficiados (partido, coligação, federação ou candidato) mediante divulgação, hodiernamente pelo meio que for, tenha ou não registro perante a Justiça Eleitoral.

17. TSE, AgR-AI nº 1076-70/SP, DJE de 21/06/2012.

A apuração delituosa, inarredável, está condicionada à propositura de ação penal pública cuja titularidade pertence exclusivamente ao Ministério Público Eleitoral (art. 129, I, da CF/88), a teor do disposto no art. 355 do CE/65.[18]

Ilustrativamente:

> **Agravo regimental. Recurso especial. Ação penal. Divulgação. Pesquisa fraudulenta. Arts. 33, § 4º, e 35 da Lei nº 9.504/97. Prequestionamento. Matéria. Ausência. Súmulas nos 282 e 356 do Supremo Tribunal Federal. Pretensão. Reexame. Fatos e provas. Impossibilidade. Súmula nº 279 do Supremo Tribunal Federal.**
>
> 1. Para modificar a conclusão da Corte Regional Eleitoral que, no caso concreto, entendeu estar configurada a prática de divulgação de pesquisa fraudulenta, o fato objeto da apreciação judicial há de ser incontroverso, não se permitindo o reexame de fatos e provas nesta instância especial, nos termos do Verbete nº 279 da Súmula de Jurisprudência do Supremo Tribunal Federal.
>
> 2. A ausência de prequestionamento impede seu conhecimento na instância especial (Súmulas nos 282 e 356 do Supremo Tribunal Federal).
>
> Agravo regimental a que se nega provimento.[19]
>
> **HABEAS CORPUS. IMPUTAÇÃO DE CRIME TIPIFICADO NO ARTIGO 33, § 4º, DA LEI Nº 9.504/1997. DIVULGAÇÃO DE PESQUISA ELEITORAL FRAUDULENTA. TRÂNSITO EM JULGADO. EXPEDIÇÃO DE MANDADO DE PRISÃO. REGIME INICIAL DE CUMPRIMENTO DE PENA CONSTANTE DO REFERIDO MANDADO DIFERENTE DO CONSTANTE DA SENTENÇA. COMPETÊNCIA DO JUÍZO ESTADUAL DE EXECUÇÃO PENAL. AUDIÊNCIA DE CUSTÓDIA. INEXITÊNCIA DE ILEGALIDADE. HABEAS CORPUS NÃO CONHECIDO, COM DETERMINAÇÃO.**[20]
>
> **ELEIÇÕES 2012. RECURSO CRIMINAL. ART. 33, §4º, DA LEI 9.504/97. DIVULGAÇÃO DE PESQUISA FRAUDULENTA. ATIPICIDADE. PRINCÍPIO DA INSIGNIFICÂNCIA. ABSOLVIÇÃO. REFORMA DA SENTENÇA. RECURSO PROVIDO.**

18. Art. 355. As infrações penais definidas neste Código são de ação pública.
19. TSE, AG nº 8.996/SP, DJ de 01/04/2008.
20. TRE/SP, HC nº 060091456, DJESP de 21/08/2018.

> 1. O tipo penal previsto no art. 33, §4º, da Lei 9.504/97, ao descrever o crime de divulgação de pesquisa fraudulenta, busca coibir a prática de manipulação de dados ou adulteração de resultados de pesquisa com vista a tutelar a livre vontade de escolha do eleitorado.
>
> 2. O dolo exigido para configuração dessa conduta é a vontade deliberada de divulgar pesquisa que sabe não ser autêntica de modo a gerar influência no eleitorado.
>
> 3. A semelhança do que ocorre com os crimes contra a fé pública previstos no código penal, para que a divulgação de pesquisa fraudulenta constitua crime é necessário que a fraude seja hábil para enganar o eleitorado, o que não restou comprovado.
>
> 4. Ainda que se entenda que a entrega das pesquisas nos comitês políticos adversários tenha preenchido o núcleo do tipo ("divulgar"), é certo que a prova dos autos não demonstra que houve ofensa grave ao bem jurídico tutelado, o que enseja a possibilidade de aplicação do princípio da insignificância.[21]

20.4. PESQUISA ELEITORAL FRAUDULENTA E ABUSO DE PODER

A testagem inautêntica, que é divulgada fazendo crer tratar-se de confiável, amparada em dados e questionários supostamente idôneos, possui aptidão para iludir o eleitorado. Mencionadas circunstâncias, é incontroverso, agridem a igualdade da disputa eleitoral e rompem a moralidade e normalidade do pleito, se revelando suficientes para autenticar o aforamento de Investigação Judicial Eleitoral por abuso de poder, nos termos do art. 22 da Lei Complementar nº 64/90.

Com esse viés, o TSE já reconheceu o comprometimento da lisura da eleição quando os acusados, às vésperas do pleito, em meio à ruidosa comemoração de rua levada a efeito por interpostas pessoas em seu nome e benefício, distribuíram, a partir do comitê de campanha, uma grande quantidade de jornais com pesquisa eleitoral fraudada apontando um quadro extremamente vantajoso, apto a influenciar o resultado das urnas (gravidade das circunstâncias):

> **ELEIÇÕES 2016. AGRAVOS REGIMENTAIS. RECURSO ESPECIAL ELEITORAL. AÇÃO DE INVESTIGAÇÃO JUDICIAL ELEITORAL.**

21. TRE/PR, PROC nº 7978, DJ de 31/01/2014.

PROCEDÊNCIA. REITERAÇÃO DE ARGUMENTOS. SÚMULA Nº 26/TSE. LITISCONSÓRCIO PASSIVO NECESSÁRIO AFASTADO. CANDIDATOS. ÚNICOS RESPONSÁVEIS PELA CONDUTA ILÍCITA. SÚMULAS Nº 30 E 24/TSE. DEFICIÊNCIA DE FUNDAMENTAÇÃO. INEXISTÊNCIA. USO INDEVIDO DOS MEIOS DE COMUNICAÇÃO. JORNAL. DIVULGAÇÃO MACIÇA. PESQUISA ELEITORAL IRREGULAR. GRAVIDADE. REPERCUSSÃO. ELEITORADO. ELEMENTOS DE PROVA. ROBUSTEZ. ASPECTOS FÁTICOS. REEXAME. IMPOSSIBILIDADE. SÚMULA Nº 24/TSE. DESPROVIMENTO.

1. (...).

2. A jurisprudência do TSE, firmada para o pleito de 2016, aponta para a formação do litisconsórcio passivo necessário entre o autor do ilícito e o beneficiário nos casos de abuso de poder econômico, político e de uso indevido dos meios de comunicação social, pois, a teor do art. 22, XIV, da LC nº 64/90, aplica-se a inelegibilidade também a quem praticou o ato (Leading Case: REspe nº 843-56/MG, Rel. Min. João Otávio de Noronha, DJe de 2.9.2016. No mesmo sentido: REspe nº 624-54/SP, Rel. Min. Jorge Mussi, DJe de 11.5.2018).

3. (...).

4. (...).

5. (...).

6. A fundamentação desenvolvida ao longo do aresto regional foi pródiga na indicação das provas - 3 (três) declarantes, 2 (duas) testemunhas (os proprietários do Instituto França de Pesquisa e do jornal A Gazeta) e documentos, inclusive mídia - que comprovam, sem nenhuma dúvida, que os agravantes, às vésperas das eleições de 2016, em meio a fogos de artifício, por interpostas pessoas, distribuíram, a partir do comitê de campanha, no Município de Riachão do Dantas/SE, uma grande quantidade de jornais com pesquisa eleitoral - quadro extremamente vantajoso - prática não permitida por esta Justiça especializada, a fim de influenciar o resultado do pleito.

7. Como anotado na decisão agravada, a gravidade do ilícito foi robustamente revelada pela distribuição maciça de exemplares de jornal contendo pesquisa eleitoral proibida, grande distorção entre os dados da pesquisa e o resultado das urnas - "[...] a conduta aqui analisada teve aptidão para influenciar no resultado das urnas" (fl. 799) -, pequena diferença entre a chapa vencedora e a segunda colocada e vasta repercussão dos fatos por se tratar de município de pequeno porte.

> 8. (...).
>
> 9. Agravos regimentais desprovidos.[22]

Relativamente ao aforamento de Ação de Impugnação de Mandato Eletivo (§ 10 do art. 14 da CF/88) buscando reprimir pesquisas eleitorais adulteradas, dois acórdãos do TSE ensejam referência. No Agravo Regimental em Agravo de Instrumento nº 1.396/PI, o tribunal, ratificando tese inaugurada em 2008[23], rechaçou o cabimento da AIME porque o abuso de poder político não se encontrava entrelaçado com abuso de poder econômico. Contudo, no Recurso Especial Eleitoral nº 120, procedente do Rio Grande do Norte, a Corte manteve a cassação dos mandatos eletivos do prefeito e do vice-prefeito por comprovada prática de fraude levada a efeito através de patrocínio e manipulação de pesquisa eleitoral sem qualquer rigor metodológico,

20.5. ACESSO JUDICIAL AO SISTEMA INTERNO DE CONTROLE, VERIFICAÇÃO E DA COLETA DE DADOS

A possibilidade de suscitar objeções ou suspeitas na esfera jurisdicional relativamente aos dados constantes das pesquisas eleitorais respalda-se na Constituição Federal quando esta, nos termos do inciso XXXV de seu art. 5º, assinala que a lei não excluirá da apreciação do Poder Judiciário, de lesão ou ameaça a direito.

Dispõe a Lei Eleitoral:

> Art. 34. (VETADO)
>
> § 1º Mediante requerimento à Justiça Eleitoral, os partidos poderão ter acesso ao sistema interno de controle, verificação e fiscalização da coleta de dados das entidades que divulgaram pesquisas de opinião relativas

---

22. TSE, AgR-REspe nº 809-17/SE, DJE de 13/06/2019.

23. RECURSO ESPECIAL ELEITORAL. AÇÃO DE IMPUGNAÇÃO DE MANDATO ELETIVO. § 10 DO ARTIGO 14 DA CONSTITUIÇÃO FEDERAL: CAUSAS ENSEJADORAS. 1. O abuso de poder exclusivamente político não dá ensejo ao ajuizamento da ação de impugnação de mandato eletivo (§ 10 do artigo 14 da Constituição Federal).

    2. Se o abuso de poder político consistir em conduta configuradora de abuso de poder econômico ou corrupção (entendida essa no sentido coloquial e não tecnicamente penal), é possível o manejo da ação de impugnação de mandato eletivo. 3. Há abuso de poder econômico ou corrupção na utilização de empresa concessionária de serviço público para o transporte de eleitores, a título gratuito, em benefício de determinada campanha eleitoral. Recurso desprovido. (REspe nº 28.040/BA, DJ de 1º/07/2008, por maioria).

> às eleições, incluídos os referentes à identificação dos entrevistadores e, por meio de escolha livre e aleatória de planilhas individuais, mapas ou equivalentes, confrontar e conferir os dados publicados, preservada a identidade dos respondentes.
>
> § 2º O não-cumprimento do disposto neste artigo ou qualquer ato que vise a retardar, impedir ou dificultar a ação fiscalizadora dos partidos constitui crime, punível com detenção, de seis meses a um ano, com a alternativa de prestação de serviços à comunidade pelo mesmo prazo, e multa no valor de dez mil a vinte mil UFIR.
>
> § 3º A comprovação de irregularidade nos dados publicados sujeita os responsáveis às penas mencionadas no parágrafo anterior, sem prejuízo da obrigatoriedade da veiculação dos dados corretos no mesmo espaço, local, horário, página, caracteres e outros elementos de destaque, de acordo com o veículo usado.

Neste artigo, o objetivo central do legislador foi assegurar aos partidos, federações e coligações uma ampla garantia de fiscalização dos dados das pesquisas que chegaram ao conhecimento público. Na medida em que não há qualquer vistoria prévia acerca da veracidade daqueles, a redação do art. 34 autoriza os legitimados acessar questionários, confrontar e conferir dados dos entrevistados, identificar e mesmo verificar os locais onde foram executadas as entrevistas, certificar-se das respostas dadas e inclusive identificar os entrevistadores de campo. Dentro dessa esfera num dos pontos mais delicados do contexto eleitoral, existe a possibilidade checagem acerca da veracidade do que resultou divulgado. A revisão judicial dessas informações, embora afanosa, é que permitirá a verificação da ocorrência ou não de fraude ou abuso mediante a violação de regramentos expressos do tema em referência.

Por conta dessas especificidades, num sentido mais amplo, é cabível anotar que "O direito de acesso ao sistema interno de controle previsto na legislação eleitoral constitui prerrogativa de caráter instrumental, destinada a subsidiar eventuais representações em face de consultas de intenção de votos eivadas de irregularidades. Se inerte a parte interessada durante o lapso temporal previsto em lei para o exercício do direito, resta prejudicado o interesse de agir para a obtenção da informação".[24]

24. TSE, AgR-AI nº 0604054-77/PR, DJE de 06/08/2020.

Em caso de condutas omissivas ou comissivas retardando ou obstruindo o cumprimento do acesso que foi judicialmente deferido, as medidas de repressão arroladas pela norma são de natureza penal e civil:

- **Penal**:
  - detenção, de seis meses a um ano;
  - alternativamente, prestação de serviços à comunidade pelo mesmo prazo;
- **Civil**:
  - multa no valor de dez mil a vinte mil UFIR.[25]

De igual maneira, diante da comprovação judicial de irregularidade nos dados publicados, o legislador criminalizou tal conduta estabelecendo as mesmas penalidades.

20.6. RESPONSABILIZAÇÃO PENAL DOS REPRESENTANTES LEGAIS DA EMPRESA OU ENTIDADE DE PESQUISA E DO ÓRGÃO VEICULADOR DA PESQUISA FRAUDULENTA

> Art. 35. Pelos crimes definidos nos arts. 33, § 4º e 34, §§ 2º e 3º, podem ser responsabilizados penalmente os representantes legais da empresa ou entidade de pesquisa e do órgão veiculador.

A norma penal aqui está confinada à locução "podem ser responsabilizados". A lei não disse "serão" ou "deverão" porque os três crimes previstos pelo *caput* trazem, imperiosamente, a exigência da coautoria prevista pelo art. 29 do Código Penal em combinação ao art. 12 do mesmo estatuto.

Assim, leciona CONEGLIAN (2012, p. 241), "desde que haja prova para tanto, os responsáveis pela empresa de pesquisa podem cometer os crimes previstos neste capítulo. O mesmo pode ocorrer com os responsáveis pelo órgão que divulgar a pesquisa: rádio, jornal, partido político, pessoa, emissora de televisão".

Para a apuração da prática dos crimes de (a) divulgação de pesquisa fraudulenta, (b) obstrução de acesso ao sistema interno de controle, verificação e coleta de dados e (c) irregularidade nos dados divulgados, deve ser

25. Com a extinção da UFIR, a multa parte de R$ 10.641,00 e pode atingir R$ 21.282,00.

observado o devido processo legal (CF/88, art. 5º, LIV) mediante o processo-crime eleitoral previsto nos artigos 355 a 364 do Código Eleitoral.

20.7. CRIME DO ART. 350 DO CÓDIGO ELEITORAL

Além desses delitos, na análise caso a caso, a prova obtida pode possibilitar a tipificação de outros, notadamente o de falsidade ideológica, previsto no art. 350 do Código Eleitoral.

Vejamos o tipo penal em comento:

> Art. 350. Omitir, em documento público ou particular, declaração que dele devia constar, ou nele inserir ou fazer inserir declaração falsa ou diversa da que devia ser escrita, para fins eleitorais:
>
> Pena - reclusão até cinco anos e pagamento de 5 a 15 dias-multa, se o documento é público, e reclusão até três anos e pagamento de 3 a 10 dias-multa se o documento é particular.
>
> Parágrafo único. Se o agente da falsidade documental é funcionário público e comete o crime prevalecendo-se do cargo ou se a falsificação ou alteração é de assentamentos de registro civil, a pena é agravada.

Considerados os bens jurídicos tutelados pela LE/97, o sujeito ativo que comprovadamente[26] omitir, em documento público ou particular exigido para o registro das pesquisas, declaração que dele devia constar, ou nele inserir ou fazer inserir declaração falsa ou diversa da que devia ser escrita, com finalidade eleitoral, incide nas penalidades do art. 350.

---

26. A) Neste sentido: RECURSO ELEITORAL CRIMINAL. CRIME ELEITORAL. FALSIDADE IDEOLÓGICA (ART. 350 DO CE). REGISTRO DE PESQUISA FRAUDULENTA. ELEIÇÃO 2008. CONCURSO MATERIAL. DUPLA TIPIFICAÇÃO. FINS ELEITORAIS. DEMONSTRAÇÃO. DOLO ESPECÍFICO. AUTORIA. MATERIALIDADE. CONDENAÇÃO. SENTENÇA A QUO. PRELIMINARES DE CERCEAMENTO DE DEFESA E INTEMPESTIVIDADE RECURSAL. NÃO CARACTERIZAÇÃO. MÉRITO. TESE JURÍDICA. REJEIÇÃO. IMPROVIMENTO DO APELO. MANUTENÇÃO DA DECISÃO DE 1º GRAU. 1 - Não houve cerceamento de defesa com a renúncia do advogado do réu, tendo em vista que a sentença foi prolatada quando os autos já se encontravam prontos para julgamento e, ainda, não se caracterizou, na espécie, a intempestividade do apelo, porquanto a juntada do mandado de intimação da sentença só foi efetivado no dia 21.03.2011, fl. 304 - v, e o recurso protocolado em 23.03.2011, que foi recebido e enviado à 76ª ZE, pela Juíza Eleitoral Maria do Livramento Alves Magalhães da 82ª Zona Eleitoral de Fortaleza (juízo deprecado), além do que este ser conhecido, pois o Juiz a quo só deveria publicar a decisão após a confirmação do recebimento do mandado de intimação para o réu nomear advogado, o que não se verificou na espécie. 2 - Inconteste a autoria e materialidade dos crimes de falsidade ideológica praticados pelo réu em detrimento ao processo eleitoral de 2008. 3 - Manutenção da decisão de 1º grau. Improvimento do recurso criminal. (TRE/CE, RC nº 956330553, DJE de 13/12/2011).

    B) Prova frágil:

    RECURSO CRIMINAL. DENÚNCIA FUNDADA NO ART. 171, "CAPUT" DO CÓDIGO PENAL E NO ART. 350, "CAPUT" DO CÓDIGO ELEITORAL, AMBOS COMBINADOS COM O ART. 14, INCISO II, E COM O ART. 70, "CAPUT", "IN FINE", DO CÓDIGO PENAL. FRAGILIDADE DO CONJUNTO PROBATÓRIO. DESPROVIMENTO DO RECURSO. ABSOLVIÇÃO MANTIDA. (TRE/SP, RC nº 1.969, DOE de 09/10/2007).

20.8. ENQUETES E SONDAGENS

A partir da data consignada pelo *caput* do art. 36 da Lei nº 9.504, é vedada a realização de enquetes relacionadas ao processo eleitoral. Relativamente ao período que a antecede, tanto aquelas quanto as sondagens[27], a par de desimpedidas, estão dispensadas da apresentação de referências metodológicas, bem como de registro para divulgação.

Posteriormente ao dia 15 de agosto do ano eleitoral, incide o exercício do poder de polícia contra a divulgação de enquetes, inclusive com a expedição de ordem judicial para que as mesmas sejam removidas, sob pena do crime de desobediência (Código Eleitoral, art. 347). Porém, o cometimento da referida irregularidade não enseja a aplicação de sanção pecuniária.[28]

Tendo em conta essas particularidades, destaque-se, por pertinente, que enquanto a pesquisa eleitoral "é formal e deve ser minuciosa quanto ao âmbito, abrangência e método adotado", a enquete é informal e dela não se "exigem determinados pressupostos a serem enunciados" (TSE, Recurso Especial Eleitoral nº 20.664/SP, redator para acórdão Min. Luiz Carlos Lopes Madeira, DJ de 13/05/2005).

---

27. Tais modalidades de coleta de informação dependem da participação espontânea do interessado.

28. ELEIÇÕES 2018. RECURSO INOMINADO. REPRESENTAÇÃO. REALIZAÇÃO E DIVULGAÇÃO DE ENQUETE DURANTE A CAMPANHA ELEITORAL. PARCIAL PROCEDÊNCIA DOS PEDIDOS. REMOÇÃO DO CONTEÚDO PUBLICADO EM SÍTIO ELETRÔNICO. SANÇÃO DE MULTA AFASTADA. AUSÊNCIA DE PREVISÃO LEGAL. INAPLICABILIDADE DE PENA PECUNIÁRIA PREVISTA EM ATO NORMATIVO INFRALEGAL. DESPROVIMENTO.

1. No caso, a empresa recorrida publicou no sítio eletrônico do jornal Valor Econômico matéria com o seguinte título: "Enquete em evento mostra que maioria dos empresários aposta em Alckmin", divulgando o resultado de sondagem realizada durante evento do "Valor 1000", ocorrido na cidade de São Paulo, contando com mais de 700 convidados. A decisão impugnada determinou a remoção da enquete, porém o Ministério Público Eleitoral insiste quanto ao cabimento da multa.

2. Contudo, ausente previsão legal acerca de sanção específica para as hipóteses referentes à realização de enquetes durante o processo eleitoral, conforme se depreende da leitura do art. 33, § 5º, da Lei nº 9.504/1997, seu descumprimento ensejará apenas a cessação do ilícito eleitoral praticado.

3. Não é possível aplicar à divulgação de enquete em período eleitoral a multa para pesquisa irregular, por ausência de previsão legal. Precedentes.

4. Não obstante subsistir resolução deste Tribunal com previsão regulamentar viabilizando a aplicação de multa nas hipóteses de comprovada realização e divulgação de enquete no período de campanha eleitoral, é forçoso reconhecer que o art. 105 da Lei das Eleições estabelece que "o Tribunal Superior Eleitoral, atendendo ao caráter regulamentar e sem restringir direitos ou estabelecer sanções distintas das previstas nesta lei, poderá expedir todas as instruções necessárias para sua fiel execução", de modo que a competência normativa do TSE não alcança a instituição de sanção de natureza pecuniária, como a prevista no art. 23, § 2º, da Res.-TSE nº 23.549/2017, ante o risco de usurpação da competência do Congresso Nacional.

5. Por fim, à luz do princípio da legalidade dos atos eleitorais, apenas ao legislador é conferida a legitimidade para criar hipótese de conduta em desacordo com o direito eleitoral e sua respectiva sanção (AgR-AI nº 282-79/RJ, rel. Min. Tarcisio Vieira de Carvalho Neto, DJe de 18.4.2018).

6. Recurso desprovido.

(TSE, RP nº 060098836/DF, PSESS de 27/11/2018).

20.8.1. Quadro comparativo pesquisa x enquete

SITUAÇÃO	PESQUISA ELEITORAL	ENQUETE
Período	Sem limitação Temporal	Vedação a partir de 15 de agosto para as enquetes relacionadas ao processo Eleitoral
Registro de Informações	Obrigatório no ano Eleitoral	Dispensado
Conduta por fraude	Crime	Atípica
Plano amostral	Obrigatório	Dispensada

20.9. EXCLUSÃO DE PRÉ-CANDIDATO DE PESQUISA ELEITORAL

Nem a CF/88, nem a legislação eleitoral, tampouco as instruções expedidas pelo TSE com amparo no art. 23, IX do Código de 65 estabelecem obrigatoriedade de inclusão dos nomes de todos os possíveis pré-candidatos nas pesquisas eleitorais efetuadas no período que antecede a data limite para o registro de candidatura. Ao contrário.

Da inteligência do art. 3º da Resolução nº 23.600 do Tribunal Superior Eleitoral[29] há que se compreender a exata delimitação temporal que incide à hipótese. Repete aquele dispositivo, com o fulgor de um diamante e na linha daqueles que lhe precederam no disciplinamento[30], que somente a partir da publicação dos editais contendo os registros de candidatas e candidatos é que os nomes de todas as candidatas e de todos os candidatos cujo registro tenham sido requeridos à Justiça Eleitoral (juiz, TRE e TSE) deverão constar da lista apresentada às pessoas entrevistadas durante a realização das pesquisas.

Com efeito, constata-se sem maior esforço que aludida norma resolutiva foi a tal ponto alva que não basta o protocolo do pedido de registro perante o órgão competente da JE. É necessário que sobrevenha a sua respectiva publicação para que daí então passe a ser compulsória a presença dos nomes.

29. Dispõe sobre pesquisas eleitorais (DJE-TSE, nº 244, de 19/12/2019, p. 64-68; republicada no DJE-TSE, nº 37, de 07/03/2022, p. 61-67 e republicado no DJE-TSE, nº 45, de 16/03/2022, p. 40-47).
30. *V.g.*, o art. 3º da Res. 23.519/17 (revogada), art. 3º da Res. 23.453/15 (revogada) e art. 3º da Res. 23.400/13 (revogada).

Destarte, , há que se insistir mais um pouco na questão, em vista da assiduidade com que pré-candidatos e pré-candidatas estorvam pela inserção a destempo de seus nomes nos testes.

Não malfere o Princípio da Isonomia (CF/88, art. 5º, *caput*) a exclusão, pelos questionários apresentados aos eleitores, de determinados postulantes ao mesmo cargo eletivo. A supressão de nomes não infringe aos princípios constitucionais do regime democrático (CF/88, art. 1º, *caput*), do pluralismo político (CF/88, art. 1º, V) ou da igualdade (CF/88, art. 5º, *caput*). Dentro dessa perspectiva, falece à Justiça Eleitoral impor às empresas responsáveis pelas pesquisas eleitorais qualquer obrigação de incluir este ou aquele nome.

A despeito disso, conquanto o esforço argumentativo em sentido oposto por parte dos que foram preteridos nos levantamentos, o assunto, além de desbotado, não comporta maiores digressões ou desafios exegéticos à luz dos pronunciamentos exarados pelo Tribunal Superior Eleitoral de que é exemplo o Agravo Regimental em Representação nº 70628/DF (DJE de 02/06/2010):

> **AGRAVO REGIMENTAL. REPRESENTAÇÃO. PESQUISA ELEITORAL. PRÉ-CANDIDATO. INCLUSÃO DO NOME NAS PESQUISAS. AUSÊNCIA DE OBRIGATORIEDADE.**
>
> I - Na representação ajuizada com fundamento em artigo da Lei nº 9.504/97, é cabível o recurso inominado previsto no § 8º do art. 96 da Lei nº 9.504/97 e no art. 33 da Res.-TSE nº 23.193/2009.
>
> II - Até a data limite para a solicitação de registro de candidatura, não há obrigatoriedade de na pesquisa constarem os nomes de todos os possíveis ou pré-candidatos. Precedente.
>
> III - O recorrente limitou-se a reproduzir os argumentos já apresentados na inicial da representação, razão pela qual a decisão deve ser mantida pelos seus próprios fundamentos.
>
> IV - Nego provimento ao recurso.

20.10. DIVULGAÇÃO EM REDE SOCIAL DE PESQUISA ELEITORAL DESTITUÍDA DE REGISTRO

Aspecto especialmente importante do tema em estudo e que fomenta incessantes controvérsias na jurisprudência diz com a hipótese de pesquisa eleitoral sem prévio registro reproduzida por terceiro em perfil de rede social. À luz do §3º do art. 33 da LE/97, o tema segmentou o plenário do TSE em duas correntes, ocasionando soluções distintas para os casos que lhe são submetidos.

A primeira corrente, corroborando anterior posição da Corte, manifesta-se no sentido de que aquele que replica, no seu perfil de rede social, conteúdo originalmente publicado por veículo de manifesta credibilidade, está ao amparo do princípio geral da presunção da boa-fé, que exclui a incidência de pena pecuniária:

> **DIREITO ELEITORAL. AGRAVO INTERNO EM RECURSO ESPECIAL ELEITORAL. ELEIÇÕES 2018. REPRESENTAÇÃO. PESQUISA ELEITORAL SEM PRÉVIO REGISTRO. ART. 33, § 3º, DA LEI Nº 9.504/1997. REPUBLICAÇÃO DO CONTEÚDO EM REDE SOCIAL. EXCEPCIONALIDADE. AUSÊNCIA DE INFRAÇÃO. DESPROVIMENTO.**
>
> 1. Agravo interno contra decisão que deu provimento a recurso especial eleitoral interposto contra acórdão que manteve sentença de procedência de representação por divulgação de pesquisa eleitoral sem prévio registro.
>
> 2. No caso, o Tribunal Regional concluiu que a pesquisa reproduzida no perfil do Instagram do representado não possui registro na Justiça Eleitoral, razão pela qual manteve a condenação ao pagamento de multa no valor de R$ 53.205,00, nos termos do art. 33, § 3º, da Lei nº 9.504/1997.
>
> 3. Todavia, a hipótese descrita no acórdão regional, excepcionalmente não se subsume à infração eleitoral prevista no art. 33, § 3º, da Lei das Eleições. Isso porque não é razoável exigir que o representado se certifique previamente de que a matéria originalmente publicada em jornal de notória credibilidade encontra-se devidamente registrada perante a Justiça Eleitoral e atende a todos os requisitos legais, antes de replicá-la em sua rede social. Precedente.
>
> 4. Agravo interno a que se nega provimento.[31]

A outra corrente, com amparo no que decidiu o Agravo Regimental em Agravo de Instrumento nº 446-58/GO (DJE de 29/11/2018), adota a compreensão de que a divulgação, ao público em geral, através de rede social, de dados relativos à pesquisa destituída de registro perante a Justiça Eleitoral, é prática irregular apta a atrair a multa prevista no art. 33 da Lei 9.504/97:

> **PESQUISA ELEITORAL. INSTAGRAM. DIVULGAÇÃO SEM PRÉVIO REGISTRO. CARÁTER PRIVADO AFASTADO. APLICAÇÃO DE MULTA.**
>
> 1. O Tribunal de origem, soberano na análise de fatos e provas, assentou que houve divulgação de pesquisa ao público em geral, afastando

31. TSE, REspe nº 060141282/SE, DJE de 18/03/2020 (v. REspe nº 060142496/SE, DJE de 16/09/2019).

expressamente a tese de se tratar de conversa ou publicação de caráter privado, conclusão cuja reforma demandaria o reexame do contexto fático-probatório, inviável em recursos de natureza extraordinária.

2. A divulgação ao público em geral, em perfil de rede social, de dados relativos a pesquisa eleitoral, sem o necessário registro na Justiça Eleitoral, atrai a incidência da multa prevista no art. 33 da Lei 9.504/97. Precedente: AgR-AI 354-96, rel. Min. Rosa Weber, DJe de 18.5.2018. Agravo regimental a que se nega provimento.

Perquirindo as fundamentações firmadas por ambos os posicionamentos, verifica-se que o cerne da controvérsia estabelecida diz, a um lado, sobre a dispensa, pelo titular de conta de rede social, de conferir se a pesquisa publicada em veículo diverso de informação apresenta-se registrada perante a Justiça Eleitoral, e a outro, pela incidência automática da punição para aquele que replicou o conteúdo sem proceder na sua checagem.

No ponto assinalado, muito embora o preceito jurídico regedor da matéria refira expressamente que a "divulgação de pesquisa sem o prévio registro das informações" sujeita os responsáveis à pena de multa, o disposto no art. 23 da LC nº 64/90 prescrevendo que o órgão julgador competente formará a "sua convicção pela livre apreciação dos fatos públicos e notórios" oportuniza, caso a caso, a prevalência do Princípio da Boa Fé para a cominação da pena.

No atual momento de tantas transformações no Direito, não se mostra ínsito à lógica do sistema aplicar severíssima reprimenda pecuniária àquele que tão somente publicizou percentuais de candidatos reproduzidos a partir de fonte fidedigna. Os julgamentos necessitam sair da inércia[32] e da retórica para alcançar a prática. Não é mais possível a Justiça Eleitoral analisar situações com este viés "de costas" para a razoabilidade. A par de ilógico, assume dimensão exorbitante penalizar quem, destituído de malícia ou potencial para desequilibrar o pleito, simplesmente captura (*printa*)[33] e, a seguir, posta, na sua conta pessoal, uma imagem contendo índices de pesquisa já veiculada. Com esse raciocínio, ante a prova produzida, sopesa-se o grau de culpabilidade.

Sem prejuízo dos raciocínios acima encetados, bem como dos arestos que lhes amparam, a pesquisa nos julgamentos correntes do TSE no tema evidencia que a sua pacificação está distante:

---

32. "A lei não é um corpo frio, inerte, aparelhado de normas facilmente entendíveis, através das palavras que as exprimem. Há dentro dela uma fôrça anímica, muitas vezes envolvida num ádito que só ao experimentado cabe desvendar. A interpretação é assim, um índice da vitalidade e da potência de adaptação do Direito; tanto este vive quanto poder ser interpretado", disse Serpa LOPES (*Lei de Introdução ao Código Civil*, vol. I, 2 a ed., Livraria Freitas Bastos S/A, 1959, pág. 102).

33. Pressionando as teclas ⊞ Win e ⎙ Print Screen ao mesmo tempo.

AGRAVO. RECURSO ESPECIAL. ELEIÇÕES 2020. VICE-PREFEITO. REPRESENTAÇÃO. PESQUISA ELEITORAL SEM REGISTRO. DIVULGAÇÃO. ART. 33, § 3º, DA LEI 9.504/97. GRUPOS DE WHATSAPP. CONHECIMENTO PÚBLICO. CONFIGURAÇÃO. NEGATIVA DE PROVIMENTO.

[...].

4. No *leading case* sobre a matéria – REspEl 0000414-92/SE, Rel. Min. Tarcisio Vieira de Carvalho Neto, DJE de 2/10/2018 –, esta Corte Superior, atenta à realidade imposta pelas novas mídias digitais e de sua possível influência na legitimidade das eleições, registrou que se deve perquirir, caso a caso, o público alvo atingido pela mensagem e a potencialidade de alastramento das informações veiculadas por meio da ferramenta a fim de se enquadrar a conduta como violadora do art. 33 da Lei 9.504/97.

5. Nesse sentido, fixaram-se alguns parâmetros que, em cada hipótese concreta, podem nortear o julgador na qualificação da pesquisa divulgada em rede social como de conhecimento público ou não, a saber: (a) uso institucional ou comercial da ferramenta; (b) capacidade de alcance das informações; (c) número de participantes; (d) nível de organização do aplicativo; (e) características dos participantes.

6. No caso dos autos, os elementos contidos na moldura fática do aresto a quo permitem concluir que a conduta dos recorrentes é ilícita, porquanto teve aptidão para levar a pesquisa irregular ao "conhecimento público".

7. Conforme assentou o TRE/MT, a pesquisa se propagou em grupos que "se destinavam à circulação de material político", denotando a finalidade de difundir conteúdo voltado ao convencimento de eleitores, não se tratando, portanto, de ambiente restrito a relações privadas. Ademais, um deles contava com "mais de 150 participantes", a revelar o caráter coletivo da ferramenta e, por conseguinte, a propensão ao alastramento das informações.

8. Ainda de acordo com a moldura do acórdão a quo, "houve circulação de pesquisa em formato gráfico que mimetiza as divulgações tradicionais". No ponto, entendimento diverso esbarra no óbice da Súmula 24/TSE, que veda o reexame de fatos e provas em sede extraordinária.

9. Recurso especial a que se nega provimento.[34]

ELEIÇÕES 2020. AGRAVO INTERNO NO AGRAVO EM RECURSO ESPECIAL. REPRESENTAÇÃO. DIVULGAÇÃO DE PESQUISA SEM PRÉVIO REGISTRO. APARÊNCIA DE PESQUISA. ILUSÃO

34. TSE, AREspEl nº 0600568-49/MT, DJE 24/03/2023.

DO ELEITORADO. MEIO EMPREGADO. PERFIL NO FACEBOOK E EM GRUPO COLETIVO DE WHATSAPP. CABIMENTO DE MULTA. CONFORMIDADE DA DECISÃO IMPUGNADA COM O ENTENDIMENTO DESTE TRIBUNAL SUPERIOR. SÚMULA 30/TSE. MANUTENÇÃO DO DECISUM. AGRAVO DESPROVIDO.

[...].

3. A divulgação, na rede social Facebook e em grupo coletivo de Whatsapp, de pesquisa sem prévio registro insere-se na vedação prevista no art. 33 da Lei 9.504/1997, a atrair a incidência da multa correlata, segundo se observa na jurisprudência desta Corte Superior, de modo que não há como se afastar o assentado óbice da Súmula 30/TSE.

4. Agravo interno a que se nega provimento.[35]

ELEIÇÕES 2020. AGRAVO REGIMENTAL. NEGATIVA DE SEGUIMENTO A AGRAVO EM RECURSO ESPECIAL ELEITORAL. REPRESENTAÇÃO. PESQUISA ELEITORAL SEM PRÉVIO REGISTRO. REDE SOCIAL. ELEMENTOS MÍNIMOS DE FORMALIDADE. PRESENTES. INFLUÊNCIA NO EQUILÍBRIO DO PLEITO. IRRELEVÂNCIA. ACÓRDÃO EM CONFORMIDADE COM A JURISPRUDÊNCIA DESTE TRIBUNAL. SÚMULA Nº 30/TSE. DESPROVIMENTO.

[...].

3. Para que fique caracterizado o ilícito eleitoral previsto no art. 33, § 3º, da Lei nº 9.504/97, basta que a pesquisa eleitoral sem registro prévio tenha sido dirigida para conhecimento público, sendo desimportante o número de pessoas atingidas, bem como sua aptidão em desequilibrar o pleito. Súmula nº 30/TSE.

4. Agravo regimental desprovido.[36]

20.11. EVOLUÇÃO LEGISLATIVA DA MATÉRIA

O cotejo dos textos legais pregressos a seguir compilados atesta o esforço do legislador na tentativa de tonificar as exigências relativamente às pesquisas eleitorais buscando revesti-las de maior possibilidade de aferição e credibilidade.[37]

35. TSE, AREspEl nº 0600555-08/PE, DJE 22/03/2023.

36. TSE, AREspE nº 0600095-58/MG, DJE 11/05/2022.

37. O fato é que as prevaricações nas pesquisas eleitorais se tornaram corriqueiras. O cerne da questão é óbvio: há uma manifesta incapacidade da Lei nº 9.504 em frustrar as táticas de manipulação que agridem a normalidade dos pleitos. Em realidade, é como se o remédio aplicado fosse insuficiente, um emplastro incapaz de debelar a chaga.

No entanto, a ideia de que sejam disponibilizadas na íntegra, com seus bancos de dados, todas as informações exigidas pelo art. 33, ainda não sensibilizou o legislador, mesmo diante da digitalização dos processos eleitorais em todas as instâncias da Justiça Especializada e do número crescente de denúncias de fraudes.[38]

Lei nº 7.508/1986 (eleições estaduais/1986)

> Art. 5º Nos 21 (vinte e um) dias anteriores ao pleito, fica proibida a divulgação, por qualquer forma, de resultado de prévias, pesquisas ou testes pré-eleitorais.
>
> Parágrafo único. As entidades ou empresas que realizarem prévias, pesquisas ou testes pré-eleitorais, no prazo permitido neste artigo, ficam obrigadas a colocar à disposição de todos os partidos, com candidatos registrados para o pleito, os resultados obtidos e publicados, bem como informações sobre os métodos utilizados e as fontes financiadoras dos respectivos trabalhos.

Lei nº 7.664/1988 (eleições municipais/1988)

> Art. 26. Na divulgação por qualquer forma de resultado de prévias, pesquisas ou testes pré-eleitorais, devem ser incluídas, obrigatoriamente, as seguintes informações:
>
> a) período de realização do trabalho;
>
> b) nomes de bairros ou localidades pesquisadas;
>
> c) número de pessoas ouvidas em cada bairro ou localidade; e
>
> d) nome do patrocinador do trabalho.
>
> 1º Quaisquer prévias, pesquisas ou testes pré-eleitorais somente poderão ser divulgados até o dia 14 de outubro de 1988.
>
> 2º Em caso de infração do disposto neste artigo, os responsáveis pelo órgão de divulgação infrator estarão sujeitos à pena cominada no art. 322 Lei nº 4.737, de 15 de julho de 1965 - Código Eleitoral.

---

38. Ultrapassadas as eleições de 2020, o Ministério Público Eleitoral, face o volumoso número de casos suspeitos noticiados, decidiu "apurar se houve irregularidade na realização de diversas pesquisas eleitorais promovidas em todo o país, relativas às eleições municipais deste ano, custeadas com recursos dos próprios institutos. A medida foi tomada após a Associação Brasileira de Empresas de Pesquisa (ABEP) enviar representação à Procuradoria-Geral Eleitoral (PGE), relatando indícios de irregularidade, diante do aumento expressivo do número de pesquisas eleitorais em 2020 realizadas com verbas das próprias empresas, sem que tenham sido contratadas por veículos de comunicação, comitês partidários e outras entidades diretamente interessadas nas eleições como é de costume".

Lei nº 7.773/1989 (eleição presidencial/1989)

Art. 26 As entidades ou empresas que realizarem prévias, pesquisas ou testes pré-eleitorais ficam obrigadas a colocar à disposição de todos os Partidos Políticos, com candidatos registrados para o pleito, os resultados obtidos, bem como informações sobre métodos utilizados e fonte financiadora dos respectivos trabalhos.

1º As pesquisas, prévias ou testes pré-eleitorais, divulgados por qualquer meio de comunicação, devem conter plano amostral definido e obedecer a padrões metodológicos universalmente aceitos, asseguradas aos Partidos Políticos a que se refere o caput deste artigo as seguintes informações:

I - período e método para a realização de trabalho;

II - número de pessoas ouvidas em cada bairro ou localidade;

III - plano amostral e peso ponderado no que se refere a sexo, idade, grau de instrução, nível econômico e área física de realização do trabalho;

IV - nome do patrocinador do trabalho;

V - controle e verificação da coleta de dados e do trabalho de campo;

2º Fica vedada, nos 30 (trinta) dias anteriores à data da eleição em primeiro turno e nos 10 (dez) dias anteriores à do segundo turno, a divulgação de quaisquer pesquisas, prévias ou testes pré-eleitorais, relativamente à eleição presidencial de que trata esta Lei.

3º Ficam proibidos, no dia do pleito, até às 19 (dezenove) horas, quaisquer noticiários de televisão e radiodifusão referentes a candidatos e ao comportamento de eleitores.

4º Os responsáveis pela realização das pesquisas referidas neste artigo e os órgãos que as divulgarem deverão adotar providências eficazes para garantia da idoneidade, rigor metodológico, lisura e veracidade das mesmas, constituindo a omissão crime eleitoral, com as penas cominadas no art. 354 da Lei nº 4.737, de 15 de julho de 1965 - Código Eleitoral.

Lei nº 8.214/1991 (eleições municipais/1992)

Art. 32. As entidades ou empresas que realizarem pesquisas de opinião pública, relativas às eleições ou aos candidatos, para serem levadas ao conhecimento público, são obrigadas a registrar, no prazo mínimo de três dias antes da divulgação, na sede da zona eleitoral ou no Tribunal Regional Eleitoral nas capitais, previamente notificados pelo Juízo os partidos ou coligações, as informações mínimas a seguir relacionadas:

I - quem solicitou a pesquisa;

II - de onde proveio o montante global dos recursos, despendidos nos trabalhos;

III - a metodologia e o período de realização da pesquisa;

IV - o plano amostral e ponderação no que se refere a sexo, idade, grau de instrução, nível econômico e área física de realização do trabalho;

V - o nome do financiador do trabalho;

VI - o sistema interno de controle e verificação, conferência e fiscalização da coleta de dados e do trabalho de campo.

§ 1º As informações especificadas nos incisos deste artigo ficarão à disposição dos partidos políticos, das coligações e dos candidatos registrados para o pleito, que a elas terão livre acesso.

§ 2º Em caso de descumprimento do disposto neste artigo, os responsáveis pela empresa ou instituto de pesquisa e pelo órgão divulgador, no limite de suas responsabilidades, estarão sujeitos à pena cominada no art. 322 da Lei nº 4.737, de 15 de julho de 1965 (Código Eleitoral).

Lei nº 8.713/1993 (eleição presidencial e eleições estaduais/1994)

Art. 31. A partir de 2 de abril de 1994, as entidades ou empresas que realizarem pesquisas de opinião pública relativas às eleições ou aos candidatos para serem levadas ao conhecimento público são obrigadas a registrar, junto à Justiça Eleitoral, até cinco dias antes da divulgação, as informações a seguir relacionadas:

I - quem contratou a realização da pesquisa;

II - valor e origem dos recursos despendidos no trabalho;

III - a metodologia e o período de realização da pesquisa;

IV - o plano amostral e ponderação no que se refere a sexo, idade, grau de instrução, nível econômico e área física de realização do trabalho;

V - o nome de quem pagou pela realização do trabalho;

VI - o sistema interno de controle e verificação, conferência e fiscalização da coleta de dados e do trabalho de campo.

1º As informações relativas à eleição presidencial devem ser registradas no Tribunal Superior Eleitoral, e as relativas às demais eleições, no Tribunal Regional Eleitoral.

2º A Justiça Eleitoral afixará imediatamente, no local de costume, aviso comunicando o registro das informações a que se refere este artigo, colocando-as à disposição dos partidos ou coligações com candidatos ao pleito, que a elas terão livre acesso pelo prazo de trinta dias.

3º Imediatamente após a divulgação da pesquisa, as empresas ou entidades a que se refere este artigo colocarão à disposição dos partidos ou coligações que possuam candidatos registrados para as eleições a que se refere a pesquisa todas as informações, resultados obtidos e demais elementos atinentes a cada um dos trabalhos efetuados.

4º Os responsáveis pela empresa ou entidade de pesquisa, pelo órgão veiculador, partido, coligação ou candidato que divulgarem pesquisa não registrada estarão sujeitos à pena cominada no art. 323 do Código Eleitoral e à multa de valor igual ao contratado pela realização da pesquisa.

Art. 32. Os partidos, mediante requerimento à Justiça Eleitoral, que determinará imediatamente a realização de diligência, terão acesso ao sistema interno de controle, verificação e fiscalização da coleta de dados dos institutos ou entidades que derem ao conhecimento público pesquisas de opinião relativas às eleições, e poderão, através da escolha livre e aleatória de planilhas individuais, mapas ou equivalentes, confrontar e conferir os dados publicados.

1º A recusa ao cumprimento do disposto neste artigo ou qualquer ato que vise a retardar, impedir ou dificultar a ação fiscalizadora dos partidos, tornará os responsáveis pela entidade ou empresa de pesquisa sujeitos à pena de detenção de seis meses a um ano e multa de valor igual ao recebido pela realização da pesquisa.

2º A comprovação de irregularidade ou dessemelhança entre os dados publicados e aqueles aferidos pela diligência do partido político tornará os responsáveis pela entidade ou instituto de pesquisa e os responsáveis pelo órgão divulgador sujeitos às penalidades indicadas no parágrafo anterior, sem prejuízo da obrigatoriedade de publicação dos dados corretos.

Lei nº 9.100/1995 (eleições municipais/1996)

Art. 48. A partir de 2 de abril de 1996, as entidades ou empresas que realizarem pesquisas de opinião pública relativas às eleições ou aos candidatos, para serem levadas ao conhecimento público, são obrigadas a registrar, junto à Justiça Eleitoral, até cinco dias antes da divulgação de cada pesquisa, as informações a seguir relacionadas:

I - quem contratou a realização da pesquisa;

II - valor e origem dos recursos despendidos no trabalho;

III - a metodologia e o período de realização da pesquisa;

IV - o plano amostral e ponderação no que se refere a sexo, idade, grau de instrução, nível econômico e área física de realização do trabalho;

V - o intervalo de confiança e a margem de erro;

VI - o nome de quem pagou pela realização do trabalho;

VII - o sistema interno de controle e verificação, conferência e fiscalização da coleta de dados e do trabalho de campo;

VIII - o questionário completo aplicado.

§ 1º A juntada de documentos e o registro das informações a que se refere este artigo, relativas às eleições nas capitais, devem ser feitos, a cada pesquisa, nos Tribunais Regionais Eleitorais, e, nos demais municípios, nos juízos eleitorais respectivos.

§ 2º A Justiça Eleitoral afixará, imediatamente, no local de costume, aviso comunicando o registro das informações a que se refere este artigo, colocando-as à disposição dos partidos ou coligações com candidatos ao pleito, que a elas terão livre acesso pelo prazo de trinta dias.

§ 3º Imediatamente após o registro referido no caput, as empresas ou entidades referidas colocarão à disposição dos partidos ou coligações que possuam candidatos registrados para as eleições a que se refere a pesquisa, na sede do Município onde se situa o órgão da Justiça Eleitoral perante o qual foi registrada, as informações e demais elementos atinentes a cada um dos resultados a publicar, em meio magnético ou impresso, a critério do interessado.

§ 4º Os responsáveis pela empresa ou entidade de pesquisa, pelo órgão veiculador, partido, coligação ou candidato que divulgarem pesquisa não registrada estarão sujeitos à pena cominada no art. 323 do Código Eleitoral e a multa de 20.000 UFIR ou de valor igual ao contratado pela realização da pesquisa, se este for superior.

§ 5º (VETADO)

Art. 49. Os partidos, mediante requerimento à Justiça Eleitoral, que determinará imediatamente a realização de diligência, terão acesso ao sistema interno de controle, verificação e fiscalização da coleta de dados, inclusive à identificação dos entrevistadores, das entidades que derem ao conhecimento público pesquisas de opinião relativas às eleições, e poderão confrontar e conferir os dados publicados, preservando-se a identidade dos respondentes.

§ 1º A recusa ao cumprimento do disposto neste artigo ou qualquer ato que vise a retardar, impedir ou dificultar a ação fiscalizadora dos partidos, tornará os responsáveis pela entidade ou empresa de pesquisa sujeitos à pena de detenção de seis meses a um ano e multa de 20.000 UFIR ou de valor igual ao recebido pela realização da pesquisa, se este for superior.

§ 2º A comprovação de irregularidade ou dessemelhança entre os dados veiculados e aqueles aferidos pela diligência do partido político tornará os responsáveis pela entidade ou instituto de pesquisa e os responsáveis pelo órgão divulgador sujeitos às penalidades indicadas no parágrafo anterior, sem prejuízo da obrigatoriedade de veiculação dos dados corretos no mesmo espaço, local, horário, página, caracteres e outros elementos de destaque, de acordo com o veículo utilizado.

20.12. NOMENCLATURAS OFICIAIS DAS PESQUISAS ELEITORAIS

O *Código de Ética e Práticas Profissionais* da Associação Mundial de Pesquisa de Opinião Pública (WAPOR) traz as definições oficiais relativas à realização de pesquisas e publicação de seus resultados.

PESQUISADORES – Indivíduos, empresas e organizações que têm responsabilidade operacional pelo desenho do estudo, coleta de dados, processamento de dados, análise e distribuição.

SUJEITOS DA PESQUISA – São as fontes de dados da pesquisa. Eles também são referidos como respondentes, participantes, sujeitos de dados de pesquisa e com outros termos. Os sujeitos da pesquisa geralmente participam voluntariamente, embora para muitos projetos eles recebam compensação. O pagamento da indenização não altera as responsabilidades do pesquisador com o tema da pesquisa.

INFORMAÇÕES PESSOALMENTE IDENTIFICÁVEIS – Incluem, mas não se limitam necessariamente a informações sobre o Assunto de Pesquisa: nome, endereços físicos (casa, trabalho, correio), números de telefone (fixo e celular), endereços de e-mail (es), contas de mídia social, dados de aplicativos de mensagens (como WhatsApp), dados gps que podem identificar um indivíduo ou uma casa, fotos, gravações de áudio e vídeo e números de identificação emitidos pelo governo.

PATROCINADORES/CLIENTES – Podem incluir pessoas físicas, empresas com fins lucrativos, fundações, governos e organizações internacionais, incluindo, mas não se limitando a ONGs.

IMPRENSA - Inclui indivíduos e organizações que podem apresentar dados da opinião pública em mídia impressa (versões impressas ou eletrônicas) e em vários meios de comunicação.

MÍDIAS SOCIAIS – São definidas como plataformas eletrônicas, incluindo, mas não se limitando, Twitter, Facebook e suas plataformas relacionadas (WhatsApp, Instagram, Messenger), além de podcasts, sites, webinars e comunidades on-line.

Capítulo

21

AFASTAMENTOS E DESINCOMPATIBILIZAÇÕES

21.1. ELEIÇÃO MUNICIPAL

CARGO/FUNÇÃO	PREFEITO / VICE-PREFEITO	VEREADOR	FUNDAMENTAÇÃO / OBSERVAÇÃO
Advogado – convênio OAB – assistência judiciária gratuita	**Não há exigência**	**Não há exigência**	▪ Decisão Monocrática 21.836 – TSE ▪ Ac. 18.189 –TSE; ▪ Ac. 148720, 148159 e 136894 – TRE/SP
Agente Administrativo	**3 meses**	**3 meses**	▪ Ac. 928 – TSE ▪ Ac. 23.089 – TSE
Agente Comunitário de Saúde	**3 meses**	**3 meses**	Efetivo/CLT: c/ remuneração Contratado pela Lei nº 8.745/93: sem remuneração ▪ Res. 21.809 – TSE
Apresentador de programa de rádio/televisão	**30 de junho**	**30 de junho**	Lei nº 9.504/97, art. 45, §1º

CARGO/FUNÇÃO	PREFEITO / VICE-PREFEITO	VEREADOR	FUNDAMENTAÇÃO / OBSERVAÇÃO
Assessor da Presidência da Câmara Municipal	**3 meses**	**3 meses**	▪ Res. 19.567 – TSE
Chefe de Agência Municipal dos Correios	**3 meses**	**3 meses**	▪ Ac. 13.912 – TSE ▪ Ac. 12.531 – TSE
Chefe de Gabinete	**3 meses**	**3 meses**	LC 64/90, art. 1º, II, I ▪ Ac. 187 – TRE/RS ▪ Ac. 1.690 – TRE/MG ▪ Ac. 162443 – TRE/SP
Concessionária – Cargos de direção, administração ou representação e membros do conselho de administração	**4 meses** LC 64/90, art. 1º, IV, "a", c/c 1º, II, "i"	**6 meses** LC n. 64/90: art. 1º, VII, "a", c/c art. 1º, V, "a", c/c art. 1º, II, "i"	▪ Ac. 556 – TSE ▪ Res. 7.402 – TRE/SC ▪ Ac. 4.546 –TRE/RN ▪ Res. 7.397 –TRE/SC ▪ Ac. 21235 – TRE/PA
Conselheiro da OAB * Membro do Conselho * Ocupando funções de direção, administração ou representação.	**Não há exigência** **4 meses**	**Não há exigência** **4 meses**	LC 64/90, art. 1º, II, g ▪ Ac. 111-87 – TSE ▪ Ac. 521-10 – TSE ▪ Res. 16.551 – TSE
Conselheiro Tutelar	**3 meses**	**3 meses**	LC 64/90, art. 1º, II, I ▪ Ac. 16.878 – TSE ▪ Ac. 28-57 – TRE/RS
Conselho Deliberativo de Entidade criada por Lei Federal, cuja natureza jurídica é de serviço social autônomo e recebe contribuições parafiscais da União (Presidente ou Membro)	**4 meses** LC 64/90, art. 1º, IV, "a", c/c art. 1º, II, "g"	**6 meses** LC 64/90, art. 1º, VII, "b", c/c art. 1º, IV, "a" c/c II, "g"	▪ Res. 19.566 – TSE ▪ Ac. 290 – TSE ▪ Ac. 4.553 –TRE/MS ▪ Ac. 7.272 – TRE/SC

CARGO/FUNÇÃO	PREFEITO / VICE-PREFEITO	VEREADOR	FUNDAMENTAÇÃO / OBSERVAÇÃO
Conselho Municipal	**3 meses** LC 64/90, art. 1º, IV, "a", c/c art. 1º, II, "l"	**3 meses** LC 64/90, art. 1º, VII, "b", c/c art. 1º, IV, "a", c/c art. 1º, II, "l"	▪ Ac. 30.155 - TSE ▪ Ac. 22.493 - TSE ▪ Ac. 14.383 - TSE ▪ Res. 7.392 - TRE/SC ▪ Ac. 14.298 - TRE/CE Res. 22.543 -TRE/SC Ac. 162.188 -TRE/SP
Conselhos Municipais dos Direitos da Criança e Adolescentes (Presidente ou membro)	**Não há exigência**	**Não há exigência**	▪ Res. 19.568 -TSE ▪ Res. 19.553 - TSE
Contratado para atender necessidade temporária de excepcional interesse público	**3 meses**	**3 meses**	LC 64/90, art. 1º, II, l (CF/88, art. 37, IX c/c Lei nº 8.745/93) ▪ Ac. 727-93 - TSE ▪ Ac. 22.708 - TSE ▪ Ac. 16.759 - TSE ▪ Res. 21.809 - TSE
Defensor Público	**4 meses**	**6 meses**	LC 64/90, art. 1º, IV, b, c/c VII, b ▪ Res. 22.141 - TSE ▪ Res. 19.508 - TSE
Delegado de Polícia	**4 meses**	**6 meses**	LC 64/90, art. 1º, IV, c, c/c VII, b ▪ Ac. 22.774 - TSE ▪ Ac. 22.753 - TSE ▪ Ac. 16.479 - TSE
Delegado Ministerial	**4 meses** LC 64/90, art. 1º, IV, a Res. 22.230- TSE Res.18.244- TSE Res. 17.950 - TSE	**6 meses** LC 64/90, art. 1º, VII, a Res.22.230- TSE Ac. 12.761 - TSE	Equivalência ao cargo de Secretário-Geral dos Ministérios

CARGO/FUNÇÃO	PREFEITO / VICE-PREFEITO	VEREADOR	FUNDAMENTAÇÃO / OBSERVAÇÃO
Diretor e Vice-Diretor de Escola Pública	**3 meses** LC 64/90, art. 1º, IV, "a", c/c art. 1º, II, "l"	**3 meses** LC 64/90, art. 1º, VII, "a", c/c art. 1º, V, "a", c/c art. 1º, II, "l"	▪ Ac. 23.105 – TSE ▪ Res. 21.097 – TSE ▪ Ac. 380 –TRE/MG ▪ Ac. 22003800 – TRE/RS ▪ Res. 19.567 – TSE ▪ Ac. 28.356 – TRE/PR ▪ (Diretor de Escolas Estaduais e Municipais) ▪ Ac. 13. 597 – TSE ▪ Ac. 143.606 – TRE/SP (Vice-Diretor de Escola Pública)
Dirigente de APAE	**Não há exigência**	**Não há exigência**	▪ Ac. 257-87 – TSE ▪ Ac. 30.539 – TSE ▪ Ac. 21.837 – TSE
Dirigente de Fundação de Direito Privado	**Não há exigência** **6 meses** LC 64/90, art. 1º, II, a, 9	**Não há exigência** **6 meses** LC 64/90, art. 1º, II, a, 9 c/c VII	Desde que não mantida pelo poder público ▪ Res. 22.169 – TSE ▪ Fundação que recebe subvenções do poder público ▪ Res. 20.580 – TSE ▪ Res. 14.153 – TSE
Dirigente de Fundação Partidária	**Não há exigência**	**Não há exigência**	▪ Res. 21.060 – TSE ▪ Res. 12.387 – TSE
Dirigente Sindical	**4 meses**	**4 meses**	LC 64/90, art. 1º, II, g Ocupando funções de direção, administração ou representação. ▪ Ac. 514-95 – TSE ▪ Res. 22.168 – TSE ▪ Res. 14.223 – TSE ▪ Ac. 060189058 – TSE

CARGO/FUNÇÃO	PREFEITO / VICE-PREFEITO	VEREADOR	FUNDAMENTAÇÃO / OBSERVAÇÃO
Empregado de empresa prestadora de serviço público	**Não há exigência**	**Não há exigência**	▪ Ac. 17.678 – TSE
Estagiário	**Não há exigência**	**Não há exigência**	▪ Ac. 32.377 – TSE ▪ Ac. 2892004 – TRE/RS
Fiscal de Tributos	**4 meses**	**6 meses**	▪ Ac. 30.948 – TSE
Funcionário do Banco do Brasil	**3 meses**	**3 meses**	▪ Ac. 1.004 – TSE ▪ Ac. 16.595 – TSE ▪ Ac. 15.481 – TSE ▪ Ac. 15.459 – TSE
Gerente do Banco do Brasil	**3 meses**	**3 meses**	▪ Ac. 15.881 – TSE
Guarda Civil Municipal	**3 meses**	**3 meses**	▪ Ac. 4768-88 – TSE
Interventores Federais e Estaduais	**4 meses** LC 64/90, art. 1º, IV C/C art. 1º, II, a, 11	**6 meses** LC 64/90, art. 1º, VII, a C/C art. 1º, V, a c/c art. 1º, II, a, 11	▪ Ac. 13.546 – TSE ▪ Ac. 13.902 – TSE ▪ Res. 19.461 – TSE ▪ Res. 19.413 – TSE ▪ Res. 18.247 – TSE
Juiz Arbitral	**Não há exigência**	**Não há exigência**	▪ Ac. 549-80 – TSE
Juiz de Paz	**Não há exigência**	**Não há exigência**	▪ Res. 19.508 – TSE ▪ Ac. 14.494 - TSE
Médico credenciado pelo SUS/INSS	**Não há exigência**	**Não há exigência**	▪ Ac. 862-68 – TSE ▪ Ac. 23.670 – TSE ▪ Ac. 6.646 – TSE
Médico do Programa Mais Médicos	**Não há exigência**	**Não há exigência**	▪ RO-El nº 060080930/MS – TSE ▪ REspEl nº 060028362/SP – TSE
Médico perito contratado pelo INSS	**3 meses**	**3 meses**	▪ Res. 20.611 – TSE ▪ (rescisão contratual)
Médico servidor público de Posto de Saúde	**3 meses**	**3 meses**	LC 64/90, art. 1º, II, l ▪ Ac. 29.936 – TSE

CARGO/FUNÇÃO	PREFEITO / VICE-PREFEITO	VEREADOR	FUNDAMENTAÇÃO / OBSERVAÇÃO
Médico servidor público candidato em município diverso	**Não há exigência**	**Não há exigência**	▪ Res. 22.765 – TSE
Membro de Conselho Fiscal de Consórcio Intermunicipal	**Não há exigência**	**Não há exigência**	▪ Ac. 30.036 – TSE
Militar (matéria com ampla diversidade de situações eoscilação jurisprudencial no âmbito dos Estados)			Ac. TSE n.º 22714/04 – Militar que exerceu cargo em comissão – cargo de Vereador. Decisão Monocrática TSE n.º 22799/04 - Soldado PM. Decisão Monocrática TSE n.º e 22233/04 e Ac. TSE n.º 16743/00 – Comandante PM Vereador. Res. TSE n.º 20614/00 – inatividade e filiação partidária. Res. TSE n.º 20598/00 – afastamento. Ac.. TSE n.º 15096/99 – agregação. Res. TSE 20165/98 – conscritos. Res. TSE n.º 19491/96. Ac. TSE n.º 13891/96 – Militar da Reserva. Res. TSE n.º 13981/94 – filiação partidária. Ac. TSE n.º 11314/90. Ac. TRE/SC n.º 17949/02 – afastamento. Res. TRE/SC n.º 7293/02. Ac. TRE/SC n.º 15255/98 – reformado. Ac. TRE/SC n.º 15169/98 – Militar da Reserva. Ac. TRE/SC n.º 14296/96 – candidato Militar. Res. TRE/ SC n.º 6942/96 – Militar eleito. Res. TRE/SC n.º 6901/96 –

CARGO/FUNÇÃO	PREFEITO / VICE-PREFEITO	VEREADOR	FUNDAMENTAÇÃO / OBSERVAÇÃO
	-	-	afastamento. Res. TRE/SC n.º 6710/92 – Oficial da Polícia Militar. Ac. TSE n.º 14358/1997 – candidato que exercia as funções de chefe da Delegacia de Polícia Rodoviária Federal (p/ Vereador).
Patrulheiro/Policial Rodoviário	**3 meses** LC 64/90: art. 1º, IV, c	**3 meses** LC 64/90: art. 1º, VII, "b", c/c. art. 1º, IV, c	▪ Ac. 21.525 – TRE/MT ▪ Ac. 253 – TRE/RS ▪ Ac. 2.190 – TRE/MG
Presidente de Partido	**Não há exigência**	**Não há exigência**	▪ Res. 20.219 – TSE ▪ Res. 20.220 – TSE ▪ Ac. 192 – TSE
Presidentes dos Poderes Legislativos	**Dispensados** Desde que nos seis meses anteriores ao pleito, houverem substituído ou, em qualquer época, sucedido o respectivo Titular do Poder Executivo CF. art. 14, 5°, *in fine*	**Dispensados** Desde que nos seis meses anteriores ao pleito, houverem substituído ou, em qualquer época, sucedido o respectivo Titular do Poder Executivo CF. art. 14, 5°, *in fine*	▪ Res. 19.537 – TSE
Professor de órgão público regido pelo regime da CLT	**3 meses** LC 64/90: art. 1º, IV, "a", c/c art. 1º, II, l	**3 meses** LC 64/90: art. 1º, VII, "b", c/c art. 1º IV, "a" c/c art. 1º, II, l	▪ Ac. 18.151 – TSE
Professor universitário	**3 meses**	**3 meses**	▪ Ac. 19.980 – TSE
Profissional cujas atividades são constantemente divulgadas na mídia	**Não há exigência**	**Não há exigência**	▪ Res. 20.243 – TSE
Proprietário de emissora de rádio	**Não há exigência**	**Não há exigência**	▪ Res. 19.508 – TSE

CARGO/FUNÇÃO	PREFEITO / VICE-PREFEITO	VEREADOR	FUNDAMENTAÇÃO / OBSERVAÇÃO
Provedor de Santa Casa ▪ contrato celebrado com o Poder Público mediante CLÁUSULAS NÃO UNIFORMES ▪ contrato ▪ celebrado com o Poder Público mediante ▪ CLÁUSULAS UNIFORMES	**4 meses** ▪ Ac. 3-44 – TRE/RS ▪ Ac. 161531 – TRE/SP ▪ Ac. 135932 – TRE/SP ▪ Ac. 1.283 – TSE (recebe subsídios) **Não há exigência** ▪ Ac. 3-44 – TRE/RS ▪ Ac. 1.283 – TSE	**6 meses** ▪ Ac. 3.44–TRE/RS ▪ Ac. 161531 – TRE/SP ▪ Ac. 135932 – TRE/SP ▪ Ac. 1.283 – TSE (recebe subsídios) **Não há exigência** ▪ Ac. 3-44 – TRE/RS ▪ Ac. 1.283 – TSE	LC 64/90, art. 1º, VII, b c/c IV, a c/c II, i LC 64/90, art. 1º, VII, b c/c IV, a c/c II, i
Reitor de instituição pública de Ensino Superior	**4 meses** LC 64/90, art. 1º, IV, a	**6 meses** LC 64/90, art. 1º, VII, a	▪ Res. 22.169 – TSE
Secretário de Estado	**4 meses** LC 64/90, art. 1º, IV, a c/c II, a, 12 ▪ Res. 22.845 – TSE ▪ Ac. 21.736 – TSE ▪ Res. 21.640 – TSE	**6 meses** LC 64/90, art. 1º, VII, a c/c II, b ▪ Res. 22.845 – TSE ▪ Res. 19.491 – TSE	▪ Res. 22.845 – TSE ▪ (regra geral)
Secretário Municipal	**4 meses** LC 64/90, art. 1, II, a, 1, c/c III, b, 4, e IV, a ▪ Res. nº 21.645 –TSE ▪ Res. nº 19.466 – TSE	**6 meses** LC 64/90, art. 1 °, II, a, c/c VII ▪ Ac. 24.071 – TSE ▪ Ac. 22.071 – TSE ▪ Ac. 16.765 – TSE	LC 64/90
Secretário Municipal candidato em MUNICÍPIO DIVERSO de onde atua	**Não há exigência** ▪ Ac. 46-63 – TSE ▪ Res. 22.845– TSE	**Não há exigência** ▪ Ac. 46-63 – TSE ▪ Res. 22.845– TSE	Ressalvada a hipótese de município desmembrado ▪ Ac. 46-63 – TSE ▪ Res. 19.468 – TSE
Secretário Municipal ADJUNTO	**3 meses**	**3 meses**	LC 64/90, art. 1º, II, l ▪ Ac. 40-60 – TRE/RS

CARGO/FUNÇÃO	PREFEITO / VICE-PREFEITO	VEREADOR	FUNDAMENTAÇÃO / OBSERVAÇÃO
Servidor público (Assembleia Legislativa)	**3 meses** LC 64/90, art. 1º, IV, "a", c/c art. 1º, II, "l"	**3 meses** LC 64/90, art. 1º, VII, "b", c/c art. 1º, IV, "a", c/c art. 1º, II, "l"	▪ Ac. 746 –TRE/MG ▪ Ac. 1.648 – TRE/MG ▪ Res. 7.148 – TRE/SC
Servidor público (geral)	**3 meses**	**3 meses**	▪ Ac. 23.331 – TSE ▪ Ac. 22.164 – TSE ▪ Res. 18.019 – TSE ▪ (regra geral)
Servidor público (empresa pública)	**3 meses**	**3 meses**	▪ Ac. 29.717 – TSE
Servidor público (sociedade de economia mista)	**3 meses**	**3 meses**	▪ Ac. 15.459 – TSE ▪ Ac. 16.595 – TSE
Servidor público candidato em MUNICÍPIO DIVERSO de onde atua	**Não há exigência**	**Não há exigência**	▪ Ac. 262.90 – TSE ▪ Ac. 124.18 – TSE ▪ Ac. 189.77 – TSE ▪ Ac. 30.975 – TSE ▪ Res. 20.590 – TSE
Sindicato (funcionário/membro de Conselho)	**Não há exigência**	**Não há exigência**	▪ Ac. 23.025 – TSE ▪ Ac. 17.032 – TRE/PR ▪ Ac. 906 – TRE/MG
Subprefeito (cargo NÃO EQUIVALENTE ao de Secretário Municipal) **Subprefeito** (cargo EQUIVALENTE ao de Secretário Municipal)	**3 meses** ▪ Ac. 25.585 – TRE/RS ▪ Ac. 1012004 – TRE/RS -	**3 meses** ▪ Ac. 25.585 – TRE/RS **6 meses** ▪ Ac. 136.249 – TRE/SP ▪ Ac. 16.805 – TRE/PR	LC 64/90, art. 1º, I, I LC 60/90, art. 1º, III, b, 4
Tabelião	**3 meses** LC n. 64/1990: art. 1º, II, "l".	**3 meses** LC n. 64/1990: art. 1º, II, "l".	▪ Res. 23.257 – TSE ▪ Ac. 23.696 – TSE ▪ Ac. 22.124 – TSE ▪ Ac. 22.060 – TSE ▪ Res. 14.239 – TSE

CARGO/FUNÇÃO	PREFEITO / VICE-PREFEITO	VEREADOR	FUNDAMENTAÇÃO / OBSERVAÇÃO
Vice-Prefeito	**Dispensado** Desde que, nos últimos 6 meses anteriores ao pleito, não tenha sucedido ou substituído o titular	**Dispensado** Desde que, nos últimos 6 meses anteriores ao pleito, não tenha sucedido ou substituído o titular	

21.2. ELEIÇÕES GERAIS

Gerais são as eleições para os seguintes cargos:

- Presidente e Vice-Presidente da República;
- Governador e Vice-Governador de Estado;
- Senador da República e Suplentes;
- Deputados Federais, Estaduais e Distritais.

CARGO/ FUNÇÃO	PRES./VICE	GOV./VICE	SEN./SUPLS.	DEP.	OBS.
Advogado Geral da União (AGU)	**6 meses** LC n. 64/1990: Art. 1º, II, "a", 5	**6 meses** LC n. 64/1990: art. 1º, III, "a" c/c art. 1º, II, "a", 5	**6 meses** LC n. 64/1990: art. 1º, V, "a" c/c art. 1º, II, "a", 5.	**6 meses** LC n. 64/1990: art. 1º, VI c/c art. 1º, V, "a" c/c art. 1º, II, "a", 5.	
Agente Censitário do IBGE	**3 meses** LC n. 64/1990: art. 1º, II, "l".	**3 meses** LC n. 64/1990: art. 1º, II, "l".	**3 meses** LC n. 64/1990: art. 1º, II, "l".	**3 meses** LC n. 64/1990: art. 1º, II, "l".	▪ Ac. 16.759 – TSE
Agente Penitenciário	**3 meses** LC n. 64/1990: art. 1º, II, "l".	**3 meses** LC n. 64/1990: art. 1º, III, "a" c/c art. 1º, II, "l".	**3 meses** LC n. 64/1990: art. 1º, V, "a" c/c art. 1º, II, "l".	**3 meses** LC n. 64/1990: art. 1º, VI c/c art. 1º, V, "a" c/c art. 1º, II, "l"	▪ Ac. 173 – TSE ▪ Ac. 27.009 – TRE/SC
Assessor Parlamentar	**3 meses** LC n. 64/1990: art. 1º, II, "l".	**3 meses** LC n. 64/1990: art. 1º, III, "a" c/c art. 1º, II, "l".	**3 meses** LC n. 64/1990: art. 1º, V, "a" c/c art. 1º, II, "l".	**3 meses** LC n. 64/1990: art. 1º, VI c/c art. 1º, V, "a" c/c art. 1º, II, "l".	▪ Ac. 1993-95 – TSE ▪ Ac. 20.181 – TSE ▪ Ac. 13.419 – TSE

CARGO/ FUNÇÃO	PRES./VICE	GOV./VICE	SEN./SUPLS.	DEP.	OBS.
Associação Civil (dirigente)	**Não há exigência**	**Não há exigência**	**Não há exigência**	**Não há exigência**	▪ Ac. TSE – 30.539 ▪ Ac. 31.739 – TRE/SC ▪ Associação mantida pelo Poder Público: para concluir que a associação seja mantida pelo Poder Público, é necessário que as verbas públicas correspondam, pelo menos, a mais da metade de suas receitas. ▪ **MAIS de 50% = 6 meses (TSE, Ac. 30.539)**
Associação de Pais e Amigos dos Excepcionais - APAE (dirigente)	**Não há exigência**	**Não há Exigência**	**Não há exigência**	**Não há Exigência**	▪ Não é necessário a desincompatibilização de dirigente da APAE, por ser ela uma associação civil, sem fins lucrativos, e não entidade da Administração Indireta. Mesmo que receba subvenção pública, a APAE desenvolve atividade não estatal. ▪ **TSE, Acs. nºs 25.787, 21.837, 30.539**.

CARGO/ FUNÇÃO	PRES./VICE	GOV./VICE	SEN./SUPLS.	DEP.	OBS.
Auditor de Finanças Públicas	**6 meses** LC n. 64/1990: art. 1º, II, "d". (Afastamento não remunerado)	**6 meses** LC n. 64/1990: art. 1º, II, "d". (Afastamento não remunerado)	**6 meses** LC n. 64/1990: art. 1º, II, "d". (Afastamento não remunerado)	**6 meses** LC n. 64/1990: art. 1º, II, "d". (Afastamento não remunerado)	▪ Res. 22.627 – TSE
Auditor Fiscal	**6 meses** LC n. 64/1990: art. 1º, II, "d". (Afastamento não remunerado)	**6 meses** LC n. 64/1990: art. 1º, III, "a" c/c art. 1º, II, "d". (Afastamento não remunerado)	**6 meses** LC n. 64/1990: art. 1º, V, "a" c/c art. 1º, II, "d". (Afastamento não remunerado)	**6 meses** LC n. 64/1990: art. 1º, VI c/c art. 1º, V, "a" c/c art. 1º, II, "d". (Afastamento não remunerado)	▪ Res. 22.627 - TSE ▪ Ac. 1.087 – TSE ▪ Ac. 19.506 – TSE
Auditor Fiscal do Trabalho	**6 meses** LC n. 64/1990: art. 1º, II, "d". (Afastamento não remunerado)	**6 meses** LC n. 64/1990: art. 1º, III, "a" c/c art. 1º, II, "d". (Afastamento não remunerado)	**6 meses** LC n. 64/1990: art. 1º, V, "a" c/c art. 1º, II, "d". (Afastamento não remunerado)	**6 meses** LC n. 64/1990: art. 1º, VI c/c art. 1º, V, "a" c/c art. 1º, II, "d". (Afastamento não remunerado)	▪ Res. 22.627 – TSE
Autarquia (dirigente)	**6 meses** LC n. 64/1990: art. 1º, II, "a", 9.	**6 meses** LC n. 64/1990: art. 1º, III, "a" c/c art. 1º, II, "a", 9.	**6 meses** LC n. 64/1990: art. 1º, V, "a" c/c art. 1º, II, "a", 9.	**6 meses** LC n. 64/1990: art. 1º, VI c/c art. 1º, V, "a" c/c art. 1º, II, "a", 9.	▪ Res. 14.182 – TSE ▪ Ac. 060033354 – TSE
Auxiliar de Enfermagem (servidor público)	**3 meses** LC n. 64/1990: art. 1º, II, "l".	**3 meses** LC n. 64/1990: art. 1º, III, "a" c/c art. 1º, II, "l".	**3 meses** LC n. 64/1990: art. 1º, V, "a" c/c art. 1º, II, "l".	**3 meses** LC n. 64/1990: art. 1º, VI c/c art. 1º, V, "a" c/c art. 1º, II, "l".	▪ Ac. 559 – TSE
Bancário (banco público ou sociedade de economia mista)	**3 meses** LC n. 64/1990: art. 1º, II, "l".	**3 meses** LC n. 64/1990: art. 1º, III, "a" c/c art. 1º, II, "l".	**3 meses** LC n. 64/1990: art. 1º, V, "a" c/c art. 1º, II "l".	**3 meses** LC n. 64/1990: art. 1º, VI c/c art. 1º, V, "a" c/c art. 1º, II, "l".	▪ Ac. 1.004 – TSE ▪ Ac. 16.595 – TSE ▪ Ac. 15.881 – TSE

CARGO/ FUNÇÃO	PRES./VICE	GOV./VICE	SEN./SUPLS.	DEP.	OBS.
Caixa Econômica Federal - CEF (servidor público)	**3 meses** LC n. 64/1990: art. 1º, II, "l".	**3 meses** LC n. 64/1990: art. 1º, III, "a" c/c art. 1º, II, "l".	**3 meses** LC n. 64/1990: art. 1º, V, "a" c/c art. 1º, II "l".	**3 meses** LC n. 64/1990: art. 1º, VI c/c art. 1º, V, "a" c/c art. 1º, II, "l".	▪ Ac. 1.004 - TSE ▪ Ac. 16.595 - TSE
Cargo em Comissão (CC)	**3 meses** LC n. 64/1990: art. 1º, II, "l".	**3 meses** LC n. 64/1990: art. 1º, III, "a" c/c art. 1º, II, "l".	**3 meses** LC n. 64/1990: art. 1º, V, "a" c/c art. 1º, II "l".	**3 meses** LC n. 64/1990: art. 1º, VI c/c art. 1º, V, "a" c/c art. 1º, II, "l".	▪ Súmula 54 - TSE
Cargo Público (nomeação pelo Presidente da República, sujeito à aprovação prévia do Senado Federal)	**6 meses** LC n. 64/1990: art. 1º, II, "b".	**6 meses** LC n. 64/1990: art. 1º, III, "a" c/c art. 1º, II, "b".	**6 meses** LC n. 64/1990: art. 1º, V, "a" c/c art. 1º, II, "b".	**6 meses** LC n. 64/1990: art. 1º, VI c/c art. 1º, V, "a" c/c art. 1º, II, "b".	
Comandante de Região Militar	**Não há previsão legal**	**6 meses** LC n. 64/1990: art. 1º, III, "b", 2.	**6 meses** LC n. 64/1990: art. 1º, V, "b" c/c art. 1º, III, "b", 2.	**6 meses** LC n. 64/1990: art. 1º, VI c/c art. 1º, V, "b" c/c art. 1º, III, "b", 2.	
Comandante de Zona Aérea	**Não há previsão legal**	**6 meses** LC n. 64/1990: art. 1º, III, "b", 2.	**6 meses** LC n. 64/1990: art. 1º, V, "b" c/c art. 1º, III, "b", 2.	**6 meses** LC n. 64/1990: art. 1º, VI c/c art. 1º, V, "b" c/c art. 1º, III, "b", 2.	
Comandante de Distrito Naval	**Não há previsão legal**	**6 meses** LC n. 64/1990: art. 1º, III, "b", 2.	**6 meses** LC n. 64/1990: art. 1º, V, "b" c/c art. 1º, III, "b", 2.	**6 meses** LC n. 64/1990: art. 1º, VI c/c art. 1º, V, "b" c/c art. 1º, III, "b", 2.	
Conselheiro Federal da OAB	**Não há previsão legal**	**Não há previsão legal**	**Não há previsão legal**	**Não há previsão legal**	▪ Ac. 111-87 - TSE ▪ Ac. 521-10 - TSE

CARGO/ FUNÇÃO	PRES./VICE	GOV./VICE	SEN./SUPLS.	DEP.	OBS.
Conselheiro Tutelar	**3 meses** LC n. 64/1990: art. 1º, II, "l".	**3 meses** LC n. 64/1990: art. 1º, III, "a" c/c art. 1º, II, "l".	**3 meses** LC n. 64/1990: art. 1º, V, "a" c/c art. 1º, II "l".	**3 meses** LC n. 64/1990: art. 1º, VI c/c art. 1º, V, "a" c/c art. 1º, II, "l".	▪ Ac. 060033975 – ▪ TSE ▪ Ac. 16.878 – TSE
Cônsul Honorário de país estrangeiro	**Não há previsão legal**	**Não há previsão legal**	**Não há previsão legal**	**Não há previsão legal**	▪ Res. 22.228 – TSE
Consultor-Geral da República	**6 meses** LC n. 64/1990: art. 1º, II, "a", 5.	**6 meses** LC n. 64/1990: art. 1º, III, "a" c/c art. 1º, II, "a", 5.	**6 meses** LC n. 64/1990: art. 1º, V, "a" c/c art. 1º, II, "a", 5.	**6 meses** LC n. 64/1990: art. 1º, VI c/c art. 1º, V, "a" c/c art. 1º, II, "a", 5.	
Contratado Temporário (prestador de serviços)	**3 meses** LC n. 64/1990: art. 1º, II, "l".	**3 meses** LC n. 64/1990: art. 1º, III, "a" c/c art. 1º, II, "l".	LC n. 64/1990: art. 1º, V, "a" c/c art. 1º, II "l".	LC n. 64/1990: art. 1º, VI c/c art. 1º, V, "a" c/c art. 1º, II, "l".	▪ Ac. 727-93 – TSE ▪ Ac. 227-08 – TSE ▪ CTA 1.076 – TSE
Diretor-Geral de Departamento da Polícia Federal	**6 meses** LC n. 64/1990: art. 1º, II, "a", 15.	**6 meses** **LC n. 64/1990: art. 1º, III, "a" c/c art. 1º, III, "b", 15.**	**6 meses** LC n. 64/1990: art. 1º, III, "a" c/c art. 1º, III, "b", 15.	**6 meses** LC n. 64/1990: art. 1º, VI c/c art. 1º, V, "a" c/c art. 1º, III, "b", 15.	
Diretor de Hospital que mantém contrato de cláusulas uniformes	**Dispensado**	**Dispensado**	**Dispensado**	**Dispensado**	▪ Ac. 23.670 – TSE ▪ Ac. 22.741 – TSE ▪ Ac. 17.532 – TSE

CARGO/ FUNÇÃO	PRES./VICE	GOV./VICE	SEN./SUPLS.	DEP.	OBS.
▪ **Dirigente deentidade** ▪ **sindical** ▪ Mantida, total ou parcialmente, por contribuições do Poder Público ou recursos da Previdência Social ▪ Sem auferir os valores	**4 meses** LC n. 64/1990: art. 1º, II, "g". **Dispensado**	**4 meses** LC n. 64/1990: art. 1º, III, "a" c/c art. 1º, II, "g". **Dispensado**	4 meses LC n. 64/1990: art. 1º, V, "a" c/c art. 1º, II, "g". **Dispensado**	**4 meses** LC n. 64/1990: art. 1º, VI c/c art. 1º, V, "a" c/c art. 1º, II, "g". **Dispensado**	▪ Ac. 2201-15 - TSE ▪ Res. 22.168 - TSE ▪ Ac. 23.448 - TSE ▪ CTA 14.223 - TSE
Dirigente de fundação de direito privado não mantida pelo poder público	**Dispensado**	**Dispensado**	**Dispensado**	**Dispensado**	▪ Res. 22169 - TSE
Dirigente do Sistema "S" (SESI, SESC, SENAI, SENAC, outros)	**4 meses** LC n. 64/1990. art. 1º, II, "g".	4 meses LC n. 64/1990: art. 1º, III, "a" c/c art. 1º, II, "g".	4 meses LC n. 64/1990: art. 1º, V, "a" c/c art. 1º, II, "g".	**4 meses** LC n. 64/1990: art. 1º, VI c/c art. 1º, V, "a" c/c art. 1º, II, "g".	▪ Ac. 23.232 - TSE ▪ Ac. 20.018 - TSE ▪ Res. 20.140 - TSE
Empresa de Economia Mista (servidor público)	**3 meses** LC n. 64/1990: art. 1º, II, "l".	3 meses LC n. 64/1990: art. 1º, III, "a" c/c art. 1º, II, "l".	3 meses LC n. 64/1990: art. 1º, V, "a" c/c art. 1º, II "l".	**3 meses** LC n. 64/1990: art. 1º, VI c/c art. 1º, V, "a" c/c art. 1º, II, "l".	
Empresa pública (servidor público)	**3 meses** LC n. 64/1990: art. 1º, II, "l".	3 meses LC n. 64/1990: art. 1º, III, "a" c/c art. 1º, II, "l".	3 meses LC n. 64/1990: art. 1º, V, "a" c/c art. 1º, II "l".	**3 meses** LC n. 64/1990: art. 1º, VI c/c art. 1º, V, "a" c/c art. 1º, II, "l".	▪ Ac. 29.717 - TSE ▪ Ac. 16.595 - TSE
Estagiário	**Dispensado**	**Dispensado**	**Dispensado**	**Dispensado**	▪ Ac. 32.377 - TSE

CARGO/ FUNÇÃO	PRES./VICE	GOV./VICE	SEN./SUPLS.	DEP.	OBS.
Fiscal de Tributo Estadual	**6 meses** LC n. 64/1990: art. 1º, II, "d". (Afastamento não remunerado)	**6 meses** LC n. 64/1990: art. 1º, III, "a" c/c art. 1º, II, "d". (Afastamento não remunerado)	**6 meses** LC n. 64/1990: art. 1º, V, "a" c/c art. 1º, II, "d". (Afastamento não remunerado)	**6 meses** LC n. 64/1990: art. 1º, VI c/c art. 1º, V, "a" c/c art. 1º, II, "d". (Afastamento não remunerado)	▪ Ac. 22.627 – TSE ▪ Ac. 19.506 – TSE
Gerente de Sociedade de Economia Mista	**3 meses** LC n. 64/1990: art. 1º, II, "l".	**3 meses** LC n. 64/1990: art. 1º, III, "a" c/c art. 1º, II, "l".	**3 meses** LC n. 64/1990: art. 1º, V, "a" c/c art. 1º, II "l".	**3 meses** LC n. 64/1990: art. 1º, VI c/c art. 1º, V, "a" c/c art. 1º, II, "l".	▪ Ac. 15.481 – TSE
Governador de Estado	**6 meses** **Renúncia** Constituição Federal, art. 14, § 6º c/c LC n. 64/1990, art. 1º, § 1º	**Dispensado**	**6 meses** **Renúncia** Constituição Federal, art. 14, § 6º c/c LC n. 64/1990, art. 1º, § 1º	**6 meses** **Renúncia** Constituição Federal, art. 14, § 6º c/c LC n. 64/1990, art. 1º, § 1º	▪ ADIN 1.805-2 – STF (dispensado de afastamento para concorrer à reeleição)
INCRA (servidor público)	**3 meses** LC n. 64/1990: art. 1º, II, "l".	**3 meses** LC n. 64/1990: art. 1º, III, "a" c/c art. 1º, II, "l".	**3 meses** LC n. 64/1990: art. 1º, V, "a" c/c art. 1º, II, "l"	**3 meses** LC n. 64/1990: art. 1º, VI c/c art. 1º, V, "a" c/c art. 1º, II, "l".	▪ Ac. 33.372 – TSE
Juiz de Paz	**Dispensado**	**Dispensado**	**Dispensado**	**Dispensado**	▪ Res. 19.508 – TSE ▪ Ac. 14.494 – TSE
Interventores	**6 meses** LC n. 64/1990: art. 1º, II, "a", 11.	**6 meses** LC n. 64/1990: art. 1º, III, "a" c/c art. 1º, II, "a", 11.	**6 meses** LC n. 64/1990: art. 1º, V, "a" c/c art. 1º, II, "a", 11.	**6 meses** LC n. 64/1990: art. 1º, VI c/c art. 1º, V, "a" c/c art. 1º, II, "a", 11.	▪ Ac. 13.546 – TSE ▪ Ac. 13.902 – TSE ▪ Res. 19.461 – TSE ▪ Res. 19.413 – TSE ▪ Res. 18.247 – TSE

CARGO/ FUNÇÃO	PRES./VICE	GOV./VICE	SEN./SUPLS.	DEP.	OBS.
Justiça Eleitoral (servidor público federal)	Exoneração do cargo para o cumprimento da exigência de filiação partidária.	Exoneração do cargo para o cumprimento da exigência de filiação partidária.	Exoneração do cargo para o cumprimento da exigência de filiação partidária.	Exoneração do cargo para o cumprimento da exigência de filiação partidária.	▪ Ac. 1711-74 - TSE
Leiloeiro	**Dispensado**	**Dispensado**	**Dispensado**	**Dispensado**	
Magistrado	**6 meses** LC n. 64/1990: art. 1º, II, "a", 8.	**6 meses** LC n. 64/1990: art. 1º, III, "a" c/c art. 1º, II, "a", 8.	**6 meses** LC n. 64/1990: art. 1º, V, "a" c/c art. 1º, II, "a", 8.	**6 meses** LC n. 64/1990: art. 1º, VI c/c art. 1º, V, "a" c/c art. 1º, II, "a", 8.	▪ Ac. 33-64 - TSE ▪ Res. 19.978 - TSE
Médico (servidor público)	**3 meses** LC n. 64/1990: art. 1º, II, "l".	**3 meses** LC n. 64/1990: art. 1º, III, "a" c/c art. 1º, II, "l".	**3 meses** LC n. 64/1990: art. 1º, V, "a" c/c art. 1º, II "l".	**3 meses** LC n. 64/1990: art. 1º, VI c/c art. 1º, V, "a" c/c art. 1º, II, "l".	▪ Ac. 2016-68 - TSE
Médico (Programa Mais Médicos)	**Dispensado**	**Dispensado**	**Dispensado**	**Dispensado**	▪ RO-El nº 0600 80930/MS - TSE (2020) ▪ REspEl nº 060028362/ SP-TSE (2022)
Ministro de Estado	**6 meses** LC n. 64/1990: art. 1º, II, "a", 1.	**6 meses** LC n. 64/1990: art. 1º, III, "a" c/c art. 1º, II, "a", 1.	**6 meses** LC n. 64/1990: art. 1º, V, "a" c/c art. 1º, II, "a", 1.	**6 meses** LC n. 64/1990: art. 1º, VI c/c art. 1º, V, "a" c/c art. 1º, II, "a", 1.	
Parlamentar	**Dispensado**	**Dispensado**	**Dispensado**	**Dispensado**	▪ Res. 22.724 - TSE ▪ Res. 19.537 - TSE
Presidente da República	**Dispensado** Constituição Federal, art. 14, § 5º.	**6 meses** **Renúncia** Constituição Federal, art. 14, § 6º.	**6 meses** **Renúncia** Constituição Federal, art. 14, § 6º.	**6 meses** **Renúncia** Constituição Federal, art. 14, § 6º.	▪ ADIN 1.805-2 - STF (dispensado de afastamento para concorrer à reeleição)

CARGO/ FUNÇÃO	PRES./VICE	GOV./VICE	SEN./SUPLS.	DEP.	OBS.
Presidente de partido político	**Dispensado**	**Dispensado**	**Dispensado**	**Dispensado**	▪ Res. 20.220 - TSE ▪ Res.20.219 - TSE
Prefeito Municipal	**6 meses** **Renúncia** Constituição Federal, art. 14, § 6º c/c LC n. 64/1990: art. 1º, II, "a", 13.	**6 meses** **Renúncia** Constituição Federal, art. 14, § 6º c/c LC n. 64/1990: art. 1º, III, "a" c/c art. 1º, II, "a", 13.	**6 meses** **Renúncia** Constituição Federal, art. 14, § 6º c/c LC n. 64/1990: art. 1º, V, "a" c/c art. 1º, II, "a", 13.	**6 meses** **Renúncia** Constituição Federal, art. 14, § 6º c/c LC n. 64/1990: art. 1º, VI c/c art. 1º, V, "a" c/c art. 1º, II, "a", 13.	▪ CTA 614 - TSE ▪ CTA 364 - TSE
Profissional cujas atividades são constantemente divulgadas	**Dispensado**	**Dispensado**	**Dispensado**	**Dispensado**	▪ Res. 20.243 - TSE
Proprietário de Emissora de rádio	**Dispensado**	**Dispensado**	**Dispensado**	**Dispensado**	▪ Res. 19.508 - TSE
Reitor de instituição pública de Ensino Superior	**6 meses** LC n. 64/1990: art. 1º, II, "a", 9.	**6 meses** LC n. 64/1990: art. 1º, III, "a" c/c art. 1º, II, "a", 9.	**6 meses** LC n. 64/1990: art. 1º, V, "a" c/c art. 1º, II, "a", 9.	**6 meses** LC n. 64/1990: art. 1º, VI c/c art. 1º, V, "a" c/c art. 1º, II, "a", 9.	▪ Res. 22.793 - TSE ▪ Res. 22.169 - TSE
Secretário de Estado	**6 meses** LC n. 64/1990: art. 1º, II, "a", 12.	**6 meses** LC n. 64/1990: art. 1º, III, "a" c/c art. 1º, II, "a", 12.	**6 meses** LC n. 64/1990: art. 1º, V, "a" c/c art. 1º, II, "a", 12.	**6 meses** LC n. 64/1990: art. 1º, VI c/c art. 1º, V, "b" c/c art. 1º, II, "a", 12.	
Secretário-Executivo de Ministério	**6 meses** LC n. 64/1990: art. 1º, II, "a", 16.	**6 meses** LC n. 64/1990: art. 1º, III, "a" c/c art. 1º, II, "a", 16.	**6 meses** LC n. 64/1990: art. 1º, V, "a" c/c art. 1º, II, "a", 16.	**6 meses** LC n. 64/1990: art. 1º, VI c/c art. 1º, V, "a" c/c art. 1º, II, "a", 16.	

CARGO/ FUNÇÃO	PRES./VICE	GOV./VICE	SEN./SUPLS.	DEP.	OBS.
Secretário Nacional de Ministério	**6 meses** LC n. 64/1990: art. 1º, II, "a", 16.	**6 meses** LC n. 64/1990: art. 1º, III, "a" c/c art. 1º, II, "a", 16.	**6 meses** LC n. 64/1990: art. 1º, V, "a" c/c art. 1º, II, "a", 16.	**6 meses** LC n. 64/1990: art. 1º, VI c/c art. 1º, V, "a" c/c art. 1º, II, "a", 16.	
Serventuário de Cartório	**Dispensado**	**Dispensado**	**Dispensado**	**Dispensado**	▪ Ac. 12.757 - TSE
Servidor Público (Celetista)	**3 meses** LC n. 64/1990: art. 1º, II, "l".	**3 meses** LC n. 64/1990: art. 1º, III, "a" c/c art. 1º, II, "l".	**3 meses** LC n. 64/1990: art. 1º, V, "a" c/c art. 1º, II "l".	**3 meses** LC n. 64/1990: art. 1º, VI c/c art. 1º, V, "a" c/c art. 1º, II, "l".	▪ Ac. 15.459 – TSE
Servidor Público (Cargo em Comissão)	**3 meses** **Exoneração** LC n. 64/1990: art. 1º, II, "l".	**3 meses** **Exoneração** LC n. 64/1990: art. 1º, III, "a" c/c art. 1º, II, "l".	**3 meses** **Exoneração** LC n. 64/1990: art. 1º, V, "a" c/c art. 1º, II "l".	**3 meses** **Exoneração** LC n. 64/1990: art. 1º, VI c/c art. 1º, V, "a" c/c art. 1º, II, "l".	▪ Ac. 20.135 – TSE
Tabelião	**3 meses** LC n. 64/1990. art. 1º, II, "l".	**3 meses** LC n. 64/1990: art. 1º, III, "a" c/c art. 1º, II, "l".	**3 meses** LC n. 64/1990: art. 1º, V, "a" c/c art. 1º, II "l".	**3 meses** LC n. 64/1990: art. 1º, VI c/c art. 1º, V, "a" c/c art. 1º, II, "l".	▪ Ac. 23.257 TSE
Vice-Governador	**Dispensado** Desde que, nos últimos 6 meses anteriores ao pleito, não tenha sucedido ou substituído o titular	**Dispensado** Desde que, nos últimos 6 meses anteriores ao pleito, não tenha sucedido ou substituído o titular Constituição Federal, art. 14, § 5º.	**Dispensado** Desde que, nos últimos 6 meses anteriores ao pleito, não tenha sucedido ou substituído o titular	**Dispensado** Desde que, nos últimos 6 meses anteriores ao pleito, não tenha sucedido ou substituído o titular	▪ Ac. 109-75 – TSE

CARGO/ FUNÇÃO	PRES./VICE	GOV./VICE	SEN./SUPLS.	DEP.	OBS.
Vice-Prefeito	**Dispensado** Desde que, nos últimos 6 meses anteriores ao pleito, não tenha sucedido ou substituído o titular	**Dispensado** Desde que, nos últimos 6 meses anteriores ao pleito, não tenha sucedido ou substituído o titular	**Dispensado** Desde que, nos últimos 6 meses anteriores ao pleito, não tenha sucedido ou substituído o titular	**Dispensado** Desde que, nos últimos 6 meses anteriores ao pleito, não tenha sucedido ou substituído o titular	
Vice-Presidente da República	**Dispensado** Desde que, nos últimos 6 meses anteriores ao pleito, não tenha sucedido ou substituído o titular Constituição Federal, art. 14, § 5º e §6º.	**Dispensado** Desde que, nos últimos 6 meses anteriores ao pleito, não tenha sucedido ou substituído o titular LC n. 64/1990: art. 1º, § 2º.	**Dispensado** Desde que, nos últimos 6 meses anteriores ao pleito, não tenha sucedido ou substituído o titular LC n. 64/1990: art. 1º, § 2º.	**Dispensado** Desde que, nos últimos 6 meses anteriores ao pleito, não tenha sucedido ou substituído o titular LC n. 64/1990: art. 1º, § 2º.	▪ Ac. 109-75 – TSE
Vogal de Junta Comercial	**3 meses** LC n. 64/1990: art. 1º, II, "l".	**3 meses** LC n. 64/1990: art. 1º, III, "a" c/c art. 1º, II, "l".	**3 meses** LC n. 64/1990: art. 1º, V, "a" c/c art. 1º, II, "l".	**3 meses** LC n. 64/1990: art. 1º, VI, c/c art. 1º, V c/c art. 1º, II, "l".	▪ Res. 19.995 – TSE (Garantida a remuneração integral, com exclusão da variável, nos três meses)

21.3. DESTAQUES JURISPRUDENCIAIS GERAIS

Afastamento de fato

O afastamento de fato das funções é suficiente para fim de desincompatibilização, cabendo ao impugnante provar a indevida continuidade do exercício do cargo (RO nº 060040220/MA, PSESS de 13/11/2018).

Para fins de inelegibilidade, considera-se o afastamento de fato do cargo ou da função (RO nº 647, PSESS de 17/09/2002).

Estagiário

O estágio, de acordo com a Lei Federal nº 11.788/2008, pode ser obrigatório ou não. Em qualquer caso, ele não cria vínculo empregatício de qualquer natureza. Ao estudante estagiário não se aplica a regra prevista ao art. 1º, inciso II, alínea l, da Lei Complementar n° 64/90 (REspe nº 32.377, PSESS de 12/11/2008).

Fiscal de tributos e auditor

A Lei Complementar n° 64/90 estabeleceu uma distinção intransponível entre o servidor público efetivo comum do artigo 1º, II, "l" e aqueles aludidos em seu artigo 1º, II, "d", aos quais não assegurou o direito de afastamento remunerado (Res. 22.627/DF, DJ de 07/12/2007). Nesta alínea se inserem os auditores e fiscais de tributos, consoante a jurisprudência firmada no Tribunal Superior Eleitoral.

Inelegibilidades (Aspectos gerais)

Descabe exigir desincompatibilização por falta de previsão legal na Lei de Inelegibilidades ou na Constituição (REspe nº 060064246/RR, PSESS de 05/10/2018).

A inelegibilidade, assim como a falta de qualquer das condições de elegibilidade, nada mais são do que restrições temporárias à possibilidade de qualquer pessoa se candidatar e devem ser aferidas a cada eleição, de acordo com as regras aplicáveis no pleito, não constituindo essa análise ofensa ao direito adquirido, ao ato jurídico perfeito, à coisa julgada ou à segurança jurídica (REspe nº 348-11/BA, DJE de 07/08/2013).

Os dispositivos da Lei Complementar nº 64/90 não podem ser interpretados de maneira extensiva, já que, *in casu*, trata-se de restrição ao direito de se candidatar sem se desincompatibilizar (REspe nº 30.539/SC, PSESS de 07/10/2008).

As normas que versam sobre a inelegibilidade são de natureza estrita, não cabendo interpretá-las a ponto de apanhar situações jurídicas nelas não contidas (Res. n° 22.228/DF, DJ de 28/08/2006).

Juiz de Paz

Consoante a jurisprudência do Tribunal Superior Eleitoral (Resoluções nºs 12.494/PR[1] e 19.508/DF[2]), por se enquadrar na condição de agente e não servidor público, está dispensado de desincompatibilização.

Médico credenciado - atendimentos eventuais

O médico credenciado perante o Sistema único de Saúde (SUS) que esteja no exercício particular da medicina não se submete à desin-

1. Recurso nº 9.719, DJ de 25/01/1993, p. 213.
2. CTA nº 135, DJ de 10/05/1996, p. 15.167.

compatibilização. Não incide, nesta hipótese, a inelegibilidade prevista na alínea a do inciso IV do art. 1º, c/c a alínea do inciso II do art. 1º, ambos da Lei Complementar nº 64/90. Precedentes: AgR-REspe nº 23.670, rel. Min. Gilmar Mendes, PSESS em 19.10.2004; AgR-AI nº 6.646, rel. Min. Joaquim Barbosa, DJ de 6.8.2008 (AI nº 862-68/SP, DJE de 10/06/2014).

Médico – Programa Mais Médicos

O profissional médico participante do Programa Mais Médicos não se equipara ao servidor público para fins eleitorais. Consequentemente, não estando adstrito aos comandos normativos do art. 1º, II, l, combinado com o art. 1º, VI, ambos da LC nº 64/90, não há necessidade de desincompatibilização para concorrer a cargos eletivos. Com efeito, o art. 17 da Lei nº 12.871/13 (DOU 23/10/2013) estabelece que "As atividades desempenhadas no âmbito do Projeto Mais Médicos para o Brasil não criam vínculo empregatício de qualquer natureza" com a Administração Pública. Por força disso, qual seja, da precariedade do vínculo estabelecido (de provisão emergencial, os médicos do PMM são remunerados por bolsas, ao invés de salários), prevalece o entendimento de que "as restrições que geram as inelegibilidades são de legalidade estrita, vedada interpretação extensiva" firmado pelo RO nº 549-80/MS (PSESS 12/09/2014).

Membro sindical

Se o membro sindical não exerce as funções de dirigente, administrador ou representante em entidade de classe mantida pelo poder público, não é exigível a exigência da desincompatibilização de que trata o art. 1º, inciso II, alínea g, da Lei Complementar nº 64/90 (RO nº 060189058/RJ, PSESS de 25/10/2018).

Militar conscrito

A palavra conscrito expressa o alistado ou recrutado para prestar serviço militar obrigatório. Sobre o assunto, de acordo com o art. 14, § 2º da Constituição Federal, não podem alistar-se como eleitores, durante o período do serviço militar obrigatório, os conscritos. De um lado, a CF/88 conferiu ao maior de dezesseis e menor de dezoito anos o direito ao alistamento eleitoral, e consequentemente, o direito ao voto; de outro, essa mesma Carta Política proibiu o alistamento dos conscritos durante o período do serviço militar obrigatório. Nesses termos, vide o entendimento do TSE no voto condutor do Ministro Nilson Naves apreciando o Processo Administrativo nº 16.337/DF *in* Revista de jurisprudência do Tribunal Superior Eleitoral 10/1/305.

Militar da reserva

A regra geral em relação aos militares que pretendem disputar cargo eletivo é a inexigibilidade de filiação partidária frente aos termos do artigo 142, V da Constituição Federal, admitindo o Supremo Tribunal Federal que esta pode ser postergada para o momento do registro da candidatura, quando serão agregados, nos termos da combinação dos artigos 14, § 8º, II da CF/88, 5º, Par. Único do Código Eleitoral e 82, XIV, §4º da Lei nº 6.880/80, conforme decidido no AI nº 135.452/DF. Em consequência disso, o militar da reserva está vinculado à exigência constitucional de filiação partidária nos seis meses anteriores ao pleito (TSE, RESPE nº 13.891/SP).

Militar sem posto de comando

Diante da lacuna da Lei de Inelegibilidades de um lado (art. 1º, II, a, 2, 4, 6 e 7 e art. 1º, III, b, 1 e 2), e da disciplina constitucional[3] e legal[4] sobre a

3. CF/88:

Art. 14. (...).

§ 8º O militar alistável é elegível, atendidas as seguintes condições:

I - se contar menos de dez anos de serviço, deverá afastar-se da atividade;

II - se contar mais de dez anos de serviço, será agregado pela autoridade superior e, se eleito, passará automaticamente, no ato da diplomação, para a inatividade.

Art. 142. As Forças Armadas, constituídas pela Marinha, pelo Exército e pela Aeronáutica, são instituições nacionais permanentes e regulares, organizadas com base na hierarquia e na disciplina, sob a autoridade suprema do Presidente da República, e destinam-se à defesa da Pátria, à garantia dos poderes constitucionais e, por iniciativa de qualquer destes, da lei e da ordem.

(...).

§ 3º Os membros das Forças Armadas são denominados militares, aplicando-se-lhes, além das que vierem a ser fixadas em lei, as seguintes disposições:

(...).

V - o militar, enquanto em serviço ativo, não pode estar filiado a partidos políticos;

4. Código Eleitoral:

Art. 98. Os militares alistáveis são elegíveis, atendidas as seguintes condições:

I - o militar que tiver menos de 5 (cinco) anos de serviço, será, ao se candidatar a cargo eletivo, excluído do serviço ativo;

II - o militar em atividade com 5 (cinco) ou mais anos de serviço ao se candidatar a cargo eletivo, será afastado, temporariamente, do serviço ativo, como agregado, para tratar de interesse particular;

III - o militar não excluído e que vier a ser eleito será, no ato da diplomação, transferido para a reserva ou reformado.

Parágrafo único. O Juízo ou Tribunal que deferir o registro de militar candidato a cargo eletivo comunicará imediatamente a decisão à autoridade a que o mesmo estiver subordinado, cabendo igual obrigação ao partido, quando lançar a candidatura.

Lei nº 6.880/80:

Art. 82. O militar será agregado quando for afastado temporariamente do serviço ativo por motivo de:

(...).

XIV - ter-se candidatado a cargo eletivo, desde que conte 5 (cinco) ou mais anos de serviço.

(...).

matéria de outro, prevalece na jurisprudência o entendimento de que o militar "sem função de comando", por não ser reconhecido como "autoridade militar" (REspe nº 10.666/RS), deve afastar-se apenas a partir do deferimento de seu registro de candidatura, não se sujeitando ao prazo geral de três meses do art. 1º, II, l, da LC 64/90. Precedentes do TSE: AgR-REspe nº 30.182/SP, DJ de 29/09/2008; REspe nº 20.318/PA, DJ de 19/09/2002; REspe nº 20.169/MT, DJ de 10/09/2002; REspe nº 8.963/MS, DJ de 30/08/1990 e o REspe nº 305-16/MG, PSESS de 25/10/2016.

Ocupante de cargo de direção que atua como ordenador de despesa

Incide a norma aplicável aos servidores em geral, art. 1º, II, l, da LC nº 64/90 que prevê prazo de até 3 meses antes do pleito para afastamento das funções, ante a ausência de norma específica para a peculiar hipótese de servidor que possua a atribuição de ordenamento de despesas (CTA 45.971/DF, DJE de 19/05/2016).

Pedido registrado em cartório

Não há exigência legal de que o pedido de afastamento seja registrado em cartório (REspe nº 17.406/MA, PSESS de 21/09/2000).

Prefeito itinerante

O art. 14, § 5º, da Constituição Federal, deve ser interpretado no sentido de que a proibição de segunda reeleição é absoluta e torna inelegível para determinado cargo de Chefe do Poder Executivo o cidadão que já exerceu dois mandatos consecutivos (reeleito uma única vez) em cargo da mesma natureza, ainda que em ente da federação diverso (STF, RE nº 637.485/RJ, DJE de 20/05/2013[5]).

---

§ 4º A agregação de militar no caso do item XIV é contada a partir da data do registro como candidato até sua diplomação ou seu regresso à Força Armada a que pertence, se não houver sido eleito.

5. RECURSO EXTRAORDINÁRIO. REPERCUSSÃO GERAL. REELEIÇÃO. PREFEITO. INTERPRETAÇÃO DO ART. 14, § 5º, DA CONSTITUIÇÃO. MUDANÇA DA JURISPRUDÊNCIA EM MATÉRIA ELEITORAL. SEGURANÇA JURÍDICA. I. REELEIÇÃO. MUNICÍPIOS. INTERPRETAÇÃO DO ART. 14, § 5º, DA CONSTITUIÇÃO. PREFEITO. PROIBIÇÃO DE TERCEIRA ELEIÇÃO EM CARGO DA MESMA NATUREZA, AINDA QUE EM MUNICÍPIO DIVERSO. O instituto da reeleição tem fundamento não somente no postulado da continuidade administrativa, mas também no princípio republicano, que impede a perpetuação de uma mesma pessoa ou grupo no poder. O princípio republicano condiciona a interpretação e a aplicação do próprio comando da norma constitucional, de modo que a reeleição é permitida por apenas uma única vez. Esse princípio impede a terceira eleição não apenas no mesmo município, mas em relação a qualquer outro município da federação. Entendimento contrário tornaria possível a figura do denominado "prefeito itinerante" ou do "prefeito profissional", o que claramente é incompatível com esse princípio, que também traduz um postulado de temporariedade/alternância do exercício do poder. Portanto, ambos os princípios – continuidade administrativa e republicanismo – condicionam a interpretação e a aplicação teleológicas do art. 14, § 5º, da Constituição. O cidadão que exerce dois mandatos consecutivos como prefeito de determinado município fica inelegível para o cargo da mesma natureza

Servidor público – Candidatura em município diverso

É desnecessária a desincompatibilização de servidor público, ainda que estadual, que exerce suas funções em município distinto do qual pretende se candidatar (REspe nº 124-18/PI, DJE de 1º/07/13; AgR-REspe nº 189-77/CE, PSESS de 27/09/2012; AgR-REspe nº 46-71/BA, DJe de 07/12/2017; AgR-REspe nº 262-90/CE, PSESS 08/11/2016).

---

em qualquer outro município da federação. II. MUDANÇA DA JURISPRUDÊNCIA EM MATÉRIA ELEITORAL. SEGURANÇA JURÍDICA. ANTERIORIDADE ELEITORAL. NECESSIDADE DE AJUSTE DOS EFEITOS DA DECISÃO. Mudanças radicais na interpretação da Constituição devem ser acompanhadas da devida e cuidadosa reflexão sobre suas consequências, tendo em vista o postulado da segurança jurídica. Não só a Corte Constitucional, mas também o Tribunal que exerce o papel de órgão de cúpula da Justiça Eleitoral devem adotar tais cautelas por ocasião das chamadas viragens jurisprudenciais na interpretação dos preceitos constitucionais que dizem respeito aos direitos políticos e ao processo eleitoral. Não se pode deixar de considerar o peculiar caráter normativo dos atos judiciais emanados do Tribunal Superior Eleitoral, que regem todo o processo eleitoral. Mudanças na jurisprudência eleitoral, portanto, têm efeitos normativos diretos sobre os pleitos eleitorais, com sérias repercussões sobre os direitos fundamentais dos cidadãos (eleitores e candidatos) e partidos políticos. No âmbito eleitoral, a segurança jurídica assume a sua face de princípio da confiança para proteger a estabilização das expectativas de todos aqueles que de alguma forma participam dos prélios eleitorais. A importância fundamental do princípio da segurança jurídica para o regular transcurso dos processos eleitorais está plasmada no princípio da anterioridade eleitoral positivado no art. 16 da Constituição. O Supremo Tribunal Federal fixou a interpretação desse artigo 16, entendendo-o como uma garantia constitucional (1) do devido processo legal eleitoral, (2) da igualdade de chances e (3) das minorias (RE 633.703). Em razão do caráter especialmente peculiar dos atos judiciais emanados do Tribunal Superior Eleitoral, os quais regem normativamente todo o processo eleitoral, é razoável concluir que a Constituição também alberga uma norma, ainda que implícita, que traduz o postulado da segurança jurídica como princípio da anterioridade ou anualidade em relação à alteração da jurisprudência do TSE. Assim, as decisões do Tribunal Superior Eleitoral que, no curso do pleito eleitoral (ou logo após o seu encerramento), impliquem mudança de jurisprudência (e dessa forma repercutam sobre a segurança jurídica), não têm aplicabilidade imediata ao caso concreto e somente terão eficácia sobre outros casos no pleito eleitoral posterior. III. REPERCUSSÃO GERAL. Reconhecida a repercussão geral das questões constitucionais atinentes à (1) elegibilidade para o cargo de Prefeito de cidadão que já exerceu dois mandatos consecutivos em cargo da mesma natureza em Município diverso (interpretação do art. 14, § 5º, da Constituição) e (2) retroatividade ou aplicabilidade imediata no curso do período eleitoral da decisão do Tribunal Superior Eleitoral que implica mudança de sua jurisprudência, de modo a permitir aos Tribunais a adoção dos procedimentos relacionados ao exercício de retratação ou declaração de inadmissibilidade dos recursos repetitivos, sempre que as decisões recorridas contrariarem ou se pautarem pela orientação ora firmada. IV. EFEITOS DO PROVIMENTO DO RECURSO EXTRAORDINÁRIO. Recurso extraordinário provido para: (1) resolver o caso concreto no sentido de que a decisão do TSE no RESPE 41.980-06, apesar de ter entendido corretamente que é inelegível para o cargo de Prefeito o cidadão que exerceu por dois mandatos consecutivos cargo de mesma natureza em Município diverso, não pode incidir sobre o diploma regularmente concedido ao recorrente, vencedor das eleições de 2008 para Prefeito do Município de Valença-RJ; (2) deixar assentados, sob o regime da repercussão geral, os seguintes entendimentos: (2.1) o art. 14, § 5º, da Constituição, deve ser interpretado no sentido de que a proibição da segunda reeleição é absoluta e torna inelegível para determinado cargo de Chefe do Poder Executivo o cidadão que já exerceu dois mandatos consecutivos (reeleito uma única vez) em cargo da mesma natureza, ainda que em ente da federação diverso; (2.2) as decisões do Tribunal Superior Eleitoral que, no curso do pleito eleitoral ou logo após o seu encerramento, impliquem mudança de jurisprudência, não têm aplicabilidade imediata ao caso concreto e somente terão eficácia sobre outros casos no pleito eleitoral posterior.

Subvenção do poder público

O recebimento de subvenções do Poder Público pode caracterizar a necessidade da prévia desincompatibilização do candidato. Isso ocorrerá sempre que tais verbas forem imprescindíveis para a sobrevivência da entidade ou para a realização dos serviços por ela prestados ao público em geral (AgR-REspe nº 29.188/SP, PSESS de 16/09/2008; Cta. nº 596/RJ, DJ de 11/04/2000). Para se concluir que a entidade é mantida pelo poder público, é necessário que as verbas públicas carreadas correspondam, pelo menos, a mais da metade de suas receitas. Ausentes tais circunstâncias, é de ser afastada a incompatibilidade prevista no 1º, II, a, 9, da Lei Complementar nº 64/90 (AgRg-REspe nº 1522-92/MG, PSESS de 29/11/2012; RO nº 4425-92/SP, PSESS de 25/11/2010).

Titular de cargo do Poder Executivo reeleito – candidatura ao cargo de vice

O titular de cargo do Poder Executivo que se reelegeu para um segundo mandato subsequente não pode se candidatar ao cargo de vice, mesmo tendo se desincompatibilizado, por renúncia, nos seis meses anteriores à eleição a que pretende concorrer, porque isso poderia resultar no exercício de um terceiro mandato sucessivo, o que é expressamente vedado pela Constituição da República (TSE, Res. Nº 21.026/DF, DJ de 21/06/2002).

Variação nos prazos

Sobre a variação nos prazos de desincompatibilização e afastamento, o que se há de considerar é (a) a natureza do cargo exercido, (b) a relevância de suas atribuições e (c) a possível influência que possa ter no equilíbrio da disputa. Funções de prestígio são, inexoravelmente, passíveis de gerar dividendos político-eleitorais. Sendo assim, "Os prazos variáveis atendem a maior ou menor importância dos cargos cujos ocupantes são inelegíveis se deles não se exoneram tempestivamente" (Acórdão nº 11.288/DF, j. em 29/08/1990, trecho de voto).

Vice que substitui o titular antes dos seis meses anteriores à eleição

O vice que substitui o titular antes dos seis meses anteriores à eleição pode se candidatar ao cargo de titular e, se eleito, pode disputar a reeleição no pleito seguinte (TSE, REspe nº 222-32/SC, PSESS de 16/11/2016). Além desse enfoque eleitoral, resta analisar o desdobramento da situação no campo da continuidade do cargo. Para o TSE (CTA nº 327/DF, DJ de 21/10/1997), não implica perda do mandato a candidatura do Vice-Prefeito ao cargo de Prefeito em virtude da inexigibilidade de desincompatibilização. Ainda sobre esse tema, a inelegibilidade do § 7º do art. 14 da CF não alcança parente de vice-prefeito que não tenha substituído o titular nos últimos seis meses do curso do mandato, conforme entendimento firmado pelo TSE no Agravo Regimental em Recurso Especial Eleitoral nº 31-61/PE (PSESS de 13/12/2012). Na esteira desse raciocínio, o cônjuge e os parentes do vice são elegíveis para o mesmo cargo, desde que o vice de primeiro mandato, não venha a substituir ou suceder o titular nos seis meses anteriores ao pleito, reforçou a Resolução nº 22.245/DF, de 08/06/2006.

Vice que assume o mandato por sucessão ou substituição do titular dentro dos seis meses anteriores ao pleito

O vice que assume o mandato por sucessão ou substituição do titular dentro dos seis meses anteriores ao pleito pode se candidatar ao cargo titular, mas, se for eleito, não poderá ser candidato à reeleição no período seguinte (TSE, REspe nº 222-32/SC, PSESS de 16/11/2016; STF, T2, RE AgR nº 756.073/PI, DJE de 13/02/2014[6]).

21.4. COMPETÊNCIA E NÃO A NOMENCLATURA DO CARGO

Em resposta a Consulta nº 0601159-22/DF (DJE de 27/10/2020), o Tribunal Superior Eleitoral assentou que a aferição dos prazos de desincompatibilização previstos na Lei Complementar nº 64/90, relativamente aos detentores de cargos públicos, deve levar em conta as competências do cargo exercido, e não a sua nomenclatura. A indagação formulada consistia em saber se "Para a análise da situação jurídica do cidadão ocupante de cargo público e em qual condição de desincompatibilização se encontra, é considerada a nomenclatura do cargo ou a efetiva competência do cargo?".

6. AGRAVO REGIMENTAL NO RECURSO EXTRAORDINÁRIO. CONSTITUCIONAL. ELEITORAL. VICE-PREFEITO. SUBSTITUIÇÃO OU SUCESSÃO. DISCUSSÃO IMPROFÍCUA NO QUE RESPEITA À APLICAÇÃO DO ART. 14, § 5º, DA CONSTITUIÇÃO FEDERAL. REELEIÇÃO. IMPOSSIBILIDADE. AGRAVO REGIMENTAL A QUE SE NEGA PROVIMENTO. I - Os prefeitos e quem os houver sucedido ou substituído no curso do mandato poderão ser reeleitos para um único período subsequente, nos termos do § 5º do art. 14 da Constituição Federal. II – No que respeita à aplicação do art. 14, § 5º, para o fim de permitir-se a reeleição, é improfícua a discussão da ocorrência de substituição ou sucessão. Precedentes. III – Agravo regimental a que se nega provimento.

O assunto, embora intensamente controvertido, já vinha senso solvido pelas instâncias ordinárias da Justiça Eleitoral sem maiores fetiches semânticos conforme preconizou a definição do TSE após mais de trinta anos de vigência da lei. De qualquer forma, a conclusão lavrada pela Corte, ao eliminar uma pendência jurisprudencial, unificou os enunciados normativos emanados da LC nº 64/90 em torno do assunto.

O relator do feito principiou seu voto relembrando que "O instituto da desincompatibilização de ocupantes de cargos públicos (...) tem como finalidade precípua evitar o uso da máquina pública pelo candidato em benefício próprio, de modo a se assegurar a paridade de armas e a legitimidade das eleições". Seguindo adiante, o Ministro Luís Felipe Salomão, com apoio na doutrina, anotou que "a Lei de Inelegibilidades não contempla prazo único de desincompatibilização, prevendo-se lapsos temporais distintos a depender das atribuições do cargo público". Seguindo no seu pronunciamento, deu ênfase no aspecto prático onde "para fim de desincompatibilização há de se levar em conta a efetiva competência relativa ao cargo, e não sua mera nomenclatura. Em outras palavras, independentemente da nomenclatura atribuída, é o feixe de atribuições relacionado ao cargo que se afigura relevante para definir o prazo de desincompatibilização aplicável. Descabe, a meu sentir, privilegiar o mero formalismo quanto ao nome de determinado cargo em detrimento das funções que são efetivamente exercidas, sob pena de subverter a lógica estampada no sistema de inelegibilidade da LC 64/90. (...). Anoto também que a resposta que se propõe tem o condão de evitar dois potenciais problemas. O primeiro é a efetiva possibilidade, considerando a dimensão continental de nosso país, de numerosas nomenclaturas para o desempenho de funções idênticas ou similares a nível federal, estadual ou municipal, o que demandaria do órgão julgador tormentosa conjugação entre o nome dado ao cargo e seu efetivo rol de atribuições. Ademais, privilegiar a nomenclatura em sobreposição às efetivas atribuições ensejaria inaceitável brecha para contornar as hipóteses legais de desincompatibilização, propiciando-se mudanças casuísticas em verdadeira burla aos bens jurídicos tutelados pela Lei de Inelegibilidades".

21.5. PARENTESCO E INELEGIBILIDADE

O ementário a seguir aborda algumas questões recorrentes suscitadas no Tribunal Superior Eleitoral. Cada ementa transcrita é seguida de um breve comentário.

> **ELEGIBILIDADE. CÔNJUGE. CHEFE DO PODER EXECUTIVO. ART. 14, § 7º DA CONSTITUIÇÃO.** O cônjuge do Chefe do Poder Executivo é elegível para o mesmo cargo do titular, quando este seja reelegível e tenha renunciado até seis meses antes do pleito. Recursos não conhecidos.[7]

A exegese definiu que se o Presidente da República, o Governador de Estado ou do Distrito Federal e o Prefeito Municipal estiverem no exercício do seu primeiro mandato e renunciarem até seis meses antes da data da eleição, seus cônjuges poderão concorrer ao mesmo cargo na eleição subsequente.

> **Inelegibilidade por parentesco ou afinidade com o chefe do Poder Executivo, na circunscrição eleitoral respectiva:** ressalva da situação dos titulares de mandato eletivo e candidatos à reeleição, que não beneficia os suplentes: inteligência da parte final do art. 14, § 7°, da Constituição.[8]
>
> **ELEIÇÕES 2012. RECURSO ESPECIAL ELEITORAL. ART. 14, §§ 5º E 7º, DA CONSTITUIÇÃO FEDERAL. PAI CANDIDATO À REELEIÇÃO AO CARGO DE PREFEITO. FILHO SUPLENTE DE VEREADOR NA DATA DO PEDIDO DE REGISTRO DE CANDIDATURA E CANDIDATO AO CARGO DE VEREADOR. INELEGIBILIDADE REFLEXA. POSTERIOR ASSUNÇÃO DEFINITIVA DO FILHO AO CARGO DE VEREADOR EM RAZÃO DE RENÚNCIA DO TITULAR. IRRELEVÂNCIA. RECURSO PROVIDO.**
>
> 1. (...). 4. A assunção definitiva do candidato ao cargo de vereador, após o pedido de registro de candidatura (...), não se qualifica como alteração fática e jurídica superveniente capaz de afastar a inelegibilidade do art. 14, § 7º, da Constituição Federal, pois a referida norma constitucional visa proteger princípios constitucionais - republicano e igualdade de chances - que não podem ser afastados em razão de uma regra infraconstitucional (art. 11, § 10, da Lei nº 9.504/1997), direcionada, sobretudo, às inelegibilidades infraconstitucionais que buscam resguardar "a probidade administrativa, a moralidade para exercício de mandato considerada vida pregressa do candidato" (art. 14, § 9º, da Constituição Federal de 1988).[9]

---

7. *Leading case* estabelecido pelo Recurso Especial Eleitoral nº 19.442/ES, DJ de 07/12/2001, sobre inelegibilidade de cônjuge e parente de chefe do Executivo.
8. REspe nº 19.422/BA, DJ de 19/02/2002.
9. REspe nº 17.210/MA, DJE de 10/03/2016.

As duas ementas dão conta da exceção prevista ao texto constitucional quando este dispõe incisivamente: "São inelegíveis, no território de jurisdição do titular, o cônjuge e os parentes consanguíneos ou afins, até o segundo grau ou por adoção, do Presidente da República, de Governador de Estado ou Território, do Distrito Federal, de Prefeito ou de quem os haja substituído dentro dos seis meses anteriores ao pleito, salvo se já titular de mandato eletivo e candidato à reeleição".

De início, emerge lógico que suplente no exercício da atividade parlamentar não equivale a "titular de mandato eletivo". O desejo do constituinte aqui foi conferir excepcionalidade apenas aquele que alcançou vaga de modo permanente, não merecendo prosperar, nesta questão, as correntes construtivas baseadas na *Living Constitution*. A par de inexistir evolução jurisprudencial nesse campo, quando a parte final do parágrafo diz "candidato à reeleição", a mesma sepulta qualquer margem para ilações ou devaneios exegéticos. Desse modo, eventuais compreensões ampliativas extravasam a hipótese legal derivando em incongruência.

A exceção supratranscrita viabiliza que vereadores, deputados e senadores ambicionem se reeleger quando prefeitos, governadores de Estado ou presidentes da República são seus parentes.

> **CONSULTA. ELEGIBILIDADE. CHEFIA DO PODER EXECUTIVO. PARENTESCO. ART. 14, §§ 5º, 6º e 7º, DA CONSTITUIÇÃO FEDERAL. UNIÃO ESTÁVEL OU CONCUBINATO. ÓBITO. VÍNCULO POR AFINIDADE EXTINTO. CAUSA DE INELEGIBILIDADE. NÃO- CARACTERIZAÇÃO. RESPOSTA POSITIVA.**
>
> 1. Os §§ 5º, 6º e 7º do art. 14 da Constituição Federal regulam a restrição de inelegibilidade, impedindo a ocorrência de três mandatos consecutivos, seja por via direta - quando o aspirante for o próprio titular da Chefia do Poder Executivo -, seja por via reflexa, quando este for o cônjuge, parente consangüíneo, afim, ou por adoção, até segundo grau. O regulamento constitucional objetiva evitar que alguns candidatos sejam privilegiados em suas campanhas pela relação familiar com os Chefes do Poder Executivo.
>
> 2. A convivência marital, seja união estável ou concubinato, gera inelegibilidade reflexa em função de parentesco por afinidade (Precedentes: Recurso Ordinário nº 1.101, Rel. Min. Carlos Ayres Britto, DJ de 2.5.2007; Recurso Especial Eleitoral nº 23.487, Rel. Min. Caputo Bastos, sessão de 21.10.2004; Recurso Especial Eleitoral nº 24.417, Rel. Min. Gilmar Mendes, DJ de 13.10.2004; Consulta nº 845, Rel. Min. Luiz Carlos Madeira, DJ de 8.5.2003).
>
> 3. O vínculo por parentesco, no qual incide a inelegibilidade reflexa, deve existir em algum momento no curso do mandato (Precedentes: Consultas

> nºs 934, Relª. Minª. Ellen Gracie, DJ de 9.3.2004; 939, Rel. Min. Fernando Neves, DJ de 11.11.2003; 888, Rel. Min. Carlos Velloso, DJ de 29.9.2003).
>
> (...).
>
> 5. Eleitor poderá candidatar-se ao cargo de prefeito atualmente ocupado por seu ex-cunhado, quer ele esteja no primeiro ou no segundo mandato, quando o desfazimento do vínculo de parentesco se der antes do exercício do mandato, considerando-se in casu o óbito ter ocorrido há mais de uma década, período superior ao exercício de dois mandatos - oito anos.
>
> 6. Consulta conhecida e respondida afirmativamente.[10]

Esta Consulta nº 1.573 (Resolução nº 22.784), cujo inteiro teor se encontra junto ao Volume nº 19 (Tomo 2, p. 212) da RJTSE, reafirmou questões parentais por vezes aflitivas aos operadores jurídicos em sede registral.

> **RECURSO ORDINÁRIO. REGISTRO DE CANDIDATURA. PARENTESCO DE SEGUNDO GRAU POR AFINIDADE. APLICAÇÃO DO ART. 14, § 7º, DA CF/88. CAUSA DE INELEGIBILIDADE CONSTITUCIONAL. INCIDÊNCIA QUANTO AOS PARENTES DO TITULAR DO CARGO E, SIMULTANEAMENTE, A QUEM O TENHA SUBSTITUÍDO DENTRO DOS SEIS MESES ANTERIORES AO PLEITO. ALEGAÇÃO DE INIMIZADE PESSOAL E POLÍTICA. INOCUIDADE.**
>
> (...).
>
> - A alegação de notória inimizade pessoal e política não afasta a causa da inelegibilidade em questão, decorrente, *in casu*, de parentesco de segundo grau por afinidade. O preceito constitucional em tela deve ser aplicado mediante exame estritamente objetivo dos casos concretos.[11]

O parentesco é, indubitavelmente, um obstáculo à elegibilidade no contexto da circunscrição do titular do mandato. Sendo a inelegibilidade parental próxima da absoluta, conforme anotou José Afonso da SILVA (2010, p. 391), a sua interpretação inadmite subjetividades. Por conta disso, a Justiça Eleitoral tem afirmado que questiúnculas entre parentes como

10. Resolução nº 22.784/DF, DJ de 02/06/2008.
11. RO nº 592/MA, PSESS de 25/09/2002.

antagonismo político[12], inimizades[13], rivalidades[14] ou ambas[15], expressam conteúdo jurídico irrelevante.

Contudo, em 17/11/2022, ao decidir o Recurso Especial Eleitoral nº 060000157[16] proveniente de Alagoas, o TSE, por votação unânime de seu plenário, descartou a inelegibilidade de irmãos que integram grupos políticos antagônicos.

> **Recurso contra expedição de diploma. Adoção de fato. Inelegibilidade.**
>
> 1. Para afastar a conclusão do TRE/PI, de que ficou comprovada a relação socioafetiva de filho de criação de antecessor ex-prefeito, seria necessário o revolvimento do acervo probatório, inviável em sede de recurso especial, a teor da Súmula nº 279 do Supremo Tribunal Federal.

---

12. TSE, AgR-REspe nº 060057183/AL, DJE de 13/03/2020.

13. AGRAVO REGIMENTAL. RECURSO ESPECIAL. ELEIÇÕES 2016. VEREADOR. RECURSO CONTRA EXPEDIÇÃO DE DIPLOMA (RCED). INELEGIBILIDADE. PARENTESCO. ART. 14, § 7º, DA CF/88. ALEGAÇÃO. INTERINIDADE. AUSÊNCIA DE PREQUESTIONAMENTO (SÚMULA 72/TSE). REEXAME DE FATOS E PROVAS (SÚMULA 24/TSE). NÃO CONHECIMENTO.

 1. Na decisão agravada, manteve-se acórdão unânime por meio do qual, em Recurso Contra Expedição de Diploma (RCED), se cassou o diploma da agravante - Vereadora de Belém de Maria/PE eleita em 2016 - com esteio em inelegibilidade por parentesco (art. 14, § 7º, da CF/88), assentando-se ser irrelevante a suposta inimizade com sua irmã, que assumiu a chefia do Poder Executivo municipal no período vedado.

 2. No presente agravo, alegou-se apenas que o exercício do cargo de prefeito ocorreu de forma interina, sem prática de atos de gestão, matéria em nenhum momento debatida pelo TRE/PE.

 3. Assim, seja por falta de prequestionamento (Súmula 72/TSE) ou por impossibilidade de reexame de fatos e provas em sede extraordinária (Súmula 24/TSE), descabe conhecer da pretensão.

 4. Agravo regimental não conhecido. (TSE, AgRg-REspe nº 9.035/PE, DJE de07/12/2018).

14. RECURSO ESPECIAL ELEITORAL. PEDIDO DE REGISTRO DE CANDIDATURA. ELEIÇÕES 2012. ART. 14, § 7º, DA CONSTITUIÇÃO FEDERAL. INELEGIBILIDADE. PARENTESCO CONSAGUÍNEO. CRITÉRIO OBJETIVO. DESPROVIMENTO.

 1. A alegação de existência de rivalidade entre o recorrente, candidato a prefeito, e o atual Chefe do Executivo da localidade, aspirante à reeleição e genitor do pretenso candidato, não afasta a inelegibilidade constitucional, uma vez que o critério da norma é objetivo. Precedentes.

 2. Recurso especial desprovido. (TSE, REspe nº 14071/SP, PSESS de20/09/2012).

15. Agravo regimental. Recurso contra expedição de diploma. Inelegibilidade. Parentesco.

 1. A jurisprudência desta Corte é no sentido de que a inelegibilidade do art. 14, § 7º, da Constituição Federal deve ser interpretada objetivamente, sendo irrelevante para a sua configuração a existência de suposta inimizade ou rivalidade entre o candidato e o seu parente ocupante do cargo de chefe do Poder Executivo. Precedentes: REspe nº 34243, rel. Min. Felix Fischer, PSESS em 19.11.2008; AgR-REspe nº 31527, rel. Min. Arnaldo Versiani, PSESS em 30.10.2008; REspe nº 14071, rel. Min. Marco Aurélio, rel. designado Min. Dias Toffoli, PSESS em 20.9.2012.

 2. A agravante não infirmou o fundamento da decisão agravada no sentido de que deve ser aplicada, na espécie, a Súmula 83 do STJ. Incidência da Súmula 283 do STF.

 Agravo regimental a que se nega provimento. (TSE, AgRg-AI nº439-09/MA, DJE de 09/11/2015).

16. DJE 13/12/2022.

> 2. O vínculo de relações socioafetivas, em razão de sua influência na realidade social, gera direitos e deveres inerentes ao parentesco, inclusive para fins da inelegibilidade prevista no § 7º do art. 14 da Constituição Federal.
>
> 3. A inelegibilidade fundada no art. 14, § 7º, da Constituição Federal pode ser arguida em recurso contra a expedição de diploma, por se tratar de inelegibilidade de natureza constitucional, razão pela qual não há falar em preclusão.
>
> Recurso não provido.

O entendimento acima, ementado pelo Tribunal Superior Eleitoral mediante apertada maioria no Recurso Contra a Expedição de Diploma nº 5410103/PI (DJE de 22/03/2011), foi reprisado à unanimidade no julgamento do Agravo Regimental em Recurso Especial Eleitoral nº 060042361/PA (PSESS de 27/11/2020)[17]. Mencionada jurisprudência, roborada pelo Agravo Regimental nº 178/AL (DJE de 09/09/2014), reconhece o vínculo de afetividade dessas relações (união estável, enteado e *filho de criação*, respectivamente) em razão da sua influência na realidade social a fim de admitir direitos e restringir a possibilidade de candidaturas.

> **CONSULTAS. INELEGIBILIDADE REFLEXA. PARENTESCO COM CANDIDATO QUE NÃO TOMOU POSSE. ART. 14, §§ 5º E 7º, DA CONSTITUIÇÃO FEDERAL. CONSULTA CONHECIDA E RESPONDIDA NEGATIVAMENTE.**
>
> 1. Nos termos do § 5º, art. 14 da Constituição Federal, é possível a reeleição dos chefes do Poder Executivo para um único mandato subsequente, o

---

17. ELEIÇÕES 2020. EMBARGOS DE DECLARAÇÃO. CONVERSÃO EM AGRAVO REGIMENTAL. RECURSO ESPECIAL. REGISTRO DE CANDIDATURA. VEREADOR. INDEFERIMENTO. INELEGIBILIDADE REFLEXA, ART. 14, § 7º, DA CF. DESPROVIMENTO.

    1. Embargos opostos contra decisum monocrático e com pretensão infringente são recebidos como agravo regimental. Precedentes.

    2. Os argumentos apresentados pelo Agravante não são capazes de conduzir à reforma da decisão agravada.

    3. É incontroverso o parentesco por afinidade, comprovada a paternidade afetiva, muito embora o recorrente também possua vínculos afetivos com o seu pai biológico. Para concluir em sentido diverso, haveria a necessidade de revolvimento do quadro probatório, providência vedada pela Súmula nº 24/TSE.

    4. Conforme jurisprudência desta Corte, "o vínculo de relações socioafetivas, em razão de sua influência na realidade social, gera direitos e deveres inerentes ao parentesco, inclusive para fins da inelegibilidade prevista no § 7º do art. 14 da Constituição Federal" (REspe nº 5410103/PI, Rel. Min. Arnaldo Versiani, DJe de 15.02.2011).

    5. Agravo Regimental desprovido.

que se fundamenta no postulado da continuidade administrativa, bem como no princípio republicano, que impede a perpetuação de uma mesma pessoa ou grupo no poder consagrando, assim, a temporariedade e a alternância do exercício do mandato.

2. A hipótese de inelegibilidade reflexa, disciplinada pelo § 7º do art. 14 da CF, tem como objetivo impedir a continuidade da presença de familiares no poder, evitando que se formem grupos hegemônicos nas instâncias políticas locais e práticas que monopolizem o acesso aos mandatos eletivos e comprometam a legitimidade do processo eleitoral.

3. Na inelegibilidade reflexa, o vínculo é atinente ao exercício efetivo do mandato nos seis meses anteriores ao pleito e não ao fato de o candidato lograr-se vencedor no pleito ou mesmo de ter sido diplomado.

4. A indagação formulada pelo consulente deve ser conhecida e respondida da seguinte forma:

Pergunta: "Suponhamos que o candidato Fulano, tendo sido candidato a prefeito do Município "X", em uma eleição municipal qualquer, fora vencedor do pleito e, apesar de diplomado e apto à assunção ao cargo, não toma posse perante a Câmara Municipal, com isso não assume o mandato e exercício das funções, renunciando ao seu direito. Todavia, o seu companheiro de chapa, vice-prefeito eleito e também diplomado, assume a chefia do Executivo municipal tomando posse e entrando em exercício pelos quatro anos integrais.

Posteriormente, em novas eleições municipais quatro anos depois, o candidato Sicrano, irmão do outrora candidato Fulano, lança-se na disputa ao cargo de prefeito do mesmo Município "X" e, sendo vencedor, toma posse e entra em exercício do cargo eletivo.

Indaga-se: a) há impedimento para que Sicrano possa ser candidato à reeleição para mais um mandato, nos termos do § 5ºdo art. 14 da Constituição Federal? b) configuraria terceiro mandato em grupo familiar a candidatura de Sicrano, mesmo Fulano não tenha assumido o mandato por nenhum período?"

Resposta: Não, porquanto não há impedimento à reeleição do candidato ao cargo, uma vez que, embora seu irmão tenha sido eleito no pleito imediatamente anterior, este não tomou posse para o cargo de prefeito do município, não se configurando terceiro mandato do grupo familiar, nos termos do §§ 5º e 7º do art. 14 da Constituição Federal.

Consulta conhecida e respondida negativamente, nos termos do voto do relator.

No caso em análise, deliberado pelo TSE por exígua maioria em sede consultiva[18] a partir da indagação que lhe fora formulada[19], o candidato vitorioso no pleito eleitoral não assumiu o mandato, porquanto renunciou ao mesmo antes de sua posse, tendo o vice-prefeito eleito assumido a chefia do Poder Executivo municipal e exercido os quatro anos do mandato. Nesse sentido, se a renúncia ou o afastamento do cargo eletivo antes dos seis meses que antecedem o pleito eleitoral é suficiente para dissolver o vínculo do candidato ou do grupo familiar com o cargo, não há falar na existência de vínculo de inelegibilidade na situação concreta vez que o candidato nem sequer tomou posse no cargo.

Sintetizando: a regra do § 7º do art. 14 da Constituição Federal tem aplicação em três cenários específicos, conforme a demarcação levada a efeito pela Consulta nº 245-46/DF (DJE de 02/08/2016):

- IMPOSSIBILIDADE de reeleição dos parentes para o cargo do titular;
- INELEGIBILIDADE dos parentes para disputar outros cargos; e
- POSSIBILIDADE de reeleição quando já detentor de mandato.

18. CTA nº 060046320/DF, DJE de 13/08/2020.

19. "Suponhamos que CANDIDATO FULANO, tendo sido candidato a prefeito do Município "X", em uma eleição municipal qualquer, fora vencedor do pleito e, apesar de diplomado e apto à assunção ao cargo, não toma posse perante a câmara municipal, com isso não assume o mandato e exercício das funções, renunciando ao seu direito. Todavia, o seu companheiro de chapa, vice-prefeito eleito e também diplomado, assume a chefia do Executivo municipal tomando posse e entrando em exercício pelos quatro anos integrais. Posteriormente, em novas eleições municipais quatro anos depois, o CANDIDATO SICRANO, irmão do outrora CANDIDATO FULANO, lança- se na disputa ao cargo de prefeito do mesmo Município X e, sendo vencedor, posse, entra arn exercício do cargo eletivo. Indaga-se: a) há impedimento para que SICRANO possa ser candidato à reeleição para mais um mandato, nos termos do § 5°do art. 14 da Constituição Federal? b) configuraria terceiro mandato em grupo familiar a candidatura de SICRANO, mesmo FULANO não tenha assumido o mandato por nenhum período?".

Capítulo

22

REQUISIÇÃO DE FORÇA FEDERAL

22.1. FONTES LEGAIS E REGRAS GERAIS

O Código Eleitoral, por seu art. 23, XIV, autoriza o TSE a requisitar "força federal necessária ao cumprimento da lei, de suas próprias decisões ou das decisões dos Tribunais Regionais que o solicitarem, e para garantir a votação e a apuração".

Para efetivar a manutenção da normalidade do processo eleitoral, a requisição prevista foi instrumentalizada pelo tribunal nos termos do inciso XVIII do mesmo art. 23 ("tomar quaisquer outras providências que a Corte julgar convenientes à execução da legislação eleitoral") através da Resolução nº 21.843, publicada pelo Diário da Justiça em sua edição de 1º/07/2004[1]. Conforme se lê no seu art. 1º, a norma epigrafada visa garantir:

- o livre exercício do voto pelos cidadãos;
- a normalidade da votação e da apuração dos resultados do pleito.

Destarte, cabe ao tribunal solicitante encaminhar ao TSE a relação das localidades onde há necessidade da presença de força federal.

Mencionado requerimento deverá ser instruído de justificativa expondo os fatos e as circunstâncias de que decorra o receio de perturbação dos trabalhos eleitorais de cada zona eleitoral.

1. Revogada a Resolução nº 8.906, de 05/11/1970.

Aprovada e efetivada a requisição pelo TSE, o Tribunal Regional entrará em entendimento com o comando local da força federal para possibilitar o planejamento da ação do efetivo necessário às garantias demandadas.[2]

A Polícia Federal, à disposição da Justiça Eleitoral, nos termos do art. 2º do Decreto-Lei nº 1.064/69[3], exercerá as funções que lhe são próprias, especialmente as de polícia judiciária em matéria eleitoral, e observará as instruções da autoridade judiciária eleitoral competente.

22.2. CIRCUNSTÂNCIAS DE PERTURBAÇÃO DOS TRABALHOS ELEITORAIS

A lisura e a normalidade dos certames não devem ser comprometidas. Neste sentido, a Resolução nº 21.843 do TSE deve ser encarada como um instrumento excepcional e inibidor de eventuais perturbações do processo eleitoral. A intervenção da força federal, quando aprovada, funciona como garantia, tanto para a satisfação de um direito fundamental (voto) como para a prestação de um serviço público imprescindível, no caso, a totalização dos resultados do pleito.

Pelo fato do "receio de perturbação" constante do §2º do art. 1º daquele diploma resolutivo expressar um conceito jurídico indeterminado, é importante acrescentar que o mesmo não possui uma noção homogênea. Consequentemente, a sua definição será verificada diante do caso concreto submetido ao Tribunal Superior.

Nesse contexto, o exame das situações que informam o instituto da requisição de força federal evidencia uma gama extremamente variada de circunstâncias a justificá-la. Dentro dessa perspectiva, a análise jurispru-

---

2. A Justiça Eleitoral repassa valores ao Ministério da Defesa para patrocinar o emprego das Forças Armadas nas localidades submetidas à aprovação do TSE pelos tribunais regionais eleitorais.
3. OS MINISTROS DA MARINHA DE GUERRA, DO EXÉRCITO E DA AERONÁUTICA MILITAR, no uso das atribuições que lhes confere os artigos 3º e 6º do Ato Institucional nº 16, de 14 de outubro de 1969,

   DECRETAM:

   Art. 1º O artigo 302 do Código Eleitoral (Lei nº 4.737, de 15 de julho de 1965) passa a vigorar com a seguinte redação:

   "Art. 302. Promover, no dia da eleição, com o fim de impedir, embaraçar ou fraudar o exercício do voto a concentração de eleitores, sob qualquer forma, inclusive o fornecimento gratuito de alimento e transporte coletivo:

   Pena - reclusão de quatro (4) e seis (6) anos e pagamento de 200 a 300 dias-multas.

   Art. 2º O Departamento de Polícia Federal ficará à disposição da Justiça Eleitoral, sempre que houver de se realizar eleições, gerais ou parciais, em qualquer parte do Território Nacional.

   Art. 3º Este Decreto-lei entrará em vigor na data de sua publicação, revogadas as disposições em contrário.

dencial das questões em torno da Res./TSE nº 21.843 aponta numa diversidade de medidas destinadas à defesa do processo eleitoral.

Independentemente se no primeiro ou no segundo turno ou, ainda, nas eleições suplementares, o levantamento atualizado do ementário pretoriano demonstra que o pedido de deslocamento das forças públicas foi deferido em casos como os que vão a seguir transcritos:

- histórico de violência local;[4]
- baixo efetivo das forças de segurança nas localidades indicadas;[5]
- ameaça a autoridades;[6]
- extensão territorial da Unidade Federativa;[7]
- necessidade de conter os conflitos entres facções criminosas instaladas nos municípios relacionados;[8]
- impossibilidade da Polícia Militar atuar na região;[9]
- baixo contingente de policiamento ostensivo;[10]
- ameaças, intimidações e agressões entre grupos políticos rivais;[11]
- acirramento da disputa política;[12]
- necessidade de fiscalização do cumprimento das medidas sanitárias;[13]
- histórico de acirramento político;[14]
- aumento significativo da violência;[15]
- insuficiência do efetivo policial na localidade;[16]
- histórico de violência em pleitos anteriores;[17]
- notícia de crime violento praticado por motivação política;[18]
- histórico de conflitos entres as organizações criminosas no estado;[19]

4. TSE: PA nº 060160809/CE, DJE 10/11/2022 e PA nº 060231733/AM, DJE 13/10/2022.
5. TSE: PA nº 060161683/PA, DJE 10/11/2022 e PA nº 060142623/AC, DJE 10/11/2022.
6. TSE, PA nº 060161768/MA, DJE 10/11/2022.
7. TSE, PA nº060142283/MT, DJE 04/11/2022.
8. TSE, PA nº 060145488/MS, DJE 08/11/2022.
9. TSE, PA nº 060231818/AM, DJE 18/10/2022.
10. TSE: PA nº060105463/AM, DJE 04/10/2022; PA nº060222810/AM, DJE 04/10/2022 e PA nº 060081570/AC, DJE 03/10/2022.
11. TSE, PA nº 060037588/AL, DJE de 08/02/2021.
12. TSE, PA nº 060037588/AL, DJE de 08/02/2021.
13. TSE, PA nº 060037588/AL, DJE de 08/02/2021.
14. TSE, PA nº 060033339 /AL, DJE de 12/02/2021.
15. TSE, PA nº 060033339 /AL, DJE de 12/02/2021.
16. TSE, PA nº 060033339 /AL, DJE de 12/02/2021.
17. TSE, PA nº 060037321 /AL, DJE de 10/02/2021.
18. TSE, PA nº 060035852/AL, DJE de 02/02/2021.
19. TSE, PA nº 060144075/AC, DJE de 02/02/2021.

- ocorrência de episódios de ameaça e violência durante a realização do 1º turno das eleições;[20]
- presença e atuação de grupos criminosos nas proximidades de locais de votação;[21]
- histórico de ataques a locais de votação;[22]
- acirramento dos ânimos em razão da ocorrência do 2º turno;[23]
- receio dos eleitores de sofrerem atos de violência ao se deslocarem aos locais de votação;[24]
- aumento do número de homicídios na localidade;[25]
- notícias de ilícitos eleitorais e de crime violento;[26]
- grande extensão territorial e quantidade de locais de votação;[27]
- existência de um ponto de transmissão de resultados em um determinado distrito rural;[28]
- relato de dois homicídios durante um ato político, razão pela qual se suspendeu a realização de outros atos;[29]
- acesso dificultoso à localidade;[30]
- notícias de vandalismo e intimidação dos eleitores;[31]
- acesso dificultoso em localidades rurais;[32]
- necessidade de resguardar a segurança da população, dos servidores da Justiça Eleitoral e autoridades do processo eleitoral;[33]
- necessidade de patrulhamento, por embarcações, da área fluvial da localidade, que conta com diversos locais de votação;[34]
- incidência de ilícitos na região de fronteira com o Paraguai;[35]

20. TSE, PA nº 060183652/MA, DJE de 18/12/2020.
21. TSE, PA nº 060183652/MA, DJE de 18/12/2020.
22. TSE, PA nº 060183652/MA, DJE de 18/12/2020.
23. TSE, PA nº 060182353/CE, DJE de 15/12/2020.
24. TSE, PA nº 060182353/CE, DJE de 15/12/2020.
25. TSE, PA nº 060162769/AM, DJE de 02/02/2021.
26. TSE, PA nº 060018528/AL, DJE de 04/12/2020.
27. TSE, PA nº 060174559/RN, DJE de 30/11/2020.
28. TSE, PA nº 060174559/RN, DJE de 30/11/2020.
29. TSE, PA nº 060174559/RN, DJE de 30/11/2020.
30. TSE, PA nº 060018006/AL, DJE de 27/11/2020.
31. TSE, PA nº 060014987/AL, DJE de 30/11/2020.
32. TSE, PA nº 060017921/AL, DJE de 26/11/2020.
33. TSE, PA nº 060035994/AL, DJE de 24/11/2020.
34. TSE, PA nº 060004173/AL, DJE de 19/11/2020.
35. TSE, PA nº 060167020/MS, DJE de 17/11/2020.

- intensa movimentação de eleitores, residentes no Paraguai que se deslocam para as localidades solicitantes em razão da eleição;[36]
- alto índice de ocorrências policiais no último pleito, em razão de disputas políticas;[37]
- ausência de policiamento suficiente para garantir a guarda e a conservação das urnas eletrônicas nos locais de votação;[38]
- receio dos eleitores de sofrerem atos de violência ao se deslocaram aos locais de votação;[39]
- reiteradas tentativas de captação ilícita de sufrágio dos eleitores indígenas;[40]
- resistência dos indígenas à permanência de policiais militares em suas aldeias;[41]
- intensa animosidade entre etnias indígenas;[42]
- prática de assédio político aos eleitores indígenas;[43]
- realização de eleições suplementares para o cargo de Senador e Suplentes, em conjunto com o primeiro turno das eleições municipais;[44]
- acesso dificultoso à localidade, por via fluvial;[45]
- transporte irregular de eleitores;[46]
- dificuldade de acesso a locais de votação que demandam transporte fluvial;[47]
- registros de ameaças a servidores da Justiça Eleitoral em pleitos anteriores;[48]
- áreas com grande índice de criminalidade;[49]
- histórico de elevado número de ocorrências policiais e intensa prática de ilícitos em pleitos anteriores;[50]
- localização de mais da metade dos locais de votação em zona rural, com acesso dificultoso;[51]

36. TSE, PA nº 060167020/MS, DJE de 17/11/2020.
37. TSE, PA nº 060002198/MS, DJE de 19/11/2020.
38. TSE, PA nº 060028311/AM, DJE de 17/11/2020.
39. TSE, PA nº 060156106/CE, DJE de 25/11/2020.
40. TSE, PA nº 060031522/TO, DJE de 25/11/2020.
41. TSE, PA nº 060022344/TO, DJE de 10/11/2020.
42. TSE, PA nº 060148494/MT, DJE de 11/11/2020.
43. TSE, PA nº 060148494/MT, DJE de 11/11/2020.
44. TSE, PA nº 060148494/MT, DJE de 11/11/2020.
45. TSE, PA nº 060001478/AM, DJE de 06/11/2020.
46. TSE, PA nº 060001130/AM, DJE de 04/11/2020.
47. TSE, PA nº 060010947/AM, DJE de 04/11/2020.
48. TSE, PA nº 060147450/PA, DJE de 06/11/2020.
49. TSE, PA nº 060001407/AM, DJE de 06/11/2020.
50. TSE, PA nº 060002832/AM, DJE de 06/11/2020.
51. TSE, PA nº 060002231/AM, DJE de 06/11/2020.

- necessidade de assegurar a integridade física e a segurança da sede do cartório eleitoral e dos servidores;[52]
- histórico de perturbações e conflitos próximos aos locais de votação;[53]
- indisponibilidade de veículos próprios das forças de segurança estadual;[54]
- histórico de eleições problemáticas no município;[55]
- zona de fronteira conflituosa;[56]
- histórico de violência e desordem;[57]
- ameaças à obstrução do pleito.[58]

Ao final do pleito, o juiz eleitoral requisitante da medida excepcional de emprego das Forças Armadas deverá encaminhar ao TSE, relatório circunstanciado, com o registro de todas as incidências e ocorrências que tiveram a participação direta do contingente de segurança na circunscrição, tendo por fim subsidiar as autorizações para futuras eleições.[59]

A ementa do Processo Administrativo nº 195-51/PI (DJ de 03/05/2006) abaixo colacionada resume os pronunciamentos exarados pelo TSE quando satisfeitos os pressupostos da Resolução nº 21.843/2004:

> **SOLICITAÇÃO DE FORÇA FEDERAL. JUSTIFICATIVAS. ACOLHIMENTO.**
>
> A comprovação da impossibilidade de manutenção da ordem durante a realização de eleições impõe o deferimento do pedido de requisição de tropas federais.
>
> Pedido deferido.

52. TSE, PA nº 060144075/AC, DJE de 09/11/2020.
53. TSE, PA nº 060027365/RN, DJE de 11/11/2020.
54. TSE, PA nº 060003551/TO, DJE de 09/11/2020.
55. TSE, PA nº 060003024/AM, DJE de 10/11/2020.
56. TSE, PA nº 060010578/AM, DJE de 07/11/2018.
57. TSE, PA nº 060112422/AM, DJE de 06/11/2018.
58. TSE, PA nº 139011/RO, DJE de 28/11/2014.
59. Processos Administrativos nº 0601550-16 e nº 0601778-88.

Capítulo

23

MULTAS ELEITORAIS

23.1. FONTES LEGAIS E REGRAS GERAIS

Diferentes normas jurídicas regulamentam o caráter sancionatório das multas eleitorais. Porém, é importante ressaltar que o § 11 do art. 11 da Lei 9.504/97 consignou categoricamente que o parcelamento das multas eleitorais deverá observar o regramento previsto na legislação tributária federal.

A Resolução/TSE nº 21.975/04 (DJ de 30/12/2004), com os acréscimos da Resolução nº 23.709/22, disciplinou o recolhimento e a cobrança das multas previstas por infringência ao Código Eleitoral, à Lei nº 9.504/97 e leis conexas, bem como a distribuição do Fundo Especial de Assistência Financeira aos Partidos Políticos (Fundo Partidário).

Destarte, após o trânsito em julgado de decisão emitida em processo de natureza cível-eleitoral que imponha multa, previamente à aplicação dos ritos constantes da Res./TSE nº 21.975/04, os cartórios eleitorais e as secretarias judiciárias devem intimar o condenado acerca da disponibilização da Guia de Recolhimento da União (GRU) da importância atualizada para que o mesmo, no prazo de trinta dias contados da sua intimação (e não do trânsito em julgado), tome as seguintes providências em torno da exigibilidade:

- EFETUE O RECOLHIMENTO do valor INTEGRAL do débito;
- REQUEIRA sua adesão ao PARCELAMENTO DO VALOR DEVIDO.

A LE/97, por seu art. 11, §8º, III, dispôs que o parcelamento das multas eleitorais é um direito dos cidadãos e das pessoas jurídicas que pode ser exercido em até sessenta meses (ou sessenta parcelas), salvo quando o valor da parcela ultrapassar 5% (cinco por cento) da renda mensal, no caso de cidadão, ou 2% (dois por cento) do faturamento, no caso de pessoa jurídica, hipótese em que poderá estender-se por prazo superior, de modo que as parcelas não ultrapassem os referidos limites.[1]

No arbitramento das parcelas, conforme assegura o inciso I do art. 367 do Código Eleitoral, deverá ser levada em conta a condição econômica do eleitor. É de se notar, contudo, que tanto o dispositivo do CE/65 quanto o art. 10 da Lei nº 10.522/02[2] conferiram discricionariedade às autoridades para fixar o número de parcelas em torno do pagamento de multa aplicada pela Justiça Eleitoral. Máxime, existem requisitos que se impõem preencher e comprovar nos autos para que se possa obter o parcelamento mais dilatado do débito. Assim já mostrou o eminente Ministro Caputo Bastos no Agravo Regimental em Agravo de Instrumento nº 6.909/MS (DJ de 07/08/2006)[3]. Em seu voto nesta assentada, se lê: "Como se verifica do texto legal, não há imposição para que a quitação do débito seja, obrigatoriamente, em sessenta parcelas, como pretende o agravante. Ao contrário, a fixação do prazo fica ao exclusivo critério da autoridade, que levará em consideração as peculiaridades do caso concreto". Certo, portanto, que "não há obrigatoriedade do parcelamento ser concedido no prazo máximo previsto".[4]

De resto, consoante estipulou a norma resolutiva antes referida, o recolhimento das multas eleitorais será feito por intermédio dos formulários da Guia de Recolhimento da União (GRU-Cobrança e GRU-Simples), os quais serão obtidos nos órgãos da Justiça Eleitoral de acordo com ato regulamentador específico.

---

1. O parcelamento é garantido também aos partidos políticos em até sessenta meses, salvo se o valor da parcela ultrapassar o limite de 2% (dois por cento) do repasse mensal do Fundo Partidário, hipótese em que poderá estender-se por prazo superior, de modo que as parcelas não ultrapassem o referido limite (LE/97, art. 11, §8º, IV).
2. Dispõe sobre o Cadastro Informativo dos créditos não quitados de órgãos e entidades federais e dá outras providências.

   Art. 10. Os débitos de qualquer natureza para com a Fazenda Nacional poderão ser parcelados em até sessenta parcelas mensais, a exclusivo critério da autoridade fazendária, na forma e condições previstas nesta Lei.
3. Agravo de instrumento. Pesquisa eleitoral. Irregular. Condenação. Multa. Parcelamento. Violação. Art. 10 da Lei nº 10.522/2002. Ausência. Decisão agravada. Fundamentos não ilididos. O não-afastamento da fundamentação da decisão impugnada impede o provimento do agravo regimental. Agravo regimental a que se nega provimento.
4. TSE, AgR-REspe nº 82-09/SP, DJE de15/09/2014.

A GRU será emitida com código de barras na forma de documento compensável (GRU-Cobrança) destinado a recolhimento no Banco do Brasil ou em qualquer outra instituição bancária; ou (GRU-Simples), para recolhimento exclusivo no Banco do Brasil.

Será utilizada uma GRU para cada sanção ou obrigação pecuniária a ser paga.

Nas instâncias ordinárias, o requerimento de parcelamento, subscrito por advogado regularmente constituído, deverá ser apresentado no prazo de 30 (trinta) dias, contado da intimação do infrator, e deverá conter a identificação do processo, o valor da multa e a quantidade de parcelas pleiteadas.[5]

O devedor é responsável, nos termos da legislação e da regulamentação aplicável, por realizar os cálculos da multa e/ou do valor a ser recolhido, bem como proceder à emissão da respectiva guia, além de apresentar o respectivo comprovante de pagamento nos autos respectivo.

Caberá ao devedor adimplir, mensalmente, as parcelas subsequentes e juntar os respectivos comprovantes de pagamento aos autos do processo administrativo ou jurisdicional em que foi condenado, na forma em que requerido o parcelamento, até a sua apreciação pela autoridade competente, facultado ao credor o seu levantamento.

Tanto o requerimento de parcelamento quanto o acompanhamento dos pagamentos efetuados tramitam junto nos próprios autos do processo em que foi aplicada a pena pecuniária. A parte deve zelar pelo fluxo de pagamentos das parcelas.

Efetuado o pagamento e/ou recolhimento do valor, o devedor deverá apresentar a cópia dos cálculos, da guia emitida e do respectivo comprovante de pagamento nos autos.

É direito do devedor com parcelamento deferido pela Justiça Eleitoral obter certidão circunstanciada de quitação eleitoral a ser requerida perante a Zona Eleitoral em que esteja inscrito. Entretanto, referido atestado somente poderá ser expedido para aquele devedor que estiver com as parcelas devidamente quitadas (v. item nº 4.8) e se não existirem outros débitos ou restrições que impeçam a sua emissão. Na esteira da jurisprudência, a Justiça Eleitoral não emite "certidão positiva com efeitos negativos" para

5. Caso o pedido de parcelamento seja requerido no prazo de 30 (trinta) dias da intimação, incidirá atualização monetária e juros moratórios apenas a partir da segunda parcela.

fins de comprovação de quitação eleitoral, posto que o débito oriundo de aplicação de multa eleitoral não possui natureza tributária, inexistindo, assim, possibilidade de analogia aos artigos 205[6] e 206[7] do Código Tributário Nacional (CTN).[8]

A falta de pagamento de três parcelas, consecutivas ou não, acarretará cumulativamente o vencimento das prestações subsequentes, a imposição ao devedor de multa de 10% sobre o valor das prestações não pagas e o prosseguimento do processo, com o imediato reinício dos atos executivos (CPC, art. 916, § 5º).

Não quitada no prazo estabelecido, a multa será considerada dívida líquida e certa para efeito de cobrança, mediante executivo fiscal, nos termos da Lei nº 6.830/80 (Res. 23.709/22, art. 27, *caput*).

Conforme o art. 20-B da Lei nº 10.522/02, inscrito o crédito em dívida ativa da União, o devedor será notificado para, em até cinco dias, efetuar o pagamento do valor atualizado monetariamente, acrescido de juros, multa e demais encargos nela indicados.[9]

---

6. Art. 205. A lei poderá exigir que a prova da quitação de determinado tributo, quando exigível, seja feita por certidão negativa, expedida à vista de requerimento do interessado, que contenha todas as informações necessárias à identificação de sua pessoa, domicílio fiscal e ramo de negócio ou atividade e indique o período a que se refere o pedido.

   Parágrafo único. A certidão negativa será sempre expedida nos termos em que tenha sido requerida e será fornecida dentro de 10 (dez) dias da data da entrada do requerimento na repartição.

7. Art. 206. Tem os mesmos efeitos previstos no artigo anterior a certidão de que conste a existência de créditos não vencidos, em curso de cobrança executiva em que tenha sido efetivada a penhora, ou cuja exigibilidade esteja suspensa.

8. Neste sentido, vide a conclusão da Consulta nº 1.576 (Resolução nº 22.783), DJ de 21/05/2008 e do Recurso Especial Eleitoral nº 26.120/MG (DJ de 05/10/2007).

9. O Agravo Regimental no Recurso Especial Eleitoral nº 060022220/MG (DJE de 10/11/2020) abordou controvérsia travada entre o Ministério Público Eleitoral e a União Federal em torno da possibilidade da AGU abdicar da cobrança de créditos da União, considerada a viabilidade econômica para sua judicialização, na hipótese de o valor a ser executado ser menor que os custos da cobrança, em respeito ao interesse público. Em seu voto-condutor seguido pelo plenário do TSE, o Ministro Tarcísio Vieira de Carvalho Neto enfatizou a necessidade de "solucionar o impasse, concebendo alternativa que mantivesse o mesmo poder coercitivo da execução". Logo adiante, o relator destacou que "Diante da complexidade do tema, ponderei seus aspectos qualitativos e quantitativos. O primeiro, numa análise empírica, na busca de uma percepção geral, abriu espaço para interpretação teleológica. O segundo, permeado por um exercício de equilíbrio, se firmou numa razão binária, tendo por variáveis o montante da sanção aplicada e o dispêndio de tempo e custos com os instrumentos e agentes responsáveis pela propositura das ações judiciais". A seguir, encaminhando sua compreensão no caso concreto, discorreu: "Como salientado no decisum impugnado, com a avaliação qualitativa, cheguei à conclusão de que, ainda que os valores das multas eleitorais aplicadas sejam de pequena monta e muitas vezes irrisórios, a sua renúncia poderia desaguar no descrédito da Justiça Eleitoral ante uma possível baixa coercitividade para o seu adimplemento, razão por que a discricionariedade, trazida pelo art. 1º-A da Lei nº 9.469/97, teria, necessariamente, de ser relativizada nas hipóteses de execução de provimentos sancionatórios eleitorais, principalmente aqueles decorrentes da prática de ilícitos que, de alguma forma, macularam a normalidade dos pleitos eleitorais. Noutro prisma, o raciocínio voltou-se para os aspectos quantitativos, porquanto o valor de R$ 459,09 (quatrocentos e cinquenta e nove reais e nove centavos) é realmente insignificante em face dos numerários judicializados pelos órgãos de execução da União. Tomei por premissa que, em que pese

Para os efeitos da Res./TSE nº 23.709/22, dada a especificidade da matéria, aplica-se o art. 219 do CPC[10].

Não cabe à Justiça Eleitoral conceder parcelamento de multa em expediente adstrito à autoridade fazendária competente para apreciar referido pedido e seu cabimento:

> **Multa. Propaganda eleitoral irregular. Parcelamento.**
>
> - Compete à autoridade fazendária o parcelamento de multa eleitoral, nos termos do art. 10 da Lei nº 10.522/2002.
>
> Agravo regimental não provido.[11]

a natureza jurídica da dívida eleitoral, insuscetível de autocomposição, conciliação ou mediação, à luz do que dispõem os arts. 6º e 11 da Res.-TSE nº 23.478/2016, que estabeleceram as diretrizes gerais para a aplicação da Lei nº 13.105/2015 (CPC) no âmbito da Justiça Eleitoral, no caso vertente, diante de dívida de valor tão irrisório, é possível o uso de outros meios, com menor custo e igual alcance e pragmatismo, para fazer valer o cumprimento das sanções aplicadas por esta Justiça especializada. E esses outros meios acessórios e não menos coercitivos, ainda que não tenham a mesma reverberação da cobrança judicial, de uma forma ou de outra, terão reflexos presentes ou futuros no cotidiano do inadimplente. Como alternativa, citei o protesto extrajudicial, que encontra amparo na Lei nº 12.767/2012, e a inscrição do devedor no Cadastro Informativo de Créditos Não Quitados do Setor Público Federal – CADIN (à exceção dos dirigentes partidários que não podem mais ser inscritos, nos termos do § 8º do art. 32 da Lei nº 9.096/95, incluído pela Lei nº 13.831/2019), já previstos, inclusive, na Portaria nº 02/2016/PGU, que redefiniu e formatou os procedimentos a serem adotados pelos órgãos de execução da AGU nas cobranças de créditos em favor do Tesouro Nacional ou do Fundo Partidário em prestação de contas eleitorais. Tais mecanismos trazem consequências similares à emissão da Certidão de Dívida Ativa (CDA), pois será o devedor incluído nos serviços de proteção ao crédito e sofrerá restrições de crédito em bancos públicos e privados, além do impedimento de contratar com o poder público. Adicionalmente, a Justiça Eleitoral ainda se vale do registro da sanção de multas pecuniárias no seu Cadastro Eleitoral, sob o código ASE 264, o que impede a obtenção de certidão de quitação eleitoral até que seja a dívida adimplida, o que vale para efeitos de candidatura e reflexos na vida civil do inadimplente. Esse conjunto de providências coercitivas se mostra suficiente, na espécie, para restringir uma série de benefícios à devedora e traduz-se numa técnica impositiva do cumprimento de decisão judicial de modo mais célere e adequado ao presente caso, à luz do critério de razoabilidade. Relevante ponderar que as especificidades da hipótese dos autos devem se pautar pelo binômio segundo o qual os meios aplicados não podem ser incipientes a ponto de gerar ineficácia ao escopo pretendido, tampouco inflexíveis e de desmedido rigor a ponto de distorcer o real significado e a finalidade da reprimenda. Com essas premissas é que cheguei à conclusão de que a adoção de meios acessórios de coerção ao pagamento, como o protesto e a inscrição no Cadin, se mostra, na hipótese dos autos, mais efetiva para o constrangimento da devedora ao pagamento do que a própria execução do débito em si, motivo pelo qual entendo não haver óbice, na espécie, à desistência do prosseguimento da fase de execução pela parte autora. No entanto, ressalvei que a solução da presente controvérsia no sentido de deferir o pedido de desistência formulado pela União não significa a fixação de diretriz geral para todas as execuções da Justiça Eleitoral cujo valor se encontra abaixo do mínimo estabelecido no art. 2º da Portaria AGU nº 377/2011. Isso porque essa não é a via própria para tal determinação, tanto que a eventual discricionariedade da AGU na execução de débitos eleitorais e a possível legitimidade subsidiária do MPE para a sua cobrança judicial estão sendo discutidas neste Tribunal Superior no PA nº 0600280-49, que versa sobre minuta de resolução para disciplinar procedimentos para execução/cumprimento de decisões impositivas de obrigações, independentemente de sua natureza, proferidas pela Justiça Eleitoral, de relatoria do Ministro Og Fernandes, cujo julgamento já se iniciou e atualmente está com vista ao Ministro Edson Fachin, seara adequada para a normatização do tema no âmbito da Justiça Eleitoral".

10. Art. 219. Na contagem de prazo em dias, estabelecido por lei ou pelo juiz, computar-se-ão somente os dias úteis.

11. TSE, AgR-REspe nº 36.019/CE, DJE de12/08/2011.

23.2. EXECUÇÃO E CUMPRIMENTO DE DECISÕES IMPOSITIVAS DE MULTAS ELEITORAIS

Acerca da execução das multas eleitorais, o trâmite do Processo Administrativo 0600280-49.2019.6.00.0000 culminou na Resolução TSE nº 23.709, de 01/09/2022, e nas alterações posteriormente lançadas nesta através da Resolução TSE nº 23.717, de 23/03/2023. Seu objeto foi, especificamente, a análise das atividades realizadas pelo grupo de trabalho instituído pela Portaria /TSE nº 1.011/2018, "incumbido de realizar estudos e propostas de normatização de procedimentos para execução/cumprimento de decisões impositivas de obrigações, independentemente de sua natureza, proferidas pelo Tribunal Superior Eleitoral", que resultou nas antes referidas normas resolutivas dispondo sobre "o procedimento de execução e cumprimento de decisões impositivas de multas e outras sanções de natureza pecuniária, exceto criminais, proferidas pela Justiça Eleitoral".

Capítulo

24

SÚMULAS DO TSE

INTRODUÇÃO

O capítulo diz com as Súmulas emitidas pelo Tribunal Superior Eleitoral organizadas por matéria e agrupadas em dez tópicos específicos.

Intentando melhor situar e facilitar ao máximo a consulta pelo público leitor, foram as mesmas dispostas pelos seus números em ordem crescente, das primeiras às mais atuais, somente as vigentes. Nos parênteses, o número de verbetes por cada assunto.

24.1. DESINCOMPATIBILIZAÇÃO (2)

5 - Serventuário de cartório, celetista, não se inclui na exigência do art. 1º, II, l, da LC nº 64/1990.

54 - A desincompatibilização de servidor público que possui cargo em comissão é de três meses antes do pleito e pressupõe a exoneração do cargo comissionado, e não apenas seu afastamento de fato.

24.2. DOAÇÃO ELEITORAL (1)

46 - É ilícita a prova colhida por meio da quebra do sigilo fiscal sem prévia e fundamentada autorização judicial, podendo o Ministério Público Eleitoral acessar diretamente apenas a relação dos doadores que excederam os limites legais, para os fins da representação cabível, em que poderá requerer, judicialmente e de forma individualizada, o acesso aos dados relativos aos rendimentos do doador.

24.3. FILIAÇÃO PARTIDÁRIA (4)

2 - Assinada e recebida a ficha de filiação partidária até o termo final do prazo fixado em lei, considera-se satisfeita a correspondente condição de elegibilidade, ainda que não tenha fluído, até a mesma data, o tríduo legal de impugnação.

20 - A prova de filiação partidária daquele cujo nome não constou da lista de filiados de que trata o art. 19 da Lei nº 9.096/95, pode ser realizada por outros elementos de convicção, salvo quando se tratar de documentos produzidos unilateralmente, destituídos de fé pública.

52 - Em registro de candidatura, não cabe examinar o acerto ou desacerto da decisão que examinou, em processo específico, a filiação partidária do eleitor.

67 - A perda do mandato em razão da desfiliação partidária não se aplica aos candidatos eleitos pelo sistema majoritário.

24.4. INELEGIBILIDADE (16)

6 - São inelegíveis para o cargo de Chefe do Executivo o cônjuge e os parentes, indicados no § 7º do art. 14 da Constituição Federal, do titular do mandato, salvo se este, reelegível, tenha falecido, renunciado ou se afastado definitivamente do cargo até seis meses antes do pleito.

9 - A suspensão de direitos políticos decorrente de condenação criminal transitada em julgado cessa com o cumprimento ou a extinção da pena, independendo de reabilitação ou de prova de reparação dos danos.

12 - São inelegíveis, no município desmembrado, e ainda não instalado, o cônjuge e os parentes consangüíneos ou afins, até o segundo grau ou por adoção, do prefeito do município-mãe, ou de quem o tenha substituído, dentro dos seis meses anteriores ao pleito, salvo se já titular de mandato eletivo.

13 - Não é autoaplicável o § 9º do art. 14 da Constituição, com a redação da Emenda Constitucional de Revisão n° 4/94.

15 - O exercício de mandato eletivo não é circunstância capaz, por si só, de comprovar a condição de alfabetizado do candidato.

19 - O prazo de inelegibilidade decorrente da condenação por abuso do poder econômico ou político tem início no dia da eleição em que este se verificou e finda no dia de igual número no oitavo ano seguinte (art. 22, XIV, da LC nº 64/90).

41 - Não cabe à Justiça Eleitoral decidir sobre o acerto ou desacerto das decisões proferidas por outros Órgãos do Judiciário ou dos Tribunais de Contas que configurem causa de inelegibilidade.

47 - A inelegibilidade superveniente que autoriza a interposição de recurso contra expedição de diploma, fundado no art. 262 do Código Eleitoral, é aquela de índole constitucional ou, se infraconstitucional, superveniente ao registro de candidatura, e que surge até a data do pleito.

50 - O pagamento da multa eleitoral pelo candidato ou a comprovação do cumprimento regular de seu parcelamento após o pedido de registro, mas antes do julgamento respectivo, afasta a ausência de quitação eleitoral.

55 - A Carteira Nacional de Habilitação gera a presunção da escolaridade necessária ao deferimento do registro de candidatura.

59 - O reconhecimento da prescrição da pretensão executória pela Justiça Comum não afasta a inelegibilidade prevista no art. 1º, I, e, da LC nº 64/90, porquanto não extingue os efeitos secundários da condenação.

60 - O prazo da causa de inelegibilidade prevista no art. 1º, I, e, da LC nº 64/90 deve ser contado a partir da data em que ocorrida a prescrição da pretensão executória e não do momento da sua declaração judicial.

61 - O prazo concernente à hipótese de inelegibilidade prevista no art. 1º, I, e, da LC nº 64/90 projeta-se por oito anos após o cumprimento da pena, seja ela privativa de liberdade, restritiva de direito ou multa.

66 - A incidência do § 2º do art. 26-C da LC nº 64/90 não acarreta o imediato indeferimento do registro ou o cancelamento do diploma, sendo necessário o exame da presença de todos os requisitos essenciais à configuração da inelegibilidade, observados os princípios do contraditório e da ampla defesa.

69 - Os prazos de inelegibilidade previstos nas alíneas j e h do inciso I do art. 1º da LC nº 64/90 têm termo inicial no dia do primeiro turno da eleição e termo final no dia de igual número no oitavo ano seguinte.

70 - O encerramento do prazo de inelegibilidade antes do dia da eleição constitui fato superveniente que afasta a inelegibilidade, nos termos do art. 11, § 10, da Lei nº 9.504/97.

24.5. MATÉRIA PROCESSUAL (31)

22 - Não cabe mandado de segurança contra decisão judicial recorrível, salvo situações de teratologia ou manifestamente ilegais.

23 - Não cabe mandado de segurança contra decisão judicial transitada em julgado.

24 - Não cabe recurso especial eleitoral para simples reexame do conjunto fático-probatório.

25 - É indispensável o esgotamento das instâncias ordinárias para a interposição de recurso especial eleitoral.

26 - É inadmissível o recurso que deixa de impugnar especificamente fundamento da decisão recorrida que é, por si só, suficiente para a manutenção desta.

27 - É inadmissível recurso cuja deficiência de fundamentação impossibilite a compreensão da controvérsia.

28 - A divergência jurisprudencial que fundamenta o recurso especial interposto com base na alínea b do inciso I do art. 276 do Código Eleitoral somente estará demonstrada mediante a realização de cotejo analítico e a existência de similitude fática entre os acórdãos paradigma e o aresto recorrido.

29 - A divergência entre julgados do mesmo Tribunal não se presta a configurar dissídio jurisprudencial apto a fundamentar recurso especial eleitoral.

30 - Não se conhece de recurso especial eleitoral por dissídio jurisprudencial, quando a decisão recorrida estiver em conformidade com a jurisprudência do Tribunal Superior Eleitoral.

31 - Não cabe recurso especial eleitoral contra acórdão que decide sobre pedido de medida liminar.

32 - É inadmissível recurso especial eleitoral por violação à legislação municipal ou estadual, ao Regimento Interno dos Tribunais Eleitorais ou às normas partidárias.

33 - Somente é cabível ação rescisória de decisões do Tribunal Superior Eleitoral que versem sobre a incidência de causa de inelegibilidade.

34 - Não compete ao Tribunal Superior Eleitoral processar e julgar mandado de segurança contra ato de membro de Tribunal Regional Eleitoral.

35 - Não é cabível reclamação para arguir o descumprimento de resposta à consulta ou de ato normativo do Tribunal Superior Eleitoral.

36 - Cabe recurso ordinário de acórdão de Tribunal Regional Eleitoral que decida sobre inelegibilidade, expedição ou anulação de diploma ou perda de mandato eletivo nas eleições federais ou estaduais (art. 121, § 4º, incisos III e IV, da Constituição Federal).

37 - Compete originariamente ao Tribunal Superior Eleitoral processar e julgar recurso contra expedição de diploma envolvendo eleições federais ou estaduais.

38 - Nas ações que visem à cassação de registro, diploma ou mandato, há litisconsórcio passivo necessário entre o titular e o respectivo vice da chapa majoritária.

39 - Não há formação de litisconsórcio necessário em processos de registro de candidatura.

40 - O partido político não é litisconsorte passivo necessário em ações que visem à cassação de diploma.

44 - O disposto no art. 26-C da LC nº 64/90 não afasta o poder geral de cautela conferido ao magistrado pelo Código de Processo Civil.

49 - O prazo de cinco dias, previsto no art. 3º da LC nº 64/90, para o Ministério Público impugnar o registro inicia-se com a publicação do edital, caso em que é excepcionada a regra que determina a sua intimação pessoal.

53 - O filiado a partido político, ainda que não seja candidato, possui legitimidade e interesse para impugnar pedido de registro de coligação partidária da qual é integrante, em razão de eventuais irregularidades havidas em convenção.

58 – Não compete à Justiça Eleitoral, em processo de registro de candidatura, verificar a prescrição da pretensão punitiva ou executória do candidato e declarar a extinção da pena imposta pela Justiça Comum.

59 - O reconhecimento da prescrição da pretensão executória pela Justiça Comum não afasta a inelegibilidade prevista no art. 1º, I, e, da LC nº 64/90, porquanto não extingue os efeitos secundários da condenação.

62 - Os limites do pedido são demarcados pelos fatos imputados na inicial, dos quais a parte se defende, e não pela capitulação legal atribuída pelo autor.

64 - Contra acórdão que discute, simultaneamente, condições de elegibilidade e de inelegibilidade, é cabível o recurso ordinário.

65 - Considera-se tempestivo o recurso interposto antes da publicação da decisão recorrida.

66 - A incidência do § 2º do art. 26-C da LC nº 64/90 não acarreta o imediato indeferimento do registro ou o cancelamento do diploma, sendo necessário o exame da presença de todos os requisitos essenciais à configuração da inelegibilidade, observados os princípios do contraditório e da ampla defesa.

68 - A União é parte legítima para requerer a execução de astreintes, fixada por descumprimento de ordem judicial no âmbito da Justiça Eleitoral.

71 - Na hipótese de negativa de seguimento ao recurso especial e da consequente interposição de agravo, a parte deverá apresentar contrarrazões tanto ao agravo quanto ao recurso especial, dentro do mesmo tríduo legal.

72 - É inadmissível o recurso especial eleitoral quando a questão suscitada não foi debatida na decisão recorrida e não foi objeto de embargos de declaração.

24.6. MULTAS ELEITORAIS (2)

56 - A multa eleitoral constitui dívida ativa de natureza não tributária, submetendo-se ao prazo prescricional de 10 (dez) anos, nos moldes do art. 205 do Código Civil.

63 - A execução fiscal de multa eleitoral só pode atingir os sócios se preenchidos os requisitos para a desconsideração da personalidade jurídica previstos no art. 50 do Código Civil, tendo em vista a natureza não tributária da dívida, observados, ainda, o contraditório e a ampla defesa.

24.7. PRESTAÇÃO DE CONTAS (3)

42 - A decisão que julga não prestadas as contas de campanha impede o candidato de obter a certidão de quitação eleitoral durante o curso do mandato ao qual concorreu, persistindo esses efeitos, após esse período, até a efetiva apresentação das contas.

51 - O processo de registro de candidatura não é o meio adequado para se afastarem os eventuais vícios apurados no processo de prestação de contas de campanha ou partidárias.

57 - A apresentação das contas de campanha é suficiente para a obtenção da quitação eleitoral, nos termos da nova redação conferida ao art. 11, § 7º, da Lei nº 9.504/97, pela Lei nº 12.034/2009.

24.8. PROPAGANDA ELEITORAL (2)

18 - Conquanto investido de poder de polícia, não tem legitimidade o juiz eleitoral para, de ofício, instaurar procedimento com a finalidade de impor multa pela veiculação de propaganda eleitoral em desacordo com a Lei nº 9.504/97.

48 - A retirada da propaganda irregular, quando realizada em bem particular, não é capaz de elidir a multa prevista no art. 37, § 1º, da Lei nº 9.504/97.

24.9. REGISTRO DE CANDIDATURA (8)

3 - No processo de registro de candidatos, não tendo o juiz aberto prazo para o suprimento de defeito da instrução do pedido, pode o documento, cuja falta houver motivado o indeferimento, ser juntado com o recurso ordinário.

4 - Não havendo preferência entre candidatos que pretendam o registro da mesma variação nominal, defere-se o do que primeiro o tenha requerido.

10 - No processo de registro de candidatos, quando a sentença for entregue em cartório antes de três dias contados da conclusão ao juiz, o prazo para o recurso ordinário, salvo intimação pessoal anterior, só se conta do termo final daquele tríduo.

11 - No processo de registro de candidatos, o partido que não o impugnou não tem legitimidade para recorrer da sentença que o deferiu, salvo se se cuidar de matéria constitucional.

43 - As alterações fáticas ou jurídicas supervenientes ao registro que beneficiem o candidato, nos termos da parte final do art. 11, § 10, da Lei nº 9.504/97, também devem ser admitidas para as condições de elegibilidade.

45 - Nos processos de registro de candidatura, o Juiz Eleitoral pode conhecer de ofício da existência de causas de inelegibilidade ou da ausência de condição de elegibilidade, desde que resguardados o contraditório e a ampla defesa.

52 - Em registro de candidatura, não cabe examinar o acerto ou desacerto da decisão que examinou, em processo específico, a filiação partidária do eleitor.

58 - Não compete à Justiça Eleitoral, em processo de registro de candidatura, verificar a prescrição da pretensão punitiva ou executória do candidato e declarar a extinção da pena imposta pela Justiça Comum.

24.10. DESFILIAÇÃO PARTIDÁRIA (1)[1]

67 - A perda do mandato em razão da desfiliação partidária não se aplica aos candidatos eleitos pelo sistema majoritário.[2]

---

1. Ver o item nº 26.2 relativamente aos mandatos proporcionais.
2. A matéria foi submetida ao Supremo Tribunal Federal na ADI nº 5.081/DF (DJE de 19/08/2015), a qual resultou na seguinte ementa: DIREITO CONSTITUCIONAL E ELEITORAL. AÇÃO DIRETA DE INCONSTITUCIONALIDADE. RESOLUÇÃO Nº 22.610/2007 DO TSE. INAPLICABILIDADE DA REGRA DE PERDA DO MANDATO POR INFIDELIDADE PARTIDÁRIA AO SISTEMA ELEITORAL MAJORITÁRIO. 1. Cabimento da ação. Nas ADIs 3.999/DF e 4.086/DF, discutiu-se o alcance do poder regulamentar da Justiça Eleitoral e sua competência para dispor acerca da perda de mandatos eletivos. O ponto central discutido na presente ação é totalmente diverso: saber se é legítima a extensão da regra da fidelidade partidária aos candidatos eleitos pelo sistema majoritário. 2. As decisões nos Mandados de Segurança 26.602, 26.603 e 26.604 tiveram como pano de fundo o sistema proporcional, que é adotado para a eleição de deputados federais, estaduais e vereadores. As características do sistema proporcional, com sua ênfase nos votos obtidos pelos partidos, tornam a fidelidade partidária importante para garantir que as opções políticas feitas pelo eleitor no momento da eleição sejam minimamente preservadas. Daí a legitimidade de se decretar a perda do mandato do candidato que abandona a legenda pela qual se elegeu. 3. O sistema majoritário, adotado para a eleição de presidente, governador, prefeito e senador, tem lógica e dinâmica diversas da do sistema proporcional. As características do sistema majoritário, com sua ênfase na figura do candidato, fazem com que a perda do mandato, no caso de mudança de partido, frustre a vontade do eleitor e vulnere a soberania popular (CF, art. 1º, parágrafo único; e art. 14, caput). 4. Procedência do pedido formulado em ação direta de inconstitucionalidade.

Capítulo

25

NOTITIA CRIMINIS

FONTES LEGAIS E CONSIDERAÇÕES GERAIS

O inciso XXXIV do art. 5º da Constituição Federal regulamentou o Direito de Petição:

> XXXIV - são a todos assegurados, independentemente do pagamento de taxas:
>
> a) o direito de petição aos Poderes Públicos em defesa de direitos ou contra ilegalidade ou abuso de poder;

Acerca deste instituto de larga incidência no Direito Eleitoral, sobretudo nos períodos de campanha, José Afonso da SILVA (2010, p. 443), citando COLLIARD, diz que "O direito de petição define-se 'como o direito que pertence a uma pessoa de invocar a atenção dos poderes públicos sobre uma questão ou uma situação' (...). Há, nele, uma dimensão coletiva consistente na busca ou defesa de direitos ou interesses gerais da coletividade".

Carlos MAXIMILIANO, em seus *Comentários à Constituição Brasileira* de 1946 (Vol. III, 1948, p. 169), com a proverbial objetividade, já anotava que "Direito de petição é o que autoriza qualquer indivíduo a dirigir aos órgãos ou agentes do poder público um escrito no qual exponha opiniões, pedidos ou queixas. É uma consequência da liberdade individual, e da opinião, em particular".

Dispõe o §3º do art. 5º do Código de Processo Penal:

> Artigo 5º
>
> (...)
>
> § 3º Qualquer pessoa do povo que tiver conhecimento da existência de infração penal em que caiba ação pública poderá, verbalmente ou por escrito, comunicá-la à autoridade policial, e esta, verificada a procedência das informações, mandará instaurar inquérito.

No Código Eleitoral, a matéria consta ao art. 356:

> Art. 356. Todo cidadão que tiver conhecimento de infração penal deste Código deverá comunicá-la ao juiz eleitoral da zona onde a mesma se verificou.
>
> § 1º Quando a comunicação for verbal, mandará a autoridade judicial reduzi-la a termo, assinado pelo apresentante e por duas testemunhas, e a remeterá ao órgão do Ministério Público local, que procederá na forma deste Código.
>
> § 2º Se o Ministério Público julgar necessários maiores esclarecimentos e documentos complementares ou outros elementos de convicção, deverá requisitá-los diretamente de quaisquer autoridades ou funcionários que possam fornecê-los.

Pedro Roberto DECOMAIN e Péricles PRADE (2004, p. 440) afirmam que "De acordo com este artigo, toda pessoa que tiver conhecimento da possível ocorrência de um crime eleitoral, poderá dirigir-se ao Juiz Eleitoral da zona onde o ilícito haja ocorrido, para comunicar-lhe o fato".

Harmonizando as disposições constantes dos textos legais ao regramento constitucional, Torquato JARDIM (1996, p. 65), com sua invulgar capacidade de síntese, insere a formulação de *Notitia Criminis* por parte do cidadão como um autêntico "exercício sucessivo do direito constitucional de petição".

Na sua esfera de competências, o Tribunal Superior Eleitoral editou resoluções dispondo sobre a apuração de crimes eleitorais. A última delas está consubstanciada na Instrução nº 1160-71/DF (Resolução nº 23.363)[1] que, por seu art. 3º, assim regula a matéria:

1. Revogando as Resoluções nº 22.376, de 17 de agosto de 2006 e nº 23.222, de 4 de março de 2010.

> Art. 3º Qualquer pessoa que tiver conhecimento da existência de infração penal eleitoral deverá, verbalmente ou por escrito, comunicá-la ao Juiz Eleitoral (Código Eleitoral, art. 356, e Código de Processo Penal, art. 5º, § 3º).

A notícia crime funciona como um instrumento de colaboração em matéria criminal eleitoral. Três questões em torno deste instituto merecem atenção.

De início, que a notícia de crime, embora não possa ser obstada enquanto direito subjetivo do cidadão (*Direito de Protocolo*), poderá ser indeferida ou ter seu trâmite inviabilizado nas hipóteses em que a petição não versar sobre fatos típicos.

A segunda, é que para o Supremo Tribunal Federal (RHC nº 80.478/CE)[2], "A simples apuração, pela autoridade policial, de fatos narrados em *notitia criminis* ou em representação que não sejam evidentemente atípicos, não constitui constrangimento ilegal que possa ser reparado pela via do *habeas-corpus*. Precedentes. Os requisitos do artigo 41 do Código de Processo Penal só se aplicam à denúncia e à queixa, sendo absolutamente estranhos à mera *notitia criminis*".

A última diz quanto à falsa comunicação de crime eleitoral. Este ato, ao determinar a indevida persecução penal por parte das autoridades, pode se enquadrar no crime previsto pelo art. 340 do Código Penal:

> Art. 340 - Provocar a ação de autoridade, comunicando-lhe a ocorrência de crime ou de contravenção que sabe não se ter verificado:
>
> Pena - detenção, de um a seis meses, ou multa.

O artigo supra, ao tutelar a Administração Pública (*ação de autoridade* = delegado, promotor, juiz), previne o fluxo indevido dos órgãos responsáveis pela persecução criminal desvirtuados de seus fins a partir de falsas comunicações provocadas por candidatos, dirigentes partidários ou eleitores irresponsáveis que utilizam politicamente a norma jurídica.

Diante da legislação e jurisprudência aplicáveis, vale trazer à baila o sempre iniludível ensinamento de Guilherme de Souza NUCCI extraído da obra *Código Penal Comentado* (2017, pp. 1.569/1.570): "Provocar significa

2. Segunda Turma, j. 24/10/2000, DJ de 15/12/2000.

dar causa, gerar ou proporcionar, que deve ser interpretado em conjunto com comunicar (fazer saber ou transmitir), resultando na conduta mista de dar origem à ação da autoridade por conta da transmissão de uma informação inverídica". Em complemento, o magistério de Rogério GRECO (2018, p. 1.229): "Não há necessidade de que tenha sido formalizado inquérito policial, ou mesmo que tenha sido oferecida denúncia em juízo, pois que o tipo penal faz referência tão somente à ação, ou seja, qualquer comportamento praticado pela autoridade destinado a apurar a ocorrência do crime ou da contravenção penal, falsamente comunicado (a). O agente comunica, portanto, à autoridade a ocorrência de um crime ou de uma contravenção penal que não ocorreu, fazendo com que o Estado pratique, em vão, qualquer ação no sentido de elucidar os fatos. Essa comunicação pode ser verbal, escrita, ou até mesmo produzida anonimamente".

Capítulo

26

EMENDA CONSTITUCIONAL Nº 111/21

26.1. DISTRIBUIÇÃO DO FUNDO PARTIDÁRIO E DO FUNDO ESPECIAL DE FINANCIAMENTO DE CAMPANHA (FEFC) PARA CANDIDATAS MULHERES E CANDIDATOS NEGROS PARA A CÂMARA DOS DEPUTADOS

A matéria foi objeto de inclusão no Ato das Disposições Constitucionais Transitórias (ADCT), o qual passou a vigorar acrescido do seguinte dispositivo:

> Art. 115. Para fins de distribuição entre os partidos políticos dos recursos do fundo partidário e do Fundo Especial de Financiamento de Campanha (FEFC), os votos dados a candidatas mulheres ou a candidatos negros para a Câmara dos Deputados nas eleições realizadas de 2022 a 2030 serão contados em dobro.
>
> Parágrafo único. A contagem em dobro de votos a que se refere o *caput* deste artigo somente se aplica uma única vez.

Invocando a necessidade de integração racial e de gênero, bem como o problema da sub-representação nas Casas Legislativas do país, o dispositivo visa estimular que os partidos políticos incluam nas suas listas de candidatos nomes competitivos de pessoas negras e mulheres. Os votos obtidos serão convertidos em incremento financeiro na partilha dos recursos públicos repassados mensalmente pelo Tribunal Superior Eleitoral às agremiações. Bem ou mal, no contexto de aplicação do regramento, a projeção de receita funciona como mote relativamente às candidaturas. Trata-se, verdadeiramente, de "Uma medida destinada a premiar os partidos", para utilizar os termos do relatório da Proposta de Emenda Constitucional nº 125/11 na Câmara dos Deputados.

O legislador fixou prazo certo de duração estabelecendo três eleições sucessivas para execução da norma. Não foi incluída cláusula de reavaliação do critério após o transcurso dos pleitos.

O cômputo duplicado da votação para a Câmara dos Deputados incidirá "uma única vez" e transitoriamente nas eleições de 2022, 2026 e 2030, tão somente para efeitos "de distribuição entre os partidos políticos dos recursos do fundo partidário e do Fundo Especial de Financiamento de Campanha (FEFC)". Ultrapassados os três pleitos, a contagem "peso dois" cessará.

A expressão "votos dados" não distinguiu se as "candidatas mulheres" e os "candidatos negros" serão eleitos ou não "para a Câmara dos Deputados nas eleições realizadas de 2022 a 2030". O critério estabelecido diz quanto ao número de votos obtidos e não quantas cadeiras foram alcançadas.

Já em 2022, a Emenda Constitucional nº 117, autoexplicativa, acrescentou dois parágrafos nas disposições sobre os partidos políticos:

> Art. 17. É livre a criação, fusão, incorporação e extinção de partidos políticos, resguardados a soberania nacional, o regime democrático, o pluripartidarismo, os direitos fundamentais da pessoa humana e observados os seguintes preceitos:
>
> [...].
>
> § 7º Os partidos políticos devem aplicar no mínimo 5% (cinco por cento) dos recursos do fundo partidário na criação e na manutenção de programas de promoção e difusão da participação política das mulheres, de acordo com os interesses intrapartidários.
>
> § 8º O montante do Fundo Especial de Financiamento de Campanha e da parcela do fundo partidário destinada a campanhas eleitorais, bem como o tempo de propaganda gratuita no rádio e na televisão a ser distribuído pelos partidos às respectivas candidatas, deverão ser de no mínimo 30% (trinta por cento), proporcional ao número de candidatas, e a distribuição deverá ser realizada conforme critérios definidos pelos respectivos órgãos de direção e pelas normas estatutárias, considerados a autonomia e o interesse partidário.

26.2. ANUÊNCIA PARTIDÁRIA PARA A DESFILIAÇÃO

PEC Nº 125/11	REDAÇÃO (CD)	EC Nº 111/21
§ 6º Os Deputados Federais, Estaduais, Distritais e Vereadores que se desligarem do partido pelo qual tenham sido eleitos**, independentemente do sistema eleitoral,** perderão o mandato, salvo nos casos de anuência do partido ou de outras hipóteses de justa causa estabelecidas em lei, não sendo computada, em qualquer caso, a migração de partido para fins de distribuição de recursos do Fundo Partidário ou de outros fundos públicos e do acesso gratuito ao rádio e à televisão.	§ 6º Os Deputados Federais, os Deputados Estaduais, os Deputados Distritais e os Vereadores que se desligarem do partido pelo qual tenham sido eleitos perderão o mandato, salvo nos casos de anuência do partido ou de outras hipóteses de justa causa estabelecidas em lei, não computada, em qualquer caso, a migração de partido para fins de distribuição de recursos do fundo partidário ou de outros fundos públicos e de acesso gratuito ao rádio e à televisão.	§ 6º Os Deputados Federais, os Deputados Estaduais, os Deputados Distritais e os Vereadores que se desligarem do partido pelo qual tenham sido eleitos perderão o mandato, salvo nos casos de anuência do partido ou de outras hipóteses de justa causa estabelecidas em lei, não computada, em qualquer caso, a migração de partido para fins de distribuição de recursos do fundo partidário ou de outros fundos públicos e de acesso gratuito ao rádio e à televisão.

Após o pronunciamento do Tribunal Superior Eleitoral na Consulta nº 1.398/DF[1] e do Supremo Tribunal Federal nos Mandados de Segurança nºs 26.602/DF[2], 26.603/DF[3] e 26.604/DF[4], além da edição da Resolução nº 22.610[5], ocorreu uma enxurrada de decisões judiciais, projetos legislativos e estudos em torno da "infidelidade partidária".

Promovendo a elevação do patamar da matéria[6], a Emenda Constitucional nº 111/21 aditou o §6º ao art. 17 da Carta Magna dispondo que "Os Deputados Federais, os Deputados Estaduais, os Deputados Distritais e os Vereadores que se desligarem do partido pelo qual tenham sido eleitos perderão o mandato, salvo nos casos de anuência do partido ou de outras

1. CONSULTA. ELEIÇÕES PROPORCIONAIS. CANDIDATO ELEITO. CANCELAMENTO DE FILIAÇÃO. TRANSFERÊNCIA DE PARTIDO. VAGA. AGREMIAÇÃO. RESPOSTA AFIRMATIVA. (DJ de 08/05/2007).
2. Rel. Min. Eros Grau, j. 04/10/2007, DJ de 17/10/2008.
3. Rel. Min. Celso de Mello, j. 04/10/2007, DJ de 19/12/2008.
4. Relª. Minª. Carmen Lúcia, j. 04/10/2007, DJ de 03/10/2008.
5. Disciplina o processo de perda de cargo eletivo, bem como de justificação de desfiliação partidária (DJ de 30/10/2007, p. 169).
6. O Congresso Nacional antecipou-se à sinalização do Tribunal Superior Eleitoral exposta no julgamento do AgR–AI nº 000180–68/MG (j. 04/06/2019) de que revisitaria o tema da carta de anuência comprovando justa causa.

hipóteses de justa causa estabelecidas em lei, não computada, em qualquer caso, a migração de partido para fins de distribuição de recursos do fundo partidário ou de outros fundos públicos e de acesso gratuito ao rádio e à televisão".

Este novo parágrafo da Lei Básica da República assegurando a *portabilidade* do mandato implica numa significativa alteração em termos de Direito Partidário e Eleitoral, posto que a regra geral, para o caso de desligamento da agremiação, é a extinção do mandato do trânsfuga. Contudo, ao estabelecer excludentes para a denominada "infidelidade partidária", o texto contemplou duas possibilidades:

- ANUÊNCIA do partido político; e
- OUTRAS HIPÓTESES DE JUSTA CAUSA estabelecidas em lei.

Por meio dessas exceções, modo genérico, o mandamento dispôs que "não há ato de infidelidade partidária".

A primeira delas reveste-se de ineditismo em termos de normatização. Seu conteúdo, é certo, positivou uma construção jurisprudencial cautelosa e progressiva desenvolvida pelo TSE[7] inaugurada a partir da Petição nº 2797/DF (Resolução nº 22.705, DJ de 18/03/2008)[8] no sentido de que, ante o silêncio da lei, mas entrevendo casos de desfiliações consentidas de desfiliações resistidas, a expressa anuência da agremiação quanto ao desligamento do filiado caracteriza justa causa permitindo a transferência deste sem prejuízo do mandato.[9]

Conforme acentua DE PLÁCIDO E SILVA no seu monumental *Vocabulário Jurídico*, (1º vol., p. 200), "Autorização significa sempre permissão ou consentimento dado ou manifestado por certa pessoa, seja física ou jurídica, pública ou privada, para que se pratique ato ou se faça alguma coisa". Sob tal perspectiva, a expressão de consentimento emitida pela grei em re-

7. AgR-AI nº 0600147-78/MG, DJE de 28/02/2020, pp. 30-35; AgR–AI nº 0600180–68/MG, DJE de 23/08/2019; AgR–AI nº 0600166–84/MG, DJE de 22/10/2019; AgR–AI nº 0600157–25/MG, DJE de 18/11/2019; REspe nº 0600155–55/MG, DJE de 09/08/2019; AgRg-Pet nº 898-53/PB, DJE de 12/08/2014, p. 103; AgRg-REspe nº 673-03/PI, DJE de 19/12/2012, p. 206.

8. Petição. Justificação de desfiliação partidária. Resolução-TSE nº 22.610. Declaração de existência de justa causa. Concordância da agremiação. Provimento do pedido.

   Havendo consonância do Partido quanto à existência de fatos que justifiquem a desfiliação partidária, não há razão para não declarar a existência de justa causa.

   Pedido julgado procedente, para declarar a existência de justa causa para a desfiliação do Partido.

9. Ao romper com a tradição e contemplar agremiações e mandatários mediante a possibilidade de acordar o desfazimento do vínculo partidário sem maiores traumas, o legislador, ainda que por vias transversas, afirmou que o escopo da representação popular vai além da filiação.

lação ao seu filiado, independentemente do designativo que possuir (carta, autorização, declaração), autentica o desligamento do filiado descontente ou indesejado.

Ao entregar esse enorme espaço de liberdade às agremiações através de uma categoria especial de dispositivo, a Constituição Federal pretendeu atribuir mais plenitude e maior eficácia ao acordo de vontades celebrado entre os interessados.Entretanto, essa liberação não se dá sem a observância de algumas formalidades. A uma que, por se tratar de pronunciamento institucional, parece lógico que o mesmo, para gerar os seus jurídicos e legais efeitos, seja efetivado através de documento escrito, datado e assinado. A duas, que sendo o partido político uma associação de indivíduos, é crível que o seu consentimento em torno da ruptura do vínculo partidário decorra de órgão colegiado, não sendo apropriadas chancelas unipessoais. A três, que a aquiescência a qual se refere o texto da CF deve ser incontroversa.

Através das mudanças concretizadas pela reforma eleitoral 2021, ao romper com a tradição e, com isso, possibilitar que siglas e mandatários ajustem internamente o encerramento do vínculo da filiação não apenas resguardando, mas, sobretudo, valorizando o mandato eletivo derivado das urnas consubstanciando vontade livre e soberana do eleitorado, o legislador enalteceu três princípios informadores da Constituição:

- Supremacia do interesse público (CF/88, art. 1º, Par. Único);
- Autonomia partidária (CF/88, art. 17, *caput*); e
- Representação popular (CF/88, art. 1º, Par. Único c/c art. 14, *caput*).

O primeiro, porque o mandatário, embora eleito por uma fração do eleitorado, permanecerá investido no exercício do seu poder em nome e em função do coletivo (povo). O segundo, porque o partido político, na condição de entidade de direito privado, deliberará a questão da conveniência da liberação com liberdade de funcionamento através de ato *interna corporis* também legitimado pela Constituição Federal. O último, porque o parlamentar, ao receber a chancela da agremiação pela qual se elegeu, preservará a delegação popular traduzida no seu mandato.

Sobre esta excludente que logrou particular destaque no ordenamento partidário-eleitoral, pronunciou-se o TSE:

> **AGRAVO REGIMENTAL EM RECURSO ESPECIAL ELEITORAL. VEREADOR. DESFILIAÇÃO PARTIDÁRIA. JUSTA CAUSA. CARTA DE ANUÊNCIA. COMISSÃO PROVISÓRIA DO DIRETÓRIO MUNICIPAL. VALIDADE. EC 111/2021. INCIDÊNCIA. NÃO PROVIMENTO.**

> [...].
>
> 4. Com a entrada em vigor da Emenda Constitucional 111 de 28.9.2021, que inseriu o § 6º ao art. 17 da CF, esta Corte Superior já decidiu, em feitos similares ao presente, ajuizados após a entrada em vigor do novo texto constitucional, que, "manifestada anuência partidária nos autos, reputa-se autorizado ao parlamentar requerente desfiliar-se da agremiação pela qual se elegeu no pleito de 2018, sem a perda do mandato, à luz do indigitado art. 17, § 6º, da Constituição Federal" (AJDesCargEle 0600562-19, rel. Min. Edson Fachin, DJE de 10.3.2022).
>
> [...].
>
> 6. Caracterizada a hipótese fática de que trata o novel texto constitucional, é irrelevante a circunstância de não constarem da carta de anuência os motivos da respectiva confecção.[10]

Adiante, agora passando ao exame da segunda ressalva, observa-se que a mesma, ao estender dimensão constitucional às "outras hipóteses de justa causa estabelecidas em lei", buscou valorizar a regulamentação já existente. Na prática, o texto remete o intérprete aos incisos constantes do art. 22 da Lei nº 9.096/95 agrupando três outras vertentes específicas de JUSTA CAUSA:

- MUDANÇA substancial OU DESVIO REITERADO DO PROGRAMA partidário;
- GRAVE DISCRIMINAÇÃO política pessoal; e
- MUDANÇA DE PARTIDO efetuada DURANTE O PERÍODO DE TRINTA DIAS QUE ANTECEDE O PRAZO DE FILIAÇÃO exigido em lei para concorrer à eleição, majoritária ou proporcional, ao término do mandato que estiver em curso (*janela partidária*).

Por justa causa entende-se o ato ou conjunto de atos faltosos do partido político em relação ao filiado com capacidade de comprometer a harmonia e boa-fé existentes entre as partes, tornando inviável a continuidade do vínculo estabelecido a partir da filiação. O cometimento da falta, pela agremiação, avilta o dever de reciprocidade, circunstância que justifica a ruptura através do desligamento do mandatário.

Acerca da mudança substancial ou desvio reiterado do programa partidário, o Tribunal Superior Eleitoral, mediante exegese restritiva e pouco convincente, vem compreendendo que tais vícios necessitam subverter o

10. REspEl nº 060005821/RN, j. 20/10/2022, DJE 04/11/2022.

programa e a própria ideologia do partido de modo a configurar "algo ostensivo, devendo ter caráter nacional, e não apenas regional ou local. Isso porque, por determinação constitucional, o partido deve ter caráter nacional, sendo, pois, necessário que se demonstre o desvio reiterado de diretriz nacional ou de postura que a legenda historicamente tenha adotado sobre tema de natureza político-social relevante"[11]. Para elucidação dessa ressalva, prossegue a Corte, é necessário que se demonstre o desvio de uma postura que a legenda historicamente tenha adotado sobre tema de natureza político-social relevante.[12]

Na linha do que foi dito num trecho da Consulta nº 1.398, essas são típicas contingências onde "o candidato não desertou de seus ideais, quem desertou foi o partido".

O precedente desta alínea foi estabelecido pela Petição nº 2.773/DF, julgada em 12/03/2009 e cuja ementa assentou:

> **PETIÇÃO. DECRETAÇÃO. PERDA. MANDATO ELETIVO. DEPUTADO FEDERAL. FIDELIDADE PARTIDÁRIA. RESOLUÇÃO-TSE Nº 22.610/2007. PRELIMINARES REJEITADAS. DESFILIAÇÃO. JUSTA CAUSA. CONFIGURAÇÃO. PEDIDO IMPROCEDENTE.**
>
> 1. Preliminares de incompetência do juízo, ilegalidade do rito, decadência e inconstitucionalidade da Resolução TSE nº 22.610/2007 rejeitadas.
>
> 2. A modificação da posição do partido em relação a tema de grande relevância configura justa causa para a migração partidária de filiado.
>
> 3. Reconhecimento de existência de justa causa para a desfiliação partidária.

Na interpretação desse preceito, entende o TSE que acusações de atos de corrupção praticados por dirigentes partidários não são considerados suficientes para a configuração da hipótese de desvio reiterado do programa partidário previsto no art. 22, I, da Lei nº 9.096/95.[13]

Sobre "A grave discriminação social, embora de subjetiva análise, deve ser analisada diante das circunstâncias do caso concreto, a impedir uma atuação livre, de modo a tornar insustentável sua permanência no âmbito partidário. Nessa linha: "a hipótese de discriminação pessoal que caracteriza justa causa para a desfiliação exige a demonstração de fatos certos e de-

11. TSE: Ag-PET nº 060008904/ DF, DJE de 18/05/2021 e RO nº 263/PR, DJE de 31/03/2014.
12. TSE, RO 2-63/PR, DJE de 31/03/2014.
13. TSE, AJDesCargEle nº 060183737/RJ, DJE de 08/09/2021.

terminados que tenham o condão de afastar o mandatário do convívio da agremiação ou revelem situações claras de desprestígio ou perseguição".[14]

Por outro lado, realçando que embora não caiba à Justiça Eleitoral examinar a correção da sanção imposta internamente pelo partido ao seu filiado, é possível averiguar se tal sanção é caracterizadora de grave discriminação pessoal.[15]

Noutro julgado, o tribunal concluiu que as desavenças políticas ocorridas entre filiados são acontecimentos insuficientes para configurar a grave discriminação política pessoal.[16]

O primeiro pronunciamento do Tribunal Superior Eleitoral admitindo a incidência de justa causa por grave discriminação pessoal nos termos da Resolução nº 22.610 ocorreu em 17/04/2008, na decisão conjunta das Petições nºs 2.754/DF e 2.755/DF, as quais receberam a mesma ementa que vai a seguir reproduzida:

> **FIDELIDADE PARTIDÁRIA. DEPUTADO FEDERAL. ART. 1º, § 1º DA RES.-TSE Nº 22.610/2007. DESIGUALDADE. DISTRIBUIÇÃO. RECURSOS FINANCEIROS. CAMPANHA ELEITORAL. EXTINÇÃO. ÓRGÃO PARTIDÁRIO. PREJUÍZO. LIDERANÇA. GRAVE DISCRIMINAÇÃO. CARACTERIZAÇÃO. JUSTA CAUSA. DESFILIAÇÃO PARTIDÁRIA.**
>
> - Preliminares de falta de interesse de agir, termo inicial para aplicação do entendimento adotado pela Consulta nº 1.439 e possibilidade de mudança para partido da mesma coligação rejeitadas, vencido o relator.
>
> - Caracterização de grave discriminação pessoal, evidenciada pela prova dos autos, de modo a prejudicar a liderança política exercida pelo requerente em município que constituía sua base eleitoral. Flagrante desproporcionalidade na distribuição de recursos, pelo partido, para a campanha eleitoral, de modo a prejudicar o requerente, candidato à reeleição e político de tradição no Estado.
>
> - Reconhecimento de existência de justa causa para a desfiliação partidária.

Diante da regra em exame, caso não menos paradigmático envolveu o pedido de desfiliação intentado pelo Deputado Federal Clodovil Hernades (SP). No julgamento da Petição nº 2.766/DF, em 12/03/2009, a Corte Superior, à unanimidade, reconhecendo que o conjunto fático-probatório dos autos com-

14. TSE: Ag-PET nº 060008904/ DF, DJE de 18/05/2021 e RO 148-26/AL, DJE de 20/11/2017.
15. TSE, PET nº 060063814/SP, DJE de 11/05/2021.
16. TSE, AgRg-AI-REspe nº 060057160/SP, DJE de 06/08/2020.

provou que a permanência do congressista no partido "se tornou impraticável, ante a sucessão de fatos que tornou a convivência partidária insuportável", entendeu presente a possibilidade de desfiliação mediante justa causa:

> **Pedido. Perda de cargo eletivo. Desfiliação partidária. Justa causa. Grave discriminação pessoal.**
>
> 1. A expressiva votação obtida por parlamentar, que logrou votos superiores ao quociente eleitoral, não o exclui da regra de fidelidade partidária.
>
> 2. Embora a grave discriminação pessoal, a que se refere o inciso IV, do § 1º, da Res.-TSE nº 22.610/2007, possa, em regra, estar relacionada a aspectos partidários, não se pode excluir outros aspectos do conceito de justa causa para a desfiliação, inclusive os essencialmente pessoais, o que envolve, até mesmo, questões de nítida natureza subjetiva.
>
> 3. Hipótese em que a permanência do deputado no partido pelo qual se elegeu se tornou impraticável, ante a sucessão de fatos que revelaram o abandono e a falta de apoio ao parlamentar, configurando, portanto, grave discriminação pessoal, apta a ensejar justa causa para a migração partidária.
>
> Pedido improcedente.

Os dois julgamentos mantém atualidade em vista a moderna jurisprudência do TSE acerca da justa causa. Não obstante o descrédito e impopularidade da maioria das agremiações brasileiras, a representação popular é um eixo importante sobre o qual gravitam relações políticas, sociais e jurídicas. Por força disso, a migração de uma sigla para outra no curso do mandato não comporta censura em termos absolutos, podendo ser excepcionada. Na política, assim como na história e na vida, não há um roteiro previamente determinado. Crível que um ambiente contaminado por tramas, hostilidades e perseguições inviabiliza a permanência de um parlamentar numa sigla partidária. Nesses casos, a troca de legenda alicerçada em comum acordo é a solução que se apresenta mais conveniente.

26.3. DATAS DAS POSSES DOS TITULARES DO PODER EXECUTIVO

Consubstanciando antiga aspiração das Casas do Congresso Nacional[17], a EC nº 111/11 alterou as datas das posses dos titulares do Poder

17. *Reforma Político-Partidária - Relatório Final*, Ed. Senado Federal, 1998, pp. 52/54.

Executivo. Inconvenientes de várias ordens recomendavam a modificação efetivada. A partir das eleições de 2026, as datas de posse de Governadores e Vice-Governadores de Estado passarão a ocorrer em 6 de janeiro do ano subsequente, e a do Presidente e do Vice-Presidente da República em 5 de janeiro do ano seguinte ao de suas eleições.

Capítulo

27

LEI Nº 14.208/21

27.1. FEDERAÇÕES PARTIDÁRIAS

A Lei nº 14.208, de 28 de setembro de 2021 (DOU de 29/09/2021), ampliando a Lei nº 9.096, de 19 de setembro de 1995, e a Lei nº 9.504, de 30 de setembro de 1997, instituiu as Federações de Partidos nos seguintes termos:

> Art. 1º A Lei nº 9.096, de 19 de setembro de 1995 (Lei dos Partidos Políticos), passa a vigorar acrescida do seguinte art. 11-A:
>
> Art. 11-A. Dois ou mais partidos políticos poderão reunir-se em federação, a qual, após sua constituição e respectivo registro perante o Tribunal Superior Eleitoral, atuará como se fosse uma única agremiação partidária.
>
> § 1º Aplicam-se à federação de partidos todas as normas que regem o funcionamento parlamentar e a fidelidade partidária.
>
> § 2º Assegura-se a preservação da identidade e da autonomia dos partidos integrantes de federação.
>
> § 3º A criação de federação obedecerá às seguintes regras:
>
> I - a federação somente poderá ser integrada por partidos com registro definitivo no Tribunal Superior Eleitoral;
>
> II - os partidos reunidos em federação deverão permanecer a ela filiados por, no mínimo, 4 (quatro) anos;
>
> III - a federação poderá ser constituída até a data final do período de realização das convenções partidárias;
>
> IV - a federação terá abrangência nacional e seu registro será encaminhado ao Tribunal Superior Eleitoral.

§ 4º O descumprimento do disposto no inciso II do § 3º deste artigo acarretará ao partido vedação de ingressar em federação, de celebrar coligação nas 2 (duas) eleições seguintes e, até completar o prazo mínimo remanescente, de utilizar o fundo partidário.

§ 5º Na hipótese de desligamento de 1 (um) ou mais partidos, a federação continuará em funcionamento, até a eleição seguinte, desde que nela permaneçam 2 (dois) ou mais partidos.

§ 6º O pedido de registro de federação de partidos encaminhado ao Tribunal Superior Eleitoral será acompanhado dos seguintes documentos:

I - cópia da resolução tomada pela maioria absoluta dos votos dos órgãos de deliberação nacional de cada um dos partidos integrantes da federação;

II - cópia do programa e do estatuto comuns da federação constituída;

III - ata de eleição do órgão de direção nacional da federação.

§ 7º O estatuto de que trata o inciso II do § 6º deste artigo definirá as regras para a composição da lista da federação para as eleições proporcionais.

§ 8º Aplicam-se à federação de partidos todas as normas que regem as atividades dos partidos políticos no que diz respeito às eleições, inclusive no que se refere à escolha e registro de candidatos para as eleições majoritárias e proporcionais, à arrecadação e aplicação de recursos em campanhas eleitorais, à propaganda eleitoral, à contagem de votos, à obtenção de cadeiras, à prestação de contas e à convocação de suplentes.

§ 9º Perderá o mandato o detentor de cargo eletivo que se desfiliar, sem justa causa, de partido que integra federação.

Art. 2º A Lei nº 9.504, de 30 de setembro de 1997 (Lei das Eleições), passa a vigorar acrescida do seguinte art. 6º-A:

Das Federações

Art. 6º-A Aplicam-se à federação de partidos de que trata o art. 11-A da Lei nº 9.096, de 19 de setembro de 1995 (Lei dos Partidos Políticos), todas as normas que regem as atividades dos partidos políticos no que diz respeito às eleições, inclusive no que se refere à escolha e registro de candidatos para as eleições majoritárias e proporcionais, à arrecadação e aplicação de recursos em campanhas eleitorais, à propaganda eleitoral, à contagem de votos, à obtenção de cadeiras, à prestação de contas e à convocação de suplentes.

Parágrafo único. É vedada a formação de federação de partidos após o prazo de realização das convenções partidárias.

Art. 3º Esta Lei entra em vigor na data de sua publicação.

O texto adicionou um artigo à Lei dos Partidos Políticos e outro à Lei das Eleições introduzindo um novo instituto jurídico-político no ordenamento eleitoral pátrio.

Dessemelhantes das coligações, que são alianças locais, costumeiramente eleitorais erigidas em torno da maximização de resultados e fadadas ao encerramento após o pleito, as federações são nacionais e perduram após a proclamação dos resultados. Contudo, a formação de uma federação não equivale à fusão, incorporação ou extinção de partidos. O vínculo mínimo de quatro anos juntos implica na disputa de duas eleições de forma verticalizada: uma geral e outra municipal.

Em termos constitutivos, reprisando o preceito das coligações, dois ou mais partidos políticos, dispensada a identidade programática entre si, poderão reunir-se em regime de federação, a qual, após sua constituição e registro perante o Tribunal Superior Eleitoral, deverá atuar como se fosse uma única agremiação partidária. "Atuar", aqui, significa que a federação terá prerrogativas e obrigações tal qual um partido político no que se refere ao processo eleitoral, devendo funcionar como unidade no relacionamento com a Justiça Eleitoral e no trato dos interesses interpartidários. Portanto, cada federação constituída deve ser entendida como se fosse um partido político. Não obstante, os partidos reunidos em federação preservam a sua identidade (nome, número, marcas, símbolos, programas) e autonomia (CF/88, art. 17, §1º).

Ao dispor sobre aplicabilidade integral, às federações, das normas que regulam o funcionamento parlamentar e a fidelidade partidária, o texto remete às disposições constantes dos artigos 12 e 13[1] e 22-A a 26[2] da Lei nº

---

1. Art. 12. O partido político funciona, nas Casas Legislativas, por intermédio de uma bancada, que deve constituir suas lideranças de acordo com o estatuto do partido, as disposições regimentais das respectivas Casas e as normas desta Lei.

   Art. 13. Tem direito a funcionamento parlamentar, em todas as Casas Legislativas para as quais tenha elegido representante, o partido que, em cada eleição para a Câmara dos Deputados obtenha o apoio de, no mínimo, cinco por cento dos votos apurados, não computados os brancos e os nulos, distribuídos em, pelo menos, um terço dos Estados, com um mínimo de dois por cento do total de cada um deles.

2. Art. 22-A. Perderá o mandato o detentor de cargo eletivo que se desfiliar, sem justa causa, do partido pelo qual foi eleito.

   Parágrafo único. Consideram-se justa causa para a desfiliação partidária somente as seguintes hipóteses:

   I - mudança substancial ou desvio reiterado do programa partidário

   II - grave discriminação política pessoal;

   III - mudança de partido efetuada durante o período de trinta dias que antecede o prazo de filiação exigido em lei para concorrer à eleição, majoritária ou proporcional, ao término do mandato vigente.

   Art. 23. A responsabilidade por violação dos deveres partidários deve ser apurada e punida pelo competente órgão, na conformidade do que disponha o estatuto de cada partido.

   § 1º Filiado algum pode sofrer medida disciplinar ou punição por conduta que não esteja tipificada no estatuto do partido político.

   § 2º Ao acusado é assegurado amplo direito de defesa.

   Art. 24. Na Casa Legislativa, o integrante da bancada de partido deve subordinar sua ação parlamentar aos princípios doutrinários e programáticos e às diretrizes estabelecidas pelos órgãos de direção partidários, na forma do estatuto.

   Art. 25. O estatuto do partido poderá estabelecer, além das medidas disciplinares básicas de caráter partidário, normas sobre penalidades, inclusive com desligamento temporário da bancada, suspensão do direito de voto nas reuniões internas ou perda de todas as prerrogativas, cargos e funções que exerça em

9.096/95. Dessa maneira, a federação funcionará nos parlamentos por intermédio de uma bancada, que deverá constituir sua liderança de acordo com o regimento averbado perante o TSE, além das disposições regimentais das respectivas Casas. Ou seja, ao invés de várias bancadas, a federação será uma.

Em termos práticos, a federação tem assegurado o direito ao funcionamento parlamentar em todas as Casas Legislativas para as quais tenha elegido representante. Na distribuição das comissões, cada federação deverá ser tratada como uma bancada. No âmbito do Poder Legislativo, o integrante da federação deve subordinar a sua ação parlamentar aos princípios e diretrizes constantes do estatuto registrado no TSE. Neste sentido, consoante o texto legal, aludido estatuto poderá incluir normas prevendo penalidades, inclusive a possibilidade de desligamento temporário da bancada, suspensão do direito de voto nas reuniões internas ou perda de todas as prerrogativas, cargos e funções que exerça em decorrência da representação parlamentar. Via reflexa, perderá automaticamente a função ou cargo que exerça, na respectiva Casa Legislativa, o parlamentar cujo partido se desligar da federação pela qual tenha sido eleito.

A formação de uma federação está condicionada ao concurso dos seguintes requisitos:

- PARTIDOS detentores de REGISTRO DEFINITIVO perante o TSE;
- PERMANÊNCIA dos partidos POR, no mínimo, QUATRO ANOS;
- CONSTITUIÇÃO até a data final do período de realização das convenções partidárias (dia 5 de agosto do ano da eleição), sendo vedada, em qualquer hipótese, a sua formação após este prazo;
- ABRANGÊNCIA nacional; e
- REGISTRO perante o Tribunal Superior Eleitoral.

O rompimento do prazo de associação por quatro anos implicará, ao partido desassociado, em sanções cumulativas de severa intensidade estipuladas através de três vedações:

- ingresso noutra federação;
- celebração de coligação nas duas eleições seguintes (geral ou municipal); e
- utilização do fundo partidário até que o prazo mínimo remanescente ao vínculo seja completado.

---

decorrência da representação e da proporção partidária, na respectiva Casa Legislativa, ao parlamentar que se opuser, pela atitude ou pelo voto, às diretrizes legitimamente estabelecidas pelos órgãos partidários.

Art. 26. Perde automaticamente a função ou cargo que exerça, na respectiva Casa Legislativa, em virtude da proporção partidária, o parlamentar que deixar o partido sob cuja legenda tenha sido eleito.

Na hipótese de desligamento de um ou mais partidos, a federação permanecerá funcionando até a eleição seguinte, desde que nela permaneçam dois ou mais partidos. Extinta a federação, os partidos que a integravam retomam suas autonomias associativas, exceto aqueles apenados pelo rompimento intempestivo.

O Pedido de Registro de Federação de Partidos encaminhado ao Tribunal Superior Eleitoral será necessariamente acompanhado dos quatro documentos a seguir enumerados:

1) cópia da resolução tomada pela maioria absoluta dos votos dos órgãos de deliberação nacional de cada um dos partidos políticos integrantes da federação;
2) cópia do programa da federação;
3) copia do estatuto comuns da federação constituída;
4) ata de eleição do órgão de direção nacional da federação.

Organicamente, as federações deverão dispor de um estatuto próprio, assim como cada partido político dispõe do seu. Este de que trata o inciso II do § 6º da Lei Partidária definirá as prescrições para a composição da lista da federação para as eleições proporcionais (deputados e vereadores).

Ressai destacar que por expressa disposição legal, incidem às federações todas as normas que regem as atividades dos partidos políticos no que diz respeito às eleições, inclusive escolha e registro de candidatos para as eleições majoritárias e proporcionais, à arrecadação e aplicação de recursos em campanhas eleitorais, à propaganda eleitoral, à contagem de votos, à obtenção de cadeiras, à prestação de contas e à convocação de suplentes.

Acerca desta última hipótese, no que concerne ao direito de precedência, para situações de renúncia, falecimento e afastamento, portanto abrangendo episódios regulares e naturais de vacância, deverá ser empossado no mandato, como suplente, o candidato imediatamente mais votado na lista da federação, e não do partido a que pertencer o mandatário que deixou a vaga. Para os casos de vacância excepcional decorrentes de migração partidária sem justa causa, assumirá o exercício do mandato o suplente do partido, consoante assinalado pelo § 9º do art. 11-A da LPP.

Diante da incidência às federações de "todas as normas que regem as atividades dos partidos políticos no que diz respeito às eleições", e na medida em que foram equiparadas às agremiações partidárias (Lei nº 9.096/95, art. 11-A), as mesmas estão autorizadas a celebrar coligações majoritárias com outras siglas. Também em função do formato delineado pelo citado dispositivo, a federação, assim como os partidos políticos, terá de cumprir a cláusula de barreira para, por exemplo, ter acesso aos valores do Fundo Partidário e à propaganda eleitoral de rádio e TV.

Por outro lado, no que concerne à lista de nomes apresentada pelos partidos reunidos, não consta à Lei nº 14.208 preceito que conduza à imposição de todos os partidos integrantes de uma federação a indicar algum candidato para disputar ao menos uma vaga no pleito proporcional. Como se sabe, as exceções legais devem ser expressas. Neste sentido, o regramento é meramente assecuratório e não impositivo. As candidaturas das federações, assim como ocorria com as coligações, devem ser constituídas de acordo com o interesse dos partidos. Portanto, a obrigatoriedade de nome só poderia se dar por meio da lei, consoante o Princípio da Legalidade estatuído no art. 5º, II, da Constituição Federal, o qual assegura categoricamente que "ninguém será obrigado a fazer ou deixar de fazer alguma coisa senão em virtude da lei". Inexistindo previsão legal da obrigatoriedade de cada partido integrante da federação registrar no mínimo uma candidatura, não pode o seu registro ser indeferido por tal motivo.

O TSE procedeu na regulamentação das federações de partidos políticos instituídas pela Lei nº 14.208/2021 expedindo a Resolução nº 23.670, de 14/12/21. Entre outras determinações, consta à mencionada instrução que a cota de gênero nas candidaturas proporcionais deve ser atendida tanto pela lista da federação, globalmente, quanto por cada partido que a integra, evitando-se, com isso, que as candidaturas femininas sejam concentradas nos partidos que menos recebem recursos. No que toca ao fluxo financeiro de campanha, há expressa advertência de que o partido que transferir recursos públicos a outro da mesma federação poderá ter suas contas desaprovadas em razão da aplicação irregular desses recursos, o que tornará inócua eventual utilização de uma das agremiações como intermediária para a prática de irregularidades. Assim como outrora sucedia com as coligações proporcionais, no prazo de 3 dias contados da publicação do edital, o pedido de registro da federação poderá ser impugnado. As controvérsias entre os partidos políticos relativas ao funcionamento da federação constituem matéria *interna corporis*, cabendo à Justiça comum dirimí-las, ressalvada a competência da Justiça Eleitoral relativamente às questões relativas ao seu registro.

Para finalizar, é de ser dito que em 09/02/22, o plenário do Supremo Tribunal Federal, por maioria de votos, ao julgar a Ação Direta de Inconstitucionalidade nº 7.021-MC/DF[3] e declarar a constitucionalidade do

3. Direito constitucional e eleitoral. Ação Direta de Inconstitucionalidade. Referendo de Medida Cautelar. Federação de Partidos Políticos. Lei nº 14.208/2021. Cautelar parcialmente deferida, quanto ao prazo de registro, para preservação da isonomia. 1. A lei questionada – Lei nº 14.208/2021 – alterou a reda-

exótico instituto, definiu que para as eleições daquele ano, as federações deveriam estar registradas perante o TSE até o dia 31 de maio. Segundo o relator sorteado, tal prazo funciona como "um meio-termo, que confere

---

ção da Lei nº 9.096/1995, criando o instituto da federação partidária. Essa nova figura permite a união entre partidos políticos, inclusive para concorrerem em eleições proporcionais (para deputado federal, estadual e vereador). Alegação de vícios de inconstitucionalidade formal e de inconstitucionalidade material. I. Inexistência de inconstitucionalidade formal 2. O projeto de lei foi iniciado e aprovado no Senado Federal, sob a antiga redação do art. 17, § 1º, da Constituição, que admitia coligação eleitoral inclusive no sistema proporcional. Na sequência, foi remetido à Câmara dos Deputados e aprovado, sob a vigência da nova redação do referido dispositivo, que passou a vedar coligações em eleições proporcionais (EC 97/2017). Daí a alegação de que deveria ter retornado à Casa em que iniciada a tramitação. O argumento, porém, não procede. 3. Nada na Constituição sugere que a superveniência da emenda constitucional referida exigiria o retorno ao Senado Federal do projeto já aprovado pelas duas Casas. O reexame pela Casa iniciadora somente se dá no caso em que o projeto tenha seu conteúdo alterado na Casa revisora (CF, art. 65, parágrafo único), o que não ocorreu. Na Câmara dos Deputados, houve apenas emendas de redação. Cabe observar ainda que: (i) federação partidária e coligação constituem institutos diversos; e (ii) o Congresso Nacional, em sessão conjunta, reunindo o Senado e a Câmara, por maioria absoluta, rejeitou o veto que havia sido aposto pela Presidente da República ao projeto aprovado. Portanto, há inequívoca manifestação de vontade de ambas as Casas Legislativas em relação à matéria. II. Inexistência de inconstitucionalidade material 4. A federação partidária possui importantes pontos de distinção em relação às coligações, que em boa hora foram proibidas. As coligações consistiam na reunião puramente circunstancial de partidos, para fins eleitorais, sem qualquer compromisso de alinhamento programático. Tal fato permitia, por exemplo, que o voto do eleitor, dado a um partido que defendia a estatização de empresas, ajudasse a eleger o candidato de um partido ultraliberal. Ou vice-versa. A fraude à vontade do eleitor era evidente. 5. Já a federação partidária, embora assegure a identidade e a autonomia dos partidos que a integram (art. 11-A, § 2º), promove entre eles: (i) uma união estável, ainda que transitória, com durabilidade de no mínimo 4 (quatro) anos (art. 11-A, § 3º, II); (ii) requer afinidade programática, que permita a formulação de estatuto e de um programa comuns à federação (art. 11-A, § 6º, II), e (iii) vincula o funcionamento parlamentar posterior às eleições (art. 11-A, § 1º). Em tais condições, as federações não implicam transferência ilegítima de voto entre partidos com visões ideológicas diversas e, portanto, não geram os impactos negativos sobre o sistema representativo que resultavam das antigas coligações proporcionais. 6. É possível questionar a conveniência e oportunidade da inovação, que pode retardar a necessária redução do número de partidos políticos no país. Mas essa avaliação, de natureza política, não cabe ao Poder Judiciário. Em juízo cautelar e em exame abstrato da matéria, não se vislumbra inconstitucionalidade. Naturalmente, se no mundo real se detectarem distorções violadoras da Constituição, tal avaliação preliminar poderá ser revisitada. Para isso, no entanto, é imperativo aguardar o processo eleitoral e seus desdobramentos. Por ora, portanto, não é o caso de impedir a experimentação da fórmula deliberada pelo Congresso Nacional. III. Quebra da isonomia entre a federação e os demais partidos 7. Existe, porém, um problema de quebra de isonomia no tratamento diferenciado dado à federação partidária, no que diz respeito ao seu registro perante o Tribunal Superior Eleitoral (TSE). Partidos políticos têm de fazê-lo até 6 (seis) meses antes das eleições (Lei nº 9.504/1997, art. 4º), sendo que, em relação à federação, a lei ora impugnada estende esse prazo até a data final do período de realização das convenções partidárias. Trata-se de uma desequiparação que não se justifica e que pode dar à federação indevida vantagem competitiva. IV. Dispositivo 8. Voto pelo referendo da cautelar, parcialmente deferida, apenas quanto ao prazo para constituição e registro da federação partidária perante o TSE, tendo como consequência: (i) suspender o inciso III do § 3º do art. 11-A da Lei nº 9.096/1995 e o parágrafo único do art. 6º-A da Lei nº 9.504/1997, com a redação dada pela Lei nº 14.208/2021; (ii) conferir interpretação conforme à Constituição ao caput do art. 11-A da Lei nº 9.096/1995, de modo a exigir que, para participar das eleições, as federações estejam constituídas como pessoa jurídica e obtenham o registro de seu estatuto perante o Tribunal Superior Eleitoral no mesmo prazo aplicável aos partidos políticos. 9. Tese: "É constitucional a Lei nº 14.208/2021, que institui as federações partidárias, salvo quanto ao prazo para seu registro, que deverá ser o mesmo aplicável aos partidos políticos. Excepcionalmente, nas eleições de 2022, o prazo para constituição de federações partidárias fica estendido até 31 de maio do mesmo ano".

maior prazo para negociações, mas, ao mesmo tempo, evita uma extensão excessiva de tal prazo até agosto, o que tornaria o instituto das federações perigosamente aproximado das coligações e poderia trazer-lhe uma lógica "de ocasião", que é o que se quer evitar. Além disso, o prazo em maio minimiza eventuais efeitos competitivos adversos que uma constituição tardia das federações poderia produzir na competição com partidos políticos".

Capítulo

28

LEI Nº 14.211/21

28.1. TEXTO LEGAL

A Lei nº 14.211, de 1º de outubro de 2021 (DOU de 1º/10/2021), alterou a Lei nº 4.737, de 15 de julho de 1965, e a Lei nº 9.504, de 30 de setembro de 1997, nos seguintes termos:

> Art. 1º A Lei nº 4.737, de 15 de julho de 1965 (Código Eleitoral), passa a vigorar com as seguintes alterações:
>
> "Art. 23-A. A competência normativa regulamentar prevista no parágrafo único do art. 1º e no inciso IX do caput do art. 23 deste Código restringe-se a matérias especificamente autorizadas em lei, sendo vedado ao Tribunal Superior Eleitoral tratar de matéria relativa à organização dos partidos políticos."
>
> "Art. 91.
>
> § 3º É facultado aos partidos políticos celebrar coligações no registro de candidatos às eleições majoritárias." (NR)
>
> "Art. 107. Determina-se para cada partido o quociente partidário dividindo-se pelo quociente eleitoral o número de votos válidos dados sob a mesma legenda, desprezada a fração." (NR)
>
> "Art. 108. Estarão eleitos, entre os candidatos registrados por um partido que tenham obtido votos em número igual ou superior a 10% (dez por cento) do quociente eleitoral, tantos quantos o respectivo quociente

partidário indicar, na ordem da votação nominal que cada um tenha recebido." (NR)

"Art. 109.

I - dividir-se-á o número de votos válidos atribuídos a cada partido pelo número de lugares por ele obtido mais 1 (um), cabendo ao partido que apresentar a maior média um dos lugares a preencher, desde que tenha candidato que atenda à exigência de votação nominal mínima;

III - quando não houver mais partidos com candidatos que atendam às duas exigências do inciso I deste caput, as cadeiras serão distribuídas aos partidos que apresentarem as maiores médias.

§ 1º O preenchimento dos lugares com que cada partido for contemplado far-se-á segundo a ordem de votação recebida por seus candidatos.

§ 2º Poderão concorrer à distribuição dos lugares todos os partidos que participaram do pleito, desde que tenham obtido pelo menos 80% (oitenta por cento) do quociente eleitoral, e os candidatos que tenham obtido votos em número igual ou superior a 20% (vinte por cento) desse quociente." (NR)

"Art. 111. Se nenhum partido alcançar o quociente eleitoral, considerar-se-ão eleitos, até serem preenchidos todos os lugares, os candidatos mais votados." (NR)

Art. 2ºA Lei nº 9.504, de 30 de setembro de 1997 (Lei das Eleições), passa a vigorar com as seguintes alterações:

"Art. 6º É facultado aos partidos políticos, dentro da mesma circunscrição, celebrar coligações para eleição majoritária." (NR)

"Art. 10. Cada partido poderá registrar candidatos para a Câmara dos Deputados, a Câmara Legislativa, as Assembleias Legislativas e as Câmaras Municipais no total de até 100% (cem por cento) do número de lugares a preencher mais 1 (um).

I - (Revogado);

II - (Revogado).

§ 6º (VETADO).

§ 7º (VETADO)." (NR)

"Art. 15.

§ 3º Os candidatos de coligações majoritárias serão registrados com o número de legenda do respectivo partido." (NR)

"Art. 46.

II - nas eleições proporcionais, os debates deverão ser organizados de modo que assegurem a presença de número equivalente de candidatos de todos os partidos a um mesmo cargo eletivo e poderão desdobrar-se em mais de um dia, respeitada a proporção de homens e mulheres estabelecida no § 3º do art. 10 desta Lei;

§ 5º Para os debates que se realizarem no primeiro turno das eleições, serão consideradas aprovadas as regras, inclusive as que definirem o número de participantes, que obtiverem a concordância de pelo menos 2/3 (dois terços) dos candidatos aptos, no caso de eleição majoritária, e de pelo menos 2/3 (dois terços) dos partidos com candidatos aptos, no caso de eleição proporcional." (NR)

"Art. 47.

§ 2º

I - 90% (noventa por cento) distribuídos proporcionalmente ao número de representantes na Câmara dos Deputados, considerado, no caso de coligação para as eleições majoritárias, o resultado da soma do número de representantes dos 6 (seis) maiores partidos que a integrem;" (NR)

Art. 3º Revogam-se:

I - o art. 105 da Lei nº 4.737, de 15 de julho de 1965 (Código Eleitoral); e

II - os incisos I e II do art. 10 da Lei nº 9.504, de 30 de setembro de 1997.

Art. 4ºEsta Lei entra em vigor na data de sua publicação.

28.2. LIMITAÇÃO DA COMPETÊNCIA NORMATIVA DO TSE RELATIVAMENTE À ORGANIZAÇÃO PARTIDÁRIA

O art. 23-A excluiu da competência normativa regulamentar do TSE prevista ao parágrafo único do art. 1º e ao inciso IX do *caput* do art. 23 do Código Eleitoral, a possibilidade de a Corte expedir instruções acerca de "matéria relativa à organização dos partidos políticos".

O art. 17 da Constituição Federal assegura liberdade de funcionamento às agremiações políticas. Dessa forma, se "O postulado constitucional da autonomia partidária criou, em favor dos Partidos Políticos - sempre que se tratar da definição de sua estrutura, de sua organização ou de seu interno funcionamento - uma área de reserva estatutária absolutamente indevassável pela ação normativa do Poder Público", consoante afirmado pelo Supremo Tribunal Federal no julgamento da ADI 1.407/DF MC, inexiste autorização para que o Tribunal Superior Eleitoral vulnere aludido cânone e expeça resoluções que tenham o condão de interferir na intimidade das agremiações criando-lhes obrigações sem amparo legal. Nesse sentido, a partir da referida assentada, reforçou-se a noção de que "Os Partidos Políticos estão sujeitos, no que se refere à regência normativa, (...), ao ordenamento jurídico positivado pelo Poder Público em sede legislativa", portanto às normas descendentes do processo legislativo, e não da normatização secundária do TSE.

Dessa forma, imperioso reconhecer que a prerrogativa para estipular inovações legais alusivas à organização partidária está condicionada à indelegável atuação do Congresso Nacional.

28.3. AJUSTES NORMATIVOS DECORRENTES DA EXTINÇÃO DAS COLIGAÇÕES PROPORCIONAIS

As novas redações atribuídas aos artigos 91, §3º, 107, 108, 109, I, III, §1º 2º, 111 do Código Eleitoral e 6º, *caput*, 10, *caput*, 15§3º, 46, II, §5º e 47, I da Lei Eleitoral harmonizaram o ordenamento à Emenda Constitucional nº 97, de 2017, que restringiu as coligações partidárias às eleições majoritárias.

28.4. PERCENTUAIS DE VOTAÇÃO PARA "SOBRAS ELEITORAIS"

O tópico das *sobras eleitorais* encerra um conflito entre dois postulados de alta significação: de um lado, a necessidade de garantia da pluralidade nos Parlamentos do país, de outro, o enfrentamento ao hiperpartidarismo que debilita governos e afeta a democracia. A aprovação do §2º do art. 109 descortinou a opção política pelo segundo, ou seja, a tentativa de evitar a proliferação de legendas nas Casas Legislativas. Evidência inconteste disso se colhe do relatório do Senado Federal frisando que o então Projeto de Lei nº 783/21 se coadunava "com o propósito do Congresso Nacional de autorizar o acesso a recursos públicos do fundo partidário e da propaganda gratuita no rádio e na televisão apenas aos partidos mais representativos na Câmara dos Deputados".

Se adequado ou não, o certo é que ao redimensionar o dispositivo mantendo a possibilidade de concorrer à distribuição dos lugares de vereador e deputado todos os partidos que participaram do pleito, mas condicionando que estes obtenham no mínimo 80% (oitenta por cento) do quociente eleitoral, e que os seus candidatos à Câmara Federal, às Assembleias Legislativas e Câmaras Municipais alcancem votação igual ou superior a 20% (vinte por cento) daquele, o legislador priorizou os maiores desempenhos partidários e erigiu um obstáculo aos *puxadores de voto*, aqueles candidatos que atingem votações exuberantes viabilizando que outros candidatos bem menos votados também sejam eleitos.[1]

A princípio, o novo regramento não impede a incidência do *efeito Enéas*[2] ou *Tiririca*[3]. Contudo, aqueles candidatos que *pegam carona* nos mais votados agora necessitam granjear uma votação igual ou superior a 20% de votos para conquistar a vaga.

28.5. NÚMERO DE CANDIDATOS

Pela nova regra do art. 10 da Lei nº 9.504/97, cada partido poderá registrar candidatos para a Câmara dos Deputados, a Câmara Legislativa (DF), as Assembleias Legislativas e as Câmaras Municipais no total de até 100% (cem por cento) do número de lugares a preencher, mais um. Com isso, o número de postulantes que cada agremiação pode disponibilizar ao eleitorado corresponde ao número de vagas a preencher na respectiva Casa Legislativa acrescida de mais uma. Com a revogação dos incisos I e II do artigo em comento, bem como da extinção das coligações para cargos legislativos, os percentuais de preenchimento, que outrora eram três, ficaram confinados a um.

28.6. DEBATES DE RÁDIO E TV ENTRE CANDIDATOS PROPORCIONAIS

Para as disputas dos cargos de vereador e deputado, os debates de rádio e televisão deverão ser organizados de modo a assegurar a presença de

1. Apenas exemplificativamente, tomemos uma hipotética eleição onde o quociente eleitoral ficou em 100 mil votos. Um partido que totalizar 550 mil, elegerá, a princípio, cinco parlamentares, restando 50 mil votos. Efetivado o rateio das vagas que cada partido terá, as cadeiras não preenchidas serão disputadas entre os partidos que tiveram mais sobras de votos. Se a sobra do partido 'A' for de 50 mil votos e, a do partido 'B' for de 51 mil votos, a vaga ficará com o partido 'B', desde que o candidato votado tenha somado, ao menos, 20% do quociente eleitoral de 100 mil votos. No outro cenário da nova regra está em que os partidos que chegaram aos 80% do quociente eleitoral também estarão aptos a disputar as vagas a serem preenchidas nas denominadas *sobras eleitorais*. Mantendo o exemplo do quociente eleitoral de 100 mil votos, a agremiação que conquistar 80% desses votos, ou seja, 80 mil votos, entrará na disputa com as demais, assim como os candidatos que tiverem obtido votos mínimos equivalentes a 20% do quociente eleitoral.
2. Na eleição de 06/10/2002, a votação obtida por Enéas Carneiro (1.573.642 votos) superando cinco vezes o quociente eleitoral, viabilizou que o PRONA elegesse cinco deputados federais em São Paulo: Amauri Robledo Gasques com 18.421 votos; Irapuan Teixeira com 673 votos; Elimar Máximo Damasceno com 484 votos; Ildeu Alves de Araújo com 382 votos e Vanderlei Assis de Souza com 275 votos.
3. Ao atingir 1.353.820 de votos pelo PR de São Paulo, Francisco Everardo Oliveira Silva, conhecido pelo público como o palhaço Tiririca, foi o deputado federal mais votado do país em números absolutos da eleição de 03/10/2010. Os demais parlamentares eleitos pela sua coligação atingiram pouco mais de 90 mil votos.

número equivalente de candidatos de todos os partidos a um mesmo cargo eletivo. Os eventos poderão se repetir ao longo da campanha eleitoral, observada a determinação de proporção entre o mínimo de 30% (trinta por cento) e o máximo de 70% (setenta por cento) para candidaturas de cada sexo conforme disposto no § 3º do art. 10 da Lei nº 9.504/97.

Capítulo

29

LEI COMPLEMENTAR Nº 184/21

29.1. TEXTO LEGAL

A Lei Complementar nº 184, de 29 de setembro de 2021 (DOU de 30/09/2021), modificando a Lei Complementar nº 64, de 18 de maio de 1990, estabelece:

> Art. 1º Esta Lei Complementar altera a Lei Complementar nº 64, de 18 de maio de 1990, para excluir da incidência de inelegibilidade prevista na alínea g do inciso I do caput do art. 1º da referida Lei os responsáveis que tenham tido suas contas julgadas irregulares sem imputação de débito e com condenação exclusiva ao pagamento de multa. Ver tópico
>
> Art. 2º O art. 1º da Lei Complementar nº 64, de 18 de maio de 1990, passa a vigorar acrescido do seguinte § 4º-A:
>
> Art. 1º (...).
>
> (...).
>
> § 4º-A. A inelegibilidade prevista na alínea g do inciso I do caput deste artigo não se aplica aos responsáveis que tenham tido suas contas julgadas irregulares sem imputação de débito e sancionados exclusivamente com o pagamento de multa.

29.2. EXCLUSÃO DE INELEGIBILIDADE

"A Lei de Inelegibilidade (Lei Complementar nº 64/90), prevista na Constituição (art. 14, §9º), versa as hipóteses de inelegibilidade, seu processo perante a Justiça Eleitoral e as penas aplicáveis", diz Torquato JARDIM (1996, p. 67).

A inovação consumada no texto legal excluiu da esfera de abrangência da LC nº 64/90, com a redação que lhe foi dada pela LC nº 135/10, a incidência de inelegibilidade relativamente aos gestores públicos que tiverem suas contas julgadas irregulares, porém, sem a imputação de débito[1] e com condenação exclusivamente pecuniária.

Nessas hipóteses de indisciplina de gestão detectadas pelo controle externo, a despeito das contas restarem enjeitadas, as infrações são meramente formais, com potencial ofensivo irrelevante e sem capacidade de causar dano ao erário nem enriquecimento ilícito nos termos dos artigos

1. AGRAVO REGIMENTAL. RECURSO ESPECIAL ELEITORAL. REGISTRO DE CANDIDATURA. ELEIÇÕES 2008. REJEIÇÃO DE CONTAS. DÉBITO. INSANABILIDADE DOS VÍCIOS. EMBARGOS DE DECLARAÇÃO. IRRECORRIBILIDADE NÃO CONFIGURADA. NÃO PROVIMENTO. 1. A cominação de débito ao agente público demonstra que a irregularidade verificada pelo Tribunal de Contas acarretou prejuízo ao erário, o que revela a sua natureza insanável. (Precedentes: REspe 33.575/PE, Rel. Min. Ricardo Lewandowski, publicado na sessão de 28.10.2008; REspe 16.943, Rel. Min. Carlos Ayres Britto, publicado na sessão de 3.10.2006). 2. Opostos embargos de declaração contra decisão que rejeitou as contas e não havendo notícia de que sejam intempestivos ou protelatórios, afasta-se o requisito da irrecorribilidade da decisão. (Precedente: REspe 31.526, Rel. Min. Marcelo Ribeiro, publicado na sessão de 14.10.2008). 3. Agravo regimental não provido. (TSE, AgR-REspe nº 309-21/GO, PSESS de 13/11/2008).
2. Art. 10. Constitui ato de improbidade administrativa que causa lesão ao erário qualquer ação ou omissão dolosa, que enseje, efetiva e comprovadamente, perda patrimonial, desvio, apropriação, malbaratamento ou dilapidação dos bens ou haveres das entidades referidas no art. 1º desta Lei, e notadamente: :

   I - facilitar ou concorrer, por qualquer forma, para a indevida incorporação ao patrimônio particular, de pessoa física ou jurídica, de bens, de rendas, de verbas ou de valores integrantes do acervo patrimonial das entidades referidas no art. 1º desta Lei; ;

   II - permitir ou concorrer para que pessoa física ou jurídica privada utilize bens, rendas, verbas ou valores integrantes do acervo patrimonial das entidades mencionadas no art. 1º desta lei, sem a observância das formalidades legais ou regulamentares aplicáveis à espécie;

   III - doar à pessoa física ou jurídica bem como ao ente despersonalizado, ainda que de fins educativos ou assistências, bens, rendas, verbas ou valores do patrimônio de qualquer das entidades mencionadas no art. 1º desta lei, sem observância das formalidades legais e regulamentares aplicáveis à espécie;

   IV - permitir ou facilitar a alienação, permuta ou locação de bem integrante do patrimônio de qualquer das entidades referidas no art. 1º desta lei, ou ainda a prestação de serviço por parte delas, por preço inferior ao de mercado;

   V - permitir ou facilitar a aquisição, permuta ou locação de bem ou serviço por preço superior ao de mercado;

   VI - realizar operação financeira sem observância das normas legais e regulamentares ou aceitar garantia insuficiente ou inidônea;

   VII - conceder benefício administrativo ou fiscal sem a observância das formalidades legais ou regulamentares aplicáveis à espécie;VIII -frustrar a licitude de processo licitatório ou de processo seletivo para

10[2] e 11[3] da Lei nº 8.429/92 na forma das alterações introduzidas pela Lei

---

celebração de parcerias com entidades sem fins lucrativos, ou dispensá-los indevidamente, acarretando perda patrimonial efetiva;;

IX - ordenar ou permitir a realização de despesas não autorizadas em lei ou regulamento;

X agir ilicitamente na arrecadação de tributo ou de renda, bem como no que diz respeito à conservação do patrimônio público;;

XI - liberar verba pública sem a estrita observância das normas pertinentes ou influir de qualquer forma para a sua aplicação irregular;

XII - permitir, facilitar ou concorrer para que terceiro se enriqueça ilicitamente;

XIII - permitir que se utilize, em obra ou serviço particular, veículos, máquinas, equipamentos ou material de qualquer natureza, de propriedade ou à disposição de qualquer das entidades mencionadas no art. 1° desta lei, bem como o trabalho de servidor público, empregados ou terceiros contratados por essas entidades.

XIV – celebrar contrato ou outro instrumento que tenha por objeto a prestação de serviços públicos por meio da gestão associada sem observar as formalidades previstas na lei;

XV – celebrar contrato de rateio de consórcio público sem suficiente e prévia dotação orçamentária, ou sem observar as formalidades previstas na lei;

XVI - facilitar ou concorrer, por qualquer forma, para a incorporação, ao patrimônio particular de pessoa física ou jurídica, de bens, rendas, verbas ou valores públicos transferidos pela administração pública a entidades privadas mediante celebração de parcerias, sem a observância das formalidades legais ou regulamentares aplicáveis à espécie;

XVII - permitir ou concorrer para que pessoa física ou jurídica privada utilize bens, rendas, verbas ou valores públicos transferidos pela administração pública a entidade privada mediante celebração de parcerias, sem a observância das formalidades legais ou regulamentares aplicáveis à espécie;

XVIII - celebrar parcerias da administração pública com entidades privadas sem a observância das formalidades legais ou regulamentares aplicáveis à espécie;

XIX - agir para a configuração de ilícito na celebração, na fiscalização e na análise das prestações de contas de parcerias firmadas pela administração pública com entidades privadas; ;

XX - liberar recursos de parcerias firmadas pela administração pública com entidades privadas sem a estrita observância das normas pertinentes ou influir de qualquer forma para a sua aplicação irregular. (Incluído pela Lei nº 13.019, de 2014, com a redação dada pela Lei nº 13.204, de 2015) ;

XXI - (revogado); .

XXII - conceder, aplicar ou manter benefício financeiro ou tributário contrário ao que dispõem o caput e o § 1º do art. 8º-A da Lei Complementar nº 116, de 31 de julho de 2003.

§ 1º Nos casos em que a inobservância de formalidades legais ou regulamentares não implicar perda patrimonial efetiva, não ocorrerá imposição de ressarcimento, vedado o enriquecimento sem causa das entidades referidas no art. 1º desta Lei.

§ 2º A mera perda patrimonial decorrente da atividade econômica não acarretará improbidade administrativa, salvo se comprovado ato doloso praticado com essa finalidade.

3. Art. 11. Constitui ato de improbidade administrativa que atenta contra os princípios da administração pública a ação ou omissão dolosa que viole os deveres de honestidade, de imparcialidade e de legalidade, caracterizada por uma das seguintes condutas: :

I - (revogado); II - (revogado); ;

III - revelar fato ou circunstância de que tem ciência em razão das atribuições e que deva permanecer em segredo, propiciando beneficiamento por informação privilegiada ou colocando em risco a segurança da sociedade e do Estado;

IV - negar publicidade aos atos oficiais, exceto em razão de sua imprescindibilidade para a segurança da sociedade e do Estado ou de outras hipóteses instituídas em lei; V - frustrar, em ofensa à imparcialidade, o caráter concorrencial de concurso público, de chamamento ou de procedimento licitatório, com vistas à obtenção de benefício próprio, direto ou indireto, ou de terceiros;

VI - deixar de prestar contas quando esteja obrigado a fazê-lo, desde que disponha das condições para isso, com vistas a ocultar irregularidades; VII - revelar ou permitir que chegue ao conhecimento de terceiro, antes da respectiva divulgação oficial, teor de medida política ou econômica capaz de afetar o preço de mercadoria, bem ou serviço;

nº 14.230/21. Ademais, na maioria dos enquadramentos que registram essas características, as decisões proferidas pelos órgãos técnicos competentes (TCU, TCEs) recomendam que se evite a reincidência dos apontes e a promoção do saneamento da irregularidade.

Decorridos mais de trinta anos desde a promulgação da Lei Complementar nº 64/90 e ultrapassada uma década de vigência da LC nº 135/10, a conjuntura pretoriana que vem contemporizando episódios menos lesivos à coisa pública está ligada à ideia de adequação. E isso, havemos de convir, é algo plenamente justificável no universo jurídico quando o assunto, a par de polêmico, está afeto a uma situação sensível tal e qual como a inelegibilidade enquanto situação jurídica de incapacidade eleitoral.

Postas essas premissas diante dos princípios que norteiam a interpretação das normas jurídicas, é possível concluir que o preceito contido na LC nº 184/21 materializou uma medida legislativa necessária, oportuna, razoável e compatível aos comandos da Constituição Federal, especialmente no tocante às repercussões do quesito da "vida pregressa do candidato" (art. 14, §9º).

A regra geral inserta à letra *g*, havia tempo, demandava aprimoramento redacional. Sendo sabido, deveras, que as contas da administração pú-

---

VIII - descumprir as normas relativas à celebração, fiscalização e aprovação de contas de parcerias firmadas pela administração pública com entidades privadas;

IX - (revogado); ;

X - (revogado);

XI - nomear cônjuge, companheiro ou parente em linha reta, colateral ou por afinidade, até o terceiro grau, inclusive, da autoridade nomeante ou de servidor da mesma pessoa jurídica investido em cargo de direção, chefia ou assessoramento, para o exercício de cargo em comissão ou de confiança ou, ainda, de função gratificada na administração pública direta e indireta em qualquer dos Poderes da União, dos Estados, do Distrito Federal e dos Municípios, compreendido o ajuste mediante designações recíprocas;

XII - praticar, no âmbito da administração pública e com recursos do erário, ato de publicidade que contrarie o disposto no § 1º do art. 37 da Constituição Federal, de forma a promover inequívoco enaltecimento do agente público e personalização de atos, de programas, de obras, de serviços ou de campanhas dos órgãos públicos.

§ 1º Nos termos da Convenção das Nações Unidas contra a Corrupção, promulgada pelo Decreto nº 5.687, de 31 de janeiro de 2006, somente haverá improbidade administrativa, na aplicação deste artigo, quando for comprovado na conduta funcional do agente público o fim de obter proveito ou benefício indevido para si ou para outra pessoa ou entidade.

§ 2º Aplica-se o disposto no § 1º deste artigo a quaisquer atos de improbidade administrativa tipificados nesta Lei e em leis especiais e a quaisquer outros tipos especiais de improbidade administrativa instituídos por lei.

§ 3º O enquadramento de conduta funcional na categoria de que trata este artigo pressupõe a demonstração objetiva da prática de ilegalidade no exercício da função pública, com a indicação das normas constitucionais, legais ou infralegais violadas.

§ 4º Os atos de improbidade de que trata este artigo exigem lesividade relevante ao bem jurídico tutelado para serem passíveis de sancionamento e independem do reconhecimento da produção de danos ao erário e de enriquecimento ilícito dos agentes públicos.§ 5º Não se configurará improbidade a mera nomeação ou indicação política por parte dos detentores de mandatos eletivos, sendo necessária a aferição de dolo com finalidade ilícita por parte do agente.

blica brasileira são recusadas pelos órgãos julgadores abarcando naturezas e motivações as mais diversas, era perceptível a enorme distância existente entre a norma e a prática. Neste sentido, é iniludível que a modificação introduzida pelo § 4º-A veio positivar, no ordenamento infraconstitucional, aquilo que a jurisprudência já vinha acuradamente admitindo: a ausência de imputação de débito, por conseguinte, de sanção de ressarcimento ao erário, constitui elemento passível de valoração para o fim de se aferir a incidência (ou não) da alínea *g* do inciso I do art. 1º da LC nº 64/1990 pela Justiça especializada. Em conseguinte, de se notar a coerência do legislador no trato da matéria ao proceder na necessária distinção das condutas. Mirando refrear decisões contraditórias[4], prestigiar a segurança jurídica[5] e conter o rigorismo excessivo dos julgamentos, o novo dispositivo deu prevalência aos princípios da proporcionalidade e razoabilidade num tema sensível no campo das inelegibilidades.

Para melhor compreensão do aperfeiçoamento levado a efeito, calha revisitar algumas decisões do TSE. Nesse passo, mais recentemente, o tribunal, em aresto da lavra do Ministro Luís Felipe Salomão[6], deferiu registro de candidatura de ex-presidente de Câmara Municipal cujas contas foram julgadas irregulares pelo TCE sem resultar em débito, apenando somente com multa. A Corte também admitiu o registro de ex-secretária estadual cujas contas rejeitadas implicaram apenas na cominação de multas, sem determinação de ressarcimento aos cofres públicos[7]. Noutro julgado[8] referindo decisão que, embora aludindo à existência de dolo, assentou que o candidato fora condenado à penalidade pecuniária, ausentes inculpação de débito, reconhecimento de má-fé ou nota de improbidade. Em caso assemelhado, o plenário confirmou o registro de ex-presidente de Legislativo Municipal cujas contas foram desaprovadas sem a imputação de débito ou classificação de conduta dolosa[9]. Por último, cabível transcrever trecho do voto proferido pelo Minis-

---

4. A alínea era objeto de reflexões e críticas mais incisivas desde a reforma de 2010.
5. "O homem necessita de segurança para conduzir, planificar e conformar autônoma e responsavelmente a sua vida. Por isso, desde cedo se consideravam os princípios da segurança jurídica e da proteção à confiança como elementos constitutivos do Estado de Direito. Esses dois princípios – segurança jurídica e proteção da confiança – andam estreitamente associados, a ponto de alguns autores considerarem o princípio da confiança como um subprincípio ou como uma dimensão específica da segurança jurídica. Em geral, considera-se que a segurança jurídica está conexionada com elementos objetivos da ordem jurídica – garantia de estabilidade jurídica, segurança de orientação e realização do direito – enquanto a proteção da confiança se prende mais com os componentes subjetivos da segurança, designadamente a calculabilidade e previsibilidade dos indivíduos em relação aos efeitos dos actos" (CANOTILHO, 2000, p. 256).
6. TSE, AgR-REspEl nº 060008225/CE, DJE de 16/09/2021.
7. TSE, AgR-RO nº 060016146/MA, PSESS de 25/10/2018.
8. TSE, AgR-REspe nº 136-07/BA, DJE de 30/06/2017.
9. TSE, AgR-REspe nº 34-72/PE, DJE de 17/04/2017.

tro Arnaldo Versiani no Agravo Regimental em Recurso Especial Eleitoral nº 100-30/MG emprestando relevo à compreensão de que "Se a decisão de rejeição de contas não indica circunstâncias que evidenciem ser grave a respectiva irregularidade nem imputa débito ao responsável, é de se concluir pela não incidência da inelegibilidade da referida alínea *g*, cuja nova redação passou a exigir a configuração de ato doloso de improbidade administrativa"[10].

Infere-se, pois, que o conteúdo normativo introduzido pela LC nº 184/21 tomou por base, *prima facie*, a intelecção amadurecida pela jurisprudência no transcurso da última década.[11]

29.3. QUADRO COMPARATIVO DA ALÍNEA *G*

LC Nº 64/90	LC Nº 135/10	LC Nº 184/21
g) os que tiverem suas contas relativas ao exercício de cargos ou funções públicas rejeitadas por irregularidade insanável e por decisão irrecorrível do órgão competente, salvo se a questão houver sido ou estiver sendo submetida à apreciação do Poder Judiciário, **para as eleições que se realizarem nos 5 (cinco) anos seguintes**, contados a partir da data da decisão;	**g)** os que tiverem suas contas relativas ao exercício de cargos ou funções públicas rejeitadas por irregularidade insanável **que configure ato doloso de improbidade administrativa, e por decisão irrecorrível do órgão competente,** salvo se esta houver sido suspensa ou anulada pelo Poder Judiciário, **para as eleições que se realizarem nos 8 (oito) anos seguintes**, contados a partir da data da decisão, **aplicando-se o disposto no inciso II do art. 71 da Constituição Federal, a todos os ordenadores de despesa, sem exclusão de mandatários que houverem agido nessa condição;**	**(...)** **§ 4º-A.** A inelegibilidade prevista na alínea "g" do inciso I do caput deste artigo não se aplica aos responsáveis que tenham tido suas contas julgadas irregulares sem imputação de débito e sancionados exclusivamente com o pagamento de multa.

10. TSE, PSESS de 30/10/2012.

11. Despontando nesta orientação, vide a ementa do Recurso Especial Eleitoral nº 35971/MA, DJE de 01/02/2010, p. 440: ELEIÇÕES 2008. RECURSOS ESPECIAIS. REGISTRO DE CANDIDATURA. PREFEITO. INELEGIBILIDADE. REJEIÇÃO DE CONTAS PELO TCU. CONVÊNIO. IRREGULARIDADES FORMAIS. AUSÊNCIA DE MÁ-FÉ. DISSÍDIO JURISPRUDENCIAL. 1 - O Tribunal Regional, analisando as peculiaridades do caso concreto, entendeu que as irregularidades apontadas pelo TCU são meramente formais. Não há como reformar a decisão sem violar as Súmulas nos 7/STJ e 279/STF. Inexistência de má-fé, de dano ao erário e de imputação de débito. 2 - Para a configuração do dissídio jurisprudencial, é necessária a realização do cotejo analítico, de modo a comprovar a similitude fática e a divergência de entendimento entre os paradigmas indicados e a decisão recorrida. 3 - Recursos especiais desprovidos.

REFERÊNCIAS

ALEXANDRINO, Marcelo; PAULO, Vicente. *Direito Administrativo Descomplicado.* 20ª ed. Revista e atualizada, São Paulo: Método, 2012.

ALMEIDA, José Antônio. *Eleições 98 - Comentários à Lei 9.504.* Brasília: Brasília Jurídica, 1998.

ARAÚJO, Edmir Netto de. *Curso de Direito Administrativo.* São Paulo: Saraiva, 2005.

ATALIBA, Geraldo. *República e Constituição.* São Paulo: Ed. RT, 1985.

AURÉLIO. *Novo Dicionário Aurélio da Língua Portuguesa.* Curitiba: Positivo, 2004.

AZAMBUJA, Darcy. *Introdução à Ciência Política.* 4ª ed., Porto Alegre: Editora Globo, 1982.

BARBALHO, João. *Constituição Federal Brasileira: comentários.* Apresentação do Senador Mauro Benevides; introdução de Walter Costa PORTO. Imprenta: Brasília, Senado Federal, Secretaria de Documentação e Informação, 1992.

BARRETO, Lauro. *Investigação Judicial Eleitoral e Ação de Impugnação de Mandato Eletivo.* São Paulo: EDIPRO, 1994.

BARROS MONTEIRO, Washington de. *Curso de Direito Civil.* 1º vol. São Paulo: Saraiva, 1977.

BARROSO, Luís Roberto. *Curso de direito constitucional contemporâneo - Os Conceitos Fundamentais e a Construção do Novo Modelo.* São Paulo: Ed. Saraiva, 2015.

BASTOS, Celso Ribeiro. *Curso de Direito Constitucional.* 22ª. Ed., São Paulo: Saraiva, 2001.

__________________. *Curso de Direito Administrativo.* São Paulo: Saraiva, 1994.

__________________. MARTINS, Ives Gandra da Silva. *Comentários à Constituição do Brasil.* São Paulo: Saraiva, 1989. v. 2.

BECCARIA, Cesare. *Dos Delitos e das Penas.* São Paulo: Hemus Livraria Editora, 1974.

BOBBIO, Norberto. *Igualdade e Liberdade.* Rio de Janeiro: Ediouro, 1997.

__________________. *O futuro da democracia - uma defesa das regras do jogo.* 5ª ed., São Paulo: Paz e Terra, 1992.

BONAVIDES, Paulo. *Ciência Política.* 6ª ed. Rio de Janeiro: Forense, 1986.

BRASIL. *Agenda brasileira / Câmara dos Deputados. - Ano. 1, nº 1 (2020) - Brasília: Câmara dos Deputados, Edições Câmara, 2020.*

BRASIL. *Constituição da República Federativa do Brasil*: promulgada em 05 de outubro de 1988. Disponível em:<http://www.planalto.gov.br/ccivil_03/constituicao/constituicao.htm>.

BRUNO, Aníbal. *Crimes contra a pessoa.* 3ª ed., São Paulo: Rio Gráfica Editora, 1975.

CALDAS, Pedro Frederico. *Vida privada, liberdade de imprensa e dano moral.* São Paulo: Saraiva, 1997.

CAMPOS, Francisco. *Parecer*. RF 116/396.

CANOTILHO, José Joaquim Gomes. *Direito Constitucional e Teoria da Constituição*. 7ª ed., 8ª reimpressão. Coimbra: Almedina, 2010.

CAPEZ, Fernando. *Curso de Processo Penal*. 5ª ed., São Paulo: Saraiva, 2000.

CARAZZA, Bruno. *Dinheiro, Eleições e Poder – As engrenagens do sistema político brasileiro*. São Paulo: Companhia das Letras, 2018.

CARVALHO FILHO, José dos Santos. *Manual de Direito Administrativo*. Rio de Janeiro, Lúmen Juris, 2015, 29ª ed. Revista, ampliada e atualizada.

CASTAGNET, Jorge E.; BARLUENGA, Horacio D. *Las llamadas Medidas Cautelares en el Código Procesal Civil y Comercial de la Nación. En Práctica Procesal Civil y Comercial No. 01 - Medidas Cautelares*. Buenos Aires: Editorial Depalma, 1986.

CASTRO. Edson de Resende. *Curso de Direito Eleitoral*. 6ª ed., Belo Horizonte: Del Rey, 2012.

CONEGLIAN, Olivar. *Eleições – Radiografia da Lei 9.504/97*. 7ª ed., Curitiba: Juruá Editora, 2012.

_______________. *Propaganda Eleitoral - De acordo com o Código Eleitoral e a Lei 9.504/97*. 6ª ed., Curitiba: Juruá Editora, 2004.

COSTA, Adriano Soares da. *Instituições de Direito Eleitoral*. 5ª ed., Belo Horizonte: Del Rey, 2002.

COSTA, Tito. *Crimes Eleitorais e Processo Penal Eleitoral*. São Paulo: Editora Juarez de Oliveira, 2002.

CRETELLA JÚNIOR. José. *Comentários à Constituição Federal de 1988*. São Paulo: Forense Universitária, 1991.

DAHL, Robert. *Sobre a Democracia*. Tradução de Beatriz Sidou, Brasília: UnB, 2009.

DECOMAIN, Pedro Roberto. PRADE, Péricles. *Comentários ao Código Eleitoral*. São Paulo: Dialética, 2004.

DALLARI. Adilson de Abreu. *Parecer*, RDP 98, 1991.

DUGUIT, Léon. *Fundamentos do Direito*. 3ª ed., São Paulo: Martin Claret, 2009.

FARIAS, Rodrigo Nóbrega. *Ação de Impugnação de Mandato Eletivo*. 2ª ed., Curitiba: Juruá, 2012.

FERREIRA, Pinto. *Código Eleitoral Comentado*. 3ª ed., São Paulo: Saraiva, 1991.

FERREIRA FILHO, Manoel Gonçalves. *Princípios Fundamentais do direito constitucional*. 4ª ed. São Paulo: Saraiva, 2015.

_____________. *Curso de Direito Constitucional*. 40ª ed. 4ª tiragem. São Paulo: Saraiva, 2018.

FIÚZA, César. *Direito Civil: curso completo*. 9ª ed., Belo Horizonte: Del Rey, 2006.

FREITAS, Juarez. *A Interpretação Sistemática do Direito*, SP, Malheiros, 1995.

FRIENDLY, Fred W. , ELLIOTT, MARTHA J. H. *A Constituição, esse delicado equilíbrio*, Nova York: Random House, Inc., 1984.

GARCIA, Emerson. *Abuso de Poder nas Eleições*. Rio de Janeiro: Lumen Juris, 2000.

GASPARINI, Diógenes. *Direito Administrativo*. 6ª Ed. São Paulo: Saraiva, 2001.

GOMES, José Jairo. *Crimes Eleitorais e Processo Penal Eleitoral.* 2ª ed., São Paulo: Atlas, 2015.

______________. *Direito Eleitoral.* 6ª ed. São Paulo: Atlas, 2011.

GOMES, Suzana de Camargo. *Crimes Eleitorais.* 4ª ed., São Paulo: Revista dos Tribunais, 2010.

GONÇALVES, Aroldo Plínio. *Nulidades no Processo.* Rio de Janeiro: Aide, 1993.

GONÇALVES, Luiz Carlos dos Santos. *Crimes Eleitorais e Processo Penal Eleitoral.* Atlas: Atlas, 2012.

GRECO, Rogério. *Código Penal Comentado.* 12ª ed., Niteroi, RJ: Impetus, 2018.

GUGLIEMI, Gilles. *Introduction au droit des services publics*, pp. 45-46 *apud* DI PIETRO, Maria Sylvia Zanella. *Parcerias na administração pública: concessão, permissão, franquia, terceirização, parceria público-privada e outras formas.* 10ª ed. São Paulo: Atlas, 2015.

HOUAISS. *Dicionário Houaiss da Língua Portuguesa.* Rio de Janeiro: Objetiva, 2001.

JACQUES, Paulino. *Curso de Direito Constitucional.* 7ª ed., Rio de Janeiro: Forense, 1974.

KELLY, José Eduardo Prado. *Estudos de ciência política.* São Paulo: Saraiva, 1966, v. 1.

LAENA, Roberta. *Fictícias: candidaturas de mulheres e violência política de gênero.* Fortaleza: Radiadora, 2020.

LASSALLE, Ferdinand. *A Essência da Constituição.* 5ª ed., Rio de Janeiro: Lumen Juris, 2000.

LIMA, Alvino Ferreira. *A fraude no Direito Civil.* São Paulo: Saraiva, 1965.

LOBO, Paulo. *Direito Civil. Famílias.* 4ª ed., São Paulo: Saraiva, 2010.

LOPES, Serpa. *Lei de Introdução ao Código Civil*, vol. I. 2ª ed., Rio de Janeiro: Freitas Bastos, 1959.

MANGABEIRA, João. *Parecer como Relator-geral da Comissão Mista de Leis Complementares.* Rio de Janeiro: Jornal do Comércio, 23/09/1947.

MAXIMILIANO, Carlos. *Hermenêutica e Aplicação do Direito.* 19ª ed., Rio de Janeiro: Forense, 2001.

______________. *Comentários à Constituição Brasileira.* 4ª ed., Rio de Janeiro: Livraria Editora Freitas Bastos, 1948.

MEIRELLES, Hely Lopes. *Licitação e Contrato Administrativo.* 14 ª ed., atualizada. São Paulo: Malheiros, 2006.

______________. *Mandado de Segurança.* 16 ª ed., atualizada. São Paulo: Malheiros, 1995.

______________. *Direito Municipal Brasileiro.* 16ª ed., atualizada. São Paulo: Malheiros, 2008.

______________. *Direito Administrativo Brasileiro.* 20ª ed., atualizada. São Paulo: Malheiros, 1995.

MENDES, Antonio Carlos. *Introdução à Teoria das Inelegibilidades.* São Paulo: Malheiros, 1994.

MENDES, Antonio Manuel Teixeira. *O papel das pesquisas eleitorais.* Novos Estudos CEBRAP. Volume 29. Número: 1. São Paulo: CEBRAP, 1991.

MENDONÇA, Fernando. *Direito dos Transportes*. São Paulo: Saraiva, 1984.

MONTEIRO, Washington de Barros. *Curso de Direito Civil – Direito de Família* – vol. 2 – 37ª ed., São Paulo: Saraiva, 2004.

MOREIRA, José Carlos Barbosa. *Comentários ao Código de Processo Civil*. Volume V. 3ª ed., Rio de Janeiro: Forense, 1978.

MOURÃO, Fernando Augusto Albuquerque. PORTO, Walter Costa. MANTOVANI, Thelmer Mário. *As Constituições dos Países da Comunidade de Língua Portuguesa Comentadas*. Brasília: Senado Federal, Conselho editorial, 2007.

NALINI, José Renato. *A rebelião da toga*. Campinas: Millennium, 2006.

NETO, Admar Gonzaga. *Fraude à cota de gênero na atualidade: eficácia, efetividade e proporcionalidade das sanções*. Disponível em: https://www.conjur.com.br/2023-ago-29/admar-gonzaga-fraude-cota-genero-atualidade

NEVES, Serrano. *Direito de Imprensa*. São Paulo: Bushatsky, 1972.

NEVES FILHO, Carlos. *Propaganda eleitoral e o princípio da liberdade da propaganda política*. Belo Horizonte: Fórum, 2012.

NIESS, Pedro Henrique Távora. *Direitos Políticos – elegibilidade, inelegibilidade e ações eleitorais*. 2ª ed., São Paulo: EDIPRO, 2000.

______________. *Condutas vedadas aos agentes públicos em campanhas eleitorais*. Bauru: EDIPRO, SP, 1998.

______________. *Ação de Impugnação de Mandato Eletivo – Constituição Federal, art. 14 - §§ 10 e 11*. Bauru: EDIPRO, SP, 1996.

NUCCI. Guilherme de Souza. *Manual de Processo Penal e Execução Penal*. São Paulo: Editora Revista dos Tribunais, 2008.

______________. *Código Penal Comentado*. 18ª ed., rev., atual. e ampl. Rio de Janeiro: Forense, 2017.

PECCININ, Luiz Eduardo. *Princípio da liberdade da propaganda política, propaganda eleitoral antecipada e o artigo 36-A da Lei Eleitoral. Paraná Eleitoral*, v. 2, n. 3, p. 321-344.

PEREIRA, Caio Mário da Silva. *Instituições de Direito Civil*. Vol. 1. 9ª ed., Rio de Janeiro: Forense, 1986.

PERLINGIERI, Pietro. *O Direito Civil na Legalidade Constitucional*. Rio de Janeiro: Renovar, 2008.

PLÁCIDO E SILVA. *Vocabulário Jurídico*. Rio de Janeiro: Forense, 1973.

POPKIN, Samuel. *The Reasoning Voter* (vol. 1). Chicago: The University of Chicago Press, 1991.

PORTO, Walter Costa. *Dicionário do Voto*. Brasília: Editora da Universidade de Brasília / São Paulo: Editora Oficial do Estado, 2000.

RAMAYANA, Marcos. *Direito Eleitoral*. Rio de Janeiro: Impetus, 2004.

RIBEIRO, Fávila. *Direito Eleitoral*. 2ª ed., Rio de Janeiro: Forense, 1986.

______________. *Abuso de Poder no Direito Eleitoral*. Rio de Janeiro: Forense, 1993.

RIZZARDO, Arnaldo. *Ação Civil Pública e Ação de Improbidade Administrativa*. Rio de Janeiro: GZ Ed., 2009.

ROCHA, Carmen Lúcia Antunes. *Princípios Constitucionais da Administração Pública.* Belo Horizonte: Del Rey, 1994.

RODRIGUES, Sílvio. *Direito Civil (Parte Geral).* vol. 1. 16ª ed., São Paulo: Saraiva, 1986.

ROSA, Fábio Bittencourt da. *O Caixa dois.* Revista do Tribunal Regional Federal da 4ª Região, v. 15, nº 51, ano 2004.

ROSAS, Roberto. *Direito Processual Constitucional - Princípios Constitucionais do Processo Civil.* São Paulo: Editora Revista dos Tribunais, 1997.

SANTOS. Antônio Augusto Mayer dos. *1.000 Curiosidades sobre política e eleições no Brasil.* Porto Alegre: Verbo Jurídico, 2019.

_______________.*Reforma política sem fantasias - as mudanças que o país necessita.* Londrina: Editora Thoth, 2021.

SATO, Luciano T. Y. & SOUZA, Sérgio de. *O abuso de poder político: uma proposta de análise a partir da sua necessária correlação com as condutas vedadas aos agentes públicos.* In *O abuso nas eleições: a conquistação ilícita do mandato eletivo.* NETO, Antenor Demeterco (org.). São Paulo: Quartier Latin, 2008.

SCHMIDT, Lawrence K. *Hermenêutica.* 3ª ed., Petrópolis: Editora Vozes, 2014.

SILVA, José Afonso da. *Curso de Direito Constitucional Positivo.* 33ª ed., São Paulo: Malheiros, 2010.

SOARES, Oscar de Macedo. *Código Penal da República dos Estados Unidos do Brasil.* Ed. fac-sim. Brasília: Senado Federal: Superior Tribunal de Justiça, 2004.

SOBREIRO NETO, Armando Antônio. *Direito Eleitoral.* 3ª ed., Curitiba: Juruá, 2004.

SUNDFELD, Carlos Ari. *Fundamentos de Direito Público.* 2ª ed., São Paulo: Malheiros Editores, 1993.

TEIXEIRA, Sálvio de Figueiredo. *Prazos e Nulidades em Processo Civil.* 2ª ed., Rio de Janeiro: Forense, 1990.

_______________. *Código de Processo Civil Anotado.* 5ª ed., São Paulo: Saraiva, 1993.

VALENTE. Luiz Ismaelino. *Das Condutas Vedadas aos Agentes Públicos em Campanhas Eleitorais.* Belém: Ministério Público do Estado do Pará, 1998.

WESSELS, Johannes. *Direito Penal. Parte Geral.* Trad. Juarez Tavares. Porto Alegre: Sergio Antonio Fabris, 1976.

ZAFFARONI, Eugenio Raul; PIERANGELI, José Henrique. *Manual de Direito Penal Brasileiro. Parte Geral.* Vol. 1. 7ª ed., São Paulo: RT, 2007.

Legislação e jurisprudência

BRASIL. *Constituição da República Federativa do Brasil de 1988.* Diário Oficial da União, Brasília, 5 out. 1988a.

BRASIL. *Constituições do Brasil de 1824, 1891, 1934, 1937, 1946, 1967 e suas alterações.* Congresso. Senado Federal. Brasília: Subsecretaria de Edições Técnicas, 1986.

BRASIL. *Legislação Eleitoral e Partidária.* 9ª ed., Brasília: Câmara dos Deputados, Edições Câmara, 2018.

Código Eleitoral Nacional (Argentina)

Constituição Nacional da República do Paraguai

Constituição Política da República da Costa Rica

Constituição Política da República da Guatemala

Constituição Política da República do Panamá

Constituição Política de Honduras

Constituição Política dos Estados Unidos Mexicanos

Lei n.º 14/79, de 16 de maio (Portugal)

Ley Electoral y de las Organizaciones Políticas (Honduras)

Ley General de Instituiciones y Procedimentos Electorales (México)

Loi électorale du Canada

Regimen Electoral General (Espanha)

RJTSE - Revista de Jurisprudência do Tribunal Superior Eleitoral. Tribunal Superior Eleitoral. - Vol. 1, n. 1 (jul./set. 1990) e segs.

Sites e endereços eletrônicos

http://www2.camara.leg.br/

http://www.conjur.com.br

https://www.conseil-constitutionnel.fr/le-bloc-de-constitutionnalite/texte-integral-de-la-constitution-du-4-octobre-1958-en-vigueur

https://www.gesetze-im-internet.de/stgb/StGB.pdf

https://www.hrad.cz/en/czech-republic/constitution-of-the-cr

http://www.portaltransparencia.gov.br

https://www.parlamento.pt/Legislacao/Paginas/ConstituicaoRepublicaPortuguesa.aspx

http://pdba.georgetown.edu/Constitutions/Peru/per93reforms05.html#titIVcapIV

http://www.senado.gov.br

http://www.stf.jus.br

http://www.stj.jus.br

http://www.tse.jus.br

http://www.transparency.org

https://wapor.org/

http://www.usud.hr/sites/default/files/dokumenti/The_consolidated_text_of_the_Constitution_of_the_Republic_of_Croatia_as_of_15_January_2014.pdf

EDITORA *Jus*PODIVM

www.editorajuspodivm.com.br

JUS3096